古白語詞語彙釋

蔣紹愚
李波
姚英　主編
宋紹年

商務印書館
The Commercial Press

圖書在版編目(CIP)數據

古白話詞語彙釋/蔣紹愚等主編.—北京:商務印書館,2023(2023.11 重印)
ISBN 978 - 7 - 100 - 21826 - 9

Ⅰ.①古… Ⅱ.①蔣… Ⅲ.①白話文—詞彙—研究—古代 Ⅳ.①H131

中國版本圖書館 CIP 數據核字(2022)第 216451 號

古白話詞語彙釋

蔣紹愚　李　波　姚　英　宋紹年　主編

商 務 印 書 館 出 版
(北京王府井大街36號　郵政編碼100710)
商 務 印 書 館 發 行
北 京 通 州 皇 家 印 刷 廠 印 刷
ISBN 978 - 7 - 100 - 21826 - 9

2023 年 4 月第 1 版　　　開本 710×1000　1/16
2023 年 11 月北京第 2 次印刷　印張 38½
定價:245.00 元

編纂人員名單

主編：

　　蔣紹愚　李　波　姚　英　宋紹年

計算機總編輯：

　　李曉光

編纂者：

　　陳　麗　杜　翔　姜仁濤　李暢然　黎路遐

　　劉敏芝　劉子瑜　呂東蘭　馬明俊　張　穎

　　張　雁　（以上北京大學）

　　趙惜微　富金壁　李晗蕾　李連元　（以上哈

　　爾濱師範大學）

計算機錄入人員：

　　李蘊艷　曾艷華　張曉蘭　楊曉霞　羅妙枝

　　陳　玲

目　錄

前　　言

　　古白話詞語指的是在古代文獻中出現的不同于傳統文言、比較接近當時口語的詞語。這些詞語在當時大都是人們日常使用的，比較通俗易懂。但由於時代的懸隔和語言的變化，其中有些現在早已不用了，其意義也就難以瞭解；有些現在還在使用，但其來由或理據卻不容易說清。研究這些詞語的意義和來由，對漢語詞彙史研究和古代文獻的閱讀都有重要意義。從漢末服虔《通俗文》開始，就有一些專著收集和考釋這些比較俚俗的詞語，到明清時數量更多。雖然其中有一些考釋未必可靠，還有一些考釋內容重複，但總的說來，這些考釋對我們是有重要的參考價值的。我們這本《古白話詞語彙釋》就是試圖把這些考釋彙集起來，爲學者們的研究工作提供方便。

　　這項工作很早就啟動了。在 1990 年前後，我初步擬定了一個書目，並向蔣禮鴻、張永言先生和日本的太田辰夫、佐藤晴彥先生請教，最後選定了 60 部口語詞語的考釋比較集中的專著（但後來由於時間和人力的關係，只做了其中 45 部）。1996 年申報了國家教委人文社科研究"九五"規劃項目，並在 10 月份得到批准，並撥給一些經費（後來高校古籍整理委員會又資助一些經費），於是就開始了編纂。初期的編纂工作由我、李波、宋紹年、趙惜微負責，由北京大學中文系的一些碩士、博士和哈爾濱師範大學中文系的部分師生合作進行。大家分頭從這些專著裏選錄條目，然後由廣東嘉應學院的專人錄入電腦，用電腦對這些條目加以編排，把同一條目彙集在一起作爲一個詞條，把不同的詞條按部首加以排列，編成這部《古白話詞語彙釋》。

　　從那時到今天已經 20 年。為什麼一個項目做了那麼長時間呢？因為這項工作的每一步都相當艱難。首先是選錄條目，這 45 部專著有的有近年出版的排印本，有的只有藏在國家圖書館或北大圖書館的抄本，需要去那裏抄錄；每一部專著選取的條目都要逐字抄錄，並加以標點、校對，這就需要花很多時間，原先參加編纂的學生畢業了，就由新入學的學生接著做。這一步工作就做了好幾年，大約到 2006 年才全部完成。然後是錄入電腦，錄入人員對這些材料比較生疏，容易出錯，因此要校對幾遍；選錄的材料裏有不少生僻字，當時一般電腦的字形庫檔裏沒有，需要一個一個地造。這一步工作花費的時間更長，而且有些技術方面的困難，要解決更是需要付出很多時間和精力。最後才是把各部專著的電子本加以彙總，分條目、分部首編排，大致形成初稿。後期的彙總工作是由李波和姚英做的。

　　這項工作能夠堅持下來，完全是由於全體編纂人員和錄入人員長期的堅持不懈的努力。所有參加編纂的老師和同學都為這個項目付出了辛勤的勞動，他們抽出自己寶貴的時間齊心合力參加這項工作，完全是自願地為古白話詞語的研究作貢獻。電腦錄入人員也很辛苦，《彙釋》的材料遠比其他材料複雜，有很多難字僻字和難以讀懂的句子，但他們一個字一個字地認真錄入，保證了錄入的品質。電腦錄入工作和書稿的彙總工作一直是李波和姚英負責的，十多年來他們始終在堅持工作，對電子稿加以校對，為全書統一體例。如果沒有他們不舍不棄的努力，這部《彙釋》早就半途而廢了。我還要感謝電腦專家李曉光先生，他花費大量的時間和精力，解決了許多困難的電腦技術問題。

這部書稿大致成型後，我們把它交給了商務印書館。非常感謝商務印書館接受了這部繁難而銷路不廣的書稿。排成一校樣後，我和李波、姚英仔細通看一遍，改正了書稿中斷句、標點、錯漏等方面的錯誤。

我們知道，《古白話詞語彙釋》還存在一些問題。書稿由幾十位編纂者選錄和摘抄，各人選錄的標準不完全一樣，各人的閱讀古書的能力也有參差；全稿彙集起來以後，又缺少細緻的審閱和加工。一校出來後，儘管我們三人和責編通看一遍，改正了不少錯誤，但由於時間緊，分量大，涉及面廣，錯誤還在所難免；在標音方面也有未處理好的地方。希望得到專家和讀者的指正。

蔣紹愚

2016 年 4 月

《古白話詞語彙釋》交稿以後，共看了三次校樣。由於書稿內容比較複雜，每看一次校樣都很費工夫。在這過程中，一直得到商務印書館的大力支持，責編也很認真負責，幫助我們一起核對原書。對此，我十分感謝！

蔣紹愚

2023 年 2 月

凡　例

（一）收錄範圍

1. 本書是 45 種文獻中的古白話詞語（主要是晚唐五代至清代的口語詞語）及其考釋的彙編。本書把這些古白話詞語列爲詞目，把考釋的文字列在詞目下面。這 45 種文獻中的《通俗文》《埤倉》《匡謬正俗》《一切經音義》等雖然時代在晚唐以前，但可以看作古白話的源頭，其中的一些詞語在晚唐五代以後仍然使用，所以一併收錄。

《埤蒼》爲後人輯錄而成。本書使用的是《小學蒐逸》中的龍璋輯本，輯本中有輯佚的依據，本書把其依據一併列出。《恒言錄》有常生、鑑等按語，也一併收錄。

2. 本書收錄的內容包括兩類：

A. 有詞語考釋。考釋義有簡有繁，有的只是對詞語的意義加以簡單的解釋，有的還有例句、分析和考源。這些對研究古白話的詞語無疑是很有價值的。本書絕大部分條目都屬於這一類。

B. 沒有考釋，只有例句或出處。這些條目大多是通俗易懂的詞語，無須解釋（如：公道，木頭，安慰，團圓，安樂窩等），引用例句是爲了説明這些詞語見於古代什麼文獻。還有的連例句也沒有，只有書名，如【出力】《禮記》。（《越諺賸語》卷上）這表示“出力”一詞源於《禮記》。這些對於考察現代漢語中一些常用詞語出現的歷史時代仍是很有價值的。有的詞語現代已不用，雖無釋義而僅有例句，但有的例句中就包含了釋義（如“冷卿”爲宗正之稱）；有的依據例句可以歸納出詞語的意義（如“專輒”爲“專擅”之義），所以仍然有收錄的價值。這類條目不太多。

3. 同一條詞語，有的不同文獻有不同的考釋，有的不同文獻的考釋基本相同，還有的是後來的文獻抄錄先前的文獻的。這些資料，本書都全部收錄，而且按時代先後排列在一起，目的是可以互相參照，並有助於對古白話詞語考釋的研究。

4. 本書是一部資料彙編，目的是爲研究者提供全面、翔實、客觀的資料，所以，從 45 種文獻中選出來的詞語的有關資料，全部收錄；即使有些考釋並不正確，有些考釋相互抵牾，也全都照錄，編者不加取捨和按語。這和在學界享有盛譽的《説文解字詁林》《故訓匯纂》等的做法一致。

（二）條目排列

1. 全書條目依《漢語大詞典》部首筆畫次序排列。多字條目按首字排在領頭的單字條目下，多字條不止一條的，按第二字所對應的《漢語大詞典》部首筆畫次序排列，第二個字相同的，按第三個字排列，以下類推。另有條目音序索引。

2. 選自諸書的條目，只要字形、詞形相同，無論讀音、訓釋是否相同，均列在同一條下。

形同音異的,按漢語拼音的順序分音項排列。 例如:

【渾】❶ hún 全也。杜子美詩:"白頭梳更短,渾欲不勝簪。"(《方言藻》卷二 P19)

❷hùn 音軍去聲。今諺謂將就度日曰渾。(《吳下方言考》卷九 P2)

【長年】❶ chángnián 雇工人之通年長役者名此。又名"長工"。(《越諺》卷中 賤稱 P14)

❷zhǎngnián 吾鄉稱舟人之老者曰長年。長,上聲。……(《南村輟耕錄》卷八 P104)

形同音同、意義不同的,不分義項,按所選文獻的成書年代先後排列。例如:

【不中用】bùzhōngyòng 俚談以"不可用"爲"不中用",自晉時有此語。《左傳·成二年》:"郤子曰:'克於先大夫,無能爲役。'"杜預註:"不中用爲役使。"(《俗考》P16)

不中用,不可用也。《左傳·成二年》:"郤子曰:'克於先大夫,無能爲役。'"杜預注:"不中爲之役使。"(《南村輟耕錄》卷十 P126)

俗以無用爲不中用。中,去聲。何燕泉云:"蕭參希《通錄》引《左傳》:'郤子曰:"克于先大夫,無能爲役。"杜預注:"不中爲役。"'是晉已有此語。不知漢高祖與太子手勅內已有不中立之語矣。"又《史記》:"秦始皇聞盧生竊議亾去,曰:'吾將收天下書,不中用者盡去之。'"是秦有此語,又在漢先也。嘉靖時,祭酒崔後渠著《中庸凡》,其説云:"中,讀去聲。庸,用也。是仲尼中用之書也。"其説特奇。(《雅俗稽言》卷二十五 P11)

形異條目則分列,排在不同的部首下。例如:

【暖屋】nuǎnwū 排在"日"部下。

今之入宅與遷居者,鄰里釀金治具,過主人飲,謂曰暖屋。或曰暖房。王建《宫詞》:"太儀前日暖房來。"則暖屋之禮,其來尚矣。(《南村輟耕錄》卷十一 P138)

參見[煖房]。(《唐音癸籤》卷十八 P163)

【煖屋】nuǎnwū 排在"火"部下。

今人入宅,與遷居者隣里釀金治具,過主人飲,謂之煖屋,亦曰煖房。王建《宫詞》:"太僕前日暖房來。"則煖屋之禮,其來久矣。(《談徵》事部 P26)

又如:【三脚貓】和【三腳貓】也分列條目。

3. 有的條目中包含多個詞語,則主要詞語列爲主條,其他詞語分別作參見條,參見條均按部首排列。例如:

【休澣】xiūhuàn《古今詩話》:"俗以上澣、中澣、下澣代上旬、中旬、下旬,蓋本唐制十日一休沐。"按:唐世休澣事,頻見載咏,《唐書·劉晏傳》:"質明視事,至夜分止,雖休澣不廢。"溫庭筠有《休澣日謁所知》詩,劉長卿亦有"月晦逢休澣"句。漢時謂之"休沐",制以五日。《張安世傳》"精力于職,休沐未嘗出"、《萬石君傳》"建每五日洗沐,歸謁親"是也。改"沐"爲"澣",見于六朝宋鮑昭詩,云:"休澣自公日,宴慰及私辰。"(《通俗編》卷三 P47)

【上澣】shànghuàn 漢律,吏五日一休,卽休假也。休言休息以洗沐也,亦曰休澣。今稱上旬爲上澣,中旬爲中澣,下旬爲下澣,此之義也。(《談徵》名部上 P17)

參見[休澣]。

(三)注音

每個條目都用漢語拼音注音。主要以《漢語大詞典》《漢語大字典》等辭書中的注音爲準,所選文獻的直音或反切作參考。拼音一律連寫。

1. 如果條目爲《漢語大詞典》《漢語大字典》等辭書所收錄，條目的意義和辭書中某個義項的意義完全一致，則用辭書的注音，不用所選文獻的直音或反切的音。例如：

【夲】tāo 音泡上聲。《玉篇》：“夲，往來貌。”《説文》：“進趣也。”案：夲，行之疾也，吳中謂行之疾曰夲。俗作跑。（吳下方言考》卷七 P14）

按：《漢語大字典》：“夲，tāo ❶快速前進。《説文·夲部》：‘夲，進趣也。’ ❷往來見貌。《玉篇·夲部》：‘夲，往來見貌。’故注 tāo，不注“音泡上聲”之 pǎo。

2. 如果條目的意義和辭書中某個義項的意義完全一致，條目的直音或反切與辭書的注音不一致，但和辭書或《廣韻》《集韻》中的又音一致，則改用又音。例如：

【僾俙】yǐxī 仿佛曰僾俙(聲如俖希)。(《札樸》卷九 鄉里舊聞 鄉言正字附 雜言 P330）

按：《漢語大字典》：“僾，ài。《廣韻》烏代切，去代影。又於豈切。”本書取又音於豈切，讀音注 yǐ，不注 ài。

3. 如果條目是《漢語大詞典》《漢語大字典》未收錄的方言詞語，其意義在辭書中沒有反映，其直音或反切跟《漢語大詞典》《漢語大字典》單字的注音不一致的，則一般根據所選文獻的直音或反切用漢語拼音注音(用北京話音系)。例如：

【刺促】qìcù 上音戚。刺促，小聲私語也，今吳中謂人小聲私語曰刺促。(《吳下方言考》卷十 P12）

【舍子】shàzǐ《雷青日札》：“杭有貴公子，以廕得縣官，見土阜當道，亟呼地方人開掘平治，耆老以無處容土對。官乃操吳曰：‘有舍子難，快掘簡潭埋了罷。’”按：此本俗音無字，田氏借字發之。究其實則亦甚麼之轉音耳。《餘冬序錄》云：“吳人有以二字爲一字者。如甚麼、爲此之類。”《通雅》云：“《方言》：‘沅澧之原，凡言相憐哀，謂之寫。’古人相見曰無他，或曰無甚，甚轉爲申駕反。吳中見故舊，皆有此語，餘音或近思，或近些，寫卽些之轉也。”又云：“今京師曰做麼，江北與楚皆曰某，讀如母，而南都但言甚，蘇杭讀甚爲申駕反，中州亦有此聲。”舍，正所謂申駕反者。子則語助。(《通俗編》卷三十三 P735）

（四）考釋文字

1. 本書條目用繁體漢字，形體與所選文獻用字的字形相同。異體字、通假字等不同字形照錄，不做歸併整理。例如：“弟”不改爲“第”，“几”不改爲“凡”。又如：

【流落】liúluò《霍去病傳》：“諸宿將皆雷落不偶。”注：“雷謂遲雷，落謂墜落。”又，“武后見駱賓王檄文，嘆曰：‘人有如是才而使之流落不偶。’”今人多用流落，擿出處，合用雷落。(《雅俗稽言》卷十九 P5）

按：“雷”不改爲“留”，“擿”不改爲“擄”。

【蟹斷】xièduàn 陸龜蒙《蟹志》云：“稻之登也，率執一穗以朝其魁，然後任其所之。　蚤夜曹沸指江而奔，漁者緯蕭承其流而障之，名曰蟹斷。”然緯蕭二字尤奇。(《南村輟耕錄》卷八 P103）

按：“蚤”不改爲“早”。

2.所摘引文獻有的原本有注,一般也加以摘錄。文獻中的雙行小注本書加括號,改爲單行。例如:

【一下】yīxià 今人言打一下,漢時已有此語。《吕氏春秋·長攻篇》:"代君酒酣,反斗而擊之,一成,腦塗地。"高誘注:"一成,一下也。"(《江表傳》:"孫皓使察戰賚藥賜奮,奮不受藥,叩頭千下。"見《吴志·孫奮傳》裴注。《傅子》:"郭林宗謂仇季智曰:'子嘗有過否?'季智曰:'暮飯牛,牛不食,搏牛一下。'"語載《意林》。)(《直語補證》P38)

3.所選文獻有的字跡不清或有缺字,本書用"□"表示。例如:

【甲子雨】jiǎzǐyǔ 唐俚語云:"春甲子雨赤地千里,夏甲子雨乘船入市,秋甲子雨禾頭生耳,冬甲子雨牛羊凍□。"(《目前集》前卷 P2117)

4.所選文獻的內容本書一般照原樣摘錄,不作校勘。

A.有的幾部文獻同引一部書,而文字不同。這是古人在引書時常有的現象,本書據各部文獻的原樣照錄,不加辨正。例如:

【嬢嬢】niángniáng 蘇轍《龍川雜志》:"仁宗稱劉氏爲大嬢嬢,楊氏爲小嬢嬢。"(《通俗編》卷十八 P390)

蘇轍《龍川雜誌》曰:"仁宗謂劉氏'大嬢嬢'、李氏'小嬢嬢'。"(《里語徵實》卷中上 二字徵實 P1)

按:《里語徵實》所引誤,但本書仍原文照錄。

B.有的文字有訛誤,只要不影響文義,本書亦不加勘正。例如:

【闖將】chuǎngjiàng《白頭閑話》:"都人或十五結黨,橫行街市間,號爲闖將。"(《通俗編》卷十一 P239)

《越諺》卷中 惡類 P15 引作《白頭閑語》。

按:《白頭閑語》之"語"字誤,但本書不校改。

如果有明顯的訛誤,則徑加改正,不出校。例如:

【喫虛】chīxū 杜牧之詩:"却笑喫虛隋煬帝,破家亡國爲何人?"(《恒言錄》卷二 P47)

按:"隋煬帝"徑改爲"隋煬帝"。

如果因文字訛誤致使句子不可讀,則作適當的校改,用(編者按)的形式表示。例如:

【客作】kèzuò 觀袁翻謂人曰:"邢家小兒,爲人客作。"奉表此語,自古而然。(《通俗編》卷二十一 P476)

按:《通俗編》"奉"字誤,以致斷句亦誤。本書校改如下:

觀袁翻謂人曰:"邢家小兒,爲人客作奉(編者按:當作'章')表。"此語自古而然。(《通俗編》卷二十一 P476)

如果條目本身有誤,則須加訂正。例如:

《一切經音義》卷八十八:【跕屣】上音帖。《考聲》云:"跕屣,徐行也,履踐也。"

按:《廣韻》:"跕,蹲貌。"與"屣"無關。《史記·貨殖列傳》:"女子則鼓鳴瑟,跕屣。"《集解》:"瓚曰:躡跟爲跕也。"《玉篇》:"跕,跕屣也。"《集韻》:"跕,行曳履。"故《一切經音義》中的"跕"爲"跕"之誤。本條應作:

【跕（編者按：當作"跕"）屣】tiēxǐ 上音帖。《考聲》云："跕屣，徐行也，履踐也。"（《一切經音義》卷八十八 7 P3395）

C. 考釋文字中的書名號和冒號、引號爲編者所加。在加引號時，一般都已查對了所選文獻引用的書籍。所選文獻中引用的文句和原書的文句不一致的，本書不作校勘；加引號主要是表明引文的起訖，并不表示引文和原書完全相同。例如：

【廳事】tīngshì《三國志·曹爽傳》注："廳事前屠蘇壞，令人更治之。"（《恒言錄》卷五 P99）

《風俗通義·正失》篇："孝明帝時王喬遷爲葉令，天下一玉棺於廳事前。"傅成《黏蜂賦序》："櫻桃爲樹則多陰，爲果則先熟，故種之于廳事之前。"（《恒言廣證》卷五 P77）

按：《風俗通義·正失》："俗説孝明帝時，尚書郎河東王喬遷爲葉令，……後天下一玉棺於廳事前。"《恒言廣證》所引刪略甚多，但仍用引號，表示引書的起訖。

但如果所引之書出於一書的不同卷次，則分別用幾個引號隔開。例如：

【帖然】tiērán《通鑑》："元魏邢巒上表：'巴西廣袤千里，戶餘四萬，若於彼州鎮攝華獠，則大帖民情。'""任城王澄收陸叡等繫獄，民間帖然。""梁王琛馳報黃羅漢曰：'吾至石梵，境上帖然。'"（《札樸》卷六 覽古 P175）

按："元魏……民情"見於《通鑑》卷 146，"任城……民間帖然"見於《通鑑》卷 140，"梁王……境上帖然"見於《通鑑》卷 165。故分開加引號。

5. 條目出處用以下方式標明。

本書條目的出處不標作者，只標書名、卷數、頁碼等。因爲所選文獻的編排體例不同，本書的標識方式也有不同，分下面幾種情況：

（1）原書單獨成册

A. 原書分卷，但全書統一編碼。本書標書名、卷數和此書的頁碼。例如：

【三姑六婆】sāngūliùpó 三姑者，尼姑、道姑、卦姑也。六婆者，牙婆、媒婆、師婆、虔婆、藥婆、穩婆也。（《南村輟耕錄》卷十 P126）

B. 原書分卷，各卷頁碼自成起訖，有的各卷中又按内容分類並有類名。本書標書名、卷數、類名和此卷的頁碼。例如：

【二乎誠】èrhūchéng 語進出曰二乎誠。（《燕山叢錄》卷二十二 長安里語 言語 P9）

【垣衣】yuányī 郭注："蒚荔，香草也。烏韭在屋者曰昔邪，在牆者曰垣衣。"（《札樸》卷五覽古 P159）

C. 原書不分卷，全書統一頁碼。本書標書名和此書統一頁碼。例如：

【不理】bùlǐ 不與人分辯曰不理。《鶡冠子》曰："逆言過耳，甲兵相李。"李卽理也。（《蜀語》P9）

D. 原書不分卷，以内容分類，全書統一頁碼。本書標書名、類名及此書統一頁碼。例如：

【刿】luò 去節曰刿。（《通俗文》釋言語上 P24）

（2）原書收在叢書中或是一本書的一部分

A. 原書有 8 部的影印本收在《明清俗語辭語集成》中。《明清俗語辭語集成》为日本漢學家長澤規矩也所編，把 20 種罕見的俗語辭書的影印本收集在一起，分五册出版。1989 年上海古籍出版社重印此書,分為三册,各部書的影印本中,每一卷都有頁碼,自成起訖;全書又編了統一頁碼。本書在選錄這 8 部書的條目時,選錄者對頁碼的標識不一致:《俚言解》既標了原書影印本各卷的頁碼,又標了《明清俗語辭語集成》的統一頁碼。《目前集》《雅俗稽言》《土風錄》3 部書只標了《明清俗語辭語集成》的統一頁碼。《談徵》《直語補證》《稱謂錄》《里語徵實》4 部書只標了原書影印本各卷的頁碼。本書的條目出處根據選錄時的標識分別處理。例如:

【洗三】xǐsān 生子三日謂之三朝,是日祭祖先,洗兒灸臍,俗稱洗三。(《俚言解》卷一 9 P8)

【丈人】zhàngrén 青城山爲五嶽之長,名丈人山,故呼婦翁爲令嶽,妻之伯叔父爲列嶽。又,泰山有丈人峰、丈人觀,故呼爲岳丈。外父亦稱丈人。漢公主嫁單于,曰:“漢天子,我丈人行也(行去聲)。”(《目前集》前卷 P2115)

【龍閣】lónggé 葉夢得《避暑錄話》:“龍圖閣學士,舊謂老龍閣,但稱龍。宣和以前,直學士、直閣同稱,未之有別也。末年,陳亨伯直學士,佞之者惡其下同直閣,遂稱龍學,於是例以爲稱。”(《稱謂錄》卷十二 内閣各官古稱 P29)

B.《常語尋源》收在商務印書館《〈邇言〉等五種》一書中,全書統一頁碼。《常語尋源》分上下卷,全書分從“甲”到“癸”十册。本書標書名、卷數、册數及全書統一頁碼。例如:

【表表】biǎobiǎo 韓愈《祭柳宗元文》:“子之自著,表表愈偉。”(《常語尋源》卷上 乙册 P204)

C.《續釋常談》收在上海古籍出版社的《説郛三種》的卷三十五中,全書統一頁碼,本書標出所選條目在《説郛三種》中的頁碼。例如:

【後生子】hòushēngzǐ 鮑明遠《少年時至衰老行篇》云:“寄語後生子,作樂當及春。”今俗,小少年者稱爲後生子。(《續釋常談》卷三十五 P610)

D. 上海古籍出版社 1986 年影印本《一切經音義》分卷,各卷頁碼自成起訖,同時全書還有統一頁碼。本書標出卷數、各卷頁碼和全書統一頁碼。例如:

【傍生】pángshēng 蒲忙反。案:傍生者,上從龍獸禽畜,下及水陸蚍(音昆)蟲(逐融反)業淪惡趣,非人天之正道,皆曰傍生是也。(《一切經音義》卷五 14 P204)

(3)《俗務要名林》原文獻是一篇敦煌文書,不分卷,不標頁碼,本書只標書名。例如:

【坌】bèn 以灰淹也。蒲本反。(《俗務要名林》)

(4)參見條目出處的標識與主條目相同。

部首檢字表

（一）部首目錄

1. 部首按筆畫排列，同畫數的按筆形一（橫）、丨（豎）、丿（撇）、丶（點）、乙（折）的順序排列。
2. 附形部首不計入部首內。
3. 右邊的號碼指檢字表的頁碼。

（二）檢字表

1. 多音字不依音項分別列入本表，只標首音項所在頁碼。
2. 右邊的號碼指正文的頁碼。

一 部

【一下】yīxià　今人言打一下，漢時已有此語。《呂氏春秋·長攻篇》："代君酒酣，反斗而擊之，一成，腦塗地也。"高誘注："一成，一下也。"《江表傳》："孫皓使察戰賚藥賜奮，奮不受藥，叩頭千下。"見《吳志·孫奮傳》裴注。《傅子》："郭林宗謂仇季智曰：'子嘗有過否？'季智曰：'暮飯牛，牛不食，搏牛一下。'"語載《意林》。)(《直語補證》P38)

【一出】yīchū　《世説》："今日與謝孝劇談一出來。"一出，猶云一番，方言也。(《方言藻》卷上 P2)

　　俗謂一番曰一出。《世説》：林道人云："今日與謝孝劇談一出來。"(《通言》卷四 P52)

【一出貨】yīchūhuò　言只能一用也。本《傳燈錄》。(《越諺》卷中　貨物 P34)

【一切】yīqiè　切，一音砌，出佛書，猶言諸凡也。今俗通作本音，非也。(《言鯖》卷上 P28)

【一口椶】yīkǒuzhōng　椶音中。許氏《説文》："椶，幝也。"案：椶，用成幅布縫如囊，無兩袴，取蔽前後，大如犢鼻，直如烟衝是也。吳中謂不穿袴曰一口椶。(《吳下方言考》卷一 P1)

【一得沽】yīdégū　沽音沽。……又吳中謂孤注曰一得沽。北方謂總在其內曰一沽腦兒。(《吳下方言考》卷三 P2—3)

【一庹】yītuǒ　丈物以兩腕舒平爲一庹。庹音託。《字彙補》云："兩腕引長謂之庹，北人讀作討音。"(《燕説》卷四 P15)

【一桷】yīpào　一件曰一桷。《篇海》："桷，防教切，音鉋。……俗謂四十斤爲桷。"按：今則以銀千兩爲一桷。又，繭十斤爲一桷。(《燕説》卷四 P15)

【一步地】yībùdì　劉禹錫《懷白樂天》詩："相望一步地，脉脉萬里情。"王建《長門怨》："長門一步地，肯口輕回車。"(《續釋常談》P611)

【一汪兒】yīwāng'ér　參見［汪住］。(《通俗編》卷二 P40)

【一抔】yīpóu　抔音泡。……吳中謂兩手所捧土爲一抔。又謂銀一捧亦曰一抔。(《吳下方言考》卷九 P12—13)

【一搭】yīdā　盧仝《月蝕詩》："當天一搭如媒炲。"案：一搭，猶一塊、一抹也。吳諺謂浮汙不多曰一搭。(《吳下方言考》卷十一 P10)

【一摛幹】yīnǎngàn　參見［一摛貨］。(《越諺》卷中　貨物 P34)

【一摛貨】yīnǎnhuò　俗謂物未檢別美惡曰一摛貨，言隨手搦之也。(《通俗編》卷三十六 P805)

　　中南上聲。未揀美惡者。又曰"一摛幹"。從《通俗編》。(《越諺》卷中　貨物 P34)

【一搦】yīnuò　兩手大指頭相合爲一圈，卽今俗謂之一搦。(《雅俗稽言》卷二十二 P8)

【一脚趲】yījiǎoxuān　趲音暄。許氏《説文》："趲，疾也。"案：趲，疾行不留滯也。吳諺謂疾行不止息者曰一脚趲至某處也。(《吳下方言考》卷五 P2)

【一火】yīhuǒ　劉邠《中山詩話》："南方賈人，各以火自名，一火猶一部。"(《恒言廣證》卷二 P26)

【一炷香】yīzhùxiāng　參見［手本］。(《通俗編》卷九 P187)

【一生人】yīshēngrén　都下買婢，謂未嘗入人家者為一生人，喜其多淳謹也。(《目前集》後卷 P2142)

　　《老學庵筆記》："都下買婢，謂未嘗入人家者爲一生人，喜其多醇謹也。予在蜀與何掄之同閱報狀，掄之曰：'渠是一生人，宜其速進。'"(《稱謂錄》卷二十五　婢 P25)

【一百八】yībǎibā　（木屐）又名"一百八"。其履聲似自鳴價值。(《越諺》卷中　服飾 P41)

【一第溷子】yīdìhùnzǐ　《唐書·元結傳》："結舉進士，楊浚見其文，曰：'一第溷子耳，有司得子是賴。'果擢上第。"《山堂肆考》："人才登高第者，稱一第溷子。"(《稱謂錄》卷二十四　進士 P24)

【一般】yībān　白樂天《柘枝》詩："君有一般輸我事，柘枝看較十年遲。"陸龜蒙詩："朝市山林隱一般。"(《恒言廣證》卷二 P26)

【一般般】yībānbān　方干《石榴》詩："每朝

顔色一般般。"羅隱《下第》詩："年年模樣一般般。"(《恒言廣證》卷二 P26)

【一花】 yīhuā　數錢以五文爲一花，見《俗呼小錄》。按：凡花五出者多，故云。今數錢有誤，又有花數一五之説。又：用錢曰花錢。(《燕説》卷四 P15)

【一落】 yīluò　先儒……每言合下如何，猶吳俗言"一落"之意。(《言鯖》卷上 P3)

【一遘晝】 yīgòuzhòu　今午至翌午，一晝夜十二時相遘也。(《越諺》卷中　時序 P7)

【一頓】 yīdùn　揚雄賦："忽萬里而一頓兮，過列仙以託宿。"《世説□□》篇："吳領軍使婢賣物供客，比得一頓食，殆無氣可語。"《宋書·徐湛之傳》："今日得一頓飽食，便欲殘害我兒子。"《北史·□□傳》："農爲中軍，竇爲後軍，相去各一頓。"(《恒言廣證》卷二 P25)

【一頭】 yītóu　東坡初登第，以詩謝梅聖俞。聖俞以示文忠公，公答梅書，略云："不意後生能達斯理也。吾老矣，當放此子出一頭地。"故東坡《送晁美叔》詩云："醉翁遣我從子遊，翁如退之踐軻丘。向欲放子出一頭，酒醒夢斷十四秋。"蓋叙書語也。陳無己《贈魏衍》詩云："名駒已自思千里，老子終當讓一頭。"(《能改齋漫錄》卷十一 P311)

【一頭地】 yītóudì　朱子《名臣言行錄》："歐陽文忠試禮部進士，得蘇文忠，語人曰：'老夫終當避此人，放出一頭地。'"(《通俗編》卷十六 P337)

【二乎誠】 èrhūchéng　語進出曰二乎誠。(《燕山叢錄》卷二十二　長安里語　言語 P9)

語進出曰二乎誠。(《宛署雜記》卷十七 P194)

【二十夜】 èrshíyè　自臘月二十至除夕，均不呼"日"而呼"夜"，警歲暮也。(《越諺》卷中　時序 P6)

【二十頭】 èrshítóu　既望後，下旬前。(《越諺》卷中　時序 P6)

【二坒子】 èrbìzǐ　在善惡、貴賤間者，如中等錢可介大小間也。(《越諺》卷中　惡類 P15)

【二形子】 èrxíngzǐ　言動反覆無恆俗呼爲二形子。蓋世人真有男女二形者，乃陰陽怪異之氣所生也。佛書載之詳，《大般若經》云："梵言半擇迦，華言黃門，其類有五。……此五種黃門名爲人中惡趣受身處。"(《俚言解》卷一 P18)

【二婚頭】 èrhūntóu　同[回頭人]。(參見[回頭人][活絮頭]條。)(《越諺》卷中　惡類 P15)

【二破】 èrpò　參見[破龍]。(《越諺》卷中　穀 P54)

【二百五】 èrbǎiwǔ　今人以才料不足者謂之二百五，其説亦有由。《后山詩話》："昔之黠者，滑稽以玩世，曰：彭祖八百歲而死。其婦哭之慟，其鄰里共解之，曰：'人生八十不可得，而翁八百矣，尚何尤。'婦人謝曰：'汝輩自不諭爾，八百死矣，九百猶在也。'"蓋世以癡爲九百，謂其精神不足也。二百五之説卽九百之意。(《談微》言部 P73)

【丁】 dīng　人壽百歲爲期，一榦十年則丁，當四十強壯之時，故曰丁也。(《目前集》後卷 P2145)

俗以纜船著岸曰丁。按：揚子《方言》："舟"一條下"維之謂之鼎"。蓋平仄之訛也。(《直語補證》P26)

【丁一確二】 dīngyīquè'èr　參見[的一確二]。(《言鯖》卷上 P28)

【丁倒】 dīngdǎo　《樂府·讀曲歌》："鹿轉方相頭，丁倒欺人目。"案：丁倒，倒轉也。吳諺謂倒轉曰丁倒。(《吳下方言考》卷七 P15)

【丁寧】 dīngníng　見《詩·采薇》箋。《漢書·谷永傳》："日食地震，以丁寧陛下。"《後漢書·朗顗傳》："丁寧再三。"《北史·劉曠傳》："有諍訟者，輒丁寧曉以義理。"韓愈《月蝕》詩："丁寧附耳莫漏泄。"按：《國語》："戰以錞于丁寧，儆其民也。""丁寧"本取儆戒爲義，不必定著言辭。加口爲"叮嚀"字，訓爲囑辭。始見於景祐《集韻》。陸游《和張功父》詩："叮嚀一語宜深聽。""丁"字用口，而"寧"未然。(《通俗編》卷十七 P374)

【丁東】 dīngdōng　玉佩名曰瑲，或云丁東，東卽當也。(《目前集》前卷 P2123)

温飛卿《織錦》詞："丁東細漏侵瓊瑟。"案：丁東，水滴聲。今諺謂水滴聲曰丁東。(《吳下方言考》卷一 P3)

【丁湛】 dīngzhàn　諺云："朝鴽丁湛，夜鴽晴乾。"(《吳下方言考》卷五 P3)

【丁憂】 dīngyōu　今以父母卒稱丁憂、丁

艱,若移於兄弟、夫妻,世多非笑。(《札樸》
卷七 匡謬 P249)

　　參見[起復]。(《里語徵實》卷中上 二
字徵實 P48)

【丁當】dīngdāng 杜牧之《冬日寄小姪阿
宜》詩:"我家公相家,劍佩嘗丁當。"案:丁
當,玉佩聲也。謐謂鐵馬聲亦曰丁當。
(《吳下方言考》卷二 P4)

【丁艱】dīngjiān 今以父母卒稱丁憂、丁
艱,若移於兄弟、夫妻,世多非笑。(《札樸》
卷七 匡謬 P249)

　　親喪曰丁艱。案:隋薛璿寄弟書:"吾
幼丁艱酷。"似泛言之。(《土風錄》卷十
P283)

【丁鞋】dīngxié 葉適詩:"火把起夜色,丁
鞋朝齒痕。"卽釘鞋也。(《土風錄》卷三
P198)

【七七】qīqī 《北史·胡國珍傳》:"詔自始薨
至七七,皆爲設千僧齋。"鑑案:唐李習之
《去佛齋說序》:"故溫陽縣令楊垂撰集喪
儀,其一篇云:七七齋,以其日送卒者衣服
于佛寺,以申追福。翱以此事傷禮,故論而
去之。"(《恒言錄》卷五 P94)

【七寶】qībǎo 一金,二銀,三瑠璃,四頗
棃,五車渠,六赤真珠,七瑪瑙也。(《一切
經音義》卷二十五 4P957)

【七日】qīrì 《北史·孟鸞傳》:"七日,靈太后
爲設二百僧齋。"《孫靈暉傳》:"南陽王綽死
後,每至七日至百日,靈暉恒爲請僧設齋行
道。"(《恒言錄》卷五 P94)

　　《北齊書·武成帝紀》:"帝寵和士開。
將幸晉陽,而士開母死,帝聽其過七日後續
發。"(《恒言廣證》卷五 P74)

【七絲】qīsī 成都人景煥有《野人閒話》一
書,乾德三年所作,其首篇《頒令箴》載蜀王
孟昶爲文頒諸邑云:"朕念赤子,旰食宵衣,
言之令長,撫養惠綏,政成三異,道在七
絲。"(《通言》卷六 P71)

【七零八落】qīlíngbāluò 語見《五燈會
元》。萬光泰《鴛央湖采菱曲》注引諺"七菱
八落",言菱過七日則落,萬必有所本。如
萬云云,杭俗又有"十榛九空"語,果中之
榛,往往不實,是一的對也。(《直語補證》
P18)

【三不知】sānbùzhī 世俗于事之忽然者,
輒曰三不知。"三"之一字,全無著落。按:

《左傳》:"文子曰:'吾乃今知所以亾。君子
之謀也,始、衷、終皆舉之,而後入焉。今我
三不知而入之,不亦難乎?'"是"三"字明有
所指也,俗語未達。(《雅俗稽言》卷二十四
P3)

　　《左傳·哀二十七年》:"(荀)文子曰:
'……君子之謀也,始衷終皆舉之,而後入
焉。今我三不知,不亦難乎?'"姚福
《青溪暇筆》:"俗謂茫邊曰三不知,卽始中
終三者皆不能知也。其言蓋本《左傳》。"
按:《宋史》:馬廷鸞陋于賈似道,求去。陞
辭云:"天下安危,人主不知;國家利害,羣
臣不知;軍前勝負,列閫不知。"此亦與俗言
合,識以備參。(《通俗編》卷十五 P324)

【三升挈】sānshēngqiè 越人呼挈水之器
有曰斗桶者,以其可容一斗也。小之則曰
五升挈、三升挈,省去"桶"字。(《釋諺》
P96)

【三元】sānyuán 今人以正月十五日爲上
元,七月十五日爲中元,十月十五日爲下
元,出於道家之說。《隋書·地理志》:"漢中
好祀鬼神,崇重道教,有張魯之風,每至五
月十五日,必以酒食相饋,賓旅聚會,有甚
于三元。"(《恒言錄》卷六 P116)

　　《參同契》:"含精養神,通德三元。"
……沈佺期《改歲》詩:"六甲迎黃氣,三元
降紫微。"《隋書·音樂志》:"百福四象初,萬
物三元始。"(《恒言廣證》卷六 P90)

【三兒】sānní 參見[山兒]。(《俚言解》卷
二 P41)

【三場】sānchǎng 唐進士初止試策。調露
中,始試帖經,經通,試雜文,謂有韻律之
文,卽詩賦也。雜文又通,試策。凡三場。
(《唐音癸籤》卷十八 P160)

【三合】sānhé 《齊東野語》:"淳熙中,孝宗
及皇太子朝上皇于德壽宮。周益公詩:'一
丁扶火德,三合鞏皇基。'蓋高宗生于丁亥、
孝宗生于丁未、光宗生于丁卯故也。陰陽
家以亥卯未爲三合,用事可謂切當。"《月令
廣義》:"如子月逢子年或申辰年,皆爲一
氣,宜配申子辰日,謂之三合年月日。"(《通
俗編》卷二十一 P470)

【三命】sānmìng 參見[八字]。(《通俗編》
卷二十一 P465)

【三復】sānfù 子臯反。鄭玄箋《毛詩》曰:
"復謂反復也。"《珠叢》曰:"復謂重審察

也。"字又作覆也。(《一切經音義》卷二十一 3P784)

【三尸】sānshī　道家有言三尸,謂上尸、中尸、下尸,每至庚申日言人過于上帝,故學道者庚申日不寐,名曰守三尸。又:于寅日去兩手指甲,午日去兩足指甲,名曰斬三尸。又:或服藥以殺三尸蟲。葛稚川云"絶三彭之仇",謂三尸皆彭姓也。此皆虛誕不足信。唐末道士陳紫霄云:"三尸何有? 此吾師託以懼爲惡者耳。"因有"不守庚申亦不疑"之句。然則柳子厚取號強項者,亦作罵三尸蟲文,其見固出此士下哉。(《雅俗稽言》卷二十二 P9)

【三字】sānzì　知制誥爲三字。(《容齋四筆》)(《唐音癸籤》卷十七 P157)

【三姑】sāngū　參見[丞]。(《詢芻錄》P1)

【三姑六婆】sāngūliùpó　三姑者,尼姑、道姑、卦姑也。六婆者,牙婆、媒婆、師婆、虔婆、藥婆、穩婆也。(《南村輟耕錄》卷十 P126)

　　《輟耕錄》:"三姑者,尼姑、道姑、卦姑也。六婆者,牙婆、媒婆、師婆、虔婆、藥婆、穩婆也。"(《通俗編》卷二十二 P500)

　　三姑者,尼姑、道姑、卦姑;六婆者,牙婆、媒婆、師婆、虔婆、藥婆、穩婆,蓋與三形六害同也。(《稱謂錄》卷三十一 三姑六婆 P22)

【三婆】sānpó　故事,民間婦無得入禁中者,……惟三婆則時有之。一曰奶婆,即兩縣及各衙門選送禮儀房坐季奶口,……一曰醫婆,……一曰穩婆,即民間收生婆中,預選籍名在官者。惟內所用之。(《宛署雜記》卷十 P83)

【三昧】sānmèi　莫蓋反。或此言三摩提,或云三摩帝,皆訛也。正云三摩地。此譯云等持。等者正也,正持心也,謂持諸功德也。或云正定,謂在緣一境,離諸邪亂也。(《一切經音義》卷九 8P335)

　　三昧出釋氏書,乃梵語也。或曰:"道云真一,儒云致一,釋云三昧。一即有二,遂至于三,言三即昧在其中也。"遠法師曰:"夫三昧者何? 專思寂想之謂也。"按《翻譯名義》:"三昧,調正直也,又:正定也,正受也。"圭峯疏:"不受諸受,名爲正受。"《國史補》:"僧懷素自言得草書三昧",謂得其中正受之妙處也。及觀《翰林志》:"學士每

下直出門,謂小三昧;出銀臺門上馬,謂大三昧。言去纏縛、就解脫也。"是亦正直妙處之義。(《雅俗稽言》卷二十 P7)

【三摩地】sānmódì　參見[三昧]。(《一切經音義》卷九 8P335)

【三父】sānfù　徐乾學云:"三父八母之説,始於《元典章》。一同居繼父,一不同居繼父,一從繼母嫁人夫。陳瑚則謂是生父、嗣父、繼父。"(《里語徵實》卷中上 二字徵實 P11)

【三脚貓】sānjiǎomāo　俗以事不盡善者,謂之三脚貓。(《七修類稿》卷五十一 P749)

【三朝】sānzhāo　生子三日謂之三朝,是日祭祖先,洗兒炙臍,俗稱洗三。(《俚言解》卷一 P8)

　　生子三日謂之三朝,俗稱洗三。東坡詞:"壯氣橫秋,未滿三朝已食牛。"(《雅俗稽言》卷八 P9)

【三脚】sānjiǎo　架笟竿者。(《越諺》卷中 器用 P28)

【三脚貓】sānjiǎomāo　《輟耕錄》張明善作《北樂府·譏時》云:"説英雄,誰是英雄? 兩頭蛇,南陽臥龍;三脚貓,渭水飛熊。"《七修類稿》:"俗以事不盡善者,謂之三脚貓。"(《通俗編》卷二十八 P627)

　　道光廿六年夏,妖術癉人。晝夜鳴鑼咬逐,有見形者,如貓而三足。識者黃紙硃書"箆籬籬籬"四字貼家門,其怪遂滅。(《越諺》卷中 禽獸 P45)

　　張明善《北樂府·水仙子》云:"五眼雞岐山鳴鳳,兩頭蛇南陽臥龍,三脚貓渭水飛熊。"(《語竇》P154)

【三白】sānbái　《朝野僉載》:"正月三白,田公笑赫赫。"西北人諺曰:"要宜麥,見三白。"南方有諺云:"冬至三白,陳稻爛麥。"(《常語尋源》卷下庚册 P278)

【三百六十行】sānbǎiliùshíháng　田汝成《游覽志餘》:"杭州三百六十行,各有市語。"按:《點鬼簿》:"鄭廷玉有一百二十行販。"《揚州樂府》:"又,屈彥英有一百二十行院本。"元人但云一百二十,增多爲三百六十,乃明人言耳。(《通俗編》卷二十一 P461)

【三老】sānlǎo　"若要好,問三老。"明陸容《菽園雜記》載之。漢法十里有亭,亭有三

老人,皆有宮室。見《周禮》疏。故宋謝良《中山狼傳》有"決三老"之説。若《野客叢書》引應璩詩"昔有行道人,陌上見三叟"云云,非確證也。(《直語補證》P11)

　　參見[長老]。(《談徵》名部下 P16)

　　參見[長年]。(《南村輟耕錄》卷八 P104)

【三覆】sānfù　豐目反。《考聲》:"覆,審也。"《集訓》:"重察言語曰覆也。"(《一切經音義》卷十 10P379)

【三翼】sānyì　元微之詩:"光陰三翼過。"《越絶書》及《水戰兵法内經》有大翼、中翼、小翼,舟名,蓋戰船之輕捷者。張景陽《七命》:"浮三翼,戲中沚。"梁元帝"白華三翼舸","三翼自相追"。張正見:"三翼木蘭船"。並用此。(《唐音癸籤》卷十九 P172)

【三身】sānshēn　《四部稿》:"佛氏所謂三身:法身者,釋迦之性也;報身者,釋迦之德業也;肉身者,釋迦之真身而寔有之者也。"(《雅俗稽言》卷二十 P5)

【三隻手】sānzhīshǒu　俗謂人見利取偏手曰三隻手。(《雅俗稽言》卷二十二 P8)

【三門】sānmén　《釋氏要覽》:"寺宇開三門者,《佛地論》云:'謂空門、無相門、無作門。'"按:作山門者,據此爲訛。然"山門"亦自有出。《高僧傳》:"支遁于石城山,立栖光寺,宴坐山門,遊心禪苑。"(《通俗編》卷二十四 P540)

【上下】shàngxià　凡言上下者,又稱尊卑惣論也。江南士俗近相承與人言議及書翰往復,皆指父母爲上下,深不達其意耳。(《匡謬正俗》卷八 P106)

【上下同門】shàngxiàtóngmén　《因話錄·商部》:"姑之婿與侄之婿,謂之上下同門。"(《稱謂錄》卷七 妻之兄弟之女之夫 P18)

【上人】shàngrén　內有德智,外有勝行,在人之上。(《目前集》前卷 P2131)

　　《能改齋漫錄》:"唐人多以僧人爲上人,如杜子美已上人茅屋是也。"《增一阿含經》:"有能改過者爲上人。"《摩訶般若經》:"一心行阿耨菩提心不散亂,是名上人。"《十誦律》:"人有四種:一麁人,二濁人,三中間人,四上人。"按:晉時稱釋子多曰道人,至鮑明遠,始有《秋日示休上人》詩。(《通俗編》卷二十 P446)

　　梵音云僧伽,從浮屠教者稱上人。又

《圓覺要覽》:"內有德智,外有勝行,在人之上,故曰上人。"《要覽》:"瓶沙王呼佛弟子爲上人。"(《稱謂錄》卷三十一 僧 P7)

【上山】shàngshān　蠶三眠後吐絲箔上曰上山。按:朱國禎《涌幢小品》云:"作繭以柴帚登蠶其上,曰上山。"蓋取其向高之義。(《土風錄》卷六 P243)

【上學】shàngxué　見劍南詩:"更挾殘書讀,渾如上學時。"(《通俗編》卷七 P145)

【上晝】shàngzhòu　越人以午爲晝。午前爲"上晝"。(《越言釋》卷下 P12)

　　杜預《左傳注》曰:"食時隅中。"即今辰、巳兩時。(參見[下晝][旰晝]條。)(《越諺》卷中 時序 P6)

【上清】shàngqīng　司馬光《考異》:"柳珵《上清傳》言:'竇參知敗,屬上清爲宮婢,當爲白上,後果入宮。'今人呼婢,遂謂之上清。"《正字通》:"當時通稱婢爲上清。"(《稱謂錄》卷二十五 婢 P25)

【上澣】shànghuàn　漢律,吏五日一休,即休假也。休言休息以洗沐也,亦曰休澣。今稱上旬爲上澣,中旬爲中澣,下旬爲下澣,此之義也。(《談徵》名部上 P17)

　　參見[休澣]。(《通俗編》卷三 P47)

【上燈】shàngdēng　俗言日昏黃時曰上燈時。《説苑》:"楚莊王賜羣臣酒,命左右勿上火。"此上字所由來。(《直語補證》P11)

【上燈夜】shàngdēngyè　正月十三日。因民間皆張燈演戲。(《越諺》卷中 時序 P6)

【上番】shàngfān　杜:"無數春笋滿林生,柴門密掩斷人行。會須上番看成竹,客至從嗔不出迎。"番,甫患切,數也,遞也,更也。似用意屢屢看之,猶諺上緊之意,見毛晃韻書。(《唐音癸籤》卷二十四 P212)

【上章】shàngzhāng　《晉書·王獻之傳》:"獻之遇疾,家人爲上章。"道家法應首過,問其有何得失。按:此當即張氏五斗米道所用書疏三通,一上之天者也。(《通俗編》卷二十 P452)

【上篦檔】shàngyǎndàng　被人欺負。(《越諺賸語》卷上 P8)

【上頭】shàngtóu　今世女子之笄曰上頭,而倡家處女初得薦寢於人,亦曰上頭。花蕊夫人《宮詞》:"年初十五最風流,新賜雲鬟使上頭。"(《南村輟耕錄》卷十四 P176)

女子初筓,俗謂之上頭。花蕊夫人《宮詞》:"新賜雲鬟使上頭。"今男子加冠亦曰上頭。(《雅俗稽言》卷十九 P18)

今世女子初筓曰上頭。花蕊夫人《宮詞》:"年初十五最風流,新賜雲鬟使上頭。"入詩遂爲雅語。(《唐音癸籤》卷十九 P166)

晉樂府《歡好曲》:"窈窕上頭歡,那得及破瓜。"花蕊夫人《宮詞》:"年初十五最風流,新賜雲鬟使上頭。"韓偓《香奩集》有《新上頭》詩。按:世但以女子始筓曰"上頭",其實不專主女子也。《南史·孝義傳》:"華寶年八歲,父成長安,臨別曰:'須我還,當爲汝上頭。'長安陷,寶至七十不冠。"《鐵圍山叢談》:"國初,諸王冠,止于宮中行世俗之禮,謂之上頭。"二條皆主男子説。(《通俗編》卷九 P188)

《元史·泰定帝紀》:"遵守正道行來的上頭,數年之間,百姓安業。"《元典章》:"至元二十八年旨,官人每一路過去上頭,百姓每生受。"又,延祐四年奏:百姓爲饑荒上頭,流移江南等路。"按:"上頭"乃指謂其時之辭。(《通俗編》卷三 P55)

女子筓曰上頭。花蕊夫人《宮詞》:"年初十五最風流,新賜雲鬟使上頭。"(《談徵》事部 P26)

女子加筓俗云上頭。本不見所出,然《南史·華寶傳》:"父成長安,臨別謂寶曰:須我還,當爲汝上頭"云云,是言丈夫冠禮也。冠與筓等重,則上頭二字義通可知。《通俗編》泛引樂府、香奩詩而附引《南史》,以爲上頭不獨女子,語既褻誤矣。(《直語補證》P5)

謂遠年及前路,輒名此。見於《元史·泰定帝紀》"上頭數年之間,百姓安業",《元典章》至元廿八年旨"一路過去,上頭百姓"云云。(《越諺》卷中　時序 P6)

花蕊夫人《宮詞》:"年初十五最風流,新賜雲鬟便上頭。"陶南村云:"不特今世女子之筓,而倡家處女初得薦寢於人,亦曰上頭(男子之冠,亦謂之上頭,見《南史》)。"(《語竇》P136)

【上頭人】shàngtóurén　役從目主人曰上頭人。(《土風錄》卷十七 P366)

【上馬杯】shàngmǎbēi　臨行酌酒以上馬杯,見朱子《名臣言行錄》:"寇准薦王欽若

守魏遠,酌大白飲之,曰上馬杯。"(《土風錄》卷二 P195)

【下場頭】xiàchǎngtóu　見《元曲選》"陳州糶米""謝天香"二劇。(《通俗編》卷十四 P304)

【下官】xiàguān　《通典》:"凡郡縣內史相,並于國主稱臣。宋孝武多積忌,始革此制,不得稱臣,直云下官而已。"《南史·宋始興王濬傳》:"義綦曰:'下官初不識士衡,何忽見苦也。'"《王曇(編者按:曇下脱"首")傳》:"帝問王宏:'卿弟何如卿?'答曰:'若但如下官,門户何寄?'"《王僧虔傳》:"作飛白示顧寶先。寶先曰:'下官今爲飛白屈矣。'"《荀伯子傳》:"謂王宏曰:'天下膏粱,惟使君與下官耳。'"《沈慶之傳》:"衆人雖見古今,不如下官耳學也。"《齊范縝傳》:"與竟陵王設蘭花之喻曰:'墜茵席者,殿下是也。落糞溷者,下官是也。'"《梁曹景宗傳》:"帝數晏見功臣,共道故舊,景宗酒後謬妄,或誤稱下官。"按:以上俱屬宋孝武後,而《漢樂府》曰:"下官奉使命,言談大有緣。"《晉書》:"戴逯曰:'下官不堪其憂。'"則宋已前非無是稱,特不爲制耳。(《通俗編》卷十八 P402)

【下杷】xiàbā　兜不上下頦俗謂人喜過甚者。見《齊東野語》。頦本音孩,今俗説下杷。(《直語補證》P36)

【下梢頭】xiàshāotóu　流落不偶曰下梢頭。韻書"梢"注:"木枝末也。又,船尾。"《上蔡語錄》:"橫渠教人以禮爲先,然其門人下梢頭,溺於刑名度數。"下梢頭者,謂其流蕩忘返,不能上進也。(《俚言解》卷一 P28)

【下晝】xiàzhòu　午後爲"下晝"。(《越言釋》卷下 P12)

　　杜注曰:"日昳晡時。"今未、申兩時。(參見[上晝][旰晝]條。)(《越諺》卷中　時序 P6)

【下流】xiàliú　見《論語》。又《尉繚子·武議篇》:"賞及牛童馬圉者,是賞下流也。"(《通俗編》卷十一 P238)

【下澣】xiàhuàn　參見[休澣]。(《通俗編》卷三 P47)

　　參見[上澣]。(《談徵》名部上 P17)

【下手】xiàshǒu　《傳燈錄》慧藏對馬祖曰:"若教某甲自射,直是無下手處。"又,僧問:

"天地還可雕琢也無?"靈默曰:"汝試下手看。"《揮塵錄》:碑工李中寧,太守使劃黨籍姓名。曰:"不忍下手。"(《通俗編》卷十六 P349)

【下胲】xiàgǎi　參見[胲]。(《吳下方言考》卷六 P13)

【下膇】xiàzhuì　痢曰下膇。(《札樸》卷九 鄉里舊聞 鄉言正字附 疾病 P327)

【下碇】xiàdìng　洋舶之始至也。孔戣拜嶺南節度。蕃舶泊步,有下碇稅,始至有閱貨宴,戣禁止之。海船用木毛沉之水中,謂之下碇。(《通雅》卷二十七 P865)

【下程】xiàchéng　世謂下馬飯也。夫登途曰上路,則停驂當曰下程,必有歸饋以食,故有謂歸饋曰下程也。(《談徵》事部 P33)

【下奵】xiàbà　《易·象》"朵頤",……今越語爲"下奵"。《說文》:"短人立奵奵也。"或曰巴也,象頤骨之形。(《越言釋》卷上 P33)

【下足】xiàzú　微賤之稱。《傳燈錄》:"黃蘗云:舉足即佛,下足即衆生。"(《直語補證》P16)

【下飯】xiàfàn　括羹湯看饌通名。下飯,以飯因而下咽也。見《過庭錄》。(《越諺》卷中 飲食 P34)

【下馬飯】xiàmǎfàn　參見[下程]。(《談徵》事部 P33)

【丈】zhàng　丈因于長。《長箋》謂:"古文尢,譌爲丈",此非也。長者轉爲去聲,則借丈通用;且老人有杖,或亦因此。白樂天《歲日寄張侍御二十丈》,又《殷判官二十三兄》詩云:"獨有誇張少年處,笑呼張丈與殷兄。"如子美《上韋五丈》,則是尊長者之稱。(《通雅》卷十九 P648)

　　　參見[老丈]。(《通俗編》卷十八 P384)

【丈丈】zhàngzhàng　參見[老丈]。(《通俗編》卷十八 P384)

【丈人】zhàngrén　《蜀志·先主傳》:"獻帝舅車騎將軍董承。"臣松之按:董承,漢靈帝母董太后之姪,于獻帝爲丈人。蓋古無丈人之名,故謂之舅也。……予按:丈人之義,本于《易》。以妻父爲丈人,又本于漢匈奴所謂:"漢天子,我丈人行也。"(《能改齋漫錄》卷二 P42)

青城山爲五嶽之長,名丈人山,故呼婦翁爲令嶽,妻之伯叔父爲列嶽。又,泰山有丈人峰、丈人觀,故呼爲岳丈。外父亦稱丈人。漢公主嫁單于,曰:"漢天子,我丈人行也(行去聲)。"(《目前集》前卷 P2115)

《野客叢書》:"丈人字,俗以爲婦翁之稱。僕觀《三國志》裴松之注獻帝舅車騎將軍董承句,謂古無丈人之名,故謂之舅;松之,宋元嘉時人,呼婦翁爲丈人,已見此時。大昕按:裴氏注云:"董承,漢靈帝母董太后之姪,於獻帝爲丈人,古無丈人之名,故謂之舅也。"裴所云丈人者,唐人謂之表丈人,今人所謂表叔也。王氏據以爲婦翁之稱,誤矣。柳子厚祭其婦翁楊憑文稱丈人,而自稱子壻,蓋唐人乃有此稱。(《恒言錄》卷三 P61)

唐時稱父執及朋友之父曰丈人,因稱母曰丈母。今以岳父母爲丈人丈母。(《言鯖》卷下 P10)

王弼《易注》:"丈人,嚴莊之稱。"《論衡·氣壽篇》:"人形一丈,正形也。""尊公嫗爲丈人。"《通鑑》:唐韋執誼係杜黃裳壻,杜勸執誼請太子監國,執誼驚曰:"丈人甫得一官,奈何啓口議禁中事乎?"《雞肋編》:"獨稱妻父丈人,自柳宗元呼楊詹事爲丈人始。"《清波雜志》:"《蜀·先主傳》載漢獻帝舅車騎將軍董承之語,裴注云:'漢靈帝母董太后之姪,于獻帝爲丈人。'蓋古無丈人之稱,故謂之舅也。後呼丈人爲外舅,其本此乎?"然《後漢書·匈奴傳》書且鞮單于云:"漢天子,我丈人行。"若曰此語止爲尊老言,非專指妻之父則可,謂古無丈人之名,後學竊有疑焉。(《通俗編》卷十八 P395)

或曰,太山有丈人峯,俗稱外舅爲丈人。(《通言》卷三 P43)

《能改齋漫錄》:"婦翁曰丈人,本于《史記·匈奴傳》:'漢天子,我丈人行也。'"又按:《雞肋編》獨稱妻父丈人,自柳宗元呼楊詹事爲丈人始。(《恒言廣證》卷三 P51)

岳父曰丈人。漢以公主妻單于,故漢武帝太初五年,單于曰:"漢天子,我丈人行也。"考青城山爲五岳之長,名"丈人山"。故呼婦翁曰"岳丈",呼妻之伯叔父曰"列岳"耳。又,或云泰山有"丈人峰",故稱"岳丈"。(《里語徵實》卷中上 二字徵實 P3)

　　參見[泰山]。(《蘇氏演義》卷上 P8)

参見［泰山］。(《雅俗稽言》卷六 P2)

【丈人丈母】zhàngrénzhàngmǔ　壻謂婦之父母。《六研齋二筆》趙子昂《與管公札》有云"上覆丈人節幹、丈母縣君"，又《猗覺寮雜記》柳子厚有《祭丈人、丈母文》。(《越諺》卷中 倫常 P10)

【丈夫】zhàngfū　參見［泰山］。(《蘇氏演義》卷上 P8)

【丈母】zhàngmǔ　《史記‧刺客傳》注："尊婦嫗爲丈人者，《漢書》謂淮陽憲王外王母爲丈人，詩云：'丈人故嫌遲。'"則稱其翁丈人，應得并其嫗曰丈母。《顏氏家訓》：周宏讓言父母中外姊妹亦呼丈人。然古未見丈人之稱施于婦人也。今中外丈人之婦，猥俗呼爲丈母，士大夫謂之王母、謝母云。《猗覺寮雜記》："今專稱外姑曰丈母。柳子厚有《祭楊詹事丈人》《獨孤氏丈母》文，則知唐已如此。"范公稱《過庭錄》："陳叔易自號澗上丈人，里人子從叔易學文，而好修飾頭面，舉止妖嬈，人目爲澗上丈母。"《六研齋二筆》："趙子昂有與管公札云：'上覆丈人節幹、丈母縣君。'"(《通俗編》卷十八 P396)

《家訓‧風操篇》："中外丈人之婦，猥俗呼爲丈母，士大夫謂之王母、謝母云。而《陸機集》有《與長沙顧母書》，乃其從叔母也，今所不行。"(《稱謂錄》卷八 姐之姊妹之子婦，祖母之兄弟姊妹之子婦 P116)

《猗覺寮雜記》："今專稱外姑曰丈母。柳子厚有《祭楊詹事丈人》《獨孤氏丈母》文，則知唐已如此。"《六硯齋二筆》趙子昂有與管公劄云："上覆丈人節幹、丈母縣君。"《恒言錄》："《顏氏家訓》云：'中外丈人之婦，猥俗呼爲丈母，士大夫謂之王母、謝母。是凡丈人行之婦，並稱丈母也。'"《通鑒》：韓滉謂劉元佐曰："丈母垂白，不可更帥諸婦女往填宮也。"注："滉與元佐結爲兄弟，視其父爲丈人行，故呼其母爲丈母也。今則惟以妻父母爲丈母矣。"(《稱謂錄》卷七 妻之母 P12)

《猗覺寮雜記》："今專偁外姑曰丈母。柳子厚有《祭楊詹事丈人》《獨孤氏丈母》文，則知唐已如此。"(《恒言廣證》卷三 P51)

岳母曰丈母。唐時稱父執及朋友之父曰"丈人"，因稱母曰"丈母"。今以岳父母爲"丈人""丈母"，沿此。(《言鯖》)(《里語徵實》卷中上 二字徵實 P3)

參見［丈人丈母］。(《越諺》卷中 倫常 P10)

參見［丈人］。(《言鯖》卷下 P10)

【井】jǐng　《南部新書‧戊》："……搜得骸骨兩井。"(《釋諺》P130)

【丐剝】gàibō　《雞林類事》："方言丐曰丐剝。"(《稱謂錄》卷三十 乞 P10)

【五升挈】wǔshēngqiè　越人呼挈水之器有曰斗桶者，以其可容一斗也。小之則曰五升挈、三升挈，省去"桶"字。(《釋諺》P96)

【五入】wǔrù　《內經》："酸入肝，辛入肺，苦入心，鹹入腎，甘入脾。"是爲五入。(《雅俗稽言》卷二十二 P7)

【五命】wǔmìng　參見［八字］。(《通俗編》卷二十一 P465)

【五峯】wǔfēng　五指皆有名目。……通五指名五峯。(《通俗編》卷三十一 P703)

【五教】wǔjiào　司徒爲五教。(《容齋四筆》)(《唐音癸籤》卷十七 P157)

【五明扇】wǔmíngshàn　五明扇，舜作也。舜廣開視聽，求賢爲輔，故作。秦漢公卿士大夫皆得用之。魏晉以後，非乘輿不得用矣。(《蘇氏演義》卷下 P18)

【五穀蟲】wǔgǔchóng　(蛆)在糞缸者名"五穀蟲"。(《越諺》卷中 蟲豸 P47)

【五眼雞】wǔyǎnjī　張明善《北樂府‧水仙子》云："五眼雞岐山鳴鳳。"(《語實》P154)

【五聖】wǔshèng　壻家之製花冠，其人必於廳事，據香案南面坐，尊嚴之，而婢僕下人……以爲上有"五聖"之神。……五聖者，五勝也。五聖之爲"聖"，卽花冠之所爲"花"也。……五聖之神，世所謂"妖神"也，而戴之於首，不祥孰甚焉？(《越言釋》卷上 P7)

【五粒松】wǔlìsōng　松以粒言，舊矣。唐詩：如"松暄翠粒新"(義山)，"翠粒照清露"(夢得)，"松齋一夜懷貞白，霜外空聞五粒風"(魯望)。又李賀有《五粒小松歌》。豈古人本其初菩有似乎粒，故言粒歟。乃亦有稱鬣者。按松穗皆雙股。栝松三股，種傳自高麗。所謂華山松者，每穗五股，稱五鬣松。松穗初生，少可言粒，多至五亦言粒，於體物未愜矣。段成式云："五粒者，當

言蠶。"甚得之。非謂凡粒皆可通呼蠶也。（《唐音癸籤》卷二十 P176）

【五蓋】wǔgài　《文選·游天台山賦》注引《大智度論》曰："五蓋，貪欲、瞋恚、睡眠、調戲、疑悔。"（《通言》卷一 P18）

【五通神】wǔtōngshén　五通神，世謂之妖神，不知其祀爲最古。按《月令》之"五祀"，冬則祀行。⋯⋯古者大夫、士行役，載於國門之外。載者，所以被除其不祥也。⋯⋯世人見道旁之有祭，遂於道旁作尺五小廟。惡樹頑石之旁，所在而有此，固神之所不居，而不祥之鬼，得而託焉⋯⋯世遂曰"五通神能爲妖"。自是以後，凡爲妖者，則皆曰"五通神"。（《越言釋》卷上 P9）

【五銖錢】wǔzhūqián　銅器有柄有流，蓋沃器也。腹中多五銖錢，小而薄。觸手易碎。《北史·高恭之傳》："今錢徒有五銖之文，而無二銖之實，薄甚榆筴，上貫便破，置之水上，殆欲不沈。"馥謂：此錢似之，蓋正光以前物也。《晉書》載記："石勒時掘得一鼎，中有大錢三十文。"《新唐書》謂之瘞錢，此皆墓中物也。（《札樸》卷八　金石文字 P259）

【五體投地】wǔtǐtóudì　《翻譯名義》："雙膝雙肘及頂至地，名五體投地。"（《通俗編》卷二十 P455）

【五馬】wǔmǎ　唐人詠太守，多用五馬。如"人生五馬貴"，"五馬爛生光"之類甚多。或引詩"孑孑干旄，良馬五之"，以太守比州長之建旄爲解⋯⋯宋龐機先云："古制，朝臣乘駟馬車。漢時，太守出，則增一馬。⋯⋯"子真云："禮，天子六馬，左右驂。三公九卿駟馬，左驂。漢制，九卿秩中二千石，亦右驂。太守則駟馬而已。其有功德加秩中二千石者，亦右驂。故以五馬爲太守之美稱云。"（《唐音癸籤》卷十七 P155）

潘子真《詩話》："太守駟馬而已，其有加秩中二千石乃右驂，故以五馬爲太守美稱。"《遁齋閒覽》："漢時，朝臣出使爲太守增一馬，故曰五馬。"杜甫詩："人生五馬貴，莫受二毛侵。"《古陌上桑詞》："使君從南來，五馬立踟蹰。"案：《泊宅編》："謂太守爲五馬者，多疑所出。據《詩》'孑孑干旄，良馬五之'，鄭氏云'建旄，州長之屬'，殆以是乎?"（《稱謂錄》卷二十二　知府 P3）

【五鳳樓】wǔfènglóu　《五代史》："韓浦與弟洎，皆有文詞。洎嘗輕兄曰：'予兄文如繩樞草舍，聊庇風雨，予文是造五鳳樓手。'浦聞之，因爲寄蜀牋題詩曰：'十樣鸞牋出益州，新來寄自浣溪頭。老兄得此全無用，助汝添修五鳳樓。'"（《常語尋源》卷下辛冊 P281）

【不中用】bùzhōngyòng　俚談以"不可用"爲"不中用"，自晉時有此語。《左傳·成二年》："郤子曰：'克於先大夫，無能爲役。'"杜預註："不中用爲役使。"（《俗考》P16）

不中用，不可用也。《左傳·成二年》："郤子曰：'克於先大夫，無能爲役。'"杜預注："不中爲之役使。"（《南村輟耕錄》卷十 P126）

俗以無用爲不中用。中，去聲。何燕泉云："蕭參希《通錄》引《左傳》：'郤子曰："克于先大夫，無能爲役。"杜預注："不中爲役。"'是晉已有此語。不知漢高祖與太子手勅內已有不中立之語矣。又《史記》："秦始皇聞盧生竊議亡去，曰：'吾將收天下書，不中用者盡去之。'"是秦有此語，又在漢先也。嘉靖時，祭酒崔後渠著《中庸凡》，其説云："中，讀去聲。庸，用也。是仲尼中用之書也。"其説特奇。（《雅俗稽言》卷二十五 P11）

【不使】bùshǐ　俗謂聽之使去爲不使。《爾雅》云："俾，使也。"⋯⋯故俗云：俾使疾之。音訛，若云不使爾。（《匡謬正俗》卷六 P68）

【不便】bùbiàn　《魏志·陳植傳》："丁正禮目不便。"今俗有此語。（《直語補證》P49）

【不借】bùjiè　孫少魏《東皋錄荆公》詩："窗明兩不借，榻淨一籧篨。"《古今注》云："漢文履不借以視朝。"《齊民要術》云："冬月令民作不借。不借，草履也。"余考《中華古今注》云："不借，草履也。以其輕賤易得，故人人自有，不假借也。"然則循名以考實，其義可信。及觀揚雄《方言》，乃云"絲作者曰不借"，此又何耶？（《能改齋漫錄》卷四 P75）

不借，草履也。謂其易辦，人自有之，不待假借，故名曰不借。（《目前集》前卷 P2124）

【不倒翁】bùdǎowēng　參見［籃不倒］。（《越諺》卷中　鬼怪 P19）

【不保】bùcǎi　不俅保,俚諺也。不保亦有出處。《北齊書》:"後主穆后名舍利,母名輕霄。後入宮,幸于後主。女侍中陸大姬養以爲女,后以陸爲母,提婆爲家,更不保輕霄。"蓋南北朝已有此語。(《言鯖》卷下P29)

　　不理人曰不保,見《北史》:"齊後主緯穆后之母名輕霄,穆子倫婢,后既封,以陸令萱爲母,更不保輕霄。"(《土風錄》卷十一P299)

【不在】bùzài　《左傳·哀二十七年》:"陳成子曰:'多陵人者皆不在,知伯其能久乎?'"岳珂《桯史》:"秦檜爲相,士大夫一言合意者,立取顯秩,因多不肯外遷。有王仲荀者,于衆中爲滑稽曰:'昔有朝士,出謁未歸,客投刺于門。閽者告以某官不在。客叱閽曰:'凡人死者稱不在,爾何無忌諱至此。嗣後謝客,第云出外去可也。'閽曰:'我官人寧死,却是諱出外去三字。'"(《通俗編》卷十四P308)

【不對牡】bùduìmǔ　參見[不牡]。(《蜀語》P44)

【不大】bùdà　越語凡言"不甚"曰"不大"者,與《漢書·田叔傳》所云"王以故不大出游"語吻相同,實則《詩》曰"不大聲以色"已有此言。(《越諺賸語》卷上P6)

【不尷尬】bùgāngà　參見[没雕當]。(《通俗編》卷十一P231)

【不合節】bùhéjié　事不諧曰不合節。(《宛署雜記》卷十七P194)

【不帖律】bùtiēlù　《朱子語類》:"荀卿做得那文字,不帖律處也多。"(《恒言錄》卷六P128)

　　《易》:"師出以律,失律凶也。"不帖律即失律之意。(《恒言廣證》卷六P99)

【不審】bùshěn　《韓詩外傳》:"古者明王聖主,其支解人不審從何支解始也。"(《直語補證》P28)

【不理】bùlǐ　不與人分辯曰不理。《鶡冠子》曰:"逆言過耳,甲兵相李。"李即理也。(《蜀語》P9)

【不成】bùchéng　猶今云"難道",宋人方言也。高觀國《鳳棲梧》詞:"不成日日春寒去。"(《助字辨略》卷二P103)

　　高觀國《鳳棲梧》詞:"不成日日春寒去。"不成,猶今云"難道",宋人方言也。(《方言藻》卷二P15)

【不會得】bùhuìdé　猶云不解得,方言也。姜夔《長亭怨慢》詞:"樹若有情時,不會得青青如此。"(《助字辨略》卷四P212)

　　姜夔《長亭怨慢》詞:"樹若有情時,不會得青青如此。"不會得,猶云不解得,方言也。(《方言藻》卷一P9)

【不曉事】bùxiǎoshì　《文選·楊脩〈與曹子建書〉》曰:"脩家子雲,老不曉事。"(《通言》卷五P61)

【不求人】bùqiúrén　《能改齋漫錄》引《音義指歸》曰:如意者,古之爪杖也。或骨、角、竹、木,削作人手指爪,安柄可長二尺許。或脊有癢,手所不到,用以搔抓,如人之意。然則不求人與如意同原,而其本名爲爪杖也。(《通俗編》卷二十六P588)

【不消得】bùxiāodé　《五燈會元》:"巖頭見一婆子抱兒曰:'不遇知音,祇這一箇也不消得。'石霜往見楊大年,楊喚點茶,曰:'也不消得。'"東坡《與蒲傳正尺牘》:"不可但言我有好子,不消與營産業也。"按:消,猶云須。與消受不得之言有別。(《通俗編》卷三十三P730)

【不牡】bùmǔ　交情不合謂之不牡。言語不合謂之不對牡。牡,簨牡也。凡木石凸爲牡,凹爲牝,以相受,俗作榫卯,非。(《蜀語》P44)

【不托】bùtuō　不托,餅也;薄夜,薄餅也;起溲,今之蒸酥也。《方言》:"餅謂之飥。"《齊民要術》:"青稞麥麵,堪作飯及餅飥。"《五代史·李茂真傳》:"朕與宮人,一日食粥,一日食不托。"不托,當時語也,後加飠,又作餺飥。王闢之《澠水燕談》曰:"筵饌以餺飥在水飯前,近蒲左丞相坐,先食之,曰:'世謂餺飥爲頭食。'"范堯夫謫居永州,以書寄人曰:"此中羊麵,無異北方,每日湌餺飥,不知身之在遠。"束皙言:"春饅頭,夏薄托,秋起溲,冬湯餅。"起溲,即今發酵入油糖之酥也。湯餅以湯沃之,《雜俎》作薄衍,陰復春又作薄持,《歸田錄》作薄持,疑即今煎夾子,陳無功所載,一作薄扞。荀氏《四時列饌傳》:"夏祀以薄夜代曼頭。"夾子者,殆今之合餅乎? 六朝又呼餅爲餺。《南史》:"郭原平感文帝,文帝崩,月食麥餺一枚。""齊衡陽王鈞生母病,不肯食五色

餅。"林洪引崔元亮方作地黄餺飩,則不餬之訛也。(《通雅》卷三十九 P1183)

湯餅一名餺飩,亦曰不托。李文正判誤曰:"舊未就刀鈷時,皆掌托烹之;刀鈷既具,乃云不托,言不以掌托也。俗傳餺飩字非。"予讀束晳《餅賦》,知李氏之有本也。晳曰:"火盛湯湧,猛氣烝作,攘衣服,振掌握麪,瀰漓于指端,手縈廻而交錯。"則當晉之時,其謂湯餅者,皆手搏而擘置湯中煮之,未用刀几也。(《通俗編》卷二十七 P612)

參見[湯餅]。(《雅俗稽言》卷九 P11)

【不採】bùcǎi 《北齊書》:"後主皇后穆氏母名輕霄,本穆子倫婢也,后既立,以陸大姬爲母,更不採輕霄。"按:近俗別作"睬"字,《字彙補》云:"偢睬,俗言也,詞家用之。"(《通俗編》卷十三 P275)

【不肯紅】bùkěnhóng 參見[退紅]。(《唐音癸籤》卷十九 P170)

【不能爲人】bùnéngwéirén 今人嘲不生子曰不能爲人,不知漢時已有是語。《樊噲傳》:荒侯家舍人上書曰:"荒侯市人,病不能爲人,令其夫人與其弟亂而生佗廣,實非荒侯子。"(《七修類稿》卷二十二 P334)

【不能彀】bùnénggòu 《漢書•匈奴傳》:"平城之下亦誠苦,七日不食,不能彀弩。"《唐書•張巡傳》:"士才千餘,皆癯劣不能彀。"按:世凡不勝任、不滿意,俱借此以爲辭,王實甫曲中,有"誰能彀"句。(《通俗編》卷三十三 P730)

【不彀】bùgòu 不副曰不彀。(《札樸》卷九 鄉里舊聞 鄉言正字附 雜言 P330)

【不快】bùkuài 世謂有疾曰不快。陳壽作《華佗傳》,已然。(《南村輟耕錄》卷十一 P137)

有疾曰不快,見《三國•華佗傳》。(《七修類稿》卷二十四 P377)

世謂不可意曰"不快",有疾亦曰"不快"。《後漢•華陀傳》:"體有不快,起作一禽之戲,怡然汗出。"《魏志》:"有士患體中不快,詣華陀。陀曰:'君疾當破腹取之。'"乃有疾之謂也。(《通俗編》卷十五 P320)

【不愜】bùqiè 苦頰反。《廣雅》:"愜,可之也。"《字林》:"愜,快也。"(《一切經音義》卷十 4P367)

謙頰反。《考聲》云:"當意也,可也。"

(《一切經音義》卷八 8P296)

【不相干】bùxiānggān 《淮南子•原道訓》:"聖人使人各處其位、守其職,而不得相干也。"又,《兵略訓》:"前後不相撚,左右不相干。"《太玄經》:"陰守户,陽守門,物莫相干。"按:干者,犯也,故《衛玠傳》云:"非意相干,可以理遣。"今北方人謂無妨礙曰"不相干"是也;南方乃以爲不得當之詞,于義未通。(《通俗編》卷十三 P274)

【不耐】bùnài 乃代反。《左傳》云:"而不相耐。"顧野王云:"耐猶能也。"《考聲》云:"忍也。"《文字典説》:"謂法度皆從寸,寸度不過其法也。從而從寸。"(《一切經音義》卷七十二 10P2854)

【不耐煩】bùnàifán 不耐煩三字,見《宋書•庾登之弟仲文傳》。(《南村輟耕錄》卷八 P106)

不耐煩三字,參見《宋書》庾登之弟《仲文傳》。(《通雅》卷四十九 P1454)

《宋書•庾登之傳》:"弟炳之爲人强急而不耐煩。"《五代史•唐明宗家人傳》:"曹氏謂王氏曰:'我素多病,而性不耐煩,妹當代我。'"劉希夷詩:"幽人不耐煩,振衣不閒寂。"蕭穎士《貽韋司業書》:"頃來志若轉不耐煩。"(《通俗編》卷十五 P323)

【不良人】bùliángrén 《説鈴續》云:"緝事番役,在唐稱爲不良人,有不良師主之,卽漢之大誰何也,立名甚奇。"案:緝事番役,似今之番子頭目也。(《稱謂錄》卷二十六 隸 P27)

【不花】bùhuā 元人呼牛爲不花。(《雅俗稽言》卷十四 P20)

【不著】bùzhuó 不中曰不著。(《札樸》卷九 鄉里舊聞 鄉言正字附 雜言 P330)

【不落套】bùluòtào 《正字通》載方語云:"不受人籠絡者曰不落套,簡略時趨者曰脱套。"(《土風錄》卷五 P226)

【不落莢】bùluòjiá 麨食名。四月八日作以供佛。用上白麨稠調,攤桐子葉上,以筍菜碎切爲料,置于中,合其葉蒸而食之。本蔬品也,有以葷料作者更佳。《大明會典》:"四月八日,賜百官不落莢。"(《蜀語》P43)

【不足】bùzú 猶云不必。《世説》注:"紹如此,便可爲丞,不足復爲郎也。"(《助字辨略》卷五 P241)

【不道】bùdào 猶云不謂也。李義山詩:

"不道劉盧是世親。"（《助字辨略》卷五
P244）

　　李義山詩："不到（當作道）劉盧是世
親。"不道，猶云不謂、不料、不意。（《方言
藻》卷一 P4）

【不識酥】bùshísū　《稗編》唐皇謂安祿山
曰："信是胡兒只識酥。"按：俗譏闇昧者，乃
云並此不識。（《通俗編》卷二十七 P607）

【不間界】bùjiānjiè　參見［爐尬］。（《通雅》
卷四十九 P1463）

【不順】bùshùn　謂少壯之死爲不順，老者
爲順。（《語竇》P138）

【屯田】túntián　參見［田曹］。（《唐音癸
籤》卷十七 P157）

【互】hù　護。交互也。越謂攪和曰"互"。
如言"互水穀"之"互"，即此字。（《越諺》卷
下　單辭隻義 P17）

　　參見［乎］。（《越諺》卷下　單辭隻義
P17）

【互市牙郎】hùshìyáláng　參見［牙行］。
（《談徵》名部下 P20）

【互市郎】hùshìláng　參見［牙行］。（《談
徵》名部下 P20）

【互郎】hùláng　陶宗儀《輟耕錄》："今人謂
駔儈者爲乎郎，本謂之互郎，謂主互市事
也。唐人書互作乎，乎似牙字，因訛爲牙
耳。"《説鈴‧天祿識餘》："《溫公詩話》：牙
郎當作互郎。"（《稱謂錄》卷二十八　牙人
P14）

　　參見［經紀］。（《雅俗稽言》卷二十一
P18）

　　參見［牙郎］。（《通俗編》卷二十一
P476）

【乎】jià　各研切。越謂欲得其情而橫逆試
之曰"乎一頭"，即此字。蓋如牙齒參差，上
下一尖一縫相乎也。故"牙"從"丿"，"乎"
從"丶"。古人心苦，分明求精切事情物理
而添造文字。《廣韻》不辨，謂"互"俗作
"乎"。《字典》將"乎"收入"牙"部，引許多
"互"、"牙"通用典注其下，未免牽強無涉。
其引柳宗元《夢歸賦》："乎參差之白黑"註
"乎即互字"，更誤。按：柳賦原本"乎"作
"乎"，故註即"互"字，奈何引作"乎"註耶？
（《越諺》卷下　單辭隻義 P17）

　　乎，各研切。乎者，威勢熏倒其意。
（《越諺賸語》卷上 P8）

【世情】shìqíng　《文選注》引《纏子》："董無
心曰：'無心，鄙人也，不識世情。'"陶潛詩：
"林園無世情。"羅鄴詩："惟有春風不世
情。"（《通俗編》卷九 P180）

【世講】shìjiǎng　俗稱世交曰世講。《童蒙
訓》云："同僚之契，交承之分，有兄弟之義；
至其子孫，亦世講之。"（《里語徵實》卷中上
二字徵實 P10）

【乎】hù　參見［乎］。（《越諺》卷下　單辭隻
義 P17）

【丘】qiǔ　參見［蝤蛑］。（《通雅》卷三十九
P1180）

【丘坑】qiūkēng　《説文》："丘，土之高也，
非人所爲。一曰四方高，中央下曰丘。"《玉
篇》："地高曰丘，大塚曰丘。"（《一切經音
義》卷二十七 20P1083）

【丘墟】qiūxù　"丘虛"借爲"虛實"字，因丘
有空義也。孟康注《漢書》云："西方謂亡女
墟爲丘墟。丘，空也。"（《札樸》卷四　覽古
P120）

【丘聚】qiūjù　去尤反。《周禮》云："四邑曰
丘。"鄭注云："丘四里也。"孔注《尚書》云：
"地之高曰丘也。"又序云："丘亦聚也。"《説
文》亦土之高也。從一。一，地也。人居在
丘。象地形也。（《一切經音義》卷三十二
23P1308）

【再醮】zàijiào　《南史‧孝義傳》："守寡執
志不再醮。"《北史‧羊烈傳》："一門女不再
醮。"（《恒言錄》卷五 P94）

【丞】chéng　世以門稱丞，户稱尉，井曰童，
竈曰君，廁曰三姑，皆古戮于門而自投于井
竈廁而死者。人遂以爲所司之神，而圖其
形焉，理或然也。（《詢蒭錄》P1）

【甫乃】fǔnǎi　方乃也。《宋書‧謝靈運傳》：
"至于建安，曹氏基命。三祖陳王，咸畜盛
藻，甫乃以情緯物，以文被質。"（《助字辨
略》卷三 P146）

【甫欲】fǔyù　方欲如何，而猶未如何也。
《蜀志‧秦宓傳》："甫欲鑿石索玉，刮蚌求
珠。今乃隋和炳然，有如皎日。"（《助字辨
略》卷三 P146）

【更舖】gēngpù　皇城重圍內牆外曰內紅
舖，（前九舖象九翌，左、右、前共廿八舖，象
廿八宿，隸五府勳臣。）外牆外曰外紅舖，
（討［編者按：當作計］七十二舖，象七十二

候，隸留守等指揮，銅牌爲信，鈴箭爲警。有太監提督，科道巡視，車駕司查點。）其城內外各街巷更舖則日白舖。（總小甲，計日錢，更隸五兵司馬。）（《宛署雜記》卷十一 P87）

【表丈人】biǎozhàngrén　《太平廣記》記崔圓事，有表丈人、表姪之稱。表丈人卽今所謂表伯叔也。（《恒言錄》卷三 P63）

參見［丈人］。（《恒言錄》卷三 P61）

【表表】biǎobiǎo　韓愈《祭柳宗元文》：“子之自著，表表愈偉。”（《常語尋源》卷上乙册 P204）

【表表者】biǎobiǎozhě　韓愈《祭柳宗元文》：“子之自著，表表愈偉。”明舒芬《與林泗州書》：“林見素王陽明，皆一代之表表者。”（《常語尋源》卷上乙册 P204）

【表子】biǎo·zi　俗謂娼家曰表子，私娼者曰夃老表子，對內子而言卽外婦也。（《談徵》名部下 P18）

【表木】biǎomù　參見［華表木］。（《蘇氏演義》卷下 P18）

【表星】biǎoxīng　表音悲天反。《三蒼》云：“表，外也。”言此星在於雲外也。（《一切經音義》卷二十六 14P1023）

【表背匠】biǎobèijiàng　《唐書·百官志》：“校書郎有楷書手、筆匠三人，熟紙裝潢匠八人。”《歸田錄》：“裝潢匠恐是今之表背匠。”按：“表”亦作“褾”。《東坡尺牘》“近購得先伯父手啓一通，躬親褾背題跋”，是也。“背”又見陸務觀詩：“自背南唐落墨花。”今俗用“裱褙”字。“裱”爲領巾，“褙”爲襦，皆別字也。《能改齋漫錄》云：“俗以羅列于前者謂之裝潢子。”此乃云“裝幌子”耳。幌子者，市肆之標，取喻張揚之意，與《唐書》“裝潢匠”似不相關。（《通俗編》卷二十一 P478）

《魏古錄》：“凡書畫裝潢之佳自范曄始。”楊升菴曰：“《唐六典》有裝潢匠。”注：音光，上聲。謂裝成而以蠟潢紙也。今製牋猶有潢漿之說，作平聲讀，非。唐秘書省裝潢匠六人，恐是今之表背匠。（《談徵》事部 P17）

【亞台】yàtái　御使大夫爲亞台，爲亞相。（《容齋四筆》）（《唐音癸籤》卷十七 P157）

【亞妻】yàqī　參見［副妻］。（《俚言解》卷一 P12）

【亞相】yàxiàng　參見［亞台］。（《唐音癸籤》卷十七 P157）

【事件】shìjiàn　雞鴨臟肚曰事件。《夢粱錄》：“御街早市賣羊鵝事件。食次名件有十色事件、糟鵝事件，其猪羊頭蹄肝肺則稱四件，酒肆賣擷四件。”按：今京都酒飯館仍沿是稱，鄉中多呼作雜碎。（《燕說》卷四 P8）

【事故】shìgù　白樂天詩：“自去年來多事故，從今日去少交親。”（《恒言廣證》卷四 P62）

【事體】shìtǐ　《後漢書·胡廣傳》：“練達事體，明解朝章。”按：謂事之體統，猶云禮體也，今直言作“事體”，非。（《通俗編》卷十二 P249）

【兩吒生】liǎnghuàshēng　中“化”。開皃。從“匕”。今人誤“吒”，音尺。“吒咤”從“匕”。（《越諺》卷中　形 P58）

【兩脚羊】liǎngjiǎoyáng　宋莊季裕《雞肋編》云：“自靖康丙午歲，金狄亂華，盜賊官兵以至居民更互相食，全軀暴以爲臘。登州范溫，率忠義之人，泛海到錢唐，有持至行在猶食者。老瘦男子庱詞謂之饒把火，婦人少艾者名之不羨羊。小兒呼爲和骨爛。又通目爲兩脚羊。”（《南村輟耕錄》卷九 P114）

【兩省】liǎngshěng　參見［閣老］。（《唐音癸籤》卷十七 P158）

【兩當】liǎngdāng　參見［兩襠］。（《札樸》卷七　匡謬 P248）

【兩襠】liǎngdāng　“兩襠”亦應作“當”，前當心，後當背也。（《札樸》卷七　匡謬 P248）

【兩頭春】liǎngtóuchūn　正初、臘底皆逢春。（《越諺》卷中　時序 P6）

【兩頭蛇】liǎngtóushé　張明善《北樂府·水仙子》云：“五眼雞岐山鳴鳳，兩頭蛇南陽臥龍，三脚貓渭水飛熊。”（《語竇》P154）

【兩頭風】liǎngtóufēng　《揮塵錄》：王欽若以故相守杭州，見錢塘老尉履歷乃同年也，憐而薦之。尉謝詩云：“當年同試大明宮，文字雖同命不同。我作尉曹君作相，東皇原沒兩頭風。”（《常語尋源》卷下癸册 P306）

【甚】shèn　猶何也。姜夔《探春慢》詞：“甚日歸來,梅花零亂春夜。"《齊天樂》詞:"夜涼獨自甚情緒。"又……猶云如何,俗云爲甚也。周密《一枝春》詞:"東風尚淺,甚先有翠嬌紅嫵。"(《助字辨略》卷三 P178)

　　參見[么]。(《通雅》卷四十九 P1467)

【甚設】shènshè 《戰國策》:"韓傀宗族甚多,居處兵衞甚設。"《史記·大宛傳》:"出敦煌者六萬人,多齎糧,兵弩甚設。"《漢書·李廣利傳》亦云:"齎糧兵弩甚設。"師古注:"施張甚具也。"按:俚俗謂有盛饌曰"甚設",誤。(《通俗編》卷八 P170)

【甚麼】shèn·me 參見[什麼]。(《通俗編》卷三十三 P735)

【爾來】ěrlái 猶近來也。溫飛卿詩:"爾來何處不怡然。"(《助字辨略》卷三 P127)

　　溫飛卿詩:"爾來何處不怡然。"爾來,猶近來也。(《方言藻》卷二 P14)

【爾時】ěrshí (爾)與尒同,此也,是也。……爾時,是時也。《世說》:"謝仁祖年八歲。謝像章將送客,爾時已神悟,自參上流。"(《助字辨略》卷三 P125)

【爾許】ěrxǔ 爾許之爲此,……許字在此,……是助辭,不爲義也。(《助字辨略》卷三 P142)

　　爾,此也,許,助辭。爾許,少辭也。《吳志·大帝傳》注:"此鼠子,自知不能保爾許地也。"(《助字辨略》卷三 P125)

【爾馨】ěrxīn 參見[寧馨]。(《助字辨略》卷二 P105)

丨 部

【丫頭】yātóu 吳中呼女子之賤者爲丫頭。劉賓客《寄贈小樊》詩:"花面丫頭十二三,春來綽約向人時。"(《南村輟耕錄》卷十七 P208)

　　吳中女子之賤者爲丫頭。劉賓客《寄贈小樊》詩:"花面丫頭十三四,春來綽約向人時。"(《輟耕錄》)(《唐音癸籤》卷十八 P164)

　　女子之賤者曰丫頭。劉賓客詩:"花面丫頭十二三。"又無名氏六言詩:"丫頭花鈿滿面,不如徐娘半妝。"(《雅俗稽言》卷二十一 P15)

　　今人呼侍婢曰丫頭,蓋言其頭上方梳雙髻,未成人之時,卽漢之所謂偏髻也。劉賓客詩:"花面丫頭十三四,春來綽約向人時。"(《言鯖》卷上 P15)

　　劉禹錫《寄小樊》詩:"花面丫頭十三四,春來綽約向人時。"《輿地志》:"弋陽有大石如人首而岐,名丫頭岩。或題詩云:'何不梳妝便嫁休,長教人喚作丫頭。'"(《通俗編》卷二十二 P490)

　　《輿地志》:"弋陽有大石,如人首而岐,名丫頭岩。或題詩云:'何不梳妝便嫁休,教人長喚作丫頭?'"《蘆浦筆記》:"彭仲衡《丫頭巖》詩:'說著丫頭便癡絕。'"(《恒言廣證》卷三 P56)

　　言頭上方梳雙髻,未成人之時,卽漢所謂偏髻也。劉賓客詩:"花面丫頭十三時,春來綽約向人癡。"(《談微》言部 P66)

　　上鴉。鬟身女。劉禹錫《寄小樊》詩:"花面丫頭十三四"。(《越諺》卷中 賤稱 P13)

【中表】zhōngbiǎo 《晉書·杜后傳》:"母裴氏,中表之美,高于當世。"《列女傳》:"王渾妻鍾氏,禮儀法度,爲中表所則。"《隋書·經籍志》有《盧懷仁中表實錄》二十卷,《高諒表親譜》四十卷。(《通俗編》卷四 P78)

　　《世説·方正》篇:"裴令公歲請二國租錢數百萬,以恤中表之賢者。"《宋書·翟法傳》:"雖鄉親中表,莫得見也。"(《恒言廣證》卷三 P53)

　　《後漢書·鄭太傳》:"明公將帥,皆中表腹心。"《三國·管寧傳》:"中表愍其孤貧。"《晉書·山濤傳》:"與宣穆后有中表親。"《庾亮傳》:"實與中表,骨肉不同。"《列女傳》:"禮儀法度,爲中表所則。"《宋書·自序》:"中表孤貧悉歸焉。"《南史·沈慶之傳》:"悉移親戚、中表於婁湖。"《王志傳》:"九歲居所生母憂,哀容毀瘠,爲中表所異。"《王泰傳》:"由爲中表所異。"《裴子野傳》:"子野於任昉爲從中表。"《傅季珪傳》:"宋武帝之外弟,以中表歷顯官。"《周書·賀蘭祥傳》:"與護中表,少相親愛。"《北史·盧元傳》:"度世推計中表,致其供恤。"《崔昂傳》:"高德正是其中表。"《劉芳傳》:"崔先於芳有中表之敬。"徐鉉詩:"平生中表最情親。"案:中表,猶言內外也。姑之子爲外兄弟,舅之子爲內兄弟,故有中表之稱。《隋書·經籍志》有盧懷《中表實錄》二十卷、《高諒表親

譜》四十卷,可想見當時中表之盛矣。(《稱謂錄》卷三　母之兄弟之子 P17)

　　弁見上母之兄弟之子注。(《稱謂錄》卷三　母之姊妹之子 P20)

【中人】zhōngrén　曹植樂府:"龍欲升天須浮雲,人欲仕進待中人。"《晉書·李密傳》:"常望內轉,而朝廷無援,作詩曰:'人亦有言,有因有緣。官無中人,不如歸田。'"按:魯褒《錢神論》亦云"仕無中人"。而今惟貨產交易有所謂中人者,其義實卽相因。(《通俗編》卷十三 P279)

　　有"田中人""屋中人""秤租中人"名目。曹植樂府、《晉書·李密傳》。(《越諺》卷中　賤稱 P13)

【中傷】zhòngshāng　中,竹仲切。中傷,陰中害之也。(《俚言解》卷二 P51)

【中堅】zhōngjiān　《文選·王仲宣從軍詩》:"鞠躬中堅內",衍注:"中堅,卒伍之名。"(《稱謂錄》卷二十六　兵 P16)

【中堂】zhōngtáng　參見[閣學]。(《談徵》名部上 P23)

【中行評博】zhōngxíngpíngbó　中等曰中行評博。案:《尤悔菴集》:"祭文出,名有候選中行評博某某等等,謂中書行人大理評事太常博士也。蓋四職大小相等,故以稱之。"(《土風錄》卷十二 P306)

【中涓】zhōngjuān　參見[涓人]。(《稱謂錄》卷二十八　媒 P17)

【中澣】zhōnghuàn　參見[休澣]。(《通俗編》卷三 P47)

　　參見[上澣]。(《談徵》名部上 P17)

【中火】zhōnghuǒ　參見[頓]。(《通雅》卷四十九 P1444)

　　參見[頓]。(《談徵》言部 P4)

【中憲】zhōngxiàn　參見[獨坐]。(《唐音癸籤》卷十七 P157)

【中禪】zhōngdān　參見[禪裯]。(《通雅》卷三十六 P1111)

【中軍】zhōngjūn　醬。(《墨娥小錄》卷十四 P5)

【中輟】zhōngchuò　參見[彳亍]。(《吳下方言考》卷十 P13)

【中諫】zhōngjiàn　補闕爲中諫。又曰補袞。(《容齋四筆》)(《唐音癸籤》卷十七 P157)

【中雋】zhōngjuàn　今人稱文場中式者爲中雋,言其中爲雋異也。語出《左傳》士文伯謂投壺之中曰中雋。(《言鯖》卷上 P28)

【中頓】zhōngdùn　參見[頓]。(《談徵》言部 P4)

【中飯】zhōngfàn　《魏志·王脩傳》注引《魏略》云:"未嘗不長夜起坐,中飯釋餐。"(《直語補證》P49)

【中饌】zhōngzhuàn　音撰。馬注《論語》云:"饌,飲食也。"象施僧食也。(《一切經音義》卷八十二 10P3223)

【串】guàn　吳下謂相謔爲串。《爾雅》:"閑、狎、串、貫,習也。"注:"串,厭串。"(《直語補證》P39)

【串單】chuàndān　參見[串子]。(《談徵》言部 P40)

【串客】chuànkè　《溫州府志》:"土俗尚傀儡之戲,名曰串客。"案:以索爲之,故曰串。(《稱謂錄》卷三十　傀儡 P16)

【串子】chuànzǐ　《文字指歸》:"支取貨契曰睉。今倉庫收帖曰串子,睉字之省也。"(《通俗編》卷六 P124)

　　《正字通》云:"今官司倉庫收貼曰串子。"(《土風錄》卷十 P284)

　　今倉庫收貼曰串子、串單。串當作睉。《文字指歸》云:"支財貨契曰睉,俗貝字。"(《談徵》言部 P40)

　　官司倉庫收帖曰串子。(《燕説》卷三 P16)

【串戲】chuànxì　參見[囈戲]。(《通俗編》卷三十一 P684)

【串票】chuànpiào　錢糧收帖曰串票。串與券通,別作睉。《文字指歸》:"支取貨物之契曰睉,今官司倉庫收帖曰串子。"(《燕説》卷三 P15)

【串頭】chuàntóu　錢數曰串頭。按:《文字指歸》:"支取貨契曰睉。"《正字通》云:"今官司倉庫收貼曰串子。"(《土風錄》卷十 P284)

【弗】chǎn　策之別名。初產反。(《俗務要名林》)

【羹煩】púfán　瑣屑曰羹煩。(《札樸》卷九鄉里舊聞　鄉言正字附　雜言 P330)

丿 部

【乂手】yìshǒu　梁上柱曰乂手。(《札樸》卷九　鄉里舊聞　鄉言正字附　名稱 P328)

【乃祖】nǎizǔ　《後漢書·袁紹傳》:"加自乃祖先臣以來,世作輔弼。"任昉《爲范尚書讓吏部封侯表》:"乃祖元平,道風秀世。"竝自稱其先祖爲乃祖,不訓作汝也。(《助字辨略》卷三 P150)

【川老鼠】chuānlǎoshǔ　前代呼蜀人爲川老鼠,以其善鑽,非也。宋時謂蜀人誕,故稱川蠚(編者按:"蠚"當作"蠚")苴,見《山谷集》。老鼠其訛也。(《言鯖》卷下 P2)

【川蠚苴】chuānlǎzhǎ　參見[川老鼠]。(《言鯖》卷下 P2)

【厶】mó　某因于厶,么因于麽。《老學菴筆記》曰:"今人書厶以爲俗。《穀梁》:'桓二年,蔡侯鄭伯會于鄧。'范甯注曰:'鄧,厶地。'陸德明《釋文》曰:'不知其國,故云厶地。'"智按:《稗海》刻此作么,吳士元所修監本作某,蓋放翁亦不知厶之因麽也。麽者,言甚麽也,厶近省簡,故借某;某古梅字,母、畝、每、馬,聲皆通轉。故今京師曰作麽事,讀如麻;江北與楚皆曰麽事,讀如母;而南都但言甚,蘇杭讀甚爲申駕反,中州亦有此聲。而秦晉之咱,則怎之轉也。(《通雅》卷四十九 P1467)

【么麽】yāomó　韓退之《寄崔立之》詩云:"乃令千里鯨,么麽微蟲斯。"洪慶善曰:"麽,亡果切。么麽,細小貌。班彪曰:'么麽不及數子。'"余按《通俗文》曰:"不長曰么,細小曰麽。莫可切。"然洪以細小兼論么麽,非矣。鶡冠子曰:"無道之君,任用么麽,動則煩濁。有道之君,任用雄傑,動則明白。"(《能改齋漫錄》卷七 P177)

【及子】jǐ·zi　笑。(《墨城小錄》卷十四 P6)

【及時】jíshí　猶云應時也。李義山詩:"景陽宮裏及時鍾。"(《助字辨略》卷五 P280)

【及熱】jírè　《南史》:"王敬則曰:'事須及熱。'"(《通俗編》卷三 P59)

【及第】jídì　參見[前進士]。(《唐音癸籤》卷十八 P162)

【升平】shēngpíng　荀悅《漢紀》云:"九年耕,餘三年之食,進業曰升,謂之升平。"(《通言》卷一 P11)

【升朝官】shēngcháoguān　參見[京官]。(《通雅》卷二十 P748)

【升騰】shēngténg　人之發迹曰升騰。(《客座贅語》卷一　方言 P11)

【乏子】fázǐ　兊架曰天平,法馬曰乏子。乏者,法字之訛也。《湧幢小品》云:"吳中有天平山,山石林立皆劍拔,甚銳而勻。范長白得之築園,夫妻時遊其間。妻徐氏能詩而姤,范遂無子。蘇州人爲之語曰:'范長白夫妻上天平,乏子。'聞者大笑。"(《燕說》卷三 P6)

【乃】nǎi　鐘鼎字,音乃,乳也。今人呼乳爲奶,呼乳娘爲奶娘,亦有所自。(《直語補證》P2)

【乍】zhà　猶甫也,今謂初到曰乍到也。王仲初詩:"乍到宮中憶外頭。"(《助字辨略》卷四 P224)

【乍可】zhàkě　仕嫁反。《廣疋》:"乍,暫也。"《蒼頡篇》:"乍,兩辭也。"(《一切經音義》卷七十一 7P2817)

寧可也。元微之詩:"乍可沈爲香,不能浮作瓠。"又云:"乍可爲天上牽牛織女星,不願爲庭前紅槿枝。"(《助字辨略》卷四 P224)

杜荀鶴詩云:"乍可百年無稱意,難教一日不吟詩。"(《通言》卷四 P51)

元微之詩:"乍可沉爲香,不能浮作瓠。"又云:"乍可爲天上牽牛織女星,不願爲庭前紅槿枝。"乍可,寧可也。(《方言藻》卷一 P6)

【年作】niánzuò　辭年作。宛人呼雇工人爲年作,至十月初一日,則各辭去。諺云:"十月一,家家去了年作的,關了門兒自家吃。"(《宛署雜記》卷十七 P192)

【年家】niánjiā　《冬夜箋記》載,明人年誼稱年家,後則無論有無科第,俱稱年家。(《稱謂錄》卷八　世誼 P48)

【年牙】niányá　古者"年""齒"通用。"牙"亦"齒"意。(《越諺賸語》卷上 P4)

【年紀】niánjì　始見《後漢書·光武帝紀》。又《三國志·魏武紀》注:"建元去官之後,年紀尚小。"《張溫傳》:"溫年紀尚小,鎮重尚淺。"《晉書·魯襃傳》:"不計優劣,不論年

紀。"(《通俗編》卷三 P57)

【年鼓】niángǔ　《太平御覽》:"《世説》正月十五日,禰衡被魏武謫爲鼓吏,故世于此日鼓《漁陽摻》。"《演繁露》:"湖州土俗,歲十二月,人家多設鼓亂撾之,至來年正月半乃止。相傳云:'此名打耗。'打耗者,言驚去鬼祟也。世謂禰衡事,正是正月十五,然其撾不待正月,又不相應也。"(《通俗編》卷三十一 P698)

【乖】guāi　本乖戾字,今人却以當巧詐之義。《朱子語錄》:"張子房閑時不做聲氣,莫教它説一話,更不可當少年也。任俠殺人,後來因黄石公教得來較細,只是都使人不疑它:此其所以乖也。"(《恒言錄》卷二 P37)

邵子《擊壤集》有"安樂窩中好打乖吟"。《朱子語錄》:"張良少年也,任俠殺人,後來因黄石公教,得來較細,此其所以乖也。"按:乖之本義爲戾,爲睽,爲背異。羅隱《詠焚書坑》詩:"祖龍算書渾乖角,將謂詩書活得人。"乖角,猶乖張也。而世率以慧爲乖角,其故不解。或云乖者與人相約,稍值利害,則背異而避之自全,反以不背者爲癡。此正所謂乖角者,然其亦費曲折。揚雄《方言》有云:"凡小兒多詐而獪,或謂之姡。"注云:"言黠姡也。"姡字長言之,則轉爲乖。今正謂小兒黠獪曰乖。本指未泯没也。(《通俗編》卷十五 P334)

險邪曰乖。(《札樸》卷九　鄉里舊聞鄉言正字附　雜言 P330)

【乖剌】guāilà　東方朔謂"吾强乖剌而無當",杜預謂"陛下無缺席乖剌之心"。剌,音盧達切。王枓曰:"今人有此語,余鄉罵人喎剌,亦乖剌之轉。"宋子京謂俗以不循理曰乖角。(《通雅》卷四十九 P1451)

勢有不便順,謂之乖剌。剌音□,□作刺,非也。東方朔謂"吾强乖剌而無當",杜欽謂"陛下無乖剌之心"。今俗□□曰歪剌,沿此。(《言鯖》卷下 P7)

【乖脊】guāijǐ　曰乖曰脊,皆背也。而今人謂癢曰"乖脊",以癢不可受而背癢爲尤甚也。……或曰"疥脊"也。凡牛馬驢騾之屬多疥其脊,即傳所謂"瘯蠡"者。或又以"疥"終不可以爲"乖",則又以乖加"瘝",……則愈求而愈遠。(《越言釋》卷上 P35)

身痒。從《越言釋》。(《越諺》卷中　疾病 P19)

【乖覺】guāijué　警敏有局幹謂之乖覺。《水東日記》:"兵部于肅愍公奏疏常用此語。"又謂:"韓退之、羅隱乖角,字與今乖覺意相反。"余謂"乖"字本非美語。《菽園雜記》:"今之所謂乖,即古之所謂黠。"韻書"乖"注:"戾也,背也,離也。"凡乖者,必與人背離,如與人相約諫君死難,稍計利害,即避之以自全,反以不避者爲癡,此之謂乖覺耳。(《俚言解》卷一 P19)

或云乖角猶乖覺,蓋反言之。(《唐音癸籤》卷二十四 P214)

俗稱警敏有幹局曰乖覺。《水東日記》謂韓退之、羅隱乖角,字與今乖覺意相反。今按韓偓《香奩集·詠焚書坑》詩:"祖龍筭事渾乖角,將謂詩書活得人。"則知乖覺本當作乖角。又按《菽園雜記》:"今之所謂乖覺,即古之所謂黠。"韻書:乖,注:戾也,背也,離也。凡乖者,必與人始合終離,自負能覺,反謂人痴。"是知即作乖覺,殊非美辭,俗稱誤矣。(《雅俗稽言》卷二十一 P17)

子弟穎悟曰乖覺,或作乖角。按:退之詩"親朋頓乖角",羅隱《焚書坑》詩:"祖龍算事渾乖角",皆舛謬之謂,且乖字非所以倻人。……明周芝山《錫元亭閒話》云:"俗人不識字,倻人子弟曰乖曰尅則喜。其意蓋以爲美詞耳,不知正相反。"(《土風錄》卷七 P249)

世稱警悟有局幹人曰乖覺。見《水東日記》。(《直語補證》 P26)

慧黠曰乖覺。或作乖角。按:韓昌黎詩"親朋頓乖角",羅隱詩"祖龍算事渾乖角",皆舛謬之謂。且乖字非所以稱人。揚子《方言》:"凡兒多詐而獪,或謂之姡。"姡音括,乖殆姡之轉也。明周芝山《錫元亭閒話》云:"俗人不識字,稱人子弟曰乖曰尅則喜。其意蓋以爲美談耳,不知正相反。"(《燕説》卷一 P1)

【乖角】guāijué　乖角,不曉事意。故韓詩曰"親朋頓乖角"是也。今人反以爲聰明意,錯矣。(《七修類稿》卷二十四 P371)

猶言乖張也。唐人《詠焚書坑》詩:"祖龍算書渾乖角,將爲詩書活得人。"或云乖角猶乖覺,蓋反言之。(遯叟)(《唐音癸籤》卷二十四 P214)

雙聲字。《七修類稿》:"乖角,不曉事意。"故韓詩曰"親朋頓乖角",是也。今人反以爲聰意,錯也。常生案:《通雅》引宋子京,謂俗以不循理曰乖角。(《恒言錄》卷二 P48)

雙聲字。庾信詩:"葛巾久乖角,菊徑簡經過。"獨孤及《謝問病》詩:"人藏兩乖角,蹭蹬風波中。"羅隱《焚書坑儒》詩:"祖龍算事渾乖角,將謂詩書活得人。"(《恒言廣錄》卷二 P42)

參見[乖覺]。(《俚言解》卷一 33P19)

參見[乖覺]。(《雅俗稽言》卷二十一 P17)

參見[乖覺]。(《燕說》卷一 P1)

參見[乖覺]。(《土風錄》卷七 P249)

參見[踢跳]。(《客座贅語》卷一 方言 P10)

參見[乖剌]。(《通雅》卷四十九 P1451)

參見[乖]。(《通俗編》卷十五 P334)

【乘龍】chénglóng 《楚國先賢傳》:"孫雋、李元禮俱娶太尉桓玄之女,時人謂桓叔元兩女俱乘龍。"注:"言得壻如龍也。"……俗直以女壻爲乘龍……杜詩:"女壻近乘龍。"(《雅俗稽言》卷八 P21)

【鼎】diàn 鼎,門鼎也。(《通俗文》釋宮室 P41)

門鍵曰鼎。(《通俗文》釋宮室 P41)

【欮減】quējiǎn 上犬悅反。《聲類》從垂作欮,《說文》:"缶,瓦器也。"小口罌也。《說文》欮字正體從缶(甫苟反),作缺。《蒼頡篇》云:"缺,虧也。"屈追反。顧野王曰:"缺,玷也。"《說文》云:"器破也。"……下減字有兩音,並是上聲。……本音耕斬反。《考聲》云:"損之令少曰減。"《說文》云:"減,損也。"又音咸黯反、鶪減反。《字典》云:"自耗欠下曰減。"《集訓》云:"減,耗也。"《字書》云:"欠陷也。"(《一切經音義》卷十一 7P413)

丶 部

【义】yì 怒。(《墨娥小錄》卷十四 P6)

【义灰】chāhuī 灰合土曰义灰。(《札樸》卷九 鄉里舊聞 鄉言正字附 名稱 P328)

《周禮·掌蜃》注云:"今東萊用蛤,謂之义灰。"疏云:"蜃蛤在泥水之中,東萊人义取以爲灰,故爲义灰。"馥案:吾鄉匠人以石灰和土亦謂之义灰。(《札樸》卷九 鄉里舊聞 P307)

【丹徼】dānjiǎo 丹徼,南方土色赤,故稱丹徼,爲南方之極也。……徼者,繞也,所以繞避外國,使不得侵中國也。(《蘇氏演義》卷上 P5)

【丹若】dānruò 石榴也。《酉陽雜俎》。(《南村輟耕錄》卷十一 P141)

【丹青手】dānqīngshǒu 蘇軾詩句:"何年顧陸丹青手,畫作朱陳嫁娶圖。"(《稱謂錄》卷二十九 畫 P18)

【主人公】zhǔréngōng 參見[主人翁]。(《通俗編》卷十八 P401)

【主人家】zhǔrénjiā 《史記·范睢》《漢書·東方朔》《陳書·沈洙》等傳"家"均作"翁"。(《越諺》卷中 尊稱 P13)

【主人翁】zhǔrénwēng 《史記·范睢傳》:"睢謂須賈曰:'願借乘車駟馬于主人翁。'"《漢書·東方朔傳》:"董偃見尊不名,稱主人翁。"《陳書·沈洙傳》:"門生陳三兄牒,稱主人翁。"又《漢書·戾太子傳》:"李壽趨抱解太子,主人公遂格鬥死。"韓退之《燈花》詩:"更煩將喜事,來報主人公。"(《通俗編》卷十八 P401)

參見[主人家]。(《越諺》卷中 尊稱 P13)

【主券】zhǔquàn 塋兆正穴,俗稱主券。初所未詳,及見《徐文長集》中有"太康瓦券"(今在童二樹家),其文言:"大男楊紹,向土公買地一區,四至極遠,交錢極多,蓋紙錢也。"乃知與神立券,其券卽薶地中,故稱主穴者爲主券。(《札樸》卷九 鄉里舊聞 P308)

【主故】zhǔgù 參見[主顧]。(《通俗編》卷二十三 P522)

【主顧】zhǔgù 《日知錄》:"市井人謂頻相交易者爲主顧,《後漢書》有主故字,顧當是故之譌。"按:元馬致遠《青衫淚》曲有云"舊主顧"者,則其訛亦久矣。(《通俗編》卷二十三 P522)

嫖媽稱其服役之家。見元馬致遠《青衫淚》曲。(《越諺》卷中 善類 P11)

【丼】dǎn 丁度《集韻·丼》:"又,都感切,投

物水中聲。"(《土風錄》卷十五 P342)

　　　　燉。淵潭也。(《越諺》卷中　地部 P3)

【半更】bàngēng　見《史記·滑稽傳》。孟浩詩"瑞雪初盈寸，閒宵始半更"用之。(《通俗編》卷三 P54)

【半仙】bànxiān　《天寶遺事》："宮中寒食鞦韆，帝嘗呼爲半仙之戲。"《武林舊事》："有施半仙，善弄泥丸。"(《通俗編》卷二十 P444)

【半仙戲】bànxiānxì　參見[秋千]。(《雅俗稽言》卷十三 P26)

【半夜鐘】bànyèzhōng　《庚溪詩話》謂：于鵠詩："定知別後宮中伴，遙聽緱山半夜鐘。"溫庭筠："悠然旅榜頻回首，無復松牕半夜鐘。"皇甫冉："夜半隔山鐘。"陳羽："隔水悠悠午夜鐘。"唐人屢用。(《唐音癸籤》卷十九 P172)

【半刺】bàncì　崔嘏《授盧攸河南縣令等制》："國朝之制，自外府正郎至於郡丞半刺，不由會府之所選授者，中外臣僚，歲終得以聞薦。"庾亮《答郭豫書》："別駕舊與刺史別乘，其任居刺史之半。"劉克莊《送詹通判》詩："半刺已官尊。"洪邁詩："風流誇半刺。"(《稱謂錄》卷二十二　通判 P7)

【半子】bànzǐ　《唐書·回紇傳》：咸安公主下嫁，可汗上書言："昔爲兄弟，今爲半子。"劉禹錫《祭陽庶子文》："乃命長嗣，爲君半子。"(《通俗編》卷四 P78)

　　　符載《祭外舅房州李使君文》："意敵周親，禮成半子。"《唐·回紇傳》："咸安公主下嫁可汗，上書恭甚。其言：'昔爲兄弟，今爲半子。'"劉禹錫《祭楊庶子文》："乃命長嗣，爲君半子。"(《稱謂錄》卷八　女之夫 P21)

　　　《唐書》："德宗以咸安公主下嫁回紇。可汗上書恭甚，言昔爲兄弟，今壻，半子也。陛下若患西戎，予請以兵除之。"劉禹錫文云："乃命長嗣，爲君半子。"東坡《和王子立詩》："婦翁未可撾，王郎非嬌客。"注："女壻曰嬌客，王乃子由壻也。"(《常語尋源》卷下庚冊 P277)

【半臂】bànbì　《實錄》曰："隋大業中內官多服半除。"卽今之長袖也。唐高祖減其袖，謂之半臂。(《目前集》前卷 P2123)

【半開門】bànkāimén　潛娼。《容齋俗攷》"私窠子"是也。(《越諺》卷中　屋宇 P26)

【半閒不界】bànjiānbùjiè　《朱子語類》：

"論發憤忘食，樂以忘憂，不知老之將至云爾。泛説是謙詞，然聖人之爲人，自有不可及處，直要做到底，不做箇半閒不界底人。"(《通言》卷六 P71)

【州尊】zhōuzūn　《蜀志·秦宓傳》："王商與宓書曰：'貧賤亦何可終身？宜一來與州尊相見。'"按：今人稱"府尊"、"縣尊"等，皆昉于此。(《通俗編》卷五 P98)

乙（乛乚）部

【九流】jiǔliú　《爾雅》疏："九流者，序六藝爲九種。言于六經，若水之下流也。"(《通俗編》卷二十一 P461)

【九飣食】jiǔdìngshí　《南部新書·壬》："御廚進饌，凡器用有少府監進者，九飣食，以牙盤九枚裝食味其間，置上前，亦謂之看食。"(《釋諺》P104)

【乜斜】miēxié　參見[摸捒]。(《客座贅語》卷一　方言 P11)

【了】liǎo　絶也，殊也。《世説》："庾子嵩讀《莊子》，開卷一尺許，便放去。曰：'了不異人意。'"(《助字辨略》卷三 P157)

【了事】liǎoshì　《晉書·傅咸傳》《甘澤謠》。(《越諺賸語》卷上 P2)

【了了】liǎoliǎo　《後漢書》：孔融年十歲，見李膺稱通家云云，膺大奇之。陳韙在坐曰："小時了了，大未必佳。"融曰："想君小時必當了了。"韙踧踖。(《常語尋源》卷下癸冊 P315)

【了佻】liǎodiào　參見[了鳥]。(《通俗編》卷十六 P359)

【了傏】liǎotáng　唐。罵敗子。(《越諺》卷中　惡類 P15)

【了當】liǎodàng　參見[結裹]。(《通俗編》卷十四 P300)

【了蔦】liǎodiǎo　參見[了鳥]。(《通俗編》卷十六 P359)

【了鳥】liǎodiǎo　李商隱詩："鎖門金了鳥，展幛玉鴉叉。"按：此"了鳥"卽屈戌，縣著門戶間，以備釦鎖，俗人謂之搭鋬。(《通俗編》卷二十四 P546)

　　　《通雅》："魏明帝使公卿負土築凌雲臺。公卿顦顇，其面了蔦，其衣了蔦。本作了鳥。升菴謂其義鄙褻,男子之私也。智攷《方言》:'佻、抭,縣也。'注曰:'了佻,懸物。丁小反。'胡身之注《鑑》曰:'船長曰舸䑲,衣長曰袨袡,謂其形寫窳也。'其爲私稱,或非古語。"按:鳥之本字爲乚,從倒了也。《廣韻》:"都了切,懸也。"世以其不適於楷體,故率借用鳥字。《水經·洧水》注:"有水懸注澗下,俗人覩其挂於塢側,遂目之爲零鳥水。"其所言似涉鄙褻。(《通俗編》卷十六 P359)

下音弔。董尋疏:"衣冠了鳥。"案:了鳥,短也。吳中譏衣之太短者曰了鳥頭上。(《吳下方言考》卷九 P14)

門上鈕鼻曰了鳥。李商隱詩:"鎖門金了鳥,展障玉鴉叉。"按:周櫟園《書影》云:"余鄉人呼門圅鉸具有勾者爲繚掉,無勾者爲屈戌。"屈戌二字自是宛轉之意。繚,繾也,繞也;掉,搖動也,顛也。皆與環近。了鳥、繚掉當是一物。(《燕說》卷三 P9)

【了鳥頭上】liǎodiǎotóushàng　參見[了鳥]。(《吳下方言考》卷九 P14)

【乚】diǎo　參見[了鳥]。(《通俗編》卷十六 P359)

【也話】yěhuà　野話曰也話。也,篆作"乜"。《說文》:"女陰也,象形。"古音以。故"地""施""弛""䬅""馳""迆""䣈"等字,皆與"也"諧聲。今讀爺上聲。俗稱"也話",即此字。而字書於"也"字刪"女陰"之訓,別出"屄"字,音卑,失古義矣。豈以"也"字常用,故避邪? 是或一道也。(《斠讔筆記》)(《里語徵實》卷中下　二字徵實 P19)

【乞年壽】qǐniánshòu　參見[祝壽]。(《越諺》卷中　風俗 P61)

【乞匄】qǐgài　古艾反。《蒼頡篇》:"乞,行請求也。字體從人從上,言人上財則行求匄也。"(《一切經音義》卷七十 16P2794)

音蓋,行求乞索也。(《一切經音義》卷二十五 9P967)

【乞士】qǐshì　梵云比丘,秦言乞士。上于諸佛乞法,資益慧命;下于施主乞食,資益色身。(《目前集》前卷 P2131)

佛經僧曰乞士。(《稱謂錄》卷三十一　僧 P8)

參見[比丘]。(《雅俗稽言》卷二十 P10)

【乞寒】qǐhán　案:索寒即乞寒,睿宗時,詔作乞寒戲,其俗本於薩末鞬。《唐書·康者傳》:"十一月鼓舞乞寒,以水交潑爲樂。"是也。元宗因四夷來朝,復作此戲,張說上疏曰:"乞寒未關典故,裸體跳足,汩泥揮水,盛德何觀焉。"(《札樸》卷六　覽古 P176)

【乞寒戲】qǐhánxì　睿宗時,詔作乞寒戲,其俗本於薩末鞬。(《札樸》卷六　覽古 P176)

【乞求】qǐqiú　世之曰乞求,蓋謂正欲若是也。然唐時已有此言。王建《宮詞》:"只恐它時身到此,乞求自在得還家。"又花蕊夫人《宮詞》:"種得海柑繞結子,乞求自過與君王。"(《南村輟耕錄》卷十二 P153)

【乞衣】qǐyī　參見[添前字]。(《唐音癸籤》卷十八 P162)

【乞頭】qǐtóu　《東坡志林》:"都下有道人賣諸禁方,其一曰賭錢不輸方。少年有好博者,以千金得之,歸發視其方,但曰:'止乞頭。'"(參見[囊家]條。)(《通俗編》卷二十三 P524)

《唐國史補》云:"今之搏徒假借分畫謂之囊家,什一而取謂之乞頭。"乞頭即俗所謂"捉頭"。(《土風錄》卷二 P195)

【予】yǔ　予,亦謂之過。辰州人謂以物予人曰過,此語有自。按:《唐詩紀事》:"元稹《自述》曰:'延英引對碧衣郎,江硯宣毫各別牀。天子下簾親考試,宮人手裡過茶湯。'"此過,予意。《雲溪友議》載此詩爲元公秀字紫芝者作,其"江硯"爲紅硯。(《通雅》卷四十九 P1467)

【甬道】yǒngdào　階級。(《墨城小錄》卷十四 P4)

上"永"。衙署長直之院。《史記·秦始王紀》。(《越諺》卷中　屋宇 P24)

【乳名】rǔmíng　《宋史·選舉志》:"漕司竝索乳名、訓名各項公據,方許收試。"(《恒言錄》卷五 P93)

【乳哺】rǔbǔ　下浦慕反。許慎註《淮南子》云:"口中嚼食與之,似鳥與兒食曰哺。"《說文》:"從口甫聲也。"今經文從食作餔,米糊也。又:逋、布二音非乳哺義也。(《一切經音義》卷續一 9P3767)

蒲布反。飲飴兒乳也。(《一切經音義》卷二十六 5P1005)

蒲路反。《字林》:"哺,咀食也。"謂口中嚼食也。(《一切經音義》卷十七 17P662)

【乳腐】rǔfǔ　《唐書·穆寧傳》："四子贊、質、員、賞，兄弟皆too粹，世以珍味目之：贊少俗然有格，爲酪；質美而多入，爲酥；員爲醍醐；賞爲乳腐"云，二字見於正史，奇。（《直語補證》P15）

　　《唐國史補》："穆氏兄弟四人贊質員賞，時以賞爲乳腐，言最凡固也。乳腐字見此。"（《土風錄》卷五 P237）

【承奉】chéngfèng　參見［奉承］。（《通俗編》卷十三 P285）

【承落】chéngluò　古之承雷，以木爲之，卽今之承落。（《言鯖》卷上 P23）

【承重】chéngzhòng　卽持重也。持重見《儀禮·喪服傳》《漢書·金日磾傳》。唐人避高宗諱嫌名，改持爲承。宋楊傑撰《劉之道墓志》云："遭祖母喪，乞解官承重服。開國以來，嫡孫有諸叔而承重服者，自之道始。"鑑案：《通典》有晉庾純等適孫爲祖承重議。（《恒言錄》卷五 P94）

　　　參見［承重孫］。（《越諺》卷中　倫常 P10）

【承重孫】chéngzhòngsūn　長孫先喪父，後喪祖，訃祖之稱。見《通典》晉庾純等適孫爲祖承重議。（《越諺》卷中　倫常 P10）

【乾粥】gānzhōu　陸翽《鄴中記》："并州俗，冬至一百五日爲介子推斷火，冷食三日作乾粥，是今日之糗也。"馥案：乾粥卽寒粥，此皆糗之未擣而和水食者。（《札樸》卷九 鄉里舊聞 P309）

【乾妳】gānnǎi　參見［乾阿妳］。（《通俗編》卷二十二 P490）

【乾嬭婆】gānnǎipó　《陔餘叢考》："俗稱乳母曰阿嬭，亦曰嬭婆。其不乳哺而但保抱者，曰乾嬭婆。"（《稱謂錄》卷二 乾阿嬭 P16）

【乾没】gānmò　《漢書》注"乾没"兩字云："得利曰乾，失利曰没。"蓋務於穿鑿，不欲淺近荒俗之意解之，殊不知道理之所未當。且乾没之義如陸沉之義。陸沉者，因陸沉之水；又曰陸地而沉，不待在於水中也。乾没者，言乾在於地，没在於水。貨殖之事，或在於陸地，或没於水。又言物之極不利者，乾地而没，不特沉於江湖也，故謂之乾没。《魏志》傅嘏云："恪心不傾根，不竭本，寄命洪流，自取於乾没乎？"裴松之注《漢書》注云"得利爲乾，失利爲没"，於理未解，

乃云乾者，乾燥也，不取其乾燥，反沉没之也。（《蘇氏演義》卷上 P12）

　　"乾没"二字，《漢書》注云："得利曰乾，失利曰没。"又解：乾而反没，是卽陸沉之義，今人沿爲監守自盜之意，非也。（《言鯖》卷上 P4）

　　《史記·酷吏傳》："張湯始爲小吏，乾没，與長安富賈田甲之屬私交。"徐廣注曰："乾没，隨勢浮沉也。如淳曰：'得利爲乾，失利爲没。'"《三國·魏志·傅嘏傳》："諸葛恪揚聲欲向青徐，嘏言恪豈輕根竭本，寄命洪流，以徼乾没乎？"裴注云："有所徼射，不顧乾燥與沉没而爲之也。"《晉書·潘岳傳》："爾當知足，而乾没不已乎？"《張駿傳》："霸王不以喜怒興師，不以乾没取勝。"《魏書·宋維傳》："元義寵勢日隆，便至乾没。"《北史·甄琛傳》："世俗貪競，乾没爲風。"《顏氏家訓》："陸機犯順履險，潘岳乾没取危。"《抱朴子》："忘膚髮之明誡，尋乾没之難冀。"按：諸所云，大抵皆徼幸取利之義。而世俗又以掩人財物爲"乾没"，其言則自唐以後始。《五代史·李崧傳》："李嶼僕與葛延遇，爲嶼商賈，乾没其貲。"《宋史·河渠志》："孟昌齡安設隄防，多張梢椿之數。每興一役，乾没無數。"王明清《揮塵後錄》："某家有逢辰錄，爲錢仲昭假去乾没。"（《通俗編》卷二十三 P524）

【乾爺孃】gānyéniáng　參見［乾阿妳］。（《通俗編》卷二十二 P490）

【乾癆痩】gāngǎolǎo　疥瘡曰乾癆痩。癆痩音杲老，土音作格澇。（《蜀語》P12）

【乾笑】gānxiào　世以笑之不情者爲乾笑。按：宋范蔚宗謀逆，就刑于市。妻來別，罵曰："身死固不足塞罪，奈何枉殺子孫！"蔚宗乾笑而已。乾笑此爲始。（《能改齋漫錄》卷二 P22）

　　世以笑之不情者爲乾笑。按范曄謀逆，就刑于市。妻來別，罵曄，曄乾笑。（《雅俗稽言》卷十七 P15）

【乾茶錢】gāncháqián　耐得翁《都城紀勝》："水茶坊，乃娼家聊設桌凳，以茶爲由，後生輩甘于費錢，謂之'乾茶錢'。"（《通俗編》卷二十三 P514）

【乾阿奶】gān'ānǎi　《北齊·恩倖傳》："陸令萱配入掖庭。後主襁褓之中，令其鞠養，謂之'乾阿奶'。"《里語微實》卷中上　二字

徵實 P4)

【乾阿妳】gān'ānǎi　《北齊·恩倖傳》:"陸令萱配入掖庭,後主襁褓之中,令其鞠養,謂之乾阿妳。"《東坡集·與千之姪尺牘》有"葬卻老妳"語,自注云:"子由乾妳也。"按:保姆不乳哺者,今猶襲此稱。《史記》注云:"但祭,不立尸,曰乾封。""乾"有權假之義,鄙俗謂義父母曰乾爺孃,同此。(《通俗編》卷二十二 P490)

【乾阿嬭】gān'ānǎi　參見[阿嬭]。(《吳下方言考》卷七 P7)

【乾闥婆】qiántàpó　此云食香或云尋香。言此類尋逐食之香氣往彼娛樂,以求食也。(《一切經音義》卷二十一 7P791)

【乾麨】gānchǎo　上哥安反,下昌繞反。《廣雅》云:"麨,食也。"《埤蒼》:"熬麥爲麨。"《文字典說》:"熬麥乾屑也,從麥酋聲。"(《一切經音義》卷八十一 10P3187)

【乾魚頭】gānyútóu　荊楚人善治鮭魚,《海錄碎事》謂鮑爲乾魚,故楚人謂之乾魚頭。(《言鯖》卷下 P2)

【亂】luàn　快着幹事曰亂。(《燕山叢錄》卷二十二長安里語 人事 P3)

【亂囚頭】luànqiútóu　吳中罟髻髮亂者曰亂囚頭。(《吳下方言考》卷六 P5)

【亂彈班】luàntánbān　(戲班之武班)武演戰鬥,名"亂彈班"。(《越諺》卷中 不齒人 P16)

【亂道】luàndào　《漢書·張禹傳》:"新學小生,亂道誤人,宜無信用。"按:今人自謙所作輒曰亂道。宋人已言之。歐陽修《與梅聖俞簡》云:"亂道一兩首,在謝丈處,可略與臧否之。"又《答連職方》云:"亂道思穎詩一卷,聊以見志,閑中可資一噱。"(《通俗編》卷十七 P365)

十　部

【十八變】shíbābiàn　《易》十有八變而成卦。按:凡事物之多變者,俗並以十八言之。如黃梅天十八變,女長十八變之類。(《通俗編》卷三十二 P715)

【十八重地獄】shíbāchóngdìyù　《龍舒經》云:"眼所見之處,鼻所嗅之處,舌所味之處,身所觸之處,意所思之處,謂之六根界。色聲香味觸法所在,謂之六塵界。眼識色處謂之眼識界,耳聞聲處謂之耳識界,并鼻識界、舌識界、身識界、意識界,謂之六識界。總謂之十八界。"夫十八界,即十八重也。佛氏以即心是佛,妄行爲業,皆目前者也。今六根、六塵、六識不得其所,即地獄耳。世所謂十八重地獄者,非此何爲? 若以爲真有,若另有他說,恐皆非也。六根、六塵、六入識界,又解見《楞嚴經》。(《七修類稿》卷十五 P225)

【十家】shíjiā　唐女妓入宜春院,謂之內人,亦曰前頭人,謂在上前也。骨肉居教坊,謂之內人家,有請俸。其得幸者,謂之十家。鄭嵎《津陽門》詩:"十家三國爭光輝。"蓋家雖多,亦以十家呼之。(鄭良孺)(《唐音癸籤》卷十七 P153)

　　《金華子》:"女妓得幸者謂之十家。"鄭嵎《津陽門詩》云"十家三國爭光輝"是也。家雖多亦以十家呼之。三國謂秦、韓、虢三國夫人,並見《侯鯖錄》。(《稱謂錄》卷三十倡 P21)

【十字街】shízìjiē　《北史·李諧傳》。(《越諺》卷中 地部 P5)

【十幾頭】shíjǐtóu　初旬後,月半前。歐陽公《與姪簡》無"幾"字。(《越諺》卷中 時序 P7)

【十枝】shízhī　初唐人詠日,用"十枝"字,謂扶桑九日居下枝,一日居上枝也。出《山海經》。扶桑,嚴忌《哀時命》作榑桑,音同。李白詩:"游榑桑兮掛日袂。"(《唐音癸籤》卷十六 P142)

【十樣錦】shíyàngjǐn　《新異錄》:"孟氏在蜀,製十樣錦箋。"《夢粱錄》:"湖船有百花、十樣錦等名。"(《通俗編》卷二十五 P555)

【十齋】shízhāi　今人以月一日、八日、十四日、十五日、十八日、二十三日、二十四日、二十八日、二十九日、三十日不食肉,謂之十齋,釋氏之教也。今斷獄律疏議列此十日謂之十直日。(《目前集》前卷 P2132)

【千人捏】qiānrénniē　有蟲,大如錢,殼甚堅,壯夫極力捏之,不死,名爲千人捏。或以譖市倡。(《雅俗稽言》卷十四 P22)

【千秋】qiānqiū　參見[秋千]。(《雅俗稽言》卷十三 P26)

【千秋節】qiānqiūjié　參見[端午]。(《俗

考》P12）

【廿】niàn　《説文》：“廿，二十。”顏之推《稽聖賦》：“中山何夥，有子百廿。”言有子百二十也。至有讀廿爲奴店切，又有直作念字者。或云吳王有女名二十，甚愛之，早卒，國人遂以二十爲念，不知是否。（《目前集》前卷 P2134）

【卓】zhuō　今俗以案爲桌，當作“卓”。《通鑑》：“孫權引魯肅合榻對飲。注云：‘榻，牀也。江南呼几案之屬爲卓牀，卓，高也，以其比坐榻、卧榻爲高也。合榻猶言合卓也。”（《札樸》卷六 覽古 P174）

【卓牀】zhuōchuáng　《通鑑》注云：“榻，牀也。江南呼几案之屬爲卓牀。”（《札樸》卷六 覽古 P174）

【直侹侹】zhítǐngtǐng　吳諺謂物之直者曰直侹侹。（《吳下方言考》卷七 P11）

【直衝】zhíchōng　《南史·魯廣達傳》：“直衝。”（《越諺賸語》卷上 P9）

【直抹】zhímèi　裙。（《墨娥小錄》卷十四 P5）

【直日】zhírì　《晉語》：“史黯曰：‘臣敢煩當日。’”韋昭註：“直日也，言不敢煩主之直日者以自白。”《漢書·京房傳》：“分六十四卦，更直日用事。”《南史·殷不害傳》：“與舍人庾肩吾直日奏事。”（《通俗編》卷三 P50）
　　《禮記》注：“御者如今小吏直日。”引《漢書·京房傳》“更直日用事”者誤。（《直語補證》P28）

【直掇】zhíduō　逢掖之衣一作馮翼，今之直掇也。（《雅俗稽言》卷十一 P4）
　　《傳燈錄》：普化謂市人乞我一箇直裰。林逋《寄李山人》詩：“身上祇衣粗直掇，馬前長帶古偏提。”蘇轍《孔平仲惠蕉布》詩：“更得雙蕉縫直掇，都人渾作道人看。”按《説文》：“褚，衣躬縫也。”《集韻》云：“或作襁、裰。”又《周禮》疏：“中央爲督，所以督率兩旁。”《莊子·養生主》：“緣督以爲經。”《音義》亦云“中也”。《六書故》云：“人身督脉，當身之中，貫徹上下，故衣縫當背之中，達上下者，亦謂之督。”據此，則“直掇”字，本當作“褚”，而“督”亦可借用。若“裰”，則補破之義，不應聯“直”字爲名。作“掇”，則更無義矣。（《通俗編》卷二十五 P561）

【直裰】zhíduò　衣曰直裰。裰音惰，無袂衣也。俗凡衣皆稱裰，誤，俗作裰，非，裰音

掇，補衣也。（《蜀語》P35）

【直裰】zhíduō　衣無褾積，其制襤褌，謂之直裰。朱或《可談》：“富鄭公致政歸西都，常著布直裰，跨驢出郊。”（《俚言解》卷二 6P32）
　　參見［直掇］。（《通俗編》卷二十五 P561）

【直紂】zhízhòu　性堅執曰直紂。（《客座贅語》卷一 方言 P11）

【直跊盩】zhízhílì　吳中謂痛極爲直跊盩。（《吳下方言考》卷三 P10）

【直錢】zhíqián　《朱子語錄》：“束脩是至不直錢底，羔雁是較直錢底。”《雪浪齋日記》：“韓持國句：‘一池秋水沸鼃魚。’”前人評云：“沸字直錢。”（《通俗編》卷二十三 P514）
　　史游《急就篇》。（《越諺賸語》卷上 P8）

【南床】nánchuáng　《通典》：“知雜事者，食坐之南設橫榻，謂之南床。”《石林燕語》：“唐御史臺北向。公堂會食，侍御史設榻於南，故俗呼御史爲南榻。”《通典》注：“南床又謂之癡床，言處其上者，皆驕傲自得，使人如癡，故謂之癡床。”（《稱謂錄》卷十四 都察院 P4）

【南宮】nángōng　參見［大天］。（《唐音癸籤》卷十七 P157）

【南榻】nántà　參見［南床］。（《稱謂錄》卷十四 都察院 P4）

【南威】nánwēi　橄欖也。《太平廣記》。（《南村輟耕錄》卷十一 P140）

【南摩】nāmó　參見［南無］。（《通俗編》卷二十 P456）

【南無】nāmó　正言納慕，亦言納莫。此云敬禮，若言伴談，或云伴題，此云禮拜。言和南，皆等訛謬也。有本稱南無諸佛，應從喜稱南無佛爲正也。（《一切經音義》卷二十七 10P1063）
　　《法苑珠林》：“南無，或作南摩，或作那謨，又：或作納慕、娜謨、那摸。《善見論》翻歸命覺，或翻信從。其云和南者，此翻恭敬。”按：此屬梵音，故無定字，古西方人通爲此語。《穆天子傳》：“膜拜而受。”一言曰膜，兩言卽南無也。《堅瓠集》謂“佛居西方，西方金也，至南而無，火尅金也。”殊屬

傅會。周憲王《元宮詞》："自從授得毘盧咒,日日持珠念那摩。"二字入詩,僅見。(《通俗編》卷二十 P456)

【南省】nánshěng　參見[大天]。(《唐音癸籤》卷十七 P157)

【南道主】nándàozhǔ　參見[東道]。(《雅俗稽言》卷十七 P10)

【南選】nánxuǎn　高宗時,以嶺南五管,黔中都督府得即任土人,而官或非其材,乃遣郎官御史爲選補使,謂之南選。(《唐音癸籤》卷十八 P160)

【博士】bóshì　參見[郎中]。(《談徵》名部下 P13)

【博浪】bólàng　臉。(《墨娥小錄》卷十四 P8)

【博掩】bóyǎn　博戲也。用六箸六棊謂之六博,掩圍棊也。《篆文》云:"撲掩跳踐戲也,俗謂之射意。一曰射數,又:博戲,掩取財物也。"(《一切經音義》卷七十四 12P2934)

【蟲直】chùzhí　上冲六反。《字統》云:"蟲謂長直也。"《古今正字》云:"直兒也,從三直。"(《一切經音義》卷八十一 12P3191)

厂　部

【屏厇】yǎzhǎ　搤岔。不相合也。(《越諺賸語》卷上 P3)

【厝言】cuòyán　麤固反。《韻詮》:"置也。"(《一切經音義》卷八十一 7P3182)

【原汁茶】yuánzhīchá　聚諸乾橑爛煮之,和以餹蜜,謂之"原汁茶",可以食矣。(《越言釋》卷上 P31)

【栖】xī　物壎曰栖。(《札樸》卷九 鄉里舊聞 鄉言正字附 雜言 P331)

【厠屋】cèwū　《天文志》:"參伐左足下四星,名天厠;厠下一星名天屎。"《禮》:"帝嚳能序星辰以著衆。"則制厠始于高辛。(《里語徵實》卷中上 二字徵實 P23)

【廬崩】kēbēng　損聲曰廬崩。(《札樸》卷九 鄉里舊聞 鄉言正字附 雜言 P331)

【歷落】lìluò　參見[眵]。(《越諺》卷下 單辭隻義 P15)

【厭瓚】yànzàn　《中山詩話》:"世謂事之陳久爲瓚。蓋五代時有馮瓚,其人魯戇,有所聞見,他人已厭熟,而乃甫爲新奇道之,故今多稱瓚爲厭熟。"按:《荀子·勸學》:"問一而告二,謂之囋。"囋音同瓚。世云"厭瓚"者,似當依《荀子》用"囋"。以其言支蔓爲可厭也。"馮瓚說"殊無証據。(《通俗編》卷十七 P377)

【厭賤】yànjiàn　《廣古今五行志》:"侯景時,定州阿專師曰:'汝等何厭賤我,我捨汝去。'"(《通俗編》卷十三 P288)

【斯】sī　《老學菴筆記》:"世言白樂天用相字,多從俗語作思必切。如'爲問長安月,如何不相離'是也。"按:杜詩"恰似春風相欺得",相,亦讀思必切,不獨樂天。此字今別作斯。小說謂相打曰斯打,其音亦思必切。(《通俗編》卷三十三 P747)

【斯攪】sījiǎo　見《歐陽文忠集》,其《謝梅聖俞簡》云:"家人見誚,好時節將詩去人家斯攪,不知吾輩用以爲樂。"(《通俗編》卷十二 P265)

【斯炒】sīchǎo　《國老談苑》:"潘邠老詩多犯老杜,王直方云:'老杜復生,須與潘十斯炒。'"《朱子集·與楊子直簡》亦有"斯炒"字。按:《說文》:"訬,擾也。"《博雅》:"訬,獪也。"則"炒"當以從言爲正。(《通俗編》卷十二 P265)

【斯賴】sīlài　即俗云撒賴。按:《侯鯖錄》:"韓子華謝事後,自潁(編者按:當作"穎")入京看上元。至十六日,私第會從官九人,皆門生故吏。方坐,出家妓十餘人。中宴後,子華專寵者曰魯生,當舞,爲游蜂所螫。子華意甚不懌。久之,呼出持白團扇從東坡乞詩。坡書詩云云,上句記姓,下句書蜂事。子華大喜。坡云:'唯恐他姬斯賴,故云耳。'"(《直語補證》P32)

【斯馬子】sīmǎzǐ　《雲麓漫鈔》:"漢人目溷器爲虎子,鄭司農注《周禮》有是言。唐人諱虎字,改爲馬,今人云斯馬子是也。"(《恒言廣證》卷五 P83)

【斯鱉】sībiē　《古琴操》:"從它楊學士,鱉殺鮑參軍。"又楊補之小詞:"和天也來斯鱉。"……俗謂人忿爭曰斯鱉,或一人自抱不平曰鱉氣,其語已久。(《雅俗稽言》卷十七 P14)

【厲世】lìshì　《史記》:"厲世摩純。"案:厲世,以此爲戒而勉勵世人也。吳中責人之

遲頓者曰匽厲世。(《吴下方言考》卷八 P9)

【匽閈】chánhàn　上長連反。《考聲》云："一畎半爲一家，城市中空地也。"……下寒案反。《蒼頡篇》："閈，垣也。"《廣雅》："居也。"《説文》："閈，閭也。"汝南平輿里門也。(《一切經音義》卷十四 19P547)

匸　部

【匸】fāng　一斗曰一匸。音方。(《肯綮錄》P1)

【匹】pǐ　馬以匹爲數。自古言匹馬，皆一馬也。俗説相馬及君子與人相匹，故曰匹。或曰馬夜行，目明，照前四丈，故曰一匹。或曰度馬縱橫，適得一匹。或曰馬斃，賣得一匹帛。或曰《左氏》説諸矦相贈乘馬束帛，帛爲匹，與馬相匹耳。或曰顏子望吳門，馬如一匹練，是馬之光景一匹長也，故號馬爲一匹。其説紛紛。因讀劉勰《文心雕龍》：古名車以兩，馬以匹，蓋車有佐乘，馬有驂服，皆以對並爲稱。雙名既定，則雖單亦復爲匹，如匹夫、匹婦之稱匹也。此説較長。(《雅俗稽言》卷三十五 P22)

【匹如】pǐrú　白樂天："匹如元是九江人。"匹如，猶言比如、譬如也。(《唐音癸籤》卷二十四 P210)

【巨勝】jùshèng　參見[芝麻]。(《雅俗稽言》卷四十 P7)

【叵】pǒ　《廣韻》云："不可也。"《後漢書·呂布傳》："布目備曰：'大耳兒最叵信。'"叵云不可者，語之急，兩字連作一聲也。又《後漢書·隗囂傳》："帝知其終不爲用，叵欲討之。"《班超傳》："超欲因此叵平諸國。"注竝云："叵，遂也。"又謝靈運詩："懷故叵新歡。"此叵字猶云無也。因不可之義，轉相通借耳。(《助字辨略》卷三 P160)

【叵我】pǒwǒ　普我反。如醉人據熬侮慢，不敬之皃。經文有作岥峨，或作頗峨皆不正也，蓋亦涉俗之言。(《一切經音義》卷三十 4P1185)

【叵耐】pǒnài　《國史異纂》志："李德昭爲內史，妻師德爲納言，相隨入朝，妻體肥，行緩。李怒曰：'叵耐殺人田舍翁。'"(《續釋常談》P611)

【匡匡】kuāngkuāng　參見[匡當]。(《越諺》卷中 屋宇 P25)

【匡當】kuāngdāng　《説文》"框"字注："筐當也。"筐從竹。唯徐鍇《繫傳》云："今俗猶有匡當之言。"引當字注者誤。(《直語補證》P10)

疊韻字。《説文》："框，匡當也。"宋時人亦稱腔當。朱文公《語類》："爲學須先立得箇大腔當了，却旋去裏面修治壁落，教綿密。"(《恒言錄》卷二 P49)

《説文》"框"字注云："筐當也。""當"字注云："今俗有匡當之言。"二字不同，應以無竹爲正。《玉篇》又有"閶"字，訓云："門閶。"其實亦只應書"匡"。(《通俗編》卷二十四 P545)

門閶也。又名"閶廊"，又呼"匡匡"。見《説文》"框"兩註。(《越諺》卷中 屋宇 P25)

【匠】jiàng　五金之工。如呼"銀匠司務"。(《越諺》卷中 賤稱 P13)

【匞床】kàngchuáng　坐床曰匞床。匞音抗。《篇海》："匞床，坐床也。"《説文》："安身之坐者。"(《里語徵實》卷中上 二字徵實 P27)

【匜】hū　日初出曰匜。匜，呼骨切，音忽。《篇海》："日出未甚明也。"按：俗有日頭匜嘴語，疑卽此字而讀作卯之去聲。(《燕說》卷三 P1)

【匱詑】nìtuó　女力反。《廣雅》："隱也，藏也。"下達何反。顧野王："詑，欺也，誆也，不信也。"《説文》："兗州謂欺爲詑。"魯語也。今作詑也。(《一切經音義》卷十一 17P432)

【區區菜】qūqūcài　苦菜曰區區菜（卽白根無苗者）。(《燕山叢錄》卷二十二 長安里語 蔬菜 P10)

【匾匜】biǎntī　上必沔反，下體雞反。《考聲》云："匾匜，薄皃也。"經文作鯿鯑，或有從鳥作鷗鵜或作鵜，並非也。(《一切經音義》卷七十九 4P3106)

物之薄者曰匾匜，音梯。(《肯綮錄》P1)

薄曰匾匜。(《札樸》卷九 鄉里舊聞 鄉言正字附 雜言 P331)

《法華經》："鼻不匾匜。"案：匜，匾意也。吳中謂匾者曰匾匜匜。(《吳下方言考》卷三 P6)

【匾匲匜】biǎntītī　參見［匾匲］。（《吳下方言考》卷三 P6）

【匾食】biǎnshí　餛飩曰匾食。射洪縣絕品。（《蜀語》P7）

【匯鈔】huìchāo　去聲。買成出錢也。宋詩"鹽鈔"，《金史》"交鈔"。厥諺頗舊。（《越諺》卷中　貨物 P33）

【厴粧】jiǎnzhuāng　厴粧，盛首餙之器也。今訛爲簡粧。（《言鯖》卷下 P22）

【匵筒】kuìsì　籠謂之匵筒。（《通俗文》釋器用 P74）

【廉底】liándǐ　力鹽反。《蒼頡篇》："器物名也。"《說文》："鏡廉也。"案：奩者卽香奩碁奩等是也，似合，底平而上有棱角……經言廉底者，取底平爲喻也。（《一切經音義》卷四 5P147）

【廉子】liánzǐ　今作籢，同。力占反。《說文》："鏡廉也。"謂方底者也。今江南有碁廉是也。（《一切經音義》卷七十 3P2768）

【匴】suǎn　竹器邊緣曰匴（先管切）。（《通俗文》釋器用 P74）

卜（卜）部

【卜亮】bǔliàng　暗。（《墨娥小錄》卷十四 P4）

【卜流】bǔliú　《姑蘇志》云："（李娶）又曰卜流。"言卜流年也。（《土風錄》卷六 P238）

【占稻】zhāndào　俗稱占稻，其種來自占城國，猶西瓜來自西域，海棠、海榴、海桃來自海外，胡桃、胡荽、胡麻、胡蘿蔔來自胡地，胡帽、胡琴、胡床始於胡製也。占稻出占城之說見《德安舊志》。（《俚言解》卷二 22P40）

【占鼇頭】zhàn'áotóu　《列子》："龍伯國有大人，一釣而連六鼇。"故大魁謂之占鼇頭。（《稱謂錄》卷二十四　狀 P12）

【卦影】guàyǐng　紀文達公《如是我聞》（卷三）云："世有圓光術，猶卦影也。但卦影隱示基象，此則明著其形。"（《釋諺》P98）

冂（冂）部

【內】nèi　夫婦相稱曰外內，晉魏以前無之。

如秦嘉、顧榮皆有《贈婦》詩，不云贈內也。梁徐悱有《贈內》詩，又有《對房前桃樹咏佳期贈內》詩，其妻劉氏有《答外》詩，內外之稱，起於是矣。（《恒言錄》卷三 P58）

【內人】nèirén　唐著作佐郎崔令欽《教坊記》……又言："妓女入宜春院，謂之內人，亦曰前頭人，常在上前頭也。其家在教坊內，謂之內人家，四季給米。得幸者，謂之十家。"故王建《宮詞》云："內人對御疊花牋"，"內人唱好氍茲急"，"內人相續報花開"，"內人籠脫繫紅縧"，"內人恐要秋衣著"，"內人爭乞洗兒錢"。（《能改齋漫錄》卷六 P143）

唐女妓入宜春院，謂之內人，亦曰前頭人，謂在上前也。（《唐音癸籤》卷十七 P153）

《天祿識餘》：唐女妓入宜春院謂之內人，今概稱妻爲內人，非。按：宜春院說見崔令《教坊記》。王建《宮詞》："寒食內人常白打，庫中先散與金錢。"張祐詩："三百內人連袖舞"，"內人已唱春鶯囀"。所云似是女妓。然此惟唐時爲然，前古大不然也。《周禮》：內宰"會內人之稍食"。內小臣"正內人之禮事"。閽人"幾內人之出入"。寺人"掌內人之戒令"。典婦功"授內人之事"。齋內豎"有祭祀賓客喪紀之事，則爲內人蹕"。凡云"內人"，皆指女御，卽天子八十一御妻也。平人之妻而上于于天子九御，方嫌其過於尊貴，顭謂之瀆其妻室乎？《禮·檀弓》："敬姜言文伯死，朋友諸臣未有出涕者，而內人皆行哭失聲。"鄭康成注："內人，妻妾也。"可見此稱之通于臣下，自春秋時然。經文詳備如此，顧獨牽惑于後世小說乎？又，世亦稱妻曰"內子"。白居易有《代內子賀兄嫂》詩。攷《禮·雜記》："內子以鞠衣。"注："內子，卿之適妻。"《春秋傳》："趙姬請逆季隗于狄，趙衰以爲內子，而己下之。"以此自稱其妻，亦覺過於尊貴。（《通俗編》卷十八 P398）

參見［內子］。（《雅俗稽言》卷八 P17）

【內人家】nèirénjiā　參見［十家］。（《唐音癸籤》卷十七 P153）

【內傅】nèifù　《西京雜記》："趙王如意年幼，未能親外傅，戚姬使舊趙王內傅趙媼傅之。"《稱謂錄》卷二　保母 P13）

【內助】nèizhù　《魏志·郭后傳》："帝王之治

天下，不惟外輔，亦有內助。"《宋史·孟后傳》："宣仁太后曰：'得賢內助，非細事也。'"（《通俗編》卷四 P83）

【內堂】nèitáng　《儀禮·既夕》："朔月若薦新，則不饋于下室。"注："如今之內堂。"（《直語補證》P30）

【內子】nèizǐ　世俗自稱其妻，每曰內子，曰內人。按：《左傳》"卿之內子"注："卿之嫡妻也。"又《侯鯖錄》："唐棃園子弟，以置院近于禁苑之棃園也。女伎入宜春院謂之內人，骨肉居教坊謂之內人家。"然則士庶之稱其妻，不可上擬內子，亦不當下同內人。（《雅俗稽言》卷八 P17）

參見［內人］。（《通俗編》卷十八 P398）

【內姪】nèizhí　參見［姪男］。（《越諺》卷中 倫常 P11）

【內姪女】nèizhínǚ　參見［姪男］。（《越諺》卷中 倫常 P11）

【內相】nèixiàng　唐陸贄爲翰林時號內相，今俗以之稱中官矣。按：周宦官、閽人、寺人，其職也。秦始有中府軍令，漢唐因之，而中謁者、中常侍類以中名焉。洪武初只以監正、門正等名，永樂初改監正曰太監。（《雅俗稽言》卷十八 P10）

【內知】nèizhī　《東軒筆錄》："馮拯之父，爲中令趙普家內知，蓋勾當本宅事者也。"（《稱謂錄》卷二十五 僕 P17）

【用度】yòngdù　《後漢書·光武帝紀》："頃者，師旅未解，用度不足，故行什一之稅。"《宋史·職官志》："戶部掌軍國用度，以周知其出入盈虛之數。"（《通俗編》卷二十三 P524）

【冊葉】cèyè　參見［六赤］。（《唐音癸籤》卷十九 P173）

【囘頭人】huítóurén　夫亡改嫁。（參見［二婚頭］［活絜頭］條。）（《越諺》卷中 惡類 P15）

【璊襠袴】mǎndāngkù　參見［緄襠袴］。（《土風錄》卷三 P199）

人（入亻）部

【人事】rénshì　今人以物相遺謂之人事。

韓退之《奏韓弘人事物狀》云："奉敕撰平淮西碑文，伏緣聖恩，以碑本賜韓弘等。今韓弘寄絹五百疋與臣充人事物，未敢受領，謹錄奏聞。"又杜牧《謝許受江西送撰韋丹碑綵絹等狀》云："中使奉宣聖旨，令臣領受江西觀察使紇于眾所寄撰韋丹遺愛碑文人事綵絹共三百疋。"乃知此稱自唐已有之。（《目前集》後卷 P2144）

禮物也。許觀《東齋記事》："今人以物相遺謂之人事，自唐已有之。"引退之《奏韓宏人事物狀》及杜牧《謝許受江西送撰韋丹碑綵絹等狀》云："人事綵絹，共三百匹。"張淏《雲谷雜記》亦引此二事，又引《後漢·黃琬傳》："特當權子弟，多以今事得舉。"則知人事語，其來已久。大昕案：《後漢書·賈逵傳》："逵母常有疾，帝特以錢二十萬與之，曰：賈逵母病，此子無人事，于外屢空，則從孤竹之子于首陽山矣。"韓退之又有《謝許受王用男人事狀》。常生案：《晉書·武帝紀》，泰始四年，頒五條詔書于郡國，五曰去人事。則人事非徒傳之口語，且入《六典》矣。至唐人人事之說，尤不一而足。此外尚有白居易《奏于頔、裴均入朝事宜狀》云："上須進奉，下須人事。"（《恒言錄》卷一 P11）

《晉書·武帝紀》："泰始四年，頒五條詔書于郡國，五曰去人事。"按：人事，乃餽遺之稱。韓退之撰《王用神道碑》，用男送馬匹轡鞍及白玉腰帶，朝廷令公受領，集中有《謝許受王用男人事物狀》。後撰《平淮西碑》："韓宏寄絹五百匹充人事。"又有《奏韓宏人事物狀》。白居易《奏于頔、裴均欲入朝事宜狀》云："上須進奉，下須人事。"杜牧《謝許受江西送撰韋丹碑綵段等狀》，亦有"所寄人事綵段"之語。（《通俗編》卷九 P180）

《晉書·王長文傳》："閉門自守，不交人事。"（《恒言廣證》卷一 P10）

《南史》："齊王智深家貧無人事，嘗餓五日不得食。"案：人事，土產也。今吳中謂土產爲人事。（《吳下方言考》卷八 P9）

參見［人情］。（《燕說》卷四 P16）

【人中】rénzhōng　錢唐陳鑑如，以寫神見推一時。嘗持趙文敏公真像來呈，公援筆改其所未然者。因謂曰："唇之上何以謂之人中？若曰人身之中半，則當在臍腹間。

蓋自此而上,眼耳鼻皆雙竅;自此而下,口暨二便皆單竅。三畫陰,三畫陽,成泰卦也。"(《南村輟耕錄》卷五 P61)

　　人居天地之中,天氣通於鼻,地氣通於口。天食(音事)人以五氣,鼻受之;地食(音事)人以五味,口受之。故云。若曰人有九竅,自人中而上皆雙,自人中而下皆單。故云。此則可名爲竅中矣。(《七修類稿》卷十五 P220)

　　人居天地之中,天氣通于鼻,地氣通于口,此穴居中,故曰人中。(《雅俗稽言》卷二十二 P2)

【人客】rénkè　杜甫《感懷》詩:"問知人客姓,誦得老夫詩。"白居易《酬周從事》詩:"腰痛拜迎人客倦。"(《通俗編》卷十三 P273)

　　杜甫《感懷》詩:"問知人客姓,誦得老夫詩。"又白居易《酬周從事》詩:"腰痛拜迎人客倦。"(《越諺》卷中 善類 P11)

【人日】rénrì　北齊魏收云:"正月一日爲雞,二日狗,三日豬,四日羊,五日牛,六日馬,七日人。"此日陰雨則爲災也。古人此日貼人形于帳。又李嶠詩:"七日最靈辰,人爲萬物靈。"故云。(《目前集》前卷 P2117)

【人情】rénqíng　杜甫詩:"粔籹作人情。"耐得翁《都城紀勝》:"趁赴茶酒人,每日與人傳語往還,或講集人情分子。"《元典章》:"出使經過州縣,中間要做梯己人情者,必然惠送段匹禮物。"按:以禮物相遺曰"送人情",唐宋元人皆言之也。(《通俗編》卷九 P180)

　　慶弔以錢物往來曰人情,或曰人事。案:唐白樂天《奏于頔、裴均欲入朝事宜狀》云:"上須進奉,下須人事。"其來已久。《昌黎集》亦有《奏韓宏人事物狀》。(《燕說》卷四 P16)

【人情錢】rénqíngqián　(元、明)取錢之言,迎送諸事曰人情錢。(《七修類稿》卷二十一 P319)

　　參見[拜見錢]。(《通俗編》卷二十三 P514)

【人種】rénzhǒng　《世說》阮仲容追婢。又見《立世毗曇論》。(《越諺賸語》卷上 P7)

【人荇菜】rénxìngcài　莧菜曰人荇菜。(《燕山叢錄》卷二十二 長安里語 蔬菜

P10)

【入狀】rùzhuàng　參見[血屬]。(《恒言廣證》卷四 P67)

【入月】rùyuè　天癸曰月事。《黃帝內經》:"女子二七而天癸至,月事以時下。"又曰:"女子不月。"《史記》:"濟北王侍者韓女,病月事不下,診其腎脉,嗇而不屬,故曰月不下。"又,"程姬有所避,不願進。"注:"天子諸侯,羣妾以次進御,有月事者,止不御,更不口説,故以丹注面目的的爲識,令女史見之。"王察《神女賦》:"施玄的的。"即上所云也。然入月二字尤新。王建《宮詞》:"密奏君王知入月,喚人相伴洗裙裾。"(《南村輟耕錄》卷十四 P176)

　　天子諸侯羣妾,以次進御,有月事止不御,更不口説,以丹注面目的的爲識,令女史見之。王建《宮詞》:"密奏君王知入月,喚人相伴洗裙裾。"(《唐音癸籤》卷十九 P166)

　　參見[月事]。(《言鯖》卷上 P19)

【入等】rùděng　《唐書·選舉志》:"吏部,凡官員試判登科謂之入等,其拙者謂之藍縷選。"(《稱謂錄》卷二十四 舉人 P30)

【入粗】rùcū　案:東漢多以七言作標榜語,於句中爲韻,……又如:"……入粗入細李普濟,能賦能詩陽休之。"(《札樸》卷八 金石文字 P280)

【入細】rùxì　參見[入粗]。(《札樸》卷八 金石文字 P280)

【入霑】rùzhān　秋分後逢壬謂之入霑,十日滿謂之出霑。霑,謂雨多也。逢壬十日內謂之霑天。諺云:"入霑有雨出霑晴。"(《蜀語》P9)

【介懷】jièhuái　記念曰介懷。《金經大乘法》云:"往者無迹,來者無極,若悟一一皆空,即當心如太虛,洞然無礙,有何介懷?"(《里語徵實》卷中下 二字徵實 P14)

【仁公】réngōng　晉溫嶠《與陶侃書》謂侃爲仁公。(《通俗編》卷十八 P401)

【仁兄】rénxiōng　《後漢書·趙壹傳》:壹報皇甫規書曰:"實望仁兄,昭其懸遲。"(《通俗編》卷十八 P401)

【什器】shíqì　生生之具謂之什器。……此名原起軍戎,遂謂天下通稱。軍法五人爲伍,二五爲什。一什之內共有器物若干,皆

是人之所須,不可造次而廢者,或稱什物。（《匡謬正俗》卷六 P65）

【什物】shíwù　器用謂之什物者,蓋成周軍法以五人爲伍,二五爲十,供其器物,故器用通謂之什物。（《目前集》前卷 P2126）

十人爲什。古者師行,凡器必共之,故云什器。一曰常用之器非一,故曰什。猶今言什物也。（《雅俗稽言》卷十三 P12）

《史記·五帝紀》:"舜作什器於壽邱。"《索隱》曰:"什,數也。蓋人家常用之器非一,故以什爲數,猶今云什物也。"《後漢書·周榮傳》:"贈送什物,無不充備。"按:元虞裕《談撰》云:"什物者,成周軍法二伍爲什,食用之器必共之,故器用通謂什物。"似不若《索隱》説之確也。（《通俗編》卷二十六 P571）

什物者,師行二五爲什,食用之器必共之,故曰什物。（《言鯖》卷下 P22）

參見［什器］。（《匡謬正俗》卷六 P65）

【什麼】shénmò　《摭言》:韓愈問牛僧孺:"且道拍板爲什麼?"蘇軾《醉僧圖頌》有"劫劫地走爲什麼"句。《集韻》:不知而問,曰"拾没"。没音母果切。《別雅》:麼卽没之平聲,南北語音,有高下之不同,無定字也。按:什麼當亦恁麼之轉,或又作甚麼。《朱子語錄》:"説簡道理如此,看是什麼人卜得。"又云:"我把作甚麼用,皆是用得。"亦作只麼。黄庭堅詩:"閑情欲被春將去,鳥喚花驚只麼回。"（《通俗編》卷三十三 P735）

【化】huà　物能復本形者則言化。《月令》:"鷹化爲鳩,則鳩又化爲鷹。""田鼠化爲鴽,則鴽又化爲田鼠。"其不能復本形者則不言化,如腐草爲螢,雉爲蜃,爵爲蛤,皆不言化也。（《目前集》前卷 P2119）

《公羊傳·桓六年》注:"行過無禮謂之化,齊人語也。"按:今亦通言之。（《通俗編》卷十一 P240）

【仅】fù　手持物以對人曰仅。仅同付。（《燕説》卷二 P14）

【令似】lìngsì　王銍《默記》:"劉原父就省試,父立之止以候榜。郡守曰:'雖令似才俊,豈可預料?'案:《詩》"以似以續",令似當本此耳。（《稱謂錄》卷六 稱人之子 P4）

【令弟】lìngdì　《文選·謝靈運〈酬從弟惠連〉》云:末路值令弟,開顔投我心。（《續

釋常談》卷三十五 P609）

《文選·謝靈運〈酬從弟惠連〉》云:"未語值令弟,開顔搜心胸。"（《目前集》前卷 P2114）

謝靈運《酬從弟惠連》詩:"末路值令弟,開顔披心胸。"《北史·王晞傳》:"晞小名沙彌,與邢子良遊處。子良與其兩兄書曰:'賢弟彌郎,意識深遠。'"按:今人稱人弟曰令弟,自稱其弟曰賢弟,與古人正相易用之矣。（《通俗編》卷十八 P394）

應亨《贈四王冠》詩:"濟濟四令弟,妙年踐二九。"薛稷《餞許州司馬》詩:"令弟與名兄,高才振西京。"（《恒言廣證》卷三 P48）

【令兄】lìngxiōng　《詩》:"此令兄弟,綽綽有裕。"按:此後世稱"令兄、令弟"所本。蘇籀《欒城遺言》:"貢父嘗謂公所爲訓辭曰:'君作强于令兄。'"公謂子由,兄謂子瞻。（《通俗編》卷十八 P393）

蘇籀《欒城遺言》:"貢父常謂公所爲訓辭曰:'君所作强于令兄。'"（《恒言廣證》卷三 P48）

【令堂】lìngtáng　參見［堂老］。（《通俗編》卷十八 P387）

【令岳】lìngyuè　《青城山記》:"青城爲五岳之長,故名丈人山。世俗呼人婦翁爲令岳,妻之伯叔父爲列岳,往往因此。"《歸田錄》:"今人呼妻父爲嶽公,以泰山有丈人峯;妻母爲泰水,不知出何書也。"按:以上二説最爲得解,但未詳其稱昉自何代。《漢書·郊祀志》:"大山川有岳山,小山川有岳壻山。"推其名義,似在漢時已然。《釋常談》:"唐開元時封禪泰山,張説爲封禪使,説壻鄭鎰本九品官,舊例,封禪後,自三公以下皆轉遷一階一級,惟鎰是封禪使女壻,驟遷至五品。時人語曰:'此泰山之力也。'因此以妻父爲泰山。"《事文後集》言:"《神仙傳》:'泰山有父老,失其姓名。'今稱婦翁曰泰山,或者出此。訛以傳訛耶?"又云:"晉樂廣乃衛玠妻父,所謂岳丈,或當云樂丈耳。"三説似皆未確。（《通俗編》卷十八 P396）

【令室】lìngshì　晉傅休奕《秋胡》詩:"秋胡納令室,三日宦他鄉。"（《稱謂錄》卷五 稱人之妻 P14）

【令甲】lìngjiǎ　今人稱法令曰令甲。出漢宣帝詔,蓋是法令首卷。（《言鯖》卷上

P25)

【令草】lìngcǎo　宜男花也。傅玄賦。(《南村輟耕錄》卷十一 P140)

【令閣】lìnggé　《侯鯖錄》:"東坡再謫惠州,一老舉人年六十九爲鄰,其妻三十誕子。公與詩云:'令閣方當而立歲,賢夫已近古稀年。'"(《稱謂錄》卷五 稱人之妻 P14)

【伆客】tǔnkè　上吞上聲。游惰之民。(參見[喫戲飯]條。)(《越諺》卷中 惡類 P15)

【代勞】dàiláo　《廣異記》:"魏元忠呼蒼頭未應,犬忽代呼之。元忠曰:'此犬乃能代我勞。'"李百藥詩:"客心旣多緒,長歌且代勞。"(《通俗編》卷十二 P258)

【代面】dàimiàn　參見[假面]。(《恒言錄》卷五 P106)

【仙人花】xiānrénhuā　烏蓮花細六葉,色多紅綠,紅者紫點,綠者紺點,俗謂之仙人花,一名蓮纈花,一名鳳翼。(《蘇氏演義》卷下 P29)

【他儂】tānóng　參見[我儂]。(《通俗編》卷十八 P409)

【他子】duòzǐ　凡驢騾所負物曰他子。他音惰。揚子《方言》:"驢騾馱駝載物,謂之負他。"(《里語徵實》卷中上 二字徵實 P28)

【全柬】quánjiǎn　參見[手本]。(《通俗編》卷九 P187)

【众】yín　魚琴切,音吟。衆立也。械鬬囑勿退曰"众住"。《篇海類編》。(《越諺》卷下 疊文成義 P3)

【休】xiū　方言莫也。李義山詩:"西來雙燕信休通。"溫飛卿詩:"休向人閒覓往還。"《助字辨略》卷二 P116)

　　休,方言莫也。李義山詩:"西來雙燕信休通。"溫飛卿詩:"休向人間覓往還。"(《方言藻》卷二 P14)

【休囚】xiūqiú　參見[旺相]。(《通俗編》卷十 P213)

【休澣】xiūhuàn　《古今詩話》:"俗以上澣、中澣、下澣代上旬、中旬、下旬,蓋本唐制十日一休沐。"按:唐世休澣事,頻見載咏,《唐書·劉晏傳》:"質明視事,至夜分止,雖休澣不廢。"溫庭筠有《休澣日謁所知》詩,劉長卿亦有"月晦逢休澣"句。漢時謂之"休沐",制以五日。《張安世傳》"精力于職,休沐未嘗出"、《萬石君傳》"建每五日洗沐,歸

謁親"是也。改"沐"爲"澣",見于六朝宋鮑昭詩,云:"休澣自公日,宴慰及私辰。"(《通俗編》卷三 P47)

【伎懩】jìyǎng　參見[技癢]。(《通俗編》卷二十一 P463)

【伏】fú　周時無伏,至秦乃有。伏者,謂陰氣將起,迫於殘陽而未得升,立秋之後以金代火,金畏于火,故至庚日必伏也。從夏至後第三庚爲初伏,四庚爲中伏,立秋後初庚爲末伏。(《目前集》前卷 P2118)

【伐柯人】fákērén　《夢粱錄》:"伐柯人兩家通報,擇日過帖,各以色彩襯盤,安定帖送過,然後相親。"(《稱謂錄》卷二十八 媒 P17)

【伆作】wǔzuò　宋提刑《洗冤集錄》:"凡疑難檢驗及兩爭之家,稍有事力,須選慣熟伆作人,有行止畏謹守分貼司,並隨馬行。"(《恒言廣證》卷四 P67)

　　　　伆作,宋已有之。《折獄龜鑑》:"有人行商回,見妻爲人殺而失其首,不勝捶楚,自誣殺妻。府從事獨疑之,乃追封內伆作行人,令供近日異人安厝去處。"(《稱謂錄》卷二十六 隸 P27)

【伶偋】língpīng　猶聯翩也。(玄應《妙法蓮經二音義》)(《埤蒼》P16)

【仰】yǎng　官文書,以上監下曰"仰"。院則仰司,司仰府,府仰州縣。……眉公曰:按《北齊書·孝昭紀》詔定三恪,"禮儀體式亦仰議之"。用"仰"字始此。則君臣之辭亦謂之"仰"。《增韻》:"仰,資"也。(《越言釋》卷上 P11)

【仰塵】yǎngchén　參見[搪席]。(《蜀語》P25)

【仰泅困】yǎngqiúkùn　卽仰臥。(《越諺膡語》卷上 P8)

【仰藥】yàngyào　漢大臣有罪,多仰藥死。《南史》:"宋明帝遣使齎藥賜王景文死,景文正與客棊,酌酒謂客曰:'此酒不可相勸。'自仰而飲之。此卽仰藥。"(《札樸》卷五 覽古 P157)

【伉】kàng　參見[囥]。(《越諺》卷下 單辭隻義 P8)

【伉伉】gānggāng　案:東漢多以七言作標榜語,於句中爲韻,如:"……關中大豪戴子高(良),後進領袖有裴秀。難經伉伉劉太

常（愷），解經不窮戴侍中（馮）。"（《札樸》卷八　金石文字 P279）

　　音剛。漢建武中語云："難經伉伉劉太常。"案：伉伉，語響而不滯也。吳中謂語言明爽曰伉伉。（《吳下方言考》卷二 P4）

【伉儷】kànglì　伴也。（慧琳《根本說一切有部毗奈耶律四十七音義》）（《埤蒼》P16）

【伊兒】yī'ér　你。（《墨娥小錄》卷十四 P6）

【伊哩烏盧】yī·liwūlú　讀書聲也，見元人《凍蘇秦》劇。按：此即以伊吾長言之也。凡此等語，本無定字，唯經古人用過，乃爲典則。卷中所錄，悉持此意，以俾人聞言而得其字。（《通俗編》卷三十五 P788）

【似】sì　元微之詩："子蒙將此曲，吟似獨眠人。"吟似，猶云吟向。（《助字辨略》卷三 P133）

【似箇】sìgè　謫仙云"愁來似箇長"。（《語竇》P168）

【佞作】nìngzuò　睡。（《墨娥小錄》卷十四 P6）

【征伀】zhēngzhōng　音征公。揚子《方言》："征伀，遑遽也。"案：征伀，往來奔走聲。吳中謂往來數數不寧暇曰征伀。（《吳下方言考》卷一 P4）

【估】gū　目料人之上下曰估。（《客座贅語》卷一　詮俗 P9）

【估倒】gūdǎo　參見[翻騰]。（《客座贅語》卷一　方言 P11）

【体】bèn　《廣韻》："体，儱兒；又，劣也。蒲本切。"今轉爲甫悶切。（《札樸》卷五　覽古 P150）

【体夫】bènfū　參見[笨]。（《通俗編》卷十五 P334）

　　《通鑑》："唐懿宗葬文懿公主，賜餅餤四十橐駝，以飼体夫。"注云："体夫，轝柩之士也。"（《札樸》卷五　覽古 P150）

　　《逸雅》："輀車之夫曰体夫。体與笨同。"注："蒲本反。"俗書有体作体者，誤也。案：《通鑒》："唐咸通中，葬文懿公主，賜酒百斛，餅餤四十橐駝，以飼體夫。"注："轝柩之夫。"是又以体訛作體。（《稱謂錄》卷二十九　車 P8）

【体漢】bènhàn　北方謂粗鈍人爲体漢。《廣韻》："体，儱兒；又，劣也。蒲本切。"今

轉爲甫悶切。《通鑑》："唐懿宗葬文懿公主，賜餅餤四十橐駝，以飼体夫。"注云："体夫，轝柩之士也。"（《札樸》卷五　覽古 P150）

　　粗魯曰体漢。（《札樸》卷九　鄉里舊聞鄉言正字附　名稱 P328）

【何物】héwù　猶俗云甚底。《晉書·王衍傳》："總角嘗造山濤。濤嗟歎良久。既去，目而送之，曰：'何物老嫗，生寧馨兒。'"《世說》："盧志于眾坐間陸士衡：'陸遜陸抗，是君何物？'"……二條義亦微別。山濤言何物老嫗生如此兒，盧志言陸遜陸抗是君何人也。（《助字辨略》卷二 P78）

【何當】hédāng　言何時當如此也。王右軍帖："虞生何當來。"李義山詩："何當共翦西窗燭。"又……猶云何乃。當字在此，乃語助，不爲義者也。《詩·關雎》《正義》云："欲以采得爲次，則《雞鳴》之作，遠在《緇衣》之前，鄭國之風，必處檜詩之後。何當後作先采，先作後采乎！"《魏志·朱建平傳》："何當此子竟早隕滅，戲言遂驗乎？"（《助字辨略》卷二 P92）

　　何當，當也。唐太宗詔王遠知曰："省所奏願還舊山，已別詔不違雅素，并敕立祠觀以伸曩懷，未知先生早晚至江外，祠舍何當就功。"杜子美《畫鷹》詩："何當擊凡鳥。"（《札樸》卷六　覽古 P175）

【何許】héxǔ　許者，語之餘聲，不爲義也。……似乎……何許爲何所。……今復在何，便是何所。……何所之義，不因許字而見，特借許字爲助句耳。如問何許人，則何許又爲何等，不爲何所矣。杜子美詩："我生本飄蓬，今復在何許。"（《助字辨略》卷三 P141）

　　參見[幾許]。（《方言藻》卷二 P13）

【佐棘】zuǒjí　參見[大棘]。（《稱謂錄》卷十七　大理寺職官古稱 P17）

【但】dàn　猶云凡也。今云但凡如何也。王右軍帖："但言此心以馳於彼矣。"（《助字辨略》卷三 P155）

【但可】dànkě　猶云只須。《魏志·鍾會傳》："但可敕會取艾，不足自往。"（《助字辨略》卷三 P155）

【佪】qū　佪，謂物不蠲也。《海篇》亦曰："惡也。"不知何意。（《七修類稿》卷二十三 P349）

【伸懶腰】shēnlǎnyāo　參見〔呵欠〕。(《雅俗稽言》卷二十四 P7)

【伸眉】shēnméi　作事遂意謂之伸眉。(《俚言解》卷一 28P17)

【佃客】diànkè　參見〔地客〕。(《恒言廣證》卷三 P47)

【作】zuò　木石竹泥之工。如呼"木作司務"。(《越諺》卷中　賤稱 P13)

【作保】zuòbǎo　《拾得詩》:"爲他作保見,替他説道理。"(《通俗編》卷十三 P279)

【作傔】zuòqiàn　篋念反。《韻英》云:"傔,從也,事主而随行者也。"(《一切經音義》卷一百 5P3712)

【作功德】zuògōngdé　《説文》:"禱,禱也。累功德以求福也。"按:俗謂延僧祈誦曰作功德,義昉于此。(《通俗編》卷二十 P451)

【作坊】zuō·fang　《五代史·史宏肇傳》:"隱帝夜聞作坊鍛甲聲,以爲兵至,達旦不寐。"(《通俗編》卷二十一 P463)

　　《唐·百官志》有"金銀作坊",後世稱技藝、造制所曰"作坊"始此。(《里語徵實》卷中上　二字徵實 P23)

【作因圇】zuòyīnyóu　借物爲事端謂之作因圇。《廣雅》"圇""圖"俱音由,義同。圇,鳥之媒也。形如鳥在籠中。(《方言據》卷上 P8)

【作底】zuòdǐ　參見〔底〕。(《通俗編》卷三十三 P732)

【作家】zuòjiā　《蜀志·楊戲傳》注引《襄陽記》:"楊顒謂諸葛亮曰:'爲治有體,請以作家譬之。'"按:作家,本猶治家,而俗以畜積財産言之。《晉書·食貨志》:"漢靈帝言桓帝不能作家,曾無私畜。"俗所祖述,蓋自此。(《通俗編》卷二十三 P519)

　　勤儉曰作家,見《晉書·食貨志》:"桓帝不能作家,曾無私蓄。"(《土風錄》卷十 P284)

　　好手曰作家。漢靈帝爲侯時,常貧苦;及爲帝,每歎桓帝不能作家。《通雅》:"古概稱人曰'家'。裴徽爲《荀粲與傳》:'粲通二家騎驛。'"故相沿,議論、著作,有"當家""作家"之名。(《里語徵實》卷中上　二字徵實 P10)

【作梗】zuògěng　《北史·魏收傳》:"羣氏作梗,遂爲邊患。"(《通俗編》卷八 P172)

【作模】zuòmó　又作摹,同。莫奴反。規模也。模,法也,謂掩取象也。(《一切經音義》卷七十二 15P2864)

【作獺】zuòtǎ　《江表志》:"張崇師盧江,好爲不法,士庶苦之。嘗爲伶人作戲,使一伶假爲人死,有譴當作水族者,陰府判曰:'焦湖百里,一任作獺。'"(《恒言錄》卷六 P127)

　　《南唐近事》:"張崇帥盧州,索錢無厭。嘗因燕會,一伶人假爲死者被遣作水族,冥司判云:'焦湖百里,一任作獺。'"按:俗謂侵漁曰作獺,被侵漁曰遭獺。其字應如此寫。(《通俗編》卷二十八 P627)

　　《南唐近事》:"張崇帥盧州,索錢無厭。嘗因宴會,一伶人假爲死者,被譴作水族,冥司判云:'焦湖百里,一任作獺。'"(《恒言廣證》卷六 P98)

【作春福】zuòchūnfú　開春致祭曰"作春福"。(《越諺》卷中　風俗 P61)

【作唿】zuòhū　弄精細。(《墨娥小錄》卷十四 P7)

【作活】zuòhuó　《魏書·北海王詳傳》:高太妃云:"今不願富貴,但令母子相保,共汝掃市作活也。"張籍詩:"貧窮作活似村中,作活每常嫌費力。"按:此"作"字當讀去聲。(《通俗編》卷十二 P252)

【作撻】zuótà　宋吳龍翰《春懷詩》云:"好景相看作撻盡,閉門不覺了清明。"(《通言》卷一 P20)

【作念】zuòniàn　咒罵。(《墨娥小錄》卷十四 P7)

【作福】zuòfú　歲暮謝年祭神祖名此。(《越諺》卷中　風俗 P61)

【作磨生】zuòmóshēng　《五燈會元》:馬祖問藥山:"近日見處作磨生?"曰:"皮膚脱落盡,惟有一真實。"(《恒言錄》卷一 P8)

【作經紀】zuòjīngjì　參見〔經紀〕。(《通俗編》卷二十一 P476)

【作面子】zuòmiànzǐ　《舊唐書·張濬傳》:"濬出軍討太原,中尉內使餞于長樂。楊復恭奉巵酒屬濬,濬辭曰:'聖人賜酒,已醉矣。'復恭曰:'相公握禁兵,擁大斾,獨當一面,不領復恭意,作面子耶?'濬笑曰:'賊平之後,方見面子。'復恭衘之。"按:此即今北方人所謂做臉兒。(《通俗編》卷十六

P339）

【作鬧】zuònào　《舊唐書・武宗紀》：“有纖
人言宰相作赦書，欲減削禁軍衣糧草料，仇
士良曰：‘必若如此，軍人須至樓前作鬧。’”
蔣氏《昌黎詩注》：“宋慶曆中，西師未解，晏
元獻大雪置酒西園，歐陽永叔賦詩曰：‘須
憐鐵甲冷徹骨，四十餘萬屯邊兵。’晏曰：
‘昔韓愈亦能作言語，赴裴度會時，但云園
林窮勝事，鍾鼓樂清時，不曾如此作鬧。’”
（《通俗編》卷八 P172）

【作馬】zuòmǎ　《天香樓偶得》：“木工以三
木相攢而歧其首，橫木於上以施斧斤，謂之
作馬。此象形也。”（《通俗編》卷二十四
P544）

【作麼】zuómò　參見［么］。（《通雅》卷四十
九 P1467）

【作麼生】zuòmòshēng　言作何事也。《釋
氏傳燈錄》常云：“作麼生。”（《助字辨略》卷
二 P87）

　　釋氏《傳燈錄》常云作麼事，言作何事
也。（《方言藻》卷二 P18）

【伯】bó　按：《爾雅・釋親》：“婦稱夫之兄爲
兄公。”《容齋三筆》云：“婦人呼夫之兄爲
伯，於書無所載。嘗爲弟婦作青詞云：‘頃
因兄伯出使，夫婿從行。偶憶《爾雅》，改爲
兄公。’”是兄伯之稱沿自宋代矣。（《恒言
錄》卷三 P59）

【伯婆叔婆】bópóshūpó　參見［媳婦］。
（《直語補證》P34）

【伯支婆】bózhīpó　“伯支婆”者，伯祖之支
婆也。山陰陸氏有伯支婆者，年篤老而性
彊記，……一門之內，每事必咨焉。見放翁
《家世舊聞》及《楚公遺事》。故世遂以多聞
而習事者爲“伯知婆”。近乃訛爲“百知
婆”。夫百知，何必婆也？（《越言釋》卷上
P24）

【伯翁叔翁】bówēngshūwēng　參見［媳
婦］。（《直語補證》P34）

【佤拉姑】kuālāgū　佤音歪。佤，不正也。
佤拉姑，不正之婦也。（《目前集》後卷
P2143）

　　佤，不正也，佤拉姑猶不正之婦也，營
妓，古以待軍之無妻者，猶軍妻也。（《談
徵》名部下 P18）

【佤邪】kuāxié　佤，苦哇反，即今歪斜字。

《周禮・夏官・形方氏》注：“佤邪，離絶。”疏：
“佤者，兩頭寬中狹；邪者，一頭寬一頭狹。”
《廣韻》作“䫌”，火媧切。物不正口偏曰䫌。
若白詩所謂“天斜”，其音義相似耳。非正
訓也。（《直語補證》P8）

【佤頭】kuātóu　《元史・武宗紀》：“徵政使
佤頭等言，別不花以私錢建寺，爲國祝釐。”
按：佤音如哇，不正也。元俗質樸，即其形
以爲名。海寧有元祭酒榮佤頭墓。談遷
《海昌外志》：“徇俗作歪頭。”非。（《通俗
編》卷十六 P338）

【伭】xiān　軒。伭謂人之自負而輕狂者。
《篇海》。（《越諺》卷下　疊文成義 P3）

【伶傌】língpīng　上郎丁反，下匹丁反。
《三蒼》云：“伶傌猶聯翩也，亦獨孤兒。”《切
韻》：“行不正曰竛竮，竛亦郎丁反，竮亦普
丁反。”䟓又云：‘或作傌，行不正作跉趽，呂
貞反。趽，勑貞反。’”《切韻》：“趽，行不正
也。有作跉跰。”（《一切經音義》卷二十七
18 P1080）

【伶俐】línglì　參見［靈利］。（《通俗編》卷
十五 P329）

　　參見［刢利］。（《燕說》卷一 P1）

【伶利】línglì　今稱人穎敏曰伶利，韻書亦
收此字。如相傳朱淑真，浙女也，因匹偶非
人，賦詩云“始知伶利不如痴”是也。又按
《蘇子由集》有與人書：“貴眷令子各無恙。
張僧比來少病，既長且健，性亦靈利。”子由
博雅，其用必有據。（《雅俗稽言》卷二十一
P17）

　　參見［刢利］。（《燕說》卷一 P1）

【伱】nǐ　參見［你］。（《通俗編》卷十八
P409）

【佝】hòu　吼。撩攀不着而勉企之，曰佝。
《集韻》。（《越諺》卷下　單辭隻義 P9）

【你】nǐ　字本作“伱”，又，或作“伲”。《廣
韻》：“秦人呼旁人之稱。”《北史・李密傳》：
“宇文化及瞋目大言曰：‘與你論相殺事，何
須作書傳雅語。’”你”字初見于史。《藝苑
雌黃》：“唐時有遮莫你古時五帝、何如我今
日三郎之語。”羅隱《謁文宣王廟代答》詩：
“吾今尚自披蓑笠，你等何須讀典墳？”（《通
俗編》卷十八 P409）

　　《北史・李密傳》：“宇文化及瞋目大言
曰：‘與你論相殺事，何須作書傳雅語！’”羅
隱《謁文宣王廟代答》詩：“吾今尚自披蓑

笠,你等何須讀典墳?"《藝苑雌黃》:"唐時有遮莫你古時五帝,何如我今日三郎語。"按:你卽爾之轉語。(《恒言廣證》卷三 P57)

【你儂】nǐnóng　參見[我儂]。(《通俗編》卷十八 P409)

　　參見[我儂]。(《越言釋》卷下 P29)

【你每】nǐměi　謂人曰"你每"。(《里語徵實》卷中上 二字微實 P26)

　　參見[我每]。(《蜀語》P39)

【伴大夜】bàndàyè　參見[暖喪]。(《通俗編》卷九 P198)

【伴和】bànhé　《本草》載:"降真香出黔南,伴和諸雜香燒煙直上天,召鶴得盤於上。"伴,俗誤作拌,拌音潘,捐棄也,亦音盤上聲。(《語竇》P166)

【伴姑娘】bàngūniáng　昏禮花燭時,童女盛妝爲之。(《越諺》卷中 尊稱 P13)

【伴讀】bàndú　《遼史·百官志》:"聖宗太平八年,長沙郡王宗允等奏選諸王伴讀。"《元史·仁宗紀》:"至大五年,增國子生并陪堂生額,通一經者以次補伴讀。"(《通俗編》卷七 P145)

　　元武宗定國子生爲三百人,仍增陪堂生二十人,通一經者以次補伴讀。(《語竇》P171)

【佗】tuó　以肩負物曰佗。音陀。(《肯綮錄》P1)

　　《前漢·趙充國傳》:"以一馬自佗負。"案:佗,負於背也。自佗負,騎馬而佗物於背也。(《吳下方言考》卷六 P1)

【佗佗背】tuótuóbèi　背佗人曰佗佗背。(《吳下方言考》卷六 P1)

【伲】nǐ　參見[你]。(《通俗編》卷十八 P409)

【佛事】fóshì　《五代史·石昂傳》:"禁其家不可以佛事污吾先人。"《宋史·穆修傳》:"母死不飯浮屠,不爲佛事。"《儒林公議》:"馬元居喪不爲佛事,但誦《孝經》而已。"《元史·文宗紀》:"至順元年,中書省言近歲帑廩空虛,其費有五。一曰作佛事。"《順帝紀》:"至元二十二年,李士瞻疏時政二十條。一曰省佛事,以節浮費。"按:《元典章》:"皇慶元年旨云:'今後但做好事處,只與素茶飯。'"所謂好事,卽佛事也。(《通俗編》卷二十 P449)

【佛粥】fózhōu　《夢華錄》:"十二月初八日,諸僧寺作浴佛會,並送七寶五味粥與門徒,謂之臘八粥。都人是日亦以果子雜料煮粥。今俗尚有之。"陸放翁詩謂之佛粥:"今朝佛粥更相餽。"(《土風錄》卷一 P183)

【佛妝】fózhuāng　張芸叟《使遼錄》云:"胡婦以黃物塗面如金,謂之佛妝。"予按:後周宣帝傳位太子,自稱天元皇帝,禁天下婦人不得施粉黛;自非宮人,皆黃眉墨妝。以是知虜妝尚黃久矣。(《能改齋漫錄》卷二 P31)

【伽佗】jiātuó　此云諷誦。(《一切經音義》卷二十二 5P831)

【伽藍】qiélán　梵語云伽藍摩,此云眾園。園者,生植之所。佛弟子居之,取生植聖果之義。(《目前集》前卷 P2131)

　　《釋氏要覽》:"梵言伽藍摩,此言衆園。園者,生植之所,佛弟子居之,取生植道本聖果之義。"今僧寺中土地之神號伽藍,以此。諺云:"伽藍土地無婦人。"(《雅俗稽言》卷二十 P10)

【伿佁】chìyì　司馬相如《大人賦》:"仡以佁儗。"佁,讀如燬。注云:"固滯貌。"《釋韻》云:"不前也。"杜甫《西嶽賦》:"千乘萬騎,蠰略佁儗。"柳宗元《夢歸賦》:"紛若倚而佁儗。"李白《送王屋山人》詩:"五月造我語,知非佁儗人。"歐陽修《啓》:"以末途之佁儗,說定價於妍嫮。"俱本自相如賦。(《通俗編》卷十五 P331)

　　音"燬膩"。固滯貌。人之不爽快者。司馬相如《大人賦》,杜甫《西嶽賦》,柳宗元《夢歸賦》,李白《送王屋山人》詩,歐陽脩《啓》。(《越諺賸語》卷上 P5)

【佁礙】tài'ài　上胎賷反,下我蓋反。《考聲》云:"佁礙,癡兒也。"郭注《方言》:"駑鈍癡愚也。"(《一切經音義》卷十七 3P635)

【伆】ào　伆,狠也,於教切。(《目前集》後卷 P2153)

　　馬不馴曰伆。(《札樸》卷九 鄉里舊聞 鄉言正字附 雜言 P329)

【來】lái　語助辭。《晉書·石勒載記》:"每耕作於野,嘗聞鼓角之聲。勒以告諸奴,諸奴亦聞之。因曰:'吾幼來在家,恒聞如是。'"李義山詩:"一樹濃姿獨看來。"又云:"小來兼可隱針鋒。"(《助字辨略》卷一

【來今】láijīn　馥謂：來兹卽來今。《漢書》：「杜業上書：『深思往事，以戒來今。』」《圓覺經》：「無起無滅，無去來今。」（《札樸》卷六 覽古 P192）

【來其】láiqí　參見[豆脯]。（《里語徵實》卷中上 二字徵實 P17）

【來生債】láishēngzhài　見元人雜劇。（《通俗編》卷二十三 P521）

【佳什】jiāshí　參見[篇什]。（《雅俗稽言》卷二十三 P8）

【佳作】jiāzuò　《北史·馮熙傳》：「賈元壽撰北芒寺碑，孝文稱爲佳作。」梁昭明太子《答元圖講頌令》：「得書并所製講頌，首尾可觀，殊成佳作。」李白《宴桃李園序》：「不有佳作，何伸雅懷？」（《通俗編》卷七 P147）

【佳口】jiākǒu　《表異錄》：「周文謂尉遲綱曰：『事平當賜汝佳口。』」謂婢也。（《稱謂錄》卷二十五 婢 P24）

【佳手】jiāshǒu　《國史纂異》（編者按：當作「國史異纂」）云：「閻立本家世善畫，至荊州視張僧繇舊跡，曰：『定虛得名耳。』明日又往，曰：『猶是近世佳手。』明日又往，曰：『名下定無虛士。』」（《通言》卷六 P76）

【侍生】shìshēng　《觚不觚錄》：「正德間，御史于巡撫，投刺稱晚生，尋稱晚侍生，已而巡撫俱稱侍教生，已而與巡撫俱稱侍生。蓋由南北多警，遷擢旣驟，巡撫不必耆宿，御史多有與之同臺者。又功罪勘報，其權往往屬之御史也。又云：『翰林後三科者，其答刺則曰侍生。』」（《通俗編》卷十八 P402）

【侍者】shìzhě　《國語》：「展禽曰：『夏父弗忌必有殃。』侍者曰：『若有殃，焉在？』」《漢書·外戚傳》有侍者李平，《西域傳》有侍者馮嫽。按：此爲凡卑幼之通稱，世亦以專屬僧家。（《通俗編》卷二十 P447）

【供狀】gòngzhuàng　劉克莊《書考》詩：「考中供狀是吟詩。」（《恒言廣證》卷四 P66）

【供茶】gòngchá　《東坡後集》：「軾家藏十六羅漢像，每設茶供，則化爲乳，或凝爲雪花。」今俗供神茶者，如茶變色，曰「監茶」。（《里語徵實》卷中下 二字徵實 P15）

【供養】gōngyǎng　《毛詩·蓼莪》箋：「供養日寡矣，而我不得終養。」《儀禮·旣夕》注：

「燕養，平常所用供養也。」《禮記·曾子問》注：「婦有供養之禮，故必祭而成婦義。」《戰國策》：「得甘脆以養親，親供養備。」《白虎通》：「王者有六樂，所以作供養。」按：二字本義如此。今徒以奉神佛言，不得當矣。或且以飯僧道言之，悖哉。（《通俗編》卷二十 P451）

【使】shǐ　分利曰使。（《燕山叢錄》卷二十二 長安里語 貧富 P10）

【使勒】shǐjìn　參見[劝勒]。（《燕説》卷一 P9）

【使長公】shǐzhǎnggōng　主父曰使長公。主母曰使長婆。使，去聲。（《蜀語》P19）

【使長婆】shǐzhǎngpó　參見[使長公]。（《蜀語》P19）

【侏儒】zhūrú　《左傳》：「侏儒，侏儒，使我敗於邾。」案：侏儒，手足俱短，不便作事，故作事不靈利者俱謂之侏儒。吳諺謂老而遲鈍者爲侏儒。（《吳下方言考》卷三 P6）

【優優】shēnshēn　音莘。《楚辭·招魂》：「豺狼從目，往來優優些。」案：優優，往來求鬭不得之貌。今犬之見敵思鬭不得者猶優優然也。（《吳下方言考》卷四 P13）

【優優然】shēnshēnrán　參見[優優]。（《吳下方言考》卷四 P13）

【侹】tǐng　平直曰侹。（《札樸》卷九 鄉里舊聞 鄉言正字附 雜言 P331）

【侹侹】tǐngtǐng　昌黎《答張徹》詩：「石梁平侹侹。」案：侹侹，平直貌。吳諺謂物之直者曰直侹侹。（《吳下方言考》卷七 P11）

【佮】gé　葛。財物相共，不分人我也。「佮家過。」《集韻》。（《越諺》卷下 單辭隻義 P9）

【佮家過】géjiāguò　與人共爨度日。（《越諺賸語》卷上 P8）

【佩羹】pèigēng　參見[玉腴]。（《南村輟耕錄》卷八 P103）

【侈】chǐ　紅曰侈，又曰亨亨的。（《燕山叢錄》卷二十二 長安里語 顏色 P10）

【依樣畫葫蘆】yīyànghuàhúlú　《東軒筆錄》云：「宋太祖曰：『頗聞翰林草制，皆前人舊本改換詞語，此乃俗所謂依樣畫葫蘆耳。』」又《五代詩話》引《順存錄》云：「陶穀來使，忠懿王宴之。王命進葫蘆羹曰：『此先王時有些品味，庖人依樣造。』穀在中

朝，或作詩嘲之曰：'堪笑翰林陶學士，年年依樣畫葫蘆。'故王以此戲焉。"（《通言》卷六 P70）

【依睎】yīxī　下喜機反。《廣雅》云："睎猶視也。"《說文》云："望也。從目希聲。"按：依睎謂眲睰之稱也。（《一切經音義》卷八十 13P3150）

【佽事】gāishì　佽音該。揚子《方言》："非常曰佽事。"案：佽事，利害非常也。吳中謂事勢甚大曰佽事。（《吳下方言考》卷八 P9）

【併】bìng　《廣韻》云："皆也。"庾子山《春賦》："河陽一縣併是花。"併是花，猶云都是花也。（《助字辨略》卷三 P171）

【併假】bìngjià　參見［給假］。（《雅俗稽言》卷十八 P14）

【併當】bìngdàng　併當（去聲）二字，俗訓收拾，然晉已有此語。按：《世說》："長豫與丞相語，常以謹密爲端。丞相還臺及行，未嘗不送至車後。常爲併當曹夫人箱篋。長豫亡後，丞相還臺，發車後，哭至臺門。曹夫人作廢，封而不忍開。"（《能改齋漫錄》卷二 P28）
　　　參見［屛當］。（《通俗編》卷十二 P262）

【侼強】bójiàng　不受勸解曰侼強。（《札樸》卷九　鄉里舊聞　鄉言正字附　雜言 P330）

【便】biàn　猶云遂也，竟也。《世說》："殷咨嗟曰：'僕便無以相異。'"又，假令之辭，猶云縱也。陸叡《瑞鶴仙》詞："便行雲都不歸來，也合寄將音信。"（《助字辨略》卷四 P219）

【便利】biànlì　《論衡・是應篇》："商人必求便利以爲業，買物安肯不求賤？賣物安肯不求貴？"按：或云"便利"猶言便易，《錢神論》"市井便易，不患耗折"是也。今以其下文繹之，似不然。唐宋人有云"便宜"者，蓋卽此言耳。（《通俗編》卷二十三 P506）

【便坐】biànzuò　參見［坐憩］。（《越諺》卷中　身體 P24）

【便宜】piányí　《寒山詩》："凡事莫過分，盡愛討便宜。"又李涉《山居》詩："想得俗流應大笑，不知年老識便宜。"《傳燈錄》："丹霞與龐居士庅水，曰：'得便宜者少？'龐曰：

'誰是落便宜者？'"（《通俗編》卷二十三 P526）
　　　參見［便利］。（《通俗編》卷二十三 P506）

【便易】biànyì　參見［便利］。（《通俗編》卷二十三 P506）

【便手】biànshǒu　《博異志》："木師古取篋中便手刀子，于牀頭席下，用壯其膽。"便手蓋猶今云解手。（《通俗編》卷二十六 P588）

【便旋】biànxuán　曰出恭。《會典監規》："每班給與'出恭入敬'牌一面。"（《蜀語》P42）
　　　參見［出恭］。（《里語徵實》卷中上 二字徵實 P20）

【便當】biàndāng　《元典章》："額外令試驗人員，在地方待闕，侵官蠹民，實于公私兩不便當。又祇候人家老小，穿的喫的，都在百姓身上取。如今喫飯的人多，種田的人少。有久以後，哏不便當。"（《通俗編》卷十四 P301）

【便疾】biànjí　《周禮・內豎》注："使童豎通王內外之命，給小事者，以其無爲禮，出入便疾也。"（《通俗編》卷十二 P259）

【便面】biànmiàn　便面卽扇。張敞走馬章臺街，以便面拊馬。言以障面，不欲見人，則得其便。今沙門所持竹扇，上平下圓者是也。（《目前集》前卷 P2126）

【佬偛】mǎngjiǎng　蠃而不媚曰佬偛。上武當切，下音講。（《肯綮錄》P2）

【佳】yì　板合縫曰佳。（《札樸》卷九　鄉里舊聞　鄉言正字附　雜言 P331）

【佳傃】bìqǐ　開脚曰佳傃。（《札樸》卷九　鄉里舊聞　鄉言正字附　雜言 P329）

【修行】xiūxíng　《漢書・儒林傳》："嚴彭祖曰：'凡通經術，固當修行先王之道。'"《淮南子・詮言訓》："君子修行而使善無名，布施而使仁無章。"按："修行"本士君子所共務，自《晉書》謂鳩摩羅什不拘小檢，修行者頗疑之，後人遂專以爲釋氏言，如白居易《長齋》詩：'三春多放逸，五月暫修行。'蘇軾《僧爽白雞》詩：'斷尾雄雞本畏烹，年來聽法伴修行。'"（《通俗編》卷二十 P451）

【修姡】xiūchuò　《唐書》："中和二年，修姡部伍。"按：姡，音捉，俗謂整茸爲修姡。

（《通俗編》卷二十四 P547）

　　葺理曰修媆，見《唐書》："中和二年，修媆部伍。"媆，音齅。《說文》："謹也。"今謂"修"爲"收"，媆讀如捉字，與捉通也。（《土風錄》卷八 P264）

【修注】xiūzhù　參見［右螭］。（《唐音癸籤》卷十七 P157）

【俏】qiào　《集韻》："俏，好貌。"《三夢記》有"鬟梳嫽俏學宮妝"句。近世云容貌美好之字，疑當爲鈔。揚雄《方言》："鈔，錯眇反，好也。青徐海岱之間曰鈔。"《廣雅》亦云："鈔，好也。"又《北史》溫子昇曰："詩章易作，逋峭難爲。"《宋景文筆記》曰："齊魏人以有儀矩可喜者謂之庸峭。"《廣韻》曰："峬峭，好形貌。"世或又因此言之，省改峭爲俏。（《通俗編》卷三十四 P751）

【俏兒】qiào'ér　粉。（《墨娥小錄》卷十四 P5）

【俏醋】qiàocù　好兒曰俏醋。上音峭。（《肯綮錄》P2）

【俚耳】lǐ'ěr　離止反。何休注《公羊傳》云："俚，鄙也。"（《一切經音義》卷九十七 7P3621）

【保】bǎo　古優女曰娼，後稱娼之老婦曰保。考之：鯝魚爲衆魚所淫，鴇鳥爲衆鳥所淫，相傳老娼呼鴇，意出於此。魚或因娼而得名也。卽蛇與龜交，而雄龜畏避之意，故曰龜。（《詢蒭錄》P2）

【保保】bǎobǎo　參見［寶寶］。（《通俗編》卷十八 P400）

【保姆】bǎomǔ　參見［阿姆］。（《通俗編》卷十八 P391）

【保重】bǎozhòng　歐陽修《與梅聖俞簡》："春寒保重。"又，"夏熱千萬保重。"又，"千萬冬冷保重。"（《通俗編》卷十四 P306）

【保辜】bǎogū　《唐律》："諸保辜者，手足毆傷人限十日，以他物傷者二十日，以刃傷者三十日，折跌肢體及破骨者五十日。"史游《急就章》："疻痏保辜讄呼號。"師古曰："保辜者各隨其狀輕重，令毆者以日數保之，限內至死則坐重辜也。"《公羊傳》："鄭伯髡原何以名？傷而反，未至乎舍而卒也。"注："古者保辜，君親無將，見辜者辜內當以弒君論之，辜外當以傷君論之。"疏云："其弒君論之者，其身梟首，其家執之；其傷

君論之者，其身斬首而已，罪不累家。《漢律》有其事。"鑑案：《說文》："嫭，保任也。"（《恒言錄》卷四 P86）

　　《公羊·襄七年傳》疏："保辜者亦依漢律，律文多依古事。"《唐律疏議》："凡是毆人，俱立辜限，有罪者保辜並準此。"（《恒言廣證》卷四 P67）

【促機】cùjī　參見［促織］。（《蘇氏演義》卷下 P30）

【促恰】cùqià　恰相當者曰促恰。（《客座贅語》卷一 方言 P11）

【促織】cùzhī　（莎雞）一名促機。（《蘇氏演義》卷下 P30）

　　參見［莎雞］。（《蘇氏演義》卷下 P30）

【佅】běng　以言詐人曰佅。佅，百猛切，彷上聲。《集韻》："詐僞也。"按：今北人多呼作平聲。（《燕說》卷二 P15）

【伸僮】shēnzhòng　婦人懷孕曰有伸；又曰伸僮，音申重。《集韻》："僮，妊也。"（《通雅》卷四十九 P1466）

【俗父】súfù　《事物異名錄》、《後村題跋》："學佛者，以師爲父，以父爲俗父。"（《稱謂錄》卷一　僧尼稱父 P27）

【信】xìn　冶砒霜毒俗名信。（《目前集》後卷 P2149）

　　《東觀餘論》："古者謂使爲信，故逸少帖云：'信遂不取答。'《真誥》云：'公至山下，又遣一信見告。'《謝宣城傳》云：'荊州信去倚待。'陶隱居帖云：'明旦信還，仍過取反。'凡言信者，皆使人也。今之流俗以遺書餽物爲信，遂謂之書信，而不知前人之語不然。"《丹鉛錄》："《古樂府》：'有信數寄書，無信長相憶。'可證信之必爲使人。"《日知錄》："以使爲信，始見自東漢以下。若古人所謂信者，乃符驗之別名，如今人言印信、信牌之信。故梁武帝賜到漑連珠曰：'研磨墨以騰文，筆飛豪以書信。'而今人遂有書信之名。"（《通俗編》卷十三 P278）

　　參見［書信］。（《雅俗稽言》卷十七 P10）

【信士】xìnshì　《金石文字記》："漢曹全碑陰：義士某千，義士某五百。"義士，蓋但出財之人。今人出財布施皆曰信士。宋太宗朝避御名，凡"義"字皆改爲"信"。今之"信士"，卽漢碑所稱"義士"也。（《通俗編》卷二十 P448）

【信天翁】xìntiānwēng　無所貪訾曰信天翁。《容齋隨筆》:"瀛莫二州之境,塘濼之上有禽二種。其一類鵠,色正蒼而喙長,凝立水際不動,魚過其下則取之。終日無魚,亦不易地,名曰'信天翁'。"《丹鉛總錄》:"信天翁,滇中有之。蘭廷瑞詩云:'荷錢荇帶綠江空,唼喋含鯊淺草中。波上漁鷹貪未飽,何嘗餓死信天翁?'"(《里語徵實》卷中下　三字徵實 P36)

【侵嬈】qīnrǎo　乃了反。郭璞曰:"嬈,弄也。"《玉篇》云:"戲相擾弄也。"(《一切經音義》卷二十五 15P979)

【侵早】qīnzǎo　杜甫《贈崔評事》詩:"天子朝侵早。"賈島《新居》詩:"門嘗侵早開。"王建《宮詞》:"爲報諸王侵早入,隔門催送打毬名。"按:"侵早",即凌晨之謂,作"清早"者非。(《通俗編》卷三 P53)

　　《傳燈錄》:"五更侵早起,更有早行人。"(《恒言廣證》卷六 P100)

【倉頭】cāngtóu　《晉書·石崇傳》:"水碓三十餘區,倉頭八百餘人。"按:今謂掌倉廩者曰"倉頭"也。(《通俗編》卷二十一 P479)

【倩】qìng　《史記·倉公傳》:"黃氏諸倩見京下方石。"注:"倩,女婿也。"《説文》:"倩,男子之美稱,若草木之葱蒨也。"《方言》:"東齊間婿謂之倩。"注曰:"言可借倩也。"《老學菴筆記》:"昭德諸晃謂婿爲借倩之倩,近世方訛爲倩盼之倩。"(《通俗編》卷十八 P397)

【俵馬】biàomǎ　凡俵馬發到,正官照依來文驗贜幾分。(《宛署雜記》卷九 P75)

【倀狂】chāngkuáng　不安靜曰倀狂。(《札樸》卷九　鄉里舊聞　鄉言正字附　雜言 P330)

【倰傝】lèngtǎng　長無度者曰倰傝。(《客座贅語》卷一　詮俗 P9)

【倰僜】lèngchēng　謂行不前曰倰僜。《韻要》:"倰,盧登切,僜,蚩升切。"《説文》:"倰僜,病行貌;又,醉行貌。"(《方言據》卷上 P14)

　　不省事曰倰僜。(《札樸》卷九　鄉里舊聞　鄉言正字附　雜言 P330)

　　《通雅》:"人不省事曰倰僜。"(《談徵》言部 P39)

【借如】jièrú　張曲江封事:"借如諸司清要之職,當用第一之人。"借如,假若也。(《方言藻》卷一 P6)

【倈賀】láihè　生日。(《墨娥小錄》卷十四 P7)

【倈】sōng　不精采曰倈。倈音松,濁聲。揚子《方言》:"庸謂之倈。"又,傛倈,罵也。燕之北郊曰傛倈。郭璞注:"嬴小可憎之名。"(《蜀語》P39)

　　嬴小可憎曰倈。(《客座贅語》卷一　詮俗 P9)

　　音松。揚子《方言》:"隴右人名嬾曰倈。"案:倈,爲人作事不用力也。吳中謂作事不用力曰倈;所作之物甚平常亦曰倈。(《吳下方言考》卷一 P1)

【倚】yǐ　作椅。《五代史·景延廣傳》:"延廣所進器服、鞍馬、茶牀、椅榻,皆裏(編者按:當作"裹")金銀,飾以龍鳳"云云,始見於此。又《五代史補》:"漢高祖在河東,幕府闕書記,朝廷除前進士邱廷敏爲之,邱辭疾不赴,遂改蘇逢吉。未幾,逢吉以佐命功自掌書記,拜中書侍郎,平章事。逾年,廷敏始選授鳳翔麟游縣令。過堂之日,逢吉戲之且撫所坐椅子曰:'合是長官坐,何故讓與鄙夫?'"(《直語補證》P43)

【倚卓】yǐzhuō　倚卓之名,見于唐、宋。余記唐末小説,有倚卓字。宋黃朝英言:"椅木名,棹與櫂通,但當用倚卓。"楊億《談苑》云:"咸平景德中,主家造檀香倚卓。俗以爲椅子、卓子。"宋鹵簿有金倚。張九成見宗杲,推倒卓子。《元史》:"大定七年,肆赦儀設雞盤,置金雞啣赦書于應天門外;設卓子,閣門官取赦書于卓子讀。"《因話錄》曰:"交椅,謂之繩牀,敕制也,歐公不御。"(《通雅》卷三十四 P1040)

【倚枕】yǐzhěn　上依里反,下之荏反。案:倚枕者,以錦綺繒綵作囊,盛軟物,貴人置之左右,或倚或馮,名爲倚枕也。(《一切經音義》卷十五 9P566)

　　上衣綺反,下之荏反。大枕也,以袋盛臾物而倚馮之。(《一切經音義》卷十三 3P479)

【倒于臉】dàoyúliǎn　鋭上豐下,如篆文"于"字側寫。(《越諺》卷中　身體 P23)

【倒眉】dǎoméi　媒。説事不諧。(《越諺膡語》卷上 P3)

【倒偃】dàoyǎn　倒退。(《墨娥小錄》卷十

四 P7）

【倒儠匠】dàolàjiàng　彈唱人曰倒儠匠。
《燕山叢錄》卷二十二　長安里語　人物
P8）

　　　彈唱人曰倒儠匠。（《宛署雜記》卷十
七 P193）

【倒包】dǎobāo　朔旦，文書房請旨傳宣諭
一道，……召兩縣耆老面諭之。月一行，著
爲令。語隨時易。……其初，蓋重農意，欲
其自畿內布之天下也。乃嘉、隆末，畿民困
敝，不及時至，則催市井無賴充之，名曰倒
包。（《宛署雜記》卷一 P1）

【倒景】dàoyǐng　景在上曰反景，在下曰倒
景。……景與影同。今人以返眩爲倒景，
非也。相如賦曰：“貫列缺之倒景。”服虔
曰：“列缺，天閃也。倒景，謂人在天上，下
向視日，故日景倒在地下也。”（《言鯖》卷上
P2）

　　　參見［掛搭僧］。（《燕山叢錄》卷二十
二　長安里語　人事 P2）

【倒繃】dàobēng　參見［倒繃孩兒］。（《常
語尋源》卷下癸册 P317）

【倒繃孩兒】dàobēnghái'ér　《宋史》：“苗
振召試館職，晏殊曰：‘君久從仕，必疏筆
硯，宜稍溫故。’振曰：‘豈有三十年爲老婦
而倒繃孩兒者乎？’既而試《澤宮選士賦》，
振有句云‘普天之下莫非王’，被黜。殊曰：
‘苗君倒繃卻孩兒矣。’”（《常語尋源》卷下
癸册 P317）

【倒頓】dǎodùn　脫褌曰倒頓。（《札樸》卷
九　鄉里舊聞　鄉言正字附　雜言 P330）

【俳優】páiyōu　唐玄宗開元間，立教坊以
隸倡優曼衍之戲，使使教習之。按：翼星爲
樂庫，爲天倡，主俳優，故女樂名俳優，亦稱
衕衕。《塵談》：“官府中，毀前任以阿諛後
任，須宗衕衕家風可不戒夫？”（《雅俗稽言》
卷十四 P21）

【俶儻】tìtǎng　有才略曰俶儻。（《札樸》卷
九　鄉里舊聞　鄉言正字附　雜言 P330）

　　　參見［倜儻］。（《通俗編》卷十五
P329）

【條直】tiáozhí　物就理曰條直。（《客座贅
語》卷一　方言 P12）

【條脫】tiáotuō　唐《盧氏雜説》：“文宗問宰
臣：‘條脫是何物？’宰臣未對，上曰：‘《真

誥》言，安妃有金條脱爲臂飾，卽金釧也。’
又《真誥》：‘萼緑華贈羊權金玉條脱各一
枚。’”（《能改齋漫錄》卷三 P46）

　　　或作跳脱、條達。吳曾曰：《雜説》，問
宰臣條達是何物？宰臣未對。上曰：‘《真
誥》言有金條脱爲臂飾。卽今釧也。’”《真
誥》：“贈金玉條脱各一枚。”余按：周處《風
土記》曰：“仲夏造百索繫臂，又有條達等織
組雜物，以相贈遺。”唐徐堅撰《初學記》，引
《古詩》：“繞腕雙條達。”智按：《後漢書》繁
欽《定情篇》，云：“何以致契闊，繞腕雙跳
脱。”《南部新書》載：“溫岐卿言跳脱出《南
華真經》，令狐絢怒之。”《詩話總龜》曰：
“《南華》無此事，宋人誤記也。”胡元瑞言：
“岐卿卽飛卿。”《北夢瑣言》“跳”作條，非。
智曰：“此類之名，皆以聲呼，何拘之有。元
美誤作跳溢，蓋在今日改其字，則不可。”
（《通雅》卷三十四 P1034）

【條約】tiáoyuē　昔箕子避地朝鮮，其國俗
未有撿束之教，乃施八條之約，使人知禁。
後“條約”始此。（《統宗》）（《里語徵實》卷
中下　二字徵實 P7）

【條達】tiáodá　余按：周處《風土記》曰：“仲
夏造百索繫臂，又有條達等織組雜物，以相
贈遺。”唐徐堅撰《初學記》，引古詩云：“繞
臂雙條達。”然則條達之爲釧，必矣。第以
達爲脱，不知又何謂也。徐堅所引古詩，乃
後漢繁欽《定情篇》，云：“何以致契闊，繞腕
雙跳脱。”但跳脱兩字不同。（《能改齋漫
錄》卷三 P46）

　　　參見［條脱］。（《通雅》卷三十四
P1034）

【脩脩】xiūxiū　韓昌黎《赴江陵途中》詩：
“湘水清且急，涼風日脩脩。”案：脩脩，風微
而勁也。吳中謂風乍冷曰涼脩脩。（《吳下
方言考》卷六 P11）

【脩娖】xiūchuò　俗謂葺理整齊爲脩娖。
《唐書》：“中和二年脩娖部伍。”娖音捉。
（《迩言》卷一 P15）

【脩舊】xiūjiù　《公羊傳》。（《越諺賸語》卷
上 P6）

【倘哥兒】tǎnggēr　伏侍的。（《墨娥小錄》
卷十四 P6）

【俱舍】jùshè　此翻云藏，則倉庫、繭韜之緫
名也，含藏義一，故以名焉。（《一切經音
義》卷七十 7P2775）

【倱伅】hùndùn　大而無形曰倱伅。(《通俗文》釋言語下 P31)

　　　　又作混伅，同。胡損徒損反。《通俗文》：“大而無形曰倱伅也。”(《一切經音義》卷七十四 14P2938)

　　　　又作混沌，二形同。胡本反、徒損反。謂不通類也。《通俗文》：“大而無形曰倱伅。”(《一切經音義》卷十六 18P627)

【倡揚】chàngyáng　參見[隱宿]。(《客座贅語》卷一 方言 P11)

【候訶】hòuxiòng　《唐書·李愬傳》：“祿山渡河，號令嚴明，候訶不能知。”案：《漢書》：“淮南王安有女陵，慧有口。王愛陵，多與金錢，爲中訶長安，約給上左右。”注：“西方人以反間爲訶。有王使其女爲偵於中也。”師古曰：“訶，有所候訶也。”則亦今之所謂奸細一流是。(《稱謂錄》卷三十 巡探 P4)

【倭倒】wōduì　渦旭。謂其誤論人事。“倭”從師古註“倭種”。“倒”，《說文》。(《越諺賸語》卷上 P4)

【倭子】wōzǐ　上“窩”。說不明白之人。蓋由宋時多倭寇而言語不通者。(《越諺》卷中 疾病 P19)

【倪倪】nīní　陸羽《茶經》：“炙之則其節倪倪如嬰兒之臂耳。”案：倪倪，細滑貌。今吳諺謂物之細而光滑者曰細倪倪。(《吳下方言考》卷三 P8)

【倪子】nízǐ　執。男兒。(《越諺》卷中 倫常 P8)

【倗】péng　棚。凡與人黨援及共財物曰“倗起來”。《說文》、《六書統》。(《越諺》卷下 單辭隻義 P16)

【倜儻】tìtǎng　《晉書·劉殷傳》：“性倜儻，有濟世之志。”《南史·何遠傳》：“本倜儻，尚輕俠，至是折節爲吏。”夏侯湛《東方朔贊》：“倜儻博物，觸類多能。”倜，他歷切。本又作俶。《廣雅》：“俶儻，卓異也。”《史記·魯仲連傳》：“好奇偉俶儻之畫策。”《漢書·司馬遷傳》：“惟俶儻非常之人稱焉。”《晉書·袁耽傳》：“少有才氣，俶儻不羈。”(《通俗編》卷十五 P329)

【佟錢】tànqián　《後漢書·南蠻傳》：“殺人者，得以佟錢贖死。”注引《纂文》作“佟”。(《札樸》卷十 滇游續筆 P336)

【健兒】jiàn'ér　今所在以軍卒爲健兒，往往以杜詩“健兒勝腐儒”爲證，非也。按：《世說》：“祖逖過江時，公私儉薄，無好服玩。王、庾諸公共就祖，忽見裘袍重疊，珍飾盈列。諸公怪問之，祖曰：‘昨夜復南塘一出。’祖于時恆自使健兒鼓行劫鈔，在事之人，亦容而不問。”東晉時，軍卒已有健兒之稱。(《能改齋漫錄》卷二 P32)

【健忘】jiànwàng　司空圖詩：“齒落傷情久，心驚健忘頻。”白居易詩：“老來多健忘，惟不忘相思。”范成大詩：“舊客姓名多健忘，家人長短總含聾。”按：忘，去聲。俗讀平聲，非。(《通俗編》卷十五 P324)

【健窠】jiànkē　雞不將更伏曰健窠。(《札樸》卷九 鄉里舊聞 鄉言正字附 雜言 P329)

【們】mén　《朱子語錄》：他們都不去攻那贖刑。……按：們本音悶。《集韻》：們渾，肥滿貌。今俗讀若門，云他們、你們、我們，于義無所取。……懣本音悶，俗音門，猶言輩也。知此本無正音正字。北宋時，先借懣字用之，南宋別借爲們，而元時則又借爲每。《元典章》詔令中云“他每”甚多。餘如省官每、官人每、令史每、秀才每、伴當每、軍人每、百姓每，凡其每字悉們音之轉也。元雜劇亦皆用每。(《通俗編》卷三十三 P733)

【倨倨】jùjù　音夻去聲。《淮南子》：“其行蹎蹎，其視眽眽，臥倨倨，興盰盰。”案：倨倨，臥放蕩貌，吳中謂臥不顧人曰倨倨。(《吳下方言考》卷九 P21)

【倔強】juéjiàng　參見[倔彊]。(《越諺賸語》卷上 P4)

【倔彊】juéjiàng　參見[倔彊]。(《越諺賸語》卷上 P4)

【倔彊】juéjiàng　倔，掘；彊，弶上聲。行不順，言不遜者。《史記·陸賈傳》“屈彊”，《漢書·匈奴傳》“屈強”，《後漢·盧芳傳論》“掘彊”，《鹽鐵論》“倔強”，楊泉《太玄經》“崛強”，《五代史·李嚴傳》“倔彊”。古人文字，各不相謀，今考定。(《越諺賸語》卷上 P4)

【偗偡】tàsà　參見[偗傝]。(《目前集》後卷 P2160)

【偆】chǔn　蠢。富也，厚也。越謂肥濁人及頑兒曰“蠢”，應從此。《廣韻》。(《越諺》卷下 單辭隻義 P16)

【偆齊】zhànqí　長短相等曰偆齊（偆聲如

斬）。（《札樸》卷九　鄉里舊聞　鄉言正字附雜言 P330）

【做年】zuònián　傭也。（《越諺賸語》卷上 P4）

【做好事】zuòhǎoshì　馮道詩"做"作"行"。（《越諺賸語》卷上 P8）

【做戲法】zuòxìfǎ　參見〔撮弄〕。（《通俗編》卷三十一 P692）

【做手勢】zuòshǒushì　《舊五代史·史宏肇傳》："王章於其第張酒樂，時宏肇與宰相、樞密使及内客省使閻晉卿等俱會。酒酣，爲手勢令。"（《直語補證》P33）

【做臉兒】zuòliǎn'ér　參見〔作面子〕。（《通俗編》卷十六 P339）

【做生活】zuòshēnghuó　操作也。楊汝士有"弗做冷淡生活"語。見《摭言》。（《越諺賸語》卷上 P8）

【做誕碁】zuòdànqī　兒生周歲，履虎頭鞵，帶張生巾，粉糯米作碁團，供南極老人像謂之做誕碁。富家設碁場，陳百物其中，以試兒所欲。案：《顏氏家訓》："江南風俗，生兒一碁，爲製新衣，盥浴裝飾，男用弓矢紙筆，女則刀尺針縷，並飲食之物及珍寶服玩，置之兒前，觀其所取，以驗愚智，名爲試兒。"此風久矣。（《土風錄》卷二 P193）

【偃蹇】yǎnjiǎn　《離騷》"何瓊佩之偃蹇兮"，王注："衆盛兒。"又《九歌》"靈偃蹇兮姣服"，王注："舞兒。"又《遠遊》"服偃蹇以低昂兮"，王注："駟馬駊騀而鳴驤也。"《漢書》相如《大人賦》"掉指橋以偃蹇兮"，張楫注："偃蹇，委曲兒。"世俗專以偃蹇爲失意，殊未廣也。（《雅俗稽言》卷二十八 P2）

【偪仍】bīlè　強人以所不欲曰偪仍，俗作偪勒，非也。勒，乃羈馬之絡唧。今刑書亦作偪勒，蓋沿俗久矣。（《俚言解》卷一 37P22）
　　　參見〔偪勒〕。（《雅俗稽言》卷十七 P12）

【偪勒】bīlè　強人以所不欲曰偪仍。俗作偪勒，非也。勒乃羈馬之絡唧。今刑書亦作偪勒，蓋沿俗久矣。（《雅俗稽言》卷十七 P12）
　　　參見〔偪仍〕。（《俚言解》卷一 37P22）

【傪】zhā　開張曰傪。傪音查。（《蜀語》P39）

開張曰傪。傪音查，俗誤讀"詐"聲。（《里語徵實》卷上　一字徵實 P29）

【偝】bèi　音背。《荀子·非相》篇："向則不若，偝則謾之。"案：偝，不在人前也。吳諺謂之偝，背後。（《吳下方言考》卷九 P16）

【偵究】zhēnjiū　卽盤詰也。（《越諺賸語》卷上 P4）

【側室】cèshì　後世多稱妾爲側室，如"陸展染白髮將以媚側室"是也。（《雅俗稽言》卷八 P18）

【偶人】ǒurén　今俗懸絲而戲謂之偶人，亦傀儡之屬也。（《目前集》後卷 P2138）

【偶耳】ǒu'ěr　事不常然也。見《列子·楊朱篇》。（《越諺賸語》卷上 P4）

【偢保】chǒucǎi　摠察。人性不溫柔。（《越諺賸語》卷上 P3）

【偢睬】chǒucǎi　參見〔不採〕。（《通俗編》卷十三 P275）

【偛傝】chāzhū　強梁曰偛傝。（《札樸》卷九　鄉里舊聞　鄉言正字附　雜言 P330）

【傀偉】guīwěi　上古回反，下韋鬼反。《埤蒼》云："傀偉，奇大兒。"《集訓》云："傀，壯大也，盛也。"又云："偉者，有奇異之美也。"《説文》傀偉二字並從人，鬼韋皆聲也。（《一切經音義》卷八十四 2P3277）
　　　亦作褢。古回反。司馬彪注《莊子》云："傀，美也，方盛也。"下韋鬼反。《埤蒼》云："偉，大也。"……經本從王作瑰瑋，亦通也。（《一切經音義》卷十九 10P725）

【傀儡】kuǐlěi　《顏氏家訓·書證》篇："俗名傀儡子爲郭氏禿。"《舊唐書·音樂志》："窟礧子亦云魁礧子，作偶人以戲。"魁礧卽傀儡也。（《恒言錄》卷五 P105）

【傀儡子】kuǐlěizǐ　參見〔傀儡〕。（《恒言錄》卷五 P105）

【傀琦】guīqí　上古迴反。《集訓》云："壯大也。"《桂苑珠叢》："盛也。"傀琦者，美兒也。《説文》："偉也。"（《一切經音義》卷十七 2P633）

【偷瓜瓬】tōuguāxuè　《舊蘇府志》"刺蝟"注云："俗名偷瓜瓬。"按："瓬"當爲"瓬"字之訛。瓬，音血，鑿穴居也，以其好竊瓜，常負以入穴，故名。瓬，音查，目深兒。（《土風錄》卷五 P234）

【停停當當】tíngtíngdāngdāng　《朱子語

錄》:"喜怒哀樂未發,此心停停當當,恰在中間。"(《通俗編》卷十一 P243)

【停澤】tíngduó　檐冰俗呼停澤,以其停而不流也。按:《廣韻》"冷"字注:"冷澤,吳人云冰凌。"靈字紐,郎丁切,收入青韻。則停乃冷字聲之訛也。(《直語補證》P26)

【停待】tíngdài　停待,俗語也。亦有所本。《愍懷傳》:"坒下停待"。(《言鯖》卷下 P19)

　　　《晉書·愍懷太子傳》:"陛下停待。"(《通俗編》卷十二 P264)

【俙】yàn　雁,呼如"魘"。謂不識好歹,不辨真偽。《集韻》。(《越諺》卷下 單辭隻義 P16)

【俙貨】yànhuò　俙,雁,呼如魘。偽物、疲物。從《集韻》。(《越諺》卷中 貨物 P34)

【俙】hún　參見[女俙]。(《通俗編》卷二十二 P485)

【偏凍雨】piāndōngyǔ　夏日暴雨曰偏凍雨。凍音東,從水。《爾雅》曰:"暴雨謂之凍。"《楚詞》曰:"使凍雨兮灑塵。"其曰偏者,或不踰墻,或不過畦也。江東謂之陣頭雨。(《蜀語》P24)

【偏提】piāntí　酌酒器,元和間謂之注子。仇士良惡其名同鄭注,乃去其柄,安系,名曰"偏提"。按其形,即今之酒鱉。(《言鯖》卷上 P4)

　　　參見[注子]。(《土風錄》卷三 P203)

【偏房】piānfáng　《列女傳·晉趙衰妻》頌曰:"身雖尊貴,不妒偏房。"(《直語補證》P24)

【偏陂】piānbēi　地不平曰偏陂。(《燕山叢錄》卷二十二 長安里語 地理 P1)

【偏髦】piānmáo　小兒留髮,男左女右,曰偏髦。(《札樸》卷九 鄉里舊聞 鄉言正字附 名稱 P328)

　　　小兒頭上左右留髮曰偏髦,燕趙之間曰羈角。(《札樸》卷九 鄉里舊聞 P316)

【假吏】jiǎlì　趙盾將朝,尚早,因假寐。卻詵葬其母於所住堂北壁外,謂之假葬。潘岳爲楊駿主薄,駿誅當坐,公孫宏護持岳,謂之假吏。(《札樸》卷三 覽古 P91)

【假八叔】jiǎbāshū　非真正人。(《越諺》卷中 惡類 P15)

【假子】jiǎzǐ　《世說》注:"何晏父早亡,魏武爲司空時納晏母,並寵其子,常謂晏爲假子。"又《唐內侍李輔光墓誌》稱:"有假子數十人。"《獻帝春秋》:"隨母男曰假子。"(《稱謂錄》卷六 養子 P14)

【假父】jiǎfù　《唐書·李錡傳》:"番落健兒,皆錡腹心,稱錡爲假父。"(《稱謂錄》卷一 義父 P25)

【假葬】jiǎzàng　卻詵葬其母於所住堂北壁外,謂之假葬。(《札樸》卷三 覽古 P91)

【假結】jiǎjié　參見[假髻]。(《通俗編》卷二十五 P562)

【假頭】jiǎtóu　參見[假髻]。(《通俗編》卷二十五 P562)

　　　參見[頭]。(《通俗編》卷二十二 P494)

【假面】jiǎmiàn　《舊唐書·音樂志》:"代面出於北齊,北齊蘭陵王長恭,才武而面美,常著假面以對敵。"(《恒言錄》卷五 P106)

【假饒】jiǎráo　猶云縱令,設辭也。楊龜山云:"外邊用計用數,假饒立得功業,只是人欲之私。"(《助字辨略》卷二 P77)

　　　楊龜山云:"外邊用計用數,假饒立得功業,只是人欲之私。"假饒,猶云縱令也。(《方言藻》卷二 P18)

【假髻】jiǎjì　《周禮·追師》注:"副,婦人首飾。三輔謂之假髻。"《博雅》:"假結謂之髻。"《晉書·五行志》:"太元中,婦女緩鬢傾髻以爲盛飾,用髮既多,不可恒戴,乃先于木及籠上裝之,名曰假髻,或名假頭。"(《通俗編》卷二十五 P562)

【偓齪】wòchuò　應劭注《史記》云:"偓齪,急促之皃也。"……《埤蒼》《聲類》並云:"迫促皃也。"(《一切經音義》卷九十二,P3502)

【傝】sāo　參見[獡]。(《通俗編》卷二十二 P499)

【傘】sǎn　《水經注》:"鹽井粒大者方寸,中央隆起,形如張傘,故因名之曰傘子鹽。"鑑案:傘即繖。《大唐六典》注引《通俗文》:"張帛避雨謂之繖蓋。"常案:傘始見於《南史》:"王綃以笠傘覆巾。"《魏書·裴延儁傳》:"山奴持白傘白幡。"(《恒言錄》卷五 P102)

【傘子鹽】sǎn·ziyán　參見[傘]。(《恒言錄》卷五 P102)

【禽獸】qínshòu　罵人曰禽獸，亦有本。《鬻子·治理篇》"人而不善者謂之獸"、《孟子》"則近於禽獸""於禽獸奚擇焉"，皆是。（《直語補證》P41）

【傲價】àojià　參見［扳價］。（《越諺》卷中　貨物 P34）

【俉伀】qióngsōng　笻松，呼若"弄送"。揚子《方言》："罵也。"越誚戲弄者。（《越諺賸語》卷上 P4）

【俉伀】qióngsōng　音窮松。揚子《方言》："俉松，罵也。"案：俉伀，罵人之語也。吳中罵寒酸像曰俉伀。（《吳下方言考》卷一 P4）

【備】bèi　《魏書·刑法志》："昭成帝立法令，盜官物，一備五；盜私物，一備十。"《通鑑·宋記》："魏昭成帝始制法令，盜官物，一備五，私物十備。"胡注："備，陪償也。"今人多云陪備。（《恒言廣證》卷二 P27）

【備馬】bèimǎ　《南渡錄》："康王南奔，倦息崔府君廟，夢神曰：'追騎已至，宜速去，已備馬矣。'"《天祿志餘》："今北京方言，將出則令人備馬。本此。"按：《說文》有"犕"字，平祕切，引《易》"犕牛乘馬"。《玉篇》云："犕，服也。以鞍裝馬也。"則"備馬"當正用"犕"字。《南渡錄》未足爲據。（《通俗編》卷八 P173）

【備】bèi　參見［賠］。（《通俗編》卷二十三 P525）

【傅姆】fùmǔ　杜牧《杜秋娘詩序》："杜秋娘爲李錡妾。錡滅入宮，有寵于景陵。穆宗命爲皇子傅姆。"（《稱謂錄》卷二　保母 P13）

【傅婢】fùbì　《家訓·序致》篇："禁童子之暴謔，則師友之誡，不如傅婢之指揮。"（《稱謂錄》卷二　保母 P13）

【傅近】fùjìn　《爾雅》："傅，歷也。"郭注云："傅，近。"仲長統《昌言》："宦豎傅近臥房之內，交錯婦人之間。"按：今俗訛作附近。（《通俗編》卷二 P37）

　　俗語"附近"，古作"傅近"。仲長統《昌言》："宦豎傅近房臥之內，交錯婦人之間。"（楊慎《俗言》）（《里語徵實》卷中上　二字徵實 P29）

【傝傝】tàsà　不謹曰傝傝。傝傝音塔撒。（《蜀語》P39）

《山谷集》中有……傝（音塔）傝（音鞈）……等字，多謂蜀語也。義皆如今時之解。……傝傝，謂物不蠲也。《海篇》亦曰："惡也。"不知何意。（《七修類稿》卷二十三 P349）

傝傝，惡也。……傝傝，不謹貌，亦作偙傝。（《目前集》後卷 P2160）

上吐盍切，下私盍切。疊韻字。《廣韻》："傝傝，不謹貌。"今吳人以不謹爲没傝傝。《博雅》："傝傝，惡也。"《類篇》引。（《恒言錄》卷二 P48）

《黃山谷集》："傝傝，物不蠲也。"蜀人語音如塔鞈。（《恒言廣證》卷二 P41）

音搭撒。《中原雅韻》："不謹也。"《韻譜》"傝"作"傝"，非。（《里語徵實》卷中上　二字徵實 P38）

　　參見［答颯］。（《通俗編》卷十四 P302）

【傝彄】tàlì　不事生業。上土盍反，下郎口反。（《俗務要名林》）

【傝㢊】tàróng　不肖曰傝㢊。或作闟茸，或作毻毧。（《肯綮錄》P2）

【傿傿】jījī　小子曰傿傿。傿音積，小也。（《蜀語》P4）

【傖】cāng　音邨。《晉陽秋》："吳人呼中州人爲傖。"案：傖，癰蠢也、鄙陋也。吳俗謂蠢陋者爲傖。俗作村，誤。（《吳下方言考》卷四 P8）

　　《世說》：顧辟疆有園多竹，極幽勝。王子敬信步入觀，旁若無人。辟疆曰："此不足齒之傖耳。"按：賤稱也。今南方有呼某傖者。（《常語尋源》卷下辛冊 P284）

【傖奴】cāngnú　《晉書·劉俊傳》："郊音有傖奴，善知文章。"（《稱謂錄》卷二十五　僕 P18）

【傖父】cāngfù　參見［秦人］。（《通雅》卷十九 P667）

【傸】yǎng　烏項切。越音"盎"平聲。戾也，不相好也。《集韻》。（《越諺》卷下　單辭隻義 P9）

【傑郎】jiéláng　和尚。（《墨娥小錄》卷十四 P5）

【傏突】tángtū　參見［唐突］。（《雅俗稽言》卷十七 P14）

【傍熱】bàngrè　凡事可乘機會曰傍熱。宋

蕭道成結宋主左右,弑帝。王敬則取白紗帽加道成首,令卽位,曰:"事須及熱。"(《語實》P140)

【傍生】pángshēng 蒲忙反。案:傍生者,上從龍獸禽畜,下及水陸蚑(音昆)蟲(逐融反)業淪惡趣,非人天之正道,皆曰傍生是也。(《一切經音義》卷五 14P204)

【傔人】qiànrén 《通雅》:"唐制,大使、副使皆有傔人。"《正字通》:"傔人卽今承差。"《表異錄》:"河西節度使崔希逸傔人入奏事。"注:"傔,從也。"(《稱謂錄》卷二十六 書吏 P3)

【僉】qiān 《梁書》:"馬仙琕簽求應赴。"李延壽《南史故事》:"府州部論事皆簽,前直敘所論之事,後云謹簽具日,下又云某官簽此。"卽近日僉押之僉,古今字變耳。(《雅俗稽言》卷十八 P16)

【僉皆】qiānjié 且廉反。僉,咸也。《小爾雅》:"僉,同也。"(《一切經音義》卷二十 14P771)

【債不】zhàifù 貸久未償還,謂之債不,音趼。歷家亦有債不,遂誤讀不字作頓,上聲,而常言債負,卻用負字。(《方言據》卷上 P8)

【債負】zhàifù 參見[債不]。(《方言據》卷上 P8)

【傳】zhuàn 去聲。越嫗面詖,輒曰"某傳爾",或曰"我背後傳爾"。如經傳之傳語,最古雅而耐人尋味。(《越諺》卷下 單辭隻義 P17)

【傳奇】chuánqí 傳奇之傳,平聲。唐裴鉶著小說號曰傳奇,元人宗之,爲雜劇亦曰傳奇。蓋其事稀奇,可以傳播於人耳。《名義考》引《釋名》傳作去聲。(《雅俗稽言》卷十四 P19)

《后山詩話》:"范文正《岳陽樓記》用對語說時景,世以爲奇,尹師魯讀之曰:'此傳奇體耳。'傳奇者,唐裴鉶所著小說也。"《莊岳委談》:"陶宗儀謂唐爲傳奇,宋爲戲諢,元爲雜劇,非也。唐所謂傳奇,自是書名,雖事藻繢,而氣體俳弱,然其中絕無歌曲。若今所謂戲劇者,何得以爲唐名?或以中事跡相類,後人取爲戲劇張本,因展轉爲此稱,不可知耳。"(《通俗編》卷七 P151)

【傳席】chuánxí 今人家娶婦,輿轎迎至大門,則傳席以入,弗令履地。然唐人已爾。

樂天《春深娶婦家》詩云:"青衣轉(去聲)氈褥,錦繡一條斜。"(《南村輟耕錄》卷十七 P207)

今人家娶婦,輿轎迎至大門,則傳席以入,弗令履地。然唐人已爾。樂天《春深娶婦家》詩云:"青衣轉氈褥,錦繡一條斜。"(《輟耕錄》)(《唐音癸籤》卷十八 P163)

【傳臚】chuánlú 《國朝會典》:"新進士宣制,獨以傳臚稱,可謂名實相稱。以二甲第一稱傳臚,是三甲第一亦可稱矣。考《儀注》,鳴贊官立丹陛,左右唱第一甲第一名某,以次接傳,至丹陛下序班,引至左班,正六品品級山跪。又唱第一甲第二名某,引至右班,正七品品級山跪。唱第一甲第三名某,引至左班,從七品品級山跪。均三傳。又唱第二甲第二名某等若干名,第三甲第一名某等若干名,亦均三傳,不引出班。其必三傳者,出身之初,卽示以難進之義也。此五人者,皆實入臚唱。是二甲、三甲首名,皆當並有傳臚之稱,所謂名以義起矣。案:嘉慶癸丑,一甲一名吳縣潘文恭公,二名大興陳遠雯,名雲源,籍吳江。二甲一名張春山,三甲一名馬秋水。時人爲之語曰:"必正妙常雙及第,春山秋水兩傳臚。"蓋世謂二甲一爲金殿傳臚,三甲一爲玉殿傳臚也。又案:宋時殿試有四甲、五甲。(《稱謂錄》卷二十四 二甲一名,三甲一名 P16)

【傳衣鉢】chuányībō 佛氏五祖傳心印於盧行者,謂之傳衣鉢。五代和凝應舉,自以榜首期待,後乃第五。及知選舉,見范質之文,尤爲驚賞,卽以第五處之。語范曰:"欲君傳老夫衣鉢爾。"後范歷官皆與和同。因而場屋間謂之傳衣鉢。時有詩曰:"從此廟堂添故事,登庸衣鉢亦相傳。"及後馮當世知貢舉,特擢彭器資爲首,而彭官後不如馮。有詩云:"當時已自傳衣鉢,羞魁猶爲食肉僧。"乃爲科第云然。今人動以衣鉢傳言,錯矣。(《七修續稿》卷四 P797)

【傴身】yǔshēn 上紆禹反。顧野王云:"傴身,愈曲恭益加也。"(《一切經音義》卷二十四 13P935)

【僂伸】lóushēn 上力主反。《左傳》:"傴也。"《廣雅》:"曲也。從人從縷省聲也。"下音申。《周易》:"屈以求伸。"《說文》:"屈伸也。從人申聲。"(《一切經音義》卷七十八

3P3071)

【僂儸】lóuluó　《五代史》:"漢劉銖惡史弘肇、楊邠。於是李業譖二人于帝而殺之。銖喜謂業曰:'君可謂僂儸兒矣。'"僂儸俗言狡猾也。《蘇氏演義》作"樓羅",云幹辦集事之稱。《水滸傳》作"嘍囉"。今遂成群盜之定名矣。(《目前集》後卷 P2140)

　　僂儸,俗言滑也。《演義》謂幹辦集事之稱。《海篇》"儸"訓"健而不德也",然猶未見出處。《五代史》:"漢劉銖惡史肇弘、楊邠,於是李業譖二人于帝而殺之,銖喜謂業曰:'君可謂僂儸兒。'"歐史蓋用俗語也。(《雅俗稽言》卷二十一 P18)

　　爽健曰僂儸。僂有樓、縷、慮三音,今北音多作縷、慮二音。《五代史·劉銖傳》:"諸君可謂僂儸兒。"(《燕說》卷一 P1)

【僂儸兒】lóuluó'ér　《五代史·劉銖傳》:"諸君可謂僂儸兒。"《七修類稿》:"俗云僂儸,《演義》謂幹辦集事之稱。《海篇》訓儸字曰:'健而不德。'據是二說,皆狡猾能事意也。(《稱謂錄》卷二十六 兵 P18)

【僂步】lóubù　力主反,曲也,脊曲而行也。(《一切經音義》卷七十八 3P3071)

【僂羅】lóuluó　參見[嘍羅]。(《通俗編》卷八 P169)

【催歸】cuīguī　韓退之詩:"喚起牕全曙,催歸日未西。無心花裏鳥,更與盡情啼。"山谷曰:"吾每哦此詩,而了不解其意。自謫峽川,時春晚,憶此詩方悟之。喚起、催歸,二鳥名。若虛設,故人不覺耳。喚起聲如絡緯,圓轉清亮,偏於春曉鳴,亦謂之春喚。催歸,子規鳥也。(《冷齋夜話》)(《唐音癸籤》卷二十 P182)

【催生】cuīshēng　參見[解耙]。(《越諺》卷中 風俗 P61)

【催趲】cuīzǎn　《朱子文集》:"答王子合云:'著力催趲功夫,則渠已有行日矣。'"按:《廣韻》"趲"訓"散走",《集韻》云:"逼使走也。"朱子《與鄭子上》又有"趲得課程"語。一本作"催儹"訛。(《通俗編》卷十二 P262)

【慫慫然】sǒngsǒngrán　慫音松。漢《郊祀歌》:"神之行,旍容容,騎沓沓,般慫慫。"案:般,班也。慫慫,起步隨行也。今吳諺謂行路不息曰慫慫然也。(《吳下方言考》卷一 P4)

【儉俕】tànsàn　癡曰儉俕。儉,他紺切,探去聲。俕,蘇紺切,靸去聲。《集韻》:"儉俕,癡貌。"(《燕說》卷一 P2)

【傾脚頭】qīngjiǎotóu　《夢粱錄》:"杭城戶口繁夥,街巷小民之家多無坑廁,只用馬桶,每日自有出糞人蹇去,謂之傾脚頭。"鑑按:《通雅》:"陳水南曰:'獸子者,褻器也。或以銅爲馬形,便于騎以溲也。'俗曰馬子,蓋沿于此。"(《恒言錄》卷五 P106)

【備客】yōngkè　《神仙傳》:"仙人李八伯者,欲授唐公房仙術,乃爲作備客。"(《札樸》卷八 金石文字 P275)

【偉遑】zhānghuáng　偉音章。王逸《九思》:"遽偉遑兮驅林澤"。案:偉遑,茫茫然無主也。吳中謂倉皇不一日偉遑失智。(《吳下方言考》卷二 P4)

【儆漢】chǎnghàn　上廠。慷慨人。(《越諺》卷中 善類 P11)

【傑】qú　亦單作渠,呼彼之稱。(《雅俗稽言》卷十七 P6)

【僊】xiān　參見[顛顛]。(《越言釋》卷上 P15)

【僚婿】liáoxù　《尒疋》:"兩壻相謂曰亞。"郭注:"今江東人呼爲僚婿。"(《恒言廣證》卷三 P52)

【僚草】liáocǎo　參見[佬憚]。(《言鯖》卷下 P18)

【僭指腿夾】jiànzhǐtuǐjiā　宋嶺南用之。卽今之拶指夾棍。(《七修類稿》卷四十四 P638)

【僕憎】púzēng　《菽園雜記》:"今人稱煖熟食具爲僕憎,言僕者不得侵漁,故憎之。"王宗銓御史嘗見內府揭帖,令工部製步甒,蓋卽僕憎,乃知僕憎訛也。(《俚言解》卷二 14P35)

　　《菽園雜記》:"今人稱煖熟食具爲僕憎,言僕者不得侵漁,故憎之。王宗銓御史嘗見內府揭帖,令工部製步甒,蓋卽僕憎,乃知僕憎訛也。"(《雅俗稽言》卷十三 P15)

【傪疐】zházhì　罵人曰傪疐。音劄室。(《肯綮錄》P2)

【傗傗】bōbō　案:東漢多以七言作標榜語,於句中爲韻,如:"……論難傗傗祁聖元,關東說詩陳君期。"(《札樸》卷八 金石文字 P280)

【燃】rǎn　（燃,于簡反。）驚聲曰燃。（《通俗文》釋言語上 P14）

【僧】sēng　《説文》曰:"浮屠,道人也。"《大藏一覽》:"男曰僧。"（《目前集》前卷 P2131）

【僧伽梨】sēngjiālí　正云僧揭胝,此曰和合衣。謂要須兩重成故也。（《一切經音義》卷二十一 19P814）

【僧祇部丞】sēngqíbùchéng　《唐會要》:"延載元年五月,敕天下僧尼、道士隸祠部。開元二十五年,以道士、女道士割隸宗正,各寺僧尼令祠部檢校。考釋、道二教,前代未嘗領之於官,自北齊置昭元寺以掌諸佛教。"又,"鴻臚寺屬有僧祇部丞一人,太常寺屬有崇虛局丞,掌諸道士簿帳。於是始見於官司之職守。"（《稱謂錄》卷十六 僧官、道官 P8）

【㑊渾】mènhún　參見[勺鐸]。（《客座贅語》卷一 方言 P10）

【傗㑚】chánzōu　《玉篇》:"傗㑚,惡罯也。"劉克莊詩:"傗㑚書生屋角花。"（《通俗編》卷十七 P376）

【儚蚊】méngzhòng　心鈍曰儚蚊。《揚子法言》注引《呂氏春秋》"蚊":"蚊,出放光蟲,食物也。"今謂小兒不懂事曰"儚蚊"。（楊慎《俗言》）（《里語徵實》卷中上 二字徵實 P36）

【傑傑】jìnjìn　音禁。潘岳《思遊賦》:"前湛湛而攝進兮,後傑傑而方馳。"案:傑傑,行不顧貌,今吳諺謂行不回顧曰傑傑然走也。（《吳下方言考》卷十 P1）

【傑傑然】jìnjìnrán　音禁。……今吳諺謂行不回顧曰傑傑然走也。（《吳下方言考》卷十 P1）

【價婦】jièfù　《留青集》:"價婦,僕妾也。"（《稱謂錄》卷二十五 婢 P23）

【儂】nóng　王觀國《學林新編》云:"江左人稱我汝皆加儂字,詩人亦或用之。孟東野詩云:'儂是拍浪兒'是也。"予以隋煬帝亦嘗用矣。《大業拾遺記》:"與宮女羅羅詩云:'幸好留儂伴儂睡,不留儂住意如何?'又云:'此處不留儂,更有留儂處。'"又古樂府宋鮑照《吳歌》云:'但觀流水還,識是儂流下。'"又云:"觀見流水還,識是儂淚流。"晉太元中《子夜歌》云:"故使儂見郎。"又

云:"儂亦吐芳詞。"又云:"儂亦恃春容。"又云:"儂年不及時。"又云:"儂作北辰星。"又云:"動儂含笑容。"所用甚多。然則吳音稱儂其來甚久,詩人用之,豈始東野耶? 石崇亦有《懊儂歌》。（《能改齋漫錄》卷一 P6）

吳人謂我爲儂。（《雅俗稽言》卷十七 P6）

他也,《古樂府》有《懊儂歌》。《六書故》:"吳人謂人曰儂,卽人聲之轉,甌人呼若能。"案:儂之義已見"自稱門",彼此各一義也。（《稱謂錄》卷三十二 泛指 P516）

韓愈詩:"鱷魚大於船,牙眼怖殺儂。"俗謂我爲儂也。《廣韻》:"吳人自稱曰儂。"蘇軾詩:"語言猶是帶吳儂。"《伽藍記》:"吳人自呼爲阿儂。"案:今閩人亦自稱曰儂。（《稱謂錄》卷三十二 自稱 P2）

參見[我儂]。（《通俗編》卷十八 P409）

參見[奴]。（《談徵》名部下 P11）

【儂家】nóngjiā　參見[奴]。（《談徵》名部下 P11）

【㑛㑛】dǔsù　㑛㑛,顫動貌,音獨速。（《目前集》後卷 P2152）

體驚戰曰㑛㑛。㑛音獨,㑛音速。《廣韻》:"㑛㑛,頭動也。"孟郊《送淡公》詩:"腳踏小船頭,獨速舞短蓑。"韓偓《經硤石縣》詩:"驚狐尾纛簌。"按:獨速、纛簌,俱與㑛㑛通。（《燕說》卷一 P9）

【㒁】sà　殺。衣褲間夾物。又"㒁褲腰"。《集韻》。（《越諺》卷下 單辭隻義 P13）

【儉素】jiǎnsù　《宋書》:"武帝大脩宮室,袁顗屢稱高祖儉素。"（《通言》卷五 P67）

【儴傛】yǐxī　仿佛曰儴傛（聲如倚希）。（《札樸》卷九 鄉里舊聞 鄉言正字附 雜言 P330）

【儓逮】àidài　張靖之《方州雜錄》記"儓逮"（卽眼鏡）云:"合則爲一,歧則爲二,如市中等子匣。"（《土風錄》卷五 P229）

【儍子】shǎzǐ　水斗曰儍子。（《燕山叢錄》卷二十二 長安里語 器用 P7）

【億侅】yìgāi　改孩反。數法名也。（《一切經音義》卷十六 9P611）

【儀刀】yídāo　《通鑑》:"開成元年,郭皎奏諸司儀仗有鋒刃者,請皆輸軍器使,遇立仗別給儀刀。"注云:"儀刀,以木爲之,以銀裝之,具刀之儀而已。"馥謂:儀刀,猶象劍也。

（《札樸》卷四　覽古 P138）

【儀門】yímén　參見［譙門］。（《通俗編》卷二十四 P540）

【僻脱】pìtuō　《文選·景福殿賦》：“僻脱承便，蓋象戎兵。”注云：“蹩躠之徒，便僻輕脱。”（《通俗編》卷十二 P259）

何平叔《景福殿賦》：“僻脱承便，蓋象戎兵。”案：僻脱，戲不沾滯也。諺謂敏捷爲僻脱。今俗用撇。（《吳下方言考》卷十二 P6）

【僻隈】pìwēi　匹亦反。僻，邪僻也，亦避也，經中或作避，避，去也。下烏塊、烏迴二反。謂隱蔽之處也。（《一切經音義》卷九 17P354）

【儓儗】tái'ài　李白詩：“五月造我語，知非儓儗人。”儓儗言癡也。（《唐音癸籤》卷二十四 P214）

【儊儗】mièxiè　參見［橫儗］。（《談徵》言部 P39）

【儊儗子】mièxièzǐ　密雪。不方正而矬小者。見《博雅》。（《越諺》卷中　惡類 P16）

【儊騙】mièpiàn　密片。諂人誆財者。（《越諺》卷中　惡類 P15）

【儒童】rútóng　而俱反。《説文》：“儒，柔也，謂柔頓也。”“童，幼也，謂幼少也。”（《一切經音義》卷七十 21P2803）

【儒語】rúyǔ　上人朱反。《切韻》：“直也。”《説文》：“柔也。”《禮記》：“哀公問於孔子儒之行也。”從人需聲。下魚與反。《説文》云：“直言曰論，論難曰語，從言吾聲。”按：律文“徐徐濡語”卽和柔之語也。（《一切經音義》卷續八 11P3990）

【儜弱】níngruò　上搦耕反，吳音。《文字集略》云：“惡也，病也。”《考聲》：“弱也，從人寧聲。”（《一切經音義》卷七十九 1P3100）

【儘】jǐn　《增韻》云：“縱令也。”柳永《卜算子》詞：“儘無言誰會高意。”又，猶任也。今云任其如何，曰儘如何也。周密《探春》詞：“儘教寬盡春衫。”（《助字辨略》卷三 P153）

【儘教】jǐnjiào　柳永《卜算子》詞：“儘無言誰會高意。”周密《探春》詞：“儘教寬盡春衫。”儘，猶任也。（《方言藻》卷二 P12）

【儘讓】jǐnràng　儘前，儘後者，言極至于前，極至于後，不容餘地。今俗云儘讓是也。（《助字辨略》卷三 P152）

【優貸】yōudài　《後漢書·袁安傳》：“足示中國優貸，而使邊人得安。”《南史·謝述傳》：“先朝舊勳，宜蒙優貸。”（《通俗編》卷十三 P285）

【儡同】léitóng　上盧堆反。《曲禮》云：“毋儡同。”毋音無。《考聲》云：“儡同，無分別也。”《説文》：“從人從晶，音雷聲。”（《一切經音義》卷八十 18P3160）

【儲胥】chǔxū　儲胥，軍中藩落也，謂其儲蓄以胥敵也。（《雅俗稽言》卷十九 P4）

【儵】shū　參見［疢］。（《越諺》卷下　單辭隻義 P12）

【儭】❶ chèn　《齊書·張融傳》：“殷淑妃薨，建齋灌佛，僚佐儭者，多至一萬，融獨注儭百錢。”按：作佛事者給僧直曰儭。而前人用字各不同，《翻譯名義》云：“達嚫，此云施財，《尊婆須密論》作檀嚫。”梁《高僧傳》：“杯渡分身他土，所得嚫施，回施黃欣。”其嚫字從口。《寒山詩》：“封疏請名僧，嚫錢兩三樣。”《傳燈錄》：“南泉設齋，甘行者請黃檗施財。檗曰：‘財法二施，等無差別。’甘曰：‘怎麼道，爭消得某甲嚫。’”《法苑珠林》有嚫施部。其嚫字從貝。吳均《續齊諧記》：“蔣潛以通天犀導上晉武陵王晞，晞薨，以襯衆僧。”其襯字從衣。（《通俗編》卷二十三 P512）

❷ qīn　又《集韻》雎（編者按：當作“雌”）人切，與親通，父母稱。（《稱謂錄》卷一　父母總稱 P12）

【儭服】chènfú　上楚懋反。《考聲》：“藉也。”儭，身衣也，從衣。（《一切經音義》卷八十三 19P3273）

【儭身】chènshēn　且信反。又丈覲反。儭，至也，近也。（《一切經音義》卷二十六 11P1017）

【儱侗】lǒngtǒng　儱侗，未成器也。（《目前集》後卷 P2161）

《廣韻》：“儱侗，未成器。”（《恒言廣證》卷二 P40）

【儱偅】lòngzhòng　偅字，章用切。見《玉篇》。儱偅，行不正也。後人言人老態云，此卽龍鍾之訛也。（《直語補證》P20）

參見［龍鍾］。（《土風錄》卷七 P251）

【儳】chàn　音産平聲。《後漢書·孔僖傳》：“鄰房生梁郁儳和之。”案：儳，未嘗與言而

傪入之也。吳諺謂咶嘴爲傪。(《吳下方言
考》卷五 P4)

【傪和】chànhè　《後漢書·孔僖傳》:"鄰房
生梁郁傪和之。"注:"傪,謂不與之言而旁
對也。音仕鑒反。"(《通俗編》卷十七
P375)

【傪頭】chàntóu　(傪)懺。《禮·表記》:"傪
焉如不終日。"鄭氏曰:"可輕賤之貌。"《廣
韻》:"傪傪,惡貌。"越諺才弱者曰"傪頭"。
"傪"之文从"人",其語本含輕賤意。"頭"
者,越諺語助多用此。……況呼差役賤人
名曰"頭腦"。"傪頭"二字必此無疑。《越
言釋》必借"鑱頭",當歸失之於鑒。(《越
諺》卷下 單辭隻義 P12)

【儹】zǎn　積財物曰儹。(《札樸》卷九 鄉
里舊聞 鄉言正字附 雜言 P331)

　　　　蓄積曰儹。(《札樸》卷九 鄉里舊聞
鄉言正字附 雜言 P331)

【儹積】zǎnjī　節省曰儹積。《正字通》:
"儹"作"儧"。《正韻》:"積產切,贊上聲,聚
也。"(《里語徵實》卷中下 二字徵實 P19)

【儹那】zǎnnuó　朱子《與詹帥論修印板》
云:"乞委通曉詳細之人,親自監臨,儹那字
數。"按:聚而計事曰"儹",音讀如纂。那,
猶搓挪之挪。(《通俗編》卷十二 P263)

【儹運】zǎnyùn　唐玄宗擢韋堅爲水陸運
使,即今之儹運也。"總督"二字,則自宣德
中巡撫總督糧運始。儹,音趲,聚也。(《雅
俗稽言》卷十九 P2)

【儾】chòng　銃。行步斜僻欲跌也。《篇
海》:"斜儾。"(《越諺》卷下 單辭隻義 P16)

【儻儻】tǎngtǎng　音倘。《關尹子》:"心儻
儻而無覉乎。"案:儻儻,心不繫物貌。吳中
謂事可不掛於心者曰儻儻良心。(《吳下方
言考》卷七 P3)

【儻或】tǎnghuò　儻字,猶云或也。今云儻
或,重言也。(《助字辨略》卷三 P170)

【儺儺】luǒluǒ　音裸。《荀子·蠶賦》:"有物
于此,儺儺兮其狀屢化如神。"案:儺儺,光
滑不礙貌。吳諺謂物之光者曰光滑儺儺。
(《吳下方言考》卷七 P17)

【儾】nàng　物寬緩不帖帖者曰儾(音囊,去
聲)。(《客座贅語》卷一 詮俗 P10)

【儾泡】nàngpáo　寬緩曰儾,虛大曰泡,合
言之曰儾泡。儾,囊去聲。顧鄰初《客座贅

語》:"物寬緩不帖帖者曰儾。"泡音庖,《方
言》:"盛也,江淮之間曰泡。"注:"肥洪張
貌。"(《燕說》卷一 P4)

八(丷)部

【八】bā　漢沔人呼父爲爸,音巴,又訛爲
八。(《俚言解》卷一 13P10)

　　參見[爺娘]。(《雅俗稽言》卷八 P6)

【八仙】bāxiān　今世繪八仙爲圖,蓋由杜
陵有《飲中八仙歌》,世俗不解何物語,遂以
道家者流當之。要之,起自元世王重易教
盛行,以鍾離爲正易,洞賓爲純易,何仙姑
爲純易弟子,夤緣附會以成此目。(《雅俗
稽言》卷二十八 P9)

【八八】bābā　《唐書》:"德宗以懷光外孫燕
八八爲後。"八八蓋迻語,稱老成者曰八八
或巴巴。今回回教以老成者呼八八其聲近
巴。《仙傳》陶八八肅宗時道士,以丹授顏
真卿者。(《稱謂錄》卷三十二 雜稱 P27)

　　《正字通》:"夷語稱老者爲八八或巴
巴,後人加夂作爸字。吳人稱父曰爸。"《廣
雅》:"爸,父也。"(《稱謂錄》卷一 方言稱父
P25)

　　伯伯曰八八。《唐書》:"德宗以懷光外
孫燕八八爲後。""八八",蓋迻語,稱老成者
曰"八八"或"巴巴"。今回回教以老成者呼
"八八",其音近"巴"。《仙傳·陶八八》:"肅
宗時道士,以丹授顏真卿者。"(《通雅》按:
"八八"雖尊稱,未聞專屬伯父。江西讀
"伯"爲"八",其或"伯伯"轉音歟?)(《里語
徵實》卷中上 二字徵實 P1)

　　參見[阿八]。(《通俗編》卷十八
P391)

【八八兒】bābā'ér　《示兒編》引王虛中勸
孝文:"鸜鵒曰八八兒。"今俗有"胡猻弄八
八兒"之語,當謂此。(《直語補證》P47)

【八哥】bāgē　《負暄雜錄》:南唐李後主,諱
煜,改鸜鵒爲八哥。按:《廣韻》謂鸜鵒爲啊
啊鳥。八哥之八,似宜用啊字。(《通俗編》
卷二十九 P647)

　　前人詩:"花名十姊妹,鳥號八哥兒。"
案:《字書》:"鸜鵒謂之啊啊鳥。"戴侗說"鸚
鵡"云:"雲南人以白者爲鸚鵡,綠者爲鸚
哥,然則八哥者,啊哥也。"(《札樸》卷五 覽

古 P165）

【八座】bāzuò　《通典·職官》：漢以六曹尚書并一令一僕爲八座，魏以五曹一令二僕射爲八座，隋唐以左右僕射六尚書爲八座。杜甫有“起居八座太夫人”句。按：今指乘八人輿者曰“八座”，不見典記。（《通俗編》卷五 P97）

【八字】bāzì　《文海披沙》：“李虚中以人生年月日所直干支，推人禍福生死，百不失一。初不用時也，自宋而後，乃并其時參合之，謂之八字。”按：唐有《珞琭子三命》一卷，祿命家奉爲本經。三命，卽年月日干支也。宋林開加以時胎，謂之五命，撰《五命秘訣》一卷，皆見《晁氏讀書志》。今所謂“八字”，旣取用時，仍不加胎，非三命，亦非五命，乃四命耳。然吳融《送策上人》詩已云：“八字如相許，終辭尸屈尋。”此“八字”當指推命者説，豈唐時亦兼有此推法耶？（《通俗編》卷二十一 P465）

【八摜輿】bāgāngyú　“齊江夏王寶元乘八摜輿”注云：“八摜輿，蓋八人舉之，卽今之平肩輿，不帷不蓋。”（《札樸》卷五 覽古 P156）

【八月半】bāyuèbàn　中秋之名。（《越諺》卷中 時序 P6）

【八母】bāmǔ　八母：親母之外，有嫡母、繼母、慈母、養母、嫁母、出母、庶母、乳母。（《里語微實》卷中上 二字微實 P11）

【八裘】bāzhì　《禮》：“年八十有秩。”故以八十爲八裘。又白樂天詩：“年開第七裘。”是時六十三，元日詩也。又，“行開第八裘。”注曰：“時俗謂七十以上爲開第八裘。”蓋以十年爲一裘耳。裘，音秩，與秩、帙通。（《雅俗稽言》卷十九 P14）

【八都里】bādūlǐ　俗謂急走者曰已走至八都里。按：《舊五代史·錢鏐傳》：“於潛鎮將董昌聚衆恣橫於杭越之間，杭州八縣，每縣召募千人爲一都，時謂之八都，以遏黄巢之衝要”云云，則此語實杭俗語也。（《直語補證》P33）

【六印】liùyìn　杜《瘦馬行》：“細看六印帶官字。”考《唐六典》：“凡在牧馬，以小官字印印右膊，以年辰印印右髀，以監名印印尾側。二歲以飛字印印左髀膊。細馬、次馬以龍形印印項左。送尚乘者，印三花及飛字印。外又有風字印。官馬賜人者，以賜

字印。配諸軍及充傳送驛者，以出字印。印凡八，此云六印，意賜、配者不在數耳。”（遞叟）（《唐音癸籤》卷十七 P152）

【六壬】liùrén　《金匱玉衡經》：“有天一、六壬發用。”《軒轅黄帝傳》：“黄帝又著十六神，推斗歷、太一、六壬等法。”《郡齋讀書志》：“《六壬課鈐》一卷，未詳何人纂，以六十甲子加十二時成七百二十三（編者按：三字衍）課，三傳入（奪神字）以占吉凶。”（《恒言廣證》卷六 P89）

【六合】liùhé　《古詩爲焦仲卿妻作》：“六合正相應，良吉三十日。今已二十七，便可去成婚。”《唐書·吕才傳》：“才撰《祿命篇》曰：‘長平坑降卒，非俱犯三刑。南陽多近親，非俱當六合。’”（《通俗編》卷二十一 P470）

【六押】liùyā　《唐書·李泌傳》：“給舍分司押字，故舍人謂之六押。”蘇軾《答舍人啓》：“惟此六押之任，要須二者之長。”（《稱謂錄》卷十二 內閣各官古稱 P30）

【六月六】liùyuèliù　猫狗也潭浴。（《越諺》卷中 時序 P6）

【六月菊】liùyuèjú　六月菊，鄉里俗呼也，卽《爾雅》之“盜庚”、《本草》之“旋復花”。《嘉祐圖經》云：“二月以後生苗，長一二尺，葉如柳，六月開花如菊，花小銅錢大，深黄色。”（《札樸》卷九 鄉里舊聞 P312）

【六老六子】liùlǎoliùzǐ　眼。（《墨娥小錄》卷十四 P7）

【六赤】liùchì　李洞有《贈龍州李郎中先夢六赤後打葉子》詩。六赤，古之瓊畟，今之骰子也。葉子者，如今之册葉。唐人藏書，皆作卷軸，後苦卷軸難數卷舒，多以葉子寫之，如吳彩鸞《唐韻》、李郃《彩選》之類是也。骰子格本備檢用，故亦以葉子寫之，因以爲名。唐世士人宴聚，盛行葉子格，五代、宋初猶然，後漸廢不傳，見歐陽《歸田錄》。楊用脩以葉子爲紙牌，失之矣。（《唐音癸籤》卷十九 P173）

【六親】liùqīn　六親，始曰父：父有二子，二子爲昆弟，昆弟又有子，從父而昆弟，故爲從父昆弟；從父昆弟又有子，子從祖而昆弟，故爲從祖昆弟；從祖昆弟又有子，子從曾祖父而昆弟，故爲曾祖昆弟；曾祖昆弟又有子，子爲族兄弟。備於六，此謂之“六親”。（賈誼《新書》）（《里語微實》卷中上 二字微實 P11）

【公事錢】gōngshìqián　參見［拜見錢］。
（《通俗編》卷二十三 P514）

【公主】gōngzhǔ　《史記·年表》："秦始以君
主娶河。"君主，秦君之女，其曰君主，猶後
世云公主也。（《雅俗稽言》卷二十六 P13）

【公公】gōnggōng　《呂氏春秋》："孔子弟
子從遠方來，孔子荷杖而問之曰：'子之公
不有恙乎？'次及父母，次及兄弟妻子。"按：
此所云公者，祖也。今浙東猶稱祖曰"公
公"。（《通俗編》卷十八 P385）

　　　謂伯叔祖。上"公"上聲，下"公"平聲。
（《越諺》卷中 倫常 P8）

【公卷】gōngjuàn　參見［溫卷］。（《唐音癸
籤》卷十八 P162）

【公衙】gōngyá　參見［公牙］。（《雅俗稽
言》卷十 P5）

　　　參見［牙門］。（《通俗編》卷二十四
P537）

【公子家】gōngzǐjiā　參見［囊家］。（《通俗
編》卷二十三 P524）

【公牙】gōngyá　《續世說》："五代通謂府廷
爲公衙，卽今之公朝也。"（《雅俗稽言》卷十
P5）

【公牡筍】gōngmǔsǔn　參見［筍牡］。（《詢
蒭錄》P2）

【公據】gōngjù　宋有交子、會子、關子、錢
引、度牒、公據等名，皆所以權變錢貨以趨
省便，然皆不言其制，惟戶部中鹽有鹽鈔之
名。（《俚言解》卷二 29P43）

　　　參見［乳名］。（《恒言錄》卷五 P93）

【公赤】gōngchì　簫管腔中有公赤，今訛爲
工尺，不知何義，考之宋朝詞話，有《燈花婆
婆》第一回載：本朝皇宋出三絕，第一絕是
理會五凡公赤上底，後拂出幾個詞客，蘇子
瞻、周美成等凡十六人。（《言鯖》卷上
P12）

【公道】gōngdào　《文子·上義篇》："人欲釋
而公道行。"《漢書·蕭望之傳》："庶事理，公
道立。"《後漢書·楊震傳》："論先公道而後
身名。"許渾詩："公道世間唯白髮。"李咸用
詩："聖朝公道易酬身。"（《通俗編》卷六
P113）

　　　《文子·上義篇》，《漢書·蕭望之傳》《楊
震傳》。（《越諺賸語》卷上 P7）

【共】gòng　猶與也，並也。李義山詩："春

心莫共花爭發。"（《助字辨略》卷四 P182）

【弟婦】dìfù　《禮·喪服傳》："謂弟之妻婦
者，是嫂亦可謂之母乎？"敖繼公《集說》曰：
"以當時有謂弟妻爲婦者，故引而正之，以
言其不可也。"按：《爾雅》："弟之妻爲婦。"
註云："猶言新婦也。""弟婦"之稱，亦本于
古。然但女子謂其弟妻而已。（《通俗編》
卷十八 P392）

【弟男子姪】dìnánzǐzhí　《元典章》始見此
四字。（《越諺》卷中 倫常 P10）

【具】jù　棺材曰具。《玉篇》："棺之言完，所
以藏尸令完也。"《孝經》註："周尸爲棺，周
棺爲槨。後漢趙咨曰：'棺槨之造自黃帝
始。'天禧中，於京城外四禪院買地，瘞無主
骸骨，每具棺給錢六百，幼者半之。"（《里語
徵實》卷上 一字徵實 P32）

【典座】diǎnzuò　《傳燈錄》："潙山在百丈
會下作典座。"又令遵有"笊籬木杓，分付與
典座"語。按：釋家云"典座"，猶居士云"司
廚"。凡寺院舍僧，例分東西兩序。其職簾
事者屬于東序。典座等是也。《五燈會元》
雪峰在洞山爲飯頭，慶諸在潙山爲米頭，
……義懷在翠峯爲水頭，佛心在海印爲淨
頭，此類皆東序職。而典座之名，尤著于
俗。（《通俗編》卷二十 P447）

【前世】qiánshì　有所怨欺，則曰"前世"。
五胡亂華，殺戮遷徙，人命不保，故云"前世
五代"（《蜀語》）。又東坡《宸奎閣碑銘》：
"神耀得道時，有梵志詣佛所，質疑曰：'佛
所事者何師？'佛曰：'吾前世師，其名難數；
吾今自然非有師也。'"（《困學紀聞》）（《里
語徵實》卷中下 二字徵實 P7）

【前燈頭】qiándēngtóu　參見［燈頭］。
（《越諺》卷中 時序 P5）

【前生債】qiánshēngzhài　《唐音戊籤》：
"鄭還古《吉州道中》詩：'若有前生債，今朝
不懊還。'"（《通俗編》卷二十三 P521）

【前程】qiánchéng　生監以上通呼曰前程。
（《土風錄》卷八 P258）

【前筵】qiányán　古享禮猶今之前筵。
……杜預曰："享有禮貌，設几而不倚，爵盈
而不飲，看乾而不享。宴則折俎相與共
食。"（《言鯖》卷下 P1）

【前輩】qiánbèi　《舊唐書·孟簡傳》："簡性
俊挺尚義，早歲交遊，先歿者視其孤，每厚

于周恤。議者以爲有前輩風。"杜甫詩："前
輩飛騰入,餘波綺麗爲。"蘇軾詩："讀書想
前輩。"案:前輩之稱,不論官階,但由翰林
出身者,尚書以下及一科前之庶常皆同。
《詞林典故》詳之。又欽定臺規,翰詹科道
俱有前、後輩,有別衙門,前輩而到本衙門,
在後者彼此各用後輩稱呼;又凡科道序前、
後輩,論道資不論科資。(《稱謂錄》卷三十
二 京官尊稱 P24)

【前進士】qiánjìnshì　放榜後稱新及第進
士,關試後稱前進士。唐進士,今鄉貢之
稱。前進士,乃今進士稱也。(《唐音癸籤》
卷十八 P162)

　　參見[打毷氉]。(《通雅》卷二十
P743)

【前頭人】qiántóurén　參見[內人]。(《能
改齋漫錄》卷六 P143)

　　參見[十家]。(《唐音癸籤》卷十七
P153)

【真】zhēn　遺像曰真。《唐詩紀事》:"處士
張孜寫李白真,度禱。"案:真卽真容也。又
《真興寺閣詩》云:"寫真畾閣下……"今稱
祖先遺像曰真,描寫遺容曰寫真。(《土風
錄》卷十四 P338)

【真子】zhēnzǐ　唐明皇《送趙法師還蜀》詩:
"真子令將命,蒼生福可傳。"(《稱謂錄》卷
三十一 道 P17)

【真成】zhēnchéng　(成)語助也。……真
成,猶云真簡。庾子山《鏡賦》:"真成簡鏡
特相宜。"聶夷中詩："地底真成有劫灰。"
(《助字辨略》卷二 P102)

　　方言真如此也。聶夷中詩："地底真成
有劫灰。"(《助字辨略》卷一 P59)

　　庾子山《鏡賦》:"真成簡鏡特相宜。"聶
夷中詩："地底真成有刼灰。"真成,猶云"真
簡"。"簡鏡"之"簡",猶云"此"也。(《方言
藻》卷二 P15)

【真簡】zhēngè　方言真如此也。韓退之
詩："老翁真簡似童兒。"(《助字辨略》卷一
P59)

　　韓退之詩："老翁真簡似兒童。"此"簡"
字語助也。(《方言藻》卷一 P7)

　　趙嘏詩："謫仙真簡是仙才。"陸游《鄰
曲小飲》詩："新豐不須作,真簡是吾鄉。"楊
萬里詩："不如老圃今真簡。"(《恒言廣證》
卷二 P23)

【真越】zhēnyuè　字或作震越,此應臥具
也。(《一切經音義》卷九 5P329)

【兼】jiān　參見[夾]。(《越言釋》卷上 P1)

【與結】yǔjiē　參見[撻煞]。(《客座贅語》
卷一 方言 P12)

【興】xīng　衣服什器時之所兢者曰興。(編
者按:"兢"當作"競")(《客座贅語》卷一 詮
俗 P7)

【興哥】xīnggē　俗諱各處有之,吳楚爲甚。
舟中諱"住"、諱"翻",謂筋爲快兒,翻轉爲
定轉,幡布爲抹布。又諱"離散",謂梨爲圓
果,傘爲豎笠。又諱"狼藉",謂榔頭爲興
哥、爲響槌、爲發槌。(《俚言解》卷二
11P35)

　　參見[快兒]。(《通俗編》卷二十六
P592)

勺　部

【勺鐸】sháodào　(事之)不聰敏者曰鶻突,
曰糊塗(與上一也,音稍異),曰懵懂,曰勺
鐸(音韶道,似當爲少度以無思量也,以中
原音少爲韶,度爲道字,改爲此),曰溫暾
(似當爲混沌,訛爲此音耳),曰沒泪,曰倜
渾,曰禿儂。(《客座贅語》卷一 方言 P10)

【勾引】gōuyǐn　《北史·蠻獠傳》:"元法僧在
任貪殘,獠遂勾引梁兵,圍逼晉壽。"(《通俗
編》卷十三 P287)

【勾本】gòuběn　參見[爭本]。(《雅俗稽
言》卷十九 P10)

【勾欄】gōulán　段國《沙州記》:"吐谷渾于
河上作橋,謂之河厲,勾欄甚嚴飾。"勾欄之
名,始見此。王建《宮詞》:"風簾水殿壓芙
蓉,四面勾欄在水中。"李義山詩："簾輕幕
重金勾欄。"李長吉詩："螻蛄印月勾欄下。"
字又作鈎。宋世以來,名教坊曰勾欄。
(《雅俗稽言》卷十四 P22)

　　宋有京瓦,通謂勾欄,其始名則猶闌干
也。《東京夢華錄》有:"桑家瓦,中瓦,或曰
京瓦。"《南宋市肆記》有:"瓦子勾欄,自南
瓦至龍山瓦,凡二十三瓦,又謂之邀棚。"
《遼志》:"瓦里,官府名,宮帳部皆設之。"想
五代時有此稱,而宋因之也。升菴引段國
《沙州記》言:"吐谷渾作橋勾欄,甚嚴。"王
建《宮詞》:"四面勾欄在水中。"李義山:"簾

輕幕重金勾欄。"李長吉:"蟪蛄吊月鈎闌
下。"《古今注》:"漢顧成廟槐樹設扶老拘
欄,畫飛雲龍角虚于其上。"至宋以後,名教
坊曰勾欄。(《通雅》卷三十八 P1171)

　　韻書:木爲之,在階際。《古今注》:漢
顧成廟槐樹設扶老鈎欄,其始也。王建《宮
詞》、李長吉《宮娃歌》,俱用爲宮禁華餙。
自晚唐李商隱輩用之倡家情詞,如"簾輕幕
重金鈎欄"之類,宋人相沿,遂專以名教坊,
不復他用。(《唐音癸籤》卷十九 P169)

【勾留】gōuliú　白樂天詩:"未能抛得杭州
去,一半勾留是此湖。"方言,物援之使止
也。(《方言藻》卷二 P20)

【勾當】gòudàng　《舊唐書·食貨志》:"檢責
海内鹽鐵之課,比令使人勾當。以金部郎
中杜佑權勾當江淮水陸運使。"鑑案:《北史
傳序》:"事無大小,士彦一委仲舉推尋勾
當。"又《唐書·第五琦傳》:"拜監察御史,勾
當江淮租庸。"(《恒言錄》卷二 P40)

　　先儒言勾當(注:俱去聲),幹當事也。
(《言鯖》卷上 P3)

　　《北史·序傳》:"事無大小,士彦一委仲
舉推尋勾當。"《唐書·第五琦傳》:"拜監察
御史,勾當江淮租庸。"《歸田錄》:"曹彬既
平江南回,詣閤門入見,牓子稱:'奉勑勾當
公事回。'其不伐如此。"《却掃編》:"舊制,
諸路監司屬官曰勾當公事。建炎初,避上
嫌名易爲幹辦。"按:"勾當"乃幹事之謂,今
直以事爲"勾當"。據《元典章》"延祐三年
均賦役詔"有云:"只交百姓當差,勾當也成
就不得。"蓋其時已如是矣。(《通俗編》卷
十二 P250)

　　《歸田錄》:"曹彬既平江南,回詣閤門,
入見牓子,稱奉勑江南勾當公事回。"《却掃
編》:"舊制諸路監司官屬曰勾當公事。建
炎初避上諱嫌名,改曰幹辦。"(《恒言廣證》
卷二 P34)

【勾闌】gōulán　《唐音癸籤》:"韻書:'勾
闌,木爲之,在階除。'《古今注》:'漢顧成廟
槐樹,設扶老鈎欄,其始也。'《段國沙州
記》:'吐谷渾於河上作橋謂之河厲,勾闌甚
嚴飾。'王建《宮詞》、李長吉《館娃歌》俱用
爲宮禁華餙。自晚唐李商隱輩用之倡家情
詞,如'簾輕幕重金勾闌'之類,宋人相沿,
遂專以名教坊,不復他用。"據《漢書》注,賣
隸妾納闌中,則以爲麗飾稱可,以爲寓簡賤

意專稱,亦可。(《通俗編》卷二十二 P500)

【包】bāo　包,容也,裹也,今任人物足其數
曰包賠,代人上納官貨曰包攬,雇覓舟車騾
馬曰包至,庖人爲主治辦酒食曰包酒,子弟
宿句闌中,計年月,不許接待他客,亦曰包
駝。(《客座贅語》卷一　辨訛 P6)

【包帽】bāomào　此爲婦飾新製,起於道光
年。此行而烏帕廢矣。其物繡緞鑲嵌,綴
大珠、金鈿、寶石,包於額爲帽。貴重者值
錢百萬。(《越諺》卷中　服飾 P40)

　　參見[抹額]。(《釋諺》P130)

　　參見[烏帕]。(《越諺》卷中　服飾 P40)

【包家】bāojiā　《呂氏家塾記》:"包拯爲京
尹,令行禁止,人呼爲包家。市井小民及田
野之人見狗私者,皆指笑之曰:'爾一箇包
家。'見貪污者曰:'爾一箇司馬家。'蓋反言
以笑之也。"(《土風錄》卷十七 P372)

【包彈】bāotán　包拯爲臺官,嚴毅不恕,朝
列有過,必須彈擊。故言事無瑕疵者曰沒
包彈……(世言)包彈本此。(《俗考》P15)

　　包孝肅多所糾彈,故俗稱譏貶人者爲
包彈。(《目前集》後卷 P2145)

　　宋包孝肅拯爲臺官,嚴毅不恕,朝列有
過,必須彈擊,時稱包彈。今世事無瑕疵,
曰沒包彈;凡評品事物,寓褒貶之意,曰包
彈,古語流傳至今。又《升庵外集》載古諺
"褒彈是買主,喝采是閒人",作褒彈,或偶
失撿。(《雅俗稽言》卷十八 P17)

　　王楙《野客叢書》:"包拯爲臺官,嚴毅
不恕,朝列有過,必須彈擊。故言事無瑕疵
者曰沒包彈。"按:如其説,則作"褒彈"者非
矣。(《通俗編》卷十七 P377)

【包子】bāozǐ　孔子曰:"吾豈匏瓜也哉?焉
能繫而不食?"……世俗嘲人不曉事曰包
子。按:金仁山説"吾豈匏瓜"句曰:"猶今
俗云:我不是匏子,我足能行,口能食。"此
説亦好,因知所謂包子者,乃匏子之訛耳。
(《雅俗稽言》卷二十四 P9)

　　包子,見王楙《燕翼詒謀錄》:"仁宗誕
日賜包子。"(《土風錄》卷六 P239)

　　俗稱饅頭。見《黄山谷外集》。(《直語
補證》P11)

　　參見[紙包]。(《通俗編》卷二十三
P513)

【包攬】bāolǎn　參見[包]。(《客座贅語》卷
一　辨訛 P6)

【包至】bāozhì　參見［包］。(《客座贅語》卷一 辨訛 P6)

【包籓】bāoshāo　參見［角黍］。(《里語徵實》卷上 一字徵實 P29)

【包載】bāozǎi　宋梅聖俞《村豪》詩:"爛傾新釀酒,包載下江舡。"(《直語補證》P37)

【包酒】bāojiǔ　參見［包］。(《客座贅語》卷一 辨訛 P6)

【包賠】bāopéi　參見［包］。(《客座贅語》卷一 辨訛 P6)

【包頭】bāotóu　宋釋惠洪《贈尼昧上人》詩:"不著包頭絹,能披壞墨衣。"云云,包頭至今名之。(《直語補證》P34)

【包駞】bāotuó　參見［包］。(《客座贅語》卷一 辨訛 P6)

【匒】fèng　勿用切。音"諷"相似,作去聲呼。如言"匒高與"、"匒多想"之類。(《越諺》卷下 兩字并音 P2)

【匒】dū　顧野王《玉篇》:"匒,伏行也。"案:伏者而行則謂之匒也。吳中策馬牛類使行曰匒。(《吳下方言考》卷三 P1)

【籓】fēng　勿庸切。音與"風"相似,作平聲呼。凡謝餽賞均用此音義。(《越諺》卷下 兩字并音 P2)

匕　部

【匕首】bǐshǒu　其頭類匕,故曰匕首,短刃可袖者。(《通俗文》釋兵器 P82)
匕首,劍屬,其頭類匕,故曰匕首,短而便用。(《通俗文》釋兵器 P84)

【北堂】běitáng　參見［堂老］。(《通俗編》卷十八 P387)

【北賴】bèilài　北,原本作比下幹,《字書》無此字。《說文》:"北,乖也,從二人相背。"無其事而橫以加人曰北賴。《餘冬錄》:"南方夷俗牒訟,彼欲誣陷人動曰北賴之事。"(《方言據》卷上 P3)

【北道主人】běidàozhǔrén　參見［東道］。(《雅俗稽言》卷十七 P10)

儿　部

【兀】wù　物無頭曰兀。(《通俗文》釋言語下 P28)
《鄧析子》:"責疲者以舉千鈞,責兀者以及走兔。"案:兀,足被刖而跛行也。今吳諺謂屈足而行爲兀。(《吳下方言考》卷十二 P1)

【兀底】wùdǐ　《嬾真子錄》:"古所云阿堵,乃今所云兀底也。王衍口不言錢,因曰去阿堵物,謂去却兀底耳。"(《通俗編》卷三十三 P734)
參見［阿堵］。(《談徵》言部 P28)

【元來】yuánlái　顧氏《日知錄》云:"元者,本也。本官曰元官,本籍曰元籍,本來曰元來,唐宋人多此語。後人以原字代之,不知何解。"……愚案:原有推原之義,亦可作本字解。(《助字辨略》卷一 P62)

【元官】yuánguān　參見［元來］。(《助字辨略》卷一 P62)

【元宵子】yuánxiāozǐ　宇文護殺周主,眞毒糖餂。糖餂,丸餅也,即今元宵子。(《目前集》前卷 P2121)

【元寶】yuánbǎo　《宋史·食貨志》:"太宗鑄太平通寶。淳化時,故鑄淳化元寶。後凡改元更鑄,皆曰元寶。至改元寶元,仁宗仍命以通寶爲文。"按:漢王莽更作錢布之品,名曰寶貨。嗣後錢文因有通寶、元寶之稱。《北史》趙郡王琛取元寶爲字。又,趙貴亦字元寶。唐富人有王元寶,似以錢多號之,未必其名字也。近世復稱金銀大鋌爲"元寶",別無所證。(《通俗編》卷二十三 P508)
今以名黃白大鋌。《通俗編》引漢以來歷代錢文并人名爲證,亦無確義。按:《呂氏春秋·恃君覽·召數篇》:"文武有常,聖人之元也。"漢高誘注:"元,寶也。"則元自有寶義,不但訓大、訓首而已,亦不可不曉。(《蜀志·秦宓傳》裴注引《益部耆舊傳》:"劉焉表薦處士任安,味精道度,厲節高邈,揆其器量,國之元寶。")(《直語補證》P45)

【元子】yuǎnzǐ　《漢豫州從事孔褒碑》:"泰山都尉之元子。"又《郎君鄭固碑》:"著君元子也。"(《稱謂錄》卷六 長子 P9)

【元由】yuányóu　《宋書·王景文傳》云:"臣遣李武之問謝儼元由,答云:'使人謬誤。'"(《通言》卷一 P14)

【元老】yuánlǎo　參見［堂老］。(《稱謂錄》卷十二 內閣大學士 P22)

【元籍】yuánjí　参見[元來]。(《助字辨略》卷一 P62)

【元謀】yuánmóu　《唐律》:"若元謀下手重者,餘各減二等。"《疏議》:"甲是元謀,又先下手;乙爲從,後下手。"(《恒言廣證》卷六 P97)

【兄伯】xiōngbó　参見[伯]。(《恒言録》卷三 P59)

【兄弟】xiōngdì　《元史·泰定帝》即位詔:"諸王哥哥兄弟每,也都理會的。"又,"爭立的哥哥兄弟也無有。"《元典章·軍户替補條》亦有"哥哥兄弟孩兒每"語。按:俗以"兄弟"二字并呼其弟。據文,"兄弟"上先言"哥哥",則此呼元時已通行上下也。(《通俗編》卷四 P71)

【兄兄】xiōngxiōng　《北史》稱父曰兄兄,或又曰哥哥,閩人曰郎罷。(《客座贅語》卷一 父母稱謂 P13)

　　北朝南陽王綽兄弟,皆呼父爲兄兄。(《通雅》卷十九 P650)

　　《北齊書·南陽王綽傳》:"綽兄弟皆呼父爲兄兄。"(《稱謂録》卷一 子稱父 P11)

　　　参見[妹妹]。(《通俗編》卷十八 P399)

【光子】guāngzǐ　血。(《墨娥小録》卷十四 P4)

【光瑩】guāngyíng　鄭箋《詩》曰:"光,榮也。"《切韻》稱:"瑩,飾也。"言以名花妙寶瑩飾於佛座也。又案:《説文》《字統》瑩又作鎣,訓與瑩同。然別有音:余傾反,訓爲光飾之義。近代以來,碩學絶嗣,聲義渾雜,濫以營音之訓安瑩聲之下也。(《一切經音義》卷二十一 10P796)

【光棍】guānggùn　禍世者。見《律例》。(《越諺》卷中 惡類 P15)

　　参見[大瓶頭]。(《越諺》卷中 惡類 P15)

【光禿禿】guāngmùtū　北齊楊愔被殺,先是童謡曰:"白羊頭禿禿,殺盡頭生角。"案:禿禿,無毛貌。吳諺謂頭無毛曰光禿禿。(《吳下方言考》卷十 P14)

【光童童】guāngtóngtóng　物之光滑者曰光童童。(《吳下方言考》卷一 P9)

【光花溲】guānghuāsǒu　雪。(《墨娥小録》卷十四 P3)

【光茶】guāngchá　参見[白茶]。(《俚言解》卷二 4P30)

【光緻緻】guāngzhìzhì　光滑曰光緻緻,見韓偓《屧子詩》:"六寸膚圓光緻緻。"(《土風録》卷十一 P296)

【光頭】guāngtóu　凡晚稻皆有芒,而無芒者謂之光頭。(《俚言解》卷二 23P40)

【光飯】guāngfàn　凡飯無肉食曰白飯,又曰光飯。(《俚言解》卷二 4P31)

【光鮮】guāngxiān　曹子建詩《名都篇》。(《越諺賸語》卷上 P5)

【先亡丈人】xiānwángzhàngrén　《家訓·書證篇》:"丈人亦長老之目,今世俗猶呼其祖考爲先亡丈人。"(《稱謂録》卷一 亡祖 P10)

【先友】xiānyǒu　《東坡志林》:"先友史經臣,字彥輔,眉山人,與先子同舉制策。"(《稱謂録》卷八 父之友 P44)

【先君】xiānjūn　范甯《穀梁傳序》:"先君北蕃回軫,頓駕于吳。"《晉書·解系傳》:"不奉先君遺教,公若與先君厚,往日衰頓,當垂書問。"《世説》:孫興公作庾公誄,既成,示庾道恩。庾慨然送還之,曰:"先君與君,自不至于此。"按:此三人所稱,皆屬已故之父,與今言合。《北史》:穆紹讓元順曰:"老身與卿先君亟連職事。"則稱人之父,亦得云"先君"矣。(《通俗編》卷十八 P386)

　　蘇軾《别子由》詩:"念子似先君,才訥剛且靜。"(《稱謂録》卷一 亡父 P21)

【先府君】xiānfǔjūn　参見[府君]。(《通俗編》卷四 P68)

【先父】xiānfù　張湛《列子序》:湛聞先父曰:"吾先君與劉正輿皆王氏甥也。"按:此"先父"是自稱其父。而《晉書·鳩摩羅什傳》:"吕光言道士之操,不踰先父。"則謂什父炎也。蓋稱人之父亦有云先父者。(《通俗編》卷十八 P387)

【先生】xiānshēng　《韓詩外傳》:"古謂知道者曰先生,何也? 猶言先醒也。不聞道術之人,則冥于得失,眊眊乎其猶醉也。故世人有先生者,有後生者,有不生者。"鄭康成《禮記》注:"先生,老人教學者。"趙岐《孟子注》:"學士年長者謂之先生。"按:今先生之稱泛矣,而教學者獨專之,實合于經訓也。(《通俗編》卷十七 P383)

爲今泛稱，蓋古亦有之。《淮南子·人間訓》：“昔者，宋人好善，三世不解，家無故而黑牛生白犢，以問先生。先生曰：‘此吉祥。’”高誘注：“先生，凡先人生者也。”又《急就篇》“博士先生”注：“顏師古曰：‘博士多聞之士，先生謂老成之人，則非爲父兄師長，言可知也。’”《南史·吉士瞻傳》：“就江陵卜者王先生計禄命。”）（《直語補證》P41）

不識姓名，及塾師、店夥。《孟子》“樂正子”“宋牼”章皆有。（《越諺》卷中 尊稱 P12）

【先輩】xiānbèi　李肇《國史補》并《唐摭言》以舉子互相推稱，則曰先輩，蓋前輩之義也。然《南齊書·劉懷珍傳》曰：“此數子皆宿將舊勳，與太祖比肩爲方伯，年位高下，或爲先輩，而薦誠君側”云云。乃知先輩之稱，南朝以來有矣。（《能改齋漫録》卷二 P40）

先輩之稱有兩謂。唐宋間人呼謂有先輩之稱，或曰此互相推敬耳，然不聞施之同朝、同官、同年，而所謂皆未任官職，未登第之士。觀歐蘇書札可參見。李方叔，東坡門人，坡書稱方叔爲先輩。按《北夢瑣言》：“王凝知舉日，司空圖第四，王謂衆曰：‘某叨忝文柄，今年榜帖爲司空先輩一人而已。’”則是所謂先輩者，實未達士也。唐王福時《雜録》：“文中子謂徵及房杜曰：‘先輩雖聰明特達，非董、薛、程、仇之比。’”然則是稱，隋唐初蓋已如此。自此而後，多以在我前者爲先輩。今詞林以七科爲前輩，避馬；一科以上但讓馬。（《通雅》卷十九 P663）

《詩·采薇》箋：“今薇生矣，先輩可以行也。”二字初見自此。《三國志·陶謙傳》注：“郡守張磐，同郡先輩，與謙父友，而謙不爲之屈。”《闞澤傳》：“州里先輩唐固，亦修身積學。”《隋書·經籍志》：“班固爲蘭臺令史，與諸先輩共成《光武本紀》。”《舊唐書·孔穎達傳》：“穎達年少，而先輩宿儒恥爲之屈。”按：以上皆謂行輩在先者也。《國史補》云：“進士互相推敬，謂之先輩。”則以其稱，施之同輩；而當時新第者，且不特同第互推然。《北夢瑣言》：“王凝知貢舉，司空圖第四人登第。王謂人曰：‘今年榜帖，全爲司空先輩一人而已。’”《澠水燕談》：“蘇德謨

第一人登第，還鄉，太守作致語慶之曰：‘昔年隨侍，嘗爲宰相郎君，今日登科，又是狀元先輩。’”韋莊有《下第獻新先輩》詩，彭應求有《賀新先輩及第》詩。自主司郡尊及同試下第者，俱以先輩稱之，蓋時云“先輩”，直如今之泛稱某先生矣。（參見［後輩］條。）（《通俗編》卷五 P94）

先輩原以稱及第者。觀諸家詩集中題有下第獻新先輩詩，可見後乃以爲應試舉子通稱。（《唐音癸籤》卷十八 P162）

參見［打髭鬚］。（《通雅》卷二十 P743）

【先鋒】xiānfēng　《唐書·薛仁貴傳》：“帝遣問先鋒白衣者誰，召見嗟異。”《五代史》：“史建瑭爲晉兵先鋒，梁人相戒，常避史先鋒。”杜詩：“破的由來事，先鋒孰敢爭？”（《通俗編》卷八 P168）

【兆垓】zhàogāi　數法名也。黃帝《九章筭法》，數有一十五等，所謂一、十、百、千、萬、億、兆、京、垓、秭、壤、溝、澗、正、載。此則第七及第十數名也。（《一切經音義》卷十一 15P431）

【兇兇】xiōngxiōng　去聲。《素問》：“粗工兇兇，以爲可改。”案：兇兇，渾也，穰也。試爲之也。吳諺謂試撞不穩曰兇兇。（《吳下方言考》卷八 P3）

【兇勃】xiōngbó　上許恭反。《韻》：“詹人也。”《考聲》：“兇，惡也、恐也。”又上聲。《說文》：“擾恐也。從人在兇下。”《春秋傳》云“曹人兇懼”是也。下蒲没反。《礼記》：“悖逆也。”《説文》：“悖，亂也。”從心孛聲。經從力作勃，勃，壯也、健也，亦通也。（《一切經音義》卷八 20P319）

【兇悖】xiōngbèi　上音凶。《考聲》云：“兇，惡也，恐也。”《説文》：“擾也。從人在凶下。”象形字也。下盆没反。《考聲》云：“悖，壯大也。”或從人作俘。俘，很也，強也，亦惡也。《説文》從言作誖，誖，猶亂也。古文作字。《論語》曰：“色孛如也。”（《一切經音義》卷十八 16P698）

上毘恭反。《爾雅》：“兇，咎也。”《字統》：“恐也。”《説文》：“惡也。”……下蒲没反。鄭注《禮記》：“悖，逆也。”《説文》：“亂也。”（《一切經音義》卷二 11P94）

【兇豎】xiōngshù　古文從豆作豎，殊主反。小兒也。謂兇悖小人也。（《一切經音義》

卷十九 18P740）

【兇身】xiōngshēn　參見［血屬］。（《恒言廣證》卷四 P67）

【兇黨】xiōngdǎng　上晶恭反。《爾雅》："兇，咎也。"《韻詮》云："亄人也。"《說文》："惡也，恐也。從古人在凶下。"會意字也……下當朗反。正作擽，或從人作儴。孔注《尚書》云："相助匪非爲黨。"《說文》："朋羣也。從手，黨聲。"（《一切經音義》卷一 12P58）

【充洽】chōngqià　洽，咸夾反。《小雅》曰："充，備也。"《玉篇》曰："洽，濡也。"濡，沾潤。（《一切經音義》卷二十二 20P861）

【充隱】chōngyǐn　顏運生誦舊句云："市多充隱客，朝有嗷名僧。"案《晉書・桓玄傳》："玄以歷代咸有肥胀之士，而己世獨無，乃徵皇甫謐六世孫希之爲著作，并給其資用，皆令謝而不受，號曰高士，時人名爲充隱。"（《札樸》卷三覽古 P90）

【克什】kèshí　參見［克食］。（《言鯖》卷下 P7）

【克家子】kèjiāzǐ　《金史・世宗紀》："譬之農家種田，商人營財，但能不墜父業，即爲克家子。"（《稱謂錄》卷六 稱人之子 P5）

【克絲】kèsī　克絲作起于宋，通作刻絲。定州織之，不用大機，以熟色經于木枠上，隨所欲作花草禽獸樓閣，以小梭布緯時，先留其處，以雜色線綴于經緯之上，合以成文，極其工巧，故名刻絲。（《言鯖》卷上 P15）

【克食】kèshí　上賜餅餌，皆稱爲克食。不知滿洲以恩澤爲克什。凡頒賜之物，出自上恩者，皆謂之克什。即賜飯一卓及衣服果品皆然，不獨餅餌爲克食也。（《言鯖》卷下 P7）

【免行錢】miǎnhángqián　參見［行］。（《恒言錄》卷四 P92）

【免濟】miǎnjì　免，民辯反。杜注《左傳》曰："免，脫也。"《毛詩傳》曰："濟，渡也。"言令物脫苦渡難也。（《一切經音義》卷二十三 4P871）

【兌】duì　民以糧付軍曰兌。（《客座贅語》卷一 辨訛 P5）

【兒】ér　方言語助辭。宋太祖夜幸後池，召當直學士盧多遜賦新月詩。請韻，曰："些子兒。"（《助字辨略》卷一 P29）

猶云子也。《夢粱錄》載小兒戲耍家事，鼓兒、板兒、鑼兒、刀兒、鎗兒、旗兒、馬兒、鬧竿兒、棒槌兒……蓋杭州小兒口中無一物不助以兒者，故做其言云爾。（《通俗編》卷三十三 P744）

【兒母】érmǔ　《公羊傳》"陳乞曰常之母"注："常，陳乞子。重難言其妻，故云爾。"疏曰："正以妻者己之私，故難言之，似若今人謂妻爲兒母之類是也。"（《恒言錄》卷三 P58）

《公羊傳・哀六年》"陳乞曰：常之母有魚菽之祭"注："常，陳乞子，難言其妻云爾。"疏："若今謂妻爲兒母之類。"（《直語補證》P23）

【兜子】dōu·zi　巴蜀婦人所用。乾元以來，蕃將多著勳于朝，兜籠易于擔負，京師始用兜籠代車輿矣。兜籠即今之兜子，蓋其制起于巴蜀而用于中朝，自唐乾元以來也。（《談徵》物部 P27）

【兜搭】dōudā　《楊升菴外集》："氎毿，本夷人服名，上音兜，下音達，今人謂性劣者爲氎毿。"《七修類稿》："揙踏，取桔槔取水之義。上以手揙而入，下以脚踏而出，謂其展轉不散釋也。借喻人難理會。"按：二說俱牽強不經。當但作兜搭，《晉語》："在列者獻詩，使弗兜。"注云："兜，惑也。搭則粘附之義，多所兜惑，而搭住不解。意自顯然。（《通俗編》卷十五 P333）

【兜攬】dōulǎn　《楊慈湖遺書》："此身乃天地間一物，不必兜攬爲己。"（《通俗編》卷十二 P264）

【兜羅綿】dōuluómián　上都侯反。梵語細㲲綿也。即柳花絮、草花絮等是也。（《一切經音義》卷十一 6P411）

【兜籠】dōulóng　參見［兜子］。（《談徵》物部 P27）

几　部

【凳】dèng　牀凳之凳，晉已有此器。《世說》："顧和與時賢共清言，張玄之、顧敷是中外孫。年七歲，在牀邊戲，于時聞語，神情如不相屬，暝在鐙下。"乃作此鐙字。今《廣韻》以"鐙"爲"鞍鐙"之"鐙"，豈古多借字耶？凳，《廣韻》云："出《字林》。"殆後人

所撰耳。《廣韻》別出一"橙"字,注云:"几橙。"其義亦通。(《能改齋漫錄》卷二 P32)

一　部

【亡弟】wángdì　參見[亡兄]。(《通俗編》卷十八 P395)

【亡兄】wángxiōng　《晉書‧周嵩傳》:"王敦既害周顗,而使人弔嵩。嵩曰:'亡兄天下人,爲天下人所殺,復何所弔?'"《元四王傳》:"煥繼帝弟渾後封顯義亭侯。帝曰:'封此兒,不以寵稚子也。亡弟當繼嗣,不獲已耳。'"(參見[亡姊]條。)(《通俗編》卷十八 P395)

【亡叔】wángshū　參見[家叔父]。(《通俗編》卷十八 P392)

【亡姊】wángzǐ　《晉書》:王爽言:"亡姑亡姊,伉儷二宮。"《周益公集》有《亡姊尚氏夫人墓志》。按:世俗例:"兄姊言先,弟妹言亡。"而古人概不嫌別,在南宋猶如是也。(《通俗編》卷十八 P395)

【亡舅】wángjiù　參見[家舅]。(《通俗編》卷十八 P392)

【玄玄孫】xuánxuánsūn　《隸釋‧帝堯碑》云:"故濟陰太守劉郃,字季承,漁陽泉州人也。自以體別枝布,堯之裔胄,稱玄玄孫,以敘嘉敬。"(《稱謂錄》卷六 遠孫 P25)

【玄堂】xuántáng　《閣帖》唐高宗書云:"使至,知玄堂已成。既得早了,深以爲慰。不知諸作早晚總能斷手?日月猶賒,必須牢固。數日來極熱,卿等檢校,大應疲倦。陵初料高一百一十尺,今聞高一百三十尺,不知此事虛實?今因使還,故遣相問。"(《直語補證》P15)

【玄駒】xuánjū　河內人並河而居,見人馬數千萬皆如黍米,遊動往來,從旦至暮。家人以火燭之,人皆是蚊蚋,馬皆是蟻。故今人呼蚋曰黍民,名蟻曰玄駒也。(《蘇氏演義》卷下 P31)
　　參見[馬蟻]。(《雅俗稽言》卷三十七 P16)

【交代】jiāodài　《漢書‧蓋寬饒傳》:"歲盡交代,自請願復留。"《後漢書‧傅燮傳》:"范津爲漢陽,與燮交代,合符而去。"(《通俗編》卷六 P128)

【交割】jiāogē　《抒情詩》:唐尚書李曜罷歙州,有佐酒錄事媚川,素頗喜意,臨發,洪飲不勝離情,有詩曰:"今日臨行盡交割,分明收取媚川珠。"(《通俗編》卷十三 P287)

【交午木】jiāowǔmù　參見[華表木]。(《蘇氏演義》卷下 P18)

【交子】jiāozǐ　宋有交子、會子、關子、錢引、度牒、公據等名,皆所以權變錢貨以趨省便,然皆不言其制,惟戶部中鹽有鹽鈔之名。(《俚言解》卷二 29P43)

【交椅】jiāoyǐ　交椅,即胡牀,向來只有栲栳樣,秦太師偶仰背墜巾,吳淵乃製荷葉托背以媚之,遂號曰太師樣。按:椅子之名,見丁晉公《談錄》。(《土風錄》卷三 P207)
　　《宣和錄》記金人取內庫物,有銀交椅二十隻。常生案:《同(編者按:當作因)話錄》曰:"文(編者按:當作交)椅謂之繩牀,敵制也。歐公不御。"(《恒言錄》卷五 P100)
　　胡牀即今交椅也,作自漢武帝物。原召公作椅,漢武帝作胡牀。(《談微》物部 P1)

【交春】jiāochūn　(立春)前一日爲交春。(《越諺》卷中 時序 P7)

【交涉】jiāoshè　《傳燈錄》:"石頭遷謂藥山儼,言語動用沒交涉。儼曰:'非言語動用,亦沒交涉。'遷然之。"范成大詩:"春雖與病無交涉,雨莫將花便破除。"(《通俗編》卷十三 P274)

【交手】jiāoshǒu　《北史‧齊宗室傳》:"斛律光曰:'小兒董弄兵,一與交手即亂。'"《南史‧李安人傳》:"相著曰:君後當大富貴,與天子交手共戲。"(《通俗編》卷十六 P348)

【交牀】jiāochuáng　《風俗通》:"趙武靈王好胡服,作胡牀。"《器物薈談》:"胡牀以胡人偃坐而睡得名。隋以讖有胡,改名交牀。"唐穆宗長慶二年十二月見群臣於紫極,御六繩牀,則又名繩牀矣。《清異錄》:"胡牀施轉關以交足,穿便條以容坐。"相傳明皇行幸頻多,侍臣或待詔野頓扈駕登山,不能跂立,遂皆用之。時稱逍遙坐。(《目前集》前卷 P2125)
　　參見[胡牀]。(《土風錄》卷三 P207)

【交親】jiāoqīn　參見[事故]。(《恒言廣證》卷四 P62)

【交跗】jiāofū　又作跰,同。府于反。《三

蒼》:"趹,足上也。"謂交足而坐也。經中多
作加趺,山東名甲趺,經文從足作跤,非也。
(《一切經音義》卷十六 12P615)

【交鈔】jiāochāo　參見[匯鈔]。(《越諺》卷
中　貨物 P33)

【交錢】jiāoqián　參見[重錢]。(《土風錄》
卷十一 P295)

【亥兒】hài'ér　猪。(《墨城小錄》卷十四 P4)

【亥市】hàishì　顧況詩云:"亥市風煙接。"
張籍詩云:"江村亥日常爲市。"按:洪氏《隆
興職方乘》云:"嶺南村落有市,謂之虛,以
其不常會,多虛日也。"西蜀曰痎,言如痎
疾,間而復作。江南惡以疾稱,固止曰亥。
獨徐筠《水志》云:"荊吳俗以寅申巳亥日集
於市,故名亥市。"其説較洪氏爲雅。(《唐
音癸籤》卷十六 P148)

　　《青箱雜記》:"蜀有亥市,荊吳俗取寅
申巳亥日爲市,故爲亥市。"猶今之市有逢
雙日單日也。張祐(編者按:當作"祜")詩:
"野橋經亥市,山路至申州。"(《談徵》名部
上 P37)

【亨亨的】hēnghēng·de　參見[佟]。(《燕
山叢錄》卷二十二　長安里語　顏色 P10)

【京三】jīngsān　瘦小。(《墨城小錄》卷十
四 P8)

【京債】jīngzhài　《舊唐書·武宗紀》:"會昌
二年二月中書奏:赴選官多京債,到任填
還,致其貪求,罔不由此。"按:近世外官初
選,在京借銀辦裝,謂之京債。唐亦有然。
(《通俗編》卷二十三 P521)

　　選官到京,重利借貸,謂之京債,見《舊
唐書·武宗紀》:"中書奏選官多京債,到任
填還,致其貪求,罔不由此。乃定户部預借
料錢,到任扣還之例。"(《土風錄》卷六
P244)

【京官】jīngguān　官京師曰京官,常參曰升
朝官。京朝官,蓋有分別,陸務觀曰:"唐自
相輔以下,皆以京官,常參曰常參官。國初
以常參預朝謁曰升朝官,元豐以預宴坐曰
升朝官,合之則曰京朝官。"(《通雅》卷二十
P748)

【京巷】jīngxiàng　參見[都巷]。(《札樸》
卷六　覽古 P174)

【京樣】jīngyàng　今諺云京樣卽古之所謂
都。(《談徵》名部上 P37)

【宧皮】lǐnpí　俗以晒穀竹簟曰廩皮,當作
宧。村人晒穀燥後,以圓竹器爲底簟,四周
之上加以蓋,如高廩也。宧,象形,見《説
文》。皮言在外如皮之裹肉,又方幅舒卷如
革也。(《直語補證》P3)

【享】xiǎng　俗呼某人處爲某享(火剛反),
……此是鄉聲之轉耳。鄉者,居也。州鄉
之鄉取此爲義,故子産有云:"毁於西鄉。"
(《匡謬正俗》卷八 P105)

【夜不收】yèbùshōu　軍中偵事者之稱。見
《水東日記》。今俗以前騶呵導者當之,失
其義矣。(《直語補證》P31)

【夜作】yèzuò　諺云:"河射角,堪夜作。"
《白虎通》云:"景星常見,可以夜作。"(《通
言》卷二 P29)

【夜光】yèguāng　螢火一名夜光。《淮南
子》以月名夜光。《輟耕錄》載,薄木片染石
(編者按:"石"明本作"流")黃起光者爲夜
光奴。《鄒陽傳》又有夜光之璧。(《七修類
稿》卷二十一 P308)

【夜光奴】yèguāngnú　參見[夜光]。(《七
修類稿》卷二十一 P308)

【夜叉】yèchā　此云祠祭鬼,謂俗間祠祭以
求恩福者。舊翻爲捷疾鬼也。(《一切經音
義》卷二十三 15P896)

　　參見[藥叉]。(《一切經音義》卷十二
14P465)　《翻譯名義》:"夜叉,此云勇健,
亦云暴惡,舊稱閲叉。《西域記》云:'藥叉
之訛。'"(《通俗編》卷十九 P427)

　　《太平廣記》引《河東記》有夜叉罵僧
事。《翻譯名義》。(《越諺》卷中　鬼怪
P18)

【夜央】yèyāng　今關中俗呼二更、三更爲
夜央、夜半。此蓋古之遺言,爲夜之中耳。
(《匡謬正俗》卷一 P7)

【夜合花】yèhéhuā　夜合花俗云絨花,又名
合歡、合昏。葉似槐,至莫而合,五月花紅
白色,瓣上若絲茸。晉嵇康嘗植之宅中,云
"合歡蠲忿"。《本草》:"欲蠲人之忿,則贈
以青裳合歡也。□□胸悶塞,爲肺灌,取蠲
忿皮煮服之。"后山詩云:"□囊一試合昏
湯。"(《目前集》後卷 P2148)

【夜眼】yèyǎn　《肘後方》:"治卒死尸厥,用
白馬夜眼二枚。"《本草拾遺》:"馬無夜眼者
毒。其眼在足膝上,馬有此,能夜行,故

名。"(《通俗編》卷十六 P342)

【夜羅蓋】yèluógài　天靈蓋曰夜羅蓋。(《燕山叢錄》卷二十二 長安里語 身體 P6)

【夜航船】yèhángchuán　凡篙師於城埠市鎮人煙湊集去處,招聚客旅裝載夜行者,謂之夜航船。太平之時,在處有之。然古樂府有夜航船曲。皮日休詩,有"明朝有物充君信,攜酒三鉼寄夜航"之句。則此名亦古矣。(《南村輟耕錄》卷十一 P137)

【夜飯】yèfàn　夜飯即晚飯。杜詩:"晚飯越中行。"(《越諺》卷中 飲食 P39)

【亭】tíng　參見[竈戶]。(《通俗編》卷二十一 P479)

【亭戶】tínghù　《唐書·食貨志》:"遊民業鹽者爲亭戶。"《宋史》曰竈戶。《宋史》:"遣朝臣往兩議設收浮鹽。"又,《食貨志》:"環海之湄,有亭戶,有鍋戶,有正鹽,有浮鹽。正鹽出於亭戶,歸之公上者也,浮鹽出於鍋戶,鬻之商販者也。"(《稱謂錄》卷二十七 鹽 P15)

參見[竈戶]。(《通俗編》卷二十一 P479

【亮光】liàngguāng　火。(《墨城小錄》卷十四 P5)

【亮槅】liànggé　《甕牖閑評》:"取明槅子,人多呼爲亮槅。"《夷堅志》乃云:"廊上列水盆、帨巾,堂壁皆金漆凉槅子。"卻又用此凉字,作平聲。(《通俗編》卷二十四 P543)

參見[風窗]。(《越諺》卷中 屋宇 P25)

【商謎】shāngmí　吳自牧《夢粱錄》:"商謎者先用鼓兒賀之,然後聚人猜詩謎、字謎。"鑑案:《南史》有履謎,《北史》有筋謎。(《恒言錄》卷六 P112)

【率】shuài　參見[埒]。(《匡謬正俗》卷六 P72)

冫 部

【冰人】bīngrén　令狐策夢與冰下人語,後果爲媒,故稱媒爲冰人。其言曰冰語。(《目前集》後卷 P2138)

《索統傳》:"孝廉令狐策夢立冰上,與冰下人語。統曰:'君當爲人作媒。'"案:《文選·射雉賦》注:"媒者,少養雉子,至長狎人,能招引野雉,因名曰媒。"(《稱謂錄》卷二十八 媒 P16)

《晉書》:"令狐策夢立冰上,與冰下人語。索統占之曰:'冰,陰象也,爲陽語陰,媒介事也。冰泮而昏成。'會太守田豹因策求張氏女,果仲春成昏。"(《常語尋源》卷上 甲冊 P189)

【冰叟】bīngsǒu　蘇軾《次王郎韻慶生日》詩:"朅從冰叟來遊宦。"(《稱謂錄》卷七 妻之父 P11)

【冰廳】bīngtīng　祠部爲冰廳。(《容齋四筆》)(《唐音癸籤》卷十七 P157)

趙璘《因話錄》:"當時呼祠郎爲冰廳,言其清且冷也。"(《稱謂錄》卷十六 禮部 P4)

【冰答】bīngdá　冷。(《墨城小錄》卷十四 P4)

【冰翁】bīngwēng　《遊宦紀聞》:"又二里有亭,曰輔龍,乃先兄之冰翁董熠字季興所創,向爲瑞安邑大夫。"案:熠字乃煟字之誤。《葉水心集》及《郡邑志》皆作煟,又見卷六,亦云"先兄岳翁"。(《稱謂錄》卷七 妻之父 P11)

【冰語】bīngyǔ　參見[冰人]。(《目前集》後卷 P2138)

【冷】lěng　姑置其事而待之曰冷。(《客座贅語》卷一 詮俗 P7)

【冷債】lěngzhài　久遠之債曰冷債,見東坡《艾子雜說》:"艾子苔魏安釐王云:'近日卻告得孟嘗君處借得,馮驩來索,得幾文冷債。是以饒足也。'"(《土風錄》卷六 P244)

【冷卿】lěngqīng　《容齋隨筆》:"世傳宗正爲冷卿。"蘇軾《送魯元翰詩》:"冷卿當復溫。"(《稱謂錄》卷十二 宗人府職官古稱 P18)

【冷天】lěngtiān　嚴冬時。(《越諺》卷中 天部 P2)

【冷官】lěngguān　俗稱教職爲冷官。唐玄宗優禮鄭虔,不欲煩以政事,特置廣文館,以虔爲博士。杜詩:"諸公滾滾登臺省,廣文先生官獨冷。"俗語本此。然"熱官"亦古語。北齊王晞曰:"非不愛作熱官,但思之爛熱,故不爲爾。"世謂近熱官者爲趨炎,又

云捧熱。(《俚言解》卷一 41P23)

《唐書》:"元宗愛鄭虔才,以其惟耽書畫吟詠,殊不事事,爲置廣文館處之,官冷可知矣。"杜詩:"諸公袞袞登臺省,廣文先生官獨冷。"(《常語尋源》卷上甲冊 P193)

【冷洒洒】lěngxiǎnxiǎn　參見[洒洒]。(《吳下方言考》卷三 P9)

【冷澤】lěngzé　屋木懸冰如箸曰冷澤。案:《五音集韻》"冷"字注:"又音零,吳人謂結冰曰冷澤。"亦見《黃氏韻會》。(《土風錄》卷五 P234)

【冷撰】lěngzhuàn　《賓退錄》:"集賢殿修撰,舊多以館閣久次者爲之。自有常僚超授要任未至,從官者亦除修撰。時人遂有冷撰、熱撰之目。"(《恒言廣證》卷四 P59)

【冷灰裏荳爆】lěnghuīlǐdòubào　《朱子語類》:"問程子:'謂致知節目如何?'曰:'如此理會也未可,須存得子心,卻逐節子思索,自然有簡覺處,如諺所謂冷灰裏荳爆。'"(《通言》卷六 P76)

【冷眼】lěngyǎn　旁觀人之跌失曰冷眼。相傳題《上竹竿》云:"若到上頭亙把著,多少旁人冷眼看。"(《雅俗稽言》卷二十二 P5)

【冷笑】lěngxiào　暗笑人謂之冷笑。李白《上李邕》詩:"世人見我恒殊調,聞余大言皆冷笑。"又北齊崔瞻詔議三恪,瞻別立一議,魏收讀書笑而不言。瞻曰:"何容讀國士議文,值此冷笑?"(《雅俗稽言》卷十七 P15)

《北史·崔瞻傳》:"瞻立異議,魏收笑而不言。瞻曰:'何容讀國士議文,直此冷笑?'"(《通俗編》卷十七 P379)

【冷語】lěngyǔ　設辭傾人曰冷語。孟蜀時,潘在庭以財結權貴曰:"非是求援,但不欲其以冷語冰人耳。"出《外史檮杌》。(《雅俗稽言》卷十七 P15)

【冶由】yěyóu　參見[邪揄]。(《通雅》卷七 P276)

【凌傷】língyì　力繒反。《三蒼》:"凌,侵凌也。"……以攴反。《說文》:"傷,輕也。"《蒼頡篇》:"傷,慢也。"(《一切經音義》卷九 12P343)

【凌誶】língsuì　音林碎。今吳諺怨煩言者曰凌誶。(《吳下方言考》卷九 P19)

【淞霧】sōngwù　混混不明了謂之淞霧。冬月寒甚,夜氣塞空如霧,著於林木,凝結如珠玉,見晛乃消,因風飄落。齊魯閒謂之霧淞。按:《元命包》:"陰陽亂爲霧氣蒙冒之象。"因以爲不明了之稱。又吳歌云:"霜淞打雪淞,貧兒備飯甕。"(《方言據》卷上 P1)

【凍瘃】dòngzhú　冬竹。手足耳面凍瘡。見《趙充國傳》。(《越諺》卷中 疾病 P20)

【凍米】dòngmǐ　卽爆烊烂所得者。(《越諺》卷中 飲食 P35)

參見[爆烊烂]。(《越諺》卷中 飲食 P37)

【准折】zhǔnzhé　參見[折]。(《客座贅語》卷一 辨訛 P5)

【涼楎子】liánggézǐ　參見[亮楎]。(《通俗編》卷二十四 P543)

冖　部

【冠子蟲】guānzǐchóng　《清異錄》:"俗罵婦人爲冠子蟲,謂性若蟲蛇,有傷無補。"(《稱謂錄》卷三十二 賤稱 P35)

凵　部

【凸凹】tū'āo　"突呷"。高窪不平也。出楊慎《丹鉛錄》。(《越諺》卷中 地部 P4)

【出】chū　俚俗謂一番曰一出。《世說》林公答人云:"今日與謝孝劇談一出來。"《傳燈錄》藥山問雲巖:"聞汝解弄師子,弄得幾出?"曰:"弄得六出。"藥山曰:"我亦弄得。"雲巖曰:"和尚弄得幾出?"曰:"我弄得一出。"(《通俗編》卷三十二 P723)

【出道】chūjiù　曰。弄巧成拙。(《越諺賸語》卷上 P3)

【出力】chūlì　《禮記》。(《越諺賸語》卷上 P2)

【出尖】chūjiān　《宋史·兵志》:"熙寧間造箭四種,一曰出尖。"按:俗以強出任事曰"出尖",或謂其本于此,猶《史記》"脫穎而出"意也。或又謂"出尖"乃毬門色目。汪雲程《蹴踘譜》:"三人定位,一人當頭名出尖,五人場戶名小出尖,六人場戶名大出

尖。"竝著備參。(《通俗編》卷八 P172)

【出名】chūmíng　《鶡冠子•世賢篇》。(《越諺賸語》卷上 P6)

【出家】chūjiā　薙度者謂"出家"。(《越諺》卷中 賤稱 P14)

【出孝】chūxiào　《唐書•韋挺傳》:今俗既葬,隣伍會集,相與酣醉,名曰"出孝"。按:西北省猶間有此敝俗。(《通俗編》卷九 P198)

【出手】chūshǒu　《陳書•徐陵傳》:"每一文出手,好事者已傳寫成誦。"蘇軾詩:"詩句對君難出手。"(《通俗編》卷十六 P349)

【出氣】chūqì　《五代史•伶人傳》:"諸伶每侮弄縉紳,羣臣憤嫉,莫敢出氣,或反相附託以希恩。"(《通俗編》卷十五 P322)

【出爐銀】chūlúyín　薛能《吳姬詩》:"退紅香汗溼輕紗,高捲蚊廚獨臥斜。"退紅即今之粉紅色,所謂出爐銀也。李斗《揚州畫舫錄》(卷七)則以肉紅爲退紅,與粉紅不同。又云淺紅白色,曰出爐銀。(《釋諺》P112)

【出恭】chūgōng　明初太學之制,祭酒司業升講堂,正中置一大牌,曰"整齊嚴肅"。諸生入者領"入敬"牌,出者領"出恭"牌。天下學校皆沿之。此"出恭"二字所自始。(《越言釋》卷下 P6)

　　今人謂如廁曰出恭,殊不可解。按:《劉安別傳》:"安既上天,坐起不恭,仙伯主者奏安不敬,謫守都廁三年。"或本此。(《直語補證》P36)

　　便旋曰出恭。《會典》:"監規:每班給與出恭入敬牌一面。"……又胡開《蒙養詩教•出恭》詩:"諸生領著出恭牌,須擇無人僻地來。若犯日星俱有罪,正當門路一招災。登臒應記寬衣去,下廁還該淨手回。或是清池令齷齪,喪心無行豈良才?"(《里語徵實》卷中上 二字徵實 P20)

　　參見[便旋]。(《蜀語》P42)

【出神】chūshén　參見[淄牙]。(《通俗編》卷十七 P373)

【出畈時】chūfànshí　農家之未末申初。(《越諺》卷中 時序 P6)

【出盪】chūdàng　趙人呼婦女之大方不避客者,謂之出盪。(《釋諺》P98)

【出瘄子】chūcùzǐ　中《醋》。小兒必有之症。與瘄子並重。"瘄",《博雅》。(《越諺》卷中 疾病 P20)

【出霑】chūzhān　參見[入霑]。(《蜀語》P9)

【出頭】chūtóu　《三國志•呂布傳》注:"《與袁術書》曰:'足下鼠竄壽春,無出頭者。'"王明清《摭青雜說》載項四郎救徐七娘事,曰:"寧陪些少結束,嫁與一本分人。豈可教他作娼女婢妾,一生無出頭耶?"(《通俗編》卷十六 P336)

【凹凸】āotū　孫佰淵云:"此窈突二字之誤體。"(《恒言廣證》卷二 P38)

【凹頤】āo'āo　面不平曰凹頤。(《札樸》卷九 鄉里舊聞 鄉言正字附 疾病 P327)

【函使】hánshǐ　《小知錄》:"承差也。"(《稱謂錄》卷二十六 書吏 P3)

卩(㔾)部

【卬】áng　今越人之郡城自稱曰"我",渡姚江而東,自稱曰"卬"。(《越言釋》卷下 P29)

【印鈕】yìnniǔ　馥每見古印鈕,大首無角,不審何獸,今知是犢。(《札樸》卷八 金石文字 P260)

【卯】mǎo　在數中倖而逃者曰卯。卯,冒也。(《客座贅語》卷一 詮俗 P9)

【卯光】mǎoguāng　月。(《墨娥小錄》卷十四 P3)

【卯後酒】mǎohòujiǔ　唐文《白樂天集》:"未知卯後酒,神速功力倍。"又云:"空腹三杯卯後酒。"樂天多言卯酒,意其嗜好也。今諺云:"莫喫卯後酒,昏昏醉到酉。"(《常語尋源》卷上乙冊 P208)

【卯眼】mǎoyǎn　見《木經》。按:《程子語錄》:"榫卯員則員,榫卯方則方。卯,蓋即卯眼。"《通俗編》卷二十四 P545)

【卯簨】mǎosǔn　木工穿鑿謂之卯簨。《晉書•五行志》:"舊爲屨者,齒皆達楄上,名曰露卯。太元中,忽不露齒,曰陰卯。"《文選•干寶〈晉紀總論〉》:"如室斯構而去其鑿契。"五臣注:"鑿契,簨也。"……陰卯,俗呼悶簨。(《札樸》卷五 覽古 P150)

【卵觳】luǎnquè　上郎管反。《說文》云:"凡物無乳者卵生。行者胎生。"有問者曰:

"魚豈飛物，何得卵生？"答曰："鳥浮於雲，魚浮于水，亦類也。"……下苦角反。《集訓》云："鳥卵皮曰觳。"《考聲》云："卵空皮也。"從卵殼聲。殼，苦角反。（《一切經音義》卷七 10P269）

【卸頭】xiètóu　參見[頭]。（《通俗編》卷二十二 P494）

【卷軸】juànzhóu　《歸田錄》："唐人藏書皆作卷軸。其後有葉子，其制似今策子。"（《恒言廣證》卷六 P88）

【卷餅】juǎnbǐng　《通鑑》注云："起麪餅，今北人能爲之，其餅浮軟，以卷肉噉之，亦謂之卷餅。"（《札樸》卷九 鄉里舊聞 P311）

【卽真】jízhēn　《漢書》："韓信使使言漢王曰：'齊反覆之國，南邊楚，請爲假王以鎮之。'漢王大怒，張良、陳平躡王足，附耳語云云。漢王佯罵曰：'大丈夫定諸侯，卽爲真王，何以假爲？'"按：宋徽宗在五國城，因曹勛與高宗書："汝可卽真，來救父母。"（《常語尋源》卷上甲册 P190）

【卽先】jíxiān　王保定（編者按：當作"王定保"）《摭言》："牛僧儒應舉，韓愈、皇甫湜見于青龍寺，稱牛爲卽先輩。"《田錫咸平集·與胡旦書》云："秀才卽先輩。"按：此謂卽日當爲先輩，猶今牋札中所云"卽元"、莊啓中所云"卽翰撰"也。（《通俗編》卷五 P95）

【卽實】jíshí　猶云其實。《水經注》："《漢書音義》曰：'陽山在河北，陰山在河南。'謂是山也。而卽實不在河南。"（《助字辨略》卷五 P245）

【卽日】jírì　《史記·項羽紀》："項王卽日因留沛公與飲。"《漢書·霍光傳》："卽日承皇太后詔。"《吳志·太史慈傳》："吏然慈言，卽日俱去。"褚遂良帖："卽日須髮盡白。"按："卽日"猶當日，而日之相近，或亦以卽言之，如陸游詩："知汝卽日歸，明當遣舟迎。"（《通俗編》卷三 P51）

【卽溜】jíliū　參見[鯽溜]。（《燕說》卷一 P1）

【卽零】jílíng　參見[鯽溜]。（《燕說》卷一 P1）

【卻】què　方言語助，猶云了也。方澤詩："貪看飛花忘卻愁。"君山父老詩："日暮忘卻巴陵道。"（《助字辨略》卷五 P261）

　　溫飛卿詩："莫羨相如卻到家。"又云

"香輦卻歸常樂殿。"又云："卻逐嚴光向若邪。"又李義山詩："何當共剪西窗燭，卻話巴山夜雨時。"趙嘏詩："黏頭盡日看紅葉，卻笑高僧衣上塵。"司空表聖詩："逢人漸覺鄉音異，卻恨鶯聲似故山。"又方澤詩："貪看飛花忘卻愁。"君山老父詩："日暮忘卻巴陵道。"又邢鳳《春陽曲》："舞袖弓鸞渾忘卻。"皆方言，猶云了也。（《方言藻》卷一 P3）

【趆趆】chíchí　時。鳥鳴。《篇海類編》。（《越諺》卷下 聲音音樂 P17）

刀（刂）部

【刀子】dāo·zi　俗呼器物，多以子爲助。惟刀子與刀，似有大小之別。（《通俗編》卷二十六 P588）

【刁蹬】diāodèng　參見[砍落]。（《客座贅語》卷一 方言 P11）

【刁頭】diāotóu　謂人之狡獪者用刁頭。（《客座贅語》卷一 辨訛 P6）

【刁風】diāofēng　今謂善訟爲刁風，南北通行此字，循習不察。案：《史記·貨殖傳》"而民雕捍少慮"《索隱》云："言如雕性之捷捍也。"馥謂："刁"字省筆，吏胥苟趨簡易，用以代雕耳。（《札樸》卷四 覽古 P118）

【刃稍】rènshuò　人慎反。《考工記》："爍金以爲刃，聖人之作也。"《國語》："偃五刃。"賈逵曰："刀劍矛戟矢，是五也。"《集訓》："刃，兵鋒芒也。"《說文》："刃，堅也。象刀有刃之形也。"下色卓反。《廣雅》："稍，矛也。"《埤蒼》："丈八矛也。"或作槊，同用。（《一切經音義》卷八 15P310）

【切囑】qièzhǔ　參見[切祝]。（《通俗編》卷十七 P374）

【切腳】qièjiǎo　開列居址曰切腳。案：袁子讓《字學元元》引《唾玉集》："有俗語切腳，蓋爲字音之反切。"腳，字腳也，後借爲居處著實之謂。（《土風錄》卷十 P289）

【切祝】qièzhù　東坡尺牘《與某知縣》云："兒子魯鈍不及事，惟痛與督勵也。切祝、切祝。"又《與開元明師》云："拙詩一首，不須示人。切祝、切祝。"《朱子集·與方伯謨》亦云："千萬留意。至祝、至祝。"按：今人簡牘多作切囑、至囑。據前人"囑"字似但用

于卑幼，尊及平等皆用"祝"也。(《通俗編》卷十七 P374)

【切莫】qièmò　猶云慎毋，方言也。盧祖皋詞："溪魚堪鱠，切莫論錢。"(《助字辨略》卷五 P268)

　　盧祖皋詞："溪魚堪膾，切莫論錢。"切莫猶云慎毋，方言也。(《方言藻》卷一 P3)

【分】fèn　分者，若言分已定也。今云拌得如此。陳經國《沁園春》詞："分歲晚誅茅湖上山。"(《助字辨略》卷四 P214)

【分付】fēnfù　《漢書·原涉傳》："具記衣被棺木，下至飯含之物，分付諸客。諸客奔走市買。"按：此言分別委付，以其客有多少人故也。《三國志·鮮卑傳》："軻比能每鈔略財物，均平分付，終無所私。"義尤顯白。後人只當一"付"字用。雖只一人，而亦謂之"分付"。白居易《題文集櫃》詩："只應分付女，留與外孫傳。"韓偓詩："分付春風與玉兒。"蓋已然矣。時俗又專以爲囑告之義，尤非。(《通俗編》卷十七 P374)

【分衛】fēnwèi　此云食團，謂行乞食也。(《一切經音義》卷十九 9P724)

【分歲】fēnsuì　《風土記》："除夜祭先竣事，長幼聚飲，祝頌而散，謂之分歲。"陳善《杭州志》："古有守歲之宴，言爲達曙飲也。今至夜分而止，故謂之分歲。"范成大《分歲詞》："禮成祭徹夜未央，飲福之餘卽分歲。"陳造詩："椒酒須分歲，江梅巧借春。"(《通俗編》卷三 P58)

【分斯】fēnsī　剖辨也。《詩》："斧以斯之。"(《越諺賸語》卷上 P5)

【分疏】fēnshū　人之自辨白其事之是否者，俗曰分疏。疏，平聲。《漢書·袁盎傳》："不以親爲解。"顏師古注曰："解者，若今分疏矣。"《北齊書·祖珽傳》："高元海奏珽不合作領軍，並與廣寧王交結。珽亦見帝，令引入自分疏。"(《南村輟耕錄》卷十一 P137)

　　《漢書·袁盎傳》注："師古曰：'解者，若今言分疏。'"《北齊書·祖珽傳》："高元海奏珽不合作領軍，帝令珽引入自分疏。"(《通俗編》卷十七 P375)

【分頭】fēntóu　元稹《別李十一》詩："一程那忍便分頭。"杜荀鶴《送弟》詩："干戈鬧日分頭去。"(《通俗編》卷十三 P280)

【刊山】kānshān　《隋書·徐則傳》："陳太建時應詔來，又辭入天台山。太傅徐陵爲之

刊山立頌。"案：刊山卽摩崖。班孟堅封燕然山銘："乃遂封山、刊石，昭銘盛德。"(《札樸》卷三 覽古 P98)

【列岳】lièyuè　(今稱)伯叔丈人爲列岳。(《雅俗稽言》卷六 P2)

　　參見[令岳]。(《通俗編》卷十八 P396)

【列嶽】lièyuè　《合璧事類》："青城山爲五嶽之長，今名丈人山。今世俗呼人婦翁爲令嶽，妻之伯叔爲列嶽。"(《稱謂錄》卷七 妻之伯叔 P13)

　　參見[丈人]。(《里語徵實》卷中上 二字徵實 P3)

【划】huá　自我而料人與料事，曰划。(《客座贅語》卷一 詮俗 P7)

【划水】huáshuǐ　華史。謂鼉也。(《越諺》卷中 水族 P46)

【划算】huásuàn　華蒜。核其利鈍出入曰划，計其輕重多寡曰算。(《越諺》卷中 貨物 P33)

【刉】bèi　音備。許氏《說文》："刀不利，於瓦石上刉之。"案：刉，略磨也。吳中刀不及磨者，必於甎石上刉而後用。(《吳下方言考》卷八 P10)

【初七】chūqī　《舊唐書》："姚崇遺令，從初七至終七，任設七僧齋。"(《恒言錄》卷五 P94)

【初度】chūdù　《離騷》經曰："皇覽揆余初度兮，肇錫余以嘉名。"注："初度猶言初節也。"古者子生三月父名之，謂命名之初節也。今以十年爲度，四十曰四十初度，五十曰五十初度，自幼而壯而老皆云初度。(《談徵》名部上 P40)

【剉剁】diǎnduò　肉丸曰剉剁。剉音點，剁音隋。本作隋，裂肉也。隨國本從辵，文帝以辵不祥，去辵爲隋，仍音隨，後人不考，遂以隋作平聲，而別作剉，剁乃俗字也。(《蜀語》P24)

【別】bié　父曰爹，又曰別。(平聲。)(《宛署雜記》卷十七 P193)

　　參見[爹呀]。(《燕山叢錄》卷二十二 長安里語 人倫 P4)

【別字】biézì　《後漢書·儒林傳》："讖書非聖人所作，其中多近鄙、別字，恐疑誤後生。"《日知錄》："近鄙者，猶今俗用之字；別

字者，本當爲此字，而誤爲彼也。今人謂之白字，乃别音之轉。"（《通俗編》卷七 P150）

"别"呼"白"。《漢書·藝文志》。（《越諺賸語》卷上 P6）

【别歲】biésuì　歲莫以盆酒相遺曰别歲。蘇東坡有《别歲》詩。（《蜀語》P28）

【利市】lìshì　俗語稱利市，亦有所祖。《易·説卦》："巽爲利市三倍。"《左氏傳》鄭人盟商人之辭曰："爾無我叛，我無强賈，爾有利市寶賄，我勿與知。"（《目前集》後卷 P2139）

百工于工價外予之以財曰利市。此亦古語。《易》云"爲近利市三倍"，《左傳》"爾有利市"，東坡詩"犀錢玉果，利市平分均四坐"，此皆需財之辭。又，利市卽利達也。如唐夏矦孜相國未遇時，驢驢無故墜井，時人語曰"不利市秀才"。（《雅俗稽言》卷二十一 P13）

利市之語，陶九成謂出於《易·説卦傳》。然《説卦》實以"近利"爲句，"市三倍"爲句。"市三倍"者，猶言賈三倍也。案：《左氏傳》："爾有利市寶賄。"《易林》："入門笑喜，與吾利市。"此兩字連用之始。歐陽公《集古錄》："今俚俗賣茶肆中，多置一甆偶人，云是陸鴻漸，至飲茶客稀，則以茶沃此偶人，祝其利市。"《北夢瑣言》："夏侯孜未偶，伶傅風塵，時人號曰不利市秀才。"《摭言》："以京兆爲榮美，以同華爲利市。"又曰："同華解最號利市。"（《恒言錄》卷四 P91）

工匠挂紅禮曰利市。《蜀語》："凡初贈工匠曰利市。"又：暹羅國婚姻，請僧討童女喜紅點男額，名曰"利市"。（尤侗《外國竹枝詞》注。）（《里語徵實》卷中上　二字徵實 P25）

《易·説卦傳》。（《越諺賸語》卷上 P5）

【刢利】línglì　使性曰刢利。上音靈。（《肯綮錄》P2）

人快敏曰刢利。刢，俗用伶，誤。字書云："伶，孤獨也，使也，樂工也，弄臣也。"（《蜀語》P4）

刢利，快性人也。俗作伶俐，非也。庚韻。（《目前集》後卷 P2150）

敏爽曰刢利。俗作伶利。《肯綮錄》云："使性曰刢利。"元曲有伶牙利齒語。或作靈利，又作伶俐。（《燕説》卷一 P1）

參見〔靈利〕。（《通俗編》卷十五 P329）

【刨】páo　撅曰刨。（《燕山叢錄》卷二十二　長安里語　人事 P3）

【判】pàn　與拌同，俗作撽。揚子雲《方言》："楚人揮棄物謂之拌。"杜子美詩："縱飲久判人共棄。"溫庭筠詩："夜聞猛雨判花盡。"今人云判得如此，猶言自分如此，蓋計度絶望之辭。（《助字辨略》卷一 P66）

判與拌同，俗作撽。揚子雲《方言》："楚人揮棄物謂之拌。"杜子美詩："縱飲久判人共棄。"溫庭筠詩："夜聞猛雨判花盡。"今人云判得如此，猶言自分如此。（《方言藻》卷二 P19）

【剆】mǐn　削去曰剆。剆音敏。（《蜀語》P24）

削去曰剆。剆音敏。（《里語徵實》卷上　一字徵實 P27）

【劇】pí　參見〔捼〕。（《越諺》卷下　單辭隻義 P13）

【劇析】píxī　上被眉反。下音昔。按：劇析卽皮剝之謂，析猶分析支解也。《字書》並無從刀劇字，蓋俗用字者也。（《一切經音義》卷九十四 8P3544）

【刺】cì　刺音次。韓昌黎詩："刺手拔鯨牙，舉瓢酌天漿。"案：刺，出手易而速，如蜂之刺物卽起也。今吳諺謂取物不覺曰刺。《南史》："陳文帝夜深猶刺取閨中事。"案：刺，門已閉而從門隙中側入也。今吳諺謂門隙中送柬帖之類曰刺。（《吳下方言考》卷八 P8）

【刺促】qìcù　上音戚。刺促，小聲私語也，今吳中謂人小聲私語曰刺促。（《吳下方言考》卷十 P12）

【刺刺】qìqì　音七。《短長説》："亞父歸彭城，邑邑刺刺。"案：刺刺，不振貌，今吳諺謂鬱鬱不得意曰邑邑刺刺。（《吳下方言考》卷十二 P14）

【刺取】cìqǔ　參見〔刺〕。（《吳下方言考》卷八 P8）

【刺手】cìshǒu　參見〔刺〕。（《吳下方言考》卷八 P8）

【制沮】zhìjǔ　沮，才與反。季琦注《漢書》："制，斷也，禁也。"《毛詩傳》曰："沮，止也。"（《一切經音義》卷二十二 2P825）

【刮】guā　與人有桑中之期曰偷。相挑曰刮。相調曰撣。私合曰有。(《客座贅語》卷一　詮俗 P10)

【刴】luò　去節曰刴。(《通俗文》釋言語上 P24)

【刻尺】kèchǐ　枕。(《墨娥小錄》卷十四 P4)

【刻絲】kèsī　參見[克絲]。(《言鯖》卷上 P15)

【刷】shuā　今婦人澤髮之具曰刷。嵇康《養生論》:"勁刷理髮,醇醴發顏。"注:"《通俗文》所以理髮謂之刷。"即此。(《直語補證》P32)

【刷刮】shuāguā　搜索曰刷刮。(《札樸》卷九　鄉里舊聞　鄉言正字附　雜言 P331)

【剋】kè　(克),《廣韻》云:"能也。"……又通作剋。王延壽《靈光賦殿》:"非夫通神之俊才,誰能剋成乎此勳!"能剋,重言也。(《助字辨略》卷五 P278)

【剌】❶lá　音勒。剌,草勁劃破人膚也。吳人謂不意中劃破肌膚曰剌。(《吳下方言考》卷十二 P1)

❷là　回回石頭,種類不一,其價亦不一。大德間,本土巨商中賣紅剌一塊於官,重一兩三錢,估直中統鈔一十四萬錠,用嵌帽頂上。自後累朝皇帝相承寶重,凡正旦及天壽節大朝賀時則服用之。呼曰剌,亦方言也。(《南村輟耕錄》卷七 P84)

【剌馬】lǎmǎ　番僧也,見元楊瑀《山居新話》,即今之喇嘛。(《稱謂錄》卷三十一　喇嘛 P13)

【則箇】zégè　亦語辭也。王觀慶《清朝慢》詞:"晴則箇,陰則箇,餒飣得天氣有許多般。"(《助字辨略》卷四 P222)

王觀慶《清朝慢》詞:"晴則箇,陰則箇,餒飣得天氣有許多般。"則箇亦語辭也。(《方言藻》卷一 P7)

【刹柱】chàzhù　音察。幡竿也。(《一切經音義》卷十五 21P590)

【剃】tì　《法苑珠林》:"優波離為五百釋子剃髮師,不輕不重,泯然除淨。"黃庭堅詩:"身不出家心若往,何須更覓剃頭書?"楊文公《談苑》:"唐朝宮中嘗于學士院取眠兒歌。眠兒歌者,即剃胎頭文也。"按:"剃"本作"鬀"。《周禮·薙氏》注:"薙讀如鬀小兒

頭之鬀。"《説文》:"鬀,鬀髮也。大人曰髡,小兒曰鬀。"徐鉉曰:"俗別作剃,非。"(《通俗編》卷二十一 P481)

【剚】zì　音恣去聲。《史記·張耳陳餘傳》:"莫敢剚刃於公之腹中者。"案:剚,置物於內撐之而不顧也。吳諺謂置物於中不出曰剚。(《吳下方言考》卷八 P8)

【剗】chǎn　攻板曰剗。(《通俗文》釋器用 P70)

突然從中而攙入者曰剗。(《客座贅語》卷一　詮俗 P8)

【剔脱】tìtuō　慷慨。(《墨娥小錄》卷十四 P7)

【剔鬋】tìjiǎn　上他歷反。《玉篇》云:"剔,治也,剃髮也。"《説文》:"從刀易聲。"下子賤反。鄭箋《毛詩》云:"鬋,斷也。"《爾雅》云:"鬋,齊也。"《説文》云:"以齊斷之,從羽前聲。"(《一切經音義》卷八十四 9P3291)

【剛】gāng　吳楚之俗相對舉物為剛。扛,舉也。……彼俗音訛,故謂扛為剛耳。既不知其義,乃有造掆字者,固為穿鑿也。(《匡謬正俗》卷六 P69)

方言,僅如此曰剛。適如此亦曰剛。陸魯望詩:"不知謝客離腸醒,臨水剛添萬恨來。"皮襲美詩:"終然合委頓,剛亦慕寥廓。"……皮詩則僅辭也,陸詩則適辭也。(《助字辨略》卷二 P100)

陸魯望詩:"不知謝客離腸醒,臨水剛添萬恨來。"皮襲美詩:"終然合委頓,剛亦慕寥廓。"按方言,僅如此曰剛,適如此亦曰剛。(《方言藻》卷二 P16)

【剛癉】gāngdǎn　《剛卯文》云:"庶疫剛癉,莫我敢當。"《東京賦》:"桃弧棘矢,所發無臬,飛礫雨散,剛癉必斃。"(《札樸》卷八　金石文字 P262)

【剛靳】gāngjìn　上古昂反;下居近反。剛,堅鞕也;靳,柔朋也。(《一切經音義》卷二十四 12P932)

【剷】pī　參見[撧]。(《越諺》卷下　單辭複義 P13)

【劁】yān　雄雞、牡豕狗等割去其勢曰"劁"。惟馬曰"騸"。(《越諺》卷中　禽獸 P44)

【刾移】yǎnyí　參見[厣廖]。(《越言釋》卷上 P18)

【剝】bō　偺曰剝。(《札樸》卷九　鄉里舊聞
　　鄉言正字附　雜言 P329)

【剪柳】jiǎnliǔ　割人衫袖以掏財物，謂之剪
　　柳。北人謂之"小李"。(《俚言解》卷二
　　45P51)

【剪拂】jiǎnfú　拜。(《墨娥小錄》卷十四
　　P6)

【剪綹】jiǎnliǔ　途中剪竊衣物曰剪綹，見王
　　應奎《柳南隨筆》：徽州唐皋屢試不售，時有
　　口號云："經魁解元荷包裹，奈何京師剪綹
　　多。"(《土風錄》卷六 P246)
　　　　《通俗編》案："世每誤書綹爲柳，如《水
　　南翰記》唐皋詩：'爭奈京城剪柳多。'"又
　　案："《説文》：'緯十縷爲綹。'沈佺期詩：'上
　　有仙人長命綹。'"柳綹二字異義同音，均有
　　可剪，故易誤耳。(《稱謂錄》卷三十　拐騙
　　P2)
　　　　參見〔綹〕。(《里語微實》卷上　一字微
　　實 P25)

【剗】zhá　斷莖曰剗。(《札樸》卷九　鄉里舊
　　聞　鄉言正字附　雜言 P329)

【剳】zhā　鍼刺曰剳。(《札樸》卷九　鄉里舊
　　聞　鄉言正字附　雜言 P331)

【副】fù　顔氏《匡謬正俗》云："副貳之'副'，
　　字本爲'福'，從衣，畐聲。"《史記‧龜策傳》：
　　"邦福重寶。"徐廣音"副"。《尹宙碑》："位
　　不福德。"《武榮碑》："爵不副德。"借"副"爲
　　"福"。(《札樸》卷八　金石文字 P285)

【副君】fùjūn　《文心雕龍》："文帝以副君之
　　重，妙善詞賦。"《唐書‧藝文傳》：劉選遷太
　　子詹事，啓曰："殿下位副君，非以尋摘章
　　句。"(《稱謂錄》卷十　太子古稱 P17)

【副妻】fùqī　今又有稱妾爲副妻、亞妻者。
　　(《俚言解》卷一　17P12)

【副端】fùduān　殿中爲副端。(《容齋四
　　筆》)(《唐音癸籤》卷十七 P157)

【剗蹔】chāzàn　參見〔錯暫〕。(《越言釋》
　　卷上 P23)

【剶】chuān　木去枝曰剶。(《札樸》卷九
　　鄉里舊聞　鄉言正字附　雜言 P331)

【剩撒】shèngsǎ　褉子。(《墨娥小錄》卷十
　　四 P5)

【剩欲】shèngyù　賸與剩同，餘辭也。杜子
　　美詩："剩欲提攜如意舞。"皮襲美詩："剩欲
　　與君終此志。"溫飛卿詩："剩欲一名添鶴

寢。"剩欲，猶云唯欲。(《方言藻》卷一 P5)

【創疣】chuāngyóu　下音尤。《考聲》云：
　　"皮上風結也。贅肉也。"……俗呼爲隆侯
　　子等。(《一切經音義》卷十五 16P579)

【割捨】gēshě　割愛捨施。《詩譜》陸士衡、
　　《侯鯖錄》東坡語。(《越諺賸語》卷上 P7)

【割衿】gējīn　割衿定婚古有之。《唐書》：
　　"趙王鎔會晉王於承天軍，鎔以梁寇爲憂。
　　晉王斷衿爲盟，許以女妻鎔幼子昭誨，晉趙
　　之交遂固。"(《俚言解》卷二 7P32)

【劙】lí　劙，理。亦作"劦"。拖刀破物也。
　　(《越諺賸語》卷上 P4)

【劦】lí　李。刀劃也。"劦黄鱔"。出《説
　　文》。(《越諺》卷下　單辭隻義 P15)
　　　　參見〔劙〕。(《越諺賸語》卷上 P4)

【剓】chì　割聲曰剓。(《札樸》卷九　鄉里舊
　　聞　鄉言正字附　雜言 P331)

【剾】ōu　剜裏曰剾。(《札樸》卷九　鄉里舊
　　聞　鄉言正字附　雜言 P331)

【剾刀】ōudāo　音歐。刑人之刀也。漢虞
　　詡曰，寧伏剾刀。(《七修類稿》卷四十四
　　P638)

【剽眼】piǎoyǎn　吳人謂掠視曰剽眼。
　　(《吳下方言考》卷十 P1)

【剚】chuǎng　傷皮曰剚。剚音瘡上聲。
　　(《蜀語》P28)
　　　　傷皮曰剚。剚，楚兩切，音愴。《集
　　韻》："皮傷也。"(《燕説》卷三 P3)

【剺】lí　直破曰剺。(《札樸》卷九　鄉里舊聞
　　鄉言正字附　雜言 P331)

【劗】è　劍者，……其刃謂之臘，亦謂之劗。
　　(《札樸》卷四　覽古 P129)

【劄客】zhākè　《東京夢華錄》："有下等妓
　　女，不呼自來筵前歌唱，謂之劄客。"(《稱謂
　　錄》卷三十　倡 P25)

【劄子】zházǐ　參見〔榜子〕。(《雅俗稽言》
　　卷十二 P2)
　　　　參見〔榜子〕。(《言鯖》卷下 P3)

【劗】zǔn　物朽而斷曰劗。劗音尊上聲。
　　(《蜀語》P4)
　　　　裁抑曰劗。(《札樸》卷九　鄉里舊聞
　　鄉言正字附　雜言 P331)
　　　　物朽而斷曰劗。劗音尊，上聲。《玉
　　篇》："斷也。"(《里語微實》卷上　一字微實
　　P24)

【劗】cèng 觸傷曰劗。(《札樸》卷九 鄉里舊聞 鄉言正字附 雜言 P330)

【剚】chí 破魚曰剚。剚音遲。(《蜀語》P27)

【劙】zhǎn 馬去勢曰劙。(《札樸》卷九 鄉里舊聞 鄉言正字附 名稱 P328)

【劈】pī 割也。(慧琳《佛本行讚傳四音義》)(《埤蒼》P10)

【劇談】jùtán 參見〔一出〕。(《方言藻》卷一 P2)

【劉猛將軍】liúměngjiāngjūn 予鄉中元後一日迎賽,爲除油蟲之神。按:將軍爲宋劉錡弟,没能驅蝗,有功江淮。(《越諺》卷中 神祇 P18)

【劒器】jiànqì 姜君(元吉)言:"在甘肅見女子以丈餘彩帛結兩頭,雙手持之而舞,有如流星,問何名,曰:'劒器也。'"乃知公孫大娘所舞即此。(《札樸》卷六 覽古 P178)

【劗】zhá 碎切曰劗。劗音札。(《蜀語》P28)

碎切曰劗。劗音紮。《中原雅韻》:"劗,割斷聲。"(《里語徵實》卷上 一字徵實 P27)

【劖】gǒng 參見〔劀〕。(《燕説》卷三 P2)

【劙】chán "斬"平聲。高舉其刀,斷物有聲。《説文》。(《越諺》卷下 單辭隻義 P15)

參見〔鏨〕。(《越諺》卷下 單辭隻義 P15)

【劙田雞頭】chántiánjītóu 參見〔看老鴨〕。(《越諺》卷中 風俗 P63)

【釁】xìn 《左傳》:"人無釁焉,妖不自作。"《後漢書·第五倫傳》:"諸出入貴戚者多瑕釁之人。"《文選·廣絶交論》:"敗德殄義,禽獸相若,一釁也;難固易攜,仇訟所聚,二釁也;名陷饕餮,貞介所羞,三釁也。"按:"釁"本物瑕,而人行有瑕缺,亦借以言之。自春秋時至今,未嘗更別。(《通俗編》卷十一 P239)

力　部

【功德衣】wúdéyī 參見〔糞掃衣〕。(《一切經音義》卷十一 8P414)

【功曹】gōngcáo 吐綬鳥,一名功曹。(《蘇氏演義》卷下 P29)

【加增】jiāzēng 六月,説與百姓每:"田禾加增時不許退怠。"(《宛署雜記》卷一 P5)

【加被】jiābèi 被,皮義反。杜注《左傳》曰:"加,益也。"孔安(編者按:奪國字)注《書》曰:"被,及也。"謂以益相及也。又《珠叢》曰:"從加恩謂之被也。"(《一切經音義》卷二十三 21P908)

【加趺】jiāfū 古趨反。《尒疋》:"加,重也。"今取其義謂交足坐也。經中或作結,交趺坐是也。山東言甲趺,江南言跰跨。跰,音平患反。跨,口瓜反。(《一切經音義》卷七十一 3P2810)

【加點】jiādiǎn 史傳言"文不加點",又言"不治點"。案:加謂增字,治謂改字,點謂滅字。《陳書·蔡景歷傳》:"對使人荅書,筆不停書,文不重改。"《通鑑》:宋毛德祖遣人説奚斤云:"公孫表與之連謀,每荅表書,多所治定,表以書示斤,斤疑之。"(《札樸》卷三 覽古 P101)

【劾老】hēlǎo 上"賀"平聲。易爲人所愚。(《越諺》卷中 賤稱 P14)

【劣】liè 《廣韻》云:"少也。"愚案:僅也。《周語》:"余一人僅亦守府。"《韋注》云:"僅,猶劣也。"僅得爲劣,則劣亦得爲僅矣。《宋書·劉懷真傳》:"子德願,善御車。常立兩柱,使其中劣通車軸,驅牛奔從柱閒直過。"《胡藩傳》:"江津岸峭壁立,藩以刀頭穿岸,劣容指,于是徑上。"鍾嶸《詩品》:"師鮑昭,終不及日中市朝滿。學謝朓,劣得黄鳥度青枝。"杜子美詩:"劣于山有陰。"諸劣字,其義並同。少力爲劣,劣是弱辭也。弱者不足之義,故得爲僅也。(《助字辨略》卷五 P260)

【劣丈】lièzhàng 《清波雜誌》:"寇萊公問王嘉祐曰:'外人謂劣丈云何?'自稱爲劣丈,未之前聞。"案:此亦通家謙詞也。(《稱謂錄》卷三十二 謙稱 P6)

【劣厥】lièjué 參見〔夔㝵〕。(《通俗編》卷十五 P332)

參見〔夔㝵〕。(《越諺賸語》卷上 P5)

【劻】jīng 多力也。(《玉篇·力部》。《改併五音類聚四聲篇海·力部》)(《埤蒼》P29)

【劻】duǐ "堆"上聲。着力牽也。"劻縒"

"劻布"。《篇海》。(《越諺》卷下 單辭隻義 P11)

【劷勤】móujìn　勸人努力曰劷勤。劷音謀。《集韻》:"北燕之外相勸努力謂之劷。"劷或作侔,揚子《方言》:"侔莫,強也。北燕之外郊言努力謂之侔莫。"按:今俗又有劷勤、使勤語。《集韻》:"勤,巨禁切,音噤,用力也。"(《燕說》卷一 P9)

【劷心】móuxīn　劷,謀。貪多務得。(《越諺賸語》卷上 P3)

【勃】bó　物溼而黑腐曰勃。一曰黴,黴音梅。(《蜀語》P6)

【勃窣】bósū　勃窣,散塵也。吳中謂散塵爲勃窣。(《吳下方言考》卷十二 P14)

音浡虱。吳中謂搬移重物,隨地轉挼曰勃窣。(《吳下方言考》卷十二 P14)

【勃闌】bólán　篩米時用。即"槃"字切腳,誤爲是名。從《容齋二筆》。(《越諺》卷中 器用 P29)

【勅頭】chìtóu　參見[狀頭]。(《恒言錄》卷四 P80)

【勔勥】liǎngjiǎng　事喫力曰勔勥。上音兩,下強上聲。《廣韻》:"力拒也。"(《燕說》卷一 P6)

《集韻》:"勔勥,力拒也。"(《里語徵實》卷上 一字徵實 P29)

事不停妥曰勔勥,見《廣韻》三十六養:"勔勥,力拒也。"《集韻》又"體急皃"。今蟲魚半死亦曰勔勥。(《土風錄》卷七 P250)

【勘契】kānqì　元《酬樂天待漏》詩:"未勘銀臺契,先排浴殿關。"唐制,殿門啓閉,設魚契對較。魚契者,刻檀爲魚,金飾鱗鬛。別刻檀板爲坎,足以容魚。一置門使所,一留宮中。發鑰校勘相同,始開,謂之勘契。……劉鄩亦有《待漏》詩:"玉堂簾外漏遲遲,明月初沉勘漏時。"(《唐音癸籤》卷十七 P150)

【動不動】dòngbùdòng　《元曲選·楊氏勘夫曲》有此語。爲不問行止,一概輒言之意。今亦常言。(《通俗編》卷三十三 P729)

【動澹】dòngdàn　搖動不停曰動澹。澹音淡。《說文》:"澹,水搖也。"(《蜀語》P18)

【動手】dòngshǒu　《全唐詩話》:"商則任崣邱尉,性廉,而令丞皆貪。一日宴會,令丞皆舞而動手,尉則回身而已。令問之。曰:'長官與贊府皆動手,尉更動手,百姓何容活耶?'人皆大笑。"《七修類藁》:"此取銀動手之起也。"(《通俗編》卷十六 P349)

【動腳】dòngjiǎo　《南史·張暢傳》:"城內乏食,百姓咸有走情,若一旦動腳,則各自散去。"《北史·李崇傳》:"淮南萬里,緊于吾身,一旦動腳,百姓瓦解。"(《通俗編》卷十六 P353)

【勞動】láodòng　《國語·越語》:"勞而不矜其功。"韋昭注:"勞動而不已也。"白樂天《病假》詩:"勞動故人黃閣老,提魚攜酒遠相尋。"又《病中詩》:"勞動文殊問疾來。"(《恒言廣證》卷一 P10)

參見[驚動]。(《通俗編》卷十二 P260)

【勞叨】láo·dao　語不投曰勞叨。(《宛署雜記》卷十七 P194)

【勞疺】láofá　乏。力竭不能再用。見《永樂北征錄》。(《越諺》卷中 疾病 P20)

【勞瘻】láofù　病更作曰勞瘻。(《札樸》卷九 鄉里舊聞 鄉言正字附 疾病 P327)

【勢利場】shìlìchǎng　劉克莊詩:"舉世爭馳勢利場,君于冷處看人忙。"(《通俗編》卷十三 P280)

【勤兒】qín'ér　子弟。(《墨城小錄》卷十四 P6)

【勥】jiàng　勉力曰勥。勥音絳。本作"勥"。(《里語徵實》卷上 一字徵實 P29)

厶　部

【厶】mǒu　《玉篇》:"厶音某。"後人緣厶近省簡,故借用厶字。陸游《老學庵筆記》云:"今人書厶以爲俗。《穀梁·桓二年》:'蔡侯、鄭伯會于鄧。'范甯注曰:'鄧,某地。'陸德明《釋文》曰:'不知其國,故云某地。'"今人不知地名、人名,亦多用"厶"字。然考《書》:"惟爾元孫某",諱君名也;《士冠禮》:"某""有子某",無所名也;《公羊傳》宣公六年:"於是使勇士某者往殺之",失其名也。則"厶"字亦早用"某"字。(《里語徵實》卷上 一字徵實 P31)

【云都赤】yúndūchì　國朝有四怯薛太官。

……中有云都赤,乃侍衞之至親近者。雖官隨朝諸司,亦三日一次,輪流入直。負骨朵於肩,佩環刀於腰。或二人四人,多至八人。時若上御控鶴,則在宮車之前;上御殿廷,則在墀陛之下。蓋所以虞姦回也。(《南村輟耕錄》卷一 P19)

【去父】qùfù　《字書》云:"淮南名去父,卽蟾蠩也。"(《札樸》卷五 覽古 P167)

【丢】diū　參見[丢]。(《越諺賸語》卷上 P4)

【丢】diū　丢,丁羞切;丢,血。"去"字上加一畫曰"丢",一去不還,舉物擲棄也。出揚子《方言》。上加一撇曰"丢",抛撒也。越語:"丢來丢去。"《字典》認"丢"卽"丢",謂"俗作'丢',非"者,誤也。(《越諺賸語》卷上 P4)

【丢搭】diūdā　欲了不了曰丢搭。(《客座贅語》卷一 方言 P12)

【参】cān　算命。(《墨城小錄》卷十四 P8)
　　《能改齋漫錄》:"下之見上謂之'參',始戰國時也。《國策》曰:'秦王欲見頓弱,頓弱曰:"臣之義不參拜,王能使臣無拜可矣。"秦王許之。'"(《通俗編》卷五 P104)

【参條魚】cāntiáoyú　《正字通》"鰷"注云:"小白魚俗稱鱉魚(鱉音參),亦曰參條魚,小而長時浮水面,性好游,故名鰷,又音條,今俗呼參如攙。"(《土風錄》卷五 P235)

【参軍】cānjūn　李商隱詩:"忽復學參軍,案聲喚蒼鶻。"《太和正音》:"副末,古謂之蒼鶻,故可撲豔傅粉。墨者謂之豔,古稱蒼鶻。"《説郛》:"唐肅宗宴,宮中女優弄假官戲,綠衣秉簡,謂之參軍椿。"案:《莊嶽委談》云:"《樂府雜錄》'開元中,黃幡綽、張野狐善弄參軍',卽後世副淨矣。"(《稱謂錄》卷三十 優 P13)
　　參見[蒼鶻]。(《言鯖》卷下 P5)

【参軍事】cānjūnshì　豬,一名參軍事。(《蘇氏演義》卷下 P30)

又　部

【友弟】yǒudì　參見[友生]。(《稱謂錄》卷八 師自稱 P35)

【友生】yǒushēng　《恒言錄》:"朱存理《鐵網珊瑚》錄貞溪諸名勝詞翰,皆元時筆劄也。其紙尾署名,有云'友生王逢頓首再拜',有云'友弟錢應庚再拜',有云'友弟邵亨貞書',皆施之于門下士者。"《湧幢小品》:"翰林名柬字大,幾與亞卿等。余在姚畫溪公家,見公座主王槐野名帖,稱友生,字同蠅頭。"(《稱謂錄》卷八 師自稱 P35)
　　師稱于弟曰"友生"。今師投弟子之刺曰"友生",相習而不解其義。按《孔叢子》云:"文王有胥附、奔走、先後、禦侮,謂之'四鄰'。孟懿子曰:'夫子亦有四鄰乎?'子曰:'吾有四友焉:自吾得回,門人益親,是非胥附乎?自吾得賜,遠方之士日至,是非奔走乎?吾得師,前有光,後有輝,是非先後乎?自吾得由,言不入耳,是非禦侮乎?'"是四友者,夫子稱之也。師之用"友"本此。(《書影》)(《里語微實》卷中上 二字微實 P8)

【反璧】fǎnbì　晉公子重耳過曹,僖負羈饋盤餐,置璧焉,公子受餐反璧。此不受人璧也。藺相如奉璧入秦,視秦王無意償趙城,使人全璧歸趙。此不與人璧也。今俗辭饋者多用完璧、完趙及璧趙等語,于事不愜。蓋書言全璧之説誤之也,宜從重耳反璧事爲正。(《雅俗稽言》卷十七 P8)

【反魂】fǎnhún　《十洲記》云:"聚窟洲,在西海中洲也。此上有大樹,似此國楓,香聞數百里,名爲反蒐樹。伐取其樹,於玉釜中煮取汁,更以微火熟煎之,如黑錫,令可丸,名火驚精香,亦名震靈丸,亦名反生香,亦名人鳥精,亦名卻死香,凡有五名。燒之,香氣遠聞。死屍在地,聞香仍活。"(《一切經音義》卷十八 3P672)

【反鼻】fǎnbí　陳藏器云:"蝮蛇形短,鼻反錦文。"《詩·斯干》:"維虺維蛇。"《正義》云:"今蛇細頸大頭如綬文,文間有毛似豬鬣,鼻上有鍼,大者長七八尺,一名反鼻。"《山海經》:"猨翼之山多蝮蟲。"郭注:"蝮虫色如綬,鼻有鍼,大者百餘斤,一名反鼻。"又,"大咸之山有長蛇,其毛如彘豪。"郭注:"今蝮蛇色似艾綬文,文間有毛如豬鬐,此其類也。"《抱朴子》:"蛇種雖多,惟有蝮蛇及青金蛇,中人爲至急,一日不治則殺人。"《元和郡縣志》:"駱谷中多反鼻蛇、青糵蛇,一名燋尾蛇,常登竹木上,能十數步躍人。人中此蛇者,卽須斷肌去毒,不然立死。"(《札

楼》卷五　覽古 P169)

【夃老】gǔlǎo　《名義考》："俗謂娼曰表子，私娼者曰夃老。夃音孤，秦以市買多得爲夃，蓋負販之徒。夃老猶言客人。"(《稱謂錄》卷三十　嫖客 P26)

【夃老表子】gǔlǎobiǎozǐ　參見［表子］。(《談徵》名部下 P18)

【叜】biāo　"瓢"上聲。凡長養魚鳥六畜，加意護持，皆曰"叜"。《説文》。(《越諺》卷下　單辭隻義 P9)

【取】qǔ　語助也。岑嘉州詩："別君能幾日，看取鬢成絲。"白香山詩："聽取新翻楊柳枝。"(《助字辨略》卷三 P146)

【取次】qǔcì　猶造次。次者，舍止之所也。取者，僅足之辭。《論語》朱注云："造次，急遽苟且之時。"蓋以所造之次，非從容暇豫之時，僅僅舍止而已也。皮襲美詩："等閒遇事成歌詠，取次衝筵隱姓名。"(《助字辨略》卷四 P190)

皮襲美詩："等閒遇事成歌咏，取次衝筵隱姓名。"取次猶造次。次者，舍止之所也。取者，僅足之辭也。(《方言藻》卷一 P10)

【取燈】qǔdēng　松杉削小片，鎔硫黄，塗其末，近火即然，用以點燈，名爲取燈。《西湖遊覽志餘》此名"發燭"，亦名"焠兒"，蓋以發火代燈燭用也。史載周建德六年，齊后妃貧者，以發燭爲業。又《清異錄》："夜有急，苦於作燈之緩，批杉染硫黄，遇火即燄，呼爲引光奴。"(《俚言解》卷二 15P36)

參見［發燭］。(《俚言解》卷二 15P36)

【取急】qǔjí　參見［給假］。(《雅俗稽言》卷十八 P14)

【叔丈人】shūzhàngrén　王慶源爲東坡叔丈人，見任淵山谷詩注。東坡《與王尺牘》亦云："叔丈脱屣搢紳，放歸田里，絶人遠矣。"(《直語補證》P10)

任淵《黄山谷詩注》："王慶源爲東坡叔丈人。"(《稱謂錄》卷七　妻之伯叔 P13)

【叔郎】shūláng　《文選·任昉〈奏彈劉整〉》："謹案：齊故內史劉寅妻訴列稱，出適劉氏二十許年，劉氏喪亡，撫養孤弱，叔郎整恒欲傷害侵奪。"案：《海錄碎事》引任彦升彈文，叔郎，小郎也。(《稱謂錄》卷七　夫之弟 P7)

【受用】shòuyòng　《周禮·大府》："頒其賄于受用之府。"註："謂受藏貨賄以給用也。"《朱子語錄》："不曾經歷許多事過，便去看《易》，也卒未得他受用。"李之彦《東谷所見》："五十不造宅，六十不製衣，縱饒得受用，能有幾多時。"按：《甕牖閒評》云："吳越王錢俶，以其妃生平售用凡百箱，賜孫承祐。見于《談苑》。人云'受用'，其實當爲'售用'，説以未確。《東坡集·佛像贊序》云：'軾妻王氏，臨終夕遺言，舍所受用，使其子爲彌陀像。'此與錢俶妃事甚類，而但作'受用'字。"(《通俗編》卷十 P215)

【受論】shòulùn　肯。(《墨娥小錄》卷十四 P7)

【叛】pàn　王隱《晉書》："鄧伯道避石勒難，以車馬負妻子以叛。"當爲"藏匿"之意，"叛"與"畔"通。(《土風錄》卷十四 P329)

【曼頭】màntóu　饅本曼字。荀子(編者按：當作苟氏)《四時列饌傳》："春祠有曼頭餅。"束晢《餅賦》："三春之初，陰陽交際，寒氣既濟(編者按：當作消)，溫不主(編者按：當作至)熱。于時烹(編者按：當作亨)燕，則曼頭宜設。"(並《初學記》)(《恒言錄》卷五 P107)

【豰】zhuō　豰。雞兒出殼聲。(《越諺》卷下　聲音音樂 P17)

夊　部

【廷魁】tíngkuí　《揮麈錄》："本朝狀元登庸者，呂文穆、王文正、李文定、宋元憲，止四人。後李士美、何文縝，亦以廷魁而歷位鼎席。"(《稱謂錄》卷二十四　狀元 P13)

【延平】yánpíng　評事爲延平。(《容齋四筆》)(《唐音癸籤》卷十七 P157)

干　部

【干涉】gānshè　《金史·撒離喝傳》："撻不野曰：'太師梁王以陝西事屬公，不野固不敢干涉。'"(《通俗編》卷十三 P274)

【干證】gānzhèng　《州縣提綱》："二競干證俱至，即須剖決；干證未備，未免留人。"(《恒言廣證》卷四 P66)

【午夜鐘】wǔyèzhōng　參見［半夜鐘］。

《《唐音癸籤》卷十九 P172）

【平不】píngbù　無干曰平不。（《宛署雜記》卷十七 P194）

【平不答的】píngbùdā·de　平白地曰平不答的。《燕山叢錄》卷二十二 長安里語 人事 P2）

【平交】píngjiāo　李白詩："府縣盡爲門下客，王侯皆是平交人。"（《通俗編》卷十三 P274）

【平天冠】píngtiānguān　《容齋三筆》："祭服之冕，自天子至于下士，執事者皆服之，特以梁數及旒之多少爲別，俗呼爲平天冠。蓋指言至尊乃得用。《後漢·輿服志》蔡邕注冕冠曰：'鄙人不識，謂之平天冠。'然則其名之傳久矣。"按：《齊書·輿服志》亦云："平冕黑介幘，今謂平天冠。"（《通俗編》卷二十五 P549）

【平滿】píngmǎn　《困學紀聞》："滿曰平滿，多曰夥多，楚語也。"《神異經》："北方荒中有石湖，方千里。其湖無凸凹，平滿，無高下。"（《里語徵實》卷中上 二字徵實 P42）

【平肩輿】píngjiānyú　《通鑑》："梁南康王會理所乘襻輿，施版屋，冠以牛皮。"注云："襻，普患反。襻輿者，輿搁施襻，人以肩舉之。"又，"陸納推李洪雅爲主，使乘平肩輿，列鼓吹。"又，"王導使琅邪王睿乘肩輿。"注云："平肩輿也。以肩輿之而行。""齊江夏王寶元乘八搁輿"注云："八搁輿，蓋八人舉之，卽今之平肩輿，不帷不蓋。"又，"梁譙州刺史徧發丁，使擔腰輿。"又，"唐玄宗爲褚無量造腰輿，令內侍舁之。"馥謂：輿不施襻，肩舉横木，故謂之平肩輿。若轅上施襻，襻加於肩，故謂之襻輿。腰輿者，人舉以行，其高至腰也。今北人推單輪車，編麻韋攀肩，猶呼曰襻。《韻集》："衣系曰襻。"庾信《鏡賦》："幇斜假襻。"又，"羅紹威潛遣人斷牙軍甲襻。"（《札樸》卷五 覽古 P156）

【平白】píngbái　俗以無故受人讓責者曰平白無辜。《中州集》邊元鼎詩："君居淄方妾河陽，平白相逢惹斷腸。"（《直語補證》P16）

【平白地】píngbái·de　《演繁露》："太白《越女詞》：'相看月未墮，白地斷肝腸。'此東坡長短句所取，以爲平白地爲伊腸斷也。"按：白，猶言空。今俗以徼幸營求而空費心力曰白白兒。同此。（《通俗編》卷十四

P301）

【平頭】píngtóu　梁武帝歌："平頭奴子擎履箱。"陸游詩："平頭拾澗柴。"案：謂奴也。（《稱謂錄》卷二十五 僕 P17）

　　　　武帝《河中之水歌》曰："平頭奴子擎履箱。"今人呼小奴曰平頭，本此。（《言鯖》卷下 P12）

【幹事人】gànshìrén　《宋書·沈文季傳》："宋帝就褚彦回求一幹事人爲晉平王上佐。"（《續釋常談》卷三十五 P610）

【幹济】gànjì　了得。（《墨娥小錄》卷十四 P7）

【幹辦】gànbàn　參見［勾當］。（《通俗編》卷十二 P250）

工　部

【工夫】gōng·fu　《晉書·范甯傳》："自置家廟，皆資人力；又奪人居宅，工夫萬計。"按：古"工""功"字通，《後漢書·王肅傳》："太極以前功夫尚大。"《三國志》魏詔："當復更治，徒棄功夫。"元稹詩："盡著功夫人不知。"秦韜玉詩："幾回抛却繡功夫。"皆用"功"字。（《通俗編》卷十一 P249）

【工幻師】gōnghuànshī　《韻圃》稱："工，巧也。"謂巧能於幻術也。（《一切經音義》卷二十二 20P861）

【工程】gōngchéng　十二月，説與百姓每："罷工程已歇，節次説的言語，都要依着行，不許怠慢了。"（《宛署雜記》卷一 P3）

【左支右吾】zuǒzhīyǒuwú　參見［枝梧］。（《雅俗稽言》卷十 P18）

【左螭】zuǒchī　起居郎爲左螭。（《容齋四筆》）　（《唐音癸籤》卷十七 P157）

【左近】zuǒjìn　《南史·夷貊傳》："自燃洲有樹生火中，左近人剥皮績布卽火浣布。"（《通俗編》卷二 P37）

【巧婦】qiǎofù　鷦鷯一名桃蟲，形小于雀，巢于蘆苇。婦人或吞其卵，或焚其巢以薰手，爲求巧也，故又名巧婦。（《雅俗稽言》卷三十五 P6）

【巩】gǒng　拱，攝也，裹也，物飽而不平也。（《越諺》卷中 形色 P57）

【差】❶chāi　今官曹文書科發士馬謂之爲

差。《詩》云："既差我馬。"毛傳云："差，擇
也。"蓋謂揀擇取強壯者。今云差科，取此
義。亦言揀擇取應行役者爾。（《匡謬正
俗》卷七 P93）

　　《匡謬正俗》："或問曰：'今官曹文書科
發士馬謂之爲差者，何也？'答曰：'《詩》云：
既差我馬。毛傳：差，擇也。'"蓋謂揀擇取
強壯者。今云差科，取此義，亦言揀擇取應
行役者爾。（《恒言廣證》卷四 P63）

　　❷ chà　韓愈詠海詩："颶風有時作，
掀簸真差事。"韓偓詩："而今若有逃名者，
應被品流呼差人。"差，異化切，怪也。（《唐
音癸籤》卷二十四 P208）

【差事】chàshì　參見[差]。（《唐音癸籤》卷
二十四 P208）

　　　　參見［差人］。（《通俗編》卷十一
P235）

　　　　參見［差異］。（《吳下方言考》卷九
P17）

【差人】chàrén　《南史·劉顯傳》："沈約策
顯經史十事，顯對其九，陸倕聞之，喜曰：
'劉郎子可謂差人。'"韓偓詩："而今若有逃
名者，應被品流呼差人。"按："差"讀異化
切，怪也。昌黎詠海詩："颶風有時作，掀簸
真差事。"亦猶言怪事也。（《通俗編》卷十
一 P235）

　　　　參見［差］。（《唐音癸籤》卷二十四
P208）

【差池】chāchí　不合事宜曰差池。（《客座
贅語》卷一 方言 P11）

【差異】chàyì　去聲。差事，差異之事也，今
諺謂事之可怪者曰差異。（《吳下方言考》
卷九 P17）

【差科】chāikē　參見[差]。（《恒言廣證》卷
四 P63）

【差路】chàlù　參見［跋路］。（《通俗編》卷
二 P39）

【甂】pēng　虛脹曰甂。音棚。（《里語微
實》卷上 一字微實 P27）

土（土）部

【土匠】tǔjiàng　參見［木匠］。（《通俗編》
卷二十一 P479）

【土作】tǔzuò　《方言》："杼、柚，作也。東齊

土作謂之杼，木作謂之柚。"抱經云："今尚
有泥作、木作語。"（《直語補證》P43）

【土工】tǔgōng　蓋專掌內庭物故宮女殯送
之役者，名曰土工。（《宛署雜記》卷十
P85）

【土地】tǔdì　《孝經緯》："社者，土地之神，
土地闊不可盡祭，故封土爲社，以報功也。"
《論衡·譏日篇》："如土地之神，惡人擾動，
雖擇日何益哉？"按：今凡社神俱呼土地，惟
塋旁所祀稱后土。邱濬《家禮儀節》曰："溫
公《書儀》本《開元禮》，《家禮》本《書儀》。
其喪禮，開塋城及窆與墓祭，俱祀后土。后
土之稱，對皇天也。"（《通俗編》卷十九
P415）

【土墼】tǔjī　音擊。《後漢·酷吏傳》："周紆
常築墼以自給。"案：墼，土甎也。吳中謂土
甎曰土墼。（《吳下方言考》卷十二 P9）

【土狗】tǔgǒu　螻蛄，小蟲。生土穴中，好
夜出。今人謂之土狗是也。一名螻蛄，一
名碩鼠，一名螜（音斛）。各地方言之不同
也。（《七修類稿》卷三 P57）

　　　　參見［蛐蛄］。（《越諺》卷中　蟲豸
P47）

【土獠】tǔlǎo　謂人曰土獠。獠音老。巴州
以西，舊獠人所居，故云。（《蜀語》）（《里語
微實》卷中上　二字微實 P29）

【土注】tǔzhù　雖未營建而忽然身腫輒云
"土注"。（《俚言解》卷一 11P8）

【土氣】tǔqì　謂不通大方者。青籐山人《路
史》。（《越諺賸語》卷上 P7）

　　　　參見［杜撰］。（《通俗編》卷七 P149）

【土父】tǔfù　江東人謂童子魚爲土父。（《蘇
氏演義》卷下 P32）

【土脈】tǔmài　二月，說與百姓每："目今土
脈潤澤，都要種耘。"（《宛署雜記》卷一 P5）

【土炕】tǔkàng　北人以土爲牀而空其下以
發火，謂之炕。《舊唐書·遼東高麗傳》："冬
月皆作長坑，下然熅火以取煖。"此即今之
土炕也，但作坑字。（《談徵》名部上 P39）

【土瞖】tǔyì　雖未營建而忽然身腫輒云"土
注"，或目瞳有瞖輒云"土瞖"。（《俚言解》
卷一 11P8）

【土著】tǔzhù　土著之民附名版籍，入籍年
久爲老戶，年近爲新戶。《漢書·張騫傳》：
"大宛其俗土著。"注云："著土地而有常居，

非遷徙者比也。"《唐書》:"編氓有鴈戶,謂流民非土著者,來去無常,故以鴈名之。"(《俚言解》卷一 11P8)

【土退】tǔtuì　以物還原主曰土退。《廣雅》:"土吐瀉也。"(《蜀語》P30)

【土附】tǔfù　《演繁露》:"《說苑》:莊周言:'道旁牛蹄中有鮒魚焉,得升斗之水斯活矣。'鮒,今俗名土部,蓋聲訛也。此魚質沉,常附土而行,故曰土附。後人加魚去阝,則書以爲鮒焉耳。"(《通俗編》卷二十九 P657)

【土饅頭】tǔmántóu　《續仙傳》:有賣藥翁嘗呼曰:"有錢不買藥喫,盡作土饅頭去。"此言最警悟。范石湖所謂"總有千年鐵門限,終須一箇土饅頭",本此。(《七修類稿》卷十六 P231)

《東坡集》載《王梵志詩》:"城外土饅頭,餡草在城裏。"土饅頭,墓冢之度辭也。范成大《營壽藏》詩:"縱有千年鐵門限,終須一箇土饅頭。"(《通俗編》卷一 P40)

《詩話》范石湖有句云:"縱有千年鐵門限,終須一箇土饅頭。"謂墳也。(《常語尋源》卷上乙冊 P210)

【圵】tiǎn　地廣平。他典反。(《俗務要名林》)

【圣】kū　低頭曰圣。音窟。(《肯綮錄》P2)

【在先】zàixiǎn　方言凡豫爲之,曰在先如何也。王仲初詩:"在先教示小千牛。"(《助字辨略》卷四 P213)

【在家】zàijiā　火居者稱"在家"。(《越諺》卷中　賤稱 P14)

參見[廟道人]。(《越諺》卷中　賤稱 P14)

【在家出家】zǎijiāchūjiā　身不僧尼而齋呪平居者爲"在家出家"。《白氏長慶集》有詩。(《越諺》卷中　賤稱 P14)

【在鼓裏】zàigǔlǐ　《釋名》:"瞽,鼓也。瞑瞑然如合于鼓皮也。"按:俗詆懵昧之人曰如在鼓裏。(《通俗編》卷二十六 P576)

【圬泊】gē·bo　女工作鞋剪樣用布裱紙令硬曰圬泊。案:《武林舊事》小經紀有賣圬泊紙者,此二字。(《燕說》卷三 P14)

【圾】jié　土塊謂之圾。極曄反。《廣韻》:"土圾。"(《方言據》卷上 P18)

【圮墢】pǐchè　上皮美反。孔注《尚書》云:

"圮,毀也。"《說文》訓同,"從土己聲"。下恥格反。《博雅》:"墢,分也。"《考聲》云:"墢,地裂也。"(《一切經音義》卷八十一 16P3199)

【地】dì　語助也。王仲初詩:"楊柳宮前忽地春。"(《助字辨略》卷四 P189)

杜甫詩:"幾時來翠節,特地引紅妝。"李白詩:"相看月未墮,白地斷肝腸。"盧全詩:"鎖聲攃地起風雷。"王建詩:"忽地下階羅帶解。"方干詩:"落絮縈風特地飛。"徐鉉詩:"忽地風迴見綵舟。"楊萬里詩:"曬繭攤絲立地乾。"按:以上"地"字,皆語辭。(《通俗編》卷三十三 P744)

【地坪】dìpíng　甎大方尺者。(《越諺》卷中　屋宇 P25)

【地壠】dìlín　"鄰"。種蔬種麥成行高土。(《越諺》卷中　地部 P4)

【地壤】dìrǎng　蚡鼠,俗呼地壤。(《札樸》卷九　鄉里舊聞 P312)

【地客】dìkè　宋提刑《洗寃集錄》:"自以親密人或地客、佃客出官。"(《恒言廣證》卷三 P57)

【地獄】dìyù　參見[天堂]。(《雅俗稽言》卷二十 P6)

【地方】dìfāng　《晉書·孝懷帝紀》:"蒲子地方馬生人。"(《通俗編》卷二 P24)

即地保。喊命時通稱。(《越諺》卷中　賤稱 P14)

【地粟】dìsù　參見[慈姑]。(《土風錄》卷四 P222)

【地閣】dìgé　嫌其潮濕而鋪板者。(《越諺》卷中　屋宇 P25)

【地頭】dìtóu　《唐書·食貨志》:"大曆元年,有地頭錢,每畝二十。"按:《朱子語錄》每以此二字抵作一處字用,如云"虛說此箇地頭""永不到真實地頭"。(《通俗編》卷二 P24)

【地頭錢】dìtóuqián　《舊五代史·唐明宗本紀》。(《直語補證》P13)

【地面裏】dìmiànlǐ　《元典章》:"至元二十八年,中書省奏:'遷轉官員,自己地面裏,休做官者。'"(《通俗編》卷二 P24)

【坏器】pēiqì　配煤反。《說文》:"瓦未燒曰坏。從土不聲。"(《一切經音義》卷二十四 17P943)

【坒】bì 敝。錢物堆積曰"一坒""兩坒"。出《説文》。(《越諺》卷下 單辭隻義 P8)

【坐】zuò 猶云坐見,可待之辭。韋應物詩:"無將一會易,歲月坐推遷。"(《助字辨略》卷三 P160)

《文選》張茂先《雜詩》:"蘭膏坐自凝。"李善云:"無故自凝曰坐。"張景陽《雜詩》:"百籟坐自吟。"李云:"無故自吟曰坐。"(《札樸》卷三 覽古 P82)

【坐地】zuòdì 古無凳椅,席地而坐,故坐字从土。齊景公問晏子曰:"寡人坐地,二三子皆坐地,君子獨塞草而坐。"是也。今方言曰坐地,亦原於古之意歟?(《七修類稿》卷二十一 P313)

【坐喜】zuòxǐ 亦妊也。《番禺記》曰"有歡喜"。《通俗編》曰"有喜"。(《越諺賸語》卷上 P4)

【坐婆】zuòpó 今婦人免身時,必有養娘扶持,俗云坐婆。按《六一居士集》記宮婢韓蟲兒事云:"召醫官產科十餘人,坐婆三人。"坐婆之名始見于此。(《輟耕錄》:"世謂穩婆爲老娘,穩婆卽坐婆也。"鑑案:《倦遊錄》:"苗振就館職,晏相曰:'宜稍溫習。'振曰:'豈有三十年爲老娘,而倒綳孩兒者乎?'"則謂穩婆爲老娘,其來舊矣。)(《恒言錄》卷三 P71)

【坐榻】zuòtà (《通鑑》)注云:"榻,牀也。江南呼几案之屬爲卓牀,卓,高也,以其比坐榻、臥榻爲高也。"(《札樸》卷六 覽古 P174)

【坐憩】zuòqì 卽便廳。《漢書·張禹傳》"便坐"是也。(《越諺》卷中 身體 P24)

【坐草】zuòcǎo 按:《邕管雜記》《溪蠻叢笑》等書所載,五溪之蠻,盡槃瓠種屬。曰猫,曰猺,曰獞,曰犵狫,曰犵狑,字皆从犬。則諺所謂苗犬者,信然。軍中無金鼓,雜鳴小鑼,以節進止。其鑼若賣貨郎擔人所敲者。夜遣士卒伏路,曰坐草。(《南村輟耕錄》卷八 P100)

今諺謂臨產曰坐草,起自晉也。陳仲弓爲太邱長,出捕盜,聞民有在草不起子者,回車治之。(《七修類稿》卷二十四 P376)

郎瑛曰:"今諺謂臨產曰坐草,起自晉也。"按:陳仲弓爲太丘長,出捕盜,聞民有坐草不起子者,回車治之。(《通雅》卷四十

《淮南·本經訓》註:"孕婦,將就草之婦也。"《晉書》:"陳仲弓爲太邱長,出捕盜,聞民在草不起子者,回車治之。"《七修類稿》:"今諺謂臨產曰坐草。"起此。(《通俗編》卷二十二 P498)

郎英曰:"諺謂臨產曰坐草,起自晉也。"按:陳仲弓爲太邱長,出捕盜,聞民有坐草不起子者,回車治之。(《談徵》言部 P38)

【坐都】zuòdū 分村捕役。(《越諺》卷中 惡類 P15)

【坐部伎】zuòbùjì 《唐書·禮樂志》:"明皇既知音律,又酷愛法曲,選坐部伎子弟三百,教於梨園,聲有誤者,帝必覺而正之。"(《稱謂錄》卷二十九 歌 P20)

【坌】bèn 參見[笨]。(《雅俗稽言》卷三十一 P3)

【坌】bèn 塵游曰坌也。(《通俗文》釋天地 P40)

培土曰坌。(《通俗文》釋天地 P39)

"坌"去聲。發土。見《廣異記》"獸坌",《北夢瑣言》"鼠狼坌土"。(《越諺》卷下 單辭隻義 P10)

參見[笨]。(《雅俗稽言》卷三十一 P3)

【坌集】bènjí 參見[笨]。(《雅俗稽言》卷三十一 P3)

【坌面】bènmiàn 上盆悶反。《説文》:"塵上坌污也。或作坋,從土分聲。"(《一切經音義》卷七十八 6P3078)

【坍】tān 坍,水衝岸壞。他酣切,覃韻。(《目前集》後卷 P2150)

【坎歌】kǎnhā 坎歌,卽欼歌。顧遜園以談笑曰欼歌。音希哈。智按:《韻會》:"歌,大笑也。"又,"關中謂權臥爲歌,一曰欼歌,不意。"俱音丘駕切。又,《簡韵》:"歌歌,大笑也。"當是亨下反。《説文》:"欼欼,戲笑貌。"蓋許氏以欼爲欼聲,故別作欼字。(《通雅》卷四十九 P1461)

【坎窟】kǎnkū 上堪感反。《埤蒼》:"坎,陷也。"下坤骨反。杜注《左傳》云:"窟,地室也。"《古今正字》云:"窟,狐兔所伏處也。從穴屈聲。"從土作堀,或從石作礏,並通也。(《一切經音義》卷二十九 12P1160)

【坊】fāng 坊者,方也,言人所在里爲方。

（《蘇氏演義》卷上 P6）

【壯】zhuàng　《三餘贅筆》：“醫家用艾一灼，謂之一壯。”（《通俗編》卷三十二 P725）

【壯膽】zhuàngdǎn　《唐書》：“汝陽王璡醉不能下殿，上遣人掖出之。璡曰：‘臣以三斗壯膽，不覺至此。’”（《通俗編》卷十六 P357）

【坦率】tǎnshuài　《晉書·庾亮傳》：“坦率行己。”《北史·李廣傳》：“坦率無私，爲士流所愛。”《成淹傳》：“子霄好爲文詠，坦率多鄙俗。”《唐國史補》：“德宗微行西明寺，宋濟方抄書。上曰：‘茶請一椀。’濟曰：‘鼎水方煎，自取之。’問姓行。曰：‘姓宋，第五。’須臾聞呼官家。濟惶懼。上曰：‘宋五坦率。’後聞禮部放榜，濟以誤失官韻無名。上曰：‘宋五又坦率也。’”（《通俗編》卷十五 P329）

【坦牀】tǎnchuáng　《江鄰幾雜志》：“曹佾，太尉長秋母弟，張貎者之坦牀。”（《稱謂錄》卷八 女之夫 P22）

【垂嚲】chuíduǒ　多可反。《考聲》云：“嚲亦垂貌也。”經文從足作跢，音都賀反；跢，倒也。（《一切經音義》卷二十四 13P934）

【垂青】chuíqīng　今望人顧盼曰垂青。俗謂人反覆曰翻白眼。按：《晉書》：“阮籍能爲青白眼，見禮法之士，以白眼待之；及嵇康携琴、酒至，乃見青眼。”唐人詩多以頭白、眼青屬對。（《雅俗稽言》卷二十二 P4）

【坼錢】chèqián　參見［重錢］。（《土風錄》卷十一 P295）

【垃圾子】lājīzǐ　粒率紙。矮小堅瘦。（《越諺》卷中 形色 P58）

　　粒率紙。病瘦硬短小。以上諸“子”均音“則”，此音“紙”。（《越諺》卷中 疾病 P20）

【坌】bèn　以灰淹也。蒲本反。（《俗務要名林》）

【垣衣】yuányī　郭注：“草荔，香草也。烏韭在屋者曰昔邪，在牆者曰垣衣。”（《札樸》卷五 覽古 P159）

【垢圿】gòujiá　下姦拜反。《考聲》云：“圿亦垢。”《古今正字》：“義同，從土介聲也。”（《一切經音義》卷七十五 13P2971）

　　垢曰垢圿。音憂。（《肯綮錄》P2）

【垜】duò　積土曰垜。（《通俗文》釋天地

P38）

【垎】hè　胡谷切。《齊民要術》：“凡下田停水處，燥則堅垎。”案：垎，堅不散也，凡土堅硬不散者，吳諺謂之垎垎然也。（《吳下方言考》卷十 P4）

【垎垎然】hèhèrán　參見［垎］。（《吳下方言考》卷十 P4）

【垮土】bótǔ　塵曰垮土。（《札樸》卷九 鄉里舊聞 鄉言正字附 名稱 P328）

【埋大盆】máidàpén　買牌反。藏於地也。（《一切經音義》卷二十九 11P1159）

【埋没】máimò　《南史·郭祖深傳》：“飾口利辭，競相推薦；訥直守信，坐見埋没。”（《通俗編》卷十四 P300）

【垻】bà　平原曰垻，垻從貝，音霸。與从具不同。从具，水堤也。吳越謂堰堤爲垻，音具。（《蜀語》P1）

　　蜀人謂平川曰“垻”。黃庭堅詩：“君家冰茄白銀色，殊勝垻裏紫彭亨。”垻從“貝”，音霸，與從“具”不同。從“具”，水堤也。吳越謂堰堤爲“垻”，音具。（《蜀語》）（《里語徵實》卷上 一字徵實 P22）

【垖阜】duīfù　上都迴反。《考聲》云：“土之高頯，土聚也。”《集訓》云：“丘阜，高也。”《說文》作自，小阜也……或從土堆，亦同……下阜音負。《爾雅》云：“高平曰陸，大陸曰阜。”《廣雅》：“大陵也。”《說文》亦云：“大陸也，山無石也。”（《一切經音義》卷三十八 P121）

【埒】liè　今俗監檢田畝，知其所獲，惣記大數謂之埒田。而官文書乃作耒字。……此謂程試頃畝束數以知斛斗多少，舉其大故，謂之率。而率字有律音，俗語訛替，因謂之埒耳。字當作率，音宜爲律。力筆反。今人不詳本意，爲其語涉田農，故用耒耜之字，非也。（《匡謬正俗》卷六 P72）

　　鑯。畫界分程曰“埒開”。同《淮南子·原道訓》。（《越諺》卷下 單辭隻義 P15）

【坯】pēi　普回反，即“坏”字。《周禮·冬官·旊人》。“摶埴四尺”注：“凡器高於此，則坯不能相勝。”（《直語補證》P38）

【埃塲】āizāo　“哀糟”。塲除穢濁之物。（《越諺》卷中 地部 P4）

【埲】běng　塵起曰埲。埲，上聲，滿蠓切。《廣韻》：“塕埲塵起。”（《方言據》卷上 P17）

【埲塕】bèngwěng　塵起曰埲塕。上蒲蠓切，下烏孔切。（《肯綮錄》P2）

【堅】jù　聚粒。自喻反。（《俗務要名林》）

【堇士】jǐnshì　參見[除饉]。（《一切經音義》卷十六　14P619）

【堇女】jǐnnǚ　參見[除饉]。（《一切經音義》卷十六　14P619）

【堅科】jiānkē　真。（《墨娥小錄》卷十四　P9）

【埫塎】chǒngrǒng　不安也。（《玉篇·土部》。《改併五音類聚四聲篇海·土部》。）（《埤蒼》P29）

【堂】táng　陸士衡《赴洛》詩："感物戀堂室。"《文選》良注："堂謂母，室謂妻。"案：此即萱堂之意。互詳母通稱萱堂注。今之稱人母者，或曰堂上，或曰令堂，皆本此。（《稱謂錄》卷二　稱人之母 P5）

【堂帖】tángtiě　參見[犯帖]。（《里語徵實》卷中上　二字徵實 P21）

【堂帽】tángmào　今之紗帽，即唐之軟巾，朝制但用硬盔列於廟堂，謂之堂帽，對私小而言，非唐帽也。唐則稱巾耳。（《七修類稿》卷二十三 P351）

【堂客】tángkè　參見[女客]。（《言鯖》卷上 P13）

【堂子】tángzǐ　巫家曰堂子。《周禮·春官》："男巫冬堂贈無方無算。"註："冬歲之窮，設祭於堂，贈送萬鬼也。"按：今俗稱巫家爲堂子當以此。（《燕說》卷四 P11）

【堂皇】tánghuáng　《漢書》："坐堂皇上。"顏注："室無四壁曰堂皇。"是也。《晉書·王浚傳》："及石勒登聽事，浚乃走出堂皇。"（《札樸》卷八　金石文字 P269）

【堂老】tánglǎo　宰相相呼爲堂老。（《容齋四筆》）（《唐音癸籤》卷十七 P157）

　　周嬰《卮林》："《儀禮》有司徹，曰：'主婦北堂。'《士昏禮》曰：'姑洗于北洗。'鄭注曰：'北洗，在北堂。'主婦也，姑也，非母之稱乎？李陵書：'老母終堂。'潘岳賦：'太夫人在堂。'顏延之《秋胡》詩：'上堂拜家慶。'固知高堂之上，慈母所居，自昔然矣。隋侯夫人《自傷》詩：'偏親老北堂。'杜甫詩：'慈顏赴北堂。'岑參詩：'北堂倚門望君憶。'此後代堂老、令堂之稱所祖耳。"按：世俗又或稱萱堂、萱親，則因北堂而牽連及之。孟郊詩："萱草集堂陛，遊子行天涯。慈親倚堂門，不見萱草花。"乃其牽連之祖。（《通俗編》卷十八 P387）

　　李肇《國史補》："宰相曰元老，或曰堂老。蓋宋時宰相相呼爲堂老。又，兩省相呼爲閣老。"（《稱謂錄》卷十二　內閣大學士 P22）

　　　參見[閣老]。（《通雅》卷二十三 P776）

　　參見[閣老]。（《通雅》卷十九 P684）

　　參見[閣老]。（《通俗編》卷五 P96）

【塓】jù　參見[塓]。（《蜀語》P1）

【埵】duǒ　墻曰埵，埵音朵，俗作垜，非。垜，堂塾也。又，射埲也。（《蜀語》P29）

　　牆端曰埵。（《札樸》卷九　鄉里舊聞　鄉言正字附　名稱 P328）

【堆阜】duīfù　上都迴反，有作垖。下浮務反，并丘陵也。（《一切經音義》卷二十五　20P990）

　　上當雷反。《考聲》云："土之高貌也。"《說文》云："小阜也。"……下扶久反。吳楚之音也。《韻英》云："音扶武反。"《爾雅》："大陸曰阜。"《毛詩》傳曰："阜，大也。"《考聲》："丘類也。"賈逵注《國語》云："阜，厚也。"《廣雅》云："無石曰阜。"從自，都回反。（《一切經音義》卷十二　9P455）

【堆垜】duīduǒ　積累曰堆垜。（《札樸》卷九　鄉里舊聞　鄉言正字附　雜言 P330）

【埠頭】bùtóu　韓愈《孔戡墓誌》："蕃舶至泊步，有下碇之税。"《字典》："步通作埠，故人呼船儈爲埠頭，以此。"（《稱謂錄》卷二十八　牙人 P15）

　　上"步"。市鎮街衢泊船起貨之處。"埠"古皆作"步"，從俗作"埠"者，《宋史》始也。（《越諺》卷中　地部 P4）

　　參見[步頭]。（《里語徵實》卷中上　二字徵實 P46）

　　參見[步]。（《通俗編》卷二 P39）

【塎】lǔn　土高起曰塎。塎，倫上聲。《集韻》："壘土也。"（《燕說》卷三 P1）

【塐】sù　土落曰塐。塐音速。（《蜀語》P21）

【執】zhí　《宋史·呂蒙正傳》："上欲選人使朔方，蒙正以名上。上不許。他日，三問。三以其人對。上曰：'卿何執耶？'對曰：'臣非執，陛下未諒耳。'按：《莊子·養生主》有

"執而不化"語，後世凡言執意本之。此單舉執字，與今恆言最合。（《通俗編》卷十五 P333）

【執事】zhíshì　《儀禮·特牲饋食》："主人及賓兄弟羣執事卽位門外。"《左傳·僖二十六年》："展喜告齊孝公曰：'寡君使下臣犒執事。'"《因話錄》："前輩與大官書多呼執事與足下。劉子元與宰相書曰足下，韓退之與張僕射書曰執事，卽其例也。"按："執事"本謂從列與事之人，致書者謙不斥尊，若云陳達其左右者耳。（《通俗編》卷十七 P383）

【執事行】zhíshìháng　參見［閒丁］。（《通俗編》卷二十一 P479）

【執古】zhígǔ　今人謂不通時宜者曰執古。（《言鯖》卷上 P17）

【執牛耳】zhíniú'ěr　今俗謂主壇坫者爲執牛耳。按：《左傳》"衞人請執牛耳"，盟禮卑者執牛耳，尊者涖之。諸侯與晉大夫盟，自以當尊，故請晉執之。則以執牛耳爲主盟，非矣。（《言鯖》卷下 P6）

【執意】zhíyì　《魏書·慕容寶傳》："中書令睠逯執意抗言。"《宋史·王安石傳》："性强忮，自信所見，執意不回。"（《通俗編》卷十五 P318）

【埮堘】tàncháng　卽"壇場"。空曠可堆積處。（《越諺》卷中　地部 P3）

【堪輿】kānyǔ　《漢書·藝文志》有《堪輿金匱》十四卷。揚雄賦："屬堪輿以壁壘。"注云："堪輿，天地總名也。"按：《周禮》疏引《堪輿經》："黃帝問天老事，似言歷象之書。"《史記·日者傳》："以堪輿爲占家之一。"世俗專以談地理者爲堪輿，非矣。（《通俗編》卷二十一 P468）

【塔鐸】tǎduó　馬秋藥比部得一銅鐸，修六寸三分，口狹而橫侈，體薄而聲濁。馥以爲塔鐸。《北史·長孫紹遠傳》："初爲太常，創造樂器，惟黃鐘不調，嘗經韓使君佛寺，聞浮圖三層上鐸鳴，雅合宮調，取而配奏，方始克諧。"馥案：此器非牛領縣，非司馬所執，非遒人所振，故知爲塔鐸也。凡塔鐸，皆金舌，下系木片，風搖木則金振，故口狹。（《札樸》卷八　金石文字 P259）

【塔報】tǎsǎ　參見［偏僂］。（《恒言廣證》卷二 P41）

【堨】bì　音別。許氏《説文》："堨，由（同塊）也。"案：堨，土塊也。吳中謂土駢塊曰堨。（《吳下方言考》卷十二 P9）

【堰】yǎn　《廣韻》："蜀以木堰魚爲枋。"案：《元和郡縣志》："建安九年，魏武在淇水口下大枋木爲堰，因名枋頭。"（《札樸》卷五　覽古 P144）

【堶】tuó　堶，音駝，卽宋時寒食拋堶之戲也。梅都官《禁煙詩》："窈窕踏歌相把袂，輕煙賭勝各分堶。"（《俚言解》卷一 12P9）

【城沙】wēishā　參見［城鱉］。（《蜀語》 P15）

【城鱉】wēibiē　凡木石諸器爲土沙所壅曰城鱉，藏沙中曰城沙。壅作去聲，城音威。（《蜀語》 P15）

【堨】dā　數水泥痕跡曰"一堨""兩堨"。（《越諺》卷中　地部 P3）

【場】cháng　村市曰場，入市交易曰趕場。三六九爲期，辰集午散，猶河北之謂集，嶺南之謂墟，中原之謂務。（《蜀語》 P22）

【場屋】chǎngwū　《日知錄》："場屋者，于廣場之中而爲屋，不必皆開科試士之地也。"《隋唐音樂志》："每歲正月十五日，于端門外，建國門內，綿亙八里，列爲戲場，百官起棚夾路，從昏達旦以縱觀之，故戲場亦謂之場屋。"元微之《連昌宮詞》："夜半月高弦索鳴，賀老琵琶定場屋。"（《通俗編》卷二十四 P537）

【堤塘】dītáng　上都奚反，下徒郎反。《玉篇》云："堤謂之梁。"又，"防也，障也。"韋昭曰："積土爲封限也。"（《一切經音義》卷二十五 15P980）
　　　下奚反。蘸林云："隄，限也。"韋昭云："積土以爲封限也。"或作隄，下大郎反。《韻英》云："塘，隄防也。"（《一切經音義》卷十二 8P454）

【堨】chá　"察"。田邊斜條。（《越諺》卷中　地部 P3）

【坡】dù　填塞曰坡。坡，動五切，音杜。或作廒。今俗多借用堵。（《燕説》卷三 P2）

【塀】chè　問曰：俗言濕爲塀。塀豈濕意乎？何以呼之？答曰：按《説文解字》云："瘍，骨間黃汁也。"《字林》："音丑尼反。"然則瘍是骨間汁，故呼濕爲瘍耳。不當爲"塀裂"之字。（《匡謬正俗》卷六 P64）

【報衙】bàoyá　參見［牙］。（《俚言解》卷二

10P34）

【報羅】bàoluó　參見［蕊榜］。（《雅俗稽言》卷十九 P11）

【報羅使】bàoluóshǐ　參見［蕊榜］。（《雅俗稽言》卷十九 P11）

《摭言》：“進士放榜後，必有一人下世者，名報羅使，言報大羅天也。”（《稱謂錄》卷二十四 進士 P24）

【報風知】bàofēngzhī　探遞消息者。《中庸》：“知風之自。”（《越諺賸語》卷上 P8）

【壹】yī　壹一本通用，而俗有大壹字小一字之説。按：《禮記》“節以壹惠”鄭注：“壹讀爲一。”《正義》云：“上壹是齊壹，下一是數之一二也。經文爲大壹之字，鄭恐是均同之理，故讀爲小一，取一箇善名爲謚耳。”云云，則大壹小一唐初已然。（《直語補證》P34）

【壺】hú　《遯齋閒覽傳》云：“中流失船，一壺千金。”乃今所謂浮環者。凡渡江海必預備浮環以虞風濤覆溺之患，其形如環而空中，以帛爲帶，挂之項上，出兩手以按之，則浮而不溺，可以待救。至今浙人呼爲壺。（《言鯖》卷上 P1）

【壺橘】hújú　參見［盧橘］。（《南村輟耕錄》卷二十六 P324）

【壺蜂】húfēng　《楚辭》：“元蜂若壺。”《揚雄方言》乃謂之壺蜂。《名醫别錄》稱佩甗蜂。佩甗，卽壺類也。惟《廣雅》作“胡蜂”。蓋壺象其形，胡指其色，凡物黑色者，謂之胡也。（《通俗編》卷二十九 P658）

【埾】zhú　鼻塞曰埾，埾音祝。（《蜀語》P1）

鼻塞曰埾。埾音祝。《廣韻》：“塞也。”又見《蜀語》。（《里語徵實》卷上 一字徵實 P7）

【墢頭】bátóu　音拔。《周語》：“王耕一墢。”案：墢，土大塊也。吴中謂大土塊曰土墢頭。（《吴下方言考》卷十一 P3）

【墧穀】zhuàngǔ　墧，擡。半飽之穀。（《越諺》卷中 穀蔬 P54）

【壒撒堆】àisāduī　元遺山《送窮》詩：“煎餅虚抛壒撒堆。”三字爲庸豎常談，卽今“搕㨃”“垃圾”字，言穢雜不淨也。《通俗編》未詳此。（注：東坡題跋有書“拉雜”，變一則卽“搕㨃”也。）（《直語補證》P48）

【填壓】zhènyā　上知斤反，經作鎮，去聲，誤也。下黯甲反，或作押。（《一切經音義》卷十五 22P591）

【填諱】tiánhuì　周必大《跋初寮王左丞贈曾祖詩》末題“通直郎田橡填諱”，又《元溫州路總管陳所學壙誌》子逢祥等述，末題“庾友丁卯科進士奉訓大夫前江西等處儒學提舉楊維禎填諱”。大昕案：唐《彭王傳（編者按：當作傅）徐浩碑》末題“表姪前河南府參軍張平題諱”，則唐人已有之，但云題諱，不云填諱耳。（《恒言錄》卷五 P95）

《太史公自序》：“喜生談，談生遷。”李翺《皇祖實錄》：“考諱楚金。”《顏氏家廟碑》：“公諱惟真，字叔堅。”皆自填諱。（《恒言廣證》卷五 P74）

【塌㒋】tāsà　參見［摸㨃］。（《客座贅語》卷一 方言 P11）

【塌地仆】tādìpú　上“搭”下“撲”。呼尿壺之粗磁者。（《越諺》卷中 器用 P31）

【塌牀】tàchuáng　明王應電《同文備攷》“塌”字注：“塌牀，著地而安也，從土近地之意。”塌牀之稱，蓋本此。（《土風錄》卷四 P211）

【塌趿】tāsǎ　參見［踏趿］。（《言鯖》卷下 P18）

【塌颯】tāsà　參見［答颯］。（《通俗編》卷十四 P302）

【䏠】duī　䏠，久坐曰䏠，音挫。（《肯綮錄》P1）

呆坐而候人曰䏠。宋趙叔向《肯綮錄》云：“久坐曰䏠，音堆。”毛西河曰：“䏠有重音，如曰䏠䏠坐、䏠䏠望類。”（《燕説》卷二 P1）

【塕㿋】wěngchòu　齆湊。氣之壞而加甚。（《越諺》卷中 臭味 P56）

【塳】péng　塵起曰塳。塳音蓬。（《燕説》卷三 P1）

【塘】táng　參見［漟］。（《越諺》卷中 地部 P3）

【塗鴉】túyā　唐盧仝《示子添丁詩》：“忽來案上翻墨汁，塗抹詩書如老鴉。”（《常語尋源》卷上甲册 P193）

【塞齆】sāiwèng　一弄反。《埤蒼》：“鼻病者。”（《一切經音義》卷二十八 8P1117）

【塚嫡】zhǒngdí　《唐故孝子太原郭府君墓誌銘》：“易州府君塚嫡。”（《稱謂錄》卷六

長子 P7)

【塚息】zhǒngxī 《唐書·桑道茂傳》:李鵬爲盛唐令,道茂曰:"君位止此。塚息而位宰相,次息亦大鎮。"(《稱謂錄》卷六 長子 P8)

【墊底】diàndǐ 喜喪盛會筵席,庖包肴饌以飍者實盌底,曰"墊底"。(《越諺》卷中 飲食 P37)

【墊衣】diànyī 參見[膗頭]。(《越言釋》卷下 P22)

【墈】kàn 岸坳曰墈。《廣韻》"墈"注:"險岸也,音戡。"《正字通》云:"俗謂土突起立者爲墈。"(《土風錄》卷十四 P332)

【墟聚】xūjù 去餘反。《廣疋》:"墟,居也。"故所居者也。人民之所居曰墟。(《一切經音義》卷三十二 15P1293)

【塵塕】chénwěng 參見[坌]。(《雅俗稽言》卷三十一 P3)

【塵累】chénlěi 累,力恚反。鄭玄注曰:"累,係也。"謂六境汙心如塵坋,人卽係縛不得出離,故總謂之塵累也。(《一切經音義》卷二十一 17P810)

【壽元】shòuyuán 太一真人曰:"心靜可以固元氣,萬病不生,百歲可活。若一念撓渾,則神馳於外,氣散於內,榮衛昏亂,百病相攻,壽元自損。"(《遵生八牋》)(《里語徵實》卷中下 二字徵實 P13)

【壽堂】shòutáng 今人……稱人之母曰壽堂,以謂崇敬,殊不知邱墓祭祀之處乃壽堂也。按:陆士衡挽歌云:"壽堂延魍魎。"註曰:"壽堂,祭祀處也。"……林逋有《壽堂》詩曰:"湖外青山對結廬,墳前修竹亦蕭疎。茂陵他日求遺稿,犹喜曾無《封禪書》。"觀此可知矣。(《七修類稿》卷十九 P285)

【壽器】shòuqì 《後漢書·后皇(編者按:當作皇后)紀》:"斂以東園畫梓壽器。"注:"稱壽器者,欲其久長也。猶如壽堂、壽宮、壽陵之類也。"《梁商傳》:"賜以東園朱壽之器。"注:"壽器,棺也。"(《恒言錄》卷五 P104)

【壽索】shòusuǒ 參見[百鎖]。(《俚言解》卷一 5P5)

【墮民】duòmín 《紹興府志》:"丐自言宋將焦光瓚部落,以叛宋投金,故擯之曰墮民。"(《通俗編》卷十一 P239)

【墮貧】duòpín 相傳宋時焦光瓚部曲以降金故錮之,世世不得與民伍,因而罰墮,長此貧賤。每逢民間婚嫁、喪祭、壽慶諸事,男爲樂户,女爲婦役,以贍其家。自爲婚姻。(《越諺》卷中 不齒人 P16)

【墣塊】púkuài 土塊曰墣塊。(《札樸》卷九 鄉里舊聞 鄉言正字附 名稱 P328)

【墨】mò 參見[落墨]。(《通俗編》卷二十四 P546)

【墨守】mòshǒu 《淮南子》:"楚欲攻宋,令公輸設爲雲梯之械。"墨子曰:"令公輸設攻,臣請守之。"于是,公輸九攻而墨子九却之,乃偃兵不攻。此"墨守"之説也。今俗以墨守爲固執之辭,于事不協。(《雅俗稽言》卷十九 P4)

【墨屎】méichì 《容齋四筆》:"柔詞諂笑,專取容悦,世謂之迷癡。雖爲俚言亦有所本,《列子》:'墨屎、單至、嘽咺、憋懯,四人相與游于世。'張湛注:'墨,音眉。屎,勑夷反。《方言》:江淮之間謂之無賴。'所釋雖不同,然大略具是。"按:《列子》言若人名者,寓言也。揚雄《方言》:"江淮間凡小兒多詐而獪,或謂之墨屎。"與張注所引頗異。《集韻》亦云:"墨屎,黠詐貌。"皮日休《反招魂》:"上曖昧而下墨屎。"(《通俗編》卷十五 P332)

【墨池】mòchí 參見[筆柱]。(《札樸》卷四 覽古 P134)

【墩】dūn 小堆曰墩。(《札樸》卷九 鄉里舊聞 鄉言正字附 名稱 P328)

【墡】shàn 參見[白善]。(《通俗編》卷二 P41)

【墋】chěn 餅有沙。初錦反。(《俗務要名林》)

【墋濁】chěnzhuó 楚錦反。《通俗文》云:"沙土入食中曰墋也。"(《一切經音義》卷二十六 24P1042)

【墼】jī 《後漢書》:"周紆爲渤海太守,免歸,廉潔無資,常築墼自給。"《埤蒼》:"形土而方曰墼,今之土磚也。"《急就章》注:"墼者,抑泥土爲之,令其堅激也。"北方又有糞墼,南方又有炭墼。《歸田錄》:"丁度戲晁宗慤曰:'啓事更不奉答,當以糞墼一車爲報。'"吾衍《學古編》:"凡篆□不可太圓,亦不可太方,只以炭墼範子爲度。"《豹隱紀談》載

數九諺云：“九九八十一，家家打炭墼。”（《通俗編》卷二 P41）

【墾土】kěntǔ　上肯很反，耕也。（《一切經音義》卷八十一 11P3190）

【壇場】tánchǎng　參見［埭垺］。（《越諺》卷中 地部 P3）

【雍門】yōngmén　參見［甕城］。（《札樸》卷五 覽古 P151）

【壁剝】bìbō　壁剝，敲竹木聲。唐盧延遜詩：“樹上壁剝批頰鳥，窗間壁剝叩頭蟲。”（《語實》P174）

【壓寨夫人】yāzhàifūrén　參見［夾寨夫人］。（《通俗編》卷二十二 P487）

【壓捺】yānà　白居易詩：“壓捺潮頭敵子胥。”《朱子集·與汪長孺》有“遏捺”字，義同。（《通俗編》卷十二 P264）

　　白樂天《刺杭時答元微之詩》云：“嵌空石面標羅剎，壓捺潮頭敵子胥。”（《語實》P137）

【壛垺】làntàn　地平曠曰壛垺。壛垺音覽坦。（《蜀語》P12）

【壙埌】kuànglàng　邱塚謂之壙埌。（《通俗文》釋天地 P37）

【壘坽】lěichǐ　參見［㒲壨］。（《恒言廣證》卷二 P41）

【壨堆】lěiduī　敗壞之甚曰壨堆。（《客座贅語》卷一 方言 P11）

【爐】lú　參見［散］。（《客座贅語》卷一 詮俗 P9）

【壜】tán　參見［窨］。（《越言釋》卷上 P27）

【壞】huài　殺人曰壞了。（《燕山叢錄》卷二十二 長安里語 刑獄 P11）

　　滇人謂死曰壞，其父母死亦曰壞。（《札樸》卷十 滇游續筆 P338）

寸　部

【寺】sì　寺者，司也，官有所司存。……佛寺爲寺，亦佛祠也，祠者祀者，祭祀之義也。（《蘇氏演義》卷上 P6）

【寺觀】sìguàn　漢西域白馬駄經來，初止于鴻臚寺，遂取寺名創置白馬寺。今浮圖所居皆謂之寺。道家廟若廊廟觀謂之闕，皆以官府得名，尊神之意也。（《目前集》前

【封敲】fēngqiāo　八。（《墨城小錄》卷十四 P9）

【封筒】fēngtǒng　書套曰封筒。《李太白集》有“桃竹書筒”。元微之以竹爲詩筒。故今用紙，猶謂之筒。（《語實》P147）

【射干】yègàn　東坡《與王定國書》：“粉白黛綠者，俱是火宅中狐狸，射干之流，願以道眼點破。”（《巵言》卷六 P71）

【射數】shèshù　參見［博掩］。（《一切經音義》卷七十四 12P2934）

【射意】shèyì　參見［博掩］。（《一切經音義》卷七十四 12P2934）

【專輒】zhuānzhé　《顏氏家訓》多用“專輒”字，蓋習語也。王湛上書：“案《春秋》之義，大夫出疆，由有專輒。”桓溫上表：“義存社稷之利，不顧專輒之罪。”王弘上表：“敢引覆餗之刑，甘受專輒之罪。”《匡謬正俗》：“劉周之徒，音夾爲頰，亦爲專輒。”（《札樸》卷三 覽古 P102）

【專門】zhuānmén　《北齊書·儒林傳》。（《越諺膡語》卷上 P6）

【尉】wèi　參見［丞］。（《詢蒭錄》P1）

【尉斗】yùndǒu　《隋書》：李穆奉尉斗于楊堅曰：“願公執威柄以尉安天下。”史炤《通鑑釋文》：“尉斗，火斗也。”按：《説文》尉與熨本一字，昌志切，痴去聲，從上按下也。又，持火伸繒也。字從㞋，㞋音夷，平也。尉斗伸繒，亦使之平。加火作熨，贅矣。古音熨，轉音紆胃切，威去聲；又轉音鬱，省文作熨。今俗言平曰熨帖。杜詩：“美人細意熨帖平。”東坡詩：“象床玉手熨寒衣。”亦從俗字，以便觀者耳。見《升庵集》。熨斗一作熅斗，熅音運。今按尉字本作尉，加火誠贅也。（《雅俗稽言》卷十三 P15）

　　《帝王世紀》云：“紂欲作重刑，乃先作大尉斗，以火熱之，使人舉手輒爛，與妲己爲戲笑。”今人用以伸帛。……史炤《通鑑釋文》：“尉斗，火斗。篆文從尸，從又，從火。又，偏傍手字持火，所以伸繒也。”俗加火作熨。（《談微》事部 P13）

【尊】zūn　《宋書·謝靈運傳》：“阿連才悟如此，而尊作常兒遇之。”《世説·品藻篇》：“劉尹至王長史許清言，時苟子年十三，倚床邊聽。既去，問父曰：‘劉尹語何如尊？’”案：

劉尹名恢。魏晉六朝皆稱尊。(《稱謂錄》
卷一　父 P13)

　　稱父曰尊,稱伯、叔、季父及其所私事,
亦多曰"尊"。(《里語徵實》卷中上　二字徵
實 P1)

【尊人】zūnrén　稱人父曰尊人。車永茂安
外甥石季甫,將爲酇令。茂安與陸士龍書
曰:"老人及姊聞此縣既有短狐之疾,又有
沙蝨,倍益憂慮。士龍答書曰:"漢吳以來,
臨此縣者乎(編者按:當作"無")不遷變。
尊大人、賢姊上下,當爲喜慶,歌舞相送!"
(《里語徵實》卷中上　二字徵實 P2)

【尊侯】zūnhóu　《家訓‧風操篇》:"嘗有甲
設宴集,請乙爲賓,而且於公庭見乙之子,
問之曰:'尊侯早晚顧宅?'"(《稱謂錄》卷一
稱人之父 P19)

【尊公】zūngōng　《晉書‧陳壽傳》:"謂丁儀
子曰:'可覓千斛米見與,當爲尊公作佳
傳。'"(《恒言廣證》卷三 P46)

【尊兄】zūnxiōng　《三國志‧馬良傳》:"與
諸葛亮書曰:'尊兄應期贊世,配業光國。'"
注云:"良與亮結爲兄弟,或相有親,故呼尊
兄耳。"按:古惟自稱其兄爲尊兄,故裴氏注
之如此。《齊書》:"東平王儼于南宮見新冰
早李,還怒曰:'尊兄已有,我何意無。'"乃
自謂其兄也。今則爲朋友通稱。(《通俗
編》卷十八 P394)

【尊大君】zūndàjūn　參見[家君]。(《通俗
編》卷十八 P386)

【尊君】zūnjūn　參見[家君]。(《通俗編》卷
十八 P386)

【尊子】zūnzǐ　神道。(《墨娥小錄》卷十四
P6)

【尊拳】zūnquán　參見[老拳]。(《能改齋
漫錄》卷四 P90)

【尊章】zūnzhāng　《漢書‧廣川王傳》"背尊
章",師古曰:"尊章猶言舅姑。"韓愈《扶風
郡夫人墓誌銘》:"協于尊章。"案:章或作
嫜,亦作姑嫜。陳琳詩:"善侍新姑嫜。"杜
甫詩:"妾身未分明,何以拜姑嫜。"蘇軾詩:
"上事姑嫜旁弟兄。"嫜、章同。(《稱謂錄》
卷七　夫之父母總稱 P3)

【尊老】zūnlǎo　《南史‧孝義傳》:"何子平事
母至孝,月俸得白米,輒貨市粟麥,曰:'尊
老在東,不辦米,何心獨饗白粲。'"按:此乃

自稱其母,而今世專以稱父。(《通俗編》卷
十八 P387)

　　對人自稱其母。《宋書‧孝義‧何子平
傳》:"尊老在東不辦,常得生米,何心獨享
白粲。"案:尊老,子平自稱其母。(《稱謂
錄》卷二　對人自稱其母 P5)

　　父母。《右軍十七帖》:"此間士人,皆
有尊老。"案:尊老,父母之通稱。(《稱謂
錄》卷一　父母總稱 P12)

【尊紀】zūnjì　今人稱人僕曰尊紀。(《常語
尋源》卷上甲册 P198)

【尊門】zūnmén　《晉書‧傅咸傳》:"經過尊
門,冠蓋車馬,填塞衢巷。"按:今指稱他人
之門,則曰尊門,亦曰貴門。《古焦仲卿妻
詩》:"往昔初陽歲,謝家來貴門。"(《通俗
編》卷二十四 P530)

【尋】xún　旋也,隨也。凡相因而及曰尋。
猶今云隨即如何也。羊叔子《讓開府表》:
"以身誤陛下,辱高位,傾覆亦尋而至。"宇
文逌《庾子山集序》:"尋轉尚書度支郎中。"
(《助字辨略》卷二 P116)

【尋不癡的】xúnbùchī‧de　癡人曰儍子,又
曰尋不癡的。(《燕山叢錄》卷二十二　長安
里語　人物 P8)

【尋偷扶扶】xúntōubànbàn　伴。此孩戲,
捉迷藏不裏目者。花蕊《宮詞》差同。(《越
諺》卷中　技術 P60)

【尋常】xúncháng　十尺曰尋,倍尋曰常。
今借作平常之辭。尋常得爲平常者,《説
文》云:"五度:分、寸、尺、丈、引也。"十尺曰
丈,則常乃二丈也。此皆五度最始之數,故
得借爲平常耳。杜子美詩:"酒債尋常行處
有。"(《助字辨略》卷二 P97)

　　杜子美詩:"酒債尋常行處有。"十尺曰
尋,倍尋曰常,今借作平常之辭。(《方言
藻》卷二 P17)

【尋梁】xúnliáng　祥淫反。……下力強反。
尋梁者,今之鈎欄上尋杖木也。(《一切經
音義》卷十四 10P528)

【尋趁】xúnchèn　洪覺範詩:"富貴功名苦
尋趁。"(《通俗編》卷十三 P286)

【尋門户】xúnménhù　《韓非子‧內儲説》:
"聽有門户,則臣壅塞。"注云:"各聽所從,
若門户然。"又《亡徵篇》:"不以衆言參驗,
用一人爲門户者,可亡也。"按:世以私通關
説曰"尋門户",本此。(《通俗編》卷二十四

P529)

【對不着】 duìbùzháo 不相投曰對不着。
（《宛署雜記》卷十七 P194）

【對利】 duìlì 二。（《墨娥小錄》卷十四 P9）

【對家】 duìjiā 敵手曰對家。魏文言：“以
單攻複；對家不知所出。”古概稱人曰家。
裴徽爲荀粲與傅粲通二家騎驛。故相沿議
論、著作，遂有當家、作家之名。孔明與李
子豐曰：“方之氣類，猶爲上家。”（《通雅》卷
十九 P666）

【對移】 duìyí 唐、宋之對移，卽漢之換縣，
今之調也。《薛宣傳》：“奏粟邑令尹賞與頻
陽令薛恭換縣，而皆大治。”《泊宅編》云：
“今官不振職者，許郡將部使臣兩易之，曰
對移。”余參見唐已有此語，今則曰調繁調
簡。（《通雅》卷二十六 P846）

　　張端義《貴耳錄》：“任之不稱者，許郡
將或部使者兩易其任，謂之對移。”此卽《漢
書》所云換也。宋時尚稱移，不稱調。（《恒
言錄》卷四 P79）

【對誩】 duìjìng 競。不服而爭。（《越諺賸
語》卷上 P4）

廾　部

【弄】 lòng 巷謂之弄。按：《南史》：“蕭諶接
鬱林王出，至延德殿西弄，弑之。”弄，宮中
小巷也。又，《集韻》：“街字俗呼音唐。”或
云衖字，非也。衖音閧。（《方言據》卷上
P15）

　　參見[衚衕]。（《通俗編》卷二 P38）

　　參見[耍]。（《客座贅語》卷一 詮俗
P7）

【弄塤】 nòngxūn 《康熙字典》：“塤，乃土器
不堅之物。”故時俗稱人慣弄虛澆者，曰弄
塤。（《通俗編》卷二十六 P576）

　　“塤”上聲。土器，不堅之物。越謂弄
壞事體曰“弄塤”。從《通俗編》。（《越諺》
卷下 單辭隻義 P15）

【弄唐】 lòngtáng 參見[弄]。（《方言據》
卷上 P15）

【弄搇】 nòngsūn 高誘《淮南子注》：“摸蘇，
猶摸索，摸摸索索，有所求而未得也。”或又
爲遲鈍之譏辭。……其後又轉而爲“捫
搇”。越人之言無“捫搇”有“弄搇”。“搇”，

蘇昆切。（《越言釋》卷上 P16）

【弄空頭】 nòngkōngtóu 今吳諺謂作事不
實曰弄空頭。（《吳下方言考》卷六 P9）

【弄筆】 nòngbǐ 《晉書》：“赫連勃勃徵隱士
韋祖思。既至，恭懼過甚。勃勃怒曰：‘我
以國士待汝，汝乃以非類遇我。我在，汝猶
不以我爲帝王；我死，汝曹弄筆，當置我於
何地耶？’”（《常語尋源》卷上甲冊 P190）

【弄精魂】 nòngjīnghún 《朱子文集》：“會
得則活潑潑地，不會得時只是弄精魂。”《五
燈會元》：“溥藍問夏英公，那箇是自家底，
公對以偈。藍曰：‘也是弄精魂。’”（《通俗
編》卷十九 P433）

大　部

【大】 dà 今以年長於人爲大，年少於人爲
小。《南史·范雲傳》：“雲本大武帝十三歲，
嘗侍宴，帝謂臨川王宏、鄱陽王恢曰：‘我與
范尚書少親善，申四海之敬，今爲天下主，
此禮既革，汝宜代我呼范爲兄。’”《後漢書·
逸民傳》“龐公”注：“《襄陽記》曰：‘德操年
小德公十歲，兄事之，呼作龐公。’”（《直語
補證》P4）

　　參見[爹呀]。（《燕山叢錄》卷二十二
長安里語 人倫 P4）

　　參見[爺娘]。（《雅俗稽言》卷八 P6）

【大匠】 dàjiàng 將作監爲大匠，少監爲少
匠。（《容齋四筆》）（《唐音癸籤》卷十七
P157）

【大人】 dàrén 《史記·高帝紀》：“謂太上皇
曰：‘大人常以臣爲無賴。’”《漢書·霍去病
傳》：“遣使迎父仲孺，跪曰：‘去病早不自知
爲大人遺體。’”此稱父爲大人也。《漢書·
淮陽獻王傳》：“張博云：‘王遇大人亦解。’”
《後漢書·黨錮傳》：“范滂謂母曰：‘惟大人
割不可忍之恩，勿增感戚。’”此稱母爲大人
也。又，漢疏受扣頭曰：“從大人議。”則以
大人稱叔。唐柳宗元謂劉禹錫母曰：“無辭
以白大人。”則以大人稱他人之父母。（《通
俗編》卷十八 P387）

　　父母尊長。此與《高帝紀》、《霍光》《疏
廣》《蘇章傳》所稱同。（《越諺》卷中 倫常
P9）

【大作家】 dàzuòjiā 《盧氏雜說》：“王嶼好

與人作碑誌,有送潤筆者,誤叩王維門,維曰:'大作家在那邊。'"(《通俗編》卷七P141)

【大便】dàbiàn　今俗語也。《史記·扁鵲倉公列傳》有"大溲",正與《晉語》"少溲"對也。(《直語補證》P18)

　　參見[待後溲]。(《通俗編》卷十六P360)

【大儀】dàyí　參見[大天]。(《唐音癸籤》卷十七P157)

【大士】dàshì　"大士"不特觀音,且不特文殊、普賢。《傳燈錄》耶舍多謂鳩摩羅多:"昔世尊記曰:'吾滅後千年,有大士出現月氏,汝應斯運。'"又、懷海、普願、智藏,同依馬祖,入室時,稱三大士,則諸祖師俱得有大士稱。按:《韓詩外傳》:孔子與子路、子貢、顏淵言志。謂子路曰:"勇士哉。"謂子貢曰:"辨士哉。"謂顏淵曰:"大士哉。"《管子·法法篇》曰:"務物之人,無大士焉。""大士"文本出儒傳,而爲釋氏所掠用也。(《通俗編》卷二十P441)

【大士婆】dàshìpó　帶髮尼。《輟耕錄》"六婆"中之"師婆"。(《越諺》卷中　賤稱P14)

【大坡】dàpō　諫議爲大坡、大諫。(《容齋四筆》)(《唐音癸籤》卷十七P157)

【大堂】dàtáng　《俶真訓》"立太平者處大堂"高誘注:"大堂,明堂,所以告朔行令也。"今公府聽事之堂概稱大堂。(《直語補證》P39)

【大大】dàdà　呼父曰大大。《説文》:"大,他達切,讀若闥。"謂父莫大也。(《蜀語》P33)

【大夫】dàifū　諺云:"蘿蔔上了市,大夫無生意。"……按:《六典》:"周官司徒屬官有下大夫,蓋郎中之任也。"俗既僭稱醫者爲郎中,又因郎中轉爲大夫,其謬如此。(《雅俗稽言》卷四十P7)

　　《夷堅志》云:"張二大夫者,京師醫家。"蓋醫稱大夫,自宋已然。(《稱謂錄》卷二十七　醫P1)

【大天】dàtiān　吏部尚書爲大天,禮部爲大儀,兵部爲大戎,刑部爲大秋,工部爲小儀、爲南省,舍人今曰南宮。(《容齋四筆》)(《唐音癸籤》卷十七P157)

　　《容齋四筆》:"唐人稱吏部尚書爲大天。"(《稱謂錄》卷十五　吏部P12)

【大小】dàxiǎo　稱妻妾爲"大""小",見《水經·河水》注引佛經"有國王,小夫人生肉胎,大夫人妬之"。(《越諺賸語》卷上P9)

【大崖】dàyá　參見[崖]。(《蜀語》P1)

【大後日】dàhòurì　參見[外後日]。(《通俗編》卷三P51)

【大宅】dàzhái　參見[靈宅]。(《雅俗稽言》卷二十二P2)

【大家】dàjiā　杜荀鶴詩:"百歲此中如且健,大家閑作臥雲翁。"《摭遺》載唐人《梅花詩》:"憑仗高樓莫吹笛,大家留取倚欄看。"按:葉水心《集募修路疏》:"欲向這裏做些方便,須是馱家發大慈悲。"馱家,即大家。隨其方音借字。(《通俗編》卷十八P409)

　　《因話錄·商部》:"崔吏部樞夫人,太尉西平王女也。西平生日,中堂大宴。方食,有小婢附崔氏婦耳語久之,崔氏婦頷之而去,有頃復至。王問曰:'何事?'女對曰:'大家昨夜小不安,適使人往候。'王擲箸怒曰:'我不幸有此女,大奇事。汝爲人婦,豈有大家體候不安,不檢校湯藥,而與父作生日! '"(《稱謂錄》卷七　夫之母P4)

　　參見[天家]。(《通雅》卷十九P645)

【大嫂】dàsǎo　公姑呼兒媳曰大嫂。(《宛署雜記》卷十七P193)

【大王父】dàwángfù　韓愈《監察御史元君妻京兆韋氏夫人墓誌銘》:"其大王父逖。"案:《裴元度碑》稱曾祖爲大王父,韓文乃以稱祖也。(《稱謂錄》卷一　祖P6)

　　《文苑英華·裴光庭碑》:"大王父定。大父仁基。父行儉。"(《稱謂錄》卷一　曾祖P6)

【大根腳】dàgēnjiǎo　元史浩《兩鈔摘腴》云:"韃靼有拘哥者,原係大根腳,凌替,典賣貨物罄盡。"(《通言》卷五P68)

【大棘】dàjí　《鄭氏談綺》:"大理曰大棘。"羅隱《寄大理寺》詩:"佐棘竟誰同。"(《稱謂錄》卷十七　大理寺職官古稱P17)

【大樹皮纏】dàshùpíchán　大唐鄭谷詩曰:"大樹大皮纏,小樹小皮裹。庭前紫薇樹,無皮也得過。"(《續釋常談》卷三十五P611)

【大戎】dàróng　參見[大天]。(《唐音癸籤》卷十七P157)

【大瓶頭】dàqìtóu　中"器"。同"光棍"而

稍文。(《越諺》卷中　惡類 P15)

【大步跒】dàbùqiá　參見［跒］。(《蜀語》
P17)

【大漢】dàhàn　國朝鎮殿將軍,募選身軀長
大異常者充。凡有所請給,名曰大漢衣粮。
年過五十,方許出官。(《南村輟耕錄》卷一
P19)

　　　杜荀鶴詩:"不覺裹頭成大漢,昨來竹
馬作兒童。"《輟耕錄》:"國朝鎮殿將軍,募
選身軀長大異常者充。凡有請給,名曰'大
漢衣糧'。"(《通俗編》卷十一 P237)

【大手筆】dàshǒubǐ　《晉書·王珣傳》:"夢
人以大筆如椽與之,既覺,語人云:'此當有
大手筆事。'"《南史·陸瓊傳》:"諸官符及諸
大手筆並勅付瓊。"《徐陵傳》:"文宣時,國
家有大手筆,必命陵草之。"《唐書·蘇頲
傳》:"與張説以文章顯,稱望略等,時號燕
許大手筆。"(《通俗編》卷七 P140)

　　　《南史·陸瓊傳》:"諸官符及諸大手筆,
並敕付瓊。"《徐陵傳》:"國家有大手筆,必
命陵草之。"(《恒言廣證》卷六 P87)

　　　《晉書·王珣傳》:"珣夢人以大筆如椽
與之。既覺,語人云:'此當有大手筆事。'
俄而帝崩,哀册諡議皆珣所草。"(《通言》卷
五 P66)

【大掍】dàgǔn　艉緣曰"掍"。"掍"從《通俗
編》。(《越諺》卷中　服飾 P42)

【大氐】dàdǐ　《列子》:"無底之谷,名曰歸
墟。"《漢書·項籍傳》:"請蘄獄掾曹咎書抵
櫟陽獄史司馬欣。"應劭曰:"抵,相歸抵
也。"《食貨志》:"天下大氐無慮皆鑄金錢。"
又云:"大氐皆遇告。"顏注:"氐,讀曰抵,歸
也。大氐猶言大凡也。"(《札樸》卷四 覽古
P113)

【大户】dàhù　《清異錄》:"席間健飲客曰大
户,量小者曰小户。"亦見《白樂天集》。
(《稱謂錄》卷二十七　酒 P17)

【大房】dàfáng　《舊五代史·李專美傳》:
"專美本出姑臧大房,與清河小房崔氏、北
祖第二房盧氏、昭國鄭氏爲四望族。"(《直
語補證》P33)

【大秋】dàqiū　參見［大天］。(《唐音癸籤》
卷十七 P157)

【大白錄】dàbáilù　參見［白鹿紙］。(《恒言
錄》卷六 P113)

【大白鹿紙】dàbáilùzhǐ　參見［白錄］。

(《恒言廣證》卷六 P89)

【大老】dàlǎo　《南史·沈慶曇傳》:"吾處世
無才能,圖作大老子耳。"按:此與孟子云
"大老"別,流俗謂藉勢張大好人趨承曰"大
老官"是也。宋時江州民呼其公亦曰"大
老"。見《侯鯖錄》。(《通俗編》卷十八
P384)

　　　《侯鯖錄》:"江州村民呼公曰大老。孟
子所謂'天下之大老',故曰天下之父歸
之。"(《稱謂錄》卷一　方言稱祖 P11)

　　　參見［郎罷］。(《里語徵實》卷上　一字
徵實 P3)

【大老官】dàlǎoguān　老呼平聲。藉勢張
大,好人趨承者也。《通俗編》引證《沈慶雲
傳》"大老子"。(《越諺》卷中　尊稱 P13)

　　　參見［大老］。(《通俗編》卷十八
P384)

【大老子】dàlǎozǐ　參見［大老官］。(《越
諺》卷中　尊稱 P13)

【大蟲】dàchóng　名虎曰大蟲,見《肘後
經》。《傳燈錄》:"百丈問希運:'見大蟲
麼?'運便作虎聲。"(《通俗編》卷二十八
P633)

　　　俗謂虎爲大蟲。見《北夢瑣言》"不肖
子三變"一條。又,《唐語林》:"汝南周愿
云:'愛宣州觀察使,怕大蟲。'"(《直語補
證》P14)

【大衣】dàyī　國朝婦人禮服……南人曰大
衣。(《南村輟耕錄》卷十一 P140)

　　　參見［袍］。(《雅俗稽言》卷十一 P3)

【大蓬】dàpéng　秘書監爲大蓬,少監爲少
蓬。(《容齋四筆》)(《唐音癸籤》卷十七
P157)

【大藍】dàlán　力甘反。筐屬也。《字林》:
"大荅也。荅,杯籠也。"《篆文》:"大筐也。"
(《一切經音義》卷七十六 18P3028)

【大翁】tàiwēng　《輟耕錄》:"川陝以篙手
爲三老,乃推一船之最尊者言之。因思海
舶中以司舵爲大翁,是亦三老之意。"(《稱
謂錄》卷二十九　船 P3)

　　　參見［王父］。(《里語徵實》卷中上　二
字徵實 P1)

　　　參見［長老］。(《談徵》名部下 P16)

　　　參見［長年］。(《南村輟耕錄》卷八 P104)

【大贋子】dàyànzǐ　中"揜"。不識好歹之
甚。(《越諺》卷中　惡類 P16)

【大郎】dàláng　《晉書·王導子悦附傳》："導性儉節，帳下甘果爛敗，令棄之，云：'勿使大郎知。'"案：《世説》注云："大郎，王悦也。"（《稱謂錄》卷六　父稱子 P2）

【大都】dàdū　大凡也。李山甫詩："大都爲水也風流。"（《助字辨略》卷四 P207）
　　李山甫詩："大都爲水也風流。"（《方言藻》卷一 P10）

【大貂】dàdiāo　侍中爲大貂。（《容齋四筆》）（《唐音癸籤》卷十七 P157）

【大諾】dànuò　批答也。《梁》："陳伯之爲江州刺史，不識書，得文牒辭訟惟作大諾而已。"《齊》："江夏王鋒，高帝使作鳳尾諾，以玉麒麟賜之。"《唐紀》曰："凡諸侯牋奏皆批曰諾，而艸書若鳳尾形。"《宋明帝記（編者按：當作紀）》："胡母輔專權，語曰：'禾絹閉眼諾，胡母大張橐。'"禾絹謂帝也。此即文書後之押字也。自漢有之。宗資任范孟博，歌曰："南陽宗資主畫諾。"張緒曰："一生不解作諾。"汾、晉之間，尊者呼左右云咄，左右必諾。劉義叟曰："咄嗟而辦，當作咄諾而辦。"此又不必矣。詳辨，參見《釋詁》。江左詔書畫諾，唐時畫聞，即今之畫知也。李肇曰："堂帖押名曰花押，韋陟五朵雲體是也。"《歸田錄》言學士院用押字咨報。（《通雅》卷二十六 P845）

【大諫】dàjiàn　參見[大坡]。（《唐音癸籤》卷十七 P157）

【大雷】dàléi　參見[大雷公公]。（《越諺》卷中　天部 P3）

【大雷公公】dàléigōnggōng　又或僅呼"大雷"。見《論衡》。（《越諺》卷中　天部 P3）

【大門中】dàménzhōng　《家訓·風操篇》："言及先人，理當感慕，古者之所易，今人之所難。江南事不獲已，乃陳文墨，懵懵無言者，須言閥閱，必以文翰，罕有面論者。北人無何便爾話説，及相訪問。如此之事，不可加於人也。人加諸己，則當避之。名位未高，如爲勳貴所逼，隱忍方便，速報取了，勿取煩重，感辱祖父。若没，言須及者，則斂容肅坐，稱大門中，世父、叔父，則稱從兄弟門中，兄弟則稱亡者子某門中。各以其尊卑輕重爲容色之節，皆變于常。若與君言，雖變於色，猶云亡祖、亡伯、亡叔也。"案：據此則惟對君稱亡祖，而稱人已亡之祖則稱大門中。（《稱謂錄》卷一　稱人亡祖

P10）

【大頭】dàtóu　花冠者，糨紙爲之，女子嫁，則冠之以登輿，既卻扇而去之，終身弗再也。……今亦有之，即俗所謂"大頭"者，亦用之以見廟見舅姑。（《越言釋》卷上 P7）

【大頭腦】dàtóunǎo　稱衙役。《朱子語錄》詞同義異。（《越諺》卷中　惡類 P15）

【大頭蝦】dàtóuxiā　《陳白沙集》有大頭蝦説，云："客問：'鄉讖不能儉以取貧者曰大頭蝦。父老憂子弟之奢靡而戒之，亦曰大頭蝦，何謂也？'予告之曰：'蝦有挺鬚瞠目，首長于身，集數百尾烹之而不能供一啜之羹者，名大頭蝦。甘美不足，豐乎外，餒乎中，如人之不務實者然，鄉人借是以明讖戒。'言雖鄙俗，明理甚當。（《通俗編》卷二十九 P652）

【大魁】dàkuí　《合璧事類》："宋祁兄弟同行，逢一異僧，相曰：'小宋當大魁天下，大宋亦不失科甲。'比唱第，小宋果大魁。章獻太后謂：'弟不可先兄。'改大宋爲第一，小宋爲第十。《老學庵筆記》："天聖初，宋元憲公在場屋，夢大魁天下。"（《稱謂錄》卷二十四　狀元 P13）

【大黃】dàhuáng　《史記·李廣傳》："廣身自以大黃射其裨將。"裴駰引鄭德曰："黃肩弩，淵中黃朱之。"韋昭曰："角弩，色黃而體大也。"小司馬從韋説，《漢書》注："服虔曰：'黃肩弩也。'"晉灼曰："黃肩，即黃間也。大黃，其大者也。"（《札樸》卷八　金石文字 P257）

【大鳳】dàfèng　《表異錄》："宋以翰林學士爲大鳳。"（《稱謂錄》卷十三　翰林院職官古稱 P13）

【夫人】fūrén　《侍兒小名錄拾遺》："東坡寄柳子玉云：'聞道床頭惟竹几，夫人應不解卿卿。'"蓋俗謂竹几爲夫人也。山谷云："憩臂休膝，非夫人之職，改名青奴。"詩云："穠李四絃風拂席，昭華三弄月侵床。我無紅袖堪娛夜，正要青奴一味涼。"（《雅俗稽言》卷十三 P17）
　　《甲乙剩言》載一御史中丞除夕詩有"荆妻太太"之句，殊爲笑談。乃名人亦有之。白居易詩"惟有夫人笑不休"，司空圖詩"姊姊教人且抱兒"，亦可謂不避俚俗也。（《直語補證》P36）

【夫君】fūjūn　猶云之子。鬼谷子《與蘇秦

張儀書》："夫女愛不極席,男歡不卑輪,痛
哉夫君!"……李義山詩所謂"之子夫君鄭
與裴"者也。(《助字辨略》卷一 P51)

【夫娘】 fūniáng　苗人謂妻曰夫娘,南方謂
婦人之無行者亦曰夫娘。(《南村輟耕錄》
卷十四 P174)

　　有草子甚細如刺,其氣惡臭,善惹人,
名夫娘子。世謂婦人之無行者曰夫娘,蓋
言臭穢,善惹人如臭草也。又,南方苗人
謂其妻曰夫娘,而南宋蕭齊崇尚佛法,"閣
內夫娘,悉令持戒;麾下將軍,咸使誦經",
見法琳《辨正論》。則所謂夫娘者,皆言夫
人、娘子也。東坡戲語有"和尚宿夫娘,相
牽正上床",陶九成以爲罵語,蓋未見六朝
雜說耳。(《雅俗稽言》卷二十一 P4)

　　南方謂婦人無行者曰夫娘。(《通俗
編》卷三十 P680)

　　《升菴外集》:"南宋蕭齊,崇尚佛法。
法琳《辨正論》云:'閣內夫娘,悉令持戒;麾
下將士,咸使誦經。'夫娘之稱本此,謂夫人
娘子,蓋美稱也。是時,北則胡后卻扇於曇
獻,南則徐妃薦枕於瑤光,鼅茲王納女於鳩
摩羅什,不以爲恥。後世緣以夫娘爲惡稱,
陶九成直謂罵語,蓋未見六朝雜說耳。"
(《通俗編》卷二十二 P487)

【夫娘子】 fūniángzǐ　《留青日札》:"草子甚
細,其氣臭惡,善惹人衣者,名曰夫娘子。
南方謂婦人無行者曰夫娘,蓋言其臭穢善
惹人耳。"按:此即《爾雅》所謂蘮蒘竊衣。
(《通俗編》卷三十 P680)

【天井】 tiānjǐng　《孫子·行軍篇》:"凡地有
天井、天牢。"注云:"四高中下,勢如四屈者
爲天井。"按:今江以南,人多稱庭墀際曰天
井。或云:"即本《孫子》,以其四周簷宇高
而此獨下也。"愚據《周禮》測之,似以其上
露天,下設井,因謂之天井耳。井者,漏井,
屋舍前受水潦之所,《天官》"宮人爲井匽,
除其不蠲"是也。並記之,俟覽者採擇。
(《通俗編》卷二十四 P541)

　　階前庭臼天井。案:本爲井名,《山海
經》:"天井,夏有水,冬無水。"《風俗通》:
"今殿作天井,井者,東井之象。"《華山記》:
"天井纔容人,上可長六丈餘。"皆實言井
也。後人以庭空而方,狀如井形,因號天
井。韓詩:"是時新晴天井溢。"(《土風錄》
卷四 P213)

【天堂】 tiāntáng　浮屠氏設立天堂、地獄,
無非引誘愚民爲善。蓋佛國在西極之境,
其所居謂之天堂,猶天朝、天闕之稱。其犯
法者,掘地爲居以處之,謂之地獄,非寔有
陰府事也。學佛者不察,謂施之已死之後,
謬矣。(《雅俗稽言》卷二十 P6)

【天家】 tiānjiā　天家、大家、官家、宅家、縣
官,皆指謂國家也。至尊亦稱巨公、崖公。
《獨斷》曰:"百官小吏,稱天子曰天家,親近
侍從官稱大家,又曰官家。"李濟翁《資暇
集》云:"至尊以天下爲宅,故曰宅家,公主
曰宅家子。"《史記·封禪書》:"老父牽狗,言
欲參見巨公。"謂天子也。或作鉅公。《唐
語林》:"唐崇曰:'今日崖公甚蜆斗。'散樂
呼天子爲崖公,以歡爲蜆斗。"宅家訛爲茶
家,又訛爲阿茶。(《通雅》卷十九 P645)

　　《獨斷》:"天家,百官小吏之所稱。天
子以天下爲家,故稱天家。"(《稱謂錄》卷九
天子古稱 P6)

【天弓】 tiāngōng　或名帝弓,卽虹蜺也。
俗呼虹字爲降音。《詩》云"螮蝀",皆一也。
(《一切經音義》卷十二 14P466)

【天子門生】 tiānzǐménshēng　《揮麈前
錄》:"馬巨勝語客曰:'凡省闈解送則有主
文,故所取士得稱門生。殿試蓋天子自爲
座主,豈可稱門生於他人? 臨軒親試,故謂
之天子門生。'"案:《宋史》:"舊制秋貢春
試,皆別頭場,以待舉人之避親者。自緦
麻以上親及大功以上婚姻之家,皆牒送。
惟臨軒親試,謂之天子門生,雖父兄爲考
官,亦不避。"(《稱謂錄》卷二十四 甲第總
稱 P19)

【天女】 tiānnǚ　燕,一名天女,又名摯鳥。
(《蘇氏演義》卷下 P29)

【天曉日夜】 tiānxiǎorìyè　天曉,曙也。日
夜,暮也。通書夜言。(《越諺》卷中 天部
P3)

【天漏】 tiānlòu　俗憾久雨不晴謂之天漏。
(《俚言解》卷一 2P4)

　　《寰宇記》:"戎州宜賓縣三山,四時靁
霖,俗謂之小漏天、大漏天。"杜詩:"安得驅
雲師,誰能補天漏?"(《常語尋源》卷上甲冊
P190)

【天生仙】 tiānshēngxiān　彭時《筆記》:"翰
林官職清務簡,優遊自如,世謂之玉堂仙。
因謂第一甲三人爲天生仙。"(《稱謂錄》卷

二十四　甲第總稱 P19)

【天窗】tiānchuāng　《文選·靈光殿賦》：“天窗綺疏。”注云：“高窗也。”李商隱詩：“鳥影落天窗。”范成大詩：“天窗曉色半熹微。”(《通俗編》卷二十四 P542)

【天老】tiānlǎo　杜甫詩：“天老書題目，春官驗討論。”注：“天老，謂宰相也。”(《稱謂錄》卷十二　相臣古稱 P27)

【天花板】tiānhuābǎn　《山房隨筆》：“元好問妹手自補天花板，作詩云：‘補天手段暫施張，不許纖塵落畫梁。’”按：天花板，卽古所謂綺井。(《通俗編》卷二十四 P543)

【天花版】tiānhuābǎn　王志堅《表異錄》云：“綺井，亦名藻井，今俗曰天花版。”案：林坤《誠齋襍記》載：“元遺山妹爲女冠，文而豔，張平章往訪之，方自手補天花版。”是其偶已久。(《土風錄》卷四 P214)

【天荒】tiānhuāng　參見[破天荒]。(《里語徵實》卷中下　三字徵實 P41)

【天荒解】tiānhuāngjiè　參見[破天荒]。(《雅俗稽言》卷十九 P11)

【天零哉】tiānluòzāi　中“落”。報雨。(《越諺》卷中　天部 P2)

【天開眼】tiānkāiyǎn　朝暮及夜間爲多。但見天忽似裂，毿然有聲，裂處如舟，五采曜動。……惜一霎時卽閉耳。(《越諺》卷中　天部 P2)

【天馬】tiānmǎ　螳螂。草蟲也。飲風食露，感一陰之氣而生。能捕蟬而食，故又名殺蟲。曰天馬，言其飛捷如馬也。曰斧蟲，以前二足如斧也。尚名不一，各隨其地而稱之。(《七修類稿》卷三 P58)

【天鵝】tiān'é　雁鵝，又名天鵝，雁也。(《越諺》卷中　禽獸 P43)

【天妠】wāinà　參見[天邪]。(《雅俗稽言》卷二十一 P5)

【天邪】wāixié　唐詩：“錢塘蘇小小，人道最天邪。”又，“長安女兒雙髻鴉，隨風趁蝶學天邪。”(天音歪，《升菴外集》)(《唐音癸籤》卷二十四 P214)

天音歪。俗于婦人有歪妠之呼。唐詩：“錢塘蘇小小，人道最天邪。”又，“長安女兒雙髻鴉，隨風逐蝶學天邪。”則歪妠亦可作天妠。又有作歪邋者，又有作瓦剌者，以此番部之婦女兒與妝絕醜也。天、歪皆

影母下字，故天叶音歪。(《雅俗稽言》卷二十一 P5)

唐詩：“蘇小小，人道最天邪。”俗作“歪邪”，非。(《通言》卷一 P23)

【太保】tàibǎo　《宋史·孫子秀傳》：“爲吳縣簿，有妖人自稱水仙太保。子秀按治之，沉諸太湖。”《書齋夜話》：“今之巫者，言神附其體，南方俚俗稱爲太保。”按：律禁止師巫邪術，條舉及其目，蓋邪術之尤也。(《通俗編》卷二十一 P482)

《菽園雜記》：“師巫稱太保，此胡元不明名分之舊習也。”(《稱謂錄》卷三十一　巫 P14)

【太公】tàigōng　今人謂曾祖父曰太公。此蓋相承之謬，當稱祖父爲是。後漢李固之父郃爲司空，固女當固伏誅日，曰“太公以來”云。(太公，謂祖父郃也。)(《南村輟耕錄》卷十三 P163)

《史記·齊世家》：“西伯獵得呂尚，曰：‘吾太公望子久矣。’故號太公望。”《後漢書·李固傳》：“固女文姬，具知事本，默然獨悲，曰：‘李氏自太公以來，積德累仁，何以遇此？’”注：“太公，謂祖父郃也。”按：今人稱祖爲“太公”，此其所本。又，《漢書》高帝父號稱太公。今間有稱父爲太公者，亦未爲謬。(《通俗編》卷十八 P385)

《後漢書·李固傳》：“自太公以來，積德累仁。”章懷注：“太公，謂祖父郃也。”案：古有稱父曰公者，故稱祖曰太公。今俗則稱祖曰公，而曾祖曰太公矣。(《稱謂錄》卷一　祖 P8)

曾伯叔祖。按：此與古稱祖爲“太公”者名同實異。(《越諺》卷中　倫常 P8)

【太先生】tàixiānshēng　《何氏語林》：“元次山祖元亨卒，門人私謚曰太先生。”按：時以爲謚，則生時不應稱也。(《通俗編》卷十八 P384)

業師之父。又稱“師太公”。又，父之業師。《何氏語林》：“元次山之祖卒，門人私謚‘太先生’。”(《越諺》卷中　尊稱 P13)

【太平】tàipíng　荀悅《漢記》云：“九年耕，餘三年之食，進業曰升，謂之升平，三升曰泰。二十七年餘九年食，謂之太平。”(《通言》卷一 P11)

【太太】tàitài　近有一邊道轉御史中丞作《除夕》詩：“幸喜荆妻稱太太，且斟柏酒樂

陶陶。"蓋部民稱有司眷屬，惟中丞已上得呼太太，故幸而見之歌詠。(《雅俗稽言》卷八 P17)

胡應麟《甲乙剩言》："有一邊道轉御史中丞，作除夕詩云：'幸喜荊妻稱太太，且斟柏酒樂陶陶。'蓋部民呼有司眷屬，惟中丞以上得呼太太耳。故幸而見之歌咏。讀者絕倒。"何良俊《四友齋叢說》："松江十來年間，凡士夫妻年未三十，卽呼太太。前輩未有此。大爲可笑也。"按：今燕、秦之地，雖丐婦無不稱太太者。(《通俗編》卷十八 P390)

胡應麟《甲乙剩言》："有一邊道轉御史中丞，作《除夕》詩云：'幸喜荊妻稱太太，且斟柏酒樂陶陶。'蓋部民呼有司眷屬，惟中丞以上得稱太太，故喜而見諸歌詠。"何良俊《四友齋叢說》："松江十餘年間，凡士夫妻未三十卽呼太太，前輩未有此，太可笑也。"翟灝《通俗編》："今燕、秦之地，雖丐婦無不稱太太者。"(《稱謂錄》卷二十五 官員眷屬 P2)

甲榜及顯官妻。《甲乙剩言》《四友齋叢說》皆同。(《越諺》卷中 尊稱 P12)

參見[夫人]。(《直語補證》P36)

【太太孃孃】tàitàiniángniáng　高祖母。(《越諺》卷中 倫常 P8)

【太太爺爺】tàitàiyéyé　高祖。(《越諺》卷中 倫常 P8)

【太師椅】tàishīyǐ　高背大圈椅曰太師椅，見張端義《貴耳錄》。交椅，卽胡牀，向來只有栲栳樣，秦太師偶仰背墜巾，吳淵乃製荷葉托背以媚之，遂號曰太師樣。按：椅子之名，見丁晉公《談錄》。(杌子之名，亦起於宋，見周益公《玉堂雜記》。胡三省《通鑑》注云："胡牀，今謂之交牀，其製本自鹵中。隋惡胡字，改曰交牀。"阮五山云："今之交椅是也。"案：今俗轉爲高椅。)(《土風錄》卷三 P207)

最大方二尺。此前朝大師、幞剌兩長並坐，恐觸人，故有此制。巨室世家大廳上必有之物。道光後少見矣。《桯史》。(《越諺》卷中 器用 P31)

【太山】tàishān　段成式《酉陽雜俎》云："明皇東封，以張說爲封禪使。及事已，三公以下皆轉一品。說以婿鄭鎰官九品，因說遷五品。元宗恠而問之，鎰不能對。黃幡綽對曰：'太山之力也。'"案：今人以外舅爲太山因此。或曰，太山有丈人峯，俗稱外舅爲丈人，故謂之太山。(《邇言》卷三 P42)

【太子庶子】tàizǐshùzǐ　參見[宮相]。(《唐音癸籤》卷十七 P157)

【太學龜】tàixuéguī　參見[調白]。(《通俗編》卷二十三 P520)

【太娘】tàiniáng　富貴者呼貧婦。又"老太娘"，亦同。(《越諺》卷中 賤稱 P13)

【太婆】tàipó　孔平仲《代小子廣孫寄翁翁》詩："太婆八十五，寢膳近何似？"蓋稱祖曰太公，故稱祖母曰太婆也。案：古有稱母曰婆者，故稱祖母曰太婆。今俗則稱祖母曰婆，而曾祖母曰太婆矣。(《稱謂錄》卷一 祖母 P11)

曾伯叔祖母。(《越諺》卷中 倫常 P8)

【太孃孃】tàiniángniáng　曾祖母。(《越諺》卷中 倫常 P8)

【太爺爺】tàiyéyé　曾祖。(《越諺》卷中 倫常 P8)

【太母】tàimǔ　《老學庵筆記》："太母，祖母也。猶謂祖爲大父。"(《稱謂錄》卷一 祖母 P11)

【太監】tàijiàn　參見[內相]。(《雅俗稽言》卷十八 P10)

【太翁】tàiwēng　《南史·齊廢帝鬱陵王紀》："高帝方令左右拔白髮，問之曰：'兒言我誰耶？'答曰：'太翁。'高帝笑謂左右曰：'豈有爲人作曾祖，而拔白髮者乎？'卽擲鏡鑷。"按：此屬曾孫稱曾祖也。陸游《戲遣老懷》詩："阿囝略知郎罷意，稚孫能伴太翁嬉。"似但謂祖。(《通俗編》卷十八 P384)

《南史·齊廢帝鬱林王紀》："高帝方令左右拔白髮，問之曰：'兒言我誰耶？'答曰：'太翁。'高帝笑謂左右曰：'豈有爲人曾祖而拔白髮者乎？'"(《稱謂錄》卷一 曾祖 P5)

【央】yāng　參見[訣]。(《通俗編》卷十七 P375)

【央央】yāngyāng　《靈樞經》："央央然腰脾痛。"案：央央，病而嬾也。吳中謂病而嬾動曰病央央。(《吳下方言考》卷二 P1)

【央請】yāngqǐng　求請曰央請。《通雅》："以言托人曰訣，一作映。"俗作"央"。《博雅》："問也。"(《里語徵實》卷中上 二字徵

寶 P46）

【失窹】 shīhū　忽。事不偶，如睡寤閉目而
事錯矣，"窹"。《越語肯綮錄》。（《越諺賸
語》卷上 P3）

【失手】 shīshǒu　方干詩："名場失手一年
年。"（《通俗編》卷十六 P349）

【失恫】 shītōng　鄙俗言失恫者，呻聲之急
耳。（《匡謬正俗》卷六 P63）

【失頭盲腦】 shītóumángnǎo　吳中人謂猝
遇相訊，彼此不及言者則目之，曰失頭盲
腦。（《吳下方言考》卷二 P1）

【夯】 hāng　舉物曰夯。夯，呼講切，近墾上
聲，人用力以堅舉物。《禪林寶訓》："黃龍
南和尚曰：昔同文悅遊湖南，見衲子擔籠行
腳者。悅呵曰：'自家閨閣中物，不肯放下，
反累及他人擔夯。'"一曰北音讀如抗。
（《燕說》卷二 P9）

【夸奼】 kuāzhà　自大曰夸奼。（《札樸》卷
九　鄉里舊聞　鄉言正字附　雜言 P330）

【夸爹】 kuāzhà　參見［爹夸］。（《燕說》卷
一 P2）

【夾】 ❶jiā　《曲禮》："羹之有菜者用挾，其
無菜者不用挾。"鄭注："今箸名'挾提'。"是
箸有"挾"名。"挾"者，夾也。北人以箸取
物，尚謂之"夾"。南人謂之"兼"，"兼"字無
義，要是"夾"音之轉。（《越言釋》卷上 P1）
　　❷jiá　參見［袷］。（《通俗編》卷二十
五 P559）

【夾年夾節】 jiāniánjiājié　凡怨年節遇事，
有此語。（《越諺》卷中　時序 P7）

【夾帶】 jiádài　參見［將帶］。（《恒言廣證》
卷四 P67）

【夾寨夫人】 jiāzhàifūrén　《五代史·唐家人
傳》："莊宗攻梁軍於夾城，得符道昭妻侯
氏，寵專諸宮。宮中謂之夾寨夫人。莊宗
出兵四方，常以侯氏從。"按：近時小說有所
云"壓寨夫人"者，前無所聞，似即"夾寨"之
訛。（《通俗編》卷二十二 P487）

【夾插】 jiāchā　闌入人中事中曰夾插。（《客
座贅語》卷一　方言 P11）

【夾袄】 jiá'ǎo　參見［袷襖］。（《越諺》卷中
服飾 P41）

【夾道】 jiādào　宅中小衕曰夾道。（《燕山
叢錄》卷二十二　長安里語　宮室 P7）

【奉承】 fèngchéng　《書》："予思日孜孜。"
傳："禹言已孜孜不怠，奉承臣功而已。"《左
傳》："嬰齊受命于蜀，奉承以來，不敢失
隊。"《後漢書·樊準傳》："朝廷雖勞心元元，
事從省約，而在職之吏，尚未奉承。"按：諸
皆奉禮奉法之謂，而世以趨奉尊貴言之，謬
矣。然復別有因也。《小學》：范質《示從子
杲》詩："舉世好承奉，昂昂增意氣。不知承
奉者，以爾爲玩戲。"蓋今世所云"奉承"，乃
因"承奉"之詞上下相慛易耳。（《通俗編》
卷十三 P285）

　　　不敢違人。宋范質《戒子孫詩》。（《越
諺賸語》卷上 P3）

【奉常】 fèngcháng　參見［樂卿］。（《唐音
癸籤》卷十七 P157）

【奉璧】 fèngbì　今人投贈不受曰奉璧，又曰
奉趙，又曰完璧，非也。蓋沿用完璧歸趙事
耳。不知相如紿秦，間使懷璧歸趙，並非秦
之不受璧也。其說本《左傳》：晉公子重耳
出亡，過曹。曹共公聞其駢脅，欲觀其裸
浴，迫而觀之。僖負羈之妻曰："吾觀晉公
子從者，皆足以相國，若以相夫子，必反其
國，反其國，必得志于諸侯，得志于諸侯而
誅無禮，曹其首也。子盍蚤自貳焉？"乃饋
盤殷，置璧焉。公子受殷，返璧。此璧字本
此，故言返璧則可，言完璧，言璧趙，則不
可。（《言鯖》卷上 P28）

【奉擾】 fèngrǎo　今謝人者，亦有奉擾之言。
（《通俗編》卷二十七 P616）

【奉趙】 fèngzhào　參見［奉璧］。（《言鯖》
卷上 P28）

【奔波】 bēnbō　《晉書》："妻會上慕容垂疏：
'杜豪競之門，塞奔波之路。'"《韓昌黎集》：
"論佛骨表，老少奔波，棄其業次。"又《石鼓
歌》："坐見舉國來奔波。"（《通俗編》卷二
P31）

【奔競】 bēnjìng　《南史·顏延之傳》："荀赤
松奏延之曰：外示寡求，內懷奔競。"《洛陽
伽藍記序》："邇來奔競，其風遂廣。"（《恒言
廣證》卷一 P15）

【奇兵】 qíbīng　小指名奇兵。（《通俗編》卷
三十一 P703）

【奇醜】 qíchǒu　《淮南子·精神訓》："毛嬙西
施，猶顙醜也。"注："顙，頭也。言極醜也。"
按：今言醜之至者曰"奇醜"，當以"顙"爲典
則，然《世說》又云："許允婦奇醜。"（《通俗
編》卷二十二 P493）

【夿】pào　炮。大言冒人，如："嘴哩夿夿。"輕浮曰"花夿"。揚子《方言》。(《越諺》卷下　單辭隻義 P8)

【契弟】qìdì　參見[晚契生]。(《恒言錄》卷三 P69)

【契囊】qináng　《漢書·趙充國傳》："張孺持囊簪筆，事孝武帝。"張晏云："囊，契囊也。近臣負囊簪筆，從備顧問。"《隋書·禮儀志》云："中世以來，惟八座尚書執笏。笏者，白筆綴其頭，以紫囊裹之，其餘公卿但執手版。荷紫者，以紫生爲袂囊，綴之服外，加於左肩。"周遷云："昔周公負成王制此衣，至今以爲朝服。"蕭驍子云："名契囊。"……《晉書·輿服志》："古者貴賤皆執笏，其有事則搢之於腰帶間，所謂搢紳之士者，搢笏而垂紳帶也。笏者，有事則書之，故常簪筆。今之白筆，是其遺象，手板即古笏矣。手板頭復有白筆，以紫皮裹之，名曰笏。"《南齊書·輿服志》："其肩上紫袷囊，名曰契囊，世呼爲紫荷。"《梁書》：周捨問劉杳："尚書官著紫荷囊，相傳云挈囊，竟何所出？"杳答曰："《張安世傳》曰：'持囊簪筆，事孝武皇帝數十年。'韋昭、張晏注竝云：'橐，囊也。近臣簪筆，以待顧問。'"(《札樸》卷四　覽古 P137)

參見[紫荷]。(《札樸》卷四　覽古 P138)

【契濶】qìkuò　謂辛苦也。今人用作濶別，非。(《言鯖》卷下 P17)

【契生】qìshēng　參見[晚契生]。(《恒言錄》卷三 P69)

【契契】lièqiè　捧物不敬者曰契契，（烈挈），曰蹀躞。(《客座贅語》卷一　方言 P11)

子孑亦作契契。契，音烈。契，音潔，多節目也。魯直云："胸次不坦夷，舉事務出獨計，以乖忤人爲賢者也。"(《方言據》卷上 P3)

《漢書·賈誼傳》："契詬亡節。"註云："契契而無志節。《説文》：'契，胡結切。頭衺齘態也。'契，古屑切。頭傾也。直讀若列挈。'"按：俗謂人胸次不坦夷、舉事拗庚以乖忤人者，有此目。而其字未之知也。愚謂當用此二字。然蔡邕《短人賦》云："其餘厊公，劣厥傴竇，嘖嘖怒語，與人相拒；衆人患忌，難以爲侶。"劣厥，亦乖忤之辭，而

音相近，並著之，俟知者擇焉。(《通俗編》卷十五 P332)

音"列絕"。謂胸次不坦夷，舉事拗庚，以乖忤人者。按："契契"一諺音相承而未得其文。《通俗編》、《漢·賈誼傳》註、《説文音義》指爲是諺，文字較引蔡邕《短人賦》"劣厥"爲長，從之。(《越諺賸語》卷上 P5)

【㼒】xì　肥大兒。(《玉篇·大部》。《改併五音類聚四聲篇海·大部》。)(《埤蒼》P21)

【奓】chě　大口曰奓。奓，"車"上聲。《莊子》："奓門而入。"又曰"觰"，"奓"同，見《俗書刊誤》，《正韻》："寬大也。"(《里語徵實》卷上　一字徵實 P8)

音寨。吳中謂體大礙物曰奓。(《吳下方言考》卷九 P17)

【奓奅】zhàqù　自大曰奓奅。奓，陟加切，音咤，張也，開也。《唐書·陸贄傳》："奓言無驗。"奓言猶夸言也。夸音誇，又區遇切，音姁。今俗稱自大者謂爲夸奓，亦爲奓夸。夸字在上則讀爲誇，在下則讀爲姁。(《燕説》卷一 P2)

【套】tào　參見[沓]。(《通雅》卷四十九 P1449)

【套合】tàohé　參見[血屬]。(《恒言廣證》卷四 P67)

【奚】xī　呼鴨曰奚。劉訥言《嗜噱錄》："沈尚書云雞既姓朱，則鴨奚姓。坐上一人曰鴨姓奚，至今傳之。"又，《野客叢書》："有爲戲語，嘲姓奚者，以爲鴨姓奚，呼奚必來。一説鴨爲奚奴所化，故呼奚以誘之。"俗呼鴨曰"奚奚"，其來有自。(《土風錄》卷十五 P346)

【奚奴】xīnú　一説鴨爲奚奴所化，故呼奚以誘之。(《土風錄》卷十五 P346)

【奘】zhuǎng　壯。體胖。(《越諺》卷中　形色 P57)

【匏子】páozǐ　參見[包子]。(《雅俗稽言》卷二十四 P9)

【爽爽】shuǎngshuǎng　案：東漢多以七言作標榜語，於句中爲韻，……又如："……上殿不下有賀雅，人中爽爽何子朗。"(《札樸》卷八　金石文字 P280)

【奋】pàn　《集韻》："普半切，面大。"按：此即胖之通用字，但以主身、主面別耳。(《通俗編》卷三十六 P791)

【奞子】tǎizǐ　《字彙補》："讀胎上聲，云南
　　方罾西北人爲奞子。"(《通俗編》卷三十六
　　P791)

【夐】jié　結。肥而堅曰"夐實"。(《越諺》
　　卷中　形色 P57)

【窙】xiāo　大醜曰窙(呼交反)。(《通俗文》
　　釋形體 P55)

【奪標】duóbiāo　《詩話》："唐盧肇未第時，
　　郡守輕之。旋中甲科，郡守宴肇，會觀競渡
　　戲。肇作詩有句云：'人道是龍君不信，果
　　然奪得錦標歸。'"標，當作標，龍舟上旗也。
　　(《常語尋源》卷上甲册 P200)

【奪情】duóqíng　參見[起復]。(《恒言廣
　　證》卷四 P61)

　　　　參見[起復]。(《里語徵實》卷中上　二
　　字徵實 P48)

尢(尣)部

【尥】liào　跛行曰尥。尥音料。(《蜀語》
　　P35)

　　　　音料。揚子《方言》："以足鉤之謂尥。"
　　案：尥，斜舒足鉤倒人也，吳中謂舒足鉤人
　　曰尥。(《吳下方言考》卷九 P11)

　　　　跛行曰尥。尥音料，見《蜀語》。《説
　　文》："行脛相交也。"《六書故》："今人謂筋
　　骨弱、舉足不隨爲尥掉。"又牛行脚相交爲
　　尥。揚子《方言》："以足鉤之爲尥。"(《里語
　　徵實》卷上　一字徵實 P15)

【尥趹子】liàojuézǐ　尥音料，趹音決。《戰
　　國策》："搊前趹後。"案：趹，馬蹄踢也。吳
　　中謂馬踢曰尥趹子。(《吳下方言考》卷十
　　二 P13)

【就親】jiùqīn　《公羊傳》注："今就婿爲綴
　　婿。"按：俗謂出贅外家曰"就親"，卽斯言
　　也。(《通俗編》卷四 P85)

　　　　就壻。見《公羊傳·襄十六年》注。余
　　嘗舉以示翟氏，今載《通俗編》者是也。
　　而"就親"二字實始見於《舊五代史·錢元璙
　　傳》"就親宣州"云云。(《直語補證》P33)

【就館】jiùguǎn　今士人就館聚徒，皆謂之
　　就館，亦語忌也。按《元后傳》，張美人嘗任
　　身就館，今吳正仲《漫堂隨筆》載王介甫對
　　上曰："是時後宮方有二人就館也。"(《肯綮
　　錄》P8)

稱人教書曰"就館""安硯""設教"。
(《里語徵實》卷上　一字徵實 P2)

【爡尷】gāngā　行不進曰爡尷。爡尷音甘
　　介。(《蜀語》P38)

　　　　弱侯曰："不恰好曰爡尷，今反云不爡
　　尷，誤。"智按：今蓋曰不間界也。又按：《説
　　文》："尢，烏光切，從大，象偏曲之形。"故箋
　　作尢。作介者，周伯溫之説也。(《通雅》卷
　　四十九 P1463)

　　　　《説文》："不正也。古咸、古拜二切。"
　　焦竑《俗書刊悞》："行不恰好曰爡尷，今反
　　云不爡尷，悞。"方以智《通雅》："今蓋云不
　　間介，非云不爡尷也。"(《通俗編》卷三十四
　　P753)

【爡尲】gāngà　參見[間介]。(《恒言廣證》
　　卷二 P42)

【尷尲】gāngà　參見[拈搐]。(《客座贅語》
　　卷一　方言 P11)

【尷尲】gāngà　尷尲，行不正，與俗異。尷
　　音緘，尲音介。(《目前集》後卷 P2151)

小(⺌)部

【小】xiǎo　妾也。《詩》："愠于羣小。"(《越
　　諺》卷中　倫常 P9)

【小廝】xiǎosī　今俗通稱(奴婢)爲家人、小
　　廝。廝，一作傂。蘇秦説魏王，廝徒十萬。
　　注："廝，養馬之賤者。"《字學》廝訓取薪賤
　　役也。(《雅俗稽言》卷二十一 P15)

【小人】xiǎorén　《錢氏私誌》："燕北風俗，
　　不問士庶，皆自稱小人。按：《左傳》頴考叔
　　曰："小人有母。皆嘗小人之食。"如此類頗
　　多。則其來古矣。(《通俗編》卷十八
　　P403)

　　　　子女卑幼。《錢氏私志》。(《越諺》卷
　　中　倫常 P9)

【小便】xiǎobiàn　《左傳·定三年》："閽以瓶
　　水沃庭曰：'夷射姑旋焉。'"注云："旋，小便
　　也。"《晉語》："少溲於豕牢。"注云："少，小
　　也。溲，便也。"(《通俗編》卷十六 P360)

　　　　《説文》："屎，人小便也。"《後漢書·甘
　　始傳》："甘始、東郭延年、封君達三人者，皆
　　方士。率能行容成御婦人術，或飲小便，
　　或自倒懸。"《通俗編》引《晉語》"少溲"注
　　誤。(《直語補證》P4)

【小傴僂】xiǎolóuluó　婁羅。謂幼童。出《五代史・劉鈇傳》。(《越諺》卷中　倫常 P10)

【小斯】xiǎosī　參見[小厮]。(《雅俗稽言》卷二十一 P15)

【小儀】xiǎoyí　參見[大天]。(《唐音癸籤》卷十七 P157)

【小弟】xiǎodì　王季友《觀于舍人畫山水》詩："于公大笑向予説,小弟丹青能爾爲。"按:自謙曰小弟。二字入詩,亦僅有也。(《通俗編》卷十八 P402)

【小兒】xiǎo'ér　《吳志》:"孟宗母作厚蓐大被,曰:'小兒無德致客,爲此以待貧之學者,庶可得以氣類接。'"《晉書・裴秀傳》:"秀母賤,嫡宣氏使進饌于客,客爲之起。母曰:'微賤如此,當應爲小兒故。'"《北魏書・自序》:"李延實子或爲大使,送客填門。延實曰:'小兒今行,何以相勖?'"按:此皆自言其子,與今語同。(《通俗編》卷十八 P400)

【小叔】xiǎoshū　《釋名》:"叔,少也,幼者稱也。叔亦淑(編者按:當作俶)也,見嫂淑(編者按:當作俶)然却退也。"《北夢瑣言》引諺云:"小舅小叔,相追相逐。"(《恒言廣證》卷三 P50)

【小夫人】xiǎofūrén　釋法顯《佛國記》:"恒水上流有一國王,王小夫人生一肉胎,大夫人妒之。"又,"小夫人於樓上語賊言:'汝是我子,何故作反逆事?'賊云:'汝是何人,云是我母?'小夫人曰:'汝等若不信者,盡張口仰向。'小夫人即以兩手搆兩乳,乳各作五百道,墜千子口中,賊知是我母。"(《稱謂錄》卷五　稱人之妻 P25)

【小名】xiǎomíng　見陸龜蒙《小名錄・序》。(《直語補證》P13)

【小君】xiǎojūn　《鳳池編》:"唐李紳爲相,時俗尚輕綃染醮碧爲婦人衣,紳自爲小君劓裁。"《禮記・曲禮》:"夫人自稱於諸侯,曰寡小君。"(《稱謂錄》卷五　夫稱妻 P9)

【小唱】xiǎochàng　明代律有雞姦之條,然而有蓮子衚衕之承應。今此風愈盛,有開舖者,京師謂之小唱,即小娼也,吳下謂之小手。(《言鯖》卷上 P14)

【小單于】xiǎochányú　李益《聽曉角》:"無限塞鴻飛不度,秋風吹入小單于。"大角曲名有小單于(詳《前樂通》),此借云吹入小單于處去,與李白"江城五月落梅花"同一用法也。(《唐音癸籤》卷二十三 P200)

【小底】xiǎo・de　今奴婢下人自稱小的,即宋時所謂小底也。《宋史》有入內小底、內班小底、內殿直小底、騎御馬小底,《吳越備史》亦有入內小底,《遼史》有近侍小底、承應小底、筆硯小底。(《恒言錄》卷三 P70)

《宋會要》:"至道二年九月,帝閲試所擇兵士驍騎。試射,中者六十人,以殿前小底爲軍額。"《晉公談錄》:"皇城使劉承規在太祖朝爲黄門小底。"周輝《北轅錄》:"小底入報,傳旨免禮。"《字典》:"凡供役使者曰小底。"《金史・傳論》:"金人所謂寢殿小底猶周之綴衣。所謂護衛,猶周之虎賁也。"按:今宵役及庶民,緣事對官長俱自稱"小的"。"的"與"底"古今字也。宋儒語錄凡須用"的"字爲助語處,皆用"底"字。(《通俗編》卷十八 P404)

下賤對尊貴者自稱小的。"的"作"底"音。案:《宋史》有"內班小底薛居正",《五代史》有"承應小底"。(《土風錄》卷十七 P377)

周輝《北轅錄》:"小底入報,傳旨免禮。"《金史・傳論》:"金人所謂寢殿小底,猶周之綴衣。"(《恒言廣證》卷三 P56)

《金史・百官志》有云:"奉御十六人,舊名入寢殿小底;奉職三十人,舊名不入寢殿小底,又名外帳小底。"即今奴僕小的之稱。(《直語補證》P4)

《談錄》:"皇城使劉成規,在太祖朝爲黄門小底。"《音學五書》:"今人小的當作小底,如宋內侍小底,遼承應小底之類。"《南史・陳伯之傳》:"建武以後,草澤底下,悉成貴人。"唐洋州刺史趙臣《議選舉疏》云:"授官多底下之人。"案:即今稱小底,底下人所始。(《稱謂錄》卷二十五　僕 P16)

參見[小的]。(《談微》言部 P77)

【小厮】xiǎosī　《劍南集》有《示小厮絶句》二首。《觚不觚錄》:"正德中一大臣投書劉瑾,自稱門下小厮。"(《通俗編》卷十八 P404)

【小官人】xiǎoguānrén　《澠水燕談錄》:"李文定以女妻孫明復,孫固辭。文定曰:'吾女不妻先生,不過爲一小官人妻。先生德高天下,幸壻李氏,榮貴莫大于此。'"(參

見［官人］條。)(《通俗編》卷十八 P398)

　　　　童男。《澠水燕談錄》李文定稱堳。
(《越諺》卷中　善類 P12)

【小家子】xiǎojiāzǐ　今鄙人微薄者曰小家
子。出《漢書·霍光傳》。霍禹長史任宣謂
禹曰:"樂成小家子,得幸大將軍。至九卿
至矣。"(《七修類稿》卷二十四 PP376)

【小子】xiǎozǐ　《晉書·王蘊傳》:"王道子醉
呼爽爲小子。爽曰:'亡祖長史,與簡文皇
帝爲布衣交,亡姑、亡姊,伉儷二宮。何小
子之有?'"蓋"小子"乃卑賤之稱也。(《通
俗編》卷十八 P403)

【小女】xiǎonǚ　《晉書·劉聰載記》:"聰子
約,死而復蘇,言過一國,引之入宮。曰:
'劉郎後年來,必見過,當以小女相妻。'"
按:此亦自言其女。(參見［小兒］條。)(《通
俗編》卷十八 P400)

【小好錢】xiǎohǎoqián　舊小錢曰小好錢。
(《燕山叢錄》卷二十二　長安里語　珠寶
P10)

【小姑】xiǎogū　古樂府《焦仲卿妻》詞云:
"却與小姑別,淚落連珠子。"(《續釋常談》
卷三十五 P609)

【小妻】xiǎoqī　《漢書·外戚恩澤侯表》:"陽
都侯張彭祖爲小妻所殺。"《孔光傳》:"定陵
侯淳于長坐大逆誅,長小妻迺始等六人皆
以長事未發覺時棄去,或更嫁。"《後漢書·
竇融傳》:"融女弟爲大司空王邑小妻。"又
《宗室四王三后傳》:"趙惠王乾居父喪,私
聘小妻。"又《梁王暢傳》:"臣小妻三十七
人,其無子者聽還本家。"孫鑛謂小妻之稱,
起自范《史》,非也。(《恒言廣證》卷三
P50)

【小姐】xiǎojiě　錢惟演《玉堂逢辰錄》:"掌
茶酒宮人韓小姐,與親事孟貴私通,多竊寶
器遺之,後事泄,小姐乃謀放火。"小姐二字
初見於此。然是人名,非稱謂也。元曲槩
稱仕女爲小姐。明朱有燉《元宮詞》:"簾前
三寸弓鞋露,知是娛娛小姐來。"以之入詩。
按:《文選·嵇康〈幽憤詩〉》:"恃愛肆姐,不
訓不師。"註引《說文》:"姐,嬌也。子豫
切。"繁欽《與魏文帝牋》有"史妠謇姐",注
謂當時樂人。《開天遺事》寧王有樂妓寵
姐,陶穀《清異錄》有平康妓瑩姐,《東坡集》
有妓人楊姐。"姐"特甚賤之稱。俗惟貴家
女方得呼之,何相戾也。嘗攷《說文》正本,

乃知選註所引,少欠分晰。蓋其訓"嬌"者,
乃屬"嬌"字,而"姐"自別見。訓云:"蜀人
謂母曰姐,淮南謂之社。兹也切。"《廣雅》
亦云:"姐,母也。"《四朝聞見錄》言高宗吳
后稱太后曰"大姐姐"。《能改齋漫錄》言近
世稱女兄爲姐,蓋尊之也。然則"小姐"之
"姐"爲本字,其以爲賤名者,乃"嬌"字之省
耳。(《通俗編》卷二十二 P488)

　　　《夷堅志》:"傅九與散樂林小姐約竊
逃,不得。"此以小姐稱樂戶也。案:《履園
叢話》:"吳門稱妓女曰小姐,形之筆墨或稱
校書,或稱錄事。有吳興書客錢景開者,常
在虎丘開書鋪,能詩,尤好狹邪,花街柳巷,
每經其品題甲乙,多有贈句。袁簡齋先生
每邀景開爲狎友,命之曰小姐班頭。"案:
《懶真子》:"文樞密所居私第名東田,有小
姬四人,謂之東田小籍。"疑小姐本是小籍,
蓋貴家歌姬輩必有簿籍記錄其年,稱者因
有小籍之名,小姐或小籍轉音耳。(《稱謂
錄》卷三十　倡 P24)

　　　宋有燉《元宮詞》:"簾前三寸宮鞋露,
知是娛娛小姐來。"又案:楊循《吉蓮軒吳
記》云:"孟小姐,校官澄女,嘗過惠,日訪尼
僧。"此以官員女稱小姐,蓋始於明。(《稱
謂錄》卷二十五　大員子女 P5)

　　　借上聲。元曲槩稱仕女,相同。《玉堂
逢辰錄》二字初見。(《越諺》卷中　尊稱
P12)

【小妮子】xiǎonī·zi　今人目小女子曰小妮
子。其語亦古矣。王通叟詩云:"十三妮子
綠窗中。"(《談徵》言部 P68)

　　　參見［泥］。(《雅俗稽言》卷二十一
P14)

　　　參見［妮子］。(《通俗編》卷二十二
P490)

【小娘】xiǎoniáng　少女曰小娘,見元微之
《詠箏詩》:"漫逐歌詞弄小娘。"(《土風錄》
卷十七 P370)

　　　參見［小娘子］。(《恒言錄》卷三 P60)

【小娘子】xiǎoniángzǐ　宋世以小娘子女子
未嫁者之稱……江程萬《繫臂啓》:"令女小
娘子。"劉屏山《聘啓》:"令女小娘。"又稱令
小娘子,又啓"令妹小娘子"。楊廷秀《聘
啓》亦稱"某人小娘子"。(《恒言錄》卷三
P60)

　　　《搜神記》:徐元指王大夫養女曰:"只

此小娘子,便是大夫寃家矣。"《霍小玉傳》:李益呼小玉曰小娘子。《韓退之集·祭女挐文》稱小娘子。歐陽修《與連元禮簡》:"承賢郎、小娘子見過,有佳兒女如此,朋友當共慶。"按:《夢粱錄》載杭人議親帖子,開寫第幾位娘子。蓋當時女子在母家即稱娘子,故《集韻》訓娘爲少女。《北齊書》有"耳順尚稱娘子"之誚。(參見[娘子]條。)(《通俗編》卷十八 P398)

　　《霍小玉傳》李益呼小玉曰"小娘子"。蘇子瞻《爲子邁求婚啓》:"伏承令子第二小娘子。"《歐陽文忠集·答連元禮書》:"承賢郎、小娘子見過。"(《恒言廣證》卷三 P50)

　　韓愈《祭女挐文》稱小娘子。歐陽修《與連元禮簡》:"承賢郎、小娘子見過,有佳兒女如此,朋友當共慶。"翟顥《通俗編》云:"《夢粱錄》載杭人議親帖子,開寫第幾位娘子。蓋當時女子在母家即稱娘子,故《集韻》訓娘爲少女,《北齊書》有'耳順尚稱娘子'之誚。"(《稱謂錄》卷六 女 P17)

【小娼】xiǎochāng　參見[小唱]。(《言鯖》卷上 P14)

【小李】xiǎolǐ　割人衫袖以掏財物,謂之剪柳。北人謂之"小李"。(《俚言解》卷二 45 P51)

【小極】xiǎojí　參見[薄遽]。　(《通雅》卷七 P301)

【小歲】xiǎosuì　過臘一日,俗謂小歲日,行拜賀禮,見崔寔《月令》。盧照鄰:"人歌小歲酒。"此也。(《唐音癸籤》卷十六 P144)

【小春】xiǎochūn　《初學記》:"十月天時,和暖似春,故曰小春之月。"范成大詩:"狂飈吹小春。"楊萬里詩:"小春活脫似春時。"按:《爾雅》:"十月爲陽月。"因又曰"小陽春"。(《通俗編》卷三 P47)

【小晚生】xiǎowǎnshēng　俗有此稱。按:《晉書·東海王沖傳》:"其以小晚生奕繼哀王爲東海王。"考哀王沖於明帝爲昆弟,今成帝以己子繼之,於哀王爲大父行,故有小晚生之稱。又琅邪王煥,元帝子,而元帝令有云"晚生矇弱",則是晉人呼其子爲晚生也。(《直語補證》P43)

　　參見[晚生]。(《稱謂錄》卷六 子 P1)

【小沙彌】xiǎoshāmí　僧尼年幼薙髮留圈者。《善覺要覽》:"華言'息慈'。"(《越諺》卷中 賤稱 P14)

【小滿】xiǎomǎn　小滿,四月中,謂麥之氣至此方小滿而未熟也。(《目前集》前卷 P2118)

　　小滿,四月中,謂麥之氣至此小滿而未熟也。(《言鯖》卷下 P26)

【小手】xiǎoshǒu　參見[小唱]。(《言鯖》卷上 P14)

【小戶】xiǎohù　參見[大戶]。(《稱謂錄》卷二十七 酒 P17)

【小房】xiǎofáng　參見[大房]。(《直語補證》P33)

【小意智】xiǎoyìzhì　自謙物少也。《朱子語錄》。(《越諺賸語》卷上 P7)

【小生】xiǎoshēng　《漢書·朱雲傳》:"小生欲相吏耶?"《張禹傳》:"新學小生。"按:此皆責人語也。若自稱小生,則始于韓退之,其《與孟東野聯句》云:"小生何足道。"《酬盧院長望秋作》云:"嗟我小生值强伴。"《柳柳州集》:"楊尚書寄郴筆,知是小生本樣,令更商榷,使盡其功,輒獻長句。"呂和叔《渭海集序》:"不遠數千里,授簡小生。"(《通俗編》卷十八 P402)

　　《韓昌黎集·與孟東野聯句》:"小生何足道。"朱晦翁和劉秀野詩:"小生自愧衰頹早。"《歐陽文忠集·答連君錫書》:"小生學非師受,性且冥惷。"(《恒言廣證》卷三 P56)

【小秋】xiǎoqiū　刑部郎爲小秋。(《容齋四筆》)(《唐音癸籤》卷十七 P157)

【小白鹿紙】xiǎobáilùzhǐ　參見[白籙]。(《恒言廣證》卷六 P89)

【小的】xiǎo·de　本是小底。《正字通》:"凡供役使者稱小底。"《晉公談錄》:"皇城使劉成規在太祖朝爲黃門小底,有心力,宮中呼爲劉七。"蓋取底下之義,今俗稱小的,音義皆非。(《談徵》言部 P77)

　　參見[小底]。(《恒言錄》卷三 P70)

　　參見[小底]。(《通俗編》卷十八 P404)

【小衣】xiǎoyī　俗呼袴曰小衣。《急就篇》"布母繜"下王應麟補注云:"小衣也,猶犢鼻耳。"則此名爲近古。(《直語補證》P14)

【小米】xiǎomǐ　粳細米曰小米。(《燕山叢錄》卷二十二 長安里語 飲食 P7)

【小茶】xiǎochá　元好問詩:"牙牙嬌女總

堪誇，學念新詩似小茶。"注："唐人以茶爲
小女美稱。"(《稱謂錄》卷六 女 P17)

【小郎】xiǎoláng　《晉書》："王獻之與賓客
談議，事理將屈，謝道蘊使婢白曰：'新婦欲
與小郎解圍。'"《世說》："王夷甫妻郭氏，令
婢擔糞，王平子諫之。郭大怒曰：'昔夫人
臨終，以小郎囑新婦，不以新婦囑小郎。'"
《通鑑》："唐鄭顥尚萬壽公主，顥弟顗嘗危
疾，上遣使視之，還問公主何在。曰：'在慈
恩寺觀戲。'上召責之曰：'豈有小郎病，不
往省視，乃觀戲乎？'"宋張耒《寄衣曲》："別
來不見身長短，試比小郎衣更長。"(《通俗
編》卷十八 P393)
　　　　《晉書》，謝道韞"爲小郎解圍"。又，王
衍妻郭氏謂王澄曰："昔先人臨終，以小郎
屬新婦，不以新婦屬小郎。"(《稱謂錄》卷七
夫之弟 P7)

【小貂】xiǎodiāo　散騎常侍爲小貂。(《容
齋四筆》)(《唐音癸籤》卷十七 P157)

【小詞】xiǎocí　楊繪《本事》云："曲子，近世
謂之小詞，始于溫飛卿。"然王建已有《宮中
三臺》《宮中調笑》，不始于溫也。(《雅俗稽
言》卷十四 P17)

【小説】xiǎoshuō　《新論》："小説家合叢殘
小語，近取譬諭，以作短書。"按：古凡雜説
短記，不本經典者，概比小道，謂之小説。
乃諸子雜家之流，非若今之穢誕言也。《輟
耕錄》言："宋有諢詞小説。"乃始指今小説
矣。(《通俗編》卷七 P151)

【小諫】xiǎojiàn　拾遺爲小諫。(《容齋四
筆》)(《唐音癸籤》卷十七 P157)

【小陽春】xiǎoyángchūn　參見〔小春〕。
(《通俗編》卷三 P47)

【小鬼頭】xiǎoguǐtóu　《揮塵後錄》："王和
父尹開封，有誣首人謀亂者，和父訊之，曰：
'小鬼頭，没三思至此。'"《山居新語》："名
妓曹秀娥，呼鮮于伯機爲伯機。鮮于佯怒
曰：'小鬼頭，爲敢如此無禮。'"(《通俗編》
卷十九 P428)

【小食】xiǎoshí　參見〔點心〕。(《俗考》P9)
　　　　參見〔點心〕。(《雅俗稽言》卷九 P2)
　　　　參見〔點心〕。(《談徵》名部下 P61)

【小髦頭】xiǎomáotóu　嬰初生及髫髴時稱
"髦毛"。《正字通》。見《北齊書·禮服志》。
(《越諺》卷中 倫常 P11)

【小鬟】xiǎohuán　梅堯臣《聽文都知吹簫》

詩："欲買小鬟試教之。"(《稱謂錄》卷二十
五 婢 P26)

【小鳳】xiǎofèng　《表異錄》："宋世以紫微
舍人爲小鳳。"(《稱謂錄》卷十二 內閣各官
古稱 P31)

【少匠】shàojiàng　參見〔大匠〕。(《唐音癸
籤》卷十七 P157)

【少仙】shàoxiān　參見〔明府〕。(《唐音癸
籤》卷十七 P158)

【少公】shàogōng　參見〔明府〕。(《唐音癸
籤》卷十七 P158)

【少常】shàocháng　參見〔樂卿〕。(《唐音
癸籤》卷十七 P157)

【少府】shàofǔ　參見〔明府〕。(《唐音癸籤》
卷十七 P158)

【少妹】shàomèi　《梁書·劉孝綽傳》："攜妾
入官府，其母猶停私宅。到洽爲御史，劾之
云：'攜少妹於華省，棄老母於下宅。'高祖
爲隱其惡，改妹爲姝。"(《稱謂錄》卷五 妾
P21)

【少母】shàomǔ　《朱子語錄》五峰、南軒稱
父妾爲少母，蓋本《爾雅》少姑之文。(《稱
謂錄》卷二 父之妾 P11)

【少監】shàojiàn　參見〔大匠〕。(《唐音癸
籤》卷十七 P157)

【少蓬】shàopéng　參見〔大蓬〕。(《唐音癸
籤》卷十七 P157)

【尖欑】jiānzuǎn　人之狡黠者曰尖欑。欑
音纘。矛戟柄底鋭鐵也，言人之狡黠如之。
吳越謂尖酸，酸字想訛。(《蜀語》P13)
　　　　狡黠曰尖欑。欑音纘，矛戟柄底鋭鐵
也，言人之狡黠如之。(《燕説》卷一 P1)

【尚子】shàngzǐ　《水經·濁漳水注》："尚子，
卽長子之異名也。"(《稱謂錄》卷六 長子
P9)

【尚書】shàngshū　《珩璜新編》："尚書與尚
食、尚公主同見《張耳傳》注，而世俗相承以
平聲呼，誤也。"按："尚"字惟《詩·大雅》"肆
皇天弗尚"叶韻爲辰羊切，其餘概無平聲，
然唐詩"昆耶長者白尚書"已作平聲呼矣。
(《通俗編》卷五 P97)

口　部

【口中雌黄】kǒuzhōngcíhuáng　參見〔雌

黄]。(《言鯖》卷下 P3)

【口吧吧】kǒubābā　《五燈會元》：“黄龍道震師偈：‘枯椿怒石人，何得口吧吧。’”《渭南集·大慧真贊》：“平生嫌遮老子説法，口巴巴地。”(《通俗編》卷十七 P371)

【口巴巴】kǒubābā　參見[口吧吧]。(《通俗編》卷十七 P371)

【口業】kǒuyè　《楞嚴經》：“什提云：‘我有口業。’”《淨住子》：“口業是患苦之門，禍累之始。”白居易詩：“些些口業尚誇詩”蘇軾詩：“口業不停詩有債。”(《通俗編》卷十七 P370)

【口快】kǒukuài　朱彧《可談》：“客次最不可妄談與呼人姓名，恐對其子弟道其父兄名及所短者，必貽怒招禍，俗謂之口快，乃大病。”《五燈會元》：雲門偃曰：“從上來事莫趁口快亂問。”《元曲選·合同文字》劇有“口快心直”語。(《通俗編》卷十七 P371)

【口過】kǒuguò　口臭謂之口過。武后嫌宋之問有口過，以此。(《雅俗稽言》卷二十二 P6)

【口觜】kǒuzuǐ　《五燈會元》：“道瓊首座偈云：口觜不中祥老子，愛向叢林鼓是非。”按：觜即口。而流俗複言，宋有然也。(《通俗編》卷十七 P371)

【口頭交】kǒutóujiāo　孟郊詩：“面結口頭交，肚裏生荆棘。”(《通俗編》卷十三 P274)

　　孟東野詩：“面結口頭交，肚裏生荆棘。”(《通言》卷二 P26)

【可中】kězhōng　正適之辭，猶俗云恰好也。王仲初《鏡聽辭》：“可中三日得相見。”(《助字辨略》卷一 P1)

　　王仲初《鏡聽詞》：“可中三日得相見。”可中，王適之辭，猶俗云恰好也。(《方言藻》卷二 P18)

【可人】kěrén　今浮浪子弟以所私娼女爲可人。(《目前集》後卷 P2143)

【可在】kězài　(可，)何辭也。……可在，猶云何必。(李義山詩：)“可在青鸚鵡。”方雄飛詩：“棲身可在深。”(《助字辨略》卷三 P159)

【可堪】kěkān　(可，)猶云那也。可得爲何，故亦得爲那也。賀鑄《清平樂》詞：“楚城滿目春華，可堪游子思家。”(《助字辨略》卷三 P159)

賀鑄《清平樂》詞：“楚城滿目春華，可堪游子思家。”可，猶云那也。(《方言藻》卷二 P12)

【可是】kěshì　疑辭也。盧祖皋《賀新涼》詞：“可是功名從來誤。”(《助字辨略》卷三 P159)

　　盧祖皋《賀新涼》詞：“可是功名從來誤。”可是，疑辭也。(《方言藻》卷二 P12)

【可捏】kēniē　將就。(《墨城小錄》卷十四 P6)

【可能】kěnéng　猶云可堪，可耐。能、耐，古通。羅昭諫詩：“我未成名君未嫁，可能俱是不如人。”又，……義與可堪相近。許用晦詩：“西去磻谿猶萬里，可能垂白待文王。”此言磻谿既已迢遠，如何能以垂白之年，待文王之求乎。又，……不定之辭，猶云未必能也。李義山詩：“堪歎故君成杜宇，可能先主是真龍。”……言蜀險雖足倚仗，而天命不可假易。不惟故君已成杜宇，即恐先主亦非真龍。(《助字辨略》卷二 P108)

　　羅昭諫詩：“我未成名君未嫁，可能俱是不如人。”可能，猶云可堪、可耐，能耐古通……又，許用晦詩：“西去磻谿猶萬里，可能垂白待文王？”此言磻溪既已迢遠，如何能以垂白之年待文王之求乎？義與可堪相近。又，李義山詩：“堪歎故君成杜宇，可能先生是真龍。”又，“楊僕移關三百里，可能全是爲荆山。”猶云未必能也。(《方言藻》卷二 P14)

【可忍】kěrěn　猶俗云爭耐也。杜子美詩：“可忍醒時雨打稀。”(《助字辨略》卷三 P152)

【可憐見】kěliánjiàn　《元史·泰定帝紀》即位詔有“薛特皇帝可憐見嫡孫”等語。《元典章》憐字作怜：“至元時，勘屬孔夫子的田地。皇帝可怜見，分付各處秀才，每年那田地裏出的錢糧，修廟祭丁外，若有年老無倚靠的秀才，那底每養濟。大德時，江淮百姓闕食，典賣孩兒每。皇帝可怜見，交官司收贖。”餘見此言之處尚多。(《通俗編》卷十四 P303)

【可要】kěyào　李義山詩：“可要昭陵石馬來。”此可字，何辭也。可要，猶云何用。(《助字辨略》卷三 P158)

　　李義山詩：“可要昭陵石馬來。”……可

要,猶云何用。(《方言藻》卷二 P12)

【叮嚀】dīngníng　參見[丁寧]。(《通俗編》
　　卷十七 P374)

【叮寧】dīngníng　參見[丁寧]。(《通俗編》
　　卷十七 P374)

【古】gǔ　米在穀曰古。(《燕山叢錄》卷二
　　十二 長安里語 飲食 P8)

【古老】gǔlǎo　《書·無逸》傳:"小人之子,
　　輕侮其父母曰:'古老之人,無所聞知。'"
　　按:此"古老"二字平下。崔融《請封中岳
　　表》:"宣太平之風化,聽古老之謳謠。"李白
　　《遊九華山記》:"不經古老之口,復闕名賢
　　之記。"乃謂古先之者老。今俚俗所言,如
　　云"古老錢""古老屏風",大抵皆祖《書》傳。
　　(《通俗編》卷三 P55)

　　　　古老人,古老錢,古老東西。出《書·無
　　逸》傳。(《越諺》卷中 時序 P6)

【古董】gǔdǒng　參見[骨董舖]。(《言鯖》
　　卷上 P17)

【古骨】gǔgǔ　參見[骨董]。(《里語徵實》
　　卷中上 二字徵實 P24)

【右螭】yòuchī　舍人爲右螭。又並爲修注。
　　(《容齋四筆》)(《唐音癸籤》卷十七 P157)

【右軍】yòujūn　(吳人)謂鵝爲右軍,以右軍
　　好鵝也。(《雅俗稽言》卷三十一 P8)

　　　　王右軍好鵝,遂名鵝爲右軍。見《釋常
　　談》。(《雅俗稽言》卷十六 P4)

【只】zhǐ　杜子美詩:"寒花只暫香。"又云:
　　"只想竹林眠。"又云:"只道梅花發。"只,俗
　　言也。(《方言藻》卷二 P14)

【只簡】zhǐgè　李咸用詩:"干戈滿地能高
　　臥,只簡逍遥是謫仙。"猶云這個也。(《方
　　言藻》卷一 P7)

【只麼】zhǐ·me　參見[什麼]。(《通俗編》
　　卷三十三 P735)

【句】❶gōu　或問曰:今之官書文按檢覆得
　　失謂之爲句,音構。何也?答曰:字當作
　　鉤。今從徑易,故省金耳。簿領之法,恐其
　　事有枉曲,月日稽延,故別置主簿錄事,專
　　知覆檢。其訖了者即以朱筆鉤之。鉤字去
　　聲,故爲構(編者按:當作構)音爾。原其根
　　本,以鉤音也。(《匡謬正俗》卷八 P96)

　　　　❷jù　參見[句讀]。(《雅俗稽言》卷
　　二十五 P11)

【句度】jùdù　參見[句讀]。(《雅俗稽言》卷

二十五 P11)

【句投】jùdòu　參見[句讀]。(《雅俗稽言》
　　卷二十五 P11)

【句讀】jùdòu　經書語絶處,從旁點之,曰
　　句;其語未絶而小歇者,從中點之,曰讀。
　　讀音竇。今蒙師多未解此。句讀,亦作句
　　度。皇甫湜與李生書曰:"書字未識偏旁,
　　尚論稷契;讀書未知句度,下視服鄭。"亦作
　　句投。馬融《長笛賦》:"察度于句投。"(《雅
　　俗稽言》卷二十五 P11)

【司供】sīgōng　參見[師公]。(《通俗編》
　　卷二十一 P480)

【司務】sīwù　一切工匠總稱。(《越諺》卷
　　中 賤稱 P13)

　　　　參見[郎中]。(《通俗編》卷五 P98)

【司馬家】sīmǎjiā　《呂氏家塾記》:"包拯爲
　　京尹,令行禁止,人呼爲包家。市井小民及
　　田野之人見狗私者,皆指笑之曰:'爾一箇
　　包家。'見貪污者曰:'爾一箇司馬家。'蓋反
　　言以笑之也。"(《土風錄》卷十七 P372)

【叫曲】jiàoqǔ　參見[念曲]。(《通俗編》卷
　　二十一 P465)

【叩叩】kòukòu　今人相見禮稱叩叩。古
　　詩:"何以致叩叩,香囊繫肘後。"(《直語補
　　證》P11)

【叨】tāo　食也。(玄應《解脱道論一音義》)
　　(《埤蒼》P4)

【叨承】tāochéng　叨,他勞反。《韻譜》稱:
　　"叨,忝也。"此言自謙猥辱承授記也。(《一
　　切經音義》卷二十一 2P782)

【叨擾】tāorǎo　謝人飲食曰"叨擾"。又曰
　　"飫擾"。司馬溫公《書儀》。(《越諺》卷中
　　飲食 P39)

【另】bǎi　從"勹"者音"擺",《集韻》作"捭",
　　裂也。越以桌腳榫卯寬裂另然不穩曰
　　"另",即此字。(《越諺》卷下 單辭隻義
　　P11)

【另日】lìngrì　俗謂異日曰另日。另音命令
　　之令。(《雅俗稽言》卷二 P23)

　　　　俗謂異日爲另日,音令。《説文》《玉
　　篇》無有也。只當作令日,《戰國策》趙燕拜
　　武靈王胡服之口曰:"敬循衣服,以待令
　　日。"即異日也。注謂善,非。(《言鯖》卷上
　　P22)

　　　　楊升菴《外集》:"俗謂異日爲'另日',

音命令之令,然其字《説文》《玉篇》無有也。只當作'令日'。"《戰國策》:"趙燕拜武靈王胡服之賜,曰:'敬循衣服,以待令日。'"即異日也。按:《國策註》"令"訓爲善,謂擇善日衣之。升菴説似傅會。《列子・周穆王篇》有"别日升崐崙邱"語。另,或爲"别"字之省。(《通俗編》卷三 P51)

　　俗謂異日爲"另日",另字音"命令"之"令"。然其字《説文》《玉篇》無有也。只當作"令日"。(楊慎《俗言》)(《里語徵實》卷中下 二字徵實 P8)

【台甫】 táifǔ　參見［台候］。(《通俗編》卷十 P219)

【台候】 táihòu　《張子全書・理窟篇》:"書啓稱台候,或以此言無義理,衆人皆台,安得不台。"按:今言"台甫""台啓"之屬甚多,其風亦盛自宋也。(《通俗編》卷十 P219)

【台啓】 táiqǐ　參見［台候］。(《通俗編》卷十 P219)

【叿叿】 hōnghōng　嚻聲曰叿叿。(《札樸》卷九 鄉里舊聞 鄉言正字附 雜言 P330)

【吉貝】 jíbèi　《唐書》又云:"婆利出吉貝。吉貝,草也。緝其花爲布,粗曰貝,精曰疊。"……方勺曰:"閩廣多種木緜,紡績爲布,名曰吉貝。"(《札樸》卷三 覽古 P107)

【呆呆然】 huàhuàrán　呆乃魚口之大者,今俗狀哆裂之貌曰呆呆然。(《通俗編》卷三十四 P756)

【呂】 lǚ　《元池説林》:"狐之相接也,必先呂者,以口相接。"按:此傳奇中猥褻廋語,乃亦有本。(《通俗編》卷二十二 P503)

【同年】 tóngnián　《唐國史補》:"進士……俱捷謂之同年。"(《恒言錄》卷四 P80)

　　《國史補》:"進士俱捷,謂之同年。"劉禹錫《送人赴舉詩序》:"今人以借升,名爲同年友,其語熟見,搢紳者皆道焉。"《唐書》:"憲宗問李絳曰:'人于同年,固有情乎?'對曰:'同年乃九州四海之人,偶同科第,或登科然後相識,情于何有?'"李遠《陪新及第赴會詩》:"滿座皆仙侶,同年别有情。"杜荀鶴《試後别人詩》:"同年多是長安客,不信行人欲斷腸。"按:《後漢書・李固傳》有"同歲生得罪于冀"。同歲,即同年也。《三國・魏武紀》:"與韓遂父同歲孝廉。"亦然。(《通俗編》卷五 PP93)

　　《唐書・許秀同傳》云:"時京兆尹元義

方奏劾宰相李絳與同舉進士爲同年,才數月輒徙,帝以問絳,絳曰:'進士明經歲大抵百人,吏部得至千,私謂同年,本非親與舊也。'"(《通言》卷四 P45)

　　《唐書・許孟容傳》:"李絳與孟季同舉進士,爲同年。"劉禹錫《送人赴舉詩序》:"今人以借升名爲同年(編者按:奪友字),其語熟見,搢紳者皆道焉。"杜荀鶴《試後别人》詩:"同年俱是長安客。"(《恒言廣證》卷四 P64)

　　《國史補》:"俱捷謂之同年。"徐夤《贈垂光》詩:"他時黄閣調元處,莫忘同年射策人。"《蘇軾傳》:"通家不隔同年面,得路方知異日心。"許渾詩:"甘心不及同年友。"又東坡詩:"吾州同年友,粲若琴上心。"《日知錄》:"今人以同舉爲同年。唐憲宗問李絳曰:'人於同年,固有情乎?'對曰:'同年乃九州四海之人,偶同科第或登科,然後相識,情於何有?'然穆宗欲誅皇甫鎛,而宰相令狐楚、蕭俛以同年進士保護之矣。"案:《吳志・周瑜傳》言堅子策與瑜同年,《步騭傳》言與廣陵衛旌同年,此當是年齒之年。(《稱謂錄》卷八 世誼 P47)

　　參見［打髨毬］。(《通雅》卷二十 P743)

　　參見［髨毬］。(《里語徵實》卷中上 二字徵實 P34)

【同室】 tóngshì　閩俗,家已有室而再娶妻,謂之同室。(《稱謂錄》卷五 妻 P7)

【同火】 tónghuǒ　《南史・孝義傳》:"十人同火。"《通典》:"(凡立軍……二列爲火)有死於行陣者,同火收其屍。"(《恒言錄》卷二 P31)

【吊】 diào　若置之,若不置之,似有係焉者。又,或與而不必與,不盡與也,曰吊。(《客座贅語》卷一 詮俗 P7)

【吊卷】 diàojuàn　官府取文書曰吊卷,或曰吊錢糧。(《客座贅語》卷一 辨訛 P4)

【吊錢糧】 diàoqiánliáng　參見［吊卷］。(《客座贅語》卷一 辨訛 P4)

【吃口令】 chīkǒulìng　見元李冶《古今黈》"勾當"條。今俗訛爲急口令。(《直語補證》P27)

【吃吃】 qīqī　《飛燕外傳》:"吃吃笑聲不止。"案:吃吃,傾笑聲。今諺謂笑不大聲曰吃吃。(《吳下方言考》卷十二 P15)

【吒】zhà　痛惜曰吒。(《通俗文》釋言語上 P14)

【向】xiàng　已也。向得爲已者，向，往也，往，已然者也，轉相訓。《後漢書·段熲傳》："本規三歲之費，用五十四億。今適朞年，所耗未半，而餘寇殘盡，將向殄滅。"梁簡文帝《謝竹火籠啓》："池水始浮，庭雪向飛。"《吳志·華覈傳》："軍興已來，已向百載。"已向，重言也。(《助字辨略》卷四 P225)

通與"儻"意。韓退之《進平淮西碑文表》："向使撰次不得其人。"(《方言藻》卷一 P6)

【向上】xiàngshàng　已上也。白香山詩："得作羲皇向上人。"(《助字辨略》卷四 P225)

白香山詩："得作羲皇向上人。"……向上，已上也。(《方言藻》卷一 P6)

【向前】xiàngqián　已前也。許棠詩："難問開元向前事。"(《助字辨略》卷四 P225)

許棠詩："難問開元向前事。"……向前，已前也。(《方言藻》卷一 P6)

【向寒】xiànghán　十月，説與百姓每："天氣向寒，都着上緊種麥。"(《宛署雜記》卷一 P2)

【向火乞兒】xiànghuǒqǐ'ér　諂人趨炎附勢曰向火乞兒。張九齡見朝士趨附楊國忠以求官，語人曰："此曹皆向火乞兒，一旦火盡灰冷，當凍裂肌膚，暴骨溝中矣。"(《俚言解》卷一 3P5)

【后土】hòutǔ　參見[土地]。(《通俗編》卷十九 P415)

【后筵】hòuyán　古宴禮猶今之后筵。(《言鯖》卷下 P1)

【合下】héxià　先儒……每言合下如何，猶吳俗言一落之意。(《言鯖》卷上 P3)

【合卓】hézhuō　(《通鑑》)注云："槕，牀也。江南呼几案之屬爲卓牀，卓，高也，以其比坐槕、卧槕爲高也。合槕猶言合卓也。"(《札樸》卷六 覽古 P174)

【合作】hézuò　參見[當家]。(《通俗編》卷二十一 P464)

【合同】hétóng　《周禮·天官·小宰》："聽稱責以傅別，聽買責以質劑。"注云："傅別，謂爲大手書於一札中，字别之。質劑，謂書二札，同而別之。"又，《秋官·朝士》："凡有責者，有判書以治。"疏云："半分而合者，即質劑、傅別，分支合同，兩家各得其一者也。"按：今人產業買賣，多于契背上作一手大字，而于字中央破之，謂之合同文契。商賈交易，則直言合同而不言契。其制度稱謂，由來俱甚古矣。(《通俗編》卷二十三 P522)

【合子】hézǐ　參見[角子]。(《越言釋》卷上 P19)

【合昏】héhūn　參見[夜合花]。(《目前集》後卷 P2148)

杜子美《佳人》詩云："合昏尚知時，鴛鴦不獨宿。"合昏，即合歡，葉至暮即合，今夜合花是。(《墨莊漫錄》)(《唐音癸籤》卷二十 P178)

【合是】héshì　陸游詩："此身合是詩人未？細雨騎驢入劍門。"則合是二字，亦唐宋人方言也。(《方言藻》卷一 P2)

【合歡】héhuān　參見[夜合花]。(《目前集》後卷 P2148)

【合煞】héshā　參見[撞煞]。(《客座贅語》卷一 方言 P12)

【合適】héshì　參見[如適]。(《通俗編》卷十 P211)

【合鬧】hénào　即今俗云混鬧也。魏泰《東軒筆錄》："慶歷中，西師未解，晏元獻公殊爲樞密使，會大雪，歐陽文忠公與陸學士徑同往候之，遂置酒於西園。歐陽公即席賦《晏太尉西園賀雪歌》，其斷章曰：'主人與國共休戚，不惟喜悦將豐登。須憐鐵甲冷徹骨，四十餘萬屯邊兵。'晏深不平之。嘗語人曰：'昔日韓愈亦能作言語，每赴裴度會，但云："園林最勝事，鐘鼓樂清時。"却不曾如此合鬧。'"(《直語補證》P31)

【吸】xī　徐吞而取其嘗(嘗通作貨)曰吸。(《客座贅語》卷一 詮俗 P7)

參見[吒]。(《越言釋》卷上 P17)

【吸嗽】xīshuò　上歃邑反。《廣雅》云："吸，飲也。"《毛詩傳》："引氣也。"《説文》："息也，從口及聲。"下雙捉反。(《一切經音義》卷九十四 5P3537)

【吸笛】xīdí　喜笑。(《墨娥小錄》卷十四 P6)

【名工】mínggōng　贊語。《周禮·攷工記》"國工"注。又韓安國《几賦》。(《越諺》卷

中　賤稱 P13）

【名士】míngshì　《月令》"聘名士"，鄭注：
"名士，不仕者。"（《越諺》卷中　尊稱 P13）

【名帖】míngtiě　參見[手本]。（《通俗編》
卷九 P187）

【名甥】míngshēng　李商隱詩："乞墅有名
甥。"（《稱謂錄》卷八　姊妹之子 P8）

【名紙】míngzhǐ　名紙之始，高承《事物紀
原》云："《釋名》曰：'書名字于奏上曰刺。'
後漢禰衡，初遊許下，懷一刺。既無所之
適，至于刺字漫滅。蓋今名紙之制也。則
名紙之始。起于漢刺也。"……予以爲不
然，蓋《禰衡傳》只言刺，不言名紙。雖名紙
爲刺之變，然高説無所據。予按：梁何思澄
終日造謁，每宿昔作名紙一束，曉便命駕，
朝賢無不悉狎。蓋名紙始見于此。（《能改
齋漫錄》卷二 P23）

　　古者削竹木以書姓名，故謂之刺；後人
以紙書，故謂之名紙。總之曰謁。唐李德
裕爲相貴盛，人務加禮，因改曰門狀。又，
孫光憲謂大中間，薛保遜爲擧場頭角，人皆
體倣，方爲門狀云。（《雅俗稽言》卷十二
P3）

　　《開天遺事》："長安平康坊，妓女所居，
每年新進士以紅箋作名紙，游謁其中。"《霏
青日札》："古者削竹木以書姓名，故曰刺；
後以紙書，謂之名紙，嘉靖初，士夫名紙不
過用白錄如兩指闊，近者官司年節，悉以大
紅紙爲拜帖矣。"按：今惟常往來客，遇主人
他出，或畱名紙，其闊仍僅二三指也。（《通
俗編》卷九 P186）

【各各】gègè　《説文》云："（各），異詞也。"
……各各，重言也。《後漢書·劉盆子傳》：
"各各屯聚。"《吳志·甘寧傳》注："時諸英
豪，各各起兵。"（《助字辨略》卷五 P268）

【各官人】gèguānrén　參見[阿官]。（《越
諺》卷中　尊稱 P12）

【盲】máng　音茫。揚子《方言》："沅澧之間
使之不肯，答曰：'盲。'"案：盲，途遇而不肯
言，其人有急事也。吳中人謂猝遇相訊，彼
此不及言者則目之曰失頭盲腦。（《吳下方
言考》卷二 P1）

【盲觀】mángchuāng　莽唱。壯往不謹。
（《越諺賸語》卷上 P3）

【呀呀】zǐzǐ　紙。鳥。出《集韻》。（《越諺》
卷下　聲音音樂 P18）

【吞聲】tūnshēng　鮑昭詩："吞聲躑躅不敢
言。"按：《五燈會元》普孜、奉能、慧南並有
"飲氣吞聲"語。元人曲作"忍氣吞聲。"
（《通俗編》卷十七 P368）

【呆子】dāizǐ　參見[痴子]。（《越諺》卷中
疾病 P19）

【呆木大】dāimùduò　俗謂不慧者爲呆木
大。駄去聲。《輟耕錄》院本名目有此。
（《直語補證》P11）

【吾兄】wúxiōng　傅咸《贈何劭王濟》詩：吾
兄旣鳳翔，王子亦龍飛。按：稱朋儕曰吾
兄，見簡帖甚多，入詩僅見。（《通俗編》卷
十八 P401）

【咂】zā　入口曰咂。（《通俗文》釋言語上
P9）

　　　　齧屑也。（慧琳《經律異相二十音義》）
（《埤蒼》P4）

【咂嗽】zāshuò　子盍反。《通俗文》："入口
曰咂。"下又作嗍，同。所角反。《三蒼》：
"嗽，吮也。"《通俗文》："含吸曰欶也。"（《一
切經音義》卷七十四 8P2926）

【咂欶】zāshuò　上咨荅反。《埤蒼》云：
"咂，齧屑也。"《考聲》："咂，嗍也。"《韻略》：
"咂，入口也。"《説文》："銜也。從口帀聲。
或作嘈也。"下雙捉反。《考聲》云："欶，吮
也。"《（編者按：當補"韻"）略》云："口喻
也。"案：欶字蚊虫衆咂欶也。從欠束聲。
經文作嗽，俗字也。（《一切經音義》卷七十
八 15P3096）

【否】pǐ　不遇而貧，若不幸而禍也，曰否。
（《客座贅語》卷一　詮俗 P8）

【吪瑠璃】fèiliúlí　上扶癈反，次力鳩反，下
音離。梵語寶名也。或音毗瑠璃，或但云
瑠璃，皆訛略聲轉也。須彌山南面是此寶
也。其寶青色，瑩微有光，凡物近之，皆同
一色。帝釋髻珠，云是此寶。天生神物，非
是人間鍊石，造作焰火所成瑠璃也。（《一
切經音義》卷一 18P71）

【呢呢】pìpǐ　匹。唾。《玉篇》。（《越諺》卷
下　聲音音樂 P18）

【呃】è　氣逆曰呃。於革切。《正字通》："方
書有呃逆症，氣逆上沖作聲也。"（《里語徵
實》卷上　一字徵實 P10）

【呃逆】ènì　參見[餘痞]。（《越諺》卷中　疾
病 P20）

【吵】chǎo 參見[謅]。(《越諺》卷下 單辭隻義 P8)

【咟】huò 獲。吐聲。出《川篇》。(《越諺》卷下 聲音音樂 P17)

【吽嚇】hǒuhè 上呼口反。賈逵云:"吽,呼也。"《聲類》:"嗥也。"《古今正字》:"從牛口聲。"亦作㸰或作呴。譜作吼,俗字也。下赫亞反。鄭箋《詩》云:"以口非人謂之嚇。"《埤蒼》:"哮嚇,大怒也。"《古今正字》:"從口赫聲。"(《一切經音義》卷七十七 4P3040)

【告化子】gàohuāzǐ 男丐。(《越諺》卷中 惡類 P15)

【呂兒】lǚ'ér 做口。(《墨娥小錄》卷十四 P8)

【听听】yǐnyǐn 音銀。《司馬相如傳》:"無是公听然而笑。"案:听,喜笑貌。今諺謂喜笑爲听听。(《吴下方言考》卷四 P9)

【㕮咀】fǔjǔ 方父反,又音撫。下側呂反。謂以物拍碎也。(《一切經音義》卷二十八 7P1114)

《本草·序例》上"㕮咀"二字,乃是粗末中吹去細末令均,故字从口。謂此亦未當,不若今細切之㕮咀吹者之調和也,其文亦易曉。臣禹錫等看詳㕮咀,卽上文細切之義,與唐註商量斟酌,胥失之矣。《序例》中又謂有含味之意,亦非,此蓋又不與韓文"含英咀華"同也。(《七修類稿》卷二十二 P331)

【吟蛩】yínqióng 蟋蟀,一名吟蛩,秋初生,得寒乃鳴。濟南人謂之嬾婦。(《蘇氏演義》卷下 P30)

【含利獸】hánlìshòu 梁元帝《纂要》:"秦漢有怪獸含利之戲。"張衡《西京賦》:"含利颬颬,化爲仙車。"薛綜注云:"含利,獸名,性吐金,故曰含利。"按:"含利"之狀,諸書未詳,而俚俗春帖有若狻猊之屬,張口吐金,與搖錢樹、金銀山、聚寶盆交錯並列,蓋以意爲其象耳。(《通俗編》卷二十三 P510)

【含胡】hánhú 《唐書·顔杲卿傳》:"祿山斷其舌,曰:'復能罵否?'杲卿含胡而絶。"《陸贄傳》:"論西北邊守,朝廷每爲含糊,未嘗窮究曲直。"又,《文選·洞簫賦》有"唅呣"字。(《通俗編》卷十七 P377)

《唐書》:"安錄山斷顔杲卿舌曰:'復能罵否?'杲卿含胡而死。"(《邇言》卷一 P14)

《唐書》:"安祿山斷顔杲卿舌曰:'復能罵否?'杲卿含胡而絶。"按:胡,頷下肉也,斷舌故憤氣含於胡。坡詩"臧否兩含胡"。俗作"糊",非。(《常語尋源》卷上甲册 P193)

【含胎花】hántāihuā 參見[荳蔻]。(《唐音癸籤》卷二十 P179)

【含脂蟇】hánzhīmá 曩在京師,孔定州招食含脂蟇,是關東蝦蟇腹中脂也。後看《太平寰宇記》,亦云關東食此物。案:《説文》:"鼃,水蟲也。薉貉之民食之。"《集韻》:"䵷鼃,鼃類,似蜘蛛,出遼東,土人食之。"又,"䵷鼃似鼅,出遼東。"又,"鼅鼄似䵷鼃,肉美多膏。"馥謂所食卽鼅鼄也。(《札樸》卷五 覽古 P167)

【含糊】hánhú 參見[含胡]。(《通俗編》卷十七 P377)

【吹】chuī 慣依人而得財若飲食曰吹。(《客座贅語》卷一 詮俗 P7)

【吹嘘】chuīxū 《方言》:"吹,助也。"注云:"吹嘘,相佐助也。"《北史》:"盧思道曰:'翦拂吹嘘,長其光價。'"(《通俗編》卷十三 P286)

【吺】dōu 兜。言未及而輕出言。从《説文》。(《越諺》卷下 單辭隻義 P9)

【吺誻】dōutà 言語煩瑣謂之吺誻,音兜答。《集韻》注:"多言也。"又,行事纏繞曰挽搭,言其不斷截也。夷人之服名氀毼,亦音兜答,《秋林伐山》謂:"今人稱性劣者爲氀毼。"又云:"此語不知何解。"余謂《秋林伐山》豈以音同而誤耶?(《俚言解》卷一 38P22)

吺誻音兜搭,言語煩瑣也。《集韻》注:"多言也。"又,行事纏繞曰吺誻。此與夷人之服名氀毲亦音兜搭者異義。《藕林伐山》謂:"今人稱性劣者爲氀毲。"又云:"此語不知何解。"豈《藕林伐山》以音同而誤耶?(《雅俗稽言》卷十七 P15)

語言纏擾曰吺誻。吺誻音兜搭,多言也。又行事摻擾曰"吺誻",見《集韻》。(《方言瑣辨》)(《里語徵實》卷中下 二字徵實 P14)

【吙】huō 吐氣曰吙。吙,火平聲,音似靴。(《蜀語》P22)

【呌曲】jiàoqǔ (古之歌者)聲無含韞者,名

曰叫曲。(《雅俗稽言》卷十四 P15)

【叫龍】 jiàolóng 笛。(《墨娥小錄》卷十四 P5)

【君】 jūn 《漢孔耽碑》,其子手自注石,稱耽爲君。又《顏君家廟碑》,魯公自撰,篇中皆稱君。是人子自稱其父爲君也。(《稱謂錄》卷一 子稱父 P11)

　　參見[丞]。(《詢蒭錄》P1)

【吧呀】 bāxiā 諠爭曰吧呀。(《札樸》卷九 鄉里舊聞 鄉言正字附 雜言 P330)

【吼】 hǒu 越諺:"朝日吼,不到晝。"……"吼"字不可解。西河毛氏引之作"朝日鬱",則更不可解。夫此物曰"虹",曰"蜺",曰"蝃蝀",亦有呼之爲"蝃"者。……至其所以爲"吼"者,……今臆之,當是"吸"字。蓋虹之在天而下屬於地,如龍之吸水然,而越人讀"吸"爲"喝","喝"之轉音爲"吼",故俗每言"龍吼水",如小兒之吼食,螞蝗之吼血。凡此之"吼",皆當爲"吸"。(《越言釋》卷上 P17)

【咕嚨】 gūlóng 《廣韻》:"嚨,嗔,語出《字林》。"《集韻》:"或从言作讄。語不明也。"咕字不見字書。唯元吳昌齡《斷風花雪月》曲有"咕嚨"語。(《通俗編》卷十七 P376)

【呵】 hē 阿承顯富曰趨,曰呵。(《客座贅語》卷一 辨訛 P6)

　　貧家一切鮭菜之類,宿食未了,架竹於飯上蒸之,不曰"呵一呵",則曰"欠一欠"。此越語之最無理而四方傳以笑者。(《越言釋》卷下 P32)

【呵坡兒】 hēpōr 殼。(《墨娥小錄》卷十四 P4)

【呵呵】 hēhē 呵,火平聲。今俗作書及可笑事便云呵呵,出《石季龍載記》:"石宣殺弟石韜,乘素車,從千人臨韜喪,不哭,言呵呵。"似胡語也。(《雅俗稽言》卷十七 P13)

【呵欠】 hēqiàn "君子欠伸",《曲禮》、《少儀》皆有注:"氣乏則欠,體疲則伸。"此解極是。蓋欠卽俗云呵欠,聲從口出,人失睡多有此症,此氣乏之驗。伸卽俗云伸懶腰,人受拘倦則有此症,此體疲之驗。乃《諸經解嘿》謂"總是體疲倦,不能舒展",反病注解爲非,何也?(《雅俗稽言》卷二十四 P7)

【唓嘛酒】 zāmájiǔ 參見[箭酒]。(《蜀語》P38)

【唓酒】 zājiǔ 參見[箭酒]。(《蜀語》P38)

【唓食】 zāshí 咨臘反。《考聲》:"嘲也。"淺入口而味之也,從口帀聲也。……經文作嗲。(《一切經音義》卷十三 11P495)

【吥叭】 pīpā 响聲曰吥叭。《篇海》:"吥音丕。"《字彙》:"相爭之聲也。"《集韻》:"叭,普八切,音汃,聲也。"(《里語徵實》卷中下 二字徵實 P19)

【呾】 dá 音榻。韓昌黎《張徹墓誌銘》:"我銘以貞之,不肖者之呾也。"案:呾,怒而不然之辭,亦相輕之聲也。吳中輕人則哂曰呾。(《吳下方言考》卷十一 P2)

【呻喚】 shēnhuàn 今痛而呻者江南俗謂之呻喚。關中俗謂之呻哃,音同。(《匡謬正俗》卷六 P63)

　　通喚、呻喚,轉爲生含。小顏《正俗匡謬》曰:"太原俗呼痛而呻吟爲通喚,《周書》'痛瘝'是其義,江南謂呻喚,關中謂呻哃。"今江北謂痛楚作聲爲生含。(《通雅》卷四十九 P1440)

【呻哃】 shēntōng 參見[呻喚]。(《匡謬正俗》卷六 P63)

　　參見[呻喚]。(《通雅》卷四十九 P1440)

【哣】 yāng 鷹聲曰哣。(《札樸》卷九 鄉里舊聞 鄉言正字附 雜言 P330)

　　參見[訣]。(《通俗編》卷十七 P375)

【呪幻】 zhòuhuàn 誦咒驅策幻惑迷人。(《一切經音義》卷二十五 12P974)

【喎】 wāi 口戾不正曰喎。喎音歪。《曹瞞傳》:"敗面渦口。"宜用"歪"字爲是。渦,乃洄流之水也。(《蜀語》)(《里語徵實》卷上 一字徵實 P8)

【咋】 zǎ 《廣韻》咋,音如詐,訓曰"語聲"。按:杭州人凡有所急問,輒曰:"咋?"蓋以甚讀如舍,而又以作舍二字反切爲咋也。(《通俗編》卷三十三 P736)

【和】 hé 猶云并也。王仲初詩:"和雪翻營一夜行。"(《助字辨略》卷二 P87)

　　《南詔傳》云:"夷語山坡陀爲和。"案:開元末,南詔逐河蠻取大和城;貞元十年,韋皋敗吐蕃、克峨和城;施浪詔居苴和城;施各皮據石和城;西爨有龍和城;南詔碑、石和子、丘遷和,皆羌夷稱和之證。蒼山有草,類芹,紫莖,辛香可食,呼爲高和菜,亦

南詔舊名。(《札樸》卷十　滇游續筆 P335)

　　和，猶云并也。王仲初詩："和雪翻營一夜行。"(《方言藻》卷二 P14)

【和上】héshàng　案：五天雅言，和上謂之塢波地耶。然其彼土流俗謂和上殟社，于闐、疏勒乃云鶻社，今此方訛音謂之和上。雖諸方舛異，今依正釋，言塢波者，此云近也；地耶者，讀也。言此尊師爲弟子親近習讀之者，舊云親教是也。(《一切經音義》卷二十二 1P823)

　　《唐比丘尼惠源志銘》曰："大唐濟度寺故大德比丘尼惠源和上神空志銘"，是尼亦稱和上。《廣異記》："大歷時，某寺尼令婢往市買餅，朱自勸問云：'汝和尚好否？'又云：'聞和尚未挾纊，今附絹二匹，與和尚作寒具。'婢承命，持絹授尼。"是唐時俗稱皆然。(《稱謂錄》卷三十一 尼 P18)

【和尚】héshàng　《晉書・佛圖澄傳》："法常與法佐對車夜談，言及和尚。比旦，佐入見澄，澄已知之。于是國人每相語曰：'莫起惡之，和尚知汝。'"按：此二字見正史之始也。《魏書・釋老志》："浮圖澄爲石勒所宗信，號爲大和尚。""大和尚"又始見此。《翻譯名義》："和尚，外國名。漢言知有罪，知無罪也。"(參見[師姑]條)(《通俗編》卷二十 P445)

　　男出家落髮者。《晉書・佛圖澄傳》始見"大和尚"。《魏書・釋老志》。(《越諺》卷中 賤稱 P14)

【和合】héhé　《周禮・地官・媒氏》疏："三十之男，二十之女，和合使成婚姻。"《易林》："使媒求婦，和合二姓。"按：二字見《周禮》注疏尤多，《地官・調人》註："調，猶和合也。"《夏官・合方氏》疏："合方，當使天下和合。"《秋官・掌交》注："有欲相與修好者，則爲和合之。"(《通俗編》卷十 P210)

【和姦】héjiān　《唐律》："和姦無婦女罪名。"《疏議》："和姦謂彼此和同者。"《五代會要》："其犯和姦者，男子婦人並準律科斷。"(《恒言廣證》卷四 P67)

【和羅】héluó　梵語也。唐言威德也。(《一切經音義》卷十一 17P433)

【和頭】hétóu　《玉篇》有耕，胡戈切；《廣韻》作烿，皆云棺頭。蓋與和通用也。又《漢書・酷吏傳》："何所求死子，桓東少年場。"注云："陳宋之間，言桓聲如和，今人稱棺前

後曰和頭，亦轉音曰桓頭。"(《通俗編》卷二十六 P584)

　　(和，去聲)棺前後曰和頭。(《土風錄》卷四 P212)

【命命鳥】mìngmìngniǎo　梵音耆婆耆婆鳥。此云命命，據此即是從聲立名，鳴即自呼"耆婆耆婆"也。(《一切經音義》卷四 13P162)

【命根】mìnggēn　《華嚴經》："如人護身，先護命根。"《種樹書》："凡花木有直根一條，謂之命根。"(《通俗編》卷三十 P662)

【呼】❶hè　去聲。《左傳》："商臣享江芊而不敬，江芊怒曰：'呼，役夫！'"案：呼，聲色俱怒也。今吳中盛怒於人則曰呼。又，變色貌。吳中謂卑幼起怒容曰呼起面。(《吳下方言考》卷八 P10)

　　❷hū　元微之詩："放體階前呼。"案：呼，鼻息也。吳中謂鼾聲曰打呼。(《吳下方言考》卷三 P2)

【呼嗔】hūchēn　側頭狠怒曰呼嗔。(《燕山叢錄》卷二十二 長安里語 言語 P9)

【呼撒】hūsǎ　叫。(《墨娥小錄》卷十四 P6)

【呼哹】hūbào　猶呼暴也。《灌夫傳》："讛服謝罪。"注："晉灼音服爲哹。"哹與《考工》薛暴之暴同聲，音弼角切。關西俗謂小兒啼呼曰呼哹。(《通雅》卷五 P219)

【呼起面】hèqǐmiàn　參見[呼]。(《吳下方言考》卷八 P10)

【哹】è　影霍切，惡。相呵拒也。(《越諺》卷下 發語語助 P20)

　　《字彙補》音惡，相呵拒也。越人喝止，詫異聲。《音學》。(《越諺》卷下 聲音音樂 P18)

【吟】rě　答應曰吟。音惹。今之稱"吟"，若古之稱"諾"，見《禮記・曲禮》"父召無'諾'"疏。又作"喏"，音全。《淮南子・道應訓》："子發曰：'喏！不聞其詞而遣之。'"(《里語微實》卷上 一字微實 P10)

【周年】zhōunián　《晉書・禮志》："泰始二年八月，詔曰：'此上旬先帝棄天下日也，便以周年。'"'周年'二字見此。其以代小祥之稱，則見于《明會典》。《留青日札》："今小兒生曰'周歲'，死者曰'周年'，吉凶之稱，未嘗混也。所謂推步起戌，故以歲爲始也。'周年'即'期年'，唐明皇諱隆基，故改

爲‘周年’。”(《通俗編》卷九 P198)

　　《留青日札》:“周年卽期年。唐明皇諱
隆期,故改爲周年。”(《恒言廣證》卷五
P74)

　　人死一年也。《晉書·禮志》泰始二年
見此二字,實卽“期年”耳。(《越諺》卷中
時序 P6)

【周堂】zhōutáng　陸泳《吳下田家志》:“嫁
娶、下葬,皆忌周堂不通。”按:陸泳,宋人。
其說似卽起于宋。(《通俗編》卷二十一
P471)

【周歲】zhōusuì　小兒生一年也。不與凶稱
“周年”相混。《留青日札》同。(《越諺》卷
中　時序 P6)

【周歲】zhōusuì　參見[周年]。(《通俗編》
卷九 P198)

【周晬】zhōuzuì　《玉壺野史》:“曹彬周晬
日,左手提戈,右手取俎豆。”(《恒言廣證》
卷五 P73)

【周羅】zhōuluó　此譯云小也,謂小髻也。
(《一切經音義》卷七十三 9P2887)

【周覽】zhōulǎn　來敢反。《考聲》:“歷視,
周遍觀覽也。”《一切經音義》卷四 18P172)

【周遮】zhōuzhē　白樂天詩:“周遮説話長。”
元稹詩:“濯錦莫周遮。”方言也。唐寅詩:
“周遮燕語春三月。”則周遮又可作燕聲。
(《方言藻》卷二 P21)

　　周讀如知。白香山詩:“周遮説話長。”
案:周遮,高言也。吳中謂高聲談論爲周
遮。(《吳下方言考》卷四 P6)

【呴】hǒu　音吼。《論衡》:“天怒,呴吁之聲
也。”案:呴,怒氣也,吳中謂懷怒欲發曰呴。
氣亦曰呴極了。(《吳下方言考》卷十 P3)

【咆咻】páoxiū　《詩·大雅》:“女炰休于中
國。”音若庖哮。一作咆咻。左思《魏都
賦》:“吞滅咆咻。”注云:“猶咆哮,自矜健之
貌也。”《廣韻》謂“咆哮”熊虎聲。(《通俗
編》卷十七 P376)

【咆哮】páoxiào　參見[咆咻]。(《通俗編》
卷十七 P376)

【杏】pǒu　《説文》:“相與語唾而不受也,从
丶,从否。”卽音字,又,歌欪同。《廣韻》竝
載之。其《集韻》“啡”字訓唾聲,止狀其聲
耳,非相爭而唾之聲。音雖同,別一字也。
(《直語補證》P17)

【呢】·ni　《商君書》用此爲相問餘辭,釋典
作聾。《傳燈錄》:“慧忠問南泉曰:‘背後底
聾?’慧覺問宋齊邱曰:‘著不得底聾?’”
(《通俗編》卷三十三 P748)

　　“呢”字《商君書》用爲相問餘辭。釋典
作“聾”。《傳燈錄》:“慧忠問南泉曰:‘背後
底聾?’慧覺問宋齊邱曰:‘着不得底聾?’”
(《越諺》卷下　發語助 P21)

【咄唶】duōjiè　曹子建《贈白馬王詩》:“自
顧非金石,咄唶令心悲。”李善云:《説文》:
‘咄,叱也。’《聲類》:‘唶,大呼也。言人命
叱呼之間或至夭喪也。’”(《札樸》卷五　覽
古 P152)

【咄嗟】duōjiè　(葉石林)謂:“孫楚詩有咄
嗟安可保之語,咄嗟猶呼吸,晉人一時語
耳。”(《雅俗稽言》卷九 P13)

　　《晉書·石崇傳》:“嘗爲客作豆粥,咄嗟
便辦。”案:左思《詠史》詩:“俛仰生榮華,咄
嗟復凋枯。”此言蘇秦、李斯忽而榮華,忽而
凋枯也。《莊子》:“其疾也,俯仰之間,再撫
四海之外。”王逸少《蘭亭敘》:“俯仰之間,
以爲陳迹。”曹子建《翔風》詩:“別如俯仰,
脱若三秋。”陶淵明《讀山海經》詩:“俯仰終
宇宙,不樂復何如。”馥謂:“咄嗟便辦”,猶
言一呼卽至耳。豆粥難成,惟崇家立具,稱
其疾也。曹子建《贈白馬王》詩:“自顧非金
石,咄唶令心悲。”李善云:《説文》:‘咄,叱
也。’《聲類》:‘唶,大呼也。言人命叱呼之
間或至夭喪也。’”李密謂楊玄感曰:“若決
機兩陣之間,暗嗚咄嗟,使敵人震慴,密不
如公。”(《札樸》卷五　覽古 P152)

【咄諾】duōnuò　司空圖《耐忍居士歌》:“咄
諾休休莫莫。”咄,拒物之聲。諾,敬言也。
圖隱身不出,其本懷姑爲擬議之辭,先叱
之,隨諾之,因以休休莫莫自决耳。(《唐音
癸籤》卷二十三 P206)

【哈】hāi　《廣韻》:“哈,笑也,呼來切。”胡注
《通鑑》:“哈,呼來翻。楚人謂相啁笑曰
哈。”案:古無此字,蓋卽“嗐”之異文。(《札
樸》卷三　覽古 P91)

【哈臺】hāitái　音蚩他。《世説》:“許璪於
王丞相帳,哈臺大鼾。”案:哈臺,睡中鼻息
聲也。吳中形鼾睡聲曰哈臺。(《吳下方言
考》卷四 P6)

【昧】lěi　賴。所行所言不爲憑也。《篇海
類編》。(《越諺》卷下　單辭隻義 P8)

【哇歌】wāgē　上亞佳反。《蒼頡篇》云：
“哇，謳也。”《聲類》：“佌也。”《説文》：“調聲
也，從口圭聲。”亦作欥。（《一切經音義》卷
八十七 2P3359）

【哄堂】hōngtáng　《海録碎事》：“唐制，三
院上堂絶言笑。雜端大笑，則合坐皆笑，謂
之哄堂。”（《通俗編》卷二十四 P529）

【哄師】hōngshī　《隋書・百官志》，鼓吹署有
哄師二人。（《稱謂録》卷二十九 歌 P20）

【哄瞜】hǒnglòu　哄，烘上聲；瞜，漏。以言
餂之。（《越諺賸語》卷上 P4）

【咠咠唶唶】qìqìchāchā　七插。附耳低
言。《詩》：“咠咠幡幡。”（《越諺》卷下 重文
疊韻 P7）

【哦】xù　許，去、平兩聲。使犬。从《集韻》。
（《越諺》卷下 聲音音樂 P18）

【咻】lòng　弄。行房事之通稱。出《玉篇》。
（《越諺》卷下 單辭隻義 P9）

【呰毀】zǐhuǐ　上兹此反，吳音子尒反。鄭
玄注《禮記》曰：“口毀曰呰。”《説文》云：
“呰，呵也。”……下暉鬼反。《尒雅》：“毀，
壞也。”《蒼頡篇》云：“毀，破也。”顧野王曰：
“毀，猶損也。內損曰毀，外損曰傷。”《説
文》云：“毀，缺也。”（《一切經音義》卷五
14P204）

【峒嘡】tóngtáng　大言曰峒嘡，音同唐。
《玉篇》：“妄語也。”《廣韻》：“峒嘡，大言。”
（《燕説》卷一 P3）

【品子】pǐnzǐ　孟郊詩：“品子懶讀書，輟駒
難服犁。”品子，仕宦子弟也。（《稱謂録》卷
二十五 大員子女 P3）

【品理】pǐnlǐ　今市井常語。凡是非不能判
決，則集衆議以折服之，謂之品。此字義不
見經傳，惟《廣韻》“品”字注：“兩口生訟，三
口乃能品量。”是此語所本。（《直語補證》
P46）

【品渃】pǐnzhǎo　參見［品藻］。（《言鯖》卷
上 P18）

【品藻】pǐnzǎo　品藻，水苔名。一名品渃，
以渃形如品字也。今人言有鑑別者，借爲
品藻之名，言如苔之有文藻也。（《言鯖》卷
上 P18）

【咽切】yèqiè　杜牧之詩：“戍遼雖咽切，遊
蜀亦遲迴。”（《語實》P139）

【咻】xiū　見《孟子》。今俗以言哄誘人曰

咻，作去聲。疑卽此字。（《直語補證》
P27）

【咱】zán　參見［么］。（《通雅》卷四十九
P1467）

【咱的】zá·de　怎么曰咱的。（《燕山叢録》
卷二十二 長安里語 言語 P9）

【哈】hā　《淮南子》：“奭兒、易牙，淄澠之水
合者，嘗一哈水而甘苦知矣。”注：“哈，口
也。”今人亦以吸水爲“哈”。《説文》：“呷，
吸呷也。”（《越言釋》卷上 P23）

【哈哄】hāhōng　參見［欱欱］。（《客座贅
語》卷一 方言 P11）

【咯】kā　參見［㲉］。（《越諺》卷下 單辭隻
義 P12）

【哆】chǐ　張口曰哆。音撦。《集韻》：“緩唇
也。”《廣韻》：“唇下垂貌。”《詩・小雅》：“哆
兮侈兮。”又，王惲《食鱸魚》詩：“口哆頰重
出，鱗鮮雪爭光。”（《里語微實》卷上 一字
微實 P8）

【哆囉麻】duōluómá　參見［波羅麻］。（《土
風録》卷十三 P319）

【咬翅】yǎochì　鴨。（《墨娥小録》卷十四
P4）

【哀子】āizǐ　參見［孤哀子］。（《越諺》卷中
倫常 P10）

【咻】zhōu　呼雞曰咻。音周。本作“咮”，呼
雞也。皇甫松《大隱賦》：“養牛不乖，生雞
懶咮。”……施堅吾詩：“遺卻白雞呼咮咮。”
（《里語微實》卷上 一字微實 P10）

【哏】hěn　《元典章》有“哏不便當”語。按：
哏字未見于諸字書，而其辭則至今承之，如
哏好、哏是之類。度其義，當猶云甚耳。世
俗不知，或欲以很字當之，則無義解。（《通
俗編》卷三十三 P733）

【喊唤】xièhuàn　呼戒反。《韻集》作喊。
喊，呵也。《蒼頡訓詁》作唊，恚聲也。《通
俗文》作誻，大語也。喊猶喊，呭、唤、喊皆
是也。（《一切經音義》卷七十三 4P2877）

【哥】gē　《舊唐書・讓帝憲傳》：“册斂之日，
元宗出手畫置靈座前曰：‘大哥孝友，近古
莫儔。’”又云：“大哥嫡長，合當儲貳。謂之
手足，惟有大哥。”元宗又有《同玉真公主過
大哥園池》詩。張九齡詩序云：“上幸寧王
第，敍家人禮，上曰：‘大哥好作主人。’”《酉
陽雜俎》：“帝亦呼寧王爲寧哥。”《五代史・

伶官傳》："孔謙兄事伶人景進，呼爲八哥。"
按："哥"本古"歌"字，無訓兄者。《廣韻》始
云"今呼兄爲哥"，則此稱自唐始也。《晉
書•西戎傳》："吐谷渾與弟分異，弟追思之，
作《阿干之歌》。"阿干，鮮卑謂兄也。"阿
哥"當即"阿干"之轉。《漢武故事》言西王
母授帝五嶽真形圖，帝拜受，王母命其侍者
曰："四非答哥哥。"此僞書，不足爲據。
（《通俗編》卷十八 P395）

　　《舊唐書•王琚傳》："玄宗泣曰：四哥仁
孝。"稱睿宗也。《棣王炎傳》："惟三哥辨其
罪。"稱玄宗也。案：長安四年《觀世音石像
銘》，中山郡王隆業所造，亦稱睿宗爲四哥，
皆子稱父之詞。互詳父自稱哥哥注。（《稱
謂錄》卷一 子稱父 P1）

　　《漢武故事》："西王母授《五嶽真形
圖》。帝拜受畢，王母命侍者：'四非，答哥
哥！'"此以之稱帝王也。《舊唐書•王琚
傳》："玄宗泣曰：'四哥仁孝成風，惟有太
平！'"睿宗行四故也，此以之稱父。至後
世則"哥哥"不敢施之君父。（《里語徵實》
卷上 一字徵實 P4）

【哥哥】gēgē　父母呼子曰哥哥（注：呼女亦
然）。（《燕山叢錄》卷二十二 長安里語 人
倫 P4）

　　父母呼子曰哥哥，呼女曰姐姐。（《宛
署雜記》卷十七 P193）

　　《淳化閣帖》有唐太宗與高宗書，稱"哥
哥敕"。父對子自稱哥哥，蓋唐代家法如
是。互詳子稱父注。（《稱謂錄》卷一 父自
稱 P15）

　　上"哥"，上聲，下"哥"，平聲。兄也。
按："哥"訓"兄"自《廣韻》始。《舊唐書•讓
帝憲傳》《酉陽雜俎》《五代史•伶官傳》皆
見。稱"哥哥"者，惟《漢武故事》。（《越諺》
卷中 倫常 P8）

　　參見［兄兄］。（《客座贅語》卷一 父母
稱謂 P13）

【哥巴】gē•bo　臂膊曰哥巴（注：叶平聲），
臂膊灣處曰哥巴肘子。（《燕山叢錄》卷二
十二 長安里語 身體 P6）

【哴唬】xiāoxiāo　虎聲謂之哴唬。（《通俗
文》釋鳥獸 P91）

【哱老】xiàolǎo　醋。（《墨娥小錄》卷十四
P5）

【哱】pò　吹聲曰哱。（《札樸》卷九 鄉里舊

聞 鄉言正字附 雜言 P331）
　　吹氣曰哱。哱，普没切。（《燕說》卷四
P5）

　　字。吹氣聲。（《越諺》卷下 聲音音樂
P17）

【哺雞筍】bǔjīsǔn　《吳郡志》有"哺雞竹
筍"，云："以其蔓延如雞之哺子也。"《姑蘇
志》謂之"附筍"，云："俗稱杜園筍。"《蘇府
志》一名"護居"，又有"燕筍"，以燕來時生
也。（《土風錄》卷四 P221）

【嗻嗻】chēzhē　參見［舚沙］。（《通俗編》
卷三十四 P755）

【哨哨然】xiāoxiāorán　《雷青日札》："哨，
音消。今憎人多言不了，曰哨哨然。"（《通
俗編》卷三十五 P769）

【哨鹿】shàolù　參見［由鹿］。（《言鯖》卷下
P24）

【唄】bài　梵讚聲也。（慧琳《五百問事經音
義》）（《埤蒼》P4）

【員外】yuánwài　太宗定額，其後復有員外
置。（《唐音癸籤》卷十七 P157）

　　《舊唐書•李嶠傳》："爲吏部時，志欲曲
行私惠，奏員外官數千人。"《通鑑》："中
宗神龍二年，大置員外官，自京師乃諸州凡
二千餘人，宦官超遷七品以上員外官者又
將千人。"按：時所云"員外"者，謂在正員之
外，大率依權納賄所爲，與今部曹不同，故
有財勢之徒，皆得假借其稱。（《通俗編》卷
五 P98）

　　方回《續古今考》云："南渡前，開封富
人皆稱員外。古之員外，直猶近人之添差，
其稱謂之紊，久矣。"（《通言》卷四 P45）

　　部官上士乃爲員外。常有富民往往稱
員外者，非上士之謂也，其即孔方之意與，
不知者以爲尊之之辭。雜劇、小說因以老
安人配之，殊可捧腹。（《談徵》言部 P66）

　　富翁。《通俗編》引《通鑑》。（《越諺》
卷中 尊稱 P12）

【哯】xiàn　小兒吐乳曰哯。哯音峴。《玉
篇》："不飲而吐也。"《廣韻》："小兒嘔吐
也。"（《里語徵實》卷上 一字徵實 P9）

【哩】mò　欺人曰哩。《五音集韻》：哩音目。
楚人謂欺爲"哩"。俗作"目"平聲，非。
（《里語徵實》卷上 一字徵實 P10）

【哩哩】lìlì　（越人）呼鴨"哩哩"，不可解，不
知"哩"者，來耳。鴨哩哩者，鴨來來耳……

哩者，來音之轉。(《越言釋》卷下 P9)

【啯】kěn 啯，苦本切，口咬也。軫韻。亦作齦，齧也。(《目前集》後卷 P2151)

【唈唍】yìyè 參見[餕瘏]。(《越諺》卷中 疾病 P20)

【唦哥】bāgē 戴侗説"鸜鵒"云："云南人以白者爲鸜鵒，緑者爲鸜哥，然則八哥者，唦哥也。"(《札樸》卷五 覽古 P165)

【唦唦鳥】bābāniǎo 案：《字書》："鸜鵒謂之唦唦鳥。"(《札樸》卷五 覽古 P165)

【唌唾】xiántuò 上祥延反。《説文》："口液也。"下土臥反。(《一切經音義》卷十六 4P599)

【唏呴病】xīhǒubìng 希吼。氣喘喉響無痰。(《越諺》卷中 疾病 P21)

【呼】fú 吹氣聲也。(玄應《陀羅尼雜集經一音義》。慧琳《陀羅尼雜集一音義》。)(《埤蒼》P4)

【哼唧】hēngjī 犨而呻者曰哼唧。(《客座贅語》卷一 方言 P11)

【唐】táng 唐者，空也。《詩》："中唐有甓。"以其在門之內，階之前，露而不屋，故謂之"唐"。今人夾屋而巷者，亦謂之"衖唐"。(《越言釋》卷上 P19)

【唐祭】tāngjì 宗廟之路曰唐，謂設祭於廟之中道，故云唐祭，非堂祭也。(《七修類稿》卷二十三 P351)

【唐突】tángtū 律有唐突之罪。按：漢馬融《長笛賦》曰："濕瀑噴沫，犇遯碭突。"李善注："碭，徒郎切。"以唐爲碭。李白《赤壁歌》云："鯨鯢唐突留餘迹。"劉禹錫《磨鏡篇》云："却思未磨時，瓦礫來唐突。"亦作此唐突字。魏曹子建《牛闘》詩云："行至土山頭，欻起相搪突。"見《太平廣記》。(《能改齋漫錄》卷一 P9)

傏俟，不遜也。單作唐突。《漫錄》曰："律有唐突之罪。"《唐書·柳公綽傳》："敢爾唐突。"周顗曰："何乃刻畫無鹽，唐突西施？"又馬融《笛賦》："犇遯碭突。"又《孔融傳》："揬突宮掖。"又曹子建《牛閗》詩："行彼土山頭，欻起相搪突。"音義皆仝。俗從唐突爲便。突，豚入聲。(《雅俗稽言》卷十七 P14)

律有唐突之罪。劉禹錫《磨鏡篇》云："却思未磨時，瓦礫來唐突。"曹子建《牛闘》詩："行至土山頭，欻起相唐突。"其語盖有自也。(《言鯖》卷下 P18)

《毛詩》鄭箋："豕之性，唐突難禁制。"《後漢書·段熲傳》："羌遂陸梁，覆没營隖，轉相招結，唐突諸郡。"曹植《牛闘》詩："行至土山頭，欻起相唐突。"晉《子夜歌》："小喜多唐突，相憐能幾時。"《晉書·周顗傳》："何乃刻畫無鹽，唐突西施。"《南史·王思遠傳》："吐論縱横，唐突卿宰。"《陸厥傳》："那得此道人，祿蔌似隊父唐突人。"又《漢書·孔融傳》："揬突宮掖。"《文選·長笛賦》："犇遯碭突。""揬"與"碭"，皆"唐"之通用字。按：《困學記聞》云"唐突"見《南史·陸厥傳》，不知其前已多見。(《通俗編》卷十三 P287)

【唐鼠】tángshǔ 《梁州記》："智水北智鄉山，有仙人唐公房祠，有碑一所，廟北有大坑。碑文云：'是其舊宅處，公房舉宅登仙，故以爲坑焉。山有易腸鼠，一月三吐易其腸。束廣微所謂唐鼠者也。'"(《札樸》卷八 金石文字 P275)

【呴】hǒu 吼。牛鳴。《五音篇海》。(《越諺》卷下 聲音音樂 P17)

【唉】āi 哀。慢麿也。且然而未必之辭。見《莊子·知北遊》任屈曰。(《越諺》卷下 發語語助 P20)

【唪】fěng 口高皃。(《廣韻·二腫》云：口高貌，出《埤倉》。)(《埤蒼》P3)

唪，多實貌。《詩》："瓜瓞唪唪。"又，口高貌。崩之上聲。(《目前集》後卷 P2151)

面勃然怒而不解也，曰唪。(《客座贅語》卷一 詮俗 P8)

【啞揖】yǎyī 參見[唱喏]。(《雅俗稽言》卷十四 P14)

【啞羊僧】yǎyángsēng 《大智度論》第三云："啞羊僧者，謂雖不破戒，鈍根無慧，不別好醜，不知輕重，不知有罪；若有僧事，二人共諍，不能斷決。默然無言，譬如白羊，乃至人煞不能作聲，是名啞羊僧。"(《一切經音義》卷二十二 20P861)

【啞羊叱】yǎyángchì 參見[寄褐]。(《稱謂錄》卷三十一 道 P18)

【啞羊障】yǎyángzhàng 啞，於雅反。不能宣説大乘妙義，名爲啞羊障。(《一切經音義》P22,861)

【喏】nuò 諾。應聲。有順逆兩口吻。《淮

南子·道應訓》。(《越諺》卷下 發語語助 P20)

【啉尾】lìnwěi 參見[婪尾]。(《雅俗稽言》卷三十八 P3)

【啀喍】yáchái 犬相啀拒也。(玄應《妙法蓮華經二音義》。慧琳《妙法蓮華經譬喻品音義》。希麟《大乘瑜伽千缽文殊大教王經四音義》引,無"犬"字。)(《埤蒼》P4)

【唵】ǎn 啥也。謂掌進食也。(玄應《正法念經五音義》。)(《埤蒼》P4)

唵,手進飲食。奴感,感韻。(《目前集》後卷 P2151)

【唵米】ǎnmǐ 烏感反。《字林》:"唵,啗也,謂向口唵也。"啗,音徒敢反。(《一切經音義》卷七十五 11P2968)

【啯】huò 呼麥切,音慖。乍見驚聲。揚子《方言》。(《越諺》卷下 發語語助 P20)

【啄噉】zhuódàn 上音卓。《廣雅》:"啄,齧也。"《説文》:"鳥食也。從口豖聲也。"豖音寵綠反……下唐濫反。《廣雅》:"噉,食也。"(《一切經音義》卷一 11P56)

【啑】shà 水鳥食曰啑。(《通俗文》釋鳥獸 P95)

【啡】pèi 唾人曰啡。啡,坏、配二音。見《蜀語》。(《里語徵實》卷上 一字徵實 P10)

配、胚,去平兩音,俱唾聲。《集韻》。(《越諺》卷下 發語語助 P20)

【唬唬】hǔhǔ 音乎呼。柳子厚《解祟賦》:"風雷唬唬以爲橐籥兮。"案:唬唬,風雷合作之聲。吳諺形風響曰唬唬。(《吳下方言考》卷三 P6)

【啝啝】hēhē 音呵。東方朔《神異經》:"有善人不妄言,啝啝然而笑。倉卒見之如癡。"案:啝啝,喜笑貌。吳中謂喜而笑曰啝啝。(《吳下方言考》卷六 P3)

【唱喏】chàngrě 作揖曰唱喏。古者揖必稱呼之,故曰唱喏。(《蜀語》P22)

喏音社。唱喏,敬言也。見《雅音》。一曰聲喏。《餘冬序錄》:"作揖曰唱喏。蓋古人作揖,必作此聲,不默默于參會間也。"宋趙忠《虜廷事實》:"虜揖不作聲,名曰啞揖……"《丹鉛錄》:"古人作揖未必作聲。"引何休《公羊》注:"以手通指曰揖。"指,意也。揖以敬人,以手通意,不作聲也。然按《武林舊事》:"車駕入教場,諸軍向御殿唱喏。"又朱彧《可談》:"富弼致政歸西都,嘗跨驢出郊,水南巡撿遇焉,使其卒贊曰:'水南巡撿唱喏。'公舉鞭去。"則唱喏之名,宋人常言也。(《雅俗稽言》卷十四 P14)

《宋書·恩倖傳》:"前廢帝言奚顯度刻虐,比當除之。左右因唱諾。即日宣旨殺焉。"按:"喏"本古諾字,"倡諾",似即"唱喏"也。《玉篇》"喏"訓敬言。(《通俗編》卷九 P183)

俗謂作揖云"唱喏",喏音惹。《玉篇》:"喏,敬言,謂作揖以道敬意也。"《春渚紀聞》云:"才仲攜一麗人登舟即前聲喏。"《崔煒傳》:"使者唱喏。"(《邇言》卷二 P34)

喏音惹。《左傳》:"使訓羣騶知禮。"注:"騶,喏喝聲也。"《玉篇》:"喏,敬言也,喝呵也。"貴者將出,唱使避己,故曰唱喏,亦曰鳴騶,即《孟子》:"行避人也。"今俗謂揖曰唱喏,不可曉。(《談徵》言部 P33)

【唱嘯】chàngxiào 音笑,長嘯也。卷舌於喉中,吹之聲如鸞鳳也。(《一切經音義》卷三十一 7P1232)

【唱賺】chàngzhuàn 參見[社夥]。(《談徵》言部 P33)

【唱道情】chàngdàoqíng 俗謂彈唱故事者爲唱道情。(《土風錄》卷二 P196)

【唱雅】chàngyǎ 雅爲奇拜,謂先屈一膝也。《周禮·大祝職》云:"辨九撵(撵與拜同)。……"鄭玄注:"奇拜者,奇讀爲奇偶之'奇',謂先屈一膝,今'雅拜'是也;或曰奇拜謂一拜也。"(《里語徵實》卷中下 二字徵實 P6)

【喎剌】wāilà 參見[乖剌]。(《通雅》卷四十九 P1451)

【喎戾】wāilì 上苦懷反。《考聲》云:"口偏戾也。"……下憐結反。《説文》云:"曲也。"(《一切經音義》卷十五 13P573)

【唾壺】tuòhú 王敦以如意擊唾壺。(《土風錄》卷三 P201)

【哾嘔】wā'ōu 嘔音鷗。《荀子·富國篇》:"拊循之,哾(音丫)嘔之。"案:哾、嘔,俱幼孩未能言時,嬭(音乃)母誂(音調)教之使悦也。今吳俗抱幼孩者則引之曰哾嘔。(《吳下方言考》卷六 P7)

【唯】❶wéi 古印有曰唯印者,又有"長年唯""遲年唯""留年唯""少年唯""長利唯",

此乃閒歇印，如日年、大年、大利、日利之類，又有"東虛唯""頓丘唯""中里唯""輸符唯"，此皆地名。(《札樸》卷八 金石文字 P262)

❷wěi　委。城門口兩船招呼之先聲。義似《詩·齊風》"其魚唯唯"箋。(《越諺》卷下 發語語助 P20)

【唯印】wéiyìn　古印有曰唯印者，又有"長年唯""遲年唯""留年印""少年唯""長利唯"，此乃閒歇印，如日年、大年、大利、日利之類，又有"東虛唯""頓丘唯""中里唯""輸符唯"，此皆地名。(《札樸》卷八 金石文字 P262)

【售用】shòuyòng　參見[受用]。(《通俗編》卷十 P215)

【售子】shòuzǐ　《留青新集》："隨母改適曰售子。"售，賣也。猶以此身賣於他人也。(《稱謂錄》卷六 養子 P14)

　　參見[無相干倪子]。(《越諺》卷中 惡類 P16)

　　參見[拖油瓶]。(《越諺》卷中 惡類 P15)

【唉記】shòujì　唉，口。預備與人爲難。(《越諺賸語》卷上 P4)

【唸書】niànshū　參見[念書]。(《雅俗稽言》卷二十五 P11)

【啁笑】tiáoxiào　胡注《通鑑》："哈，呼來翻。楚人謂相啁笑曰哈。"(《札樸》卷三 覽古 P91)

【啐】cuì　略上口而不飲曰"啐"，此《儀禮》經文習見之字。其衣上偶有污染，口吮之，謂之"啐"者，蓋因啐酒之"啐"而通其義。今人衣不全洗，但就其污者洗之，謂之"啐一啐"，則又因口吮之"啐"而通之耳。(《越言釋》卷上 P22)

【唼】shà　鴨食也。(玄應《大莊嚴法門經上音義》)(《埤蒼》P4)

【唼吮】shàshǔn　所甲反，下似兗反。顧野王云："鳧鷖口唼食謂之也。"《史記》："吳起吮卒之疽。"《説文》："從口允聲。"《古今正字》："唼、吮二字皆從口，妾、允聲也。"(《一切經音義》卷十七 8P644)

【湾】bò　罵人曰湾。湾，婆去聲。《集韻》："燕代謂喜言人惡爲湾。"按：今俗有湾口大罵之語。(《燕説》卷二 P15)

【啓】qǐ　官信曰啓。(《通俗文》釋器用 P78)

【啓齒】qǐchǐ　《舊唐書·長孫無忌傳》："酒杯流行，發言啓齒。"郭璞《游仙詩》："粲粲啓玉齒。"柳宗元《乞巧文》："抃嘲似傲，貴者啓齒。"歐陽徹詩："啓齒羞談使鬼錢。"(《通俗編》卷十七 P372)

【嗒嘴】tàzuǐ　嗒音答。嗒，雜也，儳也。吳中謂儳雜而言爲嗒嘴。(《吳下方言考》卷十一 P2)

【晗唼】hánhú　音含乎。王子淵《洞簫賦》："瞋晗唼以紆鬱。"案：晗唼，不分明也。今諺謂語不分明曰晗唼。(《吳下方言考》卷三 P6)

　　參見[含胡]。(《通俗編》卷十七 P377)

【唼】chī　謂食爲唼，甚近鄙俗，獨杜屢用之……《送李校書》："臨歧意獨切，對酒不能唼。"又，"樓頭唼酒樓下臥""但使殘年唼飽飯""梅熟許同朱老唼"。(《雅俗稽言》卷三十 P9)

　　《説文》有唼，古通用食。焦弱侯曰："《漢書》：'攻苦穀淡。'"俗作唼，杜詩："樓頭唼酒樓上臥。"皆當作穀。智以穀卽擊字。按：《漢書》作"攻苦食淡"。其穀敷畜者，言擊畜也。《説文》已有唼字，吃乃口吃吃也。古通用食。今閩中呼卽甲切，廣東呼亦甲切，江右呼怯甲切。(《通雅》卷四十九 P1454)

【唼力】chīlì　邵子《擊壤集》："未唼力時猶有説，到收功處更何言。"按《廣韻》"穀"音同唼，勤苦用力曰"穀"。"唼力"字當以"穀"爲正。(《通俗編》卷十二 P253)

　　勞頓也。邵子《擊壤集》。按："唼力"之"唼"應從《廣韻》作"穀"爲正。(《越諺賸語》卷上 P4)

【唼大盤】chīdàpán　又曰"聽大盤"。皆貨買而價未定之約辭。(《越諺》卷中 貨物 P34)

【唼噉】chīdàn　口跡反。謂唼食也。(《一切經音義》卷十七 17P663)

【唼寡酒】chīguǎjiǔ　見《四友齋叢説》。(《直語補證》P26)

【唼桌】chīzhuō　越人呼滿漢酒席爲唼桌、看桌。(《釋諺》P104)

【喫戤飯】chīgàifàn　中屹害切。同"尒客"。(《越諺》卷中　惡類 P15)

【喫虛】chīxū　杜牧之詩:"却笑喫虛隋煬帝,破家亡國爲何人?"喫虛二字難解。王鳳喈云即喫虧之意。(《恒言錄》卷二 P47)

　　李義山《定子》詩云:"檀槽一抹廣陵春,定子初开睡臉新。却笑喫虛隋煬帝,破家亡國爲何人。"《北里志》:"劉泰娘門有樗樹,有贈詩云:'尋常凡木最輕樗,今日尋樗桂不如。漢高新破咸陽後,莫使奔波遂喫虛。'"此詩見杜牧《外集》。"喫虛"當是唐時語,竟不知何解,或以爲即今之"喫虧"。虧虛音相同,或傳寫之誤耳。(《言鯖》卷下 P5)

【喫虧】chīkuī　杜牧詩:"却笑喫虧隋煬帝,破家亡國爲何人。"一作"喫虛"。(《通俗編》卷二十三 P526)

【喫茶】chīchá　種茶下子,不可移植,移植則不復生也。故女子受聘謂之喫茶,見其從一之義。(《七修類稿》卷四十六 P680

　　女子受聘,謂之喫茶。蓋起於明代,宋以前未之聞也。《七修類橐》:"種茶下子,不可移植,移植則不復生。故女子受聘,謂之喫茶。又,聘以茶爲禮,取其從一之義。"(《恒言錄》卷五 P93)

　　《老學菴筆記》:"辰沅靖州蠻,男女未嫁娶者,聚而踏歌。歌曰:'小娘子,葉底花,無事出來喫盞茶。'"按:俗以女子許嫁曰"喫茶"。有"一家女不喫兩家茶"之諺。(《通俗編》卷九 P188)

　　《老學庵筆記》:"辰沅靖州蠻,男女未嫁娶者,聚而踏歌。歌曰:'小娘子,葉底花,無事出來喫盞茶。'"據此知喫茶爲許嫁之義,已起于宋時矣。今俗語云:"一家女子不喫兩家茶。"(《恒言廣證》卷五 P73)

【喫醋】chīcù　《在閣知新錄》:"世以妬婦比獅子。"《續文獻通攷》:"獅子日食醋酪各一瓶。"喫醋之説殆本此。(《通俗編》卷二十二 P499)

【喫辣麪】chīlàmiàn　陸暢初娶董溪女,每旦,婢進藻豆,暢輒沃水服之。或曰:"君爲貴門女婿,幾多樂事?"暢曰:"貴門苦禮法,婢子食辣麪,殆不可(按:脱"過"字)。"見《全唐詩話》。今人戲小兒女,以手捉其鼻曰喫辣麪。本此。(《直語補證》P24)

【喫錢】chīqián　《元典章》:"體察使臣要肚皮旨,使臣每到外頭,因事取受錢物,更有多喫没體例,交百姓生受。"按:肚皮,乃當時喫錢物之廋辭。今不復著,惟"喫錢"則猶言之。(《通俗編》卷二十三 P514)

【喫食戶】chīshíhù　言其能知味。(《越諺》卷中　尊稱 P13)

【喜信】xǐxìn　《開天遺事》:"新進士及第,以泥金書帖子附于家書中,至鄉曲親戚,以聲樂相慶,謂之喜信。"(《通俗編》卷十 P217)

　　《天寶遺事》:"進士新及第者,以泥金帖子附家書爲報,謂之喜信。"(《語寶》P142)

【喜子】xǐ·zi　書信。(《墨娥小錄》卷十四 P9)

　　刀。(《墨娥小錄》卷十四 P4)

【喜歡】xǐhuān　《三國志·管輅傳》注:"劉玢好《易》而不能精,與輅相見,意甚喜歡。"《文選》應璩《與二從弟書》:"間者北游,喜歡無量。"樂府《善哉行》:"今日相樂,皆當喜歡。"白居易詩:"獨出雖慵懶,相逢定喜歡。"(《通俗編》卷十五 P319)

【喜蛋】xǐdàn　因蛋中如孕已全具,故名"喜蛋"。(《越諺》卷中　飲食 P36)

【嘽嗒】cǎolǎo　《埤蒼》曰:"嘽嗒,寂靜也。"嘽嗒與悍愹音義同。(《能改齋漫錄》卷一 P8)

【嗒喇】dālā　器皿盛物不盡垂於兩傍曰嗒喇。(《燕山叢錄》卷二十二　長安里語 人事 P2)

【喪門】sàngmén　釋宗無生之教,故削髮出家謂喪門,後僧褘改爲沙門,猶沙汰之沙。絶情洗慾,總歸于無爲也。(《談徵》名部下 P44)

【煳嚨】húlóng　胡龍。喉也。又作"啌"。(《越諺》卷中　身體 P22)

【喳哇】chāwā　言之多而躁曰喳哇,曰激聒,曰瑣碎,曰嘈嗒(下音匝,一作咋),曰嘵咄,曰咩叨,曰的達,曰絮聒。(《客座贅語》卷一　方言 P10)

【啌嚨】húlóng　參見[煳嚨]。(《越諺》卷中　身體 P22)

【喇叭】lǎbā　參見[嘺頭]。(《越諺》卷中　器用 P29)

【喇唬】làhǔ　瀨虎。無恥者。呼音如"爛

貨"。(《越諺》卷中　惡類 P15)

【嘍喝】yāohè　邵伯溫《聞見後錄》:"歐陽
公曰:'蠅可憎矣,尤不堪蚊子,自遠嘍喝來
咬人也。'"(《通俗編》卷十七 P376)

　　　喝,訶也,呼也。……歐陽修曰:"蠅可
憎矣,尤不堪蚊子,自遠嘍喝來咬人也。"
(《里語徵實》卷中上　二字徵實 P40)

【喊啅】hǎnzhuó　鳥食物也。上苦咸反,下
丁角反。(《俗務要名林》)

【嗢】wà　大笑也。(慧琳《廣弘明集二十四
音義》)(《埤蒼》P3)

【嗢噱】wàxuè　樂不勝謂之嗢噱也。(《通
俗文》釋言語下 P33)

【喝㗙】hèshài　氣逆曰喝㗙。(《札樸》卷九
鄉里舊聞　鄉言正字附　疾病 P327)

【喝喇】hèlà　言急曰喝喇。喇音辣。《集
韻》:"喝喇,言急。"(《燕說》卷一 P3)

【喝彩】hècǎi　陸游詩:"酒酣博塞爲歡娛,
信手梟盧喝成彩。"馬臻詩:"新腔飜得梨園
譜,喜入王孫喝采聲。"《五燈會元》龍興洪
諲二師俱有"雙陸盤中不喝彩"語。(《通俗
編》卷十七 P373)

【喝盞】hèzhǎn　天子凡宴饗,一人執酒觴,
立於右階,一人執柏板,立於左階。執板者
抑揚其聲,贊曰幹脫。執觴者如其聲和之,
曰打弼。則執板者節一拍,從而王侯卿相
合坐者坐,合立者立,於是衆樂皆作。然後
進酒,詣上前。上飲畢,授觴,衆樂皆止,別
奏曲以飲陪位之官,謂之喝盞。蓋沿襲亡
金舊禮,至今不廢,諸王大臣非有賜命不敢
用焉。幹脫、打弼,彼中方言,未暇考求其
義。(《南村輟耕錄》卷二十一 P262)

【喝道】hèdào　參見[籠街]。(《言鯖》卷上
P14)

【單】dān　奇零之辭也。《虞書》《蔡注》云:
"在位通計百單一年。"百單一年,即百有一
年。(《助字辨略》卷一 P64)

【單昭】dānzhāo　一目眇曰單昭。(《蜀語》
P30)

【單方】dānfāng　《素問》引《真要大論》:
"君一臣二,奇之制也;君二臣四,偶之制
也。"注云:"奇謂古之單方,偶謂古之複
方。"(《通俗編》卷二十一 P472)

【單祭尊】dānjìzūn　馥謂:"單祭尊,里中主
儺祭者。單、儺聲相近。"(《札樸》卷八　金

石文字 P262)

【單被】dānbèi　《禮·喪大記》"布衿"疏:
"皇氏云:'禪被也。'"(《直語補證》P44)

【單薄】dānbó　《古詩》:"居貧衣單薄,腸中
常苦飢。"白居易詩:"衣裘不單薄,車馬不
羸弱。藹藹三月天,閑行亦不惡。"歐陽修
《與姪簡》:"十四郎中自縣中來,見其衣裝單
薄。"(《通俗編》卷二十五 P568)

【單錢】dānqián　參見[重錢]。(《土風錄》
卷十一 P295)

【羘羘】zhōuzhōu　越人呼雞曰"羘羘",見
《莊子》。所謂"羘雞翁"者,象其聲也。
(《越言釋》卷下 P9)

　　　音祝。許氏《說文》:"羘,呼雞,重言
之。"案:羘,人呼雞使就食也,今吳中呼雞
聲曰羘羘。(《吳下方言考》卷十 P4)

【喘歙】chuǎnxī　上川充反。《廣雅》:"喘,
轉也。"《說文》:"疾息也,從口岿聲。"下音
希。何注《公羊》云:"歙,悲也。"《蒼頡篇》:
"泣餘聲也。"《說文》:"從欠希聲。"(《一切
經音義》卷七十六 10P3012)

【喝吶】gūnuò　聲不亮曰喝吶。(《札樸》卷
九　鄉里舊聞　鄉言正字附　雜言 P330)

【喬】❶jiāo　矜而自高曰喬。(《客座贅語》
卷一　詮俗 P8)

　　　❷qiáo　《尚書大傳》:"伯禽與康叔見
周公,三見而三笞。康叔有駭色,謂伯禽
曰:'有商子者,賢人也。與子見之。'乃見
商子而問焉。商子曰:'南山之陽有木焉,
名曰橋。'二三子往觀之,見橋實高高然而
上,反以告商子。商子曰:'橋者,父道也。
南山之陰有木焉,名曰梓。'二三子復往觀
焉,見梓實晉晉然而循,反以告商子。商子
曰:'梓者,子道也。'二三子明日見周公,入
門而趨,登堂而跪。周公抑拂其首,勞而食
之,曰:'爾安見君子乎?'二三子以實對。
公曰:'君子者,商子也。'"案:今稱人父子
爲喬梓本此。喬,本作橋字;梓,本作杍字。
(《稱謂錄》卷一　稱人之父 P19)

【喬梓】qiáozǐ　參見[椿萱]。(《唐音癸籤》
卷二十四 P216)

【喞伶頭】jílíngtóu　《武林舊事》:"有善雜
劇人號喞伶頭。"(《燕說》卷一 P1)

【喞喞】jījī　鼠聲也。(《通俗文》釋鳥獸
P91)

【唧嚠】jīliū　參見［鯽溜］。(《燕說》卷一 P1)

【唧嘈】jícáo　聲雜曰唧嘈。音卽糟。(《肯綮錄》P1)

【唧溜】jīliū　參見［鯽溜］。(《燕說》卷一 P1)

【唧澑】jīliū　吳梅村《詠涼枕詞》："眼多唧澑爲知音。"(《土風錄》卷十 P288)

【喉】hóu　以言謔人曰喉,又,或剌而曰觜。(《客座贅語》卷一　詮俗 P8)

【嗋】zhāi　齋。惹也。目覤而口爪齊取曰"嗋"。"鶝鷹嗋小雞"《篇海》。(《越諺》卷下　單辭隻義 P8)

【嗋】án　嗋音掩。《列子·周穆王篇》："眠中嗋囈呻呼,徹旦息焉。"案:嗋,夢語也。吳中謂夢中呼叫爲夢嗋。(《吳下方言考》卷八 P1)

【嗋囈】ányì　參見［嗋］。(《吳下方言考》卷八 P1)

【嗋蛆】pēnqū　參見［放蛆］。(《吳下方言考》卷三 P9)

【唤起】huànqǐ　參見［催歸］。(《唐音癸籤》卷二十 P182)

【嗉】duó　《廣韻》："嗉,徒落切。口嗉嗉無度。"按:世俗有所云"嗉頭"者,正謂出言無度人也。(《通俗編》卷十七 P378)

　　若。信口出語。《集韻》。(《越諺》卷下　單辭隻義 P10)

【嗉頭】duótóu　謂不懂世事者。《通俗編》引證《廣韻》"越有疾嗉嗉"之說。(《越諺》卷中　疾病 P20)

　　參見［嗉］。(《通俗編》卷十七 P378)

【嗮】shī　施。驅雞聲。從《正字通》。(《越諺》卷下　聲音音樂 P18)

【喑嗚】yìnwù　李密謂楊玄感曰："若決機兩陣之間,喑嗚咄嗟,使敵人震懾,密不如公。"(《札樸》卷五　覽古 P152)

【善宿男】shànsùnán　《翻譯名義》："秦言僧爲善宿男。"(《稱謂錄》卷三十一　僧 P2)

【善富】shànfù　《論語》："善人是富。"《左傳·襄二十八年》："叔孫穆子曰:'善人富謂之賞,淫人富謂之殃。'"《漢書·貨殖傳》："宣曲任氏折節爲力田,畜善畜者數世。"師古注曰:"先公後私,率道閭里,故云善富。"按:杭俗號炷燈竹器曰"善富",不識何義。

或曰,初以避燈盞"盞"字音,易名"燃釜",繼又取其音近字爲吉號也。(《通俗編》卷十 P217)

【善業】shànyè　梵言須菩提,或云藪浮帝,或言蘇部底。此譯云善實,或云善業,或云善吉,皆一義也,言空生者。晉沙門康法邃《雜譬喻經》云:"舍衛國有長者名鳩留,產生一子,字須菩提,有自然福報,食器皆空,固以名焉。所欲卽滿,後遂出家,得阿羅漢道是。"(《一切經音義》卷十 P370)

【善波波】shànbōbō　按:"波"卽"婆"字,故意誤呼以誚人。《元曲選》。(《越諺》卷中　人類尊稱 P13)

【善門】shànmén　《輟耕錄》:"邱處機祖父業農,世稱善門。"(《通俗編》卷二十四 P530)

【嗟姑】jiēgū　小妮子。(《墨娥小錄》卷十四 P6)

【嗟末】jiēmò　淨。(《墨娥小錄》卷十四 P6)

【嗟本】jiēběn　院本。(《墨娥小錄》卷十四 P8)

【嗟惋】jiēwǎn　上精邪反,咨嗟嘆也。下捥奐反。《文字集略》云:"惋謂驚惕惋嘆也,惋恨也。"《說文》:"從心宛聲也,忸怩驚愷也。"(《一切經音義》卷九十一 P3480)
　　上借邪反。《毛詩傳》云:"嗟,歎辭也。"《古今正字》云:"憂歎也。從口差聲。"下烏喚反。《考聲》:"惋,歎恨也。"《文字集略》云:"驚異也,從心宛聲也。"(《一切經音義》卷六十九 P2741)

【嗟荅倈】jiēdálái　小。(《墨娥小錄》卷十四 P9)

【啅】biàn　空。轉口呼。又,讀書計數曰"一啅""兩啅"。(《越諺》卷下　單辭隻義 P9)

【嗒】tà　犬食曰嗒。嗒,他合切,音塔。(《燕說》卷二 P17)

【喡】wèi　參見［衛］。(《越諺》卷下　發語語助 P20)

【嗢子】dàizǐ　北人重厚,體壯實而大,謂有台輔之相,尊美之稱。北音呼台爲嗢,故曰嗢子。典午之世之言也。(《七修類稿》卷二十七 P413)
　　《七修類稿》云:"北人重厚,體壯實而

大，謂有台輔之相。尊美之稱。北人呼台爲噯，故曰噯子，典午三世之言也。"據此則噯子亦稱尊。(《稱謂錄》卷三十二 尊稱 P24)

【嗉兒】sùr 咽喉。(《墨娥小錄》卷十四 P8)

【嗔拳】chēnquán 《事物紀原》："江淮俗，每作諸戲，必先設嗔拳笑面。村野之人以臘末作之，不知其所謂也。"《歲時記》云："村人逐除，今南方爲此戲者，必戴假面作勇力之勢，謂之嗔拳。"今諺云："嗔拳不打笑面。"似本此。(《言鯖》卷下 P8)

【荅】òu 謳去聲。遵其教而順聼也。《五音集韻》。(《越諺》卷下 發語語助 P20)

【嗄】shà 啼極無聲爲嗄。《莊子·庚桑楚篇》："終日嗥而嗌不嗄。"北齊劉書《新論·通塞篇》："向在井穴之時，聲非卒嗄，目非暴昧，而聞見屙者，其勢壅也。"柳宗元詩："驪(編者按：當作驟)歌喉易嗄，饒醉鼻成齆。"(《直語補證》P40)

【噯嘣菩薩】háilàipúsà 卽彌勒佛。其狀噯嘣大笑者。(《越諺》卷中 神祇 P18)

【嗅老】xiùlǎo 鼻。(《墨娥小錄》卷十四 P8)

【嗆哼】chénghēng 嗆，烒；哼，勑去聲。失竊曰"小嗆哼"，喪曰"大嗆哼"，皆避忌諱而諰。(《越諺賸語》卷上 P4)

【哹】shuò 口吮曰哹。哹，色角切，音朔。《集韻》："吮也。本作欶，或作嗽倷。"(《燕說》卷四 P5)

【嗐頭】hàitóu 上"害"。此戚繼光《新書》所謂"喇叭"者，卽官音"號筒"也。銅製，長四尺，作兩禿，上管下夵，吹聲嗐嗐然。音從《類篇》，義從《集韻》。(《越諺》卷中 器用 P29)

【嗤誚】chīqiào 上齒之反。《字書》："嗤，戲笑兒也。"《文字典說》："從口蚩聲，或作㰗。蚩字從㞢從虫，㞢古文之也。"下樵笑反。孔注《尚書》："誚，讓也，或作譙也。"(《一切經音義》卷六十九 16P2757)

【嗓】sǎng 凡六畜勞傷，則鼻中常流膿水，謂之嗓病。又，愛訐人之短者，亦謂之嗓。(《南村輟耕錄》卷二十三 P279)

【嘉慶】jiāqìng 梅脯也。行聘嫁娶時用，故得美名。香山、洪邁咏者李。(《越諺》卷中 瓜果 P53)

【嘉慶子】jiāqìngzǐ 唐韋述《兩京記》："東都嘉慶坊有美李，甚甘鮮，人偁嘉慶李。"程大昌《演繁露》云："今人但言嘉慶子，旣不加李，亦可紀也。"(《土風錄》卷四 P222)

【嘉慶李】jiāqìnglǐ 唐韋述《兩京記》："東都嘉慶坊有美李，甚甘鮮，人偁嘉慶李。"(《土風錄》卷四 P222)

【嘉賓】jiābīn 雀，一名嘉賓，言常棲集人家如賓客也。(《蘇氏演義》卷下 P29)

【嘈】cáo 群口而嬲其人曰嘈。(《客座贅語》卷一 詮俗 P7)

【嘈哳】cáozá 參見[嘈嘈]。(《坿蒼》P3)

【嘈啐】cáozá 聲貌(《文選·陸機〈文賦〉》注。又馬融《長笛賦》注。慧琳《廣弘明集二十四音義》引，下有"也"字。參見[嘈嘈]。(《坿蒼》P3)
　　參見[嘈雜]。(《通俗編》卷十七 P376)

【嘈啐】cáozá 參見[嘈嘈]。(《坿蒼》P3)

【嘈嘈】cáocáo 聲衆也。《文選·王延壽〈魯靈光殿賦〉》注。按：李善注兩引《坿倉》"嘈啐，聲貌"，《文賦》原文云："務嘈囋而妖治。"李引《坿倉》下云："啐與嗻及嘯同，才曷切。"《長笛賦》原文云："啾咇嘈啐似華羽兮。"李引《坿倉》下云："嘈，音曹。啐，才曷切。"二賦原文均無作"嘈啐"者。《玉篇·口部》："嘈，聲也。囋，才割切。嘈囋也。"又云："啐，許更切。利害聲。"又云："《坿倉》：倉快、倉憒二切，嘗也。又子律切，吮聲。"是"啐"與"啐"均與"才曷切"相遠。《玉篇》又云："哳，五葛、才曷二切。嘈嘈哳哳。嘯，同上。"正與李注《文賦》以"囋"及"嘯"同"才曷切"相同，是《坿倉》原文應作"嘈哳，聲貌"。今本作"嘈啐"，或作"啐"者，以字形相似而訛也。(《坿蒼》P3)

【嘈嘈哳哳】cáocáo'è'è 參見[嘈雜]。(《通俗編》卷十七 P376)

【嘈啐】cáozá 參見[嘈嘈]。(《坿蒼》P3)
　　參見[喳哇]。(《客座贅語》卷一 方言 P10)

【嘈囋】cáozá 下音闇。陸士衡《文賦》："務嘈囋而妖治。"案：嘈囋，衆音並呈也。

吳中厭衆口並喧則曰嘈囋。（《吳下方言
考》卷十一 P11）

　　　參見［嘈雜］。（《通俗編》卷十七
P376）

【嘈囋】cáozá　《文選·東都賦》：“奏嚴鼓之
嘈囋。”《文賦》：“務嘈囋而妖冶。”注引《埤
蒼》曰：“嘈啐，聲貌。”《玉篇》：“嘈嘈哜哜，
聲也。”按：囋、囋、啐、哜四字，俱才葛切，與
“雜”音近。直作“嘈雜”，惟見《抱朴子》：
“曲宴密集，管絃嘈雜。”（《通俗編》卷十七
P376）

　　　參見［嘈雜］。（《通俗編》卷十七
P376）

【嘔呱】ōuwā　謳華。兒女初生者。《荀子·
富國篇》注倒轉說。（《越諺》卷中　倫常
P9）

【嘔鴉】ōuyā　陳造詩：“寧堪歲攬減，又抱
兩嘔鴉。”自注：“淮人以歲饑爲年歲攬減，
越人以嬰兒爲嘔鴉。”按：《荀子·富國篇》
注：“呱嘔，嬰兒語聲。”呱，於佳反。嘔音
謳。倪嘔、嘔鴉，惟上下文易置異耳。又
《禮·雜記》注：“嬰猶鷖彌也。”《孟子》注：
“倪，弱小倪倪者也。”《音義》曰：“倪謂緊
倪。”《釋名》曰：“嬰兒，或曰嫛婗。嫛言是
人也，婗其啼聲也。”《集韻》曰：“吳人謂赤
子曰㟲㩅，音若鴉牙。”觀諸說，可洞然於鴉
兒嘔鴉之義。（《通俗編》卷十八 P400）

【嗺嗺】áichái　上五佳反，下音柴。犬鬥
也。《玉篇》：“犬相嗺也。”《埤蒼》云：“相嗺
拒也。”（《一切經音義》卷續四 13P3863）

【嗺】suī　公宴合樂，每酒行一終，伶人必唱
嗺酒，然後樂作。此唐人送酒之辭，本作碎
音，今多爲平聲。文士亦或用之。葉石林
引王仁裕詩“淑景易從風雨去，芳樽須用管
弦嗺”爲證。（《唐音癸籤》卷二十四 P207）

【嘅喇】qílǎ　怒斥曰嘅喇。（《札樸》卷九
鄉里舊聞　鄉言正字附　雜言 P330）

【嗾】sǒu　造是非佐使人怒曰嗾。（《客座贅
語》卷一　詮俗 P8）

【嘲調】cháotiáo　上竹交反，或作啁，同。
《蒼頡篇》云：“啁，亦調也，謂相調戲也。”
（《一切經音義》卷二十六 16P1028）

【喍】chuài　貪吲曰喍。　（《札樸》卷九　鄉
里舊聞　鄉言正字附　雜言 P331）

【嶠】qiáo　不知是誰也。（《玉篇·口部》。

《集韻·四宵》引，無“是”字。《類篇·口部》。
《改併五音類聚四聲篇海·口部》。）（《埤蒼》
P3）

【嗒喇】dā·la　物之垂下曰嗒喇。（《宛署雜
記》卷十七 P194）

【噍】jiào　參見［嚼］。（《客座贅語》卷一
詮俗 P8）

【噢咿】yùyī　內悲也。玄應《四童子經上音
義》。又《大智度論二音義》。又《六度集二
音義》。又《大子墓魂經音義》。又《大方便
報恩經一音義》。又《諫王經音義》。又《太
子本起瑞應經上音義》。慧琳《四童子經上
音義》。又《大智度論二音義》。玄應《正法
念經音義》引，“悲”作“志”，下同。又《陀羅
尼雜集經音義》。慧琳《經律異相二十四音
義》引，無“咿”字。亦痛念之聲也。玄應
《四童子經上音義》。又《大智度論二音
義》。又《六度集二音義》。又《太子墓魄經
音義》。又《陀羅尼雜集經音義》。又《大方
便報恩經一音義》引作“謂痛悲之聲也”，下
同。又《諫王經音義》。（《埤蒼》P4）

【嗌】pán　以言難人曰嗌。嗌，蒲官切，音
盤，或作嗌。（《燕說》卷二 P15）

【噎】yù　鬱。同“嚘”。喉中鳴。（《越諺》卷
下　聲音音樂 P17）

【嘮叨】láo·dao　《說文》：“嘮呶，謹也。”
按：俚俗有云“嘮叨”者，即此小轉。叨音
滔，訓貪。與謹言略無關涉。惟元曲每云
“絮絮叨叨”。（《通俗編》卷十七 P378）

【嘮呶】láonáo　《說文》：“謹也。”呼如“勞
刀”。越語：“躧事嘮呶。”（《越諺膳語》卷上
P2）

【嘮噪】láozào　《陳龍川集·答朱元晦書》：
“亮未嘗干與外事，只是口嘮噪，見人說得
一切事情，便喊一餉，一似曾干與耳。”（《通
俗編》卷十七 P371）

【嚄】huò　讀若夏字俗音。漢武帝迎同母
姊，姊匿牀下，武帝下車泣曰：“嚄！大姊，
何藏之深也！”註：“嚄，失聲驚愕貌。”案：
嚄，詫怪聲意也，今吳人於事之可驚愕者則
失聲曰嚄。（《吳下方言考》卷九 P16）

【嘴尖】zuǐjiān　《揮麈餘話》：“詹大和坐累
下大理，李傳正操俚語詬之曰：‘子嘴尖如
此，誠姦人也。’”《元曲選·三度臨岐柳》劇
有“嘴尖舌頭快”語。（《通俗編》卷十六

P345）

【嘴頭硬】zuǐtóuyìng 《朝野僉載》：“尚書右丞陸餘慶，轉洛州長史。其子嘲之曰：‘陸餘慶筆頭無力嘴頭硬。’”（《通俗編》卷十七 P371）

【嘴鼻】zuǐbí 《金史·畢資倫傳》：“宋破金盱眙，守將納合買住降，北望拜哭，謂之辭故主。資倫罵曰：‘國家未嘗負汝，何所求死不可，乃作如此嘴鼻耶？’”黄庭堅《題墓鎖諫圖》：“陳元達，千載人也。畫者胸中無千載韻，使元達作如此嘴鼻，豈能死諫不悔哉？”按：世譏庸劣之貌，但云嘴鼻，蓋因此語割裂。（《通俗編》卷十六 P345）

《金史》：“宋破金泗州，守將畢資倫不肯降，及盱眙守將納合買住降，北望哭拜，謂之辭故主。資倫罵住曰：‘國家未嘗負汝，何所求死不可，乃作如此嘴鼻也。’”案：“如此嘴鼻”，今謂之“如此嘴臉”。（《通言》卷一 P24）

【器仗】qìzhàng 仗，直亮反。《風俗記》曰：“仗者，刀戟之總名。”（《一切經音義》卷二十一 6P790）

【骹】qiào 不平曰骹。骹音竅。（《蜀語》P16）

不平曰骹。骹音竅。（《里語徵實》卷上 一字徵實 P28）

肮骹起。（《越諺》卷中 形色 P58）

竅。物不平也，陽物舉也，獸尾豎也，秤稍高起也。（參見［骹］條。）（《越諺》卷中 形色 P57）

【骹骳】qiàoyào 高起曰骹，《集韻》“骹”注：“又音竅，高也。”昌黎詩：“我亦平行蹋骹骳。”（骳，邱召切，《玉篇》：“骹骳，不安皃。”）（《土風錄》卷十四 P330）

【嗷喚】jiàohuàn 上古吊反。顧野王云：“嗷，呼也。”《説文》：“吼也，從口敫聲。”下歡貫反。《考聲》云：“喚，呼也。”（《一切經音義》卷二十四 3P915）

【噫腑】àifǔ 參見［愛富］。（《恒言錄》卷一 P9）

【喝】xià 鰕去聲。《廣韻》：“訴喝，責怒。”越謂詆人罪曰“喝浪頭”，即此字。（《越諺》卷下 單辭隻義 P17）

喝，鰕去聲。喝者，危言動撼其志。（《越諺賸語》卷上 P8）

【喝浪頭】xiàlàngtóu 參見［喝］。（《越諺》

卷下 單辭隻義 P17）

【嚇】hè 《莊子·秋水篇》：“鴟得腐鼠，鵷雛過其上，仰而視之曰：‘嚇。’”音義：“嚇，許伯反。”司馬彪云：“怒其聲。”按：今北方之俗，凡怒人言之不當，輒以一指截其鼻，而作是聲。（《通俗編》卷三十三 P740）

呼界切。嚇，怪怒聲，今吳諺怪而叱人曰嚇。（《吳下方言考》卷九 P18）

黑。拂意而怒。又，不相信而蹙口出聲。《莊子》。（《越諺》卷下 發語語助 P20）

【嚇人】xiàrén （嚇，注：罅。）俗語嚇人或爲罅人。《廣韻》本兩收。笑聲，呼雅切；怒，呼格切。義各有在。而退之《縣齋詩》“雀鼠得驅嚇”讀作罅，正與今語合。（《直語補證》P47）

【喎】wāi 《廣韻》注：“口偏也。”（《土風錄》卷十五 P345）

【喎嘴】wāizuǐ 俗謂物不正曰㖞，口不正曰喎嘴。（《土風錄》卷十五 P345）

【嚼】chuò 轉舌曰嚼。嚼，昌約切，音綽。《篇海》：“轉舌呼。”（《燕説》卷四 P2）

【嗷嗷】jíjí 聖。《玉篇》：“蟲鳴。”《廣韻》：“鼠聲。”越同。（《越諺》卷下 聲音音樂 P18）

【嘤屎】mèichì 笑之態曰嘤屎（上音迷，下音分）。（《客座贅語》卷一 方言 P12）

作意侮弄，不卽乎當者，謂之嘤屎。嘤音眉，屎，且夷反。嘤屎，狡獪也，字見《列子》。又皮日休賦“上曖昧而下嘤屎”。《方言》註云：“嘤屎，潛之狡也。”（《方言據》卷上 P1）

參見［嘤屎蟹］。（《吳下方言考》卷三 P7）

【嘤屎蟹】mèichìxiè 嘤屎音木斯。揚子《方言》：“小兒多詐而獪謂之嘤屎。”今吳中小兒共戲，其勝者以帕蒙負者之眼，而令之滿堂無聲闇尋，俟獲得一人，方許相貸，謂之嘤屎蟹。（《吳下方言考》卷三 P7）

【嘈嘴】chuòzuǐ 上“執”。言不清快者。“期期艾艾”是也。與“吃”字耀義。（《越諺》卷中 身體 P23）

【嚬作】yànzuò 唱。（《墨娥小錄》卷十四 P6）

【嚬嗊】pínqì 參見［嚬感］。（《一切經音

義》卷十一　10P419）

【顲慼】pínqì　上毗寅反。《考聲》云：“顲，蹙也（音悶）。”《字書》云：“顲嚱，聚眉也。”《說文》：“涉水者則顲嚱也。”顧野王曰：“案：顲嚱者，憂愁思慮不樂之狀也。……下酒育反。《考聲》云：“嚱，顲也。”《書》曰：“喊咨忸怩。”（《一切經音義》卷十一　10P419）

【嚴侍】yánshì　《登科同年錄》亦有嚴侍、慈侍之別。（《俚言解》卷一　14P10）

【嚴姑】yángū　白居易詩：“六郡事嚴姑。”（《稱謂錄》卷七　夫之母 P3）

【嚴親】yánqīn　司馬光《送王殿丞知眉山縣》詩：“疇昔侍嚴親，俱爲綵服人。”（《稱謂錄》卷一　父 P13）

【嘈】cǎn　齧脣也。（玄應《治禪病祕要經二音義》。慧琳《阿毗達磨大毗婆娑論百二十四音義》。又《廣宏明集二十八音義》引，無“脣”字。）（《埤蒼》P3）

【嚱】guī　呼聲曰嚱。嚱，姑回切，音傀。（《燕説》卷二　P17）

【嚫】chèn　參見［儭］。（《通俗編》卷二十三 P512）

【嚫施】chènshī　上初靳反。《文字集略》：“嚫，施也。”傳從貝作賮，亦通。（《一切經音義》卷八十三 3P3242）

【嚨吼】huānhǒu　上音暄，下呵狗反。地獄名，苦痛聲。（《一切經音義》卷七十九 11P3120）

【嚼】jiáo　咀咬人之飲食曰嚼，又曰噍。（《客座贅語》卷一　詮俗 P8）

【嚂吃】jiǎnjí　上捷偃反，下介乞反。語濫不利，風病。（《一切經音義》卷七十九 12P3122）

【嚨哶】lánlǎo　《方言》“哶嚨謰謱”郭注：“平原人好嚨哶。”《廣韻》説：“嚨哶，語不可解也。”（《通俗編》卷十七 P378）

【囂嚅】niěrǔ　多言也。（《玉篇·口部》。《改併五音類聚四聲篇海·口部》。）（《埤蒼》P3）

【囈言】yìyán　上魚祭反，又作癮。《說文》云：“睡語驚也。從口藝聲。”作癮，從寢省臬聲也。下言字，《說文》云：“從口辛聲也。”（《一切經音義》卷續九 5P4005）

【囂謗】xiāobàng　上虛嬌反。顧野王云：

“囂猶喧嘩也。”鄭箋《詩》云：“囂，衆多皃也。”《説文》云：“氣出頭上也，從頁吅聲。吅音戢。”下博傍反。《考聲》云：“謗，以言毀人也，詛也，惡也。”《說文》云：“謗，毀也，從言旁聲。”（《一切經音義》卷七十二 1P2836）

【囊家】nángjiā　王得臣《麈史》：“世之糾率蒲博者，謂之公子家，又謂之囊家。一有賭，兩人以上，須置囊，合依條檢文，投錢入囊。”宋清《博經》：“假借錢物，謂之囊家。計一而取，謂之乞頭。”（《通俗編》卷二十三 P524）

　　《唐國史補》云：“今之博徒假借分畫謂之囊家。”（《土風錄》卷二 P195）

【囉唕】luózào　《元曲選》楊顯之《瀟湘雨》劇有此二字。今人習言。而字書未見“唕”字。（《通俗編》卷十七 P376）

　　楊顯之《瀟湘雨》劇。（《越諺賸語》卷上 P2）

【囉吵】luósuō　而北音無入聲。“絡索”轉而爲“囉吵”。南人效之，亦謂之“囉吵”，或曰“囉囉吵吵”。（《越言釋》卷下 P24）

【囉囉吵吵】luōluōsuōsuō　囉，勒何切，覼。吵，音梭，繁碎意。從《越言釋》。（《越諺》卷下　重文疊韻 P7）

【囑囑】zhǔzhǔ　囑囑呼犬。《公羊傳》徐彦疏云：“今呼犬，謂之屬。”（《通言》卷六 P74）

【嚷咄】nāngduō　參見［喃哇］。（《客座贅語》卷一　方言 P10）

口　部

【囚髻】qiújì　唐僖宗內人束髮極急，在蜀，成都婦人效之，謂之囚髻。案：囚髻，亂而不整也。（《吳下方言考》卷六 P5）

【四場】sìchǎng　唐進士初止試策。調露中，始試帖經，經通試雜文，謂有韻律之文，卽詩賦也。雜文又通試策。凡三場。其後先試雜文，次試論、試策、試帖經，爲四場。第一場雜文放者，始得試二、三、四場。其四場帖經被落，仍許詩贖，謂之贖帖。（《唐音癸籤》卷十八 P160）

【四口業】sìkǒuyè　參見［邪命］。（《一切經音義》卷三 7P119）

【四司六局】sìsīliùjú　俗稱四司六局者,多不能舉其目。《古杭夢游錄》云:官府貴家置四司六局,各有所掌。故筵席排當,凡事整齊。都下街市亦有之。常時人户,每遇禮席,以錢倩之,四司六局皆可致。四司者:帳設司,廚司,茶酒司,臺盤司也。六局者:果子局,蜜煎局,菜蔬局,油燭局,香藥局,排辦局也。凡四司六局人祇應慣熟,便省賓主一半力。(《南村輟耕錄》卷十九P227)

《輟耕錄》:"宋時,官府貴家置四司六局,各有所掌,故筵席排當,凡事整齊。"《夢粱錄》:"凡官府春宴、鄉會、鹿鳴宴及聖節滿散祝壽公筵,俱差撥四司六局人員督責。或府第齋舍,亦有官司差借執役,合用陳設書畫、器皿盤合。動用之事,則顧唤局分人員,俱可圓備。四司者,帳設司、茶酒司、廚司、臺盤司。六局者,果子局、蜜煎局、菜蔬局、油燭局、香藥局、排辦局也。其人祇直慣熟,不致失節,省主者之勞也。"按:杭俗謂事事求整備曰四司六局,乃是時遺語。(《通俗編》卷二十一P461)

【四和】sìhé　四和,爐名也,四方有竅生風,焚香則煙篆迴轉,俗以人之周旋不滯比之。秦處度作《卜算子》詞云:"四和裊,金鳧雙六思纖手。"是也。或曰四和,香名。(《俚言解》卷二21P39)

【四子】sìzǐ　參見[四書]。(《雅俗稽言》卷二十四P8)

【四映】sìyìng　四邊曰四映。(《蜀語》P43)

【四書】sìshū　程子于《大戴記》中表章《大學》《中庸》,而朱子合以《論語》《孟子》,謂之四子。自成祖命諸儒纂《五經四書大全》,始有四書之名。(《雅俗稽言》卷二十四P8)

【四暢】sìchàng　昔人以理髮、搔首、剔耳、刺鼻爲四暢,此小安樂法。(《雅俗稽言》卷二十二P4)

【四洲】sìzhōu　音州。《爾雅》:"凡水中可居者曰洲。"言四洲者,妙高山四面大海中各有一洲。東曰勝身,南曰贍部,西曰牛貨,北曰高勝。(《一切經音義》卷十二17P471)

【四才】sìcái　參見[四銓]。(《目前集》前卷P2127)

【四輩】sìbèi　沈約《述僧設會論》:"非資四輩,身口無託。"范梈詩:"閉户讀書古都市,四輩冠蓋方隆隆。"按:此似泛謂四方之士,今俗言"四輩"者,乃指親族友鄰,殊覺未合。《逸周書・大武解》有"四戚"之目:一內姻,二外婚,三友朋,四同里。蓋今之所言,實當爲四戚耳。(《通俗編》卷四P84)

【四銓】sìquán　吏曹所銓者四:身、言、書、判也。見杜佑《通典》。又謂之四才,見《唐・職官志》,至今吏部用之。(《目前集》前卷P2127)

【䂵】huò　賀。牽船聲,喝道聲。《傳燈錄》。(《越諺》卷下　發語語助P20)

【因果】yīnguǒ　佛家以種瓜得瓜、種菜得菜故謂之因果。今行脚僧所誦"欲知前世因,今生受者是;欲知來世因,今生作者是",此語出佛書。卓和尚曰:"釋氏因果之説,即儒感應之説。《感應篇》《因果錄》名殊理一,足以破小人行險僥幸之心,以陰助刑賞之不及者也。"(《雅俗稽言》卷二十P6)

【回嚼】huíjiào　牛羊食已復吐而嚼之曰回嚼。上嚼音爵,下嚼音醮。《爾雅》:"牛曰呞,羊曰齥,鹿曰齸。"回嚼,總名也。(《蜀語》P15)

【回殘】huícán　買物用過仍賣店中謂之回殘,二字見《舊唐書・王毛仲傳》:"管閑廄芻粟之類,每歲回殘,常致萬斛。"又,《新唐書・食貨志》:"太和九年,以天下回殘錢置常平倉本錢。"俗讀殘如藏音之轉也。(《土風錄》卷六P243)

【回煞】huíshà　《宣室志》:"俗傳人死凡數日,有禽自柩中出者,曰'回煞'。"(《里語微實》卷中下　二字微實P9)

【囝】nān　南。女兒。與閩人呼子爲"囝"相對。(《越諺》卷中　倫常P8)

【囝】jiǎn　顧況《哀囝》詩:"郎罷別囝,囝別郎罷。"按:閩中方言以父爲"郎罷",子爲"囝"也。《集韻》"囝"音蹇。今俗亦以"囝子"爲罵語。(《通俗編》卷四P71)

【囝子】jiǎnzǐ　參見[囝]。(《通俗編》卷四P71)

【困覺】kùnjiào　告。夜卧之名。《易》:"困於石。"《詩》:"尚寐無覺。"(《越諺賸語》卷上P3)

【囮】é　烏媒曰囮。本五禾切,吾鄉謂之户,皆"化"字一聲之轉,字又作圌,音由。雲南人謂之"游子",潘岳《射雉賦》"恐吾游之晏起"。(《札樸》卷九　鄉里舊聞　鄉言正字附名稱 P328)

【囥】kàng　苦浪反,亢。藏物也。《周禮·服不氏》作"抗",《隋書》作"亢"。今从《集韻》。(《越諺》卷下　單辭隻義 P8)

【固然】gùrán　此謂事理之無可疑者,猶云固然。(《通俗編》卷三十三 P728)

【固㤷】gùlìn　上古誤反。《切韻》:"堅也。又,牢也。"《説文》:"蔽也。"郭註《尒雅》云:"擊然牢固之意也。"……下良刀反。《字書》:"鄙財物也。"(《一切經音義》卷續六 14P3934)

【圊厠】qīngcè　上磧盈反。《字書》:"圊,圂也。"《考聲》:"圊亦厠也。"(《一切經音義》卷十五 3P553)

【圊廁】qīngcè　七嬰反。《廣雅》:"圊、圂、屏、廁也。皆廁之別名也。"(《一切經音義》卷十七 13P654)
　　上七情反。《廣雅》:"圊、溷、屏、廁,皆廁之別名也。"(《一切經音義》卷二十六 10P1015)

【圊桶】qīngtǒng　便溺器曰圊桶。圊音青。(《蜀語》P39)

【國奢】guózhē　參見[阿奢]。(《稱謂錄》卷二　乳母之夫 P16)

【圈兒】cuān'ér　勾欄。(《墨城小錄》卷十四 P4)

【圈金】cuānjīn　《升庵全集》(卷六十六):"《唐六典》有十四種金:曰銷金,曰拍金,曰鍍金,曰織金,曰砑金,曰披金,曰泥金,曰鏤金,曰撚金,曰戧金,曰圈金,……"(《釋諺》P82)

【圍前】wéiqián　參見[幨涎]。(《言鯖》卷下 P20)

【圓光】yuánguāng　圓光之術,不知所自。案:《晉書·佛圖澄傳》:"劉曜自攻洛陽,石勒將救之,以訪澄,澄取麻油合臙脂,躬自研於掌中,舉手示童子,粲然有輝。童子驚曰:'有軍馬甚衆。'見一人,長大白皙,以朱絲縛其肘。澄曰:'此即曜也。'澄嘗遣弟子向西域市香,既行,澄告餘弟子曰:'掌中見買香弟子在某處,被劫垂死。'因燒香祝願,

遙救護之。"似即今之圓光矣。(《恒言錄》卷六 P118)
　　梁武帝《與蕭諮議等書》:"蓋聞圓光七尺,上暎珍珠之雲。"《蓮社高賢傳》:"有人頂有圓光。"《夢溪筆談》:"吳道子畫佛,留其圓光,當大會中對萬象舉手一揮,圓中運規,觀者莫不驚呼。後世圓光之術,即李少君之遺意,乃假用內典圓光耳。"(《恒言廣證》卷六 P91)
　　圓光古名軌革,亦名卦影。紀文達公《如是我聞》(卷三)云:"世有圓光術,猶卦影也。但卦影隱示其象,此則明著其形。"按:《澠水燕談錄》(卷上)有"術士李某,亦傳管輅軌革法畫影"一條。(《釋諺》P98)

【圓夢】yuánmèng　解測夢中事以占吉凶曰圓夢。圓者,通融不滯之謂,猶言圓謊之圓。此語古有之,見秦再思《記異錄》,又《次柳舊聞》。又《南唐近事》:"初,黃旛綽陷賊中,與祿山圓夢,皆順其意。如夢衣袖長至脾,則曰垂衣而治;夢殿中楄子倒,則曰革故入新。及賊平,見上,對曰:'臣向與賊圓夢,必知其不可也。蓋賊夢袖長,是出手不得也;又夢楄子倒,是胡不得也。'上大笑。"(《雅俗稽言》卷二十二 P13)
　　《浩然齋視聽鈔》:"圓夢出南唐近事。馮僎舉進士,時有徐文幼能圓其夢。"按:占夢事最古,《漢·藝文志》載《黃帝長柳占夢》十一卷,《周禮·司寤》掌王六夢,蓋其大略也。其謂之圓夢,亦非始于南唐。李德裕載明皇十七事云:"或毀黃幡綽在賊中,與大逆圓夢,皆順其情,而忘陛下積年之恩寵。"已見此圓字矣。(《通俗編》卷二十一 P474)

【圓寂】yuánjì　參見[涅槃]。(《一切經音義》卷二十五 2P953)

【圓果】yuánguǒ　俗諱各處有之,吳楚爲甚。舟中諱"住"、諱"翻",謂筯爲快兒,翻轉爲定轉,幡布爲抹布。又諱"離散",謂梨爲圓果,傘爲豎笠。(《俚言解》卷二 11P35)
　　參見[快兒]。(《通俗編》卷二十六 P592)
　　參見[涅槃]。(《一切經音義》卷二十五 2P953)

【團圓】tuányuán　《後漢書·張衡思元傳》。(《越諺賸語》卷上 P5)

【團拜】tuánbài　《朱子語類》：“團拜須打圈拜，若分行相對，則有拜不著處。”《周益公集》：“得劉文潛運使書，記去年館中團拜人，今作八處，感歎成詩。”(《恒言錄》卷五 P98)

【團衫】tuánshān　國朝婦人禮服，……漢人曰團衫。(《南村輟耕錄》卷十一 P140　參見[袍]。(《雅俗稽言》卷十一 P3)

【團結】tuánjié　參見[團練]。(《通雅》卷二十五 P825)

【團練】tuánliàn　分團之名，起于西魏，而後因之。西魏二十四軍，分團統領，隨征遼東。步卒八十隊，分爲四團。唐有將軍分統四府，府有郎將、副郎將、坊主、團主以相統治。府兵之制，士以三百人爲團，團有校尉。《唐六典》言關內團結兵。建炎以李綱議，詔諸軍團結，以五人爲伍，五之以至甲隊爲部，一千二百五十人爲軍。其後以廂軍團併爲額。向日京營分十二團營，後爲三大營。下操曰團操。其曰團練、團結，皆鄉兵也。(《通雅》卷二十五 P825)

【圖】tú　洲也。(《越諺》卷中 地部 P3)
　　《嘉定縣志》曰：“圖卽里也，不曰里而曰圖者，以每里册籍首列一圖，故名曰圖是矣。”今俗省作圖。(《談徵》言部 P82)

【圖書】túshū　古人圖画書籍皆有印記，後世遂以私刻印記呼爲圖書。(《雅俗稽言》卷二十四 P18)
　　《聽雨紀談》：“古人私印有曰‘某氏圖書’，或曰‘某人圖書之記’，蓋惟用以識圖畫籍，而其他則否。今人於私刻印章，概以圖書呼之，可謂誤矣。”按：《劉屏山集》有《詠圖書》詩，《方秋厓稿》有《題刻匠圖書册》詩，《吾衍行素山房稿》有《贈刻圖書錢拱之》詩，則宋元人已多以私印爲圖書，或自有所據也。(《通俗編》卷七 P148)

【圍】kǔn　(圍、棄)同音“捆”。大束也。“柴一圍”。(《越諺》卷下 單辭隻義 P12)

【圗】yóu　參見[囮]。(《札樸》卷九 鄉里舊聞 鄉言正字附 名稱 P328)

巾　部

【巾】jīn　陶公《歸去來辭》：“或命巾車。”案：江文通擬陶《田居詩》“日暮巾柴車”李善注云：《歸去來》曰：‘或巾柴車。’”鄭元《周禮》注：“巾，猶衣也。”是李善本原作“或巾柴車”，後人改之。張景陽《七命》“爾乃巾雲軒”，與“巾柴車”同。(《札樸》卷七 匡謬 P230)

【巾幘】jīnzé　《吳志》《曹瞞傳》：“及歡悦大笑，至以頭没杯案中，肴膳皆沾汚巾幘。”(《札樸》卷四 覽古 P136)

【巾箱本】jīnxiāngběn　《鼠璞》：“今之刊印小册，謂‘巾箱本’，起於南齊衡陽王均，王手寫五經，置巾箱中，賀玠曰：‘家有墳索，何須蠅頭細書？’答曰：‘檢閲卽易，且手寫不忘。’諸王遂從而效之。古未有刊本，雖親王亦手自抄錄。今刊本無所不備，第以供挾書，非備巾箱之藏也。嘉定間從學官楊璘之奏禁毀，近又盛行。”(《通俗編》卷七 P146)

【巾箱板】jīnxiāngbǎn　今人以小板書册爲巾箱板，以其可置於巾箱也。不知起於南齊衡陽王鈞。(《七修類稿》卷十九 P280)

【布】bù　韓非子云：“宋沽酒懸幟甚高。”酒市有旗始見于此，或謂之布。《酒譜》。(《談徵》事部 P66)

【布代】bùdài　參見[補代]。(《通俗編》卷四 P78)

【布施】bùshī　《周語》：“享祀時至，布施優裕。”《文子·自然篇》：“爲惠者，布施也。”《莊子·外物篇》：“生不布施，死何含珠爲？”《荀子·哀公篇》：“富有天下，而無怨財。布施天下，而不病貧。”《韓非·顯學篇》：“上徵斂于富人，而布施于貧家，是奪力儉而與侈墮也。”《淮南子·道應訓》：“不義得之，又不能布施，患必至矣。”又《齊俗訓》：“爲義者，布施而德。”《論衡·定賢篇》：“使穀食如水火，雖貪恡之人，越境而布施矣。”按：諸云“布施”，皆自我施諸人，今僧則但勒人之施我，故雖古之善言，而其義淆亂。擇言者以爲嫌矣。(《通俗編》卷二十 P451)

【布袋】bùdài　《猗覺寮雜記》：“世號贅婿爲布袋，多不曉其義。或以爲如入布袋，氣不得出頂，故名。附舟入浙，有一同舟者號季布袋，或問曰：‘如何入舍婿謂之布袋？’眾無語，忽一人曰：‘此語訛也。昔人家有女無子，恐世代自此絶，不肯嫁出，招婿以補其代，故謂之補代耳。’”《潛居錄》云：“馮布少時，贅於孫氏。其外父有煩瑣事，輒

曰:'俾布袋之至。'"今吴中以贅婿爲布袋。(《稱謂録》卷八　贅婿 P23)

　　參見[補代]。(《通俗編》卷四 P78)

【布袍】bùpáo　俗謂男子布衫曰布袍。(《南村輟耕録》卷十一 P140)

【布薩】bùsà　參見[菩薩]。(《通俗編》卷二十 P442)

【布絹胎】bùjuāntāi　參見[胎衣]。(《蜀語》P45)

【市】shì　參見[市井]。(《目前集》後卷 P2139)

【市井】shìjǐng　世言市井、市廛,未曉其義如何。因讀《風俗通》曰:"市亦謂之市井,言人至市有鬻賣者,當于井上洗濯令香潔,然後到市。或曰:'古者二十畝爲井田,因井爲市。'故云。又,市中空地謂之廛。顏師古乃云:'凡言市井者,市,交易之處,井,共汲之所,摠而言也。'"(《目前集》後卷 P2139)

　　《毛詩疏》:"市井者,《白虎通》言:'因井爲市,故曰市井。'《風俗通》言:'人至市有所鬻賣者,當于井上洗濯令潔,乃到市也。'《春秋井田記》云:'八家九頃二十畝共爲一井,因井爲市,交易而退,故稱市井。然則本由井田中交易爲市,國都之市,亦因名之。'"《後漢書·循吏傳注》略同。《管子注》:"立市必四方,若造井之制,故曰市井。"(《通俗編》卷二十三 P506)

　　《管子·小匡篇》:"處商必就市井。"房注:"立市必四方,若造井之制,故曰市井。"(《恒言廣證》卷四 P70)

【市主人】shìzhǔrén　參見[市牙]。(《恒言録》卷四 P92)

【市牙】shìyá　《舊唐書·食貨志》:"市牙各給印紙,人自買賣,隨自署記。有自貿易不用市牙者,給(編者按:當作驗)其私簿。"《盧杞傳》:"市主人牙子各給印紙。"常生案:《舊唐書·安禄山傳》:"禄山爲互市牙郎。"(《恒言録》卷四 P92)

【市日】shìrì　凡村鎮聚市,或單日,或雙日,或三六九日,皆名此。(《越諺》卷中　時序 P6)

【市暨】shìjì　杜:"市暨瀼西巔。"市井泊船處,夔人呼爲市暨。水横通山谷處,夔人謂之瀼,杜有《瀼西寒望》詩。(《唐音癸籤》卷十六 P148)

【市虎】shìhǔ　世稱市井之刁惡者曰市虎,當作"虣",與"暴"同。《周禮》:"司虣掌憲市之禁令,禁其鬥囂者,與其虣亂者,出入相凌犯者,以屬游飲食于市者。"(《言鯖》卷上 P13)

【市道】shìdào　《史記·廉頗傳》:"天下以市道交,君有勢則從君,君無勢則去。"《漢書·劉輔傳》:"卑人不可以爲主,市道皆知之。"《晉書·華譚傳》:"許由讓天子之貴,市道小人爭半錢之利,此相去不啻九牛毛也。"(《通俗編》卷二十三 P506)

【帆】fán　參見[歡帆]。(《唐音癸籤》卷十九 P173)

【帆柁】fānduò　帆字取犯字平聲。《釋名》云:"帆謂船幔也。"亦作颿,或作颿。録文作舤,俗字也。下陀賀反。《字書》:"正從它。"《考聲》:"柁,船尾也。"《釋名》云:"正船尾,正船具也。"録從舟作柂,俗字也。(《一切經音義》卷八十一 6P3180)

【希奇】xīqí　《十洲記》:"品物羣生,希奇特出,皆在于此。"(《通俗編》卷十一 P242)

【希旰】xīhàn　旰音酣。賈誼《新書》:"見之者希旰相告。"案:希旰,以爲難得也。吳中以難得之物爲希旰。(《吳下方言考》卷五 P3)

【豝】pà　帛兩幅曰豝。(《通俗文》釋形體 P58)

　　《西京雜記》:"秘閣圖書,表以牙籤,覆以錦豝。"《唐書·禮儀志》:"讀月令于帝前,畢覆以豝。"《説文》:"帛二幅爲豝。"按:世俗多用"帕"字。《南史·張譏傳》:"錯綵經帕,即母之遺制。"亦用之,然"豝"爲正文。(《通俗編》卷二十五 P567)

【帖】tiē　《通鑑》:"隋崔仲方上書,今惟須武昌以下,蘄、和、滁、方、吳、海等州,更帖精兵。"胡注:"帖,添帖。"(《札樸》卷三　覽古 P105)

【帖然】tiērán　《晉書·載記》:"王猛至鄴,遠近帖然。"《通鑑》:"元魏邢巒上表:'巴西廣袤千里,户餘四萬,若於彼州鎮攝華獠,則大帖民情。'""任城王澄收陸叡等繫獄,民間帖然。""梁王琛馳報黃羅漢曰:'吾至石梵,境上帖然。'"(《札樸》卷六　覽古 P175)

【帖職】tiēzhí　皇甫曾《贈國子柳博士兼領

太常博士》詩："博士本奏官，求才帖職難。"
以兼官爲帖職也。(《唐音癸籤》卷十七
P157)

【帖經】tiějīng　參見[三場]。(《唐音癸籤》
卷十八 P160)

【帕】pà　參見[帊]。(《通俗編》卷二十五
P567)

【帚卜】zhǒubǔ　參見[紫姑]。(《恒言錄》
卷六 P118)

【蚴】yǎo　參見[踏衸]。(《通俗編》卷二十
五 P565)

【帝弓】dìgōng　參見[天弓]。(《一切經音
義》卷十二 14P466)

【帝羓】dìbā　按：耶律德光死，亦剖腹納
鹽，名曰帝羓。(《常語尋源》卷下辛册
P293)

【帝青】dìqīng　寶名也。唯天帝有此青寶，
因號帝青也。(《一切經音義》卷十二
14P466)

【師公】shīgōng　《夢粱錄》："凡分茶酒肆
賣下酒食品，廚子謂之量酒博士師公。"按：
廚子之別呼，當爲"司供"。而《夢粱錄》作
此二字，其義未明，應亦率爾音發，未足爲
典要。(《通俗編》卷二十一 P480)

　　　《夢粱錄》："凡分茶酒肆賣下酒食品，
廚子謂之量酒博士師公。"今猶呼廚子爲師
公。(《恒言廣證》卷三 P57)

【師兄】shīxiōng　《溫公續詩話》："惠崇詩
每犯古人，或嘲之云：'不是師兄多犯古，古
人詩句犯師兄。'"按：《五燈會元》："寶壽稱
譚空和尚師兄。空曰：'汝却與我作師
兄。'"則師兄乃其同道中之稱耳。(《通俗
編》卷二十 P447)

【師巫行頭】shīwūhángtóu　《癸辛雜誌》：
"政和中立法，告捕男子爲娼者，杖一百，賞
錢五十貫。南渡後，吳俗尤甚，皆傅脂粉，
盛妝飾，善針黹，呼謂亦如婦人。其爲首
者，號師巫行頭。凡官府有不男之訟，呼使
驗之。"(《稱謂錄》卷三十 男娼 P20)

【師太公】shītàigōng　參見[太先生]。
(《越諺》卷中 尊稱 P13)

【師子吼】shī·zihǒu　《傳燈錄》："從孃肚皮
裏出來，便好作師子吼。"(《恒言廣證》卷一
P7)

【師姑】shīgū　《傳燈錄》："有尼參保福從

展，展問阿誰。侍者報曰：'覺師姑。'"又，
五臺智通忽大悟曰："師姑元是女人作。"
按：《廣異記》："大歷時，某寺尼令婢往市買
餅，見朱自勸，問云：'汝和尚好否？'又云：
'聞汝和尚未挾纏，今附絹二疋與和尚作寒
具。'婢承命持絹授尼。"則唐時尼亦稱和
尚。《雞肋編》云："京師尼諱師姑，號女和
尚。"有自來也。(《通俗編》卷二十 P446)

　　　女尼曰師姑。(《土風錄》卷十七
P372)

　　　《夢華錄》："繡巷皆師姑繡作居住。"
《五燈會元》："師姑原是女人身。"案：今尼
姑多稱師姑。(《稱謂錄》卷三十一 尼
P18)

　　　參見[尼姑]。(《越諺》卷中 賤稱
P13)

【師姆】shīmǔ　《唐書·禮樂志》："傅姆導
妃，司則前引，出於母左，師姆在右，保姆在
左。"(《稱謂錄》卷二 保母 P12)

【師娘】shīniáng　女巫曰師娘，都下及江南
謂男覡亦曰師娘。(《南村輟耕錄》卷十四
P174)

　　　《輟耕錄》："世謂女巫曰師娘，都中及
江南謂男巫亦謂師娘，又謂覡巫。楚語在
男謂覡，在女謂巫。"(《稱謂錄》卷三十一
巫 P13)

　　　《輟耕錄》云："女巫曰師娘，都下及江
南謂男覡亦曰師娘。"今吳俗則曰巡眼。
(《土風錄》卷十七 P372)

【師婆】shīpó　參見[大士婆]。(《越諺》卷
中 賤稱 P14)

【師郎】shīláng　漢(編者按：當作房)千里
《投荒雜錄》："南人不信釋氏，間有一二僧，
擁婦食肉，土人以女配之，呼曰師郎。"(《稱
謂錄》卷三十一 僧 P10)

【師門】shīmén　參見[恩門]。(《稱謂錄》
卷八 受知師 P31)

【席上】xíshàng　古無卓，燕飲卽設於席
上。席上，卽地上之席也，至於祭先，故曰
置之豆間之地。今飲以桌，稱曰席上，亦一
原於古之意歟？(《七修類稿》卷二十一
P313)

【席地幕天】xídìmùtiān　本劉伶《酒德頌》
中語。今俗顛倒其文，作出其不意解，不知
始自何時。(《直語補證》P8)

【帬帶】qúndài　《清波雜誌》："蔡卞之妻王

夫人知書，卞每有國事，先謀于牀第，然後宣于廟堂。及拜右相，家宴張樂，伶人揚言曰：‘右丞今日大拜，都是夫人帬帶。’中外傳以爲笑。”（《通俗編》卷二十五 P553）

　　《清波雜志》：“蔡卞妻王氏，知書能詩，卞每有國事，先謀於夫人。後拜右相，張宴，伶人揚言云：‘右丞今日大拜，都是夫人帬帶。’”按：凡由姻婭廕仕得官者，俱可呼帬帶官。（《常語尋源》卷上乙冊 P210）

【帬帶官】qúndàiguān　參見［帬帶］。（《常語尋源》卷上乙冊 P210）

【帳】zhàng　《周禮·遺人》疏：“當年所稅多少，總送帳于上。”《漢書·光武紀》注：“郡國計，若今之諸州計帳也。”《北史·高恭之傳》：“秘書圖籍，多致零落，詔令道穆總集帳目。”按：幃幄曰帳，而計簿亦曰帳者，運籌必在幃幄中也。今市井或造“賬”字用之，諸字書中皆未見。（《通俗編》卷二十三 P522）

【帳子】zhàngzǐ　帳，本作“障”，避蚊具。《列女傳》：“齊孝孟姬使侍御者舒幃以自鄣蔽。”故帳亦曰“障”。劉士卿《題西施障子》云：“窗風不舉袖，但覺羅衣輕。”（《里語徵實》卷中上 二字徵實 P21）

【帳目】zhàngmù　參見［帳簿］。（《目前集》後卷 P2143）　今俗謂簿籍曰帳目。按：漢制郡國歲時上計，顏師古曰：“計，若今諸州之計帳。”（《目前集》後卷 P2143）

　　《北魏書·釋老志》曰：元象元年秋，詔曰：“城中舊寺及宅，皆有定帳。”蓋蘇綽制計帳戶籍之法也。唐令：鄉百戶爲里，里設正一人。歲終，里正各具人生死與地廣狹之數爲鄉帳，上之縣；又爲計帳，具來歲課役之數以報。今人出入之籍曰“帳目”始此。見《書影》。（《里語徵實》卷中上 二字徵實 P48）

【帳簿】zhàngbù　帳目，俗云帳簿。（《目前集》後卷 P2143）　《唐書·百官志》：“句會功課及畜養帳簿。”又云：“在署爲簿，在寺爲帳。”（鑑案：《唐書·百官志》：“又以男女之黃小中丁老爲之帳簿。”）（《恒言錄》卷四 P91）

　　參見［帳目］。（《目前集》後卷 P2143）

【帶】dài　《方言》：“帶，行也。”注：“隨人行也。”今順塗攜取物件亦曰帶。（《直語補證》P42）

【帶枷鎖】dàijiāsuǒ　參見［扮犯人］。（《越諺》卷中 風俗 P63）

【帶殼蜓蚰蠃】dàikéyányóuluó　卽蝸牛。（《越諺》卷中 蟲豸 P48）

【帶累】dàiléi　薛能詩：“莫竊香來帶累人。”姚合詩：“轉覺才華帶累身。”司馬光《與姪帖》：“曹侍中兒帶累侍中貶隨州。”（《通俗編》卷十三 P288）

【幒】jiān　《廣韻》：“幒，蘇旱切，二幅。”《說文》：“幒，婦人贄衣。”馥謂：“幒”亦馬之贄衣，故冒名焉。（《札樸》卷七 匡謬 P247）

【常住】chángzhù　參見［梵經］。（《一切經音義》卷二十五 18P984）

【常例錢】chánglìqián　（元、明）取錢之言，管一事而索錢曰常例錢。（《七修類稿》卷二十一 P319）

　　參見［拜見錢］。（《通俗編》卷二十三 P514）

【常在】chángzài　常在、答應。案：《會典》有此二稱，位在貴人之下。蓋未有爵秩，僅供使令，猶前漢之家人子，後漢之宮人、采女是也。《明史》御前近侍太監，有答應、長隨諸稱，今以爲宮女之稱耳。（《稱謂錄》卷十 列宮 P4）

【常等】chángděng　參見［步屈］。（《一切經音義》卷二十五 17P983）

【常賣】chángmài　《冷齋夜話》：“余嘗館州南客邸，見所謂常賣者，破篋中有詩編寫本。”又《雲麓漫鈔》：“朱勔之父朱沖者，吳中常賣人。方言以微細物博易，於市中自唱，曰常賣人，卽以常賣呼之。”（《稱謂錄》卷二十八 商賈 P12）

【常調官】chángdiàoguān　《宋史》：“范文正公云：‘常調官好做，家常飯好喫。’”按：常調官謂事無更變，一切守常例也。（《常語尋源》卷下辛冊 P280）

【帵】wān　裁餘曰帵。帵，一丸切，音剜。《廣韻》：“帵子，裁餘也。”《正字通》：“今采帛鋪謂剪截之餘曰帵子。”（《燕說》卷三 P12）

【帵子】wānzǐ　《容齋五筆》：“采帛鋪謂剪裁之餘曰帵子。”《廣韻》：“帵，一懽切，裁餘也。”（《恒言錄》卷五 P109）

　　《容齋五筆》：“今綵鋪謂剪裁之餘曰帵子。”帵，一懽切。見《廣韻》。注云：“裁餘

也。"(《通俗編》卷二十五 P559)

　　布帛裁餘曰帵子。《《札樸》卷九
舊聞 鄉里舊聞 鄉言正字附 名稱 P328)

　　裁衣餘帛曰帵子。帵音剜。《廣韻》：
"帵子，裁餘也。"《正字通》："今采帛鋪謂剪
裁之餘曰帵子。"(《里語徵實》卷中上 二字
徵實 P19)

【幅巾】fújīn　首飾曰幅巾。(《札樸》卷九
鄉里舊聞 鄉言正字附 服飾 P326)

【幃涎】wéixián　幃涎，以方幅繫小兒頷
下，謂之涎衣，今吳中婦女衣外加布裙以績
苧上竈，謂之圍前，非也。(《言鯖》卷下
P20)

【幕】màn　孫宗鑑《東皋雜錄》："今人擲錢
爲博者，戲以錢文面背爲勝負，曰字，曰幕。
幕，讀如漫。"《漢書‧西域傳》："賓國以金銀
爲錢，文爲騎馬，幕爲人面。"注："如淳曰：
'幕，音漫。'韋昭曰：'錢背也。'顏師古曰：
'幕卽漫耳，無勞借音。'"(《通俗編》卷二十
三 P511)

　　音瞞去聲。宋孫宗鑑《東皋雜錄》："今
人擲錢爲戲者，以錢文背面分勝負，曰字曰
幕。"案：如淳《漢書》註曰："幕，音漫。"今吳
中擲錢尚分字幕也。(《吳下方言考》卷九
P3)

【幕調度】mùdiàodù　（軍中）一火內共畜
器物謂之幕調度耳。(《匡謬正俗》卷六
P65)

【幌】huàng　參見[蹌]。(《客座贅語》卷一
詮俗 P9)

【幌子】huǎngzǐ　參見[表背匠]。(《通俗
編》卷二十一 P478)

【幣】fèi　擣細曰幣。(《通俗文》釋言語上
P20)

【幖幟】biāozhì　必遙反。《通俗文》云："徽
號曰幖。"《説文》："幖，熾也。"《桂苑珠藂》：
"幟卽幡旗之類也。"……下叱志反。《廣
雅》："幟，幡也。"《史記》曰："人持赤幟。"幡
也。《考聲》："幟，頭上記也。"《通俗文》云：
"私記曰幟。"(《一切經音義》卷十三
3P480)

　　上必遙反。《玉篇》："幖舉也。"　"畫牌
也。"　"表幟也。"《韻詮》："立爲記也。"處所
也。《考聲》："頭上幟也。"《説文》："木末
也。"……或從巾作標。亦同。下齒至反。
《博雅》云："幡也。"(《一切經音義》卷四

19P175)

　　上必遙反。《桂苑珠叢》云："幡旗之類
也。"《説文》："幖卽幟也。"下齒志反。《廣
雅》："幟，幡也。"(《一切經音義》卷一
15P66)

【幖幟】biāoqiān　《唐書‧馬懷素傳》："是
時，文籍盈漫，籤勝紛舛。"馥謂："標籤"當
爲"幖幟"。《字林》："幖，識也。幟，幖幟。"
(《札樸》卷五 覽古 P142)

【幖客】biāokè　上幖。大商。(《越諺》卷
中 善類 P11)

【幞】fú　帊衣曰幞。(《通俗文》釋衣飾
P59)

【幞頭】fútóu　《唐書‧車服志》："幞頭，起于
後周，便武事也。"《廣韻》："幞頭者，裁幅巾
出四脚，以幞其頭，故名焉。"《二儀實錄》：
"古以皁羅三尺裹頭，號頭巾。三代皆冠列
品，黔首則以皁絹，至周武帝依古三尺裁爲
幞頭。"《宋史‧儀服志》："幞頭，一名折上
巾。後周時止以軟帛垂脚，隋始以桐木爲
之，唐始以羅代繒。惟帝服則脚上曲，人臣
下垂，五代漸變平直。國朝之制，君臣通服
平脚，乘輿或服上焉。其初以藤織草巾爲
裏，紗爲表，而塗以漆，後惟以漆爲堅，去其
藤裏，前爲一折，平施兩脚，以鐵爲之。"按：
此則幞頭之式，凡屢變。君臣文武，皆嘗服
之。今優場所備各冠，大半是其遺製。
(《通俗編》卷二十五 P559)

【幍】xū　參見[孝頭幍]。(《通俗編》卷二十
五 P564)

【幡】fān　參見[番]。(《匡謬正俗》卷八
P96)

【幡布】fānbù　《説文》"幡"字注："書兒拭
觚布。"至今拭几者有幡布之稱。(《直語補
證》P10)

　　參見[快子]。(《里語徵實》卷中上 二
字徵實 P18)

【幡鐸】fānduó　上妨蕃反。《説文》云："旌
旗總名也。"今幢旛旌旗之類也，以五彩間
錯懸於幢竿之上，名旛旗。下唐落反。《説
文》云："大鈴也。"……軍法：五人爲伍，五
伍爲兩，兩司馬執鐸金鈴也。(《一切經音
義》卷七 6P262)

【幢相】chuángxiàng　濁江反。《廣雅》：
"幢謂之翿。"《方言》："幢，翳也。"郭璞注
云："儛者所以自蔽翳身也。南楚謂翳曰

翻。"翻卽幢也。（《一切經音義》卷六
5P222）

【幟】zhì　私記曰幟。（《通俗文》釋器用
P79）

【幨】chān　障袛曰幨（昌鹽切）。（《通俗
文》釋衣飾P61）

【幫】bāng　履墙曰幫。幫，逋旁切，同幇。
宋·蔣捷詞："裙鬆翠褶，鞋膩紅幫。"（《燕
説》卷三P11）

【幰】xiǎn　張布曰幰。（《通俗文》釋衣飾
P61）

【幭】zhèng　表畫曰幭。幭，豬孟切，爭去
聲，開張畫繪也。（《燕説》卷三P5）

山　部

【山】shān　屋壁曰山。《通雅》："栦，所監
切。今以屋東西榮柱外之宇爲栦，嘗見工
匠謂屋兩頭爲山，猶其遺聲，實是栦字。"
按：韓退之《寄盧仝》詩"每騎屋山下窺瞷"、
王安石詩"落木回飈動屋山"、范成大詩"稻
堆高出屋山頭"，并用山字，則亦不必泥矣。
（《燕説》卷三P8）

【山兒】shānní　釋氏《傳燈錄》呼獼猴爲山
兒，俗呼"三兒"，音訛也。（《俚言解》卷二
24P41）

【山嶴】shān'ào　"奧"。山阿。（《越諺》卷
中 地部P4）

【山巴土獠】shānbātǔlǎo　謂人村曰山巴
土獠。獠音老，巴州以西，舊獠人所居，故
云。（《蜀語》P34）

【山株】shānzhū　其它之（柴株）也用橇，謂
之"山株橇"，或直謂之"山株"。（《越言釋》
卷下P19）

【山戴帽】shāndàimào　山頂霧曰山戴帽。
諺曰："霧溝晴，霧山雨。"凡霧在山顛必有
雨。（《蜀語》P35）

【山臊】shānsào　參見［㷬㷬］。（《里語微
實》卷中上 二字微實P41）

【山礬】shānfán　參見［玉蕊］。（《七修類
稿》卷二十二P337）

【山長】shānzhǎng　主書院者曰山長，見
《宋史·理宗紀》："何基婺州教授兼麗澤書
院山長。"……是時書院多在山中，故稱山

長，近例稱院長。（《土風錄》卷十七P366）

趙時中《遊遨龍門山記》："有東西中三
書院，皆名儒碩士，授受生徒至百人，置山
長以領之。正今之所謂山長也。"《小知
錄》："荊湘近事，五代蔣維東隱居衡嶽，受
業者稱爲山長。宋大中祥符間，嶽麓書院
山長以行義著。"《元史·黃澤傳》："字楚望，
大德中，江西行省相臣聞其名，授景星書院
山長。"《宋史》："理宗景定四年，何基爲婺
州教授兼麗澤書院山長。"又，"徐璣爲建寧
授教兼建安書院山長。"《元史·選舉志》：
"泰定元年三月，中書省臣奏：'下第舉人，
仁宗延祐間，命中書省各教授官之職，以慰
其歸。今當改元之初，恩澤宜溥。蒙古、色
目人，年三十以上並兩舉不第者，與教授；
以下與學正、山長。漢人、南人，年五十以
上並兩舉不第者，與教授；以下與學正、山
長。'惟已廢復興之後，其法始變，下第者悉
授以路府學正及書院山長。又增取鄉試備
榜，亦授以郡學錄及縣教諭。於是科舉取
士，得人爲盛焉。"又，"至元二十八年，令江
南諸路學及各縣學內，設立小學，選老成之
士教之，或自願招師，或自受家學於父兄
者，亦從其便。其他先儒過化之地，名賢經
行之所，與好事之家出錢粟贍學者，並立爲
書院。凡師儒之命於朝廷者，曰教授，路府
上中州置之。命於禮部及行省及宣慰司
者，曰學正、山長、學錄、教諭，路州縣及書
院置之。路設教授、學正、學錄各一員，散
府上中州設教授一員，下州設學正一員，縣
設教諭一員，書院設山長一員。中原州原
學正、山長、學錄、教諭，並受禮部付身。各
省所屬州縣學正、山長、學錄、教諭，並受行
省及宣慰司劄付。"（《稱謂錄》卷八 書院掌
教P31）

鄉中稱師曰"先生"，書院老師曰"山
長""院長""掌教"。（《里語徵實》卷上 一
字微實P2）

【山門】shānmén　參見［三門］。（《通俗編》
卷二十四P540）

【岐黃】qíhuáng　《帝王世紀》："黃帝命岐
伯論經脈旁通，問難爲《難經》，後世習其業
者，故謂之岐黃。"（《稱謂錄》卷二十七 醫
P1）

【岑岑】céncén　音贈。《漢書》許皇后服女
醫淳于衍藥，曰："我頭岑岑也。"案：岑岑，

頭欲低貌。吳諺謂低頭爲岑倒頭。(《吳下方言考》卷九 P3)

【屵崿】zuò'è　山不齊也。《文選》張衡《南都賦》注。)(《坤蒼》P19)

【岳丈】yuèzhàng　《陔餘叢考》:"婦翁曰岳丈,其說不一。或曰晉樂廣爲衛玠妻父,岳丈蓋樂丈之訛。《釋常談》則曰:'因泰山有丈人峰故也。'案:泰山有丈人峰,而《玉匱經》:青城山,黃帝亦封爲五岳丈人。世俗以婦翁有丈人之稱,而丈人又有山岳之典,遂引以爲美稱耳。《晁氏客語》引開元十三年封禪泰山,三公以下,例遷一階。張說爲封禪使,其婿鄭鎰自九品驟至五品。會大宴,明皇訝之。黃幡綽曰:'泰山之力也。'因此以丈人爲泰山。然則唐時已有泰山及岳丈之稱矣。又《黃潛筆記》謂:漢《郊祀志》:大山川有嶽山,小山川有嶽婿。山嶽而有婿,則嶽可以稱婦翁矣。世俗之稱,未必不因此。又因山嶽而轉爲泰山耳。"(《稱謂錄》卷七 妻之父 P11)

　　參見[丈人]。(《里語徵實》卷中上 二字徵實 P3)

　　參見[泰山]。(《雅俗稽言》卷六 P2)

　　參見[令岳]。(《通俗編》卷十八 P396)

【岳公】yuègōng　《捫蝨》云:"歐陽永叔嘗曰:'今人呼妻父爲岳公,以太山有丈人峯;又呼丈母爲泰水,不知出何書也。'"(《通言》卷三 P42)

【峯巖】fēngyán　上捧封反。《考聲》:"山高而銳也。"《韻英》:"山頂也。"……下吾咸反。杜注《左傳》云:"巖,險也。"《毛詩傳》曰:"巖巖,積石也。"《說文》:"巖,岸也。"(《一切經音義》卷八 17P313)

【峀峭】būqiào　《廣韻》:"峀峭,好形皃。"出《字林》。(《札樸》卷七 匡謬 P234)

【崕】yá　官長曰崕。民間隱語如:長官曰大崕,佐貳曰二崕。攷《唐語林》曰:"唐長入許小客謂唐崇曰:'今日崕公甚蜆斗。'崕公指明皇。蜆斗,歡喜也。攷《說文》:"崕,高邊也。"又攷官字从自,音堆,崕也,官也,皆巍高之意。(《蜀語》P1)

【崕公】yágōng　《唐語林》:"長入人許小客一日過唐崇曰:'今日崕公甚蜆斗。'"散樂呼天子爲崕公,以歡爲蜆斗,每日在至尊左右曰長入。即今所謂長隨也。萬花谷以崕公爲天公,誤。蜆音顯。(《雅俗稽言》卷八 P1)

　　天子也。見《唐語林》。《教坊記》:"散樂呼天子爲崕公。"(《稱謂錄》卷九 天子古稱 P7)

　　崕公,阿公也。(《吳下方言考》卷五 P9)

　　參見[崕]。(《蜀語》P1)

【崑崙奴】kūnlúnnú　參見[龍户]。(《唐音癸籤》卷十八 P164)

【崩】bēng　若事之敗而不可收拾也,曰崩,又或曰裂。(《客座贅語》卷一 詮俗 P10)

【崇虛局丞】chóngxūjúchéng　參見[僧祇部丞]。(《稱謂錄》卷十六 僧官、道官 P8)

【崛强】juéjiàng　參見[偏譬]。(《越諺賸語》卷上 P4)

【嵌老】qiànlǎo　枷。(《墨城小錄》卷十四 P5)

【嵌金】qiànjīn　《升庵全集》(卷六十六):"《唐六典》有十四種金:曰銷金,曰拍金,曰鍍金,曰織金,曰砑金,曰披金,曰鏤金,曰撚金,曰餞金,曰圈金,曰貼金,曰嵌金,……"(《釋諺》P82)

【崴假】suìjià　元旦至初五日總名。"假"即"休沐"遺意。樂天詩:"公假月二旬。"(《越諺》卷中 時序 P5)

【崴巊】wǎihuái　不平也。《文選》左思《吳都賦》注下云:……又,重累貌。崴,烏乖切。巊,故乖切。)(《坤蒼》P19)

【崿磌】ànchuò　緩唇謂之崿磌。(《通俗文》釋形體 P50)

【崱】zǎi　謂子曰崱。崱,子改切,音宰。揚子《方言》:"江、湘之間,凡言是子謂之崱。"凡歡人飲或推物與人,恐不受,則誓曰崱崱,或曰萬蔥,言若相辭則我當爲子也。又,自高侮人則稱人曰崱。酈道元《水經注》曰:"弱年崱子。"(《蜀語》P9—10)

　　崱、囝,皆子也。江右謂子曰崱,音宰。《水經注》曰:"蠻童卬女,弱年崱子。"閩人謂子曰囝。《青箱雜記》云:"顧況有《哀囝》一篇,謂父爲郎罷。"囝音梘。升菴曰:"老人自稱少子曰暮鶏,幺豚,因雄之少子名鶏也。"(《通雅》卷十九 P651)

【崱崱】zǎizǎi　參見[崱]。(《蜀語》P10)

【崱子】zǎizǐ　《水經注》:"蠻童卬女,弱年崽子。《方言》：“崽者，子也。湘沅之間，凡言是子者，謂之崽子。”按：崽，音如宰。俚俗以爲罵語，其實非罵語也。（《通俗編》卷四 P71）

【嶢崎】yáoqí　《朱子語錄》：“伏羲只是理會網罟等事，不曾有計多嶢崎。”按：毛萇《正月詩傳》有“崎嶇嶢峗”之語，此節用之，與言“蹺攲”者別。（《通俗編》卷二 P41）

【嶢嵠】yáoxī　參見［砭落］。（《客座贅語》卷一 方言 P11）

【嶢嶢】yáoyáo　揚子雲《甘泉賦》：“直嶢嶢以造天兮。”案：嶢嶢，直貌。吳中謂物之直而不能曲者曰直壁嶢嶢。（《吳下方言考》卷五 P16）

【嶽公】yuègōng　參見［令岳］。（《通俗編》卷十八 P396）

【龍揔】lóngzōng　音櫳總。傅仲武《舞賦》：“車騎並狎，龍揔逼迫。”案：龍揔，并聚貌。今諺謂并於一處曰龍揔。（《吳下方言考》卷七 P2）

【巖窟】yánkū　上雅緘反，山崖也；下苦骨反，石穴也。（《一切經音義》卷十 14 P388）

彳　部

【彳亍】chìchù　音屑楝。潘安仁《射雉賦》：“彳亍中輟。”案：彳亍，小行步聲。中輟，言雉疑畏欲行中止也，吳人謂小行聲曰彳亍。（《吳下方言考》卷十 P13）

【行】háng　《都城紀勝》：“市肆謂之行者，因官府科索而得此名。不以其物大小，但合充用者，皆置爲行。”鑑案：……《文獻通攷》：“納免行錢，方得在市賣易。不赴官，自投行者有罪。”（《恒言錄》卷四 P92）

【行卷】xíngjuàn　參見［溫卷］。（《唐音癸籤》卷十八 P162）

【行家】hángjiā　《盧氏雜説》：“織綾錦人李某，投官錦行不售，吟詩云：‘莫教官錦行家見，把此文章咲向他。’”《傳燈錄》云：‘寰普云：‘耕夫製玉漏，不是行家作。’”（《通俗編》卷二十一 P464）

《盧氏雜説》：“織綾錦人李某，投官錦行不售，吟詩云：‘莫教官錦行家見，把此文章笑向他。’”《傳燈錄》：‘寰普云：‘耕夫製

玉漏，不是行家作。’”（《恒言廣證》卷四 P72）

市肆償價主人。二字見《盧氏雜説》“李某官錦不售”詩。（《越諺》卷中　尊稱 P12）

【行李】xínglǐ　《左傳》：“燭之武曰：‘行李之往來，共其乏困。’”又，子員曰：“亦不使一介行李，告于寡君。”杜預注：“行李，行人也。”此解未盡。李濟翁云：“行李，當作行使，蓋古使字从山八子，本作峑，後人乃轉爲李耳。”又《左傳》：“行理之命，無月不至。”杜注：“行理，使人通聘問者。”宋方勺云：“皋陶爲大理，一本作大李，李與理通。人將有行，必先辦嚴。”辦嚴，猶言治裝，理亦治也。故出門資裝，亦得以行李稱。（《雅俗稽言》卷十七 P10）

《左傳正義》：“襄八年《傳》：‘一介行李。’杜預云：‘行李，行人也。’昭十三年《傳》：‘行理之命。’杜預云：‘行理，使人。’”《周語》：“敵國賓至，關尹以告行理，以節逆之。”賈逵云：“理，吏也，小行人也。”孔晁注：“本亦作‘李’字，然則兩字通用。”按：《史記·天官書》：“熒惑爲李。”徐廣注：“外則理兵，內則理政。”《漢書·藝文志》：“《黃帝李法》一篇。”師古注：“李者，法官之號。”《北史·敍傳》：“李氏先爲堯之理官，因爲氏。”《管子》書“大理”皆作“大李”。兩字通用，誠不誣也。蓋李者，治也，猶俗云“料理”也。世未有不料理而行者，故謂使曰“行李”。《資暇錄》言：“古文‘使’字作‘峑’。《左傳》‘行李’乃是行使，後人惧爲‘李’字。”恐是曲説。然“行李”總以人言，世俗但爲資裝之稱，大非。（《通俗編》卷十三 P278）

【行止】xíngzhǐ　俗評人有行止，没行止。《詩》云“人而無止”，傳云：“容止可觀。”史言張垌舉止都雅，裴謂舉止不煩。齊武帝謂張欣泰曰：“將家兒何敢作如此舉止？”所謂容止、舉止，即行止之義也。史言劉瞻行止完潔，又，陳萬言惇厚，備于行止。《外史檮杌》：“鄭奕教子《文選》，其兄曰：‘莫學他沈、謝，嘲風弄月，汙人行止。’”此行止有無之槩也。今刑書載“行止有虧”條例，慎之哉。（《雅俗稽言》卷二十一 P16）

【行縢】xíngténg　《舊唐書·德宗紀》：“入駱宗，值霖雨，道滑，東川節度使李叔明之子

昇等六人著釘鞵、行縢,更控上馬以至梁
州。"(《土風錄》卷三 P198)

【行户】hánghù　參見[舖行]。(《宛署雜
記》卷十三 P103)

【行房】hángfáng　廠曰行房。俗訛作迎
房。(《蜀語》P14)

【行窩】xíngwō　《宋史》:"邵雍歲時耕稼,
僅給衣食,名其居曰安樂窩。好事者別作
屋,如其所居,候其至,名曰行窩,其爲時愛
敬如此。"(《常語尋源》卷上乙册 P205)

【行窳】hángyǔ　行窳音杭禹。《唐書》:"器
不行窳。"注:"不堅牢曰行,苦惡曰窳。"
(《雅俗稽言》卷十三 P21)

　　《唐書·韓琬傳》:"器不行窳。"《音義》:
"不牢而行,苦惡曰窳。"(《釋諺》P128)

【行老】hánglǎo　《東京夢華錄》:"凡雇覓
人力,幹當人、酒食作匠之類,各有行老。"
即工頭也。(《稱謂錄》卷二十八　百工 P1)

【行衣】xíngyī　參見[缺襟袍]。(《通俗編》
卷二十五 P561)

【行藥】xíngyào　《文選》有鮑明遠《行藥至
城東橋詩》,五臣注:"服藥行而宣導之。"馥
案:潘安仁《閒居賦》:"體以行和,藥以勞
宣。嘗膳載加,舊痾有痊。"行藥,即勞以宣
藥也。李善引《左傳》注:"宣,散也。"(《札
樸》卷三　覽古 P95)

【行酒】hángjiǔ　《羣經平義》(卷十)"往來
行言"條,引《九章算術·盈不足章》曰:"醇
酒一斗直錢五十,行酒一斗直錢一十。"
(《釋諺》P128)

【行貨】hánghuò　越俗以貨之次者爲行貨,
其上者曰門貨。《唐書·韓琬轉》:"器不行
窳。"《音義》:"不牢曰行,苦惡曰窳。"……
王介甫詩:"傳語進賢饒八舅,如今行貨正
當時。"《羣經平義》(卷十)"往來行言"條,
引《九章算術·盈不足章》曰:"醇酒一斗直
錢五十,行酒一斗直錢一十。"(《釋諺》
P128)

【行販】xíngfàn　《晉書·石勒載記》:"年十
四隨邑人行販洛陽,王衍見而異之。"按:今
以肩販蔬果等物行賣街巷爲行販。"行"當
如字,而方俗讀之若"杭"。(《通俗編》卷二
十一 P477)

　　小商賈。《晉書·石勒載紀》。(《越諺》
卷中　賤稱 P13)

【行長】hángzhǎng　參見[行頭]。(《通俗
編》卷八 P168)

【行院】hángyuàn　《武林舊事》載南宋百戲
社名行院曰翠錦社。吳任臣《字彙補》:"俗
謂樂人曰術衍。""術衍"與"行院"同。(《通
俗編》卷二十二 P500)

　　參見[社夥]。(《談徵》言部 P33)

【行頭】hángtóu　《舊唐書·食貨志》:"其百
姓有邸店行鋪。又自今已後,有因交關用
欠陌錢者,宜但令本行頭及居停主人、牙人
等檢察送官。"鑑案:《周礼·肆長》疏:"一肆
立一長,使之檢校一肆之事,若今行頭者
也。"(《恒言錄》卷四 P92)

　　《周禮·肆長》疏:"一肆立一長,使之檢
校一肆之事,若今行頭者也。"(《通俗編》卷
二十一 P463)

　　《吳語》:"行頭皆官帥。"按:此謂行列
之長,亦稱行長。《周禮·弁師》疏:"伍佰
者,謂宿衛者之行長。"(《通俗編》卷八
P168)

【行頭主】hángtóuzhǔ　開貫貨店及該戲班
衣者。《周禮》"肆長"疏差同。(《越諺》卷
中　尊稱 P13)

【行香】xíngxiāng　自後魏以及江左齊梁
間,每遇燃香,先熏其手,或以香末散行,謂
之行香。唐以后間有設齋行香者,齋主持
香爐巡行壇中,或持香爐行街市中,至今皆
然,失行香之初意矣。(《言鯖》卷上 P23)

　　《南史·王僧達傳》:"何尚之於宅設八
關齋,大集朝士,自行香,次至僧達,曰:'願
郎且放鷹犬,勿復游獵。'"《舊唐書·職官
志》:"凡國忌日,兩京大寺各各以散齋僧
尼。文武五品以上,清官七品以上,皆集,
行香而退,天下州府亦然。"常生案:北魏靜
帝常設法會乘輦行香,高歡執爐步從。又
《南史·齊宗室傳》:"魚復侯子響既自縊,上
心怪恨,百日于華林作齋,上自行香。"(《恒
言錄》卷五 P97)

　　《雲麓漫鈔》:"《遺教經》云:'比邱欲
食,先燒香唄案,法師行香,定坐而講,所以
解穢流芬也。'乃中夏行香之始。"《西溪叢
語》:"行香起于後魏,及江左齊梁間,每燃
香薰手,或以香末散行,謂之行香。唐文宗
朝,省臣奏設齋行香。事無經紀,乃罷。宣
宗復釋教,仍行其儀。"《演繁露》:"《南史》:
'王僧達好鷹犬,何尚之八關齋,集朝士,自

行香，次至僧達，曰："願郎且放鷹犬。"'其謂行香次及僧達者，卽釋教之行道燒香也。行道燒香者，主齋之人，親自周行道場之中，以香爇之于爐也。東魏靜帝常設法會，乘輦行香，高歡執爐步從。凡行香者，步進前，而周匝道場，仍自炷香爲禮。靜帝，人君也，故以輦代步，不自執爐，而使高歡代執也。以此見行香只是行道燒香，無撒香末事也。"按：今作佛事，僧偕主齋者持爐巡壇中，或儀導以出街巷，曰行香。與《演繁露》説正合。(《通俗編》卷二十 P453)

　　《陳書·文學·岑之敬傳》："年十八，預重雲殿法會，時武帝親行香，熟視之敬，卽日除太學限內博士。"《遺教經》："比邱欲食，先燒香唄案（編者按：當作讚），法師行香，定坐而講。"《西谿叢語》："齊文宣天保元年制，每月朔行香。"《唐會要》："開元二十七年敕，華、同等州僧尼道士，國忌日各就龍興寺觀行道散齋。至貞元五年處州奏，當州不在行香之數，乞同衢、婺等州行香，勅旨依。"(《恒言廣證》卷五 P76)

【行馬】xíngmǎ　漢魏三公門施行馬，見《楊彪傳》。唐李商隱詩："郎君官貴施行馬。"(《俚言解》卷二 14P35)

【伋貜貜】jíliúliú　參見［貜貜］。(《吳下方言考》卷六 P7)

【行價】hángjià　上"杭"，俗寫有中點，仍之。此開行待販價，比門市爲減。(《越諺》卷中 貨物 P32)

【行當】hángdàng　行，販貨之區。當，典質所在。合言以喻條理。(《越諺賸語》卷上 P3)

【往還】wǎnghuán　參見［溫卷］。(《唐音癸籤》卷十八 P162)

　　參見［打毷氉］。(《通雅》卷二十 P743)

【彼】bǐ　兩心相憐曰疼，反是而交相背曰彼。(《客座贅語》卷一 詮俗 P9)

【彼己】bǐjǐ　己，居理反。彼，他也；己，自也。(《一切經音義》卷二十二 13P847)

【待伴】dàipàn　《湘素雜記》："王君玉謂人曰：'詩家不妨間用俗語，尤爲工巧。嘗《雪》詩云："待伴不禁鴛瓦冷，羞明常怯玉鈎斜。"待伴、羞明皆俗語。'"按：今人言雪等伴。(《恒言廣證》卷二 P31)

【待後溲】dàihòusōu　《史記·倉公傳》："不得後溲。"注云："大便也。"《群談採餘》："俗以人有分而己無分，慰之者曰：'待後溲。'蓋戲慢之辭。"今訛爲搜索之搜，因不以爲憾。(《通俗編》卷十六 P360)

【衍嗽】yǎnsòu　説話。(《墨娥小錄》卷十四 P6)

【律令】lǜlìng　《資暇錄》："律令是雷邊捷鬼，善走，與雷相疾速。故符咒云"急急如律令"宜讀作平聲，今作去聲爲是。又，漢行文書皆云"如律令"。(《目前集》前卷 P2112)

　　《瑣言》："西域有神獸，形如馬，名律令，其行如風，足不著地，道家書符籙，每曰急急如律令，言神速之意。(《常語尋源》卷下辛冊 P296)

【律師】lǜshī　參見［練師］。(《唐音癸籤》卷十八 P164)

【後日】hòurì　參見［外後日］。(《通雅》卷四十九 P1458)

【後燈頭】hòudēngtóu　參見［燈頭］。(《越諺》卷中 時序 P5)

【後生家】hòushēngjiā　本《論語》。又鮑昭詩"家"作"子"。(《越諺》卷中 倫常 P10)

【後生子】hòushēngzǐ　鮑明遠《少年時至衰老行篇》云："寄語後生子，作樂當及春。"今俗，小少年者稱爲後生子。(《續釋常談》卷三十五 P610)

　　參見［後生家］。(《越諺》卷中 倫常 P10)

【後輩】hòubèi　《通典》："魏立太學，弟子滿二歲，試通二經者，補文學掌故；不通者，聽從后輩試。遞是，試通三經、四經、五經，不通者，俱從後輩復試。"程大昌《演繁露》："唐世舉人呼已第者爲先輩，由此也。"《舊唐書·劉禹錫傳》："王叔文于東宮用事，後輩務進，多附麗之。"《全唐詩話》："使前賢失步，後輩却立。"杜甫詩："詞華傾後輩，風雅藹孤騫。"按：此皆指言之耳，未嘗有以爲稱謂者。(《通俗編》卷五 P94)

【徒旅】túlǚ　旅，力與反。孔安（國）注《書》曰："徒，衆也。"旅，猶言侶。《廣雅》曰："侶，伴也。"(《一切經音義》卷二十一 21P818)

【語侗】hú·tong　參見［齰齰］。(《通俗編》卷二 P38)

參見[胡洞]。(《談徵》名部下 P54)

【徑須】jìngxū 徑,猶直也。杜子美詩:"過客徑須愁出入。"(《方言藻》卷一 P5)

【銹𨨏】xiùliù 參見[蹋跳]。(《客座贅語》卷一 方言 P10)

參見[宿留]。(《雅俗稽言》卷十七 P13)

【徐六】xúliù 《六醜圖》云:"北齊徐之才家貧,割所居門外地以養親。忽賓客會中有言:'徐六賣却門前地。'之才,第六也。盧思道恐辱之才,乃止之曰:'不用道。'時人遂因之,用言成戲。"而今酒令名徐六者,蓋此始也。(《蘇氏演義》卷上 P24)

【衔衏】hángyuàn 參見[俳優]。(《雅俗稽言》卷十四 P21)

參見[行院]。(《通俗編》卷二十二 P500)

【衚衕】hú• tong 參見[胡洞]。(《談徵》名部下 P54)

【徜徉】chángyáng 參見[隱宿]。(《客座贅語》卷一 方言 P11)

【得力】délì 《史記•貨殖傳》:"桀黠奴,人之所患也。惟刁間收取,使逐魚鹽商賈之利,終得其力。"《後漢書•馬后紀》:"貴而少子,若養他子者得力,乃當踰于所生。"《北夢瑣言》:"盧延讓言,平生投謁公卿,不意得力于猫兒狗子。"(《通俗編》卷十二 P253)

【得周】dézhōu 產兒周歲,母家備禮又往,卽"晬盤"也。《愛日齋叢鈔》曰"試周"。(《越諺》卷中 風俗 P61)

【得得】dédé 猶特特也。王建:"親故應須得得來。"貫休:"萬水千山得得來。"(《唐音癸籤》卷二十四 P215)

貫休詩:"一瓶一鉢垂垂老,千水千山得得來。"讀如篤,都木切。(《方言藻》卷二 P20)

【得手】déshǒu (元、明)取錢之言,覓得錢多曰得手。(《七修類稿》卷二十一 P319)

參見[拜見錢]。(《通俗編》卷二十三 P514)

【得能】dénéng 此能字,與恁同,亦可作去聲,方言箇樣也。得能,卽箇樣,吳人語也。皮襲美詩:"檜身渾箇矮,石面得能皷。"(《助字辨略》卷二 P109)

皮襲美詩:"檜身渾箇矮,石面得能皷。"……(能)方言箇樣也。得能,卽箇樣,吳人語也。(《方言藻》卷二 P14)

【得罪】dézuì 謝過時有此語。《韓詩外傳》。(《越諺賸語》卷上 P4)

【得衷】dézhōng 竹隆反。《左傳》:"楚僻我衷。"杜預曰:"衷,正也,中當也。"《蒼頡篇》:"别名內外之辭。"經文作中,中平也。兩字並通也。(《一切經音義》卷二十六 16P1027)

【得解】déjiě 參見[申解]。(《通俗編》卷六 P125)

【得體】détǐ 《禮記》:"官得其體。"疏云:"體者容體,謂設官分職,各得其尊卑之體。"《宋史•岳飛傳》:"小心恭謹,不專進退爲得體。"(《通俗編》卷五 P112)

【從】cóng 隨意,言聽其所如何而不與之校也。杜子美詩:"五株桃樹亦從遮。"又云:"客至從嗔不出迎。"(《助字辨略》卷一 P4)

杜子美詩:"五株桃樹亦從遮。"又云:"客至從嗔不出迎。"此"從"字詩中屢用,言聽其所如何而不與之校也。(《方言藻》卷二 P16)

【從表兄弟】cóngbiǎoxiōngdì 朱子《祭劉共父文》自稱從表弟。案:《宋史•劉珙本傳》,珙字共父,爲劉子羽長子。而朱子爲徽猷閣待制劉子羽撰神道碑,自稱從表侄,則子羽必非朱子父姊妹之夫,子共父亦必非朱子父姊妹之子矣。又《朱子年譜》,朱子母祝孺人,爲歙州祝處士確之女,而共父姓劉,則共父亦必非朱子母兄弟之子矣。據杜詩,重表侄乃其曾祖之姊妹之玄孫,則朱子自稱從表弟。從表弟亦當與僅稱表字者有别,殆自祖以來之中表親也。蓋祖之姊妹之孫及祖母之兄弟姊妹之孫,稱之曰"從表兄弟",正與同祖兄弟謂之從父昆弟、同祖姊妹謂之從父姊妹同一義例。然則自稱從表侄者,亦必其祖之姊妹之曾孫,或祖母之兄弟姐妹之曾孫也。唐李衛公有《與某侍郎帖》,自稱從表兄。《宋史•文同傳》云:"蘇軾,同之從表弟也。"亦當與朱子之稱從表弟一例觀。(《稱謂錄》卷八 祖之姊妹之孫,祖母之兄弟姊妹之孫 P13)

【從從】cóngcóng 宋玉《悲秋》:"後輜乘之從從。"案:從從,衆行貌。吳中謂隨行者衆

曰從從然。(《吳下方言考》卷一 P5)

【從從然】cóngcóngrán　參見［從從］。
(《吳下方言考》卷一 P5)

【從子】cóngzǐ　《襄陽記》:"龐統,德公從子
也。"唐李季卿撰《先塋記》,從子陽冰書。
《朱子語錄》云:"侄字,本非兄弟之子,所當
稱從子。"(《稱謂錄》卷四　兄弟之子 P17)

【從女】cóngnǚ　《晉書・束皙傳》:"皙兄璆,
取石鑒之從女。"(《稱謂錄》卷四　兄弟之女
P20)

【街】jiē　宛平人呼經行往來之路曰街、曰
道。或合呼曰街道。或以市廛爲街,以村
莊爲道。(《宛署雜記》卷五 P34)

【衖】xiàng　《霏雪錄》:"俗呼屋中別道爲
衖,本當作弄,《集韻》:'弄,厦也。'《南史》:
'蕭諶接鬱林王出,至延德西弄,弑之。'卽
今所云衖者。按:《爾雅》:"衖門謂之閎。"
《博雅》:"閌謂之衖。"《楚辭》:"五子用失乎
家衖。"《説文》變體作"衖",訓云:"里中
道。""衖"實古字,非俗書,特其義皆與
"巷"通,爲與今別耳。元《經世大典》有所
謂火衖者,注云:"衖音弄。"蓋今音乃自元
起。又,俚俗有"衖唐"之呼。唐,亦路也。
《詩》云:"中唐有甓。"(《通俗編》卷二十四
P541)

【衖堂】lòngtáng　參見［庈堂］。　(《越
諺》卷中　屋宇 P24)

【衖唐】lòngtáng　參見［衖］。(《通俗編》
卷二十四 P541)

　　　　參見［唐］。(《越言釋》卷上 P19)

【御筆】yùbǐ　天子親剗,謂之御筆,始于《北
史》。元魏《彭城武宣王勰傳》云:"帝令勰
爲露布,辭曰:'臣聞露布者,布于四海,露
之耳目。以臣小才,豈足大用?'帝曰:'汝
亦爲才達,但可爲之。'及就,尤類帝文。有
人見者,咸謂御筆。"(《能改齋漫錄》卷二
P26)

【復】fù　語助也。《世説》:"君出臨海,便無
復人。"又云:"阿奴今日不復減向子期。"陶
淵明詩:"謂人最靈智,獨復不如兹。"(《助
字辨略》卷五 P238)

【循簫】xúnxiāo　《真誥》:"夢一人弊衣長
形容,從一小兒來,如循簫。"注:"循簫,賣
物人也。"(《稱謂錄》卷二十八　商賈 P10)

【衙】yá　唐制:天子居曰衙,行曰駕。((《俚

言解》卷二 10P34)

　　今監司郡守初上事,既受官吏參謁,至
晡時,僚屬復伺於客次,胥吏列立庭下通
刺,曰衙,以聽進退之命。(洪邁)(《唐音癸
籤》卷十八 P160)

【衙衙】yáyá　皇甫湜《浯溪石間詩爲元結
而作》:"石屏立衙衙。"案:衙衙,立而相向
之貌。(《吳下方言考》卷四 P7)

【衙衙然】yáyárán　吳諺謂相朝對曰衙衙
然也。(《吳下方言考》卷四 P7)

【衙推】yátuī　陸游《老學庵筆記》:"陳亞今
年新及第,滿城人賀李衙推。李乃亞之舅,
爲醫者也。"《唐書》:"鄭注以藥術干李愬,
愬喜之,署爲衙推。"則醫生之稱衙推,起於
唐也。《北夢瑣言》:"後唐莊宗劉皇后之
父,舊以醫卜爲業,嘗負藥囊,自稱劉衙推,訪
女直入後宫。"案:北方市醫,皆稱衙推。
(《稱謂錄》卷二十七　醫 P3)

　　　　參見［郎中］。(《通俗編》卷五 P98)

【微子】wēizǐ　《十國春秋》注:"杜荀鶴,牧
之微子也。牧有妾懷孕,出嫁長林鄉正杜
筠而生荀鶴。"(《稱謂錄》卷六　寄養子
P15)

【溪】xī　邪道曰溪。(《通俗文》釋天地
P39)

【衚衕】hú・tong　衚衕本元人語,字中從胡
從同,蓋取胡人大同之意。(《宛署雜記》卷
五 P34)

　　楊慎《升菴外集》:"今之巷道名爲胡
洞,或作衚衕,又作衖衕,皆無據也。《南齊
書》注:'弄,巷也。南方曰弄,北方曰衖
衕。'弄之反切爲衖衕,蓋方言耳。"李贄《疑
耀》:"世以衚衕爲俗字,不知《山海經》已有
之。'食罍鳥可以止衕。'注:'治洞下也。'
又,'飛魚食之已痔衕。'獨衚字未經見。"
按:"衕"字已見《説文》。解云:"通街也。"
……"衚"字當依楊氏作"衖"。《説文》:"衖
衕,行貌。"宋玉《九辨》:"道飛廉之衖衕。"
與躍韻叶,得讀'吾'音。蓋衚衕者,猶言行
旅通街耳。《日下舊聞》:"衚衕二字,元人
有以入詩者。"(《通俗編》卷二 P38)

【德士】déshì　《宋・徽宗紀》,詔改僧爲德
士。(《稱謂錄》卷三十一　僧 P6)

【德配】dépèi　孫逖《故程將軍妻樊氏挽
歌》:"德配程休甫,名高魯季姜。"案:今皆
以德配稱人妻,或本諸此。(《稱謂錄》卷五

稱人之妻 P14)

【徵天雨】zhēngtiānyǔ　參見［霑天雨］。（《俚言解》卷一 2P4)

【衝席】chōngxí　參見［欵席］。（《俚言解》卷二 3P30)

【徣】zhà　徣，步立貌。竹亞切，亦作迮。俗大迮步。（《目前集》後卷 P2151)

【徹頭徹尾】chètóuchèwěi　程子《中庸》解：“誠者，物之終始，猶俗言徹頭徹尾。”又朱子《答呂伯恭書》有“從頭徹尾”語。（《通俗編》卷十六 P335)

【衛】wèi　衛，代呼驢為衛，於文字未見。今衛地出驢，義在斯乎？或說以其有軸有槽，譬如諸衛有冑曹也，因目曰衛。《資暇集》。又，或曰：“晉衛玠好乘驢，故以為名。”《爾雅翼》。（《雅俗稽言》卷三十六 P5)

訝其物之辭。與“噂”同。《爾雅‧釋詁》鄭樵註。（《越諺》卷下　發語語助 P20)

【衜】zhūn　一色不雜曰衜，衜音諄。（《蜀語》P3)

【徼冀】jiǎojì　又作僥。《說文》作憿，同。古堯反。僥，希冀也。冀，幸也。（《一切經音義》卷十七 10P649)

【亶】zhān　音但。《廣韻》：“亶，《廣蒼》云：‘走也，藏也。’”案：亶，疾行也。吳諺謂人疾走藏匿曰實亶。（《吳下方言考》卷九 P3)

【礠】bào　《集韻》：“礠，越也。漢制：新到官府併上直謂之礠。今俗謂程外課作者為礠工。”馥案：“漢制”疑作“唐制”，唐志有之。（《札樸》卷三　覽古 P84)

【衝蓯】chōngcóng　音銃送。司馬相如賦：“騷擾衝蓯。”案：衝蓯，行欲前跌貌。吳諺謂行欲前跌曰衝蓯。（《吳下方言考》卷八 P3)

【儱侗】lǒngtóng　含糊曰儱侗。《集韻》：“儱，魯孔切，隆上聲；侗，音統。儱侗，直行。”（《里語徵實》卷中下　二字徵實 P19)

【黴騬】méizhěng　“梅整”。衣物漸滋多迹漬。（《越諺》卷中　天部 P2)

彡　部

【彤騶】tóngzōu　褚亮詩：“彤騶出禁中。”

蓋謂伍百服赤幘，唱騶出禁中也。《中華古今注》：“漢制，伍百，服赤幘繡衣韋韤，率其伍以導引。”（《唐音癸籤》卷十七 P152)

【彬彬】bīnbīn　案：東漢多以七言作標榜語，於句中為韻，如：“……道德彬彬馮仲文（豹），萬事不理問伯始。”（《札樸》卷八　金石文字 P279)

【彭蚑子】péngqízǐ　參見［彭越子］。（《蘇氏演義》卷下 P32)

【彭蝟】pénghuá　漢有彭越，即彭蝟。崔豹《古今注》：“彭蝟，小蟹也。”《嶺表錄異》：“彭蝟，吳呼為越，蓋語譌也。”（《札樸》卷三　覽古 P104)

【彭蝟子】pénghuázǐ　參見［彭越子］。（《蘇氏演義》卷下 P32)

【彭越】péngyuè　漢有彭越，即彭蝟。崔豹《古今注》：“彭蝟，小蟹也。”《嶺表錄異》：“彭蝟，吳呼為越，蓋語譌也。”《晉書‧夏統傳》：“或至海邊，拘蟛蝟以資養。”馥案：古人多取物名，故知彭越取義彭蝟也。《古今注》又云：“彭蝟，其有螯偏大者，名擁劍，俗謂之越王劍也。”馥謂：“蝟”轉為“越”，故俗又傅會為“越王”耳。《集韻》：“彭越似蟹而小，或作蝟。”（《札樸》卷三　覽古 P104)

【彭越子】péngyuèzǐ　彭越子似蟹而小。揚楚間每遇寒食，其俗競取而食之。或傳云：“漢黥布覆彭越醢於江，遂化為蟹，因名彭越子。”恐為誤說，此蓋彭蝟子矣。（蝟又作蝟）人語訛以蝟子為越子，彭越有名於世，故習俗相傳，因而不改。據崔正熊云：“蟿蝟子，小蟹也，亦曰彭蚑子。海邊塗中食土，一名長卿。其有螯大者名擁劍，一名執火，其螯赤故也。”（《蘇氏演義》卷下 P32)

【彭觥】pénggōng　音旁光。韓昌黎詩：“側身上視溪谷盲，杖撞玉版聲彭觥。”案：彭觥，響也。吳諺謂撞金石類聲曰彭觥。（《吳下方言考》卷二 P5)

【影】yǐng　其回曲不可方物曰鬼，又，身之或見或隱也曰影。（《客座贅語》卷一　詮俗 P9)

【影本】yǐngběn　《南史》：“蕭思話書，羊欣之影，風流逼好，殆當不減。”《北史》：“周文帝令趙文深至江陵影覆寺碑。”按：今摩書者所謂“影本”，祖此“影”字。（《通俗編》卷七 P147)

【鬱恐】yùkǒng　抬頭不起。(《墨娥小錄》卷十四 P8)

【鬱金香】yùjīnxiāng　燒酒中有名鬱金香者,蓋取太白詩"蘭陵美酒鬱金香,玉椀盛來琥珀光"之語。(《土風錄》卷六 P238)

夕　部

【夕拜】xībài　《靖康湘素記》:"夕郎亦謂之夕拜。"洪平齋《賀許給事啓》:"躋榮夕拜。"(《稱謂錄》卷十四　給事中古稱 P17)

　　參見[夕郎]。(《唐音癸籤》卷十七 P157)

【夕烽】xīfēng　杜:"夕烽來不近,每日報平安。"唐兵部烽式云:"……若依式放烽至京訖,賊回者放烽一炬報平安。凡放烽報賊者,三應三滅。告平安者,兩應兩滅。"(遞叟)(《唐音癸籤》卷十七 P152)

【夕郎】xīláng　給事郎爲夕郎、夕拜。(《容齋四筆》)(《唐音癸籤》卷十七 P157)

　　《漢舊儀》:"黃門郎日暮入對青鎖門,名曰夕郎。"《唐書》:"李藩有夕郎之風。"宋之問《和姚給事寓直》詩:"高才拜夕郎。"(《稱謂錄》卷十四　給事中古稱 P17)

【外】wài　參見[內]。(《恒言錄》卷三 P58)

　　《恒言錄》:"夫婦相稱曰內外,晉魏以前無之。如秦嘉、顧榮皆有《贈婦》詩,不云贈內也。徐悱有《贈內》詩,又有《對房前桃樹詠佳期贈內》云,其妻劉氏有《答外》詩。內外之稱,起於是矣。"(《稱謂錄》卷五　夫 P1)

【外兜天】wàidōutiān　不好。(《墨娥小錄》卷十四 P9)

【外後日】wàihòurì　《老學菴》曰:"後三日爲外後日,意其俗語耳,偶讀《唐逸史·裴老傳》乃有此語,裴,大歷中人也。"今以後日之後,爲老外後日。(《通雅》卷四十九 P1458)

　　《老學菴筆記》:"後三日爲外後日,意其俗語耳。偶讀《唐逸史·裴老傳》,乃有此語。裴,大歷中人也。"按:今又謂之"大後日"。(《通俗編》卷三 P51)

　　大後日,即《唐逸史·裴老傳》"外後日"也。(《越諺》卷中　時序 P6)

【外姑】wèigū　參見[丈母]。(《恒言廣證》卷三 P51)

【外父】wàifù　《潛居錄》:"馮布贅於孫氏,其外父有煩惱事,輒曰:'俾布代之。'"(《稱謂錄》卷七　妻之父 P11)

【外生】wàishēng　《世說》:"王子敬兄弟見郗公,躡履問訊,甚修外生禮。"又云:"桓豹奴是王丹陽外生,形似其舅。"《衛玠別傳》:"王濟,玠之舅。嘗語人曰:'昨日吾與外生共坐,若明珠之在側,朗然來照人。'"(《稱謂錄》卷八　姊妹之子 P8)

　　《世說》曰:"桓豹奴是王丹陽外生,形似其舅。"則"外甥"卽"外生"。然晉時多通稱,自古借字也。(《里語微實》卷中上　二字微實 P4)

【外甥】wàishēng　《詩》:"展我甥兮。"疏:"莊公威儀技藝如此,又實是齊之外甥。"此以外孫爲外甥。(《恒言廣證》卷三 P53)

【外科】wàikē　參見[金瘡醫]。(《通俗編》卷二十一 P472)

【外翁外婆】wàiwēngwàipó　參見[媳婦]。(《直語補證》P34)

【外翰林】wàihànlín　參見[西曹]。(《稱謂錄》卷十六　刑部 P17)

【外道】wàidào　參見[步屈]。(《一切經音義》卷二十五 17P983)

【多】duō　《隋·回紇傳》:"以父爲多。……德宗正元六年,回紇可汗謝其次相曰:'惟仰食于阿多。'史釋之曰:'北呼父爲阿多。'"(《通雅》卷十九 P650)

【多夥】duōhuǒ　今吳語有之,其讀夥在許、所之間。《餘冬序錄》謂吳人多少亦曰幾夥。(《通俗編》卷三十二 P706)

【多拜上】duōbàishàng　多謝人曰多拜上,又曰多頂上。(《燕山叢錄》卷二十二　長安里語　人事 P3)

【多許】duōxǔ　《隋書》:"天下何處有多許賊。"(《通言》卷四 P52)

【多謝】duōxiè　《漢書·趙廣漢傳》:"界上亭長曰:'至府爲我多謝問趙君。'"師古注:"多,厚也,言殷勤,若今言千萬問訊矣。"辛延年《羽林郎》詩:"多謝金吾子,私愛徒區區。"陶潛詩:"多謝綺與甪,精爽今何如。"方干詩:"多謝郡中賢太守,常時談笑許追陪。"(《通俗編》卷九 P180)

　　《漢書·趙廣漢傳》。(《越諺滕語》卷上

【多頂上】duōdǐngshàng　參見［多拜上］。
《燕山叢錄》卷二十二　長安里語　人事 P3）

【夠】yún　云。物多而夠與人。與"匀"別。
《越諺》卷下　單辭隻義 P9）

【夠】gòu　遘。多也。謂多曰夠，少曰不
夠。出《廣韻》。見《升庵外集》。《越諺》
卷下　單辭隻義 P17）

【敳結煞者】kāiqìshāzhě　上二"亥氣"。
《博雅》訓多。此吻不足多意。《越諺》卷
下　發語語助 P21）

【夢唵】mèng'án　唵音掩。吳中謂夢中呼
叫爲夢唵。《吳下方言考》卷八 P1）

【夢椎】méngchuí　謂人痴鈍曰夢椎。椎同
槌。《史記》："周勃不好文學，每召諸生說
士，東鄉坐而責之，趣爲我語。其椎少文如
此。"《蜀語》P40）

【夢撒】mèngsǎ　無。《墨娥小錄》卷十四
P9）

【夢惷】mèngchǔn　痴愚曰夢惷。惷音銃。
《蜀語》P16）

【夢覺】mèngjué　《周禮》："司寤氏主夜覺
者。"疏云："人之寐卧恒在寢，人有夜寐忽
覺而漫出門者，謂之夢覺。"俗言夢顛，此
類。《雅俗稽言》卷二十二 P13）

【夢話】mènghuà　《拾遺記》："吕蒙夢與羲
文論世祚興亾之事，日月貞明之道。衆云：
'吕蒙囈語通《周易》。'"囈、瘕全音藝。俗
謂之夢話。《雅俗稽言》卷二十二 P13）

【夢顛】mèngdiān　參見［夢覺］。《雅俗稽
言》卷二十二 P13）

【夥伴】huǒbàn　參見［火伴］。《雅俗稽
言》卷二十一 P18）

【夥多】huǒduō　參見［平滿］。《里語微
實》卷中上　二字微實 P42）

【夥頤】huǒyí　音火頤。《史記·陳涉傳》：
"夥頤，涉之爲王沉沉者。"案：夥頤，驚美之
聲。今吳楚驚美人勢曰夥頤，謙退不敢當
美名厚福亦曰夥頤。《吳下方言考》卷三
P7）

　　參見［夥夥］。《里語微實》卷中上　二
字微實 P39）

【舞弄】wǔlòng　《列子·仲尼篇》："鄧析顧
其徒曰：'爲若舞彼，來者奚若？'"注云："世
或謂相嘲調爲舞弄。"按：凡《史》《漢》云"舞

智"、"舞文"，皆卽"舞弄"之説。《通俗編》
卷十二 P263）

【夤緣】yínyuán　《廣記》："王維微時，善琵
琶，爲岐王所知。將應舉，告王爲地。王
曰：'子舊詩可錄數篇，並作一琵琶曲。'王
乃引維至一貴戚家，命自彈之，曲名《鬱輪
袍》。貴戚大欣賞。王因出其詩曰：'此非
伶人，乃文士也。'遂爲夤緣，是年爲舉首。"
《常語尋源》卷上甲册 P200）

【蕢掇】kuìduó　參見［掇蕢］。《方言據》卷
上 P8）

夂　部

【冬學】dōngxué　參見［村書］。《談徵》言
部 P30）

【冬瓏】dōnglóng　李長吉樂府："穆天子走
龍媒，八鬚冬瓏逐天回。"案：冬瓏，聲也。
今諺謂大玲及鼓聲皆曰釘鈴冬瓏也。《吳
下方言考》卷一 P4）

【冬淩】dōnglíng　冰。《墨娥小錄》卷十四
P3）

【冬烘】dōnghōng　唐人言冬烘，是不了了
之語，故有"主司頭腦太冬烘，錯認顏標作
魯公"之語。人以爲戲談。今蜀人多稱之。
《避暑錄話》《唐音癸籤》卷二十四
P214）

　　唐人言冬烘，是"不了了"之辭，故有
"主司頭腦太冬烘，錯認顏標作魯公"之語。
《雅俗稽言》卷十九 P10）

　　葉夢得《避暑錄話》："唐人言'冬烘'，
是不了了語，故有'主司頭腦太冬烘'之
言。"《通俗編》卷三 P47）

【冬春米】dōngchōngmǐ　范成大《冬春
行》："臘中儲蓄百事利，第一先春年米計。"
自注："江南人入臘春一歲糧，藏之廩囷，呼
爲冬春米。"《通俗編》卷三十 P679）

【夏至粥】xiàzhìzhōu　參見［夏至飯］。
《土風錄》卷八 P262）

【夏至飯】xiàzhìfàn　《南郭志》則云："夏志
用蠶豆小麥煑飯名夏至飯（今俗則爲夏至
粥）。"《土風錄》卷八 P262）

【夏課】xiàkè　參見［打髀繇］。《通雅》卷
二十 P743）

参見[氆氀]。(《里語徵實》卷中上　二字微實 P34)

【慦】hàng　今俗呼直戇者曰慦。《説文》："慦,岡眼切。"岡上聲。(《直語補證》P19)

广　部

【床桯】chuángtīng　牀身曰牀桯。桯音聽。《字典》："夷牀横木曰桯。"《儀禮・既夕》："遷于祖,用輴。"注："輴,輁輴。輁狀如長牀,穿桯前後而關輴焉。"又《蜀語》："門身亦曰'桯'。"(《里語徵實》卷中上　二字微實 P23)

【庋背】guǐbèi　《七修類稿》："市肆間木格閣板謂之鬼背兒,庋與鬼,音近訛也。蓋鬼背兒,當用庋字。"(《通俗編》卷二十六 P581)

【庋閣】guǐgé　參見[步步高]。(《越諺》卷中　屋宇 P26)

【庇下幼】bìxiàyòu　自卑而求人。(《越諺賸語》卷上 P9)

【店】diàn　《南史・劉休傳》："休婦王氏妒,明帝聞之,令于宅後開小店,使王氏親賣皂莢掃帚以辱之。"《古今注》："店,置也,所以置貨鬻物也。"(《通俗編》卷二十一 P477)

　　古所謂"坫"者,蓋壘土爲之,以代今人卓子之用。……北方山橋野市,凡賣酒漿不托者,大都不設卓子而有坫,因而酒曰"酒店",飯曰"飯店"。是"店"之爲"店",實因"坫"得名。(《越言釋》卷上 P12)

【店房】diànfáng　參見[廊房]。(《宛署雜記》卷七 P58)

【庘廬】yāchá　物欲壞曰庘廬。《通俗文》釋宮室 P47)

【厏厊】zhǎyǎ　物不相合曰厏厊。厏,側下切,音鮓。厊,語下切,音雅。《集韻》："厏厊,不相合也。"(《燕説》卷一 P6)

【府元】fǔyuán　參見[鄉元]。(《稱謂錄》卷二十四　解元 P26)

【府君】fǔjūn　"府君"本漢太守之稱。《後漢書》："廣陸太守陳登,患胸中煩懣,華佗脈之曰:'府君胃中有蟲。'"《三國志》："孫策進軍豫章,華歆爲太守,葛巾迎策,策曰:'府君年德名望,遠近所歸。'"近世疏狀譜牒乃以稱其祖考。攷《司馬溫公書儀》"慰狀格式,先某位奄棄榮養"自注云:"無官,改先某位爲先府君。"《朱子家禮・祠堂章》自注云:"無官者,以生時行第稱號,加于府君之上。"又《語錄》:"無爵而曰府君、夫人,漢人碑已有,只是尊神之辭,府君如官府之君。今人亦謂父曰家府君。"姚翼《家規通俗編》:"《蓬窗類記》言:'無官者稱府君,蓋襲古式,而不知本朝有禁,然禁無可攷,而嘗于載籍中見湛甘泉告祖文,稱曾祖處士府君。此公非不知禮,不攷典故者。'邱文莊乃本朝達禮之士,其輯《家禮》,亦稱處士府君,恐蓬窗所記誤也。《詩》'先祖是皇'注:'皇,君也。'而慶源輔氏曰:'君即府君之謂。'則府君乃人子尊祖考之辭,非以爵稱也明矣。"(《通俗編》卷四 P68)

韓愈《沂國公先廟碑》:"曾祖都水使者府君祭初室。"互詳祖及父稱府君注。(《稱謂錄》卷一　曾祖 P5)

《三國志・華歆傳》"拜歆豫章太守"注引《吳歷》:"孫策擊豫章,歆葛巾迎策,策謂歆曰:'府君年德名望,遠近所歸。'"司馬氏《書儀》"慰狀格式先某位"注:"無官,改先某位爲先府君。"朱文公《家禮・祠堂》章注:"無官者以生時行第稱號加于府君之上。"又《語錄》:"無爵而曰府君夫人。漢人碑已有,只是尊神之辭。府君如官府之君,今人亦謂父曰家府君。"《世説・賞譽》篇:"吳府君聖王之老成,明時之儁。"又《規箴》篇:"府君復不見治,便無所訴。"《蜀志・張裔傳》:"張府君如瓠壺,外雖直而內實粗。"《古文苑・酈炎遺令書》:"下邳衛府君,我之諸曹掾督郵;濟北寧府君,我由之成就;陳留韓府君,察我孝廉。"(《恒言廣證》卷三 P46)

韓愈《沂國公先廟碑》:"兵部府君祭東室。"此以府君稱父也。互詳祖稱府君注。案:府君二字,唐金石文字中常見。蓋自漢有之。考漢時惟郡國守相得稱府君,見於碑版者甚夥。如《漢博陵太守孔府君碑》《漢故梁相費府君碑》,不一而足。然考孔彪自博陵再遷而歿,猶書博陵者,蓋碑陰有故吏十三人,立石者爲博陵故吏。此外如《桂陽太守周府君功勳之紀銘》《巴郡太守都亭侯張府君功敍》之類,亦皆桂陽、巴郡人所立,其稱府君者,猶之使君耳。至魏晉

六朝,猶沿其例。唐人始有以府君稱其家之曾祖、祖父者,遂爲通稱。(《稱謂錄》卷一　亡父 P21)

陳元方曰:"府君,高明之君,稱祖也。"案:韓愈《沂國公先廟碑》:"曾祖都水使者府君祭初室。祖安東司馬府君祭二室。兵部府君祭東室。"是曾祖以下,皆可稱府君也。互詳父稱府君注。(《稱謂錄》卷一　亡祖 P9)

稱人父子曰府君郎君。《漢書》:"張翁爲越雋太守,有遺愛。其子湍復爲太守,蠻人喜,奉迎道路曰:'郎君儀貌,類我府君。'後湍頗失其心。有欲叛者,諸蠻者老相曉語曰:'當爲先府君。'故湍遂以得安。"蓋漢時太守稱"府君",太守之子稱"郎君"。後相沿統稱人父子。(《里語徵實》卷中上　二字徵實 P12)

【底】dǐ　問曰:俗謂何物爲底(丁兒反),底義何訓?答曰:此本言何等物,其後遂省,但言直云等物耳。等字本音都在反,又轉音丁兒反。左太沖《吳都賦》云:"畛畷無數,膏腴兼倍。原隰殊品,瓴隆異等。"蓋其證也。今吳越之人呼齊等皆丁兒反。應瑒詩云:"文章不經國,筐篋無尺書。用等稱才學,往往見歎譽。"此言譏其用何等才學見歎譽而爲官乎?以是知去何而直言等,其言已舊。今人不詳其本,乃作底字,非也。(《匡謬正俗》卷六 P68)

顏師古《刊謬正俗》云:"或問俗謂何物爲底(丁兒反),底義何訓?答曰:此本言何等物,其後遂省,但直云等物耳。等字本音都在反,又轉音丁兒反。應瑒詩云:'文章不經國,筐篋無尺書。用等稱才學,往往見嘆譽。'言其用何等才學見嘆譽而爲官,以是知去何而直言等,其言已舊。今人不詳所本,乃作底字。"老杜:"文章差底病。"差底,猶何底之意也。(《唐音癸籤》卷二十四 P208)

《列子》:"林類底春被裘。"《注》云:"底,及也。"又,何也,那也。韓退之詩:"潮州底處所?"又云:"有底忙時不肯來。"李義山詩:"柳映江潭底有情。"又,猶云此也。元微之詩:"那知下藥還沾底。"又,通作抵。溫飛卿詩:"去帆不安幅,作抵使西風。"言帆不安幅,將用何物以使西風也。(《助字辨略》卷三 P128)

唐方言"底"字作何字解。《顏氏家訓》云:"何物爲底物。"此本言何等物耳,後遂省何,直言等物也。底又音低,亦可作平聲。(《言鯖》卷下 P9)

顏師古《刊謬正俗》:"俗謂何物爲底,此本言何等物,其後省何,但直云等物耳。等字本都在反,又轉音丁禮反。應瑒詩:'用等稱才學,往往見嘆譽。'言其用何等才學見嘆譽而爲官。以是知去何而直言等,其言已舊,今人不詳根本,乃作底字"。老杜"文章差底病",差底,猶何底之意也。王若虛《謬誤雜辨》:"古言底事、底物、底處、有底、作底,底皆訓何。或認爲此字之義,誤矣。"(《通俗編》卷三十三 P732)

韓退之詩:"潮州底處所?"又云:"有底忙時不肯來?"李義山詩:"柳映江潭底有情?"底,何也。溫飛卿詩:"去帆不安幅,作底使西風?"言帆不安幅,將用何物以使西風也?(《方言藻》卷二 P13)

《隋唐嘉話》云:"崔湜爲中書令,張嘉貞爲舍人。湜輕之,常呼爲張底。後因議事皆出人右,湜驚曰:'張底乃我輩一般人。'"(《稱謂錄》卷三十二　泛稱 P31)

文書藁曰底。《春明退朝錄》:"公家文書稿,中書謂之草,樞密院謂之底,三司謂之檢。秘府有梁朝宣底二卷,卽貞明中崇政院書也。"(《燕說》卷三 P15)

【底下人】dǐxiàrén　參見［小底］。(《稱謂錄》卷二十五　僕 P16)

參見［鼻頭］。(《越諺》卷中　賤稱 P14)

【底事】dǐshì　參見［底］。(《通俗編》卷三十三 P732)

【底物】dǐwù　參見［底］。(《通俗編》卷三十三 P732)

【底處】dǐchù　參見［底］。(《通俗編》卷三十三 P732)

【底簿】dǐbù　今上下、公私文冊初藁,通稱底簿、草簿。(《俚言解》卷二 33P45)

【底裏】dǐlǐ　臥房。(《墨娥小錄》卷十四 P4)

【度牒】dùdié　宋有交子、會子、關子、錢引、度牒、公據等名,皆所以權變錢貨以趨省便,然皆不言其制,惟戶部中嘗有鹽鈔之名。(《俚言解》卷二 29P43)

陸放翁《爲行者雷印定求度牒書》有

"空手要七十萬錢"之語。則宋時一僧度牒直七百千錢也。東坡知杭州日，乞支度牒二百道，修完本州廨宇；又欲以度牒二百道，召募蘇湖常秀人户，令於本州闕米縣分入中斛㪷，以優價入中，減賈出賣，約可得二萬五千石，糶得一萬五千貫。是一度牒直米一百二十五石也。(《恒言錄》卷五 P98)

　　《事物紀原》："《僧史略》曰：'度牒自南北朝有之。'見《高僧傳》。名籍限局必有憑由，憑由卽今祠部牒也。"(《恒言廣證》卷五 P76)

【度無極】dùwújí　或言到彼岸。皆一義也。梵言波羅蜜多是也。(《一切經音義》卷九 15P349)

【庰】yǐ　奥内曰庰。(《通俗文》釋宮室 P46)

【庰堂】nòngtáng　上"弄"。巷也。似應作"衖堂"。(《越諺》卷中 屋宇 P24)

【庫露】kùlù　孔穴曰窟籠，一作庫露。唐皮日休詩："襄陽作髹器，中有庫露真。"玲瓏空虛，故曰庫露。今諺呼書格曰庫露格是也。(《燕說》卷一 P11)

【庸峭】būqiào　宋人小説魏收有"庸峭難爲"之語，文潞公以問蘇子容，子容曰："向聞之宋元憲云：'事具《木經》，蓋梁上小柱，有曲折峻峭之勢，言人之儀矩可喜者曰庸峭。'"馥案：此温子昇語也。子昇自以不修容止，謂人曰："詩章易作，逋峭難爲。""庸""逋"二字竝非此義，當爲"峬峭"。《廣韻》："峬峭，好形兒。"出《字林》。今猶謂自荷容儀者爲賣峭。(《札樸》卷七 匡謬 P234)

【座主】zuòzhǔ　《唐國史補》："有司謂之座主。"張籍《寄蘇州白使君》詩："登第早年同座主。"《摭言》："會昌三年，奉宣旨，不欲令及第進士呼有司爲座主。"(《恒言錄》卷四 P80)

　　見《舊唐書‧令狐峘傳》。張籍《寄白使君詩》有"登第早年同座主"句。李肇《國史補》："進士稱有司曰座主。"《觚不觚錄》："嘉靖以前門生稱座主，不過曰先生而已，至分宜當國，始稱老翁，其厚者稱夫子，此後俱相承曰老師。"(《通俗編》卷五 P93)

　　劉克莊《跋陸放翁帖》："余大父著作爲京教，考浙漕試，明年考省試，吕成公卷子皆出本房。家藏大父與成公往還真跡，大

父則云'上覆伯恭兄'，成公則云'拜覆著作丈'，猶未呼座主作先生也。"(《恒言廣證》卷四 P64)

　　《國史補》："有司謂之座主。"張籍《寄蘇州白使君》詩："登第早年同座主，題詩今日是州民。"《南部新書》："李逢吉知貢舉，榜未放而入相，及第人就中書見座主。"(《稱謂錄》卷二十四 總裁、主考 P5)

　　張籍(編者按：當爲籍)《寄蘇州白使君》詩云："登第早年同座主。"唐武宗會昌三年，中書覆奏，奉宣旨，不欲令及第進士呼有師爲座主。據是則座主之稱，蓋始於唐。(《稱謂錄》卷八 受知師 P29)

　　參見［打氈毬］。(《通雅》卷二十 P743)

　　參見［氊毦］。(《里語徵實》卷中上 二字徵實 P34)

【座師】zuòshī　顧亭林《日知錄》云："宋末已有先生之稱，而至於有明，則遂公然謂之座師。"據是則唐稱座主，宋稱先生，而稱曰座師、曰老師，則皆始於明也。(《稱謂錄》卷八 受知師 P30)

【庶吉士】shùjíshì　永樂三年，詔曾棨等二十八人入文淵閣緝學，以比二十八宿，號"庶吉士"。(《雅俗稽言》卷十八 P8)

【庹】tuǒ　以手量物長短曰庹。按：宋龐元英《文昌雜錄》"鴻臚陳大卿使高麗"一條："以鐵碼長繩沈水中爲候，深及三十托。"只作托字。(《直語補證》P23)

　　以手量物曰"庹"。音託。《字彙補》："兩腕引長謂之庹。"(《里語徵實》卷上 一字徵實 P13)

　　託。兩臂橫量繩數曰"一庹""兩庹"。《字彙補》。(《越諺》卷下 單辭隻義 P14)

【庵】ān　劉熙《釋名》："草圓屋曰蒲，又謂之庵。庵，奄也。所以自奄覆也。"《拾遺記》："漢任末編茅爲庵。"《後漢書》："皇甫規監關中兵，親入菴廬巡視。"注云："菴廬，軍行宿室也。"按：今凡奉佛小舍稱菴。《翻譯名義》云："菴羅本果樹名，此樹開花，花生一女，國人歎異，封其園。園既屬女，女宿善冥熏，以園奉佛，佛卽受之而爲所住。"此説荒誕難信，而故書庵或從草，因此，《廣韻》云"庵，小草舍。菴，果名"是也。黄山谷謂菴非屋，不當從广，乃斥庵爲俗書，殆偏惑於菴羅果之説歟？(《通俗編》卷二十

四 P539）

【庵老】ānlǎo　　肚。（《墨娥小録》卷十四
P8）

【庢】chǐ　音處去聲。《吳語》：“夾溝而庢
我。”案：庢，于空隙中以杖指擊，不與對壘
也。吳中謂隙中出不意而杖擊人曰庢。
（《吳下方言考》卷八 P9）

【廊厦】lángshà　　房寢之外，簷牖之內。
（《越諺》卷中 屋宇 P24）

【廊房】lángfáng　　皇城四門、鐘鼓樓等處，
各蓋舖房，除大興縣外，本縣地方共蓋廊房
八百一間半，召民居住，店房十六間半，召
商居貨，總謂之廊房云。（《宛署雜記》卷七
P58）

【廊頭】lángtóu　　選之廊房內住民之有力者
一人，僉爲正頭；……以其爲廊房錢鈔之頭
也。故曰廊頭。（《宛署雜記》卷七 P60）

【庸榕】yōngróng　　參見［輕容］。（《唐音癸
籤》卷十九 P168）

【庸愚】yōngyú　　臾鐘反。庸謂常愚短者
也。（《一切經音義》卷七十一 13P2831）

【庸鄙】yōngbǐ　　上勇從反。《考聲》：“庸，
愚也。”鄭眾注《大戴禮》：“孔子曰：‘所謂庸
人者，口不道善言，又不能選賢人善士，而
託其身以爲己，直從物而流不知所歸，若此
者可謂庸人也。’”《楚辭》亦云：“斯賤之人
也。”……下悲美反。《考聲》：“鄙，賤人
也。”惡鄙野不慧之稱，名鄙夫。《説文》：
“五酇爲鄙。”（《一切經音義》卷一 2P39）

【康伯】kāngbó　　康伯傳外國鼓，遂名鼓爲
康伯。見《博物志》。（《雅俗稽言》卷十六
P4）

【廁籌】cèchóu　　今寺觀削木爲籌，置溷圊
中，名曰廁籌。《北史》：“齊文宣王嗜酒淫
泆，肆行狂暴，雖以楊愔爲相，使進廁籌。”
然則愔所進者，豈卽此與？（《南村輟耕録》
卷十二 P146）

【廋詞】sōucí　　《太平廣記》引《嘉話録》載：
“權德輿言無不聞，又善廋詞。嘗逢李二十
六于馬上，廋詞問答，聞者莫知其所説焉。
或曰：‘廋詞何也？’曰：‘隱語耳。《論語》不
曰，人焉廋哉，人焉廋哉，此之謂也。’……”
予按：《春秋傳》曰：“范文子莫退于朝。武
子曰：‘何莫也？’對曰：‘有秦客廋詞于朝，
大夫莫之能對也，吾知三焉。’”“楚申叔時

問還無社曰：‘有麥麴乎，有山鞠藭乎？’”蓋
二物可以禦濕，欲使無社逃難于井中。然
則廋一字雖本于《論語》，然大意當以《春秋
傳》爲證。東坡和王定國詩云：“巧語屢曾
遭薏苡，廋詩聊復託芎藭。”（《能改齋漫録》
卷一 P2）

　　　燈節好事者作隱語令人揣測謂之燈
謎。……朱存理《今古鈎元》：“古所謂廋
詞，卽今之隱語，而俗謂之謎。吳人元夕多
以此爲猜燈。”（《土風録》卷二 P189）

【廋詩】sōushī　　參見［廋詞］。（《能改齋漫
録》卷一 P2）

【廓】kuò　　今俗言廓綽或曰好（去）廓。按：
《方言》“張小使大謂之廓”是此字。（《直語
補證》P31）

【廉介】liánjiè　　《揮麈録》：“商則任虞邱尉，
性廉介。縣令丞皆貪，因會宴，令丞舞則動
手，尉止回身而已。令問故，曰：‘長官動
手，贊府亦動手，尉更動手，百姓何容活
耶？’令丞皆默然，不樂而罷。”（《常語尋源》
卷下壬册 P298）

【廉子】lián·zi　　手帕。（《墨娥小録》卷十四
P5）

【廉歁】liánkǎn　　不滿曰廉歁。（《札樸》卷
九 鄉里舊聞 鄉言正字附 雜言 P330）

【廝波】sībō　　《夢梁録》：“一等專爲探聽妓
家賓客，以獻香送歡爲由，謂之廝波。”（《稱
謂録》卷三十 箋片 P27）

【廝揣】sīchuài　　相央。（《墨娥小録》卷十
四 P7）

【廝鑼】sīluó　　參見［篩鑼］。（《通俗編》卷
八 P173）

【廝鱉】sībiē　　參見［鱉氣］。（《里語徵實》
卷中下 二字徵實 P14）

【廟客】miàokè　　《北里志》：“多有游惰者于
三曲中爲諸娼所豢養，號爲廟客。”（《稱謂
録》卷三十 箋片 P27）

【廟道人】miàodàorén　　同眷住廟、揀香燭
而非僧、道、尼。俗名“在家”。（《越諺》卷
中 賤稱 P14）

【廟道婆】miàodàopó　　同眷住廟，揀香燭
而非僧、道、尼。（《越諺》卷中 賤稱 P14）

【廠】chǎng　　參見［行房］。（《蜀語》P14）

【廢物】fèiwù　　《吳越春秋》：“不能報讎，畢
爲廢物。”（《通俗編》卷十一 P237）

【廬館】lúguǎn　力居反。別舍也。《釋名》云:"寄止曰廬。"案:黃帝爲廬以避寒暑,春秋去之,冬夏居之,故云寄止也。下古覿反。客舍也。《周礼》:"五十里有館,館有委積,以待朝聘之客。"(《一切經音義》卷九13P346)

【廳事】tīngshì　《三國志·曹爽傳》注:"廳事前屋蘇壞,令人更治之。"(《恒言錄》卷五P99)

《風俗通義·正失》篇:"孝明帝時王喬遷爲葉令,天下一玉棺於廳事前。"傅成《黏蜂賦序》:"櫻桃爲樹則多陰,爲果則先熟,故種之于廳事之前。"(《恒言廣證》卷五P77)

【廳堂】tīngtáng　《北史·楊播傳》:"兄弟旦則聚于廳堂。"(《恒言錄》卷五 P99)

宀　部

【宂長】rǒngcháng　今人謂什物宂雜曰宂長。去聲。(《肯綮錄》P7)

【守三尸】shǒusānshī　參見[三尸]。(《雅俗稽言》卷二十二 P9)

【守屏】shǒupíng　《山堂肆考》:"守屏謂州牧也。"(《稱謂錄》卷二十二 知州P10)

【守羅】shǒuluó　來賀反。謂遊兵投道,以備寇賊。(《一切經音義》卷二十五15P980)

【守錢虜】shǒuqiánlǔ　《後漢書·馬援傳》:"凡殖貨財產,貴其能施賑也,否則守錢虜耳。"陸游詩:"富貴空成守錢虜,吾今何止百宜休。"(《通俗編》卷二十三 P515)

《後漢書》:"馬援曰:'凡多財貴能賑施,否則守錢虜耳。'"按:俗亦有財奴之語。(《常語尋源》卷上乙冊 P205)

【宅主】zháizhǔ　《玉篇》:"主,親也,典領也。"天子嫁女,同姓諸侯主之,故謂公主。又守也。(《一切經音義》卷二十七16P1074)

【宅家】zháijiā　李濟翁《資暇錄》:"至尊以天下爲宅,四海爲家,不敢斥呼,故曰宅家,亦猶陛下之義也。"《表異錄》:"唐時宮中呼天子爲宅家。"《通鑒》:"韓建發兵圍十六宅,諸王呼曰:"宅家救兒。"唐子西詩:"宅家喜得

調元手。"(《稱謂錄》卷九 天子古稱 P6)

參見[天家]。(《通雅》卷十九 P645)

【宅相】zháixiàng　晉魏舒少孤,爲外家寧氏所養。寧氏起宅,相者曰:"當出貴甥。"舒曰:"爲外家成此宅相。"《北史》:"李繪貌端偉。第五舅河間邢宴每與言,歎其高遠曰:'若披雲霧,如對珠玉。宅相之寄,良在此甥。'"後世遂以宅相稱甥。(《稱謂錄》卷八 姊妹之子 P7)

【安人】ānrén　參見[員外]。(《談微》言部P66)

【安單】āndān　參見[安置]。(《通俗編》卷九 P184)

【安安湛湛】ān'āndāndān　湛音耽。揚子《方言》:"湛,安也。"案:湛,安甚不搖也。吳諺謂居家無事曰安安湛湛。(《吳下方言考》卷五 P1)

【安樂窩】ānlèwō　《宋史》:"邵雍歲時耕稼,僅給衣食,名其居曰安樂窩。好事者別作屋,如其所居,候其至,名曰行窩,其爲時愛敬如此。"(《常語尋源》卷上乙冊 P205)

【安排】ānpái　《莊子》:"安排而去化,乃入于寥天。"解者謂:"排,定也。死生窮達,其推移皆已定矣,我但安其所排,隨造化而去,故乃入此寂寥,與天爲一也。"如謝靈運詩:"居常以待終,處順故安排。"此善用莊者。常談以先事經營布置爲安排,與莊異旨。(《雅俗稽言》卷二十七 P2)

《莊子·大宗師》:"安排而去化,乃入于寥天一。"謝靈運詩:"處順故安排。"按:"安排",乃安于推移之謂。今爲此言者,多失其本義。(《通俗編》卷十二 P261)

【安插】ānchā　《元典章》:"將不應人數,安插吏部。"(《通俗編》卷二十四 P547)

【安帖】āntiē　《南齊書》《劉係宗傳》:"以時平蕩,百姓安帖。"(《扎樸》卷六 覽古P175)

【安慰】ānwèi　《古焦仲卿妻詩》:"時時爲安慰,久久莫相忘。"杜甫詩:"未暇申安慰,含情空激揚。"(《通俗編》卷十三 P286)

【安硯】ānyàn　參見[就館]。(《里語徵實》卷上 一字徵實 P2)

【安穩】ānwěn　《三國志·董卓傳》注:"海內安穩,無故移都,恐百姓驚動。"《晉書·顧愷之傳》:"行人安穩,布帆無恙。"(《通俗編》

卷十四 P300）

【安童】āntóng　《夢粱錄》：“雇覓人力，有私身轎番安童等人。”按：俚俗小説每有“安童”之稱，嘗疑其爲“家童”之訛，今據此，則當時自有此稱。（《通俗編》卷十八 P404）

【安置】ānzhì　《朝野僉載》：“唐太宗勑賜任瓌二宮女，瓌妻妬，爛秃女髮，詔因令二女別宅安置。”（《通俗編》卷二十四 P547）

　　《鶴林玉露》：“陸象山家，每晨興，家長率衆子弟聚揖于廳，婦女道萬福于堂；暮安置亦如之。”按：候尊者宵寢，今人亦云“安置”，在釋氏則云“安單”。（《通俗編》卷九 P184）

　　俗呼睡曰安置，蓋假物言之。（《土風錄》卷十四 P329）

【完璧】wánbì　參見［反璧］。（《雅俗稽言》卷十七 P8）

　　參見［奉璧］。（《言鯖》卷上 P28）

【完趙】wánzhào　參見［反璧］。（《雅俗稽言》卷十七 P8）

【宊】tū　音脱。揚子《方言》：“江湘間謂卒見曰宊，一曰出貌。”案：宊，久意其來而不來，絶望其來而忽來也。吳中久俟不來，不意其來而忽來曰宊，亦曰殟宊。（《吳下方言考》卷十二 P3）

【瓲】wà　蓋瓦曰瓲。瓲，瓦去聲。（《蜀語》P11）

【宗】zōng　參見［扛］。（《客座贅語》卷一 詮俗 P9）

【定】dìng　定，的辭也。《世説》：“卿云艾艾，定是幾艾？”子山《蕩子賦》：“聞道夫壻定應迴。”李義山詩：“人間定有崔羅什。”（《方言藻》卷一 P5）

【定側樣】dìngcèyàng　參見［點草架］。（《通俗編》卷二十四 P547）

【定奪】dìngduó　文移申請裁決謂之定奪。按：前代文移有“覆定與奪”四字，今但言“奪”，則“與”在其中矣。（《雅俗稽言》卷十八 P15）

【宕】dàng　迴過曰宕。（《通俗文》釋言語上 P16）

【宕宕】dàngdàng　滇人呼几案、牀榻橫木曰宕宕。馥謂：當爲“枕枕”。《一切經音義》：“軦，聲類作軦，車下橫木也。”今車牀及梯礓橫木皆曰枕。（《札樸》卷十 滇游續

【宕子】dàngzǐ　《公羊傳·文十一年》：“長狄兄弟三人佚宕中國。”按：古“蕩”、“宕”通用，如“蕩子”亦稱“宕子”是也。“佚宕”當猶云戲蕩。又，《廣韻》云：“跌踢，行失正也。”《集韻》云：“趤趟，逸遊，蓋皆佚宕之義。（《通俗編》卷十二 P265）

　　陳思王《怨詩行》：“借問嘆者誰，云是宕子妻。”《古鷄鳴曲》：“蕩子何所之，天下方太平。”按：“宕”“蕩”二字通用。（《通俗編》卷十一 P235）

【宕户】dànghù　采石工也。（《越諺》卷中 賤稱 P14）

【宜春】yíchūn　新年門首貼“宜春”字，見宗懍《荆楚歲時記》。蓋六朝時已然，但在立春日。按：晉傅咸《燕賦》云：“淑青書以贊時，著宜春之嘉祉。”宜春二字當本此。（《土風錄》卷一 P177）

【宜男花】yínánhuā　稽含《宜男花賦》序云：“宜男花者，荆楚之俗號曰鹿蔥。”案：宜男卽萱艸。（《土風錄》卷四 P223）

【官】guān　馬令《南唐書》：“翁媼怒曰：‘自家官，自家家，何用多拜耶？’”注云：“浙謂舅爲官，謂姑爲家。”《野客叢書》：“吳人稱翁曰官，稱姑曰家。”（《稱謂錄》卷七 夫之父 P2）

　　《南史》：“袁君正數歲父疾，晝夜專侍，人勸暫休，曰：‘官旣未差，眠亦不安。’”（《稱謂錄》卷一 子稱父 P17）

　　魏晉六朝間，稱君但多曰“官”，稱其所私事，亦多曰“官”。（《里語徵實》卷中上 二字徵實 P1）

【官人】guānrén　《韓昌黎集·王適墓志》：“一女憐之，必嫁官人，不以與凡子。”杜甫《逢唐興劉主簿》詩：“劍外官人冷。”按：唐時惟有官者，方得稱官人。宋乃不然，若周密《武林舊事》所載：“金四官人，以棋著；李大官人，以書會著；陳三官人，以演史著；喬七官人，以説藥著；鄧四官人，以唱賺著；戴官人，以捕蛇著。”吳自牧《夢粱錄》又有“徐官人幞頭舖，崔官人扇面舖，張官人文籍舖，傅官人刷牙舖”。當時殆無不官人者矣。（《通俗編》卷十八 P397）

　　《御覽·文士傳》：“棘嵩見陸雲作《逸民賦》，嵩以爲丈夫出身，不爲孝子，則爲忠臣，必欲建功立策，爲國宰輔，遂作《官人

賦》以反之。”《北史·梁彥光傳》：“訴訟官人，千變萬端。”《唐書·高祖紀》：“官人百姓，賜爵一級。”（《恒言廣證》卷三 P55）

【官場】guānchǎng　參見［白打］。（《稱謂錄》卷三十 雜戲 P19）

【官名】guānmíng　見陸龜蒙《小名錄·序》。（《直語補證》P13）

【官唧】guānxián　參見［官銜］。（《雅俗稽言》卷十八 P14）

【官銜】guānxián　銜、唧全。先具舊官名品于前，次書擬官于後，使新舊相銜不斷，故曰官銜。（《雅俗稽言》卷十八 P14）
　　《封氏聞見記》：“官銜之名，當是選曹補授，須存資歷，聞奏之時，先具舊官名品于前，次書擬官于後，使新舊相銜不斷，故云。”《艮園識小錄》：“《家語·禮運篇》：‘官有銜，職有序。’注：‘銜，治也。’《執轡篇》云：‘善御馬者正銜勒，善御民者正百官。’官銜之名本此。封氏記殊無所據。”（《通俗編》卷五 P102）

【官客】guānkè　吳俗……婦人呼男人曰官客。（《言鯖》卷上 P13）

【官家】guānjiā　《儒林公義》：“太宗問杜鎬曰：‘天子何以呼官家？’對曰：‘五帝官天下，三王家天下。’上甚悦。”（《雅俗稽言》卷八 P1）
　　《梁·太宗十一王傳》：“官家尚爾，兒女敢辭。”白居易詩：“自此光陰爲己有，從前歲月屬官家。”《湘山野錄》：“李侍讀仲容善飲，真宗飲量無敵，飲則召公。一夕，上命巨觥，仲容曰：‘告官家，免巨觥。’”蔣濟《萬幾論》：“五帝官天下，三王家天下。今指天子爲官家，猶言帝王也。”朱弁《曲洧舊聞》：“哲宗御講筵，誦讀畢賜扇。潞公見帝手中用紙扇，率群臣降階賀。太后聞之，喜曰：‘老成大臣，用心終是與人不同。’晚問哲宗曰：‘官家知大臣稱賀之意乎？用紙扇是人君儉德也。’”《池北偶談》引《炙輠錄記》：“周正夫曰：‘仁宗皇帝百事不會，只會做官家。’”（《稱謂錄》卷九 天子古稱 P5）
　　參見［天家］。（《通雅》卷十九 P645）

【官奴】guānnú　今以妓爲官奴，卽官婢也。《周禮·天官·酒人》：“奚三百人。”注：“今之侍史官婢。”（《南村輟耕錄》卷七 P86）
　　《輟耕錄》：“今以妓爲官奴，卽官婢也。”（《稱謂錄》卷三十 倡 P20）

【官婢】guānbì　參見［官媒］。（《談徵》名部下 P20）

【官媒】guānméi　今以妓爲官媒，卽官婢也。（《談徵》名部下 P20）

【官柳】guānliǔ　參見［官樹］。（《談徵》事部 P54）

【官槐】guānhuái　參見［官樹］。（《談徵》事部 P54）

【官樹】guānshù　古人於官路之旁，必皆種樹以記里，至以蔭行旅。是以南土之棠，召公所芰；道周之杜，君子來遊。以宣美風謠，流恩後嗣。子路治蒲，樹木甚茂。子產相鄭，桃李垂街。下至隋唐之代，而官槐、官柳亦多見之詩篇，則官樹之設，亦足見人存政舉之效矣。（《談徵》事部 P54）

【官霍市】guānhuòshì　參見［霍親］。（《越言釋》卷上 P25）

【实剁】shíduò　說人事实。（《墨娥小錄》卷十四 P7）

【宣殂】xuāncú　四。（《墨娥小錄》卷十四 P9）

【宣髮】xuānfà　人之年壯而髮斑白者，俗曰算髮。以爲心多思慮所致。蓋髮乃血之餘，心主血，血爲心役，不能上蔭乎髮也。然《本草》云：“蕪菁子壓油塗頭，能變蒜髮。”則亦可作“蒜”。《易·說卦》：“巽爲寡髮。”陸德明曰：“寡，本作宣，黑白雜爲宣髮。”據此，則當用“宣”字爲是。（《南村輟耕錄》卷十八 P224）

【宣麻】xuānmá　《五代史·劉昫傳》云：“是時，三司諸吏提印聚立月華門外，聞宣麻罷昫相，皆歡呼相賀曰：‘自此我曹快活矣。’”（《通言》卷一 P10）

【室】shì　劍者，……其椾謂之削，亦謂之鞞，亦謂之櫝，亦謂之室。（《札樸》卷四 覽古 P130）

【室人】shìrén　《江文通集·悼室人》詩：“佳人永暮矣，隱憂遂歷茲。”白樂天詩《題慕巢尚書》云：“室人欲爲置一歌者，非所安也。”（《恒言廣證》卷三 P49）

【室婦】shìfù　參見［新婦］。（《能改齋漫錄》卷五 P109）

【客】kè　今之同席者皆謂之客，非也。古席面謂之客，列座謂之旅。《左傳》“趙孟爲客”注云：“一座所尊也。”（《雅俗稽言》卷十

七 P9）

【客作】kèzuò　今人指傭工之人爲客作。三國時已有此語：“焦光飢則出爲人客作，飽食而已。”（《肯綮錄》P6）

今人之指傭工者曰客作，三國時已有此語：“焦光飢則出爲人客作，飽食而已。”《南村輟耕錄》卷七 P88）

《叢談》：“今人斥受顧曰爲客作，已見于南北朝。觀袁翻謂人曰：‘邢家小兒，爲人客作。’”（《雅俗稽言》卷二十一 P13）

《野客叢書》：“江西俚俗罵人曰客作兒。陳從易《荔枝》詩：‘橄欖爲下輩，枇杷客作兒。’僕謂斥受雇者爲客作，已見于南北朝。觀袁翻謂人曰：‘邢家小兒，爲人客作奉（編者按：當作“章”）表。’此語自古而然。”按：“客作”字不僅見南北朝，《漢書·匡衡傳》：“邑大姓多書，衡乃與客而不求價。”《三國志》：“焦光飢則爲人客作，飽食而已。”《高士傳》：“夏馥入林慮山中，爲冶工客。”皆是也。（《通俗編》卷二十一 P476）

《魏志·管寧傳》注引《魏略》云：“焦先飢則出爲人客作，飽食而已，不取其直。”（《通言》卷四 P45）

罵語也。然三國時焦光，飢則出爲人客作，飽食而已。是不過傭工之謂。（《語實》P145）

參見［白摸喫飯］。（《越諺》卷中　賤稱 P14）

參見［客作兒］。（《恒言錄》卷三 P70）

【客作兒】kèzuò’ér　江西俚俗罵人，有曰“客作兒”。按陳從易《寄荔與盛參政》詩云：“櫻桃真小子，龍眼是凡姿。橄欖爲下輩，枇杷客作兒。”盛問其説，云：“櫻桃味酸，小子也。龍眼無文采，凡姿也。橄欖初澀後甘，下輩也。枇杷核大肉少，客作兒也。”凡言客作兒者，傭夫也。（《能改齋漫錄》卷二 P34）

《魏略》：“焦先飢則出爲人客作，飽食而已，不取其直。”《能改齋漫錄》云：“江西俚俗罵人曰客作兒。”吳氏但引宋人詩，不知漢魏已有此語也。（《恒言錄》卷三 P70）

王楙《野客叢書》：“吳曾《漫錄》曰：‘江南俚俗，謂人曰客作兒。’僕謂斥受雇者爲客作，已見於南北朝。觀袁翻爲人曰：‘邢家小兒，爲人客作章表。’此語自古皆然。”

《天祿識餘》：“江西俚俗，罵人曰客作兒。凡言客作兒者，傭夫也。”案：今人謂傭工者曰客作。三國時已有此語。焦先饑，則爲人客作，飽食而已。（《稱謂錄》卷二十六　長工 P12）

參見［客作］。（《通俗編》卷二十一 P476）

【客卿】kèqīng　鴻臚爲客卿。（《容齋四筆》）（《唐音癸籤》卷十七 P157）

《容齋四筆》：“唐人稱鴻臚爲客卿、睡卿。”（《稱謂錄》卷十八　鴻臚寺 P13）

【客家】kèjiā　《輟耕錄》：“今之指傭工者曰客作。”三國時已有此語：“焦光饑則出爲人客作，飽食而已。”今人謂客家者本此。（《談徵》名部下 P21）

【客氣】kèqì　《左傳·定八年》：“陽虎僞不見冉猛者，猛逐之，僞顛。虎曰：‘盡客氣也。’”按：今以燕居里處，多其文貌爲“客氣”，或謂即本諸此，以亦近僞飾也。愚疑其未然。《論語》“居不容”，唐石經及《經典釋文》皆作“居不客”，與今客氣之言尤合。陽虎事尚費牽轉。（《通俗編》卷九 P180）

【害瘇】hàizhì　耳病曰害瘇。（《札樸》卷九　鄉里舊聞　鄉言正字附　疾病 P327）

【宮】gōng　兒時家所用椀皆謂之“宮”，如“孩兒宮”“菊花宮”之類，謂宮樣也。雖甚瘋惡，必謂之“宮”。近人亦不解“宮”義。（《越言釋》卷下 P33）

《唐書·禮樂志》云：“初隋用黃鐘一宮，惟擊七鐘，其五鐘設而不擊，謂之啞鐘。”（《通言》卷五 P59）

【宮相】gōngxiàng　太子庶子爲宮相。（《容齋四筆》）（《唐音癸籤》卷十七 P157）

【宮莊】gōngzhuāng　國初，民屯田地一例微銀當差，別無宮莊。歷朝以來，各府州縣沒官田地漸多，奉旨微銀濟邊，而以其餘繫之進宮項下，儻不時撥給賞地之用。宮莊之名始此。（《宛署雜記》卷八 P63）

【家】jiā　參見夫之父稱官注。（《稱謂錄》卷七　夫之母 P4）

【家主】jiāzhǔ　今鄉邨小民呼其妻曰家主婆，人皆嗤其俚俗。然《南史·張彪傳》：“章昭達迎彪妻便拜，稱陳文帝教迎爲家主。”是家主之稱，不爲無本也。（《恒言錄》卷三 P61）

【家主公】jiāzhǔgōng　僕隸稱主人曰家主

公。(《土風錄》卷十七 P369)

【家主婆】jiāzhǔpó　《恒言錄》："今鄉村小民呼其妻曰家主婆，人皆嗤其俚俗。然《南史•張彪傳》章昭達'迎彪(編者按：脱"妻"字)，稱陳文帝教迎爲家主。'是家主之稱，不爲無本也。"(《稱謂錄》卷五　夫稱妻 P10)

【家主溇】jiāzhǔpó　參見［家主］。(《恒言錄》卷三 P61)

【家主翁】jiāzhǔwēng　參見［家翁］。(《南村輟耕錄》卷六 P74)

【家人】jiārén　奴婢……今俗通稱爲家人……乃若所謂家人者，如《詩》云家人，指之子也；《易》云家人，指婦子也；《史》云三晉廢其君爲家人，注："居家之人，無官職也。"今以之爲奚奴、臧獲之稱。(《雅俗稽言》卷二十一 P15)

《欒布傳》："爲家人時。"師古曰："編户之人也，"《轅固傳》："此家人言。"注："言童隸之屬，"此正合俗所謂家人。《郊祀志》："家人尚不欲絶種祠。"師古曰："家人，謂庶人之家也。"《馮唐傳》："士卒盡爲家人子。"師古曰："庶人之家子也。"(《通雅》卷十九 P653)

參見［邦］。(《蘇氏演義》卷上 P9)

【家公】jiāgōng　鄉俗外孫稱外祖父曰家公，外祖母曰家家。(《俚言解》卷一 20P13)

子孫稱其祖父曰家公，見《顏氏家訓》。(《雅俗稽言》卷八 P15)

《列子•黄帝篇》："家公執席。"《易林》："卒成禍亂，災及家公。"《顏氏家訓》："昔侯霸之孫稱其祖父曰家公。"《資暇錄》："山簡謂年幾二十，不爲家公所知。"按：此乃指其父，非祖也。《晉書•劉胤傳》："王悦曰：'聞溫平南語家公云，連得惡夢，思見代者。尋云，可用劉胤。此乃溫意，非家公也。'"所云"家公"亦謂其父導耳。(《通俗編》卷十八 P385)

《賓退錄》："家父之稱，俗輩亦多有之。但家公、家母之名少耳。山簡謂年幾三十，不爲家公所知，蓋指其父，非祖也。"(《恒言廣證》卷三 P47)

《家訓•風操篇》："河北士人，皆呼外祖父母爲家公、家母。江南田里間亦言之。以家代外，非吾所識。"案：北人稱母爲家

家，故謂母之父母爲家公、家母。(《稱謂錄》卷三方言稱母之父 P12)

《晉書•山簡傳》："簡歎曰：'吾年幾三十，而不爲家公所知。'"謂其父山濤。案：《列子》亦稱家公。(《稱謂錄》卷一　對人自稱其父 P18)

《顏氏家訓•風操篇》："昔侯霸之子孫稱其祖父曰家公。陳思王稱其父爲家父，母爲家母。潘尼稱其祖曰家祖。古人之所行，今人之所笑也。南北風俗言其祖及二親，無云家者。田里猥人，方有此言耳。"案：朱軾云："今亦通稱不礙。"又案：父亦有稱家公者，詳見彼注。(《稱謂錄》卷一　對人自稱其祖 P8)

參見［家翁］。(《南村輟耕錄》卷六 P74)

【家弟】jiādì　參見［舍弟］。(《通雅》卷十九 P655)

參見［舍弟］。(《通俗編》卷十八 P394)

【家兄】jiāxiōng　《晉書•何充傳》："王敦曰：'家兄在廬江定佳，廬江人咸稱之。'"《謝幼度傳》："謝安謂戴逵曰：'卿兄弟志業何殊？'遂曰：'下官不堪其憂，家兄不改其樂。'"《王羲之傳》："庾翼曰：'見足下答家兄書，焕若神明，頓還舊觀。'"(《通俗編》卷十八 P392)

《晉書》魯褒《錢神論》："見我家兄，莫不驚視。"又《苻堅載記》："慕容泓起兵，與堅書曰：'資備大駕奉送家兄皇帝。'"(《恒言廣證》卷三 P48)

錢曰家兄，亦曰孔方兄。本魯褒《錢神論》。(《語竇》P164)

【家叔】jiāshū　《南史•沈昭略傳》："王晏嘗戲昭略曰：'賢叔可謂吳興僕射。'昭略曰：'家叔晚登僕射。'"賢叔，猶今稱令叔也。(《恒言廣證》卷三 P48)

【家叔父】jiāshūfù　《三國志》諸葛恪著論諭衆，有"近見家叔父表"之語。"家叔父"謂孔明也。又，叔父故者，古亦稱"亡叔"。《晉書》："桓元問王楨之曰：'我何如君亡叔？'楨之曰：'亡叔一時之標，公千載之英。'"(《通俗編》卷十八 P392)

《吳志•諸葛恪傳》："近見家叔父表。"家叔父謂孔明也。(《恒言廣證》卷三 P48)

【家堂】jiātáng　又有稱母爲家堂者，蓋取

北堂之義。(《俚言解》卷一 14P10)

【家尊】jiāzūn　《晉書·王獻之傳》:"謝安問曰:'君書何如君家尊?'"謂其父右軍也。(《稱謂錄》卷一 父 P14)

【家口】jiākǒu　《南史·張敬兒傳》:"迎家口悉下至都。"《北史·盧同傳》:"遣賊家口三十人,并免家奴爲良。"《李密傳》:"百官家口,盡在東都,若不取之,安能動物。"按:《孟子》"八口之家"、《管子》"十口之家","家口"二字所從出也。(《通俗編》卷四 P82)

　　《隋書·刑法志》:"逃亡者皆死,而家口籍没。"又,"家口之配没者,悉官酬贖。"《北史·李密傳》:"百官家口,盡在東都。"《唐律》:"緣坐家口,雖已配没罪人,得免者免。"(《恒言廣證》卷三 P54)

【家君】jiājūn　《易經》:"家人有嚴君焉。"後人因自稱其父曰"家君"。《墨子·尚同篇》:"家君發憲布令其家。"又,"使家君總其家以尚同于國。"《晉書·隱逸傳》:"桓沖詣劉遺之,辭曰:'宜先詣家君。'"《世說》:"陳元方對父客曰:'君與家君期日中,日中不至,則是無信。'"《西京雜記》:"家君作彈棋獻帝。"又云:"家君謂《爾雅》小學也。"王勃《滕王閣序》:"家君作宰,路出名區。"稱人父亦曰"尊君",或曰"尊大君"。《晉書·王述傳》:"坦之言桓求婚,述怒排之。溫見坦之曰:'我知尊君不肯耳。'"《謝鯤傳》:"溫嶠謂鯤子尚曰:'尊大君豈惟識量淹遠。'"(《通俗編》卷十八 P386)

　　《西京雜記》:"家君作彈棋獻帝。"又云:"家君謂《爾雅》小學也。"王勃《滕王閣序》:"家君作宰,路出名區。"(《恒言廣證》卷三 P46)

　　《西京雜記》:"成帝好蹴踘,群臣以爲勞體,非至尊所宜。帝曰:'可擇似而不勞者奏之。'家君作彈棋以獻。"注:"家君,歆謂向也。"案:《後漢書·列女傳》:"馬融女嫁袁隗,隗譏融有貪名。妻曰:'孔子不免武叔之毀,家君獲此,故其宜耳。'"又《晉書·袁宏傳》:"何故不及家君。"又,"家君勳跡如此。"又王子安《滕王閣序》:"家君作宰。"皆自稱其父也。惟《後漢·陳寔傳》:"客有問陳季方:'足下家君有何功德而荷天下重名?'"則稱人父爲家君。然於家君之上仍加足下二字,知究以自稱其父爲宜。(《稱

謂錄》卷一 對人自稱其父 P18)

【家常便飯】jiāchángbiànfàn　范文正公云無"便"字。《獨醒雜志》。(《越諺》卷中 飲食 P39)

【家常飯】jiāchángfàn　范文正云:"常調官好做,家常飯好喫。"陸放翁詩:"茆檐喚客家常飯,竹院隨僧自在茶。"家常飯,宋時語也。(《恒言錄》卷六 P126)

　　參見[家常便飯]。(《越諺》卷中 飲食 P39)

【家府】jiāfǔ　《朱子語錄》:"府君、夫人,漢人碑已有之。府君如官府之君,或謂之明府。今人亦謂父爲家府。"(《稱謂錄》卷一 亡父 P21)

【家府君】jiāfǔjūn　參見[府君]。(《通俗編》卷四 P68)

【家家】❶jiājiā　鄉俗外孫稱外祖父曰家公,外祖母曰家家。(《俚言解》卷一 21P13)

　　❷gūgū　家家,嫡母也。北朝稱天子曰家家。北齊呼嫡母亦曰家家。高儼矯詔誅和士開"士開謀廢至尊,剃家家髮爲尼"是也。呼乳母爲姊姊、婦爲妹妹。後世宮中總稱孃孃,或以大、小、東、西別之。蘇轍《龍川雜志》曰:"仁宗謂劉氏大孃孃,李氏小孃孃。"(《通雅》卷十九 P645)

　　《北齊書·南陽王綽傳》,呼嫡母爲家家。《北史·齊宗室傳》:"後主泣啓太后曰:'有緣便見家家。'"(《稱謂錄》卷二 子稱母 P4)

　　參見[阿婆]。(《里語徵實》卷上 一字徵實 P3)

　　參見[妹妹]。(《通俗編》卷十八 P399)

【家屬】jiāshǔ　官府前呼奴僕曰家屬。按:李心傳《朝野襍記》:岳少保案行遣省劄有小帖子云:"看詳岳飛、張憲,所犯情重,逐人家業並家屬,合取自朝廷指揮施行。"(《土風錄》卷八 P260)

【家姊】jiāzǐ　《列女傳》:"袁次陽取馬季長女,問曰:'賢姊未嫁,而卿先行,有何汲汲乎?'答曰:'家姊有宋伯姬之風,家君庶堯之配舜,世乏此賢,故其躊躇。'"(《通俗編》卷十八 P392)

　　《列女傳》:"袁次陽取馬季長女,問曰:'賢姊未嫁,而卿先行,有何汲汲乎?'答曰:

‘家姊有宋伯姬之風。’”（《恒言廣證》卷三
P48）

【家妹】jiāmèi　《顏氏家訓》，蔡邕書集呼女
爲家妹。（《稱謂錄》卷六　對人自稱女
P18）

【家嫂】jiāsǎo　《晉書·謝朗傳》：“安謂坐客
曰：‘家嫂詞情慷慨，恨不使朝士見之。’”
（《通俗編》卷十八 P392）

【家父】jiāfù　參見［家祖］。（《通俗編》卷十
八 P385）

　　參見［家公］。（《恒言廣證》卷三 P47）

【家火】jiāhuǒ　物件曰家火。見《大明會
典》。俗作“伙”。無此。（《蜀語》P43）

　　物件曰家火。見《大明會典》。俗作
“夥”，無此。又稱“什物”。《史》：“舜作什
器於壽丘。”注：“猶今言‘什物’也。”（《里語
徵實》卷中上　二字徵實 P23）

【家慈】jiācí　俗稱母曰家慈，而《登科同年
錄》亦有嚴侍、慈侍之別。……又有稱母爲
家堂，蓋取北堂之義。然父母俱在高堂，父
不可以稱堂乎？俗稱母爲慈爲堂，確然不
可易，蓋相沿久矣。（《俚言解》卷一
14P10）

【家慶】jiāqìng　《韻語陽秋》：“唐人與親久
別復歸，云‘拜家慶’。盧象詩：‘上堂拜家
慶，顧與親恩邇。’孟浩然詩：‘明朝拜家慶，
須著老萊衣。’”按：此不獨唐人云爾，庾信
《侯莫陳夫人墓志》：“婦以夫尊，親由子貴，
朝奉家慶，兼而有之。”已有此語。（《通俗
編》卷十 P214）

　　參見［拜家慶］。（《唐音癸籤》卷十八
P163）

【家母】jiāmǔ　參見［家祖］。（《通俗編》卷
十八 P385）

　　參見［家公］。（《恒言廣證》卷三 P47）

【家祖】jiāzǔ　《顏氏家訓》：“昔陳思王稱其
父曰家父，母曰家母；潘尼稱其祖曰家祖。
古人之所行，今人之所笑也。今南北風俗，
言其祖及二親，無云家者，田里猥人方有此
言。蔡邕書集稱其姑女曰家姑家妹，班固
書集亦云家叔，今並不行也。”《賓退錄》：
“顏之推北齊人，逮今幾七百年，稱家祖者，
復紛紛皆是，名家望族，亦所不免。家父之
稱，亦多有之。但家母之稱少耳。”按：今家
母之稱，亦復紛紛皆是。（《通俗編》卷十八
P385）

《賓退錄》：“顏之推北齊人，逮今幾七
百年，稱家祖者，復紛紛皆是。名家望族，
亦所不免。”（《恒言廣證》卷三 P47）

　　參見［家公］。（《稱謂錄》卷一　對人自
稱其祖 P8）

【家生】jiāshēng　白樂天詩：“蒼頭碧玉盡
家生。”柳子厚《與蕭翰林書》：“家生小童自
然曉曉，晝夜滿耳。”（《恒言廣證》卷三 P69）

《夢粱錄》載家生動事，如桌、凳、涼牀、
交椅、兀子之類。（《通俗編》卷二十六
P572）

《法苑珠林》：“庸嶺有大蛇爲患，都尉
令長求人家生婢子及有罪家女祭之。”（《恒
言廣證》卷三 P56）

本括桌凳動用諸物而言，越諺僅包盛
物器皿。（《越諺》卷中　器用 P27）

【家生兒】jiāshēng’ér　《輟耕錄》：“奴婢所
生子曰家生兒。”（《稱謂錄》卷二十五　僕
P21）

【家生子】jiāshēngzǐ　吳人稱僕之子爲家
生子。（《恒言錄》卷三 P69）

顏師古註《漢書·陳勝傳》，謂“奴産子”
猶“家生奴”，相同。（《越諺》卷中　賤稱
P14）

【家生孩兒】jiāshēnghái’ér　又奴婢所生
子，亦曰家生孩兒。按《漢書·陳勝傳》：
“秦令少府章邯免驪山徒人、奴産子。”師古
曰：“奴産子，猶今人云家生奴也。”則家生
兒亦有所據。（《南村輟耕錄》卷十七
P208）

【家生奴】jiāshēngnú　按《漢書》注：“奴産
子猶今人云家生奴也。”（《恒言錄》卷三
P69）

《漢書·陳勝傳》：“免驪山徒人、奴産
子。”師古曰：“奴産子，猶今人云‘家生奴’
也。”白居易詩：“蒼頭碧玉盡家生。”（《通俗
編》卷四 P81）

《漢書·陳勝傳》：“秦令少府章邯免驪
山徒人、奴産子。”師古注：“奴産子猶云‘家
生奴’也。”（《恒言廣證》卷三 P56）

　　參見［家生子］。（《越諺》卷中　賤稱
P14）

【家生婢】jiāshēngbì　《異苑》：“廬陵人郭
慶之有家生婢名採薇。”（《稱謂錄》卷二十
五　婢之女 P27）

【家私】jiāsī　《續漢書》：“靈帝造萬金堂以

爲私藏，復寄小黄門常侍家私錢至數千萬。"楊瑀《山居新語》："江西吕師夔，至元間，分折家私作十四分。"（《通俗編》卷二十三 P518）

【家舅】jiājiù　《晉書·習鑿齒傳》："定省家舅。"《世説》："李弘範曰：'家舅刻薄。'"按：舅亦有"亡舅"之稱。《周益公集·祭外宗諸塋文》有曰"亡舅通判二十八大夫"。（《通俗編》卷十八 P392）

【家翁】gūwēng　世言家之尊者曰家主翁，亦曰家公。唐代宗謂郭子儀曰："鄙諺有云：'不癡不聾，不作家翁。'"（《南村輟耕録》卷六 P74）

《山堂肆考》："郭子儀子曖尚昇平公主，嘗與争言。子儀囚曖，入待罪。上曰：'不癡不聾，不爲家翁。兒女子閨房之言，何足聽也。'"案：趙璘《因話録·宫部》載此事云："不癡不聾，不作阿家阿翁。"則以家稱其母，而以翁稱其父，存以待參。（《稱謂録》卷一 父 P13）

【家累】jiālěi　《漢書·西域傳》："募民壯健有累重敢徙者詣田所。"注云："累，妻子家屬也。"《晉書·戴洋傳》："孫混欲迎其家累，洋言此地當敗而止。"梁昭明《陶靖節傳》："爲彭澤令，不以家累自隨。"韓退之《與李翺書》："家累僅二十口，攜此將安所歸託乎？"按：今人自言其妻妾子女曰"賤累"，子女多曰"累重"，由於此。（《通俗編》卷四 P82）

《漢書·西域傳》注："累，妻子家屬也。"《晉書·戴洋》、梁昭明《陶靖節》等傳，韓退之《與李翺書》，皆指妻妾子女。（《越諺賸語》卷上 P7）

【家賊】jiāzéi　《宋史·吕嘉問傳》："竊從祖公弼論新法奏稿，以示王安石。公弼以是坐斥，吕氏號爲家賊。"《五燈會元》有李朝請問東山吉："家賊惱人時如何。"（《通俗編》卷十一 P238）

【家里】jiālǐ　參見[鄉里]。（《稱謂録》卷五 妻 P8）

參見[鄉里]。（《談徵》名部下 P3）

【家道】jiādào　猶云家私也。皮日休《花翁》詩："不知家道能多少，只在句芒一夜風。"（《通俗編》卷二十三 P519）

【家長】jiāzhǎng　參見[船長]。（《通俗編》卷二十一 P479）

船家曰家長。案：杜詩稱船家曰長年、三老，亦蜀方言也。（《燕説》卷四 P10）

【笮】zhà　衣擺寬曰笮。笮音乍。《集韻》："寬也。"（《燕説》卷三 P12）

【容易】róngyì　《漢書·東方朔傳》："談何容易。"《楊惲傳》："事何容易。"杜詩："奮飛超等級，容易失沉淪。"孟郊詩："永謝平生言，知音豈容易。"按：漢人以"何容"二字引"易"字，"容易"非連綴文，自杜詩與"奮飛"爲偶，又楊倞注荀子云："忽然，言容易也。"後人遂轉相傳習，言"易"者，矢口必兼言"容"。（《通俗編》卷十二 P258）

【容情】róngqíng　《搜神記》載王子珍事，有"主者容情，不爲區斷"語。《宋史·選舉志》："攷官容情任意，許臺諫風聞彈奏。"（《通俗編》卷六 P114）

《搜神傳》載王子珍事，又《宋史·選舉志》。（《越諺賸語》卷上 P7）

【容頭過身】róngtóuguòshēn　今譏議人者曰容頭過身。漢虞詡疏曰："公卿選懦，容頭過身。"凡猫犬鑽穴，可以容頭，即身亦可過矣。喻鑽刺畏縮也。（《言鯖》卷下 P2）

【宧康】lángkāng　虚弱曰宧康。（《札樸》卷九 鄉里舊聞 鄉言正字附 雜言 P329）

"朗康"。謂積雨初霽時。（《越諺》卷中 天部 P2）

【寄庫】jìkù　葉隆禮《遼志》："遼俗，十月內五京進紙衣甲器械，十五日國主與押番臣密望木葉山奠酒，用番字書狀，同燒化奏山神，曰寄庫。"（《通俗編》卷二十 P458）

【寄褐】jìhè　《小知録》："黃冠有妻孥者。"《誃詒録》謂之啞羊叱，亦曰寄褐。（《稱謂録》卷三十一 道 P18）

【寎】zǎn　《詩》言："毋我故兮，不寎好也。""寎"字古今無解。不知北人自稱曰"俺"、曰"俗"、"寎"也者，俗爾。（《越言釋》卷下 P29）

【宿山】sùshān　諸佛生日前夕，聚唸佛婆於佛前，持誦通宵，名此。（《越諺》卷中 風俗 P61）

【宿構】sùgòu　《三國志·王粲傳》："舉筆成文，無所改定，人嘗以爲宿構。"《北史·杜銓傳》："杜正藏爲文迅速，有如宿構。"（《通俗編》卷七 P147）

【宿雷】xiùliù　綉綹亦作宿雷，行不逮也，見

《莊子》注。又,行相待也,見韻書。二十八星謂之宿,宿者,止其所居也。畱,去聲,蓋應畱而畱則平聲,應去而畱則去聲。今俗以紏料謂之宿畱,且讀畱平聲,誤也。(《雅俗稽言》卷十七 P13)

【冤家】yuānjiā 《朝野僉載》:"梁簡文之生,寶誌謂武帝:'此子與冤家同年。'其年侯景亦生于雁門也。"《道山清話》:"彭汝礪晚娶宋氏,有姿色,承順恐不及,臨卒,書'夙世冤家'四字。"鍾嗣成《點鬼簿》:"沈和甫撰《歡喜冤家》曲本,極爲工巧。"按:諺所云"不是冤家不聚頭",見元高則誠《鄭廷玉》曲。(《通俗編》卷十三 P280)

今人男女有情者必曰冤家。(《談徵》言部 P64)

【密親】mìqīn 《唐書·韋處厚傳》:"冶長縲絏,仲尼選爲密親。"(《稱謂錄》卷八 女之夫 P21)

【寒乞】hánqǐ 《宋書·王皇后傳》:"宮中大集,贏婦人觀之,后以扇障面。帝曰:'外舍家寒乞。'"楊萬里詩:"只有春風不寒乞,隔溪吹度嶺花香。"(《通俗編》卷十一 P242)

【寒具】hánjù 干寶說:"司徒儀吏死,祭用麟麸三十。"《韻會》:"麟麸,饊餅也,卽今寒具。"《集韻》:"餼餼,寒具。"又云:"寒餼,餅屬。"《廣韻》:"膏糫,粔籹。"《楚辭·招魂》:"粔籹蜜餌,有餦餭些。"注:"以蜜和米麪煎熬作粔籹也。"馥案:膏糫,今以麪作,先煎以膏,次和以蜜,著手易汗,故看書畫不復設寒具。(《札樸》卷三覽古 P84)

劉禹錫《寒具》詩:"纖手搓來玉數尋,碧油煎出嫩黃深。夜來春睡濃於酒,壓扁佳人纏臂金。"似卽今之饊子也。(《言鯖》卷下 P2)

《齊民要術》并《食貨經》皆云:"環餅,世疑饊子也。"劉禹錫《寒具》詩:"纖手搓來玉數尋,碧油煎出嫩黃深。夜來春睡無輕重,壓匾佳人纏臂金。"蓋以寒具爲饊子也。宋人小說以寒具爲寒食之具,卽閩人所謂煎餔,以糯粉和麪,油煎沃,以糖食之,不濯手則能污物具,可畱月餘,宜禁烟用也。……則寒具又非饊子,并存以俟博古者。按:李時珍《本草綱目》云:"冬春可畱數月,及寒食禁烟用之,故名寒具。"言畱數月可以冷食,不必特爲寒食用也,今人卽饊子,亦以糖食之。(《談徵》物部 P35)

參見[糫]。(《蜀語》P7)

參見[環餅]。(《雅俗稽言》卷九 P11)

【寒濈】hánjìn 顱曰寒濈。(《札樸》卷九 鄉里舊聞 鄉言正字附 雜言 P330)

【寒噤噤】hánjìnjìn 噤音琴。孟郊《病客吟》:"況於滯疾中,何人免噓噤。"案:噤,寒而戰慄也。諺謂寒而戰慄者曰寒噤噤。(《吳下方言考》卷四 P9)

【寒粥】hánzhōu 鄭注六飲之"涼"云:"今寒粥,若糗飯雜水。"《楚語》:"設粻一筐,以羞子文。"韋云:"粻,寒粥也。"陸翽《鄴中記》:"并州俗,冬至一百五日爲介子推斷火,冷食三日作乾粥,是今之粻也。"馥案:乾粥卽寒粥,此皆粻之未擣而和水食者。(《札樸》卷九 鄉里舊聞 P309)

【寒暄】hánxuān 參見[寒溫]。(《通俗編》卷三 P59)

【寒溫】hánwēn 《世說·文學篇》:"康僧淵往殷深源許,殷使坐,麤與寒溫,遂及義理。"又《品藻》篇:"王黃門兄弟三人俱詣謝,公子猷、子重多說俗事,子敬寒溫而已。"《晉書·阮瞻傳》:"忽有一客通名詣瞻,寒溫畢。"常生案:《呂氏春秋》:"寒溫勞逸飢飽,此六者,非適也。"此寒溫之始見。又,《漢書·京房傳》:"分六十四卦更直日用事,以雨風寒溫爲候。"(《恒言錄》卷一 P11)

《晉書》:"王獻之與徽之、操之俱詣謝安,二兄多言俗事,獻之寒溫而已。"《世說》:"謝混與王齊、王睹叙寒溫,數語畢,還與羊孚談賞,王方悟其奇,乃合共語。"江總詩:"無人妨語默,何處叙寒溫。"杜甫詩:"虛名但蒙寒溫問,泛愛不救溝壑辱。"又,"寒暄"卽猶"寒溫"。《五代史·孫晟傳》:"爲人口吃,遇人不能道寒暄,已而坐定,談辨鋒生。"(《通俗編》卷三 P59)

《晉書·王獻之傳》:"與徽之、超之俱詣謝安,二兄多言俗事,獻之寒溫而已。"(《恒言廣證》卷一 P10)

【寒毛】hánmáo 《晉書·夏統傳》:"聞君之言,不覺寒毛盡戴。"《唐書·鄭從讜傳》:"捕反賊,誅其首惡,皆寒毛惕伏。"《儂雅》:"人身三萬六千毛孔,遇寒落而復生,故曰寒毛。"(《通俗編》卷十六 P355)

【寒忕忕】hánchìchì 參見[忕忕]。(《吳下方言考》卷三 P7)

【寒畯】hánjùn　《正字通》："野人曰寒畯。"唐鄭光錄勳舉引寒畯。(《語實》P137)

【寒豆】hándòu　參見[蠶豆]。(《越諺》卷中　穀蔬 P54)

【寒酸】hánsuān　《正字通》："野人曰寒畯。"唐鄭光錄勳舉引寒畯，士類多之。俗作寒酸，誤。(《語實》P137)

【寒門】hánmén　《蜀志‧張任傳》："家世寒門。"《北史‧李諤傳》："上品無寒門。"(《通俗編》卷二十四 P530)

【寒餰】hánjù　(《集韻》)"寒餰，餅屬。"(《札樸》卷三　覽古 P85)

【鮀】tuó　驢負曰鮀。(《札樸》卷九　鄉里舊聞　鄉言正字附　雜言 P329)

鮀東西：拿取物件。(《越諺賸語》卷上 P8)

【寓公】yùgōng　宋蕭參《希通錄》："今人以寄居之官爲寓公。"《禮‧郊特牲》"諸侯不臣寓公"注："寄公之子。"寄公字尤新。(《稱謂錄》卷二十五　官員眷屬 P2)

【寬猛】kuānměng　按：成都人景煥有《野人閒話》一書，乾德三年所作，其首篇《頒令箴》載蜀主孟昶爲文頒諸邑云："朕念赤子，旰食宵衣，言之令長，撫養惠綏，政成三異，道在七絲。驅雞爲理，留犢爲規。寬猛得所，風俗可移。"(《通言》卷六 P71)

【寬綽】kuāntāo　《通鑑》："梁元帝作文章，援筆立就，常言我綽於文士。"注云："今人謂器幣有餘用者爲寬綽。"馥案：今俗言"綽"聲轉如"潮"，其實皆"綽"之轉音也。(《札樸》卷五　覽古 P155)

【寡辣】guǎlà　參見[拮搪]。(《客座贅語》卷一　方言 P11)

【裏數】lóushǔ　人不開展曰裏數。音漏率。顧鄰初《客座贅語》所載：《詮俗》："人之黯刻曰'裏數'。"(《里語徵實》卷中上　二字徵實 P48)

【察子】cházǐ　近世官司以探事者，謂之察子。按：唐高駢在淮南，用呂用之爲巡察使。用之募險獪者百餘人，縱橫閭巷間，謂之察子，此其始也。(《能改齋漫錄》卷二 P21)

【康】kāng　蓋曰康。康音慷。(《蜀語》P28)

【寧底】níngdǐ　卽寧馨，爾馨，如馨也。陸暢《雪詩》："天公寧底巧，剪水作冰花。"(《助字辨略》卷二 P105)

參見[寧馨]。(《方言藻》卷二 P15)

【寧當】nìngdāng　猶云豈可。《吳志‧呂蒙傳》："如卿二人，意性朗悟，學必得之，寧當不爲乎!"韓退之《送張道士》詩："天空日月高，下照理不遺。或是章奏繁，裁擇未及時(編者按：當作斯)。寧當不淶報，歸袖風披披。"(《助字辨略》卷二 P105)

猶云寧可。《魏志‧管輅傳》："景春與輅別，戒以二事。言：'卿性樂酒，量雖溫克，然不可保，寧當節之。'"(《助字辨略》卷二 P94)

韓退之《送張道士》詩："天空日月高，下照理不遺。或是章奏繁，裁擇未及時(編者按：當作斯)。寧當不淶報，歸袖風披披。"寧當，猶云"豈可"。(《方言藻》卷二 P15)

【寧馨】níngxīn　寧馨之寧，去聲，馨音亨。晉山濤見王衍曰："何物老嫗，生寧馨兒?"世遂相沿謂寧馨爲佳兒，不知寧乃晉人語辭。如，王恬撥王胡之手曰："冷如鬼手馨。"劉惔譏殷淵源曰："田舍兒强學人作爾馨語。"又謂桓溫曰："使君如馨地，寧可鬭戰求勝。"王導與何充語曰："正自爾馨。"皆言如此也。《南園漫錄》曰："猶今言這樣也。"並不作佳解。況宋廢帝之母，怒帝不視疾，謂侍者曰："取刀來，割我腹，那得生寧馨兒?"然則寧馨可解爲佳乎?　又按：寧字亦作平聲用，劉夢得詩："爲問中朝學道者，幾人雄猛得寧馨?"(《雅俗稽言》卷八 P11)

唐張謂詩："家無阿堵物，門有寧馨兒。"以寧爲去聲。劉夢得《贈日本僧智藏》詩："爲問中華學道者，幾人雄猛得寧馨?"以寧爲平聲。《王衍傳》："何物老嫗，生寧馨兒?"又，《南史》："宋王太后怒廢帝，謂侍者：'取刀來，剖我腹，那得生寧馨兒?'"今吳人語音尚用寧馨字爲問，猶言何若也。東坡詩："六朝文物餘丘壠，空使英雄笑寧馨。"坡與張謂作去聲讀者爲是。(《緯略》)(《唐音癸籤》卷二十四 P211)

《晉書‧王衍傳》："何物老嫗，生寧馨兒?"此寧字，本作去聲，與恁同，俗云如此也。劉夢得詩云："爲送中華學道者，幾人雄猛得寧馨?"則寧字又可作平聲矣。馨，餘語聲。《世説》："冷如鬼手馨"，"正自爾馨"，"如馨地寧可鬬戰求勝"，並語之餘，不爲義也。（《助字辨略》卷二 P105）

寧馨寧字，平去二音皆可用。《王衍傳》"何物老嫗生寧馨兒"，山濤叱王衍語也。又，《南史》："宋王太后疾篤，……謂侍者：'取刀來剖我腹，那得生寧馨兒。'"按：二説似當讀去聲。知晉宋間以寧馨兒爲不佳也。今皆以佳兒爲寧馨，本之張謂詩："家無阿堵物，門有寧馨兒。"此讀爲仄。劉夢得贈日本僧詩："爲問中華學道者，幾人雄猛得寧馨。"此讀爲平。東坡《平山堂》詩云："六朝文物餘丘壟，空使姦雄笑寧馨。"此又讀爲仄。皆以爲佳兒也。愚意山濤王太后所言"寧馨"皆以爲如此之兒，非有佳惡之義。"寧馨"二字不獨屬之兒矣。南唐陳旣孤貧力學……五十方娶，有慶之者曰："處士新婚燕爾，樂乎?"答曰："僕少處山谷，莫預世事，不知衣裙下有寧馨事。"則知"寧馨"二字作"如此"解，確矣。今以專爲兒言，甚謬。（《言鯖》卷下 P19）

《晉書•王衍傳》："何物老嫗，生寧馨兒!"寧去聲，與恁同。劉夢得詩云："爲送（當作問）中華學道者，幾人雄猛得寧馨?"寧又作平聲……又陸暢《雪》詩："天公寧底巧，剪水作冰花。"寧底卽寧馨也。（《方言藻》卷二 P15）

參見［阿堵］。（《通雅》卷四十九 P1448）

參見［寧底］。（《助字辨略》卷二 P105）

【寧馨兒】níngxīn'ér　唐張謂詩："家無阿堵物，門有寧馨兒。"以寧爲去聲。劉夢得《贈日本僧智藏》詩云："爲問中華學道者，幾人雄猛得寧馨?"以寧爲平聲。蓋《王衍傳》曰："何物老嫗，生寧馨兒?"山濤叱王衍語也。又，《南史》："宋王太后疾篤，使呼廢帝。帝曰：'病人間多鬼，那可往?'太后怒，謂侍者：'取刀來，剖我腹，那得生此寧馨兒?'"按二説，知晉、宋間以寧馨兒爲不佳也。故山濤、王太后，皆以此爲詆叱，豈非以兒爲非馨香者邪? 雖平去兩聲皆可通用。然張、劉二詩，義則乖矣。東坡亦作仄聲，《平山堂詩》云："六朝文物餘邱壟，空使姦雄笑寧馨。"（《能改齋漫錄》卷四 P86）

參見［寧馨］。（《唐音癸籤》卷二十四

P211）

【寱】hū　參見［忽］。（《越言釋》卷下 P4）

【寤】hū　睡一覺曰一寤，音作忽，見《廣韻》十一没"寤"注："呼骨切，睡一覺也。"（《土風錄》卷十 P286）

音忽。許氏《説文》："寤，臥驚也。"《廣韻》："覺也。"案：寤，睡未久而忽驚覺也。吳中謂睡不久而醒曰一寤。（《吳下方言考》卷十二 P2）

【寫真】xiězhēn　今稱祖先遺像曰真，描寫遺容曰寫真。（《土風錄》卷十四 P338）

參見［寫照］。（《通俗編》卷二十一 P465）

【寫照】xiězhào　《晉書•顧凱之傳》："傳神寫照，正在阿堵中。"或亦謂之"寫真"。《顏氏家訓》："武烈太子偏能寫真。"梁簡文《咏美人看畫》詩："可憐俱是畫，誰能辨寫真。"白居易《自題寫真》詩："我貌不自識，李放寫我真。"（《通俗編》卷二十一 P465）

【審錄】shěnlù　參見［錄囚］。（《雅俗稽言》卷十八 P17）

【寱言】yìyán　霓計反，又音迷閉反。《考聲》云："睡中語也。"《通俗文》曰："夢中之語曰寱。"《説文》："瞑語也。"（《一切經音義》卷十三 8P490）

【寱語】yìyǔ　霓祭反。《廣雅》："寱，睡中語也。"《聲類》："不覺妄言也。"《説文》："從瞑言也，從臬從寱省。"（《一切經音義》卷七十九 13P3123）

音藝。《集訓》云："睡語也。"《聲類》："睡中不覺妄言也。"《廣雅》："睡驚也。"《説文》："瞑言也。從寱省臬聲也。"臬音魚列反。（《一切經音義》卷十四 12P532）

【寶函】bǎohán　霞巖反。《考聲》云："木医也。"《説文》作"圅"。圅，篋也。《桂菀珠藂》云："盛經書、盛珍寶器物也。"（《一切經音義》卷七 5P260）

遐緘反。俗字相傳誤用。……《説文》正從木作械，械，篋也。《廣雅》云："篋謂之械。"《韻詮》云："盛經書器物也。"經以寶爲匣，盛佛舍利。（《一切經音義》卷二 11P93）

【寶塔】bǎotǎ　《西域志》："波斯匿王都城東，大海邊有大塔，塔中有小塔，高一丈二尺，裝衆寶飾之，夜中每有光耀如大火聚。云：'佛涅槃百五歲後，龍樹菩薩入海化龍王，王以其寶塔獻龍樹，將施此國裝飾嚴好過佛在時。'"云云。是本以眾寶裝飾故稱寶塔，今則瓦磚所成，動稱寶塔矣。(《土風錄》卷四 P218)

【寶寶】bǎobǎo 《留青日札》："今人愛惜其子，每呼曰寶寶，蓋言如珍寶也。亦作保保，人以爲保抱護持之義。殊不知保保者，元人尊重之稱，如曰丞相王保保。又，國初曹國李文忠亦稱李保保。見《草木子》。"按：元人每有以小名著者，其名多取自恆語。如保保，當仍是保護意耳。(《通俗編》卷十八 P400)

【寶珠花】bǎozhūhuā 世傳一種寶珠花，……花極紅而葉極綠，間雜甚可愛也，殊不知亦山茶也。故古詩有"淺爲玉茗深都勝，大曰山茶小海紅"。則知今寶珠乃都勝，粉紅者爲玉茗，大朵爲山茶，小朵爲海紅矣。(《七修類稿》卷二十二 PP326)

【寶襪】bǎowà 襪，女人脅衣也。隋煬帝詩："錦袖淮南舞，寶襪楚宮腰。"盧照鄰詩："倡家寶襪蛟龍被。"謝偃詩："細風吹寶襪，輕露濕紅紗。"是也。……崔豹《古今注》謂之腰綵，注引《左傳》袒服，謂日日近身衣也。(《唐音癸籤》卷十九 P168)

【寶鐸】bǎoduó 徒各反。鄭注《周禮》云："鐸，大鈴也。"孔注《論語》云："木鐸，金鈴木舌，以宣文教也。"經言寶鐸者，宣揚法音。(《一切經音義》卷四 10P157)

【禳】mí 乜。妖怪鬼魅迷男女。《集韻》。(《越諺》卷下 單辭隻義 P9)

尸　部

【尸梨蜜】shīlímì 《續博物志》："和尚名尸梨蜜。"(《稱謂錄》卷三十一 僧 P1)

【尺八】chǐbā 笛謂之尺八。(《雅俗稽言》卷八 P5)

【尺牘】chǐdú 《漢書·陳遵傳》："與人尺牘，主者藏弆以爲榮。"按：牘本方版，古人長者稱簡，短者稱牘。凡筆迹文辭，皆得謂之尺牘。《後漢書·魯王睠傳》："上令作草書尺牘。"乃筆迹也。杜篤《弔比干文》："敬申弔於比干，寄長懷於尺牘。"乃文辭也。自謝宣城詩云："誰謂情可書？盡言非尺牘。"後人遂但以箋書當之。(《通俗編》卷七 P147)

杜篤《弔比干文》："敬申弔于比干，寄長懷於尺牘。"(《恒言廣證》卷六 P87)

【尼師壇】níshītán 張希復與段成式同賦宣律師袈裟云："共覆三衣中夜寒，披時不鎮尼師壇。無因蓋得龍宮地，畦裏塵飛葉相殘。"梵語尼師壇，此云隨坐衣，唐言坐具也。(《唐音癸籤》卷十九 P171)

【尼姑】nígū 女出家薙髮者。又稱"師姑"。《傳燈錄》。(《越諺》卷中 賤稱 P13)

【尾】wěi 參見[控]。(《能改齋漫錄》卷二 P30)

【局促】júcù 局促曰齷齪。齷，於角切，音渥，俗讀惡；齪，測角切，音婭，俗讀卻。張衡《西京賦》："獨儉嗇以齷齪。"注："齷齪，小節也。"司馬相如《難蜀父老》："委瑣齷齪。"注："齷齪，局促也。"亦作"握齪"。(《里語徵實》卷中下 二字徵實 P23)

【居停主人】jūtíngzhǔrén 參見[行頭]。(《恒言錄》卷四 P92)

【居士】jūshì 今人以居士自號者甚多。考之六經中，惟《禮記·玉藻》有曰："居士錦帶。"注："謂道藝處士也。"吳曾《能改齋漫錄》云："居士之號，始於商周之時。"按：《韓非子書》曰："太公封於齊，東海上有居士狂矞、華仕昆弟二人，立議曰：'吾不臣天子，不友諸侯，耕而食之，掘而飲之，吾無求於人。無上之名，無君之祿，不仕而事力'云云。"然則居士云者，處士之類是已。(《南村輟耕錄》卷六 P78)

　　《禮·玉藻》："居士錦帶。"注："謂道藝處士也。"《韓非子》："齊有居士任矞、華仕，不臣天子，不友諸侯。"《魏志·管寧傳》："胡居士，賢者也。"按："居士"本于釋家無所涉。自《楞嚴經》以愛談名言清淨自居爲居士，普門疏以多積財貨、居業豐厚爲居士，而釋子乃以之呼在家人。(《通俗編》卷二十 P448)

【居間】jūjiān 今俗交易立券，必有居間，謂兩下說合成事者也，案：《史記·游俠列傳》："雒陽人有相仇者，邑中賢豪居間者以十數。"《魏其武安侯列傳》："賓客居間。""居間"二字，蓋出於此。(《恒言錄》卷一 P13)

【屈】qǔ 折花曰屈（讀作上聲）花。(《燕山叢錄》卷二十二 長安里語 花木 P5)

【屈強】juéjiàng 硬戾曰屈強。(《札樸》卷九 鄉里舊聞 鄉言正字附 雜言 P330)

參見〔倔彊〕。（《越諺賸語》卷上 P4）

【屈彊】juéjiàng　參見〔倔彊〕。（《越諺賸語》卷上 P4）

【屈戌】qūxū　今人家窗戶設鉸具，或鐵或銅，名曰環紐。卽古金鋪之遺意，北方謂之屈戌。其稱甚古。梁簡文詩：“織成屏風金屈戌。”李商隱詩：“鎖香金屈戌。”李賀詩：“屈膝銅鋪鎖阿甄。”屈膝，當是屈戌。（《南村輟耕錄》卷七 P84）

屋門牖關鎖處釘較也。俗呼不一，亦不知爲何字。近觀《輟耕錄》所載爲此字，引梁簡帝詩云：“織成屏風金屈戌。”唐李商隱詩云：“鎖香金屈戌。”（《詢芻錄》P2）

門戶窗牖設鉸具，或鐵或銅，名曰環紐，又謂之屈戌。梁簡文詩：“鎖香金屈戌。”李賀詩：“屈膝銅鋪鎖阿甄。”屈膝卽屈戌。（《俚言解》卷二 17P37）

今人家牕戶設鉸具，或鐵或銅，名曰環紐，卽古金鋪之遺意，北方謂之屈戌，其稱甚古。梁簡文詩：“織成屏風金屈戌。”李商隱詩：“鎖香金屈戌。”李賀詩：“屈膝銅鋪鎖阿甄。”屈膝當是屈戌。（《輟耕錄》）（《唐音癸籤》卷十九 P169）

參見〔鐶紐〕。（《雅俗稽言》卷十 P7）

參見〔鉏鈌〕。（《燕說》卷三 P9）

參見〔銀鐺箍〕。（《越諺》卷中 屋宇 P26）

參見〔了鳥〕。（《通俗編》卷二十四 P546）

【屈膝】qūxī　李賀詩：“屈膝銅鋪鎖阿甄。”屈膝卽屈戌。（《俚言解》卷二 17P37）

參見〔屈戌〕。（《唐音癸籤》卷十九 P169）

參見〔鐶紐〕。（《雅俗稽言》卷十 P7）

參見〔鉏鈌〕。（《燕說》卷三 P9）

【屎鍫】bīqiāo　婦人陰曰屎鍫，又曰豆角（音矯）兒，又曰賣，又曰扛子。（《燕山叢錄》卷二十二 長安里語 身體 P6）

【屋山】wūshān　參見〔屋桄〕。（《通俗編》卷二十四 P544）

【屋桄】wūshān　《通雅》：“桄，所監切，今以屋東西榮柱外之宇爲桄。嘗見工匠謂屋兩頭爲山，猶其遺聲，實是桄字。”按：韓退之《寄盧仝》詩：“每騎屋山下窺瞰，渾舍驚怕走折趾。”王安石詩：“浮雲倒影移窗隙，落木回飀動屋山。”范成大詩：“一段農家好光

景，稻堆高出屋山頭。”《老學菴筆記》：“葉夢錫刺史常州，民有起高屋，屋山覆蓋鄰家，鄰家訟之。”並卽山字用焉，則亦不必泥矣。（《通俗編》卷二十四 P544）

【屋裏】wūlǐ　越人謂家曰“屋裏”，故唐人詩：“門外青山如屋裏。”而鄉裏人亦有謂其妻爲“屋裏”者。（《越言釋》卷下 P29）

【屏當】bìngdàng　《晉書·阮孚傳》：“客詣祖約，見正料財物，客至屏當不盡。”按：二字皆讀去聲。《世說》：“爲曹夫人併當筐篋。”與同。（《通俗編》卷十二 P262）

【屑窣】xièsū　漢《華山碑》：“屑窣有聲。”或作“窸窣”，皆後代語。（《直語補證》P15）

【屦屦】púpú　僕。行貌。步聲。（《越諺》卷下 聲音音樂 P18）

【屠蘇】túsū　杜工部《冷陶》詩：“欲憑金騣褭，走置錦屠蘇。”注：“屋也。”《唐韻》：“屠蘇，平屋也。”《四時纂要》：“孫思邈有屠蘇庵，謂屠絕鬼氣，蘇醒人魂也。”《博雅》：“酒名屠蘇，元日飲，自少至老，能除溫氣。”又，大冠曰屠蘇。禮云：“童子幘無屋，凡冠有屋者曰屠蘇。”《晉志》：“元康中商人皆著大鄣日，謠曰：‘屠蘇鄣日覆兩耳，會見瞎兒作天子。’及趙王倫纂位，其目窒眇焉。”《宛委餘編》：“草亦名屠蘇。”是一名而四物具，惟所用之耳。（《雅俗稽言》卷十 P9）

周王襃詩：“飛甍彫翡翠，繡福畫屠蘇。”屠蘇，本草名，畫於屋上，因草名以名屋。杜詩云：“願隨金騣褭，走置錦屠蘇。”此屠蘇，屋名也。後人又借屋名以名酒，孫思邈有屠蘇酒方。又大帽形類屋，亦名屠蘇。《南史》：“謠云：‘屠蘇鄣日覆兩耳。’”是也。（《升菴詩話補遺》）（《唐音癸籤》卷十九 P168）

【屠蘇酒】túsūjiǔ　參見〔藍尾酒〕。（《唐音癸籤》卷二十 P175）

【屎】niào　屎，小便。亦作溺、尿，乃弔切。（《目前集》後卷 P2159）

【屟】tì　鞍下薦曰屟。屟音替。《本草注》：“凡鞍下薦、韉下氈皆曰屟，可以代替也。”《集韻》：“屟但訓履薦，其馬鞍具別有鞊字，亦音替。”按：庚信《鏡賦》：“暫設裝匳，還抽鏡屟。”蓋凡器用之通替皆可書屟，馬屟亦作韂。（《燕說》卷三 P15）

【尿】niào　參見〔屎〕。（《目前集》後卷 P2159）

【屣】xǐ　履不着跟曰屣。《通俗文》釋衣飾
P61）

【屧】xiè　音紲，履中薦也。曰步屧，曰舞
屧。吳王宮中有響屧廊，以梗梓□藉地，西
子行則有聲，如今之高底鞋，故名響屧。今
越中諸暨男女多着木屧，不分晴雨，西子遺
製也。《言鯖》卷上 P27）

【履謎】lǚmí　參見[商謎]。《恒言錄》卷六
P112）

【屬】zhǔ　囑囑呼犬。《公羊傳》徐彥疏云：
“今呼犬，謂之屬。”《通言》卷六 P74）

　　呼犬聲。《公羊傳·宣六年》：“呼獒而
屬之，獒亦躇階而從之。”疏：“今呼犬謂之
屬，義出於此。”《直語補證》P23）

己（巳）部

【已】yǐ　凡尾亦曰“已”，如馬尾曰“馬已”，
狗尾曰“狗已”之類。《蜀語》）《里語徵
實》卷中上 二字徵實 P20）

【已巴】yǐbā　尾曰已巴。已音以。凡尾亦
曰已。如馬尾曰馬已，狗尾曰狗已之類。
《蜀語》P13）

　　尾曰已巴。已音以。《里語徵實》卷
中上 二字徵實 P16）

【巴】bā　巴，象形字，蛇也，巴水曲折三迴
像之，今人之肝（編者按：當作肝）衡望遠曰
巴，不足而營營曰巴，日晒肉曰巴，凡物之
乾如腊者皆曰巴。《客座贅語》卷一 辨訛
P6）

　　乾肉及餅曰巴。牛肉曰牛乾巴，蕎餅
曰蕎巴，鹽塊曰鹽巴，土塊曰土巴之類。
《蜀語》P39）

　　《客座贅語》：“巴，象形字，蛇也。巴水
曲折三迴，象之。今人之肝（編者按：當作
肝）衡望遠曰巴，不足而營營曰巴，日晒肉
曰巴，凡物之乾如腊者皆曰巴。”予憶《四明
續志》載吳潛《水調歌頭》詞云：“巴得西風
起，吾亦問前程。”又《滿江紅》詞：“問我年
華旬並七，異鄉時景春巴二。”則宋人已有
此語。《恒言錄》卷二 P37）

　　乾肉及餅曰巴。牛肉曰牛乾巴，蕎餅
曰蕎巴，鹽塊曰鹽巴，土塊曰土巴之類。《蜀
語》）《里語徵實》卷上 一字徵實 P18）

【巴巴】bābā　參見[阿八]。《通俗編》卷
十八 P391）

　　參見[八八]。《稱謂錄》卷一 方言稱
父 P25）

　　參見[八八]。《里語徵實》卷中上 二
字徵實 P1）

【巴急】bājí　張國賓《合汗衫》曲：“空急空
巴。”今俗有巴急語。《恒言廣證》卷二
P31）

　　奔波曰巴急。張國彬《合汗衫》曲有
“空急空巴”語。按：巴似波音轉。《燕說》
卷一 P7）

【巴而思】bā'érsī　河南江北行中書省參知
政事姚忠肅公天福，字君祥，平陽人。至元
十一年，拜監察御史，彈擊權臣，無所顧畏，
世祖賜名巴而思，國言虎也。《南村輟耕
錄》卷二 P26）

【巴飛柂】bāfēiyí　巴飛柂，卽芭犂也，或作
芭籬，亦呼搶籬，卽古之儲胥、柴離也。《長
楊賦》“儲胥”注以爲“竹搶櫐”。愚按：櫐與
籬音近相通。《通俗文》曰：“柴垣曰柂，木
桓曰栖，南土悉押竹筴爲之，斜織者曰巴飛
柂。”《廣韻》：“押，籬壁也。”《史·張儀傳》
注：“芭犂卽織木苴爲葦籬，今江南曰芭籬。
籬又作攔，攔竹亦名芭，謂可作芭籬也。”
《博雅》：“欏落亦謂籬也。”《説文》：“柴離。”
徐鉉曰：“樹豎散木爲區落，今世皆作巴。”
唐薛用弱《集異記》：“劉方玄宿巴陵館廳，
其西有巴籬。”因籬落用聚落、屯落、比落、
附落。屯落見《管寧傳》。比落見《後漢書·
姜詩傳》。《仇覽傳》“廬落”注：“今人謂院
爲落。”《前·王子侯表》：“江陽侯仁，坐役使
附落，免。”師古曰：“有衆落來附者，輒役使
之，非法制也。”《通雅》卷三十八 p1167）

弓　部

【弓】gōng　《淮南子·説杯訓》：“蓋非弓不
能蔽日。”案：弓，謂隆起如弓也。吳中凡物
之中央高起者俱謂之弓。《吳下方言考》
卷一 P1）

【弜】juàn　弜卽卷字，《真誥》中謂一卷爲一
弜。或以爲弔字及篇字者，皆非。《南村
輟耕錄》卷二 P31）

【引光奴】yǐnguāngnú　《清異錄》：“夜有
急，苦於作燈之緩，批杉染硫黃，遇火卽燄，

呼爲引光奴。"(《俚言解》卷二 15P36)

　　宋翰林學士陶公穀《清異錄》云："夜有急,苦于作燈之緩,有劈松杉条染硫黄,置之待用。一與火遇,得燄穗然,呼爲引光奴。"杭人曰發燭,取史載周建德六年,齊后妃貧以發燭爲業之語也。中州少松杉,以麻楷代之,染硫黄,名曰焠燈,卽發燭也。然引光奴之名爲雅。焠音倅。(《談徵》事部 P31)

　　《清異錄》:"夜有急,苦作燈之緩。有知之者,批杉條,染硫黄,置之待用,呼引光奴。"(今京師名取燈兒。)(《語實》P148)

　　參見[發燭]。(《南村輟耕錄》卷五 P61)

【引線人】 yǐnxiànrén　世謂媒介爲引線人,爲人牽說事情者曰穿鍼引線。(《常語尋源》卷下己冊 P266)

【弔】 diào　弔,傷也,矢弓貫也。今云弔卷、弔册,有索取之義。(《雅俗稽言》卷十八 P16)

　　千錢爲一弔。見明何良俊《四友齋叢說》。(《直語補證》P7)

【弔朵】 diàoduǒ　《東京夢華錄》:"宮嬪皆真珠釵,插弔朵,玲瓏簇羅。"(《通俗編》卷二十五 P563)

【弔挂】 diàoguà　寺觀所懸圖畫曰弔挂。案:小宋太一宮詩:"瑞木千尋聳,仙圖幾弔開。"弔乃卷字,古作弖,真誥誤作弔,非釣音之弔。今僧道畫圖懸挂者皆曰弔挂。字似本之此,而讀作釣音則誤。(《燕說》卷三 P10)

【弔撒】 diàosǎ　疼。(《墨娥小錄》卷十四 P8)

【弱】 jiàng　"强"上聲。"弱頭虎子。"越諺:"弱頭弱腦。"《華陽國志》。(《越諺》卷下單辭隻義 P8)

【巻】 quān　《漢書・李陵傳》:"發連弩射單于。"張晏曰:"三十巻,共一臂也。"又"矢盡道窮,士張空拳。"文穎曰:"拳,弓弩拳也。"小顏曰:"'拳'字與'棬'同。"《司馬遷傳》:"張空拳。"李奇曰:"拳,弩弓也。"小顏云:"陵時矢盡,故張弩之空弓,非是手拳也。"《文選・閑居賦》:"黐子巻枲,異棬同機。"五臣注:"棬,發箭處也。"李善注:"言弩棬雖異而同一機也。"(《札樸》卷八 金石文字 P257)

【張三李四】 zhāngsānlǐsì　《朱子語錄》:"《易》惟說這箇道理如此,何曾有甚張三李四。"王安石《擬寒山》詩:"張三袴口窄,李四帽簷長。"又云:"莫言張三惡,莫愛李四好。"《五燈會元》錄《酒仙遇賢歌》:"張三也識我,李四也識我。"又,"僧問龍興裕如何是學人自己,曰:'張三李四。'僧問澄湜如何是佛,曰:'張三李四。'"按:此是假設爲姓名也。《三國志・王修(編者按:當作脩)傳》注:"太祖與修(編者按:當作脩)傳書曰:'此君沉滯冶官,張甲李乙,尚猶先之。'"宋顏延之《庭誥》亦云:"張甲李乙。"梁范縝《神滅論》:"張甲之情,寄王乙之軀,李丙之性,託趙丁之體。"蓋姓氏中惟張李等爲衆盛,故卽泛舉言之。(《通俗編》卷十八 P405)

【張王李趙】 zhāngwánglǐzhào　朱弁《曲洧舊聞》:"俚俗有張王李趙之語,猶言是何等人,無足挂齒牙之意也。宣和間,張子能、王履道、李士英、趙聖從俱在政府,張王李趙之語,喧于朝野。按:此語正依《梁書》"張甲王乙李丙趙丁"之次,非俚俗所偶然杜撰。(《通俗編》卷十八 P405)

【張本】 zhāngběn　窮。(《墨娥小錄》卷十四 P7)

【張志】 zhāngzhì　做模樣曰張志,又曰拏搪。(《燕山叢錄》卷二十二　長安里語 人事 P2)

　　脩邊幅曰張志,又曰拏堂。(《宛署雜記》卷十七 P194)

【張甲李乙】 zhāngjiǎlǐyǐ　參見[張三李四]。(《通俗編》卷十八 P405)

【張羅】 zhāng・luo　着忙曰張羅。(《宛署雜記》卷十七 P194)

　　俗以與人幹事曰張羅,取設法搜索之義。《戰國策》:"譬之如張羅者,張於無鳥之所,則終日無所得矣。張於多鳥處,則又駭鳥矣。必張於有鳥無鳥之際,然後能多得鳥矣。"本此。(《直語補證》P38)

　　與人幹事曰張羅,取設法搜索之義。《戰國策》:"譬之如張羅者,張於無鳥之所則終日無所得矣,張於多鳥處則又駭鳥矣,必張於有鳥無鳥之際,然後能多得鳥矣。"當本此。(《燕說》卷一 P7)

【弶】 jiàng　射獸弩。奇亮反。(《俗務要名林》)

【獷取】jiàngqǔ　强向反。《字書》："獷，施胃於道以取禽獸也。"《説文》："從弓京聲。"作撅，俗也。（《一切經音義》卷六十九5P2736）

【强】qiáng　多餘之辭也。《古木蘭詩》："賜物百千强。"杜子美詩："四松初栽時，大抵三尺强。"韓退之詩："失勢一落千丈强。"蔣之翹云："算家以有餘爲强。"（《助字辨略》卷二 P99）

古《木蘭詩》："賜物百千强。"杜子美詩："四松初栽時，太抵三尺强。"韓退之詩："失勢一落千丈强。"翹云："算家以有餘爲强。"（《方言藻》卷二 P17）

【强半】qiángbàn　猶云多半。《論語》："君召使擯。"《正義》云："案：諸侯自相爲賓之禮，凡賓主各有副，賓副曰介，主副曰擯及行人。若諸侯自行，則介各從其命數。至主國大門外，主人及擯出門相接。若主君是公，則擯者五人；侯伯，則擯者四人；子男，則擯者二人；所以不隨命數者，謙也，故並用强半之數也。"（《助字辨略》卷二 P99）

强半，多餘之辭也。《論語》"君召使擯"正義云："案：諸侯自相爲賓之禮，凡賓主各有副，賓副曰介，主國（當作副）曰擯及行人。若諸侯自行，則介各從其命數。至主國大門外，主人及擯出門相接。若主君是公，則擯者五人；侯伯，則擯者四人；子男，則擯者二人。所以不隨命數者，謙也，故竝用强半之數也。"强半，猶云多半。（《方言藻》卷二 P17）

【强强】qiǎngqiǎng　李長吉《樂府》："强强飲啄哺爾雛。"案：强强，勉强也。今吳諺謂可以勉强爲之者曰强强則也。（《吳下方言考》卷二 P5）

【强近】qiángjìn　《隋書·許善心傳》："單宗少强近，虛室類原、顏。"案：强謂强盛，近謂近幸。《李密表》："外無期功强近之親。"王僧孺《與何炯書》："外無奔走之友，內乏强近之親。"（《札樸》卷三覽古 P100）

【彈】dàn　禽卵曰彈。彈字見《大明會典》："上林苑雞鵝鴨彈若干。"皆用彈字，言卵形之圓如彈也。俗用蛋字，非。攷字書，有蜑字，从虫延聲。南方蠻也，漁蜑取魚，蠔蜑取蠔，木蜑取木。若從疋，疋音疎，並無此字，想因蜑字訛爲蛋字耳。（《蜀語》P40）

男子勢曰彈，又曰蔦（讀讀上聲）。

（《燕山叢錄》卷二十二　長安里語　身體 P6）

彈所以行丸者。今人乃謂丸爲"彈子"，故凡一切鳥卵皆謂之"彈"，……以其似丸也。《莊子》所謂"見彈而求鴞炙，見卵而求時夜"，卽其理。或乃訛之爲"蛋"，謬甚。（《越言釋》卷上 P35）

禽卵曰彈。彈字見《大明會典》："上林苑雞鵝鴨彈若干。"皆用彈字，言卵形之圓如彈也。俗用蛋字，非。考《字書》，有蜑字，從蟲，延聲，南方蠻也。漁蜑取漁，蠔蜑取蠔，木蜑取木。若從疋，疋音疎，並無此字，想因蜑字訛爲蛋字耳。（《蜀語》）（《里語微實》卷上　一字微實 P17）

【彈壁燈】tánbìdēng　王鏊《姑蘇志》云："上元作燈市藏謎者曰彈壁燈。"（《土風錄》卷二 P190）

【彈子】tánzǐ　參見〔歡帆〕。（《唐音癸籤》卷十九 P173）

【彊急】qiángjí　《宋書·庾登之傳》云："弟炳之，爲人彊急而不耐煩，賓客於訴非理者，忿詈形於辭色。"（《通言》卷五 P61）

【彌】ní　懷抱中兒謂之彌，入聲。《雜記》注："嬰猶嬰彌也。"《增韻》："嬰彌，嬰兒也。"《孟子音義》："反其旄倪。"倪謂嬰倪，小兒也。倪，去聲。（《方言據》卷上 P5）

母謂之彌。《廣雅》："彌，乃第切，又奴解切。母也。"江淮之閒謂母爲媞。媞，上紙切，音亦近之。（《方言據》卷上 P5）

【彌封】mífēng　《老學菴筆記》："本朝進士，初如唐制，兼採時望。真廟時，周安惠公請建糊名法，一切以程文爲去留。"《日知錄》："唐初，吏部試選人，皆糊名，令學士攷判，武后以爲非委任之方，罷之。此則用之選人，而未嘗用于貢舉。"按：糊名，卽今"彌封"也。《宋·選舉志》謂："淳化三年，先嘗行之。景德時定攷校式，編排官第以字號付封彌官，用御書院印封彌。景祐時，詔開別頭試，封存彌謄錄，如禮部。賈昌朝言，有封彌謄錄法，則公卷可罷。"皆云"封彌"，今以二字上下轉易，不知何故。（《通俗編》卷五 P88）

【彌月】míyuè　今以生日爲誕辰，生後滿月爲彌月。（《談徵》名部上 P39）

【彎環】wānhuán　韓昌黎《南山詩》："爭銜彎環飛。"案：彎環，曲屈貌。今吳諺謂曲身

爲彎環。(《吳下方言考》卷五 P6)

子　部

【子】zǐ　俗呼服器之屬，多以子字爲助，其來久矣。陸游詩："颸毛拂子長三尺。"多未嘗辨其物之大小，而槪呼之也。《湘山野錄》："吳越王歌云：‘別是一般滋味子，永在我儂心子裏。’"雖非呼物而亦以子字爲助。(《通俗編》卷三十三 P744)

【子弟】zǐdì　稱班子之人。(《越諺》卷中 不齒人 P16)

【子平】zǐpíng　宋濂《祿命辯》："以五行甲子推人休咎，其術之行已久。迨後臨孝公有《像命書》，陶宏景有《三命鈔略》。唐人習者頗眾，而僧一行、桑道宏、李虛中，咸精其術。虛中之後，惟余子平爲著。"案：《已瘧編》，居易，五季人，嘗與麻衣道者陳圖南、呂洞賓，同隱華山。今之推子平者，祖宋末徐彥昇，非也。案：此卽今之排八字者是。(《稱謂錄》卷二十七 星 P7)

【子壻】zǐxù　《漢書‧張耳傳》云："敖嗣立爲王，尚高祖長女魯元公主爲王后。高祖過趙，趙王旦莫自上食，體甚卑，有子壻禮。"《舊五代史‧周世宗紀》："户部侍郎王敏停任，坐薦子壻陳南金爲河陽記室也。"(《通言》卷三 P41)

【子子】zǐzǐ　卽諸種子是也。(《一切經音義》卷二十六 3P1000)

【子孫果】zǐsūnguǒ　《猥談》："江西俗儉，果楂作數格，惟中一味可食，餘悉充以雕木，謂之子孫果。一客欲食，取之方知贋物，便失笑，覆視之，底有字云‘大德三年重修’。更胡盧也。"(《通俗編》卷三十 P672)

【子本】zǐběn　見《周禮‧朝士》疏。《韓昌黎集‧柳子厚墓志》："男女質錢，約不時贖，子本相侔，沒爲奴婢。"元稹《估客樂》："子本頻蓄息，貨賂日兼并。"黃山谷詩："更當力貧開酒椀，走謁鄰翁稱子本。"按：子音摰。摰，息也。俗不知其字，或訛"資本"。(《通俗編》卷二十三 P522)

【子蘿】zǐróng　俞琰《席上腐談》："北方尾段地軟者曰子蘿，子謂毛之細者。今訛作‘紫茸’。"(《里語徵實》卷上 一字微實 P34)

【子息】zǐxī　《齊民要術》："乃畜牛羊，子息萬計。"賈島詩："寡妻無子息。"(《恒言廣證》卷三 P47)

　　小兒也。《東觀漢記》。(《越諺》卷中 倫常 P9)

【子細】zǐxì　《北史‧源思禮傳》："爲政當舉大綱，何必太子細也。"杜詩："野橋分子細。"(《通雅》卷四十九 P1456)

　　《北史‧源思禮傳》："爲貴人當舉網維，何必太子細也。"杜甫詩："野橋分子細。""醉把茱萸子細看。"《傳燈錄》："祖印云：‘更須子細。’文偃云：‘大須子細。’"俱用子字。白居易詩："世路風波仔細諳。"作"仔"。(《通俗編》卷十五 P325)

　　小心臨事曰子細，見《北史‧源思禮傳》："爲政當舉大綱，何必太子細也。"杜詩："醉把茱萸子細看。"(《土風錄》卷七 P251)

　　杜詩："野橋分子細。"(《恒言廣證》卷一 P13)

　　子，俗作"仔"，非。《北史‧源思禮傳》："爲政當舉大綱，何必太子細也？"杜詩："野橋分子細。"又作把穩解。卽《晉‧載記》姚萇之云"將牢"、《五代史‧莊宗紀》之"持牢"也。(《里語徵實》卷中下 二字微實 P8)

　　參見[把穩]。(《蜀語》P17)

【子規鳥】zǐguīniǎo　參見[催歸]。(《唐音癸籤》卷二十 P182)

【孑孑】jiégǒng　吉拱。井中小蟲。喻不勝任。(《越諺賸語》卷上 P3)

【孔】kǒng　作事之已甚曰孔。(《客座贅語》卷一 詮俗 P8)

【孔方兄】kǒngfāngxiōng　《晉書‧魯襃錢神論》："親之如兄，字曰孔方。"(《通俗編》卷二十三 P510)

　　參見[家兄]。(《語竇》P164)

【孔雀】kǒngquè　羅名。下精藥反。(《俗務要名林》)

【扎】chuǎng　吳任臣《字補》云："植木定船爲之扎，音闖。"俗謂打椿曰扎，當卽此字。(《土風錄》卷十四 P332)

　　打椿曰扎。扎音闖。吳志伊《字彙補》："植木定船謂之扎。"(《燕說》卷三 P8)

【字】zì　參見[幕]。(《吳下方言考》卷九 P3)

【字脚】zìjiǎo　參見[筆脚]。(《言鯖》卷下

P3)

【孖子】zīzǐ　雙生子一曰孿,亦作孿子,又曰孖子。孿,删去聲。孖,音咨。(《雅俗稽言》卷八 P7)

【孝堂】xiàotáng　喪家所懸素幕曰孝堂,殊無義。按:《太平御覽》四十二卷引《齊地記》曰:"巫山一名孝堂山,山上有石室,俗傳云郭巨葬母之所,因名焉。"然則今俗以幕爲堂中之具,遂以爲名耳。(《直語補證》P40)

【孝子】xiàozǐ　甫喪親之通稱。然《禮·雜記》:"祭稱'孝子孫。'"劉熙《釋名》亦稱於祭時。(《越諺》卷中 倫常 P9)

【孝妻】xiàoqī　《養新錄》:"俚俗之稱有可笑者,自古有之。蘇州府玄妙觀前磚塔近年傾圮,土人拾得一磚,有'崇奉三寶女弟子孝妻傅氏妙喜'等,蓋宋時所刻。又,盤門內西泮環巷石井闌上,有'孝夫某爲亡妻何氏四一娘'字,嘉泰元年刻。又,府前西米巷石井闌,有'孝夫某爲亡前妻黃氏十四娘'字,嘉定十七年十二月刻,則更可笑矣。"案:《文苑英華》:"唐張説《王㔟碑》、孫逖《王敬從碑》皆有孝妻之稱,據兩引孝夫皆爲亡妻稱之,則孝妻亦爲亡夫稱之矣。蘇人方言有喪服謂之戴孝,夫婦之喪皆有服,故亡妻自稱孝夫,而亡夫者自稱孝妻耳。"(《稱謂錄》卷五 守寡妻 P18)

【孝頭須】xiàotóuxū　《越語肯綮錄》:"鬠髻垂紒曰頭須。初疑爲蘇字,後見《廣韻》絈字,注云:'頭絈。'卽是字也。或曰:'婦首垂巾皆曰絈,用之孝服特一耳。'今越俗頭絈上亦加孝字,可驗。"按:《朱子家禮》:"斬衰,婦人用布頭絈、竹釵。"邱濬《家禮儀節補》曰:"頭絈,以略細布爲之,長八寸,用以束髮根而垂其餘于後。"此卽古所謂總也。(《通俗編》卷二十五 P564)

【字婓】bólóu　糯穀爆花名字婓,見《吳郡》、《姑蘇》二志,張思直(寅)《太倉志》因之。《范志》云:"亦曰米花。"按:李戒庵《漫筆》有《米花》詩:"東入吳城十萬家,家家爆穀卜年華。就鍋抛下黃金粟,轉手翻成白玉花。紅粉家人占喜事,白頭老叟問生涯。曉來粧飾諸兒女,數片梅花插鬢斜。"《姑蘇志》云:"又曰卜流。"言卜流年也。(《土風錄》卷六 P238)

　　音潑樓。《田家五行》:"雨水節,燒乾

鑊以各稻爆之,謂之字婓花。"案:今吳中惟糯稻可爆字婓。(《吳下方言考》卷六 P8)

【字婓花】bólóuhuā　參見[字婓]。(《吳下方言考》卷六 P8)

【字相】bóxiàng　《吳江志》:"俗謂嬉遊曰字相。"《太倉志》作"白相",《嘉定志》作"薄相"。按:皆無可證,惟東坡詩有"天公戲人亦薄相"句。(《通俗編》卷十二 P265)

　　《吳江縣志》:"俗謂嬉遊曰字相。"《嘉定志》作薄相。(《恒言廣證》卷二 P39)

【字老】bólǎo　父。(《墨娥小錄》卷十四 P5)

【孲兒】yá'ér　杭州人呼孩子爲孲兒。原有此"孲"字,作"孩"者非。(《言鯖》卷下 P23)

【孟公孟姥】mènggōngmèngmǔ　舟之神名,《北戶錄》呼爲孟公孟姥。(《七修類稿》卷二十三 P348)

【孟婆】mèngpó　今稱韓婆蓋猶古稱孟婆。蔣捷詞云:"春雨如絲,繡出花枝紅裊,怎禁他孟婆合皁。"……宋徽宗詞云:"孟婆好做些方便,吹箇船兒倒轉。"又,北齊李騊騑聘陳,問陸士秀:"江南有孟婆,是何神也?"士秀曰:《山海經》:'帝之女遊於江中,出入必以風雨自隨。'以其帝女,故稱孟婆。"《丹鉛摘錄》云:"江南七月間有大風,甚於舶䑲,野人以爲孟婆發怒。"(《俚言解》卷一 P3)

　　宋徽宗在北虜,嘗戲作小詞云:"孟婆,孟婆,你做些方便,吹箇船兒到轉。"孟婆,宋汴京勾欄語,謂風神也。《山海經》:"帝之女遊于江中,出入必以風雨自隨。"以帝女故曰孟婆,猶《郊祀志》以地神爲泰媼。此言雖鄙,有自來矣。(《雅俗稽言》卷十四,P22)

【季祖母】jìzǔmǔ　《潛研堂金石文跋尾》:"季祖母猶言庶祖母也。"(《稱謂錄》卷一 祖之妾 P12)

【孤哀子】gū'āizǐ　訃父稱"孤子",訃母稱"哀子",父母俱故之訃,稱"孤哀子"。然《禮·雜記》:"喪稱'哀子哀孫'。"並無如此分辨。而越訃孫又不稱"哀"。(《越諺》卷中 倫常 P10)

【孤寒】gūhán　一。(《墨娥小錄》卷十四 P9)

【孤子】gūzǐ　參見[孤哀子]。(《越諺》卷中

倫常 P10）

【孤孲】gūshuāng　《淮南子·修務訓》：“弔死問疾，以養孤孲。”又，《原道訓》：“童子不孤，婦人不孲，含德之所致也。”按：孤與孲是兩類人，俗統呼嫠婦曰“孤孲”，非。（《通俗編》卷二十二 P489）

《淮南子·修務訓》。（《越諺》卷中 倫常 P9）

【孤標】gūbiāo　杜詩：“顏氏之子才孤標。”案：《北史·胡叟傳》：“叟孤飄坎壈，未有仕路。”杜詩本此，後人改爲“標”耳。謝靈運稱應瑒：“流離世故，頗有飄薄之歎。”（《札樸》卷六 覽古 P194）

【孤注】gūzhù　《宋史長編》：澶淵之役，王欽若謗曰：“寇準以陛下爲孤注。”《元史·伯顏傳》：宋將士曰：“今日我宋天下，猶賭博孤注，輸贏在此一擲耳。”《賓朋宴語》：博者以勝彩累注，敗者惟有畸零，不累注數，謂之孤注。（《通俗編》卷二十三 P523）

【孤老】gūlǎo　官人。（《墨娥小錄》卷十四 P5）

《晉書·劉元敏傳》：“此公孤老，餘年無幾。”《劉曜載記》：“賜孤老貧病帛各有差。”元結詩：“日行見孤者，羸弱相提將。”（《通俗編》卷十四 P299）

《晉·劉元敏傳》《劉曜載記》、元結詩皆見。稱子身殆盡者。（《越諺》卷中 倫常 P9）

參見［姻嫽］。（《通俗編》卷二十二 P500）

【孤負】gūfù　李陵《答蘇武書》：“陵雖孤恩，漢亦負德。”毛晃《增韻》：“凡‘孤負’字當作‘孤’，俗作‘辜’，非。”按：唐人詩亦有用“辜負”者。（《通俗編》卷十三 P288）

李陵《答蘇武書》：“陵雖孤恩，漢亦負德。”又曰：“孤負陵心。”（《通言》卷一 P23）

【孲兒】rú'ér　《姑蘇志》：俗呼女兒曰孲兒。孲音如孲上聲。按：此本方音之借，然宋人皆借用“娜”字。《宋史·列女傳》有童八娜，《咸淳臨安志》有張娜兒橋。“娜”即“女”音之轉。（《通俗編》卷二十二 P488）

【孳腸】cícháng　孳腸，小腸也。（《目前集》後卷 P2152）

小腸曰孳腸。孳音子。（《燕說》卷四 P8）

小腸曰孳腸。孳音子。《集韻》：“小腸

也。”又見《蜀語》。（《里語徵實》卷中上 二字徵實 P16）

【孩兒】hái'ér　《書·康誥》：“若保赤子。”傳云：“孩兒。”按：父母謂其子曰孩兒，見自北宋。《晁氏客語》：范純夫引疾乞歸，太母宣諭曰：“昨日孩兒再三留他，可諭與，且爲孩兒留，未可求去。”所云孩兒，謂哲宗也。（《通俗編》卷十八 P400）

【孩兜】háidōu　餓。（《墨娥小錄》卷十四 P7）

【孨】nǎi　參見［孻］。（《土風錄》卷十四 P335）

【挽臥】miǎnwò　婦產曰挽臥。（《札樸》卷九 鄉里舊聞 鄉言正字附 雜言 P329）

【孫】sūn　鄉野呼兄弟之子曰孫。（《土風錄》卷十六 P361）

【孫息】sūnxī　黃庭堅《寄老庵賦》：“寄吾老於孫息。”元好問《挽趙參謀詩》：“高門有孫息。”（《稱謂錄》卷六 孫 P21）

【孰愈】shúyù　猶云何異。言相去無幾也。左太冲《三都賦》：“孰愈尋靡莽于中逵，造沐猴于棘刺。”（《助字辨略》卷三 P147）

【孳產】zīchǎn　子思反。《方言》：“東楚之間凡人產乳而雙產謂之釐孳。”下所限反。生其種曰產。《説文》：“產，生也。”（《一切經音義》卷七十一 14P2832）

【學俸】xuéfèng　朱德潤《德政碑詩》：“城中書生無學俸，但得錢多好作頌。”（《紀聞》）（《里語徵實》卷中下 二字徵實 P4）

【學堂】xuétáng　《華陽國志》：“文翁立文學講堂，作石室，在蜀郡城南，學堂之稱自此始。”《傳燈錄》洪諲有“自小不曾入學堂”語。（《通俗編》卷七 P144）

【學名】xuémíng　《春秋疏》題杜氏名下，引劉炫云：“漢承焚書之後，諸儒各載學名。”按：今人多於初就傅時定名，故謂名曰學名。據此，則其稱謂舊矣。（《通俗編》卷七 P144）

【學生】xuéshēng　父稱子曰學生。宋陳省華對客，子堯叟、堯佐、堯咨列侍，客不安，省華曰：“學生列侍，常也。”王祐見客，子溥年三十二，拜相，朝服侍立，客求去，祐曰：“學生勞賢者趙避耶？”（《言鯖》卷上 P13）

《後漢書·靈帝紀》：“光和二年，始置鴻都門學生。”《唐書·選舉志》：“律學生五十人，書學生三十人，算學生三十人，以八品以下子及庶人之通其學者爲之。”按：此皆學校之生，今概呼弟子爲學生，非也。（《通俗編》卷七 P144）

《儀禮·士相見禮》：“與君言，言使臣”節疏：“《書傳》：‘大夫致仕爲父師，士致仕爲少師，教鄉閭子弟。雷次宗云：學生事師，雖無服，有父兄之恩。’”故稱弟子云云。（《直語補證》P18）

【學究】xuéjiū　朱子《名臣言行錄》：“王荊公改科舉，暮年乃覺其失，曰：‘本欲變學究爲秀才，不謂變秀才爲學究。’”（《稱謂錄》卷二十四 秀才 P38）

郎仁寶《七修類稿》曰：“近世嘲學究云：‘我若有道路，不做猢猻王。’”據此，則蒙師亦得稱學究。（《稱謂錄》卷八 蒙師 P33）

唐宣宗太中三年，奏見置科目：開元禮、三禮、三傳、三史、學究、道學、明法、書算、童子九科。“學究”之名，始見於此。宋興國二年御殿復試，禮部八科舉人，得九經一人、開寶通禮四人，三禮八十人、三傳五十三人、三史三人、學究四十一人、明法十四人，凡百九十六人，並賜本科及第。俗動以“老學究”輕之，何也？（《通雅》）（《里語徵實》卷中上 二字徵實 P9）

參見［明經］。（《雅俗稽言》卷十九 P8）

【學長】xuézhǎng　《能改齋漫錄》：“真宗謂張耆等曰：‘知汝等好學，吾當親爲教授。’耆等拜曰：‘實臣等之幸也。’乃命耆爲學長，張宗爲副學長，安守中而下爲學生。”（《通俗編》卷七 P145）

【孺人】rúrén　婦人命爵七等，孺人，其初命者。世俗凡題婦人木主皆稱孺人，僭也。如韓退之詩：“已呼孺人戛鳴瑟，更遣稚子傳清杯。”儲光羲詩：“孺人善逢迎，稚子解趨走。”是生前自稱其妻爲孺人，或以命爵耳。（《雅俗稽言》卷八 P16）

江淹賦：“左對孺人，右抱穉子。”儲光羲詩：“孺人善逢迎，穉子解趨走。”韓退之詩：“已呼孺人戛鳴瑟。”張籍詩：“公疾浸日加，孺人親藥湯。”按：《曲禮》：“大夫妻曰孺人，士曰婦人，庶人曰妻。”古無論職官大小，其妻通稱孺人，故見詩文爲多。宋宣和時，罷縣君，改孺人爲第八等，而世俗相仍不改。邱濬《家禮儀節》云：“無官者妣稱某氏夫人，今制二品方得封夫人，僭越太甚，不若從方俗借稱孺人。”（《通俗編》卷十八 P392）

【䆀】nái　陸容《菽園雜記》云：“廣東謂老人所生幼子曰䆀，音奈，平聲。”吴任臣《字補》引之，又別載“孻”字，注云：“夯夫努力子盡曰孻（“子”字疑誤），奈上聲。”案：當卽䆀字之省，俗謂儘量飲者曰䆀得下，當是此字。（《土風錄》卷十四 P335）

【孿子】luánzǐ　參見［孖子］。（《雅俗稽言》卷八 P7）

女　部

【女及第】nǚjídì　《清異錄》：“齊、魯、燕、趙之種蠶，收藟訖，主蠶者簪通花銀碗謝祠廟，村野稱爲女及第。”（《稱謂錄》卷二十七 蠶織 P14）

【女侄】nǚzhí　《柳毅傳》云：“錢唐君謂毅曰：‘女侄不幸，爲頑童所辱。’”（《稱謂錄》卷四 兄弟之女 P20）

【女冠】nǚguān　顧況詩：“庵裏桃花逢女冠。”《舊唐書·則天皇后紀》：“令釋教在道法之上，僧尼處道士女冠之前。”《宋·徽宗紀》：“改女冠爲女道。”吴絳雪《春閨詩序》云：“唐時有光威裒三人聯句，成七排十二韻，女冠魚玄機和之。”（《稱謂錄》卷三十一 尼 P20）

【女壻尹】nǚxùyǐn　（贅壻）有附名婦翁之籍者，謂之女壻尹。（《雅俗稽言》卷八 P22）

【女壻户】nǚxùhù　有附名婦翁之籍者謂之女壻户。（《俚言解》卷一 22P14）

【女德】nǚdé　《宋·徽宗紀》：“詔改尼爲女德。”（《稱謂錄》卷三十一 尼 P19）

【女客】nǚkè　稱婦女之輕賤者。《元怪錄》。（《越諺》卷中 倫常 P9）

吳俗男子呼婦人爲女客，盖有自來。宋玉《高唐賦》：“昔者先王游高唐，怠而晝寢，夢見一婦人曰：‘妾巫山之女也，爲高唐之客。’”今又呼爲堂客。（《言鯖》卷上 P13）

【女校書】nǚjiàoshū　《鑒誡錄》：“蜀人呼營

妓爲女校書。"(《稱謂錄》卷三十　倡 P23)

蜀人呼營妓爲女校書,故胡曾有詩《贈薛濤》云:"萬里橋邊女校書,枇杷花下閉人居。掃眉才子知多少,管領春風總不如。"按:晁氏以武元衡奏薛濤授校書,無稽語也。(《談徵》名部下 P55)

【女猫】nǚmāo　山東、河南人謂牝猫爲女猫。《隋書·外戚·獨孤陁傳》:"猫女可來,無住宮中。"是隋時已有此名。(《談徵》名部下 P38)

【女蚱蜢】nǚzhàměng　似蝗而瘦長,青色。孩童捉其長股之下截,指撥其軟角,祝曰:"我爲爾梳頭,爾爲我舂米。"輒作舂狀,故又名"舂米郎"。(《越諺》卷中　蟲豸 P48)

【奶】nǎi　乃,鐘鼎字,音乃,乳也。今人呼乳爲奶,呼乳娘爲奶娘,亦有所自。(《直語補證》P2)

【奶口】nǎikǒu　東安門外稍北,有禮儀房,乃選養奶口以候內庭宣召之所。一曰奶子府,隸錦衣衛。(《宛署雜記》卷十 P81)

【奶奶】nǎinǎi　老爺之妻。龔煒正"續釋常"作"嬭嬭"。(《越諺》卷中　尊稱 P12)
　　參見[嬢嬢]。(《里語徵實》卷中上　二字徵實 P1)

【奶娘】nǎiniáng　參見[奶]。(《直語補證》P2)

【奶婆】nǎipó　參見[三婆]。(《宛署雜記》卷十 P83)

【奴】nú　錢大昕《十駕齋養新錄》:"婦人自稱奴,蓋始于宋時,嘗見《猗覺寮雜記》云,男曰奴,女曰婦。故耕當問奴,織當問婢。今則奴爲婦人之美稱,貴近之家,其女其婦則又自稱曰奴。是宋時婦女以奴爲美稱。宋季二王航海,楊太后垂簾,對群臣猶自稱奴,此其證矣。"予案:六朝人多自稱儂。蘇東坡詩"他年一舸鴟夷吾,應記儂家舊姓西",儂家猶奴家也,奴卽儂之轉聲也。《唐詩記事》載昭宗《菩薩蠻》詞"何處是英雄,迎奴歸故宮",則天子亦以此自稱矣。或云:"安得有英雄,迎婦大內中。"蓋後人嫌其俚改之。(《稱謂錄》卷三十二　自稱 P3)

　　男曰奴,女曰婢,故耕當問奴,織當問婢。至宋時,婦女以奴爲美稱。貴近之家,其女其婦自稱曰奴。宋季二王航海,楊太后垂簾對羣臣稱"奴",可證矣。六朝人多自稱儂。蘇東坡詩"它年一舸鴟夷去,應記

儂家舊姓西"。儂家,猶奴家也,奴卽儂之轉聲,儂亦人之轉聲。吳人謂儂爲人,甌人呼若能。(《談徵》名部下 P11)

【奴儕】núchái　參見[奴才]。(《通俗編》卷十八 P404)

【奴家】nújiā　參見[奴]。(《談徵》名部下 P11)

【奴材】núcái　世之鄙人之不肖者爲奴材。郭子儀曰:"子儀諸子,皆奴材也。"(《南村輟耕錄》卷六 P74)

【奴才】núcái　《晉書·劉元海載記》:"成都王旣敗,元海曰:'穎不用吾言,遂自奔潰,真奴才也。'"《劉曜載記》:"田崧曰:'若賊氏奴才,安敢欲希覬非分。'"《水經注》:"李特至劍閣,歎曰:'劉氏有此地,而面縛于人,豈不奴才也?'"《唐書》:"郭子儀曰:'子儀諸子,皆奴才也。'"《鮑鈔稗勺》:"明代宦官,對上稱奴儕,今人訛儕爲才。"(《通俗編》卷十八 P404)

　　《通俗編》所引各條皆未確。唯五代姚洪罵董璋:"爾爲李七郎奴,埽馬糞得一臠殘炙,感恩無盡。今天子付以茅土,結黨反噬。爾本奴才,卽無恥,吾忠義之士,不忍爲也。"云云,是今罵奴僕爲奴才之證。(《直語補證》P14)

【奴產子】núchǎnzǐ　參見[家生子]。(《越諺》卷中　賤稱 P14)

【如今】rújīn　出《詩·林杜》箋。又《論語》:"而今而後。""而""如"二字通。(《通俗編》卷三 P55)

【如來】rúlái　晁迥云:"本覺爲如,今覺爲來。"(《目前集》前卷 P2131)

【如干】rúgān　參見[若干]。(《雅俗稽言》卷二十四 P7)

【如夫人】rúfūrén　《左·僖十七年傳》:"齊侯好內,多內寵,內嬖如夫人者六人。"案:今稱人之妾爲如夫人,當本此。紹興間《誥詞》:"朕眷禮勳臣,旣極異姓王之貴;疏恩私室,並侈如夫人之榮。"元姚燧撰《阿力海涯碑》亦稱如夫人。(《稱謂錄》卷五　稱人之妻 P25)

【如意】rúyì　齊高祖賜隱士明僧紹竹根如意,梁武帝賜昭明太子木犀如意,石季倫、王敦皆執鐵如意。三者以竹木鐵爲之,蓋爪杖也。故《音義指歸》云:"如意者,古之

爪杖也。或骨角竹木削作人手指爪,柄可長三尺許。或脊有癢,手所不到,用以搔抓,如人之意。"然釋流以文殊亦執之,豈欲搔癢耶?蓋講僧尚執之,私記節文祝辭于柄,以備忽忘。手執目對,如人之意。凡兩意耳。(《能改齋漫錄》卷二 P36)

　　如意,人之所執者。佛經:"如人自身繫如意珠,不自覺知,窮露他方,乞食馳走。"似另作一解也。(《目前集》前卷 P2126)

　　《漢書·京房傳》:"陛下雖行此道,猶不得如意。"《宋書·吳喜傳》:"非惟得活,又復如意。"《幽明記》:"餘杭沈縱入山,得一玉豚,從此所向如意。"《搜神記》:"河間管弼,僑居臨水作商買,往往如意。"按:玩器中有如意者。《瑯嬛記》云:"昔有貧士多陰德,遇道士送與一物,謂之如意。凡心有所欲,一舉之頃,隨卽如意,因卽以名之也。"《晉書·石崇傳》:"王愷以珊瑚樹示崇,崇便以鐵如意擊碎之。"《北史·魏獻文六王傳》:"帝令羽歸,望其稱効,賜如意以表心。"蓋其器之表見久矣。(《通俗編》卷十 P210)

　　呂藍玉《言鯖》云:"(搔背爬)卽古之如意,杖以其如人之意,故名,亦曰爪杖。"(《土風錄》卷三 P201)

　　參見[不求人]。(《通俗編》卷二十六 P588)

【如適】rúshì　《鹽鐵論》:"人人安和如適。"又《淮南子》:"義者,比于人心,而合于衆適。"按:今云"如適""合適",應作此寫,俗用"式"字,未見典記。(《通俗編》卷十 P211)

【如許】rúxǔ　如許之爲如此,許字在此,……是助辭,不爲義也。或問:"……如許之許,亦作助句,寧如字可訓爲如此耶?"曰:"如此,猶云箇樣。今人語緩,則云箇樣,語急,則竟云箇矣。然則如許之如,亦語之急者也。"(《助字辨略》卷三 P142)

【如馨】rúxīn　參見[寧馨]。(《助字辨略》卷二 P105)

【好】hǎo　好,猶善也,珍重相屬之辭。李義山詩:"好爲麻姑到東海,勸栽黃竹莫栽桑。"(《方言藻》卷二 P12)

【好事】hǎoshì　參見[佛事]。(《通俗編》卷二十 P449)

【好在】hǎozài　李義山詩:"好在青鸚鵡。"

好在,今蜀人語猶爾也。(《方言藻》卷一 P9)

【好地分】hǎodìfèn　參見[拜見錢]。(《通俗編》卷二十三 P514)

【好好先生】hǎohǎoxiānshēng　《譚槩》:"後漢司馬徽不談人短,與人語,美惡皆言好。有人問徽安否,答曰:'好。'有人自陳子死,答曰:'大好。'妻責之曰:'人以君有德,故此相告。何聞人子死,反亦言好?'徽曰:'如卿之言,亦大好。'今人稱'好好先生',本此。按:《後漢書》本傳云"佳",此易爲"好",非典則,然俗語實由此也。元石君寶《曲江池曲》有"好好先生"四字。(《通俗編》卷十一 P234)

【好漢】hǎohàn　《舊唐書·狄仁傑傳》:則天問仁傑曰:"朕要一好漢任使,有乎?"蘇詩:"人間一好漢,誰似張長史。"用其事。《新唐書》易"好漢"爲奇男子,《通鑑》易爲佳士。《詢芻錄》:"漢武征匈奴二十餘年,馬畜孕重墮殰罷極,聞漢兵莫不畏者,稱爲'漢兒',又曰'好漢'。"(《通俗編》卷十一 P234)

　　《詢芻錄》:"匈奴聞漢兵,莫不畏者,稱爲'漢兒',又曰'好漢'。"陸游詩:"似我猶爲一好漢,問君曾見幾閒人。"(《恒言廣證》卷一 P14)

　　參見[漢子]。(《恒言廣證》卷三 P56)

【好童童】hǎotóngtóng　高誘《鴻烈解序》稱淮南厲王死,民歌曰:"一尺繒,好童童;一斗粟,飽蓬蓬。兄弟二人,不能相容。"其文與《史》《漢》不同,今吾鄉民土語,輒有好童童、飽蓬蓬之稱,蓋所由來古矣。(《恒言錄》卷六 P128)

　　高誘《鴻烈解》:"一尺布,好童童。"案:童童,光潔不壞貌。吳中謂物未壞曰好童童。(《吳下方言考》卷一 P9)

【妍捷】yánjié　《唐史》:裴行儉工草隸,嘗語人曰:"褚遂良非精紙佳筆,未嘗便書,不擇筆墨而妍捷者,惟予與虞世南耳。"(《常語尋源》卷下辛册 P292)

【姊】zǐ　王獻之《別郗氏妻帖》:"方欲與姊,極當年之足,以之偕老。"(《稱謂錄》卷五夫稱妻 P10)

【妓樂】jìyuè　妓,渠倚反。《切韻》稱:"妓,女樂也。"《埤蒼》曰:"妓,美女也。"因以美女爲樂,謂之妓樂。(《一切經音義》卷二

十一 14P805）

　　渠綺反。或作技，工巧也，或作伎，伎藝也。《字書》云：“女樂也。”（《一切經音義》卷五 8P192）

【妥】tuǒ　花落曰妥，花果墜地曰妥，見杜詩：“花妥鶯捎蝶。”注云：“關中人謂落爲妥。”（《土風錄》卷十五 P340）

【妥帖】tuǒtiē　陸機《文賦》：“或妥帖而易施。”王逸《楚辭序》：“義多乖易，事不妥帖。”張遜《上隋文帝表》：“幅帽暫寧，千里妥帖。”韓愈詩：“妥帖力排奡。”按：“帖”字從心，不當從巾、從貝。（《通俗編》卷十一 P241）

【妗】jìn　吳人呼母爲妗，音謙，而呼妻兄弟之婦亦曰妗。（《俚言解》卷一 14P10）

　　巨今切，亦作嬸，今人謂舅之妻曰嬸。《説文》曰：“婆，妗也。”孫氏尹廉切。“妗，婆也，一曰善笑貌。”孫氏火沾切。鄉語呼妗婆，音近顅婆。《説文》作：“㜎，奢也，一曰小妻也。”徐鉉曰：“俗作婆，非。”其實未必非，以古有婆娑字，即可推用。今南人以老而統事者呼爲婆，以《説文》之“奢”言之，唐寶從一爲國奢，蓋爲乳母之夫。張耒《明道雜志》曰：“王聖美言經傳無嬸與妗字，考其説，嬸字乃世母二合，妗字乃舅母二合也。”（《通雅》卷四十九 P1445）

　　參見［嬸］。（《恒言錄》卷三 P56）

　　參見［爺娘］。（《雅俗稽言》卷八 P6）

【妗姆】jìnmǔ　妗，近；姆，俉上聲。舅母。“妗”出《明道雜志》。（《越諺》卷中　倫常 P9）

【妐妐】gōnggōng　參見［阿妐］。（《吳下方言考》卷一 P1）

【姊夫】zǐfū　唐柳宗元有《祭姊夫崔使君簡》文，李商隱亦有《祭徐姊夫》文，《晉書·郗愔傳》“姊夫王羲之”。又《晉書·閔王承傳》：“湘東太守鄭澹，王敦姊夫也。”（《直語補證》P9）

　　同《晉書·郗愔傳》。（《越諺》卷中　倫常 P9）

【姊姊】zǐzǐ　六朝人稱母曰姊姊，或曰家家，宋人曰姐姐。字或作媎。又，羌人呼母曰馳，音與姐同。字又或作妲。閩人曰郎奶。（《客座贅語》卷一　父母稱謂 P13）

　　《北史》：“琅玡王儼既誅和士開等，後主使人召之。儼曰：‘尊兄若欲殺臣，臣不

敢逃罪；若放臣，願遣姊姊來。’”謂後主乳母陸令萱。又《北齊書·南陽王綽傳》，綽兄弟皆呼乳母爲姊姊。（《稱謂錄》卷二　乳母 P15）

　　司空圖《燈花》詩：“姊姊教人且抱兒，遂他女伴卸頭遲。”（《稱謂錄》卷八　姊 P1）

　　《北齊書·文宣皇后李氏傳》：太原王紹德至閣，不得見，慍曰：“兒豈不知耶，姊姊腹大，故不見兒。”（《稱謂錄》卷二　子稱母 P4）

　　參見［家家］。（《通雅》卷十九 P645）

　　參見［夫人］。（《直語補證》P36）

　　參見［妹妹］。（《通俗編》卷十八 P399）

【妝奩】zhuānglián　僞蜀時，部民凡嫁娶，皆籍其帷帳妝奩之數，估價抽税。（《恒言錄》卷五 P94）

【妝鑾】zhuāngluán　凡妝飾曰妝鑾。《會典》有妝鑾匠。鑾，削也。（《蜀語》P42）

【妝扮】zhuāngbàn　沈明臣《竹枝詞》。（《越諺賸語》卷上 P7）

【妝點】zhuāngdiǎn　《南史·馮淑妃傳》。（《越諺賸語》卷上 P7）

【姒娣】sìdì　古姒娣，妯娌長少相呼之稱。年長者曰姒，年少者曰娣。又，俗呼兄妻曰姒，弟妻曰娣。今通稱妯娌。（《言鯖》卷下 P10）

【妹丈】mèizhàng　古之女弟婿今稱妹夫，又稱妹丈，又稱妹君。（《俚言解》卷一 24P15）

【妹夫】mèifū　《晉書·裴憲傳》：“東海王越，盾妹夫也。”《魏書·宋繇傳》：“少有志尚，謂妹夫張彥曰：‘門户傾覆，負荷在繇，不衒膽自勵，何以繼承先業？’”（《直語補證》P9）

　　《漢書·王子侯表》。（《越諺》卷中　倫常 P9）

【妹君】mèijūn　參見［妹丈］。（《俚言解》卷一 24P15）

【妹妹】mèimèi　《路史》註：“桀妻妹喜。妹者，以妹妹目之。”《北齊書》：“南陽王綽兄弟呼父爲兄兄，母爲家家，乳母爲姊姊，婦爲妹妹。”按：猥俗間有呼妻爲“妹妹”者，沿此習歟？（《通俗編》卷十八 P399）

　　《北齊·南陽王綽傳》呼婦爲妹妹。（《稱謂錄》卷五　夫稱妻 P10）

　　末愛切。從“未”不從“末”。《路史》

注。(《越諺》卷中　倫常 P9)

参見[家家]。(《通雅》卷十九 P645)

【姏母】mánmǔ　参見[姏姆]。(《通俗編》
卷二十二 P501)

【姏姆】mánmǔ　《晉書·武十三王傳》:"姏
姆尼僧,尤爲親媟。"又《五行志》:"會稽王
道子,寵幸尼及姏母。"按:女之老者,能以
甘言悦人,故字從甘,其音讀若鉗。或謂老
倡曰虔婆,誤。(《通俗編》卷二十二 P501)

【姑丈】gūzhàng　(祖姑之)夫。(《越諺》卷
中　倫常 P10)

【姑伕】gūfū　夫。婦母稱其壻。出《篇海》。
(《越諺》卷中　倫常 P10)

【姑夫】gūfū　見《禮記》。又《蜀志·李恢
傳》:"姑夫費習爲犍爲令,有違犯事,恢坐
習免。"《南史·袁淑傳》:"至十餘歲,爲姑夫
王弘所賞。"《范雲傳》:"六歲就其姑夫袁叔
明讀《毛詩》。"又,婦人呼小姑之夫亦曰"姑
夫"。《五代史·唐王淑妃傳》:"石敬瑭兵犯
京師。妃謂太后曰:'事急矣,宜少避以俟
姑夫。'"《呂氏童蒙訓》:"故家晁氏,凡諸姑
尊姑之夫,必曰'某姓姑夫''某姓尊姑夫',
未嘗敢呼字也。"(《通俗編》卷四 P79)

《因話錄·商部》:"范陽盧仲元妻崔氏
兄得金一瓶,密埋室內,臨終戒其妻李氏
云:'慎勿言於人,他日盧郎中來可告也。'
未幾,盧經洛中弔崔氏之孤訖,李使婢傳語
曰:'新婦有哀迫之事,須面見姑夫。'"(《稱
謂錄》卷七　夫之姊妹之夫 P100)

《五代史記·唐王淑妃傳》:"石敬瑭兵
犯京師,妃謂太后曰:'事急矣,宜少避,以
俟姑夫。'"是婦人呼小姑之夫亦曰姑夫也。
(《恒言廣證》卷三 P52)

同《宋書·袁淑傳》。(《越諺》卷中　倫
常 P9)

【姑婆】gūpó　祖姑。(《越諺》卷中　倫常
P10)

【姑嫜】gūzhāng　参見[尊章]。(《稱謂錄》
卷七　夫之父母總稱 P3)

【姑爺】gūyé　婦母稱其壻。出《篇海》。
(《越諺》卷中　倫常 P10)

【妻嫂】qīsǎo　《南史》:"張敬兒徵爲護軍,
於密室屏人,學揖讓答對,空中俯仰。妾侍
竊窺笑焉。將拜三司,謂其妻嫂曰:'我拜
後府開黃閣。'因口自爲鼓吹聲。"案:近通
稱曰舅嫂。(《稱謂錄》卷七　妻之兄弟之妻

P15)

【姐】jiě　婦女以姐爲稱。《説文》曰:"嫭字
或作姐,古字假借也。"子也切。近世多以
女兄爲姐,蓋尊之也。按:魏繁欽《與文帝
牋》曰:"自左騏史姁謩姐名倡。"《魏志》曰:
"文帝令杜夔與左騏等,于賓客之中,吹笙
鼓琴。"李善注云:"其史姁謩姐,蓋亦當時
之樂人。"以是知婦人之稱姐,漢、魏已然
矣。(《能改齋漫錄》卷二 P33)

蜀人呼母爲姐,而呼姊亦曰姐。(《俚
言解》卷一 14P10)

今人呼少艾曰姐。繁欽《與魏文帝
牋》:"自左騏史姁謩姐名倡。"入文始此。
(東坡有《趙成伯席上贈所出妓川人楊
姐》。)(《直語補證》P12)

参見[小姐]。(《通俗編》卷二十二
P488)

参見[爺娘]。(《雅俗稽言》卷八 P6)

【姐姐】jiě·jie　(父母)呼女曰姑娘,又曰姐
姐。《燕山叢錄》卷二十二　長安里語　人倫
P4)

参見[哥哥]。(《宛署雜記》卷十七
P193)

【叕】jī　兩男成姦曰叕。叕音飢。楊氏《正
韻箋》:"律有叕姦罪條,將男作女。"(《燕
説》卷四 P7)

【妯娌】zhóu·li　築妯卽妯娌,或謂長婦曰
稙曰熱,皆妯之轉也。《方言》:"築娌。"郭
璞曰:"關西兄弟婦相呼爲築里。"《廣雅》始
作妯娌。(《通雅》卷十九 P657)

【委故】wěigù　延遲曰委故。(《宛署雜記》
卷十七 P194)

【委頓】wěidùn　《左傳》云:"夫婦辛苦墊
隘。"杜預曰:"墊隘猶委頓。"(《通言》卷一
P23)

【妳娘】nǎiniáng　上乃。乳婦。《晉·桓元
傳》《宋·何承天傳》《舊唐書·哀帝紀》。
(《越諺》卷中　賤稱 P13)

【妳花香】nǎihuāxiāng　卽小兒之乳臭。
(《越諺》卷中　臭味 P56)

【妳】nǎi　李義山《雜俎》七不稱意,其一曰
少阿妳。妳卽嫛字。(《恒言廣證》卷三
P46)

参見[姥]。(《談徵》名部上 P53)

【妳婆】nǎipó　《晉書·桓元傳》:"妳媼每抱

詣溫，輒易人後至。"《宋書·何承天傳》："苟伯子嘲承天爲妳母。"《舊唐書·哀帝紀》："天祐二年，妳婆楊氏賜號昭儀，妳婆王氏封郡夫人。"曰媼、曰母、曰婆，雖小不同，乳哺之稱妳一也。（《通俗編》卷二十二 P489）

【妳媼】nǎi'ǎo　參見［妳婆］。（《通俗編》卷二十二 P489）

【妳梢】nǎishāo　孩兒。（《墨城小録》卷十四 P5）

【妳母】nǎimǔ　參見［妳婆］。（《通俗編》卷二十二 P489）

【妮】nī　《廣韻》《集韻》《韻會》並女夷切，音尼。《六書故》："今人呼婢曰妮。"（《稱謂録》卷二十五　婢 P25）

參見［泥］。（《雅俗稽言》卷二十一 P14）

參見［泥］。（《通俗編》卷二十二 P500）

【妮子】nīzǐ　《五代史·晉家人傳》：耶律德光遺書李太后曰："吾有梳頭妮子，竊一藥囊，以奔于晉，今皆在否？"王通叟詞有"十三妮子緣窗中"句。今山左目婢曰"小妮子"。（《通俗編》卷二十二 P490）

【始花】shǐhuā　《遊覽志餘》："杭人以草木稗而初萼者曰始花。音如試。"《禮·月令》："桃始華，蟬始鳴。"注："皆讀始去聲。"（《通俗編》卷三十 P664）

【姆】mǔ　《正字通》："今俗弟妻謂夫之嫂曰姆。"（《土風録》卷十六 P356）

【姆姆】mǔmǔ　呂祖謙《紫薇雜記》："呂氏母母受嫡房婢拜，嫡見母母房婢拜即答。"今俗兄婦呼弟妻爲嫡嫡，弟婦呼兄妻爲姆姆，即母母也。（《稱謂録》卷七　夫之兄妻 P6）

娣姒相謂曰姆姆、嫡嫡。……《正字通》："今俗弟妻謂夫之嫂曰姆，呼叔母曰（"叔母"當作"叔婦"）嫡。"……吳處厚《青箱雜記》："嶺南俗以母爲嫡。"（《土風録》卷十六 P356）

參見［母母］。（《通俗編》卷十八 P393）

【姥】mǔ　媽、姥皆母之轉語也。江南曰阿媽，或作姥，或呼爲妳，因作奶。又呼母曰阿姐，齊人呼母爲嬭，李賀稱母爲阿彌，皆母字之轉也。（《談徵》名部上 P53）

【姪壻】zhíxù　兄子壻，今謂之姪壻。（《通言》卷三 P41）

【姪男】zhínán　顏真卿《序顏元孫干禄字書》："第十三姪男真卿書。"柳宗元《祭六伯父文》亦自稱"姪男"。按：姪本姑謂兄弟之女之稱，《釋名》："姪，迭也。共行事夫，更迭進御也。"《爾雅》、《喪服經》、《左傳》。雖亦借稱兄弟之子，並是對姑之辭。《通典》："雷次宗曰：'謂吾姑者，吾謂之姪。'此名特從姑發，以女子有行，事殊伯叔，故特制姪名，而字偏從女，如舅與從母，爲親不異。而言'謂我舅者，吾謂之甥'，亦特自舅而制也。名發于舅，字亦從男。故'姪'字有'女'，明不及伯叔；'甥'字有'男'，見不及從母。是以《周服篇》無'姪'字，《小功篇》無'甥'名也。"對伯叔而稱姪，顏之推謂自晉世始之。《晉書·王湛傳》"王濟才氣，抗邁于湛，略無子姪之敬"是也。唐人嫌其混于女子，而加"男"字明之。雖出名流，未免杜撰之目。（《通俗編》卷四 P72）

"姪"本對"姑"之辭，故字從"女"，猶"甥"，特自舅而制，其字從"男"也。唐人嫌其混于女子而加"男"字，越語更耦以"女"字，竟對伯叔之稱。稱於姑者，復上加"內"，下加"女"，曰"內姪女"，其男者曰"內姪"，此自晉世始也。（《越諺》卷中　倫常 P11）

【姨】yí　今人稱本生之妾母曰姨。攷《南史》，齊衡陽王鈞所生母區貴人病，左右以五色飴之，不肯食，曰："須待姨差。"又，晉安王子懋母阮淑媛病危篤，請僧行道，有獻蓮華供佛者，子懋流涕禮佛曰："若使阿姨因此和勝，願諸佛令華竟齋不萎。"則其來已久矣。（《恒言録》卷三 P56）

《南史·齊宗室傳》："衡陽王均五歲時，所生母區貴人病，便悲戚，左右以飴之，不肯食，曰：'須待姨瘥。'"又，"晉安王子懋母阮淑媛病危，有獻蓮花供佛者，子懋流涕禮佛曰：'若使阿姨因此和勝，願諸佛令此花竟夕不萎。'"案：今人多稱本生之妾母曰姨，蓋其由來已久矣。（《稱謂録》卷二　子稱母 P4）

參見［阿姨］。（《通俗編》卷十八 P399）

【姨公】yígōng　（祖母之姊妹之）夫。（《越諺》卷中　倫常 P10）

【姨夫】yífū　兩壻相謂，俗曰姨夫。(《雅俗稽言》卷八 P22)

【姨夫錢】yífūqián　《七修類稿》："杭有無賴子，承父業，延商貸賣。有客至，則入其財爲己有。客索時，又俟後客之貨，轉賣償焉。年復年，客復客，名曰姨夫錢。蓋以夫死，姨復可以嫁人之意耳。"按：此語至今傳之。(《通俗編》卷二十三 P514)

【姨子】yízǐ　《通典》："晉袁準論曰：'從母，時俗所謂姨母者也。姊妹相謂爲姨，故其子謂之姨子，其母謂之姨母。'"(《恒言錄》卷三 P62)

　　參見［阿姨］。(《通俗編》卷十八 P399)

【姨婆】yípó　祖母之姊妹。(《越諺》卷中 倫常 P10)

【姨母】yímǔ　參見［阿姨］。(《通俗編》卷十八 P399)

【姼】huó　參見［鬼］。(《直語補證》P31)

【姼毒】huódú　揚子《方言》："獪或曰'姼'"。建平人呼狡爲'姼'。今俗曰"姼毒"。(《里語徵實》卷中上 二字徵實 P32)

【姼】duō　參見［爹］。(《越言釋》卷上 P18)

【姼姼】duōduō　父之姊妹呼曰姼姼。案《漢書·西域傳》："姼姼公主，乃女烏孫。"注："姼音題，好女也。"郭璞《方言》注："音多。"今俗從此音。(《土風錄》卷十六 P357)

　　讀若朵。《漢書·敘傳》："姼姼公主，乃女烏孫。"案：姼姼，軟弱也。吳諺謂嬌養之物爲嫩姼姼。(《吳下方言考》卷七 P17)

【姜擦石】jiāngcāshí　參見［礓礫子］。(《通俗編》卷二十四 P543)

【姜礤石】jiāngcāshí　參見［礓礤］。(《土風錄》卷四 P213)

【娜謨】nàmó　參見［南無］。(《通俗編》卷二十 P456)

【㜣撒】xiànsǎ　市語㜣撒，好貌。(《目前集》後卷 P2159)

【姦】cù　有姦性：姦，醋。一夫二女，必多不平，世遂誤"醋"。(《越諺賸語》卷上 P9)

【姬】jī　《集韻》："眾妾統稱。"案：葉夢得《石林燕語》："婦人無名，以姓爲名。故周人稱王姬、伯姬。姬，周姓。後世不思其故，遂以姬爲通稱矣。以虞美人爲虞姬、戚夫人爲戚姬。政和間，帝女下嫁曰帝姬，嘗白蔡魯公，欲改正之，不果。"郎仁寶《七修類稿》辨之曰："姬固周姓，亦爲婦人美稱。毛詩曰：'彼美淑姬。'師古曰：'周貴於眾國之女，所以婦人之美者稱姬。'若以國姓而後世傳訛，則黃帝姓姬，炎帝姓姜，《左傳》雖有姬姜連稱之辭，獨用一姜字稱婦人，可乎？"據此則古人以姬爲婦人之通稱，至後世乃專以之稱妾耳。(《稱謂錄》卷五 妾 P19)

【娉妻】pìnqī　篇併反。問婚也。《說文》："訪也。"《爾雅》："娉，問也。"有作聘，同。(《一切經音義》卷二十五 16P982)

【娉會】pìnhuì　《漢故相小史夏堪碑》："娉會謝氏，並靈合柩。"案：娉會即娉妻也。娉與聘通。碑敘夏堪天歿，而娉妻謝氏並靈合柩之事。今世俗有未婚守志而同穴者，亦有聘妻早隕，歸柩於夫氏。雖事非典禮，要所由來已自漢始也。(《稱謂錄》卷五 未婚妻 P18)

【娖】chuò　讀若捉。娖，猶齊整也，今吳諺謂頓而齊之曰娖。(《吳下方言考》卷十 P5)

【娥】é　女稱娥。唐樂府有憶秦娥。娥字見《史記·齊悼惠王傳》："王太后有愛女，曰修成君，修成君有女，名娥。"後漢順帝，乳母宋娥。又《史記·外戚世家》："武帝時幸夫人尹婕好、邢夫人，眾人謂之娙娥。"(《能改齋漫錄》卷二 P29)

【婳骨】huágǔ　面無姿肉曰婳骨。(《札樸》卷九 鄉里舊聞 鄉言正字附 雜言 P329)

【娑】suō　語聲。《世說》："下官家故有兩娑千萬。"……猶言兩箇千萬也。或云：娑音蓑。一云：蓑去聲，如《楚詞》些字讀。(《助字辨略》卷二 P88)

【娑婆】suōpó　此云堪忍。(《一切經音義》卷二十一 11P800)

【娘】niáng　娘字，俗書也，古無之，當作孃。按：《說文》："孃，煩擾也，肥大也。從女，襄聲。女良切。"其義如此。今乃通爲婦女之稱。故子謂母曰娘，而世謂穩婆曰老娘，女巫曰師娘，都下及江南謂男覡亦曰師娘，娼婦曰花娘，達旦又謂草娘，苗人謂妻曰夫娘，南方謂婦人之無行者亦曰夫娘，謂婦人之卑賤者曰某娘，曰幾娘，鄙之曰婆娘。(《南村輟耕錄》卷十四 P174)

《明皇雜錄》有"公孫大娘"，《廣異記》有"何二娘"，《南史》有"劉三娘"，杜工部詩有"黃四娘"，《唐書》有"李五娘"，《古樂府》有"丁六娘"，《李青蓮集》有"段七娘"。《輟耕錄》："南方謂婦人之卑賤者曰某娘，曰幾娘。"按：《禮·喪服小記》："男子稱名，婦人書姓與伯仲。"疏云："伯仲隨其次也。"則如公孫大娘之類，正于古禮合。惟"娘"字爲後人率加，然亦"娘子"之省文，不必定言其卑賤也。但古云幾娘，皆冠其母家之姓，如劉三娘，乃劉孝綽妹，行第當亦從母家矣。元曲稱蔡伯喈妻曰趙五娘，劉知遠妻曰李三娘，皆可近取爲證。時俗必于嫁後稱"娘"，故悉以姓第改隨其夫。（參見［娘子］條。）（《通俗編》卷十八 P408）

參見［嬢］。（《越諺》卷中 倫常 P11）

【娘子】niángzǐ　然都下自庶人妻以及大官之國夫人，皆曰娘子，未嘗有稱夫人、郡君等封贈者。載考之史，隋柴紹妻李氏，起兵應李淵，與紹各置幕府，號"娘子軍"。唐平陽公主兵與秦王定京師，號"娘子軍"。花蕊夫人《宮詞》："諸院各分娘子位。"韓昌黎有《祭周氏二十娘子》文。以此推之，古之公主宮妃，已與民間共稱娘子。則今之不分尊卑，亦自有來矣。（《南村輟耕錄》卷十四 P174）

《北史·祖珽傳》："老馬年十歲，猶號騮駒，軒耳順，尚稱娘子。"《唐書》："平陽昭公主引精兵萬人，號娘子軍。"又，楊太真得幸宮中，號娘子，儀禮與皇后等。周必大《茶山啓殯祝文》稱皇姑安人王氏二十七娘子，此稱其母曰娘子也。朱文公《祭劉氏妹》稱亡妹五十六娘，是娘之稱輕於娘子矣。溫公《書儀》："古稱父爲阿郎，母爲娘子。"裴氏《書儀·與妻書》"某狀通幾娘子足下"，於禮亦似未妥，若無封邑，宜稱其字爲是。（《恒言錄》卷三 P59）

《輟耕錄》："都下自庶人妻以及大官之國夫人皆曰娘子。攷史，隋柴紹妻李氏唐平陽公主有娘子軍。花蕊《宮詞》：'諸院各分娘子位。'昌黎有《祭周氏二十娘子》文。以此推之，古之公主、宮妃，以與民間共稱娘子，不分尊卑，有自來矣。"按：《唐書·楊貴妃傳》："宮中號娘子，儀禮與皇后等。"此亦宮妃稱娘子之證也。《楊國忠傳》："帝欲以太子監國，國忠大懼，歸謂姊妹曰：'今當

與娘子等併命矣。'"此大官夫人稱娘子之證也。李昌符《婢僕詩》："推道那家娘子臥。"此民間通稱娘子之證也。《雲溪友議》："或謂李端端曰：'李家娘子纔出墨池，便登雪嶺。'"此倡伎亦稱娘子之證也。《輟耕錄》俱未引。（《通俗編》卷十八 P398）

《韓昌黎集》有《祭周氏二十娘子》文。李昌符《婢僕詩》："誰道那家娘子臥。"（《恒言廣證》卷三 P50）

《唐書》："高祖女平陽公主典兵，號娘子軍。"韓昌黎有《祭周氏十二娘子文》。花蕊夫人《宮詞》云："諸院各分娘子位。"《北里志》詩云："一曲高歌綾一匹，兩頭娘子謝夫人。"是不論貴賤，皆稱娘子也。（《邇言》卷三 P40）

參見［小娘子］。（《通俗編》卷十八 P398）

【娘子軍】niángzǐjūn　《唐書》："高祖女平陽公主典兵，號娘子軍。"（《邇言》卷三 P40）

【娘娘】niángniáng　宋洪皓《鄱陽集》：使金，上母書："皓遠違膝下，忽忽十二年。中間兩大病，天憐羈苦，偶幸再生。日夜憂愁娘娘年高。"《鐵圍山叢談》：宋太祖稱杜太后爲娘娘。（《稱謂錄》卷二 子稱母 P3）

參見［爺］。（《談徵》名部上 P52）

參見［嬢嬢］。（《通俗編》卷十八 P390）

【娭】āi　醜稱曰娭（烏在切）。（《通俗文》釋形體 P55）

【婊子】biǎo·zi　《集韻》有"婊"字，但云女字，不著良賤之別。《字典》："俗呼倡家爲婊子。"（《通俗編》卷二十二 P501）

上"表"。娼妓。《集韻》有"婊"字。《字典》云："俗呼娼家。"（《越諺》卷中 不齒人 P17）

【媌】miáo　容麗曰媌（莫豹反）。（《通俗文》釋形體 P54）

【媌條】miáo·tiao　長曰媌條。《客座贅語》："南都言人物之長曰媌條。"（《燕說》卷一 P2）

【婪尾】lánwěi　今人以酒巡匝爲婪尾。又云："婪，貪也，謂處於座末得酒爲貪婪。"（《蘇氏演義》卷下 P26）

《清異錄》："桑維翰曰：'唐末文人謂芍藥爲婪尾春。蓋婪尾酒乃取後之杯，芍藥殿春，故名。'"又按：婪尾有曰唒尾者，有曰

唻作燆,如鉄出火,貴其出色者,而蘇鶚以酒巡匝爲斐尾。一云出矣白《酒令》:"巡匝末座者,連飲三杯。"以其末座遠行酒到遲,故連飲以慰,取貪斐之義,亦卽所謂取後杯也。白樂天詩"三杯藍尾酒"、東坡"藍尾忽驚新火後",又改"斐"字爲"藍"。或曰:"藍潁水,其深三丈,時人取以釀酒。"(《雅俗稽言》卷三十八 P3)

今人以酒巡後得者爲斐尾。斐同唻,貪也。謂處于座末,得酒最晚,腹癢于酒。既得酒,貪斐之也。樂天詩:"三盃藍尾酒。"又作"藍"。(《言鯖》卷下 P21)

參見[藍尾酒]。(《唐音癸籤》卷二十 P175)

【媒娟】wǒnuǒ 韓退之《元和聖德詩》:"日君月妃,煥赫媒娟。"注云:"煥赫謂日,媒娟謂月,言日月光媚也。"《太元》:"普普之離,不宜熒且娟。"注云:"普普,猶薆薆。離爲日,熒爲月。君薆然若日之將出,不宜熒然若月之將毀。"案:韓詩本此,而意實不同。……韓詩"媒娟"謂美好。《古樂府》"珠佩媒娟戲金闕"是也。《太元》:"熒且娟。"則弱意也。(《札樸》卷三覽古 P83)

【媒娜】wǒnuó 肥骨柔弱曰媒(奴果反)娜。(《通俗文》釋形體 P54)

【娟】chāng 參見[保]。(《詢蒭錄》P2)

【婁羅】lóuluó 婁羅者,幹辦集事之稱。世曰婁敬甘羅,非也。(《蘇氏演義》卷上 P11)

精細。(《墨城小錄》卷十四 P7)

《唐書·回紇傳》:"含具錄,華言婁羅也。"蓋聰明才敏之意。《五代史·劉銖傳》:"謂李業等曰:'諸君可謂傁羅兒矣。'"《宋史·張思均傳》:"思均起行伍,征伐稍有功,質狀小而精悍,太宗嘗稱樓羅,自是人目爲小樓羅焉。"蘇鶚《演義》:"人能搜覽羅縮,謂之搜羅。搜字从手不从木。"《酉陽雜俎》:"天寶中進士有東西朋,各有聲勢。稍儕者,多會于酒樓食畢羅,故有樓羅之號。然梁元帝辭云:'城頭網雀,樓羅人著。'及《南史·顧歡傳》:'蹲夷之儀,樓羅之辯。'則知樓羅之言,非始于唐。"按:古人多取雙聲字爲形容之辭,其字初無定體,故或作"婁羅",或作"傁羅",或又以"婁"作"樓"、"搜"。《笑林》載,漢人過吳,吳人設筍,問是何物,曰:"竹也。"歸而煮其牀簀不熟,乃

謂其妻曰:"吳人轞轆,欺我如此。""轞轆"亦"婁羅"之轉,大率言其僄狡而已。蘇、段以義說之,皆屬穿鑿。(《通俗編》卷八 P169)

【姻嫽】hùlào 《說文》:"姻嫽,戀惜也。"按:娼妓謂游婿曰"姻嫽",乃此二字。不知者訛爲"孤老",將謂義何取耶?(《通俗編》卷二十二 P500)

【婆】pó 《晉書·陶侃傳》:"老子婆娑,正坐諸君輩。"《王述傳》:"致仕之年,不爲此公婆娑之事。"按:古人凡云婆娑,皆屬遲戀之義,故今以性不決捷爲婆。(《通俗編》卷十五 P333)

性遲戀也。其雙文者"婆搭""婆摸",卽古語"婆娑"。(《越諺》卷下 單辭隻義 P16)

【婆兒】pó'ér 賤婦之稱。《南史·廢帝紀》有"楊婆兒歌"。(《直語補證》P12)

【婆娑】pósuō 參見[婆]。(《通俗編》卷十五 P333)

參見[婆]。(《越諺》卷下 單辭隻義 P16)

【婆娘】póniáng 謂婦人之卑賤者曰某娘,曰幾娘,鄙之曰婆娘。(《南村輟耕錄》卷十四 P174)

【婆婆】pópó 孫稱祖母曰婆婆,婦稱夫之母古曰姑,今亦曰婆婆,從其子稱也。又俗稱他家老嫗,亦曰婆婆。宋張齊賢母入大內,上曰:"婆婆老福。"(《俚言解》卷一 16P11)

婦稱夫之母……亦曰婆婆。從其子稱祖母之辭。又俗稱他家老嫗亦曰婆婆。宋張齊賢母入大內,上曰:"婆婆老福。"(《雅俗稽言》卷八 P17)

上"婆"上聲,下"婆"平聲。謂庶祖母。(《越諺》卷中 倫常 P8)

謂伯叔祖母。上"婆"去聲,下"婆"上聲。(《越諺》卷中 倫常 P8)

【婆搭】pódā 參見[婆]。(《越諺》卷下 單辭隻義 P16)

【婆摸】pómō 參見[婆]。(《越諺》卷下 單辭隻義 P16)

【婆心】póxīn 《傳燈錄》:"臨濟自黃檗往參大愚,述三度被打話。愚曰:'黃檗與麼老婆心切。'"按:世所謂一片婆心,卽此。(《通俗編》卷十五 P315)

【婆羅門】póluómén　善見律云："常修淨行博學多聞高貴人也。"(《一切經音義》卷二十五 9P966)

此云捨惡法，又曰淨行也。(《一切經音義》卷二十一 19P815)

梵語，即梵天名也。唐云淨行，或云梵行。此類人自云，我本始祖從梵天口生，便取梵名爲姓，世世相傳。學《四圍佗經論》，皆博識多才，明閑衆論，多爲王者師傅，高道不仕，或求仙養壽，時有證得五通神仙者也。(《一切經音義》卷三 9P123)

【婠】wān　容媚曰婠(烏活反)。(《通俗文》釋形體 P54)

【婠妠】wānnà　參見[肥妠]。(《方言據》卷上 P14)

【婆】mí　《廣韻》："婆，齊人呼母。"莫兮切，今俗轉莫牙切。《唐書·李賀傳》："賀呼母言曰：'阿婆老且病，賀不願去。'"婆即婆字。(《恒言錄》卷三 P52)

【媒】méi　擊石取火曰媒。(《札樸》卷九 鄉里舊聞 鄉言正字附 名稱 P328)

《廣韻》："楳，又作媒，齊謂麴糵曰媒。"(《札樸》卷九 鄉里舊聞 P310)

參見[麴糵]。(《通雅》卷三十九 P1180)

【媒介】méijiè　《唐書·張行成傳》："古今用人，必因媒介。若行成者，朕自舉之，無先容也。"(《稱謂錄》卷二十八 媒 P18)

【媒婆】méipó　《輟耕錄》"六婆"之一。(《越諺》卷中 賤稱 P13)

【媒媾】méigòu　孤候反。《白虎通》曰："媾，厚也，重婚曰媾也。"(《一切經音義》卷七十一 10P2823)

每來反。鄭玄云："媒之言謀，合異姓使和成也。"下釣候反。《國語》："今將媒媾。"賈逵曰："重婚曰媒也。"(《一切經音義》卷十一 13P425)

【媟嬻】xièdú　相狎習謂之媟嬻也。(《通俗文》釋言語下 P33)

【媟嬻】xièdú　音屑嬻。《漢書》："枚皐不通經術，詼笑類俳倡，爲賦頌，好嫚戲，以故得媟嬻貴幸。"案：媟嬻，不爲人所敬也，吳諺謂待人未恭者曰媟嬻。(《吳下方言考》卷十 P12)

【婼婼】dádá　婼婼，羞意也。音搭。(《目前集》後卷 P2151)

【婿】tuǒ　形美曰婿(湯火反)。(《通俗文》釋形體 P54)

【媞】tí　參見[彌]。(《方言據》卷上 P5)

參見[爺娘]。(《雅俗稽言》卷八 P6)

【嫨婺】tànpàn　音攤爿。《玉篇》："嫨婺，無宜適也。"案：嫨婺，散置也。吳中謂物散置者曰嫨婺落爿。(《吳下方言考》卷五 P6)

【嫂】sǎo　父姑呼兒婦曰大嫂、二嫂。(《燕山叢錄》卷二十二 長安里語 人倫 P5)

【媛】yuàn　參見[男]。(《越言釋》卷下 P27)

【婩臢】ānzāng　不淨曰婩臢。婩音諳，見《俗書刊誤》及焦竑《俗用雜字》。(《里語徵實》卷中上 二字徵實 P32)

【姝】mèi　參見[嬤嬤]。(《客座贅語》卷一 父母稱謂 P13)

【燃】rǎn　參見[爺娘]。(《雅俗稽言》卷八 P6)

【媽呀】mā·ya　母曰媽(注：讀作麻)呀。……(兒婦)稱姑曰媽呀。……(女婿)稱岳母亦曰媽呀。(《燕山叢錄》卷二十二 長安里語 人倫 P4)

【媽媽】mā·ma　北地馬羣，每一牡將十餘牝而行，牝皆隨牡不入它羣，故今稱婦曰媽媽。(《雅俗稽言》卷八 P12)

《廣雅》："媽，母也。"字本音姥，今轉讀若馬。按：《群碎錄》云："北地馬分群，每一牡將十餘牝而行，牝皆隨牡，不入他群，故今稱婦人曰媽媽。"憑臆之說，恐難深信。(《通俗編》卷二十二 P489)

姥曰媽媽。(《札樸》卷九 鄉里舊聞 鄉言正字附 名稱 P328)

麻罵。女工人。《羣碎錄》強解此二字。(《越諺》卷中 賤稱 P13)

【媳婦】xífù　外翁外婆、伯翁叔翁、伯婆叔婆，今之俗稱，自宋已然。按：慶元六年龔大雅《義井題記》具列高曾祖翁婆及伯翁、叔翁、伯婆、叔婆、亡男、亡弟、媳婦、外翁、外婆、丈人、丈母諸名氏。(丈人丈母《顏氏家訓》已有之。《通俗編》引。)媳婦，俗字也。偶見宋拓東坡帖作"媳婦"，查字書不載此字，不知何本。(《直語補證》P34)

陳同甫《答朱元晦書》："巧媳婦做不得

無麵餺飥。"(《恒言廣證》卷三 P50)

《元·成宗紀》："命完澤征八百媳婦國。"此則邊土婦女之通稱。(《土風錄》卷十六 P360)

【媳婦子】xífù·zi　稱妻曰媳(上聲)婦子，又稱娘子。(《燕山叢錄》卷二十二　長安里語　人倫 P5)

【媧】xù　不媚曰媧(音畜)。(《通俗文》釋形體 P55)

【嫌害】xiánhài　上刑閒反。《考聲》云："心惡也。"(烏固反)《說文》云："不平於心也。"又云："嫌，疑也。"……下何賴反。《蒼頡篇》云："害，賊也。"《廣雅》："害，割也。"《考聲》云："害，妨也。"《說文》云："害，傷也。"(《一切經音義》卷七 3P254)

【嫌嫉】xiánjí　上叶兼反。《考聲》云："嫌，疑也，心惡也。"《說文》云："不平於心也，從女兼聲也。"傳中從心作慊，亦通用也。下音疾。王逸注《楚辭》云："害賢曰嫉。"《考聲》："嫉，妒也。"《古今正字》："從女疾聲也。"或作傃，傳文從疒作疾。疾，病也，非經義也。(《一切經音義》卷七十六 5P3002)

【嫌恨】xiánhèn　叶鹽反。《韻詮》："嫌，恨也，疑也。"《考聲》："心惡也。"《說文》："心不平也。"……下何艮反。《蒼頡篇》："恨，怨也。"(《一切經音義》卷八 2P283)

【嫁粧】jiàzhuāng　參見[陪嫁]。(《通俗編》卷二十二 P497)

【嫠婦】lífù　《說文》："嫠，無夫也。"蘇軾《赤壁賦》："泣孤舟之嫠婦。"(《稱謂錄》卷五守寡妻 P18)

【嘈嬟】cáozàn　服飾鮮盛謂之嘈嬟。(《通俗文》釋言語下 P30)

【嫩妳妳】nènduōduō　參見[妳妳]。(《吳下方言考》卷七 P17)

【嫗】yù　《廣雅》："嫗謂之妻。"(《稱謂錄》卷五 妻 P8)

【嫖】piáo　《字典》："俗謂淫邪曰嫖。"按：傳記中此字少見，惟《漢·景十三王傳》："廣川王立爲陶望卿謳曰：'背尊章，嫖以忽。'"但言女子別父母遠去，不關淫邪事。孟康注曰："嫖，匹昭反。"與俗讀若瓢者，亦異。(《通俗編》卷二十二 P500)

【嬰彌】yīní　參見[彌]。(《方言據》卷上

P5)

【嫭】jiě　參見[小姐]。(《通俗編》卷二十二 P488)

【嫗婦】xífù　參見[媳婦]。(《直語補證》P34)

【麼麼】mómó　參見[母媽]。(《俚言解》卷一 14P10)

【嫪】lào　淫泆曰嫪。(音澇。)(《客座贅語》卷一 詮俗 P9)

【嫪伻】láobēng　勞絣。閨人及老工人。(《越諺》卷中 賤稱 P13)

【嫪嬤】làomǎn　墮貧之妻。(《越諺》卷中不齒人 P16)

【嬈亂】rǎoluàn　《三蒼》："乃了反。嬈，擾也，弄也，謂嬈亂戲弄也。"(《一切經音義》卷七十一 15P2833)

嬈，乃鳥反。《三蒼》曰："嬈，擾也。"孔安(編者按：奪"國"字)注《書》曰："擾，煩也。"(《一切經音義》卷二十二 5P831)

【嬈害】rǎohài　上溺鳥反。《考聲》云："嬈，相戲弄也。"《說文》："嬈，煩也，苛也。一曰擾，弄也，從女堯聲。"(《一切經音義》卷二十八 17P1136)

泥鳥反。《說文》："嬈，苛也。"一云擾戲，弄也，從女堯聲。(《一切經音義》卷二十四 16P941)

【嬈惱】rǎonǎo　寧鳥反。《說文》云："女惑於男也。"(《一切經音義》卷六 13P238)

上泥鳥反。《說文》："嬈，苛也，一曰擾弄也。從女堯聲也。"下奴老反。(《一切經音義》卷三 1P107)

【嬗】niǎn　"年"上聲。行房事也。出《說文》。(《越諺》卷下 單辭隻義 P9)

【嫽】liáo　相戲曰嫽，又曰䰟諢。(《札樸》卷九 鄉里舊聞 鄉言正字附 雜言 P320)

【嫵媚】wǔmèi　頰妍美曰嫵媚。(《通俗文》釋形體 P54)

頰輔謂之嫵(七府反)媚。(《通俗文》釋形體 P54)

【嬌客】jiāokè　自古稱壻爲嬌客，東坡《和王子立詩》："婦翁不可撾，王郎非嬌客。"蓋王乃蘇門壻也。(《俚言解》卷一 22P14)

蘇軾《和王子立詩》："婦翁未可撾，王郎非嬌客。"注曰："女壻曰'嬌客'，子立乃由壻也。"《老學菴筆記》："秦檜有十客，吳

益以愛壻爲嬌客。"(《通俗編》卷四 P78)

陸放翁《老學菴筆記》:"秦會之有十客。吳益以愛壻爲嬌客。"(《談徵》言部 P23)

東坡《和王子立》詩:"婦翁不可撾,王郎非嬌客。"注:"婿曰'嬌客'。子立乃子由壻也。"《老學庵筆記》:"秦會之有十客,以壻爲嬌客。"楊維楨詩:"兄弟不減骨肉親,喜作喬家兩嬌客。"(《稱謂錄》卷八 女之夫 P22)

壻曰嬌客。東坡詩:"婦翁不可撾,王郎非嬌客。"陸游《老學庵筆記》:"秦會之有十客,伍益以愛壻爲嬌客。"(《里語徵實》卷中上 二字徵實 P3)

東坡《和王子立詩》:"婦翁未可撾,王郎非嬌客。"注:"女婿曰'嬌客',王乃子由壻也。"(《常語尋源》卷下庚冊 P277)

【嬌滴滴】jiāodīdī 薩都剌《題四時宮人圖》:"椅後二女執縷立,案前二女嬌滴滴。"(《通俗編》卷二十二 P492)

薩都剌《題四時宮人圖》。(《越諺》卷中 形色 P59)

【嬒】huì 可惡曰嬒(烏會反)。(《通俗文》釋形體 P55)

【嬭】❶ěr 《字典》:"姊謂之嬭。"《廣韻》:"兒氏切。"《集韻》:"忍氏切,並音尒。"(《稱謂錄》卷八 姊 P2)

❷nǎi 《廣雅》:"嬭,母也。"《廣韻》:"奴禮切,音禰,楚人呼母也。"(《稱謂錄》卷二 方言稱母 P10)

嬭,乳抱幼孩之婦也。(《吳下方言考》卷七 P7)

參見[孃孃]。(《里語徵實》卷中上 二字徵實 P1)

【嬭嬭】nǎinǎi 參見[奶奶]。(《越諺》卷中 尊稱 P12)

【嬭母】nǎimǔ 《宋書》:"何承天年老,始除著作佐郎。諸佐郎皆年少名家,荀伯子嘲之爲嬭母。承天曰:'卿當爲鳳凰將九子,何言嬭母也。'"案:《北史》:"魏靜帝每云:'崔季舒是我嬭母。'"謂政事皆與之商榷也。(《稱謂錄》卷二 乳母 P14)

《宋書•何承天傳》:"荀伯子嘲之爲嬭母。"《北史•魏靜帝紀》:"崔季舒是我嬭母。"婆孃妳嬭,皆姆之俗字。(《恒言廣證》卷三 P46)

參見[呪嘔]。(《吳下方言考》卷六 P7)

【嫐】niǎo 詩文用"嫐"字。嫐音裹,戲相擾也,或作嬲,通作嬈。晉人諺云:"和嶠牛,傅咸鞅,王戎踢嫐不得休。"嵇康書:"嫐之不置。"王半山云:"嫐汝以一句,西歸瘦如臘。"又,"細浪嫐雪千娉婷。"一本謂嫐音擾,非。(《雅俗稽言》卷三十 P9)

《晉閣道謠》:"和嶠鞅,裴楷鞦,王濟剔嫐不得休。"嵇康《與山巨源書》:"足下若嫐之不置。"《隋書•經籍志序》:"釋迦之苦行也,諸外道邪人,並來嫐惱,以亂其志,而不能得。"按:嫐,奴鳥切,俗謂纒擾不休也。詩家每用其字。王安石云:"細浪嫐雪千娉婷。"韓駒云:"弟妹乘羊車,堂中走相嫐。"(《通俗編》卷二十二 P499)

越音"告"上聲。男女雜擾,兒童戲耍也。見嵇康《與山濤書》。(《越諺》卷下 單辭隻義 P15)

【嬤嬤】māmā 罵。呼伯母。又婦謂夫嫂。《紫薇雜記》作"母"。(《越諺》卷中 倫常 P9)

【嬤嬤】mā•ma 留都呼母曰嬤嬤,字或作麼(音麼),又作嬤(音同)。俗又呼曰媽,或曰孃。吳人呼母曰𡢃(音寐,訛如埋),齊人曰阿孿(音迷)。字又作婆,又作嬭(音膩),字又作妳。(《客座贅語》卷一 父母稱謂 P13)

【嬤嬤】mō•mo 《字彙》:"忙果切,音麼。俗呼母爲嬤嬤。"案:俗字嬤,乃媽之轉音。(《稱謂錄》卷二 方言稱母 P10)

【嬥】tiǎo 音條。吳中跳躍舞鬧者皆謂之曰嬥。(《吳下方言考》卷五 P10)

【嬥包兒】tiǎobāor 《儼山外集》:"京師婦女嫁外方人爲妻妾者,初看,以美者出拜,及臨娶,乃以醜者易之,名曰嬥包兒。"(《通俗編》卷二十二 P502)

【嬥換】tiǎohuàn 貨對貨曰嬥換。嬥音宛。《俗書刊誤》:"與人交易,更換財物曰嬥換。"(《里語徵實》卷中上 二字徵實 P34)

【嬥歌】tiǎogē 嬥音條。《韓詩外傳》:"嬥歌,蠻人歌也。"案:嬥歌,跳躍而歌也。吳中跳躍舞鬧者皆謂之嬥。如嬥鍾馗之類是也。(《吳下方言考》卷五 P10)

【嬥鍾馗】tiǎozhōngkuí 參見[嬥歌]。(《吳下方言考》卷五 P10)

【嬸】shěn　張耒明《道雜錄》云：“經傳中無嬸、姈二字，嬸字乃世母字二合呼，姈乃舅母字二合呼也。”案：今人但呼叔母爲嬸，嬸乃叔母二字之合耳。周必大《歸廬陵日記》：“過廿姈、廿八姈宅。”常生案：見呂祖謙《紫薇雜記》。（《恒言錄》卷三 P56）

　　吳處厚《青箱雜記》：“嶺南俗以母爲嬸。”（《土風錄》卷十六 P356）

【嬸姈】shěnjìn　宋張文潛《明道雜志》云：“經傳中無嬸姈二字。嬸字，乃世母字二合呼。姈字，乃舅母字二合呼也。”（《南村輟耕錄》卷十七 P209）

【嬸嬸】shěnshěn　沈。呼叔母。又：婦謂夫弟之妻。《紫薇雜記》。（《越諺》卷中 倫常 P9）

　　參見［母母］。（《通俗編》卷十八 P393）

　　參見兄妻稱姆姆注。（《稱謂錄》卷七 夫之弟妻 P7）

【㜺】yuè　容茂曰㜺（羊灼反）。（《通俗文》釋形體 P54）

【嬾几几】lǎnshūshū　音殊。許氏《説文》：“鳥之短羽几几然。”案：几几，未能飛動也。今吳人疲倦則曰嬾几几。（《吳下方言考》卷三 P6）

【嬾待】lǎndài　惰曰嬾待。（《札樸》卷九 鄉里舊聞 鄉言正字附 雜言 P330）

【嬾婦】lǎnfù　參見［吟蛩］。（《蘇氏演義》卷下 P30）

【嬾惰】lǎnduò　《史記‧貨殖傳》注：“徐廣曰：‘呰窳，苟且墮嬾之謂也。’”《後漢書‧王丹傳》：“載酒肴田間，候勤者勞之；其墮嬾者恥不致，丹兼功自厲。”按：墮與惰，嬾與嬾，古字通用。而後世互易其文，率曰“嬾惰”。陶潛詩：“阿舒已二八，嬾惰故無匹。”高適詩：“余故非斯人，爲性兼嬾惰。”用之亦已久也。（《通俗編》卷十二 P257）

【孃】niáng　《南史‧齊宗室傳》：“帝謂子良曰：‘汝何不讀書？’曰：‘孃今何處？何用讀書？’帝卽召后還。”《北史‧隋宗室傳》：“帝謂勇昔語衛王曰：‘阿孃不與我一好婦女。’因指皇后侍兒曰：‘皆我物也。’”《隋書‧韋世康傳》：“《與子弟書》曰：‘孃春秋已高，溫清宜奉。’”《木蘭詩》：“朝辭爺孃去。”杜甫詩：“爺孃妻子走相送。”《朝野僉載》：“妻師德責其鄉人曰：‘汝辭父孃，求覓官職，不能謹

潔，知復奈何？’”《廣異記》：“李蓁聞簹上呼曰：‘此是狐婆作祟，何以枉殺我孃兒？’”《輟耕錄》：“娘字，俗書也。古無之。作孃爲是。”按：《説文》：“孃，煩擾也，肥大也。”其義只如此。以之稱母，殆始六朝，終亦近俗。若“娘”字，古非無有，特其義更謬戾。《北史‧齊后妃傳》有“馮娘、李娘、王娘、穆娘”，皆宮中之賤媵。《子夜歌》：“見娘喜容媚，願得結金蘭。”《黃竹子歌》：“一船使兩槳，得娘還故鄉。”《江陵女歌》：“拾得娘裙帶，同心結兩頭。”則皆用於男女期會之辭。以此思之，其可不攷而誤用耶？《廣韻》云：“孃，母稱。”“娘，少女之號。”此二語最明晰可遵。（《通俗編》卷十八 P389）

　　《玉篇》：“孃，母也。”《朝野僉載》：“妻師德責其鄉人曰：‘汝辭父孃，求覓官職，不能謹潔，知復奈何？’”《廣異記》：“李蓁聞簹上呼曰：‘此是狐婆作祟，何以枉殺我孃兒？’”（《恒言廣證》卷三 P46）

　　《説文》：“孃，煩擾也，肥大也。”義只如此。用以稱母，始于六朝。《南史‧齊宗室傳》：“帝謂子良曰：‘汝何不讀書？’曰：‘孃今何處？何用讀書？’”《北史‧隋宗室傳》：“帝謂勇昔語衛王曰：‘阿孃不與我一好婦女。’”《隋書‧韋世康傳》：“《與子弟書》曰孃春秋已高。”《木蘭詩》、杜甫詩皆書“孃”。《朝野僉載》妻師德責鄉人、《廣異記》李蓁聞簹上語，亦皆書“孃”。皆稱母也。今人輒從省文作“娘”，古非無也。《北史‧齊后妃傳》有馮娘、李娘、王娘、穆娘，皆宮中之賤媵。《子夜歌》“見娘喜容媚”，《黃竹子歌》“得娘還故鄉”，《江陵女歌》“拾得娘裙帶”，則皆用於男女期會私辭。“娘”“孃”同音異義，可知若以“娘”呼母，豈不謬甚？《廣韻》：“孃，母稱。”“娘，少女之號。”二義最明晰，應從之。《輟耕錄》謂“娘”字俗書，作“孃”字爲是，尤不及《廣韻》之晰。（《越諺》卷中 倫常 P11）

　　參見［爺娘］。（《雅俗稽言》卷八 P6）

【孃孃】niángniáng　蘇轍《龍川雜志》：“仁宗稱劉氏爲大孃孃，楊氏爲小孃孃。”按：後世稱母后曰孃孃，蓋自宋之宮禁然矣。《錢氏私誌》：“董夫人對慈聖云：‘須是娘娘處分。’”《避暑漫抄》：“神廟欲問西北虜罪。一日，被金甲見太皇太后曰：‘娘娘，臣著此好否？’”娘娘當是孃孃，傳寫譌。（《通俗

編》卷十八 P390)

母曰孃孃。蘇轍《龍川雜志》曰:"仁宗謂劉氏'大孃孃'、李氏'小孃孃'。""孃孃"二字始此。又呼"奶奶",又呼"阿姐"。《通雅》:"或呼爲嬭,因作奶。江南呼母曰阿姐。"(《里語微實》卷中上 二字微實 P1)

上一字上聲,下一字平聲。謂祖母。又,婦謂姑同。蘇軾《龍川雜志》:"仁宗稱劉氏爲'大孃孃',楊氏爲'小孃孃'。"後世稱母后曰"孃孃",蓋自宋爲然矣。(《越諺》卷中 倫常 P8)

參見[家家]。(《通雅》卷十九 P645)

【嬰】mí　齊人呼母爲嬰,音米,又訛爲昧。(《俚言解》卷一 14P10)

《廣韻》:"齊人呼母曰嬰。"今濟南人呼媽嬰,聲之轉。(《札樸》卷九　鄉里舊聞 P316)

參見[姥]。(《談徵》名部上 P53)

參見[爺娘]。(《雅俗稽言》卷八 P6)

【嬭】niǎn　參見[男]。(《越言釋》卷下 P27)

【孌】luán　參見[男]。(《越言釋》卷下 P27)

幺 部

【幺豚】yāotún　參見[崽]。(《通雅》卷十九 P651)

【幻茶】huànchá　獻茶曰幻茶。《清異錄》:"沙門福全,能注湯幻茶,四甌共一絶云。"(《里語微實》卷中上 二字微實 P18)

【幼】yòu　越人謂蠶眠曰"幼",曰幼一、幼二、幼三,最后一眠謂之幼大。本俚言而放翁用之入詩,……則久成典要矣。幼者,蓋俯其頭之謂,故越人每以傴僂爲幼,如所云"幼頭圣(注:潤)腦"之類。(《越言釋》卷下 P3)

【幽血】yōuxuè　《記》:"毛、血,幽全之物也。"注:"毛告全,血告幽。"……血之告幽不可解。今牛羊雞豕,一切血以火凝之,皆謂之"幽血"。此殆以其色言之。……蓋血雜則色赤而淡,血純則黝。(《越言釋》卷下 P3)

【紗孫】shāsūn　自卑曰紗孫。紗,音沙,小也。(《蜀語》P31)

【幾多】jǐduō　猶今云許多,言不少也。吳商浩詩:"零落幾多紅藕花。"(《助字辨略》卷三 P136)

吳中稱幾多爲幾許。(《吳下方言考》卷九 P19)

【幾夥】jǐhuǒ　參見[多夥]。(《通俗編》卷三十二 P706)

【幾曾】jǐcéng　何曾也。南唐李後主詞:"三十餘年家國,數千里地山河,幾曾慣干戈。"(《助字辨略》卷三 P136)

【幾許】jǐxǔ　《古樂府》:"奈何許,石闕生口中,銜碑不得語。"許者,語之餘聲。如李太白詩:"奈何成離居,相去復幾許。"杜子美詩:"我生本飄蓬,今復在何許。"似乎幾許爲幾何,何許爲何所。然相去復幾,便是幾何;今復在何,便是何所。幾何,何所之義,不因許字而見,特借許字爲助句耳。(《方言藻》卷二 P13)

許音閣。吳均《白符鳩曲》:"石頭龍尾彎,新亭送客者。沽酒不取錢,郎能飲幾許。"案:幾許,言不多也,吳中稱幾多爲幾許。(《吳下方言考》卷九 P19)

【幾頭】jītóu　山東俗新沐浴飲酒謂之幾頭。字當作機,音機。機謂福祥也。按《禮》云:"沐稷而靧粱,髮希用象櫛,進機進羞,工乃升歌。"鄭康成注云:"沐靧必進機作樂,盈氣也。"此謂新靧沐體虛,故更進食飲,而又加樂以自輔助,致福祥也。此蓋古之遺法也。(《匡謬正俗》卷七 P91)

巛 部

【巢兒】cháor　栐。(《墨娥小錄》卷十四 P4)

【巢窟】cháokū　仕交反,謂住止處所也。《通俗文》:"鳥居曰巢,獸穴曰窟也。"(《一切經音義》卷二十八 14P1130)

上柴友反。《説文》:"鳥在木上也。"……下困骨反。杜注《左傳》:"窟,土室也。"(《一切經音義》卷十六 3P597)

【巢蓬】cháopéng　參見[落槽]。(《里語微實》卷中上 二字微實 P29)

【鬣】liè　豬毛曰鬣。(《通俗文》釋鳥獸 P91)

王（玉）部

【王八】wángbā　青藤山人曰："因五代時王建盜驢販鹽，人罵王八賊。"參見《五代史》。(《通雅》卷四十九 P1453)

　　《五代史‧前蜀世家》："王建少無賴，以屠牛盜驢、販私鹽爲事，里人謂之賊王八。"《七修類稿》："今罵人曰'王八'。"或云："忘八之訛，言忘孝弟忠信禮義廉恥。"不然也。(《通俗編》卷十一 P239)

　　《通雅》："青藤山人曰：'因五代時王建盜驢販鹽，人罵'王八賊'。見《五代史》。明小説又謂之'忘八'，謂其忘孝、弟、忠、信、禮、義、廉、恥也。'"(《里語徵實》卷中上 二字徵實 P13)

【王八賊】wángbāzéi　罵人王八賊，蓋五代王建行八，素盜驢販私鹽，人罵王八賊也。(《七修類稿》卷二十四 P376)

【王大哥病】wángdàgēbìng　即瘟疫。(《越諺》卷中 疾病 P21)

【王大父】wángdàfù　《金石要例‧庚承宣爲田布碑》稱曾祖爲王大父。(《稱謂錄》卷一 曾祖 P6)

【王父】wángfù　祖爲王父。亦稱"大翁"。齊廢帝稱高祖爲"大翁"。(《通雅》)(《里語徵實》卷中上 二字徵實 P1)

【王母】wángmǔ　參見[丈母]。(《稱謂錄》卷八 姐之姊妹之子婦，祖母之兄弟姊妹之子婦 P116)

【王老】wánglǎo　《獨異志》："唐富人王元寶，元宗問其家財多少，對曰：'臣請以一縑繫南山一樹，南山樹盡，臣縑未窮。'時人謂錢爲王老，以有元寶字也。"按：今葉子戲有所謂"王老"者，初不解其何義，觀此方曉。(《通俗編》卷二十三 P510)

【玉堂】yùtáng　李肇《翰林志》："時以居翰林皆謂淩玉清、溯紫霄，豈止於登瀛洲哉！亦曰玉署、玉堂。"彭時《筆記》："翰林官世謂之玉堂仙。"揚雄《解嘲》："歷金門，上玉堂。"案：葉夢得曰："太宗時，蘇易簡爲學士。上嘗語曰：'玉堂之設，但虛傳其説，終未有正名。'乃以紅羅飛白'玉堂之署'四字賜之。易簡即扃鐍置堂上，每學士上事，始得一開視，最爲翰林盛事。"紹聖間，蔡魯公爲承旨，始奏乞摹就杭州刻之，以避英廟諱，去下二字，止曰"玉堂"。又沈存中《夢溪筆談》："學士院玉堂，太宗皇帝曾親幸至。今惟學士上日許正坐，他日皆不敢獨坐。"(《稱謂錄》卷十三 翰林院 P6)

【玉帳】yùzhàng　杜子美《送嚴公入朝》云："空留玉帳術，愁殺錦城人。"又《送盧十四侍御》云："但促銀壺箭，休添玉帳旗。"玉帳乃兵家厭勝方位，其法出《黃帝遁甲》，以月建前三位取之。如正月建寅，則巳爲玉帳，於此置軍帳，堅不可犯，主將宜居。(《雲谷雜記》)(《唐音癸籤》卷十八 P160)

【玉帳術】yùzhàngshù　參見[玉帳]。(《唐音癸籤》卷十八 P160)

【玉帳旗】yùzhàngqí　參見[玉帳]。(《唐音癸籤》卷十八 P160)

【玉東西】yùdōngxī　范石湖《丙午新正書懷》詩："祝我賸周花甲子，謝人深勸玉東西。"又《代門生作立春書門帖子》詩："賸周花甲子，多醉玉東西。"(《恒言錄》卷一 P9)

　　參見[東西]。(《通俗編》卷二十六 P572)

【玉柱】yùzhù　中指名玉柱。(《通俗編》卷三十一 P703)

【玉案】yù'àn　馥案：《四愁詩》："何以報之青玉案。"李善曰："玉案，君所憑依。"《東宮舊事》："太子納妃，初拜，有漆金渡足奏案一枚。"……《廣韻》："曹公作欹案臥視書。"……《東觀漢記》又云："蔡彤在遼東，賜錢百萬，下至杯案食物，大小重沓。"……(《吳志》)《曹瞞傳》："及歡悦大笑，至以頭没杯案中，看膳皆沾洿巾幘。"(《札樸》卷四 覽古 P136)

【玉樓】yùlóu　道家以兩肩爲玉樓。(《雅俗稽言》卷二十二 P5)

【玉池】yùchí　米芾《書史》："隋唐藏書，金題錦贉。"注云："卷首帖綾，又謂之玉池。"(《語竇》P161)

【玉版】yùbǎn　東坡與山谷同訪玉版師，玉版謂筍也。(《雅俗稽言》卷四十 P3)

【玉腴】yùyú　《江鄰幾雜誌》云："丁正臣賞玉腴來館中。"沈休文云："福州人謂之佩羹，即今魚脬是也。"(《南村輟耕錄》卷八 P103)

【玉宸】yùyǐ　宸，依豈反。鄭玄注《禮記》

曰:"扆,屏風也。"以玉飾扆謂之玉扆也。《珠叢》曰:"天子施扆於户牖以爲障蔽。"(《一切經音義》卷二十一 2P782)

【玉窊】yùwā　酒器也。《緯略》。(《南村輟耕錄》卷十一 P141)

【玉芝】yùzhī　芋也。(《七修類稿》卷四十三 P631)

【玉茗】yùmíng　參見[寶珠花]。(《七修類稿》卷二十二 P326)

【玉蕊】yùruǐ　《雍錄辯》:"梔子花卽玉蕊花。改之爲山礬者,王荆公以其花葉可以染黄,不借礬而可以成色之故。"《野客叢書》又載:"揚州后土廟玉蕊花"序文,序文以玉蕊卽瓊花也。改之爲瓊花者,宋王元之更之也。予意瓊花在宋極名之勝,今作書與序文者,又皆宋人,必不差矣。(《七修類稿》卷二十二 P337)

【玉龍膏】yùlónggāo　今面油謂之玉龍膏。《文昌雜錄》言宋朝太宗皇帝始合此藥,以白玉報龍團合子貯之,因以名之。(《肯綮錄》P8)

【珂】kē　凡勒節曰珂。(《通俗文》釋兵器P86)

《通俗文》:"馬勒飾曰珂。"案:隋制:"武官馬加珂。"其字從玉,與珧珧同,蓋屬貝之屬。《類篇》:"雕入海爲珂。"(《札樸》卷五 覽古 P153)

【玷捼】diānduǒ　參見[戠採]。(《通俗編》卷十二 P263)

【玷辱】diànrǔ　俗罵人有用"玷辱"語。按:束皙《補亾詩》:"鮮伴晨葩,莫知點辱。"左思《唐林兄弟贊》:"二唐潔己,乃點乃汙。"陸厥《答内兄弟希叔》詩:"旣叨金馬署,復點銅龍門。"而杜詩:"幾回青瑣點朝班。"正承諸賢用字例。以點從去聲讀,則知"玷辱"語,字當從點;若"瑕玷"語,則字當從玷。(《雅俗稽言》卷二十一 P19)

【玼】cǐ　時。贊衣之鮮盛如玉色也。(《越諺》卷中 形色 P58)

【珥璫】ěrdāng　上音耳,下音當。《釋名》曰:"穿耳施珠曰璫。"形聲字也。(《一切經音義》卷十八 9P684)

【珠兒】zhū'ér　《述異記》:"越俗以珠爲上寶,生女謂之珠娘,生男謂之珠兒。"(《稱謂錄》卷六 方言稱子 P16)

【珠子】zhūzǐ　今人呼目眸子爲珠子。《韓詩章句》:"無珠子曰矇,珠子具而無見曰瞍。"見《文選注》。《廣雅》:"目謂之眼,珠子謂之眸。"《字林》:"瞍,目有脈(編者按:當作肤),無珠子也。"(《恒言錄》卷一 P6)

《博雅》:"目謂之眼,珠子謂之眸。"《文選注》引韓詩説:"無珠子曰矇,珠子具而無見曰瞍。"按:諺所云有眼卻無珠,見元人《舉案齊眉》曲。(《通俗編》卷十六 P343)

【珠娘】zhūniáng　見上子稱珠兒注。《閩小記》:"福州呼女亦曰珠娘。"(《稱謂錄》卷六 方言稱女 P20)

【珠松】zhūsōng　《晉書·輿服志》:"首飾則假髻步搖,俗謂之珠松是也。《隋書·禮志》亦云。"(《通俗編》卷二十五 P563)

【珠花】zhūhuā　《玉臺新詠》:范靖妻沈氏詠步搖花云:"珠花縈翡翠,寶葉間金瓊。低枝拂繡領,微步動瑤英。"按:《釋名》首飾類云:"華,象草木之華也。"婦飾之有假花,其來已久。其以珠寶穿綴,則僅著于六朝。今珠花有所謂顛鬚者,行步搖動,應卽步搖之所以名也。(《通俗編》卷二十五 P563)

【珓】jiào　《廣韻》:"珓,杯珓也,巫占吉凶者。"(《釋諺》P116)

【班劍】bānjiàn　《漢官儀》:"班劒以虎皮飾之。"《晉公卿禮秩》:"諸公及開府位從公者,給虎賁三十人,持班劒焉。"案《通鑑》:"宋太子劭使班劒排江湛。"注云:"班劒,持劒爲班,列在車前。"又,"唐高祖葬平陽昭公主,詔加班劒四十人。"注云:"班,列也,持劒成列,夾道而行也。"《宋書》:"張敬兒旣得開府,又望班劒,與人曰:'我車邊猶少班闌物。'"(《札樸》卷三 覽古 P87)

【班絲】bānsī　參見[隱囊]。(《唐音癸籤》卷十九 P171)

【理書】lǐshū　《顔氏家訓·勉學》篇:"吾七歲時,讀《魯靈光賦》,至于今日,十年一理猶不遺忘。"今邨塾謂溫書曰理書,亦有所本。(《恒言錄》卷 P112)

【現枷】xiànjiā　《宣府志》:"市人于五月十三日……以小兒女多疾者,帶小枷鎖請廟祈禱,謂之現枷。"(《言鯖》卷下 P8)

【琅瑒】làngdàng　《管子·宙合篇》:"以琅瑒凌鑠人,人之敗也常自此。"按:今以不歛攝爲"琅瑒"。(《通俗編》卷八 P171)

【琅當】lángdāng　　上音郎。《漢書·王莽傳》：“以鐵鎖琅當其頸。”案：琅當，所以狼戾之也。吳諺以琅當爲響聲，受狼戾亦爲琅當。（《吳下方言考》卷二 P5）

【琵琶蟲】pípáchóng　　《山堂肆攷》：“宋道君北狩，衣上見蟲，呼爲琵琶蟲。以其形似琵琶也。”（《通俗編》卷二十九 P659）

【斑闌物】bānlánwù　　《宋書》：“張敬兒既得開府，又望班劍，與人曰：‘我車邊猶少斑闌物。’”（《札樸》卷三覽古 P87）

【瑰瑋】guīwěi　　參見［傀偉］。（《一切經音義》卷十九 10P725）

【瑕玷】xiádiàn　　瑕，行加反；玷，丁念反。《廣雅》曰：“瑕，裂也。”《毛詩傳》曰：“玷，缺也。”凡物之有過者，皆猶玉之瑕玷，古來以爲通語。（《一切經音義》卷二十二 3P826）

【瑕垢】xiágòu　　夏加反。《廣雅》：“瑕，穢也。”下古后反。（《一切經音義》卷十六 19P629）

　　　　上音遐。《廣雅》云：“瑕，穢也。”鄭玄曰：“玉之病也。”下古后反。垢，穢也。（《一切經音義》卷十二 10P458）

【瑣廳】suǒtīng　　《石林燕語》：“祖宗時，見任官應進士舉謂之瑣廳，雖中選，止令遷官而不賜科第，不中者停見任。”《池北偶談》：“宋時見任官得應制科，文官許二次，武官一次，謂之瑣廳。”（《稱謂錄》卷二十五 現任官員 P1）

【瑣蛣】suǒqiè　　案：郭璞《江賦》：“瑣蛣腹蟹。”李善引《南越志》：“瑣蛣長寸餘，大者長二三寸，腹中有蟹子，如榆莢，合體共生，爲蛣取食。”馥案：“蛣”正作“鮚”，《說文》：“鮚，蚌也。”《抱樸子》：“小蟹不歸而鮚敗。”《述異記》：“淮海之人呼璅蛣爲蟹奴。”（《札樸》卷九 鄉里舊聞 P314）

【瑶光】yáoguāng　　（蔡邕有《袁逢碑》，李善《文選》注引之）碑辭云：“資糧品物，亦相瑶光。”案：春秋運斗樞，北斗七星，第七曰瑶光。《淮南·本經訓》：“取焉而不損，酌焉而不竭，莫如其所由出，是謂瑶光。瑶光者，資糧萬物者也。”高注：“瑶光，謂北斗杓第七星也，居中而運，歷指十二辰，摘起陰陽以殺生萬物也。”碑辭實出於此。（《札樸》卷八 金石文字 P275）

【瑠璃】liúlí　　參見［吠瑠璃］。（《一切經音義》卷一 18P71）

【瑩徹】yíngchè　　《蒼頡篇》曰：“瑩，治也。”賈注《國語》曰：“徹，明也。”《說文》曰：“徹，通也。”今謂治理心城，使其通達，無所擁塞也。（《一切經音義》卷二十三 17P900）

【瑩明】yíngmíng　　上烏定反。顧野王云：“瑩，飾也。”《考聲》：“瑩，光也，亦明也。”（《一切經音義》卷續四 13P3864）

【瑩治】yíngzhì　　瑩夐反。《韻英》：“摩拭也。”或從金作鎣，同也。下除離反。《考聲》：“治，理也，修故也。從水台聲也。”（《一切經音義》卷八 4P287）

【瑩拭】yíngshì　　上烏迥反。《考聲》云：“瑩，發器物光也。”《廣雅》：“摩也。”謂摩珠玉使光明也。《說文》從玉熒聲。（《一切經音義》卷三十 9P1194）

【瑩燭】yíngzhú　　瑩，烏定反。《廣雅》曰：“瑩，摩也。”謂摩拭珠玉使發光明也。《蒼頡篇》曰：“燭，照也。”言相照發光。（《一切經音義》卷二十一 5P787）

【瓅蛣】suǒqiě　　參見［瑣蛣］。（《札樸》卷九 鄉里舊聞 P314）

【璅璁】dāngdāng　　溫飛卿《張靜婉采蓮曲》：“珂馬璅璁度春陌。”案：璅璁，玉佩金鈴聲也。吳中謂金玉聲曰璅璁。（《吳下方言考》卷二 P7）

【璅環】dānghuán　　上音當，耳飾珠也。下音還。《韻英》云：“環珮也。”即耳轅也。形如輪，亦耳中之寶飾也。（《一切經音義》卷十九 3P710）

【璅轅】dāngqú　　上音當。《埤蒼》：“璅，充耳也。”《釋名》云：“穿耳施珠曰璅。”下音渠，耳轅也。《考聲》云：“轅，車輪也。”案：耳轅似輪。西國國王及貴勝皆以金銀妙寶作耳轅，著穿耳之處，猶如寶輪以雜寶厠其間，以爲嚴飾。經文作渠，借用。（《一切經音義》卷十四 9P527）

【環紐】huánniǔ　　門户窗牖設鉸具或鐵或銅，名曰環紐。（《俚言解》卷二 17P37）

【環釧】huánchuàn　　上環，臂釧也。或以象牙作環而以七寶鈿之，或用金銀作如環之象。下州戀反。釧亦環也。皆臂腕之寶飾也。（《一切經音義》卷十九 3P710）

上音還。《爾雅》:"肉好若一謂之環。"
郭注云:"孔與邊等也。"下川戀反。《韻英》
云:"臂環也。"(《一切經音義》卷十二
12P462)

【環餅】huánbǐng　《齊民要術》并《食經》皆
云:"環餅,世疑徹子也。"又劉禹錫詩:"纖
手搓來玉數尋,碧油煎出嫩黃深。夜來春
睡無輕重,壓匾佳人纏臂金。"蓋以寒具爲
徹子也。宋人小説以寒具爲寒食之具,謂
可留月餘,宐禁火之用。(《雅俗稽言》卷九
P11)

參見[寒具]。(《談徵》物部P35)
參見[糤]。(《蜀語》P7)

【璧趙】bìzhào　參見[反璧]。(《雅俗稽言》
卷十七P8)

【璧謝】bìxiè　今人不受餽遺曰璧謝。本晉
文公故事,與"完璧歸趙"事無干。昔晉公
子重耳至曹,僖負羈餽盤殮置璧焉,公子受
殮返璧。(《談徵》言部P35)

【瓊枝班】qióngzhībān　《解醒語》:"親王
謂之瓊枝班。"(《稱謂錄》卷十一　宗室P3)

【瓊花】qiónghuā　參見[玉蕊]。(《七修類
稿》卷二十二P337)

【瓊編】qióngbiān　葵礜反。《毛詩》傳云:
"瓊,玉之美者。"《説文》云:"赤玉也,從玉
夐聲。"……下必綿反。《蒼頡篇》云:"編,
織也。"《聲類》云:"以繩次物也。"《説文》:
"從系扁聲。"(《一切經音義》卷三十
11P1200)

葵礜反。《詩》傳曰:"玉之美者也。"一
云玉樹也。《説文》:"赤玉也。"……下必綿
反。劉兆注《公羊傳》云:"比連也。"《蒼頡
篇》云:"編,織也。"《説文》:"編,次簡也。"
(《一切經音義》卷十一2P403)

【璺】wèn　西北音問,吳音讀如鳳。揚子
《方言》:"秦晉器破而未及離者謂之璺。"
案:璺,器裂成璺也。吳諺謂之滲璺。亦謂
之路。(《吳下方言考》卷九P2)

【瓚】zàn　參見[厭瓚]。(《通俗編》卷十七
P377)

旡　部

【旡終】jìzhōng　猶云終已,亦重言也。《世

説》:"韓豫章遺絹百匹,不受。減五十匹,
復不受。如是減半,遂至一匹,旡終不受。"
(《助字辨略》卷四P193)

木　部

【木乃伊】mùnǎiyī　回回田地有年七八十
歲老人,自願捨身濟衆者,絶不飲食,惟澡
身啖蜜,經月,便溺皆蜜。既死,國人殮以
石棺,仍滿用蜜浸,鐫志歲月于棺蓋,瘞之。
俟百年啓封,則蜜劑也。凡人損折肢體,食
匕許,立愈。雖彼中亦不多得。俗曰蜜人,
番言木乃伊。(《南村輟耕錄》卷三P42)

【木匠】mùjiàng　《論衡·量知篇》:"能斲削
梁柱,謂之木匠。能穿鑿穴坎,謂之土匠。
能彫琢文書,謂之史匠。文吏之學,當與木
土之匠同科。"《清異錄》:"木匠又曰手民。"
(《通俗編》卷二十一P479)

【木人】mùrén　《史記·灌夫傳》正義:"今俗
云人不辨事,曰'机机若木人'也。"按:《論
語》云木訥,《漢書·地理志》云:"天水隴西
數郡,民俗質木。"皆謂其性之朴,而此直以
木偶喻之。今流俗所詆爲"木"者,大率本
此。(《通俗編》卷十一P235)

【木勺藥】mùsháoyào　牡丹晚出,依芍藥
得名,故其初曰木勺藥,亦如木芙蓉之依芙
蓉以爲名而爲唐人所重。(《唐音癸籤》卷
二十P178)

【木刀】mùdāo　《隋書·禮志》:"佩刀之刃,
以木代之,名象劍,又名容刀。"按:俗詆人
遲鈍曰木刀。(《通俗編》卷二十六P574)

【木天】mùtiān　《夢溪筆談》:"內諸司舍
屋,惟秘閣最宏壯。閣下穿窿高敞,相傳謂
之木天。"案:署式穿如天,故稱。(《稱謂
錄》卷十三　翰林院P6)

《金樓子》:"彊(編者按:當作"廬")陵
威王……齋裡施木天,以蔽光景,春花秋月
之時,暗如徹燭。"今翰林院署堂構高華,木
植豊美,謂之木天,言人居堂中仰視,如
木爲天也。不知"木天"二字先見于此。
(《言鯖》卷下P6)

【木客】mùkè　見《越絶書》。又《水經註》有
《木客吟》。(《越諺》卷中　尊稱P12)

【木奴】mùnú　木奴之説,出于李衡謂其
曰"龍陽洲上千頭木奴",見《襄陽記》。而

諸書言木奴者，如《事詞類奇》則曰"橘也"，《事類捷錄》則曰"柑也"，《詩學》則于柑橘兩見之，《韵府》則曰"柑號木奴，橘亦曰木奴"。豈以柑種類橘可通稱耶？且諺云"木奴千樹无凶年"，此木奴之號，果之都稱也，故桃實經冬不落者，俗謂之桃奴。見《北户錄》。(《雅俗稽言》卷三十九 P8)

【木始萌】mùshǐméng　白楊生稊曰木始萌（或譌爲"没事忙"）。(《札樸》卷九 鄉里舊聞 鄉言正字附 名稱 P328)

參見[没事忙]。(《札樸》卷五 覽古 P162)

【木柿】mùfèi　《後漢書·楊由傳》："風吹削柿。"《晉書·王濬傳》："詔修戰艦，木柿蔽江而下。"《説文》："柿，削木札也。"音肺。(《通俗編》卷二十四 P546)

【木變石】mùbiànshí　青州都統慶公見惠木變石刀子，爲言古木沈水，年久化爲石，故俗呼木變石。……案：《周書·王會》："夷用闟木。"孔晁注："夷，東北夷也。木生水中，黑色而光，其堅若鐵。"馥謂：木變石，卽闟木。但孔謂"生水中"，與都統目驗者異。《集韻》："闟，木名。"此據《王會》爲説。閻百詩《尚書古文疏證》云："寧古塔與肅慎相近，水中木變爲石，卽石砮也。榆變者上，松變者次之。"説與都統合。(《札樸》卷四 覽古 P131)

【木犀】mùxī　桂曰木犀，見張邦基《墨莊漫錄》："浙人呼巖桂曰木犀，以木紋理如犀也。"曾幾詩："團團巖下桂，表表木中犀。"後人加木作"樨"，非是。(《土風錄》卷四 P222)

【木老】mùlǎo　果。(《墨娥小錄》卷十四 P5)

【木蜜】mùmì　棗子也。《太平廣記》。(《南村輟耕錄》卷十一 P140)

【木芙蓉】mùfúróng　參見[木勺藥]。(《唐音癸籤》卷二十 P178)

【木貓】mùmāo　《陳定宇集》有《木貓賦》云："惟木貓之爲器兮，非有取於象形，設機械以得鼠兮，配貓功而借名。"按：今仍呼木作鼠弶爲木貓。(《通俗編》卷二十八 P627)

【木鐘】mùzhōng　《漢書·百官志》："將作大匠屬官有主章。"師古注曰："今所謂木鐘者，蓋章音之轉耳。"按：是唐有木鐘之官，今以假借官事欺人曰撞木鐘。或者因此。(《通俗編》卷二十六 P576)

【木頭】mù·tou　木以頭稱，取義於人頭。《考工記》："車人之事，半矩謂之宣。"注云："矩，法也。所法者人也。半矩，尺三寸三分寸之一，人頭之長也。柯欘之木，頭取名焉。"引《易》"巽爲宣髮"。疏云："下云一宣有半謂之欘，有半謂之柯。"柯欘皆從宣上取數，故云"頭取名焉"，猶言取名於頭也。馥謂：柯欘諸器，初以人頭取度，其後無度之木，亦沿頭稱。蓋古者寸尺咫尋常仞諸度量，皆以人之體爲法，故半矩法人頭，工師伐木必有度，隨稱木頭。(《札樸》卷三 覽古 P81)

【木香】mùxiāng　參見[酴醾]。(《語竇》P162)

【木魚】mùyú　僧舍木魚者，魚晝夜不合目，修行者忘寐修道，魚可化龍，凡可入聖。(《目前集》前卷 P2134)

【木鱉】mùbiē　木鱉俗名荔枝，不可服。(《目前集》前卷 P2122)

【未蒙】wèiméng　參見[鄉里]。(《通雅》卷十九 P656)

【末代孫】mòdàisūn　宋岳珂《桯史》：韓侂胄旣逐趙忠定，太學生敖陶孫題詩三元樓壁曰："九原若遇韓忠獻，休説渠家末代孫。"(《稱謂錄》卷六 遠孫 P25)

【末泥】mòní　毛奇齡《西河詞話》："元人造曲，每入場以四折爲度，唱者止二人。末泥主男唱，旦兒主女唱。雜色入場有白無唱，謂之賓白。至元末明初，改北曲爲南曲，則雜色皆唱矣。"(《稱謂錄》卷三十 優 P13)

【末殺】mòshā　《漢書·谷永傳》："末殺災異。"師古曰："末殺，謂掃滅也。"韓退之《貞曜先生墓誌銘》："與世抹摋。"同此。(《通俗編》卷十二 P264)

【本分錢】běnfènqián　《唐書·裴延齡傳》："陛下本分錢，用之無窮，何所難哉？"(《通俗編》卷二十三 P512)

【本生父】běnshēngfù　《舊唐書》崔植《陳情表》："父嬰甫，是臣本生；亡伯祐甫，是臣承後。嗣襲雖移，心則在請，以在身官秩，特乞回贈本生。"此本生父之見於史者。回贈，卽今貤贈。蓋自唐以來有之。(《稱謂錄》卷一 本生父 P23)

【本等】běnděng　本分曰本等。明馮夢禎以庶吉士告歸，既滿，入京。時澌中庶常凡四人，皆已留館。故事：一省未有盡留者。張江陵云：「是會元，還他編修，只是本等宜。」又，「讀書人要曉得，只要去做自家事，行善乃本等，非以責報。」（《涌幢小品》）（《里語徵實》卷中上　二字徵實 P41）

【本色】běnsè　本色出唐《劉仁恭傳》。（《唐音癸籤》卷二十四 P215）

《後山詩話》：「退之以文爲詩，子瞻以詩爲詞，如教坊雷大使之舞，雖極天下之工，要非本色。」《傳燈錄》懶安答雪峯，有「本色住山人」語。（《通俗編》卷十一 P233）

【本色人】běnsèrén　天真爛漫者。《傳燈錄》。（《越諺》卷中　善類 P11）

【本錢】běnqián　《南史》：「竟陵王子良上言：‘泉貨歲遠，類多翦鑿，江東大錢，十不一在。公家所受，必須輪廓，遂買本錢一千，加子七百。’」又《說文》「瘜」字注，徐鍇《繫傳》云：「息者，身外生之也。」故古謂賒賃生舉錢爲息錢。二字出《後漢•陳重傳》。（《直語補證》P25）

【朽月】xiǔyuè　參見[汛月]。（《蜀語》P8）

【朴豬】pǔzhū　《說文》特字解云：「朴特，牛父也。」按：俗呼牝豬曰朴豬，似因此。（《通俗編》卷二十八 P634）

牡豬也。《通俗編》引《說文》「特」字解。（《越諺》卷中　禽獸 P44）

【朱朱】zhūzhū　《風俗通》言「雞本朱氏翁所化，故呼雞曰‘朱朱’」。（《里語徵實》卷上　一字徵實 P10）

程泰之《演繁露》云：「世人呼雞皆曰朱朱，呼犬皆曰盧盧，不問何地，其聲皆同。犬呼盧盧，別無所見，殆借韓盧之名。」……案：朱朱之說見《風俗通》云：「雞本朱氏翁所化。」晉僧寶誌對胡后云：「把粟與雞喫，呼朱朱。」（《土風錄》卷十五 P346）

【朱衣使者】zhūyīshǐzhě　宋人詩中屢見，亦言試官也。（《稱謂錄》卷二十四　總裁、主考 P5）

【机隥】jīdèng　飢擬反，下多亘反。案：机隥，小坐物也。（《一切經音義》卷十三 9P492）

【朵】duǒ　莊綽《雞肋編》：「世俗以手引小兒學行謂之‘朵’，有‘將將朵朵’之謠。」按：《易正義》釋「朵頤」云：「朵是動意，如手之捉物，謂之朵也。」《廣韻》別有「跢」字，丁佐切，訓小兒行。《集韻》轉平聲，訓携幼行也。《類篇》又作「躱」，音與朵同，「躱躱」，小兒行態。（參見[將]條。）（《通俗編》卷十三 P284）

【朵子】duǒzǐ　首飾也。《古今注》言：「冠子起於始皇。今妃嬪戴芙蓉冠，插五色通草，蘇朵子。」卽華鈔鈿釵之類也。（《通雅》卷三十六 P1100）

【杜】dù　參見[杜撰]。（《俗考》P15）

參見[杜撰]。（《雅俗稽言》卷三十一 P9）

【杜園】dùyuán　杜園者，兔園也。「兔」亦作「菟」，而「菟」故爲「徒」音，又訛而爲「杜」。今越人一切蔬菜瓜瓞之屬，出自園丁，不經市兒之手，則其價較增，謂之「杜園菜」。以其土膏露氣，真味尚存故也。至於文字無出處者，又以杜園爲詈警。亦或簡其詞曰：「杜撰。」昔盛文肅在館閣時，有問制詞誰撰者，文肅拱而對曰：「度撰。」衆皆哄堂。乃知其戲。事見宋人小說。雖不必然，亦可見此語由來已久。其謂「杜撰」語始於杜默者，非。（《越言釋》卷上 P29）

參見[杜撰]。（《俗考》P15）

參見[杜撰]。（《雅俗稽言》卷三十一 P9）

【杜園筍】dùyuánsǔn　參見[哺雞筍]。（《土風錄》卷四 P221）

【杜園菜】dùyuáncài　參見[杜園]。（《越言釋》卷上 P29）

【杜多】dùduō　梵語也，亦云頭陀。此云斗擻。修遠離行，有十二種。（《一切經音義》卷五 6P187）

上音度。梵語也。古譯云頭陀，或云斗藪。少欲知足，行十二種行：一常乞食，二次第乞，三一坐食，四節食，五中後不飲漿，六住阿蘭若，七常坐不臥，八隨得敷具，九空地坐，十樹下坐，十一唯畜三衣，十二著糞掃衣。（《一切經音義》卷三 2P108）

杜多云洮汰，言大洒也，或云除棄，或云糾彈，言去其塵穢耳，斗藪一義非今理也。（《一切經音義》卷二十七 25P1094）

正云杜多。此曰斗藪，謂去離緣務，少欲知足等十二種行，皆能棄捨煩惱故也。

（《一切經音義》卷二十一 19P814）

梵語杜多，漢言抖擻，謂三毒如塵，能坌汙直心，此人能振掉除去。今訛稱頭陀。（《目前集》前卷 P2131）

參見［頭陀］。（《通俗編》卷二十 P446）

【杜撰】dùzhuàn　杜默撰詩多不合律，故言事不合格者爲杜譔⋯⋯（世言）杜撰本此。然又觀俗有杜田、杜園之説，“杜”之云者，猶言假耳。如言自釀薄酒曰杜酒。子美詩有“杜酒偏勞勸”之句，子美之意蓋指杜康，意與事適相符合有如此者，此正與杜撰説同。《湘山野錄》載：“盛文肅公撰文節神道碑，石參政中立急問曰：‘誰撰？’盛卒曰：‘度撰。’滿堂大笑。”文肅在杜默之前，又知杜撰之説，其來久矣。（《俗考》P15）

《叢談》：“杜默爲詩多不合格，故言事不合格者曰杜撰。又俗有杜田、杜園之説，‘杜’云者，猶言假耳。如言自釀薄酒則曰杜酒也。《湘山野錄》載：‘盛度撰張知白神道碑，石中立急問曰：“是誰撰？”盛卒對曰：“是度撰。”滿堂太笑。’夫盛在杜默之前，則知杜撰之説久矣。”乃《譯經圖紀》：“漢明帝時，道士褚善信等表請與僧戰試，詔集白馬寺南行。善信等以《靈寶》諸經置道東壇上，僧以經像、舍利置道西七寶行殿上。火起，《靈寶》諸經並爲灰燼。”遂以道書皆杜光廷所撰，因有杜撰之説。此屬矯誣。（《雅俗稽言》卷三十一 P9）

今人言作詩文無出處者曰杜撰。道家經懺俱杜光庭所撰，多涉虛誕；杜默爲詩，多不合律，引用無據，故曰杜撰。（《言鯖》卷下 P28）

王楙《野客叢書》：“杜默爲詩，多不合律，故言事不合格者曰杜撰。然又觀俗有杜田、杜園之説。杜之云者，猶言假耳。如言自釀薄酒曰杜酒，此正與杜撰説同。”按：《湘山野錄》：“盛度撰張知白神道碑，石中立急問之曰：‘誰撰？’盛率對曰：‘度撰。’對訖方悟，滿堂大笑。”盛度在杜默前，則知杜撰之説，其來久矣。或云：“《道藏》五千餘卷，惟《道德經》二卷爲真，餘皆蜀道士杜庭光所撰，故相沿舍土而直用杜。今人言專局一能，而不通大方者，謂之杜氣，即杜也。”其説亦通。（《通俗編》卷七 P149）

《宋稗史》：“杜默爲詩，多不合律，故世謂事不合格者曰杜撰。”呂藍衍《言鯖》謂道家經懺俱杜光庭所撰，多設虛誕，故曰“杜撰”。沈作喆《寓簡》謂漢田何善言《易》，何以齊諸田徙杜陵，號曰“杜先生”。今之俚語謂白撰無所本者爲“杜田”。或曰“杜園”，蓋譏何之學《易》，無所師承云爾。因而俗語相沿，凡文字無所本者曰“杜撰”。（《里語徵實》卷中下 二字徵實 P5）

參見［杜園］。（《越言釋》卷上 P29）

【杜田】dùtián　參見［杜撰］。（《俗考》P15）

參見［杜撰］。（《雅俗稽言》卷三十一 P9）

【杜舉】dùjǔ　謂自置之物禮。《檀弓》：“晉人謂之‘杜舉’。”（《越諺賸語》卷上 P7）

【杜酒】dùjiǔ　自釀薄酒。（《俗考》P15）

參見［杜撰］。（《雅俗稽言》卷三十一 P9）

【束脩】shùxiū　見《論語》。又《漢書·朱邑傳》：“廉潔守節，退食自公，無疆外之交，束脩之餽。”《北史·冀儁傳》：“時俗人學書亦行束脩之禮，謂之謝章。”張鳳翼《譚輅》：“人知束脩爲子弟餽師之禮，不知鄧后紀云：‘故能束脩，不觸羅網。’”注以約束脩整釋之。又，“鄭均束脩安貧，恭儉節整。”“馮衍圭潔其行，束脩其身。”“劉般束脩至行。”皆是此意。又，杜詩薦伏湛疏：“自行束脩，訖無毀玷。”注云：“十五以上也。”延篤亦云：“自束脩以來，爲臣不陷於不忠。”何朱註《論語》只以禮物言耶？（《通俗編》卷七 P143）

【杌子】wùzǐ　《通鑑長編》：“丁謂罷相，入對於承明殿，賜坐，左右欲設墩，謂顧曰：‘有旨復平章事。’乃更以杌子進。”常生案：錢世昭《錢氏私誌》：“賢穆有荊雍大長公主金撮角紅藤下馬杌子。聞國初，貴主乘馬，故有之。”（《恒言錄》卷五 P101）

杌子之名，亦起於宋。見周益公《玉堂雜記》。（《土風錄》卷三 P207）

【材】cái　今人呼凶具曰材。《南史·謝晦傳》：“景仁肥壯，買材數里，皆不合用。”（《直語補證》P6）

棺木曰材。《南史·齊宗室傳》：“命辦數十具棺材。”又《張敬兒傳》：“逃賣棺材

中。"按：棺材本謂中爲棺之材木，而世以呼已成之棺。據二事則齊梁時已然。（《燕説》卷三 P7）

【村】cūn　《説文》："村，墅也，田盧也。"《吳興記》："上若村，下若村。"是也。古無村名，隋世乃有之。《唐令》："在田野者爲村，別置村正一人。"則村之爲義著矣。故世之鄙陋者，人以村名之。古詩："連車載酒來，不飲外酒嫌其村。"今俗又相傳"村酒醉人多"之語。（《雅俗稽言》卷十 P10）

【村書】cūnshū　陸放翁詩："兒童冬學鬧比隣，據案愚儒却自珍。授罷村書閉門睡，終年不著面看人。"自注："農家十月乃遣子入學，謂之冬學，所讀《雜字》《百家姓》之類謂之村書。"（《談徵》言部 P30）

【村氣】cūnqì　劉餗《隋唐嘉話》："薛萬徹尚丹陽公主。太宗嘗謂人曰：'薛駙馬村氣。'"（《續釋常談》卷三十五 P610）
　　《隋唐嘉話》："薛萬徹尚丹陽公主，太宗嘗謂人曰：'薛駙馬有村氣。'"《續演繁露》："古無村名，今之村卽古之鄙也。凡地在國中、邑中，則名之爲都。都，美也，言人物衣製皆雅麗也。凡言美曰'都'，子都、都人士、車騎甚都是也。及在郊外，則名之爲'鄙'，言其樸質無文也。隋世乃有村名，唐令，在田野者爲村，別置村正一人。則'村'之爲義著矣。故世之鄙陋者，人因以'村'目之。"（《通俗編》卷十一 P233）

【朼子】sháozǐ　參見［艮頭］。（《通俗編》卷十一 P236）

【枉】wǎng　徒也，空也。李義山詩："枉緣書札損文鱗。"（《助字辨略》卷三 P171）

【東】dōng　助語辭，有指明意。（《越諺》卷下 發語語助 P20）
　　母教子污曰"嗄東"。（《越諺》卷下 單辭隻義 P8）
　　大東，小東，好東東。（《越諺》卷下 重文疊韻 P6）

【東坡巾】dōngpōjīn　《東坡居士集》："父老爭看烏角巾，應緣會見宰官身。溪邊古路三叉口，獨立斜陽數過人。"按：後人取此詩意寫東坡像，因有東坡巾之稱。然此乃坡公謫嶺外時詩，其巾爲被罪所裹。（《通俗編》卷二十五 P560）

【東坡肉】dōngpōròu　《東坡集》食豬肉詩："黃州好豬肉，價賤如糞土。富者不肯喫，貧者不解煮，慢著火，少著水，火候足時他自美。每日起來打一碗，飽得自家君莫管。"按：今俗謂爛煮肉曰東坡肉，由此。（《通俗編》卷二十七 P611）

【東堂】dōngtáng　參見［都堂］。（《唐音癸籤》卷十八 P161）

【東塗西抹】dōngtúxīmā　《摭言》："薛逢策羸馬赴朝，值新進士綴行而出，斥令回避，逢遣价語之曰：'莫乞相，阿婆三五少年時，也會東塗西抹來。'"按：塗，卽俗云"搽粉"之"搽"。《史記·東方朔傳》老、拍、塗叶，入麻韻。此薛逢以婦人爲喻。今或謂筆跡汎濫曰東塗西抹，誤也。（《通俗編》卷二十二 P494）

【東司】dōngsī　《傳燈錄》：趙州諗謂文遠曰："東司上不可與汝説佛法。"朱暉《絶倒錄》載宋人《擬老饕賦》，有"尋東司而上茅"句。按：俚言"毛司"，據此，當爲"茅司"也。（《通俗編》卷二十四 P5444）

【東床】dōngchuáng　宋人《釋常談》："女婿謂之東床。晉太尉郗鑒遣門生求女婿於王導家，導命來使遍觀之。王氏子弟咸自矜持，惟一人於東床坦腹而臥，旁若無人。郗太尉聞之曰：'東床坦腹者，佳婿也。'訪問，乃是羲之，遂以女妻焉。"後世稱婿爲坦，亦卽此也。劉長卿《子婿李穆》詩："賴有東床客，池塘免寂寥。"（《稱謂錄》卷八 女之夫 P22）

【東家】dōngjiā　參見［東道主］。（《通俗編》卷十三 P277）

【東家婆】dōngjiāpó　《淮南子·説山訓》"婆"作"母"。（《越諺》卷中 尊稱 P13）

【東家母】dōngjiāmǔ　參見［東家婆］。（《越諺》卷中 尊稱 P13）

【東海夫人】dōnghǎifūrén　參見［淡菜］。（《土風錄》卷四 P221）

【東朝】dōngcháo　顏延之《宴曲水》詩："君彼東朝。"（《稱謂錄》卷十 太子 P15）

【東西】dōngxī　東西，酒器也。王禹玉詩："舞急錦腰迎十八，酒酣玉盞照東西。"山谷詩："佳人斗南北，美酒玉東西。"又世俗凡稱物曰東西，或曰："萬物始于春而成于秋，春木震位，東也；秋金兑位，西也，故曰東西。"亦通。（《雅俗稽言》卷十三 P12）
　　《齊·豫章王嶷傳》：嶷謂上曰："南山萬

歲，殆似貌言，以臣所懷，願陛下極壽百年。"上曰："百年亦何可得，止得東西一百，於事亦濟。"則謂物曰東西。(《通雅》卷四十九 P1463)

古有玉東西，乃酒器名。《齊書·豫章王嶷傳》：上謂嶷曰："百年亦何可得？止得東西一百，於事亦濟已。"謂物曰東西。物產四方而約言東西，正猶史記四時而約言春秋焉耳。(《通俗編》卷二十六 P572)

今人以物件爲"東西"，考之於古無可證，唯東晳《貧家賦》："債家至而相敦，乃取東而償西"稍爲近之。(《越言釋》卷上 P17)

汎稱某物曰東西。蓋取東作西成之意。猶作史稱春秋不稱冬夏也。一云，南方火也，北方水也，此二物不便持取，若東木西金皆可手取，故泛號物名曰東西。(《燕說》卷四 P16)

《齊·豫章王嶷傳》："嶷謂上曰：'南山萬歲，殆似貌言，以臣所懷，願陛下極壽百年！'上曰：'百年亦何可得？只得東西一百，於事亦濟。'"則物謂"東西"。又《迶游瑣言》曰："世指好男子窮者，咤曰：'好南北，無東西。'"又《逸史》："宋師儒預知吉凶，謂僧常監有重厄，厄在歲暮。常監瞑目曰：'有何事？莫相恐嚇！某還自辨東西。'"又《兔園冊》："崇禎時，思陵設遊藝堂，爲博覽斯文地。一日，上問曰：'今人動曰買東西，何也？'詞臣莫對。周延儒曰：'東主生發，西主收藏。'上善之。"(《里語徵實》卷中下　二字徵實 P10)

無論何物，概名"東西"。厥諺最古，天下通行。周延儒"南北"之對固爲捷給，然《齊書·豫章王嶷傳》已見。(《越諺》卷中 器用 P27)

【東道】dōngdào　燭之武見秦伯曰"君若舍鄭以爲東道主"，光武謂鄧晨曰"以卿爲我北道主人"，《北史》魏孝武謂咸陽王曰"昨得汝主簿爲南道主"，是東西南北道主各隨地言也。今于居亭主人槩曰東道，亦以主人東階爲言耳。《因話錄》："人道尚右，以右爲尊，禮先賓客，故西讓客，主人在東，蓋自卑也。"(《雅俗稽言》卷十七 P10)

【東道主】dōngdàozhǔ　《左傳·僖三十年》："燭之武見秦伯曰：'若舍鄭以爲東道主，行李往來，共其乏困，君亦無所害。'"

《南史》："王僧辨討侯景，晉州刺史魯廣達出境迎接，資奉軍儲，僧辨謂沈炯曰：'魯晉州亦是東道主人。'"按：世俗謂主人曰"東家"，具觴歘客曰"作東道"，竝因《左傳》語也。不知鄭在秦東，故曰"東道"。若漢光武謂耿弇："是我北道主人。"北魏孝武帝謂咸陽王曰："昨得汝主簿爲南道主人。"北道、南道，俱有所出，則不當槩以"東道"言矣。陸燦《庚己編》云：《禮記》主人就東階，客就西階，故諺呼主人爲'東道'。此因其室礙變通，然可備一說。(《通俗編》卷十三 P277)

參見［東道］。(《雅俗稽言》卷十七 P10)

【東選】dōngxuǎn　唐貞觀初，以京師米貴，令東人選者集洛州，謂之東選。(《唐音癸籤》卷十八 P160)

【東錢】dōngqián　參見［長錢］。(《通俗編》卷二十三 P512)

【枝梧】zhīwú　謂不能主也（屋之小柱者枝，屋之邪柱者梧）。故項羽斬宋義，諸將莫能枝梧是也。(《七修類稿》卷二十四 P357)

枝梧單作支吾。屋之小柱爲枝，斜柱爲梧，皆不能自主者……今人以推調哄人曰支吾，亦曰左支右吾，語見《文選》。(《雅俗稽言》卷十 P18)

宋包孝肅條奏七事："繼以凶年，加之小寇，則何人可以倚仗而枝梧哉！"岳武穆《申司進兵狀》："楚之事危迫，王、郭兩鎮撫並不見差撥兵馬前來，使飛孤軍，委實難以支梧。"《文獻通考》："左支右吾，日不遑暇。"《涌幢小品》："明時，光廟正位，東宮有棍徒持梃入，皇太子親奏送部。供曰：'見一人打一人，小爺洪福大了！'語多支吾，以風癲論。"(《里語徵實》卷中下　二字徵實 P11)

【枝撐】zhīchēng　《魯靈光殿賦》云："枝撐杈枒而斜據。""撐"俗作"撐"，非是。(《通言》卷一 P14)

【杯珓】bēijiào　昌黎《謁衡嶽詩》："手持杯珓導我擲。"(《釋諺》P116)

【杯案】bēi'àn　(《東觀漢記》)又云："蔡彤在遼東，賜錢百萬，下至杯案食物，大小重沓。"(《札樸》卷四　覽古 P136)

【杯筊】bēijiào　《石林燕語》(卷一)："太祖

皇帝微時,嘗被酒入南京高帝廟,香案有竹杯筊,因取以占己之名位,以一俯一仰爲聖筊。"(《釋諺》P116)

【果子茶】guǒzǐchá　其後雜用果色,盈杯溢盞,署以甌茶注之,謂之"果子茶"。已失點茶之舊矣。(《越言釋》卷上 P31)

【果老】guǒlǎo　驢。(《墨娥小錄》卷十四 P4)

【枬】nèn　枬,再生也。(《通俗文》釋草木 P87)

【枅】jī　《廣韻》:"枅,承衡木也。"案:《南齊書·王敬則傳》:"從市過,見屠肉枅,歎曰:'吳興昔無此枅,是我少時在此所作也。'"馥以爲屠家稱肉用枅以承衡。(《札樸》卷四 覽古 P134)

【板兒】bǎnr　董穀《碧里雜存》:"國初至弘治,皆行好錢。正德時,京師交易者,稱錢爲板兒,所使皆低惡之錢,以二折一,但取如數,而不視善否,既而南方亦行板兒,好錢遂閣不行。"按:今京師猶有以二折一之例,但呼小錢,其好錢乃謂之"老官板兒"。陶岳《泉貨錄》曰:"閩王審知鑄大鐵錢,亦以開元通寶爲文,五百文爲貫,俗謂之鉛劢。今云老板者,似當爲鉛劢,以其亦五百爲貫,相承其俗稱耳。"(《通俗編》卷二十三 P510)

【板子】bǎn·zi　老娼。(《墨娥小錄》卷十四 P6)

【板油】bǎnyóu　謂猪肪。(《越諺》卷中 飲食 P35)

【松子量】sōngzǐliàng　陸游《筆記》:"世人有以撜蒲博取人材者,每聚博必大勝,號松子量。"(《稱謂錄》卷二十九 賭 P23)

【枂】yuè　鞍上曰枂(音拗)。(《札樸》卷九 鄉里舊聞 鄉言正字附 雜言 P329)

【枚】xiān　❶耒可斂土曰枚。(《札樸》卷九 鄉里舊聞 鄉言正字附 器具 P327)

　　❷翻書曰枚。枚,虛嚴切。皮日休詩云:"掣釣隨心動,抽書任意枚。"(《燕説》卷三 P15)

【构】yùn　音運。《埤蒼》:"凡織,先經以构,梳使不亂。"案:构,勻也。絲縷類直者曰經,總其縷而梳之,使絲絲不亂,然後上軸曰构。吳中織布亦用构。(《吳下方言考》卷九 P2)

【柳】liǔ　捉之曰柳。柳音柳。(《里語徵實》卷上 一字徵實 P28)

【杭州風】hángzhōufēng　田汝成《遊覽志餘》:"外方人嘲杭人曰'杭州風'。諺曰:'杭州風,會撮空。好和歹,立一宗。'曰:'杭州風,一把葱。花簇簇,裏頭空。'"(《通俗編》卷二 P42)

【枋】fāng　《廣韻》:"蜀以木堰魚爲枋。"案:《元和郡縣志》:"建安九年,魏武在淇水口下大枋木爲堰,因名枋頭。"(《札樸》卷五 覽古 P144)

【枋頭】fāngtóu　參見[枋]。(《札樸》卷五 覽古 P144)

【枕】zhěn　車後橫木曰枕。(《札樸》卷九 鄉里舊聞 鄉言正字附 器具 P326)

【枑械】chǒuxiè　上勑久反,下云戒反。《玉篇》云:"桎梏也。"《考聲》云:"所以拘罪人也。在手曰枑,在足曰械,竝從木,丑、戒聲也。"(《一切經音義》卷續八 5P3977)

　　上音丑,或作拵。《考聲》:"梏也。"在手曰枑,在足曰械,並從木也。(《一切經音義》卷十三 18P509)

　　上抽柳反。《考聲》云:"枑,桎也。"亦作枒。枷手曰枑。下遟戒反。從木丑聲。下遟戒反,《考聲》:"梏也。"《韻詮》云:"穿木枷足曰械。"從木戒聲也。(《一切經音義》卷十 12P383)

【枀】nài　卽無奈,省文也。姜夔《琵琶仙》詞:"枀愁裏恩恩換時節。"劉鎮《漢宮春》詞:"枀夢雲不到愁邊。"(《助字辨略》卷四 P211)

【某】mǒu　某本爲厶。(《里語徵實》卷上 一字徵實 P31)

　　參見[厶]。(《里語徵實》卷上 一字徵實 P31)

【柯枝】kēzhī　骨。(《墨娥小錄》卷十四 P4)

【柯枝子】kēzhī·zi　骨。(《墨娥小錄》卷十四 P8)

【枰】píng　牀三尺五曰榻,板獨坐曰枰。(《通俗文》釋衣飾 P61)

【柤】zhā　劉餘曰柤。(《通俗文》釋草木 P87)

【查】❶chá　查,水中浮木也。今云查理、查勘,有稽考之義。(《雅俗稽言》卷十八

P15）

❷zhā　北人自稱如此。按：《封氏聞見記》："宋昌藻，之間之子，天寶中爲溢陽尉。刺史房琯以其名父之子，常接通之。會有中使至州，琯使昌藻郊外接候。須臾却還，云：'被額。'房琯顧問左右：'何名爲額？'有參軍亦名家子，歘笏而對曰：'查名該詞爲額。'房悵然曰：'道額者已成可笑，識額者更是奇人。'近代流俗，呼丈夫、婦女縱放不拘禮度者爲查。又有百數十種語，自相通解，謂之查談。大抵迫猥僻"云云。又《類説》唐明皇自稱阿瞞，呼人爲查。言士大夫如仙查，隨流順變，升天入地，能處清濁也。二條一美一惡，皆似指人而言。今爲自稱，不知始何時也。（《直語補證》P25）

【查呼】zhāhū　虛謊。（《墨娥小錄》卷十四P7）

【柞糟】zhàzāo　柙酒具。上側嫁反，下音曹。（《俗務要名林》）

【柧】gū　木四方爲棱，八棱爲柧。（《通俗文》釋器用P74）

　　孟東野：……《寒溪》："柧榾吃無力。"柧，棱木，卽舷。榾卽笉。言畏寒，舷笉蹇吃無力。（《唐音癸籤》卷二十三P200）

【染】rǎn　黃。（《墨娥小錄》卷十四P9）

【柅】nǐ　張絲爲柅。（《通俗文》釋器用P73）

【枷】jiā　較也。交木爲之。始自後魏。唐宋以來，方定三等斤數也。（《七修類稿》卷四十四P638）

【架】jià　爐亦有爐禁，今乃謂之"架"。"架"是"禁"音之轉，自謂之"架"而"禁"亡矣。惟拳足相撲者猶有禁架之名：架得住，則曰"禁得"，架不住，則曰"禁不得"。（《越言釋》卷上P11）

【架險航深】jiàxiǎnhángshēn　何剛反。架謂置物在高懸虛之上也。《説文》曰："航，方舟也。"言遠國來者，莫不登險而來也。（《一切經音義》卷二十一P783）

【栻】shì　《漢書•藝文志》有《羨門式法》，通作"栻"。《王莽傳》："天文郎案栻於前。"（《札樸》卷三　覽古P84）

【栽】zāi　專以事務委人曰栽。（《客座贅語》卷一　詮俗P8）

【栲栳】kǎolǎo　栲栳，柳器也。（《目前集》後卷P2156）

【栲掠】kǎolüè　上音考。《考聲》云："捶也，打也。"下音略，又音亮。《正字辯》或云："搒也，笞也。"《考聲》："拷擊也，强取也。"（《一切經音義》卷十五14P576）

【桓頭】huántóu　參見[和頭]。（《通俗編》卷二十六P584）

【栗暴】lìbào　參見[捌]。（《吳下方言考》卷十一P18）

【栗皺】lìzhòu　杜甫詩云："嘗果栗皺開。"……貫休云："新蟬避栗皺。"又云："栗不和皺落。"卽栗蓬也。（《唐音癸籤》卷二十P180）

【栗蓬】lìpéng　參見[栗皺]。（《唐音癸籤》卷二十P180）

【柴】zhài　音豸。《莊子》："趣舍聲色，以柴其內。"《後漢•楊震傳》："於是柴門絶賓客。"案：柴，以物當路，使人不得行也。今吳諺謂置物在出入處曰柴。衙署設木叉曰鹿角柴。（《吳下方言考》卷九P17）

【柴積】cháijī　積音祭。俞玉吾《月下偶談》："吳人指積薪曰柴積，卽《周禮•天官》委積之積。"（《恒言錄》卷五P105）

【柴窯】cháiyáo　參見[越窯]。（《唐音癸籤》卷十九P171）

【柴老】cháilǎo　牙。（《墨娥小錄》卷十四P8）

【桄】guàng　牀橫木曰桄（音如稱之去聲）。（《札樸》卷九　鄉里舊聞　鄉言正字附　器具P327）

【桄桄】guàngguàng　參見[宦宦]。（《札樸》卷十　滇游續筆P340）

【株杌】zhūwù　《説文》曰："株，樹根也。"杌謂剗去枝柯者也。（《一切經音義》卷二十三15P897）

　　上知榆反。《考聲》云："殺樹之餘曰株。"《説文》云："木根也。從木朱聲也。"下五骨反。《韻英》云："樹無枝曰杌。"（《一切經音義》卷六17P246）

【栴檀香】zhāntánxiāng　梵語白檀香名也。上之然反，下唐蘭反。此香出南海，有赤白二種，赤爲上。（《一切經音義》卷三5P116）

【栵鉏】hāochú　又作薅、杔（編者按：當作

祙)二形。籀文作薅，或作薉，同。呼豪反。《説文》："除田草曰薅。"(《一切經音義》卷十 5P369)

【桁】❶háng　拘罪人曰桁。(《通俗文》釋兵器 P86)

❷hàng　參見［筕〕。(《方言據》卷下 P26)

【桁條】héngtiáo　屋頂架木曰桁條。《通雅》："造屋承桁條之木，曰枅枋。"枅，音機。(《里語徵實》卷中上 二字徵實 P23)

【桁械】hángxiè　胡郎反，下胡戒反。《通俗文》："拘罪人曰桁。"械亦桁類也。(《一切經音義》卷七十三 11P2892)

【桃花水】táohuāshuǐ　于鱗嘗爲朱司空賦新河："春流無恙桃花水，秋色依然瓠子宮。"不知者以爲上單下重。按：三月水謂之桃花水，爲害極大。此聯不惟對偶精切，而使事用意之妙，有不可言者。(《雅俗稽言》卷三十 P8)

【格】gé　洪容齋《隨筆》云："格、隔義同，猶云已是也。"白香山詩："如今格是頭成雪。"元微之詩："隔是身如夢。"又……甫也，纔也。白香山詩："都子新歌有性靈，一聲格轉已堪聽。"(《助字辨略》卷五 P270)

【格是】géshì　樂天詩云："江州去日聽箏夜，白髮新生不願聞。如今格是頭成雪，彈到天明亦任君。"元微之詩云："隔是身如夢，頻來不爲名。憐君近南住，時得到山行。"格與隔二字義同，格是猶言已是也。(《容齋一筆》)(《唐音癸籤》卷二十四 P210)

白香山詩："如今格是頭成雪。"元微之詩："隔是身如夢。"洪容齋《隨筆》云："格、隔義同，猶云已是也。"(《方言藻》卷一 P2)

【格餌】gé'ěr　《清異錄》："長興中禁殺牛，有私屠者不敢顯其名，稱曰格餌。"(《稱謂錄》卷二十九 屠 P10)

【案】àn　碾場曰案。(《札樸》卷九 鄉里舊聞 鄉言正字附 雜言 P329)

【案摩】ànmó　參見［按摩〕。(《通俗編》卷二十一 P481)

【根嗣】gēnsì　《漢故相小史夏堪碑》："零陵太守之根嗣也。"案：根嗣卽長子之稱。(《稱謂錄》卷六 長子 P9)

【根帶菜】gēndàicài　甜菜曰根帶菜。

(《燕山叢錄》卷二十二 長安里語 蔬菜 P10)

【根子】gēnzǐ　謂薑、芋之屬也。以無子可種，但蘗根而生故也。(《一切經音義》卷二十六 3P1001)

【根脚】gēnjiǎo　參見［脚色〕。(《通俗編》卷五 P103)

【根脚】gēnjiǎo　(《通鑑》)注云："注其入仕所歷之色也。"宋末參選者具脚色狀，今謂之根脚。"(《札樸》卷五 覽古 P152)

【桑螵蛸】sāngpiāoxiāo　《本草》："桑螵蛸，一名蝕肬。"案："肬""疣"，古今字，謂贅疣也。螵蛸能治肬，故名蝕肬，作"胧"者誤也。(《札樸》卷五 覽古 P168)

【梵嫂】fànsǎo　唐鄭熊《番禺雜記》："廣中僧有室家者，謂之火宅僧。"宋陶穀《清異錄》："京師大相國寺僧有妻，曰梵嫂。"(《南村輟耕錄》卷七 P86)

《清異錄》："比丘妻曰梵嫂。一曰大相國寺僧有妻，則曰梵嫂。"(《稱謂錄》卷三十一 僧 P489)

【梵經】fànjīng　云阿察囉，唐云文字義釋，云無異流轉，或云無盡。以名句文身，善能演說諸佛秘密，萬法差別，義理無窮，故言無盡，或云常住者。(《一切經音義》卷二十五 18P984)

【梗塞】gěngsè　《北史》："魏任城王孫順見先王故榻，便梗塞涕泗交流，久而不能言。"(《通俗編》卷十七 P381)

【梢】❶shāo　驢馬馱物曰梢，人以物附寄行李亦謂之梢。(《客座贅語》卷一 辨訛 P6)

水桶曰梢。(《燕山叢錄》卷二十二 長安里語 器用 P7)

❷shào　剡木上殺曰梢。(《札樸》卷九 鄉里舊聞 鄉言正字附 雜言 P331)

【梢工】shāogōng　參見［船長〕。(《通俗編》卷二十一 P479)

【梢】xuàn　畫圓曰規，規模曰梢。(《通俗文》釋器用 P71)

【梨園】líyuán　明皇酷愛法曲，選部下妓女子弟三百于梨園，號梨園子弟。(《目前集》後卷 P2137)

【桗】chá　木折衺銳曰桗(音茶)。(《札樸》卷九 鄉里舊聞 鄉言正字附 雜言 P331)

【栚鼓】fúgǔ　案：東漢多以七言作標榜語，
　　於句中爲韻，如："……天下中庸有胡公
　　（廣），栚鼓不鳴董少平（宣）。"（《札樸》卷八
　　金石文字 P279）

【梯己】tīgǐ　《心史》："元人謂自己物，則曰
　　梯己物。"《元典章》："押馬人員，于中夾帶
　　梯己馬匹"，"出使經過州縣，中間要做梯己
　　人情"，如此類甚多。《山居新語》："嘗見周
　　草窗家藏徽宗在五國城寫歸御批，有云可
　　付與體己人者，即所謂梯己人。"按：今西北
　　人多有此言，若云狗私利耳。（《通俗編》卷
　　二十三 P523）

【梯媒】tīméi　參見［關節］。（《南村輟耕
　　錄》卷八 P99）
　　　　參見［覓舉］。（《通雅》卷二十 P743）

【梯枙】tīguàng　梯上橫木曰梯枙。枙，本
　　音光，今作狂上聲。按：釋氏《大智度論》
　　云："譬如緣梯從一，初枙而上。"字蓋本此。
　　（《土風錄》卷三 P204）

【梯隥】tīdèng　都鄧反。《廣疋》："隥，履
　　也，依之而上者也。字從昌也。"（《一切經
　　音義》卷七十一 3P2810）
　　　　上體堤反。《韻英》云："木階也。"從木
　　弟聲。下登亘反。郭注《穆天子傳》云："阪
　　也。"《韻英》云："隥，亦梯也。"《字書》："隥，
　　坎也。"（《一切經音義》卷十二 18P473）

【柒果】shāguǒ　（探）不酸者曰柒果。（《札
　　樸》卷九 鄉里舊聞 P312）

【梁上君子】liángshàngjūnzǐ　《後漢書·陳
　　寔傳》："有盜夜入其室，止於梁上。寔陰
　　見，起命子孫，正色訓之曰：'人不可不自
　　勉，不善之人，未必本惡，習以性成，遂至於
　　此，梁上君子者是矣。'盜大驚，投地歸罪。"
　　（《通俗編》卷二十四 P535）

【梁子】liáng·zi　嘗過嶧縣見水中石堰，空
　　中爲關，水出關，折而斜下，對關設坎，魚順
　　急流奪關，必陷於坎，人呼爲梁子。（《札
　　樸》卷九 鄉里舊聞 P304）

【桶】tǒng　受漆者曰桶。（《通俗文》釋器用
　　P74）

【棒槌飯】bàngchuífàn　俗皆曰食三餐，貧
　　餓曰二頓，名此。（《越諺》卷中 風俗 P63）

【棄】jiǎn　參見［草］。（《越言釋》卷下 P23）

【根】chéng　王褒《僮約》："根門柱户。"案：
　　根，支也。吳中謂以物支門曰根門。（《吳

下方言考》卷四 P14）

【根根】chéngchéng　王叡："根根山響答琵
　　琶。"（《唐音癸籤》卷二十四 P215）

【楮幣】chǔbì　今以楮故曰楮幣耳。宋有交
　　子、會子、關子、錢引、度牒、公據等名，皆所
　　以權變錢貨以趨省便，然皆不言其制，惟户
　　部中鹽有鹽鈔之名。（《俚言解》卷二
　　29P43）

【楮錢】chǔqián　參見［楮鏹］。（《土風錄》
　　卷一 P179）

【楮鏹】chǔqiǎng　宋錢若水不燒楮鏹，呂
　　南公爲文頌之。邵康節祭祀焚楮錢，伊川
　　見而怪，問之，曰："亦明器之義。"（《土風
　　錄》卷一 P179）

【棱】lèng　田畈曰棱。《正字通》："農家指
　　田遠近多少曰幾棱。"思按：杜詩："塹抵公
　　畈棱。"蘇詩："恣傾白蜜收五棱。"自注：
　　"棱，去聲，今俗作平音。"攷《廣韻》當作塍，
　　音繩，稻田畈也。蓋棱爲唐人方言，謂築田
　　畈如木之柧棱也。（《土風錄》卷十四
　　P332）

【棋炒】qíchǎo　户部行二縣領太倉銀叁
　　仟，散給各燒餅舖户，每兩上棋炒一石。其
　　法：用白麪少和香油芝蔴爲薄餅，斷爲棋子
　　塊樣炒熟。（《宛署雜記》卷二十 P284）

【棘丞】jíchéng　參見［棘卿］。（《稱謂錄》
　　卷十七 大理寺職官古稱 P17）

【棘卿】jíqīng　大理爲棘卿。（《容齋四
　　筆》）（《唐音癸籤》卷十七 P157）
　　　　《容齋四筆》："今人稱大理寺爲棘卿，
　　丞爲棘丞。"（《稱謂錄》卷十七 大理寺職官
　　古稱 P17）

【椅子】yǐ·zi　後唐《定晉禪院碑》載稠禪師
　　所用之物，有椅子三隻。丁晉公《談錄》：
　　"寶儀雕起花椅子二，以備右丞及太夫人同
　　坐。"王銍《默記》："李後主入宋後，徐鉉見
　　李，取椅子相待。"（《恒言錄》卷五 P100）

【棲泊】qībó　蒲各反。泊，止也，今謂舟止
　　爲棲泊也。（《一切經音義》卷三十二
　　8P1279）

【棧】zhàn　養畜肥壯曰棧。曰棧猪羊，曰
　　棧鷄鵝，皆處棧上，不使近地氣，易肥耳。
　　（《蜀語》P22）

【棧路】zhànlù　查眼反。《廣雅》云："棧即
　　閣也。"《漢書》所謂統絕棧道是也。《説文》

云:"棧亦棚也,從木戔聲。"(《一切經音義》卷八十 13P3150)

【椒房】jiāofáng　應劭《漢官儀》:"皇后稱椒房,取其實蔓延盈升;以椒塗室,取溫暖袪惡氣也。"《唐書》:"長孫無忌與上爲布衣交,加以外戚,有佐命功,上委以心腹,欲相者數矣。后固請曰:'妾備位椒房,貴寵極矣,誠不欲兄弟執國政。呂、霍、上官,可爲切骨之戒。'"(《稱謂錄》卷九 天子妻古稱 P16)

【椒蘭班】jiāolánbān　《解醒語》:"外戚謂之椒蘭班。"(《稱謂錄》卷十一 外戚古稱 P20)

【棠陰】tángyīn　頌人惠愛用棠陰事,本召伯"蔽芾甘棠"之義。據《詩》無"陰"字,然用"棠陰"字久矣。如謝莊策文"棠陰虛館"之類。又有一棠陰事,見沈約碑"痛棠陰之不留"注:"落棠山,日入之地。"此事蓋鮮有知者。(《雅俗稽言》卷二十三 P14)

【栶】zhé　菭櫓也。陟革反。(《俗務要名林》)

【棰】chuí　武祠畫象標榜云:"子騫衣寒,御車失棰。"案:棰卽箠,猶蒲作槌也。《公羊》釋文:"負箠,本又作棰。"《梁書·何思澄傳》:"擬莊周馬棰,其文甚工。"《陳書·始興王叔陵傳》:"出其典籤親事,仍加鞭棰。"其字並從木。(《札樸》卷八 金石文字 P282)

【椎】zhuī　關中俗謂髻頭禿爲椎。許氏《說文解字》云:"髻,髮墮也。"呂氏《字林》、《玉篇》、《唐韻》並直垂反。今俗呼髻音訛,故爲椎耳。(《匡謬正俗》卷六 P71)

【棚】péng　連閣曰棚。(《通俗文》釋宮室 P43)

　　牀棧曰棚。(《札樸》卷九 鄉里舊聞 鄉言正字附 器具 P327)

【棚車】péngchē　上白萌反。《考聲》云:"棚車是樓車也,今時俗多行用之,施朱於車上,以五綵纏結爲棚,以載樂人,導引於前也。正從車作輌。"(《一切經音義》卷八十一 10P3188)

【棚閣】pénggé　蒲萌反。《通俗文》:"連閣曰棚。"棚亦閣也。(《一切經音義》卷二十八 15P1131)

　　上白萌反。《考聲》云:"棚,棧也。"(《一切經音義》卷十九 17P739)

　　白萌反。《廣雅》云:"棚亦閣也。"《說文》:"棧也。"從木朋聲也。(《一切經音義》卷十七 3P635)

【棓箠】bàngchuí　音蚌槌。《亢倉子》:"句粵之簳,鏃以精金,鷩隼爲之羽,以之棓箠,則其與橋楪也無擇。"案:棓箠,假之爲棓而箠物也。吳中謂擣衣杵爲棓箠。(《吳下方言考》卷三 P8)

【棺材】guāncái　棺材,本謂中爲棺之材木,而世以呼已成之棺。(《通俗編》卷二十六 P583)

【椀脱】wǎntuō　《唐史》:"武氏引見存撫,使所舉人無問賢愚,悉加擢用。時爲之語曰:'補闕連車載,拾遺平斗量。欋槌侍御史,椀脱校書郎。'"(《常語尋源》卷下壬册 P304)

【極樂世界】jílèshìjiè　柳宗元《淨土院記》:"佛言西方過十萬億里,有世界曰極樂。"白居易《畫西方幀記》:"極樂世界者,以無八苦、四惡道、三毒、五濁業故也。"(《通俗編》卷二 P37)

【椿】chūn　櫱曰椿。(《札樸》卷九 鄉里舊聞 鄉言正字附 器具 P327)

【椿萱】chūnxuān　俗謂母爲萱堂。……後世以燕山靈椿爲父,遂稱其父母爲椿萱,自宋末始有之。(《俚言解》卷一 15P10)

　　王弇州云:"今人以椿萱擬父母,當是元人傳奇起耳。大椿氏八千歲爲春秋,以擬父猶可。萱引《詩》語'言樹之背',殊不切。觀唐元微之詩:'萱近北堂穿土早。'宋丁會之:'草解忘憂夏底事。'則唐、宋人必不以萱擬母也。喬梓,所謂喬仰而高,梓俯而卑,周公之所以撻伯禽也却久。"(《唐音癸籤》卷二十四 P216)

【楪子】diézǐ　《名臣錄》:"呂蒙正爲相,有朝士藏古鏡,能照二百里,欲獻以求知。公曰:'吾面如楪子大,安用照二百里也。'"(《常語尋源》卷下辛册 P283)

【楚楚】chǔchǔ　案:東漢多以七言作標榜語,於句中爲韻,……又如"……不避强禦有次武,京師楚楚袁與祖。"(《札樸》卷八 金石文字 P280)

【楚痛】chǔtòng　《六書故》:"楚,一名荊,捶人卽痛,因名楚痛。"(《札樸》卷四 覽古 P117)

【楂鈎】dāgōu　曲木可挂物曰楂鈎。俗作

"搭鈎"。(《里語徵實》卷中上　二字徵實P18)

【楊溝】yánggōu　馬縞《古今注》："長安御溝謂之楊溝,植高楊於其上也。"(《俚言解》卷一　12P9)

《中華古今注》："楊溝,植高楊于其上也。"□□□□"飛薨夾馳道,垂楊蔭御溝。"或作羊溝,爲溝以□羊之抵觸,此不通之說也。或又作陽溝,對陰溝而言,穿鑿甚矣。(《目前集》前卷 P2113)

崔豹《古今注》："長安御溝謂之楊溝,以其上植楊柳也。"(《土風錄》卷四 P214)

參見[陽溝]。(《里語徵實》卷中下　二字徵實 P17)

參見[羊溝]。(《通俗編》卷二 P40)

【楞嚴】lèngyán　上勒恒反。梵語也。唐云甚深也。(《一切經音義》卷二十 6P755)

【楇柮】gǔduò　蓯。(《墨娥小錄》卷十四 P4)

【槢】bào　抛。冬秤醃菜,以五把爲一"槢"。出《免疑韻》。(《越諺》卷中　穀蔬 P55)

【槐廳】huáitīng　《夢溪筆談》："學士院第三廳學士閣子當前有一巨槐,素號槐廳。舊傳居此閣者,多至入相。學士爭槐廳,至有抵徹前人行李而强據之者。"(《稱謂錄》卷十三　翰林院 P6)

【楥】yuán　馥案:"援",《集韻》作"楥,籬也,音于眷切"。(《札樸》卷三 覽古 P90)

【楓子】fēngzǐ　庾開府詩:"楓子留爲式,桐孫待作琴。"《廣韻》:"楓,木名,子可爲式。"孫炎注《爾雅》云:"欇欇生江上,有奇生枝,高三四尺,生毛,一名楓子。"……《漢書·藝文志》有《羨門式法》,通作"栻"。《王莽傳》:"天文郎案栻於前。"《廣雅》:"曲道栻枬也。"枬有天地,所以推陰陽,占吉凶,以楓子棗心木爲之。"奇生枝",《廣韻》作"𣏗",又作"𣏗",云"木別生也"。(《札樸》卷三覽古 P83)

【梯】tì　"象之掃也",《廣韻》從木作"梯",云:"梯枝,整髮釵也。"(《札樸》卷一 溫經 P26)

【梯枝】tìzhī　《廣韻》云:"梯枝,整髮釵也。"(《札樸》卷一 溫經 P26)

【榐】jiān　參見[柸]。(《唐音癸籤》卷二十三 P200)

【格】hé　駄物具。胡革反。(《俗務要名林》)

【楄】pián　𩏑。門戶廳堂間題額,卽"署"也。俗作"匾"。出《說文》。(《越諺》卷中 屋宇 P24)

【椵】jiā　《類篇》:"椵,囚械也。"《周禮》"封人設其楅衡"鄭注:"元謂楅設於角,衡設於鼻,如椵狀也。"賈疏:"漢時有置於犬之上,謂之椵,故舉之以爲況衡者也。"馥案:囚械俗作"枷"字,施於項,與牛之鼻衡不同,然皆械也。(《札樸》卷五 覽古 P144)

【榍】xiè　出物曰榍。(《札樸》卷九 鄉里舊聞 鄉言正字附 雜言 P331)

【榙子】gé·zi　窗扇曰榙子,他無所,見陳共年《題畫冊詞》用之云:"浪花榙子冰紋檻。"不知何所本。(《土風錄》卷四 P215)

【榪】mà　橫木曰榪。音罵。(《肯綮錄》P2)

參見[馬子]。(《雅俗稽言》卷十 P17)

【榪子】màzǐ　繩繫木爲坐具曰榪子。榪音罵。《韻會》引"曾子輿機"疏:"機以木爲之,如牀,先用以繩繫兩頭,謂之榪。"《正字通》:"俗謂木片關定器物曰榪子。"(《燕說》卷三 P6)

參見[馬子]。(《雅俗稽言》卷十 P17)

【楎】hún　大木剖也。户昆反。(《俗務要名林》)

【榫頭】sǔntóu　俗作"笋"。从《程子語錄》。(《越諺》卷中 屋宇 P25)

【槃】pí　《文選·西京賦》:"鏤檻文槃。"李善引《聲類》:"槃,屋連綿也。"馥謂:"連綿"卽"槃聯",《廣韻》:"槂,屋聯槂。"是也。《通鑑》:"陳起三閣,縣楣閣檻,皆以沈檀爲之。"胡注:"縣楣,橫木施於前後兩楹之間,下不裝構,今人謂之挂楣。"馥謂:"縣楣"卽"縣聯"也。(《札樸》卷四　覽古 P126)

【槃散】pánsǎn　上音辦平聲,下音删。《史記·平原君傳》:"民家有躄者,槃散行汲,平原君美人笑之。"案:槃散,槃躃而行也。吳人謂不能行而强行者爲槃散。(《吳下方言考》卷五 P7)

【槍手】qiāngshǒu　案:《宋史·兵志》:"臣僚言:'天下步兵之精者,莫如福建槍仗手。'"《寶慶四明志》:"正兵二十二隊,有槍

手四百六十八人。"今代作文者,亦稱爲槍手,亦猶捉刀之意耳。(《稱謂錄》卷二十八 頂替 P19)

【槁】gǎo　北方呼鋤曰槁,不知何解。鮑鉁《亞谷敧書》載之。(《直語補證》P35)

【榜子】bǎngzǐ　唐人啓事,非表非狀謂之榜子,又曰錄子,宋改曰劄子。(《雅俗稽言》卷十二 P2)

　　唐人奏事,非表非狀,謂之榜子,亦曰錄子。宋人謂之劄子。即今之摺子是也。(《言鯖》卷下 P3)

【榜眼】bǎngyǎn　《宋史·陳若拙傳》:"當時以第二人及第者爲榜眼。若拙素無文,故目爲瞎榜。"王元之《送弟三人朱嚴先輩從事和州》詩有云:"榜眼科名釋褐初。"是第三人亦稱榜眼也。(《恒言錄》卷四 P80)

　　《雲麓漫鈔》:"世目狀元第二人爲榜眼。"王禹偁《送朱嚴詩》有"榜眼科名釋褐初"句,蓋"榜眼"之名起于宋初也。《二老堂雜志》:"高宗中興以來,十放進士,其榜眼官職,往往過于狀元。"(《通俗編》卷五 P99)

【榜花】bǎnghuā　《南部新書》:"唐禮部放榜,歲取二三人姓氏稀僻者,謂之色目人,又曰榜花。"(《通俗編》卷五 P92)

　　《南部新書》:"唐自大中以來,禮部放榜,見姓氏稀而僻者,謂之榜花。"(《常語尋源》卷上甲冊 P192)

　　參見[色目]。(《語竇》P147)

【寨】zhài　參見[砦]。(《越言釋》卷上 P2)

【榨牀】zhàchuáng　山谷《放言詩》:"榨牀在東壁。"(《土風錄》卷三 P204)

【榷部】quèbù　《宋史·高宗紀》:"建炎二年正月,置行在榷貨務。"《同話錄》:"榷貨非揚榷之義。榷,獨木橋也,乃專利而不許他往之義。"案:今司關皆稱曰榷,其有由部員放者即稱榷部。(《稱謂錄》卷二十三 關差 P6)

【榑桑】fúsāng　扶桑,嚴忌《哀時命》作榑桑,音同。李白詩:"游榑桑兮掛左袂。"(《唐音癸籤》卷十六 P142)

【槽】cáo　今黄河舟子稱水落爲歸槽。槽本馬槽,象渠形言之也。白詩:"江鋪滿槽水。"元詩:"江流初滿槽。"元自註:"槽爲楚語。"(《唐音癸籤》卷十六 P148)

【標兒】biāor　帽。(《墨娥小錄》卷十四 P5)

【標格】biāogé　《唐書》:"項斯成進士,授丹徒尉,爲人清奇雅正,尤工於詩。楊敬之贈以句云:'幾日見君詩盡好,及觀標格勝於詩。平生不解藏人善,到處逢人説項斯。'"(《常語尋源》卷下戊冊 P244)

【標榜】biāobǎng　《史記·留侯世家》:"武王表商容之閭。"索隱曰:"表者,標榜其里門。"(《通俗編》卷二十四 P547)

【標正】biāozhèng　好打扮。(《墨娥小錄》卷十四 P8)

【樓堞】lóudié　《通鑑》又云:"程靈洗引大艦臨城發拍,擊樓堞,皆碎。"(《札樸》卷五 覽古 P155)

【樓羅】lóuluó　參見[嘍羅]。(《通俗編》卷八 P169)

【櫐子】lěi·zi　筍有隔、盛食品曰櫐子。(《札樸》卷九 鄉里舊聞 鄉言正字附 器具 P327)

【樂卿】yuèqīng　太常卿曰樂卿,少卿爲少常、奉常。(《容齋四筆》)(《唐音癸籤》卷十七 P157)

【樂得】lèdé　《禮·樂記》,《老子》,《易林》。(《越諺賸語》卷上 P6)

【樂户菩薩】yuèhùpúsà　墮貧奉祀之神名。或曰即唐明王。(《越諺》卷中 不齒人 P17)

【樂託】luòtuō　參見[落度]。(《通俗編》卷十五 P529)

【檠】qíng　鑿柄名也。(《通俗文》釋器用 P71)

　　參見[銎]。(《通俗文》釋器用 P70)

【樣子】yàngzǐ　《朱子語錄》:"皇極是指其身爲天下人做個樣子。"范氏《過庭錄》:"神廟大長公主,哲宗朝重于求配,遍士族中求之,莫中聖意。近臣奏曰:'不知要如何人物?'哲宗曰:'要如狄詠者。'天下因謂詠爲人樣子。"(《通俗編》卷十一 P234)

【槮差】cēncī　音攙磋。許氏《説文》:"槮差。"案:槮差,長短不齊之貌。吳諺謂物之長短不齊者曰槮差。(《吳下方言考》卷六 P4)

【橫財】hèngcái　《獨異志》:"盧懷慎暴卒。夫人崔氏曰:'公清儉廉潔,略遺毫髮不留;張説納貨山積,其人尚在。奢儉之報,豈虛也哉?'宵分,公復生。曰:'冥司有三十爐,爲張説鼓鑄橫財,我無一焉,豈可並哉?'言訖復絶。"陸游詩:"地下無人鑄橫財。"用此。(《通俗編》卷二十三 P518)

【橫死】hèngsǐ　《禮·檀弓》:"死而不弔者三。"疏云:"此論非禮橫死不合弔哭之事。"《南史·陸襄傳》:"襄爲鄱陽內史,枉直無濫。人歌曰:'人無橫死賴陸君。'"《梁宗室傳》:"棟及二弟並鎖密室,侯景敗走,兄弟相扶出,逢杜崱于道,崱去其鎖。弟曰:'今日免橫死矣。'棟曰:'吾猶有懼。'"《五代史·史宏肇傳》:"帝曰:'宏肇等專權,使汝曹常憂橫死。今吾得爲汝主矣。'"(《通俗編》卷十四 P309)

【橫頭】héngtóu　元微之詩:"招我上華筵,橫頭坐賓位。"(《土風錄》卷十 P285)

【樟槝】gūlǐn　木材曰樟槝。(《札樸》卷九 鄉里舊聞 鄉言正字附 器具 P326)

【橐扇】tuóshàn　上湯洛反。䪌扇也,吹火具也。(《一切經音義》卷十四 2P514)

【樸樕】pǔsù　衣服不整曰樸樕。(《札樸》卷九 鄉里舊聞 鄉言正字附 雜言 P330)

李時珍曰:"樸樕者,嬰娑之貌,其樹偃蹇,其枝芃芃故也。"俗呼衣服不整者爲樸樕。(《札樸》卷二 溫經 P67)

【橋梓】qiáozǐ　伯禽、康叔見周公,三見而三笞。商子曰:"南山之陽有木名橋,北山之陰有木名梓。"二子往觀,橋高而仰,梓卑而俯,反以告。商子曰:"橋,父道也;梓,子道也。"今以父子稱橋梓本此。(《目前集》後卷 P2147)

【樵老】qiáolǎo　柴。(《墨娥小錄》卷十四 P5)

【橦】zhōng　木段曰橦。橦音同。唐長安有司農木橦渠。見《山堂肆考》。(《里語徵實》卷上 一字徵實 P18)

【橙】dèng　參見[凳]。(《能改齋漫錄》卷二 P32)

【櫑】lèi　推石自高而下也。(《類篇·木部》。)(《埤蒼》P13)

【樬和尚】lǔhéshàng　船尾架樬小橛,以鐵爲之。《方言》"隱櫂謂之槳"下注:"搖樬小橛,江東又名爲胡人。"胡人卽俗云云之意。(《直語補證》P16)

【桫】suō　梭,織具也,所以行緯謂之桫。

(《通俗文》釋器用 P72)

【櫛工】zhìgōng　楊循吉《蓮軒吳記》:"櫛工楊某晨詣學,爲髻生束髮。"陳眉公《見聞錄》:"張莊簡與莊懿公,皆以尚書家居。兩公歲時入城祝釐則皆出,而往來待詔家拜節。待詔、吾松櫛工之稱也。"(《稱謂錄》卷二十八 百工 P8)

【樬子】zōng·zi　水斗曰樬子。(《宛署雜記》卷十七 P194)

【檀越】tányuè　佛書,梵語"陀那缽底",唐言施主。稱檀那者,訛"陀"爲"檀",去"缽底"二字。又稱檀越者,謂此人行檀施,能越貧窮之苦海。坡詩"笑指蜜蜂作檀越"。(《常語尋源》卷上甲冊 P191)

《翻譯名義》:"唐言'施主'也。"(《越諺》卷中 尊稱 P12)

參見[施主]。(《雅俗稽言》卷二十 P9)

參見[檀那]。(《通俗編》卷二十 P448)

【檀那】tánnà　《翻譯名義》:"檀那,唐言施主也。又稱檀越。檀,卽施也。此人行施,則越貧窮海矣。"(《通俗編》卷二十 P448)

佛書,梵語"陀那缽底",唐言施主。稱檀那者,訛"陀"爲"檀",去"缽底"二字。(《常語尋源》卷上甲冊 P191)

參見[施主]。(《雅俗稽言》卷二十 P9)

【檀郎】tánláng　李商隱詩:"謝傅門庭舊未行,今朝歌管屬檀郎。"李賀詩:"檀郎謝女眠何處?"(《續釋常談》卷三十五 P610)

【機傒】mèixiè　木不方正曰蔑楔,作事不方正曰機傒,人不方正曰儯傒,皆此二音而別之。(《談徵》言部 P39)

【櫈】dèng　都鄧翻,几也。郭忠恕《佩觿》已載此字。《廣韻》載"凳"字,注:"牀凳"。(《直語補證》P41)

【櫝】dú　劒者,……其柎謂之削,亦謂之鞞,亦謂之櫝。(《札樸》卷四 覽古 P130)

【棄囊】bèináng　上音敗,下諾卽反。《蒼頡》《玉篇》:"鞴囊,吹火具也。"(《一切經音義》卷十六 5P601)

【楇劍】lěijiàn　周遷《輿服雜志》:"漢儀:諸臣帶劍上殿階解劍。晉世始代之以木。"《廣韻》:"楇劍,古木劍也。"馥謂:劍本武備，後世以木爲佩飾，故有"昭文"之稱也。《隋書·禮儀志》："案漢自天子至於百官，無不佩刃。蔡謨議云：'大臣優禮皆劍履上殿，非侍臣，解之，蓋防刃也。'近代以木，未詳所起。東齊著令，謂之象劍，言象於劍。"馥案：《晉書·輿服志》亦言"晉始代之以木"。《新唐書·柳冕傳》："帝問象劍尺寸。"《通鑑》："開成元年，郭皎奏諸司儀仗有鋒刃者，請皆輸軍器使，遇立仗別給儀刀。"注云："儀刀，以木爲之，以銀裝之，具刀之儀而已。"馥謂：儀刀，猶象劍也。（《札樸》卷四　覽古 P138）

【榻聯】miánlián　《說文》"榻"字下云："屋榻聯也，音如眠。"《楚辭·九歌》："辟蕙榻兮既張。"注："析蕙覆榻屋也。"按：今謂之眠簷，二字皆譌。（《通俗編》卷二十四 P544）

【欅】jǔ　柳之別名。音舉。（《俗務要名林》）

【櫸頭】lóngtóu　馬絡曰櫸頭。（《札樸》卷九　鄉里舊聞 鄉言正字附 名稱 P328）

【欂】shuān　欂，關門機。（《通俗文》釋宮室 P41）

　　門牡曰欂。（《札樸》卷九　鄉里舊聞 鄉言正字附 名稱 P328）

　　門閂曰欂。欂音刪。《韻會》："關門機也。"《淳化帖》有"銀錠欂痕"。焦竑《俗用雜字》："本作欂，通作廛。俗又作閂。"《桂海雜志》："閂，門橫機也。"（《里語徵實》卷上 一字徵實 P19）

【欄圈】lánjuàn　豬所也。上音蘭，下求勉反。（《俗務要名林》）

【欄杆】lángān　曹植詩曰："月落參橫，北斗欄杆。"欄杆，橫斜貌。又《長恨歌》曰："玉容寂寞淚欄杆。"欄杆，眼眶也。故韻書有眼眶之訓。（《七修類稿》卷二十八 P432）

【雞】jiū　收束曰雞（聲如抽）。（《札樸》卷九　鄉里舊聞 鄉言正字附 雜言 P331）

【欋槌】qúchuí　《唐史》：武氏引見存撫，使所舉人無問賢愚，悉加擢用。時爲之語曰："補闕連車載，拾遺平頭量。欋槌侍御史，椀脫校書郎。"（《常語尋源》卷下 壬冊 P304）

【橴柄】bàbǐng　《藝林伐山》張無垢言："橴柄入手，則開道之際，改頭換面，今講學者悉用此語，而不知其所自出也。"按：朱子答萬

正淳亦云："日用間須有箇橴柄，方有執捉，不至走失。"（《通俗編》卷二十六 P572）

　　張無垢云："橴柄入手，則開導之際，改頭換面，隨宜說法，使殊塗同歸。"（《里語徵實》卷中上 二字徵實 P39）

支　部

【支吾】zhīwú　今人以推調哄人曰支吾。（《七修類稿》卷二十四 P357）

　　參見［枝梧］。（《雅俗稽言》卷十 P18）

　　參見［枝梧］。（《里語徵實》卷中下 二字徵實 P11）

【支婆】zhīpó　陸游《家世舊聞》有云"杜支婆"者，注云："先世以來，庶母皆稱支婆。"（《稱謂錄》卷二 父之妾 P12）

　　宋時呼庶祖母爲"支婆"。（《越言釋》卷上 P24）

　　陸放翁《家世舊聞》稱庶母爲"支婆"。（《里語徵實》卷上 一字徵實 P3）

【支查】zhīzhā　（事之）有圭角曰支查。（《客座贅語》卷一 方言 P10）

【支梧】zhīwú　參見［枝梧］。（《里語徵實》卷中下 二字徵實 P11）

【支楞】zhīléng　自矜尚曰支楞，曰崚嶒。（《客座贅語》卷一 方言 P11）

【支捂】zhīwǔ　詭詞曰支捂。（《札樸》卷九　鄉里舊聞 鄉言正字附 雜言 P330）

【支離】zhīlí　《法言·五百篇》："或問天地簡易，而聖人法之，何五經之支離？曰：'支離，蓋其所以爲簡易也。'"注云："支離，言分散也。"按：俗以語言喵雜爲支離因此。《莊子·人間世》所謂"支離"，乃不全貌，與今語義遠。（《通俗編》卷十七 P377）

【攲】qí　"奇生枝"，《廣韻》作"攲"，又作"攲"，云："木別生也。"（《札樸》卷三 覽古 P84）

【攲閣】guǐgé　高置立攲棚云攲閣。（《通俗文》釋宮室 P43）

【攲】hāo　繫頰也。（慧琳《嚩折囉頓犁法音義》。又《經律異相十六音義》。又《彌勒菩薩所問經論三音義》。）（《埤蒼》P7）

【攲】qí　"奇生枝"，《廣韻》作"攲"，又作"攲"，云："木別生也。"（《札樸》卷三 覽古 P84）

【毿】sà　㲯起也。才盍切。出《新字林》，《廣韻》引之。即今以木支物字也。（《直語補證》P30）

　　殺。支不穩也。周馳有《毿子咏》。俗有"毿桌脚"語。《中州集》。（《越諺》卷下單辭隻義 P9）

犬（犭）部

【犯】fàn　俗稱小產曰犯。（《雅俗稽言》卷八 P7）

【犯夜】fànyè　《通典》："更鋪失候，犯夜失號。"《唐律》："諸犯夜者笞二十。閉門鼓後，開門鼓前行者，皆爲犯夜。"疏引《宮衛令》："五更三籌，順天門擊鼓，聽人行；晝漏盡，順天門擊鼓四百槌訖，閉門後更擊六百槌，坊門皆閉，禁人行。"（《恒言錄》卷四 P87）

　　《晉書·王承傳》："遷東海太守，有犯夜者，爲吏所拘。承問其故，答曰：'從師受書，不覺日暮。'"杜子美詩："醉歸應犯夜，可怕執金吾？"（《恒言廣證》卷四 P68）

【犯土】fàntǔ　世俗營建宅舍偶有疾病輒云"犯土"，雖未營建而忽然身腫輒云"土注"，或目瞳有翳輒云"土瞖"。故道家有《謝土章》，醮之科有《折土書》及《土符》諸文。（《俚言解》卷一 11P8）

【犯帖】fàntiě　闈中扣名曰犯帖。《唐國史補》："宰相判事有堂案，處分百司曰'堂帖'。"扣名帖出始此。（《里語徵實》卷中上二字徵實 P21）

【犵狫官】gēlǎoguān　葛老。泛稱不識之人。（《越諺》卷中　倫常 P10）

【献】bèi　具。犬張斷出聲。（《越諺》卷下聲音音樂 P17）

【狀元】zhuàngyuán　《摭言》："放榜後狀元以下到主司宅門下馬。"又，"狀元以下與主司對拜，拜訖，狀元出行致詞。"按："狀元"之稱，自唐有之矣。而放榜後，未經廷試，即稱狀元，則今所謂會元耳。又其時不獨第一人曰狀元，鄭谷《登第後宿平康里詩》："好是五更殘酒醒，耳邊聞喚狀元聲。"攷谷登趙昌翰榜，係第八名。宋《周必大文稿》有回姚狀元穎啓，回第二人葉狀元適啓，回第三人李狀元寅仲啓，似凡新進士俱

得稱"狀元"也。（《通俗編》卷五 P99）

【狀元紅】zhuàngyuánhóng　曾鞏《荔支譜》："狀元紅，言于荔支爲第一，在福州報國寺。"《通俗編》（卷三十）引《天彭牡丹譜》（按：見陸游《天彭花品釋名》）："狀元紅者，重葉深紅，天姿富貴，彭人以冠花品，以其高出衆花之上，故名。或曰：舊制進士第一人即賜茜袍，此花如其色，故以名之。"（庸）按：《花鏡》："牡丹（千葉樓子大紅色）、荔支（寶圓而小核，細如丁香，上品也）、菊（千葉、深紅），皆有狀元紅之名。"今越人又以名酒之醇者，絳（編者按：當作絳）蠟之短而鉅者一斤八條，亦以是呼之。（《釋諺》P82）

【狀頭】zhuàngtóu　矮子。（《墨娥小錄》卷十四 P5）

　　《摭言》："張又新時號張三頭，謂進士狀頭、宏詞勅頭、京兆解頭。""鄭合敬詩：'最是五更殘醉醒，時時聞喚狀頭聲。'"（《恒言錄》卷四 P80）

　　《唐摭言》："鄭合敬《及第後宿平康里》詩曰：'好是五更殘酒醒，時時聞喚狀頭聲。'"《玉泉子》："杜黃裳知貢舉，舉尹樞，時名籍籍，其年狀頭及第。"（《稱謂錄》卷二十四　狀元 P11）

　　《酉陽雜俎》："李固言擢狀頭，詩賦有芙蓉人鏡之目。"《通鑑·唐僖宗紀》："朕若應擊毬進士舉，須爲狀頭。"《南部新書》："李翱典郡，有進士盧儲投卷，翱女見卷曰：'此人必爲狀頭。'李選以爲壻。來年，果狀頭及第。《催粧》詩曰：'昔年將去玉京遊，第一仙人許狀頭。'"（《恒言廣證》卷四 P64）

【狂藥】kuángyào　王倫之黨，人人若狂，口中但叫殺殺，此皆飲藥使然。《通鑑》："元魏冀州沙門法慶，以妖幻惑衆，合狂藥令人服之，父子兄弟不復相識，唯以殺害爲事"是也。（《札樸》卷五　覽古 P157）

【狟狗】huāngǒu　又名"田狗"。皆獵者捕得之。（《越諺》卷中　禽獸 P44）

【狟豬】huānzhū　狟，歡。野豚。（獵者捕得之。）（《越諺》卷中　禽獸 P44）

【狎客】xiákè　《避暑漫抄》："丁謂以通家爲狎客。"（《稱謂錄》卷八　師與弟之父兄相稱 P43）

【狐媚】húmèi　《搜神記》："狐歲久……則

變爲人形，善惑人。"故又曰狐媚。(《雅俗稽言》卷三十六 P13)

【狐狼野干】húlángyěgān　扈都反。《玉篇》："妖獸也。"鬼所乘，有三德，其色中和；小前大後，夂必首丘。梵云悉伽羅，此言野干。色青黄如狗，羣行，夜鳴聲如狼。《子虚上林賦》："騰遠野干。"司馬彪、郭璞注並云："射干能緣木。射音夜。"《廣志》云："巢於危巖高木。"《禪經》云："見一野狐，又見野干。"故知二别。(《一切經音義》卷二十七 13P1070)

【狐疑】húyí　狐欲渡冰，且渡且聽，聽無水聲方渡……《韓詩外傳》："狐，水神也。"性多疑。故俗有狐疑之説。(《雅俗稽言》卷三十六 P13)

【狐騷】húsāo　腋氣也。《山海經·北山經》"食之不驕"注云："或作騷，騷，臭也。"(《直語補證》P43)

【狗】gǒu　嘲事之失度，人之失意也，曰狗。(《客座贅語》卷一 詮俗 P8)

【狗已】gǒuyǐ　參見[已巴]。(《蜀語》P13)

【狗毛雨】gǒumáoyǔ　參見[露天雨]。(《俚言解》卷一 2P4)

【狗膽】gǒudān　狗耳大垂。(《俗務要名林》)

【狗蠅蝨】gǒubīshī　狗蟲曰狗蠅蝨。(《札樸》卷九 鄉里舊聞 鄉言正字附 名稱 P328)

【狗驢】gǒulú　驢也，而狗之，以其大狗無幾。山陰蘭亭游士策焉。(《越諺》卷中 禽獸 P44)

【猛】tà　㿾。犬以舌食。(《越諺》卷下 聲音音樂 P17)

【狢子】hézǐ　參見[獥兒]。(《通雅》卷十九 P666)

【狡獪】jiǎokuài　小兒戲謂之狡獪。(《通俗文》釋言語下 P34)

【狠】yán　吾還切，㿾，讀若"岩"。犬鬭聲。(《越諺》卷下 聲音音樂 P17)

【狸奴】línú　《酉陽雜俎》："猫别名：一烏圓，一蒙貴。"又呼狸奴。一曰蒙貴似猫，捕鼠也……羅大經詩："陋室遍遭黠鼠欺，狸奴雖小策勳奇……"(《雅俗稽言》卷三十六 P11)

【狼狽】lángbèi　狼狽者，事之乖舛也。狼

者，犲也；狽者，狼之類。《神異經》云："狽無前足，一云前足短，不能自行，附狼背而行，如水母之目蝦也。若狼爲巨獸，或獵人逐之而逸，卽狽墜於地，不能取濟，遂爲衆工所獲。失狼之背，故謂之狼狽。"狽字者，形聲也，大獸也。貝者，背也，以狽附於狼背，遂犬邊作貝。貝者，北海之介虫，陸居爲猋，在水名蚳。凡貨賄之字皆從貝者，蓋古之貨也。篆文象介蟲之形，卽玭珥之類也。(《蘇氏演義》卷上 P11)

今多以此言人之敗壞。(《目前集》後卷 P2146)

狼前二足長，後二足短。狽前二足短，後二足長。狼无狽不能立，狽无狼不能行，若相離則進退無攄，故世言事乖者曰狼狽。《漢紀》"周勃狼狽失攄"，以此也。俗謂人貧困曰狼狽，非也。(《雅俗稽言》卷三十六 P15)

《酉陽雜俎》狽前足絶短，每行常駕於狼腿上。狽失狼則不能動，故世言事乖者稱狼狽。(《通俗編》卷二十八 P628)

【狼抗】lángkàng　《晉書·周顗傳》："顗言王敦剛愎強忍，狼抗無上，其意寧有限耶。"《世説新語》：周嵩泣對母曰："嵩性狼抗，恐亦不容於世。"按：今以狼抗爲難容之貌，而出處乃是言性。《玉篇》有云："㹴㹴，身長貌，讀若郎康。"或今語别本于彼，亦未可知。(《通俗編》卷三十四 P754)

《宋書·文九王傳》："休佑生平，狼抗無賴。"案：狼抗，大而無用，不可容也。今吳謂物之大而無處置放者曰狼抗。(《吳下方言考》卷二 P6)

【狼忙】lángmáng　谷神子《博異記》："馬熢狼忙竄六十餘里。"案：狼忙，忙之甚也。今諺謂懼而忙曰狼忙。(《吳下方言考》卷二 P6)

【狼筅】lángxiǎn　山居之民劈竹其尾如筅形，用爲鬭械，則謂之"狼筅"。(《越言釋》卷下 P33)

【狼藉】lángjí　《蘇鶚演義》：狼藉草而卧，去則滅亂，故凡物之縱橫散亂者，謂之狼藉。(《通俗編》卷二十八 P628)

【猋】biāo　快步曰猋。猋音標。又作"驫"，音同。《玉篇》："驍勇也。"《集韻》："馬行疾貌。"《禮·月令》："猋，風暴雨總至。"(《里語徵實》卷上 一字徵實 P19)

【猒恔】yànhài　胡代反。《通俗文》：“患愁曰恔，恔亦苦也，恨也。”今猶言患恔，以有所苦也。（《一切經音義》卷七十四 14P2937）

【猜拳】cāiquán　《桯史》：“漢武帝作猜拳、鬥草戲。”又角力、角技，亦起乎漢武帝。《漢紀》作“角抵戲”，注：“兩兩相當，角力角技。”（《里語徵實》卷中下 二字徵實P3）

【豬婆龍】zhūpólóng　參見［頂缸］。（《吳下方言考》卷二P8）

【猫兒頭】māo'értóu　元新官出京，有應盤纏者同去就與管事，謂之猫兒頭。（《七修類稿》卷二十四P368）

【猫食】māoshí　內官家人曰猫食。（《燕山叢錄》卷二十二 長安里語 人物P8）

　　　　內官家人曰猫食。（《宛署雜記》卷十七P193）

【猖言】chāngyán　上敞商反。莊子云：“猖狂妄行也。”案：猖言者，如猖狂之人揚言酒肆中，不足信也。《古今正字》：“從犬昌聲。”（《一切經音義》卷八十八 2P3385）

【猘兒】zhì'ér　猘兒、狢子。《三國》：“曹操呼孫策爲猘兒。關羽罵孫權使爲狢子。”唐代宗以孚名賀知章子，蓋戲其爲爪子也。爪借音爲獠，今山西有爪子之稱。（《通雅》卷十九P666）

【猊糖】nítáng　獅子乳糖也。《後漢·顯宗紀》。（《南村輟耕錄》卷十一P140）

【猈】bài　小犬曰猈（聲如巴）。（《札樸》卷九 鄉里舊聞 鄉言正字附 名稱P328）

【猝暴】cùbào　村納反。《周書》云：“卒暴，急也。”《考聲》云：“倉忙也。”《韻英》云：“忽也。”《説文》云：“犬從草中暴出逐人曰卒。”（《一切經音義》卷六 6P223）

【猛作】měngzuò　多。（《墨娥小錄》卷十四P9）

【猛子】měng·zi　虎。（《墨娥小錄》卷十四P4）

【猳狗】jiágǒu　猳，吉。犬將乳孳尾也。（《越諺》卷中 禽獸P44）

【猥】wěi　《正字通》云：“猥，鄙也。凡自稱猥者，卑辭也。”愚案：猥，猶云謬也。（《助字辨略》卷三P140）

【猥玀】wěiluó　番人曰猥玀，辮髮細褶帬，其人甚朴魯。一書云：“玀玀。”（《蜀語》

【猥授】wěisuī　狀貌寒陋曰猥授，見《傳燈錄》：“明州布袋和尚形裁猥授，蹙額皤腹。”（一作腲脮，音猥餒，肥皃。）（《土風錄》卷七P250）

　　　　狀貌寒陋曰猥授。《傳燈錄》：“形裁猥授。”（《燕説》卷一P2）

【猥雜】wěizá　烏賄反，呼每反。《廣雅》云：“猥，衆也。”《字書》：“猥亦雜也；猥，穢也。”（《一切經音義》卷五 10P194）

【猴子】hóu·zi　給役小僮曰猴子。呂藍玉《言鯖》云：“猴性喜動不喜靜，能伺候人，小僮似之，故以此名。”（《土風錄》卷十七P377）

【猴猻王】hóusūnwáng　《山堂肆考》：“秦檜微時爲童子師，仰束脩自給，故有詩云：‘若得水田三百畞，這番不作猴猻王。’”（《稱謂錄》卷八 蒙師P34）

【猣】zōng　小猪。子紅反。（《俗務要名林》）

【猶女】yóunǔ　《唐摭言》：“張峴妻，是顏蕘舍人猶女。”《北夢瑣言》：“韋宿鎮南海，以從猶女妻劉謙。”（《稱謂錄》卷四 兄弟之女P20）

【猶父】yóufù　《朱子語錄》：“今人以侄爲猶子，亦可以先生爲猶父矣。”（《稱謂錄》卷三 父之兄通稱P4）

【獃子】áizǐ　參見［疨子］。（《越諺》卷中 疾病P19）

【獃癡】áichī　參見［癡獃］。（《通俗編》卷十五P331）

【獎】jiǎng　參見［撮］。（《客座贅語》卷一 詮俗P8）

【獟】sāo　《南史·王琨傳》：“王懌不辨菽麥，人無肯與爲婚。家以獟婢恭心侍之，生琨。”《楊升菴外集》：“獟音搔，今罵獟奴本此。”按：今罵者之意，乃謂婦人妖淫，並不謂其賤陋，不當用《南史》字。《晉書》童謠曰：“鄴中女子莫干妖，前至三日抱胡腰。”“干妖”二字反切之，乃爲“獟”也。（《通俗編》卷二十二P499）

　　　　婦作媚態曰獟。《南史》：“王琨，獟婢所生。”獟音搔。今人罵婦女曰“獟婦”本此。（《里語徵實》卷上 一字徵實P9）

【獟奴】sāonú　參見［獟婢］。（《雅俗稽言》

卷二十一 P15)

【獟婢】sāobì　《南史》:"王琨乃獟婢所生。"獟,音騷。俗罵馬奴、獟婢本此。(《雅俗稽言》卷二十一 P15)

【獶】fèn　狗走遲也。蒲本反。(《俗務要名林》)

【獢蚤】gēzǎo　蚤曰獢蚤。春寒四十五,窮漢出來舞;窮漢且莫誇,且過桐子花。反賊劉千斤,賊官姚萬兩。一九、二九,相喚不出手;三九二十七,籬頭吹觱篥;四九三十六,夜眠如露宿;五九四十五,家家堆鹽虎;六九五十四,和尚不出寺;七九六十三,凍落耳朵弦;八九七十二,口中呵暖氣;九九八十一,窮漢受苦畢;纔要伸腳睡,蚊蟲獢蚤出。(《古今諺》)(《里語徵實》卷中上 二字徵實 P16)

【獠】lǎo　《唐書》:"武昭儀怒褚遂良曰:'何不撲殺此獠?'""獠"音讀若"老",而辭義迥別。(《通俗編》卷十八 P408)

【獂】chān　犬噬也。(玄應《立世阿毗曇心論八義釋》。)(《埤蒼》P20)

【獶】nóng　音獳。許氏《説文》:"獶,犬惡毛也。"案:獶,毛長而鬅也。今吳諺謂之獶獅狗。(《吳下方言考》卷五 P12)

【獶獅狗】nóngshīgǒu　參見[獶]。(《吳下方言考》卷五 P12)

【獨】dú　罵人曰獨,言孤獨也。(《蜀語》P34)

【獨坐】dúzuò　中丞爲獨坐、爲中憲。(《容齋四筆》)(《唐音癸籤》卷十七 P157)

【獨步】dúbù　美其財物。《後漢•戴良傳》。(《越諺賸語》卷上 P7)

【獨步春】dúbùchūn　參見[酴醿]。(《語實》P162)

【獨腳鬼】dújiǎoguǐ　參見[獨腳魈]。(《越諺》卷中 鬼怪 P18)

【獨腳魈】dújiǎoxiāo　俗傳女鬼來奔求淫,亦能致富。是否陸游詩"獨腳鬼"?(《越諺》卷中 鬼怪 P18)

【獨眼龍】dúyǎnlóng　《五代史•唐紀》:"克用一目眇,其貴也人號獨眼龍。"《五燈會元》:"大潙謂匡仁曰:'向後有箇獨眼龍爲汝點破在。'仁開婺州明招謙出世,往禮拜,言下大悟。謙眇一目也。"(《通俗編》卷十六 P343)

《唐書》:"李克用破黃巢,復長安,功第一,時年二十八,一目微眇,人號曰獨眼龍。"(《常語尋源》卷上 乙冊 P205)

【獨窠】dúkē　綾名。下苦和反。(《俗務要名林》)

【獨覺】dújué　參見[緣一覺]。(《一切經音義》卷十 6P371)

【獨速】dúsù　參見[偦傔]。(《燕説》卷一 P9)

【獨豹】dúbào　參見[鴇子]。(《俗考》P16)

參見[老鴇]。(《通俗編》卷二十二 P501)

【獬豸】jiězhǎi　觟䚡。見人豪強,搖頭咋舌也。按:獬音齋,上聲,豸音蟹,後魏時語"莫獬豸",亦豪強貌。今掉轉均平聲,方音之異也。(《越諺賸語》卷上 P4)

【獷厲】guǎnglì　上虢猛反,下力滯反。獷厲,惡性也。(《一切經音義》卷九十三 8P3521)

【獷強】guǎngqiáng　古猛反。案:獷猶猛也,惡也。《説文》云:"犬獷獷不可附也。"從犬從廣也。(《一切經音義》卷二十八 10P1121)

【獰惡】níng'è　不善人曰獰惡。上乃庚反。(《肯綮錄》P1)

【獸子】shòuzǐ　貴嬪家褻器有曰獸子者,以銅爲馬形,背開大竅。蓋取登踞時,如跨馬之狀,便於坐且雅觀也。民間呼肥桶爲馬子,以此。按:獸子卽馬子。《西京雜記》:"漢朝以玉爲虎子,以爲便器。"《疢鯖錄》:"李廣射殺一虎于空山之下,斷其頭爲枕,示服猛也;鑄銅象其形爲溲器,示厭辱之也。故名虎子。"因避唐諱,易虎爲獸耳。(《雅俗稽言》卷十三 P21)

參見[傾腳頭]。(《恒言錄》卷五 P106)

【獸醫】shòuyī　世以療馬者曰獸醫,療牛者曰牛醫。《周禮•天官•冢宰篇》:"獸醫下士八人。"注:"獸,牛馬之屬。"按此,則療牛者亦當曰獸醫矣。(《南村輟耕錄》卷九 P113)

【獸頭】shòutóu　神像大帶有獸頭也。《晉書•鄧攸傳》:"夢行水邊,見一女子,猛獸自後斷其鞶囊。占者以斷鞶囊者,新獸頭代故獸頭也。"馥案:古者大帶皆有獸頭鞶囊。班固《與竇將軍箋》:"固於張掖縣,受虎頭繡鞶囊一雙。"《東觀漢記》:"鄧遵破諸羌,賜金剛鮮卑緄帶一具,虎頭鞶囊是也。"《鄴中記》:"石虎改虎頭鞶囊爲龍頭。"《莊二十一年左傳》:"鄭伯之享王也,王以后之鞶鑑予之。"杜注:"鞶帶而以鑑爲飾也。"馥謂:男子飾以獸頭,婦人飾以鑑。(《札樸》卷五 覽古 P148)

【獵碣】lièjié　石鼓曰獵碣。蘇勖載記。(《南村輟耕錄》卷十一 P141)

【獻醜】xiànchǒu　《後漢書·郭皇后紀論》:"及移意愛,析燕私,雖惠心妍狀,愈獻醜焉。"(《通俗編》卷二十二 P493)

【贚】líng　糞鼠一名贚。(《通俗文》釋鳥獸 P92)

猪糞曰贚。(《通俗文》釋鳥獸 P92)

【玀玀】luó·luo　參見〔猓玀〕。(《蜀語》P28)

歹　部

【歹】dǎi　《字彙》:"多改切,好之反也。"《字學訂譌》:"俗誤作'歺'。歺,牙葛切,殘骨也。與'歹'不同。"按:此字宋以前未見用之,惟《元典章》有"管匠造作,或好或歹",及"送納鷹鶻如歹,徒教耗費支應"等語。(《通俗編》卷十一 P240)

不知名呼之曰"歹"。田汝成《炎徼紀聞》:"南蠻稱人曰'歹'。又稱'那'。那音懦。"李郢《寄湖杭二從事》詩:"謝公雷賞山公喚,知入笙歌阿那朋。"(《里語徵實》卷上 一字徵實 P9)

戴,平、去兩聲。"放歹""活歹""安歹",平聲者。"好歹"之"歹",見《元典章》。(《越諺》卷下 發語語助 P21)

【死鬼】sǐguǐ　《晉書·李壽載記》:"龔壯作詩七篇,託言應璩以諷壽。壽曰:'若今人所作,賢哲之話言也;古人所作,死鬼之常辭耳。'"(《通俗編》卷十九 P428)

【死驢】sǐlǘ　《風俗通》:"凡人相罵曰驢,醜惡之稱也。董卓陵虐王室執政,皆如死驢。"按:今俗惟詈僧曰驢,其來亦久。《傳燈錄》有俗士謂西睦和尚:"和尚便是一頭驢。"睦曰:"老僧被汝騎。"又,僧問投子同

曰:"麁言細語,皆歸第一義,是不?"曰:"是。"曰:"喚和尚作頭驢得麼?"同便打。蓋唐時已如是詈之。(《通俗編》卷二十八 P635)

【㱾殢】yóutì　尤異。圖賴人。(《越諺賸語》卷上 P4)

【殀促】yāocù　於矯反。杜注《左傳》:"短折曰殀。"《考聲》:"少死也。"下取粟反。《廣雅》:"近也。"《説文》:"促,迫也。"杜注《左傳》:"促,速也。"(《一切經音義》卷十一 13P424)

【殀殁】yāomò　上妖嬌反。《考聲》云:"少死曰殀。"杜預注《左傳》云:"短折曰殀。"……下摸骨反。孔安國注《尚書》云:"殁,死也。"鄭玄注《礼記》云:"殁,珍也。"《毛詩》傳云:"殁,盡也。"(《一切經音義》卷七 6P261)

【殕】bó　凡肉之爛者,地之泥濘者,果之熟者,糧食之不乾者,人之弱者,物不剛者皆曰殕。(《蜀語》P30)

凡肉之爛者、地之泥濕者、果之熟者、糧食之不乾者,皆曰"殕"。(《蜀語》)(《里語徵實》卷中上 二字徵實 P32)

【殖】pǐ　折枝曰殖。(《札樸》卷九 鄉里舊聞 鄉言正字附 雜言 P331)

【殆】dài　垂及之辭也。《魏志·王朗傳》注:"登與縣長王雋師吏兵七十二人,直往赴救,與賊交戰。吏兵散走,雋殆見害。登手格一賊,以全雋命。"(《助字辨略》卷三 P148)

【殊未】shūwèi　江淹《擬古》詩:"日暮碧雲合,佳人殊未來。"並是了辭俗語。(《方言藻》卷二 P19)

【殈殈】qīngqīng　孟東野……"抱山冷殈殈",殈殈,即競競。(《唐音癸籖》卷二十三 P200)

【殥】mǎo　毛上聲。嘔吐。(《越諺》卷中 疾病 P19)

【殗殜】yèdié　音抑息。揚子《方言》:"殗殜,微也。宋衛之間凡病而不甚曰殗殜;自關而西秦晉之間凡病而不甚者曰殗殜。"案:殗殜,微病不能自振之狀。今諺謂病而不能大動者曰殗殜。(《吳下方言考》卷十二 P16)

【殘丙】cánbǐng　寫字。(《墨娥小錄》卷十四 P9)

【殕】fǒu　物發變生白者謂之殕,斐古切。《廣韻》:"食上生白毛也。"(《方言據》卷下P38)

　　　　撫。物敗生白膜曰"殕"。《集韻》。(《越諺》卷中　形色 P59)

【殕】fǒu　腐也。(玄應《善見律十四音義》。)(《坤蒼》P9)

【殟】wēn　舒緩曰殟。(《札樸》卷九　鄉里舊聞　鄉言正字附　雜言 P331)

【殟宊】wēntū　參見[宊]。(《吳下方言考》卷十二 P3)

【殗殜】wěituǐ　無能曰殗殜。(《札樸》卷九　鄉里舊聞　鄉言正字附　雜言 P330)

【殷】duàn　卵壞也。徒亂反。(《俗務要名林》)

【殞歾】yǔnmò　上雲敏反,下門骨反。《考聲》:"殞、歾,皆死也。"《禮記》:"終也。"《毛詩》:"盡也。"(《一切經音義》卷三 13P132)

【殞滅】yǔnmiè　爲潛反。《聲類》云:"殞,没盡也,消絶也。"(《一切經音義》卷二十 17P776)

【殠蟲】chòuchóng　即《春秋左氏傳》"有蜚不書"者。《爾雅·釋蟲》"蜚"疏:"越所生。"(《越諺》卷中　蟲豸 P47)

戈　部

【戎】róng　(猱)俗語變訛謂之戎耳。猶今之香荼謂之香戎。(《匡謬正俗》卷六 P66)

【戌兒】xūr　狗。(《墨娥小錄》卷十四 P4)

【成】chéng　猶云成千成萬之成。李義山詩:"鳥言成牒訴,多是恨彤襜。"……成牒而訴者,訴之多也。(《助字辨略》卷二 P102)

【成心】chéngxīn　《莊子》:"夫隨其成心而師之,誰獨且無師乎?"郭象注:"心之足以制一身之用者,謂之成心。人自師其成心,則人各自有師矣。"本自美談,而今以人先定主張者謂有成心,則若不美談矣。(《雅俗稽言》卷二十七 P3)

【成軸】chéngzhóu　今以有成式爲成軸是也。(《通俗編》卷二十六 P572)

【戒石銘】jièshíming　《容齋隨筆》云:"'爾俸爾禄,民膏民脂,下民易虐,上天難欺。'

太宗皇帝書此以賜郡國,立於廳事之南,謂之戒石銘。"按:成都人景焕有《野人閒話》一書,乾德三年所作,其首篇《頒令箴》載蜀王孟昶爲文頒諸邑云:"朕念赤子,旰食宵衣,言之令長,撫養惠綏,政成三異,道在七絲。驅雞爲理,留犢爲規。寬猛得所,風俗可移。"(《通言》卷六 P71)

【我儂】wǒnóng　《隋書》:煬帝宮中喜效吳音,多有儂語。《樂府》《子夜》等歌,用"儂"字特多,若"郎來就儂嬉""郎喚儂底爲"之類。《湘山野錄》載《吳越王歌》:"你輩見儂底歡喜,永在我儂心子裏。"程倚《悼賈島》詩:"馳譽超前輩,居官下我儂。"宋襲《江上歌》:"我儂一日還到驛,你儂何日到邑州。"按:吳俗自稱我儂,指他人亦曰渠儂。《古讀曲歌》:"冥就他儂宿。"《孟珠曲》:"莫持艷他儂。"隋煬帝詩:"簡儂無賴是橫波。"他儂、簡儂猶之云渠儂也。(《通俗編》卷十八 P409)

　　　　古之"儂",我而已。今之"儂",在我曰"我儂",在你曰"你儂"。……亦有其人不在而儂之者,則謂之"渠儂"。渠也者,其也。(《越言釋》卷下 P29)

【我曹】wǒcáo　《五代史·劉昫傳》云:"是時,三司諸吏提印聚立月華門外,聞宣麻罷昫相,皆歡呼相賀曰:'自此我曹快活矣。'"(《通言》卷一 P10)

【我每】wǒměi　自謂曰我每,謂人曰你每,俗用們,誤。玫字書:們音悶。們,渾肥滿貌。宜用每字爲是。(《蜀語》P39)

【威儀師】wēiyíshī　參見[練師]。(《唐音癸籤》卷十八 P164)

【威風】wēifēng　《左雄傳》。(《越諺賸語》卷上 P5)

【戟門】jǐmén　墓前石門曰戟門。(《土風錄》卷四 P212)

【戤】gài　倚靠曰戤。吳氏《字補》有戤字,注:"渠蓋切,以物相質也。"今凡倚靠皆曰戤,飯鍋巴曰鑊戤,與吳氏説不同。(《土風錄》卷十五 P343)

　　　　渠蓋切。以物相質也。越寫不絶田契曰"戤"。又,竿棒靠壁。(《越諺》卷下　單辭隻義 P9)

【戧金】qiàngjīn　《升庵全集》(卷六十六):"《唐六典》有十四種金:曰銷金,曰拍金,曰鍍金,曰織金,曰研金,曰披金,曰泥金,曰

鏤金，曰攃金，曰戧金……"（《釋諺》P82）

【臧根】zānggēn　事物不潔曰臧，臧極曰臧根。（《燕山叢錄》卷二十二　長安里語　人事 P3）

【臧賕】zāngqiú　上佐郎反。顧野王云："納受財貨曰臧。"《說文》："臧，善也。"……下音求。《韻詮》云："枉法受財曰賕。"《說文》："以財枉法相謝也。"（《一切經音義》卷十三 12P497）

【盩】bèi　埒。推扨轉動也。"盩菜""盩石頭"。古文。（《越諺》卷下　單辭隻義 P8）

【盩不倒】bèibùdǎo　斁泥爲坐盤，裱紙爲身首，畫作彌勒佛形，爲孩兒耍具，名此。《通俗編》所謂"不倒翁"是也。（《越諺》卷中　鬼怪 P19）

【戲筆】xìbǐ　隨筆曰戲筆。《書鑒》："石恪畫戲筆人物，惟面部、手足用畫法；衣文粗筆成之。"今人稱戲語、戲事咸曰"戲筆"，"筆"字不可以他字代，想沿於此耳。（《書影》）（《里語徵實》卷中上　二字徵實 P46）

【戳戲】chuōxì　參見[馬弔]。（《土風錄》卷五 P228）

比　部

【比丘】bǐqiū　梵云苾蒭。此具五義：一怖魔，二乞士，三淨命，四淨戒，五破惡。（《一切經音義》卷二十七 3P1048）

梵言比丘，華言乞士也，謂上于諸佛乞法，資益慧命；下于施主乞財，資益其色身。（《雅俗稽言》卷二十 P10）

【比丘尼】bǐqiūní　苾蒭尼。尼，女聲。具五義如前。（《一切經音義》卷二十七 4P1050）

【比爾】bǐ'ěr　猶云及此時也。《魏志·鄧艾傳》："宜權停留，須來秋冬。比爾，吳亦足平。"《蜀志·王平傳》："若賊分向黃金，平率千人下自臨之。比爾閒，涪軍行至。此計之上也。"（《助字辨略》卷四 P186）

【比肩人】bǐjiānrén　任昉《述異記》云："吳黃龍中，海鹽有陸東貌美，妻朱氏亦有容止，夫妻相重，寸步不相離，時號爲比肩人。"今俗以嘲鄉下夫妻，恐不能當也。（《土風錄》卷十三 P323）

【比每】bǐměi　比，頻也。比每，猶云常常，重言也。《魏志·夏侯玄傳》注："豐爲中書二歲，帝比每獨召與語，不知所説。"（《助字辨略》卷三 P147）

【毕賴】pōlài　參見[潑賴]。（《通俗編》卷十五 P333）

參見[潑賴]。（《里語徵實》卷中上　二字徵實 P33）

參見[憊懶]。（《越諺賸語》卷上 P3）

【毗嵐】pílán　覽含反。梵語大猛風。（《一切經音義》卷二十 3P749）

【毗瑠璃】pīliúlí　參見[吠瑠璃]。（《一切經音義》卷一 18P71）

牙　部

【牙】yá　將軍之旗曰牙，立於帳前曰牙帳，門曰牙門，即《周禮》"旌門"也。《韻府》："軍行有牙，後人因以所治爲衙，有報衙、放衙、排衙、押衙、正衙、公衙、南北衙之名。"（《俚言解》卷二 11P34）

劉貢父《詩話》："駔儈爲牙，世不曉所謂。道原云：'本謂之互，即互市耳。'"（《恒言廣證》卷四 P72）

【牙人】yárén　參見[經紀]。（《雅俗稽言》卷二十一 P18）

參見[行頭]。（《恒言錄》卷四 P92）

【牙兒氣】yá'érqì　山谷《贈別李端叔》詩："當時喜文章，各有兒子氣。爾來頷須白，有兒能拜起。"（《直語補證》P12）

【牙市】yáshì　又曰經紀。今人稱牙儈爲經紀，其語有自來。按：《唐書》：滕王元嬰與蔣王皆好聚斂。太宗嘗賜諸王帛，勅曰："滕叔、蔣兄，自能經紀，不須賜物。"韓昌黎作《柳子厚墓誌》云："舅弟盧遵，又能經紀其家。"《金史》有牙例課。（《通雅》卷十九 P664）

【牙行】yáháng　即古所謂駔（子朗切）儈（音會）也。《貨殖傳》"駔儈"注："會二家交易者。如今度市。師古曰："駔者，其首率。"即今牙行也。牙本作互，以交互爲義。……是昔人以牙爲互字，因牙與牙相似，訛爲牙耳。《舊唐書·史思明傳》："互市郎主互市也。"《安祿山傳》："互市牙郎。"今《通鑒》亦作互市牙郎，又爲後人添一牙字。（《諛徵》

名部下 P19)

　　参見[經紀]。(《雅俗稽言》卷二十一 P18)

【牙屋】yáyān　牙垢曰牙屋。屋音因，矢也。矢，俗作屎。佛書"烏屋集肩上"。(《蜀語》P30)

【牙子】yázǐ　参見[市牙]。(《恒言錄》卷四 P92)

【牙娘】yániáng　《北里志》："牙娘性輕率，惟以傷人肌膚爲事。夏侯表中澤爲牙娘批頰，傷其面。"(《稱謂錄》卷三十 倡 P24)

【牙拾】yáshí　利害。(《墨城小錄》卷十四 P7)

【牙旗】yáqí　参見[牙門]。(《通俗編》卷二十四 P537)

　　参見[牙門]。(《恒言廣證》卷五 P77)

【牙將】yájiàng　《舊五代史·漢高祖紀》："晉少帝遣牙將王峻奉表於契丹，契丹主賜木拐一。"(《通言》卷五 P60)

【牙軍】yájūn　又"羅紹威潛人斷牙軍甲襻"。(《札樸》卷五 覽古 P156)

【牙郎】yáláng　今人謂駔儈者爲牙郎。本謂之互郎，謂主互市事也。唐人書"互"作"牙"，"互"與"牙"字相似，因訛而爲"牙"耳。(《南村輟耕錄》卷十一 P139)

　　《舊唐書·安祿山傳》："祿山爲互市牙郎。"《劉貢父詩話》："今人以駔儈爲牙郎，本謂之互郎，謂主互市事也。唐人書互作牙，牙與牙字相似而訛。"按："牙""互"二字，古原通用，非因唐人訛也。《周禮》："鼈人掌取互物。"注云："互通作牙。牙，牡齒也，上下交錯。"《北史·文苑傳》："彼此好尚，牙有異同。"乃即互有異同。(《通俗編》卷二十一 P476)

　　参見[市牙]。(《恒言錄》卷四 P92)

【牙門】yámén　孔經父《雜說》記："突厥（編者按：奪一"畏"字）李靖，徙牙于磧中。牙者，旗也。《東京賦》注：'竿上以象牙飾之，所以自表飾也。'太守出則有門旗，其遺法也。後遂以牙爲衙。早晚衙，亦太守出建旗之義也。或以衙爲廨舍，早晚聲鼓，則又謂之衙牌，兒子謂之衙內，皆不知之耳。"……余按：《語林》云："近代通謂府庭爲公衙，即古之公朝也。字本作牙，訛爲衙。"《詩》曰："祈父，予王之爪牙。"大司馬

掌武備，象猛獸，以爪牙爲衛。故軍前大旗爲牙旗，出師則有建牙之事。軍中聽號令，必至牙旗之下。乃知牙者，所以爲衛也，義主于此。而孔氏止謂之旗者，不得其説者也。唐《資暇集》亦云："武職有押衙之目。衙宜作牙，非押衙府也，蓋押衙旗者。按：兵書云：'牙旗者，將軍之旌。'故豎于門，史傳咸作牙門。今押牙旣有押衙，牙門亦謂之衙門乎？"予又按：《南史·侯景傳》："景將率謀臣朝，必集行列門外，謂之牙門，以次引進。"牙門始見于此。(《能改齋漫錄》卷三 P50)

　　公門謂之牙門，《唐書》："薛士幹竟不得入牙門。"是也，今作"衙門"。唐制：天子居曰衙，行曰駕。今官府稱衙矣。一云：將軍之旗曰牙，立於帳前曰牙賬，門曰牙門，即《周禮》"旌門"也。《韻府》："軍行有牙，後人所治爲衙，有報衙、放衙、排衙、押衙、正衙、公衙、南北衙之名。"(《俚言解》卷二 10 P34)

　　《資暇錄》："兵書言牙旗者，將軍之旗。軍中必豎牙旗於門，是以史傳咸作牙門字。"《封氏見聞記》："近代謂府廷公衙，字本作'牙'。故掌武備者，象猛獸以牙爪衛，故軍前旗曰牙旗。近俗尚武，遂通呼公府爲牙門。"(《通俗編》卷二十四 P537)

　　《後漢書·袁紹傳》："拔其牙門。"《封氏聞見記》："近代謂府廷曰公衙，字本作牙。古掌武備者，象猛獸以爪牙衛，故軍前旗曰牙旗。近俗尚武，遂通呼公府爲牙門。"(《恒言廣證》卷五 P77)

【犽】yá　小子曰犽。犽，音牙，俗轉音昂，淮陰人音得之。(《蜀語》P30)

　　音岳平聲。揚子《方言》："吳人謂赤子曰犽豭（音耶）"案：犽，小兒也。豭，語助辭。吳中呼兒曰犽，俗作囝，非。(《吳下方言考》卷四 P3)

瓦　部

【瓦剌】wǎlà　参見[天邪]。(《雅俗稽言》卷二十一 P5)

【瓦剌國】wǎlàguó　瓦剌虜最醜惡，北人詆婦女之不正者曰瓦剌國。(《俗考》P16)

　　洪容齋《俗攷》："瓦剌虜人最醜惡，故

俗詆婦女之不正者曰瓦剌國。"汪價《儂雅》："今俗轉其音曰歪賴貨。"按：《言鯖》云："勢有不便順謂之乖剌，剌音賴。東方朔謂吾强乖剌而無當，杜欽謂陛下無乖剌之心。今俗罵人曰歪剌，沿此。"此說雖亦有依據，然不如前說直捷。(《通俗編》卷二十二 P502)

【瓦子】wǎzǐ　《南部新書•戊》："西京壽安縣有墨石山神祠最靈，神龍中神前有兩瓦子，過客投之以卜休吉，仰爲吉而覆爲凶。"(《釋諺》P116)

【瓦鍋】wǎguō　上五寡反。又作凡，像反之形。下古和反。《字書》云："鐵器也。"《切韻》云："甘堝也。"今作鍋，或云溫器也。(《一切經音義》卷續九 9P4013)

【瓮】wèng　參見［甋鼻］。(《通俗編》卷十六 P345)

【瓮鼻】wèngbí　參見［甋鼻］。(《通俗編》卷十六 P345)

【瓨】gāng　大瓮曰瓨。(《札樸》卷九 鄉里舊聞 鄉言正字附 器具 P327)

　　大瓮曰瓨。瓮卽"甕"，瓨卽"缸"。(《里語徵實》卷上 一字徵實 P20)

【甋】diàn　甋，支也。(《通俗文》釋言語上 P18)

　　不平曰甋。音奠。(《肯綮錄》P2)

　　支物不平曰甋。《廣韻》："甋，徒念切。音磹。支也。"(《燕說》卷二 P10)

　　殿，通"磹"。支物不平。諺曰："蛤蟆甋牀脚。"《廣韻》。(《越諺》卷下 單辭隻義 P9)

　　音佃。《廣韻》："甋，支也。出《通俗文》。"案：甋，器不平而用物以襯平之也。吳中几案類不平則以瓦片甋之。故字從坫從瓦。(《吳下方言考》卷九 P8)

【甃】zhōu　縮小也。(慧琳《辯正論六音義》)(《埤蒼》P26)

【甌宰】ōuzǎi　《清異錄》："廣席多賓，必舉一人慣習精俊者，充甌宰，使舉職律眾。"(《稱謂錄》卷二十七 酒 P16)

【甌窶】ōulóu　《史記》："甌窶滿篝。"案：甌窶，田之曲折深坎，不意其收而姑妄種物者也。吳中謂曲折不到之處曰甌窶。(《吳下方言考》卷六 P9)

【甋甃】lùzhuān　狹長者謂之甋甃。(《通俗文》釋宮室 P45)

【甃縫】sīfèng　器破曰甃縫。甃縫音斯鳳。(《蜀語》P7)

【甃甀】pānhú　甀方大謂之甃甀。(《通俗文》釋宮室 P45)

【甕城】wèngchéng　《五代史•朱珍傳》："率兵叩鄆城門，已入甕城，鄆人從城上礧石投之，珍軍皆死甕城中，珍僅身免。"按：今仍謂城門口外蔽小郭曰"甕城"，亦曰"月城"。(《通俗編》卷二 P39)

　　范祖禹曰："張仁愿築三受降城，不置甕門。"案：《唐書》及《通鑑》竝作"甕門"。胡身之注云："門外築垣，以遮甕城門，今之甕城是也。"(《札樸》卷五 覽古 P151)

　　城外郭內。亦曰"月城"。《五代史•朱珍傳》。(《越諺》卷中 地部 P5)

【甕門】wèngmén　范祖禹曰："張仁愿築三受降城，不置甕門。"(《札樸》卷五 覽古 P151)

【甕鼻頭】wèngbítóu　鼻不通曰甕鼻頭。(《土風錄》卷七 P257)

止　部

【止措】zhǐcuò　措，倉固反。鄭玄注《考工記》曰："措猶置也。"置謂廢也。(《一切經音義》卷二十三 14P895)

【正】zhèng　《世說》："謝太傅問諸子姪：'子弟亦何預人事，而正欲使其佳？'"又，殷中軍云："自然而無心於稟受，何以正善人少，惡人多？"此"正"字猶"常"也。又《世說》："正賴絲竹陶寫。"此"正"字，常也，端也。(《助字辨略》卷四 P229—230)

【正爾】zhèng'ěr　卽正唯也。(唯，語助。正唯，猶云卽如此，便如此也。)陶淵明詩："御冬足大布，麤絺以應陽。正爾不能得，哀哉亦可傷。"(《助字辨略》卷四 P230)

【正八】zhèngbā　道士。(《墨城小錄》卷十四 P5)

【正衙】zhèngyá　參見［牙］。(《俚言解》卷二 10P34)

【正月】zhēngyuè　秦以呂正諱，以正月之正爲平聲。自漢至今，形之文辭詩歌，皆從平韻。(《詢芻錄》P2)

【正體】zhèngtǐ　顏延之《曲水宴》詩："正體毓德於少陽。"注："正體，太子也。"（《稱謂錄》卷十　太子 P16）

【此】wàn　魚幻切。足有微疾，非跛非蹕也。"此腳走"。《字彙補》（《越諺》卷下　單辭隻義 P8）

【此家】cǐjiā　《魏志·杜畿傳》："張時謂畿曰：'此家疎誕，不中功曹。'"《吳志·朱然傳》："征相中獻捷，權曰：'此家前初有表，孤以爲難，今果如其言。'"又《漢書·外戚傳》："是家輕族人，得無不敢。"《後漢書·皇后紀》："是家志不好樂，雖來無歡。""是家""此家"皆猶言此人。（《通俗編》卷十八 P409）

【此老】cǐlǎo　《宋書·趙鼎傳》："此老倔強猶昔。"杜甫詩："此老無聲淚垂血。"（《通俗編》卷十八 P408）

【此蓋】cǐgài　猶云今乃也。宋人表文，率稱"此蓋伏遇皇帝陛下"。（《助字辨略》卷四 P210）

【步】bù　《水經注》："贛水逕王步，步側有城，蓋齊王之渚步也。"《述異記》："吳中有瓜步、魚步、龜步，湘中有靈妃步。"柳宗元《鐵爐步志》："江之滸，凡可步而上下者曰步。"《青箱雜記》："嶺南謂水津爲步。有罾步，即漁者施罾處；有船步，即人渡船處。"按：俗謂間渡處曰"埠頭"。據諸書當作"步"字，而《宋史》皆從俗作"埠"。《度宗紀》有武陽埠，《熊本傳》有銅佛埠，《劉錡傳》有黃連埠，《趙淮傳》有銀樹埠。宋以前未見用之。（《通俗編》卷二 P39）

雞之抱卵，越人作"步"音，爲蕭豪魚虞之通。然《炭廖歌》謂之"伏雌"。按："伏"字蒲北却，轉而爲"步"；謂去入之通，二說皆可用。……今鴨雛不抱，大率以火焙之而出，今音亦如步音。（《越言釋》卷下 P25）

【步屈】bùqū　《纂文》云："吳人以步屈名桑蟲。"《方言》："蠖又名步屈也。"蠖，古合字，户合反。今詳此蟲即槐蟲之類是也。步步屈身，要因前足捉物，方移後足。經喻外道欣上猒下，取一捨一，不離斷常等見，如步屈蟲也。（《一切經音義》卷二十五 17P983）

【步甑】bùzèng　王宗銓御史嘗見內府揭帖，令工部製步甑，蓋即僕憎，乃知僕憎訛也。（《俚言解》卷二 14P35）

參見［僕憎］。（《雅俗稽言》卷十三 P15）

【步步高】bùbùgāo　呼兩三層攔物板架。即《禮·內則》注"庋（編者按：當作庪）閣"是也。（《越諺》卷中　屋宇 P26）

【步搖】bùyáo　參見［珠花］。（《通俗編》卷二十五 P563）

【步觥】bùdān　板。（《墨娥小錄》卷十四 P5）

【步頭】bùtóu　碼頭曰步頭。韓文"步有新船"，不知者解爲"涉"。朱子《考異》已著其謬。蓋南方謂水際曰步，音義與浦通。《孔戮墓誌》："蕃舶至步，有下碇稅。"……即以韓文證韓文可也。柳子厚"鐵爐步"，注云："江之滸，凡舟可縻而上下曰步。"《水經》："贛水西岸有磐石，曰石頭，津步之處也。"《青箱雜記》："嶺南謂村市曰墟，水津曰步。"張勃《吳錄》地名有甌步、魚步，揚州有瓜步，羅含《湘中記》有靈妃步，《金陵圖志》有邀笛步，王徽之邀桓伊吹笛處。步，又作"埠"。今人呼船儈曰"埠頭"，《律文》："私充牙行埠頭。"（《涌幢小品》）（《里語微實》卷中上　二字微實 P46）

【武當】wǔdāng　太嶽太和山，玄武修真之地也。以非玄武不足以當此山。故曰武當。（《七修類稿》卷四十 P586）

【些】xiē　少許之辭。史邦卿《夜行船詞》："過收燈有些寒在。"（《助字辨略》卷二 P88）

【些子兒】xiēzǐ'ér　些子，方言也。宋太祖夜幸後池，召當直學士盧多遜賦《新月》詩。請韻，曰："些子兒。""兒"亦方言，不可作"兒孫"字讀。（《方言藻》卷二 P16）

【些娘】xiēniáng　物之細小者曰些娘。（娘，女之小者）（《客座贅語》卷一　方言 P11）

【些些】xiēxiē　白樂天詩："忽忽眼塵猶愛睡，些些口業尚誇詩。"又《能南園同醉否笙歌》："隨分有些些。"些即呰之俗字。（《恒言廣證》卷二 P29）

【歪剌】wāilà　參見［瓦剌國］。（《通俗編》卷二十二 P502）

【歪嗽】wāisòu　妝尊重。（《墨娥小錄》卷十四 P7）

【歪妠】wāinà　參見［天邪］。（《雅俗稽言》

卷二十一 P5)

【歪歪搭搭】wāiwāidādā　劉仲璟《遇恩錄》載明太祖旨云:"男子漢家須學你父親樣,做一箇人,休要歪歪搭搭,過了一世。"(《通俗編》卷十一 P243)

【歪賴貨】wāilàihuò　參見[瓦刺國]。(《通俗編》卷二十二 P502)

【歪邪】wāixié　參見[天邪]。(《通言》卷一 P23)

【歪邋】wāilā　參見[天邪]。(《雅俗稽言》卷二十一 P5)

【歲豬】suìzhū　《劍南集》自注:"蜀人養豬於歲暮供祭,謂之歲豬。"(《通俗編》卷二十八 P634)

【歷底】lìdǐ　諺云:"賊無歷底中道回。"謂內應導引爲歷底。按:《周禮》有狄鞮氏掌譯蠻夷之言。……今言外人未相練悉,不能來爲賊盜,因籍當家有人導引,依其衝要孤虛,故謂之狄鞮也。俗語訛變,言歷底耳。(《匡謬正俗》卷八 P102)

【歷塊】lìkuài　杜論詩絶句:"歷塊過都。"用王子淵《聖主得賢成頌》:"過都越國,蹶如歷塊。"曹子建《與楊德祖書》:"然此數子,猶復不能飛軒絶迹,一舉千里。"杜詩卽此意。(《札樸》卷六　覽古 P195)

【壁蹇】bìjiǎn　上必亦反。《韻略》:"壁,跛不能行也。"……下楗偃反。《説文》:"蹇亦跛也。"(《一切經音義》卷十六 7P606)

【歸天】guītiān　人死曰歸天。韓詩外傳:"人死曰鬼。鬼者,歸也,精氣歸於天。"(《直語補證》P5)

【歸槽】guīcáo　參見[槽]。(《唐音癸籤》卷十六 P148)

【歸殺】guīshà　顏之推《家訓》:"偏傍之書,死有歸煞,子孫逃竄,莫肯在家,畫瓦書符,作諸厭勝。……此乃儒雅之罪人,彈議所當加也。"則北齊已有之。《宣室志》:"俗傳人之死,凡數日,當有禽自柩中而出者曰殺。"(《恒言錄》卷五 95)

【歸餼】guīxì　參見[下程]。(《談徵》事部 P33)

支(攵)部

【收接】shōujiē　十。(《墨娥小錄》卷十四 P9)

【收生嫗】shōushēngyù　參見[老娘婆]。(《越諺》卷中　賤稱 P14)

【收錄】shōulù　參見[溫卷]。(《唐音癸籤》卷十八 P162)

【改常】gǎicháng　《北夢瑣言》:"左軍容使嚴尊美,閹官中人也。常一日發狂,手足舞蹈。傍有一貓一犬,貓太息謂犬曰:'軍容改常也。'"(《續釋常談》卷三十五 P611)

今人謂易其所守者爲改常。《北夢瑣言》:"左軍容使嚴遵美,閹官中仁人也。嘗一日發狂,手足舞蹈。傍有一貓一犬,貓忽謂犬曰:'軍容改常也。'"(《南村輟耕錄》卷十七 P214)

【改業】gǎiyè　《廣川畫跋》:"相傳吳道子畫地獄變相,時京師屠酤漁罟之輩見者,皆懼罪改業。"《白氏長慶集》有《改業》詩。(《通俗編》卷二十一 P462)

【改醮】gǎijiào　《晉書·李密傳》:"母何氏改醮。"……《(北史)李諤傳》:"五品以上妻妾不改醮。"(《恒言錄》卷五 P94)

《唐律》:"諸毆傷前夫之子者。"《疏義》:"謂改醮之婦,携子適人。"(《恒言廣證》卷五 P73)

【改頭換面】gǎitóuhuànmiàn　《寒山詩》:"改頭換面孔,不離舊時人。"晁迥《客語》:"遠順美惡,皆是一體改頭換面了出來。"《五燈會元》:"宗杲謂張無垢曰:'門下既得此話櫺,可改頭換面,説向儒家,使殊塗同歸。'"(《通俗編》卷十六 P338)

【放偷】fàngtōu　金與元國俗。正月十六日謂之放偷。是日各家皆嚴備,遇偷至,則笑而遣之,雖妻女、車馬、寶貨爲人所竊,皆不加罪。聞今楊州尚然。而燕地正月十六之走街,恐亦遺俗也。(《七修類稿》卷四十四 P651)

【放假】fàngjià　參見[給假]。(《雅俗稽言》卷十八 P14)

【放債】fàngzhài　《搜采異聞錄》引《漢書·谷永傳》顏師古注爲證。按:《説文》"贊"字注:"以物質錢,从敖貝。敖者,猶放貝當復取之也。"此正放字所由起。(《直語補證》P17)

《容齋五筆》:"今人出本以規利,謂之放債,又名生放。攷之亦有所來。《漢書·谷永傳》:'至爲人起責,分利受謝。'顏師古

曰：'言富賈有錢，假託其名，代爲之主，放與他人，以取利息，而共分之。'此放字所起也。"（《通俗編》卷二十三 P520）

　　參見［放錢］。（《俗考》P10）

【放衙】fàngyá　坡詩注："太祖謂縣令曰：'切勿於黃紬被裏放衙。'"文彥博知榆次縣，題詩衙鼓，末二句云："黃紬被裏曉眠熟，探出頭來道放衙。"（《常語尋源》卷下壬冊 P299）

　　參見［牙］。（《俚言解》卷二 10P34）

【放屁】fàngpì　今人以言不中窾或煩瀆取鬧輒斥之曰放屁。《癸辛雜識別集》二章"清貧"一條載調謔語，是此語所始。（《老學菴筆記》："毛德昭，名文，江山人。苦學至忘寢食，經史多成誦。喜大罵極談。來臨安赴省試，時秦會之當國，每以言罪人，勢焰可畏。有唐錫永夫者，遇德昭於朝天門茶肆中，素惡其狂，乃與坐，附耳語曰：'君素號敢言，不知秦太師如何？'德昭大駭，亟起掩耳，曰：'放氣！放氣！'疾走而去。"）（《直語補證》P47）

【放學】fàngxué　《陸劍南詩集》："貪看忘卻還家飯，恰似兒童放學時。"（《通俗編》卷七 P145）

【放溜】fàngliū　梁元帝詩："征人喜放溜，曉發晨陽隈。"陸龜蒙詩："月上江平放溜遲。"言放順水船。又，偷跑也。（《里語微實》卷中上　二字微實 P40）

【放手】fàngshǒu　《後漢書•明帝紀》："殘吏放手。"注："謂貪縱爲非也。"杜詩："刈葵莫放手，放手傷葵根。"（《通俗編》卷十六 P349）

　　參見［放手鬆］。（《俗考》P17）

【放手鬆】fàngshǒusōng　今言官府貪汙失操守者曰放手鬆。《後漢書》"殘吏放手"，蓋以貪縱爲非者曰放手鬆。（《俗考》P17）

【放穮】fàngbiāo　稻苗秀出曰放穮。穮音標。（《蜀語》P42）

【放蛆】fàngqū　《北史》："魏甄琛曾拜官，諸賓悉集，邢巒晚至，琛謂巒：'何處放蛆來，今晚始顧？'"案：放蛆，卽諺所云歐蛆。吳中謔善談爲歐蛆，亦曰嗢（音烹）蛆。（《吳下方言考》卷三 P9）

【放肆】fàngsì　《關尹子》："一蝦至微，亦能放肆乎大海。"《文選•陳琳〈檄吳將校部曲〉》："猶鷇卵始生毛翰，而便陸梁放肆。"

《宋書•樂志》："咨爾巴子無放肆。"《唐書•劉叉傳》："又亦一節士，少放肆，爲俠行。"（《通俗編》卷十五 P331）

【放良】fàngliáng　（蒙古色目人之奴婢）亦有自願納財以求脫免奴籍，則主署執憑付之，名曰放良。（《南村輟耕錄》卷十七 P208）

【放走】fàngzǒu　參見［貴由赤］。（《南村輟耕錄》卷一 P19）

【放轡頭】fàngpèitóu　跑馬曰放轡頭。（《土風錄》卷十五 P348）

【放雕】fàngdiāo　俗語訐人私者謂之放雕。（《目前集》後卷 P2141）

【放錢】fàngqián　今人出本錢以規利人，俗語謂之放債，又名生放。（《俗考》P10）

【放鵰】fàngdiāo　使乖曰放鵰。《朱子大全集》多見之，猶言使乖也。今俗用刁字，非。（《燕説》卷一 P3）

【戥敠】diānduō　稱量曰戥敠。上丁兼反。（《肯綮錄》P2）

　　《集韻》："戥，丁廉切。戥掇，以手稱物也。"敠音掇，度知輕重曰戥敠。朱文公與吳宜之簡作點掇。（《恒言廣證》卷二 P42）

　　參見［戥掇］。（《通俗編》卷十二 P263）

【戥敪】diānduō　戥敪，稱量也。（《目前集》後卷 P2161）

【戥掇】diānduǒ　《博雅》："掇，都果反，量也。"《集韻》："戥，丁廉切，戥掇以手稱物也。"按：《莊子•知北遊篇》："大馬之捶鉤者。"郭象云："捶，丁果反，謂玷捶鉤之輕重。"則"戥掇"字本作"玷捶"，而"玷"讀如點。然方俗音有高下四聲轉易，不獨"玷"也。《集韻》又有"敪"字，音與"掇"同，訓云："度知輕重曰戥敪。"朱子《與吳宜之簡》有云"點掇"者，則又借字用之。（《通俗編》卷十二 P263）

　　參見［戥敪］。（《恒言廣證》卷二 P42）

【故】gù　《唐書•吳兢傳》：張說謂曰："劉生書魏齊公事，不少假借，柰何？"兢曰："子玄已亡，不可受誣地下。兢實書之，其草故在。"故在，猶云尚在，凡云尚如何者，皆有故舊之義也。又……語助，猶云乃也。《世説》："卿故復憶竹馬之好不？"又云："故當是其妙處不傳。"又云："阿鄧故籟有才具。"

又云："使真長來，故應有以制彼。"顔延之《五君詠》："物故不可論，途窮能無痛。"（《助字辨略》卷四 P198）

【故劍】gùjiàn　《漢書·宣帝紀》："宣帝與許后起微賤，及卽位，公卿議更立后，帝乃詔求微時故劍。大臣知指，立許爲皇后。"（《稱謂錄》卷五 舊妻 P17）

【故故】gùgù　杜甫詩："故故滿青天。"薛能詩："白髮催人故故生。"徐鉉詩："寒更故故遲。"陳師道詩："隔水吹香故故來。"陸游詩："雛鶯故故啼簷角。"五代詞："故故驚人睡。"方言，猶特地也。又杜子美："清秋燕子故飛飛。"故字亦可單用。（《方言藻》卷二 P20）

【故牒】gùdié　參見［牒］。（《雅俗稽言》卷十八 P15）

【敖】áo　《甕牖閑評》："敖乃地名，秦以敖爲倉，故爾今所在竟謂倉爲敖，蓋循習之誤。"《唐書·裴耀卿傳》云："東幸就敖粟。"楊文公《談苑》亦云："此寺前朝廢爲倉敖。"均以倉爲敖者，抑亦循習之故。（《通俗編》卷二十四 P540）

【敝倒】pūdǎo　屋壞曰敝倒。（《札樸》卷九 鄉里舊聞 鄉言正字附 雜言 P329）

【烮戮】shǎnshuò　詭詐曰烮戮。（《札樸》卷九 鄉里舊聞 鄉言正字附 雜言 P330）

【教師】jiàoshī　教人拳棍曰教師。董青芝詞部《聞倭警集》："教師數十人講武事，與一少林僧角拳，皆仆。僧曰：'此爲花拳入門，錯了一生矣。'"王龍溪得一僧曰孤舟者，善棍，薦於府；府集教師二三百人與試，咸俯首願受教。（《小品》）（《里語徵實》卷中上 二字徵實 P9）

【教教然】bóbórán　教音勃。李義山《李長吉小傳》："常所居窗中，教教有烟氣。"案：教教，氣出貌。吳中謂氣出曰教教然也。（《吳下方言考》卷十二 P4）

【敕頭】chìtóu　《松漠紀聞續》："金人科舉，至秋盡集諸路舉人於燕，名曰會試。凡六人取一榜首曰敕頭，亦曰狀元。分三甲，曰上甲、中甲、下甲。"又案：《金史·選舉志》："女直進士，大定十三年皆除教授，二十二年上甲第二、第三人初除上簿，中甲除中簿，下甲除下簿。"《聞見錄》："張齊賢赴廷試，帝欲其居上甲。"（《稱謂錄》卷二十四 狀元 P12）

【敗子】bàizǐ　佛藏《寶積經》說僧之無行者曰"譬如麥田中生稗子"，謂其形不可分別也。世俗見人子弟外似聰明而所爲寔非者，曰敗子，互從經說作稗子。（《雅俗稽言》卷二十 P5）

【敗穢】bàihuì　不潔曰敗穢。物壞也，今通爲不潔之名。（《方言據》卷下 P39）

【敗衄】bàinǔ　衄，女育反。《玉篇》曰："衄，折挫也。"左思《吳都賦》曰："衄，挫芒是也。"（《一切經音義》卷二十一 21P818）

【敹】tǒu　"透"上聲。衣惹泥，振之也。物已縛，展之也。出《集韻》。（《越諺》卷下 單辭隻義 P10）

【散】sǎn　人之被震恐而不能自立也，曰散，或曰酥，或曰壚，或曰矮。（《客座贅語》卷一 詮俗 P9）

【散場】sànchǎng　《指月錄》："性空妙普庵主偈，鐵笛橫吹作散場。"（《通俗編》卷十三 P280）

【散樂】sǎnyuè　世稱諸樂工曰散樂，讀散爲上聲。或曰："唐梨園所放散之樂工也。散當作去聲。"然《大唐新語》孫伏伽曰："百戲散樂，本非正聲，不可不改。"則散樂之稱，又不在放散後矣。（《雅俗稽言》卷十四 P21）

參見［翻金斗］。（《言鯖》卷上 P7）

【散福】sànfú　參見［福禮］。（《通俗編》卷十九 P437）

【散蕩】sàndàng　畜魚種菱，漁禁下網，農禁罱泥，冬至後弛禁。（《越諺》卷中 風俗 P62）

【散誕】sǎndàn　王勣《遊北山賦》："坵園散誕。"案：散誕，無拘束也。吳中謂不拘束曰散誕。（《吳下方言考》卷九 P10）

【敬田】jìngtián　參見［悲田］。（《通俗編》卷二 P39）

【敬空】jìngkōng　沈括《補筆談》："前世卑者致書于尊，書尾作'敬空'字。如從尊曁卑，但于空紙尾批所欲言，曰'反某人'，如今批答之類。故紙尾結言'敬空'者，示行卑不敢更有他語，以待尊者之批反耳。"（《通俗編》卷九 P186）

【敦】dūn　雞去勢曰敦。（《俚言解》卷二 24P41）

【敦摔】dūnshuāi　參見［扗擦］。（《客座贅

語》卷一　方言 P11）

【斁】dù　途。塗附曰“斁塞”。（《越諺》卷下
單辭隻義 P15）

【敲皮袴】qiāopíkù　越中夏月多服敲皮袴，
初惟市人著之，近日風行漸及閨閣矣。
（《釋諺》P83）

【敕】liáo　敕，理也。（《通俗文》存疑 P97）
　　遼。凡衣綻裂曰“爲我敕一鍼”。《書·
費誓》。（《越諺》卷下　單辭隻義 P15）
　　（鍼線）斜曰“敕”。（《越諺》卷中　服飾
P43）

【數説】shǔshuō　《左傳·昭二年》：“鄭公孫
黑將爲亂，子産使吏數之曰：‘而有死罪
三。’”杜註：“責數其罪。”又《史記》“漢高帝
數項羽”，“范睢數須賈”。今俗謂舉責人曰
數説。本此。（《通俗編》卷十七 P374）

【敵國富】díguófù　《宋史·秦檜傳》。（《越
諺賸語》卷上 P9）

【敵科】díkē　散場。（《墨娥小錄》卷十四
P8）

【整】zhěng　《蜀志·向朗傳》裴注案：“朗坐
馬謖免長史，則建興六年中也。朗至延熙
十年卒，整二十年耳。”俗語每重言之曰整
整若干。（《直語補證》P49）

【整頓】zhěngdùn　《後漢書·劉寵傳》：“整
頓灑掃以待劉公。”《水經注》：“濄水側老子
廟，有雙石闕，甚整頓。”又，“東亭邸北山微
中，有石林，甚整頓。”（《通俗編》卷二十四
P547）
　　《水經·濄水》注：“濄水側老子廟，有雙
石闕，甚整頓。《魏志·倉慈傳》注引《魏
略》：“顔斐爲京兆太守，京兆皆整頓開明。”
（《恒言廣證》卷二 P33）

【斂衽】liǎnrèn　《天香樓偶得》：“今世女人
拜稱斂衽。衽之有衽，非女人所專也。蘇
子瞻《舟中聽大人彈琴》詩有云：‘斂衽竊聽
獨激昂。’則男子亦稱斂衽矣。”按：此非獨
蘇詩可證。《戰國策》：“江乙謂安陵君曰：
‘一國之衆，見君莫不斂衽而拜。’”《史記·
酈侯世家》：“陛下南鄉稱霸，楚必斂衽而
朝。”《晉書·王忱傳》：“張元正坐斂衽，待其
所發。”《初學記》引梁祚《魏國統》：“山濤少
有大量，耆老宗長見者斂衽。”《世説》：“左
太沖作《三都賦》，詢求皇甫謐爲敍，先相非
貳者，莫不斂衽贊述。”陶潛《勸農》詩：“敢
不斂衽，敬贊德美。”朱子《答向伯元寄先正

遺文》：“斂衽警誦，不覺終篇。”皆是主男子
説。其主女人者，惟《虬髯客傳》有“張氏斂
衽前問”一言而已。（《通俗編》卷九 P183）

【鼛席】zòngxí　鼛音銃。《字學集要》：“飲
酒不請自來曰鼛席。”俗作衝席。（《俚言
解》卷二 3P30）

日（曰⺜）部

【日家】rìjiā　《輟耕錄》：“日家者流，以日
月、五星及計羅、炁孛、躔度、過宮、遲
留、伏逆，推人之年月日時，可知休咎，定
壽夭，其書曰《百中經》。案：此即今之排五
星者是。（《稱謂錄》卷二十七　星P6）

【日子】rìzǐ　《文選·曹公檄吳將校部曲文》：
“年月朔日子。”注：“發檄時也。”（《南村輟
耕錄》卷十 P130）
　　俗所謂日子亦有所出。《文選·曹公檄
吳將校部曲文》：“年月朔日子。”注：“發檄
時也。”（《目前集》前卷 P2112）
　　《文選·陳琳〈檄吳將校部曲文〉》：“年
月朔日子。”注云：“子發檄時也。”《隋書》袁
充上表云：“歲月日子，還共誕聖之時。”《日
知錄》：“漢人未有稱夜半爲子時者，古人文
字，年月之下，必繫以朔，必言朔之第幾日
某干支，故曰朔日子也。《宋書·禮志》：‘年
月朔日甲子尚書令某甲下此。’此古文移之
式，陳琳檄文，但省一‘甲’字耳。《南史·劉
之遴傳》：‘參較古本《漢書》，稱永平十六年
五月二十一日己酉，郎班固。’而今無上書
年月日子，此亦可證今俗不知，但以子爲日
之語助矣。”（《通俗編》卷三 P49）
　　年月稱“某年月”，日有云“日子”者。
或謂此俗語。按《文選》陳孔璋《檄吳將校
文》“年月朔日子”云云，則“日子”之稱，有
自來矣。（《里語徵實》卷中下　二字徵實
P8）

【日暴】rìbào　蒲冒反。曬也，晞乾也。
（《一切經音義》卷二十五 14P977）

【日脚】rìjiǎo　唐韋縠《才調集》無名氏古體
《夏》詩：“彤彤日脚燒火井。”案：日脚，晷影
也。今吳諺謂去日之速曰日脚快也。（《吳
下方言考》卷十一 12）

【日脚】rìjiǎo　（“日子”）又曰“日脚”。“子”
“脚”皆語助。《通俗編》多引證，鑿矣。

（《越諺》卷中　時序 P6）

【日逐】rìzhú　王仁裕《開元天寶遺事》：“帝與貴妃日逐宴於桃樹下。”俗謂日日曰日逐，本此。（《土風錄》卷八 P265）

【旦兒】dàn'ér　參見［末泥］。（《稱謂錄》卷三十　優 P13）

【曲江會】qǔjiānghuì　參見［打毷氉］。（《通雅》卷二十 P743）

【曲踊】qūyǒng　曲踊，今諺謂之旋風。（《吳下方言考》卷十 P11）

【曳】yè　今俗重沓布物一兩次謂之一曳、兩曳。許氏《説文解字》云：“䋐，重次第物也。”……此則與今所道相當。……俗音訛舛，故轉爲曳。亦猶輕易之易，鄙俗或爲曳音。究其根本，當言一䋐兩䋐。今語亦有此作俗音者。（《匡謬正俗》卷六 P67）

【曳曳】yèyè　吳諺謂行人去來之衆曰陶陶曳曳。楊烱《盂蘭盆賦》：“少君王子，挈曳曳兮若來。”案：曳曳，亦人衆摻手而行之貌。（《吳下方言考》卷五 P15）

【曳白】yèbái　今以寫字越幅曰曳白。原其事，乃全無一字也。唐天寶間，中丞張倚男張奭選入高等。及帝親重試，奭不能措一字，時人謂之曳白。“曳”字無點。（《雅俗稽言》卷十九 P10）

　　《唐書》：“苗晉卿知貢舉，以張奭爲第一，中丞倚之子也。元宗覆試，奭持紙閣筆不成一字，人謂之曳白，晉卿坐貶。”按：今謂跨頁寫者曰曳白，不成一字曰白卷。（《常語尋源》卷上甲冊 P200）

【旰晝】gànzhòu　杜注曰：“日中。”今之午時。（參見［上晝］、［下晝］條。）（《越諺》卷中　時序 P6）

　　上曷汗切。日中也。又，晏也。（《越諺》卷中　天部 P2）

【旰飯】gànfàn　參見［飯了辰時］。（《越諺》卷中　時序 P7）

　　旰飯卽中飯。見王維詩。（《越諺》卷中　飲食 P39）

【旱蛤子】hànházǐ　東坡詩注：“嶺南呼蝦蟇爲蛤，今俗呼小時鳴跳者曰旱蛤子，音轉爲渴。”（《土風錄》卷四 P220）

【旺相】wàngxiàng　趙岐《孟子》注：“天時，謂孤虛、王相之屬。”孫奭《音義》曰：“王相二字並去聲。”《論衡·祿命篇》：“春夏休囚，

秋冬旺相，非能爲之也，天道自然。”按：陰陽家書：“五行遞旺于四時，凡動作宜乘旺相之氣。如春三月，則木旺，火相，土死，金囚，水休；夏三月，則火旺，土相，金死，水囚，木休。故俗語以凡得時爲“旺相”，失時爲“休囚”也。（《通俗編》卷十 P213）

【旺發】wàngfā　七月，説與百姓每：“田禾旺發，成熟在邇。”（《宛署雜記》卷一 P4）

【昔寶赤】xībǎochì　昔寶赤，鷹房之執役者。每歲以所養海青獲頭鵝者，賞黃金壹錠。（《南村輟耕錄》卷一 P19）

【昔邪】xīxié　郭注：“萆荔，香草也。烏韭在屋者曰昔邪，在牆者曰垣衣。”（《札樸》卷五　覽古 P159）

【昆玉】kūnyù　宋王銓與弟錫齊孝行，人稱曰：“銓錫二王，玉昆金友。”昆，指兄；友，指弟也。俗稱人兄弟曰“賢昆玉”，似有脱誤。（《俚言解》卷一 15，16 P11）

　　《梁史》：“王銓與弟錫孝行齊名，人曰銓錫二王，玉昆金友。”昆指兄，友指弟也。俗稱人兄弟曰賢昆玉，似有脱誤。（《雅俗稽言》卷八 P22）

　　《南史·王玢傳》：“子琳娶梁武帝妹，有子九人，並知名，時人以爲玉昆金友。”崔鴻《前涼錄》：“辛攀兄弟五人，並以才識名，秦雍爲之語曰：‘五龍一門金友玉昆。’”按：今稱人弟兄曰“昆玉”。義應本此，但不曰“金玉”，曰“昆友”，而曰“昆玉”。似復別有出處。《晉書》：“陸機兄弟生華亭，竝有才名，人比之崑岡出玉。”“昆玉”，或“崑玉”之譌歟？（《通俗編》卷四 P76）

　　《十六國春秋》：“辛攀與兄鑒曠、弟寶迅，皆以才學知名。秦雍爲之語曰：‘五龍一門，金友玉昆。’”按：據此則昆玉之稱有兄而無弟，似稱金玉爲當。（《常語尋源》卷上乙冊 P214）

【昇堂】shēngtáng　《定命錄》：“張文瓘少時，曾有人相之云：‘當爲相，然不得堂食。’及在此位，每昇堂欲食，卽腹脹痛。”按：凡州縣臨廳事，今皆謂之昇堂。（《通俗編》卷二十四 P528）

【界】jiè　鋸木。音介。（《俗務要名林》）

【明公】mínggōng　凡稱人之作事妥適者，有此言。《後漢書·鄭泰傳》同。（《越諺》卷中　善類 P11）

【明廷】míngtíng　參見［明府］。（《稱謂錄》

【明唐】míngtáng　屋中院落。《詩》：“中唐有甓。”（《越諺》卷中　屋宇 P24）

【明府】míngfǔ　下至縣令曰明府，丞曰贊府、贊公，尉曰少府、少公、少仙云。（《容齋四筆》）（《唐音癸籤》卷十七 P158）

　　《唐書・張儉傳》，李篤稱外黃令毛欽爲明府。《表異錄》：“唐人稱縣曰明府，漢人謂之明廷。”（《稱謂錄》卷二十二　知縣 P10）

【明經】míngjīng　宋科目有二：一曰明經，即今經義之謂也；一曰進士，則兼以詞賦，而此科得人爲盛。蓋明經雖近實，士之拙朴者率爲之，謂之學究。自安石爲相，專以經義論策取士，士專一經，其餘經史付之度外，是獨存當時明經一科，而進士之科遂廢矣。國朝以經義論策取士，而中會試者曰進士，由歲貢者曰明經。是用宋之明經一科而兼明經、進士之名。（《雅俗稽言》卷十九 P8）

【明輔】míngfǔ　《元曲選》張國賓《薛仁貴》劇有“做箇明輔”語，猶云作證見也。鄭廷玉《楚昭公》劇作“盟府”。（《通俗編》卷十三 P280）

【明蒮】míngxiǎng　《本艸》：“烏賊魚鹽乾者曰明蒮。”（《土風錄》卷五 P235）

【昏兜】hūndōu　晚。（《墨娥小錄》卷十四 P4）

【昏子】hūnzǐ　謎。（《墨娥小錄》卷十四 P8）

【昏憪】hūndāo　不慧曰昏憪。憪音刀。（《蜀語》P30）

【易腸鼠】yìchángshǔ　《梁州記》：“智水北智鄉山，有仙人唐公房祠，有碑一所，廟北有大坑。碑文云：‘是其舊宅處，公房舉宅登仙，故以爲坑焉。山有易腸鼠，一月三吐易其腸。束廣微所謂唐鼠者也。’”《博物志》：“唐公房升仙，雞犬並去，惟以鼠惡不將去，鼠悔，一月三出腸也。”馥案《續漢郡國志》“漢中郡襃中”注云：“有唐公房祠。”《神仙傳》：“仙人李八伯者，欲授唐公房仙術，乃爲作傭客。”（《札樸》卷八　金石文字 P275）

【昂昂】áng'áng　宋范質《戒子孫詩》有云：“舉世好奉承，昂昂增意氣。不知奉承者，

以爾爲兒戲。”（《通言》卷一 P14）

【旿】hū　赤文也。（《文選》張衡《西京賦》注下云：“音户。”）（《埤蒼》P14）

【春】chūn　皇帝御前春一座，仁聖皇太后春一座，慈聖皇太后春一座。（合用椵木十八根，每根銀四錢，共銀七兩二錢；牛胎骨銀八錢；火焰寶珠材料，銀二錢五分；木匠工食銀四兩五錢；雕鑾匠工食銀四兩二錢；……）（《宛署雜記》卷十四 P135）

【春坊】chūnfǎng　《唐書・藝文志》故事類有《春坊舊事》三卷失姓名。又杜正倫《春坊要錄》四卷。（《稱謂錄》卷十　太子 P15）

【春司】chūnsī　張籍《賀王起侍郎》詩：“共賀春司能鑒職，今年端合有公卿。”（《稱謂錄》卷十六　禮部 P2）

【春台】chūntái　《事文類聚》：“禮部稱容台，亦曰春台。”（《稱謂錄》卷十六　禮部 P2）

【春喚】chūnhuàn　參見［催歸］。（《唐音癸籤》卷二十 P182）

【春夢婆】chūnmèngpó　《侯鯖錄》：“東坡在昌化軍，有老婦年七十餘，謂坡曰：‘內翰昔日富貴一場春夢。’坡然之，時呼老婦爲春夢婆。”（《常語尋源》卷下壬冊 P305）

【春官】chūnguān　《通典》：“光宅元年，改禮部爲春官。”（《稱謂錄》卷十六　禮部 P2）

【春宮】chūngōng　汪藻《賀皇太子箋》：“顯膺典冊，升位春宮。”（《稱謂錄》卷十　太子 P15）

【春姑姑】chūngūgū　暮春有鳥，大如啄木，頭有長毛，飛則彩色備見，俗呼春姑姑，即戴勝也。（《札樸》卷九　鄉里舊聞 P315）

【春曹】chūncáo　《叩鉢齋官職考》：“禮部稱春曹，亦稱南省。”（《稱謂錄》卷十六　禮部 P2）

【春澱】chūndiàn　三。（《墨娥小錄》卷十四 P9）

【春盤】chūnpán　《四時寶鏡》：“立春日，春餅生菜號春盤。”《武林舊事》：“春前一日，後苑辦造春盤，翠縷紅絲，備極精巧。”（《通俗編》卷二十七 P613）

【春關】chūnguān　參見［關試］。（《唐音癸籤》卷十八 P162）

　　參見［打㲺毬］。（《通雅》卷二十 P743）

【昧】mèi　參見[矏]。(《俚言解》卷一 P10)
參見[爺娘]。(《雅俗稽言》卷八 P6)

【昧鈍】mèidùn　上莫佩反。《集訓》云：
"昧，冥也。"《廣雅》："昧，闇也。"韓康伯云：
"日入爲昧。"《韻英》云："昧，暗不明也。"
……下徒頓反。《蒼頡篇》云："鈍，頑也。"
案：頑者，識暗濁也。《韻英》云："兵刃不利
也。"《説文》云："鈍，錭。"錭，頑鈍也。(《一
切經音義》卷六 19 P249)

【是】shì　猶凡也。《顏氏家訓》："呂尚之
兒，如不爲上，趙壹之子，儻不作一，便是下
筆卽妨，是書皆觸忌諱也。"……言凡是書札，皆
觸忌諱也。(《助字辨略》卷三 P122)

【是則】shìzé　承上文爲斷辭也。駱賓王
《上司刑太常伯啓》："側聞魯澤祥麟，希委
質于宣父；吳阪逸驥，實長鳴于孫陽。是則
所貴在乎見知，所屈伸乎知己。"(《助字辨
略》卷三 P123)

【是家】shìjiā　參見[此家]。(《通俗編》卷
十八 P409)

【是處】shìchù　今謂處處曰是處，猶云到處
也。(《助字辨略》卷三 P122)

【冒冒勢勢】màomàoshìshì　慌張曰冒冒
勢勢。(《燕山叢錄》卷二十二　長安里語
人事 P3)

【冒藉】màojiè　假稱也，猶人之有覆冒也。
(《談徵》言部 P84)

【星使】xīngshǐ　《宋·天文志》："天節八星
主使臣持節，宣威四方。"高適詩："星使出
詞曹。"《李郃傳》："和帝分遣使者，皆微服
單行，各至州縣觀採風謠。使者二人當到
益都，投部候舍。時夏夕露坐，郃因仰觀，
問曰：'二君發京師時，早知朝廷遣二使
矣。'二人驚問，郃指星示云：'有二使星向
益州分野，故知之耳。'"(《稱謂錄》卷二十
三　欽差 P1)

【星火舖】xīnghuǒpù　參見[星貨舖]。
(《言鯖》卷上 P4)

【星貨舖】xīnghuǒpù　市肆以筐筥等鱗次
其物以鬻者曰星貨舖，言羅列繁密如星。
今訛爲星火舖，非也。(《言鯖》卷上 P4)

【星郎】xīngláng　方干《陪李郎中宴》詩：
"閒世星郎夜（編者按：當補宴）時。"亦稱
望郎，又稱星署。(《稱謂錄》卷十五　郎中
古稱 P7)

【星逬】xīngbèng　古文迸或作逬，同。斑
孟反。逬謂散走也。(《一切經音義》卷七
十 11 P2783)

【星鞋】xīngxié　七。(《墨娥小錄》卷十四
P9)

【昝家】zǎnjiā　參見[旯家]。(《蜀語》
P23)

【昭君套抹額】zhāojūntàomò'é　參見[抹
額]。(《釋諺》P130)

【昭文】zhāowén　馥謂：劍本武備，後世以
木爲佩飾，故有"昭文"之稱也。(《札樸》卷
四　覽古 P138)

【時世粧】shíshìzhuāng　唐婦人粧名時世
頭。《因話錄》："西平王治家整肅，不許時
世粧梳。"白樂天《時世粧歌》："圓鬟無鬢堆
髻樣，斜紅不暈顏而狀。"然亦有作"時勢"
者。權德輿詩："叢鬢愁眉時勢新。"元微之
教閨人粧束詩："人人總解爭時勢，都大須
看各自宜。"(《唐音癸籤》卷十九 P166)

【時世頭】shíshìtóu　參見[時世粧]。(《唐
音癸籤》卷十九 P166)

【時勢】shíshì　參見[時世粧]。(《唐音癸
籤》卷十九 P166)

【時學】shíxué　錢景湛論王安石穿鑿臆説
作爲字解，謂之時學，又以荒唐怪誕者謂之
時文。今世取士之文亦名時文。(《雅俗稽
言》卷十九 P8)

【時派】shípài　言近時派頭，與"古老"反，
趨新也。禮，"時"爲大。(《越諺》卷中　時
序 P6)

【時新】shíxīn　《隋書》："許善心母范氏，有
高節，高祖勑尚食，每獻時新，常遣分賜。"
(《通俗編》卷三 P58)

【時文】shíwén　參見[時學]。(《雅俗稽
言》卷十九 P8)

【時髦】shímáo　《後漢書·順帝紀贊》："孝
順初立，時髦允集。"(《通俗編》卷七 P142)

【時髦先生】shímáoxiānshēng　《後漢書》
贊云："孝順初立，時髦允集。"(《越諺》卷中
善類 P12)

【晒耳】shài'ěr　日旁氣曰晒耳。(《札樸》
卷九　鄉里舊聞　鄉言正字附　名稱 P328)

【晃】huǎng　內無實而外飾可觀曰晃。
(《客座贅語》卷一　詮俗 P8)

【晃煜】huǎngyù　又作焴，同，由掬反。《説

文》："晃,明也。""煜,燿也。"《埤蒼》："晃,光燿熾盛皃也。"（《一切經音義》卷九 15P350）

【晈鏡】jiǎojìng　《方言》曰："晈,明也。"《廣雅》曰："鏡,照也。"又可晈然如鏡,故曰晈鏡也。（《一切經音義》卷二十三 5P872）

【晏】yàn　參見［晏書］。（《越言釋》卷下 P12）

【晏坐】yànzuò　《石經》爲古文燕字,同。一見反。《廣雅》："宴,安也。"謂寂然安息貌也。（《一切經音義》卷二十八 12P1125）

【晏書】yànzhòu　以正午時爲"晏書"。或不言"書",直謂之"晏"。（《越言釋》卷下 P12）

【晏飯】yànfàn　午食則謂之"晏飯"。（《越言釋》卷下 P12）

【書信】shūxìn　古謂使者曰信。按:古樂府"有信數寄書,無信心相憶",包佶詩"去札頻逢信,回帆早挂空",二詩皆可証。又鄭子家使執訊而與之書,以告趙宣子。杜預曰："執訊問之官,爲書與宣子也。"則信訊之與書,明爲二事。世俗以遣書饋物爲信,故謂之書信。然如唐詩"一行書信千行淚,寒到君邊衣到無",則此語亦已久矣。（《雅俗稽言》卷十七 P10）

　　參見［信］。（《通俗編》卷十三 P278）

【書淫】shūyín　耽書之癖曰書淫,如皇甫謐、劉孝標博極羣書,號爲書淫。或曰書中蠹魚曰蟫,蟫音淫,曰書淫者,疑取此義。（《雅俗稽言》卷二十五 P11）

【書手】shūshǒu　《報應記》："宋術（編者按:當作衍）,江淮人,應明經舉。元和初,至河陰縣。因疾病廢業,爲鹽鐵院書手。"（《續釋常談》卷三十五 P610）

　　世稱鄉胥爲書手,處處皆然。《報應記》："宋衍,江淮人,應明經舉。元和初,至河陰縣,因疾病廢業,爲鹽鐵院書手。"蓋唐時已有此名。（《南村輟耕錄》卷十八 P225）

　　《輟耕錄》："世稱鄉胥爲書手。《報應記》:'宋衍應明經舉,元和初,至河陰縣,因疾病廢業,爲鹽院書手。'蓋唐已有此名。"（《通俗編》卷六 P118）

　　《輟耕錄》："世稱鄉胥爲書手。"《續釋常談》："宋術士（編者按:"術"當作"衍","士"當作"江"）淮人應明經,因疾病廢業,爲

鹽鐵院書手。"（《稱謂錄》卷二十六　書吏 P3）

【書策】shūcè　參見［打氈毬］。（《通雅》卷二十 P743）

【書館】shūguǎn　今以教授館爲書館,讀如"書籍"之"書"。案:當如"學書三冬"之"書",謂小童習字之館。《論衡·自記篇》："充爲小兒,六歲教書,八歲出於書館。書館小僮百人以上,或以書醜得鞭。充書日進,手書既成,辭師受《論語》、《尚書》。"馥謂:充以學書之館爲書館,其受《論語》、《尚書》之處,別是一館,不偶書館矣。（《札樸》卷六　覽古 P176）

【晡時】būshí　補謀反。申時也。（《一切經音義》卷十三 16P505）

【曹】cáo　物不新曰曹。（《宛署雜記》卷十七 P194）

【曹公】cáogōng　吳人謂梅子爲曹公,以曹嘗望梅止渴也。（《雅俗稽言》卷三十一 P8）

【曹長】cáozhǎng　尚書丞郎爲曹長。（《容齋四筆》）《唐音癸籤》卷十七 P158）

【晨晡】chénbū　《尒雅》曰："晨,早也。"《玉篇》曰："晡,日申也。"（《一切經音義》卷二十三 12P888）

【晚契生】wǎnqìshēng　朱存理《鐵網珊湖錄》："《貞溪諸名勝間翰》,皆元時筆札也。其紙尾署名有云:'晚契生紫陽方回頓首拜。'……有云:'契弟邵亨貞再拜。'……今……契生、契弟絶無稱者。"（《恒言錄》卷三 P69）

【晚爹叔】wǎndiēshū　繼父。（《越諺》卷中 惡類 P15）

【晚生】wǎnshēng　邵伯溫《聞見錄》："吳內翰黜狀元及第歸,謁范文正曰:'某晚生偶得科第,願受教。'"按:此晚生雖非自稱,而亦爲之漸矣。《觚不觚錄》："翰林舊規,先登甲第七科者,投刺皆稱晚生。餘不爾也。"（《通俗編》卷十八 P402）

　　《晉書·元帝四王傳》,成帝詔："以小晚生奕繼東海哀王沖。"梁玉繩曰："晉時呼子爲晚生,故元帝於琅玡王煥令曰'晚生矇弱'。"奕卽廢帝海西公,是哀王從孫,故云小晚生。（《稱謂錄》卷六　子 P1）

　　《晉書·戴淵傳》："今後進晚生,目不覩

掉讓之儀。"《隋書·薛濬傳》:"晚生早孤,不
聞《詩》《禮》。"《陳書·陸瑜傳》:"晚生後學,
匪無牆面。"(《恒言廣證》卷三 P56)

　　參見[侍生]。(《通俗編》卷十八
P402)

【晴乾】qínggān　諺云:"朝鵁丁湛,夜鵁晴
乾。"(《吳下方言考》卷五 P3)

【替人】tìrén　《北史·陳元康傳》:"司馬子
如與孫搴劇飲,醉甚而卒,神武命求好替。"
《唐書·文藝傳》:"杜審言病甚,宋之問、武
平一等省候何如。答曰:'我在,久壓公等,
但恨不見替人。'"(《通俗編》卷十三 P280)

【替僧】tìsēng　張爾歧《蒿庵閒話》云:"明
朝,凡皇太子、諸王生,率剃度幼童一人爲
僧,名曰替僧。神宗皇帝替僧名志善,見
《張江陵集》。"案:稗官野史多有代皇帝出
家之僧,橫行無忌,據此知事誠有之。(《稱
謂錄》卷三十一　僧 P4)

【暎】yìng　日陰曰暎。(《通俗文》釋天地
P36)

【景】jǐng　參見[景仰]。(《雅俗稽言》卷二
十三 P10)

【景仰】jǐngyǎng　《詩》:"高山仰止,景行行
止。"注:"景行,大道也,一曰景,明也,言
所行之光明也。"山谷云:"高山則仰之,明
行則行之。"如魏文帝書:"高山景行,深所
慕仰。"此善用《詩》者也。世俗誤以"景"訓
仰慕,多取前賢名姓加"景"字于上以爲稱,
如"景周""景顏"之類,不知前史如王景
畧、范景仁,曷嘗以景爲仰哉? 弟如東坡
《劉愷傳》:"今愷景仰前修。"太白書:"何令
人景慕一至此?"孫巨源景疏樓,東坡詩:
"不獨二疏爲可慕,他時當有景孫樓。"則知
承誤已久,不獨俞清老作"景陶軒"爲山谷
所譏也。(《雅俗稽言》卷二十三 P10)

【景慕】jǐngmù　參見[景仰]。(《雅俗稽言》
卷二十三 P10)

【景雲】jǐngyún　《孝經援神契》:"天子孝,
景雲出遊。"崔融《則天挽歌》:"空餘天子
孝,松上景雲飛。"(《唐音癸籤》卷十六
P142)

【晬日】zuìrì　生子周歲謂之晬日,又謂之試
周。《顏氏家訓》:"江南風俗,兒子一朞爲
製新衣,盥浴裝飾。男則用弓矢紙筆,女則
用刀尺鍼縷,並飲食之物及珍寶玩器置之
兒前,觀其發意所取,以驗貪廉愚智,名爲

晬日。"(《俚言解》卷一 10P8)

【晬盤】zuìpán　參見[得周]。(《越諺》卷中
風俗 P61)

【曾大父】zēngdàfù　韓愈《博陵崔公墓誌
銘》:"曾大父知道。"《河南少尹裴君墓誌
銘》:"曾大父元簡。"《太原少尹苗君墓誌
銘》:"曾大父延嗣。"陸務觀《義莊記》:"曾
大父之曾孫爲從祖兄弟。"(《稱謂錄》卷一
曾祖 P5)

【曾太公】zēngtàigōng　杜確《岑嘉州集
序》:"曾太公文本。"(《稱謂錄》卷一　曾祖
P6)

【曾父】zēngfù　《大遍覺法師元奘塔銘》:
"曾父欽。祖康。父惠英。"(《稱謂錄》卷一
曾祖 P5)

【曾老姑】zēnglǎogū　杜甫《送重表侄王
砅》詩:"我之曾老姑,爾之高祖母。"老,一
作祖。(《稱謂錄》卷八　曾祖之姊妹 P9)

【曾翁】zēngwēng　杜甫詩:"汝門請從曾
翁説。"(《稱謂錄》卷一　曾祖 P5)

【曾門】zēngmén　《新唐書·孝友傳》:"程
袁師改葬曾門以來,閱二十年乃畢。"王昶
《金石萃編·濟度寺尼惠源和上神空誌》"曾
門梁孝明皇帝",蓋惠源蕭瑀孫女也。又
《段行琛碑》:"曾門德浚濬。"錢大昕《潛研
堂金石文跋尾》云:"稱曾祖爲曾門,未詳其
義。"(《稱謂錄》卷一　曾祖 P5)

【睒】shǎn　電曰睒,睒音閃。(《蜀語》P36)

【會】huì　《十國春秋》:"宋太宗時,或言劉
昌言閩語,恐奏對難會。太宗曰:'我自會
得。'"按:會,謂理會也。理會得、理會不
得,宋儒語錄中頻見。今俗若以爲能之代
字。《傳燈錄》:"僧問宗乘中事,永明曰:
'禮拜著。'曰:'學人不會。'曰:'出家行脚,
禮拜也不會。'"此雖屬闡機,亦見當時有以
會爲能者矣。(《通俗編》卷十五 P321)

【會元】huìyuán　李詡《戒庵漫筆》:"憶唐荊
川中會元,其稿亦是無錫門人蔡瀛與一姻
家同刻。"案:《明史·選舉志》云:"士大夫通
以會試第一爲會元。"(《稱謂錄》卷二十四
會元 P20)

【會子】huìzǐ　宋有交子、會子、關子、錢
引、度牒、公據等名,皆所以權變錢貨以
趨省便,然皆不言其制,惟户部中鹽有鹽鈔
之名。(《俚言解》卷二 29P43)

【會當】huìdāng　《廣韻》云:"合也。"愚案:合也者,應也。言應當也。本是會合之會,轉爲應當耳。……會,卽當也。會當,重言之也。《魏志·崔琰傳》注:"男兒居世,會當得數萬兵千匹騎著後耳。"《顏氏家訓》:"人生在世,會當有業。"(《助字辨略》卷四P211)

【會酒】huìjiǔ　祀神散胙。(《越諺》卷中　飲食P37)

【會親】huìqīn　初結婚姻,兩親家設筵相會也。《夢粱錄》名同事異。(《越諺》卷中　風俗P61)

【會郎】huìláng　參見[轉郎]。(《越諺》卷中　風俗P61)

【會須】huìxū　猶會當也。杜子美詩:"會須上番看成竹。"(《助字辨略》卷四P212)

【暖墓】nuǎnmù　人死三日覆墓曰暖墓。(《燕山叢錄》卷二十二　長安里語　人事P4)

【暖天】nuǎntiān　夏暑時。(《越諺》卷中　天部P2)

【暖喪】nuǎnsāng　《思聞錄》:"杭俗,出殯前一夕,大家則唱戲宴客,謂之'煖喪'。吳中小民家亦用鼓樂竟夜,親鄰畢集,謂之'伴大夜'。"按:"煖喪"與"暖孝"類,亦非禮之甚者。然其風煽延甚久,《鹽鐵論》:"世俗因人之喪以求酒食,幸與小坐,而責辦歌舞俳優,連笑伎戲。"漢時已如是矣。(《通俗編》卷九P198)

【暖寒】nuǎnhán　《開元天寶遺事》:"巨豪王元寶每至冬月大雪之際,令僕夫自本坊巷中掃雪爲徑路,躬親至坊巷前迎揖賓客就本家。具酒炙宴樂,爲之暖寒之具。"(《續釋常談》卷三十五P611)

【暖屋】nuǎnwū　今之入宅與遷居者,鄰里釀金治具,過主人飲,謂曰暖屋。或曰暖房。王建《宮詞》:"太儀前日暖房來。"則暖屋之禮,其來尚矣。(《南村輟耕錄》卷十一P138)

【暖孝】nuǎnxiào　《燕在閣知新錄》:"'暖孝'之說,最爲無禮,不意宋時已有此言。宣仁太后上仙,忽有旨下光祿:'供羊酒若干,爲太后、妃、皇后暖孝。'東坡上疏,以'暖孝'出于俚俗,王后之舉,當化天下,不敢奉詔。有旨遂罷。"(《通俗編》卷九P198)

【暖房】nuǎnfáng　參見[暖屋]。(《南村輟耕錄》卷十一P138)

【暖耳】nuǎn'ěr　參見[耳暖]。(《談徵》物部P2)

【朅】qiè　顏延年《秋胡》詩:"朅來空復辭。"《正字通》云:"發語辭。朅來,猶聿來,或以爲去來也。"愚案:去來之説非。(《助字辨略》卷五P259)

【暮鶹】mùliù　參見[崽]。(《通雅》卷十九P651)

【暮鶹么豚】mùliùyāotún　楊升菴曰:"老人自稱少子曰暮鶹么豚,因雉之少子名鶹也。"(《談徵》名部上P53)

【嘗試】chángshì　《荀子·王制篇》:"嘗試之説鋒起。"注曰:"嘗試,謂假借以事試爲之也。"按:《孟子》:"請嘗試之。"乃屬當行之事,恆言則謂其不當行,蓋獨本于《荀子》。(《通俗編》卷十二P250)

【暴出隴】bàochūlǒng　謂雇工新來無習氣者。(《越諺賸語》卷上P8)

【暴暴】bóbó　音僕。《荀子》:"暴暴如坵山。"案:暴暴,物長貌。今吳諺謂物長曰暴暴然也。(《吳下方言考》卷十P14)

【暴發兒】bàofā'ér　《五代史·安重榮傳》:"重榮起于軍卒,暴至富貴。"按:《博雅》:"暴,猝也。"《荀子·富國篇》:"財貨暴暴如邱山。"注亦云:"卒起之貌。"《史記·項羽紀贊》:"何興之暴也。"亦興之猝。今俚俗猶謂忽然富貴者曰暴發兒。(《通俗編》卷十四P297)

【暴露】pùlù　今人言晝夜勞于行役者曰暴露。言日則暴日,夜則露濕。音瀑,不從本音。(《言鯖》卷下P28)

【暫瞚】zànshùn　上憖濫反。賈逵注《國語》云:"暫,卒也。"《説文》云:"暫,不久也。從日斬聲。"下輸潤反。《莊子》云:"終日視而目不瞚。"《呂氏春秋》云:"萬世猶一瞚。"《説文》作瞚,云:"目搖開闔也。從目寅聲。"經本作瞬,俗用字也。(《一切經音義》卷二十8P759)

【屭日子】xiàngrìzǐ　屭,向杏切。日,音泥。前日也。(《越諺》卷中　時序P6)

【曈曨】tónglóng　欲明也。(《文選》陸機《文賦》注。)(《埤蒼》P14)

参見[朣朧]。(《埤蒼》P14)

【曖迺】ǎinǎi　参見[欸乃]。(《唐音癸籤》卷二十四 P213)

【曬伏】shàifú　音煞。王建《簇蠶辭》:"場寬地高風日多,不向中庭曬蒿草。"案:曬,曬透不使還洮也……今吳諺謂曬透不復性者曰曬伏。(《吳下方言考》卷十一 P5)

【曃】qī　欲燥曰曃。(《通俗文》釋言語上 P18)

【曦赫】xīhè　喜猗反。《韻詮》云:"赫曦,日光也。"《字書》:"光明盛也。"《説文》:"氣也。"(《一切經音義》卷二 8P86)

【曩】nǎng　行事重復曰瑣碎,交感曰曩。(《燕山叢錄》卷二十二　長安里語 人事 P2)

【曩世】nǎngshì　那郎反。《尒雅》曰:"曩,久也,謂久遠也。"(《一切經音義》卷二十一 7P791)

【曬哴】shàilàng　"朗"。晴曰曬,陰曰哴。淫衣待乾。(《越諺》卷中　天部 P2)

水(氵氺)部

【水】shuǐ　以言呴沫人,令其意靡靡焉頓也,曰水。(《客座贅語》卷一　詮俗 P7)

【水且】shuǐjū　芙蓉,一名荷花,生池澤中,實曰蓮,花最秀者。一名水且,一名水芝,一名水華。(《蘇氏演義》卷下 P27)

【水仙子】shuǐxiānzǐ　《武林舊事》:"西湖遊觀,有歌妓舞鬟,嚴妝自衒、以待招呼者,謂之水仙子。"(《稱謂錄》卷三十　倡 P23)

【水冶】shuǐyě　彰德府西行四十里,有地名水冶,蓋昔人作水排處,因以名也。排,謂排囊,以韋爲之,鼓風吹炭用冶鐵,巧者以水代人,故曰水冶。張璠《漢記》:"杜詩爲太守,爲冶家作水排。"《後漢書·杜詩傳》:"造水排,鑄農器。"注云:"冶者爲排以吹炭,今激水鼓之。"《武昌記》:"北濟湖本是新興冶塘湖,元嘉初,廢水冶。水冶者,以水排冶。令顏茂以塘數破壞,難施功力,因廢水冶,以人鼓排,謂之步冶。"《魏志》:"韓曁爲監冶謁者,舊時冶作馬排,每用馬百匹;更作人排,又費功。曁乃因長流爲水

排,利益三倍。"(《札樸》卷三　覽古 P103)

【水刮】shuǐguā　今田家有水刮,天旱時引水以溉田。《魏畧》:"馬鈞巧宦絕世,居京都,有地可以爲園而無水以灌,乃作飜車。令兒童轉之,而灌水自覆更出更入,巧百倍于常。"人因以水刮之制起自魏馬鈞。漢靈帝使畢嵐作飜車,設機束,以引水灑南北郊路,則飜車自畢嵐已制矣。飜車卽今所謂水刮也。(《談徵》物部 P7)

【水引】shuǐyǐn　遊水委綖,卽水引也,今之切麵也。弘君舉《食檄》云:"催廚人作茶餅,剛頓中適,然後引水。"傅玄《七謨》曰:"蕡賓之時麵,忽遊水而清引,進飛羽之薄衍。"卽束皙所云"弱似春綿",皆謂今之切麵也。六朝人常言水引餅。《齊書》:"太祖好水引餅,何戢令婦自執事設上。"卽水麵也。程大昌載:"毛植之爲蝴蝶麵。"今山、陝有此語。(《通雅》卷三十九 P1186)

【水引餅】shuǐyǐnbǐng　参見[水引]。(《通雅》卷三十九 P1186)

【水引麪】shuǐyǐnmiàn　参見[湯餅]。(《雅俗稽言》卷九 P11)

【水玉】shuǐyù　参見[頗梨]。(《一切經音義》卷二十五 3P955)

【水曹】shuǐcáo　水部爲水曹。(《容齋四筆》)(《唐音癸籤》卷十七 P157)

【水汪汪】shuǐwāngwāng　浩虛舟《盆池賦》:"水汪汪而羅漲。"案:汪汪,水盈貌。吳中謂水光盈滿曰水汪汪。(《吳下方言考》卷二 P9)

【水手】shuǐshǒu　《宋史·河渠志》:"呂梁百步兩洪,湍淺險惡,水手擇戶盤剝人,邀阻百端,商賈不行。"東坡居士詩:"便合與官充水手,此生何止略知津。"(《通俗編》卷二十一 P479)

【水排】shuǐbài　張璠《漢記》:"杜詩爲太守,爲冶家作水排。"《後漢書·杜詩傳》:"造水排,鑄農器。"注云:"冶者爲排以吹炭,今激水鼓之。"(《札樸》卷三　覽古 P103)

【水牌】shuǐpái　参見[簡板]。(《七修類稿》卷二十六 P399)

【水碓】shuǐduī　参見[踏碓]。(《里語徵實》卷中下　二字徵實 P11)

【水田衣】shuǐtiányī　《象教皮編》:"袈裟一名水田衣。"王維詩:"乞飯從香積,裁衣學

水田。”按：時俗婦女以各色帛寸翦間雜、紩以爲衣，亦謂之水田衣。是真王維所謂學水田者。據《潛夫論·浮侈篇》云：“尅削綺縠，寸竊八采，以成榆葉無窮水波之文，碎刺縫紩，詐爲裙襦衣被，費繒百縑，用工十倍。”則此衣自漢有之，而其源則由于縫人之售所竊耳。（《通俗編》卷二十五 P561）

【水畜】shuǐchù　陶朱公《養魚經》曰：“夫治生之法有五，水畜第一。”水畜，魚也。此二字亦奇。（《南村輟耕錄》卷十 P126）

【水精】shuǐjīng　參見[頗梨]。（《一切經音義》卷二十五 3P955）

【水芝】shuǐzhī　參見[水且]。（《蘇氏演義》卷下 P27）

東瓜。亦曰荷也。（《七修類稿》卷四十三 P631）

【水華】shuǐhuá　參見[水且]。（《蘇氏演義》卷下 P27）

【水菸】shuǐyān　有“青條”“黄條”兩種。嘉慶中出蘭州，徧行各省。銅具圓腹夵底長喙者，盛水，裝菸，火食。（《越諺》卷中 貨物 P33）

【水蘇】shuǐsū　參見[雞蘇]。（《吳下方言考》卷三 P12）

【水緜襖】shuǐmián'ǎo　參見[裏牽綿]。（《通俗編》卷二十五 P554）

【水雞】shuǐjī　《祥符圖經》云：“《本艸》：‘蛙有背作黄文者，一名水雞。’”王志堅《表異錄》云：“水鴨，蛙也。”今人呼水雞本此。……今名蛙曰水雞，亦名田雞。（《土風錄》卷四 P220）

【水飯】shuǐfàn　《周禮·漿人注》：“涼，今寒粥，若糗飯雜水也。”按：今江北所謂膏粱米飯，即此。（《通俗編》卷二十七 P610）

【水馬軍】shuǐmǎjūn　釘靴。（《墨娥小錄》卷十四 P5）

【水鴨】shuǐyā　參見[水雞]。（《土風錄》卷四 P220）

【永夕】yǒngxī　《爾雅》曰：“永，長也。”夕，夜也。言生死界中常癡闇，故謂之長夜也。（《一切經音義》卷二十一 8P793）

【氷人】bīngrén　晉索紞明術數。令狐策夢立冰上，與冰下人語。紞曰：“氷上爲陽，氷下爲陰，陰陽事也。士如歸妻，迨氷未泮，婚姻事也。在冰上與冰下人語，媒妁事也。”今謂媒爲氷人，本此。（《言鯖》卷下 P21）

【求匃】qiúgài　下該艾反。《蒼頡篇》：“行請也，求也。”《古今正字》：“匃，乞也，從勹亾聲也。”（《一切經音義》卷七十六 10P3011）

【汁鈸】zhībá　藥店。（《墨娥小錄》卷十四 P4）

【汔】jí　迮而吐之曰汔。（《通俗文》釋言語上 P10）

【汃月】pāyuè　八月爲汃月，九月爲杇月。汃，普八切，攀入聲。蜀西南多雨，八九月爲甚，名曰漏天。杜子美詩曰：“鼓角漏天東。”黄仁傑詩曰：“九月不虛爲杇月。”（《蜀語》P8）

【汞】gǒng　參見[蕻]。（《越言釋》卷上 P27）

【汗】hàn　《漢書·西域傳》顔師古註：“胡桐亦似桐，其沫可汗金銀。”案：汗，粘也。吳中謂金屬脱落而粘補之曰汗。（《吳下方言考》卷九 P4）

【汗搨】hàntà　襯衫也。京師人語。歐陽原功詞：“血色金羅輕汗搨。”古人謂之汗衣。（《恒言錄》卷五 P108）

【汗衫】hànshān　燕朝衮冕有白紗中單，漢王與項籍戰，汗透中單，改名汗衫。（《目前集》前卷 P2123）

《事物紀原》：“《實錄》曰：‘漢高祖與項羽戰爭之際，汗透中單，遂有汗衫之名。’”（《恒言廣證》卷五 P84）

嘗暑襯衣有汗，以木芙蓉皮或寸斷小竹紵線結之。《中華古今注》云：“漢高祖與楚戰歸，汗透其衣，遂改名汗衫。”（《土風錄》卷三 P199）

參見[襌襂]。（《通雅》卷三十六 P1111）

【汙渥】wūwò　烏固反。杜注《左傳》：“汙，濁也。”《韓詩》：“穢也。”下鵶角反。《詩傳》：“渥，厚也。”《箋》云：“淳漬也。”《説文》：“霑也，從水屋聲也。”（《一切經音義》卷十一 16P43）

【污】wū　《周南》“薄污我私”注：“污謂煩撋之以去其污。”越人於一切澣濯之事皆作“呼”去聲，其音又與“污”微別。要是音近

致訛者。(《越言釋》卷上 P14)

【江米】jiāngmǐ　李賀詩"長鎗江米熟",注家謂江南所貢之米。今北俗通呼白米曰江米。(《通俗編》卷三十 P679)

【汏】dà　音大。《廣韻》:"汏,浣也。"案:汏,不搓也,吳中以略浣爲汏。(《吳下方言考》卷九 P17)

【汋】zhuó　橫木度水也。之藥反。(《俗務要名林》)

【池】chí　今之臥氊著裏施緣者呼爲池氊。《禮》云:"魚躍拂池。"池者,緣飾之名,謂其形象水池也。左太沖《嬌女》詩云:"衣被皆重池"即其證也。今人被頭別施帛爲緣者,猶謂之被池。此氊亦有緣,故得池名耳。俗間不知根本,競爲異説,或作褷、持,皆非也。(《匡謬正俗》卷七 P90)

【池氊】chízhān　《正俗》云:"今臥氊著裏施緣者呼爲池氊,蓋以禮云'魚躍拂池',池者,緣飾之名,謂其形象水池耳。"(《雅俗稽言》卷二十一 P11)

【汲瓶】jípíng　或問俗以金銀或桃核造爲汲瓶,縣小兒腕間,何所依據。余不能答。及檢《左傳》《急就篇》始得其説。《昭七年傳》云:"略以瑤甕。"《急就》云:"璧碧珠璣玫瑰甕。"顔注:"玫瑰,玉名。甕,汲瓶,今人以雜寶爲鋙之屬,帶於嬰兒頸下,此古之舊事"云云。是即汲瓶之所由來也。其以桃核,蓋祓除之遺。(《札樸》卷四　覽古 P139)

【沓】tà　《避暑錄話》:"晏元獻平居不棄一紙,雖封皮亦十百爲沓。"猶今之言一套也。鄭氏以韣爲沓,亦套之意也。《世説》注:"羅友二百五十沓烏樏。"《宋志》:"金輅有金鍍銅套筒。"《諾皋記》言"大蝦蟆扶二筆鐗",謂筆套也。升菴引元微之詩"韜"字爲套。《韓韻》載:"後唐與梁戰于胡盧套。"凡夫曰:"《説文》:'礚,大長谷也。'俗誤以大長二字爲套。"互參見《器用書套》下。(《通雅》卷四十九 P1449)

　　書積曰沓。《避暑錄話》:"晏元獻平居不棄一紙,雖封皮亦十百爲沓。"猶今之言"一套"也。書稱幾"沓"本此。(《里語徵實》卷上　一字微實 P27)

　　參見[指搨]。(《通俗編》卷二十五 P566)

【汪】wāng　參見[旺]。(《札樸》卷九　鄉里舊聞　鄉言正字附　名稱 P328)

【汪住】wāngzhù　《左傳》:"周氏之汪。"服虔注:"停水曰汪。"今俗言水之少而定曰"一汪兒"。《集韻》轉作去聲,亦訓停水。今俗言飲水過多曰"汪住"是也。(《通俗編》卷二 P40)

【汪汪】wāngwāng　汪汪,水盈貌。(《吳下方言考》卷二 P9)

【洰泥】hùní　上"護"。水薄泥。(《越諺》卷中　地部 P4)

【沙】shā　《歸田錄》云:"淮南人藏鹽酒蟹,凡一器數十蟹,以皁莢半挺置其中,則可藏經歲不沙。"沙字今語猶然。(《直語補證》P10)

【沙家】shājiā　《字典》:"五代、宋初人自稱曰沙家,即余家之近聲。"案:古有余無佘。余之轉韻爲禪遮切,音蛇。今人姓有寫作佘者,妄也。(《稱謂錄》卷三十二　自稱 P1)

【沙彌】shāmí　僧落髮後稱沙彌,華言息慈。(《目前集》前卷 P2131)

　　《魏書·釋老志》:"爲沙門者,初修十誡,曰沙彌。"《善覺要覽》:"落髮後稱沙彌,華言爲息慈,謂得安息於慈悲之地也。或云:'初入佛法,多存俗情,故須息惡行慈也。'"(《通俗編》卷二十 P446)

【沙汰】shātài　《吳志·朱據傳》云:"是時,選曹尚書暨豔疾貪汙在位,欲沙汰之。"(《通言》卷一 P19)

【沙磣】shāchěn　飯不精曰沙磣。(《札樸》卷九　鄉里舊聞　鄉言正字附　雜言 P329)

【沙聲沙氣】shāshēngshāqì　今吳諺謂聲之不善者曰沙聲沙氣。(《吳下方言考》卷四 P3)

【沙糖】shātáng　店中名"泉水紅",甜如膏。……見《易林》。(《越諺》卷中　飲食 P34)

【沙鑼】shāluó　參見[篩鑼]。(《通俗編》卷八 P173)

【沙門】shāmén　《後漢書·郊祀志注》:"沙門,漢言息心,削髮出家,絕情洗欲,而歸于無爲也。"《翻譯名義》:"此出家之都名也,秦言勤行。"(《通俗編》卷二十 P446)

　　參見[喪門]。(《談徵》名部下 P44)

【沙魘】shāyǎn　湖南益陽州,夜中,同寢之

人，無故忽自相打，每每有之，名曰沙魘。（《南村輟耕錄》卷六 P74）

【没事忙】méishìmáng　長山徐君（迪行）曰：“楊，春墢甲哜地如毛蟲，俗呼没事忙，乃木始萌也。”（《札樸》卷五 覽古 P162）

　　參見［木始萌］。（《札樸》卷九 鄉里舊聞 鄉言正字附 名稱 P328）

【没偒儑】méitàsà　行事不緊切曰没偒儑。偒，音塔。儑音靸。魯直云：“物不躅也，蜀人語。”（《方言據》卷上 P1）

　　參見［偒儑］。（《恒言錄》卷二 P48）

【没包彈】méibāotán　今人謂作事穩當無瑕疵者爲没包彈。包拯爲臺官嚴毅，朝列有過必遭彈擊。（《言鯖》卷下 P28）

【没帳】méizhàng　事無干涉曰没帳。（《燕山叢錄》卷二十二 長安里語 人事 P3）

【没多兒】méiduōr　參見［無多子］。（《通俗編》卷三十二 P705）

【没巴鼻】méibābí　作事無據曰没巴鼻。《後山詩話》：“蘇東坡《當戲一書生》詩：‘有甚意頭求富貴，没些巴鼻便奸邪。’”用俗語也。（《俚言解》卷一 50P28）

【没字碑】méizìbēi　《五代史》：任圜曰：“崔協不識文字，虛有表耳，號没字碑。”又石晉安重誨，契丹呼爲安没字。（《常語尋源》卷上乙册 P206）

【没洰】mògǔ　參見［勺鐸］。（《客座贅語》卷一 方言 P10）

【没把鼻】méibǎbí　把猶言柄，鼻猶言紐，以器爲喻也。……近人譌讀若別。高則誠《琵琶曲》：“這般説謊没把臂。”本用眞韻，而改鼻爲臂，得非徇俗誤耶。（《通俗編》卷二十六 P573）

【没脚海】méijiǎohǎi　無歸着曰没脚海。（《宛署雜記》卷十七 P194）

【没脚海】méijiǎohǎi　無歸着曰没脚海。（《燕山叢錄》卷二十二 長安里語 人事 P2）

【没答颯】méidásà　參見［没雕當］。（《通俗編》卷十一 P231）

【没雕當】méidiāodàng　朱彧《可談》：都下市井謂作事無據者曰“没雕當”。衞士順天幞頭一脚下垂者，其儕呼爲“雕當”，不知名義所起。《通雅》：今語“不的當”即此聲也。漢有“雕捍”之語，唐以來有“勾當”之語，故

合之。按：《玉篇》有“伓儅”二字，總訓不當。《集韻》平上去三聲皆收，訓義略同，則“雕當”應作“伓儅”。朱氏不得其字，故滋惑也。但據“伓儅”之訓不當，即是無據，何更云“没雕當”？殆猶不振曰“答颯”，俗反曰“没答颯”；不當曰“尷尬”，俗反曰“不尷尬”者耶？（《通俗編》卷十一 P231）

【没錬鐓】méidōngduì　謂人不慧曰没錬鐓。錬，从東，音東。與從柬音練不全。鐓音隊。鐓、鐜仝。錬鐓，車轄也。揚子《方言》：“趙魏之間謂之錬鐓。”車無轄則岡岡然無所之，人之懵懵亦如之。（《蜀語》P13）

【沈腰】shěnyāo　沈休文久處端揆，有志台司，以書陳情，自言形力不相綜攝，“革帶常應移孔”。是休文一衰病老公不知止足者，大是殺風景事，而後世因帶孔一語，號曰沈腰，誤入詞調，呼之爲沈郎，且以爲風流之症，極大可笑。（《雅俗稽言》卷二十一 P3）

【沈頓】chéndùn　猶言滯留也。吳季重《在元城與魏太子牋》：“小器易盈，先取沈頓。”沈，俗呼着人。（《語竇》P151）

【沉沉】chénchén　劉長卿《奉使新安》詩：“夾岸黛色愁，沉沉綠波上。”案：沉沉，深綠貌。吳中謂綠色深者曰綠沉沉。（《吳下方言考》卷四 P15）

【泉水】quánshuǐ　參見［沙糖］。（《越諺》卷中 飲食 P34）

【泰】tài　荀悦《漢紀》云：“九年耕，餘三年之食，進業日升，謂之升平，三升曰泰。”（《通言》卷一 P11）

【泰山】tàishān　俗呼外舅爲泰山，一云古詩言“結根太山阿”，謂結姻親故也。一云泰者，高廣之貌，可以依倚也。今人咸云安如泰山，亦是取廣大之意耳。開元中，封東岳後各賜緋，時人因謂泰山緋。又道經中有泰山丈人，丈人者，長也。周制八寸爲尺，人長一丈曰丈夫，即今人八尺是也。夫者，男子之美稱，亦曰壯也，大也，從也。（《蘇氏演義》卷上 P8）

　　今人稱婦翁爲丈人，爲岳丈，爲泰山。按：唐玄宗封禪泰山，張説爲封禪使，其壻鄭鎰本九品官，以封禪使壻故，驟遷三品。優人黃旛綽曰：“此泰山之力也。”因此稱妻父爲泰山。其曰丈人，曰岳丈者，或以泰山東岳有丈人峯故也。（《雅俗稽言》卷六

P2)

《摭遺》云:"歐陽永叔謂:'今人呼妻父爲岳公,以泰山有丈人峯。又呼妻母爲泰水,不知出何書也?'"今大孤山下有石曰丈人峯,因以孤訛爲姑也。裴松之注《三國》,言:"獻帝舅董卞謂古無丈人之名,故謂之舅。"松之元嘉時人,呼婦翁爲丈人,已參見此時。《漢書》:"塞外言漢天子,我丈人行。"丈人,古爲尊老言。《經効方》云:"青城山丈人。"皆此類也。《黄氏筆記》曰:"《漢·郊祀志》:'大山川有嶽山,小山川有嶽壻山,或出于此。'"暄曰:"泰水之稱亦建類耳。"(《通雅》卷十九 P659)

段成式《酉陽雜記》云:"泰山有丈人峯,故丈人謂之泰山。稱丈母謂泰水不知出何經傳。唐元宗開元十三年封禪于泰山,張説爲封禪使。説之女壻鄭鎰,本是從九品官,舊例封禪後自三公以下,皆轉遷一階一級,惟鄭鎰是封禪使之壻,驟遷至五品,兼賜緋服。因大脯次,元宗見鎰官位騰躍,怪而問之,鎰無詞以對。優人黄幡綽奏曰:'此乃泰山之力也。'因此以丈人爲泰山。"亦是一説。按:裴松之《三國志》注"獻帝舅車騎將軍董承"句下云:"古無丈人之名,故謂之舅。"則是南北朝已稱丈人矣。(《談徵》名部上 P55)

參見[令岳]。(《通俗編》卷十八 P396)

【泰山緋】tàishānfēi 參見[泰山]。(《蘇氏演義》卷上 P8)

【泰水】tàishuǐ 《合璧事類》:"俗呼妻母爲泰水,此何義耶?"案:此卽因妻父之爲泰山而推之,知此稱宋時已然耳。(《稱謂錄》卷七 妻之母 P13)

《摭遺》云:"歐陽永叔嘗曰:'今人呼妻父爲岳公,以太山有丈人峯;又呼丈母爲泰水,不知出何書也。'"(《通言》卷三 P42)

今稱妻母爲泰水。(《雅俗稽言》卷六 P2)

參見[泰山]。(《通雅》卷十九 P659)

參見[令岳]。(《通俗編》卷十八 P396)

參見[泰山]。(《談徵》名部上 P55)

【泰謙】tàiqiān 《漢書·張安世傳》。(《越諺賸語》卷上 P6)

【法師】fǎshī 參見[練師]。(《唐音癸籤》卷十八 P164)

【法嬴】fǎluó 魯和反。《説文》:"蝸牛類而形大。"案:嬴者樂器也,吹作美聲以和衆樂,故引爲喻。經作螺,俗字者也。(《一切經音義》卷三 14P132)

【法炬】fǎjù 炬,渠與反。《説文》曰:"炬,謂束薪而灼之。"謂大燭也。《珠叢》曰:"苣謂莒苣,束草爇火以照之也。"苣卽古之炬字。莒音居呂反。(《一切經音義》卷二十一 9P794)

【法部】fǎbù 《唐書》:"梨園法部,更置小部音聲三十餘人。"王建《霓裳詞》:"傳呼法部案霓裳。"《樂府詩集》:"法曲起于唐,謂之法部。"(《稱謂錄》卷二十九 歌 P20)

【法馬】fǎmǎ 司馬舍人亶得銅器,形楕圜,有兩耳,……底有隸書云:"漢銅梁桮,重若干。"葢受水稱物之器,猶今天平、法馬。謂之梁者,梁卽衡也。……桮,卽栝子。《新唐書·禮樂志》:"張文收旣定樂,復鑄銅律三百六十,銅斛二,銅秤二,銅甌十四。"馥謂:銅甌亦以容水定輕重也。(《札樸》卷八 金石文字 P258)

【沽】gǔ 賣酒也。古路反。(《俗務要名林》)

【河伯使者】hébóshǐzhě (江東人)謂鼉爲河伯使者。(《蘇氏演義》卷下 P32)

【河伯從事】hébócóngshì 鼉,一名河伯從事。(《蘇氏演義》卷下 P32)

【河伯度事小吏】hébódùshìxiǎolì 烏賊,一名河伯度事小吏。(《蘇氏演義》卷下 P32)

【河戲】héxì 魚。(《墨娥小錄》卷十四 P4)

【河洛】héluò 以鐵牀壓麪成條曰河洛。案:《盧氏雜説》:"明皇射鹿取血煎酪謂之熱河洛。"今麪食有河洛之名,或本此。(《燕説》卷四 P14)

山東以蕎麥作麪食,曰河洛。向不辨其何字。唐明皇以鹿血煎酪,賜安祿山曰:"熱洛河。"似本此。(《言鯖》卷上 P7)

【河洛魚】héluòyú 海魚有名河洛者,謌呼也。張融《海賦》:"則有何㩳鱅䱗。"(《札樸》卷五 覽古 P171)

【河漏】hélòu 王楨《農書》:"北方多磨蕎麥爲麵,或作湯餅,謂之河漏,以供常食,滑細如粉。"按:今山右人多爲此食。(《通俗編》

卷二十七 P613）

【油】yóu 徒餔啜以膏其口曰油。（《客座贅語》卷一 詮俗 P8）

【油口讙】yóukǒuhuān 觀。滑稽無禮之言。（《越諺賸語》卷上 P9）

【油煠檜】yóuzháhuì 參見［麻花］。（《越諺》卷中 飲食 P36）

【油煠糕】yóuzhágāo 小米蒸糕油煑過者曰油煠糕。（《燕山叢錄》卷二十二 長安里語 飲食 P7）

【油衣】yóuyī 見《隋書·煬帝紀》："觀獵遇雨，左右進油衣。"（《通俗編》卷二十五 P560）

【油頭】yóutóu 山谷《戲題下巖》詩："未嫌滿院油頭臭，蹋破苔錢最惱人。"注："言兒女子混雜，污此淨坊也。"今俗油頭滑腦之謂，疑當時已有之。（《直語補證》P10）

【泱瀼】yāngnǎng 濁曰泱瀼。上音盎，下怒浪切。（《肯綮錄》P2）

垢濁曰泱瀼。（《札樸》卷九 鄉里舊聞 鄉言正字附 雜言 P330）

【泱瀼】yāngnǎng 上音盎，下讀若堂。木華《海賦》："涓流泱瀼，莫不來注。"案：涓流，活水；泱瀼，淤水也。吳諺謂水淤氣曰泱瀼臭(音臭)。（《吳下方言考》卷二 P6）

【況】kuàng 《白虎通》："兄，況也。況，父法也。"《廣雅》："兄況于父。"按：古書"況"字多通作"兄"。《管子·大匡篇》："召忽曰：'雖得天下，吾不生也。兄與我同，齊之政也。'"漢樊毅《華嶽碑》："君善必書，兄乃盛德。"《漢書》尹翁歸、翟牧俱字子兄。師古曰："兄讀爲況。"又《詩》："倉兄填兮。""職兄斯引。"注皆云："兄與怳同。"今俗呼兄爲況，其來敻矣。劉熙《釋名》："兄，荒也。荒，大也。青徐人呼兄爲荒。""荒"與"況"亦音相近。（《通俗編》卷十八 P394）

【泅取】qiúqǔ 凡遇譏謔之言曰"泅取"，譬水底物泅而取之，不在面上也。（《越諺賸語》卷上 P5）

【泠㴅】línglián 下"練"。潮後波瀾。即《吳越春秋》"重水"是也。（《越諺》卷中 地部 P4）

參見［重水］。（《越諺》卷中 地部 P4）

【沿流】yánliú 悦涓反。《説文》："順流而下也。"（《一切經音義》卷十二 6P449）

【沿泝】yánsù 上悦全反，下蘇祚反。孔注《尚書》云："順流而下曰沿。"《毛詩傳》曰："逆流而上曰泝洄。"《説文》："泝，水欲下違而上也。"二字竝從水，㡿、㕣皆聲。㡿音尺，㕣音夷奐反。（注：泝，《説文》作㴑。）（《一切經音義》卷三十一 14P1244）

【泡】❶pāo 凡物虛大謂之泡。（《直語補證》P3）

❷páo 《方言》："泡音庖，盛也。江淮之間曰泡。"注："肥洪張貌。"至今猶然。俗音如抛，庖之訛耳。（《直語補證》P3）

【泡滾】pāogǔn 滾水曰泡滾。《正韻》："泡，蒲交切，音抛。"《梵書》："如夢幻泡景。"又音庖。《山海經》："其源渾渾泡泡。"注："水噴濆湧之聲也。"（《里語徵實》卷中下 二字徵實 P22）

【注】zhù 《莊子·達生篇》："以瓦注者巧，以鉤注者憚，以黄金注者殙。"《淮南·説林訓》作"鈓"，註云："鈓者，提馬也。博家謂之投翩。"按：今博家猶以所累錢物爲注。《墨莊漫錄》載李元膺《十憶詩》，其《憶博》有"袖映春葱出注遲"句。（《通俗編》卷二十三 P523）

今俗相猜忌曰注。（《土風錄》卷八 P262）

參見［注疏］。（《雅俗稽言》卷二十四 P16）

【注夏】zhùxià 盧熊《府志》："夏至食李以解注夏之疾。"張寅《州誌》："立夏日煑麥豆和糖食之曰不注夏。"《南郭志》則云："夏志用蠶豆小麥煑飯名夏至飯(今俗則爲夏至粥)。"戒坐户檻云："犯，得注夏疾。"家先生治齋公云："注，當爲蛀。入夏不健，如樹之爲蟲蛀也。"思按：今俗相猜忌曰注，不服船曰注船。《西谿叢語》云："今人不善乘船，謂之苦船，北人謂之苦車。苦音庫，困也。"則"主"當爲"苦"音之轉。（《土風錄》卷八 P262）

【注子】zhùzǐ 酒壺曰注子，見鄭獬《觥記》注："唐時有注子，名偏提。"呂氏《言鯖》云："唐鄭注爲相，民間呼注子曰自斟壺。"明人《山家清事》云："偏提即今之酒鼈。"按：酒鼈之稱以其形似也。（《土風錄》卷三 P203）

參見［偏提］。（《言鯖》卷上 P4）

【注脚】zhùjiǎo 凡書本文若箇頭，解者若

箇脚,故本文下解説者,謂之注脚,注與註
全。(《雅俗稽言》卷二十四 P16)

【注疏】zhùshū　　後世之名注疏者,先列本
文于上,而著其所見于下。其曰注者,言本
文如水之源,而其派流之所分注,如下文所
言也。其曰疏者,則舉注而條列之,其倫理
得以疏通也。(《雅俗稽言》卷二十四 P16)

【注船】zhùchuán　《西谿叢語》:"今人病不
善乘船,謂之苦船,北人謂之苦車,'苦'音
庫。"《甕牖間評》《研北雜誌》《言鯖》引之,
謂即俗云"注船"也。(《釋諺》P114)

　　不服船曰注船。(《土風錄》卷八
P262)

　　參見[苦船]。(《言鯖》卷下 P2)

【注選】zhùxuǎn　　參見[拈鬮]。(《恒言錄》
卷六 P112)

【泌】bì　　音秘。《靈樞經》:"此所受氣者,泌
糟粕。"案:泌,滴盡水也。吳中謂緩瀉水以
存物曰泌。(《吳下方言考》卷八 P11)

【泥】nì　　俗謂柔言索物曰泥,乃計切,諺所
謂軟纏也。杜子美詩:"忽忽窮愁泥殺人。"
元微之《憶內》詩:"泥他沽酒拔金釵。"《非
煙傳》詩:"脈脈春情更泥誰?"楊乘詩:"晝
泥琴聲夜泥書。"又元鄧文原《贈妓》詩有
"銀燈影裏泥人嬌"。後人用者不一。(《升
菴外集》)(《唐音癸籤》卷二十四 P207)

　　俗謂柔言索物曰泥,乃計切,尼去聲,
諺所謂軟纏也。如杜詩"忽忽窮愁泥殺
人",元鄧文原《贈妓》詩"銀燈影裏泥人
嬌",皆作去聲用。其字又作詎,《花間集》:
"黃鶯嬌囀詎芳妍。"又作妮,王通叟詩:"十
三妮子綠窗中。"今山東目婢曰小妮子,其
語亦古。見《升菴集》。(《雅俗稽言》卷二
十一 P14)

　　杜詩:"忽忽窮愁泥殺人。"《升菴外
集》:"俗以柔言索物曰泥,乃計切,諺所謂
軟纏也。元積:'泥他沽酒拔金釵。'楊乘:
'晝泥琴聲夜泥書。'鄧文原:'銀燈影裏泥
人嬌。'用者不一。"字或作詎,亦作妮。
(《通俗編》卷二十二 P500)

【泥儂】nínòng　　泥濘曰泥儂(注:讀去聲)。
(《燕山叢錄》卷二十二　長安里語 地理 P1)

【沸沸湯湯】fèifèishāngshāng　《西山經》:
"崒山丹水注於稷澤,其源沸沸湯湯。"案:
湯湯,水聲也。今諺謂水流聲曰湯湯。
(《吳下方言考》卷二 P6)

【沸撓】fèináo　　乃教反。《廣疋》:"撓,亂
也。"《説文》:"撓,擾也。"《聲類》:"撓,擾
也。"(《一切經音義》卷七十 2P2766)

【波】bō　　《吳船錄》:"發嘉州行二十里至王
波。波,蜀中稱尊老爲波。又有所謂天
波、日波、月波、雷波者,皆尊之稱。此
王波蓋王老或王翁也。"(《稱謂錄》卷三十
二　尊稱 P23)

　　《吳船錄》:"蜀中稱尊者爲波。祖及外
祖皆曰波。"(《稱謂錄》卷一　方言稱祖
P11)

【波俏】bōqiào　　今美人之儀容輕麗者,謂
之波俏。按:魏收有"庸峭難爲"之語,人多
不知其義。……蘇子容曰:《木經》云:'梁
上小柱有曲折之勢者,謂之庸峭。'"又按:
齊魏間以人之儀矩可喜者,謂之庸峭。庸,
奔謨切。今人轉相傳改,謂之波俏。(《言
鯖》卷下 P7)

【波峭】bōqiào　　逋峭,波峭也。(《吳下方
言考》卷九 P15)

【波旬】bōxún　　梵語。正云波俾掾,唐云惡
魔。佛以慈心訶責,因以爲名。(《一切經
音義》卷十 19P397)

【波波】bō·bo　　麪食總曰波波。(《燕山叢
錄》卷二十二　長安里語 飲食 P7)

　　《升菴外集》:"餺飥,今北人呼爲波波,
南人謂之磨磨。"按:波,當餺飥二字反切。
或云,盧仝詩:"添丁郎小小,脯脯不得喫。"
脯脯猶今云波波。或云本爲餑餑,北音讀
入爲平,謂之波波。皆未確。磨磨之磨,據
《集韻》作䃺,又一作饝。(《通俗編》卷二十
七 P613)

　　參見[餺飥]。(《越言釋》卷上 P32)

　　參見[䃺䃺]。(《里語徵實》卷中上　二
字徵實 P17)

　　參見[餺飥]。(《雅俗稽言》卷九 P11)

【波斯】bōsī　　錦名也。下音私。(《俗務要
名林》)

【波稜】bōléng　　《唐·西域傳》:"婆羅獻波
稜。"即今菠菜也。(《土風錄》卷四 P221)

　　參見[波菜]。(《雅俗稽言》卷四十
P19)

【波稜菜】bōléngcài　　參見[波菜]。(《雅
俗稽言》卷四十 P19)

【波羅蓋子】bōluógài·zi　　膝骨曰波羅蓋

子。(《燕山叢錄》卷二十二　長安里語　身
體 P6)

【波羅蜜】bōluómì　釋典所云波羅蜜,猶言
到彼岸也。《維摩詰經》言"般若波羅蜜"甚
多,俗語或指此。(《土風錄》卷十三 P319)

【波羅麻】bōluómá　予曾於粵東見之(菠蘿
蜜),其花如瓦花而大,兩頭竝發,其樹皮所
織卽波羅麻(俗訛作"哆囉蔴")也。(《土風
錄》卷十三 P319)

【波菜】bōcài　《劉公嘉話錄》:波稜菜,乃
西域僧得其子來中國者。韋絢曰:"其種乃
頗陵國出,後人訛爲波稜也。"按:《唐會要》
云:"尼波羅國波稜菜,今方言波菜是也。"
(《雅俗稽言》卷四十 P19)

【治】zhì　剖魚曰治(平聲)。(《札樸》卷九
鄉里舊聞　鄉言正字附　雜言 P330)

【泑子】yòuzǐ　窑器上色曰泑子。(《札樸》
卷九　鄉里舊聞　鄉言正字附　名稱 P328)

【洪】hóng　淺水曰洪。灘石激湍,其中深
僅可容舟者謂之"洪"。若大水則不復問
"洪"矣。臨川詩:"東江木落水分洪。"(《碧
溪詩話》)又蘇軾詩:"試聽雙洪落後聲,長
洪斗落生跳波。"柳貫詩:"土色從黃宜制
勝,河聲觸險聽分洪。"揭傒斯詩:"雪霜翻
淺瀑,雷雨寫奔洪。"(《里語徵實》卷上　一
字徵實 P22)

【洪量】hóngliàng　《南史》:"梁元帝妃徐
氏,性嗜酒,多洪醉。"《燕在閣知新錄》:"今
因謂酒量大曰洪量。"(《通俗編》卷二十七
P600)

【洪霆】hóngzhù　霆,之庶反。洪,大也。
併急瀉水曰霆。(《一切經音義》卷二十二
21P862)

【洒廁】xǐshuā　西禮反,或作洗,亦通。《韻
英》云:"浴也。"下栓刮反。《考聲》:"膩
也。"郭璞云:"掃刷也。"《説文》:"拭也,從
又持巾在尸下,會意字也。或從刀作刷。"
(《一切經音義》卷七十九 11P3119)

【洒洒】xiǎnxiǎn　音西。《素問》:"洒洒惡
寒。"案:洒洒,身發冷意。吳中謂發寒曰冷
洒洒。(《吳下方言考》卷三 P9)

【湀唾】tìtuò　上他計反,下他卧反。《説
文》:"鼻液曰湀,從水夷聲也。口津曰唾,
從口垂省聲也。"經文作涕,他禮反。《説
文》:"目汁也。"涕,泣悲聲也,非湀唾義也。

(《一切經音義》卷續四 6P3849)

上音夷,又音天計反。《説文》:"鼻液
也。"下土卧反。《古今正字》:"唾,口液
也。"形聲字也。(《一切經音義》卷二十九
15P1167)

【泚】cǐ　點筆曰泚筆。音姊。(《肯綮錄》
P2)

【洩氣】xièqì　罵人言不合理曰洩氣。按:
《宋史》:"邵箎以上殿洩氣出知東平,謂之
洩氣獅子。"倪雲林令童子擔水,以後者洗
足,曰:"恐其洩氣致穢。"魏校《六書精蘊》
云:"子在母胎,諸氣尚閉,惟臍內氣囪爲通
氣,既生則竅開口鼻,內氣尾閭爲之洩氣。"
云云。是卽罵人放屁之意。《廣韻》"屁"
注:"氣下洩也。"(《土風錄》卷八 P262)

【洞案】dòng'àn　鄭谷詩:"端簾爐香裏,濡
毫洞案邊。"宋景文云:"凡朝會排正仗,吏
供洞案,設前殿兩螭首間。案上設燎香爐,
修注官夾案立,其名爲洞。人多不知。予
疑通朱漆爲案,故名洞云。"景文此解恐未
是。洞洞敬也。案列於中,以起人敬,或其
取義歟。(《唐音癸籤》卷十七 P150)

【泂曲】huíqū　參見[泂洑]。(《札樸》卷四
覽古 P116)

【泂洑】huífú　王注《楚辭》:"回波爲澆。"胡
注《通鑑》:"水泂洑曰澆,吐谷渾有澆河。
呂光開以爲郡。"此郡蓋置於澆河泂曲處。
今作"洮"。(《札樸》卷四　覽古 P116)

【泂澓】huífú　胡瓌反,下扶福反。《三蒼》:
"泂,水轉也,澓亦廻水深也。"(《一切經音
義》卷七十一 12P2828)

上音回。《文字音義》云:"大水泂流
也。"下音伏。《考聲》云:"水旋流也。"或作
狀也。(《一切經音義》卷十二 15P468)

【洗三】xǐsān　生子三日謂之三朝,是日祭
祖先,洗兒炙臍,俗稱洗三。(《俚言解》卷
一 9P8)

參見[三朝]。(《雅俗稽言》卷八 P9)

【洗塵】xǐchén　《元典章》:"至元二十一年,
禁治察司條畫:一、不得因送路洗塵,受人
禮物。"按:凡公私值遠人初至,或設飲,或
饋物,謂之"洗塵"。今猶有此言。(《通俗
編》卷九 P188)

【洗泥】xǐní　東坡詩:"多買黃封作洗泥。"
方言有洗泥酒。(《目前集》前卷 P2122)

參見[餞路]。(《雅俗稽言》卷十七

P11)

【活和尚】huóhéshàng　中“湖”。五代時陳裕詩“無常”是也。《越諺》卷中　神祇P17)

【活妟】huófàn　泛。女慧而靈轉兒。（《越諺》卷中　形色 P58)

【活變】huóbiàn　處置曰活變，又曰騰那。（《宛署雜記》卷十七 194)

處置銀兩曰活變，又曰騰那。（《燕山叢錄》卷二十二　長安里語 人事 P2)

【活潑潑】huópōpō　《中庸章句》引程子“活潑潑地”。僧家語錄有云：“頂門之竅，露堂堂；脚跟之機，活潑潑。”又云：“圓陀陀，活潑潑。”程子之言未必用僧語，蓋當時有此俗語，故偶同耳。（《雅俗稽言》卷二十四 P17)

【活手】huóshǒu　賭博舞弊之人。（《越諺》卷中　惡類 P15)

【活脱】huótuō　楊萬里詩：“小春活脱是春時。”史彌寧詩：“楚山活脱青屏樣。”按：俗謂似之至，曰活脱也。（《通俗編》卷三十四 P749)

搏丸之伎，一名活脱，即塑工也。見《輟耕錄》。故俗言物之相似爲活脱像。（《直語補證》P40)

【活絜頭】huóqiètóu　音切。　夫存轉嫁。（參見[回頭人]、[二婚頭]條。）（《越諺》卷中　惡類 P16)

【活計】huójì　王建詩：“貧兒活計亦曾聞。”白居易詩：“休厭家貧活計微。”蘇軾《與蒲傳正尺牘》：“千乘姪言公全不作活計，常典錢買書畫奇物，欲老弟苦勸公。”（《通俗編》卷二十一 P463)

【涎唾】xiántuò　祥延反。俗字也。《說文》：“口液也。”……下土貨反。口中津。（《一切經音義》卷十四 4P517)

上因延反，通俗字也，《說文》正體作次，口液也。《考聲》云：“口津也。”……下吐課反。《說文》云：“口液也。”（《一切經音義》卷十一 11P422)

【涎洟】xiántì　諸書作次、羨、唌，四形，同。詳延反。《字林》：“慕欲口液也，亦小兒唾也。”（《一切經音義》卷七十一 13P2829)

【涎涕】xiántì　上夕延反，下體計反。口液

也。經文從夷作洟，誤用也。《易·萃卦》曰：“齎恣涕洟。”是其證也。（《一切經音義》卷十五 15P555)

【涎液】xiānyè　上叙連反。《切韻》：“涎，口液也。”下以脂反。《說文》：“鼻液也。”二字並從水，延夷聲也。又音他計反。（《一切經音義》卷續六 4P3913)

【派演】pàiyǎn　上拍賣反。《廣疋》云：“派，水自分流也。”《說文》云：“派，水之邪流別也，從反水。”隸書作辰。論文從水亦同。下延曲反。賈注《國語》云：“演，引也。”韋昭云：“水土氣通爲演也。”《蒼頡篇》云：“演，延也。”《說文》云：“演，長流兒也，從水寅聲也。”（《一切經音義》卷七十二 1P2836)

【洮汰】táotài　淅米謂之洮汰。（《通俗文》釋言語上 P20)

徒刀反。下音太。《通俗文》：“淅米謂之洮汰。”《廣雅》：“汰，洗也。”（《一切經音義》卷二十八 7P1115)

【洮米】táomǐ　《爾雅》：“滔，滔淅也。”注：“洮米聲。”杜詩从俗作“淘”。（《直語補證》P9)

【洋】yáng　今山東俗謂衆爲洋。按：《爾雅》云：“洋、觀、裒、衆、邢，多也。”（《匡謬正俗》卷六 P63)

【洲島】zhōudǎo　上音周。《介雅》云：“水中可居者曰洲。小洲曰渚。”是也。《古今正字》：“洲謂在河之中，從水州聲。”下刀老反。孔注《尚書》云：“海曲謂之島。”《方言》：“海有山可依止曰島。”《說文》從山鳥聲。（《一切經音義》卷三十 17P1211)

【溠淞雨】lòngsōngyǔ　乍晴乍雨曰溠淞雨。溠淞音弄送。（《蜀語》P6)

【瀭如】hǎnrǔ　上“衉”上聲。其義猶“勝於”。（《越諺》卷下　發語語助 P21)

【浡泛】bófàn　“白乏”。浪花也。（《越諺》卷中　地部 P4)

【消一消】xiāoyīxiāo　遲一迴曰消一消。（《燕山叢錄》卷二十二　長安里語 人事 P4)

【消停】xiāo·ting　嫚些曰消停。（《燕山叢錄》卷二十二　長安里語 人事 P4)

見《傳燈錄》。（《通俗編》卷十二 P264)

【消梨花】xiāolíhuā 《遊覽志餘》：“杭州有所謂四平語者，以小爲消梨花。”按：今蘇杭人猶以之嫚有小妻，據《志餘》，則但以消小音轉爲諢，別無義意。（《通俗編》卷三十 P668）

【消涸】xiāohé 上音霄，下音胡各反。賈逵註《國語》：“涸猶竭也。”《廣雅》：“盡也。”《説文》與《國語》義同。從水固聲。（《一切經音義》卷二十四 4P917）

【消息】xiāoxī 《舊唐書·崔日暐傳》：“母誠之曰：‘兒子從宦，有人來云貧乏不能存，此是好消息；若聞貲貨充足，衣馬輕肥，此是惡消息。’”按：“消息”二字始見《魏少帝紀》。（《通俗編》卷十 P217）

【消魔】xiāomó 孟奇曰：“《杜蘭香別傳》呼藥爲消摩。消摩，按摩也。”智按：今《搜神記》作“消魔”。（《通雅》卷十八 P635）

【涓人】juānrén 《吳語》：“乃見其涓人。”注：“涓人，今之中涓。居中而涓吉者也。”《字典》：“涓，潔也。”《史記·曹相國》：“高祖爲沛公而初起也，參以中涓從。”注：“中涓如中謁者。”庾信《爲閻將乞致事表》：“臣實無堪中涓從事。”（《稱謂錄》卷二十八 媒 P17）

【涓滴】juāndī 上決緣反。《考聲》云：“涓滴，水細流兒也。”《説苑》云：“涓涓不雍，將成江河”是也。下丁歷反。顧野王云：“水瀝滴也。”《説文》：“水注也。”涓、滴並形聲字。（《一切經音義》卷八十四 4P3282）

【洇洇】yìnì “邑香”，音“一歇”。淹濕狀。謂地陰潮、有冷氣者。出《六書故》。（《越諺》卷中 地部 P5）

【涔涔】céncén 皮日休《苦雨雜言寄魯望》：“吳中十月涔涔雨。”案：涔涔，雨不止貌。諺謂雨不止曰涔涔然下也。（《吳下方言考》卷四 P15）

【涔涔然】céncénrán 諺謂雨不止曰涔涔然下也。（《吳下方言考》卷四 P15）

【浰水】liànshuǐ 疾流也。子由《雨中招吳子野先生一絶》：“三間浰水小茅屋，不比麻田新草堂。”（《直語補證》P30）

【海東青】hǎidōngqīng 《遼史》：“張世傑許放海東青鶻。”案：海東青，黑鷹也，最爲難得。吳中謂人之居奇者曰海東青。（《吳下方言考》卷四 P18）

【海桃】hǎitáo 海棠、海榴、海桃來自海外。（《俚言解》卷二 22P40）

【海榴】hǎiliú 海棠、海榴、海桃來自海外。（《俚言解》卷二 22P40）

【海概】hǎigài 泛論事曰海概。按：唐孫棨《北里志》卷首有“海論三曲中事”一條。海論猶言總論也。宋趙升《朝野類要》：“勅令格式謂之海行，蓋天下可行之義。”海概二字當本此。（《燕説》卷一 P12）

【海牝】hǎipìn 參見［淡菜］。（《土風錄》卷四 P221）

【海老】hǎilǎo 酒。（《墨娥小錄》卷十四 P5）

【海蓋】hǎigài 猶云“大概”。劉敞《檀州詩》注。（《越諺賸語》卷上 P6）

【海蓋】hǎigài 劉敞《檀州詩》：“市聲衙日散，海蓋午時消。”自注：“每日海氣如霧，土人謂之海蓋。”按：今俗有此語，猶云大概，或卽因此。（《通俗編》卷二 P30）

【海紅花】hǎihónghuā 世俗每云紛紜不靖爲海紅花，今人不惟不知紛紜不靖之意，亦未知海紅花。……（實）卽山茶花也。但朵小而花瓣不大，放開其葉，與花叢雜，蓬菼不見枝幹，真可謂紛紜不靖也。自十二月開至二月。故劉菊莊詩云：“小院猶寒未暖時，海紅花發畫遲遲。”（《七修類稿》卷二十二 P326）

　　《遊覽志餘》：“杭人言紛紜不靖曰海紅花。蓋海紅乃山茶之小者，開時最繁鬧，故藉以言之。”（《通俗編》卷三十 P668）

　　參見［寶珠花］。（《七修類稿》卷二十二 P326）

【海透】hǎitòu 醉。（《墨娥小錄》卷十四 P6）

【海青】hǎiqīng 《心史》：“元俗，以出袖海青衣爲至禮。”衣曰海青者，海東青。本鳥名，取其鳥飛迅速之義。（《通俗編》卷二十五 P561）

【海鶴兒】hǎihèr 好孩兒。（《墨娥小錄》卷十四 P6）

【海龍君】hǎilóngjūn 《宣和書譜》：“錢鏐號令十三郡，風物繁庶，族系侈靡。浙人俚語，目之曰海龍君，言富盛若彼也。”按：今浙中猶有海龍君豈少寶之諺。（《通俗編》卷二十九 P639）

【浜】bāng　《集韻》："溝納舟者爲浜。"按：潘之恒《半塘小志》謂"吳音以'濱'爲邦，俗作'浜'字，不知'浜'自在庚韻中，《廣韻》亦載，並未因'濱'轉也。"（《通俗編》卷二P40）

　　參見［閉］。（《越言釋》卷下P31）

【浴】yù　月。蠶逾卵期不出雛，以溫湯浴之。動者仍蠶，否則棄之。（《越諺》卷中 禽獸P45）

【浮厝】fúcuò　停棺淺土曰浮厝。（《土風錄》卷四P212）

【浮囊】fúnáng　附無反。……《廣雅》："浮，漂也。"鄭注《礼記》："在上曰浮。"賈逵："浮，輕也。"《説文》："浮，泛也。"從水子（當作孚）聲也。下乃郎反。《集訓》云："有底曰囊，無底曰橐，皆盛物器也。"……今經言浮囊者，氣囊也。欲渡大水，假此氣囊輕浮之力，故説爲喻也。橐音託，橐音混。（《一切經音義》卷七 14P277）

　　上附無反。孔注《尚書》云："泛流曰浮汎也。"芳劍反。賈逵注《國語》云："浮，輕也。"下奴郎反。《説文》："囊，橐也。"音託。案：盛氣皮袋也。凭浮囊而渡大水，氣囊也。經取輕浮爲言喻也。（《一切經音義》卷五 11P198）

【浮環】fúhuán　參見［壺］。（《言鯖》卷上P1）

【浮泡】fúpào　上輔無反。《廣雅》："浮，漂也。"鄭注《禮記》："在上曰浮。"賈注《國語》："浮，輕也。"《説文》："泛也。"……下普包反。《考聲》云："水上浮漚也。"（《一切經音義》卷四 1P139）

　　下普包反。《考聲》云："浮泡，水上涪漚也。"（《一切經音義》卷十六 19P628）

【浮泡釘】fúpàodīng　昔公輸班見水中蠡引閉其戶終不可開，遂象之立于門戶。按：今門上排立而突起者，公輸班所飾之金也。《義訓》曰："門飾金，謂之鋪，鋪謂之鏂（音歐），即今俗謂之浮泡釘也。"（《談徵》言部P27）

【浮炭】fútàn　浮炭者，投之水中而浮之。故今人曰麩炭，訛也。（《七修續稿》卷六P835）

　　浮炭爲投之水中則浮故也。樂天詩曰："日莫半爐麩炭火。"浮炭，今人謂之麩炭。（《目前集》前卷P2126）

（《老學庵筆記》:）浮炭，謂投之水中則浮故也。（《恒言錄》卷五P105）

　　白樂天詩："日暮半鑪麩炭火。"陳無已典酒務官託買浮炭，浮炭即麩炭也。今人但名爲麩炭。（《言鯖》卷下P25）

　　麩炭，浮炭也。吳中名浮炭爲麩炭。（《吳下方言考》卷九P7）

　　參見［麩炭］。（《土風錄》卷四21P219）

　　參見［麩炭］。（《通言》卷二P35）

【浮賤】fújiàn　《書敘指南》，《選》十六："自謙曰浮賤。"（《稱謂錄》卷三十二 謙稱P6）

【流】liú　又謂暴腫爲流（去聲），即《春秋繁露》所云民病"流腫"。（《札樸》卷九 鄉里舊聞P317）

【流年歲差】liúniánsuìchā　亦慰人病悔。（《越諺》卷中 時序P7）

【流年月建】liúniányuèjiàn　慰人病悔詞。月建，《周禮·馮相氏》注。（《越諺》卷中 時序P7）

【流外銓】liúwàiquán　《唐六典》："吏部郎中一人，掌小選。凡未入仕而吏京司者，復分爲九品。應選之人，以其未入九流，謂之流外銓。"此即今未入流所由稱乎？案：有唐以來，出身入仕者，著令有秀才、明經、進士、明法、書算，其次以流外入流。又案：《唐書·百官志》："凡流外九品，取其書計、時務，其據試銓法，與流內略同，謂之小選。"（《稱謂錄》卷二十二 未入流P23）

【流庸】liúyōng　《表異錄》："《昭帝紀》：'民匱於食，流庸未盡還。'"注："謂去其本鄉，而爲人傭作。"（《稱謂錄》卷二十六 長工P13）

【流宕】liúdàng　《蜀志·許靖傳》："苟彧言許文休自流宕以來，與羣士相隨，趨人患急。"《樂府艷歌行》："兄弟兩三人，流宕在他縣。"張協《七命》："流宕百罹之儔。"注云："流宕，謂遠游。"（《通俗編》卷十四P300）

【流沿兒】liúyànr　滿曰流沿兒。（《燕山叢錄》卷二十二 長安里語 人事P3）

【流腫】liúzhǒng　參見［流］。（《札樸》卷九 鄉里舊聞P317）

【流落】liúluò　《霍去病傳》："諸宿將皆雷落不偶。"注："雷謂遲雷，落謂墜落。"又，"武

后見駱賓王檄文，嘆曰：'人有如是才而使之流落不偶。'"今人多用流落，攧出處，合用罍落。（《雅俗稽言》卷十九 P5）

　　一作留落。孔平仲《雜鈔》曰："《霍去病傳》：'諸宿將常留落不耦。'"今世俗多作流落。或議《史記》無此語，乃參見《漢書》。《衛青傳》："諸將，常坐留落不遇。"注："遲留零落不遇合也。"智按：去病在《青傳》後，實《去病傳》語。凌本作不遇。萬曆十年，南監高啓愚修本，依劉之同所校，此語正作"留落不耦"。方禹修《問奇廣》，引作《史·衛青傳》，誤。（《通雅》卷七 P285）

　　《明皇雜錄》："李白、杜甫、孟浩然雖有文名，俱流落不偶。"江總詩："流落今如此。"杜甫詩："流落意無窮。"按：《史記》有云"留落"者，卽流落也。《霍去病傳》："諸宿將常坐留落不遇。"注云："謂遲留零落。"（《通俗編》卷十四 P303）

　　《漢書·霍去病傳》。（《越諺賸語》卷上 P6）

【流蘇】liúsū　《西京雜記》："往往爲黃金釭，皆銜五色流蘇。"案：流蘇，帶下散線也。吳中謂綏餘爲蘇頭。（《吳下方言考》卷三 P4）

【流鈸】liúbá　混堂。（《墨娥小錄》卷十四 P4）

【浣染】huànrǎn　上洹管反。《公羊傳》註云："去舊垢曰浣。"鄭箋《毛詩》云："浣謂洗滌也。"《說文》："澣，濯，從水幹聲。"下如琰反。《廣雅》云："染，污也。"《說文》云："以繒滌爲綵也，從水杂聲。"（《一切經音義》卷續三 7P3820）

　　上桓椀反。鄭箋《毛詩》云："浣，濯也。"劉注《公羊》云："浣去舊垢曰濯也，亦作澣。"《說文》作浣，"從水完聲"。（《一切經音義》卷七十八 13P3092）

【浣濯】huànzhuó　音濁。洗也。（《一切經音義》卷十五 16P580）

【浪】làng　猶漫也。杜子美詩："將詩莫浪傳。"又云："附書元浪語。"李義山詩："浪笑榴花不及春。浪笑，浪傳，輕脫之辭也。浪語，虛枉之辭也。（《助字辨略》卷四 P227）

　　浪，猶漫也。杜子美詩："將詩莫浪傳。"……浪傳，輕脫之辭也。（《方言藻》卷一 P6）

【浪浪】lánglàng　《離騷》："攬茹蕙以掩涕兮，霑余襟之浪浪。"案：浪浪，流不止貌。吳中謂淚連下曰浪浪。（《吳下方言考》卷二 P6）

【浪浪宕宕】lànglàngdàngdàng　《五燈會元》木平山善道禪師語。（《直語補證》P18）

【浪笑】làngxiào　李義山詩："浪笑榴花不及春。浪笑……輕脫之辭也。（《方言藻》卷一 P6）

【浪花】lànghuā　九月，說與百姓每："收割畢日，毋要浪花。"（《宛署雜記》卷一 P5）

【浪語】làngyǔ　（杜子美詩）又云："附書元浪語。"……浪語，虛枉之辭也。（《方言藻》卷一 P6）

【湦】tūn　音暾去聲。許氏《說文》："湦，食已而復吐之。"案：湦，退也。吳中謂食多而脾胃不受者曰湦。（《吳下方言考》卷九 P2）

【泚】zhuàng　米穀相雜曰泚。（《札樸》卷九　鄉里舊聞　鄉言正字附　雜言 P329）

【溠】tuó　水潭曰溠。溠音陀，濉全。（《蜀語》P33）

【清水】qīngshuǐ　《元典章》："隨路織造段疋，須要清水夾密，無藥綿粉飾，方許貨賣。"（《通俗編》卷二十五 P558）

【清水網】qīngshuǐwǎng　參見［秋風］。（《雅俗稽言》卷十七 P12）

【清泠】qīnglíng　下音零。宋玉《風賦》："清清泠泠，愈病析醒。"案：清清泠泠，風不濁也。諺謂凡不昏濁者皆曰清泠。（《吳下方言考》卷四 P18）

【清清泠泠】qīngqīnglínglíng　參見［清泠］。（《吳下方言考》卷四 P18）

【清羸】qīngléi　下力追反。案：清羸者，如苦行仙人形也。（《一切經音義》卷三十一 13P1243）

【清眾】qīngzhòng　佛經呼僧曰清眾。（《稱謂錄》卷三十一 僧 P3）

【清郎】qīngláng　《北史·袁聿修傳》："尚書邢邵與聿修舊款，常語戲呼聿修爲清郎。"又李商隱狀："立中台，而充號清郎。"（《稱謂錄》卷十五 郎中古稱 P7）

【添前字】tiānqiánzì　《摭言》云："進士及第後，知閒或遇未及第時題名處，則爲添前字。故唐人登第詩有'名曾題處添前字，送

出城人乞舊衣'之句。乞衣,亦見張籍詩。當時下第舉子丐利市猥習,可憫笑者。"(《唐音癸籤》卷十八 P162)

【添差】tiānchāi　方回《續古今考》云:"南渡前,開封富人皆稱員外。古之員外,直猶近人之添差,其稱謂之素,久矣。"(《通言》卷四 P45)

【添箱】tiānxiāng　以服物助嫁裝曰添箱。《癸辛雜識》載:"周漢國公主下降。諸閫及權貴各獻添房之物如珠領寶花金銀器之類。"按:此即世俗添箱之禮。(《燕説》卷三 P14)

【淋漏】línlòu　上力金反。《三蒼》:"漉水下也。"(《一切經音義》卷二十五 15P980)

【淋落】línluò　上音林,下音洛。《説文》:"水沃聲。"(《一切經音義》卷九十三 6P3516)

【淅】xī　汰米曰淅。(《通俗文》釋言語上 P21)
今越人凡衣服器皿積垢膩多者,浸之於水使潤起,然後洗之,皆謂之"淅"。(《越言釋》卷下 P16)

【淅火】xīhuǒ　參見[殺火]。(《越言釋》卷下 P16)

【涷淪】dòngyú　《李翕天井道碑》云:"冬雪則涷淪,夏雨則滑汏。"(《通言》卷一 P15)

【淹纏】yānchán　鄉語以病久爲淹纏,語譌也。《集韻》:"瘦瘵,疫病。"俗又謂皮外小起爲鬼風,即《風俗通》所云"鬼痱"。又謂暴腫爲流(去聲),即《春秋繁露》所云民病"流腫"。(《札樸》卷九 鄉里舊聞 P317)

【淹雲】yānyún　上淹儼反。《毛詩傳》云:"弇,陰雲皃也。"《説文》云:"雲雨皃也,從水從弇。"……作淹,誤。(《一切經音義》卷八十 14P3152)

【湴】pào　以湯漬飯曰湴。湴,披教切。《集韻》:"漬也。"《清波雜志》:"高宗自相州渡河,荒野中借半破瓮盂,溫湯湴飯茅簷下,與汪伯彥同食。"(《燕説》卷二 P10)

【湴飯】pàofàn　上"泡"。鑊底焦飯,用水煮者。《清波雜志》宋高宗渡河食。(《越諺》卷中 飲食 P35)

【渠】qú　參見[佢]。(《雅俗稽言》卷十七 P6)
《古焦仲卿妻詩》:"雖與府吏要,渠會

總無緣。"白居易詩:"憐渠已自解詩章。"蘇軾詩:"於菟駿猛不類渠。"《集韻》作"佢",訓曰:"吳人呼彼之稱。"(《通俗編》卷十八 P409)

【渠儂】qúnóng　(吳人)曰渠儂者,謂彼也。(《雅俗稽言》卷十七 P6)
《字典》:"俗謂他人爲渠儂。"(《稱謂錄》卷三十二 泛稱 P29)
參見[我儂]。(《越言釋》卷下 P29)
參見[我儂]。(《通俗編》卷十八 P409)

【淖】nào　和溓曰淖。(《通俗文》釋天地 P38)

【混沌】hùndùn　參見[倱伅]。(《一切經音義》卷七十四 14P2938)

【混堂】hùntáng　《至正直記》:"薩天錫善詠物賦詩,如《混堂》云:'一笑相遇裸形國。'"(《恒言錄》卷五 P101)
見《菽園雜記》"溫泉"一條。(《直語補證》P26)

【混名】húnmíng　混號亦曰混名。《呂氏春秋‧簡選篇》:夏桀號"移大犧"。謂其多力,能推牛倒也。唐宋以來,若陳彭年號"九尾狐"、韓絳號"傳法沙門"、呂惠卿號"護法善神"、蔡卞號"笑面夜叉"、許及之號"由竇尚書"、張獻忠號"八大王",皆是。(《里語徵實》卷中上 二字徵實 P13)

【混車書】hùnchēshū　上魂穩反。《説文》云:"豐流也。"案:豐流爲混,混,同流不分也。車音薑魚反,車者,謂車轍跡也。書謂文字符印也。言混車書者,天下轍迹共同,文字無別同一,王化四海爲家也。(《一切經音義》卷十一 3P405)

【涊】tiǎn　音忝。枚乘《七發》:"輸寫涊濁。"案:涊,精液之使人不爽者,故輸寫去之。吳中謂物之不爽者曰涊。(《吳下方言考》卷八 P2)

【湆】wō　參見[漚]。(《蜀語》P43)

【淨灑】jìngsǎ　下色下反。《切韻》:"水灑也。"《考聲》:"減水也。"《字書》:"以水散地也,從水曬省聲字。"(《一切經音義》卷續五 11P3889)

【淨盤將軍】jìngpánjiāngjūn　諢言饕餮。本於"腹負將軍"。見《元曲選》。(《越諺》卷中 飲食 P38)

【淫淫】yínyín　韓憑妻答夫歌："其雨淫淫，河大水深。"案：淫淫，連雨不能止也。今諺謂雨不止曰淫淫然霂(同落)也。(《吳下方言考》卷四 P15)

【淫淫然】yínyínrán　今諺謂雨不止曰淫淫然霂也。(《吳下方言考》卷四 P15)

【淰】niǎn　音念。吳中謂粥不薄曰淰。(《吳下方言考》卷九 P10)

【湣】hùn　"昏"去聲。鏡不明也。(《越諺》卷中 形色 P57)

【淘渳米】táoxǐmǐ　(隔年飯)爲日太久，事不可行，其後但取新正所食之米隔年淘之，謂之"淘渳米"。"渳"字無據，當作"淘淅"。(《越言釋》卷下 P16)

【淘淅米】táoxǐmǐ　參見[淘渳米]。(《越言釋》卷下 P16)

【淘漉】táolù　去惡留好曰淘漉。(《札樸》卷九 鄉里舊聞 鄉言正字附 雜言 P331)

【淘撑】táochēng　桃暢。往外張羅。(《越諺賸語》卷上 P3)

【淘鍋】táoguō　鑊用木板箍高者。每歲將終，煮糰皆用。(《越諺》卷中 器用 P27)

【淳濃】chúnnóng　上順倫反。《廣雅》："淳，漬也。"鄭注《禮記》云："淳，沃。"下尼龍反。《考聲》："汁厚也，露多也。"(《一切經音義》卷十三 12P498)

【液雨】yèyǔ　楊氏《丹鉛續錄》謂："秋分後進霤，吳下曰進液。"余謂楊說非也，液雨乃冬雨，非秋雨。《歲時紀事》："立冬後十日入液，至小雪出液，此時得雨謂之液雨，亦曰藥雨，百蟲飲此雨則蟄也。"(《俚言解》卷一 2P4)

【澀泥】pánní　又作泙，同。排咸、白監二反。無舟渡河也。《說文》："涉渡水。"(《一切經音義》卷七十三 11P2891)

【淡】dàn　示若不置人于意中者曰淡。(《客座贅語》卷一 詮俗 P7)

【淡沲】dànduò　參見[潭陁]。(《能改齋漫錄》卷六 P135)

【淡菜】dàncài　杭人食蚌肉，謂之食淡菜。予嘗思之，命名不通。如以"淡"爲"啖"固通。而"菜"字義亦不通。又嘗見《昌黎集》載：孔戣爲華州刺史，奏罷明州歲貢淡菜。亦是此"淡"字，竟不能通。後見廣人云：南海取珠者名曰蜑戶。蓋以蚌肉乃取珠所

常食者耳，賤之如菜也。其義始通。後讀《輟耕錄》，益知久有烏蜑戶，則孔奏之字亦訛書者。予若改爲啖食之啖，則又爲改金銀車者乎？(《七修類稿》卷十九 P227)

淡菜謂之貢菜，有頭貢、二貢之名，蓋不雅馴而諱之。孫光憲《北夢瑣言》："《和南越詩》：'曉廚烹淡菜，春杼織幢花。'牛翰林見而絕倒曰：'安知淡菜非雅物。'"則是時已諱之。(《本艸》一名海牝，又名東海夫人。)(《土風錄》卷四 P221)

【淙】shuàng　音藏去聲。郭景純《江賦》："淙大壑與沃焦。"案：淙，流下漲也。吳中謂水流下滿曰淙；凡物流落下滿上虛皆曰淙。(《吳下方言考》卷八 P6)

【淙淙】cóngcóng　高適《賦得還山吟》："石泉淙淙若風雨。"案：淙淙，水聲。吳中謂水大雷曰淙淙。(《吳下方言考》卷二 P9)

【窪壤】wǎngnàng　上"汪"去聲。凹成窩處。(《越諺》卷中 地部 P3)

【涴】wò　汙穢曰涴。涴音餓，汙全。(《蜀語》P19)

【淚洟】lèitì　古文𣵀同。勒計反。《三蒼》："鼻液也。"《周易齋咨》："洟，洟。"自目曰洟，自鼻曰洟。經文從弟作洟。(《一切經音義》卷九 10P339)

【洕】hù　貨。洗謂之洕。出《集韻》。(《越諺》卷下 單辭隻義 P8)

【淄牙】zīyá　《游覽志餘》："杭人有諱本語而巧爲俏語者，如訴人嘲我曰淄牙，胡說曰扯淡，有謀未成曰掃興，無言默坐曰入神。則自宋時梨園市語之遺，未之改也。"按：淄牙當作緇牙，扯淡當作哆誕，於義庶有可通。(《通俗編》卷十七 P373)

【湛湛】zhànzhàn　音耽。《楚辭‧招魂》："湛湛江水兮上有楓。"案：湛湛，水聲。吳諺謂水激水滴皆曰湛湛，亦曰丁湛。諺云："朝鴉丁湛，夜鴉晴乾。"(《吳下方言考》卷五 P3)

【渫渫】diédié　音屑。古《孤兒行》："淚下渫渫，清涕纍纍。"案：渫渫，淚垂貌。諺謂淚垂曰渫渫。(《吳下方言考》卷十二 P12)

【湝】dá　借溼潤物曰湝。(《札樸》卷九 鄉里舊聞 鄉言正字附 雜言 P331)

【湘妃竹】xiāngfēizhú　斑竹，吳地稱爲湘妃竹，即《博物志》所云"舜死，湘妃以淚揮

竹，染竹成斑"者。(《雅俗稽言》卷四十
P1)

【渤蕩】bódàng　郭景純《江賦》："爾其枝岐
潭淪，渤蕩成汜。"案：渤蕩，水衝激聲，因言
衝激遂成汜也。今吳中形衝激應聲曰渤
蕩。(《吳下方言考》卷八 P7)

【淆】kè　越音各夏切。船着沙土也。《字
彙》。(《越諺》卷下　單辭隻義 P11)

【嶅】kè　舟淺曰嶅。嶅音珂，去聲。又作
"艐"。杨慎《俗言》："艐，船著沙不行也。
口簡切。"(《里語徵實》卷上　一字徵實
P27)

【湯】tàng　乍相近曰湯。久而益暵也，曰
熱。(《客座贅語》卷一　詮俗 P10)
　　　熱水沃曰湯(他浪切)。(《札樸》卷九
鄉里舊聞　鄉言正字附　雜言 P329)
　　　暖酒曰湯。湯音蕩。(《里語徵實》卷
上　一字徵實 P26)

【湯包肚】tāngbāodǔ　京師酒肆最膾炙者，
湯包肚。(《釋諺》P84)

【湯婆】tāngpó　參見［腳婆］。(《目前集》
前卷 P2127)

【湯婆子】tāngpózǐ　淋中煖足器有湯婆
子。按：范石湖有《戲贈腳婆》詩，蓋本山谷
《煖足瓶》詩"千金買腳婆"句。東坡《與楊
君素札》云："送煖腳銅缶一枚，每夜褺湯。"
注："滿塞其口，仍以布單裹之，達旦不冷"
云云，即今湯婆子之製也，然未有其名。吳
匏庵寬有《湯婆子傳》，號曰："湯媼有器量，
能容物"云云，其名蓋起於是時。(《土風
錄》卷三 P206)

【湯湯】shāngshāng　湯湯，水聲也。今諺
謂水流聲曰湯湯。(《吳下方言考》卷二
P6)

【湯餅】tāngbǐng　黃朝英《緗素雜記》云：
"煮餅謂之湯餅，其來舊矣。案：《後漢·梁
冀傳》云：'進鴆如煮餅。'《世説》載何平叔
面白，魏文帝食以湯餅。又梁吳均稱餅德，
曰湯餅爲最。又《荊楚記》：'六月伏日，並
作湯餅，名爲辟惡。'又，齊高帝好食水引
麪。又《唐書·王皇后傳》云：'獨不念阿忠
脱紫半臂，易斗麪，爲生日湯餅耶？'《倦遊
雜錄》乃謂今人呼煮麪爲湯餅，誤矣。"……
予謂……束晳《湯餅賦》云："元冬猛寒，清
晨之會。涕凍鼻中，霜凝口外。充虛解戰，
湯餅爲最。弱似春綿，白若秋練。氣勃鬱

以揚布，香飛散而遠徧。行人失涎於下風，
童僕空嚼而斜眄。擎器者舐脣，立侍者乾
咽"云云。乃知煮麪之爲湯餅，無可疑者。
(《能改齋漫錄》卷十五 P455)
　　　湯餅一名餺飥，亦名不托。李正文《刊
誤》曰："舊未就刀鈷時，皆掌托烹之。刀鈷
既具，乃云不托，言不以掌托也。俗傳餺飥
字，非。"今按束晳《餅賦》及宗懍《歲時記》
則知，所謂湯餅卽齊高帝所嗜水引麪也，俗
又名爲蝴蝶麪，皆臨鼎手托而掌置湯中煑
之，不知何時改用刀兀，而名不托耳。餺
飥，恐古无此字，殆后人因不托聲稱之而食
其旁。(《雅俗稽言》卷九 P11)
　　　餅而縷之，煿以湯，謂之"湯餅"。(《越
言釋》卷上 P32)
　　　《劍南詩》自注："鄉俗歲日，必用湯餅，
謂之冬餛飩，夏餺飥。"餛飩蓋卽渾敦之俗
字。(《恒言廣證》卷五 P83)
　　　劉禹錫《送張盥》詩："爾生始懸弧，我
作座上賓；引箸舉湯餅，祝辭天騏麟。"按：
人生時重三朝，如甲日生，至三朝有丙火生
之，乙日生，至三朝有丁火生之。餘倣此。
(《里語徵實》卷中上　二字徵實 P47)
　　　凡以麪爲食具者皆謂之餅。……以水
瀹曰湯餅，亦曰煑餅。(《談徵》物部 P22)

【湣】mào　水上涌曰湣。湣音冒。(《蜀語》
P31)

【渇睡】kěshuì　言貉睡也。晝睡爲黃嬾。
《韻補》："褟或作嬾，唐人呼晝睡漢爲黃
嬾。"《朱子語錄》："秦兵曹瞌睡。"眉公《讀
書鏡》引"胡旦謂呂文穆作渇睡漢"，《懶真
子》載舉人求易韻事，曰"老人渇睡"，實當
用貉睡，言貉好睡也。(《通雅》卷四十九
P1456)
　　　《六一詩話》："客譽呂君工詩，胡旦問
其警句，客舉一篇，卒章云：'挑盡寒燈夢不
成。'笑曰：'乃一渇睡漢耳。'明年呂中甲
科，使人寄詣胡曰：'渇睡漢狀元及第矣。'"
《嬾真子》載舉人求易韻事，曰："老人渇
睡。"蘇子瞻詩："吳興太守老且病，堆案滿
前長渇睡。"按：渇本作"瞌"，"渇"乃借字
用之。《集韻》："眼瞌，欲睡貌。"貫休《畫羅
漢》詩："瞌睡山童欲成夢。"《朱子語錄》：
"秦兵曹瞌睡。"《五燈會元》："元沙備云：
'千里行腳，不消簡瞌睡痳語。'渤潭英云：
'堂中瞌睡，寮裏抽解。'神鼎諲云：'驚回多

少瞌睡人。'雪竇雅云：'霹靂過頭猶瞌睡。'"及鹿苑暉、保福展、寶應進、雲臺岑所云瞌睡漢，俱正用瞌字。（《通俗編》卷十五 P325）

　　言貉睡也。《朱子語類》言："秦兵曹瞌睡。"眉公《讀書鏡》引胡旦謂呂文穆作渴睡漢。《懶真子》載舉人求易韻事曰"老人渴睡"，實當用貉睡。言貉好睡也。貉行數十步輒睡，以物警之乃起，及行復睡。（《談微》言部 P38）

【渴罩】kězhào　太原俗謂事不妥貼有可驚嗟爲渴罩。《禮·三年問》曰："至於燕爵，猶有噍咽之類焉。"徐仙："咽音張流反，噍音子由反。此言燕雀見其儔類死亡，悲痛驚愕，相聚集吟噪也。彼處士俗謂群雀聚噪爲雀咽，音竹孝反。此亦古之遺言。故呼可驚之事爲罩爾。（《匡謬正俗》卷七 P91）

【滑汰】huátài　李翁《天井道碑》云："冬雪則凍渝，夏雨則滑汰。"洪適曰："汰，卽溚字。"（《通言》卷一 P15）

　　東坡《秧馬歌》："聳踴滑汰如鳧鷖。"（《土風錄》卷十 P286）

　　漢《天井道碑》："夏雨滑汰。"唐宋人詩多作"滑溚"，不如汰字之古。（《直語補證》P15）

【滑溚】huátà　泥行曰滑溚。（《札樸》卷九 鄉里舊聞 鄉言正字附 雜言 P330）

　　行路欲顛仆曰打滑溚，見皮日休《吳中苦雨》詩："蘇地滑溚足。"亦可作"滑汰"。東坡《秧馬歌》："聳踴滑汰如鳧鷖。"（《土風錄》卷十 P286）

　　參見〔滑汰〕。（《通言》卷一 P15）

【滑澀】huásè　上還八反。《廣疋》云："滑，婬也。"《說文》云："滑，利也，從水骨聲。"下森戢反。王逸注《楚辭》云："澀，難也。"郭注《方言》云："澀猶丟也。"《說文》云："澀，不滑也。從四止二正二倒，或作濇。"論文從水作澀，俗字，非也。（《一切經音義》卷七十二 P2839）

【滑稽】huájī　滑稽者，誹諧也。滑者，渾也，謂物之圓轉，若戲弄之不定。稽者，考也，實也，言一有誹諧戲弄之言，二有稽實之理，《漢書》東方朔滑稽是也。（《蘇氏演義》卷上 P11）

【滑皮】huápí　參見〔頑皮〕。（《俚言解》卷一 47P27）

【滑达滑溚】huátìhuátà　《廣運（編者按：當作韻）》："达，足滑。"案：达，小滑也。吳諺謂地滑難行曰滑达滑溚。（《吳下方言考》卷三 P4）

【渾】dòng　參見〔牛渾〕。（《一切經音義》卷二十八 14P1129）

【渾流】dòngliú　竹用反。《通俗文》："乳汁曰渾。"今江南亦呼乳爲渾也。（《一切經音義》卷三十三 5P1319）

【涅槃】nièpán　此翻爲圓寂也。謂三點圓伊，四德圓果，金剛寶藏滿足無鈌，斯圓義也。長袪二障，永清三染，正體緣真，斯圓寂義也。（《一切經音義》卷二十五 2P953）

【溲麪】sǒumiàn　作餅餌以水拌麪曰溲麪，見《集韻》"溲"字注："溲麪。"東坡《食冷淘詩》注："取槐葉汁溲麪作餅。"（《土風錄》卷六 P241）

【淵渟】yuāntíng　狄經反。《埤蒼》："水止曰渟也。"（《一切經音義》卷二十 16P776）

【溾没】huìmò　溾，委，窮不終達。《玉篇》。（《越諺賸語》卷上 P2）

【湙雲】yǎnyún　上音奄。《毛詩傳》云："湙，陰雲貌。"《古今正字》："雲攉爲湙。攉音濁，揀也。雨貌，從水弇聲，音同上。"（《一切經音義》卷九十一 3P3465）

【淳澤】tíngduó　"廷鐸"，呼若"零蕩"。雪時簷冰。（《越諺》卷中 天部 P2）

【渧】dī　隸瀝也。（《廣韻·十二霽》。）（《埤蒼》P23）

　　帝。隸瀝也，滴漏也。出《廣韻》。（《越諺》卷下 單辭隻義 P10）

　　音蒂。《埤蒼》："渧，隸瀝也。"案：渧，水已竭而尚餘滴瀝也。吳諺謂餘瀝爲渧。（《吳下方言考》卷八 P11）

【游子】yóuzǐ　（鳥媒）雲南人謂之游子，潘岳《射雉賦》："恐吾游之晏起。"（《札樸》卷九 鄉里舊聞 鄉言正字附 名稱 P328）

【游手】yóushǒu　《儀禮·聘禮》："大夫二手受栗。"注云："受授不游手，慎之也。"《後漢書·章帝詔》："務盡地力，勿令游手。"《唐書·竇軌傳》："下令諸縣，有游手未作者，按之。"（《通俗編》卷十六 P349）

【游談】yóután　《戰國策》："游談之士，無敢盡忠於前。"《後漢·仇覽傳》："天子修設太學，豈但使人游談其中。"蔡邕《與袁公書》："朝夕游談，徒學宴飲。"按：《國策》所云，卽游説之謂也。漢人則謂浮游之談。今言率本於漢。（《通俗編》卷十七 P364）

【滋泥】zīní　《左傳‧哀八年》："何故使吾水滋？"案：滋，不潔也。諺謂齷齪泥爲滋泥。（《吳下方言考》卷三 P3）

【渲老】xuānlǎo　茶。（《墨娥小録》卷十四 P5）

【渾】❶hún　全也。杜子美詩："白頭搔更短，渾欲不勝簪。"（《助字辨略》卷一 P64）

全也。杜子美詩："白頭梳更短，渾欲不勝簪。"（《方言藻》卷二 P19）

❷hùn　音諢去聲。今諺謂將就度日曰渾。（《吳下方言考》卷九 P2）

【渾家】húnjiā　《元典章》："萬戶、千戶裏有底渾家孩兒，也教依例當差。"按：《續燈録》"可真舉渾家送上渡頭船"句，蓋宋有斯稱。（《通俗編》卷四 P76）

《恒言録》稱妻曰渾家，見鄭文寶《南唐近事》。史虛白詩："風雨揭卻屋，渾家醉不知。"尤袤《淮民謡》："無錢買刀劍，典盡渾家衣。"（《稱謂録》卷五　夫稱妻 P11）

《續燈録》引宋人語："渾家送上渡頭船。"《元典章》："萬戶千戶里有底渾家孩兒，也要依例當差。"（《恒言廣證》卷三 P49）

【渾舍】húnshè　見昌黎詩，渾舍卽渾家也。（《稱謂録》卷五　夫稱妻 P11）

【渾箇】húngè　猶云如此。皮襲美詩："檜身渾箇矮。"（《助字辨略》卷四 P222）

皮襲美詩："檜身渾箇矮。"渾箇，猶云如此。（《方言藻》卷一 P7）

參見［得能］。（《方言藻》卷二 P14）

【渾羊沒忽】húnyángmòhū　《盧氏雜記》："京都讌設，愛食子鵝。取鵝燖去毛及五臟，釀以肉及粳米飯，五味調和。取羊一口，亦燖剝去腸胃，置鵝其中，縫合炙之。熟便去却羊，取鵝渾食之，謂之渾羊沒忽。"（《直語補證》P23）

【湃】mǐ　飲少曰湃。湃，綿婢切。《説文》："飲也。"（《里語徵實》卷上　一字徵實 P13）

【湑】xǔ　流也。（慧琳《續高僧傳‧二十三‧音義》）（《埤蒼》P22）

【溝港】gōugǎng　上苟侯反。水溝也。下江巷反，亦水溝之異名，並從水，形聲也。

（《一切經音義》卷七十八 7P3080）

古項反。《子略》云："港，水分流也。"今梵言須陁洹是也。此言至流，或言入流。經中或作道跡，或言分布，今言溝港，溝非取其義也。經文作遘也。（《一切經音義》卷十 5P370）

【瀧涷】lǒnghòng　泥塗謂之瀧涷。（《通俗文》釋天地 P39）

【溼漉漉】shīlùlù　吳中謂物大溼者曰溼漉漉。（《吳下方言考》卷十 P15）

【溼生】shīshēng　尸入反。《考聲》云："溼，濡也。"《説文》："幽溼也。"（《一切經音義》卷十 17P393）

【溫卷】wēnjuàn　舉子麻衣通刺，稱鄉貢。縣户部關禮部各投公卷，亦投行卷於諸公卿間。舊嘗投今復投者曰溫卷。禮部例得采名望收録。凡造請權要，謂之關節。激揚聲價，謂之往還。（《唐音癸籤》卷十八 P162）

【溫吞】wēntūn　參見［溫暾］。（《通俗編》卷三 P59）

【溫居】wēnjū　參見［煖房］。（《俚言解》卷一 19P12）

【溫暾】wēntūn　南人方言曰溫暾者，乃微煖也。唐王建《宮詞》："新晴草色暖溫暾。"又白樂天詩："池水煖溫暾。"則古已然矣。（《南村輟耕録》卷八 P103）

南方人言曰溫暾者，乃懷暖也。唐王建《宮詞》："新晴草色暖溫暾。"又白樂天詩："池水暖溫暾。"則古已然矣。（《輟耕録》）（《唐音癸籤》卷二十四 P213）

《輟耕録》："南人方言曰溫暾者，得懷暖也。"今俗多以溫煖曰溫暾，本此。王建《宮詞》"新時草色緑溫暾"，亦此意。暾，音吞。（《言鯖》卷下 P25）

《輟耕録》："南人方言曰溫暾者，言懷煖也。王建《宮詞》：'新晴草色煖溫暾。'白居易詩：'池水煖溫暾。'元積詩：'寧受寒切烈，不愛陽溫暾。'"按："溫暾"與"溫黁""溫麐"義同，音亦相近。《説文》"㜻"字下云："讀若水溫黁。"黁，乃昆切。李商隱詩："疑穿花透迤，漸近火溫麐。"皮日休《咏金鸂鶒》，亦用"溫麐"二字。麐，奴敦切。俗又作"溫吞"。吕居仁《軒渠録》有營婦託學究寫書寄夫云："天色汪囊，不要喫溫吞蠖託底物事。"（《通俗編》卷三 P59）

物微暖曰溫暾。案：《致虛閣雜俎》云：
“今人以性不爽利者曰溫暾湯，言不冷不熱
也。”龔氏《芥隱筆記》謂“溫暾”等字皆樂天
語。案：元微之詩：“寧受寒切烈，不愛賜溫
暾。”王建《宮詞》：“新晴草色暖溫暾。”不獨
樂天也。俗又轉其音曰鶻突。（《土風錄》
卷九 P279）

下音吞。王建《宮詞》：“新晴草色綠溫
暾。”案：溫暾，微煖而不熱也。今吳諺謂水
微煖曰溫暾。（《吳下方言考》卷四 P16）

湯水不冷不熱者曰溫暾。案：《致虛雜
俎》云：“今人以人性不爽利者曰溫暾湯，蓋
言不冷不熱也。溫暾二字，唐詩常用之，今
北音作烏杜，殆溫暾之譌也。”（《燕説》卷四
P13）

參見［勺鐸］。（《客座贅語》卷一 方言
P10）

【溫暾水】wēntūnshuǐ　謂微熱水也。“暾”
　　與“黁”“䵩”義同音亦近。白居易詩：“池水
　　煖溫暾。”（《越諺》卷中 地部 P5）

【溫黁】wēnnàn　參見［溫暾］。（《通俗編》
　　卷三 P59）

【溫䵩】wēnnún　參見［溫暾］。（《通俗編》
　　卷三 P59）

【溦】méi　物傷濕曰溦。（《通俗文》釋言語
　　下 P28）

　　物傷溼曰溦。（聲若煤）。（《札樸》卷
　　九 鄉里舊聞 鄉言正字附 雜言 P329）

【凖】zhǔn　木工一目衺視謂之凖。（《札樸》
　　卷四 覽古 P123）

【凖擬】zhǔnnǐ　（凖）猶定也。劉德仁詩：
　　“曾緣玉貌君王寵，凖擬人看似舊時。”（《助
　　字辨略》卷三 P153）

　　凖，猶定也。劉德仁詩：“曾緣玉貌君
　　王寵，凖擬人看似舊時。”（《方言藻》卷二
　　P12）

【溜】❶liū　有所避而倏遽曰溜。不告其人
　　而私取其有若盜焉，亦曰溜。（《客座贅語》
　　卷一 詮俗 P8）

　　❷liù　田水達湖，匯通之溝。（《越諺》
　　卷中 地部 P3）

【溜墮】liùduò　力救反。《蒼頡解詁》云：
　　“溜，謂水垂下也。”（《一切經音義》卷七十
　　三 7P2884）

【溜狗抽】liùgǒuchōu　惡狗牽放，用一籐兩

竹管抽其頸，其具名此。卽“筶篌”是也。
《通俗編》引《酉陽雜俎》。（《越諺》卷中 器
用 P31）

【溜沿兒】liūyán'ér　滿曰溜沿兒。（《宛署
　　雜記》卷十七 P194）

【溜答】liūdá　話不誠曰溜答。（《宛署雜
　　記》卷十七 P194）

　　話不誠曰溜答（注：平聲）。（《燕山叢
　　錄》卷二十二　長安里語 言語 P9）

【溜着走】liū·zhezǒu　單行曰溜着走。（《宛
　　署雜記》卷十七 P194）

【滈】gāo　謂澆爲滈。（同上。卷子本《玉
　　篇·水部》）（《埤蒼》P22）

【溟淬】mǐngxìng　水盛兒也。（慧琳《廣弘
　　明集·三·音義》）（《埤蒼》P22）

【漬淖】zìnào　（身之）不爽潔煩汙曰漬淖。
　　（《客座贅語》卷一 方言 P12）

【潢】huáng　摩盪謂之潢，音光上聲，唐有
　　裝潢匠，言裝成而以蠟潢其紙也，見《六
　　典》。後人以裝潢爲裝池，誤。今吳中以手
　　摩摸物類曰潢，呼去聲，卽此字。中州語又
　　以閒遊爲潢，亦猶吳中鄙語以閒遊爲盪、
　　爲摸也。中州亦呼去聲，皆俗音。（《語實》
　　P142）

【漢】hàn　稱人曰漢。年長者曰老漢，少壯
　　者曰漢子。《南宋書》：“青衣小兒見王懿，
　　驚曰：‘漢已食未？’”謂華人爲漢者，因漢武
　　帝威震外國，故外國畏而稱之曰漢人，歷數
　　幾更，猶不遷改。古銘曰：“漢德威威，永布
　　宣揚。”不虛矣。《大明會典》：“殿前有大漢
　　將軍。”（《蜀語》P2）

　　稱人曰“漢”。年老曰“老漢”，少壯曰
　　“漢子”。（《里語微實》卷上 一字微實 P6）

【漢人】hànrén　《南宋書》：“青衣小兒見王
　　懿，驚曰：‘漢已食未？’”謂華人爲“漢”者，
　　因漢武帝威震外國，故外國畏而稱之曰“漢
　　人”。歷數幾更，猶不改遷。（《里語微實》
　　卷上 一字微實 P6）

【漢們】hàn·men　家長呼雇工人曰漢們。
　　（《燕山叢錄》卷二十二　長安里語 人物
　　P8）

【漢亡】hànwáng　怨嘆禍至曰漢亡。三代
　　而下，唯漢朝最盛，漢亡則亂，民不聊生，故
　　云。（《蜀語》P41）

【漢帝杏】hàndìxìng　《本草嘉祐圖經》：“杏

有數種,黃而圓者名金杏。相傳云,種出濟南郡之分流山,彼人謂之漢帝杏。"(《札樸》卷九　鄉里舊聞 P311)

【漢子】hànzǐ　今人謂賤丈夫曰漢子。按:北齊魏愷自散騎常侍遷青州長史,固辭。文宣帝大怒曰:"何物漢子,與官不就。"又段成式《廬陵官下記》:"韋令去西蜀時,彭州刺史被縣令密論訴,韋前期勘知,屈刺史詣府陳謝。及迴日,諸縣令悉遠迎,所訴者爲首,大言曰:'使君今日可謂朱研益丹矣。'刺史笑曰:'則公便自研朱漢子也。'"(《南村輟耕錄》卷八 P104)

男子之賤者曰漢子。《齊書》:"何物漢子?"白樂天戲市倡之女曰皎皎,識者曰:"詩云:'皎皎河漢女。'若謂是何漢子所生也。"(《雅俗稽言》卷二十一 P15)

《北齊書·魏蘭根傳》:"顯德怒云:'何物漢子,我與官不肯就。'"《北史·邢劭傳》:"宣武以劭言告崔遲遲道:'此漢不可親信。'"《老學菴筆記》:"今謂賤丈夫曰漢子,蓋始于十六國時。"(《通俗編》卷十八 P403)

賤丈夫曰漢子。(《土風錄》卷八 P260)

《北齊書·魏澹傳》:"何物漢子,與官不就!"《詢芻錄》:"漢武征匈奴二十餘年,馬畜孕童墮隕罷極,聞漢兵莫不畏者,稱爲漢子,又曰好漢。"《老學菴筆記》:"今謂賤丈夫曰漢子,蓋始于五胡亂華時。承平時有宗室名宗漢者,自惡人犯其名,謂漢子曰兵士。"(《恒言廣證》卷三 P56)

今人謂賤丈夫曰漢子。按:北齊魏愷自散騎常侍遷青州長史,固辭。文宣帝怒曰:"何物漢子,與官不就。"(《談徵》名部下 P22)

參見[秦人]。(《通雅》卷十九 P667)

【漢每】hàn·mei　主人呼雇工曰漢每。(《宛署雜記》卷十七 P193)

【滿槽】mǎncáo　參見[槽]。(《唐音癸籤》卷十六 P148)

【滿散】mǎnsàn　周益公、虞伯生集,俱有滿散青詞。(《恒言錄》卷五 P98)

【滿月】mǎnyuè　《北史·節義傳》:"李式坐事被收,子憲生始滿月,汲固抱歸藏之。"按:"滿月"二字見此。其以爲慶宴,則始于唐。《唐書·高宗紀》:"龍朔三年,子旭輪生

滿月,大赦。"《外戚傳》:"安樂公主產男滿月,中宗韋后幸其弟。"李嶠有《長寧公主滿月侍宴》詩。《元稹集》有《妻滿月》詩,蓋乳婦踰一月,亦云"滿月"。今語猶然。(《通俗編》卷九 P192)

娶婦及生子一月,皆名此。《北史·節義傳》始見此二字。(《越諺》卷中　時序 P6)

【滿眼】mǎnyǎn　豪侈美觀曰滿眼。韓文公詩:"歡華不滿眼,咎責塞兩儀。"(《蜀語》P42)

【滯泥】zhìnì　不開脫曰滯泥。《陸子語錄》:"凡事莫如此滯滯泥泥。"(《燕說》卷一 P3)

【滯貨】zhìhuò　《周禮·泉府》:"掌以市之征布,斂市之不售貨之滯于民用者,以其賈買之。"又《廛人》注:"滯貨不售者,官爲居之。"《抱朴子》:"和璧變爲滯貨,柔木廢于勿用。"《世說》注:"謝安鄉人有罷中宿縣者,問其歸貨,曰:'惟有五萬蒲葵,又以非時爲滯貨。'……安乃取其中者捉之。于是士庶競慕,價增數倍。"按:《閑耕餘錄》謂俗以不合時宜曰滯貨,出于《世說》,不知其先出《周禮》也。(《通俗編》卷二十三 P505)

【漱水】shùshuǐ　上挱宥反。《字書》云:"漱,激蕩也。"《說文》:"漱,盪盪口也,從水敕聲。"亦會意字也。(《一切經音義》卷八十九 2P3413)

【漱老】shùlǎo　水。(《墨城小錄》卷十四 P4)

【漚】òu　水中熟麻。烏候反。(《俗務要名林》)

漬麻曰漚。氣鬱不伸曰漚。草伏火中未然曰漚。衣物湮爛曰漚。漚,於候切,音甌去聲。湊音倭。楚人曰漚,齊人曰湊。湊豆豉、湊醬。(《蜀語》P43)

【漚籃】òulán　搖籃亦曰漚籃。(《土風錄》卷二 P193)

【漂溺】piāonì　上匹遙反。顧野王云:"漂,流也。"《說文》:"浮也,從水票聲。"同上。下寧滴反。《考聲》:"溺,沈也,惑也,從人從水作㲻,正體字也。"(《一切經音義》卷二十九 4P1147)

匹遙反。《說文》云:"漂,浮也。"《廣雅》云:"漂,漱也。"篇蔑反。下泥的反。《說文》云:"溺,沉也。"或作㲻,古字也。

《一切經音義》卷五 8P191）

【漂激】piāojī　疋遥反。下古狄反。浮吹曰漂，流急曰激，漂亦搖蕩也。（《一切經音義》卷 7019P2799）

【漂説】piāoshuō　參見［摽説］。（《雅俗稽言》卷十七 P15）

【溴潧】shuǎngjìng　潔清曰溴潧。（《札樸》卷九　鄉里舊聞　鄉言正字附　雜言 P330）

【滷】lǔ　以言誑人而沁入之曰滷。（《客座贅語》卷一　詮俗 P7）

【溥沱飯】hútuófàn　光武在溥沱，有公孫豆粥之薦，恒山人以粥爲溥沱飯。（《目前集》前卷 P2120）

【溏】táng　（塘）非如別縣田中瀦水處曰"塘"也。按：田中"塘"應作"溏"。（《越諺》卷中　地部 P3）

【漫】màn　俗稱布種爲漫。（《俚言解》卷二 23P40）

水淫衍也。唐人詩多用爲語助，取其因任放浪，無所拘檢，如水之漫。嚴鄭公詩："漫向江頭把釣竿"是也。又杜審言詩："楊柳營前葉漫新。"此言柳色處處皆新，如水之漫而莫禁也，與上義別。又……與謾通，猶云虛也，枉也，徒也。李義山詩："一名我漫居先甲，千騎君翻在上頭。"又……亦通謾，猶云輕易也。杜子美詩："漫勞車馬駐江干。"（《助字辨略》卷四 P216）

杜子美詩："漫勞車馬駐江干。"漫亦通謾，猶云輕易也。（《方言藻》卷一 P9）

皮冒鼓曰漫。大蘇《寄劉孝叔》詩："東海取鼉漫戰鼓。"俗以皮冒鼓及布絹冒節曰漫，本此。（《土風錄》卷十四 P338）

【漫滅】mànmiè　《隸續》言："孔子見老子畫象，人物七。"又言："老子車後一人，回首向外。"今觀石本共九人，向外一人之後，又有向內二人，乃知洪所見非完本。老子後一榜原無字，亦非漫滅。（《札樸》卷八　金石文字 P282）

【漫頭駝】màntóutuó　唐永淳後民歌曰："楊柳楊柳漫頭駝。"案：漫頭駝，不用採也。吳中厭不欲應者則抑之曰漫頭駝。（《吳下方言考》卷六 P4）

【溇】lóu　汉港窮源處。（《越諺》卷中　地部 P3）

【漁戶】yúhù　參見［魚戶］。（《通俗編》卷

二十一 P479）

【漉漉】lùlù　《素問》："無刺漉漉之汗。"案：漉漉，汗大出貌，吳中謂物大溼者曰溼漉漉。（《吳下方言考》卷十 P15）

《樂府•平陵東辭》："血出漉，歸告我家賣黃犢。"案：漉，血出貌，今諺謂血出多曰血漉漉。（《吳下方言考》卷十 P8）

【滾白水】gǔnbáishuǐ　滾湯曰滾白水。（《燕山叢錄》卷二十二　長安里語　地理 P2）

【漿乾】jiànggān　略曬曰漿乾。漿，其兩切，音弊。《説文》："浚乾漬米也。《孟子》曰：孔子去齊，漿淅而行。謹按：浚猶漉也。漉漬米而乾之曰"漿乾"，今俗謂略曬曰"漿乾"，猶是意也。（《髯癡筆記》）又《異聞集》："李吉甫銘曰：《孟子》'去齊而漿淅'，唐本作'漿'字，本許氏語。今《孟子》作'接'字，殊無理。"（《里語微實》卷中下　二字微實 P14）

【滴】dī　補錫器之鍔漏曰滴。（《燕山叢錄》卷二十二　長安里語　器用 P7）

【滴水】dīshuǐ　參見［撲水］。（《言鯖》卷上 P11）

【滴沰】dīduó　越諺："上火不落，下火滴沰。"……言丙日或不雨，丁日必微見滴沰。……此其説頗不驗，然升庵《六書索隱》引之。又謂"沰"卽篆之"砓"，卽"厲"字。《詩》言"深厲淺揭"，淺者揭衣而涉，深當履石而涉。"沰"兼"水""石"，故曰卽"厲"字也。此與以衣涉水之義特相乖反。……此於經蓋疎矣。……滴沰者，簷溜聲。（《越言釋》卷下 P16）

沰音督。《農家諺》："上火不落，下火滴沰。"案：滴沰，雨滴聲也，吳中謂雨零滴聲曰滴沰。（《吳下方言考》卷十 P14）

【滴沰乾】dīduógān　越人又以水乾爲"滴沰乾"。（《越言釋》卷下 P17）

【滴瀝沰落】dīlìduóluò　嚴武《題巴州光祿寺楠木》詩："花甃滴瀝垂清露。"案：滴瀝，雨露零落聲。吳中形露下聲曰滴瀝沰落。（《吳下方言考》卷十二 P16）

【滴蘇】dīsū　滴蘇當爲急須之譌。沈括《忘懷錄》："有行具二肩，共附帶雜物，內有虎子、急須子。"陸容《菽園雜記》云："急須，溺器也，以其應急而用，故名。趙襄子漆智伯頭爲飲器。"注："飲，於禁切，溺器也。"今

以煖酒器爲"急須飲"，字誤之耳。吳音，須與蘇同，又轉急爲滴，遂呼爲蘇。(《土風錄》卷三 P203)

【滴雷】dīliù　上都歷反。《切韻》云："水滴也。"《説文》云："涯也，從水滴省聲也。"下力救反。案：滴雷合作溜。《説文》云："水溜也。"《字書》云："小流也，今作雷。"(《一切經音義》卷續三 11P3827)

【漩水】xuánshuǐ　漩水曰漩渦。渦音倭。三峽水其深無底，故其流不成波，成漩。船底如魚肚，乃可剗漩。郭璞曰："盤渦欲轉。"杜甫詩："巫峽盤渦曉。"楊升菴曰："盤音漩。"(《蜀語》P33)

【漩渦】xuánwō　朱子《答呂子約書》："蘇黃門初不學佛，只因在筠州陷入此漩渦中。"(《通俗編》卷二 P41)

　　　　"賤窩"。湍也。朱子《答呂子約書》。(《越諺》卷中 地部 P4)

【演撒】yǎnsǎ　有。(《墨城小錄》卷十四 P9)

【滬】hù　吳人呼漁户爲滬。(《稱謂錄》卷二十九 漁 P12)

【漏】lòu　(隨造橋碑)碑言："漏佛雨坎。"謂碑首多深刻佛像。雨，即滿字；漏，謂佛身彫鑴通透。(《札樸》卷八 金石文字 P293)

【漏天】lòutiān　俗憾久雨不晴謂之天漏。杜詩："鼓角漏天東。"又，"猛欲誅雲師，疇能補天漏。"又，"地近漏天終歲雨。"注云："梁益四時多雨，俗稱漏天。"(《俚言解》卷一 2P4)

　　　　參見［氾月］。(《蜀語》P8)

【滲】shèn　滲，寒貌。沁韻。(《目前集》後卷 P2150)

【澆俗】jiāosú　上經堯反。《考聲》云："澆，薄也，沃也。"案：澆沃之即味薄矣。(《一切經音義》卷十一 4P407)

【澆書】jiāoshū　《談苑》："東坡以晨飲爲澆書，太白以午睡爲攤飯。"放翁詩："澆書滿飲浮蛆甕，攤飯橫眠夢蝶牀。"(《常語尋源》卷上甲册 P196)

【潰】pēn　潠曰潰。(《札樸》卷九 鄉里舊聞 鄉言正字附 雜言 P331)

【潼】dǒng　物墮水聲曰潼，石墮水砼。潼、砼皆音董。(《里語徵實》卷上 一字徵實 P24)

【潮溞】cháosuò　"鑠"。地滋貌。(《越諺》卷中 天部 P2)

【瀝血】lìxuè　呼若"滴血"。子覓親骸，割血滲骨者是。《南史·孫法宗傳》，又《梁宗室傳》，皆有。(《越諺賸語》卷上 P7)

【潭陁】tánduò　參見［潭陁］。(《能改齋漫錄》卷六 P135)

【潭笋】tánsǔn　參見［窨］。(《越言釋》卷上 P27)

【潭陁】tántuó　杜子美《醉歌行》云："春光淡沲秦東亭。"淡沲當是潭陁，見富嘉謨《明水篇》曰："陽春二月朝始暾，春光潭陁度千門，明水時出御至尊。"而富又本梁簡文《和湘東王陽雲樓簷柳》詩曰："潭陁青帷閉，玲瓏朱扇開。"第陁一字不同。《選·江賦》："隨風猗萎，與波潭沲。"注曰："潭沲，隨波之貌。沲，徒我切。"簡文與富，皆本乎此。(《能改齋漫錄》卷六 P135—136)

【潦倒】liǎodǎo　潦倒，乃醞籍也。後人以爲不偶，誤矣。如《(編者按：應補"南"字)史》云："宋武帝舉止行事，似劉穆之，此非醞籍潦倒士耶？"又《北史·崔瞻傳》云："容止醞籍者爲潦倒生。"可見矣。(《七修類稿》卷二十一 P320)

　　　　潦音老。潦倒粗疎，不切事情也。又衰悖兒，如嵇康《絶交書》"潦倒粗疎"，杜詩"潦倒新停濁酒杯"，杜牧之云"我若自潦倒"是也。又《南史》：宋武帝"舉止行事似劉穆之，此非醞藉潦倒士耶？"《北史·崔瞻列傳》："自太保以後，重吏事，謂容止醞藉爲潦倒，而瞻終不改焉。"則潦倒又有醞藉之意。如杜詩又云"多才依舊能潦倒"，亦似美辭。《書言故事》特引《緗素雜記》謂"潦倒"切"老"字，以爲老羸之義。何其不廣也？(《雅俗稽言》卷二十一 P16)

　　　　杜牧之示姪曰："我若自潦倒，看汝爭翺翔。"《緗素雜記》(宋黄朝英著)："古語有二聲合成一字者，如不可爲'叵'，何不爲'盍'，從西域二合之音，切字之元也。'龍鍾潦倒'正如二合之音：'龍鍾'切'癃'字，'老倒'切'老'字。老羸癃疾，即以潦倒龍鍾目之者，正此義也。"("潦倒龍鍾"，即是老羸癃疾，特委曲而言耳。)(《里語徵實》卷中上 二字徵實 P43)

【潦草】liáocǎo　參見［老草］。(《通俗編》卷七 P149)

【潛蚯】qiánqiú　無名指名潛蚯。(《通俗編》卷三十一 P703)

【潲】shào　潲,雨濺。音哨。(《目前集》後卷 P2150)

【潷】bì　去汁曰潷。(慧琳《心明經音義》。)(《埤蒼》P22)

去滓曰潷。(《札樸》卷九　鄉里舊聞鄉言正字附　雜言 P331)

去滓汁曰潷,又曰抻。潷音筆。《博雅》:"盝也。"盝與漉通。今云潷飯汁、潷藥滓皆是抻,音抻。《集韻》:"去滓汁曰抻。"(《燕說》卷二 P10)

去渣曰潷。音背,見《俗書刊誤》。《廣韻》《博雅》:"盝也。一曰去汁也。"(《里語徵實》卷上　一字徵實 P26)

【潤筆】rùnbǐ　受作文謝物,謂之潤筆。其事起于陳后以黃金百斤爲文君取酒,而相如爲作《長門賦》以悟主也。至唐益盛,太宗立兩制潤筆錢數。如李邕尤長碑碣,多受人金帛,詳見子美《八哀》詩。彼乞米受金,爲人作傳,又何足道哉? 宋元豐中改立官制,內外制皆有添給,罷潤筆之物,可謂美事矣。(《雅俗稽言》卷三十一 P9)

《隋書·鄭譯傳》:"高熲戲謂譯曰:'筆乾。'譯答曰:'出爲方岳,杖策言歸,不得一錢,何以潤筆。'"《唐書·柳批傳》:"顧彥暉請書德政碑,批曰:'若以潤筆爲贈,卽不敢從命。'"《宋史·王禹偁傳》:"嘗草李繼遷制,送馬五十匹爲潤筆,禹偁卻之。"《夢溪筆談》:"凡草制除官自給諫待制以上,舊皆有潤筆錢,元豐中詔罷。"(《通俗編》卷七 P143)

潤筆之說,昉于晉宋,而極盛于唐元和長慶間。(《言鯖》卷上 P20)

《隋書·鄭譯傳》云:"上令內史令李德林立作詔書,高熲戲謂譯曰:'筆乾。'譯答曰:'出爲方岳,杖策言歸,不得一錢,何以潤筆?'上大笑。"(《通言》卷二 P34)

【潤筆資】rùnbǐzī　以財乞文曰潤筆資。隋文帝詔復鄭譯爵沛國公位,上柱國高穎爲制,戲曰"筆乾",譯曰:"出爲方岳,杖策言歸,不得以錢,何以潤筆?"(《里語徵實》卷中下　三字徵實 P30)

【潠】xùn　含水溢曰潠。(《通俗文》釋言語上 P11)

【澄漪】chéngyī　下意宜反。《毛詩傳》云:

"猗,水之波文者,聲亦細波也。"《古今正字》:"從水從猗聲。"(《一切經音義》卷八十 17P3158)

【澄晬】chéngsuì　上直陵反。《切韻》:"水清也。"《考聲》云:"澄,定也。"《說文》云:"凝也。亦作澂字。"下雖遂反。《玉篇》:"深視也。"《字書》云:"潤澤也,從目醉省聲。"(《一切經音義》卷續七 6P3951)

【澄霽】chéngjì　祖計反。《說文》:"雨止曰霽。"霽猶晴也。(《一切經音義》卷十九 8P721)

【潑】pō　參見[烹]。(《客座贅語》卷一　詮俗 P7)

【潑潼】pōdǒng　不董。物墮水。(《越諺》卷下　聲音音樂 P18)

【潑旭】pōlà　辣。揮金如土。(《越諺賸語》卷上 P3)

【潑皮】pōpí　《元典章》:"有新附軍人,結連惡少潑皮,爲害尤甚。"(《通俗編》卷十一 P239)

【潑醸】pōwàng　酒曰潑醸。下去聲。(《肯綮錄》P2)

【潑賴】pōlài　《餘冬序錄》:"蘇州以醜惡曰潑賴。潑音如派。雲南夷俗諜言誣陷人曰畢賴之事。蓋亦潑賴之轉。"(《通俗編》卷十五 P333)

行濫曰潑賴。《餘冬序錄》言:"雲南夷俗,牒言誣陷人曰'畢賴之事'。畢音灌。智謂"灌"乃"潑"字之訛,今人猶有"潑賴"之語。京師謂物之行濫者曰"畢賴",亦"潑賴"之轉也。(《通雅》)(《里語徵實》卷中上　二字徵實 P33)

參見[儽懶]。(《越諺賸語》卷上 P3)

【譬】tà　以物加於物上而累積之曰譬,達合切。《廣韻》:"譬,積厚也。"《顏氏家訓》云:"從重,從遷,是多饒厚積之意。"(《方言據》卷下 P31)

【譬伯】tàbó　譬譬無賢不肖之辨。唐人稱常衮爲譬伯,言其用人無別,譬之而已。(《方言據》卷下 P31)

【濩落】huòluò　上黃郭反,下音洛。寬曠無涯際也。(《一切經音義》卷八十五 3P3312)

【濛雨】méngyǔ　上音蒙。《毛詩傳》云:"濛,雨皃。"《說文》云:"濛,微雨也。從水蒙

聲也。"(《一切經音義》卷八十一 12P3191)

【澣】huàn 唐制十日一休沐。韋應物詩"九日驅馳一日閉",白居易詩"公假月三旬"是也。今人以上中下旬,爲上中下澣,襲用故事,卻甚無謂。(《通言》卷五 P57)

【澿浸頭冷】yīnjìntóulěng 上"蔭"。釀雪天氣。(《越諺》卷中 天部 P3)

【濇】sè 殺測切,穢。豬羊將乳求牡,越諺曰"濇",即此字。《淮南子·要畧》:"瀸濇肌膚。"豬羊求牡時,其産門濇焉,故名。又衣入水未洗曰"濇"。(《越諺》卷下 單辭隻義 P12)

殺測切,穢。牝獸將乳求牡曰"濇"。(《越諺》卷中 禽獸 P45)

【濃包】nóngbāo 俗嘲人有濃包之呼,甚不雅馴……目不曉事者爲濃包。(《雅俗稽言》卷十七 P6)

【澡漱】zǎoshù 上遭草反。顧野王云:"澡,猶洗潔也。"《説文》:"洗手也,從水喿聲。"論從草作藻,誤也。下搜皺反。顧野王云:"漱,盥盪也。"《古今正字》:"從水欶聲。"(《一切經音義》卷六十九 13P2751)

澡,子老反;下史救反。《蒼頡篇》曰:"澡,盥也。"盥音古滿反。《珠叢》曰:"盥,洗手也。"《説文》曰:"漱,蕩口也。"(《一切經音義》卷二十二 7P835)

【澡罐】zǎoguàn 上音早。《韻英》云:"洗也。"《説文》:"洗手也。"……下古翫反。盛淨水瓶也。《集訓》云:"汲水器也。"(《一切經音義》卷十五 1P550)

【激激】jījī 參見[激激汩汩]。(《吳下方言考》卷十二 P17)

【激激汩汩】jījīgǔgǔ 《樂府·戰城南》曲:"水聲激激。"案:激激,水聲也。吳中謂風吹水聲曰激激汩汩。(《吳下方言考》卷十二 P17)

【激聒】jīguó 參見[喳哇]。(《客座贅語》卷一 方言 P10)

【潚地裏】sùdìlǐ 《文選·思玄賦》:"迅猋潚其媵我。"注:"潚,疾貌,音肅。"《淮南子·精神訓》:"渾然而往,逯然而來。"注:"謂無所爲,忽然往來也。"按:俗狀疾忽之辭,有云潚地裏、逯地裏。(《通俗編》卷三十四 P760)

【潚潚】sùsù 音速。張平子《思玄賦》:"迅飈潚其媵我兮。"案:潚,疾速貌,吳諺謂物去之疾者曰潚潚然也。(《吳下方言考》卷十 P8)

【澱】diàn 參見[顯]。(《肯綮錄》P2)

【澱迊】diànyìn 迊,魚靳反。《介雅》曰:"澱謂之迊。"郭璞注曰:"澱,滓也。今江東呼爲迊也。"(《一切經音義》卷二十一 11P799)

【濊布】mòbù 上音抹。揚子《方言》:"淨巾謂之濊布。"案:淨巾,淨物之巾也。濊字从水从蔑,以濊去污穢,須用水也。濊布,今亦謂之轉布,謂移其穢於他處也。(《吳下方言考》卷八 P13)

【濫】lǎn 以鹽漬物曰濫。濫讀上聲,音覽,漤灠仝。(《蜀語》P10)

【濫觴】lànshāng 江始出岷山,其源可以濫觴,及至江津,不舫檝不可以涉。濫觴,猶云流杯也。(《目前集》後卷 P2140)

【濡染】rúrǎn 習氣曰濡染。(《札樸》卷九 鄉里舊聞 鄉言正字附 雜言 P330)

【濕淅】shīxī 潮氣蒸濕,亦謂之"濕淅"。(《越言釋》卷下 P16)

【濟娘】jǐ·niang 背心曰濟娘(注:實脊梁也)。……赤身曰精了濟娘(注:卽脊梁二字)。(《燕山叢錄》卷二十二 長安里語 身體 P6)

【濟恤】jǐxù 下笋律反。《尚書》云:"惟刑之恤。"范甯《集解》:"恤,憂也。"鄭注《周禮》:"賑恤憂貧也。"《説文》作卹。卹,憂也。從血卩聲。經從恤,亦通用也。(《一切經音義》卷六 6P223)

【澀浪】sèlàng 參見[疊澀]。(《唐音癸籤》卷十七 P151)

【澀滑】sèhuá 又作濇,同。所立反,謂不滑也。(《一切經音義》卷七十二 13P2860)

【濯】zhuó 參見[濯枝雨]。(《通俗編》卷一 P14)

【濯枝】zhuózhī 參見[濯枝雨]。(《唐音癸籤》卷十六 P142)

【濯枝雨】zhuózhīyǔ 蘇味道《單于川對雨》詩:"還從濯枝後,來應洗兵辰。"《風土記》:"六月大雨,爲濯枝雨。"洗兵,用《六韜》周伐殷遇雨事。(《唐音癸籤》卷十六 P142)

《風土記》:"六月大雨爲濯枝雨。蘇味道《單于川對雨》'還從濯枝雨,來應洗兵

辰’用之。”按：世以被雨淋曰“瀧”，義本于櫛風沐雨，辭本于此。（《通俗編》卷一 P14）

【瀞】qìng　音清。許氏《説文》：“楚人謂冷爲瀞。”案：瀞，以冷水入熱水也。今人嫌太熱則曰需瀞也。（《吳下方言考》卷四 10）

【瀆】dú　“獨”。村地名。如：“石瀆”“停瀆”“袍瀆”“錫瀆”“檀瀆”（《越諺》卷中　地部 P3）

【潬】dàn　越人以溺死爲“潬”，只是“沉”。……學泅者没其頭於水中謂之“没頭潬”，亦只是“没頭沉”。（《越言釋》卷下 P18）
　　段。沉水，没不能起也。“泅没頭潬。”出《廣韻》。（《越諺》卷下　單辭隻義 P11）

【潬殺蠻】dànshāqí　上“段”。淹鬼。（《越諺》卷中　鬼怪 P18）

【濾漉】lùlù　上臚羹反。《韻詮》云：“慮（濾）猶洗也。”案：濾者，盖沙門護生以絹爲羅，疏理水中蟲穢，取其潔也。諸字書不載濾字。下聾穀反。《考工記》云：“漉，清其水而漉之。”野王云：“漉猶瀝也。”《字林》云：“水下兒也。”《古今正字》：“從水鹿聲。”（《一切經音義》卷八十 18P3159）

【瀑流】bàoliú　上袍帽反。《文字典説》云：“江河水漲急也。”《説文》云：“疾雨也，從水暴聲。”（《一切經音義》卷七十二 10P2853）
　　蒲冒反。《桂菀珠藂》云：“猝雨水聚合流，名爲瀑流也。”（《一切經音義》卷十一 15P428）

【瀑雨】bàoyǔ　蒲冒反。《毛詩》云：“終風且瀑。”《説文》云：“疾雨也。從水暴聲。”經本作暴，是曬暴字也。（《一切經音義》卷二十 3P749）

【瀊泂】pánhuí　盤回。日用之謂。（《越諺》賸語》卷上 P3）

【凝淄】lìdī　凝淄亦零滴也。（《通俗文》釋言語下 P33）

【澑】liū　馬致遠《岳陽樓》劇謂潛逃去曰“澑了”。（《通俗編》卷三十六 P820）
　　潛逃曰澑。馬致遠《岳陽樓》劇有“澑了”語。按：澑，風疾貌，潛去者若風之無蹤，以之爲喻，亦當。字本留、柳二音，今俗讀乃如柳平聲。（《燕説》卷二 P1）
　　力救切。謂潛逃曰“澑遶去哉”。按：澑，風疾貌，喻切。見《岳陽樓》劇。（《越

【瀏亮】liúliàng　陸士衡《文賦》：“賦體物而瀏亮。”案：瀏亮，精切分明也。諺謂人之精明者曰瀏亮。（《吳下方言考》卷八 P7）

【瀏瀏】liúliú　《楚辭・九歎》：“風瀏瀏以蕭蕭。”案：瀏瀏，風不絶也。諺謂風不絶曰風瀏瀏。（《吳下方言考》卷六 P8）

【漉】lì　利。濁酒以布袋穇灰漉過便清。《埤蒼》。（《越諺》卷下　單辭隻義 P10）

【漉淄】lìdì　零滴謂之漉淄（音丁計反）。（《通俗文》釋言語上 P33）

【瀧涷】lóngdōng　音龍通。顧野王《玉篇》：“瀧涷，露貌。一曰沾漬貌。”案：瀧涷，水逕透物貌。吳諺謂淫恬透爲瀧涷。（《吳下方言考》卷一 P5）

【灌】guàn　李善注《文選》：“灌謂鑄之。”（《札樸》卷三　覽古 P97）

【灌佛】guànfó　《宋書・劉敬宣傳》：“敬宣八歲喪母。四月八日見衆人灌佛，乃下頭上金鏡以爲母灌。”案：灌佛，鑄金像佛也。《文選・七命》：“乃鍊乃鑠，萬辟千灌。”李善注：“灌謂鑄之。王粲《刀銘》：‘灌辟以數。’”又案：四月八日，鑄佛日也。顏運生得一銅佛，有文云：“開皇十九年四月八日。”（《札樸》卷三　覽古 P97）
　　《宋書・劉敬宣傳》云：“八歲喪母，四月八日敬宣見衆人灌佛，乃下頭上金鏡以爲母灌，因悲泣不自勝。”（《通言》卷五 P66）

【灌澍】guànshù　參見［降澍］。（《一切經音義》卷八 3P285）

【灌酒】guànjiǔ　《史記・游俠列傳》：“郭解姊子負解之勢，與人飲，使之嚼，非其任，彊必灌之。”灌酒本此。（《直語補證》P10）

【濎】tēng　他登切。或作“韄”。小水添益也，盆水傾注也。出《唐韻》。（《越諺》卷下　單辭隻義 P10）

【瀹】yuè　湯煮物曰瀹。（《通俗文》釋言語上 P22）

【瀸洳】jiānrù　淹漬謂之瀸洳。（《通俗文》釋言語下 P33）

【瀺唾】chántuò　嚵吐。从《史記・倉公傳》。（《越諺》卷中　身體 P23）

【瀼】ràng　水横通山谷，夔人謂之瀼，杜有《瀼西寒望詩》。（《唐音癸籤》卷十六 P14）

【韄】tà　搭。水逕羽毛、紙帛，不能開

也。"黮"同。《集韻》。(《越諺》卷下　單辭隻義 P11)

【黮】tà　參見〔醓〕。(《越諺》卷下　單辭隻義 P11)

【瀷】shěn　越鄉以浮水爲"瀷"，其字在《唐韻》音探，今轉爲土懇切，"吞"上聲。按郭璞《江賦》："瀹汋瀷淪。"則其字本音審。(《越言釋》卷上 P16)

【灘磧】tānqì　上撻丹反。《説文》："水濡而乾也。從水灘聲。"下青歷反。《廣雅》云："磧，瀨也，水淺石見也。"《説文》："從石責聲。"(《一切經音義》卷六十九 10P2745)

【灑火】sǎhuǒ　上沙雅反。《漢書音義》云："灑，分散也。"《説文》云："汛水也，從水麗聲。"《方志》作洒，西禮反，非也。(《一切經音義》卷七十七 11P3054)

【灒】zàn　濺水上衣曰灒。音贊，見《俗書刊誤》。一作"濺"。《唐·甯王傳》："袁嘉祚爲人正直。飲馬于義井，有一人背水坐，以水濯手，故濺水數驚其馬。"(《里語徵實》卷上　一字徵實 P24)

【瀷菜】yàncài　越俗貧富皆菜飯。冬醃，足用一年。瀷音豔，出《廣韻》。(《越諺》卷中　飲食 P35)

【灣突】wānyào　音鳥。《楚辭·招魂》："冬有突廈(音夏)。"案：突，屋深曲也。吳中謂屋之曲折多者曰灣突。(《吳下方言考》卷七 P14)

牛(牜)部

【牛】niú　詈人之傲而難制曰牛，曰驢。(《客座贅語》卷一　詮俗 P8)

　　《北史·邢昕傳》："昕好忤物，人謂之牛。興和中，副李象使梁。談者謂牛象鬥于江南。"按：今俗亦詆忤物之人曰牛。(《通俗編》卷二十八 P636)

【牛乾巴】niúgānbā　參見〔巴〕。(《蜀語》P39)

【牛人】niúrén　汴人謂佃户爲"牛人"。李闖之亂，黄推官速撥牛兵三百，赴援東北角。"牛兵"卽佃户。(《守汴日記》)(《里語徵實》卷中上　二字徵實 P14)

【牛兵】niúbīng　參見〔牛人〕。(《里語徵實》卷中上　二字徵實 P14)

【牛叢】niúcóng　《秦策》："亦聞恆思有神叢與？叢籍其神，五日而叢枯，七日而叢亡。"高注："叢，樹也。"馥謂：神叢卽叢祠。今雲南人於神祠殺牛飲血，共相盟誓，謂之牛叢。(《札樸》卷五　覽古 P149)

【牛湩】niúdòng　家(編者按：似當作冢)用反。吳音呼乳汁爲湩。今江南見行此音。從水重聲。(《一切經音義》卷七十九 1P3100)

　　竹用、都弄二反。《通俗文》："乳汁曰湩。"今汝南亦呼乳爲湩也。(《一切經音義》卷二十八 14P1129)

【牛牛】niú·niu　蝸蠃呼爲牛牛，或曰其角似牛，故名。馥案：鄉語當是蝓牛，非重言牛也。(《札樸》卷九　鄉里舊聞 P314)

【牛蜫蚔】niúbīshī　牛蟲曰牛蜫蚔。(《札樸》卷九　鄉里舊聞　鄉言正字附　名稱 P328)

【牛識字】niúshízì　白居易詩："鄭牛識字吾常歎。"自註："諺云：'鄭元家牛觸牆成八字。'"按：俗詈不識字人，往往舉此。(《通俗編》卷二十八 P613)

【牛頭褌】niútóukūn　今之牛頭褌，卽古之犢鼻褌也。其來最遠。《史記》列傳云："相如身自著犢鼻褌。"韋昭曰："以三尺布爲之，形如犢鼻，自漢已有之矣。"然猶未也。《二儀實錄》云："西戎以皮爲之，夏后氏以來用絹，長至于膝。漢、晉名犢鼻。北齊則與袴長短相似。考犢鼻之名，是則起于西戎，變于三代，而折中于北朝。"(《七修類稿》卷二十六 P396)

【牟】móu　音賣平聲。韓昌黎《征蜀聯句》："椎肥牛呼牟。"案：牟，牛鳴聲。吳中謂牛鳴聲曰牟。(《吳下方言考》卷四 P3)

【牢丸】láowán　牢丸，卽今之湯丸也。《酉陽雜俎》有"籠上牢丸""湯中牢丸"。(《言鯖》卷下 P3)

　　按《丹鉛總錄》束皙《餅賦》有"牢丸"之目，蓋食具名也。東坡以牢九具對真一酒，誠工矣，然不知爲何物。後見《酉陽雜俎》引伊尹書，有"籠上牢九""湯中牢九"，九字乃是丸字。(《談徵》物部 P22)

　　參見〔牢九〕。(《雅俗稽言》卷九 P10)

　　參見〔牢九〕。(《通雅》卷三十九 P1184)

【牢九】láojiǔ　束晳《餅賦》：“終歲飽施惟牢九。”東坡詩：“豈惟牢九薦古味，要使真一流仙漿。”今按《酉陽雜俎》引伊尹書有“籠上牢丸”“湯中牢丸”，疑牢九當是牢丸，卽東坡亦貪奇趁韻耳。或云牢丸卽今湯餅也，一曰今之餛飩也。（《雅俗稽言》卷九 P10）

　　牢九，乃牢丸也。段成式《食品》有“籠上牢丸”“湯中牢丸”。元美曰：“卽子瞻誤以爲牢九者也。東坡《惠州詩》：‘豈惟牢九薦，古味要使真。’然晉已誤用之，束晳賦：‘終歲飽食，惟牢九乎？’注：‘牢九，饅頭類。’永叔《歸田錄》亦疑之。今陰氏《韻書》收此事入九字下，皆相沿未考。”智按：所謂籠上牢丸，乃饅頭、扁食之類；湯中牢丸，乃今元宵湯丸，或水餃餌之類。《説文》“鬻，粉餅也”卽餌，後謂之粉角，北人讀角如矯，遂作餃餌。（《通雅》卷三十九 P1184）

　　參見［牢丸］。（《談徵》物部 P22）

【牢實】láoshí　至誠。（《墨娥小錄》卷十四 P7）

【牢子】láozǐ　參見［鐐子］。（《通雅》卷十九 P665）

　　參見［鐐子］。（《談徵》名部下 P17）

【牢愁】láosāo　愁，憂也。《集韻》音曹，楊雄“有伴牢愁”，亦音曹。後訛爲牢騷。騷乃曹音之誤也。（《言鯖》卷下 P25）

【牧豬奴】mùzhūnú　《陶侃傳》：“摴蒱者，牧豬奴戲耳。”朱子詩：“只恐分陰閑過了，更教人笑牧豬奴。”（《稱謂錄》卷二十九 賭 P23）

【物事】wùshì　今俗泛稱。《隋書》：“張衡放歸田里，帝自遼東還鄉，衡妾言衡怨望，謗訕朝政，竟賜盡於家。臨死大言曰：‘我爲人作何物事，而望久活？’”又元李冶《古今黈》云：“農家呼粟麥可食之物以爲物事，此甚有理。蓋物乃實物，謂非此無以生也；事乃實事，謂非此無以成也。”（《山海經》“大遺其狀如牛”一條，郭注：“此同上物事也。”）（《直語補證》P32）

【物色】wùsè　《後漢書·嚴光傳》：“光武令以物色訪之。”《晉書·明帝紀》：“王敦使五騎物色追帝。”《唐書·李泌傳》：“肅宗卽位靈武，物色訪求。”《宋史·趙普傳》：“太祖曰：‘若塵埃中可識天子宰相，則人皆物色

之矣。’”按《禮·月令》：“仲秋之月，命宰祝察物色。”“物色”始見於此，本義謂犧牲之色也。人形貌亦有大小肥瘠黝晳之不同，與物相等，因卽借爲辭耳。然此二字未嘗竟以代察訪用。（《通俗編》卷十三 P279）

【牰】bā　（牛）角相背曰牰。（《俚言解》卷二 24P41）

【牯】gǔ　小牛也。音故。（《俗務要名林》）

　　去其（牛）勢曰牯，佛書作“犗”。（《俚言解》卷二 24P41）

【峚】jiàn　正屋曰峚。峚音薦。《字彙》：“屋斜用峚。”又以土石遮水亦曰“峚”。《蜀語》云：“正屋曰峚，俗作峚”。（《里語徵實》卷上 一字徵實 P26）

　　撐屋曰峚。屋敧側，用木撐正曰峚。（《土風錄》卷十五 P342）

【牴揬】dǐtū　上丁礼反。《戰國策》云：“牴者，觸也。”《説文》訓亦同，從牛氏聲（氏音同上）。下徒骨反。《廣雅》云：“揬，衝也。”《文字典説》云：“從手突聲。”經作突，亦通。（《一切經音義》卷十七 2P633）

【牴突】dǐtū　上丁禮反。《史記》：“牴，相牴觸也。”經作觝，亦通，非本字。（《一切經音義》卷七十九 3P3103）

【狇】hǒu　牛鼻中曲木。羈盧反。（《俗務要名林》）

【特地】tèdì　方言，猶云故故也。方雄飛詩：“落絮縈風特地飛。”（《助字辨略》卷五 P279）

【特特】tètè　參見［得得］。（《唐音癸籤》卷二十四 P215）

【牽】quàn　牛鼻繩曰牽。牽音券，又作“絭”。《玉篇》：“牛鼻捲。”《集韻》：“牛繩鼻謂之牽。”又見《蜀語》。（《里語徵實》卷上 一字徵實 P21）

　　（牛）鼻串曰牽。（《俚言解》卷二 24P41）

【牸】zì　牝牛曰牸。（《札樸》卷九 鄉里舊聞 鄉言正字附 名稱 P328）

【牸豺】zìchái　上疾吏反。《切韻》：“牛牝也。”《玉篇》：“母牛也。”下士諧反。《尒雅》云：“豺狗足。”郭註云：“脚似狗也。”《禮記》云：“豺乃祭獸也。從豸才聲。”（《一切經音義》卷續九 6P4008）

【牽】qiàn　去聲。方回《聽航船歌》：“雇載

船輕載不輕,阿郎拽牽阿奴撑。"俗作纖字。常生案:《南史·朱超石傳》:"宋武北伐超石,董舟師入河陽,軍人緣河南牽百丈,有漂度北岸者。"《增韻》曰:"挽舟索,一名百丈。"(《恒言錄》卷五 P104)

　　　扯船之索曰牽。船上水曳牽,即"牽"字去聲。其竹索謂之"彈子",大者曰"纜"。音轉眠洽切,即"筒"字。合韻作"緔""笓"。又有"筰子",亦竹索也,自莫切。(《里語徵實》卷上 一字微實 P23)

【牽冷】qiānlěng　參見[扯淡]。(《雅俗稽言》卷十四 P22)

【牽牛】qiānniú　與小兒戲,捉其鼻曰牽牛。《左傳》:"鮑子曰:'汝忘君之爲孺子牛而折其齒乎,而背之也。'"(《蜀語》P41)

　　　與小兒戲捉其鼻曰牽牛。(《里語徵實》卷中上 二字微實 P21)

【牽抴】qiānyè　遣肩反。《廣雅》:"牽,抴也。"《説文》:"引前也。"下又作曳,同。以世反。《字林》:"抴,臥引物也。"《博雅》:"亦相牽引也。"或作拽。(《一切經音義》卷十六 15P620)

【牽紅】qiānhóng　紅即《戊辰雜鈔》所謂"通心錦"。事亦同。(《越諺》卷中 風俗 P61)

【牽縭】qiānlí　惡絮。上苦賢反,下力之反。(《俗務要名林》)

【牰】shā　(牛)牝曰牰。(《俚言解》卷二 24P41)

【堅】qiǎn　件。不從羈。越謂不馴人。《博雅》《集韻》。(《越諺》卷下 單辭隻義 P9)

【犇逸】bēnyì　木門反。《爾雅》云:"大路謂之奔。"郭注云:"謂人行走趨步之處,因以爲名也。"顧野王云:"謂犀牛走也。"《左氏傳》云:"鄭伯之車犇於濟"也。鄭注《考工記》云:"奔,疾也。"今通作奔。(《一切經音義》卷三十二 23P1308)

【犁明】límíng　《史記·呂后紀》注:"徐廣曰:'犁猶比也。'諸言'犁明'者,將明之時。"(《通俗編》卷三 P53)

【犍】jiān　以刀去陰曰犍。(《通俗文》釋言語上 P25)

【犕】bèi　馬施鞍曰犕。(《札樸》卷九 鄉里舊聞 鄉言正字附 雜言 P329)

【犠】jiè　參見[牯]。(《俚言解》卷二 24P41)

【犅】tāo　牛羊不生子曰犅。犅音超。謂婦人不生子亦曰犅。(《蜀語》P41)

【犢鈕】dúniǔ　《史記》:"司馬相如自著犢鼻褌。"韋昭曰:"今銅印言犢鈕,此其類矣。"馥每見古印鈕,大首無角,不審何獸,今知是犢。(《札樸》卷八 金石文字 P260)

【犅】wěng　牛犢曰犅。犅,於博切。《集韻》:"犢也。"又,喚牛聲。(《蜀語》)按:牛子曰"犢",羊子曰"羔",馬子曰"駒"。(《里語徵實》卷上 一字微實 P17)

【犨鷄】chōujī　《廣志》:"軥似蠶蛾而五色,赤曰犨鷄。"馥所見蓋犨鷄。(《札樸》卷九 鄉里舊聞 P314)

手(扌)部

【手下】shǒuxià　《三國志·甘寧傳》:"權賜米酒衆殽,寧乃料賜手下百餘人食。"又《太史慈傳》注:"先君手下兵數千,盡在公路所。"(《通俗編》卷八 P169)

【手伎】shǒujì　參見[手技]。(《通俗編》卷二十一 P463)

【手印】shǒuyìn　《周禮·司市》注:"質劑若下手書。"疏云:"漢時下手書,即今畫指券。"黃庭堅《涪翁雜記》引此段云:"豈今細民棄妻子手摹者乎?"按:細民或不知書,惟印手指文以取信,元人雜劇所謂離書手印是也。(《通俗編》卷十六 P351)

【手團】shǒutuán　搏黍爲手團。(《通俗文》釋言語上 P3)

【手巾】shǒujīn　《漢名臣奏》:"王莽斥出王閎,太后憐之,親自以手巾拭閎泣。"《古爲焦仲卿妻詩》:"手巾掩口啼。"《世説新語》:"殷浩語左右,取手巾與謝郎拭面。""殷仲堪于手巾函中出文示王恭。"(《通俗編》卷二十五 P566)

【手屐】shǒuzhé　無資曰手屐。(《札樸》卷九 鄉里舊聞 鄉言正字附 雜言 P331)

【手本】shǒuběn　《五石瓠》:"官司移會用六扣白柬,謂之手本。萬曆間,士夫刺亦用六扣,然稱名帖。後以青殼粘前後葉,而綿紙六扣,稱手本,爲下官見上官所投。其門生初見座師,則用紅綾殼爲手本,亦始萬曆末年。"按:劉熙《釋名》:"下官刺曰'長刺',書中央一行而下之也。又曰'爵里刺',書其官爵及郡縣鄉里也。"今手本單書官銜姓名俗號一炷香者,長刺也;備書履歷者,爵里刺也。其手本之初創,乃卽今所謂"全束"也。(《通俗編》卷九 P187)

明制:凡諸番國及西南土官朝貢到京,會同館卽將方物具呈到禮部,主客司官赴館點驗。遇有表箋,移付儀部。復具手本,關領內府勘合。開寫方物見數及開報門單,於次日早朝照進內府五十牋。官司移會用六扣白束,謂之"手本"。萬曆間,士大夫刺亦用六扣,只只稱"名帖"。後以青殼粘前後葉,而綿紙六扣,稱"手本",爲下官見上所投。(《里語徵實》卷中上 二字徵實 P22)

【手板】shǒubǎn 《晉書·輿服志》"手板卽古笏矣,手板頭復有白筆,以紫皮裹之,名曰笏。"(《札樸》卷四 覽古 P137)

【手滑】shǒuhuá 《唐書》:"武宗欲誅楊嗣復。李珏、杜景見李德裕曰:'天子年少,不宜手滑。'"《夢溪筆談》:"范希文謂同列曰:'諸公勸人主法外殺近臣,一時雖快意,他日手滑,雖吾輩未敢保。'"(《通俗編》卷十六 P350)

【手灣子】shǒuwān·zi 手骨曰手灣子。(《燕山叢錄》卷二十二 長安里語 身體 P6)

【手技】shǒujì 《史記·張安世傳》:"家童七百人,皆有手技作事。"按:《荀子·禮論》:"持手而食者,不立宗廟。"注云:"持其手而謀食,謂農工。"卽手技之說也。又,伶人雜弄,世亦謂之手伎。晏元獻有"曲榭回廊手伎喧"句。(《通俗編》卷二十一 P463)

參見[撮弄]。(《通俗編》卷三十一 P692)

【手摹】shǒumó 黃山谷云:"豈今細民棄妻手摹者乎?不然,則今婢券不能書者,畫指節。"及今江南田宅契亦用手摹也。(《談徵》事部 P21)

【手版】shǒubǎn 《隋書·禮儀志》云:"中世以來,惟八座尚書執笏。笏者,白筆綴其頭,以紫囊裹之,其餘公卿但執手版。"(《札樸》卷四 覽古 P137)

【手鷗】shǒujué 鬼碧反,鬼覺二反,並通。《字書》云:"爪持也。"(《一切經音義》卷七

十五 11P2967)

【手民】shǒumín 《清異錄》:"木匠總號運金斤之藝,又曰手民、手貨。"(《稱謂錄》卷二十八 百工 P2)

參見[木匠]。(《通俗編》卷二十一 P479)

【手藝】shǒuyì 柳宗元《梓人傳》:"彼將舍其手藝,專其心智,而能知體要者歟?"(《通俗編》卷二十一 P463)

《說文》:"聿,手之疌巧也,从又持巾。"《玉篇》:"聿,女涉切。"今百工手業字,本聿之假借,此又借爲手藝耳。藝業一聲之轉。(《恒言廣證》卷二 P23)

【手記】shǒujì 《詩箋》:"古后妃羣妾,以禮進御,女史書其月日,授之以環,以進退之。生子月辰,以金環退之。當御者以銀環進之,著于左手,旣御者著于右手。"謂之手記。亦曰指鐶。《晉書·西戎傳》:"大宛娶婦,先以同心指鐶爲聘。"(《通俗編》卷二十五 P564)

【手談】shǒután 《集異記》:"王積薪從明皇幸蜀,寓宿深溪人家,夜聞東西室姑婦手談。姑曰:'子已北矣,吾止勝九枰耳。'遲明,王具禮請問,姑卽出局布子,謂婦曰:'是子可教以常勢。'因署指示攻守之法,曰:'此已無敵人間矣。'"(《常語尋源》卷下 辛冊 P292)

【手頭】shǒutóu 魚元機詩:"欲將香匣收藏卻,且惜時吟在手頭。"(《通俗編》卷十六 P350)

魚元機詩。(《越諺賸語》卷上 P8)

【才前】cáiqián 陰物。(《墨娥小錄》卷十四 P8)

【打】dǎ 棓也。(慧琳《大般若波羅蜜多經三百三十七音義》。又《五百六十六音義》。又《大寶積經二音義》。又《十六音義》。又《大乘理趣六波羅蜜多經三音義》。)(《坤蒼》P24)

歐公《歸田錄》云:"今世俗言語之訛,而舉世君子小人皆同其謬,唯打字耳。其義本謂考擊,故人相毆,以物相擊,皆謂之打。而工造金銀器,亦謂之打,可矣,蓋有搥擊之義。至于造舟車者曰打船、打車,網魚曰打魚,汲水曰打水,役夫餉飯曰打飯,兵士給衣糧曰打衣糧,從者執傘曰打傘,以糊粘紙曰打糊,以尺丈量地曰打量,

舉手試眼之昏明曰打試。至于名儒碩學，語皆如此，觸事皆謂之打。"以上皆歐公語。予嘗考《釋文》云："丁者，當也。"打字從手從丁，以手當其事者也。觸事謂之打，于義亦無嫌矣。（《能改齋漫錄》卷五 P113）

打，作都冷切，今作丁把切，本取擊爲義也，而今預事曰打叠，探事探人曰打聽，先計較曰打量，卧曰打睡，買物曰打米，曰打肉，治食具曰打餅，張蓋曰打傘，屬文起草曰打稿。（《客座贅語》卷一 辨訛 P4）

砌牆曰壘，又曰打。（《燕山叢錄》卷二十二 長安里語 人事 P3）

《歸田錄》："打字義本謂考擊，故人相毆，以物相擊，皆謂之打。而工造金銀器，亦謂之打可矣。至于造舟車者曰打船打車，網魚曰打魚，汲水曰打水，役夫餉飯曰打飯，兵士給衣糧曰打衣糧，從者執傘曰打傘，以糊黏紙曰打黏，以丈尺量地曰打量，舉手試眼之昏明曰打試，名儒碩學，語皆如此。觸事皆謂之打。而徧檢字書，了無此字。其義主考擊之打，自音滴耿，不知因何轉爲丁雅也。"《蘆浦筆記》："世言打字尚多，不止歐公所云也。左藏有打套局；諸庫支酒，謂之打發；印文書謂之打印；結算謂之打算；裝飾謂之打扮；請酒謂之打酒；席地而睡謂之打鋪；收拾爲打叠，又曰打迸；畚築之間有打號；行路有打包、打轎；雜劇有打諢；僧道有打供。又有打睡、打嚏、打話、打點、打合、打聽，至于打麪、打餅、打百索、打儻、打簾、打薦、打席、打籬笆。街市戲語，有打砌、打調之類。"《能改齋漫錄》以《釋文》取偏旁證之，謂打字從手從丁，蓋以手當其事者也。此說得之矣。又《俗呼小錄》："俗凡牽連之辭，如指其人及某人，物及某物，亦曰打。丁晉公詩所謂'赤洪崖打白洪崖'，禪語所謂東壁打西壁，是也。"（《通俗編》卷三十三 P745）

《史記》："無且愛我，乃以藥囊提荆軻也。"則"提"有投擲之義。而如隋珠抵鵲之類，則提又作"抵"。今越人於"抵"乃作"丁"之去聲，亦音之轉爾。或曰：《說文》："打，擊也。從手，丁聲。都挺切。"則"丁"之去聲仍是"打"字，不必謂"抵"之轉。（《越言釋》卷下 P21）

滴耿切。每與本辭相反者用"打"助

語。"打叠"、"打聽"、"打算"、"打量"是也。音从歐陽修《歸田賦》，義从《項氏家說》）。（《越諺》卷下 發語語助 P20）

參見[殺]。（《越諺》卷下 單辭隻義 P11）

【打乖】dǎguāi 幾人相爭曰打乖。（《燕山叢錄》卷二十二 長安里語 人事 P4）

【打卦】dǎguà 參見[盃玟]。（《談徵》名部上 P43）

【打併】dǎbìng 朱子《答呂子約書》："請打併了此，却須有會心處。"楊萬里詩："打併人間名利心。"（《通俗編》卷十二 P262）

【打夜狐】dǎyèhú 《通雅》："唐敬宗自捕狐狸，謂之打夜狐。今民稱跳鬼曰打夜狐，訛爲野狐。"（《通俗編》卷二十八 P630）

【打勢】dǎshì 雞鵝鴨鳥摯尾皆名"打勢"，本於宮刑男子割勢之"勢"。（《越諺》卷中 禽獸 P43）

【打叠】dǎdié 參見[打]。（《客座贅語》卷一 辨訛 P4）

【打堶】dǎtuó 兒童打子之戲，拋瓦堶以賭勝負。堶，音駝，即宋時寒食拋堶之戲也。梅都官《禁煙詩》："窈窕踏歌相把袂，輕煙賭勝各分堶。"或云拋堶之戲起於堯之擊壤。（《俚言解》卷一 12P9）

【打弄】dǎnòng 取笑。（《墨娥小錄》卷十四 P7）

【打尖】dǎjiān 參見[頓]。（《土風錄》卷十 P285）

【打呼】dǎhū 吳中謂鼾聲曰打呼。（《吳下方言考》卷三 P2）

【打哄】dǎhòng 參見[打鬨]。（《通俗編》卷十三 P283）

【打嘴㞎】dǎzuǐbǎ 參見[打嘴撾]。（《札樸》卷九 鄉里舊聞 鄉言正字附 雜言 P329）

【打嘴撾】dǎzuǐguó 掌撾曰打嘴撾，又曰打嘴㞎。（《札樸》卷九 鄉里舊聞 鄉言正字附 雜言 P329）

【打団哇】dǎhuòhè 賀呵。衆慣而鬨。（《越諺膡語》卷上 P8）

【打圈】dǎquān 凡寫像，須通曉相法。蓋人之面貌部位，與夫五岳四瀆，各各不侔，自有相對照處，而四時氣色亦異。……然後以淡墨霸定，逐旋積起，先蘭臺庭尉，次鼻準。鼻準既成,以之爲主。……次人中,次口,次眼堂,次眼,次眉,次額,次頰,次髮際,次耳,次髮,次頭,次打圈。打圈者,面部也。(《南村輟耕錄》卷十一 P131)

【打圍】dǎwéi　骨牌之戲有曰打圍者,不知何昉。按:北人以田獵爲打圍。又以狹邪遊爲打茶圍。《南部新書·辛》:"駙馬韋保衛之爲相,以厚承恩澤,大張權勢,及敗,長安市兒忽競彩戲,謂之打圍。不旬余,韋禍及。今骨牌戲殆沿之。"(《釋諺》P112)

【打夥】dǎhuǒ　同去作事曰打夥。(《燕山叢錄》卷二十二　長安里語　人事P3)

【打棍】dǎgùn　李紳《拜三川守詩序》:"閭巷惡少年,免帽散衣,聚爲羣鬪,或差肩追繞擊大毬,里言謂之'打棍',士庶苦之。"按:此"棍"字所起。(《通俗編》卷十一 P239)

【打截】dǎjié　取材曰打截。(《札樸》卷九　鄉里舊聞　鄉言正字附　雜言P330)

【打瓶夥】dǎpínghuǒ　釀錢作食曰打瓶夥。三字見《四友齋叢説》。(《燕説》卷四P11)
　　見《四友齋叢説》。(《直語補證》P26)

【打春】dǎchūn　漢晉時無打春之事。隋、唐《禮儀志》始有"綵杖擊牛"之文。宋孟元老《東京夢華錄》云:"立春前一日,開封府進春牛,入禁中鞭春。縣置春牛於府前,至日絕早,府僚打春。府前百姓賣小春牛。"晁沖之詩:"不上譙樓看打春。"(《土風錄》卷一 P177)

【打没貫】dǎmòguàn　參見〔打没頭〕。(《蜀語》P26)

【打没頭】dǎmòtóu　沉水曰没。没,莫佩切,迷去聲,讀若寐,不作入聲。人躍入水底曰打没頭,猶吳人之謂打没貫也。吳作入聲。(《蜀語》P26)

【打油詩】dǎyóushī　《南部新書》:"有胡釘鉸、張打油二人,皆長詩。"《升菴外集》載張打油《雪》詩,即俚俗所傳"黃狗身上白,白狗身上腫"也。故今又謂之"打狗詩"。(《通俗編》卷七 P140)

【打滑達】dǎhuátà　行路欲顛仆曰打滑達。(《土風錄》卷十P286)

【打牢】dǎláo　放兵劫掠曰打牢。《後漢書》:"董卓放兵士突其廬舍,淫略婦女,剽虜財物,謂之摻牢。"皆去聲,牢,瀧也。

《蜀語》P41)
　　放兵劫掠曰打牢。《後漢書》:"董卓放兵士突其廬舍,溫署婦女,剽虜財物,謂之'摻牢'。"皆去聲。牢,瀧也。(《里語徵實》卷中上　二字徵實P29)

【打扮】dǎbàn　見《廣韻》"扮"字注。《中原雅音》:"俗以粧飾爲打扮也。"黃公紹詩:"十分打扮是杭州。"何應龍詩:"尋常打扮最相宜。"(《通俗編》卷二十二 P494)
　　《廣韻》引《中原雅音》。俗以妝飾爲"打扮"。(《越諺賸語》卷上P7)

【打抽豐】dǎchōufēng　《雪濤諧史》作"打抽豐",言於豐多處抽分之也。(《土風錄》卷十一 P301)
　　參見〔打秋豐〕。(《談徵》言部P21)

【打捉】dǎzhuō　伴儅。(《墨娥小錄》卷十四 P6)

【打揲】dǎdié　打揲字,趙參政槩《聞見錄》云:"須當打揲,先往排辦。"東坡《與潘彥明書》云:"雪堂如要偃息,且與打揲相伴。"皆使揲字。今俗只使疊字,何耶?(《能改齋漫錄》卷二 P40)
　　參見〔打疊〕。(《通俗編》卷十二 P262)
　　參見〔打疊〕。(《言鯖》卷下 P18)

【打撲】dǎpū　《晉中興書》:"石勒與李陽共相打撲。"(《札樸》卷四　覽古 P115)

【打擂臺】dǎlèitái　理繁治劇。(《越諺賸語》卷上 P9)

【打擲】dǎzhì　住石反。《説文》云:"投也。"正體打摘。(《一切經音義》卷五 18P210)

【打毷氉】dǎhésào　打毷氉,下第也。李肇《國史補》曰:"進士爲時所尚久矣。其都會謂之舉場。通稱曰秀才。投刺曰鄉貢。得第謂之前進士。互相推敬謂之先輩。俱捷爲同年,有司爲座主。京兆府考而升者爲等第。外府不試而貢者曰拔解。將試自保曰合保。羣居而試曰私試。造請權要曰關節。激揚聲價曰往還。既捷,列名慈恩寺,曰題名會。大宴於曲江亭,曰曲江會。籍而入選曰春關。不捷而醉飽曰打毷氉。匿名造謗曰無名子,退而肄業曰夏課。挾藏而入曰書策。"打毷氉見《地理志》,即打毷氉也。(《通雅》卷二十 P743)

【打灰堆】dǎhuīduī　范石湖《村田樂府》序:"除夜將曉,婢獲持杖擊糞壤,致詞以祈利

市,謂之打灰堆。"(《土風錄》卷四 P216)

【打急】dǎjí　趙汝鐩詩:"聞師遊岳去,打急訪高岑。"(《通俗編》卷十二 P258)

【打眊燥】dǎmàozào　參見[打氉氌]。(《通雅》卷二十 P743)

【打睃】dǎsōu　看。(《墨娥小錄》卷十四 P6)

【打睡】dǎshuì　參見[打]。(《客座贅語》卷一 辨訛 P4)

【打眇】dǎchào　糙。初耕也。(《越諺賸語》卷上 P4)

【打疊】dǎdié　俗"打疊"二字當作打揲。趙槩《聞見錄》云:"須當打揲,先往排辦。"東坡《與潘彥明書》云:"雪堂如要偃息,先與打揲相伴。"俱用"揲"字。(《言鯖》卷下 P18)

　　韓偓詩:"打疊紅箋書恨字。"羅大經《鶴林玉露》:"吾輩學道,須是打疊,教心下快活。"王銍《聞見近錄》:"道士謂張文懿打疊了未。"疊,一作揲。趙槩《聞見錄》:"須當打揲,先往排辦。"蘇子瞻《與潘彥明書》:"雪堂如要偃息,且與打揲相伴。"(《通俗編》卷十二 P262)

　　《見聞近錄》:"張文懿年八十六,道士忽至,顧曰:'打疊未?'"(《恒言廣證》卷二 P38)

【打秋豐】dǎqiūfēng　米元章帖作打秋豐,《雪濤諧史》作打抽豐。言于豐多處抽分之也。(《談徵》言部 P21)

　　案:米元章帖"打秋豐",《雪濤諧史》作"打抽豐",言於豐多處抽分之也。(《土風錄》卷十一 P301)

【打秋風】dǎqiūfēng　俗以干人云打秋風。……米芾札有此(秋風)二字,風乃豐熟之豐。……二字有理,而來歷亦遠。(《七修類稿》卷二十三 P346)

　　《七修類稿》:"俗以干人云'打秋風',累思不得其義。偶於友人處見米芾札有此二字,乃豐熟之豐,然後知二字有理,而來歷亦遠。"常生案:《野獲編·都城俗事》:"對偶以'打秋風'對'撞太歲'。蓋俗以自遠干求曰'打秋風',以依託官府賺人錢物曰'撞太歲'也。"(《恒言錄》卷六 P127)

　　以物求于人曰'打秋風'。案:米元章帖"打秋豐",《雪濤諧史》作"打抽豐",言於豐多處抽分之也。時有慣打抽豐者,謁宜

興令,誂之云:"公善政,不獨百姓感恩,境內羣虎亦皆遠徙。……令大笑而贈之。"(《土風錄》卷十一 P301)

　　參見[抽豐]。(《通俗編》卷二十三 P519)

【打桐】dǎliè　蒔田當中直行曰打桐。桐音列,《正字通》謂:"禾行列齊也。故從'列'。與木行生者作'桐'義同。"俗於分秧時無所依傍,獨當中一蔚取直,蒔去不見灣曲,以見手段,名曰"打桐"。(《里語徵實》卷中下 二字微實 P22)

【打耗】dǎhào　參見[年鼓]。(《通俗編》卷三十一 P698)

【打虎兒】dǎhǔ'ér　俚俗謂作謎曰打虎兒。(《通俗編》卷二十八 P619)

【打算】dǎsuàn　《錢塘遺事》:"賈似道忌害一時任事闔臣,行打算法以汙之。向士璧守潭,費用委浙西闔打算;趙葵守淮,則委建康闔打算。江淮廣帥,皆受監錢之苦。"《元史·循吏傳》:"耿宣擅增制語,有'并打算大小一切衙門等事'十一字。"(《通俗編》卷十二 P262)

【打茶圍】dǎcháwéi　按:北人以田獵爲打圍。又,以狹邪遊爲打茶圍。(《釋諺》P112)

【打緊】dǎjǐn　《元典章》:"海道官糧,運將大都裏來,是最打緊勾當。"(《通俗編》卷十二 P258)

【打綱】dǎwǎng　每初僉及年終,置酒邀會,每家銀三五分,則曰打綱、曰秋風。(《宛署雜記》卷五 P43)

【打野狐】dǎyěhú　參見[打夜狐]。(《通俗編》卷二十八 P630)

【打量】dǎ·liang　參見[打]。(《客座贅語》卷一 辨訛 P4)

【打跳】dǎtiào　諸葛亮《心書》:"弄刀者傷手,打跳者傷足。"(《通俗編》卷八 P171)

【打話】dǎhuà　《三朝北盟編》:"金人至城下,呼請官員打話。"(《恒言錄》卷二 P28)

【打諢】dǎhùn　俗謂事不勇決曰打諢。按:《元結集》:"諸臣顆官。""顆"當作"諢",謂撮科打諢也。《詩話》:"山谷云:'作詩如雜劇,臨了須打諢方是出場。'"諢,魂上聲。(《雅俗稽言》卷十四 P21)

　　《遼史·伶官傳》:"打諢的不是黃幡

綽。《道山清話》：“劉貢父言：‘每見介甫《字說》，便待打諢。’”《古今詩話》：“山谷云：‘作詩如雜劇，臨了須打諢，方是出場。’”《石林詩話》：“東坡繫讞割愁之語，大是險諢，何可屢打。”按：《唐書·元結傳》：“諧官顓臣，怡愉天顏。”《李栖筠傳》：“賜百官宴曲江，教坊倡顓雜侍。”《吕氏童蒙訓》云：“顓即諢字。”李肇《國史補》云：“顓語自賀蘭廣、鄭涉。”（《通俗編》卷十七 P373）

　　　《道山清話》：“劉貢父言：每見介甫《字說》，便待打諢。”（《恒言廣證》卷二 P23）

【打悶心】dǎmènxīn　參見［問訊］。（《雅俗稽言》卷二十 P9）

【打關節】dǎguānjié　參見［關節］。（《談徵》言部 P36）

【打頓】dǎdùn　今北人以假寐爲打頓。（《邇言》卷一 P24）

【打頭逆風】dǎtóunìfēng　參見［石尤風］。（《唐音癸籤》卷十六 P143）

【打頰】dǎshǎn　電光曰打頰。（《札樸》卷九 鄉里舊聞 鄉言正字附 名稱 P328）

【打面摋】dǎmiànjiān　（舉）石版曰“打面摋”。（《越諺》卷下 單辭隻義 P13）
　　　即左祖意。（《越諺賸語》卷上 P8）

【打鬨】dǎhòng　《朱子語錄》：“居肆亦有不成事，如閒坐打鬨過日底。”按：元人《陳摶高臥》曲云“乾打哄”，亦用“哄”字。（《通俗編》卷十三 P283）

【打餅】dǎbǐng　參見［打］。（《客座贅語》卷一 辨訛 P4）

【打靛】dǎdiàn　治藍曰打靛。（《札樸》卷九 鄉里舊聞 鄉言正字附 雜言 P329）

【打斂】dǎlián　轢禾曰打斂。（《札樸》卷九 鄉里舊聞 鄉言正字附 禾稼 P327）

【扒】bā　破聲曰扒。（《札樸》卷九 鄉里舊聞 鄉言正字附 雜言 P331）

【扛】gāng　一人而衆人者叢而奉焉若螳，曰宗，或曰扛。（《客座贅語》卷一 詮俗 P9）
　　　《一切經音義》引《文字集略》：“相對舉物曰摑也。”是扛字所出，而後人沿誤耳。（《恒言廣證》卷二 P27）

【扛子】gāngzǐ　參見［屎鍬］。（《燕山叢錄》卷二十二 長安里語 身體 P6）

【扛酒】kángjù　合出錢飲酒曰扛酒。（《土風錄》卷六 P240）

【扤】yuè　屹。騷動也。如茶米鬆起，扤而實之。《龍龕》。（《越諺》卷下 單辭隻義 P13）

【扣擊】kòujī　《説文》作攲，同。苦厚反。扣亦擊也。（《一切經音義》卷七十一 1 P2806）

【扣老】kòulǎo　拳。（《墨娥小錄》卷十四 P8）

【抍】jīn　《周禮》“巾車”，劉昌宗讀去聲，居燄切，俗作抍。《廣韻》：“抍，覆巾名。”《集韻》：“抍，巾覆物也。”（《札樸》卷七 匡謬 P230）

【托子】tuō·zi　參見［臺琖］。（《雅俗稽言》卷九 P9）

【托裏】tuōlǐ　韓偓詩：“白羅繡屧紅托裏。”（《通俗編》卷二十五 P559）

【挖搭】gē·da　樹節曰挖搭。（《宛署雜記》卷十七 P194）
　　　參見［疙瘩］。（《通俗編》卷十六 P359）

【扚倈】diǎolái　風子。（《墨娥小錄》卷十四 P6）

【扱】chā　斂衣裳曰扱。扱音札。（《蜀語》P14）
　　　拆。以手舁物他徙曰扱。“八攞八扱。”從《通俗編》。（《越諺》卷下 單辭隻義 P14）

【抠】❶chā　韓昌黎《聯句》：“饞抠飽活臠，惡嚼哺腥鯖。”案：抠，以箸抠食也。哺，嚼物聲。吳諺謂下箸不順理曰抠。（《吳下方言考》卷四 P3）
　　　❷chāi　以拳加物。曰皆反。（《肯綮錄》P1）

【扶】fú　劉熙《釋名》：“拜于丈夫爲跌，跌然屈折，下就地也。于婦人爲扶，自抽扶而上下也。”按：今婦人抑伸其躬，或以手拂髻，以代男子之揖，俗言但作夫音，不知其字。或云即萬福之福，音轉訛也。觀《釋名》“抽扶上下”四字，狀婦人作禮之態殊儼然。而《集韻》“扶”字自有夫音，解云：“側手曰扶。”與拂髻事亦稍合，則扶之爲名，早見自漢，而字非福之轉也。（《通俗編》卷九 P183）

【扶同】fútóng　《魏書·廣平王匡傳》：“唯黄

門侍郎臣孫惠蔚與崇扶同。"《隋書•經籍志》:"多與《春秋左氏》扶同。"杜牧《上李德裕書》:"與扶同者,只鄆州隨來中軍二千耳。"胡三省《通鑑》注:"扶同猶今俗言扶合也。"(《恒言錄》卷一 P12)

北史•魏廣平王洛侯傳》:"正始中,故太樂令公孫崇輒自立意,唯黃門侍郎臣孫惠蔚與崇扶同。"陳襄《州縣提綱》:"往往必欲扶同牽合,變亂曲直。"(《恒言廣證》卷一 P11)

【扶合】fúhé　參見[扶同]。(《恒言錄》卷一 P12)

【扶欒】fúluán　《輟耕錄》:"懸箕扶欒召仙,往往皆古名人高士來格,所作詩文,間有絕佳者。"(《恒言錄》卷六 P118)

【扶蓉】fúróng　又作芙,同。附俱反。下庚鍾反。《說文》:"扶渠,花未發者,菡萏,花已發開者爲扶蓉。"其實曰花苔。(《一切經音義》卷九 15P349)

【技和】jìhé　參見[雜旺]。(《稱謂錄》卷三十 雜戲 P17)

【技癢】jìyǎng　《風俗通》:"高漸離變姓名,傭保于人,聞堂上擊筑,技癢不能無出言。"潘岳《射雉賦》:"徒心煩而伎懩。"注云:"有藝欲達曰伎懩。懩與癢通。"《懶真子》:"技癢者,謂人懷其技藝,不能自忍,如身之癢也。"梁簡文《答湘東王書》:"有慚技癢,更同故態。"杜甫《哀鄭虔》詩:"貫穿無遺恨,薈蕞何技癢。"陸龜蒙《新秋言懷》詩:"才疏惟自補,技癢欲誰抓。"(《通俗編》卷二十一 P463)

【抔】póu　音泡。《前漢•張釋之傳》:"愚民取長陵一抔土。"案:抔,兩手所捧也,吳中謂兩手所捧土爲一抔,又謂銀一捧亦曰一抔。(《吳下方言考》卷九 P12)

【抧脹】pàngzhàng　上璞江反。《埤蒼》:"胖亦脹也。"下張亮反。杜注《左傳》云:"脹,腹滿也。"《古今正字》:"並從肉、手,長聲。或從广作庠,痕也。"(《一切經音義》卷六十九 1P2728)

【拒逆】jùnì　上渠圜反。《韻英》云:"拒,格也。"《廣雅》:"拒,捍也。"《說文》云:"抗也。"《韻詮》云:"拒,違也。"(《一切經音義》卷七 8P265)

上渠圜反。《韻英》云:"拒,格也。"《廣雅》:"拒,捍(音旱)也。"《說文》云:"拒,抗

也。"(《一切經音義》卷六 12P236)

【找】zhǎo　俚俗謂補不足曰找。據《集韻》,找卽划之變體,而俗讀如爪,蓋以划音胡瓜,惧認爪爲爪焉耳。俗字之可笑,類如此。(《通俗編》卷三十六 P799)

添補曰找。找音爪。見《字典》及《俗書刊誤》。(《里語徵實》卷上 一字徵實 P29)

【批】pī　薄切曰批,批削之義。《清異錄》:"夜有急,苦作燈之緩。有知之者,批杉條,染硫黃,置之待用,呼引光奴。"(今京師名取燈兒。)(《語實》P148)

【扯噪】chězào　没正經曰扯噪。(《燕山叢錄》卷二十二 長安里語 人事 P4)

【扯淡】chědàn　做事不成曰扯淡(談作但)。(《燕山叢錄》卷二十二 長安里語 人事 P4)

胡說曰扯淡,又轉曰牽冷,皆宋時勾欄市語。(《雅俗稽言》卷十四 P22)

參見[淄牙]。(《通俗編》卷十七 P373)

【扯拽】chězhuài　參見[捔拽]。(《客座贅語》卷一 方言 P11)

【扯砲】chěpào　説謊。(《墨城小錄》卷十四 P6)

【抄】chāo　音超。韓昌黎詩:"匙抄爛飯穩送之。"案:抄,匙舉物也。吳中以匕匙類取物曰抄。(《吳下方言考》卷五 P10)

【抄估】chāogū　然(蒙古、色目人之)奴或致富,主利其財,則俟少有過犯,杖而錮之,席卷而去,名曰抄估。(《南村輟耕錄》卷十七 P208)

【抄暴】chāobào　參見[鈔暴]。(《通俗編》卷八 P171)

【抄掠】chāolüè　遮取謂之抄掠。(《通俗文》釋言語上 P4)

【抐】nè　按物投水曰抐。(《札樸》卷九 鄉里舊聞 鄉言正字附 雜言 P331)

【扡動】hāodòng　上音呼高反,俗字也,正作撓。《切韻》:"攪也,亦動也。"撓音奴巧反,今此不取。(《一切經音義》卷續二 13P3804)

【扷】ào　奧。粉糖之燥者,用匙"扷"入嘴。《集韻》。(《越諺》卷下 單辭隻義 P14)

【扷飯】àofàn　《集韻》:"烏到切。扷音奧,

量也。”（《里語徵實》卷中下　二字徵實
P21）

【折】❶shé　《荀子·修身篇》：“良賈不爲折
閱不市。”注云：“折，損也，謂損所閱賣之物
價也。”《淮南子·齊俗訓》：“農無廢功，工無
苦事，商無折貨。”《漢書·食貨志》：“攷檢厥
實，用其本賈取之，毋令折錢。”按：今商賈
以虧其本價爲折。（《通俗編》卷二十三
P525）

　　❷zhé　折，言斷也，又，拗折屈曲也，
又，毀棄也，今作抵當之義，官司徵糧支俸
曰折色，民間債負以准折，以金貝代儀曰折
儀，曰折席。（《客座贅語》卷一　辨訛 P5）
　　鍊鐵曰折。（《札樸》卷九　鄉里舊聞
鄉言正字附　雜言 P330）
　　以錢送禮曰折。《南齊·東昏侯紀》：
“京邑酒租，皆折使輸金。”此折字所出。
（《燕說》卷二 P13）

【折上巾】zhéshàngjīn　參見［幞頭］。（《通
俗編》卷二十五 P559）

【折伏】zhéfú　上章熱反……《廣雅》：“折，
曲也。”……下馮福反。《考聲》云：“屈，伏
也，從也。”（《一切經音義》卷三 7P118）

【折儀】zhéyí　參見［折］。（《客座贅語》卷
一　辨訛 P5）

【折席】zhéxí　參見［折］。（《客座贅語》卷
一　辨訛 P5）

【折桂】zhéguì　《避暑錄》云：“世以登科爲
折桂，此謂郤詵對策東堂，自云桂林一枝
也。自唐以來用之。”溫庭筠詩云：“猶喜故
人新折桂，自憐覊客尚飄蓬。”其後以月中
有桂，故又謂之月桂。而月中又言有蟾，故
又改桂爲蟾，以登科爲登蟾宮。用郤詵事
固已可笑，而展轉相訛復爾。文士亦或沿
襲因之，弗悟也。（《唐音癸籤》卷二十四
P216）

【折挫】zhécuò　以長摩幼曰折挫。（《札
樸》卷九　鄉里舊聞　鄉言正字附　雜言
P331）

【折搶】zhéqiāng　參見［搶風］。（《吳下方
言考》卷八 P5）

【折簡】zhéjiǎn　《晉書·宣帝紀》：“王淩面
縛迎帝曰：‘淩若有罪，公當折簡召淩，何苦
自來耶？’帝曰：‘以君非折簡之客故耳。’”
《丹鉛錄》：“折簡者，折軍之簡，言禮輕也。”

《南史》：“謝眺覽孔闓表，自折簡寫之。”此
“折簡”乃謂擘箋。（《通俗編》卷七 P147）

【折色】zhésè　參見［折］。（《客座贅語》卷
一　辨訛 P5）

【抓】zhuā　搯也。（慧琳《善敬經音義》。
又《僧護經音義》引作“爪插”也。按：“搯，
抓也。抓，搯也。”爲二字轉注互訓，其作
“爪”或作“爪插”者，皆誤字也。）（《埤蒼》
P24）
　　參見［搯］。（《埤蒼》P24）

【扳倒】bāndǎo　扳音班。《公羊傳·隱元
年》：“諸大夫扳隱而立之。”案：扳，不肯就
而强援之也。吳諺謂植物則曰扳倒，臥物
則曰扳起。（《吳下方言考》卷五 P5）

【扳價】bānjià　（扳價，傲價）皆求善價，不
肯卽賣。又曰“扳籃”、“扳秤”。（《越諺》
卷中　貨物 P34）

【扳秤】bānchèng　參見［扳價］。（《越諺》
卷中　貨物 P34）

【扳籃】bānlán　參見［扳價］。（《越諺》卷
中　貨物 P34）

【扳起】bānqǐ　參見［扳倒］。（《吳下方言
考》卷五 P5）

【扴】jiá　夾。糊累缽埏，用手“扴”落。《集
韻》。（《越諺》卷下　單辭隻義 P14）

【扮犯人】bànfànrén　《夢粱錄》“答賽帶枷
鎖”是也。越賽張大明王，最久而盛。（《越
諺》卷中　風俗 P63）

【捝】yuě　手折曰捝（上聲）。（《札樸》卷九
鄉里舊聞　鄉言正字附　雜言 P331）

【抛】pāo　杖㨖曰抛。（《通俗文》釋言語上
P5）
　　擊也。（玄應《六度集八音義》。慧琳
《雜譬喻經一音義》。又《經律異相十四音
義》引作“亦擲也”。）（《埤蒼》P25）

【抛身】pāoshēn　拍包反。投身入水池也。
（《一切經音義》卷一百 5P3712）

【投刺】tóucì　古無紙，刺姓名于竹木之上，
故云。後漢禰衡，字正平，初遊許下，懷一
刺無可投者，至于刺字漫滅。孔融一見愛
其才，遂爲忘年之交。今名帖之制實始于
漢。（《談徵》言部 P31）
　　參見［拜帖］。（《談徵》事部 P16）

【投子】tóuzǐ　《列子·說符篇注》：“凡戲爭
能取中者，皆曰投。”按：投取、投擲，其義

甚顯，古人皆用投字，唐人始別作骰。（《通俗編》卷三十一 P702）

【投磚】tóuzhuān　盧綸詩：“投磚敢望酬。”（《恒言廣證》卷六 P100）

【投竄】tóucuàn　倉亂反。《廣雅》：“竄，藏也。”賈注《國語》云：“竄，隱也。”《文字典說》：“隱蔽也。從穴從鼠，會意字也。”（《一切經音義》卷十八 10P686）

徒侯反。（鄭）玄箋《詩》云：“投，摘也。”《考聲》：“投，赴也。”……下倉亂反。顧野王：“竄，逃也。”賈注《國語》：“竄，隱也。”杜注《左傳》：“匿也。”《古今正字》：“竄，藏也。”（《一切經音義》卷十一 12P424）

【投老】tóulǎo　《古今詩話》：“王安石有句云：‘投老欲依僧。’客應聲曰：‘急則抱佛腳。’”（《恒言廣證》卷六 P104）

【投翩】tóupiān　參見［注］。（《通俗編》卷二十三 P523）

【投酒】dòujiǔ　《抱朴子》：“一酘之酒，不可以方九醞之醇。”字通作“投”。梁元帝詩：“宣城投酒今行熟。”（《札樸》卷九 鄉里舊聞 P310）

【扻拭】wěnshì　武粉反，下舒翼反。《廣疋》：“扻，拭也，振也。”《介疋》：“拭，清也。”言扻拭所以爲清潔也。（《一切經音義》卷七十一 12P2827）

【扻摸】wěnmō　無粉反。《字林》：“扻，拭也，摸，捼也。”（《一切經音義》卷七十三 16P2901）

【扻摩】wěnmó　舞粉反。《廣雅》：“扻，拭也。”《楚辭》曰：“孤子吟而扻淚”是也。（《一切經音義》卷四 17P172）

武粉反。《廣雅》：“扻，拭也。”《說文》：“從手，文聲也。”（《一切經音義》卷一 14P62）

【扻飾】wěnshì　上聞粉反。《廣雅》云：“扻，猶拭也。”《古今正字》：“從手文聲。”（《一切經音義》卷八十 9P3142）

【抗】kàng　今猶呼藏物爲抗。《隋韻》有伉，《集韻》有囥，俱訓藏，音亢。（《通俗編》卷三十六 P810）

《周禮·夏官·服不氏》“抗皮”注：“主舉藏之。”舉與藏兩義也。今人言藏物曰抗了，讀仄；言舉物曰抗了，去作平聲讀，卽

此。（《淮南子·説山訓》：“百人抗浮，不若一人挈而趨。”高誘注：“抗，舉也。浮，瓠也。百人共舉不如一人持之走便也。”此舉物曰抗之證。）（《直語補證》P26）

越人以藏物爲“抗”，於經無可證。惟《周禮·服不氏》之“抗皮”，注謂“舉藏之”，此“抗”有藏義，然謂“舉藏之”，是終以“抗”爲舉也。予謂記言“周公抗世子之法於伯禽”，此“抗”亦當爲藏義。……天下有廢而後有舉，此時非世子之法廢而舉之於伯禽也。則以“抗”爲舉非真義也。（《越言釋》卷下 P7）

參見［囥］。（《越諺》卷下 單辭隻義 P8）

【抖抖病】dǒudǒubìng　斗。卽瘧。（《越諺》卷中 疾病 P21）

【抖揀】dǒusǒng　上兜口反，下蘇鹿反。經云：“抖揀猶抖擻也。”（《一切經音義》卷七十五 19P2984）

【抖擻】dǒusǒu　振物去塵垢曰抖擻。或作抖藪。按：《公羊疏》：“無垢加功曰漱，若里語曰斗漱。”斗漱卽抖擻意。（《燕説》卷一 P8）

參見［杜多］。（《目前集》前卷 P2131）

參見［斗漱］。（《通俗編》卷十二 P263）

參見［頭陀］。（《越諺》卷中 賤稱 P14）

【抖藪】dǒusǒu　參見［抖擻］。（《燕説》卷一 P8）

【扰】❶dǎn　膽。拂塵也。“雞毛扰帚。”從呂忱《字林》。（《越諺》卷下 單辭隻義 P13）

❷shěn　繫物樁曰扰。音沈。（《肯綮錄》P2）

【扭】niǔ　扭，竹有切，按也。又音紐，手縛。（《目前集》後卷 P2152）

【把勢】bǎshì　參見［瞎打把勢］。（《直語補證》P7）

【把字】bǎzì　《金石萃編》（卷四十一）：“韓昶自爲墓誌文云：‘至五六歲未解把筆書字。’”把筆，猶言握筆。今小兒初就塾，蒙師把筆，二字昉此。按：今越人呼把字。（《釋諺》P117）

【把棍】bǎgùn　參見［拏訛頭］。（《直語補

證》P17）

　　參見［挐訛頭］。（《土風錄》卷十一 P302）

【把滑】bǎhuá　把穩曰把滑。按：《水東日記》已有“前人失腳，後人把滑”語，知此語由來已久。（《燕説》卷一 P13）

　　明太祖初營天壽山，命皇太子偕漢、趙二王暨皇太孫往視之。過沙河，凍，王請卻步輦就行。仁廟素苦足疾，中官衣翼之，猶是失足。漢顧趙曰：“前人失足，後人把滑。”宣廟卽應聲曰：“更有後人把滑哩！”漢回顧，怒目者久之。（《水東日記》）（《里語徵實》卷中上　二字徵實 P40）

【把甌】bǎjué　上白麻反，下居碧反，又誑縛反。《蒼頡篇》：“甌，搏也。”《説文》：“爪持也。”或作攫，同。（《一切經音義》卷七十四 7P2924）

【把穩】bǎwěn　子細謂之把穩。子，俗作仔，非。《北史·源思禮傳》及杜詩皆作子細。把穩卽《晉載記·姚萇》之云將牢。《五代史·莊宗紀》之持牢也。（《蜀語》P17）

　　參見［將牢］。（《通雅》卷四十九 P1458）

【把總】bǎzǒng　呼武官曰把總。（《燕山叢錄》卷二十二　長安里語　官職 P10）

　　稱土木庖丁各匠曰把總。（《燕山叢錄》卷二十二　長安里語　人物 P8）

【拜堂】bàitáng　兩新人宅堂參拜謂之“拜堂”。唐人有此言也。王建《失釵怨》：“雙杯行酒六親喜，我家新婦宜拜堂。”（《通俗編》卷九 P190）

　　引王建詩者非。蓋謂拜其堂上姑章也。唯《封氏聞見記》“花燭”一條云：“近代婚嫁有障車、下壻、卻扇及觀花燭之事，及有卜地安帳并拜堂之禮，上自皇室，下至士庶皆然。上詔顏真卿等奏定禮儀，障車等四頃，並請依古禮。見舅姑于堂上，薦棗栗腶脩，無拜堂之儀”云云，則似爲今拜堂説也。（《直語補證》P36）

【拜帖】bàitiě　《正字通》：“刺名也。”晉人謂之門牋，唐人謂之投刺，今人謂之拜帖。（《談微》事部 P16）

【拜家慶】bàijiāqìng　唐人與親別而復歸，謂之拜家慶。盧象詩云：“上堂家慶畢，顧與親恩邁。”孟浩然詩云：“明朝拜家慶，須著老萊衣。”（《韻語陽秋》）（《唐音癸籤》卷十八 P163）

【拜拜】bàibài　婦人萬福曰拜拜。（《燕山叢錄》卷二十二　長安里語　人事 P4）

【拜揖】bàiyī　《漢書·汲黯傳》：“見田蚡未嘗拜，揖之。”按：此當謂其不拜，僅揖也。今有以拜揖爲一者，乃俚俗之訛。而宋方回已以入詩云：“幼兒初拜揖，癡女僅梳妝。”（《通俗編》卷九 P181）

【拜願】bàiyuàn　《宣府志》：“市人于五月十三日爲父母妻子或己身疾病，具香紙牲醴于城隍廟拜禱，自其家門，且行且拜，至廟乃止，謂之拜願。”今各處皆沿其風。（《通俗編》卷十九 P435）

【拜見錢】bàijiànqián　（元、明）取錢之言，初見官府曰拜見錢。（《七修類稿》卷二十一 P319）

　　《草木子》：“元末，官吏貪污，其問人討錢，各有名目。所屬始參，曰拜見錢；逢節，曰追節錢；生辰，曰生日錢；管事，曰常例錢；送迎，曰人情錢；論訴，曰公事錢；覓得錢多，曰得手；除得州美，曰好地分。漫不知忠君愛國爲何事也。”（《通俗編》卷二十三 P514）

【挐堂】nátáng　參見［張志］。（《宛署雜記》卷十七 P194）

【挐搪】nátáng　參見［張志］。（《燕山叢錄》卷二十二　長安里語　人事 P2）

【挐片】nápiàn　弄錢。（《墨娥小錄》卷十四 P8）

【挐訛頭】ná'étóu　乘人有事嚇詐曰挐訛頭。（按：《日知錄》：“泰昌元年，御史張潑上言‘京師奸宄集叢游手成羣，有謂之把棍者，有謂之挐訛頭者。’”是其言起於明季。）（《土風錄》卷十一 P302）

　　《日知錄》載：“泰昌元年八月，御史張潑言：‘京師姦宄殼集游羣，有謂之把棍者，有謂之挐訛頭者。’”（《直語補證》P17）

【抹布】mābù　參見［快兒］。（《通俗編》卷二十六 P592）

【抹摋】mòshā　參見［末殺］。（《通俗編》卷十二 P264）

【抹鑄】mǒyí　説合。（《墨娥小錄》卷十四 P6）

【抹額】mò'é　《西雲札記》（卷一）：“今俗婦女首飾有抹額，此二字亦見《唐書·婁師德傳》，又《南蠻傳》，又韓愈《送鄭尚書序》。"
《續漢書・輿服志》注："胡廣曰：'北方寒涼，
以貂皮煖額附施於冠，因遂變成首飾。'"此
即抹額之濫觴。按：以貂皮煖額，即昭君套
抹額，又即包帽，又即齊眉，伶人則曰額子。
（《釋諺》P130）

【㧌搯】gūtāo　用財之吝曰㧌搯，曰寡辣，
曰尷尬。（《客座贅語》卷一　方言 P11）

【扗挽】yèwǎn　上移祭反，或作拽，以力挽
掣之也。從手世聲。（《一切經音義》卷七
十九 8P3113）

【拓】tuò　手承物曰拓。（《蜀語》P8）
　　手承曰拓。《韻彙》："拓音託，手承物
也。"李山甫《陰地關崇徽公主手迹》詩："一
拓纖痕更不休，翠微蒼蘚幾經秋。"按：大曆
四年，回紇請婚，崇徽公主降可汗，道汾州，
以手掌拓石，遂有手痕。又馬祖常詩："青
山高拓青雲裏。"（《里語微實》卷上　一字微
實 P13）
　　音託。拓，兩手張而依物也，吳中以手
量布帛之長短曰拓。（《吳下方言考》卷十
P6）

【拀設】pūshè　普通反。《字書》："敷也。"
顧野王云："敷，舒也，或作鋪。"（《一切經音
義》卷九十九　5P3679）

【拔】bá　早。（《墨城小錄》卷十四 P4）

【拔河戲】báhéxì　中宗清明節幸梨園，命
侍臣爲拔河戲，韋承慶等應制獻詩。其法
以大麻絚兩頭繫十餘小索，每索數人執之
以挽，力弱爲輸。玄宗亦行之，有詩謂俗傳
此戲必致年豐云。（遞叟）（《唐音癸籤》卷
十七 P153）

【拔濟】bájì　彭黠反。《考聲》云："抽也。"
《韻英》："救也，出也。"《廣雅》："輔也。"《韻
詮》："盡也。"（《一切經音義》卷五 17P210）
　　上辨八反。《考聲》云："拔，抽也，救
也。"《桂菀珠藂》云："引出也。"《説文》云：
"拔，擢也。"……下精曳反。孔注《尚書》
云："濟，渡也。"杜注《左傳》云："濟，益也。"
賈注《國語》云："濟，成也。"（《一切經音義》
卷七 7P263）

【拔扈】báhù　參見［跋扈］。（《能改齋漫
錄》卷七 P180）

【拔短梯】báduǎntī　事後負約謂之拔短
梯，本《世説》："殷浩廢後，恨簡文曰：'上人
著百尺樓上，擔將梯去。'"（《土風錄》卷十

一 P302）

【拔突】bátū　參見［拔都］。（《南村輟耕
錄》卷二 P23）

【拔都】bádū　真定新軍張萬户興祖，中山
無極人。……平生射虎數十。……由是人
目之曰殺虎張。後以國言賜名拔突。拔
突，即拔都。都與突，字雖異而聲相近，蓋
譯語無正音故也。（《南村輟耕錄》卷二
P23）

【拔解】bájiè　《國史補》云："外府不試而
解，謂之拔解。"（《唐音癸籤》卷十八 P161）
　　參見［打鬅毱］。（《通雅》卷二十
P743）

【拔釘錢】bádīngqián　《五代史・趙在禮
傳》："在禮在宋州，人尤苦之，已而罷去，宋
人喜而相謂曰：'眼中拔釘，豈不樂哉？'既
而復受詔居職，乃籍管內口率錢一千，自號
'拔釘錢'。"（《通言》卷五 P64）

【抨】pēng　奕棋謂之抨棋。抨，普耕切，彈
也。（《肯綮錄》P8）

【拈搯】niānqiā　上念兼反。《釋名》云：
"拈，兩指鉗之也。"《廣雅》："拈，持也。"下
口洽反。《考聲》："搯，爪搯也。"《埤蒼》義
同。《古今正字》："並從手，占臽皆聲。"
（《一切經音義》卷二十四 19P946）

【拈鬮】niānjiū　《至正直記》："江浙省注
選，恐吏作弊，例以兵卒用竹箸拈瓶中紙
毬，紙毬中書合注人姓名，謂之拈鬮。一吏
檢文卷對鬮讀之，惟恐人名誤至是鬮云某
處某鬮。兵卒探取人名對此鬮，吏然後書
之。"今吏部選人挈籤即此意。常case案：《北
史・王勇傳》："州頗有優劣，周文令探籌取
之。"探籌即今挈籤。（《恒言錄》卷六
P112）

【扴】jié　執。宴會之物不食而包歸。又
"扴蠟燭頭"。《搜真玉鏡》（《越諺》卷下　單
辭隻義 P12）

【挰】zhā　以手取物曰挰。《説文》注："讀若
樝棃之樝。"徐鍇《繫傳》引任昉彈文曰："舉
手挰范臂。"而《墨子・天志下》篇亦有"挰格
人子女"語。（《直語補證》P25）

【押】yā　《樂府・地驅歌》："押殺野羊。"案：
押，壓物於肩背而重也。吳中謂壓肩曰押。
（《吳下方言考》卷十一 P4）

【押衙】yāyá　參見［牙］。（《俚言解》卷二

10P34）

【押字】yāzì　參見［畫字］。（《雅俗稽言》卷十八 P16）

　　　　參見［花書］。（《恒言錄》卷六 P112）

　　　　參見［花押印］。（《恒言廣證》卷六 P88）

【抽仗】chōuzhàng　被。（《墨娥小錄》卷十四 P5）

【抽分】chōufēn　《宋史·食貨志》：“或有貨物，則抽分給賞。”（《恒言錄》卷四 P90）

　　　　參見［秋風］。（《恒言廣證》卷六 P98）

【抽廂】chōuxiāng　抽廂曰屜。（《蜀語》P9）

【抽替】chōutì　孔平仲《雜説》：“俗呼抽替。《南史》：‘殷淑儀有寵而斃，帝思見之，遂用抽替棺，欲見輒引替覩屍。’”案：今《南史》作“通替”，與平仲所見本異，要其義不異也。常生案：《癸辛雜志》：“李仁甫爲《長編》，作木廚十二枚，每廚作抽替二十枚，每替以甲子志之。”（《恒言錄》卷五 P103）

　　　　俗呼器皿之抽頭爲抽替。案：《南史》：“殷妃死，孝武思見之，遂爲抽替棺，欲見則引替觀屍。”（《通言》卷一 P22）

　　　　廚桌有版如匣，可以出入者曰抽替。按：周密《癸辛雜識》云：“李仁甫撰《通鑑長編》，作木廚十版，每廚作抽替匣二十枚，每替以甲子誌之。”云云。蓋取抽出而所替代之意。又《南史·孝武帝紀》：“殷淑儀死，帝思之，爲抽替棺，欲見輒引替。”此又仁甫抽替匣之所本。（《土風錄》卷三 P204）

　　　　桌有小箱曰抽替。《蜀語》：“抽箱曰屜。”黃山谷《與人帖》云：“唐臨夫作一臨書桌子，中有抽替，面兩行許地。抽替中置燈，臨寫摹勒，不失秋毫。”（《里語徵實》卷中上 二字徵實 P23）

【抽替匣】chōutìxiá　周密《癸辛雜識》云：“李仁甫撰《通鑑長編》，作木廚十版，每廚作抽替匣二十枚，每替以甲子誌之。”（《土風錄》卷三 P204）

【抽替棺】chōutìguān　《南史·孝武帝紀》：“殷淑儀死，帝思之，爲抽替棺，欲見輒引替。”（《土風錄》卷三 P204）

【抽薨】chōuhóng　《唐韻》：“音閧，草菜心長也。”又，四明有菜名“雪裏薨”，雪深，此菜獨青。又吳俗謂草木萌曰“薨”。《人生要覽》：“芥芯，水辣，抽薨”。（《里語徵實》

卷中下 二字徵實 P22）

【抽豐】chōufēng　《野獲編》載“都城俗事”：“對偶，以‘打秋風’對‘撞太歲’。蓋俗以自遠干求，曰‘打秋風’；以依托官府，賺人財物，曰‘撞太歲’也。”《暖姝由筆》載靖江郭令辭謁客詩，有“秋風切莫過江來”之句。《七修類稿》米芾札中有“抽豐”二字，即世云秋風之義。蓋彼處豐稔，往抽分之耳。（《通俗編》卷二十三 P519）

　　　　參見［秋風］。（《恒言廣證》卷六 P98）

　　　　參見［秋風］。（《雅俗稽言》卷十七 P12）

【拐子頭】guǎizitóu　總角曰拐子頭。（《燕山叢錄》卷二十二　長安里語 身體 P6）

　　　　總角曰拐子頭。（《宛署雜記》卷十七 P193）

【拐揣】guǎichuǎi　展轉造端曰拐揣。（《客座贅語》卷一 方言 P11）

【拐老】guǎilǎo　略人之人，俗曰拐老。（《客座贅語》卷一 辨訛 P5）

【拐答】guǎidā　瀉肚。（《墨娥小錄》卷十四 P8）

【抇】zhàng　帳。孩窅步，長者手提攜之。《五音集韻》。（《越諺》卷下 單辭隻義 P10）

【拙訥】zhuōnè　上專悦反，下奴骨反。包咸注《論語》云：“訥，遲鈍也。”（《一切經音義》卷十八 16P699）

【拖油瓶】tuōyóupíng　隨母改嫁子。即“售子”之廋語也。（參見［無相干倪子］條。）（《越諺》卷中 惡類 P15）

【拍】pāi　《通鑑》：“淳于量、吳明徹，募軍中小艦，令先出當西軍大艦，受其拍。西軍諸艦發拍皆盡，然後量等以大艦拍之，西軍艦皆碎。”注云：“戰船置拍竿，發之以拍敵船。”《通鑑》又云：“程靈洗引大艦臨城發拍，擊樓堞皆碎。”又云：“楊素造大艦，上起樓五層，高百餘尺，左右前后置六拍竿，並高五十尺。”又云：“吕忠肅據荊門之延州，楊素以拍竿碎其十餘艦。”馥案：拍竿，須預安機，臨時發之，既發則機不及再安，故西軍發拍皆盡也。（《札樸》卷五 覽古 P155）

【拍狊】pāijū　上普伯反。《説文》：“拍，拊也，從手從白。”下弓六反。《説文》：“狊，曲指捧物也，或作掬。”古文作臼，傳文作匊，

俗字也。(《一切經音義》卷七十四
3P2915)

【拍板】pāibǎn　《合璧事類》云:"晉魏之代
　　有宋識善擊節,以拍板代之。"(《土風錄》卷
　　五 P230)

【拍把】pāibǎ　大腳。(《墨娥小錄》卷十四
　　P8)

【拍竿】pāigān　參見[拍]。(《札樸》卷五
　　覽古 P155)

【拍金】pāijīn　《升庵全集》(卷六十六):
　　"《唐六典》有十四種金:曰銷金,曰拍金
　　……"(《釋諺》P82)

【捫】náo　撓。手攬取也。"捫上墳餜。"
　　《類篇》。(《越諺》卷下 單辭隻義 P13)

【拆字】chāizì　《隋書·經籍志》有《破字要
　　訣》一卷。《顏氏家訓·書證篇》云:"《拭(編
　　者按:當作栻)卜》、《破字經》及鮑昭《謎
　　字》,皆取會流俗。"盧召弓云:"破字即今之
　　拆字也。"(鑑案:拆字之起於史,即《漢書·
　　王莽傳》"劉之爲字,卯金刀"也。)(《恒言
　　錄》卷六 P117)

【拆閱】shéyuè　越音坼入。謂折損閱賣之
　　物價也。《荀子·修身篇》。(《越諺》卷中
　　貨物 P33)

【捗】zhěn　枕。與"捻"相似。一把摵曰
　　"捻",十指細按曰"捗"。《淮南子·精神
　　訓》。(《越諺》卷下 單辭隻義 P13)

【擁劍】yōngjiàn　《古今注》又云:"彭蜎,其
　　有螯偏大者,名擁劍,俗謂之越王劍。"(《札
　　樸》卷三 覽古 P104)

【抵】dǐ　參見[打]。(《越言釋》卷下 P21)

【抵踏】dǐtà　隱拒曰抵踏。(《札樸》卷九
　　鄉里舊聞 鄉言正字附 雜言 P331)

【拘牟那】jūmóunuó　參見[拘物頭]。(《一
　　切經音義》卷三 5P115)

【拘物頭】jūwùtóu　古云拘勿頭,正梵音拘
　　牟那,此即赤蓮華。深朱色,人間亦無,唯
　　彼池有,甚者,亦大也。(《一切經音義》卷
　　三 5P115)

【抣】liǔ　捉之曰抣。抣音柳。(《蜀語》
　　P34)

　　　　柳。糊未勻,以筷"抣"之。《集韻》。
　　(《越諺》卷下 單辭隻義 P14)

【抱】bào　參見[褓]。(《通俗編》卷二十五
　　P565)

【抱佛腳】bàofójiǎo　此則見劉敞《中山詩
　　話》。又張世南《宦游紀聞》:"番國尚釋教。
　　有犯罪應誅者,捕之急,趨往寺中抱佛腳悔
　　過,便貰其罪。"(《恒言廣證》卷六 P99)

【抱奵】bàoluǎn　字體作菢,又,包,同。蒲
　　冒反。《通俗文》:"鷄伏卵,北燕謂之菢,江
　　東呼藍。藍音央富反。"(《一切經音義》卷
　　七十三 7P2883)

【抱肚】bàodù　以布斜束胸腹間曰抱肚。
　　唐天寶間,楊貴妃私通安祿山,被爪傷乳。
　　妃恐帝見之,乃繡胸服掩弊,曰"訶子",即
　　今之"抱肚"。宋王荊公所賜玉帶,闊十四
　　折,號"玉抱肚"。今曲名中有"玉抱肚"。
　　(《里語徵實》卷中上 二字徵實 P19)

【拄擦】zhǔcā　拟抑人曰拄擦,曰敦摔。
　　(《客座贅語》卷一 方言 P11)

【拄置】zhǔzhì　今江南俗呼人自高抗矜持
　　爲自拄置。(《匡謬正俗》卷五 P47)

【拉】lā　邀人同行曰拉。拉,音近臘。《正
　　韻》:"招也。"(《燕說》卷二 P3)

【拉搭】lādā　參見[龍鍾]。(《唐音癸籤》
　　卷二十四 P214)

【拉摺】lāzhé　上藍荅反。何註《公羊傳》
　　云:"拉,折也。"《古今正字》:"摧也,從手立
　　聲。"……下之涉反。《玉篇》云:"亦折也。"
　　《字林》云:"摺,疊衣服也。"(《一切經音義》
　　卷續九 4P4003)

【拉雜】lāzá　《樂府·有所思》:"拉雜摧燒
　　之。"案:拉雜,不問好醜,併于一處也。今
　　吳諺於不整齊潔靜者謂之拉雜。(《吳下方
　　言考》卷十一 P12)

　　　　參見[撒搟]。(《土風錄》卷八 P265)

【拉靼】lādá　參見[鞦皽]。(《恒言廣證》
　　卷二 P41)

【拉颯】lāsà　拉颯者,與龍鐘纙縷之義略
　　同。(《蘇氏演義》卷上 P11)

　　　　《晉書·五行志》:太元末,京口謠云:
　　"黃雌鷄,莫作雄父啼,一旦去毛衣,衣被拉
　　颯棲。"拉颯,言穢雜也。元好問詩"惡木拉
　　颯棲,直幹比指稠"用此。按:二字所出最
　　先,當以爲正,他皆後變字也。《廣韻》:"刺
　　剟,不淨也。"音如辣掭。《集韻》:"胜膻,肉
　　雜也。撒搟,和攬也。"音俱如拉雜。《黃山
　　谷集》:"僒僇,物不蠲也,蜀人語音如塔
　　靸。"《女論語》:"灑掃灰塵,撮除撿搟。"《五

燈會元》："大容諲曰：'大海不容塵，小溪多搕撞。'云菴淨曰：'打叠面前搕撞。'"《夢粱錄》："諸河有載垃圾糞土之船。"又，"每日掃街盤垃圾者，支錢犒之。"其用字各不同。（《通俗編》卷三十四 P761）

　　《晉書·五行志》：太元末，京口謠云："黃雌雞，莫作雄父啼。一旦去毛衣，衣被拉颯棲。"元好問詩："惡木拉颯棲。"用此拉颯。蓋卽搕撞之本字，言穢雜也。（《恒言廣證》卷二 P41）

【拌】pān　普槃反。《方言》："凡揮棄物曰拌。"（《直語補證》P42）

【拌命】pānmìng　拌，潘。奮不顧身。《吳子·勵士篇》。（《越諺騰語》卷上 P3）

【抝】yǎo　"腰"上聲。紙與布摺之。《説文》。（《越諺》卷下 單辭隻義 P13）

【抝掣】tuōchè　上音他。《考聲》云："抝，拽也。"《説文》："從毛它聲。"下昌折反。《考聲》云："掣口拽也。"顧野王云："掣，牽也。"《説文》："從手制聲。"（《一切經音義》卷七十九 6P3109）

【招】zhāo　宋提刑《洗冤集錄》："不得定作無憑檢驗，招上司問難，須子細定當痕損致去處。"（《恒言廣證》卷四 P66）

【招兒】zhāo'ér　扇。（《墨娥小錄》卷十四 P4）

【招呼】zhāohū　《列子》注引《蒼頡篇》曰："挑，謂招呼也。"《書》"籲俊"疏："招呼賢俊之人，與共立於朝。"（《通俗編》卷十七 P375）

　　《書》"籲俊尊上帝"疏："招呼賢俊之人，與共立于朝。"白樂天《初到洛中》詩："招呼新客旅。"又《寄夢得》詩："自宜相慰問，何必待招呼。"（《恒言廣證》卷一 P11）

【招提客】zhāotíkè　高適詩："傳道招提客。"（《稱謂錄》卷三十一 僧 P7）

【披公串仗】pīgōngchuànzhàng　衣。（《墨娥小錄》卷十四 P5）

【披擐】pīhuàn　還慢反。杜注《左傳》："擐，穿。"貫衣甲曰擐。（《一切經音義》卷十六 12P616）

【披襖】pī'ǎo　參見［背子］。（《通俗編》卷二十五 P562）

【披金】pījīn　《升庵全集》（卷六十六）："《唐六典》有十四種金：曰銷金，曰拍金，曰鍍金，曰織金，曰硏金，曰披金……"（《釋諺》P82）

【抝倒】àodǎo　音凹刀。唐龍朔中，時人飲酒行令曰："子母相去離，連臺抝倒。"案：抝倒，不順也。吳人謂不順理曰抝倒。（《吳下方言考》卷五 P14）

【抝挒】ǎoliè　上烏絞反，下憐涅反。按：抝挒，今以手摧折物者也。（《一切經音義》卷九十四 10P3548）

【抝花】ǎohuā　南方或謂折花曰抝花。唐元微之詩："試問酒旗歌板地，今朝誰是抝花人。"又古樂府："抝折楊柳枝。"（《南村輟耕錄》卷十二 P147）

【挈囊】qiènáng　《梁書》周捨問劉杳："尚書官著紫荷囊，相傳云挈囊，竟何所出？"（《札樸》卷四 覽古 P138）

【拿】ná　持人之陰事使不敢肆焉曰拿，或曰捏。（《客座贅語》卷一 詮俗 P7）

【拳】quán　《漢書·李陵傳》"矢盡道窮，士張空拳。"文頴曰：拳，弓弩拳也。小顏曰："'拳'字與'絭'同。"《司馬遷傳》："張空拳"，李奇曰："拳，弩弓也。"小顏云："陵時矢盡，故張弩之空弓，非是手拳也。"（《札樸》卷八 金石文字 P257）

【挂楣】guàméi　胡注："縣楣，橫木施於前後兩楹之閒，下不裝構，今人謂之挂楣。"（《札樸》卷四 覽古 P126）

【挂置】guàzhì　古文作卦，同。古賣反。《廣疋》："挂，懸也。"（《一切經音義》卷七十 3P2767）

【持】chí　參見［池］。（《匡謬正俗》卷七 P90）

【持梢尾】chíshāowěi　梢音稍交反。《文字集略》云："正舩頭木也。"《考聲》："舩尾也。"《説文》："從木肖聲。"（《一切經音義》卷二十四 14P936）

【持牢】chíláo　參見［把穩］。（《蜀語》P17）

　　參見［將牢］。（《通雅》卷四十九 P1458）

　　參見［子細］。（《里語徵實》卷中下 二字微實 P9）

【拱默】gǒngmò　《後漢》：虞詡上疏曰："方今公卿，類多拱默，以樹恩爲賢，盡節爲愚，至相戒曰：白璧不可爲，容容多後福。"（《常

語尋源》卷下辛册 P290）

【捌】 liè　傑也。（《廣韻・十七薛》。）（《埤蒼》
P25）

【挪揄】 yèyú　參見［邪揄］。（《通雅》卷七
P276）

【批】 zǐ　掣挽曰批。（《通俗文》釋言語上
P5）

　　　參見［搋］。（《吳下方言考》卷十二
P11）

【拽條】 zhuàitiáo　賭。（《墨城小録》卷十
四 P7）

【挏工】 dònggōng　參見［酒挏工］。（《越
諺》卷中　賤稱 P15）

【挴】 nù　不伸曰挴。挴音紐。（《蜀語》
P34）

　　　不伸曰挴。挴音紐。搐挴，不伸也。
見《集韻》。（《里語徵實》卷上　一字徵實
P28）

【抏】 xiǎn　選。靜者引誘使動。“抏鼻打
嚏”“抏蟀開箱”。《集韻》。（《越諺》卷下
單辭隻義 P13）

【挺身】 tǐngshēn　《漢書・五行志》：“挺身獨
與小人晨夜相隨”。注云：“挺，引也。”《劉屈
氂傳》：“屈氂挺身逃。”注云：“引身而逃
難。”《五代史・王思同傳》：“諸鎮兵潰，思同
挺身走長安。”按：世俗以挺身爲勇往之辭，
據諸文乃適相反。惟《三國志》注：“龐娥親
挺身奮手，拔李壽刀。”有勇往象。然其勇
在奮手拔刀，而挺身仍只作引身解。蓋引
身而進，引身而退，同一引也。（《通俗編》
卷十六 P348）

【拾】 shí　物在於地，拾而取之……越人乃
作“傳”之上聲，因而不得其字，不知仍是
“拾”耳。蓋“拾”讀“涉”，如《禮》“拾級聚
足”之“拾”讀“涉”可驗，而“涉”者“傳”之入
也。《詩》之“厭浥行露”，“厭”亦“浥”，“浥”
亦“厭”。又如《大學》：“此之謂自謙”，其義
則“慊”，其音則“愜”，正同。（《越言釋》卷
上 P16）

【拾遺】 shíyí　參見［小諫］。（《唐音癸籤》
卷十七 P157）

【挑巾】 tiǎojīn　參見［蓋頭袱］。（《越諺》卷
中 服飾 P42）

【挑眼】 tiāoyǎn　上眺彫反。《蒼頡篇》：
“挑，扶也。”《韻詮》云：“挑，撥也，剔除也。”

《説文》：“從手兆聲。”經作挑，時用字也。
（《一切經音義》卷七十三 17P2903）

　　　體姚反。《聲類》：“挑，抉（音淵悦
反）。”《韻英》：“撥也。”剔除也。（《一切經
音義》卷十三 6P486）

　　　體遥反。《考聲》云：“挑，抉。”（《一切
經音義》卷五 15P206）

【挑達】 tiāotà　輕跳不受制束，謂之挑達。
《詩》：“挑兮達兮，在城闕兮。”挑，他刁切。
達，他末切。輕儇跳躍貌。（《方言據》卷上
P2）

【指拈】 zhǐniān　念添反。《廣雅》：“拈，指
持也。”《説文》：“從手占聲。”論作“捻”，俗
字。（《一切經音義》卷六十九 10P2746）

【指搨】 zhǐtà　《説文》：“搨，縫指搨也。”
《玉篇》：“帕，指搨也。”按：此即流俗呼頂
針者。李賀詩：“繡沓寨長縵，羅鞌結短
封。”“沓”與“搨”同。（《通俗編》卷二十五
P566）

【指擢】 zhǐzhuó　幢卓反。《考聲》：“揀擇
也，從手翟聲。”（《一切經音義》卷七十八
6P3078）

【指稱】 zhǐchēng　六月，説與百姓每：“各保
身家，不許指稱誆騙財物。”（《宛署雜記》卷
一 P3）

【指訂】 zhǐdìng　珽下反。《蒼頡篇》云：
“訂，評議也，平聲字也。”（《一切經音義》卷
九十一 4P3467）

【指鐶】 zhǐhuán　參見［手記］。（《通俗編》
卷二十五 P564）

【挌殺】 géshā　格殺本“挌殺”。挌，《説
文》：“擊也。”《魏志・任城王傳》：“手挌猛
獸。”義起於“手”。今誤以“木”，作“格殺”。
（《里語徵實》卷中下　二字徵實 P11）

【拼直】 pēngzhí　補耕反。謂彈繩墨爲拼
也。（《一切經音義》卷七十四 12P2933）

【拼量】 pēngliáng　補莖反，謂彈墨曰拼，
江南名抨，音普庚反。（《一切經音義》卷七
十一 7P2817）

【拼身】 pīnshēn　班萌反。《考聲》云：“拼，
揮也。”《説文》：“從手并聲。”經作拼，俗字
也。（《一切經音義》卷七十五 10P2965）

【挖】 wā　參見［鍬］。（《客座贅語》卷一　詮
俗 P9）

【按摩】 ànmó　《素問》：“經絡不通，病生于

不仁,治之以案摩。"《説苑》:"扁鵲治趙太子暴疾,使子朝炊湯,子儀脉神,子術按摩。"按:"按摩"本醫家之一科,而今以爲賤工之役。據《北史·趙邕傳》:"司空李沖之貴寵也,邕以年少端謹,出入其家,給按摩奔走之役。"斯時蓋已以爲卑賤矣。(《通俗編》卷二十一 P481)

【掰】bāi　布列曰掰。掰音擺,見《俗書刊誤》。《聲譜》:"擿物也。"(《里語徵實》卷上 一字徵實 P29)

【抓】niè　指取曰抓(俗作捻)。(《札樸》卷九 鄉里舊聞 鄉言正字附 雜言 P331)

【振爆】zhènmào　音豹。《聲類》云:"皮散起也。"(《一切經音義》卷二十五 14P977)

【挾】jiā　參見[夾]。(《越言釋》卷上 P1)

【挾提】jiātí　參見[夾]。(《越言釋》卷上 P1)

【挾怨】xiéyuàn　嫌頰反。《尒雅》:"挾,藏也。"《考聲》:"藏于掖也。"《説文》:"持也。"心持於怨不忘也。(《一切經音義》卷十四 12P535)

【捗攎】púlú　張羅曰捗攎。(《札樸》卷九 鄉里舊聞 鄉言正字附 雜言 P331)

【捎箟子】xiāoxīzǐ　捎箟子,去耳中垢者。捎音肖。(《雅俗稽言》卷十一 P5)

【捏】niē　捺,搦治也。(玄應《解脱戒本音義》)捏,探搦也。(慧琳《金剛光燼止風雨陀羅尼經音義》)(《坤蒼》P25)
　　　　參見[拿]。(《客座贅語》卷一 詮俗 P7)

【捏塑】niēsù　上奴結反。《切韻》:"手捏搦也。"下乘故反。《切韻》:"以泥塑像也。"(《一切經音義》卷續五 13P3893)

【捏怪】niēguài　堵芬木曰:"畫羅漢不在捏怪,正使貎目一如恒人,而道氣沉摯,生人敬畏,乃足尚耳。"(《里語徵實》卷中上 二字徵實 P34)

【捉刀人】zhuōdāorén　《世説》:"魏武將見匈奴使,自以形陋,不足以雄遠國,使崔季珪代,自捉刀立床頭。旣畢,令間諜問:'魏王何如?'使曰:'魏王雅望非常,然床頭捉刀人,此乃英雄也。'"案:世稱代作文者爲捉刀,以作者非正身,乃捉刀人替爲之也。後遂以捉刀爲替身,非正身矣。今觀此事,則知捉刀人正爲正身,相習稱之而失其考

耳,附辨於此。(《稱謂錄》卷二十八 頂替 P20)

【捉迷藏】zhuōmícáng　參見[尋偷抶抶]。(《越諺》卷中 技術 P60)
　　　　參見[掊青盲]。(《越諺》卷中 技術 P60)

【捉頭】zhuōtóu　參見[乞頭]。(《土風錄》卷二 P195)

【捌】bié　拗捗曰捌。(《札樸》卷九 鄉里舊聞 鄉言正字附 雜言 P331)

【挹】yì　因入反。《珠叢》曰:"凡以器斟酌於水謂之挹。"今謂以心測於法亦謂之挹也。(《一切經音義》卷二十一 3P783)

【挫慢】cuòmàn　祖卧反,折伏也。(《一切經音義》卷八十五 3P3311)

【挽箭】wǎnjiàn　萬返反。引弓也。從手。(《一切經音義》卷十九 4P712)

【捔力】juélì　上江岳反。《廣雅》:"捔,校也。"(《一切經音義》卷七十四 8P2925)

【捔勝】juéshèng　上江岳反。《考聲》云:"捔者專利也,略也,亦量也。"《字書》又作摧也。《説文》云:"捔亦敲擊也,從手角聲。"(《一切經音義》卷七十二 8P2850)

【捀子】fěngzǐ　《宣室志》:"僧契虛遇捀子,導遊稚川仙府。"案:捀子、樵夫,見《小知錄》。(《稱謂錄》卷二十九 樵 P14)

【抄】shā　解兩家之忿,或調劑成其事,曰抄,或反言曰攪。(《客座贅語》卷一 詮俗 P8)

【捃拾】jùnshí　《舊唐書》:"劉贊爲歙州刺史,有老婦人捃拾榛叢間,猛獸將噬之,搏獸救之。"(《札樸》卷五 覽古 P145)

【挨】āi　今俗謂相抵曰挨。樂天詩:"坐依桃葉妓。""日醉依香枕。"依音烏皆反,正挨字。(《野客叢書》)(《唐音癸籤》卷二十四 P208)

【挨凭】āipíng　挨音唉。楊子《方言》:"强進曰挨。"《正字通》:"今俗,凡物相近謂'挨凭'。凭,憑去聲。《增韻》:"倚也。"(《里語徵實》卷中下 二字徵實 P20)

【挨梯】āitī　騎馬。(《墨城小錄》卷十四 P4)

【掌武】zhǎngwǔ　太尉爲掌武。(《容齋四筆》)(《唐音癸籤》卷十七 P157)

【掌教】zhǎngjiào　參見[山長]。(《里語徵

實》卷上　一字微實 P2)

【掣曳曳】chèyèyè　參見［曳曳］。(《吳下方言考》卷五 P15)

【掣籤】chèqiān　《北史·王勇傳》："胡仁及王文達、耿令貴三人，皆有殊功，還拜上州刺史。然州頗有優劣，周文令探籤取之。胡仁遂得雍州，文達得岐州，令貴得北雍州。"按："探籤"即"掣籤"，古今語殊耳。(《通俗編》卷五 P104)

　　參見［拈鬮］。(《恒言錄》卷六 P112)

【挈】lí　低泥切。手懸提重物。《集韻》。(《越諺》卷下　單辭隻義 P14)

【捧熱】pěngrè　參見［趨炎］。(《俚言解》卷一 41P24)

【搙】tiàn　搓繩、績草、績幧、績麻曰"搙"。越呼"燈搙"從"搙"。見《容齋五筆》。(《越諺》卷下　單辭隻義 P11)

　　音添去聲。搙，延火也。吳中謂延油鐙曰搙。(《吳下方言考》卷九 P8)

【振】chéng　音村。謝惠連《祭古塚文序》："以物振撥之，應手灰滅。"案：振，拄而壓之也。今吳人謂用力拄物爲振，自內支物使外盈亦曰振。(《吳下方言考》卷四 P10)

【振撥】chéngbō　參見［振］。(《吳下方言考》卷四 P10)

【掛搭僧】guàdāsēng　代替人曰掛搭僧。(《宛署雜記》卷十七 P193)

　　替代人曰掛搭僧，又曰倒包。(《燕山叢錄》卷二十二　長安里語　人事 P2)

【掛牌兒】guàpáir　《都城紀勝》："京師賣茶樓，有都人子弟會聚，習學樂器或唱叫之類，謂之掛牌兒。"(《稱謂錄》卷二十九　歌 P19)

【掛意】guàyì　《唐·同昌公主傳》："公主薨，上日夕惴心掛意。"(《通俗編》卷十五 P318)

【挰】yà　"啞"去聲。強與人物也。"挰買"、"挰藥"。從《字彙》。(《越諺》卷下　單辭隻義 P14)

【掫】zǒu　持物相著曰掫。掫，側九切，籀上聲。(《燕說》卷二 P5)

【措】zé　音閘。《史記·梁王世家》："李太后與爭門，措指。"案：措，謂門扇所夾也。吳中謂忽然被夾傷曰措。(《吳下方言考》卷十一 P4)

【措大】cuòdà　措大爲秀才者，以其舉措大道也。(《七修類稿》卷二十三 P349)

　　措大出《五代·漢世家》。(《唐音癸籤》卷二十四 P215)

　　大音悋。措大之呼，如韓休"真措大"、桑維翰"窮措大"，解者紛紛。要之，謂其能舉措大事而已。後世因以措爲醋，遂命儒生爲酸子，非也。(《雅俗稽言》卷十八 P3)

　　李濟翁《資暇錄》："代稱士流爲措大，言其峭醋而冠四民之首。一說，衣冠儼然，望之有不可犯之色，如醋之酸而難飲也，故亦謂之酸子。或又云，有世人貧居新鄭之郊，以驢負醋，巡邑而賣，復落魄不調，邑人指其醋駄而號之。又云，鄭有醋溝，其溝東尤多甲族，以甲乙叙之，故曰醋大。愚謂四說皆非也。止當作'措'，以其能舉措大事，故云。"以上皆濟翁所錄。按：《全唐詩話》："宣宗謂侍臣曰：'崔鉉真貴人，裴休真措大。'"頗合於舉措大事之說。他如《摭言》，方干與李主簿互嘲，有'措大喫酒點鹽'之語。李義山《雜纂》："窮措大喚妓女，必不來。"又云："鴉似措大，飢寒則吟。"《五代史》："東漢世家，王得中叩馬而諫。劉旻怒曰：'老措大毋妄阻吾軍。'"《九域志》："蜀王宗鈇授司户參軍，笑曰：'若要頭便斬去，何能作措大官耶？'"《宋史·杜衍傳》："衍食於家，惟一麵一飯，曰：'某本一措大耳。'"《海錄碎事》："宋太祖言：'措大眼孔小，賜與十萬貫，則塞破屋子矣。'"《北夢瑣言》："江陵號衣冠藪澤，琵琶多如飯甑，措大多如鯽魚。"凡此俱以"措大"爲輕慢辭，濟翁說未盡然矣。(《通俗編》卷七 P142)

　　桑維翰愛錢，上曰："措大，眼孔小。"(《邇言》卷五 P64)

　　參見［眼孔］。(《恒言廣證》卷一 P6)

　　參見［醋大］。(《談微》言部 P25)

【措懷】cuòhuái　麁故反。鄭注《周禮》云："措猶頓也。"又注《禮記》云："施也。"《説文》："置也，從手昔聲。"(《一切經音義》卷八十 14P3151)

【搙】nuò　搙物曰搙。(《札樸》卷九　鄉里舊聞　鄉言正字附　雜言 P331)

　　昵角切。手搯柔軟之物。"搙麪餕。"《篇海》。(《越諺》卷下　單辭隻義 P13)

【捄】lǐn　林。越烹魚刮鱗曰"捄鬖"。出

《方言》，見郭註。(《越諺》卷下　單辭隻義P14)

【摳】qiāo　瞧。灰、麵用匙摳起。《廣韻》。(《越諺》卷下　單辭隻義P13)

【捼色】nàsè　板。(《墨娥小錄》卷十四P5)

【挤】bèn　和物曰挤。挤音坌。(《蜀語》P4)

“盆”去聲。以手撇開沙泥尋物。“此人挤也。”(《越諺》卷下　單辭隻義P10)

【捷徑】jiéjìng　《唐書·盧藏用傳》：“藏用始隱終南，有意當世，晚狗權利，司馬承禎將還山，藏用指終南曰：‘此中大有佳處。’承禎曰：‘以僕視之，仕宦之捷徑耳。’”(《通俗編》卷二P39)

【排】pǎi　足撥曰排。(《札樸》卷九　鄉里舊聞　鄉言正字附　雜言P329)

【排囊】bàináng　冶橐即排囊(冶家用以吹火，以皮作之，今易以木，謂之風箱)。(《札樸》卷六　覽古P187)

【排行】páiháng　兄弟二名而用其一字者，謂之排行。……起自晉末，漢人所未有也。(《言鯖》卷下P12)

世人于兄弟取名，或上下同一字，謂之“排行”。《水經注》：“光武封王興五子：元才北平侯，益才安喜侯，顯才蒲陰侯，仲才興市侯，季才唐侯。”又晉安帝德宗、恭帝德文，義符、義真是也。單名以偏旁爲排行，如劉琦、劉琮之類。(《里語微實》卷中上　二字微實P12)

【排衙】páiyá　粧門面曰排衙，此官署中語也。官初蒞任，及開印封，必陳執事役吏叩頭，皂隸站傍嘍喝，謂之排衙，蓋借言也。(《土風錄》卷九P278)

東坡詩：“珠幢玉節與排衙。”二字非始於此，坡亦有所本也。(《常語尋源》卷上甲冊P192)

參見[牙]。(《俚言解》卷二10P34)

【排牙】páiyá　排牙之名，自唐節鎮有之。謂牙前將士各執其物以立于庭下，俟節度使升堂，以次參謁也。(《目前集》前卷P2128)

【排抗】páikàng　上敗埋反。《廣雅》：“排，推也。”顧野王云：“排，恆也。”《説文》：“擠也，從手從非聲也。”下康浪反。《韻詮》云：“以手拒也。”杜注《左傳》云：“扺禦也。”(《一切經音義》卷七十七8P3048)

【排搪】páitáng　上敗埋反，下音湯。無憂王孫欲毀塔壞寺，時諸善神爲護法，故排搪海內大山，推壓王上及以四兵，一時並从盡，免壞塔寺。(《一切經音義》卷七十八4P3074)

【排攢】páizuǎn　上蒲埋反。《考聲》云：“兵器名，所謂盾也。”……下總筭反。《廣雅》：“攢，鋋(傷梅反)也。”案：戈鋋小矛也。《考聲》：“遥投矛也。”《古今正字》：“攢，短矛也。”(《一切經音義》卷八15P310)

【排馬牒】páimǎdié　唐時御史所過，皆給驛馬，先有牒文餉候，謂之排馬牒，即今之馬牌。(《言鯖》卷上P7)

【掉歪】diàowāi　吳中凡乖戾曰掉歪。(《吳下方言考》卷十P1)

【掉書袋】diàoshūdài　《南唐書·彭利用傳》：“言必據書史，斷章破句，以代常談，俗謂之掉書袋。”(《通俗編》卷七P150)

【掉嗛】diàolián　行。(《墨娥小錄》卷十四P6)

【掉悔】diàohuǐ　條曜反。《考聲》：“動也。”《説文》：“遥也，從手。”止觀中從心作悼，非也，是書寫人錯誤也。(《一切經音義》卷一百9P3720)

【掉舉】diàojǔ　條弔反。賈注《國語》云：“掉，搖也。”《廣雅》：“振也。”《説文》：“從手，卓聲。”(《一切經音義》卷六十九2P2729)

上亭弔反。賈注《國語》云：“掉，搖也。”《韻英》：“動也。”……下居圉反。《字書》云：“起令高也。”《説文》：“對舉也。從手，與聲。”(《一切經音義》卷一13P61)

【搞】zhēng　稱。人在上，物在下，用繩索將物搞起。出《集韻》。(《越諺》卷下　單辭隻義P13)

【搁】gāng　參見[剛]。(《匡謬正俗》卷六P69)

【挼】ruó　挪。按磨痛處。出《説文》。(《越諺》卷下　單辭隻義P13)

【推徵】tuīzhēng　上音吹，下陟陵反。杜注《左傳》云：“徵，驗也。”《説文》云：“凡士行於微而聞於朝廷即徵。”(《一切經音義》卷三7P120)

【推敲】tuīqiāo　《摭言》：“賈島於驢背吟

'僧敲月下門'句,遇權京尹韓吏部而不覺,泊擁至馬前,則曰:'欲作敲字,又欲作推字,神游詩府,致衝大官。'韓曰:'作敲字佳矣。'"(《通俗編》卷七 P149)

【推掜】tuīyī　懎習反。張戩云:"掜,拱手而舉之以相敬也,護也。"錄本作抱,音同義異,是斟酌也。(《一切經音義》卷八十七 4P3363)

【推迣】tuīzé　土迴反,下爭格反。卽是上文排搪推排大山來壓迣王之四兵。(《一切經音義》卷七十八 4P3074)

【推鞫】tuījū　鳩六反。張戩《考聲》云:"鞫,窮罪人也,正作籟,從人從竹從言,或作諊、鞠。"(《一切經音義》卷八十七 4P3364)

【掀轟】xiānhōng　陸龜蒙《看雨聯句》:"海上風雨來,掀轟雜飛電。"按:《七修類稿》載極怪誕二字,云見《俗字集》,爲作事軒昂太過之意。據其音,則但當用"掀轟"二字。(《通俗編》卷十二 P285)

【捨身】shěshēn　賽神出會,或刺臂燒香曰捨身,捨,呼作沙上聲,見《梁·武帝紀》:"幸同泰寺,開涅槃題,因捨身。"又,"無遮大會捨身退之。"《佛骨表》云:"三度捨身施佛。"《法界次第》云:"一切資身之具及妻子乃至身命屬他,故云捨身。")(《土風錄》卷九 P280)

【捻】qín　捉也。(玄應《正法念經三十一音義》。又《僧祇經二十七音義》。)(《埤蒼》P24)

【採他】cǎitā　抑人曰採他。明王葉爲保定府知事,武皇南巡過之。巡撫洪於飲設燕,上召與拈鬮,賭大觥不勝。罰之,屢匋匐階前。葉請代,上睨而問曰:"汝小官,能勝幾許?"對曰:"不敵天子,遠過撫臣。"上拍手笑,手大觥賜者三。執壺者將復注,上曰:"止!不要採他,這蠻子會賺我酒吃。"著扶巡撫去。(《涌幢小品》)(《里語徵實》卷中上 二字徵實 P40)

【採揀】cǎijiǎn　力見反。《埤蒼》:"揀,擇也。"《禮記》:"揀,擇英雋是也。"(《一切經音義》卷三十 11P1200)

【捻】niǎn　參見[捻]。(《越諺》卷下 單辭隻義 P13)

【掤】pēng　合手掬物曰掤。蒲崩切。《廣雅》:"以手覆矢曰掤。"(《方言據》卷上 P7)

【掤拽】bēngzhuài　勉強營爲曰掤拽,曰巴結,曰扯拽。(《客座贅語》卷一 方言 P11)

【掏摸】tāomō　參見[撈摸]。(《通俗編》卷十二 P264)

【掐】qiā　爪案曰掐。(《通俗文》釋言語上 P1)

《魏志·蘇則傳》:"初,則及臨菑侯植聞魏氏代漢,皆發服悲哭。文帝聞植而不聞則也。帝在洛陽,嘗從容言曰:'吾應天受禪,而聞有哭者,何也?'則謂爲見問,鬚髯悉張,欲正論以對。侍中傅巽掐則曰:'不謂卿也。'于是乃止。"掐亦俗字。(《直語補證》P50)

【撑】duǐ　擊撞曰撑。撑,覩猥切,音胎。《集韻》:"排也。"(《燕說》卷二 P4)

【撌】bàng　《廣韻》"撌"字注:"掉船一歌。"(《直語補證》P32)

【掊】póu　音倍上聲。韓昌黎詩:"辭慳義卓闊,呀豁疚掊掘。"《史記·封禪書》:"見地如鉤狀,掊視得鼎。"案:掊,小撥其土也。吳諺謂撥爲掊。(《吳下方言考》卷七 P8)

【接子】jiēzǐ　姊葉反。謂梨柿之屬,同類相接者也。(《一切經音義》卷二十六 3P1001)

【接新婦】jiēxīnfù　昏禮擇婦之多福者爲之。《茅亭客話》差同。(《越諺》卷中 尊稱 P13)

【接腳婿】jiējiǎoxù　《癸辛雜志》:"既而元杰家爲伐柯,一村豪家爲接腳婿。"案:徐元杰爲林喬作伐也。接腳婿者,其前夫沒後,更招一婿之謂。(《稱謂錄》卷八 女之夫 P23)

【接碓】jiēduī　舂米之杵。上木下石接成,用手舂者。《說文長箋》。(《越諺》卷中 器用 P28)

【接風】jiēfēng　參見[餞路]。(《雅俗稽言》卷十七 P11)

【捲】juǎn　其盡所欲言也,曰捲。(《客座贅語》卷一 詮俗 P9)

【捲棚】juǎnpéng　軒曰捲棚。(《燕山叢錄》卷二十二 長安里語 宮室 P7)

【捲烝】juǎnzhēng　烝餅糝以椒鹽捲而食之,南人謂之"捲烝"。(《越言釋》卷上 P32)

【捲蓬】juǎnpéng　搭廠曰捲蓬。(《燕山叢

錄》卷二十二　長安里語　宮室 P7）

【掞】 yàn　散物曰掞。掞音豔。（《蜀語》
P14）

散物曰掞。《正韻》：“掞音豔，舒也。”
左思《吳都賦》：“擒藻掞天庭。”（《里語徵
實》卷上　一字徵實 P27）

【挒】 liè　紉也。（慧琳《佛本行讚傳六音
義》。）（《埤蒼》P25）

音力。《荊楚歲時記》：“挒狗耳。”案：
挒，批而旋轉之，使痛而叫也。今吳中凡持
物旋轉之，皆謂之挒。（《吳下方言考》卷十
二 P11）

手拗轉曰挒。退之《送窮文》：“挒手翻
羹。”王安石詩：“東西挒佗萬舟回。”今謂拗
轉曰挒，本此。（《土風錄》卷十四 P336）

手拗轉曰挒。挒，戾入聲，又與戾通。
韓昌黎《送窮文》：“挒手翻羹。”王安石《彭
蠡》詩：“東西挒柁萬舟回。”（《燕說》卷二
P7）

【挒取】 lièqǔ　上蓮節反。《考聲》：“挒，絞
也，扭也，手拗挒也。”（《一切經音義》卷七
十九 4P3105）

【挒撮】 liècuō　上燫結反。《廣雅》：“挒，絞
也。”《埤蒼》：“紐也。”下臧括反。《說文》：
“撮，手牽持也。”（《一切經音義》卷七十四
7P2924）

【探籌】 tànchóu　參見［拈鬮］。（《恒言錄》
卷六 P112）

【探花】 tànhuā　《摭言》：“唐進士賜宴曲
江，年取少者爲探花郎。”《蔡寬夫詩話》亦
言：“期集，擇少年爲探花。”《揮塵錄》：“李
昭遘十八歲及弟，昭遘子呆卿、呆卿子士
廉皆不逾是歲登科，凡三世爲探花郎。”非
謂名第三也。今以之稱鼎魁，不知何義。
《東軒筆錄》謂期集，“選年少三人爲探花”。
因此訛爲第三人。探，平聲，俗讀去聲，非。
（《雅俗稽言》卷十九 P11）

《天中記》：“唐進士杏園初會謂之探花
宴。以少俊二人爲探花使，遍游名園。若
他人先折得名花，則二人被罰。”《蔡寬夫詩
話》：“故事，進士朝集，擇中最年少者爲探
花郎。熙寧中始罷之。”按：此則唐之“探
花”，非今之所謂“探花”，而其名未始不相因
也。《雲麓漫鈔》云：“世目第三人爲探花
郎。”《漫鈔》作在紹興時，蓋自罷擇年少之
後，遂以其名歸諸第三人矣。（《通俗編》卷

五 P99）

戴埴《鼠璞》：“本朝故事，吳旦榜馮拯
爲探花。太宗賜詩云：‘二三千客裏成事，
七十四人中少年。’《蔡寬夫詩話》亦但言期
集所擇少年爲探花，今獨以稱鼎魁，不知何
義。”戴埴，宋末時人，其說如是，則宋南
渡後，固以第三人爲探花矣。（《稱謂錄》卷
二十四　探花 P16）

【探花宴】 tànhuāyàn　李綽《秦中歲時記》：
“進士杏園初宴，謂之探花宴，差少俊二人
爲探花使。”（《恒言廣證》卷四 P64）

【探花郎】 tànhuāláng　進士杏園初會，令
少俊二人爲探花郎，使遍遊名園。若他人
先折得名花，則被罰，後遂以爲鼎甲第三名
之號。（《目前集》前卷 P2127）

魏泰《東軒筆記》：“進士及第後，例期
集一月。共醵罰錢，奏宴局什物，皆請同年
分掌。又選年最少者二人爲探花，使賦詩，
世謂之探花郎。”《揮塵錄》：“李昌武宗諤之
子昭遘，十八歲鎖廳及第。昭遘子呆卿，呆
卿子士廉，皆不逾是歲登甲科。凡三世俱
爲探花郎。”案：《秦中歲時記》：“進士杏園
初會，謂之探花宴。”（《稱謂錄》卷二十四
探花 P16）

《雲麓漫鈔》：“世目（進士）第三人爲探
花郎。”《通俗編》云：“《漫鈔》作在紹興時，
蓋自罷擇少年之後，遂以其名歸之第三人
矣。”（《恒言廣證》卷四 P64）

參見［探花］。（《雅俗稽言》卷十九
P11）

【揵】 qián　手提曰揵。揵音虔。（《蜀語》
P8）

手提曰揵。揵音虔，舉也。《後漢•輿
服志》：“揵弓韣九鞬。”（《里語徵實》卷上
一字徵實 P13）

【掄淚】 ménlèi　上音門。《聲類》云：“掄，猶
摸也，從手門聲。”（《一切經音義》卷九十三
5P3516）

莫奔反。《聲類》云：“掄，摸也。”《說
文》：“撫持也，從手門聲。”（《一切經音義》
卷二十四 17P941）

上沒奔反。《考聲》云：“捫持也，模
也。”案：掄亦拭也。……下力墜反，《廣
雅》：“涕泣淚也。”（《一切經音義》卷十五
15P578）

上莫盆反。《毛詩傳》曰：“掄，持也。”

《韻詮》："捫捹或摸捹也。"《説文》："捫，摸也。"下良墜反。《韻詮》："涕泣淚也。"《説文》作"涕泣也。"（《一切經音義》卷八 11P301）

【捫持】ménchí　捫持謂手把執物也。（《一切經音義》卷九 9P338）

【捫捹】ménsūn　手之捉物曰捫捹，摸捹。（《客座贅語》卷一 方言 P12）

　　　　參見［摸捹］。（《通雅》卷五 P225）

　　　　參見［摸索］。（《通俗編》卷十三 P285）

　　　　參見［弄捹］。（《越言釋》卷上 P16）

【捫摩】ménmó　上音門。《聲類》："捫，摸也。"《集訓》云："以手撫摩也。"《説文》："撫持也。"（《一切經音義》卷四 1P40）

【掃】sǎo　摧折之使興敗而反曰掃。（《客座贅語》卷一 詮俗 P10）

【掃興】sǎoxìng　有謀未成曰掃興。……宋時勾欄市語。興，去聲。（《雅俗稽言》卷十四 P22）

　　　　參見［淄牙］。（《通俗編》卷十七 P373）

【掘彊】juéjiàng　參見［倔彊］。（《越諺賸語》卷上 P4）

【掘藏】jucáng　《淮南子·人間訓》："掘藏之家必有殃，以言大利而反爲害也。"《採蘭雜志》："吳俗遷居，預作飯，米下置豬臟共煮之，及進宅，使婢以箸掘之，名曰掘藏。臨掘，自竈祝曰：'自入是宅，大小維康，掘藏致富，福祿無疆。'"（《通俗編》卷二十三 P519）

【掘鑿】juézáo　上羣勿反。《考聲》："掘，穿也，斷也。謂斷其根也。"《説文》："從手屈聲。"下藏作反。《聲類》："鑿，鏨也。"《説文》："穿木具也，從金。"（《一切經音義》卷六十九 3P2732）

【掇鑽】duókuì　小賈轉物而估之。全估曰掇，丁刮切，拾也，取也，從叕，聯取之意。多估曰鑽，音魂，多也。江右人惟沽酒家合稱曰鑽掇。（《方言據》卷上 P8）

【掇拾】duóshí　上端桿反，拾掇也，拾取也。下音十。（《一切經音義》卷九十一 4P3467）

【揳】xiē　雪。慮酒出氣，捻紙塞壺口曰"揳攃揳"。《正韻》。（《越諺》卷下 單辭隻義 P13）

【搵倒】nǎngdǎo　推倒曰搵倒。（《札樸》卷九 鄉里舊聞 鄉言正字附 雜言 P331）

【搭】dā　一處曰一搭，見盧仝《月蝕詩》："當天一搭如煤炲。"（《土風錄》卷十 P286）

【搭對】dāduì　《五燈會元》："金山穎曰：'山僧意好相撲，秖是無人搭對，今日且共首座搭對。'"（《通俗編》卷十三 P287）

【搭猱】dānáo　俗以不情者爲搭猱，唐人已有此語。周顓處士《答賓從絶句》云："十載文章敢憚勞，宋都迴鶻爲風高，今朝甘被花枝笑，任道尊前愛搭猱。"（《能改齋漫錄》卷二 P28）

　　　　《能改齋漫錄》："俗以不情者曰搭猱。唐人已有此語。周顓處士答賓從絶句云：'今朝甘被花枝笑，任道尊前愛搭猱。'"按：詩傳：猱，猨屬。今人有搭猱風之諺。（《通俗編》卷二十八 P631）

【搭脊】dājí　參見［禪襟］。（《通雅》卷三十六 P1111）

【搭羅兒】dāluó'ér　《武林舊事》載諸小經紀，有髮垜兒、搭羅兒、香袋兒、符袋兒、襷膊兒。按：搭羅，乃新涼時孩子所戴小帽，以帛維縷，如髮圈然。（《通俗編》卷二十五 P564）

【搭護】dāhù　鄭思肖詩："聰笠氊靴搭護衣，金牌駿馬走如飛。"自注："搭護，元衣名。"按：俗謂皮衣之表裏具而長者，曰搭護。頗合鄭詩意。《居易錄》言："褡襫，半臂衫也。起于隋時，內官服之。"乃名同而實異。（《通俗編》卷二十五 P561）

【搭鉤】dāgōu　參見［銙鉤］。（《蜀語》P2）

【搭鎜】dāpàn　參見［了鳥］。（《通俗編》卷二十四 P546）

【搇搑】nǎnnuò　拮据曰搇搑。（《札樸》卷九 鄉里舊聞 鄉言正字附 雜言 P330）

【搋拔】yàbá　越人以人之有算計者曰搋拔。（《釋諺》P130）

【搇】wěi　捫摸曰搇。（《通俗文》釋言語上 P3）

【搇觸】wěichù　初委反。搇，摸也。《通俗文》："捫摸曰搇。"有作搈。初委都果二反。《廣疋》："揣，試也，量也。"（《一切經音義》卷七十 17P2795）

【搇（編者按：當作桚）株】nièzhū　上五葛

反，下陟殊反。《考聲》云："殺樹之餘株杌也。"《説文》作櫱，是杌上再生櫱也，非此用。《説文》："栫，伐木餘也。"正作櫱，從木獻。（《一切經音義》卷八十二 13P3230）

【揩扴】kāijiá　摩夐聲曰揩扴。揩，平聲，《博雅》："摩拭也。"扴，訖黠切，音戛，《説文》："刮也。"《廣韻》："揩扴物也。"韓愈《征蜀聯句》："室晏絲曉扴。"註："機杼揩扴聲。"（《燕説》卷一 P10）

【揩摩】kāimó　客皆反。《考聲》云："摩，拭也。"（《一切經音義》卷十六 11P613）

【捌】zè　音賊。《廣韻》："捌，打也。"案：捌，拳擊首也。吳中曰捌栗暴。（《吳下方言考》卷十一 P18）

【揚聲】yángshēng　樂府《江陵樂》："逢人駐步看，揚聲皆言好。"《朝野僉載》："宗元成門外揚聲，奮臂直入。"（《通俗編》卷十七 P368）

【提】dǐ　參見［打］。（《越言釋》卷下 P21）

【提地】tídì　婦人冠冠曰提地。《野獲編》："京師稱婦人所帶冠爲提地。蓋鬆髻二字俱入聲，北音無入聲者，遂訛至此。"（《燕説》卷三 P14）

【提拔】tíbá　《南史·衡陽公諶傳》："弟誅謂蕭季敞曰：'君不憶相提拔時耶？'"《庾子山集》："天澤沛然，謬垂提拔。"（《通俗編》卷十三 P285）

【提挈】tíqiè　《漢書·張耳傳》："以兩賢左提右挈。"師古曰："提挈，言相扶持也。"（《通俗編》卷十三 P285）

【提提】shíshí　"弁彼鷖斯，歸飛提提。"按：……提提讀如匙匙，群飛聲也。……蓋群飛之翅聲。今人謂蠅聲曰"提提"（匙），謂蚊聲曰"提提"（匙）。（《越言釋》卷下 P21）

【揭】jiē　參見［操］。（《越諺》卷下 單辭隻義 P13）

【揭帖】jiétiē　《通雅》："宋元豐中，詔中書寫例一本納執政，分令諸房揭帖，謂揭而帖之。古'貼'、'帖'通用，《世説》'以如意帖之'是也。今人因有'揭帖'之名。"（《通俗編》卷六 P124）

【揣財】chuāicái　初疊反。顧野王謂："相量度也。"《廣雅》："揣，動也。"《説文》："量也，從手耑聲。"（《一切經音義》卷七十六 9P3010）

【揣觸】chuǎichù　古文㪜同。初委反，謂測度前人也。江南行此音。又音都果反，揣，量也，試也。北人行此音。案：論意字宜作揣，初委反。揣，摸也。《通俗文》："捫摸曰揣。"是也。（《一切經音義》卷七十四P2770）

【揥突】hútū　舉事無分曉曰鶻突。鶻當作揥。揥，若骨切。用力而無方便之貌。《莊子》："揥揥然用力多而見功少。"突，陀骨切。竈窗也，煙所出常暮，又不明也。（《方言據》卷上 P3）

【插嘴】chāzuǐ　《五燈會元》慧林深有"插嘴厮罵"語。按：《説文》："婨音同插。"解云："疾言失次也。"俚言插嘴當从女作婨爲正。（《通俗編》卷十七 P372）

【插打】chādǎ　《劉公嘉話錄》："范希朝赴鎮太原，辭省中郎官曰：'郎中但處分事，如三遍不應，任郎中下手插打。'插打，爲造箭者插羽打幹，謂隂箭射我也。"（《通俗編》卷八 P171）

【揪】jiū　參見［揥］。（《燕山叢錄》卷二十二 長安里語 人事 P2）

【揰】dǒng　撞之曰揰。揰音董。（《蜀語》P34）

衝之曰"揰"。揰音董，推擊也。見《集韻》及《蜀語》。（《里語徵實》卷上 一字徵實 P14）

【搜】sōu　（兄侯反）入室求曰搜。（《通俗文》釋言語上 P4）

【搜括】sōukuò　《南史·梁武帝紀》："詔凡郡國舊族，邦內無在朝位者，選官搜括，吏部有一人。"今則專爲指斥徵掠財物者通稱矣。（《直語補證》P30）

【挨擦】āicā　推人而前曰挨擦。（《札樸》卷九 鄉里舊聞 鄉言正字附 雜言 P331）

【捊】lǜ　漬物去水曰捊。（《札樸》卷九 鄉里舊聞 鄉言正字附 雜言 P331）

律。挂渣瀝汁。《集韻》（《越諺》卷下 單辭隻義 P13）

參見［潭］。（《燕説》卷二 P10）

【揜唱】yǎnchàng　上淹儼反。《毛詩傳》云："揜，撫也。"《字書》作奄，又從手作掩，訓義同。《説文》云："揜，覆斂也。從手弇聲。"（《一切經音義》卷八十九 6P3422）

【援】yuán　謝康樂有《田南樹園激流植援》詩云：“激澗代汲井，插槿當列墉。”《晉書·桑虞傳》：“虞園瓜果初熟，有人踰垣盜之。虞以園援多棘刺，恐盜驚走致傷，使奴爲之開導。”馥案：“援”，《集韻》作“楥”，籬也，音于眷切。”（《札樸》卷三　覽古 P90）

【揔】zōng　手捉頭曰揔也。（《通俗文》釋言語上 P2）

【揔牙管】zǒngyáguǎn　案：揔，自下擊上也。吳中以拳擊人頤曰揔牙管。（《吳下方言考》卷一 P2）

【掆】hōng　揮斥曰掆。掆音轟。《集韻》：“揮也，或作掆。”（《燕説》卷二 P3）

【揰撞】chéngzhuàng　觸牾曰揰撞。（《札樸》卷九　鄉里舊聞　鄉言正字附　雜言 P330）

【揰觸】chéngchù　觸突人曰揰觸。揰、敐同，音根。（《肯綮錄》P1）

【搚】❶ǎn　搚，手覆。音黚黭之黭，覃韻。（《目前集》後卷 P2152）
　　　以手按物曰搚，烏感切。藏也，手覆也。（《方言據》卷上 P7）
　　　“安”上聲。手覆蟲物。《正韻》。（《越諺》卷下　單辭隻義 P13）
　　❷yàn　棄物曰搚。於陷反。（《肯綮錄》P2）

【搚青盲】ǎnqīngmáng　按青盲。即《瑯嬛記》“捉迷藏”。錦帕裹目，相捉爲戲。（《越諺》卷中　技術 P60）

【搓】cuō　參見［攃］。（《越諺》卷下　單辭隻義 P13）

【搚】❶ké　手捉曰搚。搚音客。（《蜀語》P33）
　　　以手持物曰搚。搚音客。《集韻》：“手把著也，本作拘。”拘，又丘加切，髂平聲，挖也。（《燕説》卷二 P4）
　　❷qiā　客。手把項不放。《唐韻》。（《越諺》卷下　單辭隻義 P13）

【揂購】sōugòu　上所周反。杜注《左傳》：“揂，閟也。”《字書》：“求也。”《説文》：“從手安聲。”傳從叟作搜，俗字也。下溝漏反。《説文》：“以財有求曰購，從貝冓聲。”（《一切經音義》卷八十三 2P3239）

【揮攉】huīhuò　闊張曰揮攉。（《札樸》卷九　鄉里舊聞　鄉言正字附　雜言 P330）

【揮斫】huīzhuó　上音暉，下章若反。運以猛利智劍，斷一切分別心，名爲揮斫。一切有情，即未來佛也。（《一切經音義》卷十 20P399）

【揮霍】huīhuò　張衡《西京賦》：“跳丸劍之揮霍。”陸機《文賦》：“紛紜揮霍。”按：《文選註》但訓疾貌。焦竑《字學》云：“搖手曰揮，反手曰攉。”以今恆語驗之，焦訓似得。（《通俗編》卷十二 P262）

【揙】❶biǎn　音褊，一正一歪也。小蛤曰“揙口”。從《集韻》。（《越諺》卷下　單辭隻義 P12）
　　❷biàn　辮。篾絲線斜纏編之，曰“揙”。與人不直行曰“戲揙頭”，其人不直曰“揙綹”，是也。（《越諺》卷下　單辭隻義 P12）

【揙口】biǎnkǒu　參見［揙］。（《越諺》卷下　單辭隻義 P12）

【握槧】wòqiàn　才敢反。《釋名》云：“槧，板之長三尺。”《韻詮》云：“以板爲書記也。”《説文》：“牘樸也。”又《音義集訓》云：“削版而記事者也。”（《一切經音義》卷十 11P381）

【握齪】wòchuò　《史記·司馬相如傳》：“委瑣握齪。”《漢書·酈食其傳》：“握齱好苛禮。”應劭曰：“握齱，急促之貌。”韋昭曰：“握齱，小節也。”《晉書·張茂傳》：“茂築靈鈞臺，周輪八十餘堵，高九仞。吳紹諫曰：‘遐方異境窺我之齷齪也，必有乘人之規。’”案：紹意以修臺爲不急之小事，與韋説合。（《札樸》卷三　覽古 P90）
　　　參見［局促］。（《里語徵實》卷中下　二字徵實 P19）

【握齪】wòchuò　參見［握齪］。（《札樸》卷三　覽古 P91）

【摒擋】bìngdǎng　除物曰摒擋。（《通俗文》釋言語上 P24）
　　　卑政反，下都浪反。謂埽除也。《廣雅》云：“摒，除也。”（《一切經音義》卷七十三 11P2892）

【揆則】kuízé　渠癸反。《詩》云：“揆之以日。”傳曰：“揆，度也。”謂度量軌法也。（《一切經音義》卷九 11P342）

【揆摸】kuímō　揆葵祭反。《毛詩傳》曰：“揆，度也。”《桂苑》云：“商量測度於事曰

揆。《説文》：“從手癸聲也。”下莫胡反。《字林》：“摸，法也。”《説文》：“規也。”（《一切經音義》卷三 1P107）

【掻刮】sāoguā　上掃遭反，下關八反。鄭注《禮記》：“刮，摩也。”《説文》：“掊把也，從刀舌聲也。”（《一切經音義》卷七十六 4P2999）

【掻擾】sāorǎo　王符《潛夫論》云：“邊陲掻擾。”（《通言》卷一 P18）

【掻背爬】sāobèipá　削角竹作手形，脊背癢處，手不能及，以此代之，名掻背爬。案：呂藍玉《言鯖》云：“卽古之如意，杖以其如人之意，故名，亦曰爪杖。”（“王敦以如意擊唾壺”，“韋叡以白角如意麾軍”，“唐憲宗賜李訓犀如意”，“王昭遠執鐵如意指揮軍事”皆是。）今之如意作雲頭屈曲狀，釋氏以文殊執之，道家以梓潼文昌執之，殊失古制。（《土風錄》卷三 P201）

【掻頭】sāotóu　元人畫《美女吹簫圖》，左手持簫，右手持纖物長數寸。同年張船山問此何物，余曰：“掻頭也。吹者心有所思，思之不見，則掻首耳。吹簫神理難見，故借掻首示意。猶《棧道圖》人馬登陟，旁有漁翁垂釣，正以此翁之閒適，寫征人之勞劇也。此乃畫家三昧。”（《札樸》卷六 覽古 P179）

【揉抄】róusuō　以事難人曰揉抄。（《客座贅語》卷一 方言 P11）

【揉挼】róuruó　手捫物曰揉挼。（《札樸》卷九 鄉里舊聞 鄉言正字附 雜言 P331）

【搴】áo　音凹。《公羊傳·宣二年》：“膳宰熊蹯不熟，公怒，以斗搴而殺之。”案：搴，亂擊也。吳諺謂信手而擊曰搴，字從手，敖聲。（《吳下方言考》卷五 P10）

【摹影】móyǐng　上慕胡反。《埤蒼》云：“摹，取象也。”《説文》：“規也，從手從莫聲。”（《一切經音義》卷七十七 10P3051）

【摹姑】mógū　小兒羸病謂之摹姑。……此謂巫蠱爾。轉爲摹姑。此病未卽殂斃而惙惙不除，有似巫祝厭蠱之狀，故祭酹出之。或云漢武帝末年多所禁忌，巫蠱之罪遂及貴戚，故其遺言徧于三輔，至今以爲口實也。（《匡謬正俗》卷八 P100）

【搴查】bānchá　盤查本“搴查”。搴音盤。《説文》：“搴攄，不正也。”今俗稱“盤查”，宜

用“搴”字。又“搬移”“搬演”，卽“搴”字變寫。（《里語徵實》卷中下 二字徵實 P11）

【搴棋】póqí　取棋子曰搴棋。音婆。（《肯綮錄》P1）

【搆挧】gōuluō　上鈎豆反。下樂造反，謂取乳也。（《一切經音義》卷二十五 11P971）

【摸】mō　莫。暗索曰“摸”。（《越諺》卷下 單辭隻義 P14）

　　吳中鄙語以閒遊爲盪、爲摸也。（《語實》P142）

【摸夜友】mōyèyǒu　夜游人。（《越諺》卷中 惡類 P15）

【摸索】mōsuǒ　劉餗《隋唐佳話》（編者按：“佳”當作“嘉”）：“許敬宗性輕傲，見人多忘之，或謂其不聰，曰：‘卿自難識，若遇何、劉、沈、謝，暗中摸索著亦可識。’”按：今悉以此爲科場閱選之語，其實無關也。“索”一作“挼”。《集韻》：“摸挼，押挼也。”（《通俗編》卷十三 P285）

　　參見［弄挼］。（《越言釋》卷上 P16）

　　參見［摸挼］。（《通雅》卷五 P225）

【摸挼】mōsù　押挼也。（玄應《大愛道比丘尼經上音義》）摸取象也。（慧琳《辯正論四音義》。按：此“摸”當作“摹”。）（《埤蒼》P25）

【摸挼】mōsuǒ　作事之不果決者曰摸挼，曰胭膩，曰乜斜，曰落索，曰塌僞。（《客座贅語》卷一 方言 P11）

　　押挼也。此解參見《唐韻》《韻會》。今俗實有押挼之語。《南史》：“暗中摸索。”始有此二字。戴氏譏爲俗字，余以爲卽摹字。《楊子》：“三摹九据。”今特移手于旁耳。後人特轉平聲爲入聲。如蘇味道摸稜，尚是平聲。《增韻》又載摸撳。《卮言》《盧氏雜記》：“味道拜相時，以手摸淋稜。”焦氏曰：“當作莫索。”《漢逢盛碑》摸作园（編者按：當作囶）。（《通雅》卷五 P225）

　　參見［摸索］。（《通俗編》卷十三 P285）

　　參見［押挼］。（《客座贅語》卷一 方言 P12）

【摸盲盲】mōmángmáng　小兒以巾掩目，暗中摸索，謂之摸盲盲。始于唐明皇、楊妃之戲，號捉迷藏。（《談徵》事部 P66）

　　小兒以巾掩目，暗中摸索謂之摸盲盲，

始於唐明皇、楊貴妃之戲，號捉迷藏。見
《虛閣雜組》。(《土風錄》卷二 P193)

【摸瞎】mōxiā　燕都燈市，十四日，群兒牽
繩爲圓城，空其中方丈。城中兩兒輪以帕
蒙目，一兒持木魚，時敲一聲，旋易其城地
以誤之；蒙目者聽聲猜摸，以巧遇奪魚爲
勝，則拳擊持魚者。出之城外，而代之執魚
者，又輪一兒入摸之。名曰"摸瞎"。(《里
語徵實》卷中下　二字徵實 P12)

【摸瞎魚】mōxiāyú　羣兒牽繩爲圓城，空其
中方丈。城中輪着二兒，各用帕，厚蒙其
目，如瞎狀。一兒手執木魚，時敲一聲，而
旋易其地以誤之。一兒候聲往摸，以巧遇
奪魚爲勝。則拳擊執魚兒，出之城外，而代
之執魚輪人，一兒摸之。(《宛署雜記》卷十
七 P191)

【摸稜】mōléng　《唐書・蘇味道傳》："謂人
曰：'決事不欲明白，悞則有悔，摸稜持兩端
可也。'"故世號摸稜手。(《通俗編》卷六
P114)

　　唐蘇味道爲相，依阿取容。嘗謂人曰：
"決事不欲明白，但摸稜持兩端可也。"時號
"摸稜子"。(《里語徵實》卷中上　二字徵實
P33)

【搏撮】bócuō　上補各反。《廣雅》："搏，繫
也。"《玉篇》："拍也，拊也。"下倉捊反。《字
林》、《切韻》："手取也。"《廣雅》："持也。"
《釋名》："撮，卒也，謂暫卒取也。"《玉篇》：
"四圭曰撮。又，三指撮。"有作子括反音，
音非此義。《切韻》手把作攥，子活反。
(《一切經音義》卷二十七 14P1071)

【搏逐】bózhú　補各反。《廣雅》："搏，擊
也。"《韻詮》云："手擊也。"《蒼頡篇》："至
也。"《聲類》："捕也。"《説文》："索持也。"
……下蟲六反。顧野王曰："逐，追也，驅
也。"《説文》："逐，走也。"(《一切經音義》卷
十三 5P484)

【搣】miè　手裂物曰搣。搣音滅。(《蜀語》
P14)

【揭浪】tàlàng　越中舟人以破絮襖等物抹
刷船板桌几，呼曰揭浪。(《釋諺》P97)

【揭搚】tàzá　《女論語》："洒埽灰塵，撮除
揭搚。"(《恒言廣證》卷二 P41)

【搁】hù　手推曰搁。(《札樸》卷九　鄉里舊
聞　鄉言正字附　雜言 P331)

　　笞枝打人曰搁。笞音條。搁，花入聲。

《説文》："手推之也。"俗呼"搁開"，如小兒
頑皮，用笞枝搁之皆是。(《里語徵實》卷上
一字徵實 P16)

【搵】wèn　"溫"去聲。指蘸物也。"醬油搵
搵。"見《子虛賦》註。(《越諺》卷下　單辭隻
義 P13)

【擋兜】hāidōu　以網兜物曰擋兜。擋，呼
孩切。今俗通有此稱。(《言鯖》卷下 P22)

　　撈魚具曰擋兜，見章黼《韻學集成》：
"擋，網也。"俗云擋兜，音海，平聲。(《土風
錄》卷五 P230)

【撇道】piědào　足。(《墨娥小錄》卷十四
P8)

【搗】dǎo　參見[督]。(《越言釋》卷上 P5)

【撧】chuāi　拳手挃曰撧也。(《通俗文》釋
言語上 P6)

【搬演】bānyǎn　參見[擘查]。(《里語徵
實》卷中下　二字徵實 P11)

【搬移】bānyí　參見[擘查]。(《里語徵實》
卷中下　二字徵實 P11)

【搖老】yáolǎo　舌。(《墨娥小錄》卷十四
P8)

【搖裔】yáoyì　上余晉反，下夷祭反。隨風
兒也。(《一切經音義》卷十二 8P454)

【搖錢樹】yáoqiánshù　楊用修曰："《孟子
注疏》……'西子蒙不潔'，注云：'西施，越
之美女。過市，欲見者先輸金錢一文。'
……若西施事，亦後世搖錢樹之比也。"
……錢樹，出唐人小説：某伎人死，其子謂
母曰："錢樹子倒矣。"(《雅俗稽言》卷二十
四 P18)

【搯】tāo　抓也。(玄應《大比丘三十威儀上
音義》。慧琳《龍樹菩薩勸誡王頌音義》。
《文選・馬融〈長笛賦〉》注引"抓"作"爪"。
(《埤蒼》P24)

　　官府追捕罪人曰"搯"。蓋近世之爲官
府者多好作市語，去曰"搯去"，來曰"搯
來"。而越人乃訛其音作肯嫁切，以至禽鳥
蟲魚，無不言搯者，尤爲無義。或曰此字當
爲"喀"音之轉。(《越言釋》卷上 P23)

　　參見[抓]。(《埤蒼》P24)

【搶】qiǎng　帆上風曰搶。搶，此亮切，鏘上
聲，今舟人曰掉搶。庾闡《揚都賦》："艇子
搶風，榜人逸浪。"(《燕説》卷三 P8)

【搶籬】qiǎnglí　參見[巴飛栀]。(《通雅》

卷三十八　P1167）

【搶風】qiāngfēng　搶音鏹去聲。庾闡《揚都賦》：“艇子搶風。”案：搶風，逆風挂帆，因斜舟以受風使行也。吳中謂之折搶。（《吳下方言考》卷八　P5）

【捦】qìn　邱禁切。按物也。《集韻》。（《越諺》卷下　單辭隻義　P14）

【搊】chōu　善迎人之意而助長之曰搊。（《客座贅語》卷一　詮俗　P8）

扶掖曰搊，又曰揪。（《燕山叢錄》卷二十二　長安里語　人事　P2）

【搊搚】chōuzhì　上邉鄒反。《考聲》云：“以手指鉤也。”……下直炙反。《切韻》：“振也，投也。”（《一切經音義》卷續五9P3886）

【搪塞】tángsè　唐彥謙詩：“阿母出搪塞，老脚走顛躓。”按：“搪”字當只作“唐”，《淮南子·人間訓》：“唐有萬穴，塞一，魚遽無由出。”蓋即“唐塞”二字之本。（《通俗編》卷十二　P264）

【搪席】tángxí　承塵曰搪席。搪音唐。《方言》：“搪，張也。”一曰仰塵。（《蜀語》P25）

【搪突】tángtū　參見［唐突］。（《能改齋漫錄》卷一　P9）

參見［唐突］。（《雅俗稽言》卷十七P14）

【搒】péng　音旁午之旁。許氏《說文》：“搒，掩也。”案：搒，掩門也。吳諺謂掩門而不拴曰搒。（《吳下方言考》卷八　P5）

“脖”平聲。“搒花”“搒毬”。手屢掩也。出《說文》。（《越諺》卷下　單辭隻義P13）

【搒笞】péngchī　白盲反。顧野王：“搒，擊也。”《字書》：“捶也。”《說文》從手旁聲。下恥持反。《說文》：“笞，擊也。從竹台聲也。”（《一切經音義》卷十六12P614）

【搒】sǒng　推之曰搒。音聳。《蜀語》P33）

以手相推曰搒。搒與攃同。《集韻》：“損動切，上聲，推也。”（《燕說》卷二P3）

推之曰“搒”。音聳，推也。見《集韻》及《蜀語》。（《里語徵實》卷上　一字徵實P14）

【搛】jiān　俗呼牛羊犬豕去勢俱曰搛。（《俚言解》卷二　24P41）

【搎撒】shuòsǎ　跪。（《墨娥小錄》卷十四P7）

【搩道】tàndào　他含反。《爾雅》：“搩，取也。”《說文》：“遠取曰搩也。”（《一切經音義》卷三十三　13P1334）

【搲】wā　手捉物曰搲。搲，烏瓜切，又烏瓦切。《類篇》：“吳俗謂手爬物曰搲。”（《燕說》卷二P7）

蛙。指甲爬臉。又“搲船”。從《類篇》。（《越諺》卷下　單辭隻義P13）

【搉】què　確。越言商量署舉都凡曰“肚裏搉一搉”。即《莊子》“揚搉”。（《越諺》卷下　單辭隻義P13）

【搲拭】sǎoshì　上桑老反。《廣雅》：“搲，除也。”……下傷力反。郭璞注《爾雅》云：“清潔也。”（《一切經音義》卷二　12P95）

【搌】zhǎn　拭物曰搌。搌音展，又展去聲。《集韻》：“捲也，拭也。”按：今俗呼拭物之布曰搌布。（《燕說》卷二P5）

【搦】nuò　昵格切。指掌緊握。“捉搦”。《廣韻》。（《越諺》卷下　單辭隻義P13）

【搦拳】nuòquán　又作㧱，同。女卓女革二反。搦，捉。《說文》：“搦，按也。”（《一切經音義》卷二十八　18P1138）

【搣】pī　披。同“劈”“剧”。剖肉爲薄片。又“搣葱”。《集韻》。（《越諺》卷下　單辭隻義P13）

【搡】sàng　“賞”去聲。故與人物，令其難受。《集韻》。（《越諺》卷下　單辭隻義P12）

【摯鳥】zhìniǎo　參見［天女］。（《蘇氏演義》卷下P29）

【搆】gòu　搆，捋取牛羊乳。（《通俗文》釋言語上P20）

【搮】lüè　撩起曰搮。搮音略。（《里語徵實》卷上　一字徵實P28）

【摩牙】móyá　《文選·長楊賦》：“鑿齒之徒，相與摩牙而爭之。”按：俗以口舌相競爲摩牙，似即借用其語。（《通俗編》卷十六P347）

【摩踵】mózhǒng　鍾勇反。《蒼頡篇》云：“踵，足跟也，或從足作踵，亦通。”（《一切經音義》卷八十二　7P3218）

【摩敦】módūn　《周書·宇文護傳》：“母閻氏與護書，呼我作‘阿摩敦’。”又，護報書：“齊朝解網，惠以德音。摩敦、四姑，並許矜

放。"(《稱謂錄》卷二　方言稱母 P9)

【摩抄】mósuō　蘇河反。《聲類》:"摩抄,捫摸也。"《釋名》:"摩抄,抹搣也。搣音桑葛反。"(《一切經音義》卷七十五 18P2981)

【摩搼】móruó　奴和反。《説文》:"摧也。"又云:"兩手切摩也。從手,從女,禾聲也。"(《一切經音義》卷十五 22P590)

　　兩手相切曰摩搼。(《札樸》卷九　鄉里舊聞　鄉言正字附　雜言 P331)

【摩捫】mómén　莫奔反。《聲類》云:"捫,摸也。"《字林》:"捫,撫持也。"案:捫持謂手把執物也。故諸經中有作摩提日月是也。(《一切經音義》卷九 9P338)

【摩訶】móhē　《翻譯名義》:"梵音摩訶,此云大多勝也。"按:今浙西郊野間,民有以多爲摩訶者,當原于此。(《通俗編》卷三十二 P706)

【搏丸】tuánwán　參見[搏換]。(《南村輟耕錄》卷二十四 P294)

【搏換】tuánhuàn　劉元,……師事青州杞道錄,傳其藝非一,而獨長於塑。……凡兩都名刹,有塑土範金,搏換爲佛,一出元之手,天下無與比。所謂搏換者,漫帛土偶上而髹之,已而去其土,髹帛儼然像也。昔人嘗爲之,至元尤妙。搏丸又曰脱活,京師語如此。(《南村輟耕錄》卷二十四 P294)

【搏繫】tuánjì　徒桓反。搏,圓也,厚也。《廣疋》:"搏,著也,搏之令相著也。"(《一切經音義》卷七十 13P2787)

【搏食】tuánshí　徒官反。顧野王云:"搏之令相合著也。"(《一切經音義》卷十九 9P724)

　　徒官反。顧野王云:"搏之令相合著也。"《禮記》:"無搏飯也。"《説文》:"從手專聲。"(《一切經音義》卷十九 10P724)

　　或作團,段欒反。《考聲》:"搏,握也。"《毛詩》傳:"聚也。"案:搏食者,衆味相和食也。(《一切經音義》卷十五 3P553)

【摣】zào　攪曰摣。摣音潮去聲。(《蜀語》P18)

　　攪曰摣。摣音趙。《集韻》:"手攪也。"(《里語徵實》卷上　一字徵實 P31)

【摽説】piàoshuō　言語無據曰摽説,謂摽取他人之説也。或云"摽"當作"漂"。漢班固《賓戲》"亡命漂説",師古注云:"漂,浮

也,謂浮浪之説也。"猶《谷永傳》"瞽説",《文選》"華説"也。瞽説,不中道,如無目人。華説,無實也。或作"聽説",謂道聽塗説也。(《俚言解》卷一 35P21)

　　言語無據曰摽説,謂摽取它人之説也。或云摽當作漂。漢班固《賓戲》"亾命漂説",師古注:"漂,浮也。"或作聽説,謂道聽塗説也。摽、漂、聽俱飄上聲。(《雅俗稽言》卷十七 P15)

【撦】chě　手挽曰撦。俗作扯,非。(《蜀語》P13)

　　手挽曰撦。車上聲,裂開也。俗作"扯",非。《博雅》:"撦,拆啓開也。"劉克莊《題跋》:"溫、李諸人,困於搆撦。"(《里語徵實》卷上　一字徵實 P14)

　　采。向人暫借財物曰"撦移付"。又開裂也。"撦布"。《博雅》。(《越諺》卷下　單辭隻義 P12)

【撦移付】chěyífù　撦,采。姑以彼款與此。(《越諺賸語》卷上 P9)

【摣】zhā　遮。五指俱往捉物。"一把摣。"見張衡《西京賦》。(《越諺》卷下　單辭隻義 P14)

【摣掣】zhāchè　又作摣,同。側加反。下又作摩,同。充世反。《釋名》:"摣,叉也。謂五指俱往叉取也。""掣,制也。制頓之使順己也。"掣亦牽也。(《一切經音義》卷七十 8P2777)

　　又作摣,同。側加反。摣,叉也。經文作齹,千何反。齒參差也。齹非此用。(《一切經音義》卷二十八 5P1110)

【搪】táng　撐拒曰搪。搪音唐。《博雅》:"距也。"(《燕説》卷二 P5)

【搪突】tángtū　參見[唐突]。(《雅俗稽言》卷十七 P14)

【摓】lǒu　摓,揪取也。今俗云□□蹬意,然亦必有所取也。落疾切,疾韻。(《目前集》後卷 P2150)

【摓兒】lǒu'ér　小女兒。(《墨娥小錄》卷十四 P6)

【摟摓】lōusōu　《釋名》:"寠數猶局縮,皆小意也。"李詡《俗呼小錄》:"鄙嗇計較者爲摟摓。"摟摓,正寠數之轉也。(《通俗編》卷十五 P332)

　　鄙嗇計較者。見李詡《俗呼小字》。(《越諺賸語》卷上 P6)

【摟摍】lōusōu　取物曰摟摍。摍,先侯切,
漱平聲。《字林》:"摟摍,取也。或作揀。"
(《燕説》卷一 P8)

【摟耳朵】lōu'ěrduǒ　䈚泥多。即"乞耳"。
(《越諺》卷中 服飾 P42)

【摟羅】lōuluó　即䈚羅。黄朝英曰:"梁元
帝詞云:'城内網雀摟羅。'蘇鄂曰:'驟大曰
摟驟。'《顧歡傳》云:'蹲夷之儀,䈚羅之
辨。'《五代史・劉鉒傳》云:'諸君可謂䈚羅
兒矣。'"(《通雅》卷四十九 P1452)
　　　參見[䈚羅]。(《通俗編》卷八 P169)

【摟驟】lōuluó　參見[摟羅]。(《通雅》卷四
十九 P1452)

【摳裂】guóliè　上孤獲反,下連梜反。《廣
雅》:"裂,分也。"《字書》:"擘也。"《文字典
説》:"從衣列聲。"(《一切經音義》卷六十九
6P2738)
　　　轟虢反,下音列。此亦俗談之語,隳壞
之義也。(《一切經音義》卷十九 17P739)

【摞】luò　虜。理也。"摞閒事。"與上"擄"
音同義異。从《越言釋》。(《越諺》卷下 單
辭隻義 P16)

【摞理】luòlǐ　事之已經料理者曰摞理。《集
韻》:"摞音螺,理也。平去二音義同。"(《燕
説》卷一 P7)

【摧拉】cuīlā　或作摺,同。力苔反。《廣
雅》:"摺,折也。"《説文》:"拉,敗也。"(《一
切經音義》卷十七 9P647)

【摑打】zhuādǎ　竹蝸反。《聲類》云:"摑,
捶也。"(《一切經音義》卷六十九 17P2760)
　　　嘲爪反。馬策也,擊也。《聲類》:"捶
也。"……下得冷反。打,捶也,擊也。(《一
切經音義》卷十二 9P556)

【揢】qiè　斜曰揢。揢,且去聲。(《蜀語》
P39)
　　　七夜切。《集韻》㐮捂反。按:今有揢
柱語。又,凡由徑者曰斜揢過去。(《通俗
編》卷三十六 P798)

【抧搭】dōudā　行事纏繞曰抧搭,言其不斷
截也。(《俚言解》卷一 38P22)
　　　參見[矻落]。(《客座贅語》卷一 方言
P11)

【抧踏】dōutà　抧(音兜)踏,取桔槔取水之
義,上以手抧而入,下以脚踏而出,謂其輾
轉不散亂也,借人之難理會意。(《七修類

稿》卷二十三 P349)
　　　參見[兜搭]。(《通俗編》卷十五
P333)

【揉】chuāng　猶撞也。(慧琳《廣弘明集・
二十八・音義》)(《埤蒼》P25)

【摭實】zhíshí　上正石反。《方言》云:"摭,
取也。"《説文》作拓,云:"捨也,從手石聲
也。"(《一切經音義》卷八十七 7P3370)

【摭採】zhícǎi　上征亦反,檢也。經作搜,
非也。(《一切經音義》卷七十八 1P3067)

【摘】zhì　參見[硳]。(《通俗文》釋器用
P70)

【摴】xuàn　手挑物曰摴。摴,隨戀切,音
璇。《集韻》:"手挑物也。"(《燕説》卷二
P5)

【摜習】guànxí　古患反。《説文》:作"貫",
立:"云習也。"《爾雅》亦同。(《一切經音
義》卷二 16P103)

【摷】chāo　音消。張平子《西京賦》:"摷鯤
鮞,殄水族。"案:摷,謂以物攪其巢窟而令
之出也。吳諺謂以竿入巢穴摷物曰摷。
(《吳下方言考》卷五 P10)

【擎拳】qíngquán　下倦員反。何休注《公
羊傳》云:"拳,掌也。"《考聲》云:"拳,手拳
也。"《説文》:"從手卷省聲。"《字書》正作
拳,經文捲,亦同。(《一切經音義》卷七十
八 16P3098)

【摯】dūn　以拳擊人曰摯。摯,都昆切。
《集韻》:"俗謂以拳觸人曰摵,亦曰摯。"
(《燕説》卷二 P7)
　　　敦。斧柄脱則摯之。《集韻》。(《越
諺》卷下 單辭隻義 P11)

【澢】tāng　以手推止曰澢。澢,他郎切,音
湯。(《燕説》卷二 P5)

【摋】xié　束縛謂之摋。(《通俗文》釋言語
上 P5)

【撓撈】náolāo　呼高反,下路高反。《聲
類》:"撓,攪也。"《方言》:"撈,取也。"注云:
"謂以鉤物取也。"(《一切經音義》卷七十五
22P2990)

【撓頭】náotóu　不梳頭曰撓頭。(《燕山叢
錄》卷二十二 長安里語 身體 P6)

【撻术】tàzhú　蛺蝶,一名野蛾。江東人謂之
撻术,色白背青者是也。其大者或黑色,或
青斑,曰鳳子,一名鳳車,一名鬼車,生江南

柑橘園中。(《蘇氏演義》卷下 P29)

【撻煞】tàshā　（事之）有歸着曰撻煞,曰合煞,曰與結。(《客座贅語》卷一 方言 P12)

【撒】sǎ　《吳志•潘濬傳》:"孫權數射雉,濬諫之。出見雉翳,手自撒壞。"按:《説文》:"𥯤𥯤,散之也。"《集韻》謂"𥯤撒"同。此字古記少見,而今言"撒手""撒潑"之屬甚多。(《通俗編》卷十二 P264)

【撒化錢】sǎhuāqián　參見[撒花錢]。(《七修類稿》卷二十四 P376)

【撒噴】sǎpēn　埋。(《墨娥小錄》卷十四 P6)

【撒帳】sǎzhàng　《夢華錄》:"凡娶婦,男女對拜畢就床,男向右,女向左坐,婦女以金錢綵菓散擲,謂之撒帳。"《戊辰雜抄》:"撒帳始于漢武帝。李夫人初至,帝迎入帳中,共坐,飲合卺酒,預戒宮人遙撒五色同心花果,帝與夫人以衣裾盛之。云'得多,得子多'也。"按:佛家有珍珠撒帳之説,泉志有撒帳錢。(《通俗編》卷九 P191)

　　孟氏《夢華錄》云:"凡娶婦,男女對拜畢,就牀,女向左男向右坐,婦女以金錢綵果撒擲,謂之撒帳。"(唐睿宗女荊山公主出降,有撒帳金錢,大徑寸,文曰:"長命守富貴。")(《土風錄》卷二 P191)

【撒帳果】sǎzhàngguǒ　新婦入房,羽士祝婚者撒之。《夢華錄》大同小異。(《越諺》卷中　風俗 P62)

【撒帳金錢】sǎzhàngjīnqián　參見[撒帳]。(《土風錄》卷二 P191)

【撒摟】sālǒu　頭。(《墨娥小錄》卷十四 P7)

【撒花】sǎhuā　參見[撒花錢]。(《七修類稿》卷二十四 P376)

　　參見[撒花錢]。(《通俗編》卷二十三 P513)

【撒花錢】sǎhuāqián　三佛齊國來朝貢時,跪於殿陛,先撒金錢花,次真珠龍腦,謂之"撒花",蓋胡人至重禮也。後北兵犯闕,索民財與之,謂之"撒花錢",以重禮媚胡耳。(出《坦齋草》)今人不知所來,……以謂如化緣一類謂之"撒化錢",反以花字爲訛。(《七修類稿》卷二十四 P371)

　　《心史》:元兵犯宋,凡得州縣鄉村,排門脅索金銀,曰撒花。《元典章》:"中統庚

申詔,凡拜見、撒花等物,並行禁絕。"又,"官司收捕草賊,賊有降者,將劫擄財物于收捕官處作撒花錢,並宜禁斷。"(《通俗編》卷二十三 P513)

【撒青】sǎqīng　菜。(《墨娥小錄》卷十四 P5)

【撩】liáo　故以言與事招人使我應,曰撩。(《客座贅語》卷一 詮俗 P7)

【撩理】liáolǐ　理亂謂之撩理。(《通俗文》釋言語下 P35)

【撩淺】liáoqiǎn　開河不竭水而以器撈泥曰撩淺,見《五代會要》:"吳越置都水營,田使募卒爲都,號曰撩淺。"(《土風錄》卷六 P243)

【撩摘】liáozhì　上力彫反。《博雅》:"撩,取也。"《説文》:"理也。"下呈石反。《説文》:"摘,投也。"傳文作擲,俗亦通用。(《一切經音義》卷七十四 6P2921)

【撩擲】liāozhì　遼調反。謂遙擲也。(《一切經音義》卷十九 19P742)

【撲】pū　連杖曰撲。(《通俗文》釋言語上 P5)

　　爭倒曰撲。(《通俗文》釋言語上 P5)

　　四走而追人,或捕人曰撲。(《客座贅語》卷一 詮俗 P8)

　　《字林》:"手相搏曰撲。"《通俗文》:"爭倒曰撲。"《晉中興書》:"石勒與李陽共相打撲。"是也。又,秦漢之刑曰"囊撲"。《説苑》:"陛下車裂假父,囊撲兩弟。"《東觀漢記》:"鄧太后收杜根,囊盛撲殺之。執法者私語行事人,使不加力。"《先賢行狀》:"杜根伏誅,誅者皆絹囊盛於殿上撲地,根以撲輕得蘇息。"又,器曰撲滿,滿則撲地破之。《西京雜記》:"國人贈公孫弘撲滿一枚"是也。(《札樸》卷四 覽古 P115)

【撲交】pūjiāo　參見[爭交]。(《通俗編》卷八 P172)

【撲剌】pūlà　錯亂曰撲剌。(《宛署雜記》卷十七 P194)

【撲水】pūshuǐ　今官人公廨正堂前有簽樓三間,謂之撲水,獄囚于此對簿,即今之滴水。亦用木爲之,不用簽樓矣。(《言鯖》卷上 P11)

　　廳前複室曰撲水,見《老學庵筆記》:"蔡京賜第宏敞,老畏寒,惟撲水少低,乃

作臥室。"洪容齋《夷堅志》作"撲風版"。（《土風錄》卷四　P214）

【撲滿】pūmǎn　又，器曰撲滿，滿則撲地破之。《西京雜記》："國人贈公孫弘撲滿一枚"是也。（《札樸》卷四　覽古　P115）

撲滿者，以土爲器，以蓄錢具。有入竅而無出竅，滿則撲之。（《談徵》物部　P47）

【撲漉】pūlù　振翼聲曰撲漉。《冷齋夜話》載龍女詞云："數點雪花亂委，撲漉沙鷗驚起。"（《燕說》卷一　P10）

【撲騰】pūtēng　身之失跌曰撲騰。（《客座贅語》卷一　方言　P12）

【撲風版】pūfēngbǎn　參見［撲水］。（《土風錄》卷四　P214）

【撑】chēng　計去同事者而己得容焉曰撑。（《客座贅語》卷一　詮俗　P8）

雨傘曰撑。撑音村，若作支柱解，則音寸。俗從掌，非。（《里語徵實》卷上　一字徵實　P25）

【撑四】chēngsì　好。（《墨娥小錄》卷十四　P9）

【撮】cuō　從曳人使爲之，或奮而往，曰撮，或曰鼓，或又曰獎。（《客座贅語》卷一　詮俗　P8）

粗。（《墨娥小錄》卷十四　P9）

《史記・倉公傳》："菑川王美人懷子不乳，意以莨菪藥一撮，以酒飲之，旋乳。"按：今醫家量藥曰撮，本此。（《通俗編》卷二十一　P472）

【撮弄】cuōnòng　撮弄亦名手技，卽俚俗所謂做戲法也。（《通俗編》卷三十一　P692）

參見［社夥］。（《談徵》言部　P33）

【撮合山】cuōhéshān　《元曲選》馬致遠《陳搏高臥》、喬孟符《揚州夢》、鄭德符《㑳梅香》俱用此語。俚俗以爲媒之別稱。（《通俗編》卷十三　P280）

【撢】chán　參見［刮］。（《客座贅語》卷一　詮俗　P10）

【撟】jiǎo　"橋"上聲。舉也。"撟石頭"。《說文》。（《越諺》卷下　單辭隻義　P14）

【撟亂】jiǎoluàn　居夭反。謂假詐誑惑也。《說文》："撟，擅也，擅稱上命曰撟。"字體從手從喬，今皆作矯也。（《一切經音義》卷七十九　P2779）

【撟僞】jiǎowěi　上撟小反。鄭注《周禮》

云："撟，稱詐以有爲也。"顧野王云："假稱爲之撟。"賈逵云："非先王之法曰撟。"《楚辭》云："撟兹媚以弘廈。"《說文》："擅也，從手喬聲。"錄本從矢作矯，音則同，乖於義也。（《一切經音義》卷八十七　4P3364）

【撟詐】jiǎozhà　嬌夭反。顧野王曰："假稱謂之撟。"《字書》："妄也。"《說文》："從手，喬聲也。"經文從矢作矯，俗用，非正體也。（《一切經音義》卷三　7P119）

【撟誑】jiǎokuáng　賈注《國語》云："非先王之法曰撟。"《集訓》："撟，詐也。"《說文》："撟，擅也。"《考聲》云："妄也。"顧野王云："假稱謂之撟。"從手喬聲。經丈從夭作矯，俗用，非本字也。（《一切經音義》卷六　4P218）

【搭】dā　擊曰搭。搭音答。《五聲譜》："搭，打也，如漂洗曰搭，抖塵亦曰搭。"（《蜀語》P31）

以手輕扑人曰搭。《音譜》："搭，打也。"見《廣韻》。（《直語補證》P38）

【搭色嫪】dāsèlào　指瞞妻別私之婦。（《越諺》卷中　惡類　P16）

【擒縶】qínzhí　及林反。《考聲》："擒，捉也。"或作擒，《說文》作捦。急持也。……下張邑反。《毛詩傳》曰："縶，絆也。"杜注《左傳》云："拘縶也。"（《一切經音義》卷八　14P307）

【撚】niǎn　趕出去曰撚出去。（《燕山叢錄》卷二十二　長安里語　人事　P2）

【撚作】niǎnzuò　喫。（《墨娥小錄》卷十四　P5）

【撚金】niǎnjīn　《升庵全集》（卷六十六）："《唐六典》有十四種金：曰銷金，曰拍金，曰鍍金，曰織金，曰砑金，曰披金，曰泥金，曰鏤金，曰撚金……"（《釋諺》P82）

【撚錢】niǎnqián　參見［意錢］。（《釋諺》P117）

【撚鑽兒飯】niǎnzuànrfàn　山西人作一種麥飯，形若細米而長，名曰撚鑽兒飯。鑽讀去聲。予初不解所謂，因思放翁詩"拭盤堆連展"注："淮人以名麥餌。"定爲此二字之訛。（《直語補證》P40）

【撞】zhuàng　初非有所要質也，猝而與之遇曰撞。（《客座贅語》卷一　詮俗　P9）

【撞太歲】zhuàngtàisuì　參見［打秋風］。

（《恒言錄》卷六 P127）

　　參見［抽豐］。（《通俗編》卷二十三
P519）

【撙度】zǔndù　閏八月，説與百姓每："田禾
收了，都要撙度，毋得浪費。"（《宛署雜記》
卷一 P6）

【撙節】zǔnjié　撙，"尊"上聲。《禮·曲禮》。
（《越諺賸語》卷上 P7）

【撈】lāo　沉取曰撈。（《通俗文》釋言語上
P4）

【撈刀】lāo·dao　語不投曰撈刀。（《燕山叢
錄》卷二十二　長安里語 言語 P9）

【撈甭】liàoxiàng　料向。竊盜隱名。幼猶
聞之，今無此語矣。（《越諺》卷中　賊類
P16）

【撈摸】láomō　《朱子文集》："答萬正淳曰：
'若只如此空蕩蕩，恐無撈摸也。'"又"掏
摸"，見《元典章·諸盜部》。（《通俗編》卷十
二 P264）

【撏撦】xúnchě　割裂曰撏撦。撏音尋，《集
韻》："取也。"撦，昌者切，車上聲，《集韻》：
"裂開也。"劉克莊題跋："溫李諸人困於撏
撦。"撦俗作扯。（《燕説》卷一 P8）

【撋】ruó　兩手揉物曰撋。撋，兒宣切，音
瞍。（《蜀語》P31）

【撥世】bōshì　上般末反。《左傳》云："撥猶
絶也。"《考聲》云："撥，却也，除也。"《説文》
云："撥，治也，從手發聲。"（《一切經音義》
卷七十二 5P2843）

【撥弗倒】bōfúdǎo　吳梅村有《戲詠不倒
翁》詩。按：即今兒童嬉戲之撥弗倒也。
（俗訛如佛佛倒）或以之侑酒，古名酒胡。
《唐摭言》："盧汪連舉不第，賦《酒胡子》以
寓意，序曰：'巡觴之胡，聽人旋轉，所向者
舉杯，頗有意趣，然傾倒不定，緩急由人，不
在酒胡。'"（《土風錄》卷三 P206）

【撥獺】bōtǎ　《啓顔錄》："甘洽嘲王仙客
曰：'王，計爾應姓田，爲爾面撥獺，抽却爾
兩邊。'"撥獺，面肥滿貌也。按：《廣韻》有
㣼僅字，音若鈦闥，注云："肥滿貌。"與撥獺
宜通。（《通俗編》卷三十四 P756）

【撥獺】bōlà　手披曰撥獺。（聲如粹）。
（《札樸》卷九　鄉里舊聞 鄉言正字附　雜言
P329）

　　手披物曰撥獺。獺，郎達切，音辣。

《集韻》："撥獺，手披也。或作捇。"（《燕説》
卷一 P8）

【撥穀】bōgǔ　太白樂府："撥穀飛鳴奈妾
何。"撥穀，即布穀。牝牡飛鳴，以翼相拂。
（《唐音癸籤》卷二十 P182）

【擊賞】jīshǎng　"閉門不管窗前月，分付梅
花自主張。"南宋陳隨隱自述其先人藏一警
句，爲真西山、劉漫塘所擊賞者。（《通言》
卷六 P76）

【擀】gǎn　《北夢瑣言》："王蜀時有趙雄武，
能造大餅，每三斗麪擀一枚，大如數間屋。
號趙大餅。"（《直語補證》P18）

　　伸面曰擀。擀音敢。《集韻》："以手伸
物也。或省作扞。"（《里語徵實》卷上　一字
徵實 P30）

【撳持】qínchí　撳持，急持也。元詞："大膽
撳持，小意收拾。"撳音□。（《目前集》後卷
P2150）

【撳】qiáng　扶病曰撳。撳，渠良切，音强。
《集韻》："扶持貌。"（《燕説》卷二 P6）

【撼手】hànshǒu　上含感反。《廣雅》："撼，
動也。"《説文》云："搖也，從手感聲。"（《一
切經音義》卷續六 13P3931）

【擂】léi　用硾研米曰擂。《玉篇》："力堆
切，音雷，研物也。"其硾亦曰"擂硾"。又與
"礧"同，推石自高而下也。（《里語徵實》卷
上　一字徵實 P23）

【擂盆】léipén　小臼。（《越諺》卷中　器用
P27）

【據傲】jù'ào　上居御反。《毛詩傳》曰：
"據，依也。"《考聲》："憑也。"……或作倨
……下吾告反。孔注《尚書》云："傲，慢
也。"《廣雅》："蕩也。"《説文》："倨也。從
心，敖聲。"或從人作傲字。（《一切經音義》
卷四 4P145）

【操剌】cāolà　《五代史·漢紀》："耶律德光
指劉知遠曰：'此都軍甚操剌。'"按："剌"音
辣。世俗以勇猛爲"操剌"也。（《通俗編》
卷八 P171）

【操觚】cāogū　觚者，學書之牘，或以記事
削木爲之，或六面，或八面，皆可書。以有
圭角，故謂之觚。《文選》："操觚進牘。"今
以操觚爲操筆，非也。（《言鯖》卷上 P28）

【撗帶】huàndài　上本音患。《左傳》云：
"撗，貫也。"《桂苑珠叢》云："以身貫穿衣甲

曰擐。《考聲》亦云：“擐衣（去聲）甲也。”下
當蓋反。《字書》云：“帶，繫也。”案：擐帶，
莊嚴也。《説文》云：“帶，紳也，男子服革，
婦女服絲，象繫佩之形而有巾。”（《一切經
音義》卷五 13P201）

【擐鎧】huànkǎi　上音患。《桂苑珠叢》云：
“以身貫穿甲謂之擐。”下苦代反。《説文》：
“鎧，甲也。”《文字集略》云：“以金革蔽身曰
鎧。”（《一切經音義》卷五 10P194）

　　　　上音患。《桂苑珠叢》云：“以身貫穿衣
甲曰擐。”……下開蓋反。《説文》：“鎧，甲
也。”《文字集略》云：“以金革蔽身曰鎧。”
（《一切經音義》卷一 17P68）

【撿繫】jiǎnjì　上居儼反。《廣雅》：“甲也，
栝也。”謂栝束不得開露。又，察也，謂察錄
繫縛。字從木也。（《一切經音義》卷二十
七 28P1099）

【撿問】jiǎnwèn　上劒儼反。《廣雅》：“撿，
驗也。”《蒼頡篇》：“撿，法度也。”意取依教
問罪，使合法度也。《爾雅》：“撿，同也。”郭
注云：“模範同等。”《説文》：“從手僉聲。”
（《一切經音義》卷十八 13P692）

【擔】dàn　《文選》言“擔石之儲”，先儒謂齊
人名小罌爲擔，又謂江淮之人以一石之重
爲擔。後説爲當理。今人不知何故皆謂石
爲擔。（《目前集》前卷 P2126）

【擔子】dànzǐ　參見［肩輿］。（《里語徵實》
卷中上 二字徵實 P30）

【擔榜狀元】dānbǎngzhuàngyuán　《朝野
類要》：謂五甲末名爲擔榜狀元。朱文公卽
五甲進士，故有“若使當年無五甲，先生也
是落孫山”之句。今無五甲，是三甲末名，
亦稱擔榜狀元矣。（《稱謂錄》卷二十四 殿
軍 P17）

【擅場】shànchǎng　《國史補》：“唐人燕集
必賦詩，推一人擅場。”乃知杜公云：“畫手
看前輩，吳生遠擅場。”唐人素有此語。先
秦兩漢詩文具備，晉人清談、書法，六朝人
四六，唐人詩、小説，宋人詩餘，元人畫與南
北劇，皆是獨立當代，卽是一代擅場。（《雅
俗稽言》卷三十 P10）

【擡】tái　舉振謂之擡。（《通俗文》釋言語
上 P5）

　　　　擡起，俗語也。古亦有之。王建《宮
詞》：“紅燈睡裏看春雲，雲上三更直宿分。
金砌雨來行步滑，雙雙擡起隱金裙。”（《雅

俗稽言》卷三十 P8）

【擡舉】táijǔ　白居易詩：“院名擡舉號爲
賢。”元稹詩：“大都只在人擡舉。”又《咏牡
丹》詩：“風光肯擡舉，猶可暫時看。”張元晏
《謝宰相啓》：“驟忝轉遷，盡由擡舉。”（《通
俗編》卷十三 P285）

【擡頭】táitóu　《魏晉儀注》：“寫章表別起
行頭者，謂之‘跳出’。”今曰擡頭。（楊慎
《俗言》）（《里語徵實》卷中上 二字徵實
P21）

【攗】❶mì　拭滅也。（玄應《力士移山經音
義》）（《埤蒼》P25）

　　❷miè　蔑。凡爲繩索，粗者掌搓，細
者指攗。又，螺旋器必攗。《博雅》。（《越
諺》卷下 單辭隻義 P13）

【擦】cā　蔡。橫插進去。“擦學”“擦餻
糕”。《集韻》。（《越諺》卷下 單辭隻義
P10）

【攃】yè　益。執巾輕按淚汗及渥處，同
“擪”。《莊子·外物篇》。（《越諺》卷下 單
辭隻義 P13）

【攜】rǔ　手進物曰攜。攜，而主切，音乳。
（《燕説》卷二 P6）

【撲滿】pūmǎn　《方言》：“凡物盡生者曰撲
生。”今俗以器物盈滿曰撲滿，讀如怕字入
聲。（《直語補證》P3）

【擤】xǐng　擤，撚鼻中齈也。虎梗，梗韻。
（《目前集》後卷 P2151）

【擤】yìn　蔭。較物長短。又“暅”，音厭，義
同。《集韻》。（《越諺》卷下 單辭隻義
P12）

【摘烏豆】zhīwūdòu　《齊書·王敬則傳》：
“少時于草中射獵，有蟲如烏豆，集其身，摘
去乃脱，其處皆流血。”按：俚俗謂撚人膚
體，致起血瘤，曰摘烏豆，似因于此事。
（《通俗編》卷三十 P676）

【擦坐】cāzuò　《南宋市肆記》：“有小鬟不
呼自至，歌吟強聒，以求支分，謂之擦坐。”
（《通俗編》卷二十二 P503）

【擦注】cāzhù　哭。《墨娥小錄》卷十四
P6）

【擦老】cālǎo　米。《墨娥小錄》卷十四
P5）

【攀擥】pānlǎn　上盼蠻反。王逸注《楚辭》
云：“攀，引也。”《廣雅》：“戀也。”《説文》作

艸，云："引也，從反艸。"今作攀，從手樊聲。
下藍膽反。《廣雅》云："攡，取也。"《説文》：
"撮持也。從手覽聲，亦作擎。"（《一切經音
義》卷六十九 11P2748）

【揻】suò　拂者。又，捎揻也。（《通俗文》存
疑 P98）

【擾】rǎo　司馬溫公《書儀》："凡弔及送喪葬
者，必助其事而弗擾也。"注云："擾謂受其
飲食。"按：今謝人者，亦有奉擾之言。（《通
俗編》卷二十七 P616）

【擾惱】rǎonǎo　上而沼反。《考聲》："擾，
攪也。"孔氏注《尚書》："亂也。"《説文》："煩
也。"（《一切經音義》卷四 16P170）

　　上而沼反。孔注《尚書》云："擾，亂
也。"《説文》："煩也。"《集訓》云："心內煩結
也。懊惱也。"《説文》："有所恨痛也。"（《一
切經音義》卷一 12P58）

【搋地光】lèidìguāng　上"類"。本爲器名，
越呼肥鴨。（《越諺》卷中　禽獸 P44）

【搋鼓】léigǔ　《升菴外集》："岑參《凱歌》：
'鳴笳搋鼓擁回軍。'今本'搋'作'疊'，非。
近制，啓明、定昏鼓三通，曰'發搋'，當用此
字，俗作擂，非。'搋'亦後增字，然差善于
'擂'。《古樂府》：'官家出游雷大鼓。''雷'
轉作去聲用。"（《通俗編》卷八 P173）

【擺供】bǎigòng　燈戲、神會，集奇珍異玩、
名人書畫供神前，以悦衆目，名此。（《越
諺》卷中　風俗 P61）

【擺揬】bǎitú　上八買反。《廣雅》云："捭開
也。"《考聲》："擺，揮手也。"《説文》："兩手
擎也，從手罷聲。"或作押。論作擺，誤也。
下徒訥反。《廣雅》云："揬，衝也。"《字書》：
"揬，揹也。"《説文》："從手突聲。突從穴從
犬。"論從山作突，非也。（《一切經音義》卷
六十九 9P2743）

【擺撥】bǎibō　上百買反。俗字也，正體從
卑從手，作捭。《考聲》："揮手也。"下般末
反。何注《公羊》："撥，理亂也。"《廣雅》：
"除也。"《説文》："從手發聲，形聲字。"（《一
切經音義》卷九十一 1P3462）

　　《世説》："王、劉與林公看何驃騎，何看
文書不顧。王曰：'望卿擺撥常務，應對玄
言。'"（《通俗編》卷十二 P263）

　　布置曰擺撥。（《札樸》卷九　鄉里舊聞
鄉言正字附　雜言 P330）

　　《世説·政事》篇："望卿擺撥常務，應對

玄言。"擺布卽擺撥，撥布一聲之轉。（《恒
言廣證》卷二 P39）

【擺脱】bǎituō　韓偓《送人入道》詩："忸怩
非壯志，擺脱是良圖。"《宣和書譜》："李邕
擺脱舊習，筆力一新。"（《通俗編》卷十二
P263）

【擺站】bǎizhàn　參見［站］。（《蜀語》P13）

【擺飯】bǎifàn　北人設祭曰擺飯。（《土風
錄》卷二 P189）

【攡攡】làzá　污穢物曰攡攡，見《廣韻》："和
雜也。"又，"破壞也。"又，"搕攡，糞也。"或
書作"拉雜"。（《土風錄》卷八 P264）

　　　參見［拉颯］。（《恒言廣證》卷二 P41）

【攡】là　《方言》："壞也。"《廣韻》："手披
也。"按：此字本音辣，而《集韻》有洛駭一
切，直讀如賴上聲。今謂以手爪披毀物者，
如之。（《通俗編》卷三十六 P818）

【攞】huò　"荒"入聲。越俗，嫁娶備極盛禮，
惟遇父母病亟或死，猝然迎娶，謂之"攞
親"。按：此"攞"字向來呼其音而不得其
文。《越言釋》摭"霍"字當之，謂其義取諸
快也。然"霍"無"攞"音。或曰卽"荒"字，
讀入聲，引《吳語》"荒成不盟"。其義似長，
然"荒"亦無讀入聲者。惟"攞"則虛郭、忽
郭兩切，音旣合也；《集韻》《韻會》訓反手曰
"攞"，《廣韻》訓盤手戲。《通俗編》引爲俗
語"攞銅"之"攞"，實爲越諺"攞親"之"攞"
也。（《越諺》卷下　單辭隻義 P16）

【攞親】huòqīn　參見［攞］。（《越諺》卷下
單辭隻義 P16）

【攎】wū　屋都切。不視而輕手撫摩曰
"攎"。（《越諺》卷下　單辭隻義 P14）

【攭】niǎo　嬝。俗作"撨"，或省作"裊"。凡
絲線繩索旋繫之，曰"攭"。從《唐韻》。
（《越諺》卷下　單辭隻義 P14）

【攈拾】jùnshí　上君運反。賈注《國語》云：
"攈，拾禾穗也。"《方言》云："取也。"《説
文》："從手麇聲。"（《一切經音義》卷八十
17P3158）

【攦戾】lǒnglì　上聲董反，下音麗。案：攦
戾者，岡强難化也。（《一切經音義》卷十九
16P737）

【攏綺】lǒngkù　今於足衣外復著短綺，謂之
攏綺。馥謂："攏"當爲"襱"。《説文》："襱，
羽獵韋綺也。"雲南人用韋爲之。（《札樸》卷

四　覽古 P137)

【攇】xiān　謙。攇捵,美惡相匀。《集韻》。(《越諺》卷下 單辭隻義 P13)

【攇捵】xiānchě　參見[攇]。(《越諺》卷下 單辭隻義 P13)

【攕攕】xiānxiān　讀若蒜平聲。揚子《方言》:"攕攕,白貌。"案:攕,手指長白而好也。吳中謂手指長白曰長攕攕。(《吳下方言考》卷五 P1)

【攘】ráng　疾行貌。(《文選》傅毅《舞賦》注。按:本賦作"躟"。)(《埤蒼》P24)

【攜引】xiéyǐn　惠圭反。《韻詮》云:"提攜也,從手巂聲,音同上。"(《一切經音義》卷八十二 9P3222)

【攛掇】cuān·duo　《康熙字典》:"俗謂誘人爲非曰攛掇。"朱子《答陳同甫書》:"告老兄且莫相攛掇。"《元典章》:"禁宰殺文書到呵,攛掇各路分裏榜文行者。"史彌寧《杜鵑》詩:"春歸怪見難畱住,攛掇元來都是他。"(《通俗編》卷十三 P287)

【攣躄】luánbì　上力傳反。《考聲》云:"手足屈弱病也。"下并亦反。顧野王曰:"足枯不能行也。"(《一切經音義》卷二 15P102)

【攣躃】luánbì　上力傳反,下卑亦反。《字書》:"手足屈弱病也。"(《一切經音義》卷十三 17P507)

【攤飯】tānfàn　《談苑》:"東坡以晨飲爲澆書,太白以午睡爲攤飯。"放翁詩:"澆書滿飲浮蛆甕,攤飯橫眠夢蝶牀。"(《常語尋源》卷上甲冊 P196)

【攞】luǒ　疾裂衣物曰攞。攞,郎可切,羅上聲。《集韻》:"裂也。"(《燕説》卷二 P6)

【攢合】cuánhé　明制,宮中小祭獻及小燕享,俱用槃槅,《李夢陽傳》所稱"攢槃"者也,俗呼攢合,以柴漆爲之,外盛以木匣,今亦用漆,或以錫爲之。(《釋諺》P87)

【攢帳】cuánzhàng　《舊五代史·周世宗本紀》:"每年造僧帳兩本,一本奏聞,一本申祠部。逐年四月十五日後,勒諸縣取索管解寺院僧尼數目申州,州司攢帳。"(《直語補證》P13)

【攢槃】cuánpán　參見[攢合]。(《釋諺》P87)

【攢搓】zǎncuō　上在九反。《考聲》云:"叢生也。"《韻集》云:"合也。"《説文》云:"正體

從贊作攢。"下匕何反。《字林》云:"手搓物令緊也。二字并從手。"(《一切經音義》卷續九 3P4002)

【攢攢】cuáncuán　參見[攢攢然]。(《吳下方言考》卷五 P3)

【攢攢然】cuáncuánrán　(攢)音籫。《古咄唶歌》:"棗下何攢攢。"案:攢,簇聚貌。吳諺謂物叢於一處曰攢攢然也。(《吳下方言考》卷五 P3)

【攢茂】cuánmào　徂鸞反。鄭注《禮記》云:"攢猶聚也。"《蒼頡篇》亦聚也。《説文》云:"攢謂蕺生也。從木贊聲也。"(《一切經音義》卷三十 18P1213)

【㩜】luán　聚物而擇之曰㩜。㩜,盧丸切,音鸞。《集韻》:"聚也,擇也。"(《燕説》卷二 P6)

【攮】tǎng　儻卽攮之俗字。《方言》:"抌,扰,推也。沅雍(編者按:當作涌)溳幽之語。或曰攮。"郭注:"今江東人亦名推爲攮。"《列子·黃帝》篇:"攮抌挨扰,亡所不爲。"(《恒言廣證》卷二 P29)

【攫】jué　馮怒而以語詬詈之也曰攫。(《客座贅語》卷一 詮俗 P9)

【攪】jiǎo　參見[抄]。(《客座贅語》卷一 詮俗 P8)

【攪家田三嫂】jiǎojiātiánsānsǎo　俗謂婦人多事者曰攪家田三嫂。按:《齊諧記》:"京兆田真、田廣、田慶兄弟欲分財,庭有紫荆,忽折而枯。兄弟感悟,復合。"一曰:"兄弟指紫荆爲誓:'紫荆不死不分財。'乃慶妻余氏,以沸湯澆之,紫荆死,因分財。及事覺,慶棄其妻,兄弟復合。"此田三嫂之説也。(《雅俗稽言》卷八 P26)

【攪擾】jiǎorǎo　鬼爲祟也。(《越諺賸語》卷上 P3)

【攦】bǎ　鋪墊曰攦。攦音霸。(《蜀語》P26)

【攦】tiǎo　"挑"上聲。揀物之精者。"攦揚"。《篇海》。(《越諺》卷下 單辭隻義 P13)

【攮】nǎng　推人曰攮。攮音朗。(《蜀語》P8)

曩。活推活攮。《字彙》。(《越諺》卷下 單辭隻義 P16)

毛 部

【毛】máo　楚蜀呼無曰毛，又轉呼音如耄。凡飯無肉食曰白飯，又曰光飯。茶無果實曰白茶，又曰光茶、清茶。(《俚言解》卷二4P31)

　　一無所得者曰毛。(《客座贅語》卷一詮俗 P9)

　　《佩觿》云："河朔謂無爲毛。"《功臣表》："靡有孑遺，秏矣。"孟康曰："秏音毛。"顏師古曰："今俗語謂無爲秏。"《馮衍傳》："飢者毛食。"注："按衍集，毛字作無。"余邑土人謂無爲冒，竊嘗疑之。今按韻書，秏訓無也，盡也，單作毛，收平聲，又收去聲，則土人之所謂冒，從秏去聲，但不知其字爲秏耳。(《雅俗稽言》卷九 P2)

　　《後漢書·馮衍傳》："饑者毛食。"注云："毛與無同。"方氏《通雅》云："江楚廣東呼無爲毛。"黃幡綽賜緋，毛魚袋。則古有此語矣。(《助字辨略》卷一 P48)

　　參見[秏]。(《蜀語》P3)

【毛司】máosī　參見[東司]。(《通俗編》卷二十四 P5444)

【毛布】máobù　褐也。《詩·七月》箋。(《南村輟耕錄》卷十一 P141)

【毛席】máoxí　氈也。《後漢·西域傳》注。(《南村輟耕錄》卷十一 P140)

【毛病】máobìng　徐咸《相馬書》："馬旋毛者，善旋五，惡旋十四，所謂毛病，最爲害者也。"王良《百一歌》："毛病深知害，妨人不在占，大都如此類，無禍也宜嫌。"黃山谷《刀筆》有"此荊南人毛病"之語。按：此本説馬，人有闕德，借以喻之。然據《韓非·五蠹篇》云："不才之子，父母怒之，鄉人譙之，師長教之，三美加焉，而其脛毛不改。"今所云毛病，正謂其終身不能悛改者也。似其源又別出於此，非獨借喻於馬矣。(《通俗編》卷十六 P355)

　　疵纇曰毛病，見《山谷尺牘》。(《土風錄》卷九 P273)

　　有毛病。"毛病"見徐盛《相馬書》、王良《百一歌》、黃山谷《刀筆》。(《越諺》卷中疾病 P20)

【毛錢】máoqián　小錢曰毛錢，見《宋史·高宗紀》："建炎十三年毀私鑄毛錢。"(《土風錄》卷五 P229)

【毛錐子】máozhuīzǐ　《五代史》："史宏肇位方鎮，嘗言文人難耐。一日會飲，肇屬聲曰：'安朝廷，定禍亂，直須長鎗大戟，若毛錐子，安足用哉？'王章曰：'無毛錐子，軍賦何由集乎？'肇默然。"(《常語尋源》卷上乙册 P209)

【髟髦】tiáoxiāo　毛茂謂之髟髦。(《通俗文》釋言語下 P31)

【氀】èr　毛飾曰氀。(《通俗文》釋衣飾 P64)

【毛毿】gésā　眼不清爽曰毛毿，見《廣韻》二十七合："毛毿，目睫長貌。"又"疙"注："肥疙瘩。"出《字林》："音答欿，皮寬也。"俗皮肉傷起塊曰疲瘩，音如蛤搭，即此字。(《土風錄》卷八 P265)

【毦毦】mùmù　吳音祿。柳宗元《龍城錄》："台人既辭去，舟回如飛，風毦毦而過。"案：毦毦，風勻而勁也，吳中謂風勁曰風骨毦毦。(《吳下方言考》卷十 P7)

【毫相】háoxiàng　上胡高反。《觀佛三昧經》云："其毛白色，在佛眉間，引而申之，長一丈三尺五寸，縱之，即右旋卷成螺文。三十二大相之中最上相也。"(《一切經音義》卷一 8P52)

【毿翅】xiānchì　細葛謂之毿翅。(《通俗文》釋衣飾 P62)

【毦席】tǎnxí　上貪覽反。《考聲》云："毦，織毛爲之，出吐蕃中。"《字書》亦從帛作毯，或從系作毵，音義同。(《一切經音義》卷八十一 11P3189)

【毦毨】tǎnhé　上貪敢反。《詩》曰"毳衣如毨"也。《考聲》云："毦，織毛爲之也。"亦作毯，又作毵。下寒葛反。《廣雅》云："毨謂罽也。"《古今正字》並從毛，炎、曷聲。罽音居利反。《説文》："罽，謂西胡毳布也。"(《一切經音義》卷二十四 18P944)

【毨】bǎng　織毛曰罽。邪文曰毨。(《通俗文》釋衣飾 P62)

【毧毧】sānsān　毛長曰毧毧。(《通俗文》釋言語下 P31)

【毼】róng　覆鞍曰毼。(《札樸》卷九鄉里舊聞 鄉言正字附 名稱 P328)

【毧】tuì　禽獸易毛曰毧。(《札樸》卷九鄉

里舊聞　鄉言正字附　雜言 P329）

【毦】tuò　毛落也。湯臥反。（《俗務要名林》）

【毷毸】màosào　輕掉曰毷毸。見《地理志》：“景泰中，李東陽六歲，召見，書‘龍鳳龜鱗’字；八歲試《益稷篇》，命肄業京庠。”“打毷毸”，下第也。又“毷毸”即“眊燥”。《國史補》：“其都會謂之‘舉場’，通稱曰‘秀才’。投刺曰‘鄉貢’，俱捷曰‘同年’，有司爲‘座主’，京兆府考而升者曰‘等第’，造請權貴曰‘關節’，匿名造謗曰‘無名子’，退而肄業曰‘夏課’，不捷而醉飽曰‘打眊燥’。”（《里語徵實》卷中上　二字徵實 P34）

【毼】hé　亦毛布。胡葛反。（《俗務要名林》）

【毼頭】dātóu　參見［瘩］。《方言據》卷上 P15）

【毸毸】suīsāi　並音“雖”。羽禽宿必納喙於翼，越以名雞鴨宿也。（《越諺》卷中　禽獸 P43）

【毹壁】tàbì　他荅反。毛席也，施之于壁，因以名焉。經文作毾，非體也。（《一切經音義》卷十 7P373）

【毹毧】tàróng　參見［毾毷］。（《肯綮錄》P2）

【毹毯】tàdēng　參見［毹毯］條。（《通俗文》釋衣飾 P63）

【毺毺】dōudā　夷人之服名毺毺，亦音兜荅。《秋林伐山》謂：“今人稱性劣者爲毺毺。”（《俚言解》卷一 38P22）

謂性不馴柔，曰毺毺。毺，音兜。毺，音荅。本夷人服名，衣之毛蔟，又，復牽搭他物，不便旁人也。（《方言據》卷上 P2）

參見［兜搭］。（《通俗編》卷十五 P333）

【毺毹】dōuyú　參見［哣諸］。（《雅俗稽言》卷十七 P15）

【毹毹】lúlú　毛布曰毹毹。（《通俗文》釋衣飾 P61）

【氅衣】chǎngyī　參見［鶴氅］。（《俚言解》卷二 6P32）

【毹毯】tàdēng　毹毹細者謂之毹毯，名毹毯者，施大牀之前，小榻之上，所以登而上牀也。（《通俗文》釋衣飾 P63）

【氈裝】zhānzhuāng　上章然反，下音壯。

以氈爲衫也。（《一切經音義》卷一百 5P3712）

【氈褥】zhānrù　上之然反，下音辱。《考聲》云：“杵毛爲之曰氈。以繒彩衣之曰褥也。”（《一切經音義》卷十四 15P540）

【氈根】zhāngēn　氈根，羊肉也。（《雅俗稽言》卷三十五 P27）

【氈笠子】zhānlìzǐ　小氈帽曰氈笠子，見《能改齋漫錄》：“政和間有旨，一應士庶，京城內不得輒戴氈笠子。”（《土風錄》卷三 P201）

【毹毺】qúyú　織毛褥曰毹毺。細者謂之毹毺。（《通俗文》釋衣飾 P62）

【毺毹】qúsōu　織毛褥謂之毺毹。（《通俗文》釋衣飾 P63）

【毯】dié　細毛布。徒協反。（《俗務要名林》）

《玉篇》作“氎”，云：“毛布也。”《廣韻》：“氎，細毛布。”（《札樸》卷三　覽古 P107）

气　部

【氛氳】fēnyūn　上扶聞反，下迂云反。《文字集略》：“氛氳，氣盛皃也。”《字統》：“氤氳，陰陽和氣也。”（《一切經音義》卷八 9P298）

【氤氳大使】yīnyūndàshǐ　《清異錄》：“朱起家居，伯氏虞部有女妓寵。寵豔秀明慧，起甚留意，而種種隔礙。一日恍惚至郊外，逢青巾擔篛杖藥籃者，熟視起曰：‘郎君有急，直言，吾能濟。’起以寵事訴，青巾笑曰：‘世人陰陽之契，有繾綣司總統，其長官號氤氳大使。諸夙緣、冥數當合者，須駕鴛牒下乃成。雖伉儷之正，婢妾之微，買笑之略，偷期之秘，仙凡交會，華戎配接，率由一道焉。’”（《稱謂錄》卷二十八　媒 P17）

【氣老】qìlǎo　飯。（《墨娥小錄》卷十四 P5）

【氣齁齁】qìhōuhōu　吳中謂氣急曰氣齁齁。（《吳下方言考》卷六 P11）

片　部

【版】bǎn　銀笏亦可以稱版。唐韓滉遣使

獻羅，每擔夫與白金一版。（《能改齋漫錄》
卷二 P30）

【欣】xiān　揚穀器曰欣。欣音軒。（《里語
徵實》卷上 一字徵實 P19）

【脉】hé　《廣雅》："棺當謂之脉。"又云："脉，
棺頭。"（《札樸》卷四 覽古 P133）

【派】pò　珀。分也。兩腳大開亦曰"派"。
出《集韻》。（《越諺》卷下 單辭隻義 P9）

【牒】dié　《左傳》："晉命諸侯輸周粟，宋樂
大心受牒而歸。"宋世臺府移文屬郡曰牒，
今世官府移文曰牒呈，曰故牒，卽此。（《雅
俗稽言》卷十八 P15）

【牒呈】diéchéng　參見［牒］。（《雅俗稽
言》卷十八 P15）

【幅】bì　幅，版。（《通俗文》釋器用 P71）

【牐】zhá　遏水曰牐。（《札樸》卷九 鄉里舊
聞 鄉言正字附 名稱 P328）

【牐麵】zhámiàn　豆和麵曰牐麵。（《燕山
叢錄》卷二十二 長安里語 飲食 P7）

【牏】yú　餘。衣物圍烘缸曰"牏"。凡物圍
繞亦同。（《越諺》卷下 單辭隻義 P10）

【牏身】yúshēn　上"俞"。雇工人外裳，藍
布爲之，禦穢濁者。按：《史記・萬石君傳》
"廁牏"二字徐廣二註，蘇林、孟康、晉灼三
說，皆未確。師古《漢書註》是也。越之牏
身不近身而襲外，義實同。音从《韻會》。
（《越諺》卷中 服飾 P41）

【牏器】dàoqì　人未死，先合棺，爲牏器。
見《類聚音韻》。（《言鯖》卷下 P21）

斤　部

【斤正】jīnzhèng　《莊子》云："郢人堊其鼻
端若蠅翼，使匠石斲之。匠石運斤成風，盡
堊而鼻不傷。"是堊鼻者，郢人也；斤斲者，
匠石也。今人以詩文示人，曰"乞爲斤正"
是已。如曰郢斤，曰郢正，曰郢削，是誤以
匠石爲郢人矣。（《雅俗稽言》卷二十八
P2）

【斧蟲】fǔchóng　參見［天馬］。（《七修類
稿》卷三 P58）

【斫】zhuó　彊割人之有曰斫。（《客座贅語》
卷一 詮俗 P9）

【斬三尸】zhǎnsānshī　參見［三尸］。（《雅

俗稽言》卷二十二 P9）

【斬新】zhǎnxīn　不襲舊謂之斬新。杜詩：
"斬新花蕊未應飛。"《東部新書》載李翱《催
粧詩》："芍藥斬新栽。"又，禪家有"斬新日
月"之說，言從頭起也。凡器皿、衣服、宮室
之類突然刱製者皆曰斬新。（《俚言解》卷
一 43P25）

　　杜："斬新花蕊未應飛。"非斬字不能形
容其新。在可解不可解之間。（《唐音癸籤》
卷二十四 P212）

【斯】sī　對扯物裂曰斯。（《札樸》卷九 鄉
里舊聞 鄉言正字附 雜言 P331）

　　越言辨析曰"分斯"，撕布曰"斯開"。
《詩》："斧以斯之。"（《越諺》卷下 單辭隻義
P15）

【新婦】xīnfù　王彥輔《塵史辨誤門》云：
"《呂氏春秋》：'白圭新與惠子相見，惠子說
之彊。惠子出，白圭告人曰："有新取婦者，
豎子操蕉火而鉅。新婦曰：蕉火大鉅。今
惠子遇我尚新，其說我大甚者。"惠子聞之，
曰："何事比我於新婦乎？"按：今之尊者斥
卑者之婦曰新婦，卑對尊稱其妻及婦人自
稱者則亦然。然則世人之語，豈無稽哉？
而不學者輒易之曰息婦，又曰室婦，不知何
也？'……予按：《戰國策》："衛人迎新婦，婦
上車，問：'驂馬，誰馬也？'御曰：'借之。'新
婦謂僕曰：'拊驂，無笞服。'車至門，扶，教
送母，曰：'滅竈，將失火。'入室見臼，曰：
'徙之牖下，妨往來者。'主人笑之。此三言
者，皆要言也。然而不免爲笑者，早晚之時
失也。"高誘注曰："雖要，非新婦所宜言
也。"（《能改齋漫錄》卷五 P109—110）

　　唐劉令嫻《祭夫徐敬業文》："新婦謹薦
少牢于徐府君之靈。"此尊稱其夫爲府君，
而自謙稱爲新婦也。（《稱謂錄》卷三十二
婦女謙稱 P11）

　　《晉書》："王獻之與賓客談議事理，將
屈，謝道韞使使婢白曰：'新婦欲與小郎解
圍。'"《世說》："王夷甫妻郭氏令婢擔糞，王
平子諫之，郭大怒曰：'昔夫人臨終以小郎
屬新婦，不以新婦屬小郎。'"案：小郎指其
夫之弟，則兄妻有自稱新婦者矣。（《稱謂
錄》卷四 兄之妻自稱 P6）

　　參見［新郎］。（《通俗編》卷二十二
P486）

【新春】xīnchūn　立春日爲新春。（《越諺》

卷中　時序 P7)

【新淨】xīnjìng　有作新染。正法花云：“淨潔被服。”下經復言內外俱淨，應從新淨。（《一切經音義》卷二十七　25P1093)

【新郎】xīnláng　《少室山房筆叢》：“今俗以新婚時男稱新郎，女稱新婦。攷新婦之稱，六朝已然，而唐最爲通行，見諸史及小説稗官家，不勝髮數。然自主逮事翁姑言，非主新嫁也。新郎君，唐以稱新獲第者，亦不聞主新娶。惟宋世詞調有《賀新郎》，或當起於此時。”（《通俗編》卷二十二 P486)

【新郎君】xīnlángjūn　又，新娶男俗稱新郎。郎音良，亦相近。按：唐人所謂新郎君，乃新得第者，非以名新娶也。宋世詞始有《賀新郎》之名，或當起於此時。（《方言據》卷上 P6)

【新郎官】xīnlángguān　成昏時叫。《少室山房筆叢》。（《越諺》卷中　尊稱 P13)

【新聞】xīnwén　王明清《揮麈錄》云：“朝報外有所謂內探、省探、衙探之類，皆衷私小報，率有漏洩之禁，故隱而號之曰新聞。”（《土風錄》卷十 P290)

【新鮮】xīnxiān　老不聾瞶，疾不沉重，皆謂之新鮮。陸賈《與子書》：“數見不鮮。”（《蜀語》P44)

　　病減曰新鮮。《蜀語》：“疾不沉重，謂之‘新鮮’。”太元詩：“新鮮自求珍。”（《里語徵實》卷中上　二字徵實 P36)

【斷屠】duàntú　《北史·齊武成帝紀》：“詔普斷屠殺，以順春令。”《舊唐書·刑法志》：“斷屠日月反（編者按：當作及）假日，並不得奏決死刑。”鑑案：……許觀《東齋記事》：“隋高祖仁壽二年，詔：六月十三日是朕生日，宜令海內斷屠。”（《恒言錄》卷五 P97)

　　高承《事物紀原》：“《唐會要》曰：‘武德二年正月詔：“自今以後，每正月、五月、九月及每月十齋日，並斷屠。”’此斷屠之始。”按：《隋書·禮志》：“祈雨不應，乃徙市禁屠，百官斷傘扇。”許觀《東齋記事》：“隋高祖仁壽二年，詔：六月十三日是朕生日，宜令海內斷屠。”則此事隋已有之，不始于唐。（《通俗編》卷二十 P452)

　　《唐書·武宗紀》：“會昌四年正月敕：‘三元日各斷屠三日。’”《刑法志》：“武德二年詔，斷屠日不行刑。”（《恒言廣證》卷五 P75)

《北齊書》：“河清元年詔，斷屠殺，以順春令。”《隋書》：“仁壽三年詔曰：‘六月十三日朕生日，海內爲武皇帝后斷屠。’”北宋韓宗儒每得東坡帖，報以羊肉數斤。一日故作書素答甚急，坡笑曰：“寄語本官，今日斷屠。”謂其無羊肉報也。（《常語尋源》卷上　甲冊 P196)

　　官禁殺牲曰斷屠，見《隋文帝紀》：“仁壽三年詔云：‘六月十三日是朕生日，宜令斷屠。’”又《舊唐書·武宗紀》：“會昌四年正月敕三元日各斷屠三日。”《事物紀原》謂斷屠起於唐高祖武德二年，非是。（《土風錄》卷六 P244)

【斷屠月】duàntúyuè　唐朝新格以正月、五月、九月爲三忌，房玄齡□損益。隋律亦存之，以不行刑謂之斷屠月。（《目前集》前卷 P2117)

【斷弦】duànxián　參見［續弦］。（《通俗編》卷二十二 P497)

【斷手】duànshǒu　《唐書》：“高祖勅云：‘使至，知元堂已成，不知諸作早晚得斷手否。’”杜甫《題江外草堂》詩：“經營上元始，斷手寶應年。”按：凡營造畢工謂之斷手。（《通俗編》卷十六 P349)

【斷腸草】duànchángcǎo　《郁離子》云：“陰谷有草，狀如黃精，背陽而生。入口口裂，入肉肉潰。名曰鈎吻。”……取黃精者親言……葉似杏而尖處有鈎，……俗曰斷腸草。（《七修類稿》卷四十 P588)

【斷衿】duànjīn　《唐書》：“趙王鎔會晉王於承天軍，鎔以梁寇爲憂。晉王斷衿爲盟，許以女妻鎔幼子昭誨，晉趙之交遂固。”（《俚言解》卷二 7P32)

爪（爫）部

【爪】zhǎo　覓人而抓梳求之曰爪。（《客座贅語》卷一　詮俗 P9)

【爪子】zhuǎzǐ　黎愧曾《仁恕堂筆記》：“甘州人謂不慧之子曰爪子，殊不解所謂。後讀《唐書》，賀知章有子，請名於上。上笑曰：‘可名之曰孚。’知章久乃悟。上謔之曰：‘以不慧故，破孚字爲爪子也。’則知爪子之呼，自唐以前已有之。”（《稱謂錄》卷六　稱人之子 P5)

今山西人有爪子之稱。唐代宗以孚名賀知章子，蓋戲其爲爪子也。(《談徵》言部 P19)

　　參見[㹳兒]。(《通雅》卷十九 P666)

【爪杖】zhǎozhàng　參見[如意]。(《土風錄》卷三 P201)

【爪攫】zhǎohuò　烏虢反。《考聲》云：「攫猶取也。」今經作攉，俗字也。(《一切經音義》卷七十五 23P2992)

【爪老】zhuǎlǎo　手。(《墨娥小錄》卷十四 P8)

【爭】zhēng　俗云怎，方言如何也。李義山詩：「君懷一匹胡威絹，爭拭酬恩淚得乾。」姜夔《長亭怨慢》詞：「韋郎去也，怎忘得玉環分付！」(《助字辨略》卷二 P102)

　　俗作「怎」，方言「如何」也。李義山詩：「君懷一匹胡威絹，爭拭酬恩淚得乾！」姜夔《長亭怨慢》詞：「韋郎去也，怎忘得玉環分付！」(《方言藻》卷二 P16)

【爭交】zhēngjiāo　《夢梁錄》：「角觝者，相撲之異名也，又謂之爭交。」按：今謂之「撲交」。(《通俗編》卷八 P172)

【爭本】zhèngběn　今人費財營辦而所得僅與費等，曰爭本，曰勾本。按：《南村輟耕錄》載非程文四六語：「吳暾買題登科，方得証舊時之本。」「証本」字亦雅。(《雅俗稽言》卷十九 P10)

【爭耐】zhēngnài　忍，《説文》云：「能也。」徐氏曰：「能音耐。杜子美詩：「可忍醒時雨打稀。」可忍，猶俗云爭耐也。(《方言藻》卷二 P13)

【爭閒氣】zhēngxiánqì　《東坡志林》：「桃符與艾人爭詈不已，門神解之曰：『吾輩不肖，方傍人門戶，何暇爭閒氣耶？』」(《通俗編》卷十五 P322)

【爭風】zhēngfēng　參見[男風]。(《直語補證》P4)

【爬沙】páshā　韓昌黎詩：「爬沙手腳笨。」案：爬，蟲地行也。沙，語助辭，爬沙，行地甚遲也。今吳諺於伏行之物輒目之曰爬沙。(《吳下方言考》卷四 P6)

【爬癢】páyǎng　搔癢曰爬癢。有爲爬癢瘦語者：「上些上些！下些下些！不是不是！正是正是！」予聞之捧腹。因謂人曰：「此言雖戲，實可喻道。」及見楊道南《夜坐爬癢口

號》云：「手木無心癢便爬，爬時輕重幾層差。若還不癢須停手，此際何勞分付他。」焦弱侯和之云：「學道如同癢處爬，斯言猶自隔塵沙。須知癢處無非道，只要爬時悟《法華》。」(《書影》)(《里語微實》卷中上　二字微實 P20)

【爲】wéi　抑辭。《漢書·蕭望之傳》：「今將軍規橅，云若管晏而休，遂行日昃，至周召乃留乎？」師古云：「問望之立意當趣如管晏而止，爲欲恢廓其道，日昃不食，追周召之迹，然後已乎？」愚案：遂行日昃之上，當有抑字作轉。故師古云爲欲，則爲字亦抑辭也。《晉書·謝道韞傳》：「嘗譏謝玄學植不進，曰：『爲塵務經心，爲天分有限邪？』」二爲字並是抑辭。又韓退之《進平淮西碑文表》：「聞命震駴，心識顛倒，非其所任，爲愧爲恐。」……猶云以愧以恐，載愧載恐也。(《助字辨略》卷一 P24)

【爲頭】wéitóu　《元典章》：「監察合行事件，有丞相爲頭；尚書省官，某大夫爲頭。一同奏過。」按：今以率衆先事曰爲頭，沿于此。又，「至元三十年奏，和尚先生秀才一處，若有爭差約會，和尚爲頭兒的，先生爲頭兒的，秀才爲頭兒的，一同問者。」所云頭兒，蓋謂儒學及僧道官也。當時稱謂如此，今惟以之號工師矣。(《通俗編》卷十六 P338)

【甌裂】juéliè　宜作攫。九縛、居碧二反。《説文》：「攫，爪持也。」《淮南子》「獸窮則攫」是也。(《一切經音義》卷二十 17P777)

父　部

【爸】bà　參見[爺娘]。(《雅俗稽言》卷八 P6)

　　參見[阿八]。(《通俗編》卷十八 P391)

　　參見[八八]。(《稱謂錄》卷一　方言稱父 P25)

【釜銚】fǔdiào　上扶甫反。顏師古注《急就章》云：「釜流以用炊煮也。」大曰釜，小曰鍑(扶救反)。下條弔反。《考聲》云：「燒器也。」淺於釜，鬲屬也(鬲音古禾反)。顏公云：「溫器也。施系而提之曰銚。」(《一切經音義》卷十二 2P440)

【爹】diē　儂、歡出于江南風俗,政猶以父爲爹,音徒我反。《南史》:"武興王儹爲荆州刺史,惠及百姓。詔還朝,人歌曰:'始興王,人之爹。赴人急,如水火。何時復來哺乳我?'荆土方言謂父爲爹,故云。(《能改齋漫錄》卷一 P7)

南人稱父曰爺,祖父曰爹。(《俚言解》卷一 13P10)

南人稱父曰爺,祖父曰爹。爹,丁嗟切,又徒我切,音柁。《鼠璞》載梁蕭澹刺荆州還,人歌曰"始興公,人之爹,赴人急,如水火"是也。爹亦作奢,音遮。唐竇懷貞娶韋后乳媼,貞每奏事,自署爲"皇后阿奢"是也。(《雅俗稽言》卷八 P6)

自江北至北方曰老子,其曰爺者,通稱也。韓退之《祭女挐文》注:"爹,徒可切。"《南史》歌曰:"始興王,人之爹;赴人急,如水火。"《唐韻》:"爹,羌人呼父也,讀若遮。"(《通雅》卷十九 P650)

今人呼父爲爹。都爺切,古音徒我切。《南史》:"王瞻爲荆州刺史,惠及百姓,詔還朝,人歌曰:'始興王,人之爹。赴人急,如水火。何時復來哺乳我?'"蓋荆州方言稱父爲爹。(《言鯖》卷下 P17)

《梁書》:"始興王儹都督荆州,民歌之曰:'始興王,民之爹。'"而《通鑑》德宗貞元六年,回紇阿啜可汗謂其大相頡干迦斯曰:"兒幸而得立,唯仰食於阿多。"直作"多"字。又《方言》:"南楚謂婦妣曰母妖,稱父考曰父妖。"《爾雅》:"恀,怙,恃也。"郭注:"今江東呼母爲恀。"(《越言釋》卷上 P18)

戴良《失父零丁》有"今月七日失阿爹"語。《方言》《博雅》《廣韻》"爹"皆訓父,而其音作徒我切,或大可切。《南史·始興王儹傳》:"詔徵還朝。人歌曰:'始興王,人之爹。赴人急,如水火。何時復來哺乳我?'"荆土方言謂父爲爹,故云。注亦云:"爹,徒我切。"至《集韻》始增有"陟邪"一切,蓋其音自唐後起也。陸游《避暑漫抄》:"太后回鑾,上設龍涎沉腦屑燭。后曰:'爾爹爹每夜嘗設數百枝。'上微謂惠聖曰:'如何比得爹爹富貴。'"(《通俗編》卷十八 P388)

【爹呀】diē·ya　父曰爹呀,又曰別(平聲),又曰大。……兒婦稱翁曰爹呀。……女婿稱岳父亦曰爹呀。(《燕山叢錄》卷二十二

長安里語 人倫 P4)

【爹爹】diēdiē　《四朝聞見錄》,宋高宗稱徽宗爲爹爹。又《宋四六話》引陳世崇《隨隱漫錄》云:"太子兩拜問安,又兩拜云:'臣某職守東闈,恩承南面,近思問學,謹葺韋編,伏遇爹爹皇帝陛下。'"蓋宋時宮閫中稱謂如此,而民間沿習之也。(《稱謂錄》卷一 子稱父 P16)

參見[爹]。(《通俗編》卷十八 P388)

【奢】zhē　《廣雅》:"奢,父也。"《玉篇》同。《廣韻》:"吳人稱父。"(《稱謂錄》卷一 方言稱父 P25)

《廣雅》:"爹、奢,父也。"爹、奢本爹、奢,實一字。《說文》"奢"籀文作"爹",後僞父爹,或爲奢,故變文从父耳。(《恒言廣證》卷三 P45)

參見[爹]。(《雅俗稽言》卷八 P6)

【爺】yé　南人稱父曰爺,祖父曰爹。……河北人呼父爲大,又訛爲達。漢沔人呼父爲爸,音巴,又訛爲八;呼母曰母媽,又曰母麼,音麻,又呼麼麼。齊人呼母爲嬢,音米,又訛爲昧。蜀人呼母爲姐,而呼姊亦曰姐。吳人呼母爲姈,音謙,而呼妻兄弟之婦亦曰姈。(《俚言解》卷一 13P10)

齊民相對皆稱爺。(《燕山叢錄》卷二十二 長安里語 人物 P8)

《南史·侯景傳》:"前世吾不復憶,惟阿爺名標。"隋《木蘭詩》:"軍書十二卷,卷卷有爺名。""阿爺無大兒,木蘭無長兄。""願爲市鞍馬,從此替爺征。"又云:"朝辭爺孃去,暮宿黃河邊,不聞爺孃喚女聲,但聞黃河流水鳴濺濺。"程大昌《演繁露》:"後世呼父爲爺,又曰爹。雖宮禁稱呼,亦聞其音。竇懷貞爲國爺,是其事也。唐人草檄,亦曰:'致赤子之流離,自朱耶之板蕩。'"按:爺、爹之稱,固出唐前,而竇懷貞事乃云國奢,非爺字也。(《通俗編》卷十八 P388)

《梁書·侯景傳》:"前世吾不復憶,惟阿爺名標。"《南史·侯景傳》同。此爺字或係後人從俗改之。《演繁露》:"後世呼父爲爺,又曰爹。雖宮禁稱呼,亦聞其音。竇懷貞爲國爺,是其事也。唐人艸檄,亦曰:'致赤子之流離,自朱耶之板蕩。'"按:竇懷貞事,乃國奢,非爺字。(《恒言廣證》卷三 P46)

《玉篇》:"俗呼父爲爺。"杜詩:"見爺皆

面啼。"《木蘭詩》:"不聞爺娘喚女聲。"俱以父爲爺也。今北人呼祖爲爺爺者,豈父爲爺,祖爲大父,所以祖有爺爺之稱耶?宋燕山府永清縣大佛寺內有石幢,係王士宗建,末云:"亡耶耶王安,娘娘劉氏。"是稱其大父大母也。則耶耶之稱宋時已有之。今人又有呼伯父爲大爺者,亦以父爲爺,故伯父爲大爺也。(《談徵》名部上 P52)

【爺巫】yéwū　乃麻胡也。俗怖嬰兒曰"麻胡"。隋將軍麻祜性酷虐,稚童互相恐嚇,曰:"麻胡來!"轉"祜"爲"胡"。(《事文類聚別集》)(《里語徵實》卷中下 三字徵實 P42)

【爺娘】yéniáng　爺亦作耶,娘一作孃。孃本少女之稱。《回紇傳》:"以父爲阿多。"河北人呼父曰大,又訛爲達。閩人呼父曰郎罷,亦曰郎伯。漢沔人呼父爲爸,音巴,又訛爲八。蜀呼母爲姐,呼姊亦曰姐。江漢間謂母爲媞。淮南呼母曰嬭,音米,又訛爲昧。吳人呼母曰姆,姆音謙,而呼妻兄弟之婦亦曰姆。世通稱曰爺娘。古樂府:"不聞爺娘哭子聲。"《木蘭詞》:"爺娘送女來。"浙中語:"平望八尺,爺娘不識。"有所指耳。(《雅俗稽言》卷八 P6)

【爺爺】yéyé　《宋史·宗澤傳》:"威聲日著,北方常尊憚之,必曰宗爺爺。"孫穀祥《野老紀聞》:"狄青爲樞密使,怙惜士卒,每得衣糧,皆負之曰:'此狄家爺爺所賜。'"(《通俗編》卷十八 P389)

《宋史·宗澤傳》:"建炎初,宗汝霖留守東京,群盜降者百餘萬,皆謂汝霖曰'宗爺爺',蓋以之爲父也。案:吳俗亦稱爺爺。(《稱謂錄》卷一 子稱父 P16)

上一字上聲,下一字平聲,謂祖父。又,婦謂舅同。《宋史·宗澤傳》"宗爺爺",孫穀祥《野老紀聞》"狄家爺爺"。(《越諺》卷中 倫常 P8)

參見[郎罷]。(《里語徵實》卷上 一字徵實 P3)

月(月)部

【月事】yuèshì　月運紅潮,婦女之桃花癸水也,古名入月。唐詩:"密奏君王知入月。"故名月事。(《言鯖》卷上 P19)

【月半】yuèbàn　《日知錄》:"今人謂十五爲月半,古經已有之。《儀禮》:'月半不殷奠。'《禮·祭義》:'朔月月半君巡牲。'而亦有以上下弦爲月半者,《釋名》云:'弦,月半之名也;望月,月滿之名也。'弦曰半,以月體言之;望曰半,以日數言之。"(《通俗編》卷三 P49)

【月亮】yuèliàng　見李益詩。(《越諺》卷中 天部 P2)

【月城】yuèchéng　參見[甕城]。(《通俗編》卷二 P39)

參見[甕城]。(《越諺》卷中 地部 P5)

【月尾】yuèwěi　參見[月頭]。(《通俗編》卷三 P49)

【月桂】yuèguì　參見[折桂]。(《唐音癸籤》卷二十四 P216)

【月牙】yuèyá　物之圓而缺者曰月牙兒,比月之如鉤者然也。《中州集》張澄詩:"別家六見月牙新。"(《直語補證》P16)

【月窆】yuècuì　川汭反。杜子春注《周禮》云:"窆謂葬穿壙也。"今南陽名穿地爲窆。《古今正字》:"從穴㲋聲也。"(《一切經音義》卷八十七 8P3372)

【月老】yuèlǎo　《續幽怪錄》:"韋固遇老人向月檢書,問曰:'君何主?'曰:'主天下之婚姻耳。'"(《稱謂錄》卷二十八 媒 P18)

【月芽】yuèyá　新月也。劉侗《帝京景物略》。(《越諺》卷中 天部 P2)

【月華】yuèhuá　中秋夜,衆待觀。(《越諺》卷中 天部 P2)

【月頭】yuètóu　花蕊夫人《宮詞》:"月頭支給買花錢。"郭翼詩:"月頭月尾雨陰陰。"(《通俗編》卷三 P49)

【月頭上】yuètóushàng　婦女經期,諱言"月頭上"。(《越諺賸語》卷上 P4)

【有】yǒu　參見[刮]。(《客座贅語》卷一 詮俗 P10)

【有傸】yǒushēn　參見[傸偅]。(《通雅》卷四十九 P1466)

【有埲場】yǒuběngchǎng　美其人可交。(《越諺賸語》卷上 P9)

【有名器】yǒumíngqì　謂貴顯之人。《論語》:"博學而無所成名。"又,"女,器也。"(《越諺賸語》卷上 P8)

【有喜】yǒuxǐ 《番禺記》：廣州謂婦人娠者曰有歡喜。按：今江以南通爲此言，但省去"歡"字，不同耳。(《通俗編》卷二十二P498)

參見[坐喜]。(《越諺賸語》卷上 P4)

【有底】yǒudǐ 參見[底]。(《通俗編》卷三十三 P732)

【有梯媒】yǒutīméi 參見[關節]。(《談微》言部 P36)

【有此】yǒucǐ 猶言如此。《吳志•宗室傳》注："松笑曰：'屬亦自忿行事有此，豈有望邪！'"(《助字辨略》卷三 P124)

【有腳陽春】yǒujiǎoyángchūn 宋璟愛民惜物，朝野歸美，人稱有腳陽春，出《天寶遺事》。楊誠齋《送趙山父》詩："陽春有腳來江城。"(《俚言解》卷一 3P4)

【有歡喜】yǒuhuānxǐ 參見[有喜]。(《通俗編》卷二十二 P498)

參見[坐喜]。(《越諺賸語》卷上 P4)

【有火蟲】yǒuhuǒchóng 《爾雅》："熒火卽炤。"舍人注云："夜有火蟲也。"今吳人以螢爲有火蟲。(《通言》卷五 P65)

【有意思】yǒuyìsī 《南史•齊宗室傳》："晉安王子懋，武帝諸子中最爲清恬有意思。"(《通俗編》卷十五 P318)

【有秩】yóuzhì 參見[秩]。(《唐音癸籤》卷十八 P163)

【有著落】yǒuzhuóluò 《朱子語錄》："大抵看道理，要看得他分合各有著落，方是仔細。"(《通俗編》卷十四 P301)

【有造化】yǒuzàohuà 《莊子》："天地爲大鑪，造化爲大冶。"按：今以人之饒所得者爲"有造化"，因此，謂其稟受于天地者厚也。元人雜劇有"好造化""没造化"等語。(《通俗編》卷十 P215)

【有道理】yǒudàolǐ 《詩》"有倫有脊"《毛傳》。(《越諺賸語》卷上 P9)

【有諒兒】yǒuliàngr 溫庭筠《乾臔子》："梅權衡入試，府題出《青玉案賦》。梅賦曰：'恍兮惚兮，其中有物；惚兮恍兮，其中有諒。犬蹲其旁，鷗拂其上。'自謂是乃食案，所以云云。衆大笑。"按：今人于財食有所希冀曰有諒兒，唐時已云然乎？(《通俗編》卷十四 P301)

【肋下搊】lèixiàchuò 濁。肘腋間通賄。(《越諺賸語》卷上 P9)

【肋袼支】lèigēzhī 《禮記•深衣》："袼之高下，可以運肘。"鄭注："袼者，衣袂當腋之縫也。"按：俗謂腋下曰肋袼支，本此。(《通俗編》卷二十五 P559)

【肚皮】dùpí 參見[喫錢]。(《通俗編》卷二十三 P514)

【肚裏淚下】dùlǐlèixià 《四朝聞見錄》："憲聖對高宗曰：'大姐姐遠在北方，妾短於定省，方一思之，肚裏淚下。'"(《恒言廣證》卷一 P8)

【胖】pāng 腹脹滿也。(玄應《摩訶般若波羅蜜經八音義》)。(《埤蒼》P9)

音蚌。顧野王《玉篇》："胖，脹也。"案：胖，中菱(音詐)外形也。吳中謂物小而忽有胖大曰胖。(《吳下方言考》卷八 P6)

【胖頭】pāngtóu 此魚頭最肥大而美。畜蕩魚者，春養冬網。四月至八月月倍長。如四月四兩，五月八兩，倍至八月，重共四斤矣。(《越諺》卷中 水族 P45)

【阮脉】ruǎnqiū "阮"出《五音集韻》，與"卵"均音"鸞"上聲，"脉"从俗。(《越諺》卷中 身體 P23)

男子玉莖。(《越諺》卷中 身體 P22)

【朋】péng 參見[稻篷]。(《越言釋》卷下 P23)

【股份票】gǔfènpiào 越人呼事之分者曰一股一股，下到絲辮亦有此名。今滬上無賴設局騙錢，以開礦爲名曰股份票。(《釋諺》P94)

【肪冊】fángsān 上音方，下桑安反。《韻英》云："凝脂也。"《通俗文》云："在腰曰肪，在胃曰冊。"竝形聲字也。(《一切經音義》卷二 3P77)

府房反，下先安反。《應雅》："肪冊，脂也。"《通俗文》："在腰曰肪，在胃曰冊也。"(《一切經音義》卷九 10P339)

上音方，下桑安反。《説文》云："肪，肥也。"《韻英》云："凝脂也。"《廣蒼》云："脂、冊，肪也。"《通俗文》云："在腰曰肪，在胃曰冊"是也。(《一切經音義》卷五 3P181)

【肩輿】jiānyú 王導使琅邪王睿乘肩輿。(《札樸》卷五 覽古 P156)

轎曰肩輿。《六典》注："古謂人牽爲輦。秦始皇去其輪，而人昇之，漢爲人君之乘。《齊志》(編者按:指《南齊書·輿服志》):"《叔孫通傳》:'皇帝輦出房。'成帝輦過後宮,乘人以行。《漢官儀》:"皇后建好乘輦,餘皆以茵,四人舁以行。"《唐·車服志》:"諸司長官許乘擔子。"擔子,肩輿也。肅宗時,用兜籠代車輿。《李叔明傳》:"朝宗師賜錦輦,令官士肩輿以見。"緣用人,故曰"肩輿"。(《紀始》)(《里語徵實》卷中上 二字徵實 P30)

【肥丁】féidīng　都停反。丁,强也。《釋名》云:"丁,壯也。言物體皆壯。夏時萬物丁成實也。"經文作肛,都定反,非也。(《一切經音義》卷七十五 20P2986)

【肥妠】féinà　嬰兒肥者曰肥妠。妠,奴答切。《廣韻》:"妠,小兒肥貌。"韓退之詩:"巴豔收婠妠。"婠,烏丸切。《說文》:"體德好也。"(《方言據》卷上 P14)

【服便】fúbiàn　參見〔服辯〕。(《越諺膡語》卷上 P7)

【服辯】fúbiàn　心服分辯也。見《律》"獄囚取服辯"條註。今鄉閭不訟或寫"服便",訛"辯"爲"便"矣。《元典章·吏制》亦有"取服辯文狀"語。(《越諺膡語》卷上 P7)

【服闋】fúquè　參見〔起復〕。(《里語徵實》卷中上 二字徵實 P48)

【胜】zhēng　《鹽鐵論》:"羊淹雞寒。"曹子建《七啓》:"寒芳苓之巢龜。"李善云:"寒,今胜肉也。"案:《廣韻》:"胜與鯖同,卽五矦鯖。"(《札樸》卷三 覽古 P89)

【胡人】húrén　參見〔榻和尚〕。(《直語補證》P16)

【胡嚨】húlóng　《後漢·五行志》:"請爲諸君鼓嚨胡。"今里語以喉嚨爲胡嚨,古也。(《直語補證》P30)
　　　　古人讀侯爲胡。《息夫躬傳》師古曰:"咽喉嚨,卽今人言胡嚨耳。"(《談徵》言部 P47)

【胡帽】húmào　胡帽、胡琴、胡床始於胡製。(《俚言解》卷二 22P40)

【胡床】húchuáng　胡帽、胡琴、胡床始於胡製。(《俚言解》卷二 22P40)

【胡洞】hútòng　今之巷道名爲胡洞。《字書》不載,或作衚衕,又作唔哃,皆無據也。南齊蕭鸞弑其君於西弄。註:"弄,巷也。"南方曰弄,北方曰唔哃,弄之反切爲唔哃,蓋方言耳。(《談徵》名部下 P54)
　　　　參見〔衚衕〕。(《通俗編》卷二 P38)

【胡牀】húchuáng　胡三省《通鑑》注云:"胡牀,今謂之交牀,其製本自鹵中。隋惡胡字,改曰交牀。"阮五山云:"今之交椅是也。"案:今俗轉爲高椅。(《土風錄》卷三 P207)

【胡盧】húlú　語不清楚曰胡盧,見闞于周:"客掩口胡盧而咲。"一本作"盧胡"。東坡詩:"滿堂坐客皆盧胡。"(《土風錄》卷十 P286)
　　　　胡音活。《孔叢子·抗志篇》:"衛君胡盧大笑。"案:胡盧,笑不出口聲。今人意欲大笑而强忍之者則胡盧然聲也。(《吳下方言考》卷三 P10)

【胡盧提】húlútí　張右史《明道雜志》云:"錢內翰穆父知開封府,斷一大事。或語之曰:'可謂霹靂手。'錢答曰:'僅免胡盧提。'蓋俗語也。"然余見王樂道記輕薄者,改張鄧公《罷政》詩云:"赭案當衙並命時,與君兩箇没操持。如今我得休官去,一任夫君鶻露蹄。"乃作鶻露蹄。(《能改齋漫錄》卷五 P128)

【胡盧然】húlúrán　今人意欲大笑而强忍之者則胡盧然也。(《吳下方言考》卷三 P10)

【胡瓜】húguā　黃瓜本名胡瓜,隋大業四年避諱改爲黃瓜。(《目前集》前卷 P2122)
　　　　參見〔香瓜〕。(《越諺》卷中 瓜果 P52)

【胡蜢】húměng　《廣雅》:"蚊、苦龔、胡蜢、蠹,蝦蟆也。"(《札樸》卷五 覽古 P167)

【胡菜】húcài　芸薹謂之胡菜。(《通俗文》釋草木 P87)

【胡餅】húbǐng　玄宗出奔,日中未食。楊國忠自市胡餅獻之。胡餅卽今之燒餅。(《目前集》前卷 P2120)
　　　　唐元宗出奔,日中未食,楊國忠自市胡餅以獻。注曰:"胡餅,卽今之蒸餅,以胡麻著之也。"卽今市中芝麻燒餅。(《言鯖》卷上 P6)

【胡麻餅】húmábǐng　《釋名》云:"餅,并也。溲麵使合并也。胡餅,言以胡麻著之也。"《晉書》云:"王長文在市中齧胡餅。"《肅宗實錄》云:"楊國忠自入市,衣袖中盛胡餅。"劉禹錫《嘉話》云:"劉晏入朝,見賣蒸胡餅之處,買啗之。"此胡餅,皆胡麻之餅也。

《緗素雜記》謂："張公所論市井有鬻胡餅者，不曉名之所謂，乃易其爲爐餅。"論此爲誤，誠然。（《能改齋漫錄》卷十五 P447）

【背】❶bēi　攘己所有以與人角勝負曰背（音甲）。（《客座贅語》卷一　詮俗 P9）

　　❷bèi　參見[表背匠]。（《通俗編》卷二十一 P478）

【背佗】bèituó　參見[佗佗背]。（《吳下方言考》卷六 P1）

【背傴】bèiyǔ　央禹反。《韻詮》云："傴，僂曲脊也，從人區聲。"（《一切經音義》卷八十二 11P3225）

【背單】bèidān　馬縞《古今注》謂"背子"，起於隋大業末。按：《拾遺記》："漢哀帝命董賢受輕衣小袖，宮人皆効其斷袖，亦曰割袖。"此蓋背子所由起。《玉篇》謂之"褓襜"，其一當背，其一當胷，此卽背子之製。朱謀㙔《駢雅》所謂"胷背衣"也（《南史·柳元景傳》："薛安都著絳衲褓襜衫，馳入賊陳。"）今俗號曰背單，亦曰背搭，言可搭背心也。（《土風錄》卷三 P200）

【背子】bèizǐ　《説文》："無袂衣謂之褶。"趙宦光《長箋》曰："半臂衣也。武士謂之蔽甲，方俗謂之披襖，小者曰背子。"按：半臂、蔽甲、背子三服，似各不同。《事原》引《實錄》曰："大業中，內官多服半除，卽長袖也。唐高祖減其袖，謂之半臂。"則半臂非竟無袖，特袖減短耳。《元史·后妃傳》曰："世祖后製一衣，前有裳無袵，後長倍于前，亦無領袖，綴以兩襟，名曰比甲，以便弓馬。"此卽武士所服蔽甲，其前後長短不齊，而下有綴，皆非今背子也。而古背子與今背子，亦制度別。《中華古今注》曰："背子，禮見賓客舅姑之服也。隋大業末，宮人百官母妻，著緋羅蹙金飛鳳背子，以爲朝服。"蓋時所云背子，乃卽今所云霞帔。今背子則爲妓妾輩之常服，良貴惟燕褻服之，乃元明時樂伎所著皂褙遺製，其貴賤直天淵矣。（《通俗編》卷二十五 P562）

　　馬縞《古今注》謂"背子"起於隋大業末。按：《拾遺記》："漢哀帝命董賢易輕衣小袖，宮人皆効其斷袖，亦曰割袖。"此蓋背子所由起。《玉篇》謂之"褓襜"，其一當背，其一當胷，此卽背子之製。（《土風錄》卷三 P200）

【背搭】bèidā　參見[背單]。（《土風錄》卷

三 P200）

【背悔】bèihuǐ　《元曲選·盆兒鬼》劇有"老背悔"語。（《通俗編》卷十四 P303）

　　不順理曰背悔。元曲有"老背悔"語。（《燕説》卷一 P4）

【胃脬】wèipāo　普交反。《蒼頡解詁》："脬，盛尿者也。"《説文》："脬，旁光也。"經文作胞，補交反。胞，裏也。胞，非此用也。（《一切經音義》卷九 10P339）

【胃腕】wèiwàn　胃口曰胃腕。腕音管，俗讀作"宛"。（《蜀語》）（《里語徵實》卷中上二字徵實 P16）

【胅額】dié'é　《廣雅》："胅，腫也。"案：郭景純説"犦牛"云："領上肉㷭胅起，高二尺許。"《一切經音義》："今江南言傾頭、胅額，乃以傾爲後枕高胅之名也。"（《札樸》卷五覽古 P146）

【胍胵】gūdū　音孤都。《廣韻》："胍胵，大腹。"《類篇》："胍胵，大腹貌。"一云椎之大者。故俗謂杖頭大爲胍胵。當是骨朵二字之聲訛。今北方人謂花朵未開者曰胍胵。鑑案："一云"以下見《宋景文筆記》。（《恒言錄》卷二 P49）

　　《宋景文筆記》："關中人以腹大爲胍胵。胍，音孤；胵，音都。俗因謂杖頭大者謂胍胵，後訛爲骨朵。"按：宋鹵簿中有骨朵，乃長樣手撾之類。今凡納悶而氣脹于唇頰之間，俗誚之曰觜胍胵，元喬孟符曲作觜骨都。（《通俗編》卷三十四 P757）

　　《宋景文筆記》："關中人以腹大爲胍胵。胍音孤，胵音都。俗因謂杖頭大者爲胍胵，後訛爲骨朵。"今按"胍胵"乃"骨朵"之俗字。《説文》："朵，樹木垂朵朵也。"（《恒言廣證》卷三 P42）

　　觜脹曰胍胵。《宋景文筆記》："關中人以腹大爲胍胵。胍音狐，胵音都。俗因謂杖頭大者爲胍胵，後訛爲骨朵。"按：宋鹵簿中有骨朵，乃長樣手撾之類。今凡納悶而氣脹於唇頰之間，俗誚之曰觜胍胵。元曲或作觜骨都。（《燕説》卷四 P3）

　　參見[骨朵]。（《南村輟耕錄》卷一 P19）

　　參見[骨朵]。（《雅俗稽言》卷十八 P8）

　　參見[骨朵]。（《談徵》言部 P28）

【胍蜴】gūxī　參見[眠娗]。（《方言據》卷上

P1）

【朐脷】chǔnrùn 朐（音蠢）脷（音潤），諸書皆以爲蟲名，卽蚯蚓也。（《七修類稿》卷二十一 P308）

【脷】sān （脂）在胃曰脷（音珊）。（《通俗文》釋形體 P50）

【胖】pán 肥曰胖。胖音攀。俗呼肥大者曰"胖子"。"胖"當作"伴"。（《里語徵實》卷上 一字徵實 P6）

【胖脹】pāngzhàng 參見[胮脹]。（《一切經音義》卷一 9P56）

【胎孕】tāiyùn 上貸來反。下蠅甑反。《淮南子》云："婦孕四月而胎。"《蒼頡篇》："胎未生也。"鄭注《禮記》："孕，妊子也。"《説文》："胎從肉，孕從子也。"（《一切經音義》卷七十六 16P3023）

【胎衣】tāiyī 襯裹曰胎，襲衣內曰胎衣，巾內沙曰紗胎，漆器內曰布絹胎，被內曰綿胎。（《蜀語》P45）

【烘烘亮】hǒnghǒngliàng 月半明曰烘烘亮。烘音嗊。（《蜀語》P27）

【胯】kuà 兩股曰胯。（《札樸》卷九 鄉里舊聞 鄉言正字附 身體 P326）

【胴疘頭】dònggōngtóu 洞工。肛門。（《越諺》卷中 身體 P23）

【胭脂虎】yānzhīhǔ 《潛確類書》："陸慎言妻沈氏，狡妒慘刻，吏民號曰胭脂虎。"（《常語尋源》卷上乙册 P211）

【胻】héng 其（牛）勢曰胻，去其勢曰犗，佛書作"犗"。豕去勢曰豶。馬去勢曰騸，《五代史》作"扇"。犬去勢曰閹。雞去勢曰敦。俗呼牛羊犬豕去勢俱曰摌，雞去勢曰線。（《俚言解》卷二 24P41）

【脂灰】zhīhuī 《孫公談圃》：王青未遇時，貧甚，有人告曰："何不賣脂灰，令人家補壘器。"青如其言，家資遂豐。是時京師人無賣此，今則多矣，蓋自青始也。（《通俗編》卷二十四 P546）

【脂炬】zhījù 燭也。《杜陽雜編》。（《南村輟耕錄》卷十一 P140）

【脂粉氣】zhīfěnqì 《捫蝨新語》："林邦翰論詩云：'梨花一枝春帶雨，句雖佳，不免有脂粉氣。'"宋之問《傷曹娘》詩："獨憐脂粉氣，猶著舞衣中。"（《通俗編》卷二十二 P494）

【脂糟】zhīpì 下匹疪反。《考聲》云："氣下洩也。"《古今正字》引《山海經》云："茈魚狀如鮒魚。一首十身，臭如蘪蕪，食之不糟也。止失下氣也。"從米費聲，或爲屁字。經文從月作膹，非也。（《一切經音義》卷七十五 19P2983）

【脂酥】zhīsū 參見[豆乳]。（《通雅》卷三十九 P1199）

【脂那】zhīnà 唐國名也，或言震旦，或曰真丹，神州之惣名也。（《一切經音義》卷三十三 12P1333）

【胮肛】pānggāng 胮肛，音龐缸，肥大也。（《肯綮錄》P1）

胮肛，腹脹。上普郎，下許江，俱陽韻。（《目前集》後卷 P2151）

【胳肩】gējiān 上音公惡反。《埤蒼》云："肘後曰胳。"《説文》："腋下也。從肉各聲也。"（《一切經音義》卷三十二 14P1291）

【脃敲敲】cuìqiāoqiāo 暑天庭户窗壁間聞鳴而不見者。（《越諺》卷中 蟲豸 P48）

【脊膂】jǐlǚ 上精亦反。《考聲》："背骨也。"下音吕。古文作吕，像脊骨也。（《一切經音義》卷八十五 6P3317）

【脊骨】jǐgǔ 精益反。《考聲》云："脊，理也。"《集訓》："集，膂也。"《字書》云："背骨也。"（《一切經音義》卷二 5P80）

【胲】gǎi 音孩。《前漢·東方朔傳》："樹頰胲。"案：胲，下齒所倚骨也。吳中謂之下胲。（《吳下方言考》卷六 P13）

【朗伉】lǎngkàng 參見[蘦苴]。（《客座贅語》卷一 方言 P10）

【朗兜朗】lǎngdōulǎng 大。（《墨娥小錄》卷十四 P9）

【脇衣】xiéyī 參見[寶襪]。（《唐音癸籤》卷十九 P168）

【能】néng 寧辭。凡云能幾何，猶言寧有幾何，能得幾何也。岑嘉州詩："别君能幾日。"李義山詩："未知歌舞能多少。"黄昇《鵲橋仙》詞："夜來能有幾多寒。"又，與恁同，亦可作去聲，方言箇樣也。韓退之詩："杏花兩株能白紅。"唐子西詩："桃花能紅李能白。"（《助字辨略》卷二 P109）

韓退之詩："杏花兩株能白紅。"唐子西詩："桃花能紅李能白。"此能字與恁同，亦可作去聲。（《方言藻》卷二 P14）

李義山詩："固有樓堪倚，能無酒可傾。"岑嘉州詩："別君能幾日。"黃昇《鵲橋仙》詞："夜來能有幾多能（編者按：當作寒）。"此能字亦是寧辭。凡云能幾何，猶云寧有幾何也。（《方言藻》卷二 P14）

【能亨】nénghēng　那蟹，均讀平聲。吳語"乃淘"，越音"柰概"。《癸辛雜志》。（《越諺》卷下　發語語助 P21）

【能幹】nénggàn　《後漢書·循吏傳》："孟嘗清行出俗，能幹絕羣。"《金史·奈奴傳》："請內外五品以上，舉能幹之士，充河北州縣官。"《曹望之傳》："世宗謂之曰：'汝爲人能幹而心不忠實。'"《朱子家禮》："凡護喪，以子弟知禮能幹者爲之。"（《通俗編》卷十二 P249）

【能無】néngwú　猶言寧無。能得爲寧者，寧能音近也。李義山詩："固有樓堪倚，能無酒可傾。"（《助字辨略》卷二 P108）

【能箇】nénggè　皮日休詩："貧養山禽能箇瘦。"按：此亦吳語，猶云如何至此。（《通俗編》卷三十三 P736）

【脚價】jǐcojià　《唐書·張建封傳》："宦者主宮市，抑買人物，進奉門戶及脚價銀。"（《恒言廣證》卷四 P71）

【脚價銀】jiǎojiàyín　《舊唐書·張建封傳》："宦者主宮市，抑買人物，仍索進奉門戶及脚價銀，人將物詣市，至有空手而歸者。"（《通俗編》卷二十三 P513）

【脚色】juésè　《宋史·選舉志》："局官等人各置脚色。"周必大《奉詔錄》："偶檢永寧脚色，見其方是秉義郎。"又，奏議先令吏房取見本人脚色。所云脚色者，猶今之履歷也。（《恒言錄》卷四 P76）

《北史·杜銓傳》："楊素驚杜正元之才，奏屬吏，部選期已過，注色令還。"《朝野類要》："初入仕，必具鄉貫三代名銜，謂之脚色。"朱子《答任行甫書》："休致文字，不知要錄白繳申脚色之類否？"《元典章》："保選令史吏具，亦開具姓名脚色，直言所長。"《通雅》："脚色狀，亦謂之根脚。邇來下司初見上司，猶遞手本，上開出身履歷，所謂'脚色'是也。"（《通俗編》卷五 P103）

朱徽公《答任行父書》："休致文字，不知要錄白繳申脚色之類否？"（《恒言廣證》卷四 P61）

【脚車錢】jiǎochēqián　參見[脚錢]。（《恒言錄》卷四 P90）

【脚錢】jiǎoqián　羅願《新安志》："稱脚錢者，每貫出錢五十，以備解發。"常生案：《朝野僉載》："監察御史李畬請祿米，送至家，母問脚錢幾，令史曰：'御史例不還脚車錢。'母令以脚錢以責畬。"（《恒言錄》卷四 P90）

《朝野僉載》："監察御史李畬請祿米，送至宅，母問脚錢幾。令史曰：'御史例不還脚車錢。'母令送脚錢以責畬。"《豹隱紀談》："吳俗重至節互送節物，顏侍郎度有詩譏之云：'脚錢費盡渾閑事，原物多時却再歸。'"（《通俗編》卷二十三 P512）

《豹隱記談》："吳俗重至節互送節物，顏侍郎度有詩譏之云：'脚錢費盡渾閒事，原物多時却再歸。'"（《恒言廣證》卷四 P71）

【脖佁】bódài　瘦曰脖佁。（《札樸》卷九　鄉里舊聞　鄉言正字附　疾病 P327）

【脯鯗】fǔxiǎng　《本艸》："烏賊魚鹽乾者曰明鯗，淡乾者曰脯鯗。"（《土風錄》卷五 P235）

【脣腭】chún'è　五各反。《考聲》："腭，齗也。"經文作齶，俗字也。《説文》云："口上河也。"（《一切經音義》卷三十一 5P1227）

【脛踝】jìnghuái　古文踁，同。胡定反。《字林》："脚胇也。"（《一切經音義》卷七十一 13P2829）

【脛脹】pāngzhàng　上普邦反，下張亮反。《埤蒼》云："腹滿也。"竝從肉，或作胖痕。（《一切經音義》卷一 3P56）

【望】wàng　俗以年未盈數曰望。《容齋五筆》"人生五計"一條有"予年踰七望八"之語，宋人已然。（《直語補證》P19）

【望子】wàngzǐ　望子，酒家懸幟也。古謂酒幟爲簾，音廉。《容齋續筆》有"酒肆旗望"之文，今人呼酒旗爲望子。（《俚言解》卷二 11P35）

《廣韻》："青簾，酒家望子。"按：今江以北，凡市賣所懸標識，悉呼望子。訛其音，乃云幌子。（《通俗編》卷二十六 P584）

【望江南豆】wàngjiāngnándòu　決明，俗云望江南豆。（《目前集》前卷 P2122）

【望節】wàngjié　端午中秋，殘年新歲，姻以禮餽婚，名此。《夢粱錄》謂之"追節"。

（《越諺》卷中　風俗 P62）

【望郎】wànglǎng　參見［星郎］。（《稱謂
錄》卷十五　郎中古稱 P7）

【脱】tuō　或辭，猶儻也。《世説》：“王汝南
既除所生服，遂停墓所。兄子濟，每來拜
墓，略不過叔。叔不候濟。脱時過，止寒溫
而已。”（《助字辨略》卷五 P258）

【脱俗】tuōsú　《幕府燕談錄》：“范文正嘗爲
人作墓銘，以示尹師魯，師魯言其脱俗。”
（《通俗編》卷十一 P231）

【脱套】tuōtào　《正字通》載：“方語云：‘不
受人籠絡者曰不落套，簡略時趨者曰脱
套。’”（《土風錄》卷五 P226）

　　　參見［落套］。（《燕説》卷四 P16）

【脱活】tuōhuó　參見［搏換］。（《南村輟耕
錄》卷二十四 P294）

【脱略】tuōlüè　倨慢不循禮法謂之脱略，一
曰脱落。《唐書》：“楊憑性簡傲，接下脱略，
人多怨之。”（《俚言解》卷一 32P19）

【脱白】tuōbái　《十國春秋》曰“脱空漢”，
《元典章》騙財曰“調白”。烏有也。（《越
諺》卷中　貨物 P33）

【脱空】tuōkōng　《五代史》：“周太祖入京
師，少主崩于北崗。周祖命宰相馮道迎湘
陰公立之。公至宗州，周祖已爲三軍推戴。
郭忠恕責道曰：‘令公今一日反作脱空漢，
前功並弃。令公之心安乎？’道無以對。”
（《續釋常談》卷三十五 P608）

　　　《五代史》稱：“周太祖入京師，少主崩
于北岡。周祖命宰相馮道迎湘陰公，將立
之。公至宋州周□已爲三軍推載。郭忠恕
責道曰：‘令公今一旦反作脱空漢，前功並
棄。令公之心安乎？’道無以對。”（《目前
集》後卷 P2144）

　　　《十國春秋》：“郭忠恕責馮道曰：‘令公
累朝大臣，誠信著天下，今一旦反作脱空漢
乎？’”《雲笈七籤》：“有脱空王老，時人莫知
年歲，隱現自若，屢于人間蟬蜕轉脱，故人
謂之脱空王老。”按：俚俗有脱空祖師之説，
豈即指其人歟？（《通俗編》卷二十三
P520）

　　　《五代史》：“少主崩，命馮道迎相公，將
立。公至相州，周祖已爲三軍推戴。郭忠
恕責道曰：‘令公一旦反作脱空漢子。’”
（《通言》卷一 P22）

　　　《五代史補》郭忠恕責馮道語云：“今一

旦反作脱空漢，前功並棄，令公之心安乎？”
（《直語補證》P41）

　　　《五代史》：“脱空漢子。”（《越諺賸語》
卷上 P5）

【脱空漢】tuōkōnghàn　參見［脱白］。（《越
諺》卷中　貨物 P33）

【脱籠】tuōlóng　周輝《清波雜志》載：“元祐
間新正賀節，有持門狀遣僕代往，其人出
迎，僕云已脱籠矣。”諺云：“脱籠者，詐閃
也。”溫公聞之笑曰：“不誠之事原不可爲。”
是宋時已有此風。（《土風錄》卷一 P177）

【脱落】tuōluò　參見［脱略］。（《俚言解》卷
一 32P19）

【脱綻】tuōzhàn　參見［綻］。（《吴下方言
考》卷九 P5）

【胮腫】pāngzhǒng　腫曰胮腫。胮，聚邦
切，音滂。腹脹滿也。（《里語徵實》卷中上
二字徵實 P31）

【腈】jīng　精肉曰腈。腈音精，見《蜀語》。
（《里語徵實》卷上　一字徵實 P33）

【䏭子】biǎozǐ　俞俊，其先嘉興人，今占籍
松江上海縣。娶也先普化次兄丑驢女。也
先普化長兄觀觀死，蒸長嫂而妻。次兄
丑驢死，又蒸次嫂而妻之，俊妻母也，既而
亦死。俊縛綵繒爲祭亭，綴銀盤十有四于
亭兩柱，書詩聯盤中云：“清夢斷柳營風月，
菲儀表梓里菱荸。”蓋柳營，暗藏亞夫二字。
菲儀，謂非人。表梓，謂䏭子。總賤娼濫婦
之稱。（《南村輟耕錄》卷二十八 P352）

　　　倡伎之稱。見《輟耕錄》“醋鉢兒”一
條。按：《字書》䏭同臕，肥澤之意，無厌聲。
古人借作俗字，不妨據之。（《直語補證》
P9）

　　　《輟耕錄》：“䏭子，賤娼濫婦之稱。”
（《恒言錄》卷三 P70）

【脄膗】léichuái　修容止曰打扮，形惡者曰
脄膗。（《客座贅語》卷一　方言 P10）

【期契】qīqì　上音其。《字書》云：“有程限
也。”賈注《國語》云：“會也。”（《一切經音
義》卷三 8P120）

【朞場】qīchǎng　兒生周歲，履虎頭鞋，帶
張生巾，粉糯米作朞團，供南極老人像，謂
之做誕朞。富家設朞場，陳百物其中以試
兒所欲。（《土風錄》卷二 P193）

【朞團】qītuán　兒生周歲，履虎頭鞋，帶張

生巾,粉糯米作碁糰,供南極老人像,謂之
做誕碁。(《土風錄》卷二 P193)

【䐈】zhí　婦人頭髮有時爲膏澤所黏,必沐
乃解者,謂之䐈。按:《攷工記·弓人》注云:
"䐈,亦黏也,音職。"則髮䐈之䐈,正當用此
字。(《南村輟耕錄》卷六 P77)

　　髮黏膩曰䐈。(《土風錄》卷十五
P340)

　　髮垢難梳曰䐈。䐈音職。《毛詩》:"予
髮曲局。"注:"云䐈也。"䐈又作鬠,音同。
《類篇》:"髮垢也。"(《里語徵實》卷上 一字
徵實 P25)

【䐈膩】zhíní　參見[摸捺]。(《客座贅語》
卷一 方言 P11)

【朝士】cháoshì　沈周《客座新聞》:"秋官郎
中陸孟昭,於邸第外隙地構屋數間,朝士迎
送,必假之爲宴。"(《稱謂錄》卷二十五 現
任官員 P1)

【朝奉】cháofèng　徽俗稱富翁爲朝奉,亦
有出。漢有"奉朝請,無定員"。本不爲官
位。東京罷省三公,外戚皇室諸侯多奉朝
請。音靜。奉朝請云者,奉朝會請召而已。
退之、東坡詩並作本音。如今之隨旅行走
是也。蓋朝奉者,如今俗稱之郎中、員外、
司務、舍人、待詔之類。(《言鯖》卷下 P24)

　　呂種玉《言鯖》:"徽俗稱富翁爲朝奉,
亦有出,漢有奉朝請,無定員,本不爲官位,
東京罷省三公、外戚、皇室、諸侯,多奉朝
請。奉朝請者,逢朝會請召而已,退之、東
坡并用之,蓋如俗稱郎中、員外、司務、舍
人、待詔之類。"按:《史記·貨殖傳》:"秦皇
令烏氏倮比封君,以時與列臣朝請。"朝請
之制,秦已有之,不始漢也。宋官階有朝
請,有朝奉,品級相等。《職官志》云:"諸朝
請朝散朝奉大夫從六品,諸朝請朝散朝奉
大夫郎正七品。"今徽賈假此稱謂,雖屬竊
冒官階,要亦慕烏倮之爲貨殖雄也。方回
《桐江集》:"邨路有呼予老朝奉者,作詩云:
'誰忽呼予老朝奉,須知不是贗稱呼。'"徽
嚴間之習爲此稱久矣。(《通俗編》卷十八
P391)

　　當鋪之夥。呂種玉《言鯖》徽俗富翁稱
此。(《越諺》卷中 賤稱 P14)

【朝山】cháoshān　《鹽鐵論》:"古者無出門
之祭,今富者祈名嶽,望山川,椎牛擊鼓戲
倡舞像。"按:俗于遠處進香謂之朝山。據

文,則此俗之興,由于西漢。(《通俗編》卷
十九 P435)

【朝班】cháobān　朝班,左右合爲鬪班。
(《唐音癸籤》卷十七 P150)

【朝達】cháodá　《南部新書》:"長安舉子,
自六月後落第不出京者,謂之過夏。醵率
酒饌,請題目於知己朝達,謂之私試。"(《稱
謂錄》卷二十五 現任官員 P1)

【朝飯】zhāofàn　越俗日食三餐皆大米飯。
"朝飯"見蘇詩。(《越諺》卷中 飲食 P39)

【胰】yí　猪脂中堅者曰胰。胰音移。俗作
胂,非。胂,脊肉也。(《燕說》卷四 P8)

【胰子】yízǐ　猪脂中堅者曰胰子。胰音移。
俗作"胂",非。胂,脊肉也。(《蜀語》)(《里
語徵實》卷中上 二字徵實 P16)

【腌臢】āzā　《正字通》:"俗呼物不潔曰
腌臢。元曲多用此二字。"(《通俗編》卷三
十四 P761)

【膙膙】húntún　《類篇》亦引《博雅》:"膙膙,
餅也。"(《恒言錄》卷五 P107)

【䐃】jùn　獸脂聚曰䐃(音窘)。(《通俗文》
釋形體 P51)

【膈】luó　手指文曰膈。膈音羅。(《蜀語》
P37)

　　音螺。《聲類》:"膈,手理也。"案:膈,
手指旋文也。官文書謂之箕斗。吳諺云:
"膈多辛苦糞箕間。"(《吳下方言考》卷六
P2)

　　手足指紋曰膈。音羅。見《俗書刊
誤》。(《里語徵實》卷上 一字徵實 P13)

【膈由】luóyóu　參見[蝸牛]。(《札樸》卷九
鄉里舊聞 鄉言正字附 身體 P326)

【勝】shèng　婦人所以飾首者。見於《禮》,
見於《詩》,見於《左氏傳》。……或曰"勝"
者以爲厭。清明簪柳黄,五日簪艾、簪桃
葉,九日簪菊、簪芙萸,皆有厭義,男女皆同
之。然而"勝"又美也、競也。自六朝及唐,
……穿珠之婆,打銀之匠日盈於門,而勝之
名反廢。……惟機工所織,有"云勝紋"一
種,此"勝"字特傳人口。猶憶兒時,每當麥
熟後,巫者界紙爲條,疊之作勝,并畫符一
二道,沿門送之,謂之"送勝"。又數年,則
不言"送勝",但謂之"送符"。(《越言釋》卷
上 P6)

【勝常】shèngcháng　勝音升。婦人見人則

當百福，彼此道勝常。王廣（編者按：奪"津"字）《宮詞》："新睡起來思舊夢，見人忘却道勝常。"（《雅俗稽言》卷二十一 P1）

　　王廣津《宮詞》云："新睡起來思舊夢，見人忘却道勝常。"勝常，猶今婦人言萬福也。前輩尺牘有云尊候勝常者。勝字當平聲讀。（《老學菴筆記》）（《唐音癸籤》卷十八 P163）

【腔當】qiāngdāng　參見［匡當］。（《恒言錄》卷二 P49）

【腷膊】bìpó　謂食物有聲曰腷膊。腷音逼，膊音博。楊萬里《食胡桃》詩："酒邊腷膊牙車響，座上須臾綠搵空。"又古詞："腷腷膊膊，霜下月落。"（《方言據》卷下 P37）

【腰機司務】yāojīsīwù　男織布者。（《越諺》卷中　賤稱 P14）

【腰折】yāozhé　《語林》："王藍田少有癡稱，王丞相辟之，既見云：'王掾不癡，何以云癡？'"案：《戶令》："癡、瘂、侏儒、腰折、一肢廢，如此之類，皆爲廢疾。"馥謂：癡爲癡疾之一，人謂"藍田癡"，故有癡稱。（《札樸》卷四　覽古 P122）

【腰扇】yāoshàn　《通鑑》："褚淵入朝，以腰扇障目。"胡注："腰扇，佩之於腰，今謂之摺疊扇。"馥案：腰扇如腰鼓，謂中腰瘦減，異於團扇。韋昭説"屛攝"云："攝，形如婆扇。"高注《淮南·氾論訓》云："婆狀如今要扇。"（《札樸》卷四　覽古 P135）

【腰綵】yāocǎi　參見［寶襪］。（《唐音癸籤》卷十九 P168）

　　參見［訶子］。（《雅俗稽言》卷十一 P5）

【腰輿】yāoyú　又，"梁譙州刺史南發民丁，使擔腰輿。"又，"唐玄宗爲褚無量造腰輿，令內侍舁之。"……（馥謂）腰輿者，人舉以行，其高至腰也。（《札樸》卷五　覽古 P156）

【腰鋪】yāopù　陳造詩："腰鋪人家緊閉門。"（《通俗編》卷二 P39）

【腲脮】wěituǐ　腲脮，音猥餒，肥皃。（《土風錄》卷七 P250）

【腲腇】wěiněi　肥貌。（《文選》王褒《洞簫賦》注下云："腲，一罪切。腇，乃罪切。"）（《埤蒼》P9）

【腫皰】zhǒngpào　上鍾勇反，下炮皃反。

《考聲》云："面上細瘡也。"《説文》："面生氣。"（《一切經音義》卷六 10P232）

【腹稿】fùgǎo　《唐書·王勃傳》："屬文初不精思，先磨墨數升，引被覆面臥，及寤，援筆成文，不易一字。時人謂勃爲腹稿。"（《通俗編》卷七 P146）

【腹裏】fùlǐ　《元典章》："延祐四年，御史臺奏：'腹裏百姓，爲饑荒流移江南等路。'"按："腹裏"猶云內地。今《律》盤詰奸細條有"緣邊關塞及腹裏地面"文。（《通俗編》卷二 P37）

【膉】hóu　音矦。《呂氏春秋》："澹而不薄。肥而不膉。"案：膉，醎甚也。吳中謂飲食醎甚曰膉醎。（《吳下方言考》卷六 P6）

【膉醎】hóuxián　參見［膉］。（《吳下方言考》卷六 P6）

【腳價錢】jiǎojiàqián　《唐書》："德宗以宦者爲宮市，使抑買人物，仍索進奉門戶及腳價錢。"（《俚言解》卷二 28P42）

【腳婆】jiǎopó　腳婆即湯壺。黃山谷詩："千金買腳婆，夜夜睡天明。"即燒足瓶。俗曰鐵婆，又，湯婆。（《目前集》前卷 P2127）

　　范石湖有《戲贈腳婆》詩，蓋本山谷《煖足瓶》詩"千金買腳婆"句。（《土風錄》卷三 P206）

【腳脉彎】jiǎoqiūwān　股脛間。《集韻》。（《越諺》卷中　身體 P24）

【腳癗】jiǎozī　芝。趾起堅皮如眼樣。婦女爲多。（《越諺》卷中　疾病 P20）

【腳籠】jiǎolóng　參見［腳繃］。（《越諺》卷中　服飾 P41）

【腳色】juésè　今之履歷，古之腳色也。《通鑑》："隋虞世基掌選曹，受納賄賂，多者超越等倫，無者注色而已。"注云："注其入仕所歷之色也。宋末參選者具腳色狀，今謂之根腳。"（《札樸》卷五　覽古 P152）

　　《朝野類要》："初入仕，必具鄉貫三代名銜，謂之腳色。"（《里語徵實》卷中下　二字徵實 P2）

　　《朝野類要》《元典章》《通雅》均有"腳色"二字。（《越諺》卷中　善類 P11）

【腳繃】jiǎobēng　《餘冬序錄》："婦女下體飾棉至膝曰'繃'，袷僅包脛曰'籠'。"（《越諺》卷中　服飾 P41）

【腳蹋】jiǎotà　上薑虛反。《説文》："腳，脛

也。"……下徒合反。《考聲》："踐也。"(《一切經音義》卷十五 9P565)

【脚錢】jiǎoqián　公私顧役錢曰脚錢，其名自唐有之。《唐書》："德宗以宦者爲宫市，使抑買人物，仍索進奉門户及脚價錢。"又《朝野僉載》："李審請禄米送至宅，母問：'車脚錢幾何？'"(《俚言解》卷二 28P42)

《舊唐書·裴耀卿傳》："充轉運使凡三年，運七百萬石，省脚錢三十萬貫。"又《齊澣傳》："歲減脚錢數十萬。"蓋謂脚力價也。俗謂送禮物力錢曰脚錢，亦有出。(《土風錄》卷五 P229)

《朝野僉載》記李審母事，有"御史禄米不出脚錢"之説。《新唐書·烈女傳》記審母事，改"脚錢"爲"車庸"。宋周遵道《豹隱紀談》云："吳門風俗，多重至節，謂曰肥冬瘦年，互送節物。寓官顏侍郎度詩曰：'至節家家講物儀，迎來送去費心機。脚錢盡處渾閒事，原物多時欲載歸。'"(《通言》卷二 P26)

【腦】nǎo　俗言花葉初發者爲腦，亦曰腦頭。未經前人入詩，唯參寥《次東坡黄耳覃》詩："鈴閣追隨十日强，葵心菊腦厭甘涼。"(《直語補證》P23)

【腦門】nǎomén　頭後曰腦門。(《札樸》卷九 鄉里舊聞 鄉言正字附 身體 P326)

【膜皴】chēnchè　春册。嚴冬皮瘠。(《越諺》卷中 疾病 P20)

【膃】wěng　臭貌。今俗曰"膃凍臭"。(《直語補證》P44)

【膃者】wěngzhě　"膃"同"塕"。殟也。《廣韻》引《字林》。(《越諺》卷中 臭味 P56)

【膖脹】pāngzhàng　普江反。《埤蒼》："胖脹，腹滿也。"下或作痮，同。豬亮反。(《一切經音義》卷九 10P339)

【膖醜】pāngchǒu　物臭曰膖醜。膖音滂。醜，抽去聲，在紂字韵。(《蜀語》P11)

物臭曰膖醜。膀音滂。醜，抽去聲，在"紂"字韻。(《里語徵實》卷中上 二字徵實 P31)

【膏】gào　脂轄曰膏(去聲)。(《札樸》卷九 鄉里舊聞 鄉言正字附 雜言 P329)

【膏粱】gāoliáng　今稱富貴郎君爲膏粱子弟。柳芳《論氏族》云："凡三世有三公者曰膏粱，有令僕者曰華腴。"(《札樸》卷六 覽古 P176)

【膏粱子弟】gāoliángzǐdì　今稱富貴郎君爲膏粱子弟。(《札樸》卷六 覽古 P176)

【膏糫】gāohuán　《廣韻》："膏糫粔籹"……馥案：膏糫，今以麪作，先煎以膏，次和以蜜，著手易汙，故看書畫不復設寒具。(《札樸》卷三 覽古 P85)

【臛兜】huòdōu　參見[臛頭]。(《越言釋》卷下 P22)

【臛頭】huòtóu　據《説文》："臛，羹也。"然而《內則》"腳臕臄"之注以"腳"爲牛臛，"臕"爲羊臛，"臄"爲豕臛，《南》《北史》"頓食雞臛數㸋"証之，則"臛"非羹也。《內則》以腳、臕、臄并牛炙爲豆之第一列，其非羹之在銂者可知。《説文》乃以臛爲羹者，以臛固羹材也。越之爲庖者，以其羸者實之盂盌之底，謂之"墊底"，以其精者飾之於面，謂之"臛頭"。"臛頭"之"臛"，不特非羹之謂，并非腳臕臄之謂，然而"臛"之名，實自《內則》始。以"臛"之在面也，故取魚者結網爲兜以掠水面，俗亦謂之"臛兜"。(《越言釋》卷下 P22)

【膝袴】xīkù　袴亦作絝。膝袴，今婦人足衣。《炙轂子》所謂三代之角襪也。《朱子語錄》："秦檜死，高宗曰：'朕免得膝袴中帶匕首矣。'"豈當時男子亦用此乎？或與今婦女所服者不同。(《雅俗稽言》卷十一 P7)

古男女足衣俱稱膝袴(今楚俗猶然)。宋秦檜死，高宗謂楊和王曰："朕今日始免膝袴中帶匕首。"《炙轂子》云："三代時號角襪，前後兩足相成，中心係帶，是即今之膝袴也。"(《致虛閣雜俎》謂始于楊妃，未的。)(《土風錄》卷三 P198)

【膝褲】xīkù　膝褲一曰褲腿，今婦女下體之飾也。《朱子語錄》："秦檜死，高宗告楊郡王曰：'朕免得膝褲中帶匕首矣。'"豈當時男子亦用此乎，其制或與今婦女所服者不同。(《俚言解》卷二 8P32)

襪，足衣，今之膝褲。秦檜死，高宗告楊郡王曰："朕今日始免膝褲中帶匕首矣。"宋時男子之襪亦稱膝褲，今婦人稱之，男子無稱膝褲者矣。(《言鯖》卷上 P15)

《致虛雜俎》："袴襪，今俗稱膝袴。"《朱子語錄》："秦太師死，高宗告楊郡王云：'朕免膝褲中帶匕首矣。'"《餘冬序錄》引此云：

"縛膝下褲脚,今日婦女下體之飾,豈當時男子亦或著膝褲耶?"(《通俗編》卷二十五 P565)

【膝綺】xīkù　參見[膝袴]。(《雅俗稽言》卷十一 P7)

【膆】cáo　脆敗曰膆。(《札樸》卷九　鄉里舊聞　鄉言正字附　雜言 P329)

【膠膲】léichuī　形貌醜曰膠膲。膠,倫追切,音虆;又魯水切,音壘。《集韻》:"皮起也。"膲音推。(《燕說》卷一 P2)

【膠膲】léichuái　以貌醜曰膠膲。上力懷切,下二懷切。(《肯綮錄》P1)

【膠牙餳】jiāoyátáng　臘月二十四,家設餛飩、素羞祀竈。……按:《風土記》云:"竈神翌日朝天白一歲事,故先一日禱之。"《夢華錄》云:"是夜,貼竈馬於竈上,以酒糟塗抹竈門,謂之醉司命。"范石湖《村田樂府》序云:"然今俗不以糟,以餳,謂膠其口,使不得言。"石湖《吳郡志》謂之膠牙餳(《夢華錄》全),是其風已久。《荊楚記》則在初八日(記又云:"元旦進膠牙餳,取堅固之意。"此名全意異者。)(《土風錄》卷一 P183)

【膠濘】jiāonìng　上絞看反。下寧定反。杜注《左傳》:"濘,泥也。"《考聲》:"泥,淖也。"《説文》:"從水寧聲。"(《一切經音義》卷六十九 9P2744)

【膠黏】jiāonián　稠膩曰膠黏。飯粒粘紙曰飯黏。黏音年。(《蜀語》P16)

【膨悶】péngmēn　脹曰膨悶。(《札樸》卷九　鄉里舊聞　鄉言正字附　疾病 P327)

【膉】yì　飯臭曰膉。(《通俗文》釋飲食 P68)

【膸餅】suíbǐng　參見[看食]。(《通雅》卷三十九 P1187)

【膧朧】tónglóng　欲明也。(《文選》潘岳《秋興賦》注下云:"膧,徒東切。朧,力東切。"又潘岳《悼亡詩》注。按:《秋興賦》云:"月膧朧以含光。"又《悼亡詩》云:"皎月何膧朧。"膧朧,字皆從"月",李善注兩引《埤倉》"膧朧,欲明也",皆從"月"。陸機《文賦》云"情瞳曨而彌鮮",字從"日",李善注引《埤倉》亦曰"瞳曨,欲明也",從"日"。《説文》"瞳曨""朧"皆爲新附字,而無"膧"字。《玉篇》亦無"膧"字。如因疑《埤倉》原祇作"瞳曨",則《秋興賦》《悼亡詩》皆指月

爲言,李善不宜引從"日"之"瞳曨"以釋之,然《埤倉》已有之字,《玉篇》何以未經收入,可知爲《玉篇》或傳寫脱落。今依李善所引兩輯之,非重複也。)(《埤蒼》P14)

【膯】tēng　《集韻》:"膯,他登切。吳人謂過飽曰膯。"(《恒言錄》卷二 P36)

【朦朧】ménglóng　《通典》:"凡斷刑名,須得指實,朦朧作狀,斟酌結刑,司刑此中過爲非理。"……按:言朦朧者,月不明也。今從作不分曉之意。(《恒言錄》卷二 P49)

【膿】nóng　家敗而姑安之,事壞而姑待之,病亟而姑守之,凡皆曰膿。(《客座贅語》卷一 詮俗 P9)

【臉嫩】liǎnnèn　不忍責人。(《越諺賸語》卷上 P3)

【膽水】dǎnshuǐ　鹽鹵曰膽水。《元史》:"張理獻言,饒州德興三處膽水浸鐵,可以成銅。"(《蜀語》P19)

【賸】shèng　與剩同。餘辭也。杜子美詩:"剩欲提攜如意舞。"皮襲美詩:"剩欲與君終此志。"溫飛卿詩:"剩欲一名添鶴寢。"剩欲,猶云唯欲。唯,獨也,只也,祇也,祇餘此,故云剩也。……剩字,祇也。李義山詩:"景陽宮井剩堪悲。"韋莊詩:"異鄉聞樂剩悲涼。"又……剩字,若云尚也。尚是冀望餘情,故剩可借爲尚也。杜牧之詩:"賸肯新年舊舍否,江南綠草迢迢。"(《助字辨略》卷四 P232)

【臋腄】túnchuí　尻曰臋腄。(《札樸》卷九　鄉里舊聞　鄉言正字附　身體 P326)

【臂釧】bìchuān　川戀反。案:釧者,以金銀爲環莊飾其手足。《字書》云:"在足曰鋥,在臂曰釧。"鋥音鋤學反。(《一切經音義》卷十五 13P573)

【臑】rú　不脆曰臑。(《蜀語》P32)

【臑懶】rúlǎn　身困倦曰臑懶。亦曰酸臑。臑音如。(《蜀語》P32)

【臑頭】nàotóu　豕項間肉曰臑頭。臑音曹。豕項肉不美,有章氣。(《蜀語》)(《里語徵實》卷中上　二字徵實 P16)

【臕】biāo　肥曰臕。臕音標。梁橫《吹笛》詩:"放馬大澤中,草好馬著臕。"又薛逢《觀獵》詩:"馬縮寒毛鷹落臕,角弓初暖箭初凋。"(《里語徵實》卷上　一字徵實 P7)

【贏扁】luóbiǎn　篆書易成修體。徐騎省自

謂晚年始得蠃扁之法，言如蝸蠃之扁也。《崔融禹碑贊》：“蠃書扁刻。”（《札樸》卷六　覽古 P180）

【蠃貝】luóbèi　盧和反。《爾雅》云：“蚹蠃，蝸牛類也。”經文作螺，俗字也。（《一切經音義》卷一 14P62）

【羸惙】léichuò　知劣反。《聲類》：“短氣皃也。惙惙亦憂也。”（《一切經音義》卷七十五 13P2971）

　　轉劣反。《聲類》：“惙惙，短氣之皃也。”（《一切經音義》卷十八 5P677）

【臘八粥】làbāzhōu　參見［佛粥］。（《土風錄》卷一 P183）

【臘梨】làlí　參見［癩頭］。（《越言釋》卷下 P10）

【臘沓子】làtàzǐ　沓，徒合反。《考聲》云：“合也。”案：臘沓子者，以五穀雜合一處，用以加持，如今俗言臘雜子也。（《一切經音義》卷續四 10P3858）

【臘雞】làjī　《草木子》：“南人在都求仕者，北人目爲臘雞。蓋臘雞爲南方餉北人之物也。”《鬱輪岡筆塵》：“嚴分宜生日，江西士紳致祝。嚴長身聳立，諸紳俯身趨謁，高中元旁睨而笑。嚴問故，高曰：‘偶爾憶昌黎詩：“大雞昂然來，小雞竦而待。”不覺失笑耳。’眾亦閧然大笑。”按：二書，則元時凡南數省人皆有臘雞之目，至明乃惟以之嘲江西人也。（《通俗編》卷二十九 P646）

【臘雞頭】làjītóu　元時江西人侍于朝者多以臘雞爲贄，故江西人呼爲臘雞頭。（《言鯖》卷下 P2）

【臘雜子】làzázǐ　參見［臘沓子］。（《一切經音義》卷續四 10P3858）

【臚傳】lúchuán　《叔孫通傳》：“群臣朝十月，儀設九賓傳臚句。”按：字書聲絕爲句，外此無他義。云臚傳，即傳臚也。句字乃衍文，故注《史記》但云“傳從上下爲臚”而已。殿榜唱名曰臚傳本此。（《目前集》前卷 P2127）

【臚唱】lúchàng　方回《丁酉元日年七十一》詩云：“九臚唱第今三紀，八表開端又一年。”（《通言》卷六 P70）

【臚脹】lúzhàng　上呂豬反。《考聲》云：“皮也。”“大也，叙也，上陳告於下也。”《釋名》云：“腹前曰臚。”……下張亮反。《左傳》

云：“腹滿也。”（《一切經音義》卷十六 11P614）

【贏得】yíngdé　（贏，）餘也。贏得，猶今云剩得也。杜牧之詩：“十年一覺揚州夢，贏得青樓薄倖名。”（《助字辨略》卷二 P102）

　　杜牧之詩：“十年一覺揚州夢，贏得青樓薄倖名。”贏得，猶今云“剩得”也。（《方言藻》卷二 P16）

【騰】téng　俗以物自此置于他曰騰。王建《貧居》詩：“蠹生騰藥篋，字脱換書籤。”（《通俗編》卷三十六 P810）

【騰挪】téngnuó　移置曰騰挪。唐王建《貧居》詩：“蠹生騰藥篋，字脱換書籤。”蓋用此。（《燕説》卷一 P8）

【騰騰】téngténg　李郢《卽目》詩：“自笑騰騰者，非憨又不狂。”案：騰騰，癡迂貌。吳諺謂之癡騰騰，亦曰迂腐騰騰。（《吳下方言考》卷四 P16）

【騰那】téngnuó　曲處以應之曰騰那。（《客座贅語》卷一　方言 P11）

　　又，設法備用物曰騰那。（《客座贅語》卷一　辨訛 P11）

　　設法備用物曰騰那。（《客座贅語》卷一　辨訛 P6）

　　參見［活變］。（《燕山叢錄》卷二十二　長安里語　人事 P2）

　　參見［活變］。（《宛署雜記》卷十七 194）

【驤】rǎng　癡肥曰驤。（《札樸》卷九　鄉里舊聞　鄉言正字附　雜言 P329）

欠　部

【欠】qiàn　參見［呵］。（《越言釋》卷下 P32）

【欠呿】qiànqù　參見［欠欪］。（《一切經音義》卷三 1P107）

【欠欪】qiànqù　張口運氣謂之欠欪。（《通俗文》釋言語下 P34）

　　下音去。《桂苑珠叢》云：“引氣而張口曰欠欪。”《古今正字》：“從欠去聲。”經從口作呿，非也。（《一切經音義》卷七十九 10P3118）

　　墟庶反。《通俗文》：“口通氣也。”有作呿，非此義也。（《一切經音義》卷二十六

2P998)

音去。《埤蒼》云:"張口頻伸也。"(《一切經音義》卷十四 12P534)

下音去。《埤蒼》云:"欠故,張口也。"經從口作呿。《桂苑珠叢》云:"呿是臥聲也。"《韻詮》云:"呿,睡聲也。"非此義。宜改從欠作故。案:此二字皆是出氣,互用亦通。(《一切經音義》卷五 10P196)

音去。《埤蒼》云:"欠故,張口也。"案:欠故,張口引氣也,或作呿。(《一切經音義》卷三 1P107)

【欠陷】qiànxiàn 上去劒反。《説文》云:"少也。"下户韽反。《玉篇》:"入也。"《切韻》:"潰没也。又,随也。"(《一切經音義》卷續七 7P3954)

【次長祖】cìzhǎngzǔ 見高祖稱長祖注。(《稱謂錄》卷一 曾祖 P5)

【次馬】cìmǎ 参見[六印]。(《唐音癸籤》卷十七 P152)

【欥啾】āqiū 鴨秋。噴嚏。(《越諺》卷下 聲音音樂 P18)

【㰦歈】yèyú 参見[邪揄]。(《通雅》卷七 P276)

【㰦】wā 飲聲曰㰦。㰦音骨,又音啫。(《里語徵實》卷上 一字徵實 P10)

【欱】hē 飲酒曰欱。(《札樸》卷九 鄉里舊聞 鄉言正字附 雜言 P329)

【欶】shuò 欶,所角切,口噏也。(《目前集》後卷 P2153)

【欶欱】hēxiā 音揩痴。《廣韻》:"欶欱,氣逆病。"案:吴中謂勉强用力曰欶欱。(《吴下方言考》卷三 P9)

【欷歌】xīhā 談笑不誠恪曰欷歌(希哈),或曰哈哄。(《客座贅語》卷一 方言 P11)

参見[坎歌]。(《通雅》卷四十九 P1461)

【欲箭】yùjiàn 下煎線反。欲心與境相應,如箭之中也。(《一切經音義》卷十 20P399)

【欸】āi 音孩,然者譍曰"欸"。揚子《方言》。(《越諺》卷下 發語語助 P20)

音豥,歎聲,暴見事之不然者,必出聲曰"欸"。陳芳《芸窗私志》。(《越諺》卷下 發語語助 P20)

亞改切,"害"上聲。譍中帶問。(《越諺》卷下 發語語助 P20)

【欸乃】ǎinǎi 欸,嘆聲也,讀若哀,烏來切;又應聲也,讀若靄,上聲,倚亥切;又去聲,於代切;無襖音。乃,難辭,又繼事之辭,無靄音。今二字連讀之,爲棹船相應聲。柳子厚詩云"欸乃一聲山水緑"是也。元次山有《湖南欸乃歌》,劉蜕有《湖中靄迺歌》,劉言史《瀟湘》詩有"閑歌曖迺深峡裏",字異而音則同。(《唐音癸籤》卷二十四 P213)

《説文》:"欸,譍也。亞改切。"元次山有《欸乃曲》,注云:"欸音襖,乃音藹,湘中節歌聲。"柳子厚詩亦用欸乃字,而柳文舊本作靄襖。朱文公亦用此音。蓋以欸音靄,正恊亞改切,但乃字讀如襖,未有所考。紳嘗參閲諸書,以欸乃音襖藹,誤也。即音藹襖,亦誤。須定欸音藹,而乃則讀如字。按:劉悦有《湘中藹迺歌》,又《詞海遺珠》載劉言史瀟湘舟中聽夷女唱靉迺歌,字雖異而音爲藹乃則同,可証。若《冷齋夜話》載洪駒父謂柳子厚詩"㛃藹一聲山水緑",而世俗誤分"㛃"爲二字,其説特異,敢俟知者。欸,从厶,从矢,俗作款,誤。柳子厚詩:"漁翁夜傍西巖宿,曉汲清湘然楚竹。江空日出不見人,欸乃一聲山水緑。"世固共傳"欸乃"爲歌,不知何調何辭也。元次山有《欸乃歌》五章,如云:"千里楓林烟雨深,无朝无莫有猿吟。停橈暫聽曲中意,好是雲山韶濩音。"蓋全是詩,其謂欸乃者,殆舟人於歌聲之外,别出一聲以互相其所歌。如《竹枝》《柳枝》,其語度與絶句仝,但于末句隨加竹枝或柳枝等語,遂即其語以鳴其歌,《欸乃》殆其例耶?(《雅俗稽言》卷三十二 P19)

【款縫】kuǎnfèng 今官曹文案於紙縫上署記謂之款縫。……此語言元出魏晉律令。《字林》本作:"鐓,刻也。"古未有紙之時,所有簿領皆用簡牘。其編連之處恐有改動,故於縫上刻記之。承前已來呼爲鐓縫。今於紙縫上署名猶取舊語,呼爲鐓縫耳。(《匡謬正俗》卷六 P71)

【㰨歌】yàhē 㰨音啞,歌音哈,驚異聲。關中謂權臥爲"歌"。一曰:"㰨歌,不意。"(《里語徵實》卷中上 二字徵實 P36)

【欺負】qīfù 引《韓延壽傳》:"待下吏恩施厚,而約誓明,或欺負之者,延壽痛自刻責。"(《通雅》卷四十九 P1456)

《史記·高祖紀》:"乃紿爲謁。"索隱曰:"紿,欺負也。"《漢書·韓延壽傳》:"待下吏施恩厚而約誓明,或欺負之者,延壽痛自劾責。"《北史·邵護傳》:"戴天履地,中有鬼神,勿謂冥昧,可以欺負。"(《通俗編》卷十三 P288)

【欺誚】qīqiào 齊曜反。《考聲》云:"誚,讓也,笑乜。"(《一切經音義》卷八十二7P3218)

【歆】jī 以箸取物曰歆。音羈。(《肯綮錄》P1)

【歆案】qī'àn 《廣韻》:"曹公作歆案卧視書。"(《札樸》卷四 覽古 P136)

【欽】qìn 身前探曰欽。李翊《俗呼小錄》:"按謂之欽,欽去聲。"王琚《射經》:"欽身微曲,注目視的。"又,"開弓發矢要欽身,弤外分明認帖。"(《燕説》卷二 P1)

【炊爾】xū'ěr 熏律反。《集訓》云:"忽然也。"薛琮云:"炊,忽也。"(《一切經音義》卷三 12P129)

【歇夏】xiēxià 新嫁女,至四月杪備端午禮迎歸,中秋備禮送去。(《越諺》卷中 風俗 P62)

【歇子】xiē·zi 琵琶。(《墨娥小錄》卷十四 P5)

【歇旰】xiēgàn 暑天午臥。(《越諺賸語》卷上 P3)

【歇憩】xiēqì 士農工商與手藝,總莫歇憩要辛勤。《人生要覽》。(《里語徵實》卷中下 二字徵實 P23)

【歊慕】xīnmù 許金反。《詩》云"無然歊羨。"傳曰"歊羨,貪羨也。"……賈逵曰:"歊,貪也。"(《一切經音義》卷三十二6P1276)

【歊瘶】hēsòu 肺病曰歊瘶。(《札樸》卷九鄉里舊聞 鄉言正字附 疾病 P327)

【歌板師】gēbǎnshī 朱竹垞《與友書》云:"比聞足下授徒某氏,主人有音樂之好,歌板師食單,豐於書塾。"(《稱謂錄》卷二十九歌 P20)

【厰厰】yéyú 參見[邪揄]。(《通雅》卷七P276)

【厰瘉】yéyù 參見[邪揄]。(《通雅》卷七P276)

音嗤吁。許氏《説文》:"厰,人相笑厰瘉。"案:厰瘉,口詝手指而笑。吳中凡大以爲不然而相笑者輒口詝手指而笑曰厰,繼聲曰瘉。(《吳下方言考》卷三 P8)

【歈喸】yāngyì 隋文帝謂侍臣曰:"我新還京師,應開懷歈樂,不知何意翻邑然愁苦。"或作"歈喸"。謝朓《辤隋王箋》:"岐路西東,或以歈喸。"(《札樸》卷八 金石文字P285)

【歐噦】ǒuyuě 上謳口反。《説文》云:"歐,即吐也,從欠從謳省聲。"下宛劣反。鄭注《禮記》云:"噦,噫也。"《説文》云:"爲悟也,從口歲聲。"(《一切經音義》卷八十12P3148)

【歐蛆】ǒuqū 放蛆,即諺所云歐蛆。吳中謔善談爲歐蛆,亦曰嗑(音烹)蛆。(《吳下方言考》卷三 P9)

【歎歌】lòuhòu 小兒乖子者,曰歎歌。歎,音陋,歌,音豆。《廣韻》:"小兒兇惡狀。"(《方言據》卷上 P3)

【歔】xī 參見[疢]。(《越諺》卷下 單辭隻義 P12)

【歡】huān 晉吳聲歌曲,多以"儂"對"歡",詳其詞意,則"歡"乃婦人,"儂"乃男子耳。然至今吳人稱儂者,唯見男子,以是知歡爲婦人必矣。《懊儂歌》云:"潭如陌上鼓,許是儂歡歸。"又云:"我與歡相憐。"又云:"我有一所歡,安在深閣裏。"又《華山畿》云:"歡若見憐時,棺木爲儂開。"又《讀曲歌》云:"思歡久,不愛獨枝蓮,只惜同心藕。"又云:"憐歡敢喚名,念歡不呼字。連喚歡復歡,兩誓不相棄。予後讀《通典》,見《序常林歡》云:"江南謂情人爲歡。"(《能改齋漫錄》卷一 P6)

《古樂府·莫愁曲》:"聞歡在揚州,相送楚山頭。"(《稱謂錄》卷五 妻稱夫 P3)

參見[情人]。(《通俗編》卷二十二P500)

【歡喜】huānxǐ 《戰國策》:"武安君曰:'秦克趙軍,秦人歡喜。'"《易林》:"心歡喜,利從己。"又,"少齊在門,夫子歡喜。"《後漢書》:"馬融與竇伯聞書曰:'賜書見手跡,歡喜何量。'"《魏志·賈逵傳》注:"李孚比見袁尚,尚甚歡喜。"《唐書·杜審言傳》:"武后令賦歡喜詩。"《韓昌黎集·元和聖德詩序》:"郊天告廟,神靈歡喜。"(《通俗編》卷十五P319)

【歡帆】huānfān　余生長澤國，每聞舟子呼造帆曰"歡"，稱牽船之索曰"彈（平聲）子"，使風之帆爲去聲。意謂俗諺耳。及觀唐樂府有詩云："蒲帆猶未織，爭得一歡成。"而鍾會呼捉船索爲"百丈"，趙氏注云："百丈者，牽船篾，內地謂之宣（編者按：'宣'應作'笪'。）（音彈）。"韓昌黎詩云："無因帆江水。"而韻書去聲內亦有扶帆切者。是知方言俗語，皆有所據。（《唐音癸籤》卷十九P173）

【歡門】huānmén　《夢粱錄》："食店近裏，門面窗牖，皆朱綠五彩飾，謂之歡門。"按：《易林》："坐立歡門，與樂爲鄰。"二字所由取義耶？（《通俗編》卷二十四P543）

寺僧拜懺懸者。又，食店近裏門面。《夢粱錄》。（《越諺》卷中　屋宇P25）

殳　部

【殷殷】yǐnyǐn　漢《郊祀歌》："殷殷鐘石羽籥鳴。"案：殷殷，聲也，耳聞殷殷然也。吳人謂耳中隱隱聞聲曰殷殷。（《吳下方言考》卷四P15）

【殺】❶shā　《晉書·禮志》言及"悲殺，奈何，奈何"。《南史·垣榮祖傳》："莫論攻圍取勝，自可相拍手笑殺。"按：殺乃已甚之辭，非真謂死也。……楊萬里詩"燈花誑殺儂"，又"窮州今日寒酸殺"，"拜殺蘆花不肯休"，"香殺行人只欲顛"，如此類用殺字甚多。（《通俗編》卷三十三P746）

❷shà　（白居易）《半開花》詩："西日憑輕照，東風莫殺吹。"自注："殺，去聲。"蓋殺本沙入聲，此作沙去聲，即赦音也。俗語太甚曰殺。《容齋隨筆》序"殺有好處"。如元人傳奇"忒風流""忒殺思"。今京師語猶然，大曰"殺大"，高曰"殺高"，皆假借字。（《雅俗稽言》卷二十九P10）

今人語太甚曰殺，曰忒。白樂天《半開花》詩："西日憑輕照，東風莫殺吹。"自注："殺，去聲，音廈。"（《談徵》言部P74）

白居易《半開花詩》云："西日憑輕照，東風莫殺吹。"自注："殺，去聲，亦作煞。"（《通言》卷四P52）

京都語亦有之，如好曰殺好，聰明曰殺聰明之類。白樂天詩："西日憑輕照，東風

莫殺吹。"（《語竇》P153）

參見［歸殺］。（《恒言錄》卷五95）

參見［雌煞］。（《恒言廣證》卷五P74）

【殺更】shāgēng　陳履常詩"殘點連聲殺五更"，汪元量詩"亂點傳籌殺六更"。今報更鼕鼕跛將盡，則雲板連敲，謂之殺更。（《俗考》P4）

【殺大】shàdà　楊升庵謂京師語："大曰殺大，高曰殺高。"即吾鄉之殺能大、殺能高也。（《通言》卷四P52）

【殺擂】shālèi　宋汪元量《醉歌》絕句："亂點連聲殺六更。"即蝦蟇更，俗謂之殺擂也。（《直語補證》P26）

【殺能大】shànéngdà　參見［殺大］。（《通言》卷四P52）

【殺能高】shànénggāo　參見［殺大］。（《通言》卷四P52）

【殺火】shāhuǒ　以水熄火，謂之"殺火"，亦謂之"淅火"。（《越言釋》卷下P16）

【殺蟲】shāchóng　參見［天馬］。（《七修類稿》卷三P58）

【殺高】shàgāo　參見［殺大］。（《通言》卷四P52）

【殳】tóu　豆。《説文》："緜擊也。"越以與人作難曰："殳殳事擊。"从《玉篇》。（《越諺》卷下　單辭隻義P12）

【殷】zhēn　真。擊也。榫卯寬宥，削竹木小橛殷之，曰"殷"。"銃殷""鐵積殷"。从《集韻》。（《越諺》卷下　單辭隻義P12）

【殼】xuè　確。嘔吐也。喉間有物，咳而出之。"殼血"。醫書作"咯"，誤。（《越諺》卷下　單辭隻義P12）

【毀老】huǐlǎo　鬼。（《墨娥小錄》卷十四P6）

廟。（《墨娥小錄》卷十四P9）

【殿】diàn　音跕。殿，足不得平行也，吳中謂病足蹺行曰殿。（《吳下方言考》卷九P8）

【殿中】diànzhōng　參見［副端］。（《唐音癸籤》卷十七P157）

【殿元】diànyuán　楊維楨詩："老娥本是南洲女，私喜南人攞殿元。"（《稱謂錄》卷二十四　狀元P11）

【殿研】diànyán　今俗謂人強忍堅抗爲殿研。（上丁見反，下五見反。）……殿者，猶

春秋殿師之意，言其無所畏懼不退縮耳。研者，研摩抗拒，與前人爲敵。或總言殿研。(《巨謬正俗》卷七 P91)

【殿轉】diànzhuǎn　殿音佃。漢成帝時童謠：「燕燕尾殿殿。」燕尾側轉欲反之貌。今吳中欲翻夾衣夾被之類必先殿轉也。(《吳下方言考》卷九 P8)

【毃力】jīlì　勞碌曰毃力。(《土風錄》卷十 P282)

參見［喫力］。(《越諺賸語》卷上 P4)

【彀羞】kàixiū　慚恥曰彀羞。彀，苦大切，音概。《廣雅》：「彀，辱也。」(《蜀語》P45)

【彀雨】gǔyǔ　「雨」讀作去聲，如雨我公田之雨。蓋彀以此播種，自上而下也。(《七修類稿》卷三 P57)

【殴】ōu　言相謔謿曰殴。(《客座贅語》卷一辨訛 P4)

【毃濁】húzhuó　參見［糊塗］。(《雅俗稽言》卷二十一 P19)

【毃濁蟲】húzhuóchóng　參見［糊塗］。(《雅俗稽言》卷二十一 P19)

【彀彀】dùsù　動而不已曰彀彀。上音谷，下音速。《廣韻》：「彀彀，動物也。」《說文》：「彀，小豚也。」小豚性喜動，故謂動物不已者曰彀彀。(《燕說》卷一 P9)

【彀夘】quèluǎn　上苦角反。《集訓》云：「鳥夘空皮也。」……下洛管反。《說文》云：「凡物無乳者，卵生也。」(《一切經音義》卷三 5 P114)

【彀】chóu　綢。「彀井緪」，「彀鷗線」，「彀渡船繩」，皆是。出《說文》。(《越諺》卷下單辭隻義 P11)

參見［彀渡船］。(《越諺》卷中 器用 P31)

【彀渡船】chóudùchuán　過渡之船，兩頭有繩索。手持曰「彀」，音紂。「儔」，《說文》。(《越諺》卷中 器用 P31)

文　部

【文】wén　《漢書·食貨志》：「市肆異用，錢文大亂。」按：錢曰文者，以其面字言之，而仍不以字數計也。《孟子疏》：「西子至吳市，觀者各輸金錢一文。」《水經注》：「劉寵去郡，父老人持百錢出送，寵各受一文。」《南齊書·鬱林王紀》：「每見錢，輒曰：『我昔思汝，一文不得，今得用汝。』」唐張祐詩：「歸來不把一文錢。」(《通俗編》卷二十三 P511)

【文學】wénxué　參見［秀才］。(《雅俗稽言》卷十九 P7)

【文移】wényí　俗稱官府文書爲文移，亦古語。《漢書》：「劉玄更始元年，以劉秀行司隸校尉，乃置僚屬，作文移。」注：「移者，箋表之類也。官曹公府不相臨敎，則爲移。」(《雅俗稽言》卷十八 P15)

【煸爛】bānlán　文章曰煸爛。(《通俗文》釋言語下 P30)

文皃也。(玄應《觀世音菩薩授記經音義》。又《賢愚經音義》。)(《埤蒼》P18)

方　部

【方下】fāngxià　房屋。(《墨城小錄》卷十四 P4)

【方丈】fāngzhàng　僧道誠《釋氏要覽》云：「方丈，寺院之正寢。始因唐顯慶年中，敕差衞尉寺丞李義，表前融州黃水令王元策，往西域充使。至毗耶黎城東北四里許，維摩居士宅示疾之室，遺址疊石爲之。元策躬以手板縱橫量之，得十笏，故號方丈。」余按：王簡棲《頭陀寺碑》云：「宋大明五年，始立方丈，茅茨以庇經像。」李善引高誘曰：「堵長一丈，高一丈，回環一堵爲方丈，故曰環堵，言其小也。」(《能改齋漫錄》卷二 P37)

唐顯慶中，王玄策使西域，有維摩居士石室，以手板縱橫量之，得十笏，故名方丈室。蓬萊、方丈、瀛州三仙山名偶同也。(《目前集》前卷 P2131)

【方寸】fāngcùn　徐庶，母爲人所執，曰：「方寸亂矣。」謂方寸爲心似始乎此，然《列子》嘗曰：「吾見子之心矣，方寸之地虛矣。」(《雅俗稽言》卷八 P9)

【方寸亂】fāngcùnluàn　《資暇錄》：「今人稍惑撓未決，則云方寸亂矣。此不獨誤也，何失言甚歟？」《蜀志》：「徐庶從昭烈率兵南行，母爲曹操所虜，庶將辭昭烈詣曹，乃自指心曰：『本欲與將軍共圖王霸之業，今母

爲彼獲，方寸亂矣。'"苟事不相類，其可輕用耶？（《通俗編》卷十五 P325）

【方幅】fāngfú　《北史·樊子蓋傳》："帝曰：'文以二孫委公，宜選貞良宿德、有方幅者，教習之。'"《南史·蕭坦之傳》："帝遣內左右賂沈文秀，不受，怒語坦之，坦之曰：'若詔勅出賜，文秀寧敢不受？政以事不方幅，故仰還耳。'"（《通俗編》卷二十五 P554）

【方袍】fāngpáo　《金華子》："李公贊皇鎮浙右，以南朝眾寺，方袍且多，其中必有妙通易道者。"又見《青箱雜記》。（《稱謂錄》卷三十一　僧 P7）

【方頭】fāngtóu　俗謂不通時宜者爲方頭。陸魯望詩云："頭方不會王門事，塵土空緇白紵衣。"（《南村輟耕錄》卷十七 P206

今人言不通時宜而無顧忌者曰方頭。《輟耕錄》引陸魯望詩曰："頭方不會王門事，塵土空緇白紵衣。"陸魯望《苦雨》之詩又曰："有頭強方心強直，撐住頦風不量力。"觀二詩之意，"方頭"亦爲好稱。若以爲惡語，是末世之論也。（《七修類稿》卷二十七 P416）

今人謂不圓活轉變者曰方頭。陸魯望詩云："頭方不會王門事。"唐時已有此語，盖頭尖則善鑽刺，方頭則不能。（《言鯖》卷上 P17）

《輟耕錄》："俗謂不圓通轉變者曰'方頭'。陸魯望詩：'頭方不會王門事，塵土空緇白紵衣。'唐時已有此語。"（《通俗編》卷十一 P236）

【方面】fāngmiàn　任一方曰方面。唐有方面之稱。《倪若水傳》："冗官擢方面。"皆以爲下遷。今猶有此稱。曰開府，則晉已然。（《通雅》卷十九 P651）

【於時】yúshí　猶云其時。庾子山《哀江南賦》："於時朝野歡娛，池臺鐘鼓。"（《助字辨略》卷一 P40）

【施主】shīzhǔ　施音世。梵言陀那鉢底，華言施主。其曰檀那者，訛陀爲檀也，去鉢底，故曰檀那。又曰檀越者，謂此人行檀施，能越貧窮海也。（《雅俗稽言》卷二十 P9）

參見［檀越］。（《越諺》卷中　尊稱 P12）

【施釣】shīdiào　參見［秋千］。（《雅俗稽言》卷十三 P26）

【旁皮赤】pángpíchì　參見［黃陂赤］。（《俚言解》卷二 23P40）

【旁蟹】pángxiè　《周禮·梓人》疏："蟹謂之旁蟹，以其側行者也。"按：語義當正作旁。今字從蟲，疑是後人率加。《埤雅》云"蟹旁行，故里語謂之旁蟹"可證。（《通俗編》卷二十九 P658）

【旁邊】pángbiān　"李樹旁邊辟客來"，戴叔倫詩。"旁邊"二字見《徐陵雜曲》。（《雅俗稽言》卷三十 P9）

【旋】xuàn　事非豫爲之也。王仲初詩："旋翻曲譜聲初起。"（《助字辨略》卷四 P219）

【旋嵐】xuánlán　下拉軷反。大猛風也。（《一切經音義》卷三十一 11P1238）

【旋復花】xuánfùhuā　六月菊，鄉里俗呼也，卽《爾雅》之"盜庚"、《本草》之"旋復花"。（《札樸》卷九　鄉里舊聞 P312）

【旋子】xuànzǐ　今爲小羊未成爲旋（音祥戀反）子。呂氏《字林》云："羴音選，未晬羊也。"今言旋者，蓋語訛耳。當言羴子也。（《匡謬正俗》卷六 P76）

【旋澓】xuánfù　旋，徐攣反；澓，浮福反。《切韻》稱："旋，洄也。"《三蒼》曰："澓，深也。"謂流水下有深穴則令水洄也。經本從方者，音徐緣反。《切韻》稱還也。（《一切經音義》卷二十三 8P879）

下符福反。《三蒼》曰："澓，深也。"謂河海中洄旋之處是也。（《一切經音義》卷二十一 5P788）

【旋旋】xuánxuán　猶漸漸也。（《助字辨略》卷四 P219）

【旋逐】xuánzhú　旋，事非豫也。王仲初詩："旋翻曲譜聲初起。"又范忠宣公《義莊規矩劄子》："旋逐立定規矩，令諸房遵守。"旋逐，方言也。（《方言藻》卷一 P8）

【旋風】xuànfēng　曲踊，今諺謂之旋風。（《吳下方言考》卷十 P11）

【旒蘇】liúsū　上音流。《考聲》云："旒蘇，旗脚也。"今以垂珠帶爲旒蘇，象冕旒也。（《一切經音義》卷十四 8P526）

火（灬）部

【火】huǒ　今軍行戍役工匠之屬十人爲火。（《匡謬正俗》卷六 P65）

俗又謂一火爲一把。(《俚言解》卷一
25P15)

【火伍】huǒwǔ　柳宗元《段太尉逸事狀》：
"叱左右皆解甲，散還火伍中。"(《恒言廣
證》卷一 P26)

　　參見[火伴]。(《通俗編》卷八 P169)

【火伴】huǒbàn　火伴，出《古樂府》："出門
見火伴，火伴始驚忙。"(《七修類稿》卷二十
四 P327)

　　俗呼同旅爲火伴。樂府《木蘭詞》："出
門看火伴，火伴皆驚忙。"是也。《琅琊漫
抄》："作役者十人爲一火。"蓋火伴之義。
或曰古字"火"與"夥"通。俗又謂一火爲一
把。(《俚言解》卷一 25P15)

　　俗呼同旅爲火伴。古《木蘭詞》："出門
看火伴，火伴始驚忙。"《瑯琊漫抄》云："作
役者，十人爲火，蓋火伴之義。"或曰："古字
火與夥通。"(《雅俗稽言》卷二十一 P18)

　　備火之名，亦見于隋唐。蓋兵十人爲
火，一火有長，故稱火伴，謂備一火伴之用
也。(《通雅》卷三十四 P1036)

　　《南史·卜天興傳》："弟天生，少爲隊
將，十人同火。"杜佑《通典》："五人爲列，二
列爲火，五火爲隊。"《木蘭詩》："出門看火
伴，火伴始驚惶。"柳宗元《段太尉逸事狀》：
"叱左右皆解甲，散還火伍中。"按：其所以
名"火"，以共一竈爲火食也。後世賈客挾
伴，亦謂之"火"，俗因有"火計"之稱。元稹
《估客樂》："出門求火伴，入戶辭父兄。"劉
放《中山詩話》："南方賈人，各以火自名。
一火，猶一部也。"今或作"夥"、作"伙"，皆
非。(《通俗編》卷八 P169)

　　元稹《估客樂》："出門求火伴，入戶辭
父兄。"(《恒言廣證》卷二 P26)

【火前】huǒqián　白樂天《茶詩》："紅紙一
封書後信，綠芽十片火前春。"齊己詩："高
人愛惜藏巖裏，白甄封題寄火前。"火前者，
寒食禁火之前也。今世俗多用穀雨前茶，
稱爲雨前。《學林新編》云："茶之佳者，造
在社前；其次火前，其下則雨前。"(《唐音癸
籤》卷二十 P175)

【火寸】huǒcùn　參見[發燭]。(《南村輟耕
錄》卷五 P61)

【火囤】huǒtún　黃黎洲《思舊錄》云："祁彪
佳爲蘇松巡按，悉取打行火囤之流杖殺之，
列郡肅然。"(《直語補證》P18)

【火宅】huǒzhái　（火宅道人、火宅道士）"火
宅"，鄭熊《番禺雜志》。(《越諺》卷中　賤稱
P14)

【火宅僧】huǒzháisēng　人知有火居道士，
唐鄭熊《番禺雜志》："廣僧有室家者，謂之
火宅僧。"近陝西邊郡山中，僧人自耕自種，
俱有室家。(《言鯖》卷上 P16)

　　《表異錄》："廣中僧謂有家室者，謂之
火宅僧。"又見《番禺雜記》。(《稱謂錄》卷
三十一　僧 P7)

　　廣中僧之有妻者名火宅僧。(《燕説》
卷四 P10)

　　參見[梵嫂]。(《南村輟耕錄》卷七
P86)

　　參見[火居]。(《通俗編》卷二十
P445)

【火居】huǒjū　唐錦《夢餘錄》："吳中呼道士
之有室家者爲火居。宋太祖時，始禁道士
不得蓄妻孥，前此皆有家室。"按：唐鄭熊
《番禺雜志》云："廣中僧有室家者，謂之火
宅僧。"火居之稱，猶此。(《通俗編》卷二十
P445)

　　（火居道人、火居道士）"火居"，唐錦
《夢餘錄》。(《越諺》卷中　賤稱 P14)

　　參見[在家]。(《越諺》卷中　賤稱
P14)

【火居道】huǒjūdào　道士有室家者曰火居
道。案：唐鄭熊《番禺雜記》載廣中僧之有
妻者名火宅僧，當卽火居道之所本。(《燕
説》卷四 P10)

【火子】huǒzǐ　《通典》："凡立軍，五人爲列，
列有頭；二列爲火，立火子。"(《恒言錄》卷
二 P31)

【火浣布】huǒhuànbù　《南史·夷貊傳》："自
燃洲有樹生火中，左近人剝皮績布，卽火浣
布。"(《通俗編》卷二 P37)

【火穀】huǒgǔ　熟穀曰火穀，舂成米曰火
米。用杭稻水煮滾，住火停鍋中一夜，次早
漉去水，又用火蒸上氣，曬乾爲米。每斗穀
多得米一升。每升多食一人，疑是仙傳。
如秔稻依此法作炒米甚鬆。李德裕詩曰：
"五月畬田收火米。"《異物志》曰："交趾夏
月稻熟曰火米。"皆以火米爲生成，非也。
(《蜀語》P36)

　　熟穀曰火穀，舂成米曰火米，又曰蒸
穀、蒸米。用秔稻水煮滾，住火停鍋中一

夜;次早漉去水,又用火蒸上氣;曬乾爲米。每斗穀多得米一升,每升多食一人。疑是仙傳。如秔稻依此法作炒米,甚松。李德裕詩曰:"五月畬田收火米。"《異物志》曰:"交趾夏日稻熟曰火米。"皆以火米爲生成,非也。(《蜀語》)案《稗史》:"神農始耕,作炒米。"《古史考》:"神農時,民食穀米。其米加石上而食之。"(《里語徵實》卷中上 二字徵實 P17)

【火燻】huǒzāo　祖勞反。《字林》:"燻,燒木焦也。"《説文》:"燻,焦也。"(《一切經音義》卷七十 16P2793)

　　旱勞反。《蒼頡》:"火燒木也。"《廣雅》:"燻,炮也。"《説文》云:"燻,焦也。"(《一切經音義》卷八 16P311)

【火熱】huǒrè　貫休《長安道句》:"黃塵霧合,車馬火熱。"(《通俗編》卷三 P59)

【火燒】huǒ·shao　參見[餺飥]。(《越言釋》卷上 P32)

【火燒眉毛】huǒshāoméimáo　《五燈會元》:僧問蔣山佛慧,如何是急切一句。慧曰:"火燒眉毛。"(《通俗編》卷十六 P354)

【火斗】huǒdǒu　參見[熨斗]。(《俚言解》卷二 16P36)

　　參見[尉斗]。(《談徵》事部 P13)

【火急】huǒjí　參見[火速]。(《通俗編》卷六 P127)

【火祖】huǒzǔ　《漢書·五行志》:"帝嚳時有祝融,堯時有閼伯氏,民賴其德,死則以爲火祖。"按:今恆言,猶獨于火神稱祖。(《通俗編》卷十九 P416)

【火石袋】huǒshídài　《舊唐書·輿服志》:"武官五品已上,佩韍鞢七事。七謂佩刀、刀子、磨石、契苾、真噦、厥計筒、火石袋。"(《通俗編》卷二十五 P567)

【火盜】huǒdào　十月,説與百姓每:"須要晝夜巡邏火盜。"(《宛署雜記》卷一 P4)

【火米】huǒmǐ　參見[火穀]。(《蜀語》P36)

　　參見[火穀]。(《里語徵實》卷中上 二字徵實 P17)

【火速】huǒsù　武則天詩:"火速報春知。"李俊民詩:"火速移床待孝先。"今官府徵逮牓帖亦習用。按《北史·齊武成帝紀》:"特愛非時之物,取求火急,須朝徵夕辦。""火急"與"火速"義同。柳宗元詩:"勸君火急添功用。"蘇軾詩:"火急著書千古事。"徐積詩:"田事正火急。"而"急"有褊窘之義,今因嫌之不用。(《通俗編》卷六 P127)

【火計】huǒjì　參見[火伴]。(《通俗編》卷八 P169)

【火頭】huǒtóu　廚子、火頭皆宋時語。見《夢梁錄》。常生案:《南史·何承天傳》:"東方曼倩發憤於侏儒,遂與火頭食子稟賜不殊。"(《恒言錄》卷三 P71)

　　《南史·何承天傳》:"東方曼倩發憤于侏儒,遂與火頭食子稟賜不殊。"按:今謂掌炊爨者曰"火頭"也。(《通俗編》卷二十一 P480)

【火餅】huǒbǐng　今吳越間,以夏令打菜子去油,以滓爲餅曰火餅。(《札樸》卷九 鄉里舊聞 P302)

【火䰞】huǒguō　毛西河《辨定祭禮通俗譜》云:"古鼎用銅,今以錫代之,如盂而上有高蓋,每獻則啓蓋作跌,而安盂於上,俎則代以槃而去足。"(庸)按:此條所云,即今之火䰞(俗作鍋)、錫鏇子("鏇"字見《六書故》),第近制䰞,蓋低而中有火箭,以銅爲之,然炭於中,如西河所言。今之水盌似之,而微不同。又云:"明制,宮中小祭獻及小燕享,俱用槃榼,《李夢陽傳》所稱'攢槃'者也,俗呼攢合,以柴漆爲之,外盛以木匜,今亦用漆,或以錫爲之。"(《釋諺》P87)

【火麥】huǒmài　青州小麥有一種早熟者,俗呼火麥。案:"火"當爲"秌",《集韻》:"青州謂麥曰秌。"李信案:《堯典》:"日永星火,以正仲夏。"蓋仲夏之月,大火見于南方正午之位。今吳越間,以夏令打菜子去油,以滓爲餅曰火餅。蘇之太湖、鼉社湖、洪澤湖,凡夏月出魚,皆曰火魚。今曰火麥者,亦疑初夏耳。《方言》:"煤,火也。"郭璞曰:"楚語轉也。"皆此意也。(《札樸》卷九 鄉里舊聞 P302)

【火魚】huǒyú　參見[火麥]。(《札樸》卷九 鄉里舊聞 P302)

【炸】zhà　謂人躁曰炸。炸音乍。(《蜀語》P32)

　　火爆曰炸。炸音乍。(《蜀語》P13)

　　火爆曰炸。炸音乍。《廣韻》:"火聲。"(《蜀語》)(《里語徵實》卷上 一字徵實 P29)

【灸】jiǔ　以事迫而燒之，或得其物，曰灸，又曰燒。(《客座贅語》卷一　詮俗 P7)

【災橫】zāihèng　上祖來反。《集訓》云："天反時曰災。"《字書》云："天火也。"《俱舍論》云："飢饉、疾疫、刀兵也。"……下懷孟反。《韻詮》云："非理而來曰橫，非禍至曰橫。"(《一切經音義》卷六 9P229)

【炒米】chǎomǐ　參見［火穀］。(《蜀語》P36)

【炒青】chǎoqīng　"炒青"之名已見於陸詩。(《越言釋》卷上 P30)

【炙轂】zhìgǔ　雙刮。《史記》列傳："談天衍，雕龍奭，炙轂過髡。"案：炙轂，健談之貌。今吳諺厭喜談者曰炙轂。(《吳下方言考》卷十一 P12)

【炙火】zhìhuǒ　向火曰炙火。《正韻》："炙，之夜切，音蔗，俗作炡。"《詩·小雅·瓠葉》傳："炕火曰炙。"又《孟子》："況於親炙之者乎？"注："親近而薰炙之也。"(《里語微實》卷中下　二字微實 P21)

【炕】kàng　《北盟會編》："環屋爲土牀，熾火其下，相與寢食起居其上，謂之炕，以取其煖。"《日知錄》云："《舊唐書·高麗傳》：'冬月皆作長坑，下燃熅火以取煖。'此即今之土炕也。但作坑字。"常生案：朱弁《炕寢》詩："禦冬貂裘敝，炕寢且跧伏。"(《恒言錄》卷五 P100)

【炎光】yánguāng　熱。(《墨娥小錄》卷十四 P4)

【焊】xiá　參見［煤］。(《越諺》卷下　單辭隻義 P15)

【炭墼】tànjī　參見［墼］。(《通俗編》卷二 P41)

【炯電】jiǒngdiàn　上公迥反。《蒼頡篇》云："炯，明也。"《說文》："光也，從火同聲。"(《一切經音義》卷九十六 11P3605)

【炮㸽】pàozhuàn　泡場。古爆竹大者爲"雙響"，一箇雙聲；中者"單響"；小者百子、千子爲"鞭炮"，其藥線辮緝，爇即齊鳴。按：《神異經》載爆竹驚遁山臊，原以竹著火爆之，故唐人詩亦稱"爆竿"。後人卷紙包火種爲之，故名"炮㸽"，既非爆竹，亦非礮也。"炮"義從《廣韻》；"㸽"，《篇海》。(《越諺》卷中　貨物 P33)

【烘烘】hōnghōng　烘烘，熱氣也。宋人詩："爭似滿爐煨榾柮，漫騰騰地煖烘烘。"(《越言釋》卷下 P15)

【烔烔】tóngtóng　然熱皃也。(玄應《大灌頂經十音義》)。慧琳《大般若波羅蜜多經四百七十九音義》引，無"然"字，下同。又《治禪病祕要法經音義》。又《金剛頂瑜珈千手千眼觀自在菩薩修行儀軌法音義》引作"烔烔，然爇也"。按："爇"當即"熱"字，傳寫誤加艸。又《三寶感通傳中音義》引作'烔烔，然貌也'。按："然"亦"熱"字形似而誤。)(《埤蒼》P21)

　　烔烔，音同。韓詩："蘊隆烔烔。"案：烔烔，熱意。今諺有熱烔烔、煖烔烔之說。(《吳下方言考》卷一 P5)

【烟囱】yāncōng　《越語肯綮錄》：竈突曰烟囱，讀作匆。見《隋韻》。按：張祜詩："鼻似烟窗耳似鐺。""窗"當是傳刻譌。(《通俗編》卷二十四 P544)

【烟氈帽】yānzhānmào　見《元曲選·李文蔚〈同樂院博魚〉》《高文秀〈黑旋風〉》二劇。(《通俗編》卷二十五 P560)

【烟逢逢】yānpéngpéng　吳中謂雲霧氣曰烟逢逢。(《吳下方言考》卷一 P7)

【烊】yáng　《廣韻》："烊，燒烊，出陸善經《字林》。"案：烊，消化也。吳中凡化銀及冰皆曰烊。(《吳下方言考》卷二 P2)

【烏剌赤】wūlàchì　至大溪，忽見一物如屋，所謂烏剌赤者，下馬跪泣，若告訴狀。……烏剌赤，站之牧馬者。(《南村輟耕錄》卷十 P120)

【烏大菱】wūdàlíng　(大菱)其殼烏，又名"烏大菱"。肉瀾殼浮曰"介起烏大菱"，越以譏無用人。(《越諺》卷中　瓜果 P53)

【烏圓】wūyuán　參見［狸奴］。(《雅俗稽言》卷三十六 P11)

【烏帕】wūpà　緞縫爲一幹兩杈，杈有銀腳插鬐，幹綴珠黏眉心。今亡矣。(《越諺》卷中　服飾 P40)

　　參見［包帽］。(《越諺》卷中　服飾 P40)

【烏殟】wūwēn　烏沒反。《說文》："胎敗也。"《聲類》："烏殟，欲死也。"(《一切經音義》卷二十八 5P1111)

【烏泥】wūní　參見［芒旱］。(《俚言解》卷二 23P40)

【烏漫兒】wūmànr　參見［芒早］。(《俚言解》卷二 23P40)

【烏臘】wūlà　皮鞾曰烏臘。《事物原始》："遼東軍人著靴，名曰護臘。護臘當即烏臘。今奉天出烏臘草用以薦履最煖。"(《燕說》卷三 P14)

【烏煙】wūyān　出印度。《本草》所載"罌粟"。(《越諺》卷中 貨物 P33)

【烏盧班】wūlúbān　不明白曰烏盧班。(《宛署雜記》卷十七 P194)

　　　不明曰烏盧班。(《燕山叢錄》卷二十二 長安里語 人事 P2)

【烏蛓蟲】wūjiāchóng　米中小黑蟲曰蚚子，大者曰烏蛓蟲。(《土風錄》卷五 P234)

【烏芋】wūyù　參見［慈姑］。(《土風錄》卷四 P222)

【烏鬼】wūguǐ　杜峽詩有"家家養烏鬼，頓頓食黃魚"之句。解烏鬼者，其說不一，有引元微之詩"病賽烏稱鬼"，云南人染病，競賽烏鬼，爲杜詩之證，似乎爲確，然於養字終說不去，對下聯亦無情。至有謂烏鬼爲祀神之豬，尤可笑。畢竟是鸕鷀，方與食黃魚可通，聯法爲合耳。若謂今峽中稱鸕鷀無此名，因生他辨，方言今古不同者多，可一概論耶！(《唐音癸籤》卷二十 P182)

　　　杜詩："家家養烏鬼，頓頓食黃魚。"烏鬼之說有四：一曰鸕鷀，見沈存中《筆談》；一曰豬，見《漫叟詩話》；一曰烏野鬼，見元微之詩"病賽烏稱鬼"與"家神愛事烏"之句；一曰烏蠻鬼，見《冷齋夜話》。苕溪謂："細詳其說，則沈以爲鸕鷀者是。"又《野客叢談》引《唐書·南蠻傳》"俗尚巫鬼，大部落有大鬼主，百家置小鬼主。一姓白蠻，五姓烏蠻"，以証冷齋之說。而《嬾真子》又云："烏鬼事，《筆談》以爲鸕鷀，能捕黃魚，非也。黃魚極大，至數百斤，故詩謂脂膏兼飼犬，長大不容身。鸕鷀豈能捕之？嘗見峽中士人夏矦節言：'烏鬼，豬也。峽中人家養一豬以事鬼，故于豬羣中特呼烏鬼以別之。此說良是。'"與漫叟之說却相合。(《雅俗稽言》卷二十 P14)

　　　參見［羅鬼］。(《蜀語》P34)

【烏黑】wūhēi　冤枉人曰烏黑了。(《燕山叢錄》卷二十二 長安里語 人事 P4)

【烝】zhēng　參見［煓］。(《越諺》卷下 單辭隻義 P17)

　　　參見［煆］。(《越諺》卷下 單辭隻義 P17)

【烝餅】zhēngbǐng　酵，酒酵也，烝餅非酵不成。(《札樸》卷九 鄉里舊聞 P311)

　　　餅而以酵發之，而烝之，謂之"烝餅"。(《越言釋》卷上 P32)

【烆】xù　血。《廣韻》："火煨起貌。"越謂造言慫人曰"起烆頭"，即此字。(《越諺》卷下 單辭隻義 P17)

【羨】zhǎ　榨。火礉羨開。音从《類篇》，義从《博雅》。(《越諺》卷下 單辭隻義 P15)

【烌】méi　吳音媒。案：媒也，引火之物也，从火尾聲。火已尾末將熄，則繼火尾者當用烌也。(《吳下方言考》卷六 P13)

【烌頭】méitóu　吳中捲紙引火曰烌頭。則以彼火之尾實此火之首也。(《吳下方言考》卷六 P13)

【焌】qū　急燒也。翠恤反。(《俗務要名林》)

　　　以火燒物而輒去之，或投水令減曰焌。從律切。(《方言據》卷下 P31)

【焌黑】qūhēi　焌既熄，則其焌必黑，故象黑者謂之"焌黑"，今亦謂之"焠黑"。(《越言釋》卷下 P9)

【烹】pēng　大言嚇人曰烹，又曰澎。(《客座贅語》卷一 詮俗 P7)

【煮餅】zhǔbǐng　參見［湯餅］。(《談徵》物部 P22)

【焠兒】cuì'ér　參見［發燭］。(《南村輟耕錄》卷五 P61)

　　　參見［發燭］。(《通俗編》卷二十六 P592)

　　　參見［取燈］。(《俚言解》卷二 15P36)

【焠燈】cuìdēng　參見［引光奴］。(《談徵》事部 P31)

【焠黑】cuìhēi　參見［焌黑］。(《越言釋》卷下 P9)

【焙人】bèirén　宋徽宗《大觀茶論》："茶工作於驚蟄，天時輕寒，英華漸長，條達而不迫。茶工從容致力，則色味兩全。若時暘鬱燠，芽甲奮暴，促工猛力所迫，色味所失已半。故焙人得茶天爲慶。"(《稱謂錄》卷二十七 茶 P18)

【焪】qióng　銃。火乾物也。从《廣韻》。(《越諺》卷下 單辭隻義 P15)

【尉斗】yùndǒu　參見［尉斗］。（《雅俗稽言》卷十三 P15）

【煦沫】xǔmò　盱矩、盱俱二反。謂吹噓之也。《禮記》：“煦嫗覆育也。”鄭玄曰：“以氣曰煦，以體曰嫗。”盱音詡俱反。（《一切經音義》卷三十三 7P1322）

【燜】gǎng　燒刃令堅曰燜。燜，古浪切，音摚。《字彙》：“堅刃也，凡兵器經燒則堅，故今鐵工燒刃曰燜。”（《燕説》卷三 P2）

【無事】wúshì　猶云不必。《魏志·臧洪傳》：“洪於大義，不得不死，念諸君無事空與此禍。”此無事，猶云不必，言諸君可以無死也。（《助字辨略》卷一 P48）

【無㝵】wú’ài　參見［無遮］。（《札樸》卷八 金石文字 P276）
　　　　參見［遷㝵］。（《札樸》卷八 金石文字 P276）

【無央】wúyāng　於良反。梵言阿僧祇此言無央數也。央，盡也。（《一切經音義》卷九 10P340）

【無央數】wúyāngshù　央，於良反。王逸注《楚詞》云：“央，盡也。”（《一切經音義》卷二十一 8P793）

【無名子】wúmíngzǐ　參見［打毷氉］。（《通雅》卷二十 P743）
　　　　參見［氉毷］。（《里語徵實》卷中上 二字徵實 P34）

【無常】wúcháng　參見［活和尚］。（《越諺》卷中 神祇 P17）

【無多子】wúduōzǐ　隋煬帝詩：“見面無多子，聞名爾許時。”《傳燈錄》臨濟曰：“元來黃蘗佛法無多子。”按：此即今云没多兒也。（《通俗編》卷三十二 P705）

【無害都吏】wúhàidūlì　《後漢·百官志》：“秋冬遣無害都吏，案訊諸囚。”注：案《律》有無害都吏，如今言公平吏。《漢書音義》曰：“文無所枉害。蕭何以文無害爲沛主吏掾，正此也。”並見《野客叢書》。（《稱謂錄》卷二十六 書吏 P2）

【無慮】wúlǜ　《後漢書》注云：“無慮，都凡也，……”愚案：都凡，猶云一切。《後漢書·光武紀》：“初作壽陵。將作大匠竇融上言：‘園陵廣袤，無慮所用。’”注云：“……謂請園陵都凡制度也。”（《助字辨略》卷四 P203）

【無將】wújiāng　猶云莫以。韋應物詩：“無將別來近，顏鬢已蹉跎。”又云：“無將一會易，歲月坐推遷。”（《助字辨略》卷二 P96）

【無相干倪子】wúxiānggānnízǐ　售子也。父子，情理相干者，今日無可知矣。（參見［拖油瓶］條。）（《越諺》卷中 惡類 P16）

【無畏衣】wúwèiyī　參見［糞掃衣］。（《一切經音義》卷十一 8P414）

【無端】wúduān　李義山詩：“錦瑟無端五十弦。”又云：“今古無端入望中。”無端，猶云無故。（《方言藻》卷二 P19）

【無耦】wú’ǒu　吳口反。耦，對匹也。大品作等不等是也。（《一切經音義》卷九 4P327）

【無聊賴】wúliáolài　《漢書·張耳傳》：“使天下父子不相聊。”師古曰：“言無聊賴以相保養。”又《吳王傳》：“計乃無聊。”《張釋之傳》：“尉窘亡聊賴。”《晉書·五行志》：“謠曰：‘雖復改興寧，亦復無聊生。’”《慕容德載記》：“王始臨刑，曰：‘惟朕一身，獨無聊賴。’”聊或作寥。焦氏《易林》：“身無寥賴，困窮之糧。”（《通俗編》卷十四 P303）

【無至】wúzhì　參見［須至］。（《通俗編》卷六 P127）

【無箇】wúgè　猶云無一箇，省也。王泠然詩：“河畔時時聞《折柳》，客中無箇不沾裳。”……章穎《小重山》詞：“身閒無箇事，且登臨。”（《助字辨略》卷四 P223）
　　　　章穎《小重山》詞：“身閒無箇事，且登臨。”無箇事，猶云無一件事。此又以一件爲一箇也。（《方言藻》卷一 P7）
　　　　王泠然詩：“河畔時時聞折柳，客中無箇不沾裳。”無箇，猶云無一箇，省也。（《方言藻》卷一 P7）

【無緣】wúyuán　《後漢書·袁安傳》：“今朔漠既定，宜令南單于反其北庭，並領降衆，無緣復更立阿佟，以增國費。”《蜀志·先主傳》注：“孫盛云：‘劉備雄才，處必亡之地，告急于吳，而獲奔助，無緣復顧望江渚而懷後計。’”猶云不應。（《助字辨略》卷二 P75）

【無賴】wúlài　《史記·高祖紀》：“大人常以臣無賴。”注云：“江湖間謂小兒多詐狡獪爲無賴。”《漢書·季布傳贊》：“其畫無俚之至耳。"注云："俚，賴也。言其計畫無所成賴。"《南史·王僧辨傳》："無賴者多依之，遂謀爲亂。"《唐書·李勣傳》："我年十二三爲無賴賊，十四五爲難當賊。"（《通俗編》卷十一 P238）

此無字官音。不事生業而行邪行者。《漢書·高祖紀》。（《越諺》卷中 惡類 P15）

【無那】wúnuó　唐人詩多以無奈爲無那。王摩詰詩："强欲從君無那老。"（《助字辨略》卷四 P224）

唐人詩多以無奈爲無那。如……王摩詰詩"强欲從君無那老"是也。（《方言藻》卷一 P7）

【無遮】wúzhē　無遮，即無導，"遮"、"導"皆遏止義。（《札樸》卷八 金石文字 P276）

參見［遮導］。（《札樸》卷八 金石文字 P276）

【無錫米】wúxīmǐ　白粳米曰無錫米。（《燕山叢錄》卷二十二 長安里語 飲食 P7）

【焦躁】jiāozào　見《朱子集》答黃子耕簡。（《通俗編》卷十五 P322）

【然】rán　猶云然後，省文也。《後漢書·朱穆傳》："然知薄者之不足，厚者之有餘也。"……又韓退之《論淮西事宜狀》："事至不惑，然可圖功。"又云："兵之勝負，實在賞罰。賞厚可令廉士動心，罰重可令凶人喪魄，然可集事。"又云："待其稍能緝綏，然擬許其承繼。"《論變鹽法事宜狀》："州縣和雇車牛，百姓必無情願；事須差配，然付腳錢。"諸"然"字，並是"然後"，疑當時方言如此，故文移皆省去後字也。（《助字辨略》卷一 P69）

【煤煤悔悔】méiméihuǐhuǐ　"煤煤悔悔"，語出《庄子》。吳俗至今有此方言以加于粗鄙愚朴之人。（《言鯖》卷上 P13）

【煤雨】méiyǔ　夏雨斑衣謂之梅雨，蓋梅熟時，其斑衣惟梅葉可洗，一曰霉雨，又曰煤雨，言衣黑如煤也。（《俚言解》卷一 1P4）

【煠】zhá　微煑曰煠。煠音閘，活，仝。（《蜀語》P35）

菜入場曰㸑，或曰煠。（《札樸》卷九 鄉里舊聞 鄉言正字附 雜言 P329）

微煑曰煠。煠音閘，"活"同。（《蜀語》）（《里語徵實》卷上 一字徵實 P29）

腤。俗作"炟"非。瀹也。食物納油

鍋，沸之，曰"煠"。音从《集韻》。（《越諺》卷下 單辭隻義 P15）

【煙墩】yāndūn　即烽燧。（《越諺》卷中 地部 P4）

【煙霞】yānxiá　宴賢反。《説文》："火氣也。"《考聲》云："元氣也。"……下夏加反，《韻英》云："日氣也。"王逸注《楚詞》云："日始欲出，赤黃氣也。"《考聲》云："天際赤雲也。"（《一切經音義》卷一 3P41）

【煉師】liànshī　《唐六典》："道士德高思精，謂之煉師。"王昌齡詩："豈意石堂裏，得逢焦煉師。"（《稱謂錄》卷三十一 道 P16）

【煩惱瞉】fánnǎoquè　下苦角反。《字書》曰："鳥卵殼也。"顧野王曰："凡物之皮皆曰殼也。"《文字典説》曰："卵已孚也。從卵殼。"殼，空岳反。《聲經》文"煩惱瞉"聲者，無明，能包含一切諸不善業，故以爲名也。（《一切經音義》卷三十三 18P1344）

【焙】bèi　物以火焙乾曰焙。焙，蒲昧切，音佩。《集韻》："煏也。"按：揚子《方言》："關西隴冀以往謂火乾爲燴。"燴，弼力切，音愎，本作煏。（《燕説》卷二 P11）

《集韻》"焙"注："煏也。"又"熇"注："又音靠，煏也。"北人謂烘火曰熇火，當是此詞。（《土風錄》卷十四 P332）

【煖服】nuǎnfú　上奴短反。《尒雅》："煖，煗也。"《説文》："溫也，從火爰聲。"（《一切經音義》卷八十一 11P3190）

【煴】yùn　以火伸物曰煴。煴，於問切。宋孫奕《示兒編》云："呼熨斗爲煴，當用此字。"（《燕説》卷二 P12）

【煴斗】yùndǒu　煴音暈，煴斗一曰熨斗，一曰火斗，一曰金斗。熨音鬱，《集韻》注："火展帛也。"……白樂天詩："金斗熨波刀剪文。"王君玉詩："金斗熨秋江。"晁次膺詞："金斗熨愁眉。"是也。（《俚言解》卷二 16P36）

參見［熨斗］。（《雅俗稽言》卷十三 P15）

【煥明】huànmíng　呼換反。煥亦明也，謂光明也。（《一切經音義》卷二十 11P765）

【煖】nuǎn　以言响煦人曰煖。（《客座贅語》卷一 詮俗 P7）

【煖卿】xuānqīng　蘇軾詩注："京師謂衛尉爲煖卿，謂其管鑾儀供帳之類。"（《稱謂錄》

卷十九　鸞儀衛大臣 P25）

【煖屋】nuǎnwū　今人入宅，與遷居者隣里醵金冶具，過主人飲，謂之煖屋，亦曰煖房。王建《宮詞》：「太僕前日煖房來。」則煖屋之禮，其來久矣。（《談徵》事部 P26）

　　參見［煖房］。（《唐音癸籤》卷十八 P163）

【煖孝】nuǎnxiào　唐宋時，喪家親戚攜酒往慰孝子，謂之煖孝。今亦有攜茶食起居者，無煖孝之名矣。《談記》云：「東坡爲禮部尚書，宣仁上仙，乃與禮官及太常諸官直宿禁中，關決諸禮儀事，至七日，忽有旨下：‘光祿供羊酒若干，欲爲太后、太妃、皇后煖孝。’東坡上疏，以煖孝之禮出於俚俗，王后之舉當化天下，不敢奉詔。有旨遂罷。」（《俚言解》卷二 48P52）

【煖女】nuǎnnǚ　《侯鯖錄》：「世之嫁女，三日送食，謂之煖女。」按：「煖」字本當作「餪」。《邵氏聞見錄》：「宋景文納子婦，其婦家餪食物書云‘煖女’。皆曰‘煖’字錯用，宜從食從而從大，其子退檢書，《博雅》中果有‘餪’字。」（《通俗編》卷九 P191）

【煖娘舅】nuǎnniángjiù　此紙剳貨，迎娶時配花冠送女家。未解名義。（《越諺》卷中器用 P31）

【煖烔烔】nuǎntóngtóng　參見［烔烔］。（《吳下方言考》卷一 P5）

【煖房】nuǎnfáng　煖房。見王建《宮詞》云：「太儀前日來煖房。」（《七修類稿》卷二十四 P377）

　　今人移居，親友攜酒殽會集亦曰煖房，又曰溫居。（《俚言解》卷一 19P12）

　　今之入宅與遷居者，隣里醵金冶具，過主人飲，謂之曰煖屋，或曰煖房。王建《宮詞》：「大儀前日煖房來。」則暖屋之禮，其來尚矣。（《輟耕錄》）（《唐音癸籤》卷十八 P163）

　　參見［煖屋］。（《談徵》事部 P26）

【煖房筵】nuǎnfángyàn　男婚之夕，女家設讌謂之煖房筵，此風不知何所起。或曰「煖」當作「餪」。《聞見錄》：「宋景文公納子婦，其婦家餪食致書曰：‘食物煖女。’文公曰：‘錯用煖字，從食從奐。’其子退檢書，《博雅》中有此字。」今考韻書注：「女嫁三日送食曰餪。」非初婚之夕設讌煖房之謂也。今人移居，親友攜酒殽會集亦曰煖房，又曰

溫居。（《俚言解》卷一 19P12）

【煖耳】nuǎn'ěr　唐《邊塞曲》：「金裝腰帶重，錦縫耳衣寒。」《天祿志餘》：「耳衣，即煖耳也。」（《通俗編》卷二十五 P564）

【煖答世】nuǎndáshì　累朝皇帝，先受佛戒九次，方正大寶。而近侍陪位者，必九人或七人，譯語謂之煖答世。此國俗然也。（《南村輟耕錄》卷二 P20）

【煖閣】nuǎngé　官府所坐曰煖閣。案：《太平廣記》：「陳季卿訪僧青龍寺，憩煖閣中。」歐陽炯詩：「紅爐煖閣佳人睡。」是和尚、女子皆有煖閣也。（《土風錄》卷四 P211）

【熸】tuì　以湯除毛曰熸。熸與煺同，通回切，音推。《集韻》：「以湯除毛。或作攂。」（《燕說》卷二 P11）

【煆】xiā　鰕。冷菜放熟鑊中溫之。比「烝」爲暫。揚子《方言》：「吳越曰‘煎煆’。」（《越諺》卷下　單辭隻義 P17）

【照對】zhàoduì　參見［照得］。（《通俗編》卷六 P127）

【照得】zhàodé　《朱子文集》：「公移卷中每用‘照對’二字，如‘照對禮經，凡爲人子，不蓄私財’云云；‘照對本軍，去年交納人戶’云云，多不勝舉。間用‘照得’者，唯約束縛侵占牓、及別集委官收糴、革米船隱瞞三條而已。」所云「照對」，蓋即契勘之義，「照得」則「照對得」之省文也。今公移皆云「照得」，無復用「對」字矣。（《通俗編》卷六 P127）

【照子】zhào·zi　鏡。（《墨娥小錄》卷十四 P4）

【照管】zhàoguǎn　《歐陽公集·與焦千之簡》云：「某不久出疆，欲且奉託照管三數小子。」又《與弟煥》云：「大小墳域，與掛意照管。」《東坡尺牘·答潘彥明》云：「吳待制謫居，不免牢落，望諸君一往見之，諸與照管。」又《答徐宜之》云：「詹使君，仁厚君子也，極蒙他照管。」《楊誠齋集·插秧歌》：「秧根未牢時未匝，照管鵝兒與雛鴨。」（《通俗編》卷十三 P285）

【照袋】zhàodài　照袋以烏皮爲之，四方有蓋，中貯紙筆等。五代世人多用之。今訛爲鈔袋，蓋明代用鈔，以此貯之耳。（《言鯖》卷上 P4）

　　小顏《外戚傳》注：「今蒼頭所攜貯筆硯

者,謂之照袋,以烏皮爲之,始皇時謂之算袋。"(《土風錄》卷三 P201)

【煞】shà　羅鄴詩"江似秋嵐不煞流",不甚流也。殺音近廈,今京中諺猶然。(《升菴外集》)(《唐音癸籤》卷二十四 P208)

　　今俗喪家於八九日後謂之煞回,子孫親戚都出避外舍。或有請僧道作道場,具牲酒祠鬼,謂之接煞。煞讀如去聲。蓋用道士家言,謂人死後數日,魂魄來返,故宅有煞神隨之,犯者必有災咎,其說誕妄已甚。(《恒言錄》卷五 P95)

　　參見[雌煞]。(《恒言廣證》卷五 P74)

【煞口】shākǒu　越謂殨瀹菜"煞口""煞飯"。《白虎通》:"五味得辛乃委煞也。"(《越諺》卷中　服飾 P49)

【煞飯】shāfàn　參見[煞口]。(《越諺》卷中　服飾 P49)

【煎煠】jiānzhá　油煎米麪果糏曰煎煠。《會典》:"燒煠五般。"(《蜀語》P42)

【煎鋪】jiānpù　參見[寒具]。(《談徵》物部 P35)

【煇烞】bìpò　響聲曰煇烞。(音必朴。)西方山中有人長尺餘,人見之卽病。名"山臊"。每於歲除,則以竹著火中,煇烞有聲,則驚遁。(《神異經》)按:《玉篇》:"煇,火聲也。"《集韻》:"煇爆,竹火聲。"(《里語徵實》卷中上　二字徵實 P42)

【焐】wǔ　烏。火熄也。《字彙補》。(《越諺》卷下　單辭隻義 P14)

【熇】kǎo　火炙曰熇,又曰燴。熇音考,燴音脅。(《蜀語》P1)

【熇火】kǎohuǒ　北人謂烘火曰熇火。(《土風錄》卷十四 P332)

【熇熇】hèhè　音蒿。《素問》:"無刺熇熇之熱。"案:熇熇,皮膚熱貌。吳中謂肌微熱曰熱熇熇。(《吳下方言考》卷五 P14)

【煻】táng　火煨曰煻。煻音唐。《集韻》:"熱灰謂之煻煨。"按:今俗作燙,非。燙音宕,《篇海》:"滌盪也。"(《燕說》卷二 P11)

　　音唐。吳中謂以泥粉爐曰煻。(《吳下方言考》卷二 P2)

【煻灰】tánghuī　《齊民要術》:"其魚,草裹泥封,煻灰中爐。"(《吳下方言考》卷二 P2)

【煻煨】tángwēi　熱灰謂之煻煨。(《通俗

文》釋天地 P40)

　　上音唐,下烏環反。……熱灰火也。(《一切經音義》卷十五 4P556)

【熒熒】yíngyíng　荀昶樂府:"熒熒山上火。"《焚椒錄》:"對妾故作青熒熒。"案:熒熒,火光微貌。今諺謂燈不甚明曰青熒熒。(《吳下方言考》卷四 P18)

【燴】xié　參見[熇]。(《蜀語》P1)

【熏】xūn　以語漸漬之,俾其從曰熏。(《客座贅語》卷一　詮俗 P7)

【熏子】xūn·zi　胭脂。(《墨娥小錄》卷十四 P5)

【熏答】xūndá　臭。(《墨娥小錄》卷十四 P9)

【㷪】pěng　"蓬"上聲。"捧"、"烽"同。煙塵雜起貌。稱人善交曰"會得㷪",不善交曰"鴛㷪"。慷慨者曰"有㷪頭",可趨附曰"有㷪場"。如塵之㷪,搭着生根。(《越諺》卷下　單辭隻義 P8)

【熯】hàn　燒礦爲鐵曰熯,熯音善。火在鐵之上爲熟鐵,火在鐵之下爲生鐵。(《蜀語》P1)

　　漢。事與"烝"同其意。烝捫實,熯輕浮。義從王充《論衡》,音從《正韻》。(《越諺》卷下　單辭隻義 P17)

【煡】zhào　熾火急然曰煡。煡,直教切,音棹。《集韻》:"爨急也。"(《燕說》卷二 P11)

【㷕】jiān　兼。灼鐵淬之。《集韻》。(《越諺》卷下　單辭隻義 P14)

【煡】tuì　參見[煨]。(《燕說》卷二 P11)

【熨】yùn　火斗曰熨。(《通俗文》存疑 P95)

【熨帖】yùtiē　參見[熨斗]。(《雅俗稽言》卷十三 P15)

【熨斗】yùndǒu　《北史·李渾傳》:"李穆令渾入京奉熨斗曰:'願執柄以慰安天下也。'"按:尉字本作尉,下從火,俗又加火作熨。贅矣。《後漢書·百官志》"太尉"注云:"自上按下曰尉。"熨斗,亦自上按下,使之平正。《說文》但有畏音。《漢書·王莽傳》所云威斗,卽熨斗。威與熨音相近也。今讀若鬱,始于《集韻》見之。(《通俗編》卷二十六 P591)

　　參見[熨斗]。(《雅俗稽言》卷十三 P15)

【熨貼】yùtiē　《史記·扁鵲傳》"毒熨"注:

"謂毒病之處，以藥熨貼也。"杜甫詩："美人
細膩熨貼平，裁縫減盡針線迹。"（《通俗編》
卷二十五 P568）

【爩】liǔ　柳。爨火未猛，用火橇爩之。《説
文》。（《越諺》卷下 單辭隻義 P14）

【熱】rè　參見［湯］。（《客座贅語》卷一 詮
俗 P10）

【熱官】règuān　熱官亦古語。北齊王晞
曰："非不愛作熱官，但思之爛熟，故不爲
爾。"世謂近熱官者爲趨炎，又云捧熱。
（《俚言解》卷一 41P24）

【熱暍】règyē　暖羯反。郭璞注《山海經》云：
"中熱也。"顧野王謂："暴傷熱煩悶欲死
也。"《説文》："傷暑也，從火作焗。"（《一切
經音義》卷七十六 7P3006）

【熱撰】rèzhuàn　參見［冷撰］。（《恒言廣
證》卷四 P59）

【熱痰】rètán　上然折反。《考聲》云："熱，
暑也。"《釋名》云："蒸如火燒，熱也。"《説
文》云："熱，溫也。"……下唐藍反。《考聲》
云："瘖鬲中水病。"《集訓》亦云"瘖中水病"
也。（《一切經音義》卷六 18P247）

【熱烔烔】rètóngtóng　參見［烔烔］。（《吳
下方言考》卷一 P5）

【熟脱】shútuō　《吹景錄》："《法華文句》第
一云：'但成佛時而熟脱之。'吾里謂熟習者
曰'熟脱'，本此。"（《通俗編》卷十三 P284）
　　習曰熟脱《吹景錄·法華文句第一》
云："但成佛時而熟脱之。"吾里謂熟習者曰
熟脱，本此。（《燕説》卷一 P7）

【熟視人】shúshìrén　謂常見者。視音時。
（《越諺》卷中 善類 P11）

【燒】shāo　參見［灸］。（《客座贅語》卷一
詮俗 P7）

【燒刀子】shāodāo·zi　燒酒曰燒刀子。
《燕山叢錄》卷二十二 長安里語 飲食
P7）

【燒尾】shāowěi　士初登第，設宴號燒尾
宴。唐景龍末，公卿初拜命者，例許獻食，
亦名燒尾。説者曰："魚躍龍門，必雷，爲燒
其尾，乃得化龍。"一曰："新羊入羣相牴觸，
須燒其尾乃定。"一曰："有虎變人，惟尾不
化，須爲燒除，乃得成人。"並《聞見錄》。
（《雅俗稽言》卷十九 P11）

【燒羹飯】shāogēngfàn　祀先曰燒羹飯，見

王碩園(吳)《當恕軒偶筆》云："元朝人死致
祭曰燒飯，大祭曰燒馬。"俗呼祀先曰燒羹
飯，祀神曰燒紙馬，蓋猶本元人語。（北人
設祭曰擺飯。)（《土風錄》卷二 P188）

【燒紙馬】shāozhǐmǎ　參見［燒羹飯］。
（《土風錄》卷二 P189）

【燒飯】shāofàn　參見［燒羹飯］。（《土風
錄》卷二 P188）

【燒馬】shāomǎ　參見［燒羹飯］。（《土風
錄》卷二 P188）

【燂】qián　音全。《禮·內則》"燂湯"音"談"
者，以火燂物。《越語》"燂一燘"是也。
（《越諺》卷下 單辭隻義 P15）

【燖妻】jiānjìn　上接鹽反。杜注《左傳》云：
"吳楚之間謂火滅爲燖。"下似進反，鄭箋
《毛詩》云："火餘曰妻。"杜注《左傳》謂"火
餘木也"。《説文》並從火，晉、聿皆聲……
從盡作燼，通俗字也。（《一切經音義》卷十
九 11P726）

【煎】zhǎn　"鑽"上聲。雞鴨卵去殼，向沸
湯投入曰"煎"。《集韻》。（《越諺》卷下 單
辭隻義 P15）

【燋】jiāo　空乏而不可支曰燋。（《客座贅
語》卷一 詮俗 P8）

【燋尾蛇】jiāowěishé　參見［青欑蛇］。
（《札樸》卷五 覽古 P170）

【爔】xī　吸。冷飯於鍋中，爔之使熱。《玉
篇》。（《越諺》卷下 單辭隻義 P14）

【餤光】yànguāng　閻漸反，餤，光也。經從
僉作噞，非也。（《一切經音義》卷七十八
6P3077）

【營妻】yíngqī　營妓，古以待軍之無妻者。
營婦，猶軍妻也。（《目前集》後卷 P2143）

【營生】yíngshēng　陸機《樂府》："善哉膏
粱士，營生奧且博。"《南齊書·蕭景先傳》：
"力少，更隨宜買驢猥奴婢充使。不須餘營
生。"鑑案《莊子·太宗師》《釋文》引崔注：
"常營其生爲生生。"（《恒言錄》卷四 P89）
　　《文選》陸士衡《君子有所思行》："善哉
膏粱士，營生奧且博。"五臣注翰曰："言富
貴食此精肥之士，營生深奧且博矣。"（《恒
言廣證》卷四 P69）

【劳燘】láocáo　劳抄。物未細淨。（《越
諺》卷中 貨物 P32）

【燜】měi　音閔。顧野王《玉篇》："燜，燜燜

也。"案:燗,煮肉至爛也。吳中謂煮肉至爛
不用齒曰燗。(《吳下方言考》卷七 P10)

　　　煝。熟食再煮也。"燗豆腐""燗羊
肉"。出《字學訂譌》。又音妹,草不煒曰
"燗灰"。從《集韻》。(《越諺》卷下 單辭隻
義 P15)

【燗灰】měihuī　參見[燗]。(《越諺》卷下
單辭隻義 P15)

【燈假】dēngjià　正月十一至上元節總名。
(《越諺》卷中 時序 P5)

【燈爐】dēnglú　魯姑反。盛火器也。今按
經或有作鑪,言燈爐者,大小悉滿中有油卽此
方燈盞是也。《方言》有異故耳也。(《一切
經音義》卷二十五 14P976)

【燈盞】dēngzhǎn　《唐書・楊綰傳》:"年四
歲,處羣從之中,敏識過人。嘗夜宴賓客,
各舉坐中物,以四聲呼之。諸賓未言,綰應
聲指鐵燈樹曰:'燈盞柄曲'。衆咸異之。"
(《南史・齊南海王子罕傳》"以竹爲燈纘照
夜",纘亦與盞音合。)(《直語補證》P43)

【燈虎】dēnghǔ　燈謎曰燈虎。按:明郎瑛
《七修類稿》載《千文虎序》:"金章宗好謎,
選蜀人楊圃祥爲魁,有百斛珠刊行。"據此,
則謎之名虎,其來已久。(《燕説》卷三
P16)

【燈頭】dēngtóu　元旦至上元謂"前燈頭",
既望至晦謂"後燈頭"。(《越諺》卷中 時序
P5)

【燕脂】yānzhī　燕脂起自紂,以燕國紅藍花
汁凝作脂,故曰燕脂。俗作"臙脂",誤。韻
書又作"䑏䞓"。俗又稱紅粉。(《俚言解》
卷二 9P33)

　　　燕脂,今或書作燕支,又作烟支、煙脂、
䑏䞓。《中華古今注》:"燕脂蓋起自紂,以
紅藍花汁凝之,以其烟所生,故曰烟脂。"
《蘇氏演義》曰:"燕脂葉,似葡花,似蒲,出
西方。土人以染名爲燕脂,中國亦語爲紅
蘭,以染粉爲婦人色。"《北戶錄》載《習鑿齒
書》云:"此有紅藍,北人采取其花作烟支。
婦人妝時作頰色,殊覺鮮明。匈奴名妻作
閼支,言可愛如烟支也。"《十道志》:"焉支
山美水草,匈奴失之,乃作歌曰:'失我焉支
山,令我婦女無顏色。'"(《目前集》前卷
P2130)

【燕筍】yànsǔn　《蘇府志》一名"護居",又
有"燕筍",以燕來時生也。(《土風錄》卷四

P221)

【熫煮】bìzhǔ　古文熫、熫二形,又作焚,同。
扶逼反。《方言》:"熫,火乾也。"《説文》:
"以火乾肉曰熫。"(《一切經音義》卷三十
10P1197)

【燭夜】zhúyè　雞,名燭夜,又曰翰音。
(《蘇氏演義》卷下 P30)

【燉】què　確。火乾物。"燉餅"。《玉篇》。
(《越諺》卷下 單辭隻義 P14)

【煍】xiān　味辛也。(玄應《正法華經一音
義》)(《埤蒼》P21)

【爁】làn　音懶。《淮南子・冥覽訓》:"火爁
焱而不滅。"案:爁,濫也。火光濫及他處,
因以延燒也。吳中謂火光所及因以燒灼爲
爁。(《吳下方言考》卷七 P13)

【爁焱】lànyàn　參見[爁]。(《吳下方言
考》卷七 P13)

【燺】kǎo　烘火曰燺。燺音考。《廣韻》:
"火乾也。或省作熇。"(《燕説》卷二 P12)

【爆】bào　煖酒曰篩,又曰爆。(《燕山叢
錄》卷二十二 長安里語 人事 P3)

【爆仗】bàozhàng　施宿《會稽志》:"除夕爆
竹相聞,亦或以硫黄作爆藥,聲尤震厲,謂
之爆仗。"《東京夢華錄》:"駕登寶津樓,諸
軍百戲呈於樓下,忽作霹靂一聲,謂之爆
仗,則煙火大起。"《朱子語類》:"雷,如今之
爆仗。"(《恒言錄》卷五 P105)

【爆烊胹】bàopàngpú　報胖蒲。用糯穀煨
火爐,爆出烊起而胹。(《越諺》卷中 飲食
P37)

　　　參見[凍米]。(《越諺》卷中 飲食
P37)

【爆章】bàozhāng　爆竹,今以紙捲藥,名曰
爆章。(《目前集》前卷 P2117)

【爆竹】bàozhú　參見[炮仗]。(《越諺》卷
中 貨物 P33)

【爆竿】bàogān　參見[炮仗]。(《越諺》卷
中 貨物 P33)

【熛】biāo　焱。輕脆也。發熛。(《越諺》卷
中 形色 P57)

【爐食】lúshí　參見[飥爐]。(《蜀語》P14)

【爛】yé　乙。謂松柴火起燄,栗柴無燄,此
與杭俗反。出《集韻》。(《越諺》卷下 單辭
隻義 P15)

【爨戲】cuànxì　《輟耕錄》:"國朝院本用五

人殷演,謂之五花爨弄。或云:'宋徽宗見爨國人來朝,其衣裝巾裹舉動可笑,使優人效之,以爲戲焉。'"按:院本只殷演而不唱,今學殷演者流俗謂之串戲,當是爨字。(《通俗編》卷三十一 P684)

斗　部

【斗】dǒu　參見[督]。(《越言釋》卷上 P5)

【斗桶】dǒutǒng　越人呼挈水之器有曰斗桶者,以其可容一斗也。小之則曰五升挈、三升挈,省去"桶"字。(《釋諺》P96)

【斗漱】dǒushù　《公羊疏》:"無垢加功曰'漱',若里語曰'斗漱'。"揚雄《方言》:"東齊曰鋪頒,猶秦晉言抖藪也。"《法苑珠林》:"抖擻煩惱,去離貪著,如衣抖擻,能去塵垢。"按:三書用字各不同,唐宋人詩多從《法苑》作"抖擻",或作"斗藪",而"斗漱"字未見用者。(《通俗編》卷十二 P263)

【斗膽】dǒudǎn　俗自謂大膽曰陡膽。按:本史:"姜維死,剖腹,膽如斗大。"《太平御覽》載諸葛孔明語:"我心如秤,不能爲人作低昂。"唐朝投人啓曰:"推諸葛之秤心,負姜維之斗膽。"則知陡膽亙作斗膽。(《雅俗稽言》卷十七 P13)

《三國志·姜維傳》注:"死時見剖,膽如斗大。"梁簡文《七勵》:"牽鈎壯氣,斗膽豪心。"胡會《啓》:"推諸葛之秤心,負姜維之斗膽。"(《通俗編》卷十六 P357)

【斗然】dǒurán　岑參詩"郊寒斗覺暄",斗覺者,乍覺之意。如李獻吉《泰山》詩:"斗然一峯上,不信萬山開。"明用斗然字。今俗以忽然爲陡然,亙從斗然爲雅。(《雅俗稽言》卷十七 P13)

【斗藪】dǒusǒu　又作擻,同。蘇走反。郭璞注《方言》曰:"斗擻,舉也。"《通俗文》:"斗藪謂之穀穀。"《難字》音都穀反。下蘇穀反。論文作抖揀,非體。(《一切經音義》卷七十三 17P2904)

樂天詩:"斗藪塵埃中,禮拜冰雪顏。"東坡詩:"一時斗藪舊塵埃。"(《土風錄》卷十四 P337)

《齊民要術》:"乘車斗藪。"案:斗藪,搖動而散之也。吳中謂搖動散物曰斗藪。(《吳下方言考》卷七 P18)

參見[斗漱]。(《通俗編》卷十二 P263)

【斗級】dǒují　斗級,漢謂之斗食,見《外戚傳》及《薛宣傳》注謂"佐史也"。(《土風錄》卷十七 P376)

【斗門】dǒumén　參見[陡壋]。(《越諺》卷中 地部 P4)

【斛】wò　去水曰斛。音齷。(《肯綮錄》P2)

【料】liáo　《蜀都賦》:"神農是嘗,盧附是料。"五臣注:"扁鵲、俞附,皆料此藥而用之。"馥謂:料,量也,蓋言料量藥之升勺銖兩,今猶謂合藥爲一料。(《札樸》卷三 覽古 P96)

【料理】liàolǐ　杜:"詩酒尚堪驅使在,未須料理白頭人。"料理,出《王微(編者按:當作徽)之傳》。六朝歌謠有"皂筴相料理"之語。(《唐音癸籤》卷二十四 P212)

《世說》:"汝若爲選官,當好料理此人。"《晉書·王徽之傳》:"卿在府日久,比當相料理。"《南齊書·蕭景先傳》:"六親多未得料理,可隨宜溫卹……其久舊勞勤者,應料理隨宜,啓聞乞恩。"《劉祥傳》:"與亡弟母楊別居,不相料理。"(《恒言錄》卷二 P40)

《晉書·王徽之傳》:"桓沖謂曰:'卿在府日久,比當相料理。'"《世說》:"韓康伯母聞二吳之哭,語康伯曰:'汝若爲選官,當好料理此人。'"又,"衛展在江州,有相知舊人投之,都不料理。"梁童謠:"黃塵浣人衣,皂筴相料理。"杜甫詩:"未須料理白頭人。"按:"料"字平聲。韓退之詩:"爲逢桃樹相料理。"康與之詩:"東風著意相料理。"黃庭堅詩:"平生習氣難料理。"皆可證。今俗讀如字,而宋曾鞏:"世業中興誰料理。"史彌寧:"好景賸將詩料理。"亦已循俗讀誤。(《通俗編》卷十二 P261)

【料數】liàoshù　《玉篇》:"料,數也。"《說文》:"數,計也。"《秦策》:"以上客料之,趙何時亡。"高注:"料,數。"《通鑑》舉"宋濫錢之弊"云:"市井不復料數。"(《札樸》卷四 覽古 P112)

【斛藪】dǒusǒu　上音斗。《考聲》云:"斛藪,振訊,扔衣裳也。或曰頭阤斛藪煩惱也,少欲知足也。"(《一切經音義》卷八十八 13P3408)

【斜插花】xiéchāhuā　俗謂人行跡不正也。《丸經》有"燕尾斜插花""皮搭斜插花"之名。（《直語補證》P29）

【斟酌】zhēnzhuó　杜："斟酌嫦娥寡，天寒奈九秋。"又，"經過憶鄭驛，斟酌旅情孤。"斟酌，猶約略之意。（《唐音癸籤》卷二十四P212）

　　　　《國語·周語》。（《越諺賸語》卷上P5）

【斠】jiào　《説文》"平斗斛也"，古岳切。今人持方木尺平量斗斛曰斗斠。（《直語補證》P24）

【斢】tǒu　貨物價減曰"斢"。音否，俗讀偷上聲。乾隆三十年，斗米六百零，旬餘斢至百一；嘉慶十二年，斗米六百零，月餘斢至二百三四。見《衡州府志》。又病減曰"斢"。《人生要覽》："勅水報犯立卽斢。"（《里語徵實》卷上　一字徵實P33）

【擧】juàn　汲取曰擧。（《通俗文》釋言語上P4）

户　部

【户】hù　參見［囷］。（《札樸》卷九　鄉里舊聞　鄉言正字附　名稱P328）

【户頭】hùtóu　《後漢書·章帝紀》："加賜河南女子百户牛酒。"注曰："此若是户頭之妻，不得更稱爲户，蓋謂女户頭也。"（《通俗編》卷六P118）

【床】qiǎn　小户曰床。（《通俗文》釋宮室P43）

【所】suǒ　《淮南·道應訓》："今夫舉大木者，前呼邪許，後亦應之。"魏子才曰："關西方言，致力於一事爲所。"李獻吉曰："西土人謂著力幹此事，則呼爲所。"馥謂："所""許"聲相近。《詩》"伐木許許"，《説文》引作"所所"，云"伐木聲"也。（《札樸》卷四　覽古P112）

【所由】suǒyóu　《唐書·崔成傳》："丞相不宜與所由帖囑耳語。"案：所由謂郡官也。（《稱謂錄》卷二十二　知州P9）

【房中術】fángzhōngshù　今人以邪僻不經之術，如運氣、逆流、采戰之類，曰房中術。按史，周有房中樂。《漢書·禮樂志》：高祖時，有房中祠樂，唐山夫人所作。武帝時，有房中歌。"又云："房中者，情性之極，至道之際，是以聖王制外樂以禁內情，而爲之節文。樂而有節，則和平壽考。及迷者弗顧，以生疾而隕性命。"《禮記·曾子問》："眾主人，卿大夫、士，房中皆哭。"注："房中，婦人也。"然房中之謂，豈取此二書與？（《南村輟耕錄》卷十四P174）

【房分】fángfèn　《魏書·太武五王傳》："往世房分留居京者，得上品通官。"（《恒言錄》卷三P67）

【房客】fángkè　蘇東坡詩："蒜山幸有閒田地，招此無家一房客。"（《恒言錄》卷三P72）

【房屋】fángwū　謂御女也。《南史》："武帝手勅責賀琛曰：'朕絶房屋三十餘年。'"（《逌言》卷一P23）

【房老】fánglǎo　王子年《拾遺記》："石季倫有妾名朔風，及色衰，退爲房老。"（《南村輟耕錄》卷七P86）

　　　　《拾遺記》："石季倫愛婢翔風，最以文詞擅愛，及年三十退爲房老。"（《稱謂錄》卷五　老妾P26）

【房長】fángzhǎng　《負暄雜錄》："婢妾年久而位高者，謂之房長。"（《稱謂錄》卷五　老妾P26）

【戽】hù　舟中潒器作"戽"。（《越諺》卷下　單辭隻義P8）

【戽斗】hùdǒu　舀水器曰戽斗。戽音户。（《蜀語》P24）

　　　　舀水器曰戽斗。戽音户。（《里語徵實》卷中上　二字徵實P23）

【扁蓄】biānxù　郭景純謂"萹茿可食"是也。又檢《本草·扁蓄》，示之萊人乃信，蓋扁蓄原出東萊。（《札樸》卷九　鄉里舊聞P314）

【扇】shàn　馬去勢曰騸，《五代史》作"扇"。（《俚言解》卷二　24P41）

【扇墍】shànzhì　滯。扇間拖佩玉也。（《越諺》卷中　器用P30）

【扇墍猢猻】shànzhìhúsūn　喻瘦小兒。（《越諺》卷中　形色P58）

【扇摣】shànchuāi　下坯加反。梵語也，不具男根者也。（《一切經音義》卷七十二　9P2851）

【厬㑥】yǎnyí　古樂府《百里奚妻歌》曰："烹

伏雌,炊㸑廖。"而蔡邕《月令章句》曰:"鍵,關也,所以止扉,或謂之'剢移'。按"㸑""剢"與今音同,但今音作平。雖然,止扉之木古第謂之"關"……徒"關"轉,乃謂之"㸑"。(《越言釋》卷上 P18)

心(忄)部

【心城】 xīnchéng 參見[瑩徹]。(《一切經音義》卷二十三 17P900)

【心行】 xīnxíng 下庚反。謂遊履也。《放光經》云:"意所趣向。"《光讚經》云:"所趣所行。"《大論》云:"問云:'何悉知眾生心行?'答:'菩薩知眾生種種法中處處行。'"卽《維摩經》云:"善知眾生往來所趣及心所行。"其義一也。(《一切經音義》卷九 8P335)

【心孔】 xīnkǒng 杜荀鶴《贈張員外》詩:"誦詩心孔迥然開。"(《恒言廣證》卷一 P7)

【心曹】 xīncáo 愁,憂也。《集韻》音曹,揚雄有《伴牢愁》,亦音曹。今人言心中不快爲曹,當用此"愁"字。(《言鯖》卷下 P25)

【心肝】 xīngān 《晉書·劉曜載記》:"隴上歌曰:'隴上壯士有陳安,軀幹雖小腹中寬,愛養將士同心肝。'"按:世以愛之至者呼曰心肝,非無本矣。(《通俗編》卷十六 P357)

【心疚】 xīnfàn 販。惡心欲吐。從《集韻》。(《越諺》卷中 疾病 P20)

【心花】 xīnhuā 梁簡文帝《啓》:"心花成樹,共轉六塵。"李白詩:"登眺餐惠風,心花期啓發。"(《通俗編》卷十六 P357)

小兒作事耐久曰有心花。案:心花,見《圓覺經》:"世尊告普賢菩薩云:'心花發明照十方刹。'"梁簡文《請御講啓》:"心花成樹,共轉六塵。"太白《登開元寺閣詩》:"心花期啓發。"(《土風錄》卷九 P273)

【必】 bì 《周禮》:"天子之圭中必。"必者琢孔以穿組,關之於指,使不墜也。……今越人凡刀鞘巾帨之屬,凡繫之於身者,不謂之"佩"而謂之"必",其字最古。蓋"佩"特"必"音之轉耳。(《越言釋》卷下 P31)

【必先】 bìxiān 又有必先之稱。《乾㢲子》載闔濟美與盧景莊同應舉,闔稱盧云:"必先聲價振京洛。"《雲溪友議》:"劉禹錫納牛僧孺卷曰:'必先期至矣。'"《太平廣記》:

"鄭光業入試,有一人突入舖,欲其相容,呼必先、必先不置。必先似云名第必居先,與先輩同一推敬意。"韓儀《與關試後新人》詩,有"休把新銜惱必先"句,此必先又謂下第同人也。(《唐音癸籤》卷十八 P162)

《乾㢲子》:"闔際美與盧景莊同應舉,闔稱盧曰:'必先聲價振京洛。'"《雲溪友議》:"劉禹錫納牛僧孺卷曰:'必先期至矣。'""必先"與"卽先"同一推頌意耳。韓儀《與關試後新人》詩有"休把新銜惱必先"句,此"必先"乃指下第同人。今謂下第者曰"來科作解",又此意矣。(《通俗編》卷五 P95)

【必律不剌】 bìlùbùlà 煩言聲也,見《元曲選·孫仲章勘頭巾》劇。又李行道《灰闌記》作必力八剌。(《通俗編》卷三十五 P788)

【必子】 bìzǐ 今人繫物於紐端,使與衣帶相關紐,謂之"必子"。(《越言釋》卷下 P31)

【志欲】 zhìyù 《論語注》曰:"志,慕也。"慕謂希樂也。(《一切經音義》卷二十一 11P798)

【忒殺】 tèshā 俗語太甚曰忒殺,音沙去聲。白居易《半開花詩》云:"西日憑輕照,東風莫殺吹。"自注:"殺,去聲,亦作煞。"《元人傳奇》"忒風流""忒殺思"。楊升庵謂京師語:"大曰殺大,高曰殺高。"卽今吾鄉之殺能大,殺能高也。(《通言》卷四 P52)

(讀所下切)大也,大字切腳。京都語亦有之,如好曰殺好,聰明曰殺聰明之類。《洪氏隨筆》序云:"殺有好處。"白樂天詩:"西日憑輕照,東風莫殺吹。"金方所詩:"爾家忒殺欠扶持。"(《語實》P153)

【忐忑】 tǎntè 《五音集韻》音毯忒,心虛也。《道藏·三元經》:"心心忐忑。"(《通俗編》卷十五 P322)

【忌】 qìn 犬吐食,七鳩反。(《俗務要名林》)

【忘年交】 wàngniánjiāo 《南史·何遜傳》:"遜弱冠舉秀才,范雲見其對策,大相稱賞,因結忘年交。"案:《初學記》引張隱《文士傳》曰:"禰衡有逸才,少與孔融作爾汝交。時衡未滿二十,而融已五十,敬衡少秀,忘年殷勤。"則忘年交之稱,蓋本於此。(《稱謂錄》卷八 朋友 P46)

【忘八】 wàngbā 參見[王八]。(《里語徵實》卷中上 二字徵實 P13)

【忍紟】rěnjìn　瑟飲反。《字統》、《考聲》并云："紟卽寒也。"《文字典説》云："紟謂寒戰也,从冫　紟聲。"(《一切經音義》卷八十15P3153)

【忦遽】mángjù　上莫郎反。《切韻》云："忦,悕也。"《説文》作忙。下其倨反。《玉篇》云："急也。"《字書》云："戰慄也,又窘也,從辵廬聲,作遽,俗。"(《一切經音義》卷續九4P4003)

【忙工】mánggōng　參見［長工］。(《通俗編》卷二十一 P475)

【忙月】mángyuè　亦雇工人名色。但雇以做酒、晒穀用者。(《越諺》卷中　賤稱 P14)
　　　參見［閒月］。(《越諺》卷中　時序 P7)

【念】niàn　《漢書·張禹傳》："諸儒爲之語曰:'欲爲《論》,念張文。'"《三國志》："諸葛瞻工畫,強識念。"識念猶記念也。今人謂誦書爲念書。(鑑案:《爾雅》:"勿念,勿忘也。"《詩》:"無念爾祖。"毛傳:"無念,念也。")(《恒言録》卷六 P112)

【念合】niànhé　説作。(《墨娥小録》卷十四 P6)

【念珠曹】niànzhūcáo　《通典》："户部,諺云念珠曹,以户部官日俸一百八也。"(《稱謂録》卷十五　户部 P19)

【念曲】niànqǔ　(古之)不善歌者,目爲念曲。(《雅俗稽言》卷十四 P15)
　　　《夢溪筆談》："不善歌者,聲無抑揚,謂之念曲。聲無含韞,謂之叫曲。"(《通俗編》卷二十一 P465)

【念書】niànshū　誦書謂之念書。前漢《張禹傳》："禹爲《論語章句》時,諸儒爲之語曰:'欲爲《論》,念張文。'"念,俗作唸。(《雅俗稽言》卷二十五 P11)

【忽】hū　越人……乍睡醒則謂之"忽"。"忽"字於經無考,吳人無論大覺小覺皆謂之忽。按:西河毛氏《越語肯綮録》作"寤",謂字出《唐韻》。而升庵楊氏《六書索隱》直作"忽",其説爲長。蓋忽睡忽醒卽謂之"忽",似不必另製一字。楊氏又謂"忽"古作"勿",尤簡妙。(《越言釋》卷下 P4)

【忽喇叭】hūlàbā　倉卒曰忽喇叭。(《燕山叢録》卷二十二　長安里語　人事 P3)
　　　倉卒曰忽喇叭。(《宛署雜記》卷十七 P194)

【忽底】hū·de　王建詩:"楊柳宮前忽地春。"忽地,猶言忽底,蓋以地爲助辭。(遯叟)(《唐音癸籤》卷二十四 P210)

【忽漫】hūmàn　猶云率爾,亦謾之轉也,杜詩:"忽漫相逢是别筵。"(《助字辨略》卷四 P216)
　　　杜詩:"忽漫相逢是别筵。""忽漫"猶云率爾也。(《方言藻》卷一 P9)

【忽忽】hūhū　音呼。《素問》:"甚則忽忽善怒。"案:忽忽,怒容也。吳中謂怒容曰惱忽忽。(《吳下方言考》卷三 P8)

【忽雷】hūléi　唐內臣鄭中丞有二琵琶,號大小忽雷。俗以雷爲忽雷,亦古語也,俗文有雳字。(《目前集》前卷 P2112)
　　　鼓。(《墨娥小録》卷十四 P5)

【忶】hún　心亂曰忶。(《通俗文》釋言語下 P29)
　　　心悶也。(《廣韻·二十三魂》。《改併五音類聚四聲篇海·心部》)(《埤蒼》P22)

【松松】zhōngzhōng　惶懼也。(慧琳《法句譬喻無常品經二音義》。)遽也。(慧琳《安樂集下音義》。)(《埤蒼》P22)

【快】kuài　酒政有猜拳之法,亦呼"九"爲"快"。故老嘗言始於江廣估客,舟行風水,忌其淹久,以"九"爲"快",與以"遲"爲"快"正同一諱嫌名之例。(《越言釋》卷上 P1)

【快兒】kuài'ér　俗諱各處有之,吳楚爲甚。舟中諱"住"、諱"翻",謂筯爲快兒。(《俚言解》卷二 11P35)
　　　《儗山外集》:"民間俗諱,各處有之,而吳爲甚。如舟行諱住、諱翻,以箸爲快兒,幡布抹布。諱離散,以梨爲圓果,傘爲豎笠。諱狼藉,以榔槌爲興哥。諱惱躁,以謝竈爲謝歡。此皆俚俗可笑。"(《通俗編》卷二十六 P592)

【快子】kuàizǐ　俗諱各處有之,吳楚爲甚。舟中諱"住"、諱"翻",謂筯爲快兒,翻轉爲定轉,幡布爲抹布。又諱"離散",謂棃爲圓果,傘爲豎笠。又諱"狼藉",謂榔頭爲興哥,爲響槌、爲發槌。今士大夫亦有稱筯爲快子者。又《循齋閒覽》:"舉子落榜曰康了。柳冕應舉多忌,謂安樂爲安康,忌樂、落同音也。榜出,令僕探名,報曰:'秀才康了。'世傳以爲笑。"(《俚言解》卷二 11P35)
　　　箸曰快子。快,本作"筷",音同;竹箭也。可以爲箸。俗作"筷",非。吳菽原《雜記》："吳中凡舟行諱住,諱翻,故呼箸爲'快子',幡布爲'抹布'。"又《曲禮》："羹之有菜者,用梜。"梜亦箸之類。(《里語徵實》卷中上 二字徵實 P18)

【快活】kuàihuó　《五代史·劉昫傳》:"諸史聞昫罷相,皆歡呼曰:'自此我曹快活矣。'"《翰林志》:"梅詢見老卒臥日,歎曰:'暢哉!'徐問:'識字乎?'曰:'不識。'梅曰:'更快活也。'"白居易詩:"快活不知如我者,人間能有幾多人。"杜荀鶴詩:"田翁真快活,婚嫁不離村。"蘇軾詩:"豐年無象何處尋,聽取林間快活吟。"《朝野僉載》:"桑維翰曰:'居宰相如著新鞋襪,外面好看,其中不快活也。'"(《通俗編》卷十五 P319)

【快活三娘】kuàihuósānniáng　參見[快活三郎]。(《恒言廣證》卷六 P104)

【快活三郎】kuàihuósānláng　《武林舊事》:"元夕舞隊有快活三郎、快活三娘。"(《恒言廣證》卷六 P104)

【快活人】kuàihuórén　白居易詩:"誰知將相王侯外,別有優游快活人。"(《通俗編》卷十五 P320)

【快手】kuàishǒu　健丁也。黃回募江、楚快手八百隸劉勔,乃伉健勇敢之稱,今專爲郡縣所督捕衙役之名。晉太康元年,去州郡兵,大郡置武吏百人,小郡五十人,此今日快手之自也。(《通雅》卷二十五 P826)

　　《宋書·王鎮惡傳》:"西將及能細直吏快手有二千餘人。"又《建平王景素傳》:"左右勇士數十人,竝荊楚快手。"《黃回傳》:"募江西楚人,得快射手八百。"《南史》亦作"快手"。《日知錄》:"快手之名起此。"(《通俗編》卷六 P117)

　　快手之稱名,起自《宋書·王鎮惡傳》:"東從舊將,猶有六隊千餘人,西將及能細直吏快手,復有二千餘人。"《建平王景素傳》:"左右勇士數千人,並荊楚快手。"《黃回傳》:"募江西楚人,得快手八百。"(《稱謂錄》卷二十六 勇 P21)

　　《宋書·王鎮惡傳》:"東從舊將猶有六隊千餘人,西將及能細直吏快手二千餘人。"(《談徵》名部下 P21)

【快嫂】kuàisào　燥。迅速也。(《越諺膡語》卷上 P4)

【快癢癢的】kuàiyǎng·yang·de　搔癢曰快癢癢的。(《燕山叢錄》卷二十二 長安里語身體 P6)

【忸怩】niǔní　慚耻謂之忸怩。(《通俗文》釋言語下 P36)

【怎】zěn　參見[么]。(《通雅》卷四十九 P1467)

【怎生】zěnshēng　《康熙字典》怎字,《廣韻》《集韻》皆未收,惟韓孝彥《五音集韻》收之。今時揚州人讀爭上聲,吳人讀尊上聲,金陵人讀津上聲,河南人讀如椹,各從鄉音而分也。《朱子語錄》多用怎生字,如云:"不知後面一段是怎生地?""不知怎生盤庚抵死要遷那都?"(《通俗編》卷三十三 P736)

【急】jí　參見[給假]。(《雅俗稽言》卷十八 P14)

【急假】jíjià　參見[給假]。(《雅俗稽言》卷十八 P14)

【急口令】jíkǒulìng　參見[吃口令]。(《直語補證》P27)

【急哩咕古】jí·liguāgū　話多曰急哩咕古。(《宛署雜記》卷十七 P194)

【急哩咕古的】jí·liguāgū·de　語多曰急哩咕古的。(《燕山叢錄》卷二十二 長安里語言語 P9)

【急性子】jíxìng·zi　《羣芳譜》:"鳳仙花卸卽去其蒂,不使結子則花益茂。所結子觸之卽裂,皮卷如拳,故有急性之名。"(《常語尋源》卷上乙册 P209)

【急貓貓】jíliúliú　參見[貓貓]。(《吳下方言考》卷六 P7)

【急須】jíxū　近時人又以貯酒之器謂之急須,……殊不知古人以溺器爲急須,乃應急而須待之者,反又不知其義,可笑。(《七修類稿》卷24 P357)

　　陸容《菽園雜記》云:"急須,溺器也,以其應急而用,故名。趙襄子漆智伯頭爲飲器。"注:"飲,於禁切,溺器也。"(《土風錄》卷三 P203)

【急須子】jíxūzǐ　沈括《忘懷錄》:"有行具,二肩共附,帶雜物,內有虎子、急須子。"(《土風錄》卷三 P203)

【怠慢】dàimàn　怠,待。供客謙詞。見《左》傳三十一年,《史·封禪書》,《晉·郗超傳》,《北史·趙彥深傳》。(《越諺膡語》卷上 P7)

【怯劣】qièliè　上羌業反。《考聲》：“怯，惵
也（奴亂反）。”《玉篇》：“怯，多畏也。”《韻
英》云：“怯，恐懼也。”……下力怒反。少力
也。（《一切經音義》卷十一 10P420）

【怯薛】qièxuē　怯薛者，分宿衛供奉之士
爲四番，番三晝夜。凡上之起居飲食、諸服
御之政令，怯薛之長皆總焉。又：杜清碧先
生本應召次錢唐，諸儒者爭趨其門。燕孟
初作詩嘲之，有“紫藤帽子高麗靴，處士門
前當怯薛”之句，聞者傳以爲笑。用紫色椶
藤縛帽，而製靴作高麗國樣，皆一時所尚。
怯薛，則內府執役者之譯語也。（《南村輟
耕錄》卷一 P19 卷二十八 P346）

【体】bèn　參見［笨］。（《通俗編》卷十五
P334）

【恘】xù　音述。《漢書·尉佗傳》：“要之不可
以恘好語入見。”案：恘，誘也。今吳諺爲人
所誘曰恘。（《吳下方言考》卷十一 P18）

【怖赫】bùhè　呼駕反。鄭箋《詩》云：“以口
距人謂之嚇。”《埤蒼》：“大怒之皃也。”《方
言》作恐閲也。《古今正字》從口赫聲。閲
音呼激反。（《一切經音義》卷二十 1P744）

【怗】tiē　北魏《高湛墓志》：“全怗民境。”
“怗”字不瞭，釋者或闕或疑。案：《廣韻》：
“怗，安也。”《晉書·謝鯤傳》：“鯤對王敦曰：
‘周顗、戴若思南北人士之望，明公舉而用
之，羣情怗然矣。’”《北史·柳崇傳》：“郡中
畏服，境內怗然。”《崔亮傳》：“勞賚綏慰，百
姓怗然。”《袁翻傳》：“北京制置，求皆允
怗。”《南齊書·陸厥傳》：“岨峿妥怗之談。”
《劉係宗傳》：“以時平蕩，百姓安怗。”《唐
書·魏徵傳》：“脱有一穀不收，百姓之心恐
不能如前日之怗泰。”《仇士良傳》：“帝諭神
策軍曰：‘赦令自朕意，宰相何豫，爾渠敢
是？’士乃怗然。”其字竝從立心，又作“帖”。
《晉書·載記》：“王猛至鄴，遠近帖然。”《通
鑑》：“元魏邢巒上表：‘巴西廣袤千里，戶餘
四萬，若於彼州鎮攝華獠，則大帖民情。’”
“任城王澄收陸叡等繫獄，民間帖然。”“梁
王琛馳報黄羅漢曰：‘吾至石梵，境上帖
然。’”（《札樸》卷六 覽古 P175）

【怗泰】tiētài　參見［怗］。（《札樸》卷六 覽
古 P175）

【怗然】tiērán　參見［怗］。（《札樸》卷六 覽
古 P175）

【性急】xìngjí　《北史·陳元康傳》：“神武曰：

我性急。”（《通俗編》卷十五 P313）
　　《左傳》“公孫之亟也”杜預注。（《越諺
賸語》卷上 P6）

【怜悧】línglì　參見［靈利］。（《通俗編》卷
十五 P329）

【伫惛】zhùxū　多意謂之伫惛。（《通俗文》
釋言語上 P36）

【悏説】kuàiyuè　上苦邁反。《考聲》云：
“悏，適意也。”《廣雅》云：“悏，可也，喜也。”
（《一切經音義》卷三十二 13P1288）

【怪鳥】guàiniǎo　《晉書·孫盛傳》：“進無威
鳳來儀之美，退無鷹鸇搏擊之用，徘徊湘
川，將爲怪鳥。”按：俗譏孤僻人曰怪鳥，本
此。（《通俗編》卷二十九 P647）

【恐惏】kǒngxié　誳也。下香葉反。《尚
書》曰：“惏從凶治。”《廣雅》：“惏，怯也。”顧
野王云：“以威力恐惏也。”（《一切經音義》
卷十四 6P522）

【恩地】ēndì　唐人以主司爲恩地。姚鵠有
《獻恩地僕射》詩。（《稱謂錄》卷二十四 總
裁、主考 P4）

【恩府】ēnfǔ　以恩地爲恩府，始于唐馬戴。
戴大中初爲掌書記于太原李司空幕。以正
言被斥，貶朗州龍陽尉。戴著書，自痛“不
得盡忠於恩府，而動天下之浮議”云云，見
《金華子·雜編》。（《能改齋漫錄》卷二
P31）
　　參見［恩門］。（《稱謂錄》卷八 受知師
P31）

【恩戚家子】ēnqījiāzǐ　《宋書·蕭惠開傳》：
“外祖劉成戒之曰：‘汝恩戚家子，當應將迎
時俗，緝外內之數。’”（《稱謂錄》卷十一 外
戚古稱 P21）

【恩田】ēntián　參見［悲田］。（《通俗編》卷
二 P39）

【恩門】ēnmén　《説鈴·談助》：“宋舉及第
者，不得呼知舉爲恩門、爲師門及稱門生。”
《金華子》：“崇遠猶憶往歲赴恩門，請承乏
丹陽。”又云：“以恩地爲恩府，始於唐馬戴。
戴著書，不得盡忠於恩府，而動天下之浮
議。”（《稱謂錄》卷八 受知師 P31）

【恁】rèn　方言此也。姜夔《疏影》詞：“等恁
時、重覓幽香，已入小窗橫幅。”又……猶云
如此。黄機《水龍吟》詞：“恨荼蘼吹盡，櫻
桃過了，便只恁、成孤負。”……言便只是如

此,遂過卻春也。(《助字辨略》卷三 P179)

恁,方言此也。姜夔《疏影》詞:"等恁時、重覓幽香,已入小腮橫幅。"又黃機《水龍吟》詞:"恨荼蘼吹盡,櫻桃過了,便只恁、成辜負。"(《方言藻》卷二 P11)

【恁地】nèn•de　今云恁地之恁,乃如此之義。《朱子語錄》:"鯀也是有才智,只是很拗,所以弄得恁地。"又云:"聖人作《易》,教人去占,占得恁地便吉,恁地便凶。"(《通俗編》卷三十三 P735)

恁音任。《説文》:"下齎也,从恁心聲。"宋人《語錄》以爲語助詞,猶言如此也。朱子曰:"胡文定《春秋傳》所説盡正,但不知聖人是恁地不是恁地。"今俗作怎卽此字。《通雅》云:"今人云那向者卽宋人恁地之意。"(《談徵》言部 P57)

【恁麽】nèn•me　《廣雅》:"恁,思也。"曹憲注曰:"恁,而審反,疑之也。"按:今言恁麽之恁,乃疑之之義。辛棄疾詞:"此身已覺渾無事,且教兒童莫恁麽。"(《通俗編》卷三十三 P735)

【息婦】xīfù　參見[新婦]。(《能改齋漫錄》卷五 P109)

【息煨】xīwēi　下烏回反。司馬彪注《莊子》云:"煨,熭也。"《孝經》序云:"皆煨燼之末是也。"《廣雅》:"煨,煜也。"《説文》:"從火畏聲。"(《一切經音義》卷八十六 6P3343)

【息慈】xīcí　參見[沙彌]。(《目前集》前卷 P2131)

參見[小沙彌]。(《越諺》卷中　賤稱 P14)

【息男】xīnán　曹植《謝恩章》:"詔書封臣息男。"(《稱謂錄》卷六　子 P2)

【息錢】xīqián　參見[本錢]。(《直語補證》P25)

【恘恘】chìchì　音尸。《顏氏家訓》:"卜得惡卦,反令恘恘。"案:恘恘,膽寒也。吳中謂膽寒曰寒恘恘。(《吳下方言考》卷三 P7)

【恃怙】shìhù　上時止反。《考聲》云:"恃,依也。"《集訓》云:"恃,負也。""乘負依憑也。"《説文》云:"恃,賴也。從心寺聲也。"下胡古反。《説文》:"怙,恃也。"(《一切經音義》卷六 16P244)

【恼恼】lǎocǎo　文士以作事迫促者,通謂

之恼恼,見陸士衡《文賦》曰:"恼恼瀾漫,亡耦失疇。"……恼,薼老切。恼,閭草切。(《能改齋漫錄》卷一 P8)

心亂曰恼恼。音老草。(《蜀語》P45)

文士作事迫促者,謂之恼恼。見陸機《文賦》:"恼恼瀾熳,亡耦失儔。"今訛爲僚草。(《言鯖》卷下 P18)

心惡曰恼恼。(《札樸》卷九　鄉里舊聞 鄉言正字附　疾病 P327)

心亂曰恼恼。音恼(老)草。《洞簫賦》:"恼恼爛漫"。(《里語徵實》卷中上　二字徵實 P39)

【恫喚】tōnghuàn　參見[通喚]。(《匡謬正俗》卷六 P63)

【恰恰】qiàqià　苦洽反。恰恰,用心也。(《一切經音義》卷三十三 6P1320)

王績:"年光恰恰來。"杜:"自在嬌鶯恰恰啼。"(《唐音癸籤》卷二十四 P215)

【恰述】qiàshù　慳甲反。《韻詮》云:"用心也,亦通俗語也,稱可。"(《一切經音義》卷九十一 9P3477)

【恀】shì　參見[爹]。(《越言釋》卷上 P18)

【忡】chōng　心動也。(《集韻•一東》。《類篇•心部》。)(《埤蒼》P21)

【恲滿】pēngmǎn　滿之甚謂之恲滿。恲,匹庚切。《廣韻》:"滿也。"《玉篇》:"通也。"(《方言據》卷下 P30)

【恨恨】hènhèn　《晉書•周浚傳》:"鄲州上下,所以恨恨也。"(《通俗編》卷十五 P322)

《文選》李陵詩:"恨恨不能辭。"五臣注:"恨恨,相變之情。"案:恨恨卽懇懇,言誠款也。慕容翰謂逸豆歸追騎曰:"吾居汝國久,恨恨不欲殺汝。"(《札樸》卷五　覽古 P158)

【恭愼】gōngshěn　賀人曰恭愼。愼音審。韻書云:"念也。"(《蜀語》P25)

【怢懱】diéxiè　志輕曰怢懱。怢,的協切,音喋。懱,悉恊切,音變。《集韻》:"怢懱,志輕也。"(《燕説》卷一 P3)

【悖惑】bèihuò　迷謬曰悖惑。(《札樸》卷九　鄉里舊聞　鄉言正字附　雜言 P330)

【恾戇】màngzhuàng　龐憃曰恾戇。恾戇音莽壯。(《蜀語》P30)

【怨邑】yuānyì　吳質《荅東阿書》:"乃質之所以憤積於胸臆,懷眷而怨邑者也。"(《札

樸》卷八　金石文字 P285)

【惡】è　《漢書·昌邑王傳》:"王夢青蠅之矢積西階,東可五六石,以屋板瓦覆。發視之,則青蠅矢也。以問龔遂,遂曰:'陛下左側讒言人眾多,如是青蠅惡矣。'"注曰:"惡卽矢也。"今俗稱説皆讀作烏去聲,有自來也。(《直語補證》P45)

【惡少】èshào　《荀子·修身篇》:"無廉恥而嗜乎飲食,可謂惡少者矣。"《漢書·昭帝紀》:"發三輔及郡國惡少年屯遼東。"《唐書·崔融傳》:"天下之關必險道,市必要津,豪宗、惡少在焉。"《李紳傳》:"河南多惡少,紳治剛嚴,皆望風遁。"吳均詩:"角觝良家兒,期門惡年少。"韓愈詩:"昨曉長鬚來下狀,隔牆惡少惡難似。"(《通俗編》卷十一 P238)

【惡師】èshī　於各反,惡,過也,所謂不善也。(《一切經音義》卷九 16P351)

【惡客】èkè　漢公孫弘曰:"寧逢惡賓,不逢故人。"此爲故人高賈責己而發,則所謂惡賓,亦責備主人者耳。又,古人飲必盡歡,以不飲酒爲惡客。如元次山詩:"有時逢惡客,還家亦少酣。"黃魯直詩:"高陽社裏如相訪,不用閒携惡客來。"皆是。今俗所稱惡客,固有如公孫所指者,未聞以其不飲也。至乃以善飲食爲惡客,陋矣。(《雅俗稽言》卷十七 P9)

【惡奴】ènú　《晉書》:"烏桓魯利罵其妻曰惡奴。"又,王敦罵其兄含爲老婢,蓋劇戲而反呼之也。韻書:"婢,又音丕。"(《雅俗稽言》卷二十一 P15)

【惡戲】èxì　東魏崔季舒奪高洋刀曰:"老小公子惡戲。"案:惡戲,虐戲也。吳中鄙其事而不欲言者曰惡戲。(《吳下方言考》卷八 P12)

【惡戾】èlì　《史記·齊悼惠王傳》:"瑯琊王及大臣曰:'齊王母家駟鈞惡戾。'"案:惡戾,狀貌難入目也。吳中謂已甚者爲惡戾。異狀難入目者曰惡戾相。(《吳下方言考》卷八 P13)

【惡戾相】èlìxiàng　參見[惡戾]。(《吳下方言考》卷八 P13)

【惡貫】èguàn　穿物謂之貫,書云"商罪貫盈",言紂之爲惡如物之滿于貫也。今俗謂惡貫滿盈,本此。而俗又以爲虎尻有惡貫,食人之爪甲,不化而入于貫,貫滿則遭獲。

尤鄙俚之甚。(《言鯖》卷下 P6)

【惡識】wùshí　不睦也。言與識者相惡。(《越諺賸語》卷上 P4)

【惡論】èyào　藥。虐謔也。又,醜言。(《越諺賸語》卷上 P3)

【惠施】huìshī　胡桂反。《周禮》:"施其惠。"鄭玄曰:"賙衣食曰惠。"《孟子》曰"分人以財謂之惠"是也。(《一切經音義》卷二十 12P768)

【悲田】bēitián　釋典以供父母田爲恩田,供佛爲敬田,施貧窮爲悲田。後世謂養濟院曰悲田院,取此。(《通俗編》卷二 P39)

【悲耿】bēigěng　耕幸反。《文字集略》:"耿,憂也,志不安也。從耳。"《説文》:"耳耿耿然,從耳、從炯省聲。"(《一切經音義》卷八十二 9P3222)

【愸】chè　心動曰愸。愸音徹,惻同。(《蜀語》P8)

【愱】wǎn　腹中積食曰愱。(《札樸》卷九 鄉里舊聞 鄉言正字附 疾病 P327)

【情人】qíngrén　晉樂府《子夜詞》:"情人不還臥,冶遊步明月。"《通典》叙六朝詞曲云:"江南皆謂情人爲歡。"(《通俗編》卷二十二 P500)

【情知】qíngzhī　猶云明知也。張旭《春草詩》:"春草青青萬里餘,邊城落日動寒墟。情知海上三年別,不寄雲中一雁書。"曾肇《臨江仙詞》:"情知春去後,管得落花無。"(《助字辨略》卷一 P102)

　　張旭《春草》詩:"春草青青萬里餘,邊城落日動寒墟。情知海上三年別,不寄雲中一雁書。"曾肇《臨江仙》詞:"情知春去後,管得落花無。"情知,猶云"明知"也。(《方言藻》卷二 P16)

【情願】qíngyuàn　《漢書·元帝詔》:"骨肉相附,人情之願也。"顏延之《庭誥》:"施其情願,庇其衣食。"蘇軾《與范子豐尺牘》:"婚嫁所須,不可奈何,甚非情願。"(《通俗編》卷十五 P313)

　　孫權《復與魏王箋》:"私懼情願,未蒙昭察。"陸機詩:"遨遊放情願,慷慨爲誰嘆。"蘇子瞻《與范子豐尺牘》:"婚嫁所須,不可奈何,甚非情願。"(《恒言廣證》卷二 P22)

【悵悢】chàngliàng　上勑亮反。《玉篇》

云："望也，恨也。"下力尚反。《廣雅》云："恨悲也。"（《一切經音義》卷二十五 4P957）

【惙】chuì　《玉篇》："惙，疲也。"《聲類》："惙，短氣兒也。"《前燕錄》："慕容雋寢疾曰：'吾患惙頓，恐不濟。'"《通鑑》："北齊常山王演抱王晞曰：'吾氣息惙然，恐不復相見。'"（《札樸》卷四 覽古 P118）

【惙氣】chuìqì　音掇。《易林·晉之恒》："魂微惙惙。"案：惙，氣息短也。今言置童子讀書不力者曰惙氣。（《吳下方言考》卷十二 P3）

【想當然】xiǎngdāngrán　《後漢書·孔融傳》："融與曹操書，稱武王伐紂，以妲己賜周公。操不悟。後問出何經典。對曰：'以今度之，想當然耳。'"按：蘇長公以想當然對梅聖俞，乃宗孔語。（《通俗編》卷十五 P326）

【感磯】gǎnjī　宋人書感激曰感磯，取《孟子》："是不可磯也。"注云："磯，激也。"義與激同，然亦鑿矣。（《談徵》言部 P29）

【愚騃】yú'ái　崖解反，上聲字。《蒼頡篇》："騃，無知也。"《埤蒼》云："愚也。"《說文》："馬行仡仡。"從馬，矣聲。（《一切經音義》卷十七 2P633）

五駭反。《蒼頡篇》："無智曰騃。"《方言》："疲癃也。"（《一切經音義》卷十三 9P491）

【愁胡】chóuhú　（杜子美）《鷹詩》："側目似愁胡。"案：傅玄《鷹賦》："左看若側，右視如傾。"魏彥深賦："立如植木，望似愁胡。"孫楚賦："深目蛾眉，狀似愁胡。"（《札樸》卷六 覽古 P193）

【熬食】áoshí　食貪也。上烏到反。（《俗務要名林》）

【愛富】àifù　李匡乂《資暇集》："今人呼振鼻爲噴涕，吐口爲愛富，殊不知噴嚏（當作嚏）噫腑，噫音隘，藏府氣噫出也。"案：今吳中尚有愛富氣之語，當從李作噫腑。（《恒言錄》卷一 P9）

【愛富氣】àifùqì　參見[愛富]。（《恒言錄》卷一 P9）

【愛根】àigēn　參見[鄉里]。（《通雅》卷十九 P656）

【意智】yìzhì　《後漢書·鮮卑傳》："蔡邕議曰：'鮮卑據其故地，稱兵十萬，才力勁健，意智益生。'"《朱子語錄》："管子書有説得太卑，直是小意智處，不應管仲如此之陋。"（《通俗編》卷十五 P318）

【意挣】yìzhèng　喫驚。（《墨城小錄》卷十四 P7）

【意錢】yìqián　《通俗編》（卷二十三）："孫宗鑑《東皋雜錄》：'今人擲錢爲博者戲，以錢文面背爲勝負，曰字曰幕，幕讀如漫。'見《西域傳》如淳注。"按：《聞窗括異志》："張湘以乙卯魁亞薦。揭曉兩夕前，夢人持巨盤撲賣，湘一撲五錢皆黑，一錢旋轉不已竟作字，一人曰：'幾乎渾純。'及榜出，乃爲小薦第一。"知此戲古時已有，即《梁冀傳》之"意錢"也，《避暑漫鈔》作"撚錢"。（《釋諺》P117）

【慈侍】císhì　《登科同年錄》亦有嚴侍、慈侍之別。（《俚言解》卷一 14P10）

【慈姑】cígū　元微之詩："小片慈姑白。"案：《羣芳譜》"慈姑"或作"茨菇"。……遺入詩囊謂之慈姑者，以根生十二子，有慈姑之義。《本草》"烏芋"又名"荊臍"，一名"地栗"。案：《博雅》："茈姑，水芋，烏芋也。"《羣芳譜》謂："慈姑，一名地栗。"殆以此耶？（《土風錄》卷四 P222）

謝莊文："慈姑兮垂矜。"（《稱謂錄》卷七 夫之母 P4）

【愍念】mǐnniàn　《字詁》："古文愍，今作閔。"同。眉殞反。愍，憐。（《一切經音義》卷九 18P356）

【惰貧】duòpín　祝允明《猥談》："奉化有丐户，俗謂之惰貧。自爲匹偶，良人不與接婚，官給衣糧，而家本不甚窘赤。婦女稍粧澤，業枕席。其始皆宦家，以罪殺其人而籍其牝。官穀之，徵其淫賄，以迄今也。"（《通俗編》卷十一 P239）

按：貧者，丐也。今人養濟院者謂之"孤貧"……彼以孤貧，此以惰貧，亦其例也。或曰此"惰民"也。"民"之爲"貧"，以音近致訛。……然古者游惰之罰，並無錮其子孫者，……明神宗時張當論元拂修《會稽縣志》……亦述鄉里不根之言，謂是焦光瓚部曲，以降金故錮之。……焦光瓚不知爲何人，降金不知是何年月。其爲官錮與？則宋季衰亂，不聞有是政令。其爲私錮與？又誰肯服？且逃師叛卒，罪坐其魁，豈應及衆？而當日之降金者亦多矣，焦光瓚部曲豈應獨罹此酷？其爲不然，可一言决也。……頗聞勾踐時，簡國中之寡婦淫泆者，則皆輸山上，壯士憂愁者令遊山下，以适其意。此其所孕育，皆出於野合，其勢自不得與齊民齒。或者支流蔓延，遂成此一種乎？（《越言釋》卷上 P4）

【愞劣】nuòliè　上奴亂反。《考聲》云："愞，怯也。弱也。"（《一切經音義》卷十九 16P737）

【愞奭】nuòruǎn　奴課反。下而兗反。《三蒼》："愞，弱也。"《廣疋》："奭，柔也。"（《一切經音義》卷七十一 1P2806）

【惛】mào　借音貌。貌，悶也。謂狀貌若死，因以名也。（《一切經音義》卷七十三 5P2879）

【惺惚】xīnghū　惺惚，耳慧也。（《肯綮録》 P1）

【愎】bì　音別。《左傳》："愎諫違卜。"案：愎，故爲不順，謂倔彊也。吳諺謂倔彊爲愎。（《吳下方言考》卷十二 P11）

【愎氣】bìqì　《金史·赤盞合喜傳》："性剛愎，好自用。"按：《左傳》："先縠剛愎不仁。"《韓非子》："鮑叔牙剛愎而悍上。"愎音若別。俗以負氣不肯親人曰愎氣，即此字。（《通俗編》卷十五 P328）

【惶荒】huánghuāng　胡光反。下《光讚經》作慌，呼晃反，謂虛妄見也。慌，恐懼也，慌慌，忽也。（《一切經音義》卷二十八 15P1131）

【悇】sào　音燥。《玉篇》："快性也。"按：俗有悇性之語。又，江北人催人速辦事曰悇些。（《通俗編》卷三十六 P794）
　　　　音燥。顧野王《玉篇》："悇，快性。"案：悇，遇事即行不留滯也，吳中謂牲畜急行曰悇頭騾子，人性急亦曰悇。（《吳下方言考》卷九 P12）

【悇性】sàoxìng　參見［悇］。（《通俗編》卷三十六 P794）

【悇頭騾子】sàotóuluózǐ　參見［悇］。（《吳下方言考》卷九 P12）

【惱忽忽】nǎohūhū　參見［忽忽］。（《吳下方言考》卷三 P8）

【傲懘】àomiè　上敖詁反。孔注《尚書》云："傲慢不反也。"杜注《左傳》云："不敬也。"

《廣雅》云："慢也。"《説文》云："敖，倨也，從人敖聲也。"下眠閉反。閉，邊篦反。《毛詩傳》云："懘猶輕也。"賈注云："懘，未也。"《説文》："輕傷也，從心篦聲。"（《一切經音義》卷八十 11P3146）

【懘怢】lièdié　《類篇》："懘怢，輕薄貌。"懘怢，力協切，音列。（《燕説》卷一 P3）

【慍暴】yùnbào　上於問反。《切韻》云："怒也。"《論語》云："人不知而不慍。"何晏註云："慍，怒也。"下蒲報反。《五經音義》云："謂侵暴。"《説文》云："從日共，音拱，水音別，作暴。"（《一切經音義》卷續三 13P3831）
　　　　慍，於運反；暴，蒲報反。《蒼頡篇》曰："慍，恨也。"《玉篇》曰："暴，陵犯也。"謂欺陵觸摟於人也。（《一切經音義》卷二十二 13P846）

【慍羝】yùndī　慍羝，謂腋氣也。唐崔令欽《教坊記》云："范漢女大娘子，亦是竿木家，開元二十一年出內，有姿媚，而微慍羝。"（《南村輟耕録》卷十七 P208）

【憂艱】yōujiān　今以父母卒稱丁憂、丁艱，若移於兄弟、夫妻，世多非笑。案：漢人有遭兄弟憂去官者。潘安仁《楊仲武誄》云："德宫之艱。"此謂其妻楊肇女卒於洛陽德宫里也。（《札樸》卷七 匡謬 P249）

【慮囚】lùqiú　參見［録囚］。（《雅俗稽言》卷十八 P17）

【愡慂】sǒngyǒng　《方言》："己不欲喜而旁人說之，不欲怒而旁人怒之，謂之愡慂。"又云："相勸曰聳，中心不欲而由旁之勸，語亦曰聳。"按："愡""聳"二字，古通用也。又"從容"亦通作"愡慂"。《史記·衡山王傳》："日夜從容。"（《通俗編》卷十三 P287）

【慶喜】qìngxǐ　上卿暎反。《韓詩》云："慶，善也。"何注《公羊傳》云："賀也。"《毛詩》："美也。"《説文》："從心從夂。古禮以鹿皮爲賀，故從鹿者也。"（《一切經音義》卷三十7P1191）

【憋妒】biēdù　上片蔑反。《方言》："憋，惡性也。"郭注云："憋忿急性也。"《古今正字》："從心敝聲。"（《一切經音義》卷七十九 5P3107）

【憨】hān　小兒之嬉戲曰頑，曰憨。（《客座贅語》卷一 詮俗 P9）

【憨飽】hānbǎo　膠州有海蚌，俗呼憨飽。

初不知其何物也，廚人具食，中有小蟹，熟則色白而背有一道紅線。案：郭璞《江賦》："瑣蛄腹蟹。"李善引《南越志》："瑣蛄長寸餘，大者長二三寸，腹中有蟹子，如榆莢合體共生，爲蛄取食。"馥案："蛄"正作"鮚"，《説文》："鮚，蚌也。"……《抱樸（朴）子》："小蟹不歸而鮚敗。"《述異記》："淮海人呼璅蛄爲蟹奴。"（《札樸》卷九　鄉里舊聞 P314）

【慳錢】qiānqián　今江淮間俗語謂錢之薄惡者曰慳錢。按：賈誼疏："錢法不立，農民釋其未耜，冶鎔吹炭，姦錢日多。"俗語訛以姦爲慳耳。（《雅俗稽言》卷十三 P6）

【慢地】màndì　　鈔。（《墨娥小錄》卷十四 P9）

【慢坡】mànpō　　白地。（《墨娥小錄》卷十四 P4）

【慢噉噉】màntūntūn　噉音吞。《唐韻》："大車噉噉。"案：噉噉，車重遲貌。吳諺謂行之重遲曰慢噉噉。（《吳下方言考》卷四 13）

【慖】guó　恨也。（《集韻·十八隊》。《類篇·心部》。）（《埤蒼》P22）

【慴窜】shècuàn　古頰反。《爾疋》："慴，懼也。"郭註曰："卽恐懼也。"（《一切經音義》卷三十三 13P1334）

【慣習】guànxí　關患反。《文字典説》："慣，習也。"《左氏傳》曰："譬如射御，慣則能獲禽獸。"從心貫聲。（《一切經音義》卷三十一 5P1227）

　　慣，古患反。鄭牋《詩》曰："慣，習也。"字宜從忄。或有作串者，乃是貫穿字也。今經本從豎心者，俗通用。（《一切經音義》卷二十一 13P802）

【憊懶】bèilài　派賴。惡劣也。《餘冬序錄》作"潑賴"。《雲南夷謀》作"毕賴"。（《越諺賸語》卷上 P3）

【憊賴】bèilài　人之亡賴曰憊賴。（《客座贅語》卷一 方言 P10）

【憲臺】xiàntái　《二老堂雜志》："憲部，刑部也。憲臺，御史臺也。今直以諸路刑獄爲憲，雖聖旨處分，勅令所立法，凡及安撫提刑司處，皆以帥憲爲稱，而提刑告詞並曰'憲臺'，其失多矣。"按：今更不問掌刑與否，凡大上官概稱"憲臺"，所失愈遠。（《通

俗編》卷五 P97）

【憒呶】kuìnào　上公外反。《集訓》云："心煩亂也。"……下鐃劾反。《集訓》云："多人擾擾也。"《韻英》云："擾，雜也。"《説文》："從市從人。"會意字也。或作閙，俗字也。（《一切經音義》卷三 12P128）

　　上工對反。《説文》："亂也。"下女孝反。猥雜也，其字市下書人，作夬，會意字也，經文多作閙，俗字也。（《一切經音義》卷二十五 16P982）

【憒擾】kuìrǎo　上迴罪反。《方言》："憒，心煩也。"《説文》："亂也。"從心從賛。下饒少反。《廣雅》云："擾擾，亦亂也。"《考聲》也（編者按：脱"云"字）："擾也。"因此煩彼也。《説文》亦"煩也，從手憂聲"。憂音奴刀反。（《一切經音義》卷三十 3P1183）

【憒閙】kuìnào　參見［憒呶］。（《一切經音義》卷三 12P128）

【憍盈】jiāoyíng　《玉篇》曰："盈，懈也，緩也。"謂憍恣懈怠慢緩也。（《一切經音義》卷二十三 8P878）

【憍舉】jiāojǔ　居妖反。《蒼頡篇》："憍，逸也。"《廣雅》："自高也。"顧野王云："自矜伐縱恣媟慢也。"（《一切經音義》卷一 17P68）

【懊惱】àonǎo　參見［懊憹］。（《通俗編》卷十五 P323）

【懊惱澤家】àonǎozéjiā　《韋莊集·鷦鴶》詩："懊惱澤家非有恨，年年常憶鳳城歸。"舊注："懊惱澤家，鷦鴶音。"（《唐音癸籤》卷二十 P182）

【懊憦】àolào　《晉書·禮儀志》有《懊憹歌》，疑懊憦卽懊憹也。（《恒言廣證》卷三 P42）

【懊憹】àonáo　《鼠璞》："《晉·禮儀志》有《懊憹歌》。上烏浩反，下奴浩反。卽今之'懊惱'字。《集韻》《類篇》'憹'俱奴刀切。注云：'懊憹，痛悔也。音如麖猱。'"按：邵堯夫詩有"他人蒿惱人"句。蒿惱，猶懊憹。而一但自己不快，一有攪亂人義。小別。（《通俗編》卷十五 P323）

　　音凹猱。《素問》："甚則瞀悶懊憹。"案：懊憹，心中憒鬱也。吳中謂所遇者拂意而奇曰懊憹。又張仲景《傷寒論》："心中懊憹。"（《吳下方言考》卷五 14）

　　參見［懊憦］。（《恒言廣證》卷三 P42）

【懥懵】dèngměng　上鄧經反，下墨崩反。

《考聲》云：“精神不爽也。”《字書》：“憒昧也。”經中或作瞪瞢，亦通。（《一切經音義》卷三十 4P1185）

【憽】cǎn　沙入飯曰憽。（《通俗文》釋飲食 P68）

【應便】yīngbiàn　猶即便也。《魏志·華佗傳》：“應便拔鍼，病亦行差。”（《助字辨略》卷四 P219）

【應合】yīnghé　合，應也，當也。……應合，重言也。（《助字辨略》卷五 P281）

　　　　合，亦應也，應合，重言也。杜子美詩：“蓬萊足雲氣，應合總從龍。”（《助字辨略》卷二 P105）

【應捕】yìngbǔ　（《漢書·王尊傳》注）京都稱翻子手，外縣謂之應捕。（《俚言解》卷二 45P51）

【應赴僧】yìngfùsēng　《禪宗記》：“禪僧衣褐，講僧衣紅，瑜珈僧衣葱白。瑜珈者，今應赴僧也。”（《通俗編》卷二十 P447）

【應酬】yìngchóu　王令詩：“清坐想高絕，語言誰應酬。”陸游詩：“老來萬事嬾，不獨廢應酬。”（《通俗編》卷十三 P281）

【懞鈍】méngdùn　上蒙孔反。《考聲》云：“懞猶不慧也。”……下徒頓反。如淳注《史記》云：“鈍，猶頑鈍無廉隅也。”《蒼頡篇》云：“鈍，即頑鈍也。”《類聲》云：“鈍，不利也。”（《一切經音義》卷十七 5P640）

【憯】sè　小怖曰憯。（《通俗文》釋言語上 P16）

【憺怕】dànbó　上譚濫反。顧野王云：“憺，恬靜也。”王逸注《楚辭》云：“憺猶安也。”下普百反。《子虛賦》云：“怕兮無為，憺兮自持。”《廣雅》：“怕，靜也。”《說文》：“無為也，並從心，詹白皆聲。”論從水作澹泊，非此也。（《一切經音義》卷六十九 16P2757）

【憺慮】dànlù　上唐濫反。許叔重注《淮南子》云：“心志滿足也。”顧野王云：“恬靜也。”《說文》：“安也。”……下呂佇反。《爾雅》：“慮，思也。”《說文》：“謀思也。”（《一切經音義》卷十 10P380）

【懀悷】lǐnglì　悲吟兒也。（玄應《大莊嚴經論一音義》。慧琳《經律異相一音義》引，“吟”下有“之”字。懀亦悷也。慧琳《廣弘明集二十七音義》。又《續高僧傳十四音義》引，無“亦”字。）（《埤蒼》P21）

【懛子】dāizǐ　蘇杭呼癡人為懛（歹讀平聲）子。累見人又或書獃、騃（音呆）二字。……予考《玉篇》衆書，無懛、獃二字。獨騃字《說文》云：“馬行仡。”而《韻會》云：“病也，癡也，凡癡騃字皆從騃。”獨《海篇》載懛、獃二字，亦曰義同騃字。是知懛、獃皆俗字也。（《七修類稿》卷二十三 P346）

　　　　《七修類稿》：“蘇杭呼癡人為懛（歹字平聲）子，又或書獃、騃（音呆）二字。攷《玉篇》衆書，無懛、獃二字，獨騃字……知懛、獃皆俗字也。嘗聞小兒云：‘阿懛雨落，走進屋裏來。’”（《恒言錄》卷一 P18）

【憿】miè　拭滅也。（玄應《力士移山經音義》。）（《埤蒼》P21）

　　　　麦侮同類曰憿。（《札樸》卷九　鄉里舊聞　鄉言正字附　雜言 P330）

【憳憳】mǒluǒ　羞慚曰憳憳。上音麼，下來可切。（《肯綮錄》P2）

【僺】sào　僺，情性疎貌。俗云僺性。（《目前集》後卷 P2151）

【憒憒】měngdǒng　《廣韻》：“憒憒，心亂也。”《傳燈錄》石霜慶諸有“太憒憒”語。《談藪》：“甄龍友平生給捷，一時憒憒。”《畫繼》：“翟耆年嘲米元暉詩：‘善畫無根樹，能描憒憒山。’”（《通俗編》卷十五 P331）

【懞愧】měngkuì　上墨崩反。《毛詩》云：“懞，亂貌也。”《周禮》云：“無光也。”又，“悶也。”賈注《國語》云：“懟也。”《廣雅》云：“闇也。”《說文》云：“不明也。從心瞢聲。”亦作瞢，又作懜也。經作瞢，誤也。下迴罪反。（《一切經音義》卷三十二 1P1264）

【懞懂】měngdǒng　疑惑曰懞懂。（《札樸》卷九　鄉里舊聞　鄉言正字附　雜言 P330）

【懸】xuán　猶預也。凡預計，遙揣皆曰懸者，懸是繫物之稱，物繫則有不定之勢，預計，遙揣，有未定之意，故云懸也。《顏氏家訓》：“吾初入鄴，與博陵崔文彦交游。嘗說王粲集中難鄭玄《尚書》事，崔轉為諸儒道之。始將發口，懸見排蹙。”（《助字辨略》卷二 P75）

【懸壺】xuánhú　《後漢書·方術傳》：“汝南市中有老翁賣藥，懸一壺于肆頭。及市罷，輒跳入壺中。”按：今醫家以揭所標識曰懸壺，本此。（《通俗編》卷二十一 P472）

【懸覆】xuánfù　覆，孚福反。倒垂狀也。

（《一切經音義》卷二十一 11P799）

【懷敞】huáichǎng　昌掌反。《考聲》云：“開也，明也，高地以望也。從攴尚聲。”（《一切經音義》卷九十一 3P3466）

【懷怪】huáiguài　不作成。（《墨娥小錄》卷十四 P7）

【懷憾】huáihàn　胡紺反。《論語》：“共弊之而無憾。”孔安國曰：“憾，恨也。”（《一切經音義》卷十 2P363）

上戶乖反。《毛詩》傳曰：“懷，思也。”孔氏曰：“懷，安也。”《諡法》曰：“慈仁短折曰懷，執義揚善曰懷。”《説文》：“念思也。”……下向噉反。孔氏注《論語》云：“憾，恨也。”（《一切經音義》卷八 2P284）

【戁庚】lǒnglì　諸經有作籠，同。祿公反。下《三蒼》作俍，同。力計反。恨庚剛強皃也。（《一切經音義》卷二十八 13P1128）

【戁㑌】lǒnglì　上祿董反。……下音麗。《義説》云：“戁庚者，掘強咈庚難調伏也。”（《一切經音義》卷十四 14P537）

【懺除】chànchú　懺，梵音也。具言懺摩。此云請忍，謂請賢聖或清淨僧忍受悔過也。（《一切經音義》卷二十二 7P835）

【戁】❶ gàng　性傲曰戁。戁音剛去聲。（《蜀語》P16）

❷ zhuàng　音撞。《史記·汲黯傳》：“甚矣，汲黯之戁也。”案：戁，鹵莽也。吳人謂不細檢點曰莽戁。（《吳下方言考》卷八 P4）

丬 部

【牀公】chuánggōng　宋楊循吉詩有“牀公”。（《越諺》卷中 鬼怪 P19）

【牀桯】chuángtīng　牀身曰牀桯。桯音聽。門身亦曰桯。（《蜀語》P42）

【牀榻】chuángtà　上士莊反，安身具也。……下貪納反，榻，長牀也。（《一切經音義》卷十三 17P508）

上柴莊反。《廣雅》：“棲息自安之具也。”《説文》：“身所安也。”……下土答反，榻亦牀也。《釋名》：“牀狹而長曰榻。”（《一切經音義》卷四 16P170）

上狀莊反。《博雅》云：“人之棲息，自

安之具也。”……下貪答反。《桂苑珠藂》云：“長牀也。”《釋名》云：“牀陿而長曰榻。”《廣雅》：“榻，枰也。”（《一切經音義》卷一 11P57）

【牀敷】chuángfū　上狀庄反。……下芳夫反。《考聲》：“敷，施也，布也。”（《一切經音義》卷十四 15P540）

【將】jiāng　將字，今方言助句多用之，猶云得也。《顏氏家訓》：“命取將來，乃小豆也。”李義山詩：“收將鳳紙寫相思。”又……猶與也，及也。庾子山《春賦》：“眉將柳而爭綠，面共桃而競紅。”《史通·雜述篇》：“子之將史，本爲二説。”（《助字辨略》卷二 P96）

將，《爾雅》云：“送也，資也，謂資輔以送其行也。”《説文》作“肝”，云“扶”也。《儀禮》凡言相將，皆言彼此相扶助。《晉書·載記》：諸將謂姚萇曰：“陛下將牢太過。”注云：“將牢，猶俗言把穩。”《廣畫錄》有乳母將嬰兒圖。“將將朵朵”之謠，義真而詞遠矣。參見［朵］條。（《通俗編》卷十三 P284）

李義山詩：“收將鳳紙寫相思。”收將，今方言猶云收得也。又庾子山《春賦》：“眉將柳而爭綠，面共桃而競紅。”將字猶與也。韋應物詩：“無將別來近，顏鬢已蹉跎。”又云：“無將一會易，歲月坐推遷。”無將，猶云莫以。（《方言藻》卷二 P17）

山東呼六畜乳子爲將。按：《漢書·五行志》：“雌雞化爲雄，毛衣變化而不鳴不將，無距。”（《直語補證》P13）

攜持小兒曰將。（《札樸》卷九 鄉里舊聞 鄉言正字附 雜言 P329）

【將帶】jiāngdài　《五代會要》：“鹽鐵雜條：‘每年人戶鬻鹽，並不許將帶一斤兩入城，又不得將帶入末鹽地界。’”將帶，即夾帶也。（《恒言廣證》卷四 P67）

【將牢】jiāngláo　即把穩。《晉·載記》：後秦諸將謂姚萇曰：“若值魏武王，不令符登至今，陛下將牢太過耳。”將牢猶俗言把穩。《五代史》莊宗亦有“持牢”之語。（《通雅》卷四十九 P1458）

參見［把穩］。（《蜀語》P17）

參見［子細］。（《里語徵實》卷中下 二字徵實 P8）

【將指】jiàngzhǐ　足之用力，大指取多；手

之取物，中指爲長，故皆曰將指。將，去聲。
（《雅俗稽言》卷二十二 P8）

【將攝】jiāngshè　參見［將息］。（《通俗編》
卷十四 P306）

【將次】jiāngcì　幾欲之辭。凡云次者，當
前舍止之處，言行且及之也。將欲及之而
猶未及之，故云將次。周密《謁金門》詞：
"屈指一春將次盡。"（《助字辨略》卷二
P96）

　　　周密《謁金門》詞："屈指一春將次盡。"
（《方言藻》卷二 P17）

【將無】jiāngwú　猶云無乃。《世說》："將
無以德掩其言。"《孟嘉別傳》："衷歷觀久
之，指嘉曰：'將無是乎？'"（《助字辨略》卷
一 P47）

【將無同】jiāngwútóng　《升菴集》："阮瞻
曰：'將無同。'解者不一。據《世說》，褚衷
問孟嘉何在，庾亮令自覓之。衷歷視，指嘉
曰：'將無是。'又，辛敞問其姊憲英曰：'司
馬誅曹爽事就乎？'憲英曰：'得無殆就。'晉
人語言務簡，且爲兩可之辭，將無，疑詞，言
畢竟同也。"（《通俗編》卷三十三 P730）

【將息】jiāngxī　白居易詩："亦知數出妨將
息，不可端居守寂寥。"王建詩："千萬求方
好將息，杏花寒食約同行。"《五燈會元》：
"石霜圓辭李遵勗，臨行曰：'好將息。'"按：
《北史·薛道衡傳》："帝曰：'爾侍奉誠勞，朕
欲令爾將攝。'"攝較息字義長。將息，恐將
攝傳訛。然自唐以來，多作息字。范文正
《與佺帖》云："將息將息。不具。"司馬溫公
《與佺帖》亦云："時熱，且各將息。"（《通俗
編》卷十四 P306）

　　　《五燈會元》："石霜圓辭李遵勗，臨行
曰：'好將息。'"白樂天《偶咏》詩："身閒當
將息，病亦有心情。"（《恒言廣證》卷一
P10）

【將將】qiāngqiāng　音槍。《易林》："南山
之楊，其葉將將。"案：將將，葉得露而勁起
貌。吳中謂葉之勁而向上者曰將將。（《吳
下方言考》卷二 P5）

【將謂】jiāngwèi　疑辭，猶今云只道是也。
程伯淳詩："將謂偷閒學少年。"邵堯夫云：
"我將謂取卻幽州也。"（《助字辨略》卷二
P96）

　　　朱氏《語類》："明道詩云：'時人不識予
心樂，將謂偷閒學少年。'"（《恒言錄》卷一

P9）

　　　程伯淳詩："將謂偷閒學少年。"邵堯夫
云："我將謂取卻幽州也。"將謂，猶今云"只
道是"也。（《方言藻》卷二 P17）

毋（母）部

【母子】mǔzǐ　《朱子語錄》："氣體之充，都
是這一點母子上生出。"按："母子"猶云本
元，今人多有此語，如所謂"母子醬油"之
類。（《通俗編》卷四 P85）

【母媽】mǔmā　漢沔人呼父爲爸，音巴，又
訛爲八。呼母曰母媽，又曰母麽，音麻，又
呼麽麽。（《俚言解》卷一 14P10）

【母麽】mǔmó　參見［母媽］。（《俚言解》卷
一 14P10）

【母母】mǔmǔ　呂祖謙《紫薇雜記》："呂氏
母母受嬬房中婢拜，嬬見母母房婢拜，即
答。"按：今俗兄婦呼弟婦爲"嬬嬬"，弟婦呼
兄婦爲"姆姆"，即"母母"也。又《明道雜
志》："經傳無嬬與妗字，攷其說，嬬乃世母
二字合呼，妗乃舅母二字合呼。"（《通俗編》
卷十八 P393）

　　　《紫薇雜記》："呂氏母母受嬬房中婢
拜，嬬見母母房婢拜，即答。"（《恒言廣證》
卷三 P48）

　　　今人呼伯母謂母母。呂東萊《紫薇雜
記》言："呂氏母母受嬬房婢拜，嬬見母母婢
拜，即答，是母母亦尊尊之意也。"（《談徵》
名部上 P51）

　　　參見［嬷嬷］。（《越諺》卷中 倫常 P9）

【每】měi　自謂曰我每，謂人曰你每。俗用
"們"，誤。考字書，們音悶。們渾，肥滿貌。
宜用"每"字爲是。（《蜀語》）（《里語徵實》
卷中上 二字徵實 P21）

【毒手】dúshǒu　《靈樞經》："手毒者，試按
龜，置龜器下而按手其上，五十日而龜死。
手甘者，如故也。"《晉書·石勒載記》："謂李
陽曰：'孤往日厭卿老拳，卿亦飽孤毒手。'"
《五代史·李襲吉傳》："毒手尊拳，相交于旦
暮。"（《通俗編》卷十六 P350）

【毓萌】yùméng　上融祝反。《玉篇》作育。
郭注《尒疋》云："毓猶養也。"《毛詩傳》云：
"稚也。"《說文》云："毓，養也，使從善也，從
充每聲。"充音陀忽反。下麥彭反。（《一切

經音義》卷八十 9P3141）

示（礻）部

【社夥】shèhuǒ　今人看街坊雜戲場曰社夥，蓋南宋遺風也。宋之百戲皆以社名，如雜劇曰緋綠社，蹴毬曰齊雲社，唱賺曰遏雲社，行院曰翠錦社，撮弄曰雲機社之類，詳見《武林舊事》。夥者，《方言》：“凡物盛而多也。”或作社火，言如火燃，一烘而過也。（《談徵》言部 P33）

【社火】shèhuǒ　參見［社夥］。（《談徵》言部 P33）

【社頭】shètóu　參見［神頭］。（《越言釋》卷下 P8）

【祇夜】qíyè　此云應頌也。（《一切經音義》卷二十二 5P831）

【役】duì　丁外、丁活二切。《説文》：“城郭市里高懸羊皮，有不當入而入者，暫下以驚馬牛曰役。”按：今邏卒攔人，其猝然阻喝之辭，當用此字。（《通俗編》卷三十三 P739）

　　疑是而忽非之聲。（《越諺》卷下 發語語助 P20）

　　丁外、丁活二切。邏卒攔人，猝然阻喝之聲。《説文》。（《越諺》卷下 發語語助 P20）

【祖公】zǔgōng　朱國幀《湧幢小品》：“賀朝用，綿竹人，將赴滇，別其署事州判溫君。溫請曰：‘先生遠行，何以教我？’應曰：‘祖公萬福，但三日後有小災。’”案：明時稱地方官曰祖公，卽今公祖之稱所由仿矣。（《稱謂錄》卷二十二 通判 P8）

【祖師】zǔshī　《春秋正義》：“啖助曰：‘三傳之義，本皆口傳，後之學者，乃著竹帛，而以祖師之題目之。’”《漢書·外戚傳》：“定陶丁姬，易祖師、丁將軍之元孫。”師古注曰：“祖，始也。丁寬，易之始師。”按：今釋道二家濫稱祖師，而儒家反不置口矣。（《通俗編》卷二十 P444）

【祖婆】zǔpó　參見［祖翁］。（《稱謂錄》卷一 祖母 P7）

　　參見［祖翁］注。（《稱謂錄》卷一 祖母 P8）

【祖王父】zǔwángfù　唐《王文幹墓誌銘》有此稱，柳子厚《府君墳前石表》亦然。（《稱

謂錄》卷一 祖 P7）

【祖翁】zǔwēng　樂清縣白鶴寺鐘款識有祖翁、祖婆之稱。（《稱謂錄》卷一 祖 P7）

【神交】shénjiāo　《山濤別傳》：“阮籍、嵇康，濤初不識，一與相遇，便爲神交。”《南史·阮孝緒傳》：“隱居不交當世，劉訏造之，卽願神交。”按：杜詩云：“神交作賦客。”謂宋玉也。依此則雖于古人，亦可言“神交”。（《通俗編》卷十三 P273）

【神福】shénfú　元方回詩。（《越諺賸語》卷上 P7）

　　元方回詩云：“磯頭浪急上灘難，舟子索錢賽神福。”（《通言》卷二 P28）

【神道】shéndào　葬者，墓路稱神道，自漢已然矣。《襄陽耆舊傳》云：“習郁爲侍中，時從光武幸黎邱。與帝通夢，見蘇山神，光武嘉之，拜大鴻臚。錄其前後功，封襄陽侯。使立蘇嶺祠，刻二石鹿挾神道，百姓謂之鹿門廟。或呼蘇嶺山爲鹿門山。”然歐公《集古錄》跋尾云：“右漢楊震碑，首題云：‘故太尉楊公神道碑銘。’”乃知立碑墓路而稱以神道，始漢無疑。（《能改齋漫錄》卷二 P25）

【神頭】shéntóu　神頭者，社頭也。古之爲社者，必推一人主率錢之事，謂之“社頭”。今以社頭爲神頭，訛矣。（《越言釋》卷下 P8）

【祝壽】zhùshòu　拜堂時請年老雙全夫妻執杖祝婦。《茅亭客話》“乞年壽”同。（《越諺》卷中 風俗 P61）

【祝獻】zhùxiàn　參見［酌獻］。（《通俗編》卷十九 P434）

【祝祝】zhùzhù　《博物志》云：“祝雞翁善飼雞，今世呼雞曰‘祝祝’。”（《里語徵實》卷上一字徵實 P10）

【祇仰】zhīyǎng　上旨夷反。《毛詩傳》曰：“祇，敬也。”……下魚兩反。《説文》：“仰，望也。”（《一切經音義》卷十三 5P484）

【祇候人】zhīhòurén　莊綽《雞肋篇》：“古所謂媵妾者，今世俗西北名曰祇候人，或曰左右人，而浙人呼爲貼身，或云橫床，江南又曰橫門。”（《稱謂錄》卷五 妾 P24）

【祠部】sìbù　參見［冰廳］。（《唐音癸籤》卷十七 P157）

【票】piào　官府有所分付勾取于下，其札曰

票。(《客座贅語》卷一　辨訛 P4)

　　票有平、去二聲,如平聲讀,則搖動意也;如去聲讀,則《五行志》所謂"崇聚輕票,无行誼之人"也。今從去聲,以爲牌票。(《雅俗稽言》卷十八 P16)

【祭尊】jìzūn　古銅印有"始樂單祭尊""萬歲單祭尊"。案:始樂、萬歲,皆里名,祭尊,鄉官,猶祭酒,見《困學紀聞》。《集韻》:"儺,囊何切,難却凶惡也。"……儺,或作單,通作儺。馥謂:單祭尊,里中主儺祭者,單、儺聲相近。《剛卯文》云:"庶疫剛癉,莫我敢當。"《東京賦》:"桃弧棘矢,所發無桌,飛礫雨散,剛癉必斃。"薛注:"癉,難也,言鬼之剛而難者,皆盡死也。"(《札樸》卷八 金石文字 P262)

【祭咤】jìzhà　貧家兒啼求食,其母置於其前,輒怒之曰:"祭咤。"食已,則曰:"祭咤了未。"按:《顧命》:"王三宿三祭三咤。"祭者,以酒酹地;咤者,奠爵也,漆書作"詫"。皆柩前之禮,故以爲詛爾。(《越言釋》卷下 P2)

【粜】nuò　奴候切,糯。羊俯食草時鳴聲。《搜真玉鏡》《字彙補》。(《越諺》卷下 聲音音樂 P17)

【禁】jīn　參見[架]。(《越言釋》卷上 P11)

【禁當】jīndāng　杜:"數日不可更禁當。"禁,平聲讀。(《唐音癸籤》卷二十四 P212)

【禁臠】jìnluán　《晉書・謝混傳》:"袁崧欲以女妻之。王珣曰:'卿莫近禁臠。'初,元帝鎮建業,公私窘罄,每得一㹠,以爲珍膳。頂上一臠尤美,輒以薦帝,群下未嘗敢食,於時呼爲禁臠。故珣因以爲戲。混後竟尚主。"李頎詩:"君爲禁臠客。"李商隱詩:"南朝禁臠無人近。"(《稱謂錄》卷十一 駙馬古稱 P17)

【禍根】huògēn　《吳越春秋・勾踐入臣傳》,《說苑・敬慎篇》,《漢書・匈奴傳》,《潛夫論・斷訟篇》。(《越諺賸語》卷上 P6)

【禀假】lǐnjiǎ　猶今預支也。黃門從官騶蹋踸跰陳蕃曰:"死老魅,復能奪我禀假不?"又《續漢志》"諸將軍府有禀假,音彼錦反;假者,預借于官也。彼錦之切恐非,當是儉禀之禀。(《通雅》卷二十六 P841)

【福】fù　《魏上尊號碑》云:"宜蒙納許,以福海內欣戴之望。"今本《隸釋》作"福祿"之"福"。顏氏《匡謬正俗》云:"副貳之'副',

字本爲'福',從衣,畐聲。張平子《西京賦》:'仰福帝居。'《東京賦》:'順時服而設福。'傳寫譌舛,衣轉爲示,讀者便呼爲福祿之'福',失之遠矣。馥案:裴松之《魏志》注載:"獻帝册魏王詔曰:'王其速陟帝位,以順天人之心,副朕之大願。'"語意正與碑同。漢隸分韻,屋部福字外,有從衣之福。注云:"魏臣奏,葢《隸釋》元從衣,寫誤也。"《史記・龜策傳》:"邦福重寶。"徐廣音"副"。《尹宙碑》:"位不福德。"《武榮碑》:"爵不副德。"借"副"爲"福"。《申鑒・政體》篇:"好惡、毀譽、賞罰,參相福也。"當從衣。《廣韻》:"福,敷救切,衣一福。"收入屋部者誤。(《札樸》卷八 金石文字 P284)

【福人】fúrén　《冥祥記》:"僧達謂北海李清曰:'先生是福人,當易拔濟耳。'"《元史・嚴實傳》:"太宗謂侍臣曰:'嚴實,真福人也。'"又《孫惟正傳》:"王妃賜其母珠絡帽衣曰:'汝母真福人也。'"(《通俗編》卷十 P216)

【福水】fúshuǐ　《雷青日札》:"酒曰福水,而陶翰林名曰禍泉。"按:《晉書・地理志》有福祿縣,屬酒泉郡。《水經注》所謂福祿水,由是縣出也。俗呼酒爲福水,當因呼此。(《通俗編》卷二十七 P605)

【福氣】fúqì　黃庭堅《題跋》:"國初翰林侍書王著,用筆圓熟,如富貴人家子,非無福氣,但病在少韻耳。"(《通俗編》卷十 P216)

【福禮】fúlǐ　《穀梁傳》:"僖十年,祠致福于君。"《周禮・天官・膳夫》:"祭祀之致福者。"疏云:"諸臣祭家廟,祭訖,致胙肉于王,謂之致福。"《春官・大宗伯》:"脤膰之禮,親兄弟之國。"注云:"賜其肉,同福祿也。"按:今謂牲物曰福禮,分胙曰散福,本古人之言也。(《通俗編》卷十九 P437)

【褫】chǐ　參見[池]。(《匡謬正俗》卷七 P90)

【禪里】chánlǐ　寺。(《墨娥小錄》卷十四 P4)

【禪那】chánnà　此云靜慮,謂靜心思慮也。舊翻爲思惟,修者略也。(《一切經音義》卷二十一 18P813)

【禮體】lǐtǐ　二字見《舊唐書・穆宗紀》。又,常袞《授李函尚書右丞制》。越以貨物齊好借之。(《越諺》卷中 貨物 P32)

【襝】yǎn　禳鬼曰襝。襝音掩。(《蜀語》P21)

甘　部

【甘膳】gānshàn　音善，謂美食也，人中美物皆名珍膳也。（《一切經音義》卷二十五 6P960）

　　禪戰反。《周禮》曰：“膳夫，上士二人掌王之膳羞。”鄭玄曰：“膳之言善也。今時美物曰珍膳。言膳夫者，食官之長也。”《考聲》云：“五味必佳曰膳。”《説文》：“具食也。”（《一切經音義》卷十二 3P444）

【甘心】gānxīn　俗謂心所願肯者曰甘心，如晉零陵王書詔，禪位于裕曰“今日之事，本所甘心”是也。又，甘心有快逞之義，如《春秋傳》：“鮑叔牙帥師來言曰：‘管仲，仇也。請受而甘心焉。’”《屈原傳》：“楚王曰：‘不願得地，願得張儀而甘心焉。’”此類，俗談未解。（《雅俗稽言》卷二十二 P6）

【甘結】gānjié　《續通鑑》：“宋寧宗時，禁偽學，詔監司帥守薦舉改官，并于奏牘前具甘結，申説并非偽學之人。”“甘結”二字見此。（《通俗編》卷六 P123）

【甘麷】gānqù　顏注《急就篇》：“麷者，糗也。甘麷者，以蜜和糗，故其味甘也。”（《札樸》卷九　鄉里舊聞 P309）

【甛膩】tiánnì　上牒閣反。《廣雅》：“甛，甘也。”《説文》：“美也。”從甘舌。或作甜，亦通。下尼智反。王逸注《楚辭》云：“膩，滑也。”《説文》：“肥也。從肉貳聲。”從月，非也。（《一切經音義》卷二十九 14P1164）

【甜窩窩】tiánwō•wo　黃米棗蒸糕曰甜窩窩。（《燕山叢錄》卷二十二　長安里語　飲食 P7）

石　部

【石】dàn　石讀爲旦。凡官府糧册及民間穀米帳，皆以石音擔。有點爲山石，音同十，無點爲斗石，音同旦。考之字書，無音“旦”者。《漢書》“無儋石之儲”，儋音旦。今以石作“儋”，漢人不應疊音矣。然相沿已久，必有所自來也。（《蜀語》）（《里語徵實》卷上　一字徵實 P31）

【石承】shíchéng　石承，碩礩也。《尚書大傳》曰：“庶人有石承，當柱下而已，不外出以爲飾。”此卽今之石礩也。柯古言：“羅公遠隱形于石碣中。”是唐人謂礩爲碣。（《通雅》卷三十八 P1158）

【石尤風】shíyóufēng　陳子昂：“寧知巴峽路，辛苦石尤風。”戴叔倫：“知君未得去，慚愧石尤風。”司空文明：“無將故人酒，不及石尤風。”唐人屢用之，而無其解。洪容齋意其爲打頭逆風。今觀宋孝武《丁都護歌》：“願作石尤風，四面斷行旅。”則亦如嶺嶠颶風，四面俱具之類，非僅打頭逆風明矣。（《唐音癸籤》卷十六 P143）

【石宕】shídàng　“盪”。石山鑿餘之深窩。（《越諺》卷中　地部 P4）

【石女】shínǚ　《太玄經》：“廓無了，室石婦。”注云：“求室而得石婦，無復嗣續之道。”《維摩詰經》謂之“石女兒”。《翻譯名義》：“梵言如扇提羅。此云石女。”（《通俗編》卷二十二 P486）

【石女兒】shínǚ’ér　參見[石女]。（《通俗編》卷二十二 P486）

【石璞】shípú　參見[銷礦]。（《一切經音義》卷八 16P311）

【石敢當】shígǎndāng　今人家正門適當巷陌橋道之衝，則立一小石將軍，或植一小石碑，鐫其上曰“石敢當”，以厭禳之。按：西漢史游《急就章》云：“石敢當。”顏師古注曰：“衞有石碏、石買、石惡。鄭有石制，皆爲石氏。周有石速。齊有石之紛如。其後以命族。敢當，所向無敵也。”據所説，則世之用此，亦欲以爲保障之意。（《南村輟耕錄》卷十七 P206）

　　見漢黃門令史游《急就篇》：“衞有石碏、石買、石惡。鄭有石癸、石制。周有石速。齊有石之紛如。皆有勢位。敢當，言所當無敵也。”今宅有衝射處卽位此石，蓋取此義，以禦煞星耳。故凡人有擔當者，亦目之曰“石敢當”。（《蜀語》P34）

　　《墨莊漫錄》：“慶歷中，張緯宰莆田，得一石，其文曰：‘石敢當，鎮百鬼，壓災殃，官吏福，百姓康，風聲（編者按：當作風教盛），禮樂昌。’有大歷五年縣令鄭押字。”（《恒言廣證》卷六 P97）

【石礑】shídá　“塔”。谿閒中石。（《越諺》卷中　地部 P4）

【石碏】shíxì　參見［石承］。(《通雅》卷三
十八 P1158)

【石蜜】shímì　櫻桃也。《太平廣記》。(《南
村輟耕錄》卷十一 P140)

【石道牙子】shídàoyá‧zi　石墈曰石道牙
子。(《燕山叢錄》卷二十二 長安里語 宮室
P7)

【石纇】shísǎng　參見［石承］。(《通雅》卷
三十八 P1158)

【石首】shíshǒu　石首,即黄花魚,首中有骨
似石,故名。(《土風錄》卷五 P235)

【石鹼】shíjiǎn　參見［鹼子］。(《越諺》卷中
貨物 P33)

【矻落】gēlà　人之黠刻者曰矻落(音各拉),
曰疙瘩,曰嶢崚,曰抈搭,曰刁蹬,曰雕鐫,
曰蹇數。(《客座贅語》卷一 方言 P11)

【矼】yà　碾物使光曰矼。矼音迓。(《蜀
語》P16)

【矼紙】yàzhǐ　錠非紙不糊。錫箔與紙不
黏,矼而合之。貧女業焉。(《越諺》卷中
風俗 P62)

【矼金】yàjīn　《升庵全集》(卷六十六):
"《唐六典》有十四種金:曰銷金,曰拍金,曰
鍍金,曰織金,曰矼金,……"(《釋諺》P82)

【砌未】qìwèi　什物。(《墨娥小錄》卷十四
P4)

【砌末】qìmò　元雜劇:凡出場所應有持設
零雜,統謂砌末。(《通俗編》卷三十一
P686)

【砂磧】shāqì　七亦反。水中沙灘也。《説
文》:"渚水有石曰磧。"(《一切經音義》卷七
十一 15P2833)

【矽】jiè　矽,俗云矽,頭硬也。轄韻。(《目
前集》後卷 P2161)

【砢麼】luǒmó　俗謂輕忽其事不甚精明爲
砢麼。(上力可反,下莫可反。)《莊子》云:
"長梧封人曰:'昔余爲禾而鹵莽之(莽音莫
古反),則其實亦鹵莽而報予。芸而滅裂
之,則其實亦滅裂而報予。'"郭象注曰:"鹵
莽、滅裂,輕脱不盡其分也。"今人所云鹵
莽,或云滅裂者,義出於此,但流俗訛爲
砢麼耳。(《匡謬正俗》卷八 P101)

　　《匡謬正俗》(略)。按:今人正有此語,
此二字亦正是"鹵莽"之轉,……但今人既
曰"砢麼帳",又以凡事粗糙不細心籌度者

爲"鹵莽"。(《越言釋》卷上 P36)

　　音窩母。《匡謬正俗》:"輕忽其事,不
甚精明曰砢麼。"案:砢麼,不令人知,將就
完事也。吴中謂私了其事,不甚分明曰阿
麼。(《吴下方言考》卷七 P17)

【砰磅】pēngpāng　凡物之聲急疾曰忽剌,
又大曰砰磅(上普畊,下普行),曰飀飀(忽
律),曰颷颷(或六)。(《客座贅語》卷一 方
言 P12)

　　音湾滂。司馬相如賦:"砰磅訇磕。"
案:砰磅,水相擊聲也。訇磕,水起落聚散
之聲。諺謂物相擊聲曰砰磅。(《吴下方言
考》卷二 P6)

【砀】dǒng　參見［潼］。(《里語微實》卷上
一字微實 P24)

【砲兒】pàor　巾。(《墨娥小錄》卷十四 P5)

【破天王】pòtiānwáng　參見［破天荒］。
(《雅俗稽言》卷十九 P11)

【破天荒】pòtiānhuāng　《北夢瑣言》:"荆
州舉人多不成名,號天荒解。劉蜕以荆州
解及第,號破天荒。"今土人訛爲破天王,可
笑。(《雅俗稽言》卷十九 P11)

　　唐荆州人應舉不第,人謂"天荒"。後
劉蜕以解及第,人謂"破天荒"。(《北夢瑣
言》)(《里語微實》卷中下 三字微實 P41)

　　譏初得名。此起自唐劉鋭舍人以荆解
及第,號此。(《越諺》卷中 天部 P2)

　　《談藪》:"宋時荆州學人多不成名,號
天荒。至劉蜕以荆州解及第,時人改號破
天荒。"(《常語尋源》卷上乙冊 P205)

　　唐荆州衣冠藪澤,每歲解送舉人多不
成名,號曰"天荒解"。劉蜕舍人以荆解及
第,號爲破天荒,見孫光憲《北夢瑣言》。
(《通言》卷五 P66)

【破慳】pòqiān　《南史》:"宋孝武帝以劉秀
之性吝嗇,呼之爲老慳。"坡詩:"願君發豪
句,嘲誂破天慳。"按:凡人素慳吝,忽然大
費者,謂之破慳。(《常語尋源》卷上甲冊
P192)

【破瓜】pòguā　孫綽《情人碧玉歌》:"碧玉
破瓜時,郎爲情顛倒。"宋謝幼槃詞:"破瓜
年紀小腰身。"按:俗以女子破身爲破瓜,非
也。瓜字破之爲二八字,言其二八十六歲
耳。若吕巖《贈張洎》詩:"功成當在破瓜
年。"則八八六十四歲。(《通俗編》卷二十
二 P497)

【破落戶】pòluòhù　《咸淳臨安志》："紹興二十三年,上謂大臣曰:'近今臨安府收捕破落戶,編置外州,本爲民間除害,乃今爲人訴其恐嚇取錢,令有司子細根治,務得其實。先是行在號破落戶者,巧於通衢竊取人物,故有是命。'"(《通俗編》卷二十四 P531)

《咸淳臨安志》:"行在號破落戶者,巧於通衢竊取人物。卽今扒手之流。"(《稱謂錄》卷三十 拐騙 P1)

【破費】pòfèi　參見[破鈔]。(《直語補證》P7)

【破鈔】pòchāo　今俗云破鈔,或云破費。元遺山詩:"複嶺雲橫野,孤峯月柱天。遙知開館日,別破見山錢。"《舊五代史·明宗紀》詔:"應授官及封贈官誥舉人冬集等,所費用物,一切官破。"蘇詩:"破費八姨三百萬,大唐天子要纏頭。"(《直語補證》P7)

參見[鈔]。(《通俗編》卷二十三 P521)

【破間柱】pòjiānzhù　《説文》"榑"字注,徐鍇《繫傳》曰:"卽壁中小柱。"今人謂之破間柱。(《直語補證》P40)

【破題】pòtí　《石林詩話》:"駱賓王《靈隱寺》詩,惟破題'鷲嶺鬱苕蟯,龍宮隱寂寥',是宋之問作,下皆賓王作。"(《恒言廣證》卷四 P65)

【破龍】pòlóng　糙之嘉名,山陰還米租多説此語。會稽亦有"頭破""二破"之説,見陸放翁詩。(《越諺》卷中 穀蔬 P54)

【硶齘】qiàxiè　參見[差異]。(《吳下方言考》卷十一 P10)

【砦】zhài　顧氏亭林曰:"……飼馬以木,謂之'槽';餵豕以石,謂之'砦'。'砦'如'寨'音,此又'槽'音之轉,仍當作'槽'字。其物雖有木石之異,其爲'鑿'則一也。"按:鶴有"鶴柴",鹿有"鹿柴","柴"去聲讀,謂以柴作柵也。山居者,作柵以爲虎狼盜之防,謂之"寨",而兵家頓止處,因有"營寨"之名:其實卽是"柴"字。爲"山寨""營寨"者,以木爲不足,易之以"石"。作字者遂於"柴"之"木"易之以"石"。蓋"砦"之爲"砦",其由來不過如此,與飼豕之"槽"風馬殊矣,豈得漫相通假乎?(《越言釋》卷上 P2)

豬、狗、雞皆待餧,盛餧物之器曰"砦",音寨。(《越諺》卷中 器用 P31)

【硐】tóng　填(音鏤)礦曰硐(逢棟切),磨牀曰摘(直易切)。(《通俗文》釋器用 P70)

【砯砰】pīngpēng　物相擊聲曰稱砯砰。砯音蹦,從冰。砰音烹。(《里語徵實》卷中上 二字徵實 P37)

【硬好漢】yìnghǎohàn　强爲善者。(《越諺》卷中 善類 P11)

【硬浪】yìnglàng　擔當曰硬浪。(《宛署雜記》卷十七 P194)

有擔當曰硬浪。(《燕山叢錄》卷二十二 長安里語 人事 P3)

【硬搶】yìngqiǎng　《朱子語類》論《甫田詩》云:"驕驕張王之意,猶曰暢茂桀敖耳。""桀桀"與"驕驕"之義同,今田畝間蕘最硬搶。(《通言》卷一 P19)

【硬苦】yìngkǔ　安貧曰硬苦。劉後村《跋馬和之〈覓句圖〉》:"夜闌漏盡,凍鶴先睡。蒼頭奴屈兩髖煨殘火。此翁于假寐冥搜,有缺唇瓦甌,貯梅花一枝。豈非極天下硬苦之人,然後能道天下秀俊之句耶?"(《書影》)(《里語徵實》卷中上 二字徵實 P43)

【砳】chè　音得。《周禮·秋官》:"砳蔟氏掌去妖鳥之巢。"註:"謂以石投擊其巢而去之也。"今諺謂以瓦石擲物而下之曰砳。(《吳下方言考》卷十二 P5)

【硱碖】kǔnlǔn　石落謂之硱碖。硱,苦本切。碖,盧本切。《廣韻》:"石落貌。"(《方言據》卷上 P17)

【确】què　音殼。《世説》:"客問樂廣'旨不至'者,樂亦不復剖析文句,直以塵尾柄确几曰:'至否?'"案:确,小擊也。今吳諺謂擊曰确。(《吳下方言考》卷十 P9)

【确确】quèquè　音確。戴叔倫《屯田詞》:"麥苗漸長天苦晴,土乾确确鋤不得。"案:确确,乾僵聲也。吳中凡物之乾而堅皆曰乾确确。(《吳下方言考》卷十一 P14)

【磈磨】cuìmó　求細曰磈磨。(《札樸》卷九 鄉里舊聞 鄉言正字附 雜言 P330)

【碎】suì　《晉書·李密傳》:"張華問:'孔明言教何碎?'密曰:'昔舜、禹、皋陶相與語,故簡大;若與凡人言,宜碎。孔明與言者無己敵,言教是以碎爾。'"《杜預傳》:"凡所興造,必考度始終,或譏其意碎。"《北史·蘇綽傳》:"爲政不欲過碎,碎則人煩。"按:今西北人嫌人言語煩瑣,曰:"何碎也。"與南方

云"絮"意同。(《通俗編》卷十七 P378)

【碎魚兒】suìyú'ér　尿。(《墨娥小錄》卷十四 P8)

【磑】tà　碾輪曰磑。(《札樸》卷九　鄉里舊聞　鄉言正字附　器具 P327)

【碧雲】bìyún　《野客叢書》云：《文選》有江淹《儗湯惠休》詩曰："日暮碧雲合，佳人殊未來。"今人遂以爲真休上人詩，用之僧家，此誤自唐已然，如韋莊詩曰："千斛明珠量不盡，惠休虛作碧雲詞。"許渾《送僧南歸》詩曰："碧雲千里莫愁合，白雲一聲愁思長。"曰："湯師不可問，江上碧雲深。"權德輿《贈惠上人》詩曰："支郎有佳思，新句凌碧雲。"孟郊《送清遠上人》詩曰："詩誇碧雲句，道遠青蓮心。"張祜《贈高閑上人》詩曰："道心黃蘗長，詩思碧雲秋。"惟韋蘇州《贈皎上人》詩曰："願以碧雲思，方君怨別辭。"似不失本意。(《唐音癸籤》卷二十四 P216)

【碪鎚】zhēnchuí　上縶金反。《蒼頡篇》作椹，椹謂之鈇。《考聲》云："几屬也。"《字書》亦從支作攲，亦質也。下沖追反。《考聲》云："鎚鐵也。"《字書》："從木作椎，與鎚字義同。"(《一切經音義》卷八十 11P3146)

【碩難】shuònán　市亦反。《詩》云："碩人俁俁。"傳曰："碩，大也。"《小爾雅》云："碩，遠也。"(《一切經音義》卷十 4P368)

【碩鼠】shuòshǔ　參見［土狗］。(《七修類稿》卷三 P57)

【碭突】dàngtū　參見［唐突］。(《能改齋漫錄》卷一 P9)

　　參見［唐突］。(《雅俗稽言》卷十七 P14)

【磋切】cuōqiē　七何反。……《論語》曰："骨曰切，象曰磋。"言骨切象磋以成器，人學問以成道也。(《一切經音義》卷十六 14P619)

【碻礲】hōnglóng　音空籠。韓昌黎詩："投觥鬧碻礲。"案：……碻礲，觥聲也。吳中形觥聲曰碻礲。碻俗借用炮、砲字。(《吳下方言考》卷一 P6)

【磕】kē　爲物所壓謂之磕。克盍切。《增韻》："石相築。"(《方言據》卷上 P17)

【磊砢】lěiluǒ　參見［蘦苣］。(《客座贅語》卷一　方言 P10)

【磊塠】lěiduì　趙宧光《長箋》："今吳中方言有之，凡事物煩積而無條理曰磊塠。"《通雅》："今方言皆作累堆。累字平聲。"(《通俗編》卷三十四 P755)

　　木實多垂曰磊塠。(《札樸》卷九　鄉里舊聞　鄉言正字附　雜言 P329)

　　事物煩積曰磊塠。《說文》："塠，丁罪切。磊塠，重聚也。"趙宧光《長箋》："今吳中方言有之。凡事物煩積而無條理曰磊塠。"按：今俗多誤作累贅。(《燕說》卷一 P5)

【碼頭】mǎtóu　參見［馬頭］。(《越諺》卷中　地部 P4)

【磔】zhé　開物曰磔。(《札樸》卷九　鄉里舊聞　鄉言正字附　雜言 P331)

【礐確】luòquè　物相格不入曰礐確。《廣韻》："石相扣聲。礐音落，石堅不相入貌。確，乞納切。堅也，一作礭。"(《方言據》卷上 P17)

【確執】quèzhí　上腔角反。韓康伯注《周易》云："確，堅皃也。"《字統》云："確，擊也，堅也。"《考聲》云："確，堅固皃也。從石隺聲也，隺音同上。"(《一切經音義》卷七十二 4P2841)

【硴】bō　砌石曰硴。硴音剝。(《蜀語》 P12)

　　砌石曰硴。硴音剝。符載畋《〈獲虎頌〉序》："敲扣拍撲，芟殺策硴。"(《里語徵實》卷上　一字徵實 P19)

【碾】niǎn　趕曰碾。趕上前人曰碾上。趕雞曰碾雞。以轉動行易及也。(《蜀語》 P18)

　　趕人曰碾。趕上前人曰碾上，趕雞曰碾雞，以轉動行易及也。(《蜀語》)(《里語徵實》卷上　一字徵實 P30)

【碾硴】niǎntuó　碾輪石曰碾硴。硴音駝。(《里語徵實》卷中上　二字徵實 P23)

【礑頭】kàntóu　上"勘"。岸也。有"石礑""田礑"分名。(《越諺》卷中　地部 P4)

【硴】chuǎng　音創。郭景純《江賦》："奔溜之所磢錯。"案：磢，往來磨洗也。吳中謂往來磨洗垢膩曰磢。(《吳下方言考》卷八 P6)

【磢子】chuǎngzǐ　霰曰磢子。(《札樸》卷九　鄉里舊聞　鄉言正字附　名稱 P328)

【礛礌】zōngqú　細礪謂之礛礌。(《通俗文》釋器用 P71)

【磨劫】mójié　磨蠍,丑宮也,星紀之次,斗宿所躔,星家謂身命坐是宮者,多以文顯,弟排擯謗毀亦所不免……俗遭磨苦輙曰磨劫,蓋磨蠍之誤。(《雅俗稽言》卷十九 P18)

【磨瑩】móyíng　上墨婆反。《集訓》:"治石也。"《考聲》:"研磨也。"或作擩。《說文》作礳。下縈夐反。發器光也。或從金作鎣。《韻英》云:"磨,拭也。"(《一切經音義》卷八 14P307)

　　烏夐反。磨拭也,或作鎣也。(《一切經音義》卷八 9P298)

【磨磨】mó•mo　參見[餶餛]。(《雅俗稽言》卷九 P11)

　　參見[波波]。(《通俗編》卷二十七 P613)

　　參見[魘魘]。(《里語徵實》卷中上 二字徵實 P17)

【磨蠍】móxiē　參見[磨劫]。(《雅俗稽言》卷十九 P18)

【磨鎣】móyíng　縈併反。《韻英》云:"磨珠玉也。"鎣鏡使明也。(《一切經音義》卷十五 3P554)

【磢碡】liùzhóu　農具曰磢碡。音六軸。(《肯綮錄》P2)

【碜毒】chěndú　瘡瘆、霜稟二反。《考聲》:"砂土汙也。"……下徒斛反。孔注《尚書》:"毒,害也。"《考聲》:"惡也、痛也。"案:碜毒者,妒害也,忍人也。(《一切經音義》卷八 4P288)

【磽确】qiāoquè　物堅鞕謂之磽确。(《通俗文》釋言語下 P32)

【礅礤】dūnsǎng　敦賞。礎也。字書無"礅",應从《集韻》作"礉"。"礤",《正字通》。(《越諺》卷中 屋宇 P24)

【礉礤】dūnsǎng　參見[礅礤]。(《越諺》卷中 屋宇 P24)

【磷緇】línzī　杜:"此道未磷緇","但取不磷緇",皆作平聲。(《唐音癸籤》卷二十四 P208)

【礓】jiāng　沙石曰礓。(《札樸》卷九 鄉里舊聞 鄉言正字附 名稱 P328)

【礓石】jiāngshí　居良反。土變爲石,形如

薑也。《通俗文》:"地多小石,謂之礓礫石也。"(《一切經音義》卷十九 8P720)

　　鷰卵石曰礓石。(《蜀語》P12)

【礓礤子】jiāngcāzǐ　《武林舊事》:諸小經紀有賣礓礤子。《字彙補》:礤,音擦。姜礤石,出《大內規制記》。按:此當是階磴之稱,而杭俗惟以呼樓梯之簡小者。(《通俗編》卷二十四 P543)

【礓礤】jiāngcā　寺院階級曰礓礤。吳任臣《字彙補》:礓作姜,云姜礤石,見《大內規制記》。(《談徵》言部 P22)

　　寺院階級曰礓礤。吳任臣《字彙補》:"礓"作"姜",云"姜礤石",見《大內規制記》:"礤,音擦,今呼如鐃聲之轉也。"(《土風錄》卷四 P213)

【礓礤步】jiāngcābù　薑察。山居升高處多級石階也。《武林舊事》。(《越諺》卷中 屋宇 P26)

【礓礫】jiānglì　參見[礓石]。(《一切經音義》卷十九 8P720)

【礌礌落落】lěilěiluòluò　《晉書•載記》:"石勒曰:'大丈夫行事當礌礌落落,如日月皎然,終不能如曹孟德、司馬仲達父子,欺他孤兒寡婦,以取天下也。'"(《通言》卷六 P74)

【礌茶】léichá　江廣間有"礌茶",是薑鹽煎茶遺製,尚存古意。(《越言釋》卷上 P31)

【礦砑】màjià　堅硬不消曰礦砑。(《通俗文》釋言語下 P32)

【礁】jiào　"醮"。海中暗石。(《越諺》卷中 地部 P3)

目　部

【目瞳人】mùtóngrén　參見[眼瞳子]。(《一切經音義》卷十六 10P612)

【目瞤】mùshùn　蕤倫反。《說文》云:"目自動曰瞤。"(《一切經音義》卷二十九 16P1168)

【盯】❶chéng　"棖""撐"二音。眼畏光,盯弗開。(《越諺》卷下 單辭隻隻 P15)

　　❷dīng　眼視定不釋曰盯。(《吳下方言考》卷十 P1)

【盰】chōu　參見[䀩]。(《越諺》卷下 單辭

隻義 P15）

【盲瞎】mángxiā　上莫耕反。《說文》云：“目無眸子曰盲。”下呼八反。《字書》云：“目不見物也。”又云：“一眼无睛也。”（《一切經音義》卷六 12P235）

【盲瞖】mángyì　上莫彭反。《玉篇》云：“盲，冥也。”《說文》：“目無眸子曰盲。”《考聲》：“目無見也。”從目亡聲也。下於計反。《考聲》：“目中瞖也。”《字書》：“目障膜也。”從目殹聲也。殹音同上。（《一切經音義》卷八 2P283）

【相公】xiànggōng　俗稱士人少年者。按：《舊五代史·末帝紀》：“大相公吾主也。”又歐陽《五代史記》李存霸削髮僧服謁李彥超，彥超曰：“六相公來，當奏取進止。”則相公之稱當始於五代也。（《直語補證》P34）

　　王粲《羽獵賦》：“相公乃乘輕軒、駕四駱。”又粲《從軍行》：“相公征關右，赫怒震天威。”《日知錄》：“前代拜相者，必封公，故稱之曰相公。”《復齋漫錄》：“韓子華兄弟皆爲宰相，其家呼子華三相公，呼持國五相公。”按：今凡衣冠中人，皆僭稱相公，或亦綴以行次，曰大相公、二相公，甚無謂也。《道山清話》：“嶺南人見逐客，不問官高卑，皆呼爲相公。”想是見相公常來也，豈因是一方之俗，而遂漸行于各方歟？（《通俗編》卷五 P96）

　　家幼主稱相公。後唐莊宗既被害，存霸奔投李彥超，軍士欲殺之。彥超曰：“六相公來，當奏取進止。”又：明宗子從榮，年少驕狠。或勸之曰：“河南相公有老成之風，相公宜自策勵，勿令聲聞出河南之下。”河南，謂其弟從厚也。（《紀始》）明李廷相之父瓚，原中一甲三名，以讓會元陳瀾，改二甲第一。瓚爲侍郎時，家人夢有報者曰：“戶部正堂爺坐後，小相公當繼。”後弘治壬戌，公果探花。後亦爲侍郎。（《小品》）又，讀書人稱相公。尊之也，亦祈之也。魏王粲《從軍行》：“相公征關右，赫怒震天威。”《羽獵賦》相公乃乘輕車子，駕四駱，“相公”二字，似始於此。前代拜相者必封公，故稱之曰“相公”。（《里語徵實》卷中上　二字微實 P4）

　　秀才。王粲《羽獵賦》《日知錄》《復齋漫錄》。（《越諺》卷中　尊稱 P12）

【相打】xiāngdǎ　《晉書·葛長民傳》：“夜眠中每驚起跳踉，如與人相打。”《宋書·黃回傳》：“回于宣陽門與人相打。”（《通俗編》卷十三 P172）

【相扮】xiāngfěn　汾吻反。《說文》：“握也。”《聲類》：“擊也，手握乾麨互相扮擊。從手分聲。”（《一切經音義》卷七十六 3P2998）

【相攢】xiāngfèi　扶味反。南人謂相撲爲相攢也。（《一切經音義》卷七十 1P2764）

【相思】xiāngsī　《漢書·外戚傳》：“上望見李夫人之貌，愈益相思，悲感作詩。”按：後人言男女繫戀爲“相思”，其出處不勝枚舉，此爲初見史者。（《通俗編》卷二十二 P498）

【相思子】xiāngsīzǐ　《筆叢》謂唐人骰子近方寸，凡四點，當加緋者，或篏相思子其中。溫庭筠詩云：“瓏璁骰子安紅豆，入骨相思知也無？”相思子卽今紅豆也。愚按：嶺南閩中有相思木，歲久結子，色紅，如大豆，故名相思子，每一樹結子數斛，非卽紅豆也。豈飛卿姑借用耶？（《徐氏筆精》）（《唐音癸籤》卷二十 P180）

【相思木】xiāngsīmù　參見［相思子］。（《唐音癸籤》卷二十 P180）

【相要】xiāngyāo　於遙反。要，召也，呼也。要亦徼也，徼，求也。徼音古堯反。（《一切經音義》卷七十 3P2768）

【眄刀】miǎndāo　《晉書·陳訓傳》：“訓謂甘卓頭低而視仰，相法名爲眄刀。”（《通俗編》卷十六 P342）

【眇漭】miǎomǎng　上彌小反。王逸注《楚辭》云：“眇，遠視眇然也。”《說文》：“從目少聲。”下莫郎反。王逸注《楚辭》云：“漭然平正也。”《古今正字》：“從水莽聲。”（《一切經音義》卷八十六 8P3348）

【眇目】miǎomù　上彌了反。《說文》：“一目小也。”《釋名》：“目眶睆急曰眇。”《方言》：“眇，小也。”《切韻》：“視不正。”（《一切經音義》卷二十七 19P1081）

【省】shěng　省者，省也，謂省察天下簿書之所。蔡邕《獨斷》云：“省者，本號禁中，言門戶有職不得入也。漢孝元皇后父大司馬平陽侯名禁，因是避之，改爲省中。”（《蘇氏演義》卷上 P5）

【省元】shěngyuán　《登科記》：宋李迪，美髭髯,御試時夢剃削俱盡。解者曰:"省元是劉滋,今替滋矣。"果狀元。案:《齊東野語》:"度宗龍飛榜,陳文龍爲廷魁,胡躍龍爲省元。"(《稱謂錄》卷二十四　狀元 P11)

【省眼】shěngyǎn　《國書補》:"舊説吏部員外郎爲省眼。"(《稱謂錄》卷十五　吏部 P12)

【省郎】shěngláng　唐御史以擢省郎爲美遷。故蘇味道有賀故人崔、馬二御史拜省郎詩,極致豔羨之意。(《唐音癸籤》卷十七 P154)

【看】kàn　《韓非·外儲説》:"梁車新爲鄴令,其姊往看之。"《世説》:"陳仲舉爲豫章太守,至便問徐孺子所在,欲先看之。"又,"周鎮泊青溪渚,王丞相往看之。王恭從會稽還,王大有看之。"按:世以尊者造候卑者爲"看",其言古矣。(《通俗編》卷十三 P281)

　　物之名看,所以飾觀,不適於用,所謂看桌也。唐少府監御饌以牙盤九枚裝食,謂之看食。故今有看桌,而物之可看不可用者,因均目爲看桌。(看食,古人又謂之釘座。唐李遠貌美而無才用,人目爲釘座梨。)按:《困學紀聞》云:"人而不學,命之曰視皮。"視,即看也。(《語實》P152)

【看人眉睫】kànrénméijié　《後魏書》:"崔亮家貧,傭書自業。時隴西李沖當朝用事,亮從兄往依之,謂亮曰:'安能久事筆硯也?彼家饒書,因可得學。'亮曰:'弟妹飢寒,豈可獨飽? 自可觀書於市,安能看人眉睫乎!'"(《直語補證》P29)

【看取】kànqǔ　岑嘉州詩:"別君能幾日,看取鬢成絲。"……取,語助也。(《方言藻》卷二 P13)

【看囊】kānnáng　《晉書》:"阮孚持一皁囊,遊會稽。人問囊中何物,曰:'但有一錢看囊,恐其羞澀。'"杜詩:"囊空恐羞澀,留得一錢看。"(《常語尋源》卷下冊 P281)

【看席】kànxí　《正字通》謂:"今俗燕會黏果列席前曰看席,即古之釘坐,謂釘而不食者。"案:今譙神用看席,亦曰看桌。(《土風錄》卷二 P193)

　　參見[釘坐]。(《談微》事部 P53)

【看桌】kànzhuō　越人呼滿漢酒席爲喫桌、看桌。考唐人謂之看食。《南部新書·王》:"御廚進饌,凡器用有少府監進者九釘食,

以牙盤九枚裝食味其間,置上前,亦謂之看食。"(《釋諺》P104)

　　物之名看,所以飾觀,不適於用,所謂看桌也。唐少府監御饌以牙盤九枚裝食,謂之看食。故今有看桌,而物之可看不可用者,因均目爲看桌。(《語實》P152)

　　參見[看席]。(《土風錄》卷二 P193)

【看棚】kànpéng　《撩言》:"咸通中新進士集月鐙閣爲蹴踘會,四面看棚櫛比,同年肆覽。"按:《太平廣記》(卷四百九十七)引《本事詩》:"……又數日於毬場致宴,酒酣,吳乃聞婦女于看棚聚觀,意甚恥之。"則已在其前。(《釋諺》P104)

【看穀老】kàngǔlǎo　董蔀曰看穀老。(《札樸》卷九　鄉里舊聞　鄉言正字附　禾稼 P327)

【看看】kānkān　平聲,猶漸漸也。劉禹錫《酬楊侍郎六言》:"看看瓜時欲到,故侯也好歸來。"陸龜蒙《薔薇》詩:"狂蔓看看及四鄰。"杜荀鶴詩:"看看水没來時路,漸漸云藏望處山。"《五燈會元》亦有:"看看冬來到""看看不見老人容"等語。(《通俗編》卷三十三 P733)

【看老鴉】kānlǎoyā　本爲貧户謀畜息之名,《致富全書》之一業。村學究無人延請,多聚農童在家教讀,名此。又名"劍田雞頭"。(《越諺》卷中　風俗 P63)

【看錢】kànqián　買妾不成,與之錢曰看錢。案:廉宣《清尊錄》:"興元民飾小兒爲女子,不使人見。貴游好事者,踵門一覯面輒避,猶得錢數千,謂之看錢。"則此風自宋已然。(《土風錄》卷二 P195)

【看食】kànshí　看食,釘坐也。角子,小粽也。鍋子,粘果油燋物。膻餅,餹鑼也。《老學菴筆記》曰:"淳熙間,集英殿宴金國人使,九盞:第一肉鹹豉,第二爆肉雙下角子,第三蓮花油餅骨頭,第四白肉糊餅,第五羣仙炙大平畢羅,第六假圓魚,第七柰花索粉,第八假沙魚,第九水飣鹹豉旋鮓瓜薑。看食:棗餔子、膻餅、白胡餅、環餅。"智按:蜀人以蒸餅爲餹(音堆)。《雲溪友議》曰:"李日新《題仙娥驛》詩曰:'商山食店大悠悠,陳黯餹鑼古餡頭;更有鬲中牛肉炙,尚盤數臠紫光毬。'餡頭,即捻頭也。"看食,今人列圍卓上者,古稱釘坐,謂釘而不食者,唐崔遠人目爲釘坐梨。宋祁《益部方物

圖》云："海紅豆，蜀人用爲果釘。"稽含曰："人面子仁，南海用爲釘餌。"（《通雅》卷三十九 P1187）

　　越人呼滿漢酒席爲喫桌、看桌。考唐人謂之看食。《南部新書·壬》："御廚進饌，凡器用有少府監進者九釘食，以牙盤九枚裝食味其間，置上前，亦謂之看食。"（《釋諺》P104）

　　唐少府監御饌以牙盤九枚裝食，謂之看食。（《語實》P152）

【眊燥】màozào　參見［氉氉］。（《里語徵實》卷中上 二字微實 P34）

【眨】zhǎ　一目曰眨。（《通俗文》存疑 P98）

【眉篦】méibì　參見［眼篦］。（《一切經音義》卷七十三 5P2879）

【貼】chàn　貼，式占切。貼，眼鋪扇。（《目前集》後卷 P2151）

【瞀睉】miésuō　視之略也。俗謂眼縫小而瞟視曰瞀睉。（《通俗編》卷三十六 P792）

【眗】kōu　摳。深目貌。俗言"眼睛曉進"，即此。"嘔""曉"同。《埤蒼》。（《越諺》卷下 單辭隻義 P15）

【眠姌】miǎntiǎn　瑣細而沾滯不斷絕曰眠（莫典切）姌（淰珍切）。又曰脈（音密）蝎（音錫）。《方言》註云："皆相謾之語。"（《方言據》卷上 P1）

　　《列子·力命》篇："眠姌、諈諉、勇敢、怯疑，四人亦相與游。"張注云："眠，莫典切。姌，徒典切。瑟縮不正之貌。"洪《容齋》云："世謂中心有魄，見之顏色曰緬覥。"即此。按：《方言》："眠姌，欺謾之語也。"郭璞注："相輕易蚩弄也。"亦與張注異義。即時俗驗之，……當依《列子》注訓瑟縮。《五燈會元》："智遷云：'得恁眠眠眠眼。'"蓋即當用眠姌，而不知其字，漫以音發之也。（《通俗編》卷十五 P332）

【眠牀】miánchuáng　《南史·虞愿傳》："褚彥回詣愿，不在，見其眠牀上積塵埃。"又《魚宏傳》："有眠牀一張，皆是蹙柏。"蓋是時，坐者亦曰牀（如胡牀、交牀之類），故以眠字別之。……元微之詩："眠牀都浪置。"山谷詩："君爲拂眠牀。"明王應電《同文備攷》"塌"字注："塌牀，著地而安也，從土近地之意。"塌牀之稱，蓋本此。或以榻爲牀曰榻牀，無據。（《土風錄》卷四 P211）

　　《南史·魚弘傳》有"眠牀一張，皆是蹙

柏"。（《直語補證》P13）

【眠簷】miányán　參見［欐聯］。（《通俗編》卷二十四 P544）

【眑】āo　而（編者按：當作面）不平曰眑（同上音）。（《肯綮錄》P1）

【睉】huà　視也。（慧琳《高僧傳七音義》）怒視貌。（《廣韻·十四點》《集韻·十五夬》《類篇·目部》）（《埤蒼》P8）

　　豁。眼稍高。又，怒視。（《越諺》卷下 單辭隻義 P15）

【眊】hòu　搜。怒視。越謂偷瞧。（《越諺》卷下 單辭隻義 P15）

【睧】luò　卻看曰睧。睧音略。《博雅》："視也。"揚《方言》："吳揚謂視曰'睧'，東齊亦謂'睧'。"（《里語徵實》卷上 一字微實 P12）

【眵】chī　音鴟去聲。韓昌黎《短燈檠歌》："兩目眵昏頭雪白。"案：眵，淚所凝也。今吳諺謂目汁凝曰眵。（《吳下方言考》卷八 P9）

【眵垢】chīgòu　充尸反。《說文》："薔，兜（編者按：《說文》作"目"）眵。"薔音莫結反。（《一切經音義》卷七十一 12P2827）

【眵模糊】chīmóhú　眵淚曰眵模糊。眵，吐支切，《廣韻》："目汁凝也。"韓退之《短檠歌》："兩目眵昏頭雪白。"眵模糊亦即眵昏之意。（《燕說》卷四 P3）

【眵昏】chīhūn　參見［眵］。（《吳下方言考》卷八 P9）

【眵昏】chīhūn　參見［眵模糊］。（《燕說》卷四 P3）

【眵矃】chīníng　上眵支反。《韻英》云："目汁凝也。"……《說文》云："目傷眥。"……下寧挺反，上聲，《文字集略》云："耵矃，耳中垢也。"（《一切經音義》卷二 3P77）

【眷眄】juànmiǎn　厥倦反。《毛詩傳》："眷，顧也。"孔注《尚書》："視也。"《說文》："從目，卷省聲。"下莫遍反。《說文》："眄，目偏合邪視也，從目從丏聲。丏音彌演反。"（《一切經音義》卷八十八 8P3398）

【眯】mǐ　《莊子》："糠粃眯目，則天地四方易位矣。"杜詩《寄狄明府一首》："黃土污衣眼易眯。"（《直語補證》P9）

【眼中楔】yǎnzhōngqì　參見［眼中釘］。（《通俗編》卷十六 P344）

【眼中疔】 yǎnzhōngdīng　参見[眼中釘]。（《通俗編》卷十六 P344）

【眼中釘】 yǎnzhōngdīng　《五代史•趙在禮傳》:"在禮在宋州,人尤苦之,已而罷去。宋人喜相謂曰:'眼中拔釘,豈不樂哉。'"《古今風謠》:"宋真宗時,丁謂用事,童謠云:'欲得天下寧,須拔眼中丁。'"元曲《楊氏勸夫》有"眼中疔"語。《五燈會元》善昭有"拔卻眼中楔"語。（《通俗編》卷十六 P344）

　　《五代史•趙在禮傳》:"在禮在宋州,人尤苦之,已而罷去,宋人喜而相謂曰:'眼中拔釘,豈不樂哉?'既而復受詔居職,乃籍管內口率錢一千,自號拔釘錢。"（《邇言》卷五 P64）

【眼兜眵】 yǎndōuchī　参見[瞀兜]。（《方言據》卷上 P10）

【眼力】 yǎnlì　劉禹錫詩:"減書存眼力,省事養心王。"姚合詩:"薄書銷眼力,觴酒耗心神。"按:《孟子》已云:"既竭目力焉。"（《通俗編》卷十六 P342）

【眼差】 yǎnchà　姚合詩:"身閒眠自久,眼差事還遙。"差,讀如咤。（《通俗編》卷十六 P342）

【眼孔】 yǎnkǒng　《唐書•安祿山傳》:"帝爲祿山起第京師,以中人督役,戒曰:'善爲部署,祿山眼孔大,毋令笑我。'"《朝野僉載》:"張元一嘲武懿宗曰:'未見桃花面皮,謾作杏子眼孔。'"（《恒言錄》卷一 P6）

　　《海錄碎事》:"太祖與趙普議論不合,普言桑維翰愛錢,上曰:'措大眼孔小,賜與十萬貫,則塞破屋子矣。'"（《恒言廣證》卷一 P6）

【眼孔大】 yǎnkǒngdà　《明皇雜錄》:"帝爲安祿山起第,一切俱極華侈。曰:'祿山眼孔大。'"石晉主謂桑維翰眼孔小。（《常語尋源》卷上乙冊 P213）

【眼孔小】 yǎnkǒngxiǎo　桑維翰愛錢,上曰:"措大,眼孔小。與錢十萬貫,塞破屋子矣。"（《邇言》卷五 P64）

　　上謂桑維翰"措大眼孔小"。（《越諺賸語》卷上 P9）

　　参見[眼孔大]。（《常語尋源》卷上乙冊 P213）

　　参見[眼孔]。（《恒言廣證》卷一 P6）

【眼珠子】 yǎnzhū·zi　参見[珠子]。（《通俗編》卷十六 P343）

【眼熱】 yǎnrè　疾視人之好處曰眼熱。王文成公封伯,戴冕服入朝,有綿塞耳。或曰:"先生耳冷乎?"答曰:"我不耳冷,先生眼熱。"（《雅俗稽言》卷二十二 P5）

【眼爚爚】 yǎnyuèyuè　音瀹。《搜神記》:"兒眼爚爚。"案:爚爚,東西睒視也。吳諺謂凝視曰眼爚爚。（《吳下方言考》卷十一 P6）

【眼眠】 yǎnmián　正作瞑,同。莫田反。《説文》云:"瞑,翕也。"《尒雅》:"翕,合也。"（《一切經音義》卷七十五 22P2989）

【眼眵】 yǎnchī　齒支反。《韻詮》云:"目汁疑也。"《説文》:"目汁也。"（《一切經音義》卷十五 3P554）

【眼眵污】 yǎnchīwū　中"芝"。見韓退之《短檠歌》。（《越諺》卷中 身體 P23）

【眼睞】 yǎnlài　下來代反。睞者,目瞳子不正也。《廣雅》:"斜視也。"《古今正字》:"從目來聲也。"（《一切經音義》卷八十六 3P3337）

【眼睫】 yǎnjié　精葉反。《説文》正體作睞,目旁毛也。……案:眼睫,眼瞼毛也。……解云:"捷,插也,接也。插於目匡而相接也。"（《一切經音義》卷六 2P215）

【眼瞳子】 yǎntóngzǐ　動冬反。《埤蒼》云:"瞳者,目珠子也。"《廣雅》:"目珠子謂之眸子。"俗謂之目瞳人。（《一切經音義》卷十六 10P612）

【眼罩】 yǎnzhào　参見[面衣]。（《雅俗稽言》卷十一 P4）

【眼箆】 yǎnbì　補奚反。《小學章》:"箆,刷也。"今眉箆、插頭箆皆作也（編者按:'也'應作'此'）。（《一切經音義》卷七十三 5P2879）

【眼語】 yǎnyǔ　《漢書•李陵傳》:"未得私語,即目視陵。"注云:"今俗所謂眼語者也。"梁昭明太子詩:"眼語笑靨近來情,心懷心想甚分明。"《五代史》:"韓建謂梁祖曰:'天子與宮人眼語,恐公不免也。'"按:俚語謂黠慧者曰眼亦能語。（《通俗編》卷十七 P369）

【眮】 bǔ　布。眼候隙。（《越諺》卷下 單辭隻義 P15）

【睫眼】 jiéyǎn　上借葉反。《字書》正作睫。

《莊子》云："眅，目毛也。"《文字集略》："從毛作赽。"《文字典説》云："眅，目傍毛也，從目夾聲。"（《一切經音義》卷九十四 9 P3546）

【睄】shào　捎。姦視。（《越諺》卷下 單辭隻義 P15）

【睲】chěng　久視曰睲。睲音逞，俗作"撐"上聲。《玉篇》："睲睲，照視也。"《廣韻》："意不盡也。"（《里語微實》卷上 一字微實 P12）

【眛】mù　木。目病。（《越諺》卷下 單辭隻義 P15）

【眰】chōu　同"眫"，音抽。目不正。（《越諺》卷下 單辭隻義 P15）

【眹】gǔ　大目曰眹。眹音谷，俗作"谷"，上聲。見《廣韻》及《通雅》。又《玉篇》："目開也。"俗云："眹他幾眼。"（《里語微實》卷上 一字微實 P11）

　　　穀。大目而動貌。俗言"大眼歷落"。《廣韻》（《越諺》卷下 單辭隻義 P15）

【眹睓】gǔlù　目四顧審視曰眹睓。眹，古祿切，睓，盧穀切。《玉篇》："目開也。"（《方言據》卷上 P9）

【睃】suō　謂看曰睃，睃桑何切，鎖平聲。（《蜀語》P1）

　　　偷視曰睃。睃音梭。《廣韻》："偷視也。"《類篇》："視之略也。"或作"眇"。（《里語微實》卷上 一字微實 P12）

【眳】hù　斛。目動。（《越諺》卷下 單辭隻義 P15）

【眹（編者按："眹"爲誤字，當作"眒"）】máng　目掩曰眒。眒音茫。《玉篇》："目不明也。"《靈樞經·脈篇》："目眒眒而無所見。"（《里語微實》卷上 一字微實 P11）

【睃照】suōzhào　相士。（《墨娥小録》卷十四 P6）

【睚眦】yázì　音挨齎。《史記·范睢傳》："睚眦之怨必報。"案：睚眦，非大怨，不過人視之不善，而己心因以不適也。吳中謂心稍不適曰睚眦。（《吳下方言考》卷四 P6）

【督】dū　越人以眠者監之爲"督"。督者，直也，曰"直督"。按：《莊子》"緣督以爲經"，……以經徙督，以督統經，有督理、督率之義，……"督"之轉音爲"董"，……又轉音爲"陡"，或作"斗"。"督立"即"陡立"。

而"春搗"之"搗"，亦與"督"通。（《越言釋》卷上 P5）

篤。越以眠者監之爲"督"。本《莊子》"緣督"字。蓋督脈在背，直上無曲。（《越諺》卷下 單辭隻義 P15）

　　　參見［直掇］。（《通俗編》卷二十五 P561）

【督立】dūlì　參見［督］。（《越言釋》卷上 P5）

【睡卿】shuìqīng　參見［客卿］。（《稱謂録》卷十八 鴻臚寺 P13）

【睡鞵】shuìxié　閨閣中臨寢著軟底鞵曰睡鞵，取足不放弛也。案：《南部煙花記》："陳後主宫人臥履，以薄玉花爲飾，內散以龍腦諸香。"則是時已有睡鞵。（《土風録》卷三 P198）

【睒】shǎn　電光曰睒。睒音閃。《元包經》："電烜烜其光睒也。"韓愈《寄崔立之》詩："雷電生睒睗。"睗，音釋。（《里語微實》卷上 一字微實 P31）

【睒睗】shǎnshì　《廣韻》："睒睗，急視也。"（《里語微實》卷上 一字微實 P38）

【睩睩】lùlù　音祿。王逸《九思》："哀世兮睩睩。"案：睩睩，目轉視貌，吳中謂轉視曰括睩睩。（《吳下方言考》卷十 P15）

【瞡子】làzǐ　天怕曤子人怕瞡子：電必雨，眸子不正者必邪。（《越諺》卷上 格致之諺 P10）

　　　着灼切。目珠不正者。（《越諺》卷中 疾病 P19）

【瞔瞔瞑瞑】miǎnmiǎnxiànxiàn　參見［眠娗］。（《通俗編》卷十五 P332）

【瞑】xù　驚視曰瞑。（《通俗文》釋言語上 P7）

【瞍歷尖】xùlìjiān　瞍音血。王延壽《王孫賦》："瞍瞍歷而臁離。"案：瞍（音環），轉視貌；瞍歷，視速貌。……吳諺謂眼光俊速者曰瞍歷尖。（《吳下方言考》卷十二 P17）

【瞍瞍婆】shàshàpó　霎。眼常開閉。亦作"眨"。見《説文》及皮日休詩。（《越諺》卷中 疾病 P21）

【瞍】sǒu　參見［珠子］。（《通俗編》卷十六 P343）

【瞼】mí　污面曰瞼。瞼，民卑切，音彌。《集韻》："污面謂之瞼。"或作臘。今俗有打畫

墨之語，當是此字之誤。(《燕說》卷四 P4)

【瞀】mào　眼不見物曰瞀。瞀音務。《玉篇》：“目不明貌。”《晉書·天文志》：“眼瞀精絕。”韓愈《南山》詩：“淚目苦矇瞀。”(《里語徵實》卷上　一字徵實 P11)

【瞀病】màobìng　瞀音毛。瞀病，喻過失也，今吳中性有所偏則曰瞀病。(《吳下方言考》卷十 P2)

【瞌睡】kēshuì　參見［渴睡］。(《通雅》卷四十九 P1456)

參見［渴睡］。(《通俗編》卷十五 P325)

【瞢】mēng　酒醉曰“瞢”。韓偓《馬上兒》詩：“去帶春騰醉，歸因困頓眠。”(《里語徵實》卷上　一字徵實 P30)

【瞢兜】méngdōu　目汁凝謂之眵，侈支切。一曰瞢兜。《韻會》云：“今人謂之眼兜眵。”韓愈《短檠歌》：“兩目眵昏頭雪白。”又張師錫《老兒》詩：“膠睫乾眵綴。”(《方言據》卷上 P10)

【瞢憒】méngkuì　莫崩反。下公內反。《三蒼》：“瞢，不明也。”“憒，煩亂也。”(《一切經音義》卷七十一 2P2809)

【瞢曾】méngcéng　翁目曰瞢曾。(《札樸》卷九　鄉里舊聞　鄉言正字附　身體 P326)

【瞋佷】chēnhěn　佷，何懇反。杜注《左傳》曰：“佷，戾也。”《說文》曰：“佷，不聽從也。”案：《玉篇》“佷”字在彳部，今多從立人，蓋是時俗共行之。(《一切經音義》卷二十二 6P833)

【瞋恚】chēnhuì　《文選·游天台山賦》注引《大智度論》曰：“五蓋，貪欲、瞋恚、睡眠、調戲、疑悔。”(《通言》卷一 P18)

【瞔】liù　溫習曰瞔。《篇海類編》：“瞔，良秀切，音溜。凡書生重玩溫故曰瞔。”按：今俗養馬養鳥者亦有瞔語，疑卽此字。(《燕說》卷二 P1)

【瞎榜】xiābǎng　參見［榜眼］。(《恒言錄》卷四 P80)

【瞎打把勢】xiādǎbǎshì　俗以無所憑藉而妄自炫赫者謂之瞎打把勢。按：把勢本遼以束打鷹者名目，兼衙門行杖，率以流人子弟及奴僕爲之。見林佶《遼金備攷》。打之名所由以起也。(《直語補證》P7)

【瞑（編者按：“瞑”當作“瞑”）】mián　注意

聽也。(《玉篇·耳部》。《廣韻·一先》引，“意”下有“而”字，下同。《集韻·一先》。《類篇·耳部》。《改併五音類聚四聲篇海·耳部》。)(《埤蒼》P24)

【瞑子】míngzǐ　暗地。(《墨娥小錄》卷十四 P6)

【瞤瞡】dōu’ōu　目深曰瞤瞡，音兜歐。《集韻》：“深目貌。”(《燕說》卷四 P2)

【瞡】guī　眇視貌。(《集韻·五寘》。《類篇·目部》。)(《埤蒼》P8)

【瞘】kōu　參見［眗］。(《越諺》卷下　單辭隻義 P15)

【瞘曉】kōukōu　目深曰瞘曉。音鷗摳。(《肯綮錄》P2)

【瞟】piǎo　明察也。(玄應《鞞婆娑阿毗曇論五音義》)瞟，一目病。(《廣韻·三十小》)(《埤蒼》P8)

眼珠偏曰瞟。瞟，飄上聲。《埤雅》：“一目病也。”《類篇》：“目小貌。”俗呼“瞟子”。(《里語徵實》卷上　一字徵實 P11)

【瞟子】piǎozǐ　參見［瞟］。(《里語徵實》卷上　一字徵實 P11)

【瞖】yì　眼中有障曰瞖。瞖音醫。《玉篇》：“目病也。”《正字通》：“目障也。”《宋史·謝皇后傳》：“后生而瞖一目。”(《里語徵實》卷上　一字徵實 P11)

【瞖膜】yìmó　上尹計反。眼瞖也。……《考聲》云：“瞖，蔽也，蓋也。”下音莫，眼暈膜也。(《一切經音義》卷十三 14P502)

【瞖目】yìmù　於計反。《韻略》云：“目障也。”(《一切經音義》卷三 4P114)

【瞚】qì　今謂短視曰近瞚，當用此字。俗作覷。(《通俗編》卷三十六 P792)

砌。“覷”同。短視曰“近瞚眼”。歐陽公讀書五行俱下，但近覷耳。(《越諺》卷下　單辭隻義 P15)

【瞕】zhàng　眼蒙曰瞕。瞕音障。《字彙》：“目生瞕翳。”《正字通》：“通作‘障’。”《輟耕錄》：“杭州張存幼患一目，遇巧匠爲安一磁眼障蔽於上，人不能辨其僞。”(《里語徵實》卷上　一字徵實 P11)

【瞬息】shùnxī　式閏反。《韻英》云：“動目也。”經作瞬，通用。開闔目數搖也。從目寅。案：瞬者，一斂目也，息，一息氣也。言極迅促也。《呂氏春秋》曰：“萬世猶一瞬

目者也。"(《一切經音義》卷三 15P135)

【瞋頃】 shùnqǐng　　輸閏反。《呂氏春秋》云："萬世猶一瞋也。"《説文》謂："目開闔數搖也。從目寅聲。"或作瞬，經作眴，非義也。(《一切經音義》卷十九 10P725)

【曉】 kōu　　深目曰曉。曉音歐。《玉篇》："深目貌。"又音摳。俗云"眼落曉"。(《里語微實》卷上 一字微實 P11)

　　參見[眴]。(《越諺》卷下 單辭隻義 P15)

【瞋】 dàn　　唐人裱褙卷軸，引首後以綾貼楮，曰瞋。瞋，譚上聲。(《雅俗稽言》卷二十一 P11)

【瞪】 zhèng　　定視曰瞪。《廣韻》："瞪，棖去聲，定視也。"(《里語微實》卷上 一字微實 P12)

【瞧】 qiáo　　審視曰瞧。瞧音樵。嵇康《難自然好學論》："睹文籍則目瞧。"(《里語微實》卷上 一字微實 P12)

【瞬動】 shùndòng　　上水閏反，俗字也。《莊子》云："終日視而目不瞬。"《説文》作："瞋，開闔目數搖也，從目寅聲也"。(《一切經音義》卷七十二 6P2846)

【瞬頃】 shùnqǐng　　上輸閏反。《呂氏春秋》曰："萬世猶一瞬者是也。"《説文》："瞬謂開闔目數搖也。從目舜聲，或從寅作瞋。"(《一切經音義》卷三十三 3P1315)

【瞳朧】 tónglóng　　參見[籠僮]。(《唐音癸籤》卷二十四 P212)

【瞪瞱】 dèngzhǔ　　宅耕反。《通俗文》云："直視曰瞪。"(《一切經音義》卷三十一 2P1221)

【矇睒】 huòshǎn　　電曰矇睒。《太元經》："明復睒天中獨爛。"王劭注云："忽雷矇睒，今謂電也。"案：木華《海賦》："儵昱絶電"，又云"矇睒無度"，矇音況，入聲；睒音閃，俗作顯，聲轉也。(《土風錄》卷十五 P346)

　　音霍顯。木華《海賦》："矇睒無度。"案：矇睒，電光閃爍也。吳中稱電爲矇睒。(《吳下方言考》卷八 P2)

　　參見[霍閃]。(《燕説》卷三 P1)

【矇睒娘娘】 huòshǎnniángniáng　　"耆扇"，電也。"矇睒"，《文選·海賦》。(《越諺》卷中 天部 P3)

【矇】 méng　　參見[珠子]。(《通俗編》卷十

六 P343)

【矇盲】 méngmáng　　上音蒙。《毛詩傳》："曰矇者，有眸子無見曰矇也，有如童蒙，從目蒙聲也。"(《一切經音義》卷七十九 6P3108)

【矒盯】 měngchéng　　怒目視人曰矒盯。音盲棖。(《肯綮錄》P1)

【瞻待】 zhāndài　　《毛詩傳》曰："瞻，視也。"鄭注《周禮》曰："待，給也。"謂看視供給之也。(《一切經音義》卷二十二 7P835)

【矒】 zhàn　　謀人財物曰矒。音戰，見《俗書刊誤》。俗作"佔"。(《里語微實》卷上 一字微實 P23)

【矍鑠】 juéshuò　　漢《馬援傳》："矍鑠哉，是翁也。"故今老人有矍鑠之稱。(《雅俗稽言》卷十九 P13)

　　《後漢書·馬援傳》云："援據鞍顧眄，以示可用。帝笑曰：'矍鑠哉是翁也。'"注云："矍鑠，勇貌。"(《通言》卷一 P14)

田　部

【田地】 tiándì　　《朱子文集》："爲學須以主敬立志爲先，方可就此田地上推尋義理，見諸行事。"又《語錄》："堯舜性之，是合下如此；湯武身之，是做到那田地。"《五燈會元》："雲門偈曰：'從上來事，莫相埋没，然須到這田地始得。亦莫趁口快亂問。'"(《通俗編》卷二 P24)

　　又，極頭。"田地"，《朱子語錄》："做到那田地。"(《越諺》卷中 地部 P5)

【田塘】 tiándài　　大。皆泛指耕畝。(《越諺》卷中 地部 P4)

【田狗】 tiángǒu　　參見[犴狗]。(《越諺》卷中 禽獸 P44)

【田曹】 tiáncáo　　屯田爲田曹。《容齋四筆》)(《唐音癸籤》卷十七 P157)

【田畊】 tiángǎng　　吳人謂田中徑曰田畊。(《吳下方言考》卷二 P3)

【田舍翁】 tiánshèwēng　　《宋書》武帝拒袁顗諫大修宮室時言。(《越諺》卷中 賤稱 P14)

　　《宋書》："武帝大脩宮室，袁顗屢稱高祖儉素。帝曰：'田舍翁得此已過矣。'"

（《通言》卷五 P67）

【由鹿】yóulù　今制秋獮謂之哨鹿。獵人冒鹿皮入山林深處，口銜蘆管，作鹿聲，鹿乃群至，然後取之，即古之由鹿也。唐呂溫《由鹿賦》曰：“由此鹿，以致他鹿，故曰由鹿。”《説文》云：“率鳥者，繫生鳥以來之，名圖。”由鹿又當作圖。（《言鯖》卷下 P24）

【甲子雨】jiǎzǐyǔ　唐俚語云：“春甲子雨赤地千里，夏甲子雨乘船入市，秋甲子雨禾頭生耳，冬甲子雨牛羊涷□。”（《目前集》前卷 P2117）

【甲弟】jiádì　隋唐以來謂登科目亦曰甲弟。（《雅俗稽言》卷八 P4）

【甲趺】jiǎfū　參見［交趺］。（《一切經音義》卷十六 12P615）
　　參見［加趺］。（《一切經音義》卷七十一 3P2810）

【甲馬】jiǎmǎ　《天香樓偶得》：俗于紙上畫神佛像而祭賽之，謂之甲馬。以此紙爲神佛憑依，似乎馬也。《武林舊事》有印馬作坊。（《通俗編》卷十九 P436）
　　《蚓菴瑣語》：“世俗祭祀，必焚紙錢甲馬。”（《恒言廣證》卷五 P76）

【申呈】shēnchéng　參見［申解］。（《通俗編》卷六 P125）

【申解】shēnjiě　《雲麓漫鈔》：“官府多用申解二字。申之訓曰重，今以狀達上官曰申聞，施于簡劄曰申呈，皆無重義。解，古隘切，訓曰除，而詞人上于其長曰解，士人獲鄉薦亦曰得解，皆無除出之義。舉世用之，與歐陽子言打字正同。”（《通俗編》卷六 P125）

【申聞】shēnwén　參見［申解］。（《通俗編》卷六 P125）

【町】tīng　地狹長。他丁反。（《俗務要名林》）

【町疃】dīngdōng　疃，音東。《廣韻》：“疃，行貌。”案：吳諺形急行曰町疃。（《吳下方言考》卷一 P1）

【男】nán　越人呼其女如“呐”之平聲而不得其字。或以爲即《衛風》所謂“邦之媛者”。然“媛”自讀“院”，不得爲“呐”之平聲。顧氏《音韻五書》特出“嬞”字，謂以女聯爲文，即以女聯爲切。今以女聯切之，與“呐”之平聲相距甚遠。……聯子謂之

“孌”，則女聯當爲“孌”。《衛風》又曰：“孌彼諸姬”，以諸姬而言，明有聯義。……嬞之爲嬞，於古亦無根蒂。況“呐”之平聲第以名其女，非以名其聯。夫俗音所始，究不在遠。所謂“呐”之平聲者，不過是“男”字爾。凡爲父母者，莫不憎女而愛男，故往往女而男子。“男”字與“呐”之平聲雖其音微轉，要之與女聯之隔母者區以別矣。（《越言釋》卷下 P27）

【男風】nánfēng　《書》：“馬牛其風。”賈逵云：“風，放也，牝牡相誘謂之風。”今俗以男色爲男風，以兩人狎昵一人至於相爭爲爭風，本此。（《直語補證》P4）
　　晏公《類要》有左風懷、右風懷二類。男爲左，女爲右。鄙俗省其懷字言之。宋人詩話有以“惡説南風五兩輕”爲謔語者。（《通俗編》卷二十二 P503）

【畐塞】bìsè　批逼反。《方言》：“畐，滿也。”經文作逼，誤也。（《一切經音義》卷七十五 20P2986）

【畋】tián　《説文》：“畋，平田也。”《書·多方》：“畋爾田。”孔疏：“治田謂之畋。”今人以營田求食謂之畋。（《恒言廣證》卷三 P57）

【畈哩】fànlǐ　上“絆”。田野閒。（《越諺》卷中　地部 P3）

【畎】gǎng　積水曰畎，亦曰汪。（《札樸》卷九　鄉里舊聞　鄉言正字附　名稱 P328）
　　讀如吳音秔稻之秔。許氏《説文》：“畎，境也。一曰陌也。”案：畎，田中高徑，所以分某甲乙田，而各識其田境之所止也。吳人謂田中徑曰田畎。（《吳下方言考》卷二 P3）

【畢姻】bìyīn　婚娶曰畢姻，見鄭文康《俗禮歌》序：“子爲膏兒畢姻。”蓋即向子平婚嫁畢之意，俗作婎，非是。（《土風錄》卷六 P246）

【畢羅】bìluó　參見［饆饠］。（《雅俗稽言》卷十六 P4）

【畢逋】bìbū　《後漢書·五行志》：“童謠曰：‘城上烏，尾畢逋。’”案：畢，弭尾也。逋，蹲也。謂畢其尾而逋於高處也。吳諺謂鳥蹲未宿曰逋。（《吳下方言考》卷三 P5）

【畺】jiāng　姜。比田也。勉用劣僕曰“畺”。（《越諺》卷下　單辭隻義 P15）

【留後門】liúhòumén　《鶴林玉露》：“紹興

時，劉豫入寇，趙元鎮請高宗親征，喻子才曰：'今若直前，萬一蹉跌，退將焉託？要須留後門，庶幾進退有據。'"（《通俗編》卷二十四 P531）

【留守】liúshǒu　留守二字，按《漢·外戚·吕公傳》："戚姬常從上之關東。吕后年長，常留守，希見，益疏。"高承《事物紀原》乃云"留守始于唐"，非也。（《能改齋漫錄》卷二 P19）

【留落】liúluò　參見［流落］。（《雅俗稽言》卷十九 P5）

【畔】pàn　今吴語謂避人爲畔。（《言鯖》卷上 P25）

　　避人曰畔。《南史·陳後主紀》："起齊雲觀，國人歌云：'齊雲觀，寇來無際畔。'"或以爲藏匿，曰畔之所始。案："無際畔"即"無涯岸"之義。王隱《晉書》："鄧伯道避石勒難，以車馬負妻子以叛。"當爲"藏匿"之意，"叛"與"畔"通。（《土風錄》卷十四 P328）

【畔牢愁】pànláochóu　畔音婆，愁音曹。爲物所繫而心不暢快曰畔牢愁……《集韻》："愁音曹。"楊雄旁《惜誦》以下至《懷沙》一卷爲《畔牢愁》。李奇云："畔，離也，牢，聊也，無聊而嘈離之意。"（《方言據》卷上 P4—5）

【畔援】pànyuán　參見［畔换］。（《能改齋漫錄》卷七 P180）

【畔换】pànhuàn　畔换，今本詩皆作畔援。班固《高帝紀贊》曰："項氏畔换。"韋昭曰："跋扈也。"（《能改齋漫錄》卷七 P180）

【略刃】lüèrèn　俗於礪山出刀子刃謂之略刃。《爾雅》云："剡，略，利也。"……此則礪刀使利，故稱略刃耳。（《匡謬正俗》卷六 P64）

【畾落】liúluò　今俗取物不盡則曰畾落。（《土風錄》卷十 P287）

【番】fān　今宿衛人及于官曹上直皆呼爲番，音翻。……陳思王表云："宿衛之人，番休遞上。"此言以番次而歸休，以番次而遞上。字本爲幡，文案從省，故言番耳。（《匡謬正俗》卷八 P96）

【番蕷】fānyù　如。番國之薯蕷也。大倍芋，生熟皆可食充饑。（《越諺》卷中　毅 蔬 P55）

【畫刺】（編者按："刺"應作"剌"）huàcì　劉熙《釋名·書契篇》："畫姓名於奏上曰畫刺。作'再拜起居'字皆達其體，使書盡邊，徐引筆書之如畫者也。"（《直語補證》P50）

【畫影】huàyǐng　畫喜容曰畫影。祭祀用尸，其義精深。尸不能行也，而易以木主之像；木不能行也，而易之以畫影：二者猶有用尸之義。至宋儒謂畫影與祖考無干，專用木主。不知數寸之木，與祖考何干也？古人木主之設，蓋以用尸，皆子弟爲之；高、曾、祖考，無以分別，故用主以識之。今不用尸而但用主，正如今鄉飲主賓介僕之帖，獨有帖而無人也。（《瓦釜漫記》）（《里語徵實》卷中上　二字徵實 P50）

【畫字】huàzì　《石林燕語》："唐人初未有押字，但草書其名，以爲私記，故號花書。韋陟自謂所書陟字，若五朵雲，號五雲體是也。嘗見唐誥書名，未有一楷字。今人押字或知押名，猶是此意。"王荆公用"石"字，初横一畫，左引脚中爲一圈，語曰"花書盡帶圈"，謂此也。是押名自宋以前已然矣。今官府謂之花押，民間謂之畫字，多有不知草書其名者，非古也。（《雅俗稽言》卷十八 P16）

【畫指卷】huàzhǐjuàn　《周禮·司市》云："以質劑結信而止訟。"鄭康成注云："長曰質，短曰劑，若今下手書。"賈公彦曰："下手書若今畫指卷。"（《談徵》事部 P21）

【畫指券】huàzhǐquàn　參見［手印］。（《通俗編》卷十六 P351）

【當】❶dāng　猶云適纔也。《魏志·華佗傳》："佗久遠家，思歸。因曰：'當得家書，方欲暫還耳。'"……王右軍帖"適得書"，與此義同。又……義與可近，豫爲約計之，故云當也。羅鄴《蔣子文傳》："當行十里，忽覺如有一黑衣人爲之導。其人随之，當復二十里見大樹。"（《助字辨略》卷二 P93）

❷dàng　《左傳·哀八年》："以王子姑曹當之。"注云："言求吴王之子以交質。"《漢書·匈奴傳》："漢出三千餘騎入匈奴，捕虜數千還，匈奴終不敢取當。"注云："當者報其值。"《後漢書·劉虞傳》："虞所賚賞，典當于夷，瓚復抄奪之。"注云："當音丁浪反。"按：俗謂質鋪曰當。當字義，備此三書。唐以前，此事惟僧寺爲之。《南史·循吏傳》："甄彬以束苧就長沙寺庫質錢，後贖

苧,于苧束中得五兩金,送還寺庫。”《五燈會元》:“天游過廬山,主僧不納,曰:‘正是質庫中典牛也。’”《老學菴筆記》言:“僧寺作庫,質錢取利,謂之長生庫。”皆此也。唐《異聞集》:“薛仿作《霍小玉傳》云:‘服玩之物,多托于西市寄附鋪侯景先家。’”見此時士庶家有效僧寺爲之者,然但謂之寄附鋪,而無當名。《清河書畫舫》云:“展子虔真跡,有宋時印文曰:‘台州市房務抵當鋪印。’”則易寄附爲抵當矣。其後更省去鋪字,單稱曰當,不知又起何時。(《通俗編》卷二十三 P521)

【當年】dàngnián 《韓詩外傳》:“先生者,當年霸;後生者,三年而復。”當,讀去聲。唐方干詩“庭梅會試當年花”同。(《通俗編》卷三 P50)

【當初】dāngchū 《水經·滱水》注:“安喜城下有積木交橫,蓋當初山水渟瀯,漂積于斯。”按:《琵琶記》有“早知今日悔當初”句。(《通俗編》卷三 P55)

　　謂昔也。《水經·滱水》注。(《越諺》卷中 時序 P6)

【當行】dànghángr 參見［舖行］。(《宛署雜記》卷十三 P103)

【當復】dāngfù 並語助,省此二字讀,則義明也。《魏志·鍾會傳》:“文王笑曰:‘我寧當復不知此邪!’”(《助字辨略》卷二 P93)

【當家】❶dāngjiā 《史記·始皇紀》:“百姓當家,則力農工。”《朝野僉載》:“婁師德曰:‘若犯國法,卽師德當家,兒子亦不能捨。’”范成大詩:“畫出耘田夜績麻,村莊兒女各當家。”(《通俗編》卷二十四 P533)

　　❷dàngjiā 沈作喆《寓簡》:“近世言翰墨之美者,多云合作。予問邵公濟合作何意。曰:‘猶俗語當家也。’”當,去聲。(《通俗編》卷二十一 P464)

　　《讀書雜釋》(卷十四):“北人稱同姓曰當家。”二字見《西陽雜俎》:“魏貞謂周皓曰:‘汴州周簡老義士也,復與郎君當家,今可依之。’”……今北人又以之呼車夫。(《釋諺》P105)

　　參見［作家］。(《里語微實》卷中上 二字微實 P10)

【當家的】dāngjiā·de 雇工人稱家長曰當家的。(《燕山叢錄》卷二十二 長安里語 人物 P8)

雇工稱主曰當家的。(《宛署雜記》卷十七 P193)

【當時】dàngshí 當,去聲。《十洲記》:“不死草,形如菰苗。人已死三日者,以草覆之,皆當時活也。”(《通俗編》卷三 P54)

【當軸】dāngzhóu 《漢書·田千秋傳》贊:“當軸處中,括囊不言。”《北史·齊紀》總論:“佞閹處當軸之權。”《宋史·蘇軾傳》:“積以論事,爲當軸者所恨。”案:閫向稱現任官爲當道。(《稱謂錄》卷二十五 現任官員 P1)

【當路子】dānglùzǐ 《孟子》:“夫子當路於齊。”阮籍詩:“如何當路子,磬折忘所歸。”杜甫詩:“歎息當路子。”(《稱謂錄》卷二十五 現任官員 P1)

【當關】dāngguān 李商隱詩:“當關莫報侵晨客,新得佳人字莫愁。”又嵇康《絶交書》:“臥喜晚起,而當關呼之不置,一不堪也。”(《稱謂錄》卷二十五 閽 P13)

【嬲】niǎo 參見［嬲］。(《雅俗稽言》卷三十 P9)

【疊澀】diésè 宮牆基自地上一丈餘疊石凹入如崖隒狀,謂之疊澀。石多作水紋,謂之澀浪。(《升菴外集》)(《唐音癸籤》卷十七 P151)

皿　部

【盂蘭盆】yúlánpén 《荆楚歲時記》:“七月十五日,僧尼道俗,悉營盆作盂蘭盆會。”《唐六典》:中尚署七月望日,進盂蘭盆。楊烱有《盂蘭盆賦》。《翻譯名義》:“盂蘭,西域之語轉,本云烏藍,此翻救倒懸。盆是貯食之器。三藏云:盆羅百味,式供三尊,仰大衆之恩光,救倒懸之倉急。”(《通俗編》卷二十 P450)

【盃珓】bēijiào 卽俗所謂打卦也。《演繁露》:“後世問卜于神,有器名盃珓者,以兩蚌殼投空擲地,以觀其俯仰,以斷休咎。自有此制,後人不專用蛤殼矣,或以竹,或以木署斷削使如蛤形,而中分爲二,有仰有俯,故亦名盃珓。盃者言蛤殼中空可以受盛,其狀如盃也;珓者本合爲教,言神所告教。”(《談徵》名部上 P43)

【盄】zhāo 音轉調之調。《説文》:“盄,器也。”案:盄,盌類也。吳中曰盄如茶盄、藥

蛊之類。(《吳下方言考》卷九 P13)

【盈漫】yíngmàn　《唐書·馬懷素傳》:"是時,文籍盈漫,簽勝紛舛。"(《札樸》卷五　覽古 P142)

【盉】bō　僧乞盂也。(《通俗文》釋器用 P78)

　　僧應器也。(《通俗文》釋器用 P78)

【盌頭桌】wǎntóuzhuō　酒肆櫃飲之名。《夢粱錄》作"盌頭店"。(《越諺》卷中　飲食 P38)

【溫】fàn　參見〔盞〕。(《通俗文》釋器用 P75)

【盉】kuī　瓦鉢曰盉。(《蜀語》P7)

【盜竽】dàoyú　《表異錄》:"盜竽,言盜之倡也。竽者,五音之長。"(《稱謂錄》卷三十 盜賊 P7)

【盞】zhǎn　醬杯曰盞,或謂之溫(夫凡切。又薄淹切)。(《通俗文》釋器用 P75)

【盟府】méngfǔ　參見〔明輔〕。(《通俗編》卷十三 P280)

【監兒】jiān'ér　皮。(《墨娥小錄》卷十四 P4)

【監搜】jiānsōu　元微之詩:"松間待制應全遠,藥樹監搜可得知。"自晉魏以來,凡入殿奏事,以御使一人立殿門外搜索而後許入,謂之監搜。(《石林燕語》)(《唐音癸籤》卷十七 P151)

【監臨】jiānlín　《漢書·刑法志》條定法令,作見知、故縱、監臨、部主之法,《唐律》諸稱監臨者,統攝案驗爲監臨。(《恒言廣證》卷四 P65)

【監茶】jiānchá　參見〔供茶〕。(《里語徵實》卷中下　二字徵實 P15)

【盡盤將軍】jìnpánjiāngjūn　飲食罄盡曰盡盤將軍,亦見元人曲。(《土風錄》卷十二 P305)

【盤師】pánshī　鹽舍煎鹽者。(《越諺》卷中 賤稱 P14)

【盤渦】pánwō　盤音旋。楊升菴云:"蜀江三峽中水波員折者曰盤渦。"杜詩:"盤渦鷺浴底心性。"(《談徵》言部 P60)

【盤纏】pánchán　蕭千巖《樵夫》詩:"一擔乾柴古渡頭,盤纏一日頗優游。歸來澗底磨刀斧,又作全家明日謀。"鑑案:《文獻通考》:"長興元年見錢十貫十文,秆草每束一

文盤纏。"(《恒言錄》卷四 P89)

　　《元典章》:"戶部例,有長行馬斟酌盤纏條;刑事例,有侵使軍人盤纏條。"按:二字元以前未見用者。方回《聽航船歌》:"三日盤纏無一錢。"亦是降元後作。(《通俗編》卷二十三 P523)

【盧亭】lútíng　顧況《酬漳州張使君》詩:"薛鹿莫徭洞,網魚盧亭洲。"……盧亭者,居海島,赤身無衣,常下海捕魚,能伏水中三四日不死,相傳爲盧循子孫,亦名盧餘。漳郡唐初所開,固當以此入詠。(《唐音癸籤》卷十八 P164)

【盧橘】lújú　世人多用盧橘以稱枇杷。按:司馬相如《游獵賦》云:"盧橘夏熟,黃柑橙楱,枇杷橪(而善切)柿。"夫盧橘與枇杷並列,則盧橘非枇杷明矣。郭璞注:"蜀中有給客橙,冬夏花實相繼,通歲食之。"謂卽盧橘也。意者,橙橘惟熟於冬,而盧橘夏亦熟,故舉以爲重歟。唐三體詩裴庚註云:"《廣州記》:'盧橘皮厚,大如柑,酢多,至夏熟,土人呼爲壺橘。又曰盧橘。'"(《南村輟耕錄》卷二十六 P324)

【盧胡】lúhú　東坡詩:"滿堂坐客皆盧胡。"(《土風錄》卷十 P286)

【盧盧】lúlú　程泰之《演繁露》云:"世人呼雞皆曰朱朱,呼犬皆曰盧盧。"(《土風錄》卷十五 P346)

【盧餘】lúyú　參見〔盧亭〕。(《唐音癸籤》卷十八 P164)

【盦】ān　音曷,《說文》:"盦,覆蓋也。"案:盦,下有物而上覆蓋之,不令出氣。如吳中盦醬、盦麪之類是也。(《吳下方言考》卷十二 P5)

　　掩埋曰盦(音諳,入聲),亦作盦,《博古圖》:"周有交虬盦。"蓋鼎之盉(音闔)也。(《瑣碎錄》:"海棠花欲鮮而盛,于冬至日早,或以盦過麻屑糞土壅培根下。")(《語實》P144)

【盩厔】zhōuzhì　《漢書·地理志》:"右扶風有盩厔縣。"《寰宇記》:"山曲曰盩,水曲曰厔。"按:二字音若輈質,今以事費曲折者曰"盩厔",其字應此寫。(《通俗編》卷二 P41)

　　周質。山曲曰"盩",水曲曰"厔"。喻不直快。(《越諺賸語》卷上 P3)

【盪】dàng　賣。(《墨娥小錄》卷十四 P9)

《宋書·顏師伯傳》:"單騎出盪。"《孔顗傳》:"每戰以刀楯直盪。"盪,皆音湯。隋時童謠:"上山喫鹿獞,下山喫牛羊。忽聞官軍至,提刀向前盪。"(《通俗編》卷八 P172)

直前曰盪。盪音湯。《宋書·顏師伯傳》:"單騎出盪。"隋時童謠:"上山喫鹿獞,下山喫牛羊。忽聞官軍至,提刀向前盪。"按:字典俗有"盪風冒雪"之語。(《燕説》卷二 P1)

音湯。鄭熊《番禺記》:"婿先飲一杯曰盪風。"案:盪,抵當也。吳諺謂當(上聲)得住曰盪。(《吳下方言考》卷二 P2)

中州語又以閒遊爲潢,亦猶吳中鄙語以閒遊爲盪、爲摸也。(《語竇》P142)

【盪風】dàngfēng　鄭熊《番禺記》:"婿先飲一杯曰盪風。"(《吳下方言考》卷二 P2)

【斸愈】juānyù　上決玄反。《方言》云:"南楚疾愈或謂之斸。"郭注云:"斸,除也。"下羊主反。孔注《論語》云:"愈猶勝也。"《毛詩》作悆,病差也。《説文》:"病瘳也。"形聲字也。(《一切經音義》卷二十九 8P1153)

【鹽圞】yánnǎi　乃。煎鹽時鹵漏篾縫,遇火成乳,研食,味較鮮於鹽。(《越諺》卷中　貨物 P33)

【鹽花】yánhuā　見陸羽《茶經》"鹺簋"條云:"貯鹽花也。"(《直語補證》P18)

【鹽鈔】yánchāo　宋有交子、會子、關子、錢引、度牒、公據等名,皆所以權變錢貨以趨省便,然皆不言其制,惟户部中鹽有鹽鈔之名。(《俚言解》卷二 29P43)

參見[匯鈔]。(《越諺》卷中　貨物 P33)

生　部

【生】shēng　語助也。李太白詩:"借問別來太瘦生。"杜子美詩:"生憎柳絮白於縣。"(《助字辨略》卷一 P102)

李白詩:"借問別來太瘦生。"歐陽修詩:"爲問青州作麼生。"按:生,語辭,即今云怎生之生。禪宗語錄凡問辭,悉助以生。(《通俗編》卷三十三 P747)

《魏書·儒林張吾貴傳》:"曾在夏學聚徒而不講傳。生徒竊云:'張生之於左氏,似不能説。'"又《徐遵明傳》:"師事張吾貴,

乃私謂其友人曰:'張生名高而義無檢格。'"馥案:漢經師多稱生,如伏生、歐陽生是也。賈誼、董仲舒皆稱生。……案:先生或單稱一字。《貢禹傳》:"朕以生有伯夷之廉,史魚之直。"顏注:"生,謂先生也。"《古今人表》:"嚴先生。"《史記·越世家》稱"莊生"。《蘇秦傳》:"蘇生。"徐廣曰:"生,一作先。"《漢書·梅福傳》:"叔孫先。"《晁錯傳》:"學申商刑名於軹張恢先所。"徐廣曰:"先即先生。"此傳末有鄧公,《漢書》作"鄧先",顏注:"鄧先,猶言鄧先生也。"(《札樸》卷三　覽古 P98)

【生佸】shēnghuó　勤力曰生佸。(《札樸》卷九　鄉里舊聞　鄉言正字附　雜言 P331)

【生受】shēngshòu　《元典章》見處甚多,如云:"官人每做賊説謊,交百姓生受。""使臣到外頭搔擾,交百姓站赤生受。"合觀諸文,大抵即難爲意耳。(《通俗編》卷十四 P301)

【生口】shēngkǒu　《魏志·王昶傳》注:"任嘏與人共買生口,各顧八匹。"則名牛馬驢騾爲生口,舊矣。(《雅俗稽言》卷三十五 P26)

《魏志·王昶傳注》注:"任嘏與人共買生口,各雇八匹。後生口家來贖,嘏自取本價。"按:世俗通以畜產爲生口,而馬尤專其稱。(《通俗編》卷二十八 P636)

【生含】shēnghán　參見[呻喚]。(《通雅》卷四十九 P1440)

【生巾】shēngjīn　漢酈食其以儒冠見高帝。注曰:"儒冠,側冠也。"予意恐即今之生巾。(《七修類稿》卷八 P136)

【生張八】shēngzhāngbā　《墨客揮犀》:"北都有妓女,舉止生硬,士人謂之生張八。"(《雅俗稽言》卷二十一 P5)

【生理】shēnglǐ　八月,説與百姓每:"生理艱難,凡事務要節儉。"(《宛署雜記》卷一 P1)

【生放】shēngfàng　參見[放錢]。(《俗考》P10)

參見[放債]。(《通俗編》卷二十三 P520)

【生日錢】shēngrìqián　參見[拜見錢]。(《通俗編》卷二十三 P514)

【生活】shēnghuó　生活字本出《孟子》,今

人借作家計用。《魏書·胡叟傳》:"我此生活,似勝焦先。"《南史·臨川王宏傳》:"阿六,汝生活大可。"《北史·祖瑩傳》:"文章須自出機杼,成一家風骨,何能共人同生活也!"《尉景傳》:"與爾計生活孰多。"(《恒言錄》卷四 P91)

《元典章》:"工部段疋條:'本年合造生活,比及年終,須要齊足。'"又,"造作生活好歹體覆絲料,盡實使用。"按:以段疋爲生活,前無所見,似即起于元也。田藝蘅《張應祥墓志》:"命匠造冰絲,不得作僞,直不加昂,而生活易售。"則明人遂有用入文者。(《通俗編》卷二十五 P558)

《文子·道德篇》:"自天子以下至于庶人,各自生活。"《史記·日者傳》:"家之教子孫,當視其所以好,好含苟生活之道,因而成之。"《北史·祖瑩傳》:"文章須自出機杼,何能共人同生活也?"《胡叟傳》:"蓬蔂草筵,惟以酒自適,謂友人曰:'我此生活,似勝焦先。'"《南史·梁臨川王宏傳》:"帝曰:'阿六,汝生活大可。'"《摭言》:"裴令公夜宴聯句,楊汝士曰:'笙歌鼎沸,勿作此冷淡生活。'"(《通俗編》卷二十一 P462)

【生氣】 shēngqì 《晉語》:"子犯曰:'未報楚惠而抗宋,我曲楚直,其衆莫不生氣。'"(《通俗編》卷十五 P322)

《晉語》。(《越諺賸語》卷上 P6)

【生硬】 shēngyìng 白居易《初到忠州》詩:"吏民生硬都如鹿。"《拊掌錄》言:"北妓張八,舉止生硬。"(《通俗編》卷十五 P330)

【生發】 shēngfā 六月,説與百姓每:"盜賊生發,務要恊力擒捕。"(《宛署雜記》卷一 P2)

【生計】 shēngjì 市人一切買賣……亦謂之"生計"。……或以"生計"爲生意,訛矣,然義亦可通。(《越言釋》卷上 P3)

【生麞】 shēngzhāng 俚俗謂人舉止蒼黄者曰生麞。(《雅俗稽言》卷二十一 P5)

【甥孫】 shēngsūn 韓愈《唐故江西觀察使韋公墓誌銘》:"公既孤,以甥孫從太師魯公真卿學。"(《稱謂錄》卷八 姊妹之孫 P9)

矢　部

【知制誥】 zhīzhìgào 參見[三字]。(《唐音

癸籤》卷十七 P157)

【知縣】 zhīxiàn 知縣,則以京朝官之銜知某縣事,非外之也。(《目前集》前卷 P2128)

【妭結】 báqià 努力曰妭結。(《札樸》卷九 鄉里舊聞 鄉言正字附 雜言 P330)

【短矪矪】 duǎnzhuōzhuō 音掘。揚子《方言》:"矪,短也。"案:矪,短不韻也。吳中謂物之短而無文者曰短矪矪。(《吳下方言考》卷十二 P9)

【短工】 duǎngōng 參見[長工]。(《通俗編》卷二十一 P475)

割稻麥、種田及幫忙暫雇者。《唐書·百官志》《三餘贅筆》。(《越諺》卷中 賤稱 P14)

【短罷】 duǎnpí 猶短痹也。《司樂注》少師曰:"陂,讀爲短罷之罷。"此言短痹也,痹轉爲牌音,故罷轉爲擺音。《方言》:"孈孈,通語也。"其時已有此音矣。古罷但音羆,借爲疲,今讀罷爲彼駕反,亦後來之轉也。《方言》:"委痿謂之隑企。"又曰:"隑,陭也。"企與跂同。隑本音跂,而轉爲愷,猶矮本從委,而今呼爲藹也。隑有愷音,痹有擺音,故痿有矮音。《後漢書》童謡:"見一痹人上天。"注:"即矮人。"足徵古齊微韻,而後轉皆來韻也。(《通雅》卷十八 P638)

【短錢】 duǎnqián 參見[長錢]。(《通俗編》卷二十三 P512)

【矬】 cuó 身短曰矬。昨禾切。(《肯綮錄》P1)

貌寢而不揚曰矬。(《客座贅語》卷一 詮俗 P9)

參見[矮矬]。(《雅俗稽言》卷二十二 P12)

【矬人】 cuórén 才戈反。《廣雅》:"矬,短也。"《通俗(編者按:奪"文"字)》云:"侏儒曰矬。"經文多作痤字。《説文》云:"小腫也。"非此義也。(《一切經音義》卷二十六 5P1005)

【矬醜】 cuóchǒu 上藏螺反。……《考聲》:"矬,矮也。"……下犨尋反。《毛詩傳》曰:"醜,弃(編者按:當作惡)也。"案:醜,不端嚴也,兒惡不妍也。《説文》:"可惡也。從鬼酉聲。"矮音櫻解反。(《一切經音義》卷十八 16P699)

【矬陋】 cuólòu 才戈反。《廣雅》:"矬,短

也。"下婁豆反。王逸注《楚辭》云:"陋,小也。"顧野王云:"醜皃也。"(《一切經音義》卷十五 15P577)

上坐和反。《廣雅》:"矬,短也。"下盧豆反。王逸注《楚辭》云:"陋,小也。"《爾雅》:"鄙也。"《考聲》云:"陋,醜惡也。"《説文》:"陿也。"(《一切經音義》卷二 15P102)

【矮】ǎi 參見[敧]。(《客座贅語》卷一 詮俗 P9)

【矮兒王】ǎi'érwáng 俗稱短人曰矮兒王。(《雅俗稽言》卷二十二 P11)

【矮矬】ǎicuó 俗目短人曰矮矬。矬一作逘。《唐書·王伾傳》:"形容逘陋。"《通鑑音義》:"逘,七禾切,剉平聲。"今按諸韻書,矬訓"短也,才禾切,坐平聲"爲是。(《雅俗稽言》卷二十二 P12)

【矮矬矬】ǎicuócuó 謂人形短曰矮矬矬。矬,七禾切,音搓。《唐書》:"王伾形容逘陋。"逘,行貌,當用矬字爲是。(《蜀語》P11)

【矮𤙣僫束】ǎipúdúshù 俗嘲人短者云云。《廣韻》"僫"字注:"僫束,短醜貌。"𤙣,短人。(《直語補證》P35)

【矮𨄅】ǎipǎ 參見[𨄅]。(《通俗編》卷三十六 P797)

【矮趽狗】ǎipánggǒu 今亦謂曲脛小犬曰矮趽狗。又曰蠏趽狗。(《通俗編》卷三十六 P820)

【矮逘】ǎicuó 參見[矮矬]。(《雅俗稽言》卷二十二 P12)

【罷】bà 《周禮·典同》"陂聲散"注:"陂,鄭大夫讀爲人短罷之罷。"《釋文》:"桂林之間謂人短爲罷矮。"《方言》:"桂林之中謂短罷。"無矮字。(《恒言廣證》卷二 P30)

【罷𥐞】bàyà 短小曰罷𥐞。罷,部買切,牌上聲,又音杷。𥐞音亞。《集韻》:"罷𥐞,短也。"按:今俗呼犬之小者曰罷𥐞狗,當亦以其短小也。(《燕説》卷一 P6)

【罷矮】bà'ǎi 魯直詩:"罷矮金壺肯送持。"注詩者引《玉篇》注曰:"罷,短也。矮,不長也。"不知二字見《春官》附音注下,謂:"罷矮,上皮買反,排上聲;下吾買反,崖上聲。"《方言》:"桂林之間謂人短曰罷𥐞。"𥐞,正作矮聲呼。(《雅俗稽言》卷二十二 P11)

禾部

【禾絹】héjuān 《南史·明帝紀》(編者按:"南史"原作"宋書",引文見《南史》):"中書舍人胡母顥專權,奏無不可。時人語曰:'禾絹閉眼諾,胡母太張橐。'禾絹謂上也。"《困學紀聞》十七評文誠齊爲《張燾墓銘》云:"今日士師,非禾絹士師也。"蓋謂秦檜專政,士師非主上之士師云爾。(《稱謂錄》卷九 天子古稱 P7)

【秃】tū 《北齊書·文宣帝紀》:"晉陽有沙門乍愚乍智,時人呼阿秃師。"《北夢瑣言》:"高駢謂開元寺十年後當有秃丁數千作亂。"《五燈會元》:張無盡敍龍安末後句。雲菴罵曰:"此吐血秃丁,脱空妄語,不得信。"《太平廣記》引《河東記》:夜叉罵經行寺僧行蘊曰:"賊秃奴,何起妄想之心?"《啓顔錄》:盧嘉言見三僧,戲曰:"阿師並不解搊捕乎?"僧未喻。盧曰:"不聞俗語云:三箇秃,不敵一箇盧?"按:此以犢秃音近借戲。(《通俗編》卷二十 P447)

【秃丁】tūdīng 上他谷反。《説文》云:"無髮也。從人在禾下也。"《文字音義》云:"倉頡出,見秃人伏於禾下,因以制字也。"(《一切經音義》卷續十 2P4030)

參見[秃]。(《通俗編》卷二十 P447)

【秃儂】tūnóng 參見[勺鐸]。(《客座贅語》卷一 方言 P10)

【秃奴】tūnú 參見[秃]。(《通俗編》卷二十 P447)

【秃楬】tūjié 狠曰秃楬(秃音譌促),《廣韻》作"秃髫",又云"髫鬄,秃皃"。(《札樸》卷九 鄉里舊聞 鄉言正字附 雜言 P330)

【秃髫】tūyà 參見[秃楬]。(《札樸》卷九 鄉里舊聞 鄉言正字附 雜言 P330)

【秃鶖】tūqiū 《齊書》:"秃鶖啼來乎。"案:秃鶖,鳥名,頭上少毛。此秃鶖指人言。吴中指頭童者爲秃鶖。(《吴下方言考》卷六 P10)

【秀】xiù 細。(《墨娥小錄》卷十四 P9)

【秀才】xiùcái 古史,趙公子成諫武靈王胡服,云:"俗辟民易,則是吴越無秀才也。"秀才之名始此,自後遂以爲取士之科。漢光武紀作茂才,避帝諱也。漢世有孝廉、茂才二等。隋開皇間,杜正玄舉秀才,楊素怒曰:"周孔復生,尚不得爲秀才!"其重如此。《國史補》:"進士爲時所尚,由此出者終身爲文人,通謂之秀才。"後世以生員爲秀才,而稱舉人爲孝廉。又諱秀才,易爲文學,亦不如秀才之不易稱也。陳眉公云:"做秀才,如處子,要怕人;既入仕,如媳婦,要養人;歸林下,如阿婆,要教人。"斯無媿于秀才矣。(《雅俗稽言》卷十九 P7)

　　《管子·小匡篇》:"農之子常爲農,樸野而不惡,其秀才之能爲士者,則足賴也。"按:"秀才"字始見於此。楊升菴引趙武靈王"吳越無秀才"之語,云屬二字所起。攷其原文,乃云秀士,非秀才也。《史記·儒林傳》:"公孫弘等議,有秀才異等,輒以名聞。"則秀才之科目著矣。《日知錄》:"唐代舉秀才者止十餘人,凡貢舉有博識高才、強學待問、無失俊選者爲秀才,其次明經,其次進士。明初亦嘗舉秀才,乃辟召之名,非所施於科目之士。"今俗謂生員爲秀才,非也。(《通俗編》卷七 P141)

　　楊慎《藝苑巵言》引趙武靈王"吳越無秀才"之語,云屬二字所起。攷其原文,乃云秀士,非秀才也。又按:東漢諱秀,改爲茂才。至桓帝時謠云:"舉秀才,不知書。"則作秀才。(《恒言廣證》卷四 P65)

　　參見[打毷氉]。(《通雅》卷二十二 P743)

【私債】 sīzhài 《鹽鐵論》:"高枕談臥,無叫號者,不知憂私債與吏,正戚者之愁也。"皮日休詩:"農時作私債,農畢歸官倉。"范成大詩:"賤訴天公休掠剩,半償私債半輸官。"(《通俗編》卷二十三 P521)

【私根】 sīgēn 指節名私根。(《通俗編》卷三十一 P703)

【私房】 sīfáng 《北史·崔昂傳》:"孝芬兄弟,孝義慈厚,一錢尺帛,不入私房。"《北周書·韋叔裕傳》:"早喪父母,事兄嫂甚謹,所得俸祿,不入私房。"(《通俗編》卷二十四 P533)

【私科】 sīkē 參見[私窠子]。(《通俗編》卷二十二 P502)

【私科子】 sīkēzǐ 雞雛所乳曰窠,卽科也。《晏子春秋》:"殺科雉者不出三月。"蓋言官妓出科,私娼不出科,如乳雉也。(《談徵》

名部下 P55)

【私窠子】 sīkēzǐ 《容齋俗攷》:"雞雛所乳曰窠,卽科也。《晏子春秋》:'殺科雉者,不出三月。'私科,蓋言官妓出科,私妓不出科,如乳雉也。"(《通俗編》卷二十二 P502)

　　參見[半開門]。(《越諺》卷中 屋宇 P26)

【私窩兒】 sīwō'ér 行院筵席處。(《墨娥小錄》卷十四 P4)

【秈】 xiān 參見[鮮]。(《越言釋》卷上 P15)

【秔米】 jīngmǐ 耿坑反。《集訓》:"秈(音仙),稻也。"……《聲類》:"不黏也。"《説文》:"稻屬。"亦作粳。(《一切經音義》卷八 17P315)

【秔糧】 jīngliáng 上古衡反。《聲類》:"不黏稻也。"《説文》:"稻屬也。從禾亢聲也。"經中從更作粳,俗字也。下音良。孔注《尚書》云:"儲食也。"《説文》:"穀也。"從米量聲。(《一切經音義》卷十五 12P570)

【秋】 qiū 抽取人之財物曰秋。(《客座贅語》卷一 詮俗 P8)

【秋千】 qiūqiān 《説文》引高無際作《鞦韆賦》序云:"此漢武帝後廷之戲,本云千秋,祝壽之詞也。語訛轉爲秋千,後人又造鞦韆二字。"竊意綵繩懸架,非皮革所爲,又非車馬之用,何以字從革耶? 或曰:"本山戎之戲習爲輕趫者,自昔齊桓公北伐,始傳中國,女子習之。楚俗謂之施鉤,《涅盤經》謂之骨索,天寶宮中呼爲半仙之戲。"(《雅俗稽言》卷十三 P26)

【秋老火】 qiūlǎohuǒ 參見[秋老虎]。(《里語徵實》卷中下 三字徵實 P42)

【秋老虎】 qiūlǎohǔ 夏至土王相。迫三庚之後,金畏火而自伏。韓詩云:"含柔氣常低,秋老火愈熾。"初秋時令,宜曰"秋老火"。俗以謂"秋老虎",無理。(《方言瑣辯》)(《里語徵實》卷中下 三字徵實 P42)

【秋色】 qiūsè 參見[越窰]。(《唐音癸籤》卷十九 P171)

【秋風】 qiūfēng 米芾書札中有"抽豐"二字,謂彼處豐稔,因往而分抽之也。俗以自遠投人干求錢物曰"秋風",亙從此作"抽豐"。然觀程文憲有主僧持提緣疏往友人處,因寄詩云:"東安官舍冷如冰,杖錫秋風

欲與乘。”亦寓意秋風字。紳意：俗謂秋風，
又謂清水綱，總之，凉薄云耳。（《雅俗稽
言》卷十七 P12）

　　《宋史·食貨志》：“或有貨物，則抽分給
賞。”分、風、豐一聲之轉，因抽分而作抽豐，
因抽豐而作秋風耳。（《恒言廣證》卷六
P98）

　　　參見[打綱]。（《宛署雜記》卷五 P43）

【科】kē　雞雛所乳曰窠，卽科也。《晏子春
秋》：“殺科雛者不出三月。”蓋言官妓出科，
私娼不出科，如乳雞也。（《俗考》P16）

　　草木曰一科，見太白《贈蓋寰》：“昔日
萬乘墳，今成一科蓬。”（《土風錄》卷十
P285）

【科儀】kēyí　洪武二十四年，命禮部清理釋
道二教，勅曰：“今之學佛者，曰禪，曰講法，
曰瑜珈；學道者，曰正，曰全真，皆違教敗
行。嗣後還俗者，聽道士設醮，不許拜奏青
詞，各遵頒降科儀。”（《里語徵實》卷中下
二字徵實 P17）

【科座】kēzuò　參見[邁座]。（《通俗編》卷
二十四 P537）

【科斗】kēdǒu　濟南春初有賣科斗食者，乃
和粉以漏器瀹於沸湯中，形似蝦蟇子，故謂
之科斗。案：《集韻》：“科斗，餌也，象蟲
形。”（《札樸》卷九 鄉里舊聞 P309）

【科甲】kējiǎ　《金史·裴滿亨傳》：“章宗喻
之曰：‘惟爾緜科甲進，且先朝信臣。’”（《恒
言廣證》卷四 P64）

【科發】kēfā　參見[差]。（《恒言廣證》卷四
P63）

【科第】kēdì　韓退之詩：“連年收科第，若摘
頷下髭。”白樂天詩：“忽憶前年科第後，此
時雞鶴聚同羣。”又，“科第門生滿宵（編者
按：當作霄）漢，歲寒少得似君心。”元稹詩：
“前年科第偏年少，未解知羞最愛狂。”（《恒
言廣證》卷四 P64）

【科索】kēsuǒ　《宋·包孝肅傳》：“久之，在
三司，和市上供物，革科索之擾。”（《里語徵
實》卷中上 二字徵實 P41）

【科頭】kētóu　參見[蓬頭]。（《雅俗稽言》
卷二十二 P4）

【秦人】qínrén　秦人、漢子。《老學庵筆記》
曰：“今人謂賤丈夫曰漢子，蓋始于五季紛
攘時。《北齊》：魏愷自散騎常侍遷青州長

史，固辭。宣帝怒曰：‘何物漢子，與官不
就。’此其證也。陶九成引成式《廬陵官下
記》，有“研朱漢子”語。馬永卿曰：“《西域
傳》載武帝《輪臺詔》曰：‘匈奴前縛馬前後
足，言：秦人，我丏若馬。’注：‘謂中國爲秦
人，習故言也。’高麗、安南謂中國爲唐人。”
又曰：“南謂北曰傖父，曰虜父。南齊王洪
軌，上谷人。事高帝刺青冀二州，甚清，州
人呼虜父使君。蜀謂中原人曰虜子。東坡
詩：“久客厭虜饌。”晁子止爲三榮守，自諭
民曰：“勿謂虜官不通民情。”（《通雅》卷十
九 P667）

【秦拔】qínbá　關門。（《墨娥小錄》卷十四
P4）

【秦關之數】qínguānzhīshù　《漢書》：“秦
地險固，二萬人足當諸侯之師百萬，故曰秦
得百二焉，齊得十二焉。十二謂二十萬當
百萬也。”今人謂一百二十萬秦關之數，非
本義矣。（《常語尋源》卷下己冊 P261）

【秸穰】kùlián　禾不實曰秸穰。（《札樸》卷
九 鄉里舊聞 鄉言正字附 禾稼 P327）

【秤心】chèngxīn　參見[斗膽]。（《雅俗稽
言》卷十七 P13）

【租賧】zūtàn　《通鑑》又云：“益州大度獠恃
險驕恣，陳顯達爲刺史，遣使責其租賧。”
（《札樸》卷十 滇游續筆 P336）

【秧馬】yāngmǎ　參見[苗騎]。（《越諺》卷
中 器用 P29）

【秩】zhì　白公詩：“已開第七秩，飽食仍安
眠。”又，“年開第七秩，屈指幾多人？”年六
十二所作。其“行開第八秩”詩自注：“俗謂
七十以上爲開第八秩。”蓋以十年爲一秩
云。秩字于古無考。禮：年九十曰有秩。
豈所本歟？《芥隱筆記》）（《唐音癸籤》卷
十八 P163）

【稃稡】bózú　不成秀曰稃稡。（《札樸》卷
九 鄉里舊聞 鄉言正字附 禾稼 P327）

【秸】jié　參見[草]。（《越言釋》卷下 P23）

【稤】duò　積穰曰稤。（《札樸》卷九 鄉里
舊聞 鄉言正字附 禾稼 P327）

【移】yí　參見[對移]。（《恒言錄》卷四
P79）

【稍瓜】shāoguā　參見[菁瓜]。（《越諺》卷
中 瓜果 P50）

【稀子】xīzǐ　布。（《墨娥小錄》卷十四 P5）

【稀葩】xīpā　喜極。(《墨娥小録》卷十四 P7)

【税】shuì　唐《濟瀆廟北海壇祭器碑》:"以假貸爲税。"今人出錢税器物,"税"字仿此。見《金石萃編》四十一卷。(《直語補證》P43)

【稂稴】lángcāng　郎倉。篩簸不淨,穀雜穰穎之謂。(《越諺》卷中 穀蔬 P54)

【稜】lèng　田分段曰稜。稜,魯鄧切,讀如冷。(《蜀語》P37)

【稜睜】léngzhēng　鹵莽曰稜睜。湖北有妖神曰稜睜鬼,見《夷堅志》。(《燕説》卷一 P6)

【稴】yè　犂種。於輒反。(《俗務要名林》)

【稞】kē　《集韻》:"青州謂麥曰稞。"(《札樸》卷九 鄉里舊聞 P302)

【稚子】zhìzǐ　杜詩:"筍根稚子無人見。"姚寬引杜牧詩:"小蓮娃欲語,幽筍稚相攜。"孔平仲引唐人《食筍》詩:"稚子脱錦褟,駢頭玉香滑。"證稚子爲筍。然作此解,與下鳧雛句亦不成聯法。僧贊寧謂竹根有鼠,大如貓,名竹㹠,亦名雉子。稚卽雉字,字畫小訛。《桐江詩話》又謂筍生正雉哺子之時,言雉子之小,在竹間人不能見。二説依稀近之。雖未必果是,然猶不失解詩之法。(《唐音癸籤》卷二十 P182)

【稠直】chóuzhí　稠音條。李義山《李肱所遺畫松》詩:"涷削正稠直。"案:稠直,無曲折而適中之貌。吳諺謂人之文理平順曰稠直,人材溫雅亦曰稠直。(《吳下方言考》卷十一 P19)

【稟白】bǐngbái　參見[白]。(《通俗編》卷十七 P374)

【種蕩】zhòngdàng　栽菱之謂。(《越諺賸語》卷上 P4)

【稱心】chènxīn　陶潛詩:"人亦有言,稱心易足。"《晉書·蔡謨傳》:"才不副意,略不稱心。"(《通俗編》卷十 P211)

【夥夥】wǒhuǒ　咤其多曰夥夥。夥,烏禾切,音窩。夥,胡果切,音火。或曰夥,或曰頤,皆咤其多之詞。(《蜀語》P3)

　　詫其多曰夥夥。夥,烏禾切,音窩。夥,胡果切,音火。《集韻》:"燕人謂多曰夥。"(《燕説》卷一 P12)

　　咤其多曰夥夥。夥音窩,夥音火。或

曰:"夥頤。"皆咤其多之詞。(《里語徵實》卷中上 二字徵實 P39)

【構】jiǎng　小犂也。音講。(《俗務要名林》)

【稽山大王】jīshāndàwáng　越城禹跡寺左楹"稽山大王",卽伯益也。益,若草木鳥獸。《日知録》言益爲百蟲將軍,越諺稽山大王管百蟲,益信。(《越諺》卷中 神祇 P18)

【稽遲】jīchí　古奚反。《説文》:"留止曰稽也。"(《一切經音義》卷七十一 14P2831)

【秵】jī　麥莖。古之反。(《俗務要名林》)

【稻篷】dàopéng　越人刈穫既了,積而疊之於場,謂之"稻篷"。篷者編竹爲之,舟人所以禦風雨,稻則何篷也?此當作"朋"字。蓋古者五果爲朋,先列其三而加之以二,積疊之義也。《詩》之"三壽作朋"亦如此。坤者,三陰之積,有"朋"象焉,故曰:"西南得朋,東北喪朋。"(《越言釋》卷下 P23)

【稏】liǎn　田薄苗淺。盧忝反。(《俗務要名林》)

【黎】biē　逼。性急也。《篇海》。(《越諺》卷下 單辭隻義 P11)

【積】jī　《南史·吉士瞻傳》:"夢得一積鹿皮,數之有十一領。"猶一沓也,今有此語。(《直語補證》P21)

【耬】lóu　下種具。落侯反。(《俗務要名林》)

【穛】luó　十束爲穛。羅戈反。(《俗務要名林》)

【糠稞】kāngkuài　上口郎反。郭璞云:"米皮也。"《説文》:"穀皮也。"……下枯外反。《蒼頡篇》云:"稞亦糠也。"《字統》云:"粗糠也。"(《一切經音義》卷一 12P58)

【穛】zhuō　物小曰穛。穛音醜。(《蜀語》P11)

【穛青】zhuōqīng　穛音刁。穀熟必黃,飢農先擇青而飽者列之曰"穛青"。(《越諺》卷中 穀蔬 P54)

【穮穀】yǎngǔ　上噎。穀,穀之有穄無米者。(《越諺》卷中 穀蔬 P54)

【穩便】wěnbiàn　《通典》:"情願穩便,情願還俗。"《宋史·兵志》:"各踏逐穩便官屋安泊。"(《恒言廣證》卷二 P32)

【穩子】wěn·zi　鞍轡。(《墨娥小録》卷十四

P5)

【穩婆】wěnpó　參見[三婆]。(《宛署雜記》卷十 P83)

參見[坐婆]。(《恒言錄》卷三 P71)

【穩頭】wěntóu　此穗秕、穀秒混雜待篩簸者。(《越諺》卷中　穀蔬 P54)

【穧】jì　《廣韻》:"穧,刈禾把数。"(《札樸》卷九　鄉里舊聞 P317)

【稽桑】lǔsāng　鄉人謂桑無葚者爲稽桑。案:王禎《農書》:"荊桑多葚,魯桑少葚,此地氣之殊也。"馥謂:魯人不知魯桑,猶越人不識橋李當爲橢也。(《札樸》卷九　鄉里舊聞 P303)

【穮秳】biāomáo　麃茅。禾盛而不實。(《越諺》卷中　穀蔬 P54)

【穱】lóng　禾蔬傷肥傷旱而局縮者曰穱。穱音籠。《廣韻》:"禾病也。"(《燕說》卷四 P14)

【穰】ráng　瓤。越謂穀鬚曰"穰"。(《越諺》卷中　穀蔬 P54)

【欑】cuán　禾聚曰欑。欑音攢。(《燕說》卷四 P14)

白　部

【白】bái　《漢書·高帝紀》:"上令周昌選趙壯士可令將者,白見四人。"《後漢書·鍾皓傳》:"鍾瑾常以李膺言白皓。"按:今謂陳述事義於上曰白。且有稟白之語。稟字未見出處。或曰:"稟本受命之義,在下者不敢自專,必陳達請命而行,因以謂稟。然請命與受命,終自別也。"(《通俗編》卷十七 P374)

毛豆成熟曰"白"。(《越諺》卷中　穀蔬 P54)

【白直】báizhí　今世在官當直人謂之"白直"。《南齊·蕭巘傳》云:"白直共七十八人。"乃知白直之稱甚久。(《能改齋漫錄》卷二 P41)

【白占】báizhān　有米殼俱白謂之白占。殼班米赤謂之麻占,俗呼班爲麻也。穎穗長重者謂之青稈占。結實一色者謂之齊頭占。米大而香者謂之香占。宜水種者謂之騎牛撒。自黃陂來者謂之黃陂赤。俗訛爲

旁皮赤。(《俚言解》卷二 23P40)

【白入己】bárùjǐ　參見[白日鬼]。(《七修類稿》卷二十四 P371)

【白切】báiqiē　水和麪曰白(平聲)切。(《燕山叢錄》卷二十二　長安里語飲食 P7)

【白士】báishì　《儒林公議》:"張詠在白士間,意概不群。"(《稱謂錄》卷二十四　布衣 P44)

【白地】báidì　空地待種曰白地,驟起家者有白地開花之稱。按:樂天《簡簡吟》:"不肻迷頭白地藏。"東坡《荅趙郎中詩》:"恰似西施藏白地。"盧熊《府志》引《中興繫年要錄》:"給事中賀允宗奏乞以官荒閒白地爲牧馬寨地。"《輟耕錄》載:"金方所詩:'兩觀番成白地皮。'"(《土風錄》卷五 P225)

【白地開花】báidìkāihuā　驟起家者有"白地開花"之稱。(《土風錄》卷五 P225)

【白墮】báiduò　東坡詩"獨對紅蕖傾白墮",夫杜康、劉白墮,皆造酒者,遂以爲酒名用。(《雅俗稽言》卷三十一 P8)

【白善】báishàn　《本草注》:"土以黃爲正色,白爲惡色,故白土名堊,後人諱之,呼爲'白善'。"按:"善"又加土作"墡",其字已見《廣韻》。(《通俗編》卷二 P41)

【白字】báizì　《後漢書·尹敏傳》:"讖書非聖人所作,其中多近鄙別字,頗類世俗之辭。"案:今人以譌字爲白字,即"別"之轉音。(別、白聲相近。)(《恒言錄》卷六 P111)

參見[別字]。(《通俗編》卷七 P150)

【白檀】báitán　唐蘭反。香木名也。白赤俱香,赤者爲上。梵云贊那曩,古譯云栴,檀香是也。出外國海島中。(《一切經音義》卷八 6P292)

【白日】báirì　閒假時。亦晴明稱。又有"青天大白日"之説。朱子《文集》。(《越諺》卷中　時序 P5)

【白日主人家】báirìzhǔrénjiā　參見[白日鬼]。(《越諺》卷中　賊類 P16)

【白日鬼】báirìguǐ　宋時指賤人曰白日鬼,見誕謾者亦曰白日鬼。(出劉跂《暇日記》)……今人不知所來,以謂空手得錢謂之白入己,反以鬼字爲訛。(《七修類稿》卷二十四 P371)

《游覽志餘》:宋時臨安,姦黠繁盛,有

以僞易眞者，至以紙爲衣，以銅鉛爲銀，以土木爲香藥，變換如神，謂之白日鬼。(《通俗編》卷十九 P429)

劉跂《暇日記》："宋時指賊人曰白日鬼，見誕讟者亦曰白日鬼。"《七修類稿》："今人以空手得錢謂之白入己，反以鬼字爲訛。"(《稱謂錄》卷三十 盜賊 P7)

《暇日記》："浙江賊號曰白日鬼，多在舟船作禍。彼中人見誕讟者，指爲白日鬼。"(《談徵》言部 P66)

劉跂《暇日記》："宋時指賊人曰白日鬼；誕讟之人，亦曰白日鬼。"(《里語徵實》卷中下 三字徵實 P36)

又名"白日主人家"。市鎮取類。《七修類稿》説相同。(《越諺》卷中 賤類 P16)

【白暗】bái'àn　(南人謂)象牙爲白暗。(《雅俗稽言》卷三十 P8)

【白没扯的】báiméichě·de　與人説話，其人不理曰白(平聲)没(上聲)扯的。(《燕山叢錄》卷二十二 長安里語 人事 P4)

【白湯】báitāng　參見[皛飯]。(《吳下方言考》卷十一 P14)

【白打】báidǎ　唐韋莊詩："內官初賜清明火，上相閒分白打錢。"《齊雲論》云："(蹴踘)兩人對踢爲白打，三人角踢爲官場。"(《目前集》後卷 P2137)

王建詩："寒食內人長白打，庫中先散與金錢。"韋莊詩："內官初賜清明火，上相閒分白打錢。"《齊雲論》："白打，蹴踘戲也，兩人對踢爲白打，三人角踢爲官場。"又，丁晉公有白打大蹵廝。(《焦氏筆乘》)(《唐音癸籤》卷十七 P153)

《表異錄》："白打，蹴踘戲也。二人對踢爲白打，三人角踢爲官場。"(《稱謂錄》卷三十 雜戲 P19)

【白接䍦】báijiēlí　生員之服，自宋至我國初，皆白衣也。……《世説》以白接䍦卽今之襴衫，正謂是耳。(《七修類稿》卷二十六 P401)

【白摸喫飯】báimōchīfàn　做工不給錢者。《三國志》"焦光爲人客作"卽此。(《越諺》卷中 賤稱 P14)

【白撞賊】báizhuàngzéi　中"臟"。白日撞竊。(《越諺》卷中 賊類 P16)

【白相】báixiàng　參見[孛相]。(《通俗編》卷十二 P265)

【白眉赤眼】báiméichìyǎn　語無稽曰白眉赤眼。(《燕山叢錄》卷二十二 長安里語 言語 P9)

語無稽曰白眉赤眼。(《宛署雜記》卷十七 P194)

【白氎】báidié　參見[白氎布]。(《札樸》卷三 覽古 P106)

【白氎布】báidiébù　《史記·貨殖傳》："荅布千匹。"注云："荅布，白氎也。"《趙書》："石勒建平二年，大宛獻白氎。"《魏略》："文帝詔曰：'代郡黃布爲細，樂浪練爲精。'江東大末布爲白，故不如白氎布鮮潔也。"……《梁書》："高昌國有草，實如繭，繭中絲如纑，名爲白氎子，國人多取織以爲布，布甚軟白。"《唐書》："高昌有草名曰白氎，擷花可織爲布。"又云："婆利出吉貝。吉貝，草也。緝其花爲布，粗曰貝，精曰氎。"又云："杜薄國女子作白氎花布，金星利逝國衣朝霞白氎。"……《玉篇》作"𣰚"，云"毛布也"。《廣韻》："𣰚，細毛布。"《廣志》曰："白𣰚布，毛織。"……方勺曰："閩廣多種木緜，紡績爲布，名曰吉貝。海南蠻人織爲巾，卽古所謂白氎布。"(《札樸》卷三 覽古 P106)

【白氎子】báidiézǐ　參見[白氎布]。(《札樸》卷三 覽古 P107)

【白白兒】báibáir　參見[平白地]。(《通俗編》卷十四 P301)

【白㬠】báipū　物濕蒸變白曰白㬠。氣變曰䬡臭。㬠、䬡音僕。(《蜀語》P19)

【白癩】báilài　下來帶反。《文字集略》云："癩，病也。"《説文》作"𤵠"，惡疫也。《文字典説》從广賴聲也。(《一切經音義》卷三十二 4P1270)

來大反。《考聲》云："大風疾也。"或作癘也。(《一切經音義》卷十二 5P447)

【白螞蟻】báimǎyǐ　慣説合成交者曰白螞蟻。案：此"蟻"出粵中，能入箱篋中食銀，遺矢雪白，溶化猶可成銀，以此種人善賺銀錢，故以名之。(《土風錄》卷七 P252)

【白蠟蠟】báilàlà　俗以作事無濟曰白蠟蠟。按：《朝野僉載》："張鷟號青錢學士，時有董方九舉明經不第，號曰白蠟明經，與鷟爲對。"卽此意。(《直語補證》P49)

【白肉】báiròu　《都城紀勝》市食有誤名之者，如呼熟肉爲白肉是也。蓋白肉是以砧

壓去油者。(《通俗編》卷二十七 P610)

【白舖】báipù　參見[更舖]。(《宛署雜記》卷十一 P87)

【白筆】báibǐ　《晉書·輿服志》:"古者貴賤皆執笏,其有事則摺之於腰帶間,所謂搢紳之士者,搢笏而垂紳帶也。笏者,有事則書之,故常簪筆。今白筆,是其遺象。"(《札樸》卷四 覽古 P137)

【白籙】báilù　《長物志》:"元有白籙、觀音、清江等紙,皆出江西。山齋俱當多蓄以備用。"王宗沐《江西大志》:"造紙名二十八色,有大白鹿紙,小白鹿紙。白籙即白鹿也。"(《恒言廣證》卷六 P89)

【白籙紙】báilùzhǐ　參見[白鹿紙]。(《恒言錄》卷六 P113)

【白衣】báiyī　《兩龔傳》曰:"聞之白衣,戒君勿言。"注:"白衣,給使官府趨走賤人,若今諸司、亭長、掌內之屬。"晉陶淵明謂"白衣送酒"是也。(《俗考》P9)

　　《野客叢書》:"漢官吏著皂,其給使賤役者著白。案:谷永曰:"擢之皂衣之吏。"張敞曰:"敞備皂衣二十餘年。"《兩龔傳》曰:"聞之白衣,戒君勿言。"注:"白衣、給使官府,趨走賤人。"晉陶淵明謂"白衣送酒"是也。(《稱謂錄》卷二十五 僕 P18)

【白衣人】báiyīrén　參見[白身人]。(《土風錄》卷八 P259)

【白衣公卿】báiyīgōngqīng　按:麻衣色白,故其時稱舉子爲白衣公卿。(《唐音癸籤》卷十八 P161)

【白袍子】báipáozǐ　《正字通》:唐舉子入試,皆著白衣,故有"白袍子何太紛紛"之語。蘇軾《催試官考校》詩:"願君聞此添蠟燭,門外白袍如立鵠。"案:《國史補》:有客譏宋濟曰:"近日白袍子何紛衍也?"濟曰:"由緋袍子、紫袍子紛紛化使然也。"(《稱謂錄》卷二十四 舉人 P29)

【白芀子】báijízǐ　《湧幢小品》:"民壯之設,介在軍壯間,天順間即有之,盛於王陽明。在宋謂之白芀子。"案:即今之民壯也。民壯名目在下隸門。(《稱謂錄》卷二十六 各役 P5)

【白茶】báichá　茶無果實曰白茶,又曰光茶、清茶。(《俚言解》卷二 4P31)

【白著】báizhuó　予人之物如棄,受人之物無恩謂之白著。唐沈既濟所撰《劉展亂紀》云:"元載以吳越州縣賦調積遣,群吏重歛,不約戶品上下,但家有粟帛者則以人徒圍捕,簿錄其產而中分之,甚者十取八九,時人謂之白著,言其厚歛無名其所著,皆公然明白,無所嫌避也。"又《唐書·劉晏》:"稅外橫取謂之白著。人不堪命,去爲盜賊。"又渤海高雲《白著歌》:"上元官吏務剝削,江淮之人多白著。"(《俚言解》卷二 33P45)

　　白取也。唐元載相時,郡縣白取民錢曰白著。渤海高雲有《白著歌》曰:"上元官吏務剝削,江淮之人多白著。"《春明退朝錄》云:"一曰:世謂酒酣爲白著。"(《通雅》卷二十六 P834)

【白蒲棗】báipúzǎo　吳人謂棗之鮮者曰白蒲棗。案:《會稽志》:"蕭山縣有白蒲棗。"是宋時已有此稱也。(《恒言錄》卷五 P107)

【白綽】báichuò　或稱白著,即《南史》所謂"白瀹雞子"也。按:《説文》"瀹"字注:"以灼切。以肉及菜內湯中薄出之也。"《汗簡》瀹音淪。《廣韻》"瀹瀹"字注:"泣與瀹同"。則知古曰淪,今曰綽、曰著,同義而異聲也,亦聲相似而譌也。(《直語補證》P49)

【白豆】báidòu　(毛豆)生曬爲"白豆"。(《越諺》卷中 穀蔬 P54)

【白酒】báijiǔ　《儀禮·聘禮》"壺設于東序"節注:"醙,白酒也。"(《直語補證》P20)

【白身】báishēn　空身無所得謂之白身。宋徐凝詩"欲別朱門淚先盡,白頭遊子白身歸"是也。(《俚言解》卷一 30P18)

　　空身無所得謂之白身。宋徐凝詩"欲別朱門淚先盡,白頭遊子白身歸"是也。(《雅俗稽言》卷二十二 P9)

　　《元典章》:"選格,有白身人員,中書省奏,近來各路行保白身之人申部,中間不無冒濫云云。"按:《魏書·食貨志》:"莊帝頒入粟之制,白民輸五百石,聽依第出身。"白民,猶云"白身"也。《唐書·選舉志》:"白身視有出身。一經三傳皆通者,獎擢之。"仕籍之有"白身"一途甚久,而魏由入粟,唐由校試,元由保任,制各不同耳。(《通俗編》卷五 P101)

　　徐凝《辭韓侍郎》詩:"欲別朱門淚先盡,白頭游子白身歸。"(《土風錄》卷八 P259)

越俗以布衣無仕籍者爲白身人。考之古人不然。《南部新書・壬》：“貞元中仕進道塞，奏請難行，束省數月閉門。南台惟一御史令狐楚，爲桂府白身判官七八年，奏官不下。”按：唐時節度幕職多自辟署，歷久乃奏官於朝。白身者，所謂版授未通朝籍，與越人所呼不同。（《釋諺》P113）

【白身人】báishēnrén　以人未列士籍者謂之白身人。（《雅俗稽言》卷二十二 P9）

《元典章》。（《越諺》卷中 賤稱 P14）

無前程者曰白身人。案：徐凝《辭韓侍郎》詩：“欲別朱門淚先盡，白頭游子白身歸。”宋妻機謂堂吏曰：“進士非通籍不及親，汝輩乃以白身得之。”蓋古者庶人通服白衣。……今俗亦謂之白衣人……隋樂平公主曰：“李敏一白丁。”即白身人。（《土風錄》卷八 P259）

【白間】báijiān　杜詩：“當寧陷玉座，白間剝畫蟲。”《文選・景福殿賦》云：“皎皎白間，微微列。”錢注：“白間，牖也。”（《墨莊漫錄》）（《唐音癸籤》卷十七 P151）

（弩）又有稱白間者，《後漢書・班固傳》：“招白間，下黃鵠。”章懷注云：“招，猶舉也。”弩有黃間之名，此言白間，蓋弓弩之屬。本或作白鷳，謂鳥也（下文云“揄文竿，出比目”，白間與文竿對稱，定非謂鳥）。（《札樸》卷八 金石文字 P257）

【白頭公】báitóugōng　如雀，蒴身白頭，成雙而巢，啾唧近人。見《江表傳》。（《越諺》卷中 禽獸 P44）

【白飯】báifàn　參見[畠飯]。（《吳下方言考》卷十一 P14）

【白騏】báiqí　兗州人謂白鯉爲白騏。（《蘇氏演義》卷下 P31）

【白鯗】báixiǎng　黃花魚乾者曰白鯗，見羅願《爾雅翼》，云：“諸魚乾者皆爲鯗，美不及石首，故獨得白之名，呼曰白鯗。”（《土風錄》卷五 P235）

【白麻】báimá　參見[白麻紙]。（《唐音癸籤》卷十八 P159）

【白麻紙】báimázhǐ　又將相除徙內出制，不繇中書，獨用白麻紙，因謂之白麻。（《石林燕語》）（《唐音癸籤》卷十八 P159）

【白鹿】báilù　參見[白鹿紙]。（《恒言錄》卷六 P113）

參見[白籙]。（《恒言廣證》卷六 P89）

【白鹿紙】báilùzhǐ　《至正直記》：“世傳白鹿紙乃龍虎山寫籙之紙也。有碧黃白三品，其白者瑩澤光淨可愛。趙魏公用以寫字作畫，闊幅而長者稱大白籙。後以籙不雅，更名白鹿。”常生案《考槃餘事》，白籙紙出江西，趙松雪、張伯雨多用之。又《江西志》有大小白鹿紙。（《恒言錄》卷六 P113）

【百丈】bǎizhàng　參見[歡帆]。（《唐音癸籤》卷十九 P173）

參見[牽]。（《恒言錄》卷五 P104）

【百家衣】bǎijiāyī　《冷齋夜話》：“集句詩，山谷謂之百家衣體。”百家衣，小兒文褓也。陸游詩：“文章最忌百家衣。”（《通俗編》卷二十五 P561）

小兒文褓，懼弗長成，奢百家錢製。（《冷齋夜話》）（《越諺》卷中 服飾 P42）

【百知婆】bǎizhīpó　參見[伯支婆]。（《越言釋》卷上 P24）

【百葉】bǎiyè　牛羊膍曰百葉。《廣雅》：“百葉謂之‘膍’。”（《蜀語》）（《里語徵實》卷中上 二字徵實 P16）

【百索】bǎisuǒ　《唐六典》：“五月五日進百索。”（《俚言解》卷一 5P5）

【百辣雲】bǎilàyún　《清異錄》：“生薑名百辣雲。”（《恒言廣證》卷六 P100）

【百鎖】bǎisuǒ　端午以彩絨爲索。又，結爲鎖形繫嬰兒項臂，俗謂之百鎖。按：《續漢書》：“五月五日朱索五色爲門户飾，以禳除惡氣。”《抱朴子》謂之“長命縷”。李肇《翰林志》謂之“壽索”。《唐六典》：“五月五日進百索。”俗言百鎖，其百索之訛邪？（《俚言解》卷一 5P5）

【兒】mào　昔人圖形寫兒，但得其率意流露處，雖背後追摹，亦能神似。《梁書》：“上使畫工圖康絢形，遣中使持以問絢曰：‘卿識此圖不？’此即背後追摹者也。”今之畫手，令人對坐如木偶，半日不得動轉，其人之精神意態已頹喪如枯禪，所以兒似而神亡也。（《札樸》卷六 覽古 P178）

【的】dí　定也。《史記・伯夷傳》“儻所謂天道，是邪非邪？”《正義》云：“不敢的言是非，故云儻也。”白香山詩：“的無官職趁人來。”（《助字辨略》卷五 P273）

【的一確二】díyīquè'èr　今人言的當者謂之的一確二，非也。《朱子語錄》中言“丁一

確二"，蓋當時之方言也。（《言鯖》卷上
P28）

【的便】díbiàn　蘇東坡《荅李琮書》："罕遇
的便。"（《恒言錄》卷二 P26）

　　《歐陽文忠集·與韓稚珪簡》："因王郎
中詣府的便，少道萬一。"又《與劉原文簡》：
"的便無佳物表信。"（《恒言廣證》卷二
P21）

【的真】dízhēn　《三國志·崔林傳》："恐所遣
或非真的。"真的猶今之言的真也。（《恒言
錄》卷二 P47）

【的歷都盧】dìlìdūlú　眼之視不定曰的歷都
盧。（《客座贅語》卷一 方言 P12）

【的達】dìdá　參見［喳哇］。（《客座贅語》
卷一 方言 P10）

【皠】chūn　米穀鮮白曰皠。皠音春。（《蜀
語》P11）

【晶飯】xiǎofàn　錢穆父請蘇東坡食晶飯，
東坡謂是白煮雞肉之類，及食止有白飯、白
蘿葡、白湯而已，因大笑爲飫。（《吳下方言
考》卷十一 P14）

【皭亮】jiàoliàng　參見［皭白］。（《吳下方
言考》卷十一 P7）

【皭白】jiàobái　音削。《史記·屈原列傳》：
"皭然泥而不滓者也。"案：皭，白光貌。今
吳諺謂白之甚者曰皭白，光明之甚者曰皭
亮。（《吳下方言考》卷十一 P7）

瓜　部

【瓜代】guādài　參見［瓜期］。（《雅俗稽
言》卷二十四 P3）

【瓜期】guāqī　莊公八年，齊矦使連稱、管
至父戍葵丘，瓜時而往，曰："及瓜而代。"期
戍，公問不至，請代，弗許，故謀作亂。今官
員候代及賀新到官，每用"瓜代""瓜期"字，
不知以官長比戍役，以叛亂爲慶賀，可乎？
且據傳乃一年戍守耳，今槩稱瓜期，未當。
（《雅俗稽言》卷二十四 P3）

　　齊侯使連稱管至父戍葵邱，瓜時而往，
曰：及瓜而代。故今稱任滿當代曰瓜期。
據傳乃一年戍守耳，今例稱瓜期不當。
（《談徵》言部 P17）

【瓜瓥】guāliàn　瓜瓤曰瓜瓥，見《廣韻》二

十二"霰"注《集韻》云："瓜中瓤也。"（《土風
錄》卷四 P220）

【瓜葛】guāgě　參見［首尾］。（《客座贅語》
卷一 方言 P11）

【瓜蔓抄】guāwànchāo　永樂族景清，轉相
支連，九族之姻親，門生之門生，名瓜蔓抄。
又見《小知錄》。（《稱謂錄》卷八 小門生
P42）

　　按：明成祖殺景清，凡其親族戚友，株
連數千家，謂之瓜蔓抄。（《常語尋源》卷上
甲册 P191）

【㼝㼝】diébó　敵雹。瓜抛落之聲。（《越
諺》卷中 瓜果 P52）

【瓟】yǔ　庾。本不勝末，搖而不穩。（《越
諺》卷中 形色 P57）

【瓡巴】hùbā　《列子》："瓡巴鼓琴，而鳥舞
魚躍。"注："瓡巴，古善鼓琴人也。"後世因
於鼓琴者，稱爲瓡巴。（《稱謂錄》卷二十九
琴 P14）

【瓡瓡】húlú　瓟未解曰瓡瓡。（《札樸》卷九
鄉里舊聞 鄉言正字附 器具 P327）

【瓥】liàn　縺。瓟謂之"瓥"。（《越諺》卷中
瓜果 P51）

【瓢杓】piáosháo　又作瓟，同。毗遥反。
《三蒼》："瓟，瓟勺也。"丘南曰："瓟攊，蜀人
言攊蠡。"下又作勺，同。是若反，可以斟食
者也。攊音羲。蠡音郎底反。（《一切經音
義》卷七十三 5P2879）

【瓤】ráng　瓜中犀曰瓤。饅頭中肉菜亦曰
瓤。瓤音襄。（《蜀語》P20）

　　瓜犀曰瓤。饅头中肉菜亦曰瓤。瓤音
襄。傅休奕《瓜賦》："細肌密理，多瓤少
瓣。"《爾雅翼》："橙之芳在皮，柑之甘在
瓤。"又李綱詩："黃金爲膚白玉瓤。"（《里語
徵實》卷上 一字徵實 P21）

疒　部

【疒】nè　手足麻痺曰疒。音昵。（《肯綮錄》
P1）

【疘】❶jiǎo　腹痛甚曰疘痛，疘音絞。《廣
韻》："中急痛也。"（《方言據》卷上 P15）
　　❷jiū　肉起曰疘。疘音鳩。《類篇》：
"疘瘤，肉起貌。"（《燕說》卷四 P2）

【疙】gē　小癥曰疙。(《通俗文》釋形體 P57)

【疙瘩】gē·da　《淮南子·齊俗訓》:"親母爲其子治疙禿,血流至耳,見者以爲愛之至也。使出於繼母,則以爲嫉也。"疙,魚乙切。《正字通》:"頭瘡突起也。"按:今以皮膚小腫爲疙瘩,當如是寫。瘩,都合切。見《字林》。元人《秋胡》劇作扢搭,非。(《通俗編》卷十六 P359)

【疕】dù　乳病曰疕。(《通俗文》釋形體 P56)

【疛瘍子】xìnyángzǐ　疛音幸,"臖"同。瘍音羊,創癰也。《蜀語》:"寒熱結瑰曰'疛瘍子'。"(《里語徵實》卷中下 三字徵實 P34)

【疥脊】jièjǐ　參見[乖脊]。(《越言釋》)

【疥癩】jièlài　上音介,下音賴。風癗病。(《一切經音義》卷十三 18P509)

【疥蚵蚾】jièhébǒ　蝦蟆曰疥蚵蚾。蚵,寒歌切,音何。蚾,補火切,音播。《集韻》:"蟾蜍也。"(《燕說》卷四 P9)

【疺】fá　疲困曰疺。疺音乏。《正字通》:"疲也。"明永樂《北征錄》:"駕發鳴轂鎮,天氣清爽,人馬不渴,若喧熱,人皆疺矣。"(《燕說》卷四 P7)

【病央央】bìngyāngyāng　吳中謂病而嬾動曰病央央。(《吳下方言考》卷二 P1)

【病孤特】bìnggūtè　奪。病中見人輒怒者。(《越諺》卷中 疾病 P21)

【病根】bìnggēn　《後漢書·華佗傳》:"有疾者詣佗求療。佗曰:'君病根深,應當剖腹。'"白居易詩有"病根牢固去應難"句。(《通俗編》卷十四 P305)

【痄】zhà　腮腫曰痄。痄,側下切,音鮓。朱氏《集驗方》:"宋仁宗患痄腮,道士贊甯用赤小豆七粒爲末,傅之立愈。"(《燕說》卷四 P2)

【癁腫】fùzhǒng　腫曰癁腫。(《札樸》卷九 鄉里舊聞 鄉言正字附 疾病 P327)

【㾁疔】língdīng　㾁疔,瘦也。庚韻。(《目前集》後卷 P2151)

【疼】téng　參見[彼]。(《客座贅語》卷一 詮俗 P9)

【疼痺】téngbì　又作痋、胅,二形,同。徒冬反。《聲類》作瘇。《說文》:"疼,動痛也。"下方二反。《蒼頡篇》云:"手足不仁也。"論

文:"痺,溼病也。今言冷痺、風痺皆是也。"(《一切經音義》卷七十三 5P2879)

【痆】niè　音苦。韓昌黎《征蜀聯句》:"念齒慰懲艾,視傷悼瘢痆。"案:痆,瘡疤也。吳諺謂瘡疤高起曰痆。(《吳下方言考》卷十一 P6)

【疿】fèi　皮膚小起曰疿。(《札樸》卷九 鄉里舊聞 鄉言正字附 疾病 P327)

【疿子】fèizǐ　上"廢"。暑熱皮瘰。見《正字通》。(《越諺》卷中 疾病 P19)

【疲不痴】píbùchī　不上緊曰疲不痴。(《宛署雜記》卷十七 P194)

【疲不痴的】píbùchī·de　不上緊曰疲不痴的。(《燕山叢錄》卷二十二 長安里語 人事 P2)

【疲混】píhùn　物不真曰疲混。(《宛署雜記》卷十七 P194)

【疲渾】píhùn　物不真曰疲渾。(《燕山叢錄》卷二十二 長安里語 人事 P2)

【疲軟】píruǎn　《漢書·賈誼傳》:"坐罷軟不勝任者,不曰罷軟,曰下官不職。"罷,與疲通。《晉書·劉頌傳》:"今世士人決不悉疲軟也。"(《通俗編》卷十五 P330)

【痏】wěi　(痏,于罪反)痛聲曰痏。(《通俗文》釋言語上 P14)
　　　吐食曰痏。《說文長箋》:"《方言》謂之'翻胃',又謂之翻胃食,下咽不受也。"(《里語徵實》卷上 一字徵實 P10)

【痦痦】náinái　(痦痦)乃平聲。大臀撅出貌。越謂肥胖肉動皃。(《越諺》卷中 形色 P58)
　　　(大痦痦)乃平聲。大臀撅出貌。食蹄胖之戲言。(《集韻》)(《越諺》卷中 飲食 P38)

【痍】yí　體創曰痍。(《通俗文》釋形體 P57)

【瘓】tān　力極曰瘓(音攤)。(《札樸》卷九 鄉里舊聞 鄉言正字附 雜言 P331)

【痧】jiǎo　腹疾曰痧。(《札樸》卷九 鄉里舊聞 鄉言正字附 疾病 P327)

【痟病】xiāobìng　嵩。痰響胸項間。見《正字通》。(《越諺》卷中 疾病 P20)

【痣】zhì　參見[誌]。(《通俗編》卷十六 P359)

【痡瘲】pūlún　傷痕曰痡瘲。痡瘲音通論。

（《蜀語》P12）

【瘔】xìn　瘡腫曰瘔。音焮。（《肯綮錄》P2)

【痤】zuò　《唐韻》："痤，癤也。"今俗通以觸熱膚生細疹曰痱子。（《通雅》卷四十九P1443)

【痛瘝】tòngguān　參見［呻喚］。（《通雅》卷四十九P1440)

【瘀子】áizǐ　上"艾"平聲。"獃""駭"同。俗訛"呆"。心疾也。癲、狂、癡、瘋皆全。（《越諺》卷中 疾病 P19)

【瘓】suān　身體疼曰瘓，音酸。《廣韻》："瘓，痛也。"（《燕說》卷四 P7)

【瘂子】yǎzǐ　上"椏"上聲。口不能言。（《越諺》卷中 疾病 P19)

【痳子】mázǐ　上"麻"。面有痘疤點。《正字通》。（《越諺》卷中 疾病 P19)

【痳泛】máfá　痳乏。謂謔我、戲我。（《越諺賸語》卷上 P4)

【痷瘱】yèchí　病久曰痷瘱。（《札樸》卷九 鄉里舊聞 鄉言正字附 疾病 P327)
　　　　《集韻》："痷瘱，疫病。"（《札樸》卷九 鄉里舊聞 P317)

【痱瘟】fèilěi　蒲罪反，下力罪反。案痱瘟，小腫也。（《一切經音義》卷九 5 P330)

【痊】guāi　惡瘡曰痊。（《肯綮錄》P1)
　　　　參見［乖脊］。（《越言釋》卷上 P35)

【痊癩】guāilài　上"乖"。如痊，多癢，必搔出血乃止。有瘡痊，莧菜、芥菜、毛筍諸痊。婦産後、男病後不謹各食，逢時輒發。《集韻》《說文》。（《越諺》卷中 疾病 P19)

【痰癗】wěishuāi　威隨。人無興會。（《越諺賸語》卷上 P3)

【痸】bēng　瘀血曰痸。（《札樸》卷九 鄉里舊聞 鄉言正字附 疾病 P327)

【瘁】quán　屈手曰瘁。（"鈎戈夫人"亦稱"瘁夫人"。）（《札樸》卷九 鄉里舊聞 鄉言正字附 疾病 P328)

【痰核】tánhé　參見［瘰痹］。（《越諺》卷中 疾病 P19)

【痰氣】tánqì　參見［顛顛］。（《越言釋》卷上 P15)

【瘌】hú　物咽喉中曰瘌。（《札樸》卷九 鄉里舊聞 鄉言正字附 雜言 P329)

【瘌黎】lālí　今謂生首瘡者曰瘌黎。瘌蓋此

字，黎則黎首義耳。俗作鬎鬁，字書未見。（《通俗編》卷三十六 P796)

【瘍】yáng　頭創曰瘍。（《通俗文》釋形體 P57)

【瘶】zhòu　縮小曰瘶。（《通俗文》釋言語下 P32)

【瘶縮】zhòusuō　風病曰瘶縮。《札樸》卷九 鄉里舊聞 鄉言正字附 疾病 P327)

【瘦瘠】shòushěng　瘦曰瘦瘠。音省。（《肯綮錄》P2)
　　　　瘠又作"疺"。（《越諺》卷中 形色 P57)

【瘦瘵】shòuchái　病枯曰瘦瘵。（《札樸》卷九 鄉里舊聞 鄉言正字附 疾病 P327)

【瘋子】fēngzǐ　上風。此專名手足癱瘓者。（《越諺》卷中 疾病 P19)

【癗】hún　不曉事曰癗。（《札樸》卷九 鄉里舊聞 鄉言正字附 雜言 P330)

【瘕】jiǎ　頭瘡髮不長，禿禿然謂之瘕。一謂之骷頭。骷，音答。《廣雅》："頭生瘡曰瘕，亦謂之骷。"（《方言據》卷上 P15)

【瘙】sào　癢曰瘙。瘙音騷，又音躁。（《蜀語》P29)

【瘷瘷】suǒsuǒ　氣脈跳動瘷瘷。（《札樸》卷九 鄉里舊聞 鄉言正字附 疾病 P327)

【瘞錢】yìqián　《晉書·載記》："石勒時掘得一鼎，中有大錢三十文。"《新唐書》謂之瘞錢，此皆墓中物也。（《札樸》卷八 金石文字 P259)

【瘑瘌】xīlà　瘀曰瘑瘌。（《札樸》卷九 鄉里舊聞 鄉言正字附 疾病 P327)

【瘜瘕瘡】gǎolǎochuāng　（瘡），割。疥也。出《集韻》。（《越諺》卷中 疾病 P21)

【瘭痹】wánbì　擾戲曰瘭痹。瘭聲如頑。（《札樸》卷九 鄉里舊聞 鄉言正字附 雜言 P330)

【癥骨癆】zhěnggǔláo　癥，整。（《五音集韻》）（《越諺》卷中 疾病 P20)

【瘵】dài　女下病曰瘵。（《札樸》卷九 鄉里舊聞 鄉言正字附 疾病 P327)

【癦】ài　隘。劇聲也。（《越諺》卷下 發語語助 P20)

【瘑沮】fénjū　體蚌沸曰瘑沮。（《通俗文》釋形體 P57)

【撕嗄】xīshà　上細賣反。郭注《方言》云：

"瘯，咽病也。東齊云聲散曰嘶。秦晉聲變曰嘶，器破而不殊，其音亦謂之嘶。"顧野王云："悲聲也。"《説文》："從疒斯聲。"……下砂詐反。《考聲》云："聲破也。"《文字集略》云："皆聲敗也。"（《一切經音義》卷三十八P1193）

【癉】dǎn　《東京賦》："桃弧棘矢，所發無臬，飛礫雨散，剛癉必斃。"薛注："癉，難也，言鬼之剛而難者，皆盡死也。"（《札樸》卷八金石文字 P262）

【瘟】lěi　壘。皮外起小粒。《玉篇》《集韻》。（《越諺》卷中 疾病 P19）

【瘹】sào　皮起曰瘹。（《通俗文》釋形體 P50）

【癤子】jiēzǐ　癰曰癤子。（《札樸》卷九 鄉里舊聞 鄉言正字附 疾病 P327）

【癖】pǐ　卑亦反。《蒼頡》云："不能行。"（《一切經音義》卷十五 18P584）

【瘰瘷】lìchuàn　歷串。又名"痰核"。見《方書》。（《越諺》卷中 疾病 P19）

【癡床】chīchuáng　參見［南床］。（《稱謂錄》卷十四 都察院 P4）

【癡獃】chī'ái　《廣韻》："獃，五來切。獃癡，象犬小時未有分別。"《范石湖集》有《賣癡獃》詞。宋无《嘯噦集》："沈樞紹興中爲詹事，和議成，樞語同列曰：'官家好獃。'上聞之，謫筠州。"按：世俗以"獃""騃"通用，攷字書，騃，五駭切，從未有平聲讀者。蓋其義雖同訓癡，而實爲兩字。（《通俗編》卷十五 P331）

【癡笑】chīxiào　《神異經》："東方有人不安語恆笑，倉卒見之如癡。"《太平御覽》："今人言癡笑，本此。"盧仝《示添丁》詩："父憐母惜摑不得，却生癡笑令人嗟。"（《通俗編》卷十七 P379）

【癩蛤蟇】làihábà　俗亦謂之癩蛤霸，以其皮似疥癩。諺所云："借了一升還九合也。"（《土風錄》卷四 P220）

【癩頭】làitóu　禿頭瘡，俗謂之"癩頭"，亦謂之"臘梨頭"。（《越言釋》卷下 P10）

【癩黿蛤蟆】làishīgébà　參見［蛤蟆］。（《越諺》卷中 蟲豸 P47）

【癱傴】luányǔ　劣拳反。手足病也。集文作攣，亦通。下嫗矩反。《博雅》云："傴僂曲脊也。"《一切經音義》卷八十八

13P3408）

立　部

【扝】pǎ　俗謂蹲曰扝倒，讀匹馬切。謂短曰矮扝，讀葩上聲。（《通俗編》卷三十六 P797）

【站】zhàn　驛遞曰站。充徒曰擺站。站音戰。（《蜀語》P13）
久立曰站。《篇海》："站，坐立不動貌。"俗言獨立也。（《燕説》卷二 P1）

【站夫】zhànfū　《天下郡國利弊書》："自漢以來，驛傳之馬，皆官置之。站夫之名，肇見於元，蓋自此遂爲民役矣。"（《稱謂錄》卷二十六 各役 P8）

【站撒】zhànsǎ　偷。（《墨城小錄》卷十四 P7）

【章估】zhānggū　今市井之人謂算科量度爲章估。《周書·費誓》云："我商賚汝。"孔安國注云："我則商度汝功，賜與汝也。"徐仙音商章。然則商字舊有章音，所云章估者，卽商估也，謂度其貴賤、當其大小所堪爾。（《匡謬正俗》卷七 P94）

【竟】jìng　竟卽究竟，省言之也。溫飛卿詩："昨日歡娛竟何事。"（《助字辨略》卷四 P28）

【童】tóng　參見［丞］。（《詢蒭錄》P1）

【童童】tóngtóng　參見［好童童］。（《吳下方言考》卷一 P9）

【竪窩】shùwō　大瓦名。（《越諺》卷中 屋宇 P25）

【端】duān　俗謂布帛一匹爲端。（《俚言解》卷二 44P51）
猶云定也。鮑明遠詩："容華坐消歇，端爲華髮侵。"韓退之詩："端來問奇字，爲我講形聲。"（《助字辨略》卷一 P65）
鮑明遠詩："容華坐消歇，端爲華髮侵。"韓退之詩："端來問奇字，爲我講形聲。"端，猶云定也。今云定如何也。（《方言藻》卷二 P19）

【端公】duāngōng　男巫曰端公。《大明律》："凡師巫假降邪神，書符咒水，扶鸞禱聖，自號端公、太保、師婆，及妄稱彌勒，白蓮社、明尊教、白雲宗等會，一應左道亂正

之術,扇惑人民,爲首者絞,爲從者杖一百,流三千里。"(《蜀語》P26)

侍御史爲端公、雜端。(《唐音癸籤》卷十七 P157)

唐甄《抑尊説》:"蜀人之祀神,必馮巫,謂巫爲端公,禳則爲福,詛則爲殃,惟端公之畏,而不惜貨財以奉之。"(《稱謂錄》卷三十一 巫 P14)

【端午】duānwǔ　唐玄宗以八月五日爲千秋節。張説《上大衍曆序》云:"謹以開元十六年八月端午獻之。"《唐類表》有宋璟《請八月五日爲千秋節表》云:"惟仲秋日在端午。"然則,凡月之五日皆可稱端午也。(《俗考》P12)

張説《上大衍曆序》云:"謹以開元十六年八月端午日上之。"盖八月初五日爲元宗千秋節。宋璟表云"月唯仲秋,日在端午"是也。又《續世説》:"齊映爲江西觀察使,因德宗誕日端午獻銀餅。"則凡月之五日皆可稱端午也。(《言鯖》卷下 P22)

【端的】duāndí　今云端的如何,是定如何也。高觀國《祝英臺近》詞:"魂夢西風,端的此心苦。"端的,確辭也。(《助字辨略》卷一 P65)

高觀國《祝英臺近》詞:"魂夢西風,端的此心苦。"(《方言藻》卷二 P19)

(雙聲字)宋《讀曲歌》:"闊面行負情,詐我言端的。"(《恒言錄》卷二 P47)

《朱子語錄》:"康節之學,所見必有端的處。"張表臣詩:"此身端的老江湖。"楊萬里詩:"酒香端的似梅無?"宋无詩:"相煩問春色,端的屬誰家?"《羅湖野錄》:"雲居舜禪師偈曰:'孰謂簡中端的處,椎胷貧子一文錢。'"(《恒言廣證》卷二 P41)

【巂】wāi　物不正曰巂。《廣韻》十三佳"巂"注:"物不正也。"又"喎"注:"口偏也。"並火乖切。俗謂物不正曰巂,口不正曰喎嘴,皆有出。(《土風錄》卷十五 P345)

【巂斜】wāixié　物之不正曰巂斜,音喎。(《肯綮錄》P1)

穴　部

【乞】wā　乞,亦作宎,烏八切,宎也。(《目前集》後卷 P2152)

手探穴曰乞。乞,烏八切,音歆。《集韻》:"手探穴也。"亦作挖。(《燕説》卷二 P10)

【空上】kōngshàng　司空爲空上。(《容齋四筆》)(《唐音癸籤》卷十七 P157)

【空亡】kōngwáng　《晁氏讀書志》:空亡之説,本于《史記》孤虚。劉禹錫《題破屏》詩:畫時應值空亡日,賣處難逢識別人。(《通俗編》卷二十一 P470)

【空口説】kōngkǒushuō　《舊唐書·憲宗紀》:"裴度曰:'君子小人,觀其所行,當自區別。'上曰:'卿等既言之,當行之,勿空口説。'"(《通俗編》卷十七 P366)

【空頭】kōngtóu　參見[阿獃]。(《通俗編》卷二 P42)

【空頭漢】kōngtóuhàn　《北史·斛律金傳》:"帝罵李若云:'空頭漢合殺。'"(《通俗編》卷二十三 P520)

《北史》:"斛律金遣人獻食于武成。中書舍人李若誤奏云:'金自來。'武成迎之,無有。罵曰:'空頭漢合殺。'亦不加罪。"今吳諺謂作事不實曰弄空頭。(《吳下方言考》卷六 P9)

【突欒】tūluán　參見[鰡溜]。(《唐音癸籤》卷二十四 P214)

【穿穴】chuānxué　上昌專反。《韻英》:"穴也。"《説文》:"通也。從牙在穴中。"下玄決反。鄭箋《毛詩》云:"鑿地曰穴。"《説文》:"土室也。"(《一切經音義》卷三 4P113)

【穿鼻】chuānbí　《南史·張宏策傳》:"徐孝嗣才非柱石,聽人穿鼻。"《北史·齊高祖紀》:"爾朱榮戒兆曰:'爾非賀陸渾匹,終當爲其子穿鼻。'"按:此以牛鼻喻,言其受制使也。(《通俗編》卷十六 P344)

《南史》:"梁武帝曰:'徐孝嗣才非柱石,聽人穿鼻。'"按:世謂受人牽制者,亦云穿鼻尖。(《常語尋源》卷下己册 P258)

【穿鼻尖】chuānbíjiān　參見[穿鼻]。(《常語尋源》卷下己册 P258)

【甯】yā　鍼刺曰甯。(《札樸》卷九 鄉里舊聞 鄉言正字附 雜言 P331)

【窊】wā　音蛙。元結《窊樽》詩:"巉巉小石山,數峰對窊亭。窊石堪爲樽,狀類不可名。"案:窊,深入貌。吳諺謂凹爲窊。(《吳下方言考》卷四 P4)

【窪】wā　音蛙。宋玉《高唐賦》:"俯視崝嶸

嵾,窒寥窈冥。"窒,深貌。寥,空貌。吳諺謂深坳處曰窒,餓極爲窒寥寥。(《吳下方言考》卷四 P4)

【窒寥寥】wāliáoliáo　參見[窒]。(《吳下方言考》卷四 P4)

【窖】jiào　音教。穿地爲藏,通爲之窖。俗獨以積穢爲窖。(《方言據》卷下 P33)

【㞣窠】lángkāng　物大而內空虛謂之㞣窠。音朗慷。《廣韻》:"空虛貌。"(《方言據》卷下 P30)

【窠】kē　參見[科]。(《俗考》P16)

【窠子】kè•zi　婦。(《墨娥小錄》卷十四 P5)

【窩停主人】wōtíngzhǔrén　《夷堅志》"衢人李五郎"條云:"爲盜,有求不愜,誣爲窩停主人。"(《稱謂錄》卷三十 窩家 P2)

【窞】dàn　古者掘地而爲臼,曰加入則爲臽,臽加穴則爲"窞"。⋯⋯北方干爽可久之物,往往穴而藏之,有窖,有窌,有窨,有窞。此"窞"名所由始。⋯⋯南方地氣卑濕,不可以藏物,其旨蓄大抵在瓶盎中,而亦名之曰"窞",固不容"窞"之外別有其字。今字書別出"垎"字,尚爲近之;至於"墰"字、"壜"字,均隨偏旁爲附會,斷不可用。越筍以貓頭爲佳,春時筍出土呼爲"貓筍",冬時未出土則呼爲"窞笋"。當未出土時,必坎而得之,"窞"之爲名,更無可易。或乃名之曰"潭笋"。夫潭有沉也,於筍奚當矣。(《越言釋》卷上 P27)

【窞穽】dànjǐng　韓文《柳子厚墓誌》:"落窞穽,不一引手救,反擠之,又下石焉者皆是也。聞子厚之風,亦可以少愧矣。"(《常語尋源》卷下庚冊 P276)

【窞笋】dànsǔn　參見[窞]。(《越言釋》卷上 P27)

【窣堵波】sūdǔbō　梵語。上蘇骨反,下音覩。此云高顯,即浮圖塔等是也。(《一切經音義》卷五 8P191)

【窟儡子】kūlěizǐ　又有以手持其(編者按:指木偶人)末出之幰上則謂之窟儡子。(《目前集》後卷 P2138)

【窟窿】kūlǒng　俗稱孔爲窟窿。蓋翻切也。窟窿輕牽孔。(《詢芻錄》P2)

【窟礧子】kūlěizǐ　參見[傀儡]。(《恒言錄》卷五 P105)

【窟籠】kūlóng　《宋景文筆記》:孔曰窟籠,

語本反切。按:《集韻》別有"窿"字,訓云:"孔窿,穴也。"(《通俗編》卷二十四 P545)

【窟籠】kūlóng　參見[鯽溜]。(《唐音癸籤》卷二十四 P214)

【窨】yìn　藏酒曰窨。窨音印。(《蜀語》P17)

【窴噎】tiányē　上音田,下煙結反。經文從土作填,或從因作咽,二字並非,皆錯用也。《説文》:"窴,塞也。從穴真聲也。"噎,《説文》云:"飯窒也。"音珍栗反。《考聲》云:"氣塞胷喉。從口壹聲。"或從食作饐,亦同也。(《一切經音義》卷十五 12P570)

【窮人家】qióngrénjiā　《青箱雜記》晏元獻語。(《越諺賸語》卷上 P8)

【窮兒暴富】qióng'érbàofù　東坡先生《與程全父推官啓》云:"兒子到此,鈔得《唐書》一部,又借得《前漢》一部,欲鈔。若了此二書,便是窮兒暴富也。"(《通言》卷六 P74)

【窮團】qióngjiǎn　與人優謔呼窮團(音蹇),閩人呼兒曰團,音若宰。顧況云:"團別郎罷,心摧血下。"今吳中呼若暖,平聲,亦呼兒童也。(《語竇》P144)

【窮棒子】qióngbàng•zi　貧而無業者曰窮棒子。長白鐵尚書保有窮棒子説,謂吉林產參,士人稱參爲棒槌,稱刨夫爲棒子。又,高麗稱其窮賤者爲棒子。棒子而窮,故窮之云爾。(《燕説》卷四 P10)

【窮措大】qióngcuòdà　大昭謂,宋元人目秀才爲窮措大。因改"措"爲"醋",又因醋味酸,而謂爲酸,皆後人取笑之詞,非誤讀也。(《通言》卷四 P47)

　　《太平廣記》:李敬者,夏侯孜之傭也。或爲其類所引,曰:"今北面官人,入則內貴,出則使臣,到所在打風打雨。爾何不從之,而孜孜事一個窮措大,有何長進耶?"《唐開元記》:"葉法善居玄貞觀,忽有一美措大,傲睨直入,稱鞠秀才。"(《稱謂錄》卷二十四 秀才 P38)

【窮忙】qióngmáng　《老學菴筆記》:元豐時,評尚書省曹語云:"戶度金倉,日夜窮忙。"(《通俗編》卷十二 P253)

【窮相頭骨】qióngxiàngtóugǔ　《太平廣記》:鄭光業常言⋯⋯居二日,光業取狀元及第,其人首貢一啓,頗叙一宵之素。曰:"既蒙取水,又使煎茶。當時之不識貴人,

凡夫肉眼；今日之俄爲後進，窮相頭骨。”（《續釋常談》卷三十五 P610）

【窮袴】 qióngkù　參見［裩襠袴］。（《恒言廣證》卷五 P83）

【窮醋大】 qióngcùdà　參見［窮措大］。（《通言》卷四 P47）

【窮調】 qióngdiào　不好。（《墨娥小錄》卷十四 P8）

【窮鬼】 qióngguǐ　《山海經》：“恆山四成有窮鬼居之，各在一搏。”《韓昌黎集・送窮文》：“三揖窮鬼而告之。”用此也。又張祜詩：“鄉人笑我窮寒鬼，還似襄陽孟浩然。”焦贛《易林》：“貧鬼守門，日破我盆。齫齫齧齧，貧鬼相責。”（《通俗編》卷十九 P428）

【竇數】 jùshuò　參見［砬落］。（《客座贅語》卷一　方言 P11）

【寫】 diào　遠曰寫。寫音弔。（《蜀語》P37）

【窬】 gǒng　穴土行曰窬。窬，古孔切，聲同礦，剜土也。亦作劀。（《燕説》卷三 P2）

【竈丁】 zàodīng　《天下郡國利弊書》：“明初場有團，又有竈丁，丁給鹵地草蕩及工本鈔。”（《稱謂錄》卷二十七　鹽 P15）

【竈户】 zàohù　賣滷煎鹽之主。（《宋史・食貨志》）（《越諺》卷中　賤稱 P14）
　　　　參見［亭户］。（《稱謂錄》卷二十七　鹽 P15）

【籃籡】 lántān　藍灘。薄而大。越謂物不收檢。（《越諺賸語》卷上 P3）

【癘語】 yìyǔ　睡中語謂癘語。元次山云：“寐中癘語非所知也。”（《談徵》言部 P78）

【竈君】 zàojūn　《周禮注》：“顓頊氏有子曰黎，祀爲竈神。”……流俗稱之曰竈君，或曰竈王。《戰國策》：“復塗偵謂衛君曰：‘昔日臣夢見竈君。’”唐李廊《鏡聽詞》曰：“匣中取鏡辭竈王。”君與王皆經道之，而竈君尤古。（《通俗編》卷十九 P416）

【竈王】 zàowáng　參見［竈君］。（《通俗編》卷十九 P416）

【竈户】 zàohù　《宋史・食貨志》：“凡鬻鹽之地曰亭，場民曰亭户，或曰竈户。”（《通俗編》卷二十一 P479）

【竈門】 zàomén　《天錄識餘》：“海客日談曰：‘馬前蹄之下有凹處。名竈門。’”（《常語尋源》卷上甲册 P187）

【竈馬】 zàomǎ　祀時以紙印竈神像供竈門，謂之竈馬，見《輦下歲時記》，云：“都人至半夜備酒果送神，貼竈馬於竈上。”（《土風錄》卷一 P181）

疋（疋）部

【疏】 shū　參見［注疏］。（《雅俗稽言》卷二十四 P16）

【疏頭】 shūtóu　《潛夫論・浮侈篇》：“裁好繒，作疏頭，令工彩畫，顧人書祝，虛飾巧言，欲邀多福。”按：由是言可知，疏頭之製，自漢有之。（《通俗編》卷二十 P450）

【疐住】 zhìzhù　《詩》：“載疐其尾。”疏：“謂卻頓而倒于尾上也。”《説文》：“疐，礙不行也，人欲去而止之也。”焦竑《字學》：“俗言疐住。”卽此字。（《通俗編》卷十四 P302）

皮　部

【皮膠】 píjiāo　音交。煎皮消作水，凝冷而成膠。（《一切經音義》卷十 15P389）

【皮緩】 píhuǎn　户滿反。《爾雅》：“緩，舒也。”顧野王云：“寬也。”案：皮緩，寬慢也。（《一切經音義》卷十二 16P469）

【皯】 gǎn　面生黑氣曰皯。（《札樸》卷九　鄉里舊聞　鄉言正字附　疾病 P327）

【皯黣】 gǎnméi　面黑氣也。（《越諺》卷中　形色 P59）

【皯𪒠】 gǎnyìng　古旱反。下與證反。《通俗文》：“面梨黑曰皯𪒠。”面點黑也。《廣雅》：“𪒠，面也。”（《一切經音義》卷十七 11P650）
　　　　上剛嬾反，下藏鄧反。《通俗文》作皯，面黧黑曰𪒠。《考聲》：“面上黑子也。”（《一切經音義》卷十五 20P588）

【皷擽】 pílài　皮賴。惡劣者。（《越諺》卷中　惡類 P15）

【皺】 chuò　（音穿，入聲）皮破也。俗云皺傷，卽此。（《語竇》P160）

【皷】 dā　皮寬曰皷。皷音答。《玉篇》：“皺皷，皮瘦寬也。”《蜀語》：“瘦皮垂下曰皷。或作胮，又作㿢，音義均同。”（《里語徵實》

卷上　一字微實 P7）

【穅】cāo　米不佳曰穅。與糙同。（《肯綮
　　錄》P2）

【皻】zhā　皻，莊加切，皰鼻。一日鼻赤。
　　《中原雅音》云：“酒皻。麻韻。（《目前集》
　　後卷 P2151）

　　　　（齇）《廣韻》又作“皻”。（《札樸》卷三
　　　　覽古 P86）

【皵】báo　皮起曰皵。皵或作暴，墳起也。
　　（《燕說》卷四 P7）

【皵皲】làdā　上盧盍切，下都榼切。疊韻
　　字。《廣韻》：“皵皲，皮瘦寬貌。”今吳人以
　　塵垢不淨爲皵皲。（《恒言錄》卷二 P48）

　　　　音臘苔。《玉篇》：“皵皲，寬皮貌。”案：
　　　　皵皲，老人皮寬貌。吳中形老人皮皺曰皮
　　　　寬皵皲。（《吳下方言考》卷十一 P14）

　　　　皵皲疑拉靼之別字。《説文》：“靼，柔
　　　　革也。”（《恒言廣證》卷二 P41）

【皵皲四相公】làdāsìxiànggōng　上二字
　　音“鑞塔”。謂向僧道尼投齋者。（《越諺》
　　卷中　惡類 P16）

【皲】jiǎn　皮起曰皲。曰繭。（《肯綮錄》
　　P2）

【皲子】jiǎn·zi　手足跰胝曰皲子。皲音繭，
　　皮起也，通作繭。今俗呼訛爲蔣音。（《燕
　　説》卷四 P2）

癶　部

【登】❶dēng　登時，猶卽時也。……登，卽
　　登時，省文也。《吳志·鐘離牧傳》注：“牧遣
　　使慰譬，登皆首服。”（《助字辨略》卷二
　　P106）

　　　　❷dèng　本登字。《釋名》：“榻登施大
　　牀之前，小榻之上，所以登牀也。”蓋以登牀
　　得名，後人稍高之，以爲坐具耳。（《恒言
　　錄》卷五 P100）

【登來】dēnglái　立至也。《公羊·隱五年》
　　“登來之也”，注：“登讀言得來，齊人名求得
　　爲得來，作登來者其言大而急也。”今廣州
　　諺以來到爲登。按：薛用弱《集異記》敍：
　　“蕭穎士遇二少年，登令召至。”“邢曹進夢
　　僧拔眼鏃，及寤，登言于醫。”薛，唐人，可
　　知彼時多登爲立至之義。登得之聲相轉

也。暄曰：今諺嘗稱登時，亦然。（《通雅》
　　卷五 P216）

【登時】dēngshí　律條：“凡夜無故入人家，
　　主家登時殺傷者，勿論。”登時猶言卽時、當
　　時也。……按韻書，登訓升也，進也。又，
　　成也，熟也，無卽時、當時之義。登時蓋方
　　言耳。（《雅俗稽言》卷八 P4）

　　　　《魏志·管輅傳》注：“注易之急，急于水
　　火。水火之難，登時之驗。易之清濁，延于
　　萬代。”《北史·祖珽傳》：“夜忽鼓噪喧天，賊
　　衆大驚，登時散走。”《舊唐書·張柬之傳》：
　　“姚崇言柬之沉厚有謀，能斷大事，則天登
　　時召見。”王子年《拾遺記》：“使者令猛獸發
　　聲，帝登時顛蹶，掩耳震動。”《抱朴子·自序
　　篇》：“或齎酒肴候洪者，雖非儔匹不拒，後
　　有以答之，亦不登時也。”按：《鹽鐵論》：“登
　　得前利，不念後咎。”《焦仲卿妻詩》：“登卽
　　相許和。”所云“登”者，蓋卽登時之謂。
　　（《通俗編》卷三 P54）

【登登】dēngdēng　顧況詩：“築城登登。”
　　案：登登，築堅聲。今吳中凡築墙基屋基俱
　　作登登聲。（《吳下方言考》卷四 P16）

【登蟾宮】dēngchángōng　參見［折桂］。
　　（《唐音癸籤》卷二十四 P216）

【發体性】fābènxìng　体音挀，鈍摯也。俗
　　訛作“笨”，又訛同“體”。（《越諺》卷中　疾
　　病 P21）

【發作】fāzuò　《三國志·孫皎傳》：“權讓之
　　曰：‘近聞卿與甘興霸飲，因酒發作，侵凌其
　　人。’”（《通俗編》卷十七 P376）

　　　　韓愈《南海神廟碑》：“盲風怪雨，發作
　　無節。”（《通俗編》卷八 P120）

　　　　面斥人曰發作，見陸魯望自撰《甫里先
　　生傳》：“性猜急，遇事發作，輒不含忍。”
　　（《土風錄》卷九 P279）

　　　　參見［發性］。（《雅俗稽言》卷二十一
　　P17）

【發動】fādòng　《晉書·宣帝紀》：“衆情謂
　　明公舊風發動。”《北史·徐之才傳》：“帝每
　　發動，遣騎追之，針藥所加，應時必效。入
　　秋小定，更不發動。”（《通俗編》卷十四
　　P306）

【發疒】fāpò　“貪”去聲。臉病浮腫。（《越
　　諺》卷中　疾病 P20）

【發呪】fāzhòu　《朱子語錄》説《論語》子見
　　南子章云：“夫子似乎發呪模樣。”（《通俗

編》卷十七 P373)

【發市】fāshì　宋劉子翬《謝劉致中瓜》詩：
"顧我小詩偏發市，年年博得蕭屯瓜。"(《直
語補證》P36)

【發孝】fāxiào　《菽園雜記》："今人有喪，剪
帛以授吊客謂之發孝。"(《俚言解》卷二
47P52)

【發槌】fǎchuí　參見[興哥]。(《俚言解》卷
二 11P35)

【發狒】fāfèi　廢。輕狂如狒。(《越諺賸
語》卷上 P4)

【發攂】fālèi　參見[攂鼓]。(《通俗編》卷八
P173)

【發焠】fācuì　撮。鑢杉爲片，而銳其頭，蘸
磺硝，遇火卒然發焠。(《越諺》卷中 貨物
P33)

【發燭】fāzhú　杭人削松木爲小片，其薄如
紙，鎔硫黃塗木片頂分許，名曰發燭。又曰
焠兒。蓋以發火及代燈燭用也。史載周建
德六年，齊后妃貧者以發燭爲業，豈卽杭人
之所製與？宋翰林學士陶公穀《清異錄》
云："夜有急，苦於作燈之緩，有知者，批杉
條，染硫黃，置之待用。一與火遇，得焰穗
然。既神之，呼引光奴。今遂有貨者，易名
火寸。"按此，則焠寸聲相近，字之訛也。然
引光奴之名爲新。(《南村輟耕錄》卷五
P61)
　　松杉削小片，鎔硫黃，塗其末，近火卽
然，用以點燈，名爲取燈。《西湖遊覽志餘》
此名"發燭"，亦名"焠兒"，蓋以發火代燈燭
用也。史載周建德六年，齊后妃貧者，以發
燭爲業。(《俚言解》卷二 15P36)
　　《輟耕錄》："杭人剪松木爲小片，鎔硫
黃塗其銳，名曰發燭，又曰焠兒。"(《通俗
編》卷二十六 P592)
　　參見[引光奴]。(《談徵》事部 P31)

【發爨】fācuàn　宋徽宗見爨國人來朝，其
衣裝巾裹舉動可笑，使優人效以爲戲。見
《輟耕錄》。越謂可笑事曰"發爨"，本此。
(《越諺賸語》卷上 P6)

【發性】fāxìng　俗呼暴怒曰發性。《笠澤叢
書》："先主性猖急，遇事發作，輒不能忍，尋
復悔之。""發作"二字，亦俗語。(《雅俗稽
言》卷二十一 P17)

【發白色】fābáisè　今俗有此語。若發紅

色、發青色之類。按：《説文》"縹"字注云：
"青黑繪發白色也。"又"驃"字注："馬頭有
白發色。"徐鍇《繫傳》曰："所謂白發，言色
有淺處若將起然。於發字尤妙於形容。"二
條文雖小異，義可互明也。(《直語補證》
P48)

【發笑】fāxiào　《漢書·司馬遷傳》。(《越諺
賸語》卷上 P6)

【發酒】fājiǔ　《呂氏春秋》"因發酒於宣孟"，
卽今俗語發柴發米之始。(《直語補證》
P20)

【發覺】fājué　《漢書·高帝紀》："八年秋八
月，吏有罪未發覺者，赦之。"《淮南子·氾論
訓》："縣有賊，大搜俠者之廬，事果發覺，夜
驚而走。"《後漢書·梁松傳》："數爲私書請
託郡縣，發覺免官。"《論衡·幸偶篇》："或奸
盜大辟而不知，或罰贖小罪而發覺。"(《通
俗編》卷六 P120)

【發跡】fājì　司馬相如《封禪文》："公劉發跡
于西戎。"揚雄《解嘲》："公孫創業于金馬，
驃騎發跡于祁連。"《後漢書·耿弇傳》："帝
曰：'昔韓信破歷下以開基，今將軍攻祝阿
以發跡，功足相方。'"《晉書·石勒載記》：
"劉琨遺勒書曰：'將軍發跡河朔，席卷兗
豫。'"《文選》陸機詩："發跡翼藩后，改授撫
南裔。"按："發跡"猶言興起。(《通俗編》卷
十 P214)

矛　部

【務】wù　參見[場]。(《蜀語》P22)

【務實】wùshí　《晉語》："華則榮矣，實則不
知，請務實乎？"(《通俗編》卷十一 P231)

【務頭】wùtóu　喝采。(《墨娥小錄》卷十四
P8)

【欑】zuàn　言之鑿空而杜撰也，曰欑，其最
無倫脊者，曰謵，曰胡。(《客座贅語》卷一
詮俗 P8)

耒　部

【耒】lěi　參見[埒]。(《匡謬正俗》卷六
P72)

【耗】máo　謂無曰耗。耗，莫襃切，音毛，亦

有呼毛清音者。昔人請東坡喫䊚飯,謂白
米白湯白蘆菔也。東坡回請毳飯,謂米湯
蘆菔三者俱無也。鄉語謂無爲毛,然毛非
義,以耗字爲是。東坡非失于考,蓋借字戲
耳。本從禾從毛,俗從末,譌。(《蜀語》
P3)

　　無又爲耗。耗音毛,亦有呼毛清聲者。
昔人請東坡吃“䊚飯”,謂“白米、白湯、白蘆
菔”也;東坡回請“毳飯”,謂米、湯、蘆菔三
者俱無也。鄉語謂無爲“毛”。然“毛”非
義,以“耗”字爲是。東坡非失於考,蓋借字
戲耳。本從“禾”從“毛”,俗從“末”,訛。
(《蜀語》)又,毛晃收“耗”入“毛”字下,曰:
“無也。引《漢書》:“靡有孑遺,耗矣。”通作
“毛”。《馮衍傳》:“餓者毛食”。《佩觿集》
曰:“河朔謂無曰毛”。(《通雅》)(《里語徵
實》卷上 一字徵實 P31)

　　參見[毛]。(《雅俗稽言》卷九 P2)

【耜頭】sìtóu　山株之較大者用之於田,呼
爲“耜頭”。(《越言釋》卷下 P19)

【耲】hàn　冬耕曰耲。耲音漢。《廣韻》:
“冬耕也。”《集韻》:“耕暴田。”按:今俗讀如
煞。(《燕説》卷三 P3)

【耬】lóu　覆種曰耬。(《通俗文》釋器用
P69)

老(耂)部

【老】lǎo　《容齋三筆》:“東坡詩用人名,每
以老字爲助語,非真謂其老也。如‘老濞宮
粧傳父祖’‘便腹從人笑老韶’‘老可能爲竹
寫真’‘不知老奘幾時歸’‘曾使老謙名不
朽’之類,皆隨語勢而然。白樂天嘗云:‘每
被老元偷格律。’蓋亦有自來矣。”按:今朋
友晤談,莊稱曰某兄,狎稱曰老某,昉自此
歟? 但“可”、“奘”等皆其名之下字,今則舉
繫上字,又不相同。(《通俗編》卷十八
P408)

　　有用在上者,曰“老某”,在下曰“某
老”。東坡詩用,多有。(《容齋三筆》)(《越
諺》卷下 發語語助 P21)

【老丈】lǎozhàng　《搜神記》:“管輅至南陽
平原,見一少年,嗟歎而過。少年曰:‘老丈
有何事嗟歎?’或稱“丈丈”。《全唐詩話》:
“鄭谷幼年,司空圖見而奇之,曰:‘曾吟丈

丈詩否?’曰:‘吟得丈丈《曲江晚眺》斷
篇。’”按:丈,猶言丈人也。李白有《過崔八
丈水亭》詩,杜甫有《贈李八丈判官》詩。
《愛日齋叢抄》云:“曾吉甫在舘中,同舍相
約,曾公前輩可尊,是宜曰丈,餘人自今各
以字自行。”稱丈之尊若此。(《通俗編》卷
十八 P384)

【老俒】lǎohún　參見[女俒]。(《通俗編》卷
二十二 P485)

【老傖】lǎocāng　俗罵高年形貌衰頹曰老
傖。(《俚言解》卷一 46P26)

【老前輩】lǎoqiánbèi　　參見[老先生]。
(《越諺》卷中 尊稱 P13)

【老包】lǎobāo　阿庇縱容曰老包。按:《呂
氏家塾記》:“包拯爲京尹,令行禁止,人呼
爲包家。市井小民及田野之人見狗私者,
皆指笑之曰:‘爾一箇包家。’見貪污者曰:
‘爾一箇司馬家。’蓋反言以笑之也。”後遂
以阿庇者曰老包矣。娼家之“老包”當作
“老鴇”。(《土風錄》卷十七 P372)

【老兄】lǎoxiōng　《晉書·劉毅傳》:“東府樗
蒲大擲,毅擲得雉。劉裕授五木久(編者
按:當作久)之,曰:‘老兄試爲卿荅。’卽成
盧焉。”(《目前集》前卷 P2114)

【老先】lǎoxiān　《漢書·梅福傳》:“叔孫先
非不忠也。”師古曰:“先,猶言先生也。”《鼂
錯傳》:“公卿言鄧先。”師古曰:“猶言鄧先
生也。”按:前明太監稱卿大夫每曰“老先”,
而不云“生”,古亦有之矣。(《通俗編》卷十
八 P384)

　　《香祖筆記》:“今人稱先生,古人亦有
只稱先者。漢梅福曰:‘叔孫先非不忠
也。’”師古注:“先猶言先生。”又,鄧先好奇
計及張談先之類。後世中官稱士大夫曰老
先,非無因也。(《稱謂錄》卷三十二 尊稱
P16)

【老先生】lǎoxiānshēng　《史記·賈誼傳》:
“每昭令下議,諸老先生不能言,賈生盡爲
之對。”按:三字初見于此,未嘗以相稱也。
相稱則自宋起。劉元城《語錄》:“老先生
居洛,先生從之蓋十年。”所云“老先生”,乃
司馬君實。《渭南集·東坡像贊》曰:“是老
先生,玉色敷腴。”俱以稱老前輩。《乾淳起
居注》:“上謂史浩曰:‘當爲老先生一醉。’”
則其稱及同時人矣。王世貞《觚不觚錄》
云:“京師稱極尊者曰老先生。自內閣至大

小九卿皆如之。門生稱座主，亦不過曰老先生而已。”(《通俗編》卷十八 P383)

　　此三字《史記‧賈誼傳》始見，未嘗稱人。自宋《劉元城語錄》稱司馬君實，《渭南集‧東坡像贊》則稱“老前輩”，《乾淯起居注》且稱及同時人。越如《觚不觚錄》云稱極等者。(《越諺》卷中 尊稱 P13)

【老兒】lǎo’ér　朱弁《曲洧舊聞》：“王文正爲參政事，嫉丁晉公奸邪，屢欲聞陳，以宰執同對未果。每暇與晉公語，色欲言而止者再四。晉公詰之，曰：‘弟某當遠官，而老兒又鍾愛此事，頗亂方寸也。’”(《稱謂錄》卷一 父 P14)

【老大】lǎodà　杜子美《詠懷》詩：“杜陵有布衣，老大意轉拙。”白樂天《琵琶行》：“老大嫁作商人婦。”又和慕巢詩：“富貴大都多老大。”(《恒言廣證》卷一 P9)

【老太娘】lǎotàiniáng　參見[太娘]。(《越諺》卷中 賤稱 P13)

【老奤】lǎotǎi　京師人誚鄉老曰老奤。奤本普伴切。《集韻》：“面大曰奤。”《字彙補》作胎上聲。《蔬園雜記》云：“南人詈北人爲奤子。”(《燕說》卷四 P10)

【老師】lǎoshī　參見[座主]。(《通俗編》卷五 P93)

【老外後日】lǎowàihòurì　參見[外後日]。(《通雅》卷四十九 P1458)

【老麼】lǎomá　麻。婦之通稱。(《越諺》卷中 倫常 P8)

【老官板兒】lǎoguānbǎnr　參見[板兒]。(《通俗編》卷二十三 P510)

【老家人】lǎojiārén　孟郊有《弔老家人春梅》詩。(《直語補證》P9)

【老子】lǎozǐ　《老學庵筆記》：“南鄭俚俗謂父曰老子。雖年十七八，有子亦稱老子。乃悟西人所謂大范老子，蓋尊之以爲父也。”按：西人並不以老子爲尊，雖自稱有然。《後漢書‧韓康傳》：“亭長使奪其牛，康卽與之。使者欲奏殺亭長，康曰：‘此自老子與之，亭長何罪？’”康乃京兆霸陵人，正可爲的證者。《三國志‧甘寧傳》注：“夜入魏軍，軍皆鼓譟舉火，還見權。權曰：‘足以驚駭老子否？’”此“老子”似謂曹操。權豈欲尊操而云然乎？《晉書‧陶侃傳》：“顧謂王愆期曰：‘老子婆娑，正坐諸君輩。’”《應

詹傳》：“鎮南大將軍劉弘謂曰：‘君器識宏深，後當代老子于荆南矣。’”《庾亮傳》：“諸君少住，老子于此，興復不淺。”諸人不皆西產，而其自稱如此，必當時無以稱父者，故得通行不爲嫌。若《五代史‧馮道傳》：“耶律德光誚之曰：‘汝是何等老子？’對曰：‘無才無德，癡頑老子。’”更顯見其稱之不尊矣。(《通俗編》卷十八 P388)

　　《漢書‧韓康傳》：“亭長使奪其牛，康卽與之。使者欲奏殺亭長，康曰：‘此自老子與之，亭長何罪？’”《三國志‧甘寧傳》注：“夜入魏軍，軍還見權，權曰：‘足以驚駭老子否？’”《晉書‧陶侃傳》：“老子婆娑，正坐諸君輩。”《應詹傳》：“君器識宏深，後當代老子于荆南矣。”《庾亮傳》：“老子于此處，興復不淺。”是老子爲長老通偁。《老學菴筆記》：“南鄭里俗謂父曰老子，雖年十七八有子亦稱老子。乃悟西人所謂大范老子，蓋尊之以爲父也。”(《恒言廣證》卷三 P45)

　　按：鄉民稱父曰“老子”，稱皇帝亦曰“老子”，天子子天下，則稱曰：“皇帝老子。”亦似有尊而親之之意。(《里語微實》卷上 一字微實 P1)

【老姆】lǎomǔ　矛俟反。鄭注《儀禮》云：“人年五十无子出而不復嫁，能以道教人者也，亦云女師。”《古今正字》：“從女母聲。”(《一切經音義》卷七十七 4P3040)

【老娘】lǎoniáng　世謂穩婆曰老娘。(《南村輟耕錄》卷十四 P174)

　　《倦游錄》：“苗振就館職。晏相曰：‘宜稍溫習。’振曰：‘豈有三十年爲老娘，而倒綳孩兒者乎？’則謂穩婆爲老娘，其來舊矣。”楊誠齋《詩話》：“潤州大火，惟存衛公塔、米元章菴。元章喜，題曰：‘神護衛公塔，天留米老菴。’有輕薄子于塔菴上添爺娘二字嘲之，以元章母嘗乳哺宮中也。則謂妳婆爲老娘，來亦舊矣。俗或謂妻曰老娘，殊不典。”(《通俗編》卷二十二 P489)

　　《輟耕錄》：“世謂穩婆曰老娘。案：都中相呼爲老老，亦取老成穩練之意。(《稱謂錄》卷三十一 三姑六婆 P23)

　　參見[坐婆]。(《恒言錄》卷三 P71)

【老娘婆】lǎoniángpó　卽收生嫗。《倦游錄》苗振對晏相語無“婆”字。(《越諺》卷中 賤稱 P14)

【老婢】lǎobì　參見[惡奴]。(《雅俗稽言》

卷二十一 P15）

【老婆】lǎopó　娼婦曰老婆，賕曰養老婆。
《燕山叢錄》卷二十二 長安里語人物 P8）

【老班】lǎobān　參見［長老］。《談徵》名
部下 P16）

【老板】lǎobǎn　參見［板兒］。《通俗編》
卷二十三 P510）

【老獃】lǎodāi　《白獺髓》：“范石湖初官到
任，其同官聞爲吴郡人，卽云‘獃子’，石湖
因有‘我本蘇州監本獃’之句。後入參大
政，其人尚在選，見之，溫講同官之好，謙
曰：‘某老獃無用。’”《通俗編》卷十一
P237）

【老物】lǎowù　俗斥年長者爲老物，實非惡
語，人亦物也，故曰人物，況六經中已有之。
《周禮·籩祭章》：“祭蜡以息老物。”《俗考》
P16）

　　《晉書·宣穆張皇后傳》：“柏夫人有寵，
后罕得進見。帝臥疾，后往省。帝曰：‘老
物可憎，何煩出也。’”《遼史·聖宗后蕭氏
傳》：“耨斤詈后曰：‘老物，寵亦有旣耶？’”
《通俗編》卷十一 P237）

【老手】lǎoshǒu　《玉堂雜記》：“上錫史浩
宴，命作詩叙之，復俯同其韻，有‘文章藉老
手’句。蘇軾詩：“老手王摩詰，窮交孟浩
然。”《通俗編》卷七 P141）

【老拳】lǎoquán　唐劉夢得嘗讀杜子美《義
鶻行》“巨顙拆老拳”，疑老拳無據。及讀
《石勒傳》，勒語李陽曰：“孤往日厭卿老拳，
卿亦飽孤毒手。”……予按《五代史》：梁太
祖讀李襲吉《爲晉王所爲通和書》云：“毒手
尊拳，相交於暮夜；金戈鐵甲，蹂踐於明
時。”歎曰：“李公僻處一隅，有士如此。使
吾得之，傅虎以翼也。”以《石勒傳》考之，尊
拳當作老拳，非指劉伶尊拳也。《能改齋
漫錄》卷四 P90）

【老牌子】lǎopáizǐ　詴老翁。《越諺》卷中
倫常 P10）

【老臊胡】lǎosàohú　俗以多髯連鬢者爲落
腮鬍，其實非也。《五燈會元》：“宣鑒禪師
云：‘達摩是老臊胡，釋迦老子是乾矢橛，文
殊普賢是擔屎漢。’”胡人頷下多髯，故俗有
此稱。《直語補證》P30）

【老慳】lǎoqiān　《南史》：“宋孝武帝以劉秀
之性吝嗇，呼之爲老慳。”《常語尋源》卷上

甲册 P192）

【老相】lǎoxiàng　今吴下稱父多曰老相。
《通雅》卷十九 P650）

　　　參見［郎罷］。《里語徵實》卷上 一字
徵實 P3）

【老相公】lǎoxiànggōng　（收租老相公、財
主老相公）佃者稱主。《越諺》卷中 尊稱
P13）

【老秀才】lǎoxiùcái　見《明實錄》。《越
諺》卷中 善類 P12）

【老老】lǎolǎo　參見［老娘］。《稱謂錄》卷
三十一 三姑六婆 P23）

【老米】lǎomǐ　糙白陳米曰老米。《燕山叢
錄》卷二十二 長安里語 飲食 P8）

【老草】lǎocǎo　朱子《訓學齋規》：“寫字未
問工拙如何，且要一筆一畫，嚴正分明，不
可老草。”按：王褒《洞簫賦》：“惆悵瀾漫，亡
偶失儔。”或謂“惆悵”猶老草，“瀾漫”猶澺
漫。然《文選注》訓“惆悵”爲寂靜，與不嚴
正分明意大別，未可傅會也。今言“潦草”，
乃“老草”之音訛。《通俗編》卷七 P149）

【老身】lǎoshēn　《五代史·漢家人傳》：“太
后李氏謂周太祖曰：‘老身未終殘年，屬此
多難，惟衰朽托于始終。’”按：婦人老者每
自稱老身，此其證也。然前此男子亦嘗以
自稱矣。《北史·穆榮傳》：“元順醉入穆紹
寢所。紹讓曰：‘老身二十年侍中，與卿先
君丞連職事，何宜相排突也。’”《通俗編》
卷十八 P403）

【老道長】lǎodàozhǎng　小兒有成人樣子
目曰老道長。案：《菽園雜記》：“中堂尚書
稱各道御史曰老道長。今督撫稱道憲亦曰
老道長，蓋道不稱卑，儼然有方面大員體
統，故以此目之。《土風錄》卷十七 P371）

【老辣】lǎolà　《宋史·晏敦復傳》：“薑桂之
性，到老愈辣。”劉克莊《題跋歙郡趙君幾》：
“歌行中苦硬老辣者，乃似盧仝、劉叉。”
《通俗編》卷十一 P241）

【老革】lǎogé　奸狡詼諧謂之頑皮，又曰滑
皮，言如駕轅之牛，項毛盡脱，其皮頑滑而
堅厚也。《隋書》：“蘇威告煬帝天下多盜。
帝不懌，威出，帝曰：‘老革多姦，以賊脅
我。’”《綱目集覽》注：“革，兵也。罵爲老
革，猶罵老兵也。”此説非也。又《三國志》：
“彭羕罵先主曰：‘老革荒悖。’”注：“革，獸

皮也。老革,皮色枯瘁之形。"余謂古人罵老革猶今人罵老頑皮耳。(《俚言解》卷一 47P27)

《表異錄》:"彭兼罵先主爲老革。"注:"猶言老兵也。"(《稱謂錄》卷二十六 兵 P15)

【老革革】lǎogégé 老曰老革革。楊子《方言》:"滅、鰓、乾、革、耇、都,老也。"《三國志》:"彭羕罵先主曰:'老革荒悖,可復道耶。'"(《蜀語》P4)

【老頭皮】lǎotóupí 《侯鯖錄》:"杞人楊朴被召,其妻作詩送之云:'今日捉將官裏去,這回斷送老頭皮。'"(《通俗編》卷十六 P356)

　　　参見[頭皮]。(《恒言錄》卷一 P7)

　　　参見[頭皮]。(《恒言廣證》卷一 P7)

【老骨頭】lǎogǔtóu 《撦言》:"陳太師有愛姬徐氏,郫城令女也,令欲因女求牧,私示詩云:'深宮富貴事風流,莫忘生身老骨頭。'聞者鄙之。"(《通俗編》卷十六 P356)

【老鳳】lǎofèng 王志堅《表異錄》:"宋世以翰林學士爲大鳳,丞相爲老鳳。"(《稱謂錄》卷十二 相臣古稱 P28)

【老鴇】lǎobǎo 臧晉叔《元曲選》引丹邱先生言曰:妓女之老者曰鴇。鴇似雁而大,喜淫無厭,諸鳥求之即就。世呼爲獨豹者也。(《通俗編》卷二十二 P501)

【老鼠】lǎoshǔ 揚子《方言》:"自關而東,蝙蝠或謂之老鼠。"按:老鼠與鼠別也,而世俗凡言鼠,輒云老鼠。……《傳燈錄》:"雪峯謂元沙:'此間有箇老鼠子在浴室裏。'"韓子蒼詩:"窮如老鼠穿牛角。"皆已如今俗所謂。(《通俗編》卷二十八 P632)

【老齩口】lǎoyǎokǒu 指男女私爲夫婦者。(《越諺》卷中 惡類 P16)

【者】zhě 今以稱人之不老實者曰者。(《客座贅語》卷一 辨訛 P4)

　　　唐人疏狀,凡引敕旨訖,則以者字足之。……者字,亦語已之辭,當時體例如此也。宋人亦多用此式。韓退之《論變鹽法事宜狀》:"右奉敕將變鹽法,事貴精詳,宜令臣等各陳利害可否聞奏者。"陸宣公《收河中後請罷兵狀》:"昨日欽遵奉宣聖旨,示臣馬燧、渾瑊等奏平懷光收河東狀,兼令臣商量,須作何處置,令欽遵奏來者。"(《助字辨略》卷三 P164)

指事物曰者。者,止野切。俗作"這",非。攷《字書》:"這音彥,走也,迎也。"考《六書正譌》:"者,原古'諸'字,從'白',即'白'字;從'米',古'旅'字。"《諧聲》:"音專於切。又假借爲止野切,即俗'這'字也。又假借爲掌與切,即'州渚'字也。"(《蜀語》)(《里語徵實》卷上 一字徵實 P9)

發語辭。者簡、者番,差同。凡言可止事曰"者好哉"。(《越諺》卷下 發語語助 P20)

【者夬】zhěkuài 大銅錢曰者夬。(《燕山叢錄》卷二十二 長安里語 珠寶 P10)

【者回】zhěhuí 參見[者簡]。(《談徵》言部 P77)

【者簡】zhěgè 毛晃云:"凡稱此簡爲者簡,俗多改用這字。這乃迎也。"(《助字辨略》卷三 P165)

　　　《說文》:"別事詞也。"毛晃曰:"凡稱此簡爲者簡,此回爲者回,俗改作這。"這乃魚戰切,迎也。(《談徵》言部 P77)

【者邊】zhěbiān 猶云此邊也。蜀主王衍《醉妝詞》:"者邊走,那邊走。"(《助字辨略》卷三 P165)

【者麽道】zhě·medào 《元典章》凡詔旨畢處,多用者麽道三字。(《通俗編》卷三十三 P735)

耳　部

【耳瑱】értiàn 耳飾曰耳瑱。瑱音佃。(《蜀語》P14)

【耳朵燒子】ěr·duoshāozǐ 耳曰耳朵燒子。(《燕山叢錄》卷二十二 長安里語 身體 P6)

【耳暖】ěrnuǎn 今人懼耳寒,或用皮,或用紬緞,如其形而縫以衣之,謂之耳暖,亦謂暖耳。即古之所謂耳衣者。唐人邊塞曲:"金裝腰帶重,綿縫耳衣寒。"(《談徵》物部 P2)

【耳摑】ěrguó 掌打曰耳摑。摑音國。(《蜀語》P39)

【耳衣】ěryī 參見[煖耳]。(《通俗編》卷二十五 P564)

　　　参見[耳暖]。(《談徵》物部 P2)

【耳邊風】ěrbiānfēng　杜荀鶴詩：“萬般無染耳邊風。”(《恒言錄》卷六 P127)

【耳頫】ěrguāng　頫，耳後骨也。吳中掌人耳曰耳頫。(《吳下方言考》卷二 P4)

【耶】yé　案：古人稱父爲耶，只用耶字不用爺字。《木蘭詩》：“阿爺無大兒”，“卷卷有爺名”。本當作耶字，俗本改作爺字。杜子美《兵車行》：“耶娘妻子走相送。”注云：《古樂府》“不聞耶孃哭子聲”即是引《木蘭詩》，初不作爺可證。又杜《北征》詩“見耶背面啼”，亦不作爺。《顏氏家訓·文章篇》：“梁世費旭詩云：‘不知是耶非。’殷澐詩云：‘颷颺雲母舟。’簡文曰：‘旭既不識其父，澐又颷颺其母。’”是梁世未嘗有爺字也。又《南史·王彧傳》：“彧長子絢，年五六歲，讀《論語》至‘周監於二代’，外祖何尚之戲曰：‘可改耶耶乎文哉。’絢應聲曰：‘尊者之名安可戲？豈可道草翁之風必舅。’”蓋鬱與彧同，舅謂尚之子偃也。又元稹詩：“爾爺只爲一杯酒。”李孝光詩：“汝爺何日東浙來。”則皆稱爺也。(《稱謂錄》卷一 子稱父 P16)

　　參見[爺娘]。(《雅俗稽言》卷八 P6)

　　參見[爺]。(《談微》名部上 P52)

【耶耶】yéyé　錢大昕《養新錄》，永清縣有宋石幢，周遭鑴，其末云：“亡耶耶王安，娘娘劉氏。”此謂大父、大母。又“縣南信安鎮龍泉寺有金大定三年碑，亦有‘王孝子耶耶’之文，當亦謂其大父也。(《稱謂錄》卷一 祖 P7)

　　參見[爺]。(《談微》名部上 P52)

【聋】dā　耳垂曰聋。聋音答。見《字典》及《俗書刊誤》。又《蜀語》“聋”作“聤”。(《里語徵實》卷上 一字徵實 P11)

【聆】líng　今俗買瓦器，以枚敲之，知其全破善惡謂之聆。……《說文解字》云：“聆，聽也。”……瓦破壞者聲嘶惡，須一一擊而聽之，故呼聆瓦耳。字當作聆也。(《匡謬正俗》卷六 P72)

【眡】zhěn　告也。《玉篇·耳部》《改併五音類聚四聲篇海·耳部》(《埤蒼》P24)

【聑】tiē　耳小垂着頭。丁篋反。(《俗務要名林》)

【聖笅】shèngjiào　按：“笅”，竹索也。又，簫名，看巧韻兩收，此字應作“挍”，入十九效。《廣韻》：“挍，杯挍也，巫占吉凶者。”故昌黎《謁衡嶽》詩：“手持杯挍導我擲。”又名

“瓦子”。《南部新書·戊》：“西京壽安縣有墨石山神祠最靈，神龍中神前有兩瓦子，過客投之以卜休吉，仰爲吉而覆爲凶。”《石林燕語》(卷一)：“太祖皇帝微時，嘗被酒入南京高帝廟，香案有竹杯笅，因取以占己之名位，以一俯一仰爲聖笅。”今越語猶然，以俯爲陰笅，仰爲陽笅。(《釋諺》P115)

【聤聢】zhìmíng　張耳曰聤聢。(《札樸》卷九 鄉里舊聞 鄉言正字附 身體 P326)

【聤】duǒ　耳曰聤。聤音剁，平聲。(《蜀語》P39)

　　耳曰聤。聤音剁，平聲。《五音類聚》：“聤，耳垂也；又，耳聰也。”(《里語徵實》卷上 一字徵實 P11)

【聚寶盆】jùbǎopén　《餘冬序錄》：“舊傳沈萬三家有聚寶盆，貯少物，經宿輒滿，百物皆然。”……又《鬱輪岡筆塵》：“沈萬三聚寶盆後爲帝碎而埋之金陵南門下，故門名聚寶。”觀《聞見錄》，知宋時已有其事。(《通俗編》卷二十三 P509)

【聤】dā　耳垂曰聤。聤音答。(《蜀語》P6)

【聱】áo　不聽也。(《玉篇·耳部》、《改併五音類聚四聲篇海·耳部》、《文選》左思《吳都賦》注下云：“魚幽切。”)聱牙爲其不相聽也。(《篇海·耳部》)(《埤蒼》P23)

　　言不讓人曰聱。聱音敖。(《蜀語》P21)

　　言不讓人曰聱。聱音敖。蘇軾賦：“嘐嘐聱聱，聲在甕中。”(《里語徵實》卷上 一字徵實 P8)

【聱牙】áoyá　與人不相和協，謂之聱牙。聱，牛交切。《韻要》：“言語不相聽從也。”又，言辭不平易貌。韓文“詰曲聱牙”。(《方言據》卷上 P4)

【聤】wěng　耳中作聲曰聤。《五音集韻》：“聤音蓊，蓊耳聲。”又見《蜀語》。(《里語徵實》卷上 一字徵實 P11)

【聲喏】shēngrě　《春渚紀聞》云：“才仲攜一麗人登舟卽前聲喏。”(《通言》卷二 P34)

【聽說】piàoshuō　聽說，謂道聽塗說也。(《俚言解》卷一 35P22)

　　參見[標說]。(《雅俗稽言》卷十七 P15)

【瞳】dǐ　瞳，音底，耳膿也。(《目前集》後卷 P2152)

【聯】lián　今惟紗緞以兩端爲一聯。（《越言釋》卷下 P5）

【聹】nǐ　參見［呢］。（《越諺》卷下 發語語助 P21）

【聽事】tīngshì　聽事，今人所謂廳也。蓋官府聽事之所，乃有此稱。而私宅亦襲用之，相沿已久。《晉書·謝奕傳》：“遂攜酒就聽事，引一兵帥共飲。”《北史·廣平王匡傳》：“光自造棺，置於聽事。”《裴叔業傳》：“狄王可引上聽事。”《尒朱世隆傳》：“常使尚書郎宋遊道、邢昕在其宅聽事，東西別座，受納訴訟。”《夏侯道遷傳》：“夢見行征虜將軍房世寶至其家聽事。”常生案：《吳志·諸葛恪傳》：“所坐聽事屋棟中折。”（《恒言錄》卷五 P99）

　　《世説·政事》篇：“陶公作荆州時，值積雪始晴，聽事前除雪後猶濕。”《緗素雜記》：“丞相聽事門曰黄閣。”（《恒言廣證》卷五 P77）

【聽光】tīngguāng　日。（《墨娥小錄》卷十四 P3）

【聽取】tīngqǔ　白香山詩：“聽取新翻《楊柳枝》。”取，語助也。（《方言藻》卷二 P13）

【聽大盤】tīngdàpán　參見［喫大盤］。（《越諺》卷中 貨物 P34）

【聽老】tīnglǎo　耳。（《墨娥小錄》卷十四 P8）

【聹】cáo　耳鳴也。（《玉篇·耳部》《改併五音類聚四聲篇海·耳部》）（《埤蒼》P24）

臣　部

【卧榻】wòtà　（《通鑑》）注云：“榻，牀也。江南呼几案之屬爲卓牀，卓，高也，以其比坐榻、卧榻爲高也。”（《札樸》卷六 覽古 P174）

【卧履】wòlǚ　《南部煙花記》：“陳後主宫人卧履，以薄玉花爲飾，內散以龍腦諸香。”（《土風錄》卷三 P198）

覀（覀西）部

【西嗽】xīsòu　歺言語。（《墨娥小錄》卷十四 P6）

【西席】xīxí　漢明帝尊桓榮以師禮。上幸太常府，令榮坐東面，設几，故師曰西席。（《稱謂錄》卷八 師友 P28）

【西班】xībān　《續會要》云：“宣和三年詔，西邦（編者按：當作班）學士待制員多，令中省具名取旨，以班圖觀之。學士待制在西，故曰西班。”（《稱謂錄》卷十二 內閣各官古稱 P32）

【西曹】xīcáo　《客燕雜記》：“嘉靖中，李攀龍、王世貞俱官西曹，相聚論詩，建白雲樓榜諸君詩。人目刑部爲外翰林，亦稱西臺。”（《稱謂錄》卷十六 刑部 P17）

　　崔豹《古今考》：“兵部稱西曹。”案：西爲金，主兵刑之義，故與刑部同稱。（《稱謂錄》卷十六 兵部 P12）

【西施】xīshī　李義山詩：“西施因網得。”又，“網得西施贈別人。”考東坡《異物志》：“魚有名西施者，美人魚也。出廣中大海，食之令人善媚。”（《唐音癸籤》卷二十 P183）

【西施乳】xīshīrǔ　水之鹹淡相交處産河豚。河豚，魚類也。無鱗頰，常怒氣滿腹，形殊弗雅，然味極佳。煮治不精，則能殺人，所以東坡先生在資善堂與人談河豚之美云：“據其味，真是消得一死。”浙西惟江陰人尤珍之，每春首初出時，必用羞祭品畢，然後作羹，而鄰里間互相餽送以爲禮。腹中之膘，曰西施乳。（《南村輟耕錄》卷九 P115）

【西皮】xīpí　鞦器稱西皮者，世人誤以爲犀角之犀，非也。乃西方馬韉，自黑而丹，自丹而黄，時復改易，五色相疊，馬鐙磨擦有凹處，粲然成文。遂以鞦器做爲之。事見《因話錄》。（《南村輟耕錄》卷十一 P138）

【西錢】xīqián　參見［長錢］。（《通俗編》卷二十三 P512）

【覀】gǔ　音古。許氏《説文》：“覀，雝蔽也。”案：覀，襄蔽在中，不得出也。吳中謂水裏物不得出曰覀，氣裹物不得出亦曰覀。（《吳下方言考》卷七 P4）

【要】yào　猶云究竟也，乃約其終竟之辭。韓退之《與孟東野書》：“自彼至此雖遠，要皆舟行可至。”《答劉正夫書》：“今後進之爲文，能深探而力取之，以古聖賢爲法者，

雖未必皆是,要若有司馬相如、太史公、劉向、揚雄之徒出,必自於此,不自於循常之徒也。"(《助字辨略》卷四 P220)

【要扇】yāoshàn　高注《淮南•氾論訓》云:"翣狀如今要扇。"(《札樸》卷四　覽古 P135)

【要當】yāodāng　(要,)猶須也,當也。要當,猶要須,重言也。《世説》云:"樂令善於清言,而不長於手筆。將讓河南尹,請潘岳爲表。潘云:'可作耳,要當得君意。'"(《助字辨略》卷四 P220)

【要須】yàoxū　參見[要當]。(《助字辨略》卷四 P220)

【覆坼】fùchè　俗呼檢察探試謂之覆坼。……當爲覆逴。……按晉令,成帝元年四月十七日甲寅詔書云:"火節度七條云:'火發之日,詣火所赴救。御史、蘭臺令史覆逴,有不以法隨事,錄坐。'"又云:"交互逴覆,有犯禁者,依制罰之。"逴者,謂超踰不依次第。今所云覆坼,亦謂乍檢乍否,不依次歷履行之,以出其不意耳。(《匡謬正俗》卷六 P61)

【覆罩】fùzhào　又作羃,同。陟教反。捕魚籠者曰罩,今取其義。(《一切經音義》卷十 2P363)

上芳務反……下卓校反。《毛詩傳》云:"罩,筬也。"筬音廓。郭璞注《爾雅》:"罩,捕魚籠也。"《説文》:"捕魚竹器也。從网卓聲也。"或作翠、羃、箬、箹,並皆古字也。(《一切經音義》卷八 2P283)

【覆苫】fùshàn　《字林》:"舒鹽反。茅苫也。"《尒雅》:"白蓋謂之苫。"李巡云:"白蓋編之以覆屋曰苫。"(《一切經音義》卷二十七 13P1068)

【覆逴】fùchuō　參見[覆坼]。(《匡謬正俗》卷六 P61)

而　部

【耐久朋】nàijiǔpéng　《唐書》:"魏元同素與裴炎善,時人以其終始不渝,謂之耐久朋。"(《常語尋源》卷下辛冊 P289)

【耐儴】nàinàng　囊去聲。不急促而舒緩。

"儴",《韻會》。(《越諺膡語》卷上 P4)

【耐可】nàikě　《廣雅》云:"奈,那也。"愚案:那,何也。……耐與奈通,耐可,猶云那可也。李太白詩:"耐可乘流直上天。"(《助字辨略》卷四 P211)

李太白詩:"耐可乘流直上天。"耐與奈通,耐可,猶云那可也。(《方言藻》卷一 P10)

俗呼寧可曰耐可。李太白詩:"耐可乘流直上天。"又云:"耐可乘明月。""耐"皆讀如"能"。(《邇言》卷四 P52)

【耐羞】nàixiū　上乃代反。顧野王云:"耐,猶能也。"蘇林注《漢書》云:"耐,能任也。"《考聲》:"忍也。"《説文》從"而"。(《一切經音義》卷八十四 15P3304)

【耍】shuǎ　故陷人于過,或令其處負也,曰耍,曰弄。(《客座贅語》卷一　詮俗 P7)

至　部

【至乃】zhìnǎi　猶云至于。《後漢書•朱穆傳》:"至乃田竇衛霍之游客,廉頗翟公之門賓,進由勢合,退由衰異。"(《助字辨略》卷三 P151)

【至囑】qièzhǔ　參見[切祝]。(《通俗編》卷十七 P374)

【至祝】zhìzhù　參見[切祝]。(《通俗編》卷十七 P374)

【至竟】zhìjìng　唐人多言至竟,如云到底也。杜牧云"至竟息亡緣底事""至竟江山誰是主"之類。(《戒齋漫筆》)(《唐音癸籤》卷二十四 P210)

唐人多言至竟,即今俗言到底也。杜牧之詩"至竟息亡緣底事""至竟江山誰是主"之類。(《言鯖》卷下 P9)

【臺奴】táinú　《法苑珠林》:"賤中之賤謂臺奴,與豎子等,即服役於僕者也。"案:即今之三小子是。(《稱謂錄》卷二十五　僕 P21)

【臺琖】táizhǎn　唐崔寧女飲茶,病盞熱熨指,取楪子,融蠟象盞足大小,而環結其中,實盞于蠟,无所傾側。因命工縣漆爲之,寧喜其制,名曰托,而托子遂行于世。今俗所謂臺琖,即托子也。(《雅俗稽言》卷九 P9)

【臺門】 táimén 《禮·禮器》:"家不臺門。"疏云:"兩邊築土爲基,基上起屋曰臺門。諸侯有保捍之重,故爲臺門,而大夫不得爲也,故《郊特牲》云:'臺門而旅樹,大夫之僭禮也。'"《左傳·定三年》:"邾子在門臺。"注云:"門上有臺。"蓋即臺門之制,而説之稍不同也。按:凡高大之門,時俗漫呼之曰臺門。雖未嘗有築土爲基之實,而其名僭矣。(《通俗編》卷二十四 P540)

【臺閣】 táigé 《武林舊事》:"迎引新酒,有以木狀鐵擎爲仙佛鬼神之類,駕空飛動,謂之台閣。"按:今江浙間迎神會者,猶多效之。(《通俗編》卷三十一 P696)

虍(虎)部

【虎子】 hǔzǐ 沈括《忘懷錄》:"有行具,二肩共附,帶雜物,內有虎子、急須子。"(《土風錄》卷三 P203)

　　參見[獸子]。(《雅俗稽言》卷十三 P21)

【虎臉子】 hǔliǎn·zi 假面曰虎臉子,以其形可畏,號之曰虎。(《土風錄》卷三 P201)

【虎膺】 hǔyīng 掌名虎膺。(《通俗編》卷三十一 P703)

【虎跳】 hǔtiào 《云笈七籤》:"華陀作五禽之戲,一曰虎戲。虎戲者,四肢距地,前三擲,却三擲,引腰乍起,仰天即返,距行前却,各七過也。"按:今以引腰跳擲曰打虎跳,蓋由此乎。(《通俗編》卷三十一 P695)

　　參見[跟陡]。(《越諺》卷中 技術 P60)

【虎鈕】 hǔniǔ 《宋書》言:"錞于之制,上有銅馬。"馥謂:非馬,蓋駁獸也。駁似馬,故作馬形。凡鐘上皆飾猛獸。《容齋續筆》言所見"錞于有虎鈕"是也。(《札樸》卷四 覽古 P122)

【虐戲】 nüèxì 惡戲,虐戲也。(《吳下方言考》卷八 P12)

【虔婆】 qiánpó 方言謂賊爲虔,虔婆猶賊婆也。(《目前集》後卷 P2143)

　　《輟耕錄》:"三姑六婆有虔婆之名。"《名義攷》云:"方言謂賊爲虔,虔婆猶賊婆也。"(《土風錄》卷十七 P372)

　　參見[姌姆]。(《通俗編》卷二十二

P501)

【處分】 chǔfèn 唐人用"處分"二字,分,去聲,今人讀爲平聲者誤。劉禹錫《和令狐楚聞思帝鄉曲》"滄海西頭舊丞相,停杯處分不須吹"及白居易"處分貧家殘活計"可證。(《唐音癸籤》卷二十四 P212)

　　《古焦仲卿妻詩》:"處分適兄意,那得自任專。"《南史·沈僧昭傳》:"國家有邊事,須還處分。"《北史·宋欽道傳》:"夢見前妻言,被處分爲高崇妻。"《唐邕傳》:"邕手作文書,口且處分,耳又聽受。"按:"分"當音問,今讀平聲者誤。白居易詩"處分貧家殘活計",劉禹錫詩"停杯處分不須吹"可證。(《通俗編》卷六 P121)

　　參見[處分語]。(《常語尋源》卷上 乙冊 P210)

【處分語】 chǔfènyǔ 《唐書》:"宣宗密令韋澳纂次州縣境土風物,及諸利害,爲一書,號曰處分語。他日鄧州刺史薛宏宗入謝,出謂澳曰:'上處分本州事驚人,詢之皆處分語中事也。'"(《常語尋源》卷上 乙冊 P210)

【處士府君】 chǔshìfǔjūn 參見[府君]。(《通俗編》卷四 P68)

【處子】 chǔzǐ 李白詩:"學劍越處子,超騰若流星。"(《恒言廣證》卷三 P55)

【處置】 chǔzhì 《舊唐書·王廢后傳》:"高宗至其囚所,聞言惻然曰:'朕即有處置。'"《五代史·趙鳳傳》:"明宗言:'此閒事,朕已處置之,卿可無問也。'"韓退之《寄盧仝詩》:"如此處置非所喜。"(《通俗編》卷十二 P260)

【號號】 háoháo 李長吉詩:"郊原晚吹悲號號。"案:號號,大風聲。吳諺謂大風曰號號然也。(《吳下方言考》卷五 P15)

【號筒】 hàotǒng 參見[嘻頭]。(《越諺》卷中 器用 P29)

【號衣】 hàoyī 軍士所服也。高駢《閨怨詩》:"如今又獻征南策,早晚催縫帶號衣。"(《通俗編》卷二十五 P560)

【號詢】 háogòu 上號高反。《爾雅》:"號,鳴也。"《考聲》:"大哭也,痛聲也。"《説文》:"大呼也。從虎,號聲。"……下吅遘反。杜注《左傳》云:"詢,罵也。"……案諸字書,並訓爲"號,鳴也",經意亦苞二義。詢罵亦不妨宜從詢字義正也。(《一切經音義》卷十

八 14P694）

【虜子】lǔzǐ　參見［秦人］。（《通雅》卷十九
　P667）

【虜父】lǔfù　《老學庵筆記》：“南朝謂北人
　曰傖父，或謂之虜父。”（《稱謂錄》卷三十二
　賤稱 P33）

　　參見［秦人］。（《通雅》卷十九 P667）

虫　部

【虺隤】huītuí　無志氣曰虺隤。（《札樸》卷
　九　鄉里舊聞　鄉言正字附　雜言 P330）

　　灰頹。失意難振。（《越諺賸語》卷上
　P3）

【虺頹】huītuí　見《詩經》。又《爾雅》“虺頹”
　注云：“虺頹、玄黃皆人病之通名。而説者
　便謂之馬，失其義也。”今俗謂人病曰虺頹，
　正是本義。（《直語補證》P24）

【虼蚤】gèzǎo　嚙人跳蟲。音“葛早”。並
　見《續博物志》《莊子•秋水篇》。（《越諺》卷
　中　蟲豸 P47）

【虼螂】gèláng　即“螳螂”。《容齋三筆》：
　“螳曰‘突郎’。”本反切也。俗不解此，故從
　俗。（《越諺》卷中　蟲豸 P47）

【虷蚄】zǐfāng　食禾蟲曰虷蚄。（《札樸》卷
　九　鄉里舊聞　鄉言正字附　名稱 P328）

【蚑蛷】qíqiú　矜求謂之蚑蛷。（《通俗文》
　釋鳥獸 P94）

【蚥】fù　《廣雅》：“蚥、苦蕒、胡蜢、蝱、蝦蟆
　也。”案：蜢即蚱蜢。《一切經音義》云：“蚱
　蜢。”《字書》云：“淮南名去父，即蟾蜍也。”
　（《札樸》卷五　覽古 P167）

【蛆】zhē　蠆毒傷人曰蛆（張列反）。（《通俗
　文》釋鳥獸 P93）

【蚰蛄】yóugū　由姑。即“螻蛄”，一名“土
　狗”。四足，短翅，穴土。（《越諺》卷中　蟲
　豸 P47）

【蚱蟧】zhàliáo　詐料。即蟬。（《越諺》卷
　中　蟲豸 P47）

【蛇瘟】shéwēn　侯君素《旌異記》：“慶元
　時，湖州南門外一婦人呼賃小舟往易村。
　既登舟，即僵臥，取葦席以蔽。舟人窺之，
　見烏蛇數千蟠繞，及抵岸，扣舷警之。奮而
　起，儼然人也，與初下船不小異，解錢爲雇

直。舟人驚疑不敢受。婦問知其故，笑曰：
‘慎勿説與人，我來此行蛇瘟，一月卻歸
矣。’徐入竹林而没。”按：俚俗以人舉止不
昌揚，目曰蛇瘟。（《通俗編》卷二十九
P654）

【蛋】dàn　參見［彈］。（《越言釋》卷上 P35）

【蛋戶】dànhù　諸蛋以艇爲家，不許岸居，
　良家亦不與通姻。（《談徵》名部下 P56）

【蚴】niù　宛轉生動曰蚴。蚴音牛，去聲。
　（《蜀語》P12）

　　宛轉生動曰蚴。蚴音牛，去聲。（《里
　語徵實》卷上　一字徵實 P25）

【蛭】zhì　嗅。（《墨娥小錄》卷十四 P7）

【蜒】yán　音延。《楚辭•大招》：“南有炎火
　千里，蝮蛇蜒只。”案：蜒，如有所沿而緩游
　也。吳諺謂緩游爲蜒。（《吳下方言考》卷
　五 P8）

【蜑戶】dànhù　參見［淡菜］。（《七修類稿》
　卷十九 P227）

【蚝】hòu　虹蜆也。《詩》所謂蠨蝀。俗謂之
　蚝也。（《七修類稿》卷三 P57）

【蛤】há　蘇長公《嶺南》詩：“稻涼初吠蛤。”
　案：《嶺表錄異》：“嶺南呼蝦蟆爲蛤，有人見
　群蛤走入地中，掘之得銅鼓，其紋象蝦蟆
　形。”是也。（《札樸》卷五　覽古 P167）

【蛤蟆】gébà　葛霸。或名“癩黿蛤蟆”。黿
　音施。即《本草》之蟾蜍。（《越諺》卷中　蟲
　豸 P47）

【蛤霸】gébà　蝦蟆謂之蛤霸，見《蟬史》：
　“科斗脱尾生足，好鳴能跳，經年方老，謂之
　蛤霸，夏夜則出拾蟲，不能跳亦不鳴眂，其
　實一物也。”（東坡詩注：“嶺南呼蝦蟆爲蛤，
　今俗呼小時鳴跳者曰旱蛤子，音轉爲渴。”）
　俗亦謂之癩蛤霸，以其皮似疥癩。諺所云：
　“借了一升還九合”也。（《土風錄》卷四
　P220）

【蜆子】yángzǐ　米中小黑蟲曰蜆子，大者
　曰烏蜑蟲。（《土風錄》卷五 P234）

【蜆斗】xiàndǒu　音軒顛。《唐語林》：“今
　日崔公甚蜆斗。”案：崔公，阿公也。蜆斗，
　傲好戲也。吳中謂兒戲醜容曰蜆斗。（《吳
　下方言考》卷五 P9）

　　參見［崔］。（《蜀語》P1）

　　參見［崔公］。（《雅俗稽言》卷八 P1）

【蜂糖】fēngtáng　蜜曰蜂糖。江南呼蜜曰

"蜂糖"。蓋避楊行蜜名也。行蜜在時，能以恩信結人。身死之日，國人皆爲之流涕。(《獨醒雜誌》)按：《本草經》："崖蜜，令人食之不饑，明目、延年。"(《里語徵實》卷中上 二字徵實 P16)

【蝸牛】wōniú　指紋曰蝸牛(或作"腹由")。(《札樸》卷九 鄉里舊聞 鄉言正字附 身體 P326)

【蝸蠃】wōluó　上古華反。小螺也。下盧和反。經中作螺，俗字也，非正體。《爾雅》云："附蠃，蝓也。"郭璞云："卽蝸牛也。"《説文》亦云："蠃，蝸牛類而形大。出海中，種種形狀而不一也。"(《一切經音義》卷六 12P236)

　　上寡華反。郭璞注《爾雅》云："蝸牛也。"《説文》云："蠃也。"《桂苑珠叢》云："水生殼蟲也。"下魯和反。《爾雅》："蚹蠃，蜾蝓。"此類非一，蠃卽蝸牛之大者，出海中。(《一切經音義》卷二 16P103)

　　徐騎省自謂晚年始得蠃扁之法，言如蝸蠃之扁也。(《札樸》卷六 覽古 P180)

　　參見[牛牛]。(《札樸》卷九 鄉里舊聞 P314)

【蝸舍】wōshè　崔豹《古今注》："蝸牛，陵螺也，形如蜾蝓，殼如小螺，熱則自懸於葉下。野人爲圓舍如蝸牛之殼，故曰蝸舍，謙言卑小。"(《俚言解》卷二 26P41)

【蜘蟧】zhī·liao　蜩曰蜘蟧(諺曰："蜘蟧聲狂，禾稻生芒")。(《札樸》卷九 鄉里舊聞 鄉言正字附 名稱 P328)

【蝕肬】shíyóu　郭注《方言》："螳螂又名齕肬。"高注《吕覽》作"齕疣"。《本草》："桑螵蛸一名蝕肬。"案："肬""疣"，古今字，謂贅疣也。螵蛸能治肬，故名蝕肬，作"朧"者誤也。(《札樸》卷五 覽古 P168)

【蜪伴】táobàn　《韻學集成》："蜪，蝗子。"蝗飛蔽野，遇水則相銜而過，亹亹不絶。俗呼人眾相隨爲蜪伴，義取諸此。(《通俗編》卷二十九 P656)

【蜜人】mìrén　參見[木乃伊]。(《南村輟耕錄》卷三 P42)

【蜜印】mìyìn　權德輿《哭劉尚書》詩："命賜龍泉重，追榮蜜印陳。"蜜印者，謂賜官刻蠟爲印，懸綬以賜也。……劉禹錫《爲人謝追贈表》云："紫書忽降於九重，蜜印加榮於後夜。"有改作"密"者誤。(《唐音癸籤》卷十

八 P159)

　　古官印有歿後隨葬者。《吴志·孫林傳》"發孫峻棺，取其印綬"是也。有繳上者，《晉書·陶侃傳》"遣左長史奉送太尉章荆江者刺史印"是也。若追贈之爵，則用蜜印，示不復用。《魏王基碑》："贈以東武疾蜜印綬。"《晉書·山濤傳》："策贈司徒蜜印紫綬。"《唐音癸籤》："贈官刻蠟爲印，謂之蜜印。"《西京雜記》："南越王獻高帝蜜燭二百枚。"卽今之蠟燭。(《札樸》卷四 覽古 P132)

【蜜漬】mìzì　今謂之蜜煎。煎，音餞，或遂書餞字。非。(《通俗編》卷二十七 P614)

【蜜脾】mìpí　今以蜂窩生蜜爲蜜脾，蓋形似也。《格物要論》："蜂採百芳釀蜜，其房如脾，故謂之蜜脾。"(《談徵》名部下 P50)

【蜜燭】mìzhú　《西京雜記》："南越王獻高帝蜜燭二百枚。"卽今之蠟燭。(《札樸》卷四 覽古 P132)

【蜜翁翁】mìwēngwēng　《唐書》："李林甫性奸險，人謂其口有蜜，腹有劍。"又，"張師雄每以甘言餂人，人呼爲蜜翁翁。"(《常語尋源》卷下庚册 P272)

【蝴蝶麪】húdiémiàn　參見[湯餅]。(《雅俗稽言》卷九 P11)

【蝴蝶麵】húdiémiàn　參見[水引]。(《通雅》卷三十九 P1186)

【蝲蟽】làdá　不潔曰蝲蟽。(《札樸》卷九 鄉里舊聞 鄉言正字附 雜言 P330)

【蝎】xiē　蠆長尾謂之蝎。(《通俗文》釋鳥獸 P93)

【蝓牛】yúniú　參見[牛牛]。(《札樸》卷九 鄉里舊聞 P314)

【蝦蟆更】hámágēng　周遵道《豹隱紀談》："內樓五更絶，梆鼓交作，謂之蝦蟆更，外方謂之攢點。"郝天挺云："江南以木柝警夜曰蝦蟆更。"張蠙《錢塘夜宴》詩："觱篥調高山閣迥，蝦蟆更促海城寒。"(《唐音癸籤》卷十九 P172)

【蝦蟇子】hámázǐ　濟南春初有賣科斗食者，乃和粉以漏器瀹於沸湯中，形似蝦蟇子，故謂之科斗。(《札樸》卷九 鄉里舊聞 P310)

【蝨子】shīzǐ　"蝨"亦作"虱"，音"率則"。齧人邅蟲。阮籍有賦。(《越諺》卷中 蟲豸

P47)

【螜】hú　參見［土狗］。（《七修類稿》卷三
　　P57)

【蟆子】mòzǐ　音莫。糞中微細飛蟲子，蚊
　　子類也。（《一切經音義》卷十五 16P580)

【蠊蠛】liányuè　《晉書·夏統傳》：“或至海
　　邊，拘蠊蠛以資養。”（《札樸》卷三　覽古
　　P104)

【蟴蛉】mínglíng　《野客叢書》：“今呼非生
　　之子曰蟴蛉，觀《南史》宋明帝‘負蟴之慶’，
　　言廢帝非所生也。知此説由來久矣。”（《稱
　　謂錄》卷六　養子 P14)

【蟈蠋】xùchǔ　處杵。蟋蟀也。《顧曲雜
　　言》作“趡趡”，謂南客敫京人呼，未確。
　　（《越諺》卷中　蟲豸 P47)

【螳螂子】tánglángzǐ　若鱭魚子名螳螂子，
　　及松江之上海、杭州之海寧人，皆喜食蝤蛑
　　螯，名曰鸚哥嘴，以有極紅者似之故也，二
　　物象形而云。（《南村輟耕錄》卷九 P115)

【螻蛄】lóugū　參見［土狗］。（《七修類稿》
　　卷三 P57)

【螻蛄嘴】lóugūzuǐ　春艸初生似螻蛄，可
　　食，曰螻蛄嘴（或譌爲“驢駒嘴”）。（《札樸》
　　卷九　鄉里舊聞　鄉言正字附　名稱 P328)

【螺】luó　指紋曰螺。蘇文：“齊安王几上美
　　石，其紋如指上螺。”螺本作腡，《廣韻》：“手
　　指紋也。”（《燕説》卷四 P1)

【螺甸】luódiàn　參見［羅殿］。（《言鯖》卷
　　下 P24)

【螺螄羹飯】luósīgēngfàn　猥鄙之食也，俗
　　以人瑣屑覓取財物曰尋螺螄羹飯喫。按：
　　《癸辛雜識》：“番陽馬相國廷鸞家素貧，少
　　年應南宮試，止草屨襆被。一日道間餒甚，
　　就村居買螺螄羹泡蒲囊中冷飯食之。”即此
　　四字所本。（《直語補證》P9)

【螺貝】luóbèi　上魯和反。俗用字，正體作
　　蠃。郭璞注《爾雅》云：“蠃即蝸牛也。”《説
　　文》亦云：“蝸牛類也，而形大，出海中，行兒
　　數般而不一也。”（《一切經音義》卷十一
　　11P421)

【螺鈿】luódiàn　《繫年要錄》：“紹興初，徐
　　康國爲浙漕，進螺鈿椅桌。”（《恒言錄》卷五
　　P103)

【蠔子】xiàngzǐ　象。蠱也。夏生穀倉，能
　　飛。（《越諺》卷中　蟲豸 P47)

【蟢子】xǐzǐ　權德輿詩：“昨夜裙帶解，今朝
　　蟢子飛。鉛華不可棄，莫是稿砧歸?”韓翃
　　詩：“少婦比來多遠望，應知蟢子上衣巾。”
　　《俗説》：“裙帶解，有酒食；蟢子緣人衣，有
　　喜事。其來蓋遠。”《東山》“蠨蛸”疏云：“蠨
　　蛸，小蜘蛛長腳者，俗名蟢子，荊州、河南名
　　喜母，著人衣，主有親客至。”（《唐音癸籤》
　　卷二十 P183)

【蠆】chài　長尾爲蠆。短尾爲蠍。（《通俗
　　文》釋鳥獸 P93)

【蠍】xiē　參見［蠆］。（《通俗文》釋鳥獸
　　P93)

【蠍虎】xiēhǔ　（壁虎)亦作蠍虎，東坡詩“窗
　　間守宮倜蠍虎”，以此蟲善咬蠍故名。（《土
　　風錄》卷五 P234)

【蠏跰狗】xièpánggǒu　參見［跰］。（《通俗
　　編》卷三十六 P820)

【蟹奴】xiènú　參見［瑣蛄］。（《札樸》卷九
　　鄉里舊聞 P314)

【蟹斷】xièduàn　陸龜蒙《蟹志》云：“稻之
　　登也，率執一穗以朝其魁，然後任其所之。
　　蚤夜曹沸指江而奔，漁者緯蕭承其流而障
　　之，名曰蟹斷。”然緯蕭二字尤奇。（《南村
　　輟耕錄》卷八 P103)

【蟹戶】xièhù　參見［魚戶］。（《通俗編》卷
　　二十一 P479)

【蟺堂】shàntáng　《後漢書》：“伯起客居于
　　湖，有冠雀啣三蟺魚于講堂前。注云：“蟺、
　　蟬古字通，俱音善。”故今學舍講堂稱蟺堂。
　　俗有讀蟺爲占，如鱣鮪之鱣者，誤。（《雅俗
　　稽言》卷十 P7)

【蟻蛘】yǐyáng　魯人呼螘爲馬蟻，齊人呼
　　爲蟻蛘。《字林》：“北燕人謂蚍蜉曰蟻蛘。”
　　馥謂：馬蟻，蟻蛘，皆蟻之大者。（《札樸》卷
　　九　鄉里舊聞 P315)

【蠢黃黃子】chǔnhuánghuángzǐ　蠢人曰蠢
　　黃黃子。（《燕山叢錄》卷二十二　長安里語
　　人物 P8)

【蠟梅】làméi　蠟梅原名黃梅，故王安國熙
　　寧間尚咏黃梅詩。至元祐中，蘇黃以其色
　　酷似蜜脾，故命爲蠟梅。（《七修類稿》卷二
　　十七 P408)

【蠟螫蛆】tàcìnà　蠟螫，蠍之異名也。……
　　蠍毒傷人曰蛆（張列反，字或作蜇。）（《通
　　俗文》釋鳥獸 P93)

【蠱狐】yěhú　上餘者反，亦作野。《説文》："野狐，妖獸也，鬼所乘。有三德：其色中和，小前大後，死則首丘。"大於野干也。（《一切經音義》卷十六 17P625）

【蠱魅】gǔmèi　上音古，下音媚。蠱卽蠱毒，魅卽精魅。皆惡鬼害人也。或化作人，與人交會，翕人精體也。（《一切經音義》卷二十九 11P1158）

【蠶豆】cándòu　此豆細圓。吳呼"寒豆"。（《越諺》卷中 穀蔬 P54）

【蠻子】mán·zi　南人相貌鄙薄，體輕浮，其皆類乎廝役，故稱奴婢爲蠻子。自夏、商之世已言之。（《七修類稿》卷二十七 P413）

【蠻獠】mánliǎo　上馬班反，下音老，亦音嘲狡反。正體從豸作貘，或從巢作貜，南方海隅蠻夷也。（《一切經音義》卷八十二 14P3232）

【蠻頭】mántóu　蠻地以人頭祭神。諸葛之征孟獲，命以麵包肉爲人頭以祭，謂之蠻頭。今訛而爲饅頭也。（《七修類稿》卷四十三 P625）

网(罒)部

【罘罳】fúsī　今考《漢書·文帝紀》："未央宮東闕罘罳災。"崔豹注云："罘罳，屏也，復也。"顔師古云："連闕曲復重刻垣墉之處。其形罘然。一曰屏。"劉熙《釋名》云："罘罳，在門外。罘，復也。臣將入請事，於此復重思也。"《古今注》云："罘罳，復思也。合板爲之，亦築土爲之。每闕殿舍皆有焉。"(《宛委餘編》)（《唐音癸籤》卷十七 P150）

【罟師】gǔshī　盧綸詩："纔出浮萍見罟師。"（《稱謂錄》卷二十九 漁 P12）

【罟客】gǔkè　梅堯臣詩："罟客自求漁，清江莫相避。"（《稱謂錄》卷二十九 漁 P12）

【罛罾】gūzēng　《廣東新語》卷二十七："薯莨産江北者良。其白者不中用，用必以紅，紅者多膠液，漁人以染罛罾，使苧麻爽勁，既利水，又而鹹潮，不易腐。而薯莨膠液本紅，見水則黑。諸魚屬火而喜水，水之色黑，故與魚性相得。罛罾使黑，則諸魚望之而聚"云。（《釋諺》P83）

【署字】shǔzì　《集古錄》有"五代時帝王將相等署字"一卷。所謂"署字"者，皆草其名。今俗謂之"畫押"，不知始于何代。《桯史》謂晉已有之，然不可考。……《唐書》："董昌僭位，下制詔皆自署名。或曰：'帝王無押詁。'昌曰：'不署名，何由知我爲天子？'"今人亦謂之"花字"。（《里語徵實》卷中上 二字徵實 P51）

【罨頭】yǎntóu　白樂天《和賈常州醉中詩》云："罨頭新令從偷去，亂骨清吟得似無。"（《續釋常談》卷三十五 P611）

【罩】zhào　參見[渴罩]。（《匡謬正俗》卷七 P91）

【罰碼】fámǎ　銀秤謂之平，平必有馬，謂之"罰碼"。……陳澔《禮記集説》於《檀弓》"棺衽"，謂"如今之銀則子"，則在宋元之間，原謂之"銀則子"。"罰馬"云者，平之而不足，則當罰一馬。……或曰：豈有輕重未定而先以罰爲名者？此"法馬"也。凡馬以部頒爲如法，今直謂之部頒法馬。（《越言釋》卷下 P14）

【罷】bǎi　父謂之罷，入聲。唐人詩："不如長在郎罷前。"閩人謂父曰郎罷。《隨隱漫錄》："吳一齋詩：'新詩卻要多拈出，突過郎罷張我軍。'"江右人亦有此説，不獨閩矣。（《方言據》卷上 P5）

【罷休】bàxiū　吳人言罷，則以休繼之。古如是也。吳王闔閭語孫武曰："將軍罷休。"（《言鯖》卷下 P18）

【罷罷】bǎibǎi　關東稱父爲罷罷。（《稱謂錄》卷一 方言稱父 P26）

參見[郎罷]。（《里語徵實》卷上 一字徵實 P3）

【羂取】juànqǔ　癸兖反。《桂苑珠叢》："以繩繞係取物謂之羂也。"（《一切經音義》卷四 17P171）

【罽】jǐ　出汁曰罽。（《札樸》卷九 鄉里舊聞 鄉言正字附 雜言 P331）

搦汁曰罽。罽音擠。（《里語徵實》卷上 一字徵實 P25）

姊。手逼物出汁。"罽姊""罽瘡"。出《博雅》。（《越諺》卷下 單辭隻義 P10）

【羅叉夜叉】luóchāyèchā　今以人舉止鹵莽不安詳者有此稱。羅叉，外國誕誕道人也，見《晉書·鳩摩羅什傳》。夜叉，惡鬼也，見《釋典》。雪山中有大夜叉，云："我父夜叉噉人精氣，我母羅刹恆噉人心，飲人熱血。"見《法苑珠林》第十三卷，據此則當曰羅刹夜叉。(《直語補證》P38)

【羅濾】luólǜ 驢預反。案：羅濾者，恐水中有細蟲草薉等物，故以絹爲羅濾其水，蓋亦護生故也。今時俗通用字也。(《一切經音義》卷八十一 11P3190)

【羅殿】luódiàn 牱之蠻國，其王號鬼王，其別帥曰羅殿王，在辰交之間，卽今雲貴界外也。世用其蛤餙器，謂之羅殿。今江南徽州工人以製盃盤屏匣精工細巧，實出于此，俗謂之螺甸，乃羅殿之誤也。(《言鯖》卷下 P24)

【羅睺】luóhóu 睺，胡搆反。羅，此云攝；睺，云惱也。修羅能隱攝日月光明，令中諸天生苦腦也。或曰羅虎那，此云明普聞，謂日月普天照臨，此既蔽之，故天下聞其名也。(《一切經音義》卷二十一 6P789)

【羅織】luózhī 將囚倒懸石縋，以醋灌鼻，鐵束首，火甕鐵籠，逼迫服罪，此等之名，皆曰羅織。謂本罪之外，非理淩虐也。(《七修類稿》卷四十四 P638)

【羅鬼】luóguǐ 考《炎徼紀聞》曰："羅羅本盧鹿而訛爲羅羅。有二種，居水西十二營、寧谷、馬場、漕溪者，爲黑羅羅，曰烏蠻。居慕役者爲白羅羅，曰白蠻。羅俗尚鬼，故曰羅鬼。今市井及田舍祀之，縉紳家否。"杜子美詩曰："家家養烏鬼。"卽此也。養讀去聲。注杜詩者，以烏鬼爲鸕鷀，或云猪，皆非。(《蜀語》P34)

【羈孤】jīgū 杜荀鶴詩云："出爲羈孤營糲食，歸同弟姪讀生書。"(《邇言》卷二 P35)

【羈角】jījiǎo (小兒留髮)括之曰羈角。(《札樸》卷九 鄉里舊聞 鄉言正字附 名稱 P328)

燕趙之間曰羈角。(《札樸》卷九 鄉里舊聞 P316)

肉 部

【肉膨】ròusōng 松。熟肉紅鑊屢熁之，敊碎如棉膨起。(《越諺》卷中 飲食 P36)

【肉臊子】ròusào·zi 北方人細切膾之稱，音如臊去聲。余以爲當作劊。《南史·茹法珍傳》："宮中訛曰：'趙鬼食鴨劊，羣鬼盡著調。'"當時莫解。梁武帝平建鄴，東昏死，羣小一時誅滅，故稱諸鬼。俗間以細挫肉糅以薑桂曰劊，意者以凶黨皆當細剉而烹之也。云云。字書音劊如嘯，疑今古聲異耳。(《直語補證》P5)

【肉瘠不安】ròujíbù'ān 俗音如是。蓋杌隉之意，或云跼蹐之訛。按：《北史·平秦王歸彥傳》："額角三道，著幘不安。"義正同，音亦無異，當從此。(《直語補證》P3)

【肉裏聲】ròulǐshēng 古之善歌者，聲中有字，字中有聲，謂之肉裏聲。(《雅俗稽言》卷十四 P15)

【肉餠子】ròubǐngzǐ 其(編者按：肉餠)或全而餠之，又析而丸之，天下之人謂之"肉丸子"，吾越人謂之"肉餠子"，亦直謂之"餠子"。(《越言釋》卷上 P33)

【肉鼓吹】ròugǔchuī 《國史補》："僞蜀李匡遠性急刻，一日不斷刑，則慘然不樂，喜聞笞撻之聲，曰此一部肉鼓吹。後盜發其墓，分其四支。"(《常語尋源》卷下辛册 P287)

【脀】chéng 駿曰脀。(《札樸》卷九 鄉里舊聞 鄉言正字附 雜言 P330)

【臠婿】luánxù 《遁齋閑覽》："今人於榜下擇婿，號臠婿。"岑參詩："君爲禁臠婿，爭看玉人遊。"案：晉武帝求婿(編者按："婿"上原無"求"字)，謂王珣曰："如真長、子敬足矣。"珣曰："謝渾不及真長，不減子敬。"未幾，帝崩。袁崧欲以女妻之，珣曰："卿莫近禁臠。"據此，則《遁齋閑覽》之稱臠婿，蓋本於此。(《稱謂錄》卷八 女之夫 P22)

缶 部

【缹】fǒu 熮煮曰缹。(《通俗文》釋言語上 P19)

【缹煑】fǒuzhǔ 方婦反。《字書》："少汁煑曰缹，火熟曰煑。"(《一切經音義》卷七十四 12P2934)

【缺口鑷子】quēkǒunièzǐ 《東坡文集·與陳季常尺牘》曰："鄉諺有云'缺口鑷子'，君識之乎？"自注："缺口鑷子，取一毛不拔。"(《通俗編》卷十六 P355)

【缺胯襖子】quēkuà'ǎo·zi 參見[缺襟

袍]。(《通俗編》卷二十五 P561)

【缺襟袍】quējīnpáo　《中華古今注》:"隋文帝征遼,詔武官服缺胯襖子。取軍用無所妨也。"按:今缺襟袍亦曰行衣,蓋因其意。(《通俗編》卷二十五 P561)

【馨志】qìngzhì　上苦定反。《尒雅》曰:"馨,盡也。"顧野王云:"器中空也。"下職吏反。孫緬云:"念也,意也,誠也。"……按:馨志謂空其心,盡其誠也。(《一切經音義》卷續二 11P3799)

【罈】tán　參見[窑]。(《越言釋》卷上 P27)

舌　部

【舍人】shèrén　參見[右螭]。(《唐音癸籤》卷十七 P157)

【舍弟】shèdì　兄稱弟曰舍弟,亦有所本。魏文帝《與鍾繇書》曰:"是以令舍弟子建,因苟仲茂,時從容喩鄙旨。"(《能改齋漫錄》卷二 P25)

兄稱弟而曰舍弟,亦有所本。魏文帝《與鍾繇書》曰:"是以令舍弟子建,因苟仲茂,時從容諭鄙旨。"(《目前集》前卷 P2114)

舍弟之稱,起於曹魏。吳會曰:"魏文《與鍾繇書》曰:'是以令舍弟子建,因苟仲茂,從容喩鄙旨。'今稱舍弟本此。"戴逵稱安道曰家弟。(《通雅》卷十九 P655)

兄稱弟曰舍弟。亦有所本。魏文帝《與鍾繇書》曰:"是以令舍弟"。(《言鯖》卷下 P18)

魏文帝《與鍾繇書》:"令舍弟子建,因苟仲茂,時從容喩鄙旨。"《杜工部集》有《得舍弟消息》詩。按:古亦有稱家弟者,《世說》載戴逵答謝安曰:"家弟不改其樂。"《周書·杜呆傳》:"隋文帝稱弟安成曰家弟。"家舍之別,本無甚大義理,今人守之若定制,其源蓋由于宋司馬光《書儀·答人慰問狀》云:"兄曰家兄,弟曰舍弟,姊曰家姊,妹曰小妹。"(《通俗編》卷十八 P394

杜子美《得舍弟消息》詩:"遙憐舍弟存。"司馬氏《書儀·答人慰問狀》云:"兄曰家兄,弟曰舍弟。"(《恒言廣證》卷三 P48)

【舍利】shèlì　正言設利羅,或云實唎,此翻爲身也。(《一切經音義》卷二十二

19P858)

《霏雪錄》以佛之遺骨通名舍利。《光明經》云:"舍利是戒定慧所熏修,甚難得者。"《福田大論》云:"碎骨是生身舍利,經卷是法身舍利。"又云:"有三種,白色骨舍利,黑色髮舍利,赤色肉舍利,菩薩羅漢皆有,佛舍利鎚擊不碎,弟子舍利鎚卽碎也。"龍舒《心經》又云:"舍利子乃佛弟子名,以其母眼似舍利弗鳥之眼,故名之。"或曰:"舍利,鶩鳥之眼,故稱云。"諸說似皆得其一支,龍舒經之言,或又因舍利之名故云。予意舍利不過是釋家修真煉攝心精氣所結成者,如石中之水晶,水中之膏液,仙家之聖胎爾。(《七修類稿》卷二十二 P336)

【舍子】shàzǐ　《霅青日札》:"杭有貴公子,以廕得縣官,見土阜當道,亟呼地方人開掘平治,耆老以無處容土對。官乃操吳音曰:'有舍子難,快掘箇潭埋了罷。'"按:此本俗音無字,田氏借字發之。究其實則亦甚麼之轉音耳。《餘冬序錄》云:"吳人有以二字爲一字者。如甚麼、爲些之類。"《通雅》云:"《方言》:'沅澧之原,凡言相憐哀,謂之寫。'古人相見曰無他,或曰無甚,甚轉爲申駕反。吳中見故舊,皆有此語,餘音或近思,或近些,寫卽些之轉也。"又云:"今京師曰做麼,江北與楚皆曰某,讀如母,而南都但言甚,蘇杭讀甚爲申駕反,中州亦有此聲。"舍,正所謂申駕反者。子則語助。(《通俗編》卷三十三 P735)

【舐嗒】shìdā　貪鄙曰舐嗒。(《札樸》卷九　鄉里舊聞　鄉言正字附　雜言 P330)

【舕舚】tiāntān　語不止曰舕舚。(《札樸》卷九　鄉里舊聞　鄉言正字附　雜言 P330)

【舚】tà　參見[踏殢]。(《唐音癸籤》卷二十四 P207)

【舖】pù　宛平縣凡一十二舖,每舖設舖司一名,掌送到官文書籍記仲角時日而遞發之。(《宛署雜記》卷五 P33)

參見[鋪]。(《通俗編》卷二十一 P477)

【舖行】pùháng　舖行之起,不知所始。蓋舖居之民,各行不同,因以名之。國初悉內外居民,因其里巷多少,編爲排甲,而以其所業所貨注之籍。遇各衙門有大典禮,則按籍給值役使,而互易之,其名曰行戶。或一排之中,一行之物,總以一人答應,歲終

踐更，其名曰當行，然實未有徵銀之例。（《宛署雜記》卷十三 P103）

【舖房】pùfáng　參見［廊房］。（《宛署雜記》卷七 P58）

竹（⺮）部

【竹夫人】zhúfūrén　竹几也。東坡《贈竹几與謝秀才》詩：“贈君无語竹夫人。”黃魯直《竹夫人詩》序謂：“《趙子充示竹夫人詩》序謂：‘憩臂休膝，似非夫人之職，而冬夏青青，竹之所長，予爲更名曰青奴。’”（《談微》物器 P41）

　　暑中淋席間置竹籠以憩手足，謂之竹夫人，見東坡詩：“聞道淋頭惟竹几，夫人應不解卿卿。”自注：“世以竹几爲竹夫人。”又詩：“留我同行木上座，贈君無語竹夫人。”……黃山谷《內集・趙子充示竹夫人詩》：蓋涼寢竹器，憩臂休膝，似非夫人之職，予爲名曰青奴。詩云：“青奴元不解梳妝。”是其名起於宋。陸魯望詩謂之“竹夾膝”。（《土風錄》卷三 P206）

【竹夾膝】zhújiáxī　參見［竹夫人］。（《土風錄》卷三 P206）

【竹子】zhú·zi　今人稱竹曰竹子。二字見《書》“筍席”注。（《直語補證》P2）

【竹胎】zhútāi　筍也。《説文》。（《南村輟耕錄》卷十一 P140）

【竹笪】zhúdá　都達反。《説文》：“笪，笞也，音若笋，竹皮名也。”郭璞曰（編者按：“曰”爲衍文）注《方言》云：“江東謂簞苙直文而麁者爲笪，斜文爲籢，音癈。一名符篰，宋魏之間謂簞苙也，爲簾苙也。”《説文》：“簾苙，麁竹席也，用蘆織之也。”（《一切經音義》卷七十 3P2768）

【竹篠】zhúxiǎo　嘯。篠本內實外堅如筋之竹名。越指竹枝。（《越諺》卷中 竹木 P50）

【竹籬】zhúliè　竹籬見《廣韻》，編竹爲之也。音歷。（《直語補證》P46）

【竹豚】zhútún　參見［稚子］。（《唐音癸籤》卷二十 P182）

【竹鞭】zhúbiān　宋僧贊寧《竹譜》云：“竹根曰竹鞭，鞭行時，以八月爲春，二三月爲秋。”竹鞭二字見此。（《土風錄》卷四 P219）

【笸】dùn　今米笸。《淮南子・精神訓》：“守其簞笸。”笸，音頓。注：“並受穀器。”（《直語補證》P41）

【笑】xiào　物裂開曰笑。（《蜀語》P28）

【笑嘻嘻】xiàoxīxī　《朱子語錄》：“嘗見畫本老子，笑嘻嘻地，便是箇退步占便宜底人。”（《通俗編》卷十七 P380）
　　《朱子語錄》。（《越諺滕語》卷上 P8）

【笑柄】xiàobǐng　參見［談柄］。（《通俗編》卷十七 P364）

【笑面夜叉】xiàomiànyèchā　參見［笑面虎］。（《通俗編》卷十七 P380）

【笑面虎】xiàomiànhǔ　龐元英《談藪》：“王公袞居常若嬉笑，人謂之笑面虎。”又《老學菴筆記》：“蔡元度對客善笑，雖見所憎者，亦親厚無間，人莫能測，謂之笑面夜叉。”（《通俗編》卷十七 P380）

【筇】háng　參見［筑］。（《方言據》卷下 P26）

【笆犁】bālí　參見［巴飛枇］。（《通雅》卷三十八 P1167）

【笨】bèn　蔑骨。蒲本反。（《俗務要名林》）

　　楊用修曰：“笨音奔，去聲，粗率也。《晉書》：‘史疇肥大，時人目爲笨伯。’《宋書・王微傳》亦有粗笨之語。今俗諺亦然。《朱子語錄》云：諸葛亮只是笨。不作此字，乃書作坌，而音發之……”紳按諸韻書，笨，奔上聲，又坌上聲，無收奔去聲者。若坌去聲，則“壵”字也，其義則塵坲也，又並也，《唐儒學傳》“壵集京師”是也。夫曰塵坲，曰並集，即以通于粗率、肥大之義，正不相遠。俗諺粗壵謂此也。至若笨之爲義，則竹裏也。《晉史》“顏光祿乘笨車”是也，雖從晉宋書作粗大解，而以其音爲奔去聲，則誠誤矣。……壵又芬去聲，本作坋，音義皆仝。（《雅俗稽言》卷三十一 P3）

　　《集韻》：“悴，部本切。性不慧也。”按《晉書》：“豫章太守史疇以體肥大，目爲笨伯。”《唐書》注：“舉柩夫謂之悴夫。”笨体皆贏率儜劣之貌，字相通用，而與体有主貌主性之別。又，三字皆從大從十而不從本。世俗概以笨爲不慧。據《説文》，笨爲竹裏，與笨伯之笨亦不同也。（《通俗編》卷十五

P334）

【笨人】bènrén　《抱朴子・行品篇》：“闇趨
舍之臧否者，笨人也。”（《直語補證》P18）

【笨伯】bènbó　參見［笨］。（《雅俗稽言》卷
三十一 P3）

　　　　參見［笨］。（《通俗編》卷十五 P334）

【筭】zhà　是今俗榨油、醡酒本字。《漢書・
耿恭傳》“筭馬糞飲之”是也。（《直語補證》
P37）

【筭酒】zhàjiǔ　壓酒曰筭酒。（《札樸》卷九
鄉里舊聞 鄉言正字附 雜言 P329）

【符師】fúshī　韓愈詩：“符師弄刀筆，丹墨
交橫飛。”（《稱謂錄》卷二十八 術士 P14）

【答笒】língxǐng　竹器謂之笒（答，郎鼎切）
笒（笒，桑鼎切）。（《通俗文》釋器用 P74）

【第二庶息】dì’èrshùxī　《文選・任昉〈奏彈
劉整〉》：“寅第二庶息師利。”（《稱謂錄》卷
六 次子 P12）

【第下】dìxià　參見［節下］。（《稱謂錄》卷
二十二 知府 P3）

【笚】dá　“答”。數土堆、草芃曰“一笚”、
“兩笚”。（《越諺》卷中 地部 P3）

【等】děng　應瑗詩云：“文章不經國，筐篚
無尺書。用等稱才學，往往見嘆譽。”言其
用何等才學見嘆譽而爲官，以是知去何而
直言等，其言已舊。（《唐音癸籤》卷二十四
P208）

　　　　何辭也。《後漢書・文苑傳》：“衡更熟
視曰：‘死公，云等道！’”注云：“等道，猶今
言何物語也。”應璩詩：“用等稱才學，往往
見歡譽。”（《助字辨略》卷三 P173）

　　　　《傳燈錄》：“布袋和尚在街衢立，或問：
‘作甚麼？’曰：‘等箇人。’”唐路德延《小兒》
詩：“等鵲潛籬畔，聽蛩伏砌邊。”按：以“俟”
爲“等”，俗言也。宋人詩亦屢用之，如范成
大云：“州橋南北是天街，父老年年等駕
迴。”史彌寧云：“山院清吟雪作堆，錦囊開
口等詩來。”（《通俗編》卷十三 P280）

　　　　今人言等曰“等待”，然古音多改，都改
二切，《唐韻正》論之詳矣。則“等”原應讀
“待”。因以推之越語。今人讀書，以一行
爲一等。《雜記》“下藻三采六等”注：“以六
等爲六行”是也。又，越人所用竹器，或謂
之“籩”，或謂之“等”（待）……其又謂之
“等”者，顏之推《匡謬正俗》曰：“俗以‘等

物’爲‘底物’，‘等’字本都在反，轉音丁兒
反。都在爲‘待’，丁兒爲‘底’。”似以“待”
轉音“底”者。然《前書》“綠綈方底”、《後
書》“封以方底”，皆後世之所謂“袋”也。今
以……底而言謂之“等”（待），正與“底”之
爲“袋”同一例。卽《唐韻正》所引如《管子》
《韓非子》《東京賦》“等”字原有“底”音，《孟
子》“愛無差等，施由親始”，以“等”協“始”。
“等”之爲“底”，尤無可疑。因而以“底”轉
“待”，正與《說文》所謂从竹寺聲者相合。
嶺南人至今以“底”爲“待”，尤可證。（《越
言釋》卷上 P21）

【等伴】děngpàn　《月令廣義》：“凡雪日間
不積謂之羞明，霽而不消謂之等伴。”（《常
語尋源》卷上乙冊 P216）

　　　　參見［待伴］。（《恒言廣證》卷二 P31）

【等子】děngzǐ　等以別金銀等次立名。張
世南《宦游紀聞》云：“寧和殿有玉等子，以
諸色玉次第排定。凡玉至比之，高下自
見。”此其制別義同。流俗所用戥字，近人
妄造。（《通俗編》卷二十六 P585）

　　　　李方叔《師友談記》：“邢和叔嘗曰：‘文
銖兩不差，非稱上稱來，乃等子上等來
也。’”（《里語徵實》卷中上 二字徵實 P23）

　　　　市井間謂秤銀具曰戥子。按：字書無
“戥”字。《西湖志餘》載“宋高宗金等子
事”。王阮亭詩“汴上已亾金等子”用此。
明張靖之《方州雜錄》記“優逮”（卽眼鏡）
云：“合則爲一，歧則爲二，如市中等子匣。”
是當作“等”，取有差等之意。（《土風錄》
卷五 P229）

【等第】děngdì　舉場每歲開於二月……府
州解送，最重京兆、同、華。京兆解送上十
人，謂之等第，多成名。（《唐音癸籤》卷十
八 P161）

　　　　參見［打毷氉］。（《通雅》卷二十
P743）

　　　　參見［毷氉］。（《里語徵實》卷中上 二
字徵實 P34）

【等閒】děngxián　孟東野詩：“文魄既飛
越，宦情唯等閒。”李義山詩：“莫訝韓憑爲
蛺蝶，等閒飛上別枝花。”皮襲美詩：“等閒
遇事成歌咏。”等閒與等頭皆唐人方言，輕
易之辭也。（《方言藻》卷二 P11）

　　　　參見［取次］。（《方言藻》卷一 P10）

【等頭】děngtóu　猶云一般。元微之詩：

"總被天公霑雨露,等頭成長盡生涯。"(《助字辨略》卷三 P173)

　　元微之詩:"總被天公霑雨露,等頭成長盡生涯。"等頭猶云一般。(《方言藻》卷二 P11)

【策勵】cèlì　上楚責反。《説文》云:"策,筴也。從竹束聲。"束音七恣反。下力滯反。《玉篇》:"勵,勉也。"相勸勉也。從力厲聲。案:策勵者,以勇進心除嬾惰意,勤力修行也。(《一切經音義》卷二十九 7P1150)

【策子】cèzǐ　參見[卷軸]。(《恒言廣證》卷六 P88)

【筒車】tǒngchē　過辰陽船溪驛,此站稍平。溪邊見農家取水灌田,巧而且逸。其法先於溪旁築石成隘,上流水至隘,勢極奮迅,乃設竹車二圍,制如車輪,大可二丈。縛數節竹筒,緣於兩輪,其筒向內一面截口受水。每筒相距三尺許,兩筒中間編縛竹板一扇,以遏流水,所以激輪使旋者全在此。蓋水勢迅則衝扇行,而輪乃隨之以轉。每激一扇,後扇繼來;旋而上升,則筒中滿水已至車頂。筒口向下,水即下傾;於其傾處剡大竹受之,接引入田,雖遠可到。(《滇行紀程》)(《里語徵實》卷中上　二字微實 P27)

【筅】xiǎn　世亦謂撋耳曰筅。《雲煙過眼錄》載王齊翰巖僧筅耳圖。(《通俗編》卷二十六 P593)

【筅帚】xiǎnzhǒu　今罋上纙竹而帚之,以洗甑釜,謂之"筅帚",其實只是"洗帚","筅"者俗字耳。(《越諺釋》卷下 P33)

　　滌器用筅帚。筅,先上聲,俗呼作"鮮"字者,非。析竹爲帚,以灑洗也。凡廚中洗釜、瓶等物,均用之。古者少康初作箕帚、秫酒。少康,杜康也。(《里語徵實》卷中上　二字微實 P18)

　　參見[筅箒]。(《越諺》卷中　器用 P27)

【筅耳】xiǎn'ěr　今人縛茸毛爲小帚以拂除耳垢,亦謂之"筅耳"。知"筅"之爲"洗",以知巢由洗耳,不過是此法,未必以水灌之。(《越言釋》卷下 P33)

【筳】tíng　音定。筳,所以抽絲也。吳中紡棉亦用筳子。(《吳下方言考》卷十 P1)

【筳子】tíngzǐ　音定。吳中紡棉亦用筳子。(《吳下方言考》卷十 P1)

【筶】kuò　箭頭曰筶。(《通俗文》釋兵器 P83)

【答剌罕】dálàhǎn　答剌罕,譯言一國之長,得自由之意,非勳戚不與焉。太祖龍飛日,朝廷草創,官制簡古,惟左右萬戶,次及千戶而已。丞相順德忠獻王哈剌哈孫之曾祖啓昔禮,以英材見遇,擢任千戶,錫號答剌罕。至元壬申,世祖錄勳臣後,拜王宿衞官襲號答剌罕。(《南村輟耕錄》卷一 P18)

【答應】dāyìng　參見[常在]。(《稱謂錄》卷十 列宮 P4)

【答颯】dásà　《南史·鄭鮮之傳》:"范泰誚曰:'卿居僚首,今答颯去人遼遠,何不肖之甚?'《文與可集》有'懶對俗人常答颯'句。《能改齋漫錄》:"俗謂事之不振者曰踏跋。唐人有此語。《酉陽雜俎》:'錢知微賣卜,爲韻語曰:'世人踏跋不肯下錢。'"是也。"按:踏跋、答颯,字異義同。或又作塌颯。范成大詩:"生涯都塌颯,心曲漫崢嶸。"又《集韻》有偈傗字,訓云"惡也"。似亦塌颯之通。(《通俗編》卷十四 P302)

【筋斗】jīndǒu　金斗自是酒器,與筋斗何相涉耶?李氏疑耀云:"孫與吾《韻會定正》于跟字注云:'腳跟也。又,跟頭戲,倒頭爲跟也。勔斗二字,當從跟頭,今作筋斗,兩字皆誤。'"此説甚似有理。(《通俗編》卷三十一 P694)

　　參見[跟陡]。(《越諺》卷中　技術 P60)

【筍】sǔn　今木工築室作器,兩相合處,謂之鬭筍。《史記·孟子傳》:"持方枘欲內圓鑿,其能入乎?"《索隱》云:"方枘是筍也,圓鑿是孔也。"(《恒言錄》卷五 P102)

【筍牡】sǔnmǔ　結屋枋湊и處,必有牝牡筍穴。俗呼爲公牝筍是也。(《詢芻錄》P2)

【筍頭】sǔntóu　參見[榫頭]。(《越諺》卷中 屋宇 P25)

【筍鴨】sǔnyā　《南史·齊孝宣后傳》:"太廟四時祭,詔以筍鴨卵脯薦后,以生平所嗜也。"按:京師人以鷄鴨之嫩者爲筍鷄、筍鴨,其稱舊矣。(《通俗編》卷二十九 P646)

【筍鷄】sǔnjī　參見[筍鴨]。(《通俗編》卷二十九 P646)

【筆帒】bǐdài　帒音代。《説文》:"囊也。"(《里語徵實》卷中上　二字微實 P22)

【筆柱】bǐzhù　馥案：筆柱卽筆心也。《筆墨法》云："作筆當以纖梳梳兔豪毛及羊脊毛，羊脊爲心，名曰筆柱，或曰墨池。"（《札樸》卷四 覽古 P134）

【筆脚】bǐjiǎo　今人稱所寫字曰筆脚，亦曰字脚。盖本唐詩"柳家新樣元和脚"也。（《言鯖》卷下 P3）

【筆頭伩】bǐtóuchì　字畫模糊，伩住不寫。（《越諺賸語》卷上 P9）

【箊狖】cìxù　次血。蜏也。（《越諺》卷中 禽獸 P44）

【筭命】suànmìng　《漢書·律曆志》："數者，一、十、百、千、萬也，所以筭數事物、順性命之理也。《書》曰：'先其筭命。'"師古注曰："逸書也，言王者，先立筭數以命百事也。"近有坊刻墨卷引用《律曆志》而曰"先筭其命"，殊可異也。俗稱談命爲筭命，則亦名是實非，又何足怪？（《雅俗稽言》卷二十五 P5）

【筭子】suànzǐ　《五代史》："漢王章不喜文士，嘗語人曰：'此輩與一把筭子，未知顚倒，何益於國？'"筭子本俗語，歐公據其言書之，殊有古意。溫公《通鑑》改作"授之握筭，不知縱橫"，不如歐史矣。（《雅俗稽言》卷二十六 P10）

【筲箕姑】shāojīgū　參見［紫姑］。（《恒言錄》卷六 P118）

【笕】jiǎn　引水曰笕。吉典切，音繭，續竹通水也。古單作"建"，所謂"建瓴"也。亦作"梘"。今屋前合卷棚，必以梘去霤流水，曰"梘溝"，深山取水曰"梘水"，各處至今呼之。延平有水老，梘水以給一城人家，見《通雅》。又白居易《石函記》："錢塘湖北有石函，南有笕放水溉田。若諸小笕，非溉田時，並須封閉築塞。其笕之南，舊有闕岸，若水暴漲，于石函、南笕洩之。"（《里語徵實》卷上 一字徵實 P19）

【筋瓶】zhùpíng　《至正直記》："宋季大族設席，几案間必用筋瓶查斗，或銀或漆木爲之，以筋置瓶中，邀入座，則僕者移授客人。"（《恒言錄》卷五 P104）

【筋謎】zhùmí　參見［商謎］。（《恒言錄》卷六 P112）

【筷】kuài　箸本無"筷"名，今人皆以箸爲"筷"者，推其始，盖以"箸"音如"亡"而訛爲"遲"，故改爲"快"以厭之，而快多以竹，遂加"竹"爲"筷"也。（《越言釋》卷上 P1）

卽箸。起於吳氏俗諱，翻"箸"爲"快"，復加"竹"作"筷"。《儺山外集》《越諺釋》（《越諺》卷中 器用 P27）

【節下】jiéxià　致書稱門下，猶言閣下、殿下、麾下、節下、座下、足下之類。古之貴人，殿閣門下有謁者，麾節之下有執事者，座下足下有侍者，不敢斥言尊貴，故呼門下足下諸人如謁者、侍者、執事者而先與之言，因卑達尊之義，亦謙辭也。（《俚言解》卷一 41P24）

王志堅《表異錄》："唐稱太守曰節下，又云鈴下，又云第下。"（《稱謂錄》卷二十二 知府 P3）

古者三公開閣，郡守比古侯伯，亦有閣。故書題有"閣下"之稱。前輩呼刺史、太史，亦曰"節下"。（《里語徵實》卷中上 二字徵實 P8）

【節子】jiézǐ　謂蘭、香芹、蓼、稊……等之屬是也。有節卽生故也。（《一切經音義》卷二十六 3P1001）

【節足】jiézú　形容人語之殷勤，曰節足，盖鳳凰鳴也。《宋·符瑞志》："雄鳴節節，雌鳴足足。"（《語實》P174）

【笝酒】tǒngjiǔ　亦曰啞嘛酒。以秔米或麥粟梁黍釀成酒。熟時以滾湯灌壜中，用細竹笝通節入壜內啞飲之。啞去一盃，別去一盃熱湯添之。壜口是水，酒不上浮，至味淡乃止。潼川粟穀酒，遂寧火米酒有名。《華陽國志》："郫縣有一井，井邊有竹，截竹爲笝，以汲井水，水變爲酒，他竹則否，竹盡則酒亦凡水矣。"杜子美曰："酒憶郫笝不用沽。"至唐時已無，故曰憶，井水爲酒，故不用沽。今之啞酒，盖彷彿郫笝遺意耳。攷《字書》無嘛字，亦俗作耳。（《蜀語》P38）

【箛】gū　設法范圍于人曰箛。"箛"原作"箍"，今正。（《客座贅語》卷一 詮俗 P6）

《廣韻》："箛，以篾束物。出《異字苑》。"（《恒言錄》卷五 P104）

【筊】dài　徐相國光啟《農政全書》以今之竹器爲"筊"，音待，不知其何所考。（《越言釋》卷上 P21）

【箸籠】zhùlóng　上"滯"。廚房插筋器。（《方言》"箸笝"註）（《越諺》卷中 器用 P27）

【箕詩】jīshī　參見［紫姑］。(《恒言錄》卷六
　　P118)

【筑】hàng　竹竿謂之筑。合浪切。或作
　　笐，竹竿也。亦作桁。杜詩："翡翠鳴衣
　　桁。"又，"桁掛新衣裳。"蓋用竹竿以庋衣
　　者。桁，又音杭。《廣韻》："屋橫木也。"
　　(《方言據》卷下P26)

【算】suǎn　《類篇》《集韻》皆又上聲讀，音
　　損管切。按：今俗有此言，謂人之計小利而
　　吝于出納也。或云省節之省，訛爲此音，未
　　是。(《通俗編》卷二十三P525)

【算擇】suànzé　桑管反。謂簡擇也。《三
　　蒼》："算，選也。"(《一切經音義》卷三十
　　10P1196)

【算髮】suànfà　參見［宣髮］。(《南村輟耕
　　錄》卷十八P224)

【算子】bì·zi　甌底曰算子。(《札樸》卷九
　　鄉里舊聞　鄉言正字附　器具P327)

【箇】gè　數物以箇……甚近鄙俗，獨杜屢
　　用之。如："峽口驚猱聞一箇""兩箇黃鸝鳴
　　細柳""却遶井欄添箇箇"。(《雅俗稽言》卷
　　三十P9)

　　　　與个同。……方言此也。庾子山《鏡
　　賦》："真成箇鏡特相宜。"又……語助也。
　　韓退之詩："老翁真箇似兒童。"(《助字辨
　　略》卷四P222)

　　　　朱慶餘詩："恨箇來時路不同。"皮日休
　　詩："檜身渾箇矮。"羅隱詩："應掛云帆早箇
　　回。"按：箇亦語辭，渾箇、早箇，今尤通言
　　之。(《通俗編》卷三十三P747)

　　　　箇與个同。庾子山《鏡賦》："真成箇鏡
　　特相宜。"箇，方言此也。(《方言藻》卷一
　　P7)

【箇儂】gènóng　參見［我儂］。(《通俗編》
　　卷十八P409)

【箇箇】gègè　箇箇，數也，枚也。杜詩："箇
　　箇五花文。"又，"樵聲箇箇同。"又，"却繞井
　　闌添箇箇"。《説文》："竹枚也。"方言以一枚
　　爲一箇。別作个，非。(《方言藻》卷一P8)

【箇般】gèbān　史彌寧詩："箇般雅淡須吾
　　輩。"又，"箇樣吟天嘉不嘉。"按：此箇字亦
　　當讀如隔音。(《通俗編》卷三十三P733)

【箇裏】gèlǐ　《餘冬序錄》："蘇州方言謂此
　　曰箇裏。"(《通俗編》卷三十三P733)

【管內】guǎnnèi　《五代史·趙在禮傳》："在

禮在宋州，人尤苦之，已而罷去，宋人喜而
相謂曰：'眼中拔釘，豈不樂哉？'既而復受
詔居職，乃籍管內口率錢一千，自號拔釘
錢。"(《巵言》卷五P64)

【管家】guǎnjiā　始自明《吳時興劾嚴嵩
　　疏》。俗呼文選郎萬寀爲文管家，武選職方
　　郎祁祥爲武管家。(《直語補證》P9)

【箓】yè　參見［頁］。(《恒言錄》卷六P112)

【筭】jí　織席緣邊曰筭。(《札樸》卷九　鄉里
　　舊聞　鄉言正字附　雜言P329)

【篍】qiū　吹竹筩象鳥聲曰篍（俗作哨）。
　　(《札樸》卷九　鄉里舊聞　鄉言正字附　名稱
　　P328)

【箭】jiàn　路至近則曰一箭道。見《法華
　　經》。(《通俗編》卷三十二P724)

【箭筈】jiànkuò　煎線反。……《考聲》云：
　　"箭者，本竹名也。"案：此竹菜似葦蔣生，高
　　五六尺，莖細勁而且實可以爲矢筈，……因
　　名矢爲箭。下康活反。《考聲》："箭口
　　也。"案："箭筈者，受弦之口也。"(《一切
　　音義》卷三10P125)

【筅箒】xuǎnzhǒu　上"選"。洗鑊竈之具。
　　《廣韻》作"筅"。又詳《通雅》。(《越諺》卷
　　中　器用P27)

【篇什】piānshí　《詩》二《雅》及《頌》前三
　　卷，每卷首俱題某詩之什。陸德明釋曰：
　　"王者統有四海，歌咏之作非止一人。篇數
　　既多，故以十篇編爲一卷，名之爲什。"今人
　　以詩爲篇什，或稱人所作爲佳什，皆非也。
　　乃《弇州集》中風雅詩每篇首題曰"上帝之
　　什""皇帝之什""東門之什"等，似未妥。見
　　《常談考誤》。(《雅俗稽言》卷二十三P8)

【箳星】bǐngxīng　車當謂之箳星。(《通俗
　　文》釋器用P79)

【笴】gǎn　今人云檢裝或曰作笴，作匬，皆
　　感音，與此正同。《南史·庾詵傳》"遇火止，
　　出書數笴。"余以爲當作此字。(《直語補
　　證》P6)

【箮】zào　煩雜曰箮。(《札樸》卷九　鄉里
　　舊聞　鄉言正字附　雜言P330)

【箮室】zàoshì　今稱妾曰箮室。(《常語尋
　　源》卷下庚册P272)

【籰子】yuè·zi　收絲器曰籰子。籰音約，
　　"篗"同。《廣韻》："收絲器也。"揚子《方
　　言》："篗，榬也。兗、豫、河、濟之間謂之

榱。"郭注:"所以終絲者也。"《集韻》:"絡絲,篗也。"王楨《絡車》詩:"座上通槽連簨簴,軸頭引篗逗繩圈。"張養浩詩:"婦勤絲滿篗。"又,卷絲爲緯曰"繐"(音歲),俗呼"籰子"。(《里語徵實》卷中上 二字徵實 P27)

【篩】shāi 擊鑼曰篩。《雲麓漫鈔》:"中原人以擊鑼爲篩鑼,東南亦有言之者。"(《燕説》卷三 P11)

【篩鑼】shāiluó 《雲麓漫鈔》:"今人呼洗曰'沙鑼',又曰'廝鑼'。國朝賜契丹、西夏使人皆用此語。究其説,軍中不暇持洗,以鑼代之。"又,"中原人以擊鑼爲篩鑼,東南亦有言之者。""篩"、"沙"音相近,節文爲"廝"又小轉也。(《通俗編》卷八 P173)

趙彦衛《雲麓漫抄》云:"中原人以擊鑼爲篩鑼。東南人亦有言之者。"今俗連聲敲鑼曰篩鑼。(《土風錄》卷六 P242)

【篾】kuài 箸曰篾。篾音快。竹箭也,可以爲箸。俗作快,非。(《蜀語》P10)

箸曰篾。篾音快,竹箭也,可以爲箸,俗作快。《儼山外集》:"舟行諱住,以箸爲快兒。"(《燕説》卷三 P5)

【簃廚】yíchú 《爾雅·釋宫》:"連謂之簃。"郭注:"堂樓閣邊小屋,今呼之簃廚、連觀。"(《札樸》卷三 覽古 P96)

【篼】dōu 竹器曰篼。篼音兜。今入閩度仙霞者,必乘竹篼子。淮南王安《諫擊閩越書》:"輿轎而踰嶺。"見《漢書·嚴助傳》。注:"轎音橋,今竹輿車也。"則知竹篼之制,漢已有之矣。今仕者乘轎,古無是制,"轎"字亦始見於此。(《閩小紀》)(《里語徵實》卷上 一字徵實 P20)

【簏簌】lùsù 物下垂曰簏簌。唐李賀詩:"探絲團金懸簏簌。"注:"下垂貌。"李郢詩:"釵垂簏簌抱香懷。"(《燕説》卷一 P10)

物垂下曰絡索。按:當爲簏簌。李賀詩:"探絲團金懸簏簌。"注:"下垂貌。"李郢詩云:"釵垂簏簌抱香懷。"(《土風錄》卷八 P263)

【簆】kòu 織具曰簆。今俗云"簆門闊狹",即此。(《直語補證》P44)

【簋】guǐ 俗以椀大者爲"簋"。蓋其初本以盛飯寫之,可以給一席之食,即所謂"添飯椀"者,故有"簋"名。明季尚豊腆,始以盛飯之器盛羹胾。近時餉客,非簋不用矣。(《越言釋》卷下 P32)

【簪】zān 幘導曰簪。(《通俗文》釋衣飾 P60)

【簪紱】zānfú 側林反。《蒼頡篇》云:"簪,笄也,男子以固冠,婦人爲首飾。"《説文》:"從竹朁聲。"下分物反。《蒼頡篇》:"紱,綬也。"《説文》:"從糸犮聲。"《字書》亦作紼。(《一切經音義》卷八十八 10P3401)

【簹子】gézǐ 簹子,竹障。(《通俗文》釋宫室 P44)

簹子,竹障。各額,陌韻。(《目前集》後卷 P2155)

竹障也。(《直語補證》P44)

【籍箕】shāojī 飯器曰籍箕。籍,師交切。《説文》:"陳畱謂飯帚曰'籍'。或曰飯器。或作'筲'。一曰宋魏謂箸桶爲筲。"今則有籍、箕之名,合之古飯器之語是也。(《通雅》)。(《里語徵實》卷中上 二字徵實 P19)

【簡】jiǎn 老而拘滯不與時偶也,曰簡。(《客座贅語》卷一 詮俗 P9)

【簡板】jiǎnbǎn 俗以長形薄板塗布油粉,謂之簡板,以其去錯字而省紙。官府用之,名曰水牌。蓋取水能去污而復清,借義事畢去字而復用耳。(《七修類稿》卷二十六 P399)

《老學庵筆記》:"王荊公以金漆板代書帖,士人效之。已而苦其往來泄漏,遂用兩竹片相合,以紙片封其際。久之,其製漸精,或以縑囊盛而封之,南人謂之簡板。淳熙末,朝士乃以小紙相往來謂之手簡,簡板幾廢。"按:今猶有簡板者,承其名耳。(《通俗編》卷二十六 P586)

【簡粧】jiǎnzhuāng 參見[匳粧]。(《言鯖》卷下 P22)

【簡貼】jiǎntiě 《續古今考》云:"秦時臣上人主書曰'再拜'。"《漢書·高祖紀》云:"昧死再拜。"近世乃動曰"百拜",可憐哉。又曰,今日簡貼曰"頓首百拜",非也。(《邇言》卷二 P29)

【簨】sǔn 木石牡曰簨。簨音筍。《考工記》及《文選》注皆作"簨",爲是。後人作"榫",誤撰耳。朱文公"北辰"注用"簨",程伊川《語錄》用"榫",寫者誤。(《蜀語》)(《里語徵實》卷上 一字徵實 P18)

【簸弄】bǒnòng 韓退之詩:"婆娑海水南,

簸弄明月珠。"簸弄卽擺弄。(《恒言廣證》卷二　P40)

【簸櫼】bǒjiǎn　去糠粃。上博我反,下資典反。(《俗務要名林》)

【笪】dāng　箱前後棚也。音當。(《俗務要名林》)

【簷鈴】yánlíng　參見[風箏]。(《土風錄》卷五　P231)

【簾】lián　《宋史•選舉志》:"寶祐二年,御史陳大方言:'凡覆試令日輪臺諫官一員,簾外監試。'"又,"咸淳九年,以臣僚言,罷簾外點檢雷同官"。按:監試等不預攷校,謂之"簾外",則凡預攷校官,時亦當謂之"簾內"。今稱內簾、外簾,蓋承之也。唐王建《宮詞》:"天子下簾親考試,宮人手裏過茶湯。"《摭言》云:"劉虛白于簾前獻裴垣詩。"攷試用簾,不特見于宋矣。(《通俗編》卷五　P88)

【簿尉】bùwèi　杜《送高適》詩:"脫身簿尉中,始與捶楚辭。"……唐時卑官,不免笞撻,正與今代同。史稱代宗命劉晏考所部刺史有罪者五品以上劾治,六品杖訖奏聞,豈但簿尉已哉。(《唐音癸籤》卷十七　P157)

【簿帳】bùzhàng　《舊唐書•職官志》:"兵曹參軍事二人,掌兵士簿帳、差點等事。騎曹參軍事掌馬驢雜畜簿帳及牧養支料草粟等事。"(《恒言錄》卷四　P91)

【籌碼】chóumǎ　《儀禮•鄉射》"籌八十"注:"籌,算也。博戲所用之籌。"又《禮•投壺》:"正爵既行,請立馬。"後人計數,遂襲其名。(《里語徵實》卷中上　二字徵實　P28)

【籌馬】chóumǎ　搆博以物記數曰籌馬,蓋本射者所用。(《土風錄》卷五　P227)

【籃狪】lánnáo　六。(《墨城小錄》卷十四　P9)

【籃篣】lánpéng　下一字俗讀若傍,《方言》"籠謂之篣"注:"本音彭。"(《直語補證》P42)

【籍籍】jíjí　燕王旦《華容夫人歌》:"骨籍籍兮亡居。"案:籍籍,散碎貌。吳中謂物之散碎者曰籍籍碎。(《吳下方言考》卷十二　P17)

【籧篨】qúchú　氣勃鬱曰籧篨(渠除,不能俯也,上訛氣)。(《客座贅語》卷一　方言

P12)

【蘆簛】lúfèi　今人呼蘆席曰蘆簛,亦從草頭。古原有此名。(《言鯖》卷下　P22)

【籠侗】lóngtóng　《論語》:"侗而不愿。"皇侃義疏:"謂籠侗未成器也。"(《恒言廣證》卷二　P40)

【籠僮】lóngtóng　矒朧,鼓聲也。唐人所用字不同。沈佺期:"籠僮上西鼓。"柳子厚:"籠銅鼓報衙。"第取其音之同耳。卽秦女本曲,見《太平御覽》者亦作隴橦各異。(《唐音癸籤》卷二十四　P212)

【籠街】lóngjiē　今之喝道卽籠街也。唐時中丞呵止不半坊,今兩坊,詔傳呼不得過三百步。(《俗考》P17)

今之唱道,卽籠街也。唐時中丞呵止不半坊,今且兩坊;詔使傳呼不得過三百步,今且三千步不止矣。(《言鯖》卷上　P14)

【籠東】lóngdōng　參見[龍鍾]。(《土風錄》卷七　P251)

【籠絡】lóngluò　《宋史•胡安國傳》:"中丞許翰曰:'蔡京得政,士大夫無不受其籠絡。超然遠舉,不爲所污,如安國者實鮮。'"(《通俗編》卷十三　P276)

【籠銅】lóngtóng　柳子厚《寄韋珩》:"饑行夜坐設方略,籠銅枹鼓手所操。"案:籠銅,鼓聲也。吳中形擊鼓聲曰籠銅。(《吳下方言考》卷一　P6)

參見[籠僮]。(《唐音癸籤》卷二十四　P212)

【籠餅】lóngbǐng　今切麵蒸而食者曰蒸餅,亦曰籠餅。(《談徵》物部　P22)

【篍籃】ōulán　篍,音謳。《集韻》:"竹器,吳人以息小兒。"今俗語云篍籃也。(《恒言錄》卷五　P103)

【簵】dié　簸穀曰簵。(《札樸》卷九　鄉里舊聞　鄉言正字附　雜言　P330)

【籯理】jūlǐ　上官六反。《考聲》云:"窮也。"論作鞠,俗字。(《一切經音義》卷八十七　P3370)

【籤縢】qiānténg　《唐書•馬懷素傳》:"是時,文籍盈漫,籤縢紛舛。"(《札樸》卷五　覽古　P142)

【籰子】yuè•zi　參見[篗子]。(《里語徵實》卷中上　二字徵實　P27)

【簪】zān　綴衣曰簪。(《通俗文》釋衣飾
　P60)

臼　部

【舁家】pīngjiā　自謂曰舁家。舁,音塀,任
　俠也。猶北方人謂咱家,俺家。(《蜀語》
　P23)

【盺】fèi　舂米曰盺。音伐。(《肯綮錄》P2)

【舀】yǎo　漉物曰舀。舀,以詔切,妖上聲。
　(《蜀語》P24)

　　　漉物曰舀。舀,以沼切,妖上聲。(《里
　語徵實》卷上　一字徵實 P27)

【舂米郎】chōngmǐláng　參見[女蚱蜢]。
　(《越諺》卷中　蟲豸 P48)

【舅】jiù　《新唐書·朱延壽傳》:"楊行密妻,
　延壽姊也。行密曰:'得舅代我,無憂矣。'"
　《通鑒》二百六十四卷作三舅。《五代史·四
　夷》附錄:"蕭翰之妹嫁德光,契丹呼翰爲國
　舅。"《元史·忠義傳》:"桂完澤與其妻弟金
　德爲賊所執,完澤呼曰:'金舅,男子漢即死
　不可聽賊。'"《恒言錄》云:"案:《釋親》:'姊
　妹之夫爲甥,妻之兄弟爲甥,謂我舅者,吾
　謂之甥。既互稱甥,亦可互稱舅矣。乃後
　世妻之兄弟獨得舅名,蓋從其子女之稱,遂
　相沿不覺耳。晉人每稱婿爲郎,世俗因有
　郎舅之語。諺云"至親莫如郎舅"。'"(《稱
　謂錄》卷七　妻之兄弟 P14)

　　　《通鑑·唐昭宗紀》:"朱延壽謀頗泄,楊
　行密詐爲目疾,謂夫人曰:'吾不幸失明,諸
　子皆幼,軍府事當悉以授三舅。'夫人屢以
　書報延壽。"胡注:"夫人即延壽姊也。延
　壽第三。"(《恒言廣證》卷三 P51)

【舅公】jiùgōng　祖母之兄弟。(《越諺》卷
　中　倫常 P10)

【舅婆】jiùpó　(祖母之兄弟之)妻。(《越
　諺》卷中　倫常 P10)

【舅嫂】jiùsǎo　參見[妻嫂]。(《稱謂錄》卷
　七　妻之兄弟之妻 P15)

【舅父】jiùfù　《史記·孝文本紀》:"封淮南王
　舅父趙兼爲周陽侯,齊王舅父駟鈞爲清郭
　侯。"又《齊悼惠王世家》《惠景侯表》亦並稱
　舅父。《索隱曰》:"舅父,即舅。猶姨曰姨
　母也。"(《直語補證》P10)

【舅爺】jiùyé　媳之兄弟。(《越諺》卷中　倫
　常 P9)

【舉人】jǔrén　參見[覓舉]。(《通雅》卷二
　十 P743)

　　　參見[舉舉]。(《談徵》名部下 P12)

【舉場】jǔchǎng　參見[打甋毯]。(《通雅》
　卷二十 P743)

　　　參見[甋毱]。(《里語徵實》卷中上　二
　字徵實 P34)

【舉止】jǔzhǐ　參見[行止]。(《雅俗稽言》
　卷二十一 P16)

【舉舉】jǔjǔ　韓退之《送陸暢》:"舉舉江南
　子。"方崧卿云:"唐人以人有舉止者爲舉
　舉。"(《唐音癸籤》卷二十四 P215)

　　　唐人以舉止端麗爲舉舉。韓昌黎《送
　陸暢歸江南》詩云:"舉舉江南子,名以能詩
　聞。"舉人之名固有選舉之義,或亦有取于
　斯也。(《談徵》名部下 P12)

自　部

【自在】zìzài　參見[自由]。(《通俗編》卷
　十五 P320)

【自我作古】zìwǒzuògǔ　《唐書·懿德太子
　傳》云:"是歲立爲皇太孫,開府置官屬。高
　宗問吏部侍郎裴敬彝、郎中王方慶,對曰:
　'禮有嫡子無嫡孫。漢魏太子在,子但封
　王。晉立愍懷子爲皇太孫,齊立文惠子爲
　皇太孫,皆居東宮。今有太子,又立太孫,
　於古無有。'帝曰:'自我作古,若何?'"(《邇
　言》卷六 P70)

【自斟壺】zìzhēnhú　參見[注子]。(《土風
　錄》卷三 P203)

【自由】zìyóu　《後漢書·五行志》:"樊崇等
　立劉盆子爲天子,然視之如小兒,百事自
　由,初不恤錄也。"杜甫詩:"此時對雪遙相
　憶,送客逢春可自由。"白居易詩:"貧賤亦
　有樂,樂在身自由。"又白有《自在詩》云:
　"我今實多幸,內外無一礙。所以日陽中,
　向君言自在。"《五燈會元》華光範有"自由
　自在"語。(《通俗編》卷十五 P320)

【自餘】zìyú　猶云其餘。此自字,亦語之助

也。《周書・庾信傳》：“唯王褒顏與信相埒，自餘文人，莫有逮者。”（《助字辨略》卷四P189）

　　猶言其他也。宇文逌《庾子山集序》：“自餘文人，莫有逮者。”（《助字辨略》卷一P36）

【臭厭】chòuyàn　（身之）可憎曰臭厭。（《客座贅語》卷一　方言P12）

【羧爛】bólàn　爛曰羧爛。羧音跋，“瓬”同。又八月爲“汃月”，見《杨升庵集》。以汃，卽汃烂，義、音與“瓬”同。（《里語徵實》卷中上　二字徵實P31）

【齅殠】xìnchòu　信湊。狐腋氣。《集韻》。（《越諺》卷中　疾病P19）

【羷臭】bóchòu　物氣變曰羷臭。羷音僕。（《里語徵實》卷中上　二字徵實P38）

　　參見［白瞨］。（《蜀語》P19）

血　部

【血屬】xuèshǔ　宋提刑《洗冤集錄》：“凡血屬入狀乞免檢，多是暗受兇身買和套合。”血屬卽苦主，兇身卽今所説兇手也。（《恒言廣證》卷四P67）

【血餘】xuèyú　人之毛髮，血之餘也。（《雅俗稽言》卷二十二P3）

【衆生】zhòngshēng　俗罵人曰衆生。衆音中，以畜呼之也。《翻譯名義集》云：“《漢書》中衆生去呼，釋氏相承，平呼也。其實衆音終，古音也。”《後漢書・崔駰傳》：“以永衆譽。”又《春秋傳》“衆父卒”，《釋文》亦音終。（《直語補證》P8）

舟　部

【舤】wù　兀。舟行不穩。（《越諺》卷下　單辭隻義P12）

【舤鵤】liǎodiāo　參見［了鳥］。（《通俗編》卷十六P359）

【航】wù　舟不穩曰航。音兀。（《肯綮錄》P2）

【舤】tà　趁船曰舤。舤音荅。（《蜀語》P32）

　　趁船曰舤。舤音荅。《五音集韻》：“舤，舟名，又：就舟也。”（《燕説》卷三P8）

　　搭船曰舤。舤音荅。（《里語徵實》卷上　一字徵實P27）

【舺】chào　船不穩曰舺。音鈔。（《肯綮錄》P2）

【舩橙】chuánfá　下樊謨反。《蒼頡篇》：“橙，附也。”《説文》：“海中大舩也，從木發聲。”（《一切經音義》卷八十三3P3242）

【舩撥】chuánfá　上述專反。《世本》：“共鼓、貨狄作舟舩。”宋忠曰：“黃帝二臣名也。”《方言》曰：“自關西謂舟爲舩。”《説文》云：“舩，舟也。從舟從公省聲也。”下煩轕反。《考聲》云：“縛竹木浮於水上謂之撥。”音伐。《集訓》云：“木撥也。”《説文》云：“海中大舩也。從木發聲。”或作筏，俗字也。《廣雅》作舷，亦同。經文作枳，謬作也。（《一切經音義》卷七12P272）

【般若】bōrě　此云慧也。西域慧有二名：一名般若，二名未底。智唯一名，謂之諾那，卽是第十智度名也。（《一切經音義》卷二十一18P813）

【舸】gě　蜀江中船也。姑我反。（《俗務要名林》）

【舶】bó　音白。海中大舩曰舶。（《一切經音義》卷十五5P557）

　　參見［艑］。（《通俗文》存疑P99）

【船】chuán　《冷齋夜話》：“詩用方俗語爲妙，如《飲中八仙歌》：‘天子呼來不上船。’方俗言也。船，衿紐也，一曰衣領也。”又按：太白墓碑：“玄宗泛白蓮池，詔李白作序。時白已被酒，命力士扶之登舟。”則船只當是舟。（《雅俗稽言》卷三十P8）

　　今人稱轄下緣曰船。杜詩：“天子呼來不上船。”一云船，領緣也，施之於轄，形更近似。（《直語補證》P19）

【船筏】chuánfá　上順專反，舟也。《方言》云：“自關而西謂舟爲舩。”按：《説文》：“從舟從沿省聲也。”今作舩，俗字。有作舡，非也。下煩轕反，俗字也。縛竹木浮於水也。《廣雅》：“從舟作舷。”《説文》作橙，“從木發聲也”。（《一切經音義》卷續一4P3757）

【船舫】chuánfǎng　下甫妄反。《通俗文》云：“連舟曰舫。”謂併兩舟也。（《一切經音義》卷二十六6P1006）

【船艘】chuánsōu　《唐史》：“劉晏於揚子置

場造船艘,給千緡,或言所用實不及半,請損之。"(《常語尋源》卷下己冊 P259)

【船長】chuánzhǎng　《文選》謝宣遠詩:"榜人理行艫。"李善注:"榜人,船長也。"按:杜詩稱"梢工",曰長年三老,猶此。時俗謂之"家長","家"當是"駕"音訛,以其駕舵、駕艫,故號"駕長"耳。(《通俗編》卷二十一 P479)

（撐船駕長）《文選》謝宣遠詩"榜人"李善注:"船長。"是也。(《越諺》卷中　賤稱 P14)

【艆】jià　具舟曰艆。艆音架,"艒"同。俗作"駕"。(《里語徵實》卷上 一字徵實 P26)

【艗】qióng　釣魚小船也。音巨恭反。(《俗務要名林》)

【艆艒】lángzhōu　海中船曰艆艒。(《初學記二十五》)(《埤蒼》P17)

【艌】niàn　修船曰艌。宋元字書無艌字,惟宋濂《篇海》有之,注奴店切,艌船。《正字通》:"挽舟索謂之艌。今葺理舊船讀若念者,有音無義,方俗語也。"(《燕說》卷三 P8)

【艌船】niànchuán　修船曰艌船。《正字通》云:"挽舟索曰艌。"本作緂,因其爲挽舟具,故以念從舟,作艌,音牽,去聲。今輯理舊船讀若念者,有音無義,方俗語也。案:宋元字書無艌字,惟宋濂《篇海》有之,注:"奴店切,艌船。"是其言起於元明間。(《土風錄》卷六 P242)

【艓子】diézǐ　杜田《杜詩補遺正謬》云:"杜子美《最能行》云:'富豪有錢駕大舸,貧窮取給行艓子。'按:揚雄《方言》:'南楚江湖湘,凡船大者謂之舸。'艓,小舟名,音葉,言輕如小葉也。《切韻》《玉篇》並不載艓字。"余按:王智深《宋記》曰:"司空劉休範舉兵,潛作艦艓。"則字不爲無所本也。(《能改齋漫錄》卷六 P135)

【艑】kè　楊慎《俗言》:"艑,船著沙不行也。口筒切。"(《里語徵實》卷上 一字徵實 P27)

【艑】biàn　吳船曰艑,晉船曰舶。(《通俗文》存疑 P99)

【艒】jià　參見［艆］。(《里語徵實》卷上 一字徵實 P26)

色　部

【色目】sèmù　《記纂淵海》:"唐太宗以來,禮部放榜,歲取二三人姓名稀僻者,爲色目,亦曰榜花。"按:此非今所云。蒙古色目人之爲官者,多不能執筆花押,見《輟耕錄》。猶《中朝故事》云"長安豢龍戶,觀水知龍色目",乃今之謂色目也。(《語竇》P147)

衣（衤）部

【衣兜】yīdōu　《列仙傳》:"……過酤酒陽都家,都女隨犢子出取桃李,一宿而返,皆連兜甘美。案:桃李無兜殼,蓋衣兜也。今吳中提裾兜物曰衣兜。(《吳下方言考》卷六 P5)

【衣帊】yīpà　又作袙,同。疋亞反。《廣雅》:"帊,幞也。"《通俗文》:"雨複曰帊,是。"(《一切經音義》卷七十三 11P2892)

【衣盋】yībō　下音鉢字。《典說》云:"盋卽盇也,正體字也,從皿犮聲。作鉢,俗字也。"(《一切經音義》卷九十一 2P3464)

【衣祴】yīgé　下根剋反。《考聲》:"祴,襟也。"《說文》:"從衣戒聲也。"(《一切經音義》卷七十八 6P3077)

《說文》:"宗廟奏戒衣。從衣戒聲。"《玉篇·衣部》:"古來反,戒衣也。"相傳從衣戒,孤得反,襟也。今時女人衣前祴是也。(《一切經音義》卷二十七 11P1065)

【衣裹】yīguǒ　戈火反。《考聲》云:"裹,苞也。"(《一切經音義》卷七 7P263)

【衣鉢】yībō　"衣鉢"二字,始自佛氏五祖傳心印于盧行者。《澠水燕談錄》:"和魯公凝,梁貞明間弟十三人及第,至唐長興間知貢舉,獨愛范魯公質程文,語范曰:'君文合在第一,然屈居第十三人,用傳老夫衣鉢。'其後,質名位、封爵果皆與凝同。"今座主門生槩有衣鉢相傳之說,未必名爵盡同也,且俗謂服飾亦曰衣鉢,尤可笑。(《雅俗稽言》卷十九 P13)

《摭言》:"新進士謝主司訖,請第幾人謝衣鉢,衣鉢謂得主司名第也,其或與主司先人同名第，卽謝大衣鉢。《邵氏聞見錄》：
"范質舉進士，主司和凝愛其才，以第十三
登第，謂曰：'君文宜冠多士，屈居十三者，
欲君傳老夫衣鉢耳。'後質位至宰相，與凝
同。有詩云：'從此廟堂添故事，登庸衣鉢
亦相傳。'"按：傳衣鉢本釋家故事，唐宋間
舉子，借以比師弟耳。（《通俗編》卷二十五
P552）

【衧校】liǎojiǎo　《方言》："小袴謂之校衧。"
音皎了。今俗語倒言之。（《直語補證》
P42）

【衦】gǎn　磨展衣。各滿反。（《俗務要名
林》)

【衫】shā　參見［禪褋］。（《通雅》卷三十六
P1111）

【袄褥】fūráo　劍者……所以韜櫝謂之衣，
衣謂之袄，又謂之袄褥。（《札樸》卷四　覽
古 P130）

【衲】nà　參見［褹]。（《通俗編》卷二十五
P564）

【衲褸】nàduō　參見［褹襪]。（《通俗編》卷
二十五 P568）

【裇衣】zhōngyī　袴曰裇衣。裇音鐘。袴，
俗作褲，非。（《蜀語》P37）

【衭】dǒu　音斗。顧野王《玉篇》："衭，衫袖
也。"案：衭，袖中也。吳人謂袖中曲肱處曰
袖衭。（《吳下方言考》卷七 P16）

【衿】diāo　衣加皮裹曰衿。（《札樸》卷九
鄉里舊聞　鄉言正字附　服飾 P326）

【袥】zhì　《禮》年八十而有袥，故以八十爲
八袥。今七十、六十、五十皆稱袥，非也。
（《言鯖》卷下 P28）

　　古人以年過六十爲開七袥，年過七十
爲開八袥。白居易詩云："行開第八袥，可
謂盡天年。"又云："已開第八袥，屈指幾多
人。"方回《丁酉元日年七十一》詩云："九爐
唱第今三紀，八袥開端又一年。"又云："高
年開八袥，細字尚親抄。"皆其證也。（《通
言》卷六 P70）

　　參見［八袥]。（《雅俗稽言》卷十九
P14）

【袞】gǔn　衣邊曰袞。《通雅》："純，緣也。"
純音袞，猶今言"袞邊"，蓋因乎此。（《里語
徵實》卷上　一字徵實 P20）

【袈裟】jiāshā　具正云迦邏沙曳。此云染

色衣，西域俗人皆著白色衣也。（《一切經
音義》卷二十一 18P813）

【袜】mò　參見［訶子]。（《雅俗稽言》卷十
一 P5）

【袜肚】mòdù　劉氏《釋名》有"抱腹"，言上
下有帶，以抱裹其腹。按：今謂之肚兜。婦
女所帶亦名抹胷。《中華古今注》謂之袜肚
（隋煬帝詩"寶袜楚宮腰"）。（《土風錄》卷
三 P199）

【袜胷】mòxiōng　婦人懷中小衣曰袜胷。
（《札樸》卷九　鄉里舊聞　鄉言正字附　服飾
P326）

【袜額】mò'é　上蠻入反。《考聲》云："袜，
束也。"《字鏡》又從巾作帓，義與袜同。《韻
詮》亦從巾作帓。傳文作袹，音麥，非、乖，
今不取。下硬革反。《字書》正額字。傳作
額，俗字也。（《一切經音義》卷九十四
10P3547）

【袄】shù　劍者……所以韜櫝謂之衣，衣謂
之袄。（《札樸》卷四　覽古 P130）

【袥肩】tuōjiān　開衣領曰袥肩。（《札樸》
卷九　鄉里舊聞　鄉言正字附　服飾 P326）

【袖衭】xiùdǒu　（注：衭音斗）吳人謂袖中曲
肱處曰袖衭。（《吳下方言考》卷七 P16）

【袖裏拕】xiùlǐtuō　脫　袖錢賀人。（《越諺
賸語》卷上 P9）

【袍】páo　國朝婦人禮服，達靼曰袍，漢人
曰團衫，南人曰大衣，無貴賤皆如之。服章
但有金素之別耳，惟處子則不得衣焉。
……然俗謂男子布衫曰布袍，則凡上蓋之
服或可槩曰袍。（《南村輟耕錄》卷十一
P140）

　　《輟耕錄》謂元人以婦人禮服曰袍，乃
韃靼稱，漢人則曰團衫，南人則曰大衣。今
自京師及天下皆稱婦人禮服曰袍，豈沿習
已久與？（《雅俗稽言》卷十一 P3）

【袇】zhǔ　裝衣曰袇。（《通俗文》釋衣飾
P59）

【被】bèi　今俗人云高被，……謂下爲被。
……《左傳》曰："宮室卑庳。"音婢，《易》曰：
"智崇禮卑，崇效天，卑法地。"音亦爲婢。
今呼被者，此蓋庳聲之轉爾。（《匡謬正俗》
卷八 P100）

【被套】bèitào　被囊俗名被套，人亦稱爲馬
苞。（《談徵》物部 P42）

【被囊】bèináng　亦見《語林》。(《直語補證》第八卷 P45)

　　參見[被袋]。(《通俗編》卷二十五 P567)

【被池】bèichí　今人被頭別帛爲緣者呼爲被池,左太沖《嬌女》詩"衣被皆重池",宋子京詩"曉日侵簾壓,春寒到被池",卽其証也。(《雅俗稽言》卷二十一 P11)

【被袋】bèidài　《資暇錄》:"被袋非古製,比者遠行則用。太和九年,以十家之連,邏逤連讁,人人不自期,常虞倉卒之譴,每出私第,咸備四時服用,舊以紐革爲腰囊,至是服用旣繁,乃以被易之成俗。今大中以來,吳人亦結絲爲之。"按:《晉書·惠帝紀》:"侍中黃門被囊中,齎私錢三千,詔貸買飯,以供宮人。"則被囊古非無有,李氏所云,特其時制度別耳。(《通俗編》卷二十五 P567)

【被蓊菜】bèiwěngcài　蓊菜曰被蓊菜(卽菜之有大頭者)。(《燕山叢錄》卷二十二 長安里語　蔬菜 P10)

【被頭】bèitóu　《喪·大記》注:"紞以組類爲之,綴之領側。"孔疏云:"領爲被頭,側爲被旁。"(《直語補證》P14)

【衭】yào　參見[踏衭]。(《通俗編》卷二十五 P565)

【裁】cái　種柎。則來反。(《俗務要名林》)

　　略也,少也。……《後漢書·馮異傳》:"旦日,赤眉使萬人攻異前部,異裁出兵以救之。"《張酺傳》:"宜裁加貸宥,以崇厚德。"(《助字辨略》卷一 P58)

【裁刀】cáidāo　《清異錄》:"裁刀治書之不齊者,在筆墨硯紙間,蓋似奴隸職也,却似大有功于書。且雖四子精絜,標界停直,字札楷稳,而邊幅無狀,不截而整之未可也。"(《談薈》物部 P15)

【裁旨】cáizhǐ　近世自鈞旨、臺旨而下,稱裁旨。按:李罕之擅引澤州兵夜入潞州,以狀白李克用曰:"薛鐵山死,州民無主,慮不逞者爲變。故罕之專命鎮撫,取王裁旨。"(《能改齋漫錄》卷二 P21)

【裁縫】cáiféng　《周禮》注:"內司服,主宮中裁縫官之長。"今呼衣工爲裁縫,亦猶裁縫官之稱也。(《直語補證》P40)

　　《周禮·縫人》注:女御裁縫王及后之衣服,則爲役助之。宮中餘裁縫事,則專爲焉。按:後世衣工,本如古之縫人,而縫必先裁,故鄭氏兼言之。今遂習呼爲裁縫矣。(《通俗編》卷二十一 P478)

　　(裁縫司務)卽成衣匠。見《周禮·內司服》"縫人兩"注。(《越諺》卷中　賤稱 P14)

【裂】liè　參見[崩]。(《客座贅語》卷一　詮俗 P10)

【裂決】lièjué　果而室者曰裂決。(《客座贅語》卷一　方言 P11)

【袴韈】kùwà　參見[膝褲]。(《通俗編》卷二十五 P565)

【袷】jiá　帛幘曰袷。(《通俗文》釋衣飾 P60)

　　《急就章》注:"衣裳施裏曰袷。"《史記·匈奴傳》:"服繡袷綺衣。"注:"言繡表綺裏。"潘岳《秋興賦》:"藉莞蒻,御袷衣。"杜甫《雲安九日》詩:"地偏初衣袷。"按:今或以夾當之。宋人亦有然者,《邵氏聞見錄》言"仁宗四時衣夾"。只用夾字。(《通俗編》卷二十五 P559)

【袷襖】jiá'ǎo　俗作"夾袄"。衣裳施裏曰"袷"。《急就章》注。(《越諺》卷中　服飾 P41)

【校衭】jiǎoliǎo　參見[了鳥]。(《通俗編》卷十六 P359)

【褭】niǎo　參見[擾]。(《越諺》卷下　單辭隻義 P14)

【裏唡】lǐhé　參見[裏許]。(《通俗編》卷三十三 P733)

【裏牽綿】lǐqiānmián　《留青日札》:"酒曰水縣褉,北人名曰裏牽綿。貧兒諺云:'一尺布,不遮風,一碗酒,煖烘烘,半夜裏做號寒蟲。'言醒則依舊冷也。"(《通俗編》卷二十五 P554)

【裏許】lǐxǔ　戴叔倫:"秋風裏許杏花開。"許,裏之助辭。(《唐音癸籤》卷二十四 P211)

　　戴叔倫詩:"西風裏許杏花開。"李商隱詩:"裏許元來別有人。"《唐音癸籤》:"許者,裏之助詞。"按:今吳音曰裏唡。唡,讀虛我切。卽裏許也。(《通俗編》卷三十三 P733)

　　溫岐詩:"合歡桃核終堪恨,裏許原來別有人。"(《巵言》卷四 P52)

【裝束】zhuāngshù　《北史·李弼傳》:"勒所

部，命皆裝束。"《瑯嬛記》："粉黛衣服首飾皆有神，昔楊太真裝束，每件呼之。"李白詩："渾成裝束皆羅綺。"裝束，蓋男女通辭也。(《通俗編》卷二十五 P567)

【裝池】zhuāngchí　唐人裱褙卷軸引首後以綾貼楮……有樓臺錦暈等名，謂之玉池，故裱褙曰裝池。又《唐六典》有裝潢匠，潢謂裝成而以蠟潢紙也。今製牋法猶有潢漿之說，則知裝池當作裝潢。潢，光上聲。此升庵說。按：《芥隱筆記》："裝潢，染黃紙修治之名。"潢，音黃，又黃上聲，此音爲的。(《雅俗稽言》卷二十一 P11)

【裝潢】zhuānghuáng　參見［裝池］。(《雅俗稽言》卷二十一 P11)

【裝潢匠】zhuānghuángjiàng　參見［表背匠］。(《通俗編》卷二十一 P478)

【裝潢子】zhuānghuángzǐ　俗以羅列于前者，謂之裝潢子，自唐已有此語矣。《唐六典》："崇文館有裝潢匠五人，熟紙匠三人。祕書省有熟紙匠、裝潢匠各十人。"(《能改齋漫錄》卷二 P19)
　　參見［表背匠］。(《通俗編》卷二十一 P478)

【裝捒】zhuāngshù　阻良側亮二反。下師句反。今中國人謂撩理行具爲縛捒，縛音付，束音成。《說文》："裝束也，裹也。"(《一切經音義》卷七十三 11P2891)

【補代】bǔdài　《猗覺寮雜鈔》："世號贅婿爲'布袋'，不曉其義。或云：'如身入布袋，氣不得出也。'頃附舟入浙，有同舟者號李布袋，篙人問其說。一人曰：'語訛也。謂之補代，人家有女無子，恐世代自此而絶，不肯出嫁，招婿以補其世代耳。'此言絶有理。"《潛居錄》："馮布少時，絶有才幹，贅于孫氏，其外父有煩瑣事，輒曰'俾布代之'，故吳中謂婿曰'布代'。"按：馮布事未見他書。元人雜劇如《張國賓》《薛仁貴》《武漢臣》《老生兒》並有"補代"之言。朱氏《猗覺寮》之言是也。(《通俗編》卷四 P78)

【補袞】bǔgǔ　參見［中諫］。(《唐音癸籤》卷十七 P157)

【補納】bǔnà　《魏武令》："吾衣皆十歲也，歲解浣補納之耳。"(《通俗編》卷二十五 P568)

【補輳】bǔcòu　迎合人意。(《越諺賸語》卷上 P3)

【補貼】bǔtiē　白居易詩："追歡逐樂少閑時，補貼平生得事遲。"(《通俗編》卷十四 P300)

【補釘】bǔdīng　《說文》："靪，補履下也。"今人履破或縫皮以貼其底，謂之"打補丁"。然一切衣襪之屬破而補之，皆謂之"補靪"。并書有誤字，穴紙而補之，亦謂之"補靪"。(《越言釋》卷下 P20)

【補闕】bǔquē　參見［中諫］。(《唐音癸籤》卷十七 P157)

【補靪】bǔdīng　補孔曰補靪。(《札樸》卷九 鄉里舊聞 鄉言正字附 雜言 P331)
　　　靪音丁。許氏《說文》："靪，補履下也。"案：靪，自其外而補也。吳中凡物破而補者俱謂之補靪。(《吳下方言考》卷四 P12)

【袂囊】jiánáng　《隋書·禮儀志》云："中世以來，惟八座尚書執笏。笏者，白筆綴其頭，以紫囊裹之，其餘公卿但執手版。荷紫者，以紫生爲袂囊，綴之服外，加於左肩。"(《札樸》卷四 覽古 P137)

【裙縜瘡】qúnpiánchuāng　中"便"平聲。女臁瘡，男爲老臁。(《越諺》卷中 疾病 P21)

【裹腳】guǒjiǎo　《釋名》："偪謂行縢，言以裹腳，可以跳騰輕便也。"(《通俗編》卷二十五 P565)

【裹節】guǒjié　木工謂樹節爲裹節。案：《說文》："厄，科厄，木節也。"賈侍中說："以爲厄裹也。厄，音五果切。"(《札樸》卷七 匡謬 P243)

【裹蒸】guǒzhēng　《南史》："宋明帝志慕節儉，大宴嘗進裹蒸。上曰：'我食此不盡，可四破之，餘充晚食。'"裹蒸者，以糖和糯米入香藥松子等物，以竹籜裹而蒸食之，卽今之角黍也。(《言鯖》卷上 P6)

【裹金】guǒjīn　《升庵全集》(卷六十六)："《唐六典》有十四種金：曰銷金，曰拍金，曰鍍金，曰織金，曰砑金，曰披金，曰泥金，曰鏤金，曰撚金，曰戧金，曰圈金，曰貼金，曰嵌金，曰裹金，……"今鍍金、織金、泥金、貼金、裹金五種，无人不知，餘无聞矣。(《釋諺》P82)

【褂】guà　參見［禪襂］。(《通雅》卷三十六 P1111)

【褚】xù　裝綿曰褚。(聲如緒)(《札樸》卷九　鄉里舊聞　鄉言正字附　服飾 P326)

【裩襠袴】kūndāngkù　《漢書·上官后傳》："宮中使令皆爲窮袴。"師古曰："窮袴,卽今裩襠袴也。"(《恒言廣證》卷五 P84)
　　　參見﹝縵襠袴﹞。(《俚言解》卷二 8P33)

【裪】chāng　音敞。《玉篇》："裪,被衣不帶也。"吳中謂被衣曰裪。(《吳下方言考》卷七 P3)

【裯子】chóuzǐ　禱子謂之裯子。裯音條。(《蜀語》P44)

【裰】duō　丁括切,補裰破衣也。亦見《廣韻》。今俗音讀若篤。(《直語補證》P38)

【褒彈】bāotán　參見﹝包彈﹞。(《雅俗稽言》卷十八 P17)
　　　參見﹝包彈﹞。(《通俗編》卷十七 P377)

【褡護】dāhuò　裏衣曰褡護。見《會典》。(《蜀語》P42)
　　　參見﹝褡護﹞。(《通俗編》卷二十五 P561)

【福】fù　今俗呼一襲爲一福衣,蓋取其充備之意,非以覆蔽形體爲名也。(《匡謬正俗》卷六 P62)
　　　顏氏《匡謬正俗》云："副貳之'副',字本爲'福',從衣,畐聲。張平子《西京賦》:'仰福帝居。'《東京賦》:'順時服而設福。'傳寫譌舛,衣轉爲示,讀者便呼爲福祿之'福',失之遠矣。"《廣韻》:"福,敷救切,衣一福。"(《札樸》卷八　金石文字 P285)

【裠褡】bèidā　背答。亦名"綁身"。卽半臂衫。男短者"綁身",女長曰"裠褡"。(《越諺》卷中　服飾 P41)

【褆緶】típián　提便平聲。按:"褆",《玉篇》訓:"衣服端正貌。"《說文》:"衣厚褆褆也。""緶",《說文》:"緶衣也。"襌緣袀衸緶以偏諸,籍厚而端正,故名。(《越諺》卷中　服飾 P41)

【複方】fùfāng　參見﹝單方﹞。(《通俗編》卷二十一 P472)

【褍】yuàn　衣曲處曰褍。褍音淵,又音䖓。《集韻》:"衣襟袖曲處。"(《燕說》卷三 P11)

【裦】bǎo　《儗雅》:"小兒被爲裦,如俗呼緥裙、緥被是也。"今則轉呼爲抱矣。誤。(《通俗編》卷二十五 P565)

【裈襠】kūndāng　阮籍《大人先生傳》:"動不敢出裈襠。"案:"襠"本作"當",遮也,遮前後也。上古有裓,但知蔽前,不知蔽後,故復作"裈"而加"當"其上。"兩襠"亦應作"當",前當心,後當背也。(《札樸》卷七　匡謬 P248)

【褊㚲】biǎnlìn　卑湎反。《說文》:"褊小也。"《尒疋》:"急褊謂急、疾也,陋也。"(《一切經音義》卷七十三 9P2887)

【褊能】biǎnnéng　上邊沔反。狭小也。(《一切經音義》卷八十二 15P3234)

【褊短】biǎnduǎn　人之貧乏曰褊短。(《客座贅語》卷一　方言 P9)

【褊衣】biǎnyī　必沔反。《尒雅》:"褊,衣急也。"《說文》:"小也,從衣扁聲。"(《一切經音義》卷八十二 6P3215)

【褪】tùn　謂脫衣曰褪,吐困切。《毛韻》:"卸衣也。"又,花謝亦曰褪。唐人詞:"蝶白蜂黃渾褪了。"蓋蝶交則白退,蜂交則黃退。(《方言據》卷下 P35)

【褭】niǎo　音鳥去聲。許氏《說文》:"褭,以組帶馬也。"案:褭,繞繫之使不脫也,吳中謂以帶繩類纏物曰褭。(《吳下方言考》卷九 P14)

【褥】rù　《越語肯綮錄》:"《廣韻》褥音內沃切,初疑內字必肉字之訛,及觀其注曰小兒衣,始知果內字也。內沃切衲字,卽俗呼小兒藉者。"(《通俗編》卷二十五 P564)

【褫脫】chǐtuō　上池尒反。《蒼頡篇》云:"褫,撤衣也。"……《說文》云:"脫衣,從衣虒聲。"(《一切經音義》卷八十一 4P3176)

【褫皮】chǐpí　勑尒直紙二反。《廣雅》:"褫,奪也。"《說文》:"奪衣也。"今謂奪其皮也。(《一切經音義》卷七十三 10P2889)

【褫落】chǐluò　上池里反。《考聲》云:"褫亦落也。"……《說文》云:"褫,奪衣也。"(《一切經音義》卷四 8P152)

【褲腿】kùtuǐ　參見﹝膝褲﹞。(《俚言解》卷二 8P32)

【裃襶】nàidài　魏程曉《嘲熱客》詩:"今世裃襶子,觸熱到人家。"《天香樓偶得》:"裃襶,衣厚貌。一云不曉事,非。今俗見人衣服粗重者曰衲褯,卽此之譌耳。"(《通俗編》

卷二十五 P568）

　　徐堅《初學記》載："魏程曉《伏日》詩："今世襧襶子，觸熱到人家。'"《集韻》："襧襶，不曉事也，音耐戴，俗轉其音爲來歹，爲纍堆。"（《土風錄》卷八 P264）

　　音如累堆二字。晉程曉詩："今世襧襶子，觸熱到人家。"案：襧襶，不解事而笨也。吳諺呼笨人爲襧襶。（《吳下方言考》卷六 P15）

　　涼笠也。以竹爲胎，蒙以帛，暑時戴之以遮日。程曉《伏日》詩："今世襧襶子，觸熱到人家。"今暑中謁客稱襧襶，其爲不曉事者亦宜矣。（《談徵》物部 P54）

　　不曉事曰襶（編者按：當作襧）襶。音耐戴，俗轉其音爲來歹。（《燕説》卷一 P3）

　　耐戴。越音"拉帶"平聲。讖衣服垢敝，不識時宜。《篇海》之説小異。《天香樓偶得》魏程曉《嘲熱客》詩訓用差同。（《越諺》卷中 服飾 P41）

【襧襶子】nàidàizǐ　豫章《次韻錢穆父贈松扇》詩云："可憐遠度幀溝婁，適堪今時襧襶子。"《集韻》云："襧襶子，不曉事之稱也。"出晉程曉詩，見《藝文類聚》《初學記》二書。其詩云："平生三伏時，道路無行車。閉門避暑臥，出入不相過。今世襧襶子，觸熱到人家。主人聞客來，顰蹙奈此何。搖扇胛中疼，流汗正滂沱。傳誡諸高明，熱行宜見訶。"《藝文》、《初學》二書，所載無少異。惟《太平廣記》載《啓顔錄》，有晉程季明《嘲熱客》詩曰："平生三伏時，道路無行車。閉門避暑臥，出入不相過。今代愚癡子，觸熱到人家。主人聞客來，顰蹙奈此何。謂當起行去，安坐正咨嗟。所説無一急，嗜嗜吟何多。搖扇胛中疼，流汗正滂沱。莫謂爲小事，亦是人一瑕。傳誡諸朋友，熱行宜見呵。"此詩比前本多三韻，意前二本非全文也。一以爲襧襶子，一以爲愚癡子。（《能改齋漫錄》卷五 P115）

　　襧襶子。魏程曉詩云："今世襧襶子，觸熱到人家。"謂不曉事之意。（《七修類稿》卷二十一 P320）

　　參見［襧襶］。（《吳下方言考》卷六 P15）

【褾背】biǎobèi　參見［表背匠］。（《通俗編》卷二十一 P478）

【褾褙】biǎobèi　參見［表背匠］。（《通俗

編》卷二十一 P478）

【襆頭】fútóu　古人以皁羅裹頭，號頭巾。周武帝依古三尺裁爲襆頭。後世帨巾汗巾之名由皁羅始也。（《目前集》前卷 P2124）

【襌袗】dānshān　襌袗，中單也。《儀禮》"中帶"注："若今之襌袗。"蓋襯通裁之中衫也。今吳人謂之衫，北人謂之袢。襌袗正今兜袖，單衣無襯者也。《會典》朝服祭服內單衣，皆曰中襌，本古名也。唐侍御史六人，衣朱繡裳，白紗中襌，宋人通稱內衣曰中襌，則中襌即汗衫矣。孔平仲曰："漢高與項羽戰，汗透中單，改名汗衫。"程大昌以中單爲襌衣，而非汗衫辨之。按：汗衫謂其近身，中單謂其在中，理本可通。今以中單爲公服，而汗衫爲褻稱，安知古不通稱乎？成國曰："汗衣，《詩》謂之澤衣，或曰鄙袒，或曰羞袒。"羞袒即今貼身小背心，杭人曰搭脊。（《通雅》卷三十六 P1111）

【襸嗽】zásòu　罵。（《墨娥小錄》卷十四 P6）

【襉】jiǎn　參見［細簡裙］。（《通俗編》卷二十五 P562）

【襀】kuì　連綴衣物曰襀。襀，丘愧切，音髋。《集韻》："紐也。"《增韻》："衣系也。"今俗以縫綴約束衣物爲襀，當是借用此字。（《燕説》卷三 P12）

【褡護】dāhuò　皮衣無袖便於輿中披坐者曰褡護。今語謂皮衣之長者曰褡護，頗合。郭一經曰："褡護，半臂衫也，起於隋時內官之服。"與此名同而實異。鄭思肖詩："棱笠氈靴褡護衣，金牌駿馬走如飛。"自註："褡護，元衣名。"（《燕説》卷三 P14）

【襮】bó　三尺衣謂之襮。（《通俗文》釋衣飾 P59）

【襮襫】bóshì　襮襫，農家以禦雨，即今之簑衣也。（《言鯖》卷下 P12）

【襟腑】jīnfǔ　上居音反。《切韻》："衣襟也。"《字書》云："袍襦袂也。"《爾雅》云："衣背謂之襟，即交領。"下方矩反。《切韻》："胅，腑也。"（《一切經音義》卷續十一 P4028）

【襜衣】chānyī　昌占反。《韻詮》云："襜，蔽膝也，當前直垂一幅。亦名蔽前。"（《一切經音義》卷八十二 5P3215）

【襤縷選】lánlǚxuǎn　參見［入等］。（《稱謂

錄》卷二十四　舉人 P30）

【襧】dú　揚子《方言》：“繞緒謂之襧淹。”郭注：“衣督脊也。”俗語皆當作襧。（《直語補證》P42）

【襯】chèn　參見［儭］。（《通俗編》卷二十三 P512）

【襱袴】lóngkù　攏庫。《説文》、《方言》。（《越諺》卷中　服飾 P41）

【襴衫】lánshān　《禮記·玉藻》篇曰：“士練帶。”練帶，即古之紳也。又曰：“士服則素積。”蓋麻衣皂領，袖下素裳是也。今練帶易以縧，素積易以衫。《大明實錄》載，士子巾服，……用玉色絹帛爲之，寬袖，皂緣，皂縧，軟巾，垂帶，謂之襴衫。洪熙中，……易青圓領。（《七修類稿》卷八 P136）

　　　　參見［白接羅］。（《七修類稿》卷二十六 P401）

【襴裙】lánqún　參見［訶子］。（《雅俗稽言》卷十一 P5）

【襉】zhě　緳縫曰襉。（《通俗文》釋衣飾 P59）

【襉皺】zhězhòu　之涉知獵二反。襉猶襉疊也，亦細襉。（《一切經音義》卷七十三 14P2897）

【襉衣】zhěyī　上占葉反。《博雅》：“襉，襞衣也。”《説文》：“從衣聶也。”（《一切經音義》卷八十八 13P3408）

【襷】pàn　輿夫肩帶曰襷。（《札樸》卷九鄉里舊聞　鄉言正字附　器具 P327）

　　　　馥謂：今北人推單車，編麻韋攀肩，猶呼曰襷。《韻集》：“衣系曰襷。”庾信《鏡賦》：“帬斜假襷。”又，“羅紹威潛遣人斷牙軍甲襷。”（《札樸》卷五　覽古 P156）

【襷輿】pànyú　《通鑑》：“梁南康王會理所乘襷輿，施版屋，冠以牛皮。”注云：“襷，普患反。襷輿者，輿捆施襷，人以肩舉之。”……馥謂：輿不施襷，肩舉橫木，故謂之平肩輿。若轅上施襷，襷加於肩，故謂之襷輿。（《札樸》卷五　覽古 P156）

【襸補】cuánbǔ　補曰襸補。（《札樸》卷九鄉里舊聞　鄉言正字附　雜言 P331）

羊（羗羖）部

【羊溝】yánggōu　馬縞《古今注》：“長安御

溝謂之楊溝，植高楊於其上也。一曰羊溝，謂羊喜觚觸垣墙，乃爲溝以隔之，故曰羊溝。”（《俚言解》卷一 12P9）

　　　　《太平御覽》引《莊子》逸篇：“羊溝之雞。”《中華古今注》謂：“羊喜觚觸垣墙，爲溝以隔之，故曰羊溝也。”《七修類稿》：“俗以暗者爲‘陰溝’，若《靈光殿賦》：‘元醴騰湧于陰溝。’是也。則明者宜爲‘陽溝’。”按：此説亦通，然未見所出。《三輔黃圖》：“長安御溝謂之‘楊溝’，以植楊于其上也。”宋之問有‘楊溝連鳳闕’句。今所呼，或又因緣此耶？（《通俗編》卷二 P40）

　　　　李戒庵《漫筆》云：“今人檐頭下溝稱羊溝，其名甚古。”思按：崔豹《古今注》：“長安御溝謂之楊溝，以其上植楊柳也。一曰羊溝，言羊喜抵觸，爲溝以隔之，故名。”……戒庵又云：“有以屋下者爲陰溝，檐前者爲陽溝，甚顯。”（《土風錄》卷四 P214）

　　　　參見［陽溝］。（《里語徵實》卷中下　二字徵實 P17）

【羊腔】yángqiāng　全羊也。下苦江反。（《俗務要名林》）

【羊腸】yángcháng　直走去了曰羊腸去了。（《燕山叢錄》卷二十二　長安里語　人事 P3）

【羊顧颭】yángmáxiá　吳中小兒作戲影，語云羊顧颭。（《吳下方言考》卷四 P5）

【美人局】měirénjú　《武林舊事》：“游手奸黠，有所謂美人局者，以娼妓僞爲妻妾，引誘少年爲事；有水功德局，以求官、覓舉、訟獄、交易爲名，假借聲勢，脱漏財物。”《元典章》“大德十年禁局騙”條亦言及“美人局”。（《通俗編》卷二十二 P502）

【美措大】měicuòdà　參見［窮措大］。（《稱謂錄》卷二十四　秀才 P38）

【羖犗】gǔjiè　案：（結）字當爲羯，謂羖犗。（《札樸》卷九　鄉里舊聞 P315）

【羞明】xiūmíng　《月令廣義》：“凡雪日間不積謂之羞明。”（《常語尋源》卷上乙冊 P216）

　　　　參見［待伴］。（《恒言廣證》卷二 P31）

【羓子】bā·zi　呆。（《墨娥小錄》卷十四 P8）

【羑】yǒu　音休去聲。吳中謂以僞言激人使往曰羑。（《吳下方言考》卷十 P2）

【羨餘】xiànyú　《唐書·食貨志》：“淮南節度

使杜亞等,皆徼射恩澤,以常賦入貢,名曰
羨餘。"《宋史·食貨志》:"王逵得緡錢三十
萬,進爲羨餘。"(《通俗編》卷二十三 P523)

【義兒】yì'ér　《五代史·義兒傳》:"唐起代
北,其所俱皆雄武之士,往往養以爲兒,號
義兒軍。"(《稱謂錄》卷六 養子 P14)
　　　參見[義樓]。(《方言據》卷下 P32)

【義塚】yìzhǒng　起自宋代。韓琦鎮并州,
以官錢市田數頃,給民安葬。蔡京設漏澤
園,皆所謂義塚也。而義塚之名見于宋景
定二年。吳縣尉黃震乞免再起化人亭之狀
云。(《談徵》事部 P51)

【義樓】yìlóu　新婦遷來暫止之所,謂之義
樓。《容齋四筆》載:人物以義名者,如義
帝、義兒,髻曰義髻,衣曰義襴之類。又《樂
書》:"笛外安嘴曰義嘴。彈箏銀甲曰義
甲。"義字之意俱同,皆非正物,乃暫附而旋
去者。《韻會》云:"以外合內曰義。"莊云:
"義臺路寢。"(《方言據》卷下 P32)

【義甲】yìjiǎ　劉言史《樂府》:"月明如雪金
階上,迸斷玻璨義甲聲。"《臨淮新語》云:
"義甲,護指物也。或以銀爲之。甲外有
甲,謂之義甲。"(《土風錄》卷二 P190)
　　　參見[義樓]。(《方言據》卷下 P32)

【義男】yìnán　《困學紀聞》:"鐘紹京爲宰
相,而稱義男於揚思勖之父。"(《稱謂錄》卷
六 養子 P14)

【義笛】yìdí　參見[義樓]。(《方言據》卷下
P32)

【義襴】yìlán　參見[義樓]。(《方言據》卷
下 P32)

【義髻】yìjì　參見[義樓]。(《方言據》卷下
P32)

【羱】nái　羊卷毛曰羱。(《通俗文》釋鳥獸
P90)

【羱羺】náinuó　羊卷毛謂之羱羺。(《通俗
文》釋鳥獸 P90)

【羫】qiāng　犢亦可以稱羫,魚亦可以稱
尾。宋沈攸之使范雲餉武陵王贊犢一羫,
柳世隆魚三十尾,皆去其首。(《能改齋漫
錄》卷二 P30)

【羯磨】jiémó　此云辨事,謂諸法事由茲成
辨。(《一切經音義》卷二十二 1P823)

【羯雞】jiéjī　閹雞也,見《素問》。《青藤山
人路史》謂漢文始閹潔六畜,今稱潔雞,潔

猶淨也。未是。(《通俗編》卷二十九
P647)

【羲子】xīzǐ　鵝。(《墨娥小錄》卷十四 P4)

【羴】shān　軒。毛筍氣。謂矜負者曰"有
羴氣"。(《越諺》卷中 臭味 P56)

【羱子】xuànzǐ　參見[旋子]。(《匡謬正俗》
卷六 P76)

【羶穢】shānhuì　上扇然反,羊臭。(《一切
經音義》卷一百 5P3712)

【羶郎】shānláng　羊。(《墨娥小錄》卷十
四 P4)

【屟提】chàntí　羼,初莧反。此曰安忍。
(《一切經音義》卷二十一 18P813)

米　部

【米鹽】mǐyán　《漢書·黃霸傳》:"米鹽靡
密,初若煩碎。"顏師古注曰:"米鹽,言雜而
且細。"……按:今人恒語,猶曰米鹽瑣屑。
(《通俗編》卷二十七 P598)

【米粞】mǐxī　西。精鑿之碎粒也。(《越諺》
卷中 穀蔬 P54)

【米花】mǐhuā　參見[孛婁]。(《土風錄》卷
六 P238)

【米麥】mǐmài　不能磨麫,碎之煮麥粞飯。
(《越諺》卷中 穀蔬 P53)

【粉】shēn　物滓曰粞。(《通俗文》釋飲食
P67)

【粉】fěn　白。(《墨娥小錄》卷十四 P9)

【粉侯】fěnhóu　《宋史·刑法志》:"俗稱駙馬
爲粉侯。人以王師約故,呼其父堯臣爲粉
父。"又《表異錄》:"文及甫抵書邢恕,謂駙
馬韓嘉彦兄忠彦爲粉昆。"(《稱謂錄》卷十
一 駙馬古稱 P17)

【粉本】fěnběn　湯垕《畫論》:"古人畫稿,
謂之粉本,前輩多寶蓄之。宣和、紹興所藏
粉本多有神妙者。"(《通俗編》卷七 P147)

【粉白黛綠】fěnbáidàilǜ　韓昌黎作《送李
愿歸盤谷》序乃云:"粉白黛綠者,列屋而閒
居。"而東坡《與王定國書》:"粉白黛綠者,
俱是火宅中狐狸、射干之流,願以道眼點
破。"孫覿《與張宣幹書》曰:"粉白黛綠,乃
疾病之根,一刀兩段,不可復疑也。"俱沿昌
黎譌。(《迤言》卷六 P71)

【粉疿】fěnzǐ　滓。面瘡,搯出如粉。"疿",《説文》。(《越諺》卷中　疾病 P20)

【粉角】fěnjiǎo　參見[牢九]。(《通雅》卷三十九 P1184)

【粉鏡】fěnjìng　《通鑑》:"齊攻平陽,城陷十餘步。將士乘勢欲入,齊主敕且止,召馮淑妃觀之,淑妃裝點不時至。周人以木拒塞之,齊主以淑妃北走至洪洞,淑妃方以粉鏡自玩,後聲亂唱賊至,於是復走。"馥於此事亦有詩云:"莫怪君王愛小憐,軍中粉鏡自翩翩。平陽城陷干何事,裝點休教巧未全。"(《札樸》卷六　覽古 P190)

【羮裛】lièqiè　羮裛讀如列挈,言人胸次不坦夷,逞獨見以忤人也。(《俚言解》卷一34P20)

【粦】mò　豆粥曰粦。(《札樸》卷九　鄉里舊聞　鄉言正字附　飲食 P326)

【粗坌】cūbèn　參見[笨]。(《雅俗稽言》卷三十一 P3)

【粗笨】cūbèn　參見[笨]。(《雅俗稽言》卷三十一 P3)

【粗糙】cūcāo　參見[麤靿]。(《越諺》卷中　貨物 P32)

【粗繰】cūzǎo　《元典章・選絲事理》有"夏季段疋粗繰不堪"之語。按:字書"繰"乃縑屬,早悄二音,又通爲繅,未嘗有音操。訓粗者,謂之粗繰,蓋時俗借用字也。東坡《大慧真贊》有"龐憒"文,則但以性情言。(《通俗編》卷二十五 P568)

【粟床】sùmí　美悲反。其字正體應作穈穄二形,謂禾稡也。《方言》云:"關西謂之穈,冀州謂之穄。"音祭。(《一切經音義》卷二十六 18P1031)

【粧么】zhuāngyāo　見關漢卿《玉鏡臺》劇。猶今人所謂粧腔。(《通俗編》卷二十二 P499)

【粧扮】zhuāngbàn　見沈明臣《竹枝詞》:"女兒粧扮采蓮來。"(《通俗編》卷二十二 P494)

【粧點】zhuāngdiǎn　《南史・馮淑妃傳》:"攻晉城,陷十餘步,將士乘勢欲入,帝勅且止,召淑妃共觀之。淑妃粧點,不獲時至,城遂不得下。"(《通俗編》卷二十二 P494)

【籹粥】bózhōu　小兒代乳曰籹粥。(《札樸》卷九　鄉里舊聞　鄉言正字附　飲食 P326)

【梅】méi　酒母曰梅。(《札樸》卷九　鄉里舊聞　鄉言正字附　名稱 P328)

烝米和麴以釀,謂之梅。《廣韻》:"梅,又作媒,齊謂麴麨曰媒。"(《札樸》卷九　鄉里舊聞 P310)

【精廬】jīnglú　《姜肱傳》曰:"盜就精廬求見。"注曰:"精廬,即精舍也。"(《能改齋漫錄》卷四 P96)

【精舍】jīngshè　王觀國《學林新編》曰:"《晉書》:'孝武帝初奉佛法,立精舍于殿內,引沙門居之,因此世俗謂佛寺爲精舍。'觀國按:古之儒者,教授生徒,其所居皆謂之精舍。故《後漢・包咸傳》曰:'咸往東海,立精舍講授。'又《劉淑傳》曰:'隱居立精舍講授。'又《檀敷傳》曰:'立精舍教授。'……以此觀之,精舍本爲儒士設。至晉孝武立精舍以居沙門,亦謂之精舍,非有儒釋之別也。"以上皆王說。予按:《三國志》注引《江表傳》曰:"于吉來吳,立精舍,燒香讀道書,製作符水以療病。"然則晉武以前,道士亦立精舍矣。(《能改齋漫錄》卷四 P96)

《學林新編》:"晉孝武幼奉佛法,立靜舍于殿門,引沙門居之,因此俗謂佛寺曰靜舍,亦曰精舍。"按:漢儒者教授生徒,其所居悉稱精舍。范書《包咸傳》:"咸往東海,立精舍講授。"《黨錮傳》:"劉淑、檀敷俱立精舍教授。"《姜肱傳》:"盜就精廬求見。"注云:"精廬,即精舍也。"以此觀之,精舍本爲儒士設,晉時別居沙門,乃襲用其名焉耳。《三國志》注引《江表傳》曰:"于吉來吳,立精舍,燒香讀道書,製作符水以療病。"晉武以前,道士亦嘗襲精舍名矣。(《通俗編》卷二十四 P538)

【精緻】jīngzhì　《唐書・崔元翰傳》:"好學不倦,用思精緻。"《宋史・律歷志》:"宣和璣衡之制,詳密精緻。"(《通俗編》卷十一 P241)

【糊】hù　彌縫其事之闕失曰糊。(《客座贅語》卷一　詮俗 P9)

【糊塗】hútú　糊塗,音忽突,見《宋史》。一作縠濁,謂官有惛愦于臨事,士有貌貌于臨文,皆曰縠濁蟲,此古語也。《周禮》有"壺涿氏掌除水蟲",涿音濁,是其証也。周公孟暘曰:"世俗謂人不明曰縠濁,蓋以酒爲喻也。"字書:縠音斛,濁音獨。《孺子之歌》以"濁"叶"足",古樂府"獨漉,獨漉,水深泥

濁"，《漢書》"潁水濁，灌氏族"，皆濁音獨之
証，是則作糊塗，作觳濁，其音同；或蠱，或
酒，其義同。《朱子語錄》作鶻突，俗讀糊塗
如字，非也。《師友談記》："錢穆父尹開封，
剖決无滯，東坡譽爲霹靂手，穆父曰：敢云
霹靂手，且免鶻露蹄。"卽俳優以爲鶻突者
也。鶻突者，糊塗之類也。程大昌曰："愚
无分別，名爲鶻突，由來古矣。"（《雅俗稽
言》卷二十一 P19）

　　《宋史·呂端傳》："或言端爲人糊塗。太
宗曰：'端小事糊塗，大事不糊塗。'"按：《朱子
語錄》："以憒憒不曉事曰鶻突。其説書曰：
'百姓昭明，乃三綱五常皆分曉，不鶻突耳。'"
鶻突卽糊塗之音轉。（《通俗編》卷六 P116）

【糊膠】 hújiāo　上音胡，下音交。按：糊膠，
黃木皮作之，乍看有如麵糊，用卽似膠，亦名
黏膠，榑木皮作之，可以捕鳥獸。（《一切經
音義》卷七十九 13P3122）

【㢟】 là　飯粗曰㢟。㢟，郎達切，音辣。《集
韻》："粗飯曰㢟。"（《燕説》卷四 P14）

【糭】 zòng　午節之角黍謂之糭。歲夜之糕
曰糩。（《方言據》卷下 P35）
　　參見［角黍］。（《談徵》事部 P8）

【糭子】 zòngzǐ　參見［葉粽］。（《一切經音
義》卷一百 17P3736）

【糩】 sè　煮米曰糩。（《通俗文》釋飲食
P64）

【糖】 táng　人面色紫曰糖。音唐。（《肯綮
錄》P1）

【糖心蛋】 tángxīndàn　雞蛋煮未熟，中心
如清糖，謂之糖心蛋。按：《敘聞錄》："郭元
振落梅粧閣，有婢數十人，客至，拖鴛鴦纈
裙供一曲，終則賞糖心雞蛋，明其聲也。"明
字新奇，有響亮意。（《俚言解》卷二 4P30）

【糖心雞蛋】 tángxīnjīdàn　參見［糖心蛋］。
（《俚言解》卷二 4P30）

【糖鎚】 tángduī　宇文護殺周主，置毒糖鎚
（音堆）中。糖鎚，卽丸餅也。卽今元宵子
之類。（《言鯖》卷上 P6）

【糖霜】 tángshuāng　糖霜之名唐以前無所
見。……然則糖霜非古也，歷世詩人亦無
言及之，惟東坡公過金山寺作詩《送遂寧僧
圓寶》云："涪江與中冷，共此一味水，冰盤
薦琥珀，何似糖霜美。"（《談徵》物部 P20）

【糟】 zāo　物不新曰糟（讀作曹）。（《燕山

叢錄》卷二十二　長安里語　人事 P3）

【糟油】 zāoyóu　方氏又引宋其武説，云：
"酒釀腳十斤加麴二斤，以礶蒙紗入糟埋
中，從春過夏取出，在礶中者卽爲糟油。"
（《土風錄》卷六 P237）

【糟牀】 zāochuáng　今之爲酒者，乃囊糟于
牀而壓之，謂之"糟牀"，又謂之"醉糟"。
"牀"與"醉"，其名並見唐人詩。（《越言釋》
卷下 P33）

【糟頭】 zāotóu　《元曲選·楊氏勸夫劇》柳隆
卿謂孫"大糟頭"。按：今游閑子挾財逐匪隊，
屢被欺脱，不自知者，俗謂之"酒頭"，又因
"糟"而變雲。（《通俗編》卷十一 P236）

【糟鼻】 zāobí　馥案：齇，俗字，猶"櫨"，省作
"查"。今俗言"糟鼻人不飲酒，枉受虛名"，
卽"齇鼻"也。（《札樸》卷三　覽古 P86）

【糭頭】 mántóu　烝餅曰糭頭。（《札樸》卷
九　鄉里舊聞　鄉言正字附　飲食 P326）

【糞土息】 fèntǔxī　《表異錄》："《説苑》，自
稱子曰糞土息。"（《稱謂錄》卷六　對人自稱
其子 P3）

【糞墼】 fènjī　參見［墼］。（《通俗編》卷二
P41）

【糞掃】 fènsǎo　分問反。《韻英》云："弃
也。"……下蘇到反。《韻英》云："掃除也。"
……案：糞掃者，納衣之別名也。（《一切
經音義》卷五 11P197）

【糞掃衣】 fènsǎoyī　上分問反，下桑到反。
糞掃衣者，多聞知足上行，比丘常服衣也。
此比丘高行制貪，不受施利，捨棄輕妙上好
衣服，常拾取人間所棄糞掃中破帛，於河澗
中浣濯令淨，補納成衣，名糞掃衣，今亦通
名納衣。律文名無畏衣。惡人劫賊之所不
奪。經中亦名功德衣。一切如來之所讚
嘆。服此衣者，諸天常來禮敬供養，是故如
來讚。大迦葉命令同坐易衣而披之，故名
功德衣也。（《一切經音義》卷十一 8P414）

【糞穢】 fènhuì　上分問反。顧野王云："凡
不絜穢汙之物謂之糞也。"《説文》："棄除
也。"（《一切經音義》卷二十四 6P920）

【糜粶】 xièsà　音西衰。《説文》："糜粶，散
之也。"案：糜粶，狼籍也。吳中謂狼籍五穀
曰糜粶。（《吳下方言考》卷四 P7）

【糜糊】 míhù　米胡。或作"米粰"。屑米溲
蒸哺嬰。《爾雅·釋言》疏。（《越諺》卷中

飲食 P36）

【糈】yè　參見[糛]。（《方言據》卷下 P35）

【橵】sǎn　油煎麫縷曰橵。橵、糝、糉、餈，同音傘。干寶《周禮注》曰："祭用麷熬。"在晉呼爲環餅，又曰寒具。今曰橵子。（《蜀語》P7）

【橵子】sǎnzǐ　參見[橵]。（《蜀語》P7）

【糧串】liángchuàn　參見[糧賗]。（《越諺賸語》卷上 P7）

【糧石】liángdàn　九月，説與百姓每："秋成後須要積蓄多餘糧石，以備荒歉。"（《宛署雜記》卷一 P3）

【糧罌瓶】liángyīngpíng　參見［角黍］。（《里語徵實》卷上 一字徵實 P29）

【糧賗】liángchuàn　俗作"串"，"賗"之省文也。見《文字指歸》。（《越諺賸語》卷上 P7）

【糨】jiàng　麫漿曰糨。凡表背漿衣裳皆曰糨。糨音絳（編者按：當作絳），糡仝。（《蜀語》P29）

【糡】pì　譬。腹痛糞門出氣也。今皆從《廣韻》作"屁"。……《山海經》："茈魚一首十身，其臭如蘪蕪，食之不糡。"郭注："失氣也。"較古。（《越諺》卷下 單辭隻義 P16）

【糄】shāo　喂豬曰糄。稍去聲。撈箕攦米，甑箅蒸糟。糄喂豬，杓子舀。（《人生要覽》）（《里語徵實》卷上 一字徵實 P33）

【䭔】kuài　米皮曰䭔。（《通俗文》釋飲食 P67）

【糤】lìshí　杜荀鶴詩云："出爲羈孤營糤食，歸同弟姪讀生書。"（《通言》卷二 P35）

【䊆】chàn　舂米成熟曰䊆。䊆、粲、劏兩音。《五音集韻》："米一舂也。"又作"糤"。（《里語徵實》卷上 一字徵實 P23）

【糤】jiù　就。收束也。如搓繩過緊，手放趄攦曰"糤"。《説文》。（《越諺》卷中 形色 P57）

【糤】chàn　音竄。《玉篇》："糤，礛粟也，米未精也。"案：糤，略舂也。吳中謂少舂謂爲糤。（《吳下方言考》卷九 P5）

聿　部

【肇闡】zhàochǎn　上潮少反，上聲。《爾雅》云："肇，始也。"下昌演反。《聲類》："大開也。"韓康伯注《繫辭》云："闡，明也。"（《一切經音義》卷十一 2P403）

艮　部

【艮古頭】gěngǔtóu　參見[艮頭]。（《通俗編》卷十一 P236）

【艮頭】gěntóu　《輟耕錄》："杭人好爲隱語，如粗蠢人曰'杓子'，朴實人曰'艮頭'。"按：今又增其辭曰"艮古頭"。（《通俗編》卷十一 P236）

【良人】liángrén　妻稱夫。《詩·小戎》："厭厭良人，秩秩德音。"鄭箋："此既閔其君子寢起之勞，又思其性與德。"案：《詩序》："婦人能閔其君子。"君子正指其夫，則良人亦指其夫也。（《稱謂錄》卷五 妻稱夫 P2）
　　《詩》："今夕何夕，見此良人。"傳："良人，美室也。"疏："以見下云'見此粲者'，粲是三女，故知良人爲美室。"《唐故潁川陳夫人墓誌碑》王頊撰文云："所恨者，以予天年未盡，不得與良人偕死。"又銘云："於戲良人，道光母儀。"案：王頊卽陳夫人之夫也。是良人之稱，夫亦可施之妻矣。其義蓋本於《詩》。此碑乃江南近出土者。（《稱謂錄》卷五 夫稱妻 P10）

【良遊】liángyóu　王經詩："良游盛簪綬。"又《射雉賦》"良遊呃喔"注："良遊，媒也。"（《稱謂錄》卷二十八 媒 P17）

艸（艹）部

【艽】qiú　結草以居物曰艽，音求。《韻會》："獸蓐也。"（《方言據》卷下 P29）

【芇】mián　音牽。《玉篇》："芇，相當也。"案：芇，均算也。吳中謂物之大小好醜合算曰芇算。（《吳下方言考》卷五 P8）

【芇算】miánsuàn　參見[芇]。（《吳下方言考》卷五 P8）

【芒種】mángzhòng　芒種五月節，種讀如種類之種。謂種植有芒者，麥也。至是當熟矣，因記。《周禮·稻人》："澤草所生，種之芒種。"注云："澤草之所生，其地可種種稻麥也。"所謂芒種五月節者，麥至是芒

而始可收稻,過是而不可種矣。(《目前集》前卷 P2118)

【芃芃】péngpéng　白香山《賀雨》詩:"萬心春熙熙,百穀青芃芃。"案:芃芃,青蔥可愛貌。吳諺謂草木透青曰青芃芃。(《吳下方言考》卷一 P7)

【芒早】mángzǎo　不待蒔插而有芒者謂之芒早,又謂之烏漫兒、烏泥也。(《俚言解》卷二 23P40)

【芒種】mángzhòng　芒種(上聲),五月節。謂有芒之種。穀可稼種(去聲)矣。(《七修類稿》卷三 P58)

　　芒種,五月節,謂種(上聲)之有芒者麥也,至是已熟,又可以爲種。(《言鯖》卷下 P26)

【芝麻】zhīmá　胡麻,張騫使西域得其種,故名。石勒時諱言"胡"字,故曰芝麻。《廣韻》謂之狗虱,八穀中取爲大勝,故又名巨勝。唐本注:"此麻以角作八稜者爲巨勝,四稜者爲胡麻。"(《雅俗稽言》卷四十 P7)

【芝麻官】zhīmáguān　《漢書•藝文志》:"小説出于稗官。"師古注:"稗,猶稗穄之稗,小官也。"按:俚俗嗤流外小官曰"芝麻官",蓋即稗穄之義。(《通俗編》卷五 P102)

【芘莉】pílì　芘莉,荊藩也,音皮梨。(《目前集》後卷 P2155)

【花信風】huāxìnfēng　初春花開時風名花信風,似謂此風來報花之消息耳。按:《呂氏春秋》曰:"春之得風,風不信則其花不成。"乃知花信風者,風應花期,其來有信也。(《雅俗稽言》卷三十九 P2)

【花冠】huāguān　參見[大頭]。(《越言釋》卷上 P7)

【花客】huākè　嫖賭喫着之人。(《越諺》卷中 惡類 P15)

【花字】huāzì　《朱子語類》:"蘇子容押花字,常要在下面。後有一人,官在其上,卻挨得他花字向上面去。他遂終身悔其初不合押花字在下。"(《恒言錄》卷六 P112)

　　參見[署字]。(《里語徵實》卷中上 二字徵實 P51)

【花娘】huāniáng　世謂穩婆曰老娘,……娼婦曰花娘。(《南村輟耕錄》卷十四 P174)

　　《輟耕錄》:"倡妓爲花娘。"李賀《申胡子觱栗歌序》"命花娘出幕,徘徊拜客"是也。按:梅聖俞有《花娘歌》云:"花娘十四能歌舞,籍甚聲名居樂府。"(《通俗編》卷二十二 P501)

　　《輟耕錄》:"娼婦曰花娘,達旦又謂草娘。"(《稱謂錄》三十 倡 P20)

　　陶宗儀《輟耕錄》云:"娼妓爲花娘。"李賀《申胡子觱栗歌》序:"命花娘出幙,徘徊拜客。"(《通言》卷四 P48)

【花朵】huāduǒ　上花字,經作華,非也。下多果。《考聲》云:"冤前旁垂者。"(《一切經音義》卷十五 22P591)

【花書】huāshū　魏華父云:"唐人初未有押字,但草書其名,以爲私記,故號花書,如韋陟五雲體是也。國朝大老亦多以名爲押,而圈其下。熙寧間有'花書盡作捲'之語。"(《恒言錄》卷六 P112)

　　參見[畫字]。(《雅俗稽言》卷十八 P16)

【花押】huāyā　今之花押,唐以來之花書也。(《目前集》前卷 P2128)

　　《景定建康志》:"月終轉結簿歷,取兩教授花押。"……《輟耕錄》:"句容器非古物,蓋自唐天寶至南唐後主時,于昇州句容縣置官場鑄之,故其上多有監官花押。"常生案:李肇曰:"堂帖押名曰花押。"唐彥謙詩:"公文捧花押。"(《恒言錄》卷六 P112)

　　《東觀餘論》:"唐令羣臣上奏,任用真草,惟名不得草,後人遂以草名爲花押。"按:古言署名,即今之押也。其謂之押者,見自《魏書》"崔元伯尤善行押之書,特盡精巧,而不見遺迹"是也。或以其體之變化,謂之花字。《北齊•後主紀》"開府千餘,儀同無數,領軍一時二十,連判文書,各作花字,不具姓名,莫知其誰"是也。其後復合二文言之,遂曰"花押"。唐彥謙詩:"公文持花押,鷹隼駕聲勢。"已嘗用之。蓋"花押"之名,不待唐以後也。(《通俗編》卷七 P148)

　　參見[畫字]。(《雅俗稽言》卷十八 P16)

【花押印】huāyāyìn　《國史補》:"宰相判四方之事有堂帖(編者按:當作案),處分百司有堂帖,不次押印曰堂押。"《揮塵後錄》:"英宗批可進狀一紙,宰執書臣而不名,且花押而不書名。"《癸辛雜識》:"古人押字謂

之花押印,是用名字稍花之。"《東觀餘論》:
"唐太宗許臣下草書奏事,惟名字不草。後
人于正書名字下加草字,遂爲花押。"(《恒
言廣證》卷六 P88)

【花紅】huāhóng 形類莎果,爲"林檎六種"
之一。出《洛陽草木記》。(《越諺》卷中 瓜
果 P52)

【花車】huāchē 紡具。花,棉花也。(《越
諺》卷中 器用 P28)

【花費】huāfèi 見《律》損壞倉庫財物條下。
(《通俗編》卷二十三 P524)

【花言】huāyán 晉樂府《懊憹歌》:"内心百
際起,外形空殷勤。既就頹城感,敢言浮花
言。"按:《易林》:"華言風語,自相詿誤。"古
花字多通作華,似卽花言。(《通俗編》卷十
七 P363)

【花錢】huāqián 古厭勝錢有文曰子弟花
錢者,見《江聲集》"題樊樹所藏"云云。
(《直語補證》P16)

【花錠】huādìng 下丁定反。《文字典説》
云:"錠,燈也。"傳文云:"'千枝花錠'卽燈
若千枝花也。"(《一切經音義》卷九十四
2P3531)

【花鞾】huāxuē 《魏志》:"武帝《與楊彪書》
云:'今遺足下織成花鞾一緉。'"按:俚俗有
"穿花鞾"之言。(《通俗編》卷二十五
P565)

　　《魏志》:"武帝《與楊彪書》:'今遺足下
花鞾一緉。'"(《里語徵實》卷中上 二字徵
實 P21)

【花餻】huāgāo 宋時九月九日以花餻賜近
臣。(《土風錄》卷一 P183)

【花黄】huāhuáng 《木蘭歌》:"對鏡貼花
黄。"徐悱《咏照鏡》:"輕手約花黄。"案:花
黄,未嫁之飾也。今俗謂女子未嫁者曰黄
花女。(《吳下方言考》卷二 P7)

【芥蔕】jièdì "芥蔕眭眦"出《西京賦》,五臣
注云:"怒貌。"賈誼賦云:"細故芥蔕,何足
以疑。"言細事沴滯也。《子虛賦》"蔕芥"注
云:"刺(編者按:當作刺)鯁也。"郭象注:
"莊則曰薑芥,其義亦同。"今人輒以胸中唧
恨爲芥蔕。(《言鯖》卷上 P4)

　　俱平聲。賈誼《鵩鳥賦》:"細故芥蔕
兮,何足以疑。"案:芥蔕,心有微結也。吳
中謂心有微結不散者曰芥蔕。(《吳下方言
考》卷四 P7)

【芬敷】fēnfū 芬,敷雲反。郭璞曰:"芬謂
香氣和調也。"《小雅》(編者按:當作《小爾
雅》)曰:"敷,布散也。"(《一切經音義》卷二
十三 6P874)

【芬馥】fēnfù 上芳文反。《考聲》云:"芬
芬,香氣貌也。"《説文》:"土草初生,香氣分
布也。"……下馮福反。《韓詩》云:"芬馥
者,香氣貌也。"(《一切經音義》卷六
7P226)

【芠刀】shāndāo 刈器曰芠刀。(《札樸》卷
九 鄉里舊聞 鄉言正字附 器具 P327)

【芳羞】fāngxiū 相由反。《周禮》:"膳夫掌
王之膳羞。"鄭玄曰:"羞,有滋味者也。"郭
璞注《方言》云:"熟食也。"《説文》:"進獻
也。"(《一切經音義》卷十三 13P499)

【芭犂】bālí 芭犂卽織木茸,所以爲葦籬
也。今江南亦謂葦籬爲芭籬。(《恒言錄》
卷五 P102)

【芭籬】bālí 參見[巴飛柂]。(《通雅》卷三
十八 P1167)

　　參見[芭犂]。(《恒言錄》卷五 P102)

【苦主】kǔzhǔ 《元史·刑法志》:"諸殺人者
死,仍于家屬徵燒埋銀五十兩給苦主。"謂
被殺之家屬也。今俗猶沿此稱。(《恒言
錄》卷四 P86)

　　參見[血屬]。(《恒言廣證》卷四 P67)

【苦傈】kǔlái 淫婦。(《墨娥小錄》卷十四
P6)

【苦獨力】kǔdúlì 滿洲家人曰苦獨力。韓
宗伯葵《德州避敗兵》詩:"死灰不復今將
軍,餘焰猶悔苦獨立。"自註:"苦獨力,滿洲
家人之名。"(《燕説》卷四 P10)

【苦海】kǔhǎi 王定保《摭言》:"鄭光業有一
巨箱,凡投贄有可嗤者,卽投其中,號曰苦
海。"按:《釋典》有苦海之説,以此爲喻。
(《通俗編》卷二 P30)

【苦膽】kǔdǎn 都感反。《白虎通》云:"膽
者,肝之府也。"肝主仁,仁者苦不忍,故以
膽斷之,是故仁者必有勇。王叔和《脉經》
云:"膽主神,膽之有病,則精神不守,故知
也。"(《一切經音義》卷十一 10P420)

【苦瓠】kǔhù 胡故反。《考聲》云:"瓜瓠
也。"郭璞注《尒雅》云:"瓠,瓟也。"味苦者,
有毒,不堪食。可入藥用。《説文》:"瓟

也。"(《一切經音義》卷十四 13P536)

【苦瘌】kǔlà　瘌音辣。揚子《方言》:"凡飲藥、傅藥而毒,南楚之外謂之瘌。"案:瘌,惡不可受也。吳諺謂受大苦難之事曰受苦瘌。(《吳下方言考》卷十一 P6)

【苦船】kǔchuán　南人不善乘船,謂之苦船。……苦音□,即今俗所謂注船也。(《言鯖》卷下 P2)

　　《西溪叢語》:"今人病不善乘船謂之苦船,北人謂之苦車。苦音庫。《集韻》亦作瘔。"按:即今所謂暈船也。(《通俗編》卷二十六 P575)

　　按:即今所謂暈船也。《集韻》作"瘔"。(《釋諺》P114)

　　《西谿叢語》云:"今人不善乘船,謂之苦船。"(《土風錄》卷八 P262)

【苦車】kǔchē　《西谿叢語》云:"今人不善乘船,謂之苦船,北人謂之苦車。"(《土風錄》卷八 P262)

　　北人不善乘車,謂之苦車。(《言鯖》卷下 P2)

　　《西谿叢語》云:"今人病不善乘船,謂之苦船,北人謂之苦車,'苦'音庫。"(《釋諺》P114)

　　參見[苦船]。(《通俗編》卷二十六 P575)

【苦鹵】kǔlǔ　參見[矖]。(《越諺》卷中 貨物 P32)

【苦蕽】kǔgōng　《廣雅》:"蚑、苦蕽、胡蜢、蟗,蝦蟆也。"(《札樸》卷五 覽古 P167)

【若个】ruògè　猶云誰何,俗云那箇也。唐鹿門詩:"若个傷春向路傍。"(《助字辨略》卷四 P223)

　　唐鹿門詩:"若个傷春向路傍。"猶云那個。(《方言藻》卷一 P7)

【若干】ruògān　《癸辛雜識》:"若干二字,出古禮《鄉射》《大射》:'數射算云:若干純、若干奇。若,如也。干,求也。言事不定,常如此求之也。'"《前漢·食貨志》顏注云:"若干,設數之言也。干,猶箇也。若箇,猶言幾何枚也。"亦曰如干,見《文選注》:"如干戶,即若干戶也。"又說:"干者,十干,自甲至癸也,亦以數言也。"若干又爲複姓,後周有若干鳳及右將軍若干惠。若,入者切,音惹。《釋文》云:"以國爲姓。"然則,若干又國名也。(《雅俗稽言》卷二十四 P7)

見《禮》。《曲禮》及《投壺》篇鄭注云:"若,如也;干,求也。言事本無定,當如此求之也。"《漢書·食貨志》:"或用輕錢百加若干。"師古注云:"若干者,設數之言也,干猶箇,謂當如此箇數耳。"一說若干者十干,自甲至癸,亦以數言也。(《通俗編》卷三十二 P706)

【若柯】ruòkē　俗謂如許物爲若柯,(即)若干,……干音訛變,故云若柯也。(《匡謬正俗》卷六 P70)

【若時】ruòshí　猶云向時,彼時也。《魏志·高堂隆傳》:"今無若時之急,而使公卿大夫,竝與斯徒共供事役,聞之四夷,非嘉聲也。"(《助字辨略》卷五 P265)

【若爲】ruòwéi　猶云如何也。邢昺《爾雅注疏序》:"泊夫醇醨既異,步驟不同。一物多名,繫方俗之語。片言殊訓,滯今古之情。將使後生,若爲鑽仰。"《宋書·王景文傳》:"居貴要,但問心若爲耳。"《唐書·孫伏伽傳》:"陛下自作,須自守之,使天下百姓信而畏也。自爲無信,欲人之信,若爲得哉!"柳子厚詩:"若爲化得身千億,散作峯頭望故鄉。"杜荀鶴詩:"承恩不在貌,教妾若爲容。"又……近於那堪。然如何,那堪,並是不可奈何之辭,則其義亦同也。王摩詰詩:"明到衡山與洞庭,若爲秋月聽猿聲。"杜子美詩:"幸不折來傷歲暮,若爲看去亂鄉愁。"(《助字辨略》卷五 P266)

　　柳子厚詩:"若爲化得身千億,散作峯頭望故鄉。"杜荀鶴詩:"承恩不在貌,教妾若爲容。"若爲,猶云如何也。又王摩詰詩:"明到衡山與洞庭,若爲秋月聽猿聲。"杜子美詩:"幸不折來傷歲暮,若爲看去亂鄉愁。"並是不可奈何之辭。(《方言藻》卷一 P3)

【若箇】ruògè　少陵云"長安若箇邊",謫仙云"愁來似箇長",亦唐人詩中常見者。(《語實》P168)

【茂才】màocái　參見[秀才]。(《雅俗稽言》卷十九 P7)

【苫片】shānpiàn　永平山中人築室不用甎瓦土墼,但橫木柴,絫爲四壁。上覆木片,謂之苫片。(《札樸》卷十 滇游續筆 P336)

【苴】jū　補漏曰苴。《集韻》:"側下切,音鮓。"俗讀"鮓"入聲。韓愈文:"補苴罅漏"。(《里語徵實》卷上 一字徵實 P25)

【苗】máo　窺面相戲之聲,音若毛。郭忠恕:"逢人無貴賤,輒呼苗。"東坡"郭忠恕畫像贊序"載之作"貓",本傳及《談苑》竝作"猫"。(《直語補證》P17)

【苗騎】miáojì　耘具。草爲之,以禦苗葉勞骸。古所謂"秧馬"也。(《越諺》卷中 器用 P29)

【英英】yīngyīng　案:東漢多以七言作標榜語,於句中爲韻,如"……洛中雅雅有三嘏(劉粹字純嘏,宏字終嘏,漢字沖嘏),洛中英英苟道明(閨)。"(《札樸》卷八 金石文字 P279—280)

【苻】fú　俗謂上銳而下圓者曰苻頭。如蒜苻頭、扇苻頭之類。《顏氏家訓》云:"江南呼蒜顆爲蒜苻。"(《直語補證》P8)

【苙】lì　《孟子》:"如追放豚,既入其苙。"兒時讀而疑焉:豚則何以入苙?今思之,"苙"當如"臘"音。今之豢豕者必以柵,謂之"豬苙柵",是也。北音無入,既已讀"苙"如"臘",即可轉"苙"爲"攔"。苙之者,攔之耳。……越人凡於半路截而要之,不曰攔住,即曰苙住。且淋苙、船苙、竈苙,無不言苙者。(《越言釋》卷下 P11)

【苾芻】bìchú　劉馮《事始》:"《尊勝經》號僧曰苾芻。此物有五義:一生不背日;二冬夏常青;三體性柔軟;四香氣遠騰;五引蔓傍布。爲佛之徒,理亦宜然。故以爲名。"(《稱謂錄》卷三十一 僧 P9)

【苾蒭】bìchú　上毗逸反,下測虞。梵語草名也。僧肇法師義:"苾蒭有四勝德,一名淨乞食,二名破煩惱,三名能持戒,四名能怖魔。梵文巧妙,一言具含四義,故存梵言也。"(《一切經音義》卷二 9P88)

【苾蒭尼】bìchúní　義說同上(指苾蒭)。出家女之總名。三例聲明,此即女聲也。(《一切經音義》卷二 8P88)

【茄鼓】qiégǔ　《夢餘錄》:"今人多呼隸卒爲茄鼓。"案:明初臨江多虎狼隸,百姓畏之,目爲茄鼓。(《稱謂錄》卷二十六 隸 P25)

【茅衣】máoyī　卵包也。《周易》:"籍用白茅。"《說文》:"茅即菅草也。"(《一切經音義》卷八 5P289)

【茜袍】qiànpáo　《通俗編》(卷三十)引《天彭牡丹譜》(按:見陸游《天彭花品釋名》):

"狀元紅者,重葉深紅,天姿富貴,彭人以冠花品,以其高出衆花之上,故名。"或曰:"舊制進士第一人即賜茜袍,此花如其色,故以名之。"(《釋諺》P82)

【苝薑】zǐjiāng　薑好曰苝薑。上音子。(《肯綮錄》P2)

【草】cǎo　越人乃直呼穀莖爲"草",而以草之一小束(編者按:當作束,下同)爲一"秸",以草之一大束爲一"葉"(編者按:當作葉,下同)……不知"葉"字爲"秸"之轉音。以大小分"秸"、"葉",真俗論也。……秸之爲秸,不必分半棄,亦不必去皮。(《越言釋》卷下 P23)

【草兒】cǎor　花娘。(《墨娥小錄》卷十四 P6)

【草市】cǎoshì　小鎮稱草鎮,猶草市也。……平水,鏡湖旁草市名。見張淏《會稽續志》。李嘉祐詩:"草市多樵客,漁家足水禽。"(《語竇》P165)

【草庵】cǎo'ān　暗甘反。《廣雅》:"奄,屋蘇舍也。"《考聲》:"盧也,掩也,以草圍掩之也。"……《古今正字》云:"盧有梁名瘌也,瘌即庵也,從广奄聲也。"(《一切經音義》卷二十七 19P1081)

【草子】cǎozǐ　鐃鈸曰草子。鈸,蒲撥切,音跋。《玉篇》:"鈴也。"《正字通》亦謂之銅盤。司馬承禎製纟真道曲大羅天曲有鐃鈸,蓋其小者。今亦用之以節樂,或謂之草子,或謂之鋪鈸。按:《爾雅·釋樂》"大笙謂之巢"疏:"巢,高也,言其聲高也。"今云草子,似不如作巢子爲雅。(《燕說》卷三 P6)

【草娘】cǎoniáng　世謂……娼婦曰花娘,達旦又謂草娘。(《南村輟耕錄》卷十四 P174)

　　　　參見[花娘]。(《稱謂錄》卷三十 倡 P20)

【草把】cǎobǎ　銀匠。(《墨娥小錄》卷十四 P6)

【草簿】cǎobù　參見[底簿]。(《俚言解》卷二 33P45)

【草鎮】cǎnzhèn　小鎮稱草鎮,猶草市也。元微之序《白氏長慶集》云:"予嘗於平水市中見村校諸童競習詩,召而問之,皆對曰:'先生教我樂天微之詩,固亦不知予之爲微之也。'"自注:"平水,鏡湖旁草市名。"見張

渓《會稽續志》。(李嘉祐詩："草市多樵客，漁家足水禽。")(《語實》P165)

【草鞋錢】cǎoxiéqián　《傳燈錄》："南泉願曰：'漿水錢且置，草鞋錢教誰還？'夾山謂月輪曰：'子且還老僧草鞋錢，然後老僧還子米價。'"按：此以釋子行脚言也，其公人出差索草鞋錢，則曾見岳百川《鐵拐李》劇。(《通俗編》卷二十三 P514)

【草馬】cǎomǎ　牝馬謂之草馬。……本以牡馬壯健堪駕乘及軍戎者，皆伏旱欂芻而養之。其牝馬唯充蕃字，不暇服役，常牧于草，故稱草馬耳。《淮南子》曰："夫馬之爲草駒之時，跳躍揚蹢，翹足而走，人不能制。"高誘曰："五尺以下爲駒，放在草中，故曰草駒。"是知草之得名主於草澤矣。(《匡謬正俗》卷六 P76)

　　牝馬亦曰草馬。(《通俗編》卷二十八 P633)

【草驢】cǎolú　《北齊書・楊愔傳》："選人魯漫漢，在元子思坊騎秃尾草驢。"按：亦謂牝驢也。今草馬之稱，不甚著。草驢則人人稱之。(《通俗編》卷二十八 P634)

【草鴨】cǎoyā　今江西撫州人呼鶩爲草鴨。(《俚言解》卷二 25P41)

【茠】hāo　以手除草。呼高反。(《俗務要名林》)

【荏苒】rěnrǎn　《詩》："荏苒柔木。"古韻並作草盛貌，一曰柔弱貌。世人特借其事用爲侵尋輾轉之義，不知原有此草，出滇中北勝州。(《言鯖》卷上 P11)

【荃宰】quánzǎi　《文選・宣德皇后令》："要不得不强爲之名，使荃宰有寄。"注："庶使君主之情，微有所寄也。"《楚辭》："荃不察予之中情。"王逸注："荃，香草，以喻君也。"《鄧析子》曰："聖人逍遥一世之間，宰匠萬物之形。"(《稱謂錄》卷九 天子古稱 P8)

【茶博士】chábóshì　同裴啓《語林》。(《越諺》卷中 賤稱 P14)

【茶商】cháshāng　參見[茶標]。(《越諺》卷中 尊稱 P12)

【茶標】chábiāo　《宋史・趙開傳》稱"茶商"。(《越諺》卷中 尊稱 P12)

【茶筅】cháxiǎn　茶具中亦有"茶筅"之名，列之茶譜茶史，且朱子家禮亦用之。(《越言釋》卷下 P33)

【茶船】cháchuán　富貴家茶杯用托子曰茶船，見李濟翁《資暇錄》云："始建中蜀相崔寧之女，以茶杯無襯，病其熨手，取碟子承之，即啜而杯傾，乃以蠟環碟之中央，其杯遂定，即命匠以漆環代蠟進於蜀相，大奇之，話於賓友，人人以爲便。於是侍者更環其底，愈新其製，以至百狀。"(《土風錄》卷五 P230)

【茶食】cháshí　《大金國志》："金人舊俗，墹納幣，戚屬偕行，以酒饌往，次進蜜糕，人各一盤，曰茶食。"按：此語至今因之。(《通俗編》卷二十七 P611)

　　乾點心曰茶食，見宇文懋昭《金志》："墹先期拜門，戚屬偕行以酒饌往酒三行，進大軟脂、小軟脂如中國寒具，又進蜜糕，人各一盤曰茶食。"周煇《北轅錄》云："金國宴，南使未行酒，先設茶筵，進茶一盞，謂之茶食。"(《土風錄》卷六 P238)

【荅颯】dásà　下音颯。《南史》："范泰嘗誚鄭鮮之曰：'卿乃居僚首，今日荅颯，去人遼遠。'"案：荅颯，行不前貌。吳諺謂行不前曰荅颯。(《吳下方言考》卷十一 P15)

　　《南史・鄭鮮之傳》："卿居僚首，今荅颯去人遼遠，何不肖之甚！"荅颯即傝儱之正字。(《恒言廣證》卷二 P41)

【茨菰】cígū　參見[慈姑]。(《土風錄》卷四 P222)

【荒】huāng　參見[況]。(《通俗編》卷十八 P394)

【荒獐】huāngzhāng　獐，麋屬，性善驚，見人急走。東坡詩："心荒恰似失林獐。"俗作"張"，非。(《里語微實》卷中上 二字微實 P38)

【荒忙】huāngmáng　白居易《夢井》詩："念此瓶欲沉，荒忙爲求請。"按：荒，當爲"慌"之借字。"慌"見《説文》，《廣韻》加草作"慌"。今言昏遽者，皆云慌忙。(《通俗編》卷十五 P322)

　　白居易《夢井》詩："念此瓶欲沈，荒忙爲求情。"荒，俗作"慌"。(《里語微實》卷中上 二字微實 P34)

【茫】máng　時務曰茫。(《通俗文》釋言語上 P16)

【莽】mǎng　音莽。許氏《説文》："莽，衆草也。"案：莽，草生甚密也。吳中謂草木茂密爲莽。(《吳下方言考》卷七 P2)

【荔支】lìzhī　曾鞏《荔支譜》：“狀元紅，言于荔支爲第一，在福州報國寺。”（《釋諺》P82）

【華】huā　音花。《爾雅》：“瓜曰華之。”案：華，匕開不切也。吳中用刀匕開物曰華。（《吳下方言考》卷四 P4）

【華表木】huábiǎomù　程雅問曰：“堯設誹謗之木，何也？”答曰：“今之華表木也。以橫木交柱頭，狀若花也。形似桔槹，大路交衢悉施焉。或謂之表木，以表王者納諫也。亦以表識衢路。秦乃除之，漢始復修焉。今西京謂之交午木。”（《蘇氏演義》卷下 P18）

【華腴】huáyú　柳芳《論氏族》云：“凡三世有三公者曰膏粱，有令僕者曰華腴。”（《札樸》卷六 覽古 P176）

【華鬘】huāmán　上音花，字無花音正應。下慢班反，假借字也。本音彌然反，今不取。案華鬘者，西國人嚴身之具也，梵語云麼羅，麼音莫可反。此譯爲花鬘。五天俗法，取草木時花，暈澹成彩，以線貫穿，結爲花鬘，不問貴賤，莊嚴身首，以爲飾好，號曰麼羅。（《一切經音義》卷一 18P71）

【荳蔲】dòukòu　杜牧之詩云：“娉娉嫋嫋十三餘，荳蔲梢頭二月初。”不解荳蔲之義。閱《本草》：“荳蔲花作穗，嫩葉卷之而生，初如芙蓉，穗頭深紅色，葉漸展，花漸出，而色微淡。南人取其未大開者，謂之含胎花。言尚小，如姙身也。”（姚寬《叢語》）（《唐音癸籤》卷二十 P179）

【莽浪】mǎnglàng　《莊子·齊物論》：“夫子以爲孟浪之言，而我以爲妙道之行也。”音義曰：“孟，如字，或武葬反。向氏云：‘無趣舍之謂。’崔氏云：‘不精要之貌。’”左思《吳都賦》：“若吾子之所傳，孟浪之遺言。”注云：“不委細貌。”按：《集韻》謂向秀讀孟爲莽。今吳中方言所云莽浪，乃卽孟浪。（《通俗編》卷十五 P330）

【莽戇】mǎngzhuàng　戇音撞。吳人謂不細檢點曰莽戇。（《吳下方言考》卷八 P4）

【莖子】jīngzǐ　戶耕反。謂石榴、楊柳之屬是也。以無根而生，故謂之也。（《一切經音義》卷二十六 3P1001）

【莩攎】púlú　音蒲盧。《廣韻》：“莩攎，收亂草也。”案：今博勝而盡取人錢曰莩攎。

（《吳下方言考》卷三 P11）

【莫徭】mòyáo　顧況《酬漳州張使君》詩：“薛鹿莫徭洞，網魚盧亭洲。”《地理志》：“莫徭，夷蜒名。自云其先祖有功，常免徭役，故以爲名。”（《唐音癸籤》卷十八 P164）

【莫是】mòshì　方言，猶今云恐是也。包何詩：“莫是上迷樓。”（《助字辨略》卷五 P268）
　　　　包何詩：“莫是上迷樓。”莫是，方言，猶云恐是也。（《方言藻》卷一 P3）

【莫過】mòguò　猶云不如也。王右軍《止殷浩北伐書》：“今軍破於外，資竭於內，保淮之志，非復所及。莫過還保長江，都督將各復舊鎮。自長江以外，羈縻而已。”（《助字辨略》卷五 P268）

【莫須】mòxū　猶莫是也。《宋史·岳飛傳》：“莫須有三字，何以服天下。”（《助字辨略》卷五 P268）

【莫須有】mòxūyǒu　《宋史·岳飛傳》：“秦檜言其事體莫須有。韓世忠曰：‘莫須有三字，何以服天下？’”按：莫須卽將無意。（《通俗編》卷三十三 P730）

【莕糕】gùzhuó　禾稺謂之莕糕。奴縠反。（《通俗文》釋飲食 P67）

【荷包】hébāo　《宋書·禮志》：“朝服肩上有紫生袷囊，綴之朝服之外，俗呼紫荷。”或云：“漢代以盛奏事，負荷以行也。”按：此“荷”字當讀去聲，而《能改齋漫錄》載劉偉明詩：“西清直寓荷爲橐。”歐陽脩啓以“紫荷垂橐”對“紅藥翻階”，皆讀之爲芰荷之“荷”。今名小袷囊曰荷包，亦得綴袍外以見尊上，或者卽因于紫荷耶？馬致遠《黃粱夢》劇云：“一舉成名，是我荷包裏物。”（《通俗編》卷二十五 P566）

【荷荷】hēhē　《南史》：“梁武帝再曰：‘荷荷。’”案：荷，病人痛呼聲。今病者作痛聲則曰荷荷。（《吳下方言考》卷六 P4）

【荼家】tújiā　參見［天家］。（《通雅》卷十九 P645）

【菶松】péngsōng　方岳詩：“荷鋤頭白雪菶松。”藍仁詩：“遮藏秋色久菶松。”陸容詩：“燈前披影看菶松。”（《韻府》）（《里語微實》卷中上 二字微實 P31）

【莎雞】shājī　莎雞，一名促織，一名絡緯，一名蟋蟀。絡緯，謂其鳴聲如紡績也。促

織，謂其鳴聲如急織也。(《蘇氏演義》卷下P30)

【莨蕩】làngdàng　渠在浚儀曰莨蕩。(《通俗文》釋天地P39)

【莊】zhuāng　莊者，藏書之義。唐李德裕"平泉莊"，此後人花園之始。今俗以莊稱田盧，而藏書之所不復稱莊矣。……莊從土，俗作庄，非。(《雅俗稽言》卷十P10)

【菶菶萋萋】běngběngqīqī　《詩‧大雅‧卷阿》篇。越喻不清脱。(《越諺》卷下　重文疊韻P7)

【菁瓜】jīngguā　《本草》："越瓜原為越種。"昔名"稍瓜""菜瓜"，今呼"菁瓜"。大如弧子，生食甘脆而冷，越人用綠麥醬醃曬，可蔬可菹。(《越諺》卷中　瓜果P50)

【著】❶zháo　火起曰著。(《札樸》卷九　鄉里舊聞　鄉言正字附　雜言P329)

❷zhē　方言語助也。許用晦詩："逢著仙人莫下碁。"李義山詩："記著南塘移樹時。"(《助字辨略》卷五P262)

❸zhuó　著，附麗也，猶今言土著之著。許用晦詩："逢著仙人莫下碁。"李義山詩："記著南塘移樹時。"(《方言藻》卷一P3)

【著當】zhuódàng　等。(《墨娥小錄》卷十四P7)

【著處】zhuóchù　猶云到處也。杜子美詩："迷方著處家。"李義山詩："著處斷猿腸。"(《助字辨略》卷五P262)

杜子美詩："迷方著處家。"李義山詩："著處斷猿腸。"著處，一作觸處。王仲初詩："諸院門開觸處行"，可證。(《方言藻》卷一P3)

【著道兒】zhuódào'ér　(見)關漢卿《救風塵》劇。(《通俗編》卷十四P304)

【著闀】zhùxì　心有憂怒不悦，曰著闀。闀，呼隔反。《方言》："宋衛閒怒而噎噫曰闀。"《詩》："兄弟闀於牆。"又，江右爰書中有著盩字。按：盩與棘切。《書》："民罔不盩傷心。"注：盩，痛甚也。(《方言據》卷上P4)

【若】ruò　乱草也。人者反。(《俗務要名林》)

【苞】bào　雞伏卵北燕謂之苞，江東呼藍。(《通俗文》存疑P99)

【菈蓬】lātà　《廣韻》："菈蓬，秦人呼蘿蔔。"

(《札樸》卷九　鄉里舊聞P313)

【菈蓬子】lātàzǐ　《玉篇》："東魯呼蘆菔曰菈蓬子。"今吾鄉無此語。《廣韻》："菈蓬，秦人呼蘿蔔。"(《札樸》卷九　鄉里舊聞P313)

【菴】ān　參見[庵]。(《通俗編》卷二十四P539)

【菽乳】shūrǔ　參見[豆腐]。(《越言釋》卷上P28)

【萎歇】wěixiē　上炎麾反。《考聲》："萎，怨也。"《字書》："萎，黃病也，弱也。"下軒謁反。《考聲》："喘息也。停止也。"(《一切經音義》卷八18P314)

【萎燥】wěizào　又作矮，同。於危反。《聲類》："萎，草大菸也。關西言菸，山東云蔫，江南亦言矮，方言也。"下乘道反。燥，乾也。(《一切經音義》卷七十3P2767)

【萎悴】wěicuì　萎悴，惡也。(《通俗文》釋言語上P16)

【菜瓜】càiguā　參見[菁瓜]。(《越諺》卷中　瓜果P50)

【菩薩】púsà　《翻譯名義》："菩薩本云菩提薩埵。《大論釋》云：'菩提，佛道也。薩埵，成衆生也。'天台解云：'用諸佛道以成就衆生，故名。'"省其二字，乃云菩薩。經誦中或又作布薩。(《通俗編》卷二十P442)

蒲殺。卽神。《翻譯名義》："菩薩本名'菩提薩埵'。"《大論釋》云："菩提，佛道也；薩埵，成衆生也。"乃省其二字云"菩薩"。(《越諺》卷中　神祇P17)

【菠菜】bōcài　《嘉話錄》："菠薐種自西國，有僧將其子來云：'是頗陵國之種。'語訛為菠薐。"按：《唐會要》："太宗時尼波維獻波薐菜，類紅藍。"唐《西域傳》："婆羅獻波稜。"卽今菠菜也。(《土風錄》卷四P221)

【菠薐菜】bōléngcài　菠薐菜俗云菠菜。菜之菠薐，本西國中，有僧將其子來，如苜蓿、蒲萄以張騫而至也。或頗薐國將來，而語訛為菠薐耶？(《目前集》前卷P2122)

參見[菠菜]。(《土風錄》卷四P221)

【蒩刷】qūshuā　去物泥曰蒩刷。(《札樸》卷九　鄉里舊聞　鄉言正字附　雜言P329)

【葉子】yèzǐ　《楊升菴外集》："葉子如今之紙牌酒令。"《鄭氏書目》有"南唐李後妃周氏編金葉子格"。《咸定錄》："唐李郃為賀州刺史，與妓人葉茂連江行，因撰'骰子選'，謂之葉子。咸通以來，天下尚之。《農田餘話》："今之葉子戲消夜圖相傳始於宋大祖令宮人習之以消夜。"（《談徵》事部P28）

宋轅文《筆記》謂："葉子二字，坼其字上半，乃廿世，字下木字湊子字作李字。爲有唐二十帝之讖"……又有"馬弔"之名，陳確庵《頑潭詩話》謂："卽戳戲，始明萬歷中年，崇禎間尤甚，京師搢紳入朝歸，袍笏未除，毯列已具。"（《土風錄》卷五P228）

參見［六赤］。（《唐音癸籤》卷十九P173）

參見［卷軸］。（《恒言廣證》卷六P88）

【葉子格】yèzǐgé　歐陽公《歸田錄》云："葉子格者，唐中世以後有之，說者云：'有姓葉號子青者撰此格，因以爲名。'"非也。骰子格本備檢用，故亦以葉子寫之，因以名之耳。（《土風錄》卷五P228）

參見［六赤］。（《唐音癸籤》卷十九P173）

【葉子戲】yèzǐxì　唐國昌公主會韋氏族於廣里里，韋氏諸家好爲葉子戲。南唐李後主妃冉氏編金葉子格。此戲自唐咸通已有之，《遼史》稱爲葉格。（《稱謂錄》卷二十九賭P23）

【葉格】yègé　參見［葉子戲］。（《稱謂錄》卷二十九　賭P23）

【葉粽】yèzòng　上閭接反，茈葉也。下音總。蜀人作去聲，呼粽子，亦俗字也。正體從米從叟作糉，卽五月五日楚人所尚糉子是。（《一切經音義》卷一百17P3736）

【葫】hú　蒜臭曰葫。（《札樸》卷九　鄉里舊聞　鄉言正字附　雜言P329）

【葫蘆提】húlútí　參見［葫蘆蹄］。（《通俗編》卷三十P675）

【葫蘆蒲】húlúpú　蔓棚而生，大腹束腰，圓頭銳柄。嫩可湯食，老作器用。卽"藥壺盧"。《本草》謂即"匏瓜"，非。按："葫"讀入聲。同彭汝礪《蠻峒》詩。（《越諺》卷中穀蔬P55）

【葫蘆蹄】húlútí　鶻突，猶言糊塗，轉其音則曰葫蘆蹄。蹄一作提，元曲中言葫蘆提甚多。（《通俗編》卷三十P675）

【葫蘆頭】húlútóu　僧徒首禿，俗以形似諆之，曰葫蘆頭。應璩詩云："平生髮完全，變

化成浮屠。醉酒巾幘落，禿頂亦如壺。"其比擬葢甚久矣。（《通俗編》卷三十P675）

【荍臍】bóqí　參見［慈姑］。（《土風錄》卷四P222）

【莿莿】làlà　音賴平聲。劉駕《苦寒行》："嚴寒動八荒，莿莿無休時。"案：莿莿，風寒意。吳諺謂風寒而勁曰風莿莿。（《吳下方言考》卷四P7）

【葳蕤鎖】wēiruísuǒ　韓翃詩："春樓不閉葳蕤鎖，綠水迴通宛轉橋。"《封禪書》："紛綸葳蕤。"張楫曰："亂貌。"《錄異傳》載："建安中河間鬼婦遺葳蕤鎖與人別，其鎖以金縷相屈伸。"古樂府《烏夜啼》："歡下葳蕤鎖，交儂那得住。"（《唐音癸籤》卷十九P169）

【葢頭袱】gàitóufú　嫁時蒙首紅綢巾也。祝壽翁挑去。《夢梁錄》"挑巾"相同。（《越諺》卷中　服飾P42）

【葺茅】qìmáo　上侵入反。《考聲》云："茅草覆屋也。"從草耳聲。耳音同上。下卯包反。《說文》："草名也。從草矛聲也。"（《一切經音義》卷二十九12P1160）

【萬庚千倉】wànyǔqiāncāng　《舊五代史·晉高祖本紀》云："今汴洲乃萬庚千倉之地，是四通八達之郊。"（《巵言》卷六P73）

【蒠料】xiàngliào　以辛香和食曰蒠料。蒠音向。（《里語徵實》卷中上　二字徵實P17）

【董】dǒng　參見［督］。（《越言釋》卷上P5）

【董事】dǒngshì　謂宗族鄉社之任事者。（《越諺》卷中　善類P11）

【葆吹】bāochuī　上音保。《廣雅》："葆，大也。"《說文》："盛也，從草保聲，盛陳設樂也。"下推類反。簫笛笙竽之類也。（《一切經音義》卷九十11P3459）

【葱草】cōngcǎo　參見［薄草花］。（《通俗編》卷二十五P563）

【落地】luòdì　陶詩："落地爲兄弟，何必骨肉親。"按：俗以人初生世爲"落地"。（《通俗編》卷二P25）

【落墨】luòmò　韋昭《國語注》："五尺爲墨，今木工各用五尺以成宮室，其名爲墨，則墨者工師之五尺也。"按：今木工所用曰六尺杆，小變矣，而度材之初，謂之落墨，猶其遺言。（《通俗編》卷二十四P546）

【落套】luòtào　受人籠絡曰落套。簡略時趨曰脫套。套，滔去聲。(《燕説》卷四 P16)

【落度】luòduó　《三國志·楊儀傳》："寧當落度如此?"《晉書·五行志》："童謡:'元超兄弟大落度。'"按:度，音鐸。世謂不拘謹修飾曰落度。一作落托。晉樂府《懊憹歌》："攬衣未結帶，落托行人斷。"又作樂託。《世説》："謝中郎曰:'王修載樂託之性，出自門風。'"又作落拓。《北史·楊素傳》："少落拓有大志，不拘小節。"(《通俗編》卷十五 P529)

　　落落不管事曰落度。按:《宋書·五行志》:"元超兄弟大落度，上桑打棋爲苟作。""度"字，正作入聲。又三國楊儀語費禕曰:"處世寧當落度如此。""度"字，注無音，疑當入聲。(《土風錄》卷七 P249)

　　《華陽國志》:"楊儀謂費禕曰:'公亡後，吾當舉衆降魏，處世寧當落度如此耶?'"(《恒言廣證》卷二 P37)

【落泊】luòbò　參見[落魄]。(《通俗編》卷十四 P303)

【落托】luòtuō　晉樂府《懊憹歌》:"攬衣未結帶，落托行人斷。"(《恒言廣證》卷二 P37)

　　參見[落度]。(《通俗編》卷十五 P529)

【落拓】luòtuò　下湯諾反。《考聲》云:"落祏，失節貌也，亦開也。"《字書》:"從衣作祏。"非。傳文度義乖，今不取者也。(《一切經音義》卷九十四 11P3550)

　　《北史·楊素傳》:"少落拓，有大志。"(《恒言廣證》卷二 P37)

　　參見[落度]。(《通俗編》卷十五 P529)

【落抱】luòbào　有所忘而不記，曰落抱。唐詩:"落抱疑非故，攜裾宛似初。"與白頭如新同意。(《方言據》卷上 P5)

【落月】luòyuè　孕産之月。即《禮·內則》"及月辰"之談。(《越諺賸語》卷上 P4)

【落艚】luòcáo　河中水淺曰落艚。閩船皆舴艋，稍大者呼曰"巢蓬"。按:"巢"當作"艚"。《韻釋》:"艚，舟名，十月水爲復槽水，言落水也。"(《書影》江漢有潳，以扞制泛濫，大漲則溢于平陸。水退潳見，舟人謂之"水落艚"。臨川詩:"萬里寒江正復艚"。

(《碧溪詩話》)(《里語徵實》卷中上　二字徵實 P29)

【落索】luòsuǒ　參見[摸捺]。(《客座贅語》卷一　方言 P11)

【落託】luòtuō　《世説·賞譽》篇:"王修載落託之性，出自門風。"(《恒言廣證》卷二 P37)

【落雨】luòyǔ　凡曰月星霜風露，皆言"落"。……獨雨言"落"少經見，惟《談薈》:"五月諺云:'初一雨落井泉浮，初二雨落井泉枯，初三雨落連太湖。'"雨言"落"，亦非俗;特於一、二、三日上用"初"字，真諺語也。(《里語徵實》卷中下　二字徵實 P20)

【落霞】luòxiá　落霞乃鳥也。余舊嘗於內臣養戶處見之。形如鸚哥稍大，遍體緋羽。《螢雪叢説》以爲飛蛾，誤矣。又曰:"鶩，野鴨。蓋因野鴨逐飛蛾欲食，故曰齊飛。"此又強解可笑。(《七修類稿》卷二十一 P315)

【落煩】làozhěn　項回轉不便曰落煩。(《札樸》卷九　鄉里舊聞　鄉言正字附　疾病 P327)

【落魄】luòtuò　《史記·酈食其傳》:"家貧落魄，無以爲衣食業。"注:"落魄，志行衰惡之貌。應劭曰:'魄，音託。'鄭氏曰:'音薄。'晉灼曰:'與落薄、落託義同。'又通作落泊。"《陳書·杜稜傳》:"少落泊不爲當世知。"《北史·盧思道傳》:"再被笞辱，因落泊不調。"《傳燈錄》:"神山僧密與洞山行次，忽見白兔過。密曰:'大似白衣拜相。'洞山曰:'積代簪纓，暫時落魄。'"按:今爲此語者，皆讀魄爲薄。(《通俗編》卷十四 P303)

【落魄阿四】luòtuò'āsì　不修邊幅者。《史記·酈食其傳》:"家貧落魄。應劭曰:"魄，音託，鄭氏音薄。晉灼曰:"與'落薄''落託'義同。越音此處呼"落託"。(《越諺》卷中　善類 P12)

【落齾】luòyà　"顔"入聲。刀挫鋒有缺曰"落齾"。(《越諺》卷中　形色 P57)

【萱堂】xuāntáng　俗謂母爲萱堂。……後世以燕山靈椿爲父，遂稱其父母爲椿萱，自宋末始有之。《覆瓿集》辨之稱無據，其説頗詳。(《俚言解》卷一 14P10)

　　孟郊詩:"萱草集堂階，遊子行天涯。"葉夢得詩:"白髮萱堂上，孩兒更共誰。"《野客叢書》:"今人稱母爲北堂萱，蓋祖《毛詩·

伯兮篇》：'焉得諼草，言樹之背。'案注：'萱
草，令人忘憂；背，北堂也。'其意謂君子爲
王前驅，過時不反，家人思念之切。安得萱
草，種於北堂，以忘其憂？蓋北堂幽陰之
地，可以種萱，初未嘗言母也，不知何以遂
相承爲母事。借謂北堂居幽陰之地，則凡
婦人皆可以言北堂矣。何獨母哉？"（《稱謂
錄》卷二　母 P1）

　　參見［堂老］。（《通俗編》卷十八
P387）

【萱草】xuāncǎo　諼、萱音全。《詩》云："焉
得諼草，言樹之背。"注："諼，忘也。"萱草，
食之令人忘憂，故曰諼。（《雅俗稽言》卷三
十九 P3）

【萱親】xuānqīn　參見［堂老］。（《通俗編》
卷十八 P387）

【葷醪】hūnláo　上音薰，蔥、蒜、韭、薤等臭
菜也。下音勞，卽白醪等一切諸酒者也。
（《一切經音義》卷九十 8P3454）

【萹苪】biānzhú　掖縣小兒賣野菜，葉似目
宿，呼爲邊豬牙。問其縣人，皆不知何草。
余考之，蓋萹苪也。（《札樸》卷九　鄉里舊
聞 P314）

【蒜髮】suànfà　《北齊書·慕容紹宗傳》：
"吾年二十以還，恆有蒜髮。昨來蒜髮忽然
自盡，以理推之，蒜者算也。吾算將盡乎？"
《本草》："蕪菁子厭油塗頭，能變蒜髮。"
（《通俗編》卷十六 P354）

　　參見［宣髮］。（《南村輟耕錄》卷十八
P224）

【蓮子】liánzǐ　早俗呼王瓜爲黃瓜也。粒如
蓮子而長者謂之蓮子。（《俚言解》卷二
23P40）

【蓮炬】liánjù　蓮炬者，乃插燭之器。天子
以金爲蓮花之形，謂之蓮炬，非燭名也。
（《言鯖》卷下 P21）

【蓮纈花】liánxiéhuā　參見［仙人花］。
（《蘇氏演義》卷下 P29）

【蓐母】rùmǔ　《宋史·五行志》："宣和六年，
都城有賣青果男子，孕而生子，蓐母不能
收，易七人始娩。"蓐母，穩婆也。（《稱謂
錄》卷三十一　三姑六婆 P22）

【蓓蕾頭】bèilěitóu　吳音讀字類。盧仝
《茶歌》："仁風暗結珠蓓蕾，先春抽出黃金
芽。"案：蓓蕾，樹芽出甚微也，吳中謂草木

報芽曰蓓蕾，疥癬之小者亦曰蓓蕾頭。
（《吳下方言考》卷九 P21）

【蒼頭】cāngtóu　《容齋隨筆》："今人呼蒼
頭爲將軍，始于彭寵爲奴所縛，謂其妻曰：
'趣爲將軍治裝。'注：'呼奴爲將軍，欲其赦
己也。'"然觀《陳勝傳》"將軍呂臣爲蒼頭
軍"，是則謂蒼頭爲將軍，亦已久矣。又《漢
書》"蒼頭盧兒"注："漢名奴爲蒼頭。"此解
在《鮑宣傳》，而顏師古注《蕭望之傳》，謂在
《貢禹傳》，誤。（《雅俗稽言》卷二十一
P14）

　　《漢書·鮑宣傳》："蒼頭盧兒，皆用致
富。"《霍光傳》："使蒼頭奴上朝謁。"孔穎達
《禮記疏》："漢家僕隸謂之蒼頭，以蒼巾爲
飾，異于民也。"孟康《漢書注》："黎民黔首，
黎黔皆黑也。下民陰類，故以黑爲號。漢
名奴爲蒼頭，非純黑，以別于良人也。"按：
"蒼頭"之稱，不始于漢。《戰國策》蘇秦説
魏曰："竊聞大王之卒，武力二十餘萬，蒼頭
二十餘萬，奮擊二十萬，廝徒十萬。"已言
之。但是兵卒，非奴隸，爲小別耳。（《通俗
編》卷十八 P404）

　　小顏《外戚傳》注："今蒼頭所攜貯筆硯
者，謂之照袋。"（《土風錄》卷三 P201）

　　《西陽雜俎》："魏賈鏘有蒼頭，常令乘
小艇於黃河中接河源水以釀酒，名崑崙
觴。"陶弘景《授陸敬遊十賫文》："賫爾蒼頭
一人，厥名多益，可以傳代薪水。"《北史·甄
琛傳》："頗以弈棋棄日，至乃通夜不止，手
下蒼頭，常令執燭。"白居易詩："嫁分紅粉
妾，賣散蒼頭僕。"（《稱謂錄》卷二十五　僕
P16）

【蒼鶻】cānghú　《太和正音》之副末，古謂
蒼鶻。故可朴靸。靸謂狐也，蒼鶻可攫狐
也，故副末執磕爪以朴靸也。傅粉墨者謂
之靸，獻笑供諂者也，古爲參軍。《書語》稱
狐爲田參軍。靸，今優人謂之淨，副粉墨之
大淨也。生旦丑外，則古無此名。副末至
今有之。（《言鯖》卷下 P5）

　　參見［參軍］。（《稱謂錄》卷三十　優
P13）

【蓬蓬】péngpéng　蓬蓬，腹飽貌。（《吳下
方言考》卷一 P9）

【蓬頭】péngtóu　髮亂垂謂之蓬頭。《詩》：
"首如飛蓬。"《唐書》："張説蓬頭垢面。"又，
蓬頭謂之科頭。《三國志》："管寧晏起，科

頭。"(《雅俗稽言》卷二十二 P4)

【芻】chú　漉酒曰芻。(《札樸》卷九　鄉里舊聞　鄉言正字附　名稱 P328)

【蒿宮】hāogōng　今人多用蒿宮，不知所出。按：脩陽山有神蓬如蒿，長十丈。周初，國人獻之，周以爲宮柱。(《言鯖》卷上 P9)

【蒿惱】hāonǎo　參見[懊憹]。(《通俗編》卷十五 P323)

【蒿田】gǎotián　五月，説與百姓每："謹慎蒿田，勿延。"(《宛署雜記》卷一 P4)

【蒟蒻】jǔruò　《本草》："蒟蒻，一名鬼芋。"《類篇》："蒟蒻似芋可食。"《酉陽雜俎》："蒟蒻根大如椀，至秋，葉滴露，隨滴生苗。"《蜀都賦》："其園則有蒟蒻、茱萸。"劉淵林注云："蒟，蒟醬也。蒻，草也，其根名蒻頭。"馥案：劉分蒟蒻爲二物，與《本草》異。《益州記》亦單稱蒻，其説云："蒻之莖，蜀人於冬月取以春碎炙之，水淋一宿爲菹。"(《札樸》卷五　覽古 P158)

【蒟醬】jǔjiàng　劉淵林注云："蒟，蒟醬也。"(《札樸》卷五　覽古 P158)

【蒲子】púzǐ　青色嫩皮，瓤瓤皆白，形似"越瓜"，即本條瓜類之"菁瓜"。首尾相擣，無大小。古名"弧"者是也。……陸機《詩疏》、許慎《説文》混同硬殼大腹之"壺"、"匏"、"瓢"，《本草》"壺盧"、《釋名》"弧瓜"，大非也。(《越諺》卷中　穀蔬 P55)

【蒲萄】pútáo　蒲呼若勃。白樂天詩"燕姬酌蒲萄"讀入聲。(《語竇》P169)

【蒲開】púkāi　瓢謂之蒲開，蒲，匏也。《淮南子》："百人杭浮。"説者曰："蒲一名淳。"《韻義》："瓢，蠡也，破弧爲之。"唐詩："分匏酌海波。"用莊子以蠡測海之意。破弧、分匏皆開意。(《方言據》卷下 P26)

【蒲鞋】púxié　劉章《咏蒲鞋》詩"吳江江上白蒲春，越女初挑一樣新。纔自繡窗離玉指，便隨羅韤步香塵。"按：章，五代初人也。今吳下阿娘，猶通行此飾。胡應麟謂近世婦以纏足故，絶無用之者，殆未至吳下耶？《太平寰宇記》以草履爲蘇州土產，當亦指此。(《通俗編》卷二十五 P566)

【蒙】mēng　言語籠罩人使不覺曰蒙。(《客座贅語》卷一　詮俗 P8)

【蒙古兒】měnggǔ'ér　市井以爲銀之隱

語。豈知蒙古二字原作銀解，予習國語始知之。蓋彼時與金國號爲對耳。其讀蒙作去聲，則口音之訛也。(《直語補證》P46)

【蒙蘢】ménglóng　《天台山賦》："披荒榛之蒙蘢。"(《札樸》卷五　覽古 P144)

【蒙貴】ménguì　參見[狸奴]。(《雅俗稽言》卷三十六 P11)

【蒻頭】ruòtóu　劉淵林注云："蒻，草也，其根名蒻頭。"(《札樸》卷五　覽古 P158)

【蒸穀】zhēnggǔ　參見[火穀]。(《里語徵實》卷中上　二字徵實 P17)

【蒸煲】zhēngzhuàng　蒸食物曰蒸煲。煲音壯。(《蜀語》P13)

【蒸米】zhēngmǐ　參見[火穀]。(《里語徵實》卷中上　二字徵實 P17)

【蓪草花】tōngcǎohuā　《外紀》："晉惠帝正月賞宴，百花未開，令宮人翦五色通草花。"唐王叡詩："蓪草頭花柳葉裙。"李咸用《咏紅薇》詩："畫出看還欠，蓪爲插未輕。"按：今云葱草者，訛。(《通俗編》卷二十五 P563)

【蔫】niān　煙。色不鮮。見《楚詞》並杜牧詩。(《越諺》卷中　形色 P59)

【蓲】fū　參見[苞]。(《通俗文》存疑 P99)

【蔽前】bìqián　參見[襜衣]。(《一切經音義》卷八十二 6P3215)

【蔽甲】bìjiǎ　參見[背子]。(《通俗編》卷二十五 P562)

【蔑蔑】mièmiè　小曰蔑蔑。凡言人物小謂之蔑蔑。揚子《方言》："江淮陳楚之內謂之蔑。"郭璞註云："蔑，小貌也。"(《蜀語》P25)

【薖座】kēzuò　《詩》："碩人之薖。"《廣韻》《集韻》"薖"並苦禾切，直讀若科。李詡《俗呼小錄》："俗謂所居曰科座。實當爲薖座也。"(《通俗編》卷二十四 P537)

　　　上"科"。呼所居處。《詩》："碩人之薖。"(《越諺》卷中　屋宇 P25)

【蔦雕】niǎodiāo　參見[彈]。(《燕山叢錄》卷二十二　長安里語　身體 P6)

【蔡】sà　"竄"又作"蔡"。《左氏傳》："鬼神弗赦而自竄於蔡林"，音七外反。《虞書》："竄三苗於三危。"《説文》作"寂"，音察。《禹貢》："五百里要服則二百里蔡；五百里荒服則二百里流。"《蔡仲之命》曰："蔡蔡叔於郭隣。"今酒而雜之以水則謂之"傸水",餀而和之以餳則謂之"蔡餳"。有群兒嬉戲,有後來而闌之者,亦謂之"蔡"。或曰"蔡"當"插",不知"插"又"蔡"音之轉。(《越言釋》卷下 P28)

【蔗蒻工】zhèruògōng　《唐書·德宗紀》:"罷貢九成宮貢,立獸炭爐(編者按:"炭"下原無"爐"字)、襄州蔗蒻工。"案:蔗蒻工殆竹篾匠之類。(《稱謂錄》卷二十八 百工 P7)

【蔢蕑】bòhè　婆呵皆去聲。出《玉篇》,訓藥草,實屬"薄荷"之本名本字。今人皆書"薄荷",遂罕知者。(《越諺》卷中 花草 P49)

【蔚藍】wèilán　《度人經》:"諸天名也。"隱語無義理可解,非青葉之藍。杜甫《梓州金華道觀詩》:"涪右衆山內,金華紫崔巍。上有蔚藍天,垂光抱瓊臺。"借作顔色字,爲藥宮寫貌。(《唐音癸籤》卷十六 P142)

【薩薩】lónglóng　參見[鄉里]。(《通雅》卷十九 P656)

【蕩】dǎng　上聲。栽菱養魚處。(《越諺》卷中 地部 P3)

【蕩口】dàngkǒu　參見[澡漱]。(《一切經音義》卷二十二 7P835)

【蕊榜】ruǐbǎng　世傳大羅天上放進士榜于蕊珠宮,故進士榜稱爲蕊榜。李義山贈同年詩:"同語大羅天上事,衆仙何日咏霓裳。"凡放榜後有一人謝世者,名曰報羅使。又《摭言》:"貞元中,羅玠及第,開宴曲江,泛舟及溺。後有開宴前卒者謂之"報羅"。"(《雅俗稽言》卷十九 P11)

【蕻】hòng　菜心之蟲起者,俗謂之"菜蕻",亦謂之"菜蕻",呼貢切。顧黃公《説字》言之,⋯⋯宋《嘉泰會稽志》曰:"'草芽曰汞。凡草木率多汞。'其挺然秀擢者,汞使之然也。"今嶺南人謂茼蒿藍之葉有鉛,又:馬齒莧煉之得鉛,此其言未必非。卽放翁詩亦有"地煖小畦生汞長"之句,則在南宋時,其以"蕻"爲"汞",久已相沿成習,而宪不免於支鑿。按:今之言"蕻"者,不必尚屬之菜,并不必尚屬之草,凡木之條者,皆曰"蕻"矣。(《越言釋》卷上 P27)

【薯莨綢】shǔliángchóu　越中夏月多服敲皮袴,初惟市人著之,近日風行漸及閨閣矣,名曰薯莨綢,有紫緇二色。近作僞者易

以紗而質薄,不堪久著矣。《廣東新語》(卷二十七):"薯莨産江北者良。其白者不中用,用必以紅。紅者多膠液,漁人以染衆罾,使苎麻爽勁,旣利水,又耐鹹潮,不易腐。而薯莨膠液本紅,見水則黑。諸魚屬火而喜水,水之色黑,故與魚性相得。衆罾使黑,則諸魚望之而聚"云。《西雲禮記》(卷三)"赭魁卽餘糧"條云:"《夢溪筆談》二十六:'《本草》所論赭魁皆未詳。今南中極多,膚黑肌赤,似何首烏,汁赤如赭。南人以染皮制靴,閩嶺人謂之餘糧。'云云。按:吾邑人,以之染夏布與魚網謂之薯囊,卽餘糧之轉音也。據《西雲》説,則屈之薯莨,"莨"應作"糧"。(《釋諺》P83)

【亂子】luànzǐ　小蒜根也,見《集韻》。今世俗凡物塊磊而小者,曰亂子,卽此。(《語實》P152)

【薨】kǎo　《周禮》之"鱟薨",⋯⋯薨者,乾魚也。今之乾魚多矣,惟刀鱭之小者,鹽漬之走四方,謂之"魚薨",然貧者之饌爾。今之乾魚,大抵謂之"薨",⋯⋯又《內則》"薑茞粉榆免薨",《集説》以"免"爲新鮮,"薨"爲乾陳,⋯⋯則凡物之乾陳者皆曰"薨"。(《越言釋》卷下 P21)

【薦手】jiànshǒu　小獲曰薦手。(《札樸》卷九 鄉里舊聞 鄉言正字附 雜言 P331)

【薄夜】bóyè　參見[不托]。(《通雅》卷三十九 P1183)

【薄刀】bódāo　卽菜刀、廚刀。(《越諺》卷中 器用 P27)

【薄尠】bóxiǎn　旁博反。⋯⋯下先剪反。《韻英》:"尠,少也。"(《一切經音義》卷十五 18P584)

【薄衍】bóyán　參見[不托]。(《通雅》卷三十九 P1183)

【薄持】bóchí　參見[不托]。(《通雅》卷三十九 P1183)

【薄相】bóxiàng　東坡《泛潁》詩:"此豈水薄相,與我相娛嬉。"(《恒言錄》卷二 P46)
　　蘇東坡詩:"此豈水薄相,與我相娛嬉。"(《迿言》卷一 P21)
　　參見[字相]。(《通俗編》卷十二 P265)
　　參見[字相]。(《恒言廣證》卷二 P39)

【薄遽】bójù　卽迫急。小極,卽小欮。《嚴

助傳》"事薄遽"，與迫急同。劇有極音，如晉人皆以敊爲極，可證。"王導小極，對之疲倦"是也。《方言》："殘，俒，倦也。瘃，極也。"郭璞："瘃，户畏反。今江東呼極爲瘃。"於殘下注，亦曰："呼極爲殘。"外傳："予病殘矣。"殘、瘃一字，俒是敊之訛。相如賦："微敊受詘。"注："疲極也。"六朝亦稱"罷劇"。(《通雅》卷七 P301)

【薛荔】pīlì　　上毗袂反，下黎第反。梵語餓鬼揔名也。(《一切經音義》卷十六 7P606)

【薛荔多】pīlìduō　　上蒲閉反，下礼帝反。梵語惡鬼名也。(《一切經音義》卷十六 9P609)

【薩】sà　　北方稱三，作開口聲。《北史》："李業興使梁武帝，問其宗門多少。荅曰：'薩四十家。'"政與此同。(《直語補證》P13)

【藉在】jièzài　　杜："白頭無藉在。"《千金翼論》云："老人之性，必恃其老，無有藉在。"如云無賴藉也。(《唐音癸籤》卷二十四 P214)

【藉口】jièkǒu　　按：《左傳·成公二年》曰："若苟有以藉口而復於寡君，君之惠也。"杜預注云："藉，薦。復，白也。"孔穎達曰："禮，承玉之物，名爲繅藉。藉是承薦之言，故爲薦也。復者，報命於君，故爲白也。言無物以空口以爲報，少有所得則與口爲藉，故曰藉口。"(《能改齋漫錄》卷七 P169)

【藉手】jièshǒu　　藉手本俗語，然亦本於藉口。東坡《跋邢敦夫賦》云："斯亦足以藉手見古人矣。"……服虔云："今河南俗語，治生求利，少有所得，皆言可用藉手矣。"然《左氏·襄公十一年》云："苟有以藉手。"則知非俗語也，其來久矣。(《能改齋漫錄》卷七 P169)

【藍尾】lánwěi　　參見［婪尾］。(《雅俗稽言》卷三十八 P3)

參見［婪尾］。(《言鯖》卷下 P21)

【藍尾酒】lánwěijiǔ　　元日飲屠蘇酒，從小者起以至老，名藍尾酒。唐人多入詩用。按：《時鏡新書》："晉有問董勛者曰：'俗以小者得歲，故賀之；老者失歲，故罰之。'意即'闌'字，取闌末之意，借用藍耳。"侯白《酒律》又言："此酒巡匝到末，連飲三杯以慰之，亦名'婪尾'。"唐人《河東記》載："申屠澄遇老翁嫗留飲，澄讓足，即巡，澄當婪尾。'"則知婪爲自謙之辭，如

俗云貪杯。然與藍又另一解矣。並方言，而各有其義。(《唐音癸籤》卷二十 P175)

參見［婪尾］。(《雅俗稽言》卷三十八 P3)

【藍縷】lánlǚ　　今人以衣敝者爲藍縷。老杜詩曰："山僧衣藍縷，告訴棟梁摧。"《續仙傳》又作繿縷。(《七修類稿》卷二十一 P309)

【藏拙】cángzhuō　　劉餗《暇記》："徐陵聘齊，魏收錄其文遺陵，陵過江沉之，曰：'吾與魏公藏拙。'"韓退之詩："倚玉難藏拙，吹竽久混真。"羅隱詩："縱無顯效亦藏拙，若有少成甘守株。"(《通俗編》卷十二 P258)

【藏朦】cángméng　　迷藏，今之藏朦也。《過庭錄》："有學于魯直者，題扇上畫小兒迷藏詩云：'誰翦輕紈織巧絲，春深庭院作兒嬉；路郎有意嘲輕脱，只有迷藏不入詩。'"溫麻小説有藏朦事，小兒多此戲，舊畫有此圖者。京師曰替鬼摸蝦，其法：一朦面，餘悄以手犯之。朦者應手摸之，獲則代。(《通雅》卷三十五 P1086)

【藏竄】cángcuàn　　七亂反。杜注《左傳》云："竄，匿也。"顧野王云："竄猶逃也。"《古今正字》："從穴，從鼠，會意字也。"(《一切經音義》卷六十九 7P2740)

七亂反。逃也。《玉篇》："藏，竁也。"(《一切經音義》卷二十七 15P1073)

【藏頭雉】cángtóuzhì　　孔平仲詩："畏人自比藏頭雉，避世今同作蛹蠶。"按：俗謂雉避人只藏其頭，便謂人不見之，因有雉雞乖之諺。(《通俗編》卷二十九 P643)

【㦬㵦】pòsù　　音撲速。劉义《雪車詩》："輕輕緩緩成㦬㵦。"案：㦬㵦，鬆浮貌，吳諺謂不著實曰㦬㵦。(《吳下方言考》卷十 P15)

【藁薦腔】gǎojiànqiāng　　今嘲不善歌者曰藁薦腔，以其只一捲而已。(《雅俗稽言》卷十四 P15)

【薺泥】jìnǐ　　案：《名醫別錄》："薺苨根莖都似人參，而葉小異。"劉勰《新論》："愚與直相像，若薺苨之亂人參。"……馥謂：蘆菔、薺泥皆與人參相亂，故人參謂之蘆頭。(《札樸》卷五 覽古 P149)

【蓏蓏】lǎzhǎ　　不端正曰蓏蓏。蓏音孌上聲。蓏音鮓。(《蜀語》P32)

【蔒蔒】mèngdèng　　《廣韻》："蔒蔒，新睡

起。武互、都鄧二切。"又,"痠瘦,困病貌,音與蔓蔓相近。"按:今謂困倦人步立不定曰打蔓蔓。此其字。(《通俗編》卷三十四 P757)

【繭卜】jiǎnbǔ　參見[繭團]。(《土風錄》卷一 P177)

【繭團】jiǎntuán　正月十五夜,搏糯粉如蠶繭形曰繭團,見王仁裕《開元天寶遺事》。楊誠齋《江湖集》有:"上元夜里俗,粉米爲繭絲,書吉語置其中,以占一歲之禍福,謂之繭卜。詩云:‘心知繭卜未必然,醉中得卜喜欲顛。’"(《土風錄》卷一 P177)

【藥叉】yàochā　舊曰閱叉,或云夜叉,或云野叉,皆訛轉也。卽多聞天王所統之衆也。(《一切經音義》卷十二 14P465)
　　參見[閱叉]。(《一切經音義》卷八 3P325)
　　參見[夜叉]。(《通俗編》卷十九 P427)

【藥師】yàoshī　里有藥師殿,相傳以爲扁鵲,亦稱藥王。(《土風錄》卷十八 P394)

【藥樹】yàoshù　唐正衙宣政殿庭皆植松。開成中,詔入閣賜對官班退立東邊松樹下是也。殿門外復有藥樹。元微之詩云:"松間待制應全遠,藥樹監搜可得知。"自晉魏以來,凡入殿奏事官,以御使一人立殿門外搜索而後許入,謂之監搜。御使立藥樹下,至唐猶然。太和中始罷之。(《唐音癸籤》卷十七 P151)

【藥渣】yàozhā　今人以煎藥滓爲渣,蓋相字之誤。案:《廣韻》"柤、渣"兩字幷側加切,而義不同。柤字下訓"煎藥滓",渣與溠同,乃水名,出義陽,非藥滓也。(《恒言錄》卷五 P104)

【藥雨】yàoyǔ　參見[液雨]。(《俚言解》卷一 2P4)

【薬砧】gǎozhēn　古詩:"薬砧今何在。"李白詩:"薬砧一別如箭弦。"元黃節婦《訓子》詩:"抛心托薬砧,低眉奉公姑。"案:薬砧,鈇也。與夫同音,故借爲隱語。(《稱謂錄》卷五 夫 P2)

【蘆蕟】lúfèi　今人呼蘆席曰蘆蕟。漢《祝睦後碑》:"乘誨素棺,幣以莨蕟。"按:《廣韻》:"蕟,蘆蕟。"字從竹。則自漢以來有之,不始見於《南史·劉歆傳》也。(《直語補證》P29)

【蘆頭】lútóu　今謂人葰爲蘆頭。案:《説文》:"蘆,蘆菔也,一曰薺根。"張有《復古編》云:"蘆菔根似薺芢。"案:《名醫別錄》:"薺芢根莖都似人參,而葉小異。"劉勰《新論》:"愚與直相像,若薺芢之亂人參。"《潛夫論》:"治疾當得人參,反得支羅服。"馥謂:蘆菔、薺泥,皆與人參相亂,故人參謂之蘆頭。(《札樸》卷五 覽古 P149)

【蘇】sū　凝牛羊乳。素盧反。(《俗務要名林》)

【蘇頭】sūtóu　摯虞《決疑要錄》:"流蘇者,緝鳥尾垂之若旒然,以其蕊下垂,故曰蘇。"按:俗呼絛帨之蕊曰蘇頭。又,吳音蘇鬚同呼,亦曰鬚頭。皆卽流蘇之義。(《通俗編》卷二十五 P566)
　　吳中謂綏餘爲蘇頭。(《吳下方言考》卷三 P4)

【藹君子】ǎijūnzǐ　上埃蓋反。《考聲》云:"藹,容止兒也,臣盡忠也。"(《一切經音義》卷八十七 13P3382)

【藻井】zǎojǐng　參見[天花版]。(《土風錄》卷四 P214)

【蘊藉】yùnjiè　《史記·酷吏傳》:"義縱敢行,少蘊藉。"《開天遺事》:"寧王風流蘊藉,諸王弗如也。"按:《詩》"飲酒溫克"箋云:"能溫藉自持。"《釋文》:"溫,於運反,字通作‘醞’。"《漢書·薛廣德傳》:"爲人溫雅有醞藉。"師古注:"醞,言如醞釀也;藉,言有所薦藉也。"《北史·魏道武七王傳》:"子善博通,在何妥下,然風流醞藉,俯仰可觀。"亦作"醞"字。(《通俗編》卷十一 P240)

【蘭彈】lántán　彈讀若攤。蘇頲《咏死兔》詩:"兔子死蘭彈,將來掛竹竿。試移明鏡照,無異月中看。"案:蘭彈,死而柔也。今吳諺狀物之死而柔者曰蘭彈。(《吳下方言考》卷五 P7)

【蘭若】lánrě　參見[阿練若]。(《一切經音義》卷五 5P186)

【蘸老】zhànlǎo　鹽。(《墨娥小錄》卷十四 P5)

【蘸笔】zhànbǐ　陽物。(《墨娥小錄》卷十四 P8)

【蘴薴】téngméng　徒登反。下王登反。《韻集》云:"蘴薴,失卧極也。"(《一切經音義》卷七十 19P2799)

【蘿枷】luójiā　打麥杖。上音羅，下音歌。（《俗務要名林》）

【蘿蔔】luó·bo　蘆菔音羅白，俗轉蘆菔爲蘿蔔。蔔音白。有兩生賦詩，其一曰："昔年曾向洛陽東，年年只見有花紅。今年不見花枝面，花在舊時紅處紅。"其一曰："昔年曾向北京北，年年只見有蘿蔔。今年不見蘿蔔面，蘿在舊時蔔處蔔。"（《雅俗稽言》卷四十 P17）

　　即"萊菔"。其苗菜亦可茹，其根白實而大，即"蘿蔔"。（《越諺》卷中　穀蔬 P55）

【蘿蔔精】luó·bojīng　蘿蔔精，俚俗以戲侮小兒，謂其體短苗而白皙也。元人陳州糶米曲："你箇蘿蔔精，頭上青。"以是説小衙內。（《通俗編》卷三十 P675）

【蘁糟】jīzāo　沈周《客座新聞》載顧成章俚語詩，有"姑姑嫂嫂會蘁糟"句。蘁糟，喩瑣屑也。（《通俗編》卷十七 P378）

　　瑣屑曰蘁糟。沈周《客座新聞》載顧成章俚語詩有"姑姑嫂嫂會蘁糟"句。蘁糟喩瑣屑也。（《燕説》卷一 P6）

【蘮苴】lǎzhǎ　參見［蘮苴］。（《通俗編》卷十五 P332）

【蘮槎】lǎzhǎ　不謹愿曰蘮槎。上力免切，下除瓦切。（《肯綮錄》P2）

　　人粗獷曰蘮槎。《肯綮錄》云："不謹愿曰蘮槎，上力瓦切。"一作蘮蓏。《鶴林玉露》："安子文出蜀，自贊有'面目鄒搜，行步蘮蓏'句。"（《燕説》卷一 P2）

　　上落上聲，下遮。《唐韻》謂不謹愿，又云泥不熟，即如越以食物殘屑謂"蘮槎"者，意通。又指貨物低屑。出《越語肯綮錄》。（《越諺》卷中　貨物 P32）

【蘮苴】lǎzhǎ　（事之）不雅訓曰蘮苴（臘上聲，查上聲），曰朗伉（平聲），曰磊砢，曰孟浪，曰蘱（蒲併反）銳。（《客座贅語》卷一方言 P10）

　　人不端潔，賴取人物曰蘮苴。蘮，郎假切。苴，音鮓。黃魯直云："中州人謂蜀人放誕，不遵軌轍，曰川蘮。苴蘮者，泥不熟之名。"（《方言據》卷上 P1）

　　《指月錄》："五祖演禪師，綿州人，造白雲端。端謂曰：'川蘮苴。'"又"明覺顯與棲賢諟蘮苴不合。"《五燈會元》："真淨詬文準曰：'乃敢爾蘮苴耶？'"按：蘮，朗假切。山谷曰："蘮蓏，泥不熟也。苴，查滓也。蓋謂

其未經爐轉，所謂糟粕也。"今凡性情麤率、不自檢點者，俗以此語目之。（《通俗編》卷十五 P332）

　　參見［蘮蓏］。（《目前集》後卷 P2142）

【蘮蓏】lǎzhǎ　蘮音喇，蓏音鮓。《山谷集》："蘮苴，泥不熟也。"中州人謂蜀人不遵軌轍曰川蘮苴。蘮，郎假切，苴音鮓。考韻書無蘮苴，有蘮蓏。蘮，盧下切，讀若喇，蓏，除瓦切，讀若鮓。當作蘮蓏爲是。（《目前集》後卷 P2142）

　　音喇鮓。《玉篇》："蘮苴，泥不熟也。"考韻書無蘮苴，有蘮蓏。蘮，盧下切，讀若喇。蓏，除瓦切，讀若鮓。楊誠齋《野薔薇》詩："紅殘綠暗已多時，路上山花也則稀。蘮苴餘春還子細，燕脂濃珠野薔薇。"（《談徵》言部 P53）

　　參見［蘮苴］。（《通俗編》卷十五 P332）

　　參見［蘮槎］。（《燕説》卷一 P2）

羽　部

【翁翁】wēngwēng　陸游《孫十月九日生日翁翁爲賦詩爲壽》詩："落筆千言猶細事，讀書萬卷要深期。汝翁豪傑非今士，不用擔簦更覓師。"（《稱謂錄》卷一　祖 P7）

【習常】xícháng　《水經注》："河水南逕北屈縣故城西十里，有風山，上有穴，如輪，風氣蕭瑟，習常不止。"……即率常。習非暫爲之，故亦得爲常也。（《助字辨略》卷二 P97）

【習氣】xíqì　《華嚴經》："斷除一切煩惱習氣。"蘇軾詩："東坡習氣除未盡，時復長篇書小草。"蘇轍詩："多生習氣未除肉，長夜安眠懶食粥。"（《通俗編》卷十一 P233）

【翠】cuì　凡顔色鮮明曰翠。駱賓王文："縟翠蕚於詞林，絺鮮花於筆苑。"東坡詩："兩朵妖紅翠欲流。"以翠對鮮，旣曰紅，又曰翠，皆謂鮮明之貌。（《蜀語》P44）

【翣扇】shàshàn　韋昭説"屛攝"云："攝，形如翣扇。"（《札樸》卷四　覽古 P135）

【翫】wán　換曰翫。（《燕山叢錄》卷二十二　長安里語　人事 P2）

【翦】jiǎn　裁衣也。資典切。（《俗務要名

林》）

【翦刀】jiǎndāo　《南史·范雲傳》：“巾箱中取翦刀。”常生案：《爾雅》郭注：“南方人呼翦刀爲劑刀。”鑑案：《逸雅》：“翦刀，翦，進也，所翦稍近前也。”（《恒言錄》卷五 P103）

【翦綹賊】jiǎnliǔzéi　中“柳”。街市間翦取身邊衣物。（《越諺》卷中　賊類 P16）

【翩翩】piānpiān　案：東漢多以七言作標榜語，於句中爲韻，……又如：“……洛中翩翩祖與袁，講書論易鋒難敵。”（《札樸》卷八 金石文字 P280）

【翰林院】hànlínyuàn　唐翰林院本內供奉藝能技術雜居之所，以辭臣待書詔其間，乃藝能之一爾。（《石林燕語》）（《唐音癸籤》卷十七 P155）

【翰音】hànyīn　參見［燭夜］。（《蘇氏演義》卷下 P30）

【翳薈】yìhuì　雲興盛貌。（希麟《根本説一切有部毗奈耶破僧事八音義》。）（《埤蒼》 P23）

【翻】fān　反也。李義山詩：“本以亭亭遠，翻嫌脈脈疏。”又云：“千騎君翻在上頭。”（《助字辨略》卷一 P63）

　　翻，反也。李義山詩：“本以亭亭遠，翻嫌脈脈疎。”又云：“千騎君翻在上頭。”（《方言藻》卷二 P19）

【翻子手】fānzǐshǒu　京衛校尉緝捕姦盜及一切非常之變，謂之翻子手，卽古之迹射士也。《漢書·王尊傳》：“山南群盜傰宗等爲吏民害，將迹射士千逐捕。”注：“迹射，言尋迹而射取之也。京都稱翻子手，外縣謂之應捕。”（《俚言解》卷二 45P51）

【翻潮天】fāncháotiān　礎潤時也。（《越諺》卷中 天部 P2）

【翻騰】fānténg　好搬弄曰翻騰，曰估倒。（《客座贅語》卷一 方言 P11）

【翻燒餅】fānshāobǐng　《唐宋遺事》：“太宗北征，咸云：‘取幽薊，如熱鏊翻燒餅耳。’呼延贊曰：‘書生之言，未足盡信，此餅難翻。’後果無功。”按：俚俗以田産回贖轉售，曰翻燒餅。或亦言其易耶？（《通俗編》卷二十七 P607）

【翻白眼】fānbáiyǎn　參見［垂青］。（《雅俗稽言》卷二十二 P4）

【翻軒】fānxuān　廳之近簷處。（《越諺》卷

中 屋宇 P24）

【翻跳】fāntiào　筋斗。（《墨娥小錄》卷十四 P8）

【翻金斗】fānjīndǒu　漢有魚龍百戲，齊梁以來謂之散樂，有舞盤伎……擲倒伎。今教坊百戲大率有之，唯擲倒不知何法，疑卽今之翻金斗。伎人以頭委地而□□跳過，且四面旋轉如毬，謂之金斗。相傳趙簡子殺中山王，命厨人翻金斗以擊之。字義所起由此。（《言鯖》卷上 P7）

【耀光】yàoguāng　日月。（《墨娥小錄》卷十四 P3）

糸　部

【系孫】xìsūn　《舊唐書·柳宗元傳》：“宗元，後魏侍中濟陰公之系孫。”（《稱謂錄》卷六 遠孫 P25）

【糾會】jiūhuì　今人醵錢爲會曰糾會。（《釋諺》P119）

【紅姑娘】hónggū·niang　椿樹下有赤翼蟲，俗呼紅姑娘。案：《釋蟲》：“螒，天雞，以其翼赤似鶉，得冒天雞之目也。”《廣志》：“螒似蠶蛾而五色，赤曰雗鷄。”馥所見蓋雗鷄。（《札樸》卷九　鄉里舊聞 P314）

【紅根菜】hónggēncài　紅根菜卽菠菜，見《姑蘇志》。（《土風錄》卷四 P221）

【紅教】hóngjiào　參見［黃教］。（《稱謂錄》卷三十一 喇嘛 P11）

【紅舖】hóngpù　參見［更舖］。（《宛署雜記》卷十一 P87）

【紅荳】hóngdòu　南方有樹，名相思。昔人戍邊，其妻追思，泣于樹下而卒，故名其子曰紅荳。王維詩：“紅荳生南國，秋來發幾枝。贈君多採擷，此物取相思。”是也。（《雅俗稽言》卷三十九 P12）

【紅藍】hónglán　白樂天詩：“老絲練綠紅藍染，染成紅綫紅於藍。”李益詩：“藍葉鬱重重，藍花石榴色。少女歸少年，光華自相得。”此則紅花也，本非藍，以其葉似藍，因名爲紅藍。《本草圖經》云。（《唐音癸籤》卷二十 P180）

【紅綠帖】hónglùtiě　面寫泥金“禮書”二字。婚姻初定，用小禮書，迎娶用大禮書。

僅寫尊長姓名，並不及某男、某女。從無嫚換者，可謂有信。（《越諺》卷中 風俗 P63）

【紅豆】hōngdòu 參見[相思子]。（《唐音癸籤》卷二十 P180）

【紅躑躅】hóngzhízhú 潤州鶴林寺杜鵑，今俗名映山紅，又名紅躑躅者。……王建《宮詞》云："太儀前日暖房來，囑向昭陽乞藥栽。勑賜一窠紅躑躅，謝恩未了奏花開。"（《容齋一筆》）（《唐音癸籤》卷二十 P178）

【紂棍】zhòugùn 驢後絡以橫木，俗名紂棍。按：《考工記·輈人》"緧其牛後"注："緧者，轡絡之類。一曰馬紂。"蓋本此。（《直語補證》P7）

【紇梯紇榻】gētīgētà 崔涯《嘲妓》詩用紇梯紇榻四字寫其著屐聲，此俗語至今有之。（《唐音癸籤》卷二十四 P215）

唐張祜《贈戲營妓》詩有云："更有一雙皮屐子，紇梯紇榻到門前。"（《談徵》言部 P36）

【約制】yuēzhì 《漢書·許皇后傳》："其萌芽所以約制妾者，恐失人理。"案：約制，束縛其所行，使不得任意也。吳諺謂管束爲約制。（《吳下方言考》卷八 P9）

【紁】chà 衣襠曰紁。紁，叉去聲。《篇海》："衣襠也，通作衩。"《博雅》："衻袺衽謂之褸衩。"（《燕說》卷三 P11）

【紀群交】jìqúnjiāo 《魏志·陳群傳》："魯國孔融，高才倨傲，年在紀、群之間。先與紀友，後與群交，更爲紀拜，由是顯名。"《北史·陸印傳》："印善屬文，甚爲河間邢邵所賞。邵又與印父子彰交遊，嘗謂子彰曰：'吾以卿老蚌，遂出明珠，意欲爲群拜紀，可乎？'"案：此皆紀群交也。（《稱謂錄》卷八 世誼 P47）

【紒】jié 絲束曰紒。紒音結。《類篇》："絲束。"（《燕說》卷三 P12）

【素子】sùzǐ 酒壺曰素子。（《燕山叢錄》卷二十二 長安里語 器用 P7）

【素身】sùshēn 《魏書·孝明帝紀》："詔曰：'人各薦其所知，不限素身。'"（《稱謂錄》卷二十四 布衣 P44）

【素領】sùlǐng 項後白髮曰素領。漢馮唐白首爲郎官，素髮垂領。（《南村輟耕錄》卷九 P118）

【素食】sùshí 今俗謂桑門齋食爲素食，蓋古之遺語焉。（《匡謬正俗》卷三 P32）

《漢書·霍光傳》："昌邑王服斬縗，亡悲哀之心，廢禮誼，居道上不素食。"師古注："素食，菜食無肉也。"《王莽傳》："每有水旱，莽輒素食。太后遣使者詔莽曰：'聞公菜食，憂民深矣。今秋幸孰，公勤于職，以時食肉，愛身爲國。'"是以菜食爲素食，由來久矣。與《詩》"不素食兮"異義。《儀禮·喪服傳》："既練，始食菜果，飯素食。"鄭注："素猶故也，謂復平生時食也。"或疑素食即蔬食之義，則與菜果字複矣。（鑑案：《墨子》："古之民未知爲飲食時，素食而分處。"常生案：《詩》"素食"即《爾雅》"皋皋琄琄，刺素食也"。鄭康成《禮》注："素食，平常之具。"）（《恒言錄》卷五 P96）

【紮】zhā 以事急脅持人而出其賄曰紮。（《客座贅語》卷一 詮俗 P7）

【索】suǒ 李義山詩："單棲應分定，辭疾索誰憂？"此索字猶須也。……今云要當如何，曰須索如何也。（《助字辨略》卷五 P269）

李義山詩："單栖應分定，辭疾索誰憂？"索誰憂，犹云要誰憂。今俗云"須索如何"也。（《方言藻》卷二 P16）

【索寒】suǒhán 唐吕元泰上書曰："比見坊邑相率爲渾脱隊……時寒若，何必羸形體，灌衢路，鼓舞跳躍而索寒焉。"案：索寒即乞寒，睿宗時，詔作乞寒戲，其俗本於薩末鞬。《唐書·康者傳》："十一月鼓舞乞寒，以水交潑爲樂。"是也。元宗因四夷來朝，復作此戲，張説上疏曰："乞寒未閑典故，裸體跳足，汩泥揮水，盛德何觀焉。"（《札樸》卷六 覽古 P176）

【索拼】suǒpīn 上嚭作反。顧野王云："糾繩曰索也。"《楚辭》云："并細絲以爲索。"文戴云："十尋曰索也。"《古今正字》："從糸𡗜聲。……下補庚反。"孔注《尚書》云："拼，使也。"《考聲》云："拼，撣也。"《韻詮》："絣，繩振墨也。"《尒雅》云："拼，從也。"《古今正字》："從手，并聲。"（《一切經音義》卷七十二 7P2847）

【索性】suǒxìng 知道。（《墨娥小錄》卷十四 P7）

《朱子文集·與吕伯恭書》："騁意過當，遂煞不住，不免索性説了。"又《語錄》："比干則索性死了，箕子在半上半下處最難。”
（《通俗編》卷十五 P313）

【索縷】suǒlǚ　桑洛反。《考聲》：“索，繩
也。”從市從糸（音覓）⋯⋯下良主反。南楚
之人貧，衣破弊惡，謂之檻縷。《説文》：
“縷，綫也。”（《一切經音義》卷八 20P319）

【索郎】suǒláng　索郎，桑落音之反切也。
桑落，河□□□，見酈道元《水經注》。又，
河中桑落坊有井，桑落時取其水釀酒甚佳。
見高若訥《國史補》。皮日休詩云：“分明不
得同君賞，盡日傾心羨索郎。”即桑落也。
（《言鯖》卷下 P19）

【紕薄】pībó　繒欲壞爲紕，匹夷切。見《廣
韻》。又，物之薄者曰紕薄，紕讀上聲。見
唐徐夤詩題中語。（《直語補證》P21）

【紕紊】pīwěn　上譬彌反。鄭注《禮記》：
“紕猶錯也，謂繒帛疎薄也。”《説文》：“從糸
比聲。”下文奮反。孔注《尚書》云：“紊猶亂
也。”《説文》：“從糸文聲。”（《一切經音義》
卷八十 8P3139）

【紗胎】shātāi　參見［胎衣］。（《蜀語》
P45）

【納慕】nàmù　參見［南無］。（《通俗編》卷
二十 P456）

【納衣】nàyī　《南史》：“宋武帝微時，貧陋過
甚，嘗自新州伐荻，有納衣布襖等，皆是敬
皇后手自造。”（《談徵》物部 P23）

　　　參見［糞掃衣］。（《一切經音義》卷十
一 8P414）

　　　參見［糞掃］。（《一切經音義》卷五
11P197）

【絇】mào　布帛有刺曰絇。絇音耄。《廣
韻》：“絹帛絇起如刺也。”（《燕説》卷三
P12）

【紙包】zhǐbāo　《在閣知新錄》：“今以銀錢
勞使，人謂之紙包。”宋《武林遺事》云：“大
內賜包子，即賞紙包也。”又，“公主下嫁，外
庭奉表稱賀，賜宰執以下金銀錢盛包子有
差。”（《通俗編》卷二十三 P513）

【紙寓錢】zhǐyùqián　《事林廣記》：“漢以來
有瘞錢，後里俗稍以紙寓錢。”（《恒言廣證》
卷五 P76）

【紙筋】zhǐjīn　《雲笈七籤》：“鍊紫精丹，用
黃土紙筋爲泥，泥瓶子身三遍。”（《通俗編》
卷二十四 P546）

【紙錢】zhǐqián　《唐書·王璵傳》：“漢以來
葬者皆有瘞錢，後世里俗稍以紙寓錢爲鬼
事，至是璵乃用爲禳祓。”按：《法苑珠林》：
“紙錢起于殷長史。”洪慶善《杜詩辨証》云：
齊東昏侯好鬼神之術，剪紙爲錢，以代束
帛。至唐盛行其事。王叡詩：“紙錢灰出木
棉花。”李山甫詩：“可要行人贈紙錢。”徐凝
詩：“無人送與紙錢來。”皆言之。邵康節
《春秋祭祀》：“亦焚紙錢，程伊川問之，曰：
‘冥器之義也。脱有益，非孝子順孫之心
乎？’”宋王炎有《清明日先塋掛紙錢》詩。
（《通俗編》卷十九 P437）

【紙馬】zhǐmǎ　《夢粱錄》：“歲旦在邇，紙馬
鋪印鍾馗、財馬、迴頭馬等，饋（編者按：當
作饋）與主顧。”（《恒言錄》卷五 P99）

【紮】zā　纏結曰紮。（《札樸》卷九 鄉里舊
聞 鄉言正字附 雜言 P331）

【細】xì　吝嗇者，俗呼爲細。（《札樸》卷九
鄉里舊聞 P316）

【細作】xìzuò　《爾雅·釋言》：“間，倪也。”
註曰：“今之細作也。”《左傳·宣八年》：“晉
人獲秦諜。”《釋文》曰：“諜，今謂之細作。”
（《通俗編》卷八 P168）

【細倪倪】xìníní　今吳諺謂物之細而光滑
者曰細倪倪。（《吳下方言考》卷三 P8）

【細君】xìjūn　細君，非妻室通稱，亦非女子
專稱也。世俗自稱與稱人妻類曰細君，且
見之文翰，亦沿襲之誤。（《雅俗稽言》卷八
P20）

　　　《漢書·東方朔傳》“歸遺細君”注：“細
君，朔妻之名。一説細小也。朔輒自比於
諸侯，謂其妻曰小君。”案：朔不應自稱妻
名，當從後説，細君即小君也。權德輿詩：
“細君相望意何如。”蘇軾《上元侍飲》詩：
“歸來一點殘燈在，猶有傳柑遺細君。”（《稱
謂錄》卷五 夫稱妻 P9）

【細娘】xìniáng　彭汝礪詩：“有女天天稱細
娘。”（《稱謂錄》卷六 女 P17）

【細婢】xìbì　《北夢瑣言》：“柳僕射仲賢失
意，將一婢於成都鬻之。婢語女儈曰：‘某
雖賤人，曾爲柳家細婢，安能事賣絹牙郎
耶？’”（《通俗編》卷二十二 P490）

【細幅】xì’ōu　吝嗇曰細幅。（《札樸》卷九
鄉里舊聞 鄉言正字附 雜言 P330）

【細簡裙】xìjiǎnqún　梁簡文詩：“馬裙宜細

簡。《類篇》有"裯"字，注云："裙幅相襦
也。"(《通俗編》卷二十五 P562)

【細緻】xìzhì 《釋名》："縑者，絲細緻，數兼
于布絹也。細緻者，染縑爲五色，細且緻，
不漏水也。"(《通俗編》卷二十五 P568)

【細輭】xìruǎn 《通鑑》注云："隱囊者，爲
囊實以細輭，置諸坐側，坐倦則側身曲肱以
隱之。"(《札樸》卷四 覽古 P137)

【細馬】xìmǎ 細馬次馬以龍形印印項左。
(《唐音癸籤》卷十七 P152)

【累及】lèijí 倩人幹事曰累及。(《宛署雜
記》卷十七 P194)

【累堆】léiduī 累字平聲，堆字不作上聲。
事大，煩瑣也。(《里語徵實》卷中上 二字
徵實 P34)

【累墜】léizhuì 世謂重遲者爲累墜，當作儽
䜌。《說文》："儽，嬾解。"《廣雅》："儽，嬾
也。"又云疲也。"《釋言》："䜌，諉累也。"《列
子》注："䜌諉，煩重皃。"(《札樸》卷五 覽古
P156)

　　事難處曰累墜，又曰累鋤筋，見明人
《思凡曲》。(《土風錄》卷十一 P301)

【累重】lěizhòng 越言子女多曰"累重"。
(《越諺賸語》卷上 P7)

　　參見[家累]。(《通俗編》卷四 P82)

【累鋤筋】léichújīn 參見[累墜]。(《土風
錄》卷十一 P301)

【紩】zhì 縱絮。直栗反。(《俗務要名林》)

【終七】zhōngqī 參見[初七]。(《恒言錄》
卷五 P94)

【終竟】zhōngjìng 《廣韻》云："(竟)，終
也。"……終竟，重言也。皮襲美詩："醉鄉
終竟不聞雷。"(《助字辨略》卷四 P228)

【紵絲】zhùsī 參見[緞]。(《通俗編》卷二
十五 P558)

【絮膌】nǎzhā 物相糾不令散曰絮膌。《玉
篇》："絮，如下切，相著貌，膌音吒。"(《方言
據》卷下 P30)

【綁身】bǎngshēn 參見[褙褡]。(《越諺》
卷中 服飾 P41)

【絨花】rónghuā 參見[夜合花]。(《目前
集》後卷 P2148)

【結子】jiézǐ 參見[結羊]。(《札樸》卷九
鄉里舊聞 P315)

【結裹】jiéguǒ 沈作喆《寓簡》："今之學者

謂得科名爲了當。仕宦者謂至從官爲結
裹。"(《通俗編》卷十四 P300)

【結羊】jiéyáng 俗呼劊羊爲結子。案：字
當爲羯，謂殺牲。(《札樸》卷九 鄉里舊聞
P315)

【結跏趺坐】jiéjiāfúzuò 參見[跏趺]。
(《一切經音義》卷八 7P300)

【結髮夫妻】jiéfàfūqī 元配也。見《文選·
蘇子卿詩》。(《越諺》卷中 倫常 P10)

【結髮】jiéfà 《漢三老袁良碑》："夫人結
髮。"案：俗稱元配爲結髮，此語漢時已有
之。《隸釋·國三老袁良碑》："群司以君父
子俱列三台，夫人結髮，上爲三老。"此元配
稱結髮之證，且見漢世三老者，必夫婦雙
全，亦古制之宜知者也。《文選》蘇子卿古
詩"結髮爲夫妻"注曰："結髮，始成人也。
謂男年二十、女年十五時，元配稱結髮。"
蓋卽此義，言始結髮時，已成伉儷也。(《稱
謂錄》卷五 妻 P7)

【絤線】xiànxiàn 吾鄉女工刺繡五色線，謂
之絤線，音所買切。……馥案："西"有"先"
音，故"絤"與"線"同聲，今讀所買切，聲轉
也。(《札樸》卷九 鄉里舊聞 P308)

【紫塞】zǐsài 紫塞，秦築長城，土色皆紫，
漢塞亦然，故稱紫塞焉。……塞者，塞也，
所以擁塞兵戈也。(《蘇氏演義》卷上 P5)

【紫姑】zǐgū 范石湖《上元紀·吳中節物》
詩："帚卜拖裙驗，箕詩落筆驚。"自注："卽
古紫姑，今謂之大仙，俗名箇箕姑。"陸放翁
《箕卜》詩："孟春百草靈，古俗迎紫姑。廚
中取竹箕，冒以婦帬襦。"(《恒言錄》卷六
P118)

　　《事物紀原》引《異苑》曰："世有紫姑
女，古來相傳是人妾，爲大婦所嫉，每以穢
事相役，正月十五日感激而死。故世人以
其日作其形，於廁間或豬欄邊迎之，曰：'子
胥不在(壻名也)，曹夫亦去(大婦也)，小姑
可出。'捉者覺動，是神來矣。占衆事，卜絲
蠶。"《時鏡新書》引《洞覽記》："帝嚳之女胥
死，生好音樂，正月十五日可以衣見迎。"記
爲紫姑之事。未知孰是。(《恒言廣證》卷
六 P91)

【紫荷】zǐhé 《南齊書·輿服志》："其肩上紫
袷囊，名曰契囊，世呼爲紫荷。"(《札樸》卷
四 覽古 P138)

　　《晉志》："八座尚書荷紫，以生紫爲袷，

綴之外服,加于肩上。"又《宋志》、《齊志》皆謂"紫袷囊俗呼曰紫荷,或曰負荷以行"。《隋志》:"朝服綴紫荷,錄令、左僕射左荷,右僕射、尚書右荷。"音賀,訛謂尚書紫荷囊,音何,非也。今之朝服披領,似沿此制,但品之高下皆用之,且不偏于左右矣。(《言鯖》卷下 P4)

　　參見[荷包]。(《通俗編》卷二十五 P566)

【紫荷囊】zǐhénáng　參見[紫荷]。(《言鯖》卷下 P4)

【紫薑】zǐjiāng　相如《上林賦》:"茈(音紫)薑蘘荷。"註:"言初生紫色。"晦菴有野蔬十二詩,《子薑》其一也。又劉彥沖詩:"恰似勻裝指,柔尖尚帶紅。"豈薑之初生者皆稱子薑,以其色而稱紫薑。(《目前集》前卷 P2120)

【紫蘇】zǐsū　參見[雞蘇]。(《吳下方言考》卷三 P12)

【紫紺】zǐgàn　參見[綠沉]。(《唐音癸籤》卷十九 P170)

【紫間】zǐjiān　(弩)又有稱紫間者,陸機《七導》:"操紫間之神機,審必中而後射。"(《札樸》卷八　金石文字 P257)

【紫閣】zǐgé　王建《宮詞》:"金殿當頭紫閣重。"又《野人閒話》:"劉義度《感懷》詩:'紫閣無心戀,青山有意行。'"(《稱謂錄》卷十二　內閣 P19)

【綯】hú　縷紫曰綯。綯,胡骨切,音搰。《類篇》:"縷紫也。"(《燕說》卷三 P12)

【給事郎】jǐshìláng　參見[夕郎]。(《唐音癸籤》卷十七 P157)

【給假】jǐjià　晉王尼在護軍府養馬,護軍爲給長假。一曰《晉書》:令急假者五日一急,一年以六十日爲限,曰取急、請急、長假、併假。後世誤爲給假耳。本朝有節假,正旦、元霄、冬至三節放假。假音價,俗讀如字,尤誤。(《雅俗稽言》卷十八 P14)

【給孤獨】jǐgūdú　亦義譯也。梵云阿那邠。此云無親屬,巨富多財,誓救孤獨,時人以爲其號。故經云阿那邠邸,或曰阿藍,皆是一也。(《一切經音義》卷十 16P391)

【絖】huāng　《說文》音荒,越音轉若"黃"。凡事無緒及破綻輒曰"絖患哉"。(《越諺》卷下　單辭雙義 P16)

【絢彩】xuàncǎi　上血絹反。鄭注《儀禮》云:"彩文盛曰絢。"馬注《論語》云:"絢,文皃。"《說文》:"從糸旬聲。"(《一切經音義》卷九十三 4P3514)

【絢煥】xuànhuàn　絢,呼遍反。鄭注《儀禮》曰:"絢謂文彩成也。"何晏注《論語》曰:"煥,明也。"(《一切經音義》卷二十一 19P816)

【絳】jiàng　虹曰絳(聲謂如醬)。(《札樸》卷九　鄉里舊聞　鄉言正字附　名稱 P328)
　　虹,俗謂之絳。裴注《三國志》:"虹音降。"吾鄉聲謂如醬,他處又謂如杠。高注《呂氏春秋》:"虹,兗州謂之訂。"馥疑"訂"字寫誤,當爲訌。訌,中止也。禱雨有應,致祭曰謝絳,亦謂作醬音,蓋虹出則雨霽,不出則雨足,故得雨而謝絳也。(《札樸》卷九　鄉里舊聞 P305)

【絡索】luòsuǒ　曲調有所謂"金絡索""銀絡索"者,其聲繁而促,一氣不斷。今人言語多而可厭者,謂之"絡絡索索",蓋本諸此。(《越言釋》卷下 P24)

【絡緯】luòwěi　參見[莎雞]。(《蘇氏演義》卷下 P30)

【綷】zhēng　弦聲曰綷。(《札樸》卷九　鄉里舊聞　鄉言正字附　雜言 P329)

【絶倒】juédǎo　《世說》:"王平子邁世有儁才,少所推服,每聞衛玠言,輒嘆息絶倒。"注引《衛玠傳》:"平子邁世獨傲,每聞玠言,輒絶倒于坐,前後爲之三倒。時人遂曰:'衛君談道,平子三倒。'"又王敦後與玠談,因嘆曰:"不意永嘉之末,復聞正始之音。阿平若在,當復絶倒。"是所謂絶倒者,推許遜服之義,況嘆息絶倒連稱,其義自見。世俗相沿以爲捧腹大笑之辭,卽聞人亦用之。揆之出處,于義不恊。(《雅俗稽言》卷十八 P5)
　　《晉書》:"王澄字平子,每聞衛叔寶言論,輒歡息絶倒。時人語曰:'衛玠談道,平子絶倒。'"(《常語尋源》卷下戊冊 P251)

【絶洛溼】juédáshī　溼曰絶洛溼。溼,《說文》:"從水,一所以覆也,覆而有土,故溼。㬎省聲,幽溼也。"其溼字乃東郡東武陽水名,今混用之。洛音答。《字書》云:"洛,溼也。"(《蜀語》P31)

【絞兒】jiǎor　剪刀。(《墨娥小錄》卷十四 P5)

【統之】tǒngzhī　《後漢書・胡廣傳》：“夫絟於物則非己，直於志則犯俗，辭其艱則乖義，狥其節則失身。統之，方軌易因，險塗難御。故昔人明慎於所受之分，遲遲於岐路之閒也。”注云：“統者，總論上事也。”愚案：統之，猶言總之。（《助字辨略》卷三 P120）

【統手】tǒngshǒu　過付官吏贓者曰統手，蓋言內外一體如猿猴之統臂也。（《俗考》P17）

【絣】bēng　木工振繩墨曰絣。（《札樸》卷九 鄉里舊聞 鄉言正字附 雜言 P329）
　　參見［繡絣］。（《越諺》卷中 風俗 P62）

【綤】juàn　《文選・閒居賦》：“黐子巨黍，異綤同機。”五臣注：“綤，發箭處也。”李善注：“言弩綤雖異而同一機也。”（《札樸》卷八 金石文字 P257）

【絮】xù　《方言》以濡滯不決爲絮。史浩《兩鈔摘膽》曰：“富鄭公偶疑不決，韓魏公曰：‘公又絮。’”劉夷叔詞云：“休絮休絮，我自明朝歸去。”（《通雅》卷四十九 P1455）
　　《兩鈔摘腴》：“方言以濡滯不決絕曰絮，猶絮之柔韌牽連無幅也。富韓並相，時有一事，富公疑之，久而不決。韓曰：‘公又絮。’富變色曰：‘絮是何言也？’劉夷叔嘗用爲《如夢令》云：‘休休絮絮，我自明朝歸去。’”按：今又以言語煩瑣爲絮，所謂絮絮叨叨是也。《宋景文筆記》有“冬許晚絮”之語。（《通俗編》卷十七 P378）

【絲抹】sīmǒ　《遯齋閑覽》：“州郡公宴，伶人叫絲抹將來。蓋御宴樂，先以絲聲樂之，後和眾樂，故號絲抹將來，俗呼細抹者誤。”（《稱謂錄》卷二十九 歌 P21）

【絲蘿】sīluó　參見［關親］。（《吳下方言考》卷四 P17）

【練】shū　青紵布。色魚反。（《俗務要名林》）

【經】jīng　酒以升斛論，不可以等稱重輕也。今俗以酒二斤爲一壺，當是此字。按：《韓詩外傳》：“齊桓公置酒，令諸侯大夫曰：‘後者飲一經程。’管仲後，當飲一經程。”又，陶器有酒經。晉安郡人餉酒云一經二經至五經。（《直語補證》P14）

【經旛】jīngfān　參見［馬］。（《越言釋》卷下 P26）

【經義】jīngyì　參見［明經］。（《雅俗稽言》卷十九 P8）

【經紀】jīngjì　江西人以能幹運者爲“作經紀”，唐已有此語。滕王元嬰與蔣王皆好聚斂，太宗嘗賜諸王帛，敕曰：“滕叔蔣兄，自能經紀，不須賜物。”（《能改齋漫錄》卷二 P30）
　　今人以善能營生者爲經紀。唐滕王元嬰與蔣王皆好聚斂，太宗嘗賜諸王帛，敕曰：“滕叔蔣兄自能經紀，不須賜物。”韓昌黎作《柳子厚墓志》云：“舅弟盧遵，又將經紀其家。”則自唐已有此言。（《南村輟耕錄》卷十九 P227）
　　經紀，因唐滕王、蔣王好聚歛，太宗賜帛諸王，敕曰：“滕叔、蔣兄，自能經紀。”（《七修類稿》卷二十四 P368）
　　人以能幹運者爲經紀，唐已有此語。太宗嘗賜諸王帛，勅曰：“滕叔蔣兄自能經紀，不須賜物。”《柳子厚墓志》：“舅弟盧遜又能經紀。”其事皆是。今世稱牙行爲經紀，何也？按：《史記・貨殖傳》：“節駔儈，貪賈三之，廉賈五之。”駔儈謂度市者，合兩家交易，後世則稱牙人。劉道原云：“本稱互郎，唐人書互爲牙，因訛爲牙。”劉貢父亦以此說爲然。按：《唐書》：“安祿山幼爲互市牙郎。”“互”“牙”二字並出，則“牙”亦非“互”字之訛。惟今以牙行稱經紀，誠不知何據。（《雅俗稽言》卷二十一 P18）
　　《能改齋漫錄》：“江西人以能幹運者爲作經紀。唐已有此語。滕王元嬰與蔣王皆好聚斂。太宗嘗賜諸王帛，勅曰：‘滕叔、蔣兄，自能經紀，不須賜物。’”予按：《北史・盧文偉傳》：“經紀生資，常若不遺（編者按：當作足），致財積聚，承候寵要，餉遺不絕。”則北魏人已有此語。經紀二字見《淮南子》。鑑案：《禮記・月令》：“毋失經紀。”《荀子・儒效篇》：“然而通乎財萬物，養百姓之經紀。”（《恒言錄》卷四 P88）
　　《朝野僉載》：“滕王嬰、蔣王惲皆好聚斂。高宗賜諸王帛，勅曰：‘滕叔、蔣兄，自能經紀，不須賜帛，與麻二車爲錢緡。’”《韓昌黎集・柳子厚墓志》曰：“舅弟盧遵，又將經紀其家。”按：“經紀”乃幹運之謂，故世謂商販曰“作經紀”。（《通俗編》卷二十一 P476）

《輟耕録》："今人以善能營生者爲經紀。"(《稱謂録》卷二十八　牙人 P15)

墟場有經紀請帖，挂招牌。諺云："不怕經紀開壞口。"(《里語徵實》卷中下　二字徵實 P19)

習商賈謀利者。《唐書》太宗勅滕王、蔣王。(《越諺》卷中　賤稱 P13)

善營生也。唐太宗嘗賜諸王帛，勅曰："滕叔、蔣兄(滕王、蔣王)自能經紀，不須賜物。"(《語竇》P153)

參見[牙市]。(《通雅》卷十九 P664)

【緦醫】jìyī　對縫也。樂記反。(《俗務要名林》)

【緢細】miáoxì　纖微曰緢細。(《札樸》卷九　鄉里舊聞　鄉言正字附　雜言 P330)

【緊靭】jǐnrèn　吉引反。《説文》："緊，纏絲急也，從糸從臤聲。"……下仁掾反。《埤蒼》云："靭，柔也。"《説文》："從韋從刃聲也。"(《一切經音義》卷九十四 14P3556)

【綺井】qǐjǐng　參見[天花版]。(《土風録》卷四 P214)

【綺幔】qǐmàn　上祛倚反，下謀伴反。《考聲》："幔，帷類也。"(《一切經音義》卷四 13P163)

【綺語】qǐyǔ　欺紀反。案：綺語謂綺餙文詞，贊過其實也。(《一切經音義》卷十六 9P610)

【緋衫】fēishān　白樂天爲中書舍人，六品，着綠，其詩有"白頭猶未著衫緋"。……(蔡寬夫)(《唐音癸籤》卷十八 P159)

【緋魚】fēiyú　白樂天……自江州司馬除忠州刺史，借服色緋魚。……(蔡寬夫)(《唐音癸籤》卷十八 P159)

【綽】chāo　綽，本訓寬緩，今以爲巡綽，試録中亦用之。(《雅俗稽言》卷十八 P16)

【綽板】chuòbǎn　節曲板曰綽板。案：當爲拍板。《合璧事類》云："晉魏之代有宋識善擊節，以拍板代之。"此拍板之始。(《土風録》卷五 P230)

【緄襠袴】kūndāngkù　《漢·外戚傳》："霍光欲皇后擅寵，雖宮人，使令皆爲窮袴。"師古注："窮袴有前後襠，不得交通，卽今緄襠袴。"是則古婦女通著開襠袴。緄，音魂，縫也(本音袞，帶也)。緄襠袴，蓋卽俗所謂繭襠袴(繭，音瞞，《廣韻》云："無穿孔。"《南

史·高昌國傳》："著長身小袖袍縵襠袴。"是外國之袴，始不開襠。)(《土風録》卷三 P199)

【網巾】wǎngjīn　編髮包頭曰網巾。所謂袒綃緇纚所以韜髮，故用全幅袒綃止于括髮，故廣一寸耳。緇綃今易爲網巾，袒綃猶今之勒頭帶耳。(《談徵》名部下 P43)

新安丁南羽言："見唐人《開元八相圖》，服皆窄袖，有岸唐巾者，下露網紋，是古有網巾矣。"(《里語徵實》卷中上　二字徵實 P19)

俳優用以髠髡。(《越諺》卷中　服飾 P40)

【網釵】wǎngchāi　參見[齊眉]。(《越諺》卷中　服飾 P40)

【綸巾】guānjīn　"綸"字世人皆知兩音，一曰倫，一曰關，而不知其故也。蓋倫巾韻同而音近，詩法所忌也，故讀曰關。皮日休有"白綸巾下髮如絲"之句，有一本註作關，想始於此。《韻會》雖有兩收，皆引釋於倫字之下，而無一字及關字義，且關字仍註龍春切，則依舊當爲倫字矣。其所以二收，正因韻書起於沈約，若《説文》止於一收，爲可知矣。(《七修類稿》卷二十 P295)

【綸閣】lúngé　王汦《直中書》詩："高閣臨雲日，險岑仰天居。"中書職掌綸誥，前代詞人因謂綸閣。白居易詩："絲綸閣下文章靜。"(《稱謂録》卷十二　內閣 P19)

【綳】bēng　束小兒者曰綳。綳音崩。《説文》作繃。(《蜀語》P20)

【綢雨】chóuyǔ　逐留反。《廣雅》："綢，韜也。"《考聲》："纏束也。"……或作稠稠之稠。(《一切經音義》卷十四 8P525)

【緡】mín　《唐史》："劉晏於揚子置場造船艘，給千緡，或言所用實不及半，請損之。晏曰：'不然。論大計者不可惜小費。'"(《常語尋源》卷下己冊 P259)

【綹】liǔ　線條曰綹。綹音柳。《大明律》："剪綹"。(《蜀語》P21)

線條曰綹。綹音柳。《大明律》："剪綹"。(《里語徵實》卷上　一字徵實 P25)

【綷縩】cuìcài　音凄釵。潘岳《藉田賦》："綃紈綷縩。"案：綷縩，新衣聲。吳中謂新衣作聲曰綷縩。(《吳下方言考》卷四 P7)

【綜線】zōngxiàn　貫縷提之以織曰綜線。

綜音縱。(《里語徵實》卷中上　二字徵實　P19)

【綻】zhàn　縫解又縫。除諫反。(《俗務要名林》)

　　古詩:"故衣誰當補,新衣誰當綻。"案:綻,脫綻需縫也。吳諺謂新衣綫斷曰脫綻。(《吳下方言考》卷九 P5)

【綻壞】zhànhuài　宅限反。《考聲》云:"縫解也。"(《一切經音義》卷十五 16P580)

【縮挈】wǎnqiè　上彎板反。許叔重注《淮南子》云:"綰,貫也。"下牽結反。劉兆注《穀梁傳》云:"挈,擊也。"《說文》:"挈謂懸持也,從手㓞聲。"集作揳,俗字也。(《一切經音義》卷九十八 10P3660)

【綩綖】wǎnyán　上音菀,下音延。經云綩綖者,花氈錦褥舞筵之類。案:《禮》傳及《字書》說綩綖乃是頭冠綺飾也。(《一切經音義》卷十五 19P585)

　　上鴛遠反,下餘㳂反。經言綩綖者,即珍妙綺錦筵,繡褥舞筵地衣之類也。(《一切經音義》卷四 13P163)

【綠林客】lùlínkè　唐李涉于皖口遇盜,其豪首聞涉名,但索一詩。李贈云:"莫雨瀟瀟江上村,綠林豪客夜知聞。相逢不用相廻避,世上如今半是君。"漢世綠林盜起,又《謝玄傳》"諸凶命聚藏綠林山中",故盜曰綠林客。(《雅俗稽言》卷二十一 P20)

　　世謂盜為綠林客。按:後漢新市人王匡、王鳳等共攻離鄉,聚藏于碌林中,碌林山在荆州。(《談徵》名部下 P56)

【綠沈】lùchén　趙德麟《侯鯖錄》云:"綠沈事,人多不知。老杜云:'雨拋金鎖甲,苔臥綠沈槍。'又皮日休《新竹》詩:'一架三百本,綠沈森冥冥。'始知竹名矣。"鮑彪云:"宋《元嘉起居注》'廣州刺史韋朗,作綠沈屏風',亦此物也。然《六典》,鼓吹工人之服,亦有綠沈,不可曉也。"……余嘗考其詳。《北史》:"隋文帝賜大淵綠沈鎗甲、獸文具裝。"《武庫賦》曰:"綠沈之槍。"由是言之,蓋槍用綠沈飾之耳。以此得名,如弩稱黃間,則以黃為飾;槍稱綠沈,則以綠為飾。何以言之?王羲之《筆經》云:"有人以綠沈漆竹管及鏤管見遺,藏之多年,實可愛玩。詎必金寶璤琢,然後為貴乎?"蓋竹以色形似綠沈槍而得名耳。皮日休引以為竹事,而德麟專以為竹,則非矣。使綠沈槍專指

為竹,則金鎖甲竟何物哉。或者至以為鐵,益謬矣。劉劭《趙都賦》曰:"其用器則六弓四弩,綠沈黃間,棠溪魚腸,丁令角端。"《廣志》亦云:"綠沈,古弓名。"古樂府《結客少年場行》云:"綠沈明月弦,金絡浮雲轡。"此以綠沈飾弓也。如屏風工人之服,此以綠沈飾器服也。唐楊巨源《上劉侍中》詩云:"吟詩白羽扇,校獵綠沈槍。"(《能改齋漫錄》卷四 P73)

【綠沉】lùchén　杜甫詩:"雨拋金鎖甲,苔臥綠沉槍。"薛蒼舒注引車頻《秦書》云:"符堅造金銀綠沉細鎧,以綠沉為精鐵。"按:《北史》:"隋文帝嘗賜張齋綠沉甲、獸文具裝。"《武庫賦》云:"綠沉之槍。"唐鄭槩聯句有"亭亭孤筍綠沉槍"之句。《續齊諧記》云:"王敬伯夜見一女,命婢取酒,提一綠沉漆盒。"王羲之《筆經》:"有人以綠沉漆竹管見遺,亦可愛翫。"蕭子雲詩云:"綠沉弓項縱,紫艾刀橫拔。"恐綠沉如今以漆調雌黃之類,若調綠漆之,其色深沉,故謂之綠沉,非精鐵也。(姚寬《叢語》。楊升菴云:"《鄴中記》:'石虎造象牙桃枝扇,或綠沉色,或木蘭色,或紫紺色,或鬱金色。'蓋畫工設色名也。")(《唐音癸籤》卷十九 P169)

　　陸翽《鄴中記》:"石虎有象牙桃枝扇,或鬱金色,或綠沉色,屏風、器物、槍甲、弓弦等以綠色飾之,皆可號綠沉。"(《土風錄》卷十一 P296)

【綠沉沉】lùchénchén　碧綠色曰綠沉沉。案:陸翽《鄴中記》:"石虎有象牙桃枝扇,或鬱金色,或綠沉色,屏風、器物、槍甲、弓弦等以綠色飾之,皆可號綠沉。"(《土風錄》卷十一 P296)

【綠頭巾】lùtóujīn　吳人稱人妻有淫者為綠頭巾,今樂人朝制以碧綠之巾裹頭,意人言擬之此也。原《唐史》,李封為延陵令,吏人有罪,不加杖罰,但令裹碧綠巾以辱之……吳人遂以着此服為恥意。今吳人罵人妻有淫行者曰綠頭巾,及樂人朝制以碧綠之巾裹頭,皆此意從來。但又思當時李封何必欲用綠巾,及見春秋時有貨妻女求食者,謂之娼夫,以綠巾裹頭,以別貴賤,然後知從來已遠。(《七修類稿》卷二十八 P430)

　　《元典章》:"至元五年,准中書省劄:娼妓穿著紫皂衫子,戴角冠兒,娼妓之家長并

親屬男子裹青頭巾。"《松雪齋集》論曲云：
"院本中有娼夫之詞，名曰綠巾詞。雖有絶
佳者者，不得並稱樂府。"《七修類稿》："《唐
史》：'李封爲延陵令，吏人有罪，不加杖罰，
但令裹碧綠以辱之，隨所犯輕重以定日數，
後人遂以著此服爲恥。'今吳中謂人妻有淫
行爲綠頭巾。樂人巾制以碧綠，意皆由此
而來。但當時李封何以必用綠巾，及見春
秋時有貨妻女求食者，綠巾裹頭，以別貴
賤，乃知其來已遠。李封亦因是以辱之
耳。"按：《七修》說竟無從檢覆，其燕說哉？
欲原此制之因，惟《漢書·東方朔傳》："董偃
綠幘傅韝，隨公主前，伏殿下。"師古注："綠
幘，賤人之服也。"爲可徵引。(《通俗編》卷
二十五 P560)

　　《封氏聞見記》："李封爲延陵令，吏人
有罪，不加杖罰，但令裹碧頭巾以辱之。"正
與今俗語合。而《通俗編》引《七俉類稿》載
此段語云："裹碧綠有誤。"(明人《雜組》：娼
妓有不隸於官，家居賣姦者謂之土妓，俗謂
之私窠子。又，以妻之外淫者，目其夫爲烏
龜。蓋龜不能交，縱牝者與蛇交也。隸於
官者爲樂戶，又爲水戶，國初之制。綠其巾
以示辱，蓋古赭衣之意。至今里閈尚以綠
頭巾相戲也。)(《直語補證》P44)

【綴壻】 zhuìxù　參見［就親］。(《通俗編》
卷四 P85)

【緇俗】 zīsú　滓師反。《毛詩》傳云："緇，黑
色也。"《考工記》："染羽七入爲緇。"案：緇
俗者卽僧衆也、俗士也。(《一切經音義》卷
三十 18P1214)

【緇留】 zīliú　盧綸詩："泯跡在緇留。"(《稱
謂錄》卷三十一 僧 P7)

【緙綵】 róngcǎi　上辱容反。《考聲》云："緙
以綾飾也。"《字書》："毦飾也。字或從耳，
作茸。"下倉宰反。(《一切經音義》卷八十
一 12P3191)

【練師】 liànshī　《唐六典》："道士有三號，曰
法師，曰威儀師，曰律師。其德高思精者，
謂之練師。"女道士同。今諸家詩題止稱女
道士爲練師，不知何故？(遯叟)(《唐音癸
籤》卷十八 P164)

【練熟】 liànshú　練，熟練也。今吳諺中有
練熟鬼之諺。(《吳下方言考》卷九 P9)

【練練】 liànliàn　杜詩："練練峯上雪。"案：
練練，白光貌，今吳諺於物之白者皆曰練

練。(《吳下方言考》卷九 P10)

【緬惟】 miǎnwéi　上彌演反。賈逵注《國
語》曰："緬，思兒也。"(《一切經音義》卷二
十一 3P783)

【緬覘】 miǎntiǎn　參見［眠姁］。(《通俗
編》卷十五 P332)

【緛絮】 zhǎxù　相著曰緛絮(緛，竹下切。
絮，奴下切)。(《札樸》卷九 鄉里舊聞 鄉
言正字附 雜言 P331)

【緞】 duàn　《康熙字典》："緞，音遐，履跟之
帖也。又音斷，義同。今以爲紬緞字，非
是。"按：今所呼緞者，宋時謂之紵絲。《咸
淳臨安志》"染絲所織"是也。《三朝北盟會
編》雖有"索豬肉段子"之文，所云乃"段定"
之"段"。《說文》："帛分而未麗曰疋，旣麗
曰段。"並非其一種名也。此字之誤用，似
直起于明季。(《通俗編》卷二十五 P558)

【緥被】 bǎobèi　參見［褓］。(《通俗編》卷
二十五 P565)

【緥裙】 bǎoqún　參見［褓］。(《通俗編》卷
二十五 P565)

【緜密】 miánmì　庚肩吾《書品》："吳王體裁
緜密。"《宣和書譜》："蕭思話學書于羊欣，
下筆緜密。"(《通俗編》卷二十五 P568)

【緜裏針】 miánlǐzhēn　《松雪齋集·跋東坡
書》："公自云：'余書如綿裏鐵，觀此書外柔
內剛，真所謂綿裏鐵也。'"按：元曲云"綿裏
針"。(《通俗編》卷二十五 P554)

【線】 xiàn　雞去勢曰線。(《俚言解》卷二
24P41)
　　　　肉。(《墨娥小錄》卷十四 P4)

【線老】 xiànlǎo　肉。(《墨娥小錄》卷十四
P5)

【線鈸】 xiànbá　肉店。(《墨娥小錄》卷十
四 P4)

【緤】 gōu　劍者，……中央隆起謂之脊。通
謂之身，亦謂之莖。所以受莖謂之夾，所以
飾夾謂之緤。(《札樸》卷四 覽古 P129)

【緪索】 gēngsuǒ　古恒反。《蒼頡篇》云：
"緪，大索也。"《韻詮》云："緪，急也，形聲字
也。"(《一切經音義》卷八十二 9P3221)

【緪繩】 gēngshéng　上剛恒反。王逸注《楚
辭》："緪，忽張弦也。"《說文》："大索也。從
糸恒聲也。"下食仍反。《廣雅》："繩直也。"
孔注《尚書》："木從繩則正也。"《說文》亦

"索也,從糸從蠅省聲也"。(《一切經音義》
卷七十六 9P3010)

【緪鎖】gēngsuǒ　上亘恒反。《説文》:"緪,
索也,從糸恒聲。"傳從亘作絙,音胡官反,
非傳文義也。下蘇果反。《字書》云:"鎖,
連環也。"《説文》:"從金貨聲。"(《一切經音
義》卷八十三 6P3248)

【縎】yùn　"縎"者,所經棉絲上於機軸,糊糢
日曝,使之條直也。"縎"音从《廣韻》、《集
韻》。(《越諺》卷中　服飾 P42)

【編摭】biānzhí　上卑連反。《説文》云:
"編,次簡也,謂古以竹簡書字,故排連編次
也。"下之石反。《字書》云:"摭,拾也。"《玉
篇》:"摭,取也。亦作拓字。"(《一切經音
義》卷續十 11P4047)

【編笄】biānjī　俗呼梳箆子也。按:《説文》
"箆"字注:"邊兮切。"蓋反切語,亦猶不律
爲筆,終葵爲椎也。兮與笄音小訛耳。
(《直語補證》P3)

【緯】wěi　帽纓曰緯。緯音位。《蜀語》:"直
縷曰經,横縷曰緯。"(《里語徵實》卷上　一
字徵實 P22)

【縎】móu　縛也。(卷子本《玉篇·糸部》。)
(《埤蒼》P27)

【緣一覺】yuányījué　又云獨覺,又云緣覺。
舊經云古佛,又言辟支佛。又皆梵言訛轉
也。此言辟之迦,或云貝支迦。此云獨覺
是也。(《一切經音義》卷十 6P371)

【緣坐】yuánzuò　《書·甘誓》"予則孥戮汝"
疏:"殷周以後其罪或相緣坐。"《唐律》:"緣
坐家口,雖已配没,罪人得免者亦免。"《疏
議》謂反逆人家口合緣坐没官。《唐書·刑
法志》:"祖孫與兄弟緣坐俱配没。"(《恒言
廣證》卷四 P66)

【緣覺】yuánjué　參見[緣一覺]。(《一切
經音義》卷十 6P371)

【縣僮】xiàntóng　參見[門子]。(《談徵》
名部下 P22)

【縣君】xiànjūn　參見[郡君]。(《雅俗稽
言》卷八 P2)

【縣官】xiànguān　《漢書·東平王傳》:"縣
官年少。"《霍禹傳》:"縣官非我家將軍,不
得至此。"如淳曰:"縣官謂天子也。"世俗稱
縣令爲縣官,非也。(《雅俗稽言》卷八 P1)
　　參見[天家]。(《通雅》卷十九 P645)

【縣楣】xuánméi　《通鑑》:"陳起三閣,縣楣
闌檻,皆以沈檀爲之。"胡注:"縣楣,横木施
於前後兩楹之間,下不裝構,今人謂之挂
楣。"馥謂:"縣楣"即"縣聯"也。(《札樸》卷
四　覽古 P126)

【縣馬】xiànmǎ　參見[郡馬]。(《雅俗稽
言》卷八 P2)

【縫】fèng　宋李誡《木經》:"椽數多,即逐縫
取平,每縫並減上縫之半,若第一縫二尺,
第二縫一尺,第三縫五寸之類。"按:縫,去
聲。今木工計屋,每隔一柱,謂之一縫是
也。(《通俗編》卷二十四 P545)

【緂】tǎn　《説文》"帛雔色",引《詩》"毳衣如
緂"。即今"毯"字,謂其蒼墨雜色也。(《直
語補證》P38)

【縈紆】yíngyū　《水經注》:"穀水又東經雍
谷溪,回岫縈紆,石路阻硤,故亦有硤石之
稱。"(《札樸》卷五　覽古 P153)

【繀】suì　卷絲爲緯曰繀。繀音歲。《類
篇》:"卷絲爲緯也。"案:今俗作穗,誤。
(《燕説》卷三 P12)

【纖繁】cùcù　衣物不舒展曰纖繁。纖繁俱
側六切,音堲。《集韻》:"縐文也。"(《燕説》
卷一 P10)

【縵襠袴】màndāngkù　"袴"與"褲"同,今
之縵襠袴即宋人裩襠袴也,其制長而多帶,
下及足踝,上連胸腹,江湘漁人寒天舉網多
用之。《漢書·外戚傳》:"霍光欲皇后擅寵
有子,雖宮人使令皆爲窮袴,多其帶,後宮
莫有進者。"注:"窮袴,即裩襠袴。窮,極
也,前後多帶,使不便行淫。"(《俚言解》卷
二 8P33)
　　　《南史·高昌國傳》:"著長身小袖袍縵
襠袴。"是外國之袴,始不開襠。(《土風錄》
卷三 P199)

【繃褯】bēngjiè　小兒衣曰繃褯。下慈夜
切。(《肯綮錄》P2)

【總戎】zǒngróng　杜甫詩:"共説總戎雲鳥
陣。"案:唐之總戎,即今之提督。今提督結
銜,猶稱提督軍務總兵官也。今人以總戎
稱總兵,而別稱提督爲提軍,又稱爲軍門
者,皆不典也。(《稱謂錄》卷二十三　提督
P13)

【總督】zǒngdū　《晉書·載記》王猛辭位表:
"總督戎機,出納帝命。""總督"二字見此。

（《通俗編》卷五 P97）

　　　　參見［儧運］。（《雅俗稽言》卷十九 P2）

【總裁】 zǒngcái　案：此二字始見《宋史》。張昱詩：“丞相衡兼領總裁。”此總裁乃今國史實錄館之監修官也。明世直省主考，通謂之總裁。嘉靖六年，張璁請以翰林院科部官爲主考，其疏云“布、按二司，不許仍充總裁”，則總裁卽知貢舉。今惟會試主司稱總裁。（《稱謂錄》卷二十四　總裁、主考 P3）

【縱汰】 zòngtài　上足用反。孔注《尚書》云：“放縱情欲也。”《説文》：“從系從聲。”下他蓋反。《淮南子》云：“深則汰五藏。”《廣雅》云：“汰，洗也。”《説文》：“從水太聲。”（《一切經音義》卷八十四 5P3284）

【縱撩】 zòngliáo　力彫反。《漢書》：“撩，取也，獵，掠取也，從手。”（《一切經音義》卷八十二 12P3228）

【縞殺鬾】 diàoshāqí　上“弔”。縊鬼。《通俗編》。（《越諺》卷中　鬼怪 P18）

【綵】 cài　績麻曰綵。（《土風錄》卷十五 P348）

【麋】 kǔn　束縛曰麋（邱隕切）。（《札樸》卷九　鄉里舊聞　鄉言正字附　雜言 P331）

　　　　《哀二年傳》：“羅無勇麋之。”《八年傳》：“及潞，麋之以入。”杜注：“麋，束縛也。”《釋文》：“音丘隕反。”今吾鄉猶有此語，其字作“麋”。《玉篇》：“麋，束縛也。”《廣韻》云：“《左傳》：‘無勇麋之。’束縛也。”（《札樸》卷二　溫經 P63）

【繠】 biè　劒者，……其帶謂之繠。（《札樸》卷四　覽古 P130）

【縮】 suō　竹筐底方、上圜，用以漉米曰縮（聲轉近錯。案：《方言》：“炊篼謂之縮。”）（《札樸》卷九　鄉里舊聞　鄉言正字附　器具 P327）

【縮囊】 suōnáng　《易林·賁之渙》：“乾無潤澤，利少囊縮。”按：俚俗以漸致貧窘曰“縮囊”。（《通俗編》卷二十三 P519）

【縮肭】 suōnè　皺不申曰縮肭。（《通俗文》釋言語下 P32）

【縮朒】 suōnù　音“朔搭”。不申達也。《漢書·五行志》劉歆言。（《越諺膡語》卷上 P5）

【縮頭龜】 suōtóuguī　參見［龜子］。（《通俗編》卷二十二 P501）

【縮鼻笑】 suōbíxiào　《北史·崔悛傳》。（《越諺膡語》卷上 P8）

【繞殿雷】 ràodiànléi　《山堂肆考》：“進士唱第日，宰相拆視姓名，則曰某人。由是傳於階下，皆齊聲呼之，謂之臚傳，亦謂之繞殿雷。”（《稱謂錄》卷二十四 P17）

【繖】 sǎn　以帛避雨謂之繖。（《通俗文》釋器用 P76）

【繖蓋】 sǎngài　上桑嬾反。《玉篇》云：“繖卽蓋也。”《通俗文》曰：“以帛避雨曰繖。”從糸，音覓，散聲也。……今隸書相傳作散，訛略也。經中或作傘，俗字也。下岡愛反，蓋亦傘也。案：繖蓋者一物也。《説文》蓋從草從盍（音合）。經文從羊作蓋，因草書訛謬也。（《一切經音義》卷十一 11P421）

【繖蓋】 sǎngài　張帛避雨謂之繖蓋。（《通俗文》釋器用 P76）

【繰掉】 liáodiào　參見［了鳥］。（《燕説》卷三 P9）

【織金】 zhījīn　《升庵全集》卷六十六：“《唐六典》有十四種金：曰銷金，曰拍金，曰鍍金，曰織金，……。”今鍍金、織金、泥金、貼金、裹金五種，无人不知，餘无聞矣。（《釋諺》P82）

【綹戶】 láohù　《逸雅》：“王道兒傳至九江府，編僉漁人，謂之綹戶。”案：陸深《豫章漫抄》云：“今人家池塘所蓄魚，其種皆出九江，謂之魚苗。蓋江湖交會之閒，氣候所鍾，每歲於三月初旬，挹取於水，其細如髮，養之舟中，漸次長成。亦有贏縮。其利頗廣，九江設廠以課之。洪武十四年，欽差總旗王道兒等至府，編僉漁人，謂之綹戶。”（《稱謂錄》卷二十九　漁 P13）

【繫臂】 jìbì　杜牧之《宮人》詩曰：“絳蠟猶封繫臂紗。”《服飾變古錄》云：“始于晉武帝選士庶女子有姿色者以緋綵繫其臂。……今定親之家於初見贈金飾綵幣之類爲繫臂。吳中皆有此例。（《言鯖》卷下 P13）

【繫縛】 xìfù　上音計。《集訓》云：“連綴也，繼也。”《玉篇》：“拘束也。”……下房博反。《集訓》云：“縛，繫。”《説文》：“束也。”（《一切經音義》卷三 2P109）

【繩墨】 shéngmò　明事曰“有繩墨”，昧事

曰“無繩墨”。《孟子》。（《越諺賸語》卷上
P2）

【繩牀】shéngchuáng　參見［交牀］。（《目
前集》前卷 P2125）

【繡絣】xiùbēng　刺繡之緞，邊縫籐，籐縫
木架。繃急曰絣。富女學工爲之。（《越
諺》卷中　風俗 P62）

【繡餻】xiùgāo　李後主《登高文》：“玉醴澄
醪，金盤繡餻。”（《土風錄》卷一 P183）

【纂】zuǎn　參見［纂子］。（《土風錄》卷十
五 P342）

【纂子】zuǎnzǐ　縫補鞋曰纂，皮工補鞵曰纂
子。（《土風錄》卷十五 P342）

【纂曆】zuǎnlì　祖管反。《考聲》：“纂，集。”
《桂苑珠叢》：“聚也。”……下力之反。孔注
《尚書》云：“節氣之度也。”《大戴礼》云：“聖
人慎守日月之數，以察星辰之行，以序四時
之從逆，故謂之曆治也。”（《一切經音義》卷
十 13P386）

【纂次】zuǎncì　《唐書》：“宣宗密令韋澳纂
次州縣境土風物，及諸利害，爲一書，號曰
處分語。”（《常語尋源》卷上　乙冊 P210）

【緫】yǐn　綴案。於謹反。（《俗務要名林》）
　　縫衣曰緫。音隱。（《肯綮錄》P2）
　　縫衣曰緫。緫音隱。《廣韻》：“縫衣相
著也。”杜詩：“褥緫繡芙蓉。”而字借隱。
（《燕説》卷三 P13）

【續弦】xùxián　前漢武時西域貢膠五兩，云
是鸞嘴所作，一曰鸞血也。帝射于甘泉，弦
斷，以膠續之，因名續弦膠。後世以再娶比
之，言斷而復續也。（《雅俗稽言》卷三十五
P5）
　　《十洲記》：“鳳麟洲人以鳳喙麟角合煎
作膠，能續弓弦。”《漢武外傳》：“西海獻鸞
膠，帝弦斷，以膠續之。弦兩端遂相著，終
日射之不斷。帝悦，賜名續弦膠。”杜甫詩：
“麟角鳳觜世莫識，煎膠續弦奇自見。”杜牧
之詩：“天上鳳凰難得髓，世間那有續弦
膠。”按：今俗謂喪妻曰斷弦，再娶曰續弦。
村農市賈，無不言之。（《通俗編》卷二十二
P497）

【續絃】xùxián　《拾遺記》：“漢武時西海獻
鸞膠，帝弦斷，以膠續之，兩頭遂相著，終日
射之不斷，名績絃膠。”宋陶穀《風光好》詞：
“待得鸞膠續，斷絃是何年？”按：陶誤以弦

爲絃，後人遂沿誤曰續絃。然據《詩》云“琴
瑟在御”應作“絃”字爲當。（《常語尋源》卷
上　甲冊 P191）

【續絃膠】xùxiánjiāo　參見［續絃］。（《常
語尋源》卷上　甲冊 P191）

【纏口湯】chánkǒutāng　蘇廙《茶品》載十
六湯，第十曰纏口湯，猥人煉水之器，不暇
深擇銅鐵鉛錫，取熟而已。是湯辛苦且澀，
飲之逾時，惡氣纏口不得去。按：此言茶
也，今俗以名酒。（《通俗編》卷二十七
P605）

【纏手】chánshǒu　乳。（《墨娥小錄》卷十
四 P8）

【纏老】chánlǎo　蛇。（《墨娥小錄》卷十四
P4）

【纏袋】chándài　繞腰窄囊曰纏袋。纏讀
去聲，音棧。（《里語徵實》卷中上　二字徵
實 P23）

【纑】lú　紗之別名。音盧。（《俗務要名
林》）

【纒頭】chántóu　唐時賓客宴集，爲人起舞
比禮者，即以彩物爲贈，謂之纒頭。如僕固
懷恩爲中使駱奉仙起舞，奉先以纒頭爲贈
是也。今止以娼妓當筵歌舞者爲纒頭。
又，今宴會優人爲上賓上壽加官送子之類，
即其遺意。賓賜即纒頭。（《言鯖》卷上
P5）

【纔發心】cáifāxīn　上昨來反。《考聲》云：
“纔，暫也。”顧野王云：“纔猶僅也，音近
也。”《古今正字》云：“纔，淺也，從糸毚聲。”
（《一切經音義》卷七十二 5P2844）

【蠹簌】dàosù　參見［偅倈］。（《燕説》卷
一 P9）

【纚】xǐ　幘裏曰纚。（《通俗文》釋衣飾
P60）

走　部

【走】zǒu　燒火。（《墨娥小錄》卷十四 P7）

【走作】zǒuzuò　《朱子語錄》：“開此一線
路，恐學者因以藉口，小小走作。”又《文
集》：“答林巒曰：‘此段多用佛語，尤覺走
作。’”按：《傳燈錄》：“僧謂宗一曰：‘若不遇
于師，幾成走作。’”蓋“走作”亦釋家語也。

（《通俗編》卷十二 P259）

　　　　離背意。朱子《語錄》，又《文集》。
（《越諺賸語》卷上 P7）

【走江湖】zǒujiānghú　謝靈運詩，蘇軾詩。
（《越諺賸語》卷上 P9）

【走洋】zǒuyáng　卽夢遺。（《越諺》卷中
疾病 P20）

【走百病】zǒubǎibìng　《歲時記》：“燕城正
月十六夜，婦女群遊，……凡有橋處，相率
以過，謂之走百病。”（《言鯖》卷下 P8）

【走衰】zǒugǔn　說不定。（《墨娥小錄》卷
十四 P7）

【赶過】shànguò　去。（《墨娥小錄》卷十四
P6）

　　　　走。（《墨娥小錄》卷十四 P6）

【起】qǐ　今官司審理詞訟，每一案謂之一
起。考《元史·刑法志》：“諸捕盜官，盜賊
三限不獲，強盜三起，竊盜五起，各笞一十
七；強盜五起，竊盜十起，各笞二十七；強盜
十起，竊盜十五起，各笞三十七。”則起數之
稱，其來久矣。（《恒言錄》卷四 P87）

　　　　吾鄉猶謂麵發爲起。（《札樸》卷九　鄉
里舊聞 P311）

【起動】qǐdòng　參見［驚動］。（《通俗編》
卷十二 P260）

【起復】qǐfù　起復者，喪服未終，勉其任用，
所謂奪情起復者也。如歐陽公《晏元獻神
道碑》“明年遷著作郎，丁父憂，去官。已
而，真宗思之，卽其家起復爲淮南使”是也。
（《雅俗稽言》卷十四 P11）

　　　　服滿卽吉及病痊就官曰起復，此相沿
之誤，古所謂起復卽奪情也，詳王勉夫《野
客叢書》。（《土風錄》卷十 P283）

　　　　《唐書·蘇瓌傳》：“景雲中瓌薨，詔頲起
復爲工部侍郎，頲抗表固辭。”又《張九齡
傳》：“尋丁母喪，歸鄉里，二十一年十一月
起復，拜中書侍郎，同中書門下平章事。九
齡固辭，不許。”《朝野類要》：“已解官持服，
而朝廷特擢用者名起復，卽奪情也。”歐陽
永叔謂《晏元獻神道碑》：“遷著作郎，丁父
憂去官。已而神宗思之，卽其家起復，爲淮
南發運使。”（《恒言廣證》卷四 P61）

　　　　丁憂服滿曰起復。舊制：文臣丁憂起
復，必先授武官。蓋用“墨縗從征”之義，示
不得已也。故富鄭公以宰相丁憂，起復，初
授冠軍大將軍。餘官多授雲麾（編者按：當

作麾）將軍。近歲起復者，直授故官。見
《卻掃篇》。按：奪情非禮，改授武職，尚有
顧惜名教之意，然總非盛時所宜也。又，古
以奪情爲起復，今概以稱服闋矣。（《書
影》）《霏雪錄》云：“起復者，喪制未終而奪
情起視事。如歐公所作《晏元獻神道碑》遷
著作郎，丁父憂去官。已而真宗思之，卽其
家，起復爲淮南發運使，及史嵩之遭父喪，
經營起復是也。又，宋制并繫之官銜，如
‘起復左僕射中書門下平章事臣趙普’是
也。今以服闋爲起復，誤矣。”又趙升《朝野
類要》云：“已解官持服而朝廷特起用者，名
‘起復’，卽奪情也。”王阮亭亦引此，以證俗
說之謬。……《元史》：“監察御史陳思謙
言：‘內外官，非文武全材及有金革之事者，
不許奪情起復。’”是元時亦尚不以服闋爲
起復也。《宋史》：“向子諲坐言者，降三官。
起復知潭州。”則凡降官而復職者，亦皆謂
之“起復”，不專指停喪授職者。（《陔餘叢
考》）（《里語徵實》卷中上　二字徵實 P48）

　　　　《宋史》：“故事執政遭喪，皆起復。仁
宗欲起復富弼同平章事，固辭不許，弼曰：
‘起復金革之變，禮不可施於平世。’乃許
之。”按：今服闋爲起復，非此義矣。（《常語
尋源》卷上　甲册 P198）

【起居郎】qǐjūláng　參見［左螭］。（《唐音
癸籤》卷十七 P157）

【起子】qǐzǐ　參見［坐草］。（《談徵》言部
P38）

【起栿】qǐfù　做屋曰起栿。栿，房六切。
《類篇》：“梁也。”今人以木枋附大木之上爲
栿，浙人亦以梁爲栿。江北曰壓栿。（《里
語徵實》卷中上　二字徵實 P23）

【起溲】qǐsōu　參見［不托］。（《通雅》卷三
十九 P1183）

【起服】qǐfú　參見［起復］。（《里語徵實》
卷中上　二字徵實 P48）

【起病】qǐbìng　今人引疾去官再出曰起病。
（《釋諺》P98）

【起酵】qǐjiào　麵有曰發酵（古孝切），亦曰
起酵。《南齊書》：“永明九年正月，詔太廟
四時祭薦起麵餅。”注：“起麵，今之發酵
也。”按：發酵麵又謂之輕高麵，見韋巨源
《食單》。（《語實》P169）

【起課先生】qǐkèxiānshēng　賣卜者。
（《越諺》卷中　尊稱 P13）

【起麵餅】qǐmiànbǐng　《通鑑》：“北齊詔太廟四時之祭，薦宣皇帝起麵餅、鴨臛。”注云：“起麵餅，今北人能爲之，其餅浮軟，以卷肉噉之，亦謂之卷餅。”程大昌曰：“起麵餅入教麵中，令鬆鬆然也。教，俗作酵。”吾鄉猶謂麵發爲起，能使麵起者，謂之酵子。酵，酒酵也，烝餅非酵不成。（《札樸》卷九　鄉里舊聞 P310）

　　　《南齊書•武帝紀》：“永明九年正月詔，太廟四時祭，薦起麵餅。”注：“起麵，令之發酵也。”（《恒言廣證》卷五 P83）

【起麵餅】qǐmiànbǐng　參見［起酵］。（《語竇》P169）

【赶】jué　舉尾走曰赶。赶音掘，從子不從子。（《燕說》卷四 P8）

【趏】zōng　衆。一舉步而上屋過牆。《集韻》。（《越諺》卷下　單辭隻義 P10）

【赵】tòu　透。步高不穩。《玉篇》。（《越諺》卷下　單辭隻義 P10）

【趏】jué　馬後起曰趏。（《札樸》卷九　鄉里舊聞　鄉言正字附　雜言 P329）

【越王劍】yuèwángjiàn　《古今注》又云：“彭蜞，其有大螯偏大者，名擁劍，俗謂之越王劍。”（《札樸》卷三　覽古 P104）

【越瓜】yuèguā　參見［菁瓜］。（《越諺》卷中　瓜果 P50）

【越窰】yuèyáo　陸龜蒙詩：“九秋風露越窰開，奪得千峯翠色來。”越窰爲諸窰之冠，至錢王時愈精，臣庶不得通用，謂之秋色，即所謂柴窰者是。俗云：“若要看柴窰，雨過青天色。”……（《留青日劄》）（《唐音癸籤》卷十九 P171）

【趍】qiè　趍，千謝切，腳斜立貌，蔗韻。（《目前集》後卷 P2151）

【趁】niǎn　趁，尼展切，踐也。俗爲追意。躇同，二字用當有辨。報車輮物也……趁亦作趍。（《目前集》後卷 P2152）

【趁墟】chènxū　參見［趕墟］。（《里語徵實》卷中上　二字徵實 P48）

【趍墟】chènxū　《峒氓》詩：“綠荷包飯趍墟人。”注：嶺南呼市爲墟，閔敘粵述市謂之墟，赴者謂之趍墟，今猶然。（《談徵》名部上 P37）

【超棒】chāobàng　腿。（《墨城小錄》卷十四 P8）

【超撒】chāosǎ　打。（《墨城小錄》卷十四 P6）

【趏】bū　小兒手據地行曰趏。趏音蒲，葡仝。（《蜀語》P31）

【趙】zhào　《戒菴漫筆》：“今人以虛妄不實，斥之曰趙。《爾雅》：‘休，無實李。’注云：‘一名趙李。蓋無實者，虛也，疑即此趙字。’”按：今俚語云“趙七趙八”，乃戒菴所謂斥之之辭。（《通俗編》卷十七 P378）

　　　語言虛妄曰趙。《戒菴漫筆》：“今人以虛妄不實斥之曰趙。”（《燕說》卷二 P15）

　　　誣語曰趙，語言不實曰趙。案：《爾雅》：“休，無實李。”郭注：“一名趙李。”無實曰趙殆取其意。又以趙爲然詞，家先生云：“蓋五代時民間口語，爲宋有天下之讖，後遂相沿之。”（《土風錄》卷十四 P330）

【趙七趙八】zhàoqīzhàobā　參見［趙］。（《通俗編》卷十七 P378）

【趕】gǎn　舉尾走曰趕。（《通俗文》釋言語上 P7）

【趕場】gǎncháng　參見［場］。（《蜀語》P22）

【趕墟】gǎnxū　亦曰“趁墟”。鄭司農《周禮》注：“廛市中空地無肆、城中空地無宅者，即今之墟也。”《南部新書》：“端州以南，三日一市，謂之趁墟。”又，凡聚落相近，期某旦集，交易哄然，其名爲“墟”。柳云：“綠荷包飯趁墟人。”臨川云：“花間人語趁朝墟。”山谷：“筍葉裹鹽同趁墟”“趁墟人集春蔬好”。（《碧溪詩話》）（《里語徵實》卷中上　二字徵實 P48）

【趕月頭】gǎnyuètóu　取當曰“趕月頭”。花蕊夫人詞。（《越諺賸語》卷上 P4）

【趕趁人】gǎnchènrén　《武林舊事》：“凡遊觀買賣，有以徑撓逐求售者，謂之趕趁人。”（《稱謂錄》卷二十八　商賈 P12）

【趍】sū　狗走疾也。蘇和反。（《俗務要名林》）

　　　“坐”平聲。志向漸卑，力氣漸減。如“日晚西趍”也。歐陽炯詞。（《越諺》卷下　單辭隻義 P10）

　　　“好人三趍，惡人三嗾。”趍，“坐”平聲。出《説文》，本訓“走意”，此喻平其爭氣。（《越諺》卷上　警世之諺第一 P4）

【趍】zhuó　馬疾走曰趍。（《札樸》卷九　鄉

里舊聞　鄉言正字附　雜言 P329）

【趜】jú　體不申謂之趜。（《通俗文》釋形體 P52）

【趜趌】júsù　不伸曰趜趌。上居六反，下音縮。（《肯綮錄》P2）

　　體不伸曰趜趌。（《札樸》卷九　鄉里舊聞　鄉言正字附　雜言 P329）

【趲】zhá　實洽切，"米石"之"石"。疾走貌。"趲來趲去"，"趲進趲出"。《玉篇》。（《越諺》卷下　單辭隻義 P10）

【趜炎】qūyán　世謂近熱官者爲趜炎，又云捧熱。（《俚言解》卷一 41P24）

【趜趜】qūqū　《顧曲雜言》京師人呼促織爲趜趜。蓋促織二字俱入聲，北音無入，遂訛至此。今南客聞之，亦襲其名，惧矣。（《通俗編》卷二十九 P659）

　　參見［蜖蜖］。　（《越諺》卷中　蟲豸 P47）

【趬】qiào　婦行腳歪曰趬。趬，古弔切，音竅。《說文》："行輕貌。一曰：趬，舉足也。"《玉篇》："起也，高也。"（《里語徵實》卷上 一字徵實 P9）

【趲】zǎn　趲，散走也，俗作催意。李空同詩亦云："趲年芳。"在簡切。（《目前集》後卷 P2152）

赤　部

【赤根菜】chìgēncài　波菜曰赤（注：音侈）根菜。（《燕山叢錄》卷二十二　長安里語　蔬菜 P10）

【赤棒】chìbàng　今督撫儀仗皆有紅杠，卽古之赤棒也。《通鑑》："元魏故事，中丞出，與皇太子分路，王公皆遠駐車，去牛頓軛於地，以待其過。其或遲違，則前驅以赤棒棒之。"又，"壽陽公主行犯清路，赤棒卒呵之不止。"（《札樸》卷五　覽古 P154）

【赤手】chìshǒu　空手亦謂赤手。（《雅俗稽言》卷二十二 P9）

【赤腳】chìjiǎo　杜甫詩："安得赤腳踏層冰。"韓退之詩："一婢赤腳老無齒。"《養痾漫筆》："真宗用方士拜章上帝，上帝遣赤腳大仙爲嗣，卽仁宗也。"按：《漢書》："赤地千里。"注："空盡無物曰赤。"流俗有赤貧、赤

手、赤膊等言，皆此義。（《通俗編》卷十六 P352）

　　《鶴林玉露》："楊誠齋退休南溪之下，……長鬚赤腳纔三四人。"案：長須爲奴，赤腳爲婢。（《稱謂錄》卷二十五　僕 P20）

【赤腳大仙】chìjiǎodàxiān　《養痾漫筆》："真宗求嗣，上帝遣降，卽仁宗也。"（《越諺》卷中　神祇 P18）

【赤章冒枝】chìzhāngmàozhī　俗稱人急遽自是者曰赤章冒枝。《呂氏春秋》："智伯伐仇猶，仇猶臣赤章蔓枝諫不聽，因斷轂而馳。"《韓非子》亦載其事。赤章，復姓；蔓枝，名也。俗語訛蔓爲冒，亦蔓、冒俱明母下字，蔓可叶冒耳。蔓，音萬。（《雅俗稽言》卷十七 P7）

【赤老】chìlǎo　《雜誌》："都下目軍人爲赤老，緣尺籍得名。"《鶴林玉露》："狄青自延安入樞府，迓者累日不至，因謾罵曰：'迎一赤老，累日不來。'"（《稱謂錄》卷二十六　兵 P15）

【赤縣】chìxiàn　唐制也，京都所治爲赤縣。（《談徵》名部上 P37）

【赤車使】chìchēshǐ　《海錄碎事》："李白詩有'何當赤車使，再往詔相如'。"（《稱謂錄》卷二十三　欽差 P2）

【赤身】chìshēn　空身又謂赤身。釋典云："在它豪與富，惟我赤窮身。"唐皇甫湜赤然一身。（《雅俗稽言》卷二十二 P9）

【赤雹子】chìbáozǐ　曆日王瓜生乃俗名赤雹子者，其根可爲面藥，江西人種之沃土，取作蔬食，云味如山藥。（《目前集》前卷 P2122）

【赤骨立】chìgǔlì　《朱子語類》：論夫子安仁，顏淵不違仁，子路求仁，曰："子路譬如脫得上面兩件鏖糟底衣服了；顏淵又脫得那近裏面底衣服了；聖人則和那裏面貼肉底汗衫，都脫得赤骨立了。"（《通言》卷五 P64）

【赤鯶公】chìhùngōng　《酉陽雜俎》："唐禁市鯉，得則放之，號赤鯶公。"諱國姓也。（《雅俗稽言》卷三十七 P2）

【欪笑】xīxiào　歡喜而笑曰欪笑。欪，與激切。《韻會》："笑聲也。"（《方言據》卷上 P10）

【赩】xì　青黑曰赩。（《通俗文》釋言語下

P26)

【赭魁】zhěkuí　《西雲禮記》(卷三)"赭魁卽餘糧"條云："《夢溪筆談》二十六：'《本草》所論赭魁皆未詳。今南中極多，膚黑肌赤似何首烏，汁赤如赭。南人以染皮制靴，閩嶺人謂之餘糧。'"(《釋諺》P83)

【綕赦】yānzhī　參見[燕脂]。(《俚言解》卷二　9P33)

車　部

【車庸】chēyōng　《新唐書·烈女傳》記畣母事，改"脚錢"爲"車庸"。(《逼言》卷二P26)

【車格】chēgé　參見[轅軶]。(《一切經音義》卷十五　20P589)

【車脚錢】chējiǎoqián　《朝野僉載》："李審請祿米送至宅，母問：'車脚錢幾何?'"(《俚言解》卷二　28P42)

【軌革】guǐgě　參見[圓光]。(《釋諺》P98)

【軍妻】jūnqī　參見[伍拉姑]。(《談微》名部下P18)

【軒】xuān　車轃曰軏，後重曰軒，前重曰輊，車聲曰輷。(《通俗文》釋車船P80)

【報車】niǎnchē　報車，轢物也。碾同。(《目前集》後卷P2152)

【軝】nín　繰車曰軝。(《通俗文》釋器用P72)

【軟脚】ruǎnjiǎo　參見[餞路]。(《雅俗稽言》卷十七P11)

【軟飽】ruǎnbǎo　(詩人多用方言。南人)謂睡美爲黑甜，飲酒爲軟飽，故東坡云："三杯軟飽後，一枕黑甜餘。"(《雅俗稽言》卷三十P8)

　　《冷齋夜話》："北人以畫睡爲黑甜。南人以飲酒爲軟飽。故東坡詩曰：'三杯軟飽後，一枕黑甜餘。'"(《通俗編》卷二十七P605)

　　南人以飲酒爲"軟飽"。《冷齋夜話》。(《越諺》卷中　飲食P36)

【軸兒】zhóur　幫閑的。(《墨娥小錄》卷十四P6)

【輊】zhì　參見[軒]。(《通俗文》釋車船

P80)

【較定】jiàodìng　上音角。《廣雅》云："較，明也。"《考聲》："挍其優劣也，略也。"《尚書大傳》云："較其志，見其事也。或作角，競也，試也，或從爻作較。"《古今正字》："從車從交聲也。"(《一切經音義》卷七十七8P3048)

【輒】zhé　《廣韻》云："專，輒也。"《世説》："華歆王朗，俱乘船避難。有一人欲依附，歆輒難之。"此輒字，專辭，猶云獨也，特也。唐高宗《述聖教序》："輒以輕塵足嶽，墜露添流。"此輒字，專擅之辭，猶云敢也。(《助字辨略》卷五P282)

【輕容】qīngróng　紗之至輕者，有所謂輕容，出唐《類苑》，云："輕容，無花薄紗也。"王建《宮詞》云："繚羅不著愛輕容。"元微之有寄白樂天白輕容，樂天製而爲衣，而詩中容字乃爲流俗妄改爲庸，又作庸榕，蓋不知其所出。(《齊東埜語》)(《唐音癸籤》卷十九P168)

【輕欺】qīngqī　杜詩(編者按：應爲元積詩)："最愛輕欺杏園客，也曾辜負酒家姬。"(《語實》P164)

【輕薄子】qīngbózǐ　《後漢書·馬援傳》："效季良不得，陷爲天下輕薄子。"梁昭明詩："洛陽輕薄子，長安遊俠兒。"李頎詩："結交杜陵輕薄子，謂言可生復可死。"(《通俗編》卷十一P235)

【輕身】qīngshēn　單身曰輕身。輕去聲，音磬。(《蜀語》P6)

【輕訬】qīngchāo　《集韻》："訬，輕也。江東語。"案：《晉書·趙王倫傳》："愚闇輕訬。"(《札樸》卷三　覽古P91)

【輕骰骰】qīngsǎnsǎn　骰音酸。《集成》："骰，骨貌。"案：骰，骨微也。吳中謂人之不穩重者曰骨頭輕骰骰。(《吳下方言考》卷五P2)

【輕高麵】qīnggāomiàn　按：發酵麵又謂之輕高麵，見韋巨源《食單》。(《語實》P169)

【輇輀】lùwèi　載喪車謂之輇(音六)輀(音衛)。(《通俗文》釋車船P80)

【輪轉】lúnzhuǎn　十二年。(《墨娥小錄》卷十四P4)

【輟己】chuòjǐ　己，居里反。《珠叢》曰："輟，止也。"謂止卻自用，迴與人也。(《一

切經音義》卷二十二 4P829)

【輷轒】hōngléng　音痕輪。韓昌黎《讀東方朔雜事》詩：“偷入雷電室，輷轒掉狂車。”案：輷轒，雷聲也。今吳中形雷轟曰輷轒。（《吳下方言考》卷四 P17)

【輷輷】hōnghōng　音鴻。蘇秦説魏襄王曰：“車馬之多，日夜行不絶，輷輷殷殷。”案：輷輷，車衆聲。今吳諺謂車衆曰輷輷然也。（《吳下方言考》卷一 P7)

【輷輷殷殷】hōnghōngyǐnyǐn　參見［輷輷］。（《吳下方言考》卷一 P7)

【轅軛】yuán’è　上音袁。車前雙轅也。《説文》：“轅，輈也。”鄭玄注《考工記》云：“輈，轅也。”《方言》云：“楚衞之間謂轅曰輈。”音肘留反。下音厄。經作軛，俗字也。鄭注《考工》：“轅端厭牛領木也。”俗呼車格，訛也。（《一切經音義》卷十五 21P589)

【輾】niǎn　逐人而驅之曰輾。（《客座贅語》卷一　詮俗 P9)

【轉】zhuǎn　猶浸也。轉得爲浸者，言其展轉非向境也。王右軍帖：“但恐前路轉欲逼耳。”《宋書·王景文傳》：“吾踰忝轉深，足以致謗。”《水經注》：“《劉靖碑》云：‘詔書以民食轉廣，陸費不贍。’”（《助字辨略》卷三 P157)

【轉噍】zhuànjiào　誚。食草回嚼。牛齝，羊齥，鹿齸。（《越諺》卷中　禽獸 P44)

【轉布】zhuǎnbù　潑布，今亦謂之轉布，謂移其穢於他處也。（《吳下方言考》卷八 P13)

【轉帖】zhuǎntiē　猶今之知會也。唐武后甲申轉帖百官，令拜表，百官但赴拜，不知何事。蓋若今之都吏送知會部堂堂帖，使司官知之。（《通雅》卷二十六 P840)

【轉背】zhuǎnbèi　《南史·蔡廓傳》：“徐羨之曰：‘與人共計，云何裁轉背，便賣惡于人？’”（《通俗編》卷十六 P347)

【轉郎】zhuǎnláng　婚姻路近，拜堂後埒即同拜女門也。《夢粱録》曰“會郎”。（《越諺》卷中　風俗 P61)

【轉馬】zhuǎnmǎ　桑悦《州志風俗》云：“成婚者，朝則道鼓樂，埒拜女家謂之轉馬。”案：此乃俚俗所云望冷靜也。（《土風録》卷二 P192)

【轑飯】láofàn　《劍南集》自注：吳人謂飯不

炊者曰轑飯。轑音勞。（《通俗編》卷二十七 P610)

【轓車】fānchē　水碓曰轓車。（《通俗文》釋器用 P69)

參見［踏碓］。（《里語徵實》卷中下二字徵實 P11)

【轓車碓】fānchēduì　水碓曰轓車碓。（《通俗文》釋器用 P69)

【轟轟】hōnghōng　韓昌黎《此日可足惜贈張籍》：“飲食豈知味，絲竹徒轟轟。”案：轟轟，聲大而不辯也。今吳諺謂耳不辯聲曰轟轟。（《吳下方言考》卷二 P8)

北齊李元忠謂神武曰：“昔日建義，轟轟大樂。”案：轟轟，駢填貌。今吳諺謂熱客湊鬧曰轟轟。（《吳下方言考》卷一 P7)

【轞】jiàn　參見［軒］。（《通俗文》釋車船 P80)

【轆轆】lìlù　參見［婁羅］。（《通俗編》卷八 P169)

【轐轐】xiēzhē　轐（歇字平聲）轐（音遮）二字，雖《海篇》亦不載，今俗字集上有之，謂做事軒昂太過之意。……似此等語皆出宋時。（《七修類稿》卷二十三 P349)

豆　部

【豆乳】dòurǔ　豆乳、脂酥，即豆腐也。《物性志》曰：“豆以爲腐，傳自淮南王，以豆爲乳，脂爲酥。”唐宋《本艸》止有豆黃卷，乃以生豆爲芽蘗也，宋時稱之。按：《老學菴筆記》：“仲殊長老，上堂辭衆自縊，而舍利五色。性嗜蜜，豆腐、麵觔、牛乳皆蜜漬。東坡爲作《安州老人食蜜歌》。”（《通雅》卷三十九 P1199)

豆腐即豆乳也。三代前後未聞此物。淮南王劉安始磨豆爲乳脂，名之曰豆腐。（《談徵》物部 P32)

【豆奴】dòunú　參見［豆逼］。（《方言據》卷下 P24)

【豆婢】dòubì　參見［豆逼］。（《方言據》卷下 P24)

【豆湊】dòucòu　《游覽志餘》：“杭人以事相邂逅曰‘豆湊’，蓋‘鬭湊’之訛也，或言吳越風俗，除日互擎炒豆交納之，且餐且祈曰

'湊投',殆此語所從出歟?"(《通俗編》卷十
P217)

【豆脯】dòufǔ　漢淮南王造。俗作腐,非。
腐,爛也。當作脯,象其似肉脯也,故脂麻
曰麻脯,棗肉曰棗脯。(《蜀語》P5)

　　漢淮南王造。《稗史》:"劉安作豆脯。"
俗作"腐",非。腐,爛也。當作"脯",象其
似肉脯也。故脂麻曰"麻脯"、棗肉曰"棗
脯"。(《蜀語》)又《虞集序》:"鄉語謂豆脯
爲'來其',一名'黎都'。"陸游詩:"拭盤堆
連展,洗釜煮黎其。"注:"蜀人謂豆脯爲'黎
其'。"(《里語徵實》卷中上　二字徵實 P17)

【豆腐】dòufǔ　豆腐。……其製亦古,其名
亦南北皆同而不見於經史。近世詩詞家乃
至强更之爲"菽乳"。以"腐"之無義故,且
近俚故。按:《説文》於"登"字注曰:"豆飴
也。""豆飴"則有義,且不俚。……但"豆
腐"之"腐",其傳訛亦有自來,……按《內
則》列舉八珍:"有淳熬則煎醢加於陸稻上,
……,有淳母則煎醢加於黍食上,……"古
有"毋"無"無",後有"無"而特以"毋"爲禁
止之辭。飲食之物,何取於禁止?注家求
其說而不得,於是破"毋"爲"模"。自古注
疏,久已有淳模而無淳毋,況於豆之爲毋
乎?夫淳熬、淳毋,不過稻黍之異,其爲
"毋"也,猶之乎其爲"熬"也。凡爲飴者必
熬之,則謂豆飴爲"豆熬"可,謂豆飴爲"豆
毋",亦何不可?(《越言釋》卷上 P28)

【豆逼】dòubī　小豆謂之豆逼。《顏氏家
訓》云:"在益州與數人同坐,初晴日明,見
地上有小光,一蜀竪就視,答云:'是豆逼
耳。'命取來,則小豆也。問之,蜀土皆呼粒
爲逼,時莫之解。顏云《三蒼説文》:"此字
白下爲匕。"通俗音方力切。今俗謂之豆
婢,遂又謂之豆奴。又豆收後,落顆再生成
豆,曰豆奴。(《方言據》卷下 P24)

【豆角兒】dòujiǎor　參見[尻鍬]。(《燕山
叢錄》卷二十二　長安里語　身體 P6)

【豆飴】dòuyí　參見[豆腐]。(《越言釋》卷
上 P28)

【豈】qǐ　猶云豈可,省文也。《後漢書·隗囂
傳》:"若囂命會符運,敵非天力,雖坐論西
伯,豈多嗤乎!"(《助字辨略》卷三 P138)

【豈奈】qǐnài　韓退之詩:"人生誠無幾,事
往悲豈奈。"豈奈,猶云如何耐得也。(《方
言藻》卷一 P10)

【豈奈】qǐnài　(奈),奴簡切。……猶云如
何耐得也。韓退之詩:"人生誠無幾,事往
悲豈奈。"(《助字辨略》卷四 P211)

【豈曾】qǐcéng　猶云何嘗。郭象《莊子
序》:"夫心無爲,則隨感而應。應隨其時,
言唯謹爾。故與化爲體,流萬代而冥物,豈
曾設對獨遘,而遊談乎方外哉!"(《助字辨
略》卷二 P107)

【豈況】qǐkuàng　何況也。《後漢書·爰延
傳》:"夫以光武之聖德,嚴光之高賢,君臣
合道,尚降此變。豈況陛下今所親幸,以賤
爲貴,以卑爲尊哉!"《吳志·諸葛恪傳》:"自
孔氏門徒大數三千,其見異者七十二人。
至于子張、子路、子貢等七十之徒,亞聖之
德,然猶各有所短,師辟由嗲,賜不受命,豈
況下此而無所闕!"(《助字辨略》卷三
P138)

【錯】cè　豆碎曰錯。錯,側革切,音策,磨豆
也。《唐書·張孝忠傳》:"孝忠與其下同麤
淡,日膳裁豆錯而已。"(《燕説》卷四 P14)

【豎笠】shùlì　俗諱各處有之,吳楚爲甚。
舟中諱"住"、諱"翻",謂筯爲快兒,翻轉爲
定轉,幡布爲抹布。又諱"離散",謂梨爲圓
果,傘爲豎笠。(《俚言解》卷二 11P35)

　　參見[快兒]。(《通俗編》卷二十六
P592)

【登豆】láodòu　野豆謂之登豆。(《通俗
文》釋草木 P87)

【豐富】fēngfù　《易》注《大有》,《詩·斯干》
正義,《漢書·西戎傳》。《晉書·和嶠傳》。
(《越諺賸語》卷上 P7)

酉　部

【酌獻】zhuóxiàn　《詩》:"君子有酒,酌言獻
之。"《宋史·樂章》:"酌獻告神,禮以時舉。"
范成大詩:"男兒酌獻女兒避,醉酒燒錢竈
君喜。"按:今謂設樂供神曰"酌獻",或云
"祝獻"也。據經籍,酌獻爲是。(《通俗編》
卷十九 P434)

【酒保】jiǔbǎo　自漢已有酒保之稱。文長
曰:"兩見《鶡冠子》。"智按:李燮、杜根,皆
爲酒家保。(《通雅》卷十九 P668)

　　《鶡冠子·世兵篇》:"伊尹酒保,太公屠
牛。"《史記·刺客傳》注亦云伊尹酒保。

《恒言廣證》卷三 P57）

【酒大工】jiǔdàgōng　參見［酒胴肛］。《直語補證》P8）

【酒孃】jiǔniáng　參見［酒脚］。《直語補證》P45）

【酒溲】jiǔsōu　雨。《墨娥小錄》卷十四 P3）

【酒胴工】jiǔdònggōng　“胴工”見《説文》。《漢書·禮樂志》“給大官胴馬酒”注謂“以馬乳爲酒，胴引乃成”。稱酒工兼胴者，贊美也。越音“胴工”呼“頭公”。《越諺》卷中 賤稱 P15）

【酒胡】jiǔhú　以之（撥弗倒）侑酒，古名酒胡。《唐摭言》：“盧汪連舉不第，賦《酒胡子》以寓意，序曰：‘巡觴之胡，聽人旋轉，所向者舉杯，頗有意趣，然傾倒不定，緩急由人，不在酒胡。’”《土風錄》卷三 P206）

【酒胴肛】jiǔdònggāng　俗稱釀酒者。胡身之《通鑑》二百廿三卷注：“酒翁，釀酒者也。今人呼爲酒大工。”大作惰音，故致譌俗。《直語補證》P8）

【酒脚】jiǔjiǎo　大隱翁《酒經》：“酴米，酒母也。”今人謂之“脚飯”，故又曰脚也。《直語補證》P45）

【酒欱】jiǔhē　喝。以銅爲細管，彎如滿弓。不忍開壜散其酒氣，先鑿泥頭小孔，以此插入吸取，酒自欱出。欱後仍以一丸泥封固其孔。《越諺》卷中 器用 P28）

【酒必】jiǔbì　遊山者以繩繫壺使可負，卽謂之“酒必”。《越言釋》卷下 P31）

【酒尤】jiǔqiú　冬月結草以居酒瓶令溫者曰酒尤。《方言據》卷下 P29）

【酒紏】jiǔjiū　參見［錄事］。《稱謂錄》卷三十 倡 P23）

【酒酵】jiǔjiào　高。可入麪粉發酵者。出《齊書·禮志》註。《越諺》卷中 飲食 P36）

【酒醢】jiǔhǎi　酒器曰酒醢。醢音海。《蜀語》P38）

酒器曰酒醢。醢音海。《里語微實》卷中上 二字微實 P19）

【酒譜】jiǔpǔ　參見［布］。《談微》事部 P66）

【酒鎗】jiǔchēng　《集韻》：“鎗，釜屬，通作鐺。”《南齊書·蕭穎胄傳》：“上慕儉，欲壞鑄太官元日上壽銀酒鎗。”馥案：鎗卽鎗鏓，今

之鎗也。竟陵王子良遺何點稽叔夜酒杯、徐景山酒鎗以通意。《札樸》卷四 覽古 P133）

【酒頭】jiǔtóu　參見［糟頭］。《通俗編》卷十一 P236）

【酒鬼】jiǔguǐ　楊維楨詩：“金檣墮地非酒鬼，巾箱以鱸行萬里。”《通俗編》卷十九 P429）

【酒鼈】jiǔbiē　參見［偏提］。《言鯖》卷上 P4）

參見［注子］。《土風錄》卷三 P203）

【酒齇鼻】jiǔzhābí　中同“齇”，音槎。鼻紅多瘤皰。《南史》“齇奴”，《北史》“齇王”。《越諺》卷中 疾病 P21）

【酕酶】máotáo　大醉曰酕酶。一曰酩酊。上音毛陶，下音悶頂。《蜀語》P39）

戲弄曰酕酶。《廣韻》：“酕音毛，酶音匋，醉也。”《類篇》：“極醉貌。”晁補之詩：“有時醉酕酶，大小翻盞罩。”《里語微實》卷中上 二字微實 P43）

【酘】dòu　酒已漉更投他酒重釀曰酘。《札樸》卷九 鄉里舊聞 鄉言正字附 雜言 P329）

【酘酒】dòujiǔ　吾鄉造酒者，既漉復投以他酒更釀，謂之酘酒。《字林》：“酘，重醞也。”《抱朴子》：“一酘之酒，不可以方九醞之醇。”字通作“投”。梁元帝詩：“宣城投酒今行熟。”……《集韻》：“醋，酘酒也，一曰次釀。”又云：“酘謂之醱。”《札樸》卷九 鄉里舊聞 P310）

【酖醉】dānzuì　上荅南反。《考聲》云：“酖，愛酒不已也。”《説文》從酉尤聲。尤音淫。經從身作躭，躭，嗜也。亦通。《一切經音義》卷三十 5P1186）

【酖魗】dānchě　人醜曰酖魗。昌者切。《肯綮錄》P2）

【酤】gū　買酒也。古胡反。《俗務要名林》）

【酥】sū　參見［散］。《客座贅語》卷一 詮俗 P9）

【酛】èr　參見［酘酒］。《札樸》卷九 鄉里舊聞 P310）

【酩酊】mǐngdǐng　《集韻》：“酩酊，醉甚。”按：凡事物至極，流俗輒曰酩酊。假借言耳。《通俗編》卷二十七 P601）

【酵】jiào　《通鑑》:"起麫餅鴨臛。"起麫餅,亦謂卷餅。程大昌曰:"起麫餅,入教麫中。"今書作酵。(《通雅》卷四十九 P1443)

【酵子】jiàozǐ　能使麫起者,謂之酵子。(《札樸》卷九 鄉里舊聞 P311)

【酵煖】jiàonuǎn　上古孝反。謂起麵酒酵也。經多作醪,音洛高反。《説文》云:"濁酒也。"(《一切經音義》卷二十六 14P1023)

【酷毒】kùdú　口木反。謂暴罪也。《説文》:"酷,急也,甚也。"《白虎通》曰:"酷,極也,教令窮極也。"(《一切經音義》卷七十一 6P2815)

【酴醾】túmí　酴醾,一名獨步春,見《清異錄》,即今之木香。(《語實》P162)

【酸丁】suāndīng　秀才。(《墨娥小錄》卷十四 P5)

【酸子】suānzǐ　樆似柰而酸,俗呼酸子。(《札樸》卷九 鄉里舊聞 P312)

參見[措大]。(《雅俗稽言》卷十八 P3)

【酸臑】suānrú　參見[臑懶]。(《蜀語》P32)

【酸餡氣】suānxiànqì　《調謔編》記東坡"氣含蔬筍到公無"詩句自解有此。(《越諺》卷中 臭味 P56)

【酸鎌】suānxiàn　《歸田錄》:"京師食店買酸鎌者,大書牌牓於通衢。"(《恒言廣證》卷四 P72)

【酸鼻】suānbí　《漢書·鮑宣傳》:"父子夫婦,不能相保,誠可爲酸鼻。"《後漢書·賓融傳》:"忠臣則酸鼻流涕,義士則曠若發矇。"(《通俗編》卷十六 P345)

【醋】cù　彼此相妬媢(編者按:應作媢)曰醋。(《客座贅語》卷一 詮俗 P7)

【醋大】cùdà　醋大者,一云鄭州東有醋溝,多士流所居,因謂之醋大。一云作此措字,言其舉措之疏,謂之措大。此二説恐未當。醋大者,或有擡肩拱臂攢眉蹙目以爲姿態,如人食酸醋之貌,故謂之醋大。大者,廣也,長也(上聲)。(《蘇氏演義》卷上 P10)

《闕史》"醋大知之久矣"注:"中官謂南班,無貴賤皆呼醋大。"案:他書多作措大。又《資暇錄》:"代稱士流爲醋大。往有士人,貧居新鄭之郊,以驢負醋,巡邑而賣,復落魄不調。邑人指其醋馱而號之。"(《稱謂錄》卷二十四 秀才 P38)

今人稱秀才謂酸秀才。《資暇錄》云:"世稱士流爲醋大,言其峭酸冠士民之首也。"按:秀才本爲措大,言其能措大事也。如韓休真措大,桑維翰窮措大。解者紛紜其説。要之,措大皆贊美之詞。後人以措爲醋,因其峭酸,又,措音近醋,故嘲之曰醋大。(《談徵》言部 P25)

【醃】yān　烘魚等物曰醃。醃,於嚴切,音腌。《廣韻》:"鹽漬魚也。"《集韻》:"漬藏物也。"《博雅》:"醃,葅也。"(《里語徵實》卷上一字微實 P18)

【醉鬼】zuìguǐ　《元氏掖庭記》:"龍淑妃貪而且妬,百計千方,致人苦楚,不能飲者,強令之飲,多至十椀,是名醉鬼。"(《通俗編》卷十九 P429)

【酜】tán　酒醋味薄曰酜。酜音談,攷南音。(《蜀語》P39)

【醎】xián　鹽多。音咸。(《俗務要名林》)

【醍醐】tíhú　上第泥反,下戶姑反。醍醐出酥中,至精不凝者也。《文字典説》:"並從酉,從是省及胡聲。"(《一切經音義》卷七十二 11P2856)

【醖斗】yùndǒu　熨斗爲醖斗,宋李濟翁《資暇錄》以爲俗之誤談。按:孫奕《示兒編》云:"攷《字書》:'熅,於問切,以火伸物當用此字。'"則熅字宋時已有之,濟翁未攷也。(《直語補證》P47)

【醖藉】yùnjiè　參見[蘊藉]。(《通俗編》卷十一 P240)

【醜抹】chǒumǒ　羞。(《墨娥小錄》卷十四 P6)

【醛】cuō　白酒曰醛。(《通俗文》釋飲食 P64)

【醫濁】húzhuó　人之憒憒者謂之醫濁。醫音斛,濁叶音篤,本蟲名。《宋史·呂端傳》作"糊塗"。《朱文公語錄》作"鶻突",無謂。(《蜀語》P44)

【醡牀】zhàchuáng　壓酒具曰醡牀。醡,亦作榨。山谷《放言詩》:"榨牀在東壁。"(《土風錄》卷三 P204)

【醡糟】zhàzāo　參見[糟牀]。(《越言釋》卷下 P33)

【醫婆】yīpó　參見[三婆]。(《宛署雜記》卷十 P83)

【醫生】yīshēng 《元典章》:"至元二十二年,設各路醫學教授學正,訓誨醫生,照依降去十三科題目,每月習課醫義一道,年終置簿,申覆尚醫監、較優劣。但是行醫之家,每朔望集本學三皇廟前,焚香,各説所行科業,講究受病根由。時月運氣,用過藥餌,是否合宜,仍仰各人自寫。曾醫愈何人,治法藥方,具教授考較,備申擢用。"按:史游《急就章》有醫匠文,顏師古注曰:"療病之工也。"古之號醫,亦但曰匠、曰工而已。今特以生稱之,乃由元設學校課起也。(《通俗編》卷二十一 P471)

【醡】zhà 壓酒具曰醡。(《札樸》卷九 鄉里舊聞 鄉言正字附 器具 P327)

【醪酒】láojiǔ 力刀反。《蒼頡篇》:"醪謂有滓酒也。"(《一切經音義》卷七十三 13P2895)

【醮】jiào 貧曰醮。(《燕山叢錄》卷二十二 長安里語 貧富 P10)
漢建安二十四年,吳將呂蒙病,孫權命道士於星辰下爲請命,醮之法當本於此。顧況詩:"飛符超羽翼,焚火醮星辰。"姚鵠詩:"蘿磴靜攀雲共過,雪壇當醮月孤明。"李商隱詩:"通靈夜醮達清晨,承露盤晞甲帳春。"趙嘏詩:"春生藥圃芝猶短,夜醮齋壇鶴未迴。"醮之禮至唐盛矣。……鑑案:宋玉《高唐賦》:"醮諸神,禮太一。"李善注:"醮,祭也。"則秦以前已有。(《恒言錄》卷五 P98)

【醱】pō 《集韻》:"醱,酘酒也,一曰次釀。"又云:"酘謂之醱。"(《札樸》卷九 鄉里舊聞 P310)

【釅醶】nóngyàn 濃彦。厚也。(《越諺》卷中 臭味 P56)

【醶醶】lǎnqiǎn 醋敗曰醶醶。(《札樸》卷九 鄉里舊聞 鄉言正字附 雜言 P329)

【醶】yàn 酒厚曰醶。醶音驗。《説文》作"釅"。《廣韻》:"酒醋厚。"《增韻》:"醶也。"又:茶濃曰醶。《五燈會元》:"醶茶三五盌,意在钁頭邊。"(《里語微實》卷上 一字微實 P30)

辰 部

【辱末】rǔmò 世俗多以"辱末祖宗""辱末

世界"語罵人。按《漢書》"汙巇宗室",師古注:"巇音秫,謂塗汙也。"固知俗語亦有本也。巇音滅,秫與滅音相叶。(《雅俗稽言》卷二十一 P19)

【農務】nóngwù 二月,説與百姓每:"如今天氣和暖,都要趁時農務。"(《宛署雜記》卷一 P2)

【農芸】nóngyún 四月,説與百姓每:"天雨潤澤,正好上心農芸。"(《宛署雜記》卷一 P5)

【襛】nóng 展不盡謂之襛,奴動反。(《方言據》卷下 P30)

豕 部

【豕突】shǐtū 豕雖家畜,而其性悍,故曰豕突。(《雅俗稽言》卷三十五 P29)

【豚】tún 雞尾曰豚。見《俗書刊誤》。又《蜀語》:"尾下孔竅曰豚。"(《里語微實》卷上 一字微實 P33)

【象剡】xiàngjiàn 《隋書·禮儀志》案:"漢自天子至於百官,無不佩劍。蔡謨議云:'大臣優禮皆劍履上殿,非侍臣解之,蓋防刀也。近代以木,未詳所起。東齊著令,謂之象劍,言象於劍。'"馥案:……《新唐書·柳冕傳》:"帝問象劍尺寸。"(《札樸》卷四 覽古 P138)

【象棋】xiàngqí 象棋始於唐,周武之象經,非今象戲也。《象經》載《太平御覽》甚詳。周武造象戲,分天文地理十二類,非今車馬象戲。元瑞曰:"象棋,唐世已有之,見《廣記》岑順下。"《事物紀原》引雍門周謂孟嘗曰:"足下燕則鬥象棋。"此古之棋,皆謂其有象也。惟唐《玄怪錄》足微,然止言金象將軍,觀司馬溫公論,則宋時車馬之棋始備。然尚分列國,與今時不同。又按:宋玉《招魂》:"蔽象棋有六博。"注:"象牙爲某也。"(《通雅》卷三十五 P1084)

【毃】dú 篤。椎擊物也。凡棍棒橫擊曰"打",直擊曰"毃"。出《説文》。(《越諺》卷下 單辭隻義 P11)

【狠】kěn 齒齧曰狠。(《札樸》卷九 鄉里舊聞 鄉言正字附 雜言 P329)

【狺命】bīnmìng 音聘平聲。許氏《説文》:

"豯,二豕也。"案:二豕,謂二豕鬭也。凡禽
獸鬭以爪牙,惟豕鬭則二豕並以身相抗,無
力者爲負。今吳中凡與人讎校曰豯命。
(《吳下方言考》卷四 P11)

【豪豰】háoguì　上胡刀反。《淮南子》:"智
出百人謂之豪。"古文作勢。《説文》:"勢,
健也。"(《一切經音義》卷二十七 18P1079)

【豯】jué　郡。豬以鼻發土。《玉篇》《廣韻》
《集韻》皆載。(《越諺》卷下　單辭隻義
P10)

【猏豬頭】wēnzhūtóu　《爾雅·釋獸》:"豕奏
者猏。"注曰:"今猏豬,短頭,皮理腠縮。"
按:此豬之頭短小而醜,非人意所喜。故俗
以市物不稱意曰猏豬頭。(《通俗編》卷二
十八 P626)

【豶】fén　豕去勢曰豶。(《俚言解》卷二
24P41)

【豷豬】shàzhū　豷,穢。將乳牝求牡之時。
(《越諺》卷中　禽獸 P44)

貝　部

【貝多】bèiduō　西國樹名也。其葉可以裁
爲梵夾,書寫墳籍。此葉龜厚,鞕而難用。
若書多以刀畫爲文,然後真墨,爲葉厚故
也。不如多羅樹葉薄爽光滑,白淨細好,全
勝貝多,其多羅樹最高,出衆樹表。若斷其
苗,決定不生。所以諸經多引斯喻。此等
形狀,巨似椶櫚,五天皆有,不及南印度者
爲上。《西域記》中具説其梵夾葉數種不
同,隨方國土,或用赤樺木皮,或以紙作,或
以獸皮,或以金銀銅葉,良爲諸土無紙故
也。(《一切經音義》卷十 14P387)

【貝子】bèizǐ　杯眛反。《説文》:"海介蟲
也,象形字也。古者貨貝而寶龜也。"(《一
切經音義》卷七十六 3P2997)

【貝牒】bèidié　貝,北蓋反。牒,徒頰反。
貝謂貝多樹葉。意取梵本經也。牒謂簡
牒。卽經書之通稱也。(《一切經音義》卷
二十一 2P782)

【負局人】fùjúrén　劉禹錫《磨鏡篇》:"門前
負局人,爲我一磨拭。"案:《列仙傳》有負局
先生,因磨鏡出藥與人,故云。又案:《神仙
傳》:"負局,古仙人,隱于磨鏡者。"(《稱謂
錄》卷二十八　百工 P5)

【負摙】fùliǎn　下連展反。《考聲》:"摙,運
也。"許叔重注《淮南子》云:"擔也。"《説文》
正體"從手連聲"。今經文從車作輦。罍字
亦通用也。(《一切經音義》卷七十九
9P3115)

【負心】fùxīn　《晉書·劉宏傳》:"匹夫之交,
尚不負心,何況大丈夫乎?"《魏書·文獻六
王傳》:"咸陽王禧曰:我不負心天家。"(《通
俗編》卷十五 P316)

【貢高】gònggāo　《廣雅》曰:"貢,上也。"謂
受貢上之國自恃尊高則輕易附庸之國。今
有自高陵物,欲人賓伏者則亦謂之貢高。
(《一切經音義》卷二十二 4P829)

【財主】cáizhǔ　《周禮·朝士》:"凡民間貨財
者。"注云:"同貨財,謂財主出債與生利,還
生,則同有貨財。"又"凡屬責者"。疏云:
"謂有人取他責,乃別轉與人,使子本依契
而還財主。"《世説》:陳仲弓曰:"盜殺財主,
何如骨肉相殘?"按:古云"財主",俱對債者
而言,非若今之泛稱富室。(《通俗編》卷二
十三 P517)

見《後漢書·陳寔傳》。(《越諺》卷中
尊稱 P13)

【財奴】cáinú　按:俗亦有財奴之語。(《常
語尋源》卷上　乙冊 P205)

【財馬】cáimǎ　參見[紙馬]。(《恒言錄》
卷五 P99)

【貣】tè　音呑。《後漢書·桓帝紀》:"若王侯
吏民有積穀者,一切貣得十分之三。"案:
貣,強求少借也。吳中索借而勢難相應者
則曰:"汝畧貣點與我。"(《吳下方言考》卷
四 P11)

【貣物】tèwù　湯得反。從人借便錢物曰
貣,從貝弋聲也。(《一切經音義》卷三十一
8P1233)

【貤】yì　參見[曳]。(《匡謬正俗》卷六
P67)

【責供】zégòng　《州縣提綱》:"各于一處隔
問責供,頃刻可畢。"(《恒言廣證》卷四
P66)

【貨郎】huòláng　文嘉嚴氏《書畫記》有宋
蘇漢臣《嬰兒戲貨郎》八軸,又,本朝名筆
《貨郎擔》十四軸。《九宮譜·曲調》有《貨郎
兒》正宮與仙呂出入,又《轉調貨郎兒》與南
呂出入。(《通俗編》卷二十一 P477)

【販易】fànyì　上發萬反。《韻英》云："買賤賣貴也。"……下羊益反。《考聲》云："易，移也。"換也，變也。（《一切經音義》卷十一　10P420）

【貪惏】tānlán　拉南反。《方言》云："惏，殘也。"《說文》："河北謂貪曰惏，從心林聲。"傳作婪，音同義異，今不取也。（《一切經音義》卷八十一　11P3189）

【貪瞋癡】tānchēnchī　昌真反。《考聲》云："瞋，怒也。"《說文》："張目恨也。"……下耻知反。《考聲》云："癡，愚也。"《埤蒼》："騃也。"《說文》："不惠也。"（《一切經音義》卷十六　18P627）

【貪飻】tāntiè　天結反。杜注《左傳》云："貪食曰饕，貪財曰飻。"經文作饕，亦通。（《一切經音義》卷十六　8P607）

【貪饕】tāntiè　下天結反。《考聲》云："貪食爲饕。"（《一切經音義》卷十九　15P736）

【貧道】píndào　晉宋間儀制，道人自名之詞曰貧道。（《續釋常談》卷三十五　P610）
　　葉石林《燕語》："晉宋間佛教初行，未有僧稱，通曰道人，自稱則曰貧道。今以名相稱，蓋自唐已然。而貧道之名廢矣。"按：《世說新語》："支道林嘗養數馬，曰：'貧道重其神駿。'"又，竺法深答劉尹曰："君自見其朱門，貧道如遊蓬戶。"《南史·荀伯子傳》："釋慧英答荀昶曰：'若非先見，貧道不能爲。若先見而答，貧道奴皆能爲。'"《北史·韓麒麟傳》："法撫謂韓顯宗曰：'貧道生平以來，惟服郎耳。'"以上俱六朝時僧自稱貧道之證。《傳燈錄》所載唐世諸僧仍稱貧道爲多。李華撰《雲禪師碑》，雲謂韋元輔有"貧道檀像一龕，敬以相奉"語。石林謂唐改其稱，不盡然。今此稱亦不竟廢，但改屬之道士，不屬之僧耳。（參見[道士]、[道人]條。）（《通俗編》卷二十　P445）

【貧鬼】pínguǐ　參見[窮鬼]。（《通俗編》卷十九　P428）

【蚶】hān　"酣"上聲。戲乞人物。越謂夸借錢貨。《集韻》。（《越諺》卷下　單辭隻義　P9）

【貼書】tiēshū　《齊東野語》："有士赴考，其父充役，爲貼書。"案：此即今之貼寫吏也。（《稱謂錄》卷二十六　書吏P2）

【貼身】tiēshēn　俗謂左右媵妾曰貼身。見

宋莊綽《雞肋編》。（《直語補證》P24）

【貴由赤】guìyóuchì　貴由赤者，快行是也。每歲一試之，名曰放走。以腳力便捷者膺上賞。故監臨之官，齊其名數而約之以繩，使無後先參差之爭，然後去繩放行。在大都，則自河西務起程。若上都，則自泥河兒起程。越三時，走一百八十里，直抵御前，俯伏呼萬歲。先至者賜銀壹餅，餘則緞疋有差。（《南村輟耕錄》卷一　P19）

【貴門】guìmén　參見[尊門]。（《通俗編》卷二十四　P530）

【買和】mǎihé　參見[血屬]。（《恒言廣證》卷四　P67）

【買賣】mǎimài　俗以貿易爲做買賣。《說文》"市"字注："買賣所之也。"二字連用始此。（《直語補證》P3）

【買路錢】mǎilùqián　《嘼青日札》："高子皋曰：'買道而葬，後難繼也。'"今人出喪，柩行之道，于前拋金銀紙錢，名曰"買路錢"，即高季買道之遺意也。按：《日本考》："凡殯出，殯前設香亭一座，名曰'設孤臺'，令一人在前撒銅錢而行，名曰'買路錢'，任其貧乞者拾之。"似此俗又自日本流及中國矣。（《通俗編》卷九　P196）
　　葬殯柩行，燒紙錠於前。《留青日札》。（《越諺》卷中　風俗P63）

【費腳手】fèijiǎoshǒu　朱子《答敬夫集大成說》："來說似頗傷冗，費腳手，無餘味矣。"（《通俗編》卷十六　P353）

【賀】hè　《北史》："溫子昇詣梁客館曰：'文章易作，遘峭難爲。'齊文襄館客元僅曰：'諸人當賀推子昇合陳辭。子昇久忸怩。'"案：遘峭，波峭也。賀，衆并之辭。因在梁客館，故皆作吳語，吳中以衆人齊聲贊歎爲賀夥。（《吳下方言考》卷九　P15）

【賀若】hèruò　琹一名賀若，以隋賀若弼所製也。又《樂府雜錄》："文宗時，賀若夷善琹也。"若，讀如字，又叶惹。東坡云："琹裏若能知賀若，詩中自合愛陶潛。"謂此也。（《雅俗稽言》卷十二　P19）

【賊王八】zéiwángbā　《五代史·前蜀世家》云："王建少無賴，以屠牛盜驢販私鹽爲事，里人謂之賊王八。"（《迻言》卷五P67）

【賊腳】zéijiǎo　越人以賊之先事偵探者，爲看賊腳。按：《南部新書·戊》："開元末，

功臣王逸客爲閑廄使，莊在泥溝西岸，數爲劫盜，捕訪不獲。嚴安之爲河南尉，以狀白中丞宋遙，遙入奏，始擒之，並獲賊腳崔剕，剕在安定公主錦坊，俱就執伏，搜得骸骨兩井，逸老以鐵券免死，流領表，從此洛陽北路清矣。"是唐時已有此稱。(《釋諺》P130)

【賊禿】zéitū　今人罵僧輒云賊禿。按：梁荀濟表云："朝夕敬妖怪之胡鬼，曲躬供貪淫之賊禿。"則此語六朝已有之矣。(《談徵》言部P37)

【賈胡】gǔhú　蘇軾詩："處處流連似賈胡。"陳造詩："官廥鹽煙外，居人雜賈胡。"(《稱謂錄》卷二十八　商賈P11)

【貲財】zīcái　上紫斯反。《廣雅》："貲，貨也。"顧野王曰："家中貲也。"正作資。《說文》："小罰以財，自贖曰貲。"(《一切經音義》卷十一9P418)

【貲貨】zīhuò　子移反。《蒼頡篇》："貲，財也。"《廣雅》："貲，貨也。"《周礼》："通貨賄也。"鄭玄曰："金玉曰貨，布帛曰賄。"亦與資同。(《一切經音義》卷十5P370)

【資本】zīběn　參見[子本]。(《通俗編》卷二十三P522)

【資稸】zīxù　仲六反。《考聲》："稸，積也。"《舊音義釋》云："貨也。"資，財也。《古今正字》："聚也。"(《一切經音義》卷十三13P499)

【資糧】zīliáng　力强反。或作粮。《集訓》云："糧，儲食也。"《說文》云："糧，穀也。"……經文云："菩提資糧。"菩提者，無上道資糧者，六度萬行也。(《一切經音義》卷七4P257)

《唐書·陸贄傳》云："又如遇敵而守不固，陳謀而功不成，責將帥，將帥曰資糧不足。"(《通言》卷一P20)

【賗】chuàn　《文字指歸》："支取貨羿曰賗。"(《土風錄》卷十P284)

【賒】shē　《劉盆子傳》："吕母釀醇酒，少年來酤者，輒賒與之。"此史中初有"賒"字。唯《高祖紀》"貫酒"注："賒酒也。"今俗不但酒，卽凡物未付其直而先借取者，皆謂之賒。(《言鯖》卷下P14)

【賓白】bīnbái　《菊坡叢話》："北曲中有全賓全白。兩人對說曰賓，一人自說曰白。"

《西河詞話》："元曲唱者衹一人，若他雜色入，第有白而無唱，謂之賓白。賓與主對，以説白在賓，而唱者自有主也。"(《通俗編》卷三十一P686)

【賦給】fùjǐ　方務反。《説文》："賦，斂也。"税也。《方言》："賦，種也。"郭璞曰："賦所以平量也。"(《一切經音義》卷二十六14P1023)

【賬】zhàng　參見[帳]。(《通俗編》卷二十三P522)

【賣】mài　參見[尿鍬]。(《燕山叢錄》卷二十二　長安里語　身體P6)

【賣假香】màijiǎxiāng　魯應龍《括異志》："華亭黃翁，世以賣香爲業。販栢木及藤頭，斷截蒸透，蘸墨水，攤乾貨賣。淳熙間，泊船東湖，湖口有金山王廟，夜三鼓，忽有人撴起毆之曰：'汝何貨賣假香？可速去來。'次日抵舍，病月餘而斃。"按：浙西語，凡作偽破露，槪云獲著賣假香者矣。當本于此。(《通俗編》卷二十三P519)

【賣名聲】màimíngshēng　《莊子·天地篇》。(《越諺賸語》卷上P9)

【賣峭】màiqiào　今猶謂自衒容儀者爲賣峭。(《札樸》卷七　匡謬P234)

【賣婆】màipó　米芾《書史》："每歲荒及節迫，往往使老婦駏携書畫出售。"楊慎曰："婦駏，今之賣婆也。"又《五燈會元》宗慧有"賣鞋老婆腳趣趚"語。按：鞋是錯舉辭，猶今云賣花婆，以其所賣繁瑣，卽一該其餘也。(《通俗編》卷二十一P481)

【賣眼】màiyǎn　梁武帝詩："賣眼拂長袖，含笑留上客。"(《通俗編》卷十六P343)

【賣癡獃】màichīdāi　《南部新書》："吳俗分歲罷，使小兒繞街呼叫云賣汝癡、賣汝獃。吳人多獃，故欲賣其餘。"范至能詩："兒云翁買不須錢，奉賒癡獃三百年。"(《常語尋源》卷上乙冊P206)

【賣舌】màishé　梁簡文《七勵》："賣舌彈劍，買義追仁。"梅堯臣詩："從來師儒空賣舌。"(《通俗編》卷十七P372)

【賢】xián　《近思錄》："謝顯道見伊川，伊川曰：'近日如何？'對曰：'天下何思何慮。'伊川曰：'是則是，有此理，賢卻發得太早。'"黃陶庵《我師錄》云："程子嘗見一學者忙迫，問其故，曰：'欲了幾處人事。'曰：'某非

不欲周旋人事者,何嘗似賢忙迫。'"(《稱謂錄》卷三十二 尊稱 P17)

【賢弟】xiándì　參見[令弟]。(《通俗編》卷十八 P394)

【賢德夫人】xiándéfūrén　《吳越備史》:"忠懿王妃孫氏入覲,賜號賢德夫人。"按:今浙東西凡神俑之配,悉稱賢德夫人。贊仰賢婦人,亦習爲此語。當猶吳越故民之遺。(《通俗編》卷二十二 P487)

【賤儓】jiàntái　今吳俗罵人曰賤儓(讀若胎)。揚雄《方言》云:"儓,農夫之醜稱也。南楚凡罵庸賤,謂之田儓。"郭璞注:"佅儓,騃鈍皃。或曰僕臣儓,亦至賤之號也。"(《通言》卷四 P45)

【賤子】jiànzǐ　不獨見杜詩。鮑昭《東武吟》曰:"主人且勿喧,賤子歌一言。"前此應休璉詩曰:"賤子實空虛。"(《稱謂錄》卷三十二 謙稱 P5)

【賤累】jiànlěi　稱妻曰賤累。《漢書·西域傳》:"募民壯健有累重者。"註:"累謂妻子家屬。"(《七修類稿》卷二十五 P383)

　　俗稱妻爲賤累。……又有稱妾爲外婦、旁妻、小妻者。《漢書》:"齊悼惠王母,高祖外婦也。"又,"王禁多娶旁妻。"又,"枚乘母,枚皋小妻也。"……今又有稱妾爲副妻、亞妻者。(《俚言解》卷一 17P11)

　　參見[家累]。(《通俗編》卷四 P82)

【質地】zhìdì　越人呼之姿性曰質地,有曰"質地忠厚",或曰"質地老實"。(《釋諺》P117)

【質庫】zhìkù　參見[解庫]。(《能改齋漫錄》卷二 P27)

【賠】péi　《升菴外集》:"昔高歡立法,盜私物,十備五;盜官物,十備三。後周詔,侵盜倉廩,雖經赦免,徵備如法。備,償補也。音裴,今作賠。音義同,而賠字俗,從備爲古。"按:舊字書皆無"賠"字,惟《字彙》載焉。(《通俗編》卷二十三 P525)

【賠錢貨】péiqiánhuò　《元曲選》石君寶《曲江池》、喬孟符《兩世姻緣》、無名氏《桃花女》、賈仲名《對玉梳》皆以此爲女子自誚之辭。(《通俗編》卷二十三 P515)

【赕】tàn　余攝鄧川州事,即鄧赕詔故地。《通鑑》:"沈攸之赕罰羣蠻太甚。"注引何承天《纂文》曰:"赕,蠻夷贖罪貨也。"《通鑑》

又云:"益州大度獠恃險驕恣,陳顯達爲刺史,遣使責其租赕。"注云:"夷人以財贖罪曰赕。"《後漢書·南蠻傳》:"殺人者,得以倓錢贖死。"注引《纂文》作"倓"。(《札樸》卷十 滇游續筆 P336)

【赕罰】tànfá　參見[赕]。(《札樸》卷十 滇游續筆 P336)

【䞐貯】jūzhù　舉魚反。《廣雅》云:"䞐,賣也。"《說文》:"從貝居聲。"(《一切經音義》卷九十七 16P3639)

【賏】yàn　與建切。《廣韻》:"物相當也。"按:今以兩物較其長短曰賏。(《通俗編》卷三十六 P809)

　　參見[摡]。(《越諺》卷下 單辭隻義 P12)

【賴】lài　《雞肋編》:"渭州潘源諱言賴。太祖微時,至潘源與人博,大勝,邑人欺其客也,毆而奪之。及即位,幾欲遷發此縣,故以賴爲恥。然未知以欺爲賴,其義何本。"按:《左傳·昭十二年》:"楚子曰:'今鄭人貪賴其田而不我與,我若求之,其與我乎?'"《外傳·晉語》:"已賴其田而又愛其寶。"《漢書·酷吏傳》:"責楊僕受詔不至蘭池宮。"如淳注:"本出軍時,欲使之蘭池宮,賴而不去。"《方言》:"賴,讐也。南楚之外曰賴。"郭璞注曰:"賴亦專惡名。"據此,則"賴"之爲言已久,其義兼抵脱讐忤,不僅欺而已也。(《通俗編》卷十三 P288)

【賴子】làizǐ　《五代史·高從誨世家》:"南唐與閩、蜀皆稱帝,從誨所向稱臣,蓋利其賜與。"俚俗語謂攘奪苟得無媿恥者爲"賴子",猶言無賴也。故諸國皆目爲高賴子。(《通俗編》卷十一 P237)

【賺】zhuàn　得利曰賺。賺,尚去聲,音驛傳之傳。有利謂之賺錢。白得謂之賺得。(《蜀語》P14)

　　得利曰賺。賺,尚去聲。音"驛傳"之"傳"。有利謂之"賺錢",白得謂之"賺得",見《蜀語》。《玉篇》:"腕賺,小有財也。"(《里語徵實》卷上 一字徵實 P26)

【賺得】zhuàndé　參見[賺]。(《蜀語》P14)

【賺錢】zhuànqián　參見[賺]。(《蜀語》P14)

【賕瞜】hòulòu　上音吼平聲,下音樓。《廣韻》:"賕瞜,貪財。"案:賕瞜,猶搜求抉剔

也。吳中謂勉强求財曰四處賺賺。(《吳下方言考》卷六 P9)

【膠】liáo　《廣韻》:"膠,力嘲切。謎語云錢。"(《直語補證》P7)

　　音勞。《廣韻》:"膠,謎語云錢。"案:膠,錢之別名也。吳諺謂錢曰膠曹。(《吳下方言考》卷五 P12)

【膠曹】liáocáo　膠音勞。吳諺謂錢曰膠曹。(《吳下方言考》卷五 P12)

【豏】dàn　音苔。《玉篇》:"預入錢也。"米芾《書史》:"隋唐藏書,金題錦豏。"注云:"卷首帖綾,又謂之玉池。"楊氏《壇户錄》:"古裝裱卷軸引首後帖綾曰豏。"則今所云豏在内者,即此。(《語實》P161)

【貨子】yànzǐ　上"掩"。不聰明而可欺侮之人。(《越諺》卷中 疾病 P19)

【贊公】zàngōng　參見[明府]。(《唐音癸籤》卷十七 P158)

　　參見[贊府]。(《稱謂錄》卷二十二 縣丞 P19)

【贊府】zànfǔ　《容齋四筆》:"唐人稱縣丞爲贊府,又爲贊公。"見李白詩。(《稱謂錄》卷二十二 縣丞 P19)

　　參見[明府]。(《唐音癸籤》卷十七 P158)

【臉】liàn　市買先入物曰臉。(《通俗文》釋言語上 P22)

【贖】shèng　今俗謂物餘爲贖。《説文》:"物相增加也,一曰送也,副也。"古者一國嫁女,二國往媵之。媵之言送,副貳也,義出於此。《唐書·杜甫傳》:"殘膏賸馥,沾丐後人多矣。"(《談微》言部 P8)

【豏詌】lànhàn　讀若濫紺。《集韻》《類篇》俱訓貪財也。按:今蘇州有"豏詌毛病"語。(《通俗編》卷十五 P332)

【贜】zāng　事物不潔曰贜。(《宛署雜記》卷十七 P194)

【贖命物】shúmìngwù　《北史·和士開傳》:"士開見人將加刑戮,多所營救,既得免罪,既令諷論,責其珍寶,謂之下贖命物。"(《通俗編》卷二十三 P513)

【贖帖】shútiě　參見[四場]。(《唐音癸籤》卷十八 P160)

【覰】chèn　參見[儯]。(《通俗編》卷二十三 P512)

【覰遺】chènwèi　初靳反,下唯恚反,去聲字,假借字也。《文字集略》云:"覰,施也;遺,贈也。"或從口作嚫,靳音,謹近反。(《一切經音義》卷九十 1P3440)

【覰錢】chènqián　僧道法事畢,與之錢曰覰錢。(《土風錄》卷二 P195)

見　部

【見事】jiànshì　謂人舉措曰見事。譏之曰"看他見事",譽之曰"見事不同"。(《蜀語》P19)

【見在】xiànzài　見,音現。《周禮·御史》"凡數從政"注云:"其見在空缺者。"又《槀人》注:"弓弩矢箙棄亡者,除之。計今見在者。"又《職喪》疏:"今存者,據《儀禮》之内見在者而言。"《漢書·外戚傳》:"武即書對,兒見在,未死。"《三國志·魏延傳》:"延曰:'丞相雖亡,吾自見在。'"《論衡·正説篇》:"《尚書》滅絶于秦,其見在者二十九篇。"(《通俗編》卷三 P54)

【見外】jiànwài　《搜神記》:"董元範屈李楚賓願過敝舍,無見外也。"(《通俗編》卷十三 P281)

【見惠】jiànhuì　《本事詩》:"李司徒大開筵席,女奴百餘人皆殊色,杜舍人問云:'聞有紫雲者孰是?'李指示之,杜凝睇良久曰:'名不虚得,宜以見惠。'"《許丁卯集》:謝人贈鞭,有"蜀國名鞭見惠稀"句。(《通俗編》卷十三 P281)

【見處】jiànchù　參見[作麽生]。(《恒言錄》卷一 P8)

【見禁】jiànjīn　事出意外,因表害裏。(《越諺賸語》卷上 P4)

【見説】jiànshuō　唐人多以聞説爲見説,當時方言如此也。韓退之《黄州賊事宜狀》:"臣自南來,見説江西所發,共四百人。"白香山詩:"見説白楊堪作柱。"(《助字辨略》卷四 P218)

　　韓退之《黄州賊事宜狀》:"臣自南來,見説江西所發,共四百人。"白香山詩:"見説白楊堪作柱。"按:唐人多以聞説爲見説,當時方言如此。(《方言藻》卷一 P9)

【見錢】xiànqián　見,音現。《漢書·王嘉傳》："元帝時，外戚貲千萬者少，故水衡少府見錢多也。"師古注："見在之錢也。"《後漢書·桓帝紀》："以助稟貸其百姓，使民者以見錢雇直。"《南史·齊豫章王嶷傳》："嶷後，第庫無見錢，武帝敕月給見錢百萬。"（《通俗編》卷二十三 P512）

【見風消】jiànfēngxiāo　《清異錄》："韋巨源拜尚書令，上燒尾宴，其家故書尚存，食帳有'見風消'，乃油浴餅也。"按：俚俗猥兒有以此作諢語者，不知古實有此食品。（《通俗編》卷二十七 P613）

【覓舉】mìjǔ　覓舉，梯媒，言關節也。薛登曰："方今舉士詔下，陳篇希恩，奏記誓報，俗號舉人，皆稱覓舉。禮部采名，故預投公卷。"柳宗元上權德輿溫卷。後周寶儀進士省卷，納五軸以上。崔郾試士，吳武陵以杜牧《阿房賦》予之，請以第一人處牧之。錢徽不聽段文昌、李紳託而貶。蘇軾以題致李廌，而爲二章得。可參見科場采名，或以關節買舉，自昔然矣。陶九成言："關節謂之梯媒。"（《通雅》卷二十二 P743）

【視占】shìzhān　之鹽反。《方言》："占，視也。"占亦候也。凡物相候謂之占，亦瞻也。（《一切經音義》卷九 9P338）

【視皮】shìpí　物之名看，所以飾觀，不適於用，所謂看桌也。……按：《困學紀聞》云："人而不學，命之曰視皮。"視，即看也。（《語竇》P152）

【視草】shìcǎo　起草也。《淮南王安傳》："上報書及賜令相如等視草。"尚書郎主作文書起草。沈括《筆談》曰："學士院有視草臺，每草制，則具衣冠據臺而座。"唐有視草亭，唐太宗屬文，遣上官儀視草，詩人號上官體。《李德裕傳》："安邑里第有起草院。"（《通雅》卷二十三 P771）

　　古人謂視草者，謂視天子所草也。古者詔令多天子自爲之，特令詞臣立於其側，以視所草何如而潤色之耳。故漢武帝詔淮南王，令司馬相如視草，非令相如代作也。今典制詔者，皆代王言，非視草之義矣。（《言鯖》卷上 P18）

【覘伺】chānsì　上詔劍反。又《考聲》云："覘者即候視也，或作貼，竊視也。"《春秋傳》曰："公使覘之信也。"從見占聲也。下音四也。（《一切經音義》卷三十一 8P1233）

【覘見】chānjiàn　上勒焰反。杜注《左傳》云："覘，伺也。"《說文》："候也，從見占聲也。"（《一切經音義》卷八十四 1P3276）

【覰】shào　遠見曰覰。覰，邵上聲。今俗有覰著之語。（《燕說》卷四 P3）

【覰】huāng　遠見曰覰。覰音荒。今俗有覰著之語。（《燕說》卷四 P3）

【覷】chóu　悶視曰覷。覷，鋤救切，音驟，又驟平聲，義同。今俗誤作愀，爲上聲。（《燕說》卷四 P3）

【親表】qīnbiǎo　《家訓·風操篇》："吾親表所行。"又云："親表聚集。"（《稱謂錄》卷三　母之兄弟之子 P17）

【親家】qìngjiā　凡男女締姻者，兩家相謂曰親家。此二字見唐《蕭嵩傳》。今北方以親字爲去聲。按：盧綸作《王駙馬花燭》詩云："人主人臣是親家。"則是亦有所祖。親家又曰親家翁。《五代史·劉昫傳》："昫與馮道爲姻家，而同爲相。道罷，李愚代之。愚素惡道之爲人，凡事有稽失者，愚必指以誚昫曰：'此公親家翁所爲。'"（《南村輟耕錄》卷六 P78）

　　親家者，五代李愚代馮道爲相而惡道，每指其所失，誚劉昫曰："此公親家翁所爲。"昫蓋道之親家也。（《七修類稿》卷二十五 P383）

　　俗謂婚姻之家曰親家，唐人已有此語，見《蕭嵩傳》。又有以親字爲去聲者，亦有所據。盧綸作《王駙馬花燭》詩有"人主人臣是親家"之句。（《目前集》後卷 P2138）

　　唐時妻父曰婚，壻父曰姻，今不分矣。二父相呼謂之親家。去聲，自五代已然，今沿之。（《言鯖》卷下 P10）

　　參見［親家翁］。（《通俗編》卷十八 P401）

【親家公】qìngjiāgōng　《隋書·李穆傳》："吾宗社幾傾，賴親家公而獲全耳。"（《恒言錄》卷三 P65）

　　《隋書·李渾傳》：帝謂宇文述曰："吾宗社幾傾，賴親家公獲全耳。"（參見［親家翁］條。）（《通俗編》卷十八 P401）

　　《隋書·李渾傳》。（《越諺》卷中　倫常 P10）

【親家翁】qìngjiāwēng　（隋書）《房陵王勇傳》："劉金騕，詔佞人也，呼定興作親家翁。"《輟耕錄》："凡男女諦姻者，兩家相謂

曰親家,此二字見唐《蕭嵩傳》。"……親家
又曰親家翁。引《五代史》馮道事。不知隋
以前已有親家翁之稱矣。(《恒言錄》卷三
P65)

　　《後漢書・應奉傳》注:"至親家李氏堂,
令人以他辭請朗。"《魏志・王淩傳》注:"淩
少子明山,投親家食,親家告吏執之。"《隋
書・房陵王勇傳》:"劉金驎呼雲定興作親家
翁。"《唐書・蕭嵩傳》:"嵩子衡尚新昌公主,
嵩妻入謁,帝呼爲親家。"《避暑雜抄》:"蕭
嵩自稱唐朝左僕射,天子親家翁。"儲光羲
有《酬陳掾親家翁秋夜有贈》詩,白居易有
《贈皇甫規親家翁》詩。《五代史》:"劉昫與
馮道爲姻家,而同爲相。道罷,李愚代之。
愚素惡道爲人,凡事有稽失者,必指以誚昫
曰:'此公親家翁所爲。'"按:"親"字作去
聲,古音亦然。盧綸《王駙馬花燭》詩:"人
主人臣是親家"可證。(《通俗編》卷十八
P401)

　　　　參見[親家]。(《南村輟耕錄》卷六
P78)

【親嬻】qīnnì　逆。交密也。(《越諺賸語》
卷上 P3)

【覕】piǎo　闚了切。《説文》:"目有所察省
貌。"按:今俗以目略一過爲覕。(《通俗編》
卷三十六 P792)

　　　　音瓢去聲。許氏《説文》:"覕,目有所
察省,見也。"案:覕,側目闚見也,吳諺謂
偶見曰覕見。(《吳下方言考》卷九 P14)

　　　　"瓢"上聲。《説文》:"目有所察省貌。"
俗謂衆前與相約者目語曰"覕一眼",即此。
與"瞟"音漂訓目病者迥別。《集韻》同之。
未愜。(《越諺》卷下 單辭隻義 P15)

【覕見】piǎojiàn　覕音瓢去聲。吳諺謂偶
見曰覕見。(《吳下方言考》卷九 P14)

【覷】qù　參見[瞟]。(《越諺》卷下 單辭隻
義 P15)

【覺察】juéchá　《舊五代史・食貨志》云:"唐
同光二年,詔曰:'宜禁斷沿江州縣,每有舟
船到,嚴加覺察。'"(《通言》卷一 P22)

【覺羅】juéluó　《會典・宗人府》:"凡玉牒所
載,以顯祖宣皇帝本支爲宗室,伯叔兄弟之
支爲覺羅。"(《稱謂錄》卷十一 宗室 P1)

【觀場】guānchǎng　赴鄉試曰觀場。艾穎
少年赴鄉舉,逆旅中遇一村儒,狀極闒茸,
顧謂艾曰:"君此行登第矣!"艾曰:"賤子家

於郫無師友,加之汶上少典籍,今學疏援
寡,聊觀場耳!"(《澠水燕談》)(《里語徵實》
卷中上 二字徵實 P50)

【觀察】guānchá　《庸閑齋筆記》:"觀察者,
捕役之別名。考元明之際,稱捕役爲觀察,
實有此名,不必藉《水滸傳》'緝捕使臣何觀
察'爲證。"(《稱謂錄》卷二十六 各役 P8)

里　部

【重三】chóngsān　張説《三月三日》詩:"暮
春三月日重三。"五月五日曰重五,九月九
日曰重九,則三月三日亦宜曰重三也。
(《唐音癸籤》卷十六 P143)

【重五】chóngwǔ　今言五月五日曰重五。
(《俗考》P7)

　　　　參見[重三]。(《唐音癸籤》卷十六
P143)

【重九】chóngjiǔ　(今言)九月九日曰重九。
(《俗考》P7)

【重儓】chóngtái　《蟲鳴漫錄》載和珅之副
貢其奴劉全下重儓,亦累千金不置矣。
(《釋諺》P90)

【重纍】chónglěi　又作壘,同。力癸反,纍
亦重也。(《一切經音義》卷七十一
7P2817)

【重水】chóngshuǐ　今亦有此名。説見"冷
濂"註。(《越諺》卷中 地部 P4)

　　　　參見[冷濂]。(《越諺》卷中 地部
P4)

【重沓】chóngtà　《東觀漢記》又云:"蔡
彤在遼東,賜錢百萬,下至杯案食物,大小
重沓。"(《札樸》卷四 覽古 P136)

【重臺】chóngtái　凡婢役於婢者,俗謂之重
臺。按:《左氏傳・昭公五年》:"日之數十,
故有十時,亦當十位。自王以下,其二爲
公,其三爲卿。"注云:"日中爲王,食時爲
公,平旦爲卿,雞鳴爲士,夜半爲皁,人定爲
輿,黃昏爲隸,日入爲僚,晡時爲僕,日昳爲
臺。隅中日出,闕不在第。尊王公,曠其
位。"又昭公七年:"天有十日,人有十等。
故王臣公,公臣大夫,大夫臣士,士臣皁,皁
臣輿,輿臣臺。"則所謂臺者,十等之至卑。
今豈亦本是與? 然加以重字,尤有意。
(《南村輟耕錄》卷十 P129)

【重羅麪】chóngluómiàn　麪之細者曰重羅麪,以用細羅篩篩之也,見束廣微《麪賦》:"重羅之麪,塵飛雪白。"(《土風錄》卷四 P222)

【重陽餻】chóngyánggāo　《吳郡志》:"九月九日食重陽餻。"桑悅《太倉志》云:"以糖肉諸果雜麪爲餻,謂之重陽餻。"……李後主《登高文》:"玉醴澄醪,金盤繡餻。"宋時九月九日以花餻賜近臣。(《土風錄》卷一 P183)

【重錢】chóngqián　王伯厚云:"古筮法用水畫地,依七八九六之數而記之,今則用錢,以三少爲重錢,九也。三多爲交錢,六也。兩多一少爲單錢,七也。兩少一多爲坼錢,八也。見《儀禮疏》。……按:多少卽俗所謂字背也。(《土風錄》卷十一 P295)

【重錪錪】zhòngtǔntǔn　重曰重錪錪。錪,吐本反。揚子《方言》:"錪,重也。"(《蜀語》P41)

【野】yě　參見[鄉裏人]。(《越言釋》卷下 P29)

【野叉】yěchā　參見[藥叉]。(《一切經音義》卷十二 14P465)

【野干】yěgān　參見[蠱狐]。(《一切經音義》卷十六 17P625)

【量】liàng　今人呼履爲屐屨之屬一具爲一量。……字當作兩。《詩》云"葛屨五兩"者,相偶之名,屨之屬二乃成具,故謂之兩。兩音轉變,故爲量耳。古者謂車一乘亦曰一兩。《詩》云"百兩御之"是也。今俗音訛,往往呼爲車若干量。(《匡謬正俗》卷七 P94)

限人之所至曰量。(《客座贅語》卷一 詮俗 P7)

【量移】liàngyí　唐朝人得罪貶竄遠方,遇赦改近地,謂之量移。……今人自謙遷職爲量移,誤矣。(《言鯖》卷下 P10)

《唐書》:"開元二十年十一月赦天下,左降官量移近處。"又,"憲宗欲用韓愈,皇甫鎛忌其直曰:'愈終狂狷,且量移內地。'"今謂升遷爲量移,語是而義非矣。(《常語尋源》卷上甲冊 P195)

【量酒博士】liángjiǔbóshì　參見[師公]。(《恒言廣證》卷三 P57)

足(𧾷)部

【足下】zúxià　前輩與大官書,多稱足下。劉子玄與宰相書曰"足下"。今與平交書,無敢用足下者。(《目前集》後卷 P2138)

足下之稱,始于晉文。劉宋劉敬叔《異苑》曰:"晉文公哀介子推,拊木視其屨,曰:'悲乎足下。'"(《通雅》卷十九 P648)

參見[執事]。(《通俗編》卷十七 P383)

【足跖】zúzhí　之石反。《説文》:"跖,足下也。"今亦作蹠。經文作跢,非正體也。(《一切經音義》卷三十三 7P1323)

【足跟】zúgēn　艮痕反。《釋名》:"足後曰跟。"《説文》:"足踵也,從足艮聲。"(《一切經音義》卷六十九 14P2754)

【跂蹬】gēdèng　與世乖舛曰跂蹬,曰蹭蹬,曰落魄(下音薄)。(《客座贅語》卷一 方言 P11)

【跊路】chàlù　方以智《通雅》:"山歧曰岔,水歧曰汊。二音同。金陵有地名岔口,顧公引作跊路口。"按:"跊"字見景祐《集韻》,或亦借"差"字用之。《韻會小補》引唐人詩:"枯木巖前差路多。"(《通俗編》卷二 P39)

"跊","差"去聲,歧途也。方以智《通雅》:"山歧曰岔,水歧曰汊。"金陵有地,名"岔口",顧公引作"跊路口"。"跊"字見景祐《集韻》。(《越諺》卷中 地部 P5)

【趺】fū　今山東俗謂伏地爲趺。……趺者,俯也。……呼俯音訛,故爲趺耳。(《匡謬正俗》卷六 P68)

【距躍】jùyuè　距躍,今諺謂之飛腳。(《吳下方言考》卷十 P11)

【跰】páng　《通雅》:"《説文》:'跰,曲脛馬也,讀與彭同。'《長箋》曰:'今亦謂曲脛小犬曰矮跰狗。又曰蹣跰狗。'"(《通俗編》卷三十六 P820)

【跁跒里】páqiǎlǐ　跁跒音巴茄。唐李建勳詩:"跁跒爲詩跁跒書。"案:跁跒,手足僵拳也。吳中詈手足僵拳曰跁跒里。(《吳下方言考》卷四 P8)

【跦】mò　跦,行過也,俗跦將來。莫葛,曷

韻。（《目前集》後卷 P2152）

【跍堆】kūduī　跍，蹲貌，俗云跍堆。音沽。
（《目前集》後卷 P2150）

【跕】（編者按：當作"跕"）屣 tiěxǐ　上音帖。
《考聲》云："跕屣，徐行也，履踐也。"（《一切
經音義》卷八十八 7P3395）

【跖下】zhíxià　之石反。《説文》："跖，足下
也。"今亦作蹠，蹟也。今謂水不着。（《一
切經音義》卷七十 5P2771）

【跋】bá　參見［蹳］。（《越言釋》卷上 P24）

【跋剌】bálà　杜詩："跳魚撥剌。"張衡："彎
威弧之撥剌。"注："力達反。"李白詩："跋剌
銀盤欲飛去。"皆言其聲，不分箭與魚也。
（《談徵》言部 P55）

　　　（音辣）響著實也。李太白詩："雙腮呀
（音牙，張口貌）呷（呼甲切，吸而飲也）鬐鬣
張，跋剌銀盤欲飛去。"（《語竇》P168）

【跋扈】báhù　《後漢》："梁冀跋扈將軍。"跋
扈字見《詩》注。《毛詩》曰："無然畔援。"鄭
康成曰："畔援，猶跋扈也。"拔與跋字通，故
《西京賦》："睢盱拔扈。"前世學者，未有不
讀箋注。自本朝罷聲律，而後學者不復知
有箋注矣，故文字時有不能知其來處。
（《能改齋漫録》卷七 P180）

　　　後漢質帝目梁冀爲"跋扈將軍"。按：
《爾雅》："山卑而大曰扈。"跋扈者，言彊梁
之人行不由正路，山卑而大且欲跋而踰之
也。一曰："扈，竹籬也。水居者先作竹籬，
待魚之入。及水退，小魚獨留，大者跋籬扈
而出，故云。"跋音撥，从犮，不从朋"友"字。
（《雅俗稽言》卷二十一 P18）

　　　《後漢書》："質帝少而穎慧，嘗因朝會，
目梁冀曰：'此跋扈將軍也。'"跋扈猶言强
梁，"扈"取魚筍也，小魚入之，大魚跳跋而
出，故曰跋扈。（《常語尋源》卷上甲册
P193）

【跕】zhàn　今以官路置驛馬爲跕。（《札
樸》卷七 匡謬 P236）

【跌踼】diēdàng　參見［宕子］。（《通俗
編》卷十二 P265）

【跉落】tuòluò　不畏用也。跉音托，俗轉爲
惰聲。《前漢・武帝紀》"跉弛之士"注："師
古曰'跉'者，跉落無檢束。"（《里語徵實》卷
中下　二字徵實 P17）

【跉矴】língdīng　腳細曰跉矴。音零丁。

（《肯綮録》P1）

【跑】páo　穿地曰跑。（《札樸》卷九　鄉里
舊聞　鄉言正字附　雜言 P329）

【跘跨】bànkuà　參見［加跗］。（《一切經
音義》卷七十一 3P2810）

【跏趺】jiāfū　上音加，下音夫，皆俗字也。
正體作加跗。鄭注《儀禮》云："跗，足上
也。"顧野王云："足面上也。"案：《金剛頂》
及《毗盧遮那》等經，坐法差別非一，今略舉
二三，明四威儀皆有深意。結跏趺坐略有
二種。一曰吉祥，二曰降魔。凡坐皆以右
趾押左股，後以左趾押右股，此卽右押右，
手亦左居上，名曰降魔坐，諸禪宗多傳此
坐。若依持明藏教瑜伽法門，卽傳吉祥爲
上，降魔坐有時而用。其吉祥坐先以左趾
押右股，後以右趾押左股，令二足掌仰於二
股之上，手亦右押左仰安跏趺之上，名爲吉
祥坐。如來昔在菩提樹下成正覺時，身安
吉祥之坐，手作降魔之印，是故如來常安此
坐轉妙法輪。若依祕密瑜伽，身語、意業、
舉動、威儀，無非密印，坐法差別並須師授。
或曰半加，或名賢坐，或象輪王，或住調伏，
與此法相應，卽授此坐，皆佛密意有所示
也。（《一切經音義》卷八 7P300）

【跨竈】kuàzào　《海客日談》："馬前蹄之上
有兩空處，名竈門。馬之良者，後蹄印地之
迹，反在前蹄印地之前，故名跨竈。言後步
趯過前步也。一説，竈上有釜，釜與父音
同，故子能勝父，謂之跨竈。"按：二説當以
前説爲是。而東坡《答陳季常書》有"撞破
烟樓"語，卻卽跨竈之義。（《通俗編》卷二
十四 P536）

　　　《天祿識餘》："《海客日談》曰：'馬前蹄
內有二空處，名竈門。馬之良者，後蹄印地
之跡，反在前蹄印地之前，故名跨竈，言後
步趯過前步也。'"又謂："竈上有釜，釜從
父，跨竈則越父矣。"合二説，乃言賢子也。
（《稱謂録》卷六　稱人之子 P5）

　　　子勝于父謂之跨竈。出《書言故事》。
蓋竈上有釜故也。（《言鯖》卷下 P15）

　　　《天録識餘》："《海客日談》曰：'馬前蹄
之下有凹處，名竈門。馬之良者，後蹄印痕
反過於前蹄，故子勝父曰跨竈，或曰竈上有
釜，釜字上從父。跨竈者，越父也。'"殆爲
强説。（《常語尋源》卷上甲册 P187）

　　　蘇軾《與陳季常書》云："長子邁作文頗

有父風,二子作詩騷殊勝,咄咄有跨竈之興。"(《通言》卷二 P36)

【跐】cǐ　接脚曰跐。(《札樸》卷九　鄉里舊聞　鄉言正字附　雜言 P329)

【跣韈】xiǎnwà　上先典反。《考聲》:"露足也。"《說文》:"以足親地也,從足先聲。"下望發反。《說文》:"足衣也,從韋蔑聲。"或從革作韈,亦作鞁、韤也。(《一切經音義》卷七十六 7P3005)

【跳出】tiàochū　參見[攮頭]。(《里語徵實》卷中上　二字微實 P21)

【跳大頭】tiàodàtóu　樂天詩:"西涼伎假面,胡人弄獅子。"弄獅,即今俗所謂跳大頭。(《土風錄》卷三 P201)

【跳槽】tiàocáo　今俗以宿娼無恒主謂之跳槽,乃自家妃妾以新間舊亦曰跳槽。魏明帝初爲王時,納虞氏爲妃。及卽位,毛氏有寵,而黜虞氏。元人傳奇以明帝爲跳槽,俗語本此。(《雅俗稽言》卷八 P22)

《丹鉛錄》:"元人傳奇以魏明帝爲跳槽,俗語本此。"(《通俗編》卷二十二 P503)

【跳脫】tiàotuō　參見[條達]。(《能改齋漫錄》卷三 P46)

參見[條脫]。(《通雅》卷三十四 P1034)

【跳百索】tiàobǎisuǒ　十六日,兒以一繩長丈許,兩兒對牽,飛擺不定,令難凝視,似乎百索,其實一也。羣兒乘其動時,輪跳其上,以能過者爲勝,否則爲索所絆,聽掌繩者繩擊爲罰。(《宛署雜記》卷十七 P190)

【跳趠】tiàochuò　達澆反。謂懸擲也。下勅挍他弔二反,遠也。(《一切經音義》卷七十四 10P2930)

【跳跟】tiàogēn　上狄寮反。《蒼頡篇》:"跳,踊也。"鄭注《尚書大傳》謂:"步足不能相過也。"《說文》:"躍也。"下古恩反。《釋名》:"足後曰跟。"《說文》:"從足從艮或作䟡。"(《一切經音義》卷七十四 4P2917)

【跳蹀】tiàodié　徒篋反。跳,踊也。蹀,墊也。(《一切經音義》卷二十八 3P1107)

【跳躑】tiàozhí　上亭姚反。跳,躍也。下呈劇反。躑亦跳也。(《一切經音義》卷十五 4P556)

上庭寮反。《韻英》:"跳,躍也。"《韻詮》:"跳,跟也。"《蒼頡》:"踊也。"《廣雅》:

"上也。"《說文》:"蹶也。"……下呈劇反。顧野王曰:"躑躅(重局反、驟愁反),舉足而不進也。"《史記》曰:"騏驥之躑躅,不知(編者按:當作如)駑馬之疾步。"《說文》:"躑躅,住足也。"(《一切經音義》卷八 15P310)

【路】lù　參見[䠯]。(《吳下方言考》卷九 P2)

【路祭】lùjì　送殯所設,自唐已盛行。《封氏聞見記》載道祭一條甚詳。吾鄉江東有力之家,頗以此競豪奢,省城習常行之,或反失之草草耳。《唐語林》第八卷明皇朝當衢設祭一條,詳載其盛。(《直語補證》P17)

【跟跗】gēnfū　上古痕反。《切韻》云:"足後跟也。"下方無反。《玉篇》:"脚跗也,謂脚面也。"《說文》又"從付作跗也"。(《一切經音義》卷續九 3P4001)

【跟陡】gēndǒu　(翻跟陡)其脚跟陡然翻轉,復立。有順、逆兩翻。順從面轉,逆從背轉。又有空、實兩技。實則頭着地,空則否。與"虎跳"之半轉橫翻迥別。《言鯖》誤作"金斗",《樂府雜錄》作"觔斗",《教坊記》《朱子語錄》作"筋斗",亦未確。孫吾與《韻會定正》"跟"字爲是,然改爲"跟頭",義是音非。(《越諺》卷中　技術 P60)

【跟頭】gēntóu　筋斗,俗云跟頭,亦通,音亦相似。(《目前集》後卷 P2138)

參見[跟陡]。(《越諺》卷中　技術 P60)

【踃】xiāo　跳也。(《文選•傅毅〈舞賦〉》注下云:"先聊切。")(《埤蒼》P5)

【跟賴】bèilài　跟賴,行不正。跟,音憊。(《目前集》後卷 P2151)

【跦(編者按:當作跦。下同)䠥】zhílì　音炙離。《前漢書•賈誼傳》:"病非徒瘲也,又苦跦䠥。"案:跦䠥,痛極之意。吳中謂痛極爲直跦䠥,亦曰跦䠥䠥。(《吳下方言考》卷三 P10)

【跦䠥䠥】zhílìlì　參見[跦䠥]。(《吳下方言考》卷三 P10)

【踜蹋】tītā　音梯他。顧野王《玉篇》:"踜蹋。"案:踜蹋,俱行路聲。人行則前足聲若踜,後足聲若蹋也。吳中謂緩行拖履聲曰踜蹋。(《吳下方言考》卷四 P8)

【跟蹡】liàngqiàng　跟蹡,行不迅也。宕韻。(《目前集》後卷 P2153)

【趶踞】chángjì　直良反。《字書》云："東郡謂雙膝跪地曰趶踞也。"下其記反。《音譜》云："踞，拜也，而後長跪。"（《一切經音義》卷十六 9P608）

【踝子】huáizǐ　足骨曰踝子（聲如"懷"。案："踝"，胡瓦切，與"蘤"同音。《廣韻》："蘤，又音懷。"故"踝"亦轉爲"懷"）。（《札樸》卷九　鄉里舊聞　鄉言正字附　身體 P326）

【踿】dé　小兒學行狀曰踿。踿音得，亦作得。陸魯望："非得得行不可，適至其下。"楊升菴《僧鞵菊》詩："西風有腳垂垂發，東渡無媒得得來。"（《蜀語》P31）

【踢氣毬】tīqìqiú　蹴踘，俗云踢氣毬。（《目前集》後卷 P2137）

【踢跳】tītiào　（事之）俊快可喜曰爽俐，曰伶俐，曰乖角，曰踢跳，曰僁鶹（秀留）。（《客座贅語》卷一　方言 P10）

【踏大輣】tàdàpéng　低田水淹，農人鳴金聚耤戽水出，謂之踏大輣。案：李萍槎（繼貞）《漚花簃雜記》"周文襄忱撫吳時，遇水災，置官車以戽水，號大輣車"云。（《漢書》："淮南王安使陳喜、枚赫作輣車。"）（《土風錄》卷二 P194）

【踏碓】tàduī　設臼舂米曰踏碓。踏音沓。《說文》："舂已復搗之曰碻。"《正字通》："今俗設臼以腳踏碓舂米曰碻。"俗呼平聲。《通俗文》："水碓曰輨車。"杜預作連機碓。孔融論曰："水碓之巧，勝於聖人之斷木掘地。"（《里語徵實》卷中下　二字徵實 P11）

【踏䘪】tàyào　俗呼膝褲曰踏䘪，亦本古也。張祜《柘枝舞》詩："却踏聲聲錦䘪催。"《集韻》去聲"䘪"字，訓䘪頭，上聲作"䘪"，訓䘪上。二字通用也。李肇《國史補》："馬嵬店嫗收得楊妃錦䘪一隻。"楊維禎詩："天寶年間窄䘪留。"即言其事。《東京夢華錄》有靴䘪巷。（《通俗編》卷二十五 P565）

【踏跋】tàsà　俗語以事之不振者爲踏跋，唐人已有此語。《酉陽雜俎》："錢知微賣卜，爲韻語曰：'足人踏跋，不肯下錢。'"（《能改齋漫錄》卷二 P19）

　　俗謂事之不振者曰踏跋，唐人有此語。《酉陽雜俎》："錢知微賣卜，爲韻語曰：'世人踏跋，不肯下錢。'"今訛爲塌跋。（《言鯖》卷下 P18）

　　塌殺。《酉陽雜俎》："錢知微賣卜，爲韻語曰：'世人踏跋，不肯下錢。'"案：踏跋，延緩貌。吳中謂人作事遲緩曰踏跋。（《吳下方言考》卷十一 P15）

　　參見［荅颯］。（《通俗編》卷十四 P302）

　　參見［報］。（《通俗編》卷十一 P240）

【踏殰】tàsūn　李賀《感諷》詩："縣官踏殰去，簿吏復登堂。"《禮記》："毋嘽羹。"嘽，大歠也。又《說文》："䬣，歠也。"若犬之以口取食，並托合切。今轉用俗字達合切爲踏，見暴吏踐躪小民無顧恤之意。（《唐音癸籤》卷二十四 P207）

【踥躞】diéxiè　參見［㚄奊］。（《客座贅語》卷一　方言 P11）

【踏】tà　跛行曰踏。踏音荅。（《蜀語》P9）

【踰繕那】yúshànnà　上羊朱反。繕音善。踰繕那者，梵語。自古聖王軍行一日程也。諸經論中前後翻譯遠近不同，或云四十里，《俱舍論》十六里。《大唐西域記》云："印度國俗一踰繕那三十里矣。"此說真實也，今依此文。（《一切經音義》卷十一 6P411）

【蹉】cuō　音初。《齊民要術》："以腳蹉。"案：蹉，踒也。吳中謂踒爲蹉。（《吳下方言考》卷六 P2）

【蹉跌】cuōdiē　參見［爐］。（《吳下方言考》卷十二 P3）

【蹉蹹】cuōtà　上倉何反。相切蹉也。《字書》："蹙也。"下談合反。《廣雅》："履也。"《說文》："踐也。"（《一切經音義》卷十四 11P532）

【跒】qiá　僗足曰跒。僗音查。跒，其遮切，音茄。急行曰大步跒。（《蜀語》P17）

　　闊步曰跒。跒，其遮切，音茄，俗作"茄"去聲。（《里語徵實》卷上　一字徵實 P15）

【蹵跟】niègēn　鞵不相隨曰蹵跟。（《札樸》卷九　鄉里舊聞　鄉言正字附　雜言 P331）

【蹎蹶】diānjué　又作傎、趂，二形，同。丁賢反，下居月反。蹎蹶猶頓仆也。（《一切經音義》卷七十六 6P3003）

　　上丁賢反，下居月反。……蹎蹶猶頓仆也。（《一切經音義》卷三十 12P1200）

【蹶斯】yǎnsī　參見［白打］。（《唐音癸籤》卷十七 P153）

【蹩】pán　屈足坐曰蹩。蹩音槃。《類篇》："屈足也。今通作盤。"(《燕説》卷四 P6)

【蹌】qiāng　無事而遨翔焉曰蹌(刱音)，或曰幌(黄去聲)。(《客座贅語》卷一 詮俗 P9)

【跧】zhǎn　參見[蹉]。(《吴下方言考》卷六 P2)

【蹔】zàn　蹔，進也，俗云蹔行幾步。琰韻。(《目前集》後卷 P2151)
　　　　與暫同。王右軍帖："當其快然自足，蹔得于己。"(《助字辨略》卷四 P236)

【蹥】chǎn　騎無鞍馬曰蹥。(《札樸》卷九 鄉里舊聞 鄉言正字附 雜言 P329)

【蹽】dèng　疾行曰蹽。蹽，徒等切，又徒登切。《集韻》："蹽蹽，行貌。"(《燕説》卷四 P6)

【蹺】cháo　蹺，行捷也，今蹺路。鋤交切，爻韻。(《目前集》後卷 P2151)

【蹺】qiāo　蹺，舉趾也。亦作蹻。(《目前集》後卷 P2150)
　　　　參見[蹺敧]。(《通俗編》卷十一 P242)

【蹺子】qiāozǐ　上"敲"。一足短。(《越諺》卷中 疾病 P19)

【蹺敧】qiāoqī　《朱子語錄》："聖賢言語自平正，却無蹺敧如許。"《陳龍川集》："以曹孟德本領，一有蹺敧，便把捉不定。"按：世因"蹺敧"之言，輙謂足跛者曰"蹺"。據《廣韻》："蹺，揭足。"《集韻》："舉趾謂之蹺。"實未嘗有跛義。(《通俗編》卷十一 P242)
　　　　《朱子語類》云："只是堅立著志，順義理做去，他無蹺敧也。"(《通言》卷一 P22)

【蕓】dǔn　囤賤曰蕓。蕓，堆上聲。《人生要覽》："貴時卸丢，賤時蕓發，販(音泛)默譜底。"(《里語徵實》卷上 一字徵實 P34)

【蕓當】dǔndāng　買賣整塊曰蕓當。案：字書無"蕓"字，惟吳氏《字彙補》收此字，音敦，上聲，云"俗零蕓是也"。(《土風錄》卷九 P274)

【蹶失】juéshī　上居月反。《毛詩》傳曰："蹶，動也。"賈逵注《國語》云："蹶，走也。"顧野王曰："蹶猶驚駭，急疾之意也。"《廣雅》："踘踶，跳也。"……下失字，《説文》："縱也。"(《一切經音義》卷十二 18P473)

【趱】zhāi　摘。謹也。如言"趱緊"、"趱

實"。《篇海》。(《越諺》卷下 疊文成義 P3)

【蹕蹕】duǒduǒ　參見[朵]。(《通俗編》卷十三 P284)

【蹻足】qiāozú　起驕反。又穎注《漢書》云："蹻猶翹也。"《説文》："舉足高皃也。從足喬聲，或作趫。"(《一切經音義》卷六十九 15P2756)

【錾】guì　屈膝曰錾。錾音魁，上聲，跪也。(《里語徵實》卷上 一字徵實 P15)

【蹸】niǎn　俗以不顧沾濕，隨足亂踐爲蹸。(《通俗編》卷三十六 P820)
　　　　撚，越音研。淫(編者按：當作濕)地燥輭，擇而履之，曰"蹸兩步"。又"蹸溚溚"。《類篇》。(《越諺》卷下 單辭隻義 P10)

【蹴蹋】cùtà　千六反。下徒盍反。謂以足逆蹋之曰蹴。蹋，踐也。(《一切經音義》卷二十八 13P1127)

【蹲鴟】dūnchī　大指名蹲鴟。(《通俗編》卷三十一 P703)

【蹭蹬】cèngdèng　不偶曰蹭蹬。(《札樸》卷九 鄉里舊聞 鄉言正字附 雜言 P330)
　　　　參見[跉蹬]。(《客座贅語》卷一 方言 P11)

【蹳】bō　《漢書·夏侯嬰傳》曰："漢王急，馬罷，虜在後，常蹳兩兒棄之。"晉灼曰："音足跋物之跋。"而《高紀》作"推墮二子"。今人以手推物曰"蹳"，然如晉灼所云，其字亦可作"跋"。(《越言釋》卷上 P24)

【蹦】bèng　跳行曰蹦。蹦，蒲孟切，烹去聲。(《燕説》卷四 P6)

【蹴】zòu　醉倒皃。(《廣韻·五十候》、《改併五音類聚四聲篇海·足部》。)(《塈蒼》P5)

【蹻】qīng　今《説文》闕蹻字。《玉篇》："蹻，一足行貌。"《廣韻》："蹻，一足跳行。"梅聖俞《送寧鄉令張沆》詩："蹊學林雍蹻。"(《札樸》卷二 溫經 P62)

【蹞】zhì　事不利曰蹞。(《通俗文》釋言語上 P22)

【蹞礙】zhì'ài　上陟利反。顧野王云："蹞猶頓也。"《廣雅》："踬也。"亦顛蹞也。(《一切經音義》卷十九 15P736)

【蹡踵】lóngzhòng　行不進皃。(《集韻·三鍾》。《類篇·行部》又《足部》。)(《塈蒼》

P5)

行不正曰躘踵。上良用切，下丑用切。（《肯綮錄》P2）

參見[龍鍾]。（《唐音癸籤》卷二十四P214）

【躧】sǎ　尾人之後，偵其所之與所爲曰躧。（《客座贅語》卷一　詮俗 P7）

足踏曰躧。躧，所蟹切，釵上聲。俗作躧，非。躧，都管切，音短，足踢也。又音煅，足跟也。《大明會典》："光祿寺躧造細麪。"（《蜀語》P6）

足踏曰躧。躧，所蟹切，釵上聲。《大明會典》："光祿寺躧造細麪。"俗作躧，非。躧，都管切，音短，足踢也。又音煅，足跟也。（《燕說》卷四 P6）

【躦】zuān　聚足曰躦。躦音攢。（《蜀語》P45）

聚足曰躦。音攢。《類篇》："躦，跀聚足。或作蹲。"（《里語徵實》卷上　一字徵實 P15）

【蹀躤】xièdié　上暹葉反，下恬叶反。《考聲》："蹀躤，小步貌也。"許叔重註《淮南》云："躤，蹈也。"顧野王："徐細步也。"《古今正字》："躤，從足枼聲。"蹀或作燮。（《一切經音義》卷二十四 19P947）

邑（阝右）部

【邑邑刺刺】yìyìqìqì　《短長說》曰："亞父歸彭城，邑邑刺刺。"案：刺刺，不振貌。今吳諺謂鬱不得意曰邑邑刺刺。（《吳下方言考》卷十二 P14）

【邦】bāng　俗呼奴爲邦，今人以奴爲家人也。凡邦家二字，多相連而用，時人欲諱家人之名，但呼爲邦而已，蓋取用於下字者也。（《蘇氏演義》卷上 P9）

呼奴爲邦者，蓋童僕未冠曰豎，東魏高歡諱樹，因以奴爲邦，義取"邦君樹塞門"之句。（《雅俗稽言》卷二十一 P15）

【邦老】bānglǎo　賊。（《墨娥小錄》卷十四P6）

【邪命】xiémìng　上夕嗟反，借用字，《說文》正體作衺，從衣牙聲也。《書》曰："去衺勿疑也。"顧野王："衺猶女惡也。"經云邪命者，事非正道，諂求名利，作四業以求自活，謂仰觀星象、耕田種植、四方使命、咒伏鬼神，是四口業名爲邪命也。（《一切經音義》卷三 7P119）

【邪揄】yéyú　一作歈廠，捓揄、歈瘉、冶由、歈歙。邪揄，舉手笑也。王霸收兵于市，舉手歈廠之。羅友見鬼捓揄。揄，動也。《郊祀歌》："神之揄。"《廣韻》："揄揚，詭言也。"又，抒也。"或舂或揄"，揄，搖之也。邪揄，乃笑人之聲與狀爾。別作歈廠，《說文》曰："人相笑爲歈廠。"凡夫曰："今改作捓揄。"張有《復古編》特正之。李白詩："謔浪掉海客，喧呼傲陽侯。半道逢吳姬，捲簾出捓揄。"則讀揄爲尤。《湘素雜記》引《李左車傳》"邪廠"，蘇鄂曰："即今俗謂之冶由也。"今誤刻冶田。按：賈誼《新書》：冶由，女子笑貌，即邪揄轉尤之聲。《小補》曰："歈廠，又作撽，省作撅。"許顗《彥周詩話》，引王元之詩："澤畔離騷正憔悴，道旁山鬼謾歈歙。"此宋人隨意書者。（《通雅》卷七P276）

音孩由。《後漢書·王霸傳》："市人皆大笑，舉手邪揄之，霸慚憮而還。"案：邪揄，摼手詫笑之聲也。吳人于不能任事而強欲爲者輒笑之曰邪揄。（《吳下方言考》卷六P9）

【邪蠱】xiégǔ　上夕嗟反，下音古。惡鬼神其法媚害煞人也。（《一切經音義》卷二十九 3P1144）

【那】❶nuó　那，何也。又，多也，安也。又，語絕之韵也，今謂移趾者曰那步，設法備用物曰騰那，轉假曰那借。（《客座贅語》卷一　辨訛 P6）

❷nuò　《廣韻》云："奴臥切。"《後漢書·韓康傳》："公是韓伯休耶！"注云："那，語餘聲也。音乃賀反。"……又通作柰。顧氏《日知錄》云："六朝人多書柰爲那。《三國志》注：'文欽《與郭淮書》曰："所向全勝，要那後無繼何。"'《宋書·劉敬宣傳》：'令我那驃騎何。'唐人詩多以無柰爲無那。"愚案：如杜子美詩："杖藜不睡誰能那。"（《助字辨略》卷四 P223）

通作柰。顧氏《日知錄》云："六朝人多書柰爲那。《三國志》注：'文欽《與郭淮書》曰："所向全勝，要那後無繼何？"'《宋書·劉敬宣傳》：'令我那驃騎何？'"（《方言藻》卷一 P6）

《後漢書・方術傳》："有女子從韓康買藥,康守價不移。女子曰:'公是韓伯休那?乃不二價乎?'"注:"那,語餘聲,乃賀切。"今吳人語後,每有此音。……《傳燈錄》:"僧問智藏:'無問答時如何?'曰:'怕爛却那。'藥山聞僧言不上食堂,曰:'口欲東南風那?'黃蘗見臨濟拄钁立,曰:'這箇漢困那?'"(《通俗編》卷三十三 P748)

參見[歹]。(《里語徵實》卷上　一字徵實 P9)

【那伽】nàqié　此譯云龍或云象。言其大力,故以喻焉也。(《一切經音義》卷九十八 P335)

【那借】nuójiè　參見[那]。(《客座贅語》卷一　辨訛 P6)

【那向】nàxiàng　參見[恁地]。(《談徵》言部 P57)

【那得】nǎdé　何得也。《世說》:"那得初不見君教兒?"(《助字辨略》卷二 P86)

【那步】nuóbù　參見[那]。(《客座贅語》卷一　辨訛 P6)

【那淘】nǎhōng　淘字音在享杭之間。《世說》:"劉真長見王丞相,丞相以腹熨彈棋局,云:'何(音輀)那淘?'"案:何,虛問之辭;那淘,猶如何也。吳中呼若何爲那淘。(《吳下方言考》卷二 P8)

【那摸】nàmó　參見[南無]。(《通俗編》卷二十 P456)

【那摩】nàmó　參見[南無]。(《通俗編》卷二十 P456)

【那膜】nàmó　膜音摩。《穆天子傳》:"膜拜而受。"案:膜拜,卽今僧人合掌而拜也。吳中謂合掌曰那膜。(《吳下方言考》卷六 P2)

【那謨】nàmó　參見[南無]。(《通俗編》卷二十 P456)

【邸報】dǐbào　《宋史・劉奉世傳》:"先是進奏院,每五日具定本,報上樞密院,然後傳之四方。而邸吏輒先期報下,或矯爲家書以入郵置。奉世乞革定本,去實封,但以通函騰報從之。"……《曹輔傳》:"政和後帝多微行,始民間猶未知,及蔡京謝表,有輕車小輦七賜臨幸,自是邸報聞四方。"邸報字見于史書,蓋始于此時。然唐《孫樵集》中有《讀開元雜報》一篇,則唐時已有之矣。

(《談徵》事部 P14)

【邸店】dǐdiàn　惠氏棟《棟松厓筆記》卷一"店"條,引《唐律義疏》曰:"邸店者,居物之處爲邸,做賣之所爲店。名例四平臟者條下。"據惠引《唐律》,似邸爲今之棧房,店爲鋪面也。(《釋諺》P86)

【郎】láng　《北史・節義傳》:"李憲爲汲固長育,恒呼固夫婦爲郎婆。"朱珔曰:"蓋北朝稱父曰郎也。"(《稱謂錄》卷一　方言稱父 P26)

稱壻曰"郎"。《隋書》:"勝(編者按:當作滕)王讚周以貴公子又尚公主,時人號曰三郎。石敬塘尚永甯公主,爲唐明宗壻。會唐主千春節,公主上壽畢,辭歸。唐主醉,曰:'何遽歸?欲與石郎反耶?'"又有奴稱主爲"郎"者。《唐書・宋璟傳》曰:"鄭善果曰:'中丞奈何卿五郎?'璟曰:'君非其家奴,何郎之云?'"安祿山亦常稱李林甫爲"十郎"。有稱父爲"郎"者。如唐裴勳呼父坦之爲"十一郎"。有稱子曰"郎"者。"王祐貶華州,親朋送祐,曰:'意卿作王溥官矣。'時溥爲相,祐笑曰:'某不做,兒子二郎必做。'"有稱姪曰"郎"者。如韓愈有《祭十二郎文》。有稱夫爲郎者。《晉書・列女傳》:"謝道韞曰:'天壤之間。乃有王郎!'"有君自稱"郎",人亦稱君爲"郎"者。明皇不以天子爲貴,而自呼"三郎",當時獻《五角六張賦》者,亦呼其君爲三郎。又漢制:二千石以上得任其子爲郎,故稱人子曰郎。又《唐書・房玄齡傳》:"高孝基曰:'僕閱人多矣,無如此郎者。'"郎字殆是通稱。(《里語徵實》卷上　一字徵實 P5)

郎者,奴僕稱其主人之謂。《通鑑》注:"門生、家奴呼其主爲郎。……唐以后僮僕稱主人通謂之郎,今則輿臺厮養無不稱之矣。"(《談徵》名部下 P62)

【郎中】lángzhōng　《寓圃雜記》:"吏人稱外郎者,古有中郎、外郎,皆臺省官,故儕擬以尊之。今醫人稱郎中,鑷工稱待詔,染工稱博士,師巫稱太保,茶酒稱院使,皆然。此草率僭妄,名分不明之舊習也。國初有禁。"《日知錄》:"北人謂醫曰大夫,南人謂之郎中,木工、石工之屬皆爲司務,蓋起于宋時。"《老學菴筆記》:"北人謂醫爲衙推,卜相爲巡官,卽此類。"按:周密《武林舊事》載,藝流供奉説藥者三人,一曰楊郎中,一

曰徐郎中,當時卽以醫爲郎中矣。(《通俗編》卷五 P98)

《周禮》爲醫師,至宋有和安成、和成安、成全大夫、保和大夫、保安大夫。翰林良醫有和安成、和成全、成安郎、保和郎、保安郎、翰林醫正。今之醫生有稱爲大夫或郎中者,意蓋本此。《賢奕編》云:"醫人稱郎中,木匠稱博士等究属僭分。"(《談徵》名部下 P13)

《鶴林玉露》云:"郎中知五府六部事,醫人知五臟六腑事,故醫人亦曰郎中。"按:《藝文志》:"五藏六府",後人加艸、肉作臟、腑。臟,陽通於氣喉;腑,陰通於食喉。人身惟此二道。"(《里語徵實》卷中上 二字徵實 P15)

參見[大夫]。(《雅俗稽言》卷四十 P7)

【郎伯】lángbó　閩以父爲郎伯。(《通雅》卷十九 P650)

杜甫詩:"郎伯殊方鎮。"注:"婦人稱其夫也。"(《稱謂錄》卷五 妻稱夫 P3)

參見[郎罷]。(《稱謂錄》卷一 方言稱父 P26)

參見[爺娘]。(《雅俗稽言》卷八 P6)

【郎君】lángjūn　《世説》:"諸葛瑾爲豫州,遣別駕詣臺。語云:'小兒恪知談,卿可與語。'速連往詣恪,恪不與相見。後相遇,別駕喚:'咄咄郎君。'云。"《古爲焦仲卿妻詩》:"不堪吏人婦,豈合令郎君。"又云:"直說太守家,有此令郎君。先嫁得府吏,後嫁得郎君。"按:"郎君"是貴公子之稱,唐亦以稱新進士。《摭言》:"薛逢策羸馬赴朝,值新進士前導,曰:'回避新郎君。'"李商隱詩:"郎君官貴施行馬,東閣無因得再窺。"(《通俗編》卷十八 P397)

《鏡源遺照集》:"吳斗南曰:'漢制,二千石以上得任其子爲郎,故謂人之子弟曰郎君。'"(《稱謂錄》卷六 稱人之子 P3)

參見[府君]。(《里語徵實》卷中上 二字徵實 P14)

【郎康】lángkāng　物大而無當曰郎康。按:《玉篇》有云:"㝗㝩,身長貌,讀若郎康。"疑卽此字。(《燕説》卷一 P4)

【郎子】lángzǐ　《北史·暴顯傳》:"顯幼時,見一沙門指之曰:'此郎子好相表,大必爲良將,貴極人臣。'語終失之。"(《稱謂錄》卷

六 稱人之子 P3)

【郎奶】lángnǎi　參見[姊姊]。(《客座贅語》卷一 父母稱謂 P13)

【郎婿】lángxù　《東觀漢記》:"萬壽公主,上愛女,將下嫁,命擇郎婿。"(《稱謂錄》卷八 女之夫 P21)

【郎當】lángdāng　敗事曰郎當。(《客座贅語》卷一 方言 P11)

【郎罷】lángbà　《天中記》:"閩人呼父曰郎罷。"亦見吳處厚《青箱雜記》。案:顧況《囝》詩:"郎罷別囝,吾悔生汝。及汝既生,人勸不舉。不從人言,果獲是苦。囝別郎罷,心摧血下。隔地絶天,及至黃泉。不得在郎罷前。"自注:"囝音蹇。閩俗稱子爲囝,父爲郎罷。"又黃庭堅《送秦少遊》詩:"但使新年勝故年,卽如常在郎罷前。"一本郎罷作郎伯。(《稱謂錄》卷一 方言稱父 P26)

父……閩俗稱"郎罷",關東稱"罷罷",吳俗稱"老相",又稱"爺爺"、稱"阿伯",北方稱"老子",江州民稱"大老"。(《里語徵實》卷上 一字徵實 P3)

參見[兄兄]。(《客座贅語》卷一 父母稱謂 P13)

參見[罷]。(《方言據》卷上 P5)

參見[爺娘]。(《雅俗稽言》卷八 P6)

參見[崽]。(《通雅》卷十九 P650)

參見[囝]。(《通俗編》卷四 P71)

【郢人】yǐngrén　《夢溪筆談》:"世稱善歌者爲郢人。"(《稱謂錄》卷二十九 歌 P19)

【郢削】yǐngxuē　參見[斤正]。(《雅俗稽言》卷二十八 P2)

【郢正】yǐngzhèng　參見[斤正]。(《雅俗稽言》卷二十八 P2)

【郢斤】yǐngjīn　參見[斤正]。(《雅俗稽言》卷二十八 P2)

【郡君】jùnjūn　(國朝)郡王以下女皆名郡君、縣君。(《雅俗稽言》卷八 P2)

【郡馬】jùnmǎ　《行營雜錄》:"……宗室女封郡主者,謂其夫爲郡馬,縣主者,爲縣馬。"(《雅俗稽言》卷八 P2)

【都】dū　俗語"官到尚書吏到都"。吏之呼都,猶今人言張頭兒李頭兒也。《唐摭言》"爲鄉人輕視而得"條:"許棠送客至灞產間,遇汪遵於途,呼曰:'汪都,何事至京?'"

注：“蓋幼爲小吏也。”（《直語補證》P13）

　　宋時登科録必書某縣、某都、某圖、某里人。《蕭山縣志》曰：“改鄉爲都，改里爲圖，自元始。”（《談微》言部P82）

【都倈】dōulái　乞丐。（《墨娥小録》卷十四 P5）

【都公】dūgōng　左右司爲都公。（《容齋四筆》）（《唐音癸籤》卷十七 P157）

【都凡】dūfán　猶云一切。（《後漢書》）注云：“無慮，都凡也，謂請園陵都凡制度也。”（《助字辨略》卷四 P203）

【都堂】dūtáng　試場在都省，亦稱都堂，及稱東堂。試夜給燭三條。韋承貽《都堂紀事》：“三條燭盡鍾初動，九轉丹成鼎未開。”（《唐音癸籤》卷十八 P161）

【都大】dūdà　猶俗云多大，言如何樣大小也。元微之詩：“莫畫長眉畫短眉，斜陽傷豎莫傷垂。人人總解爭時勢，都大須看各自宜。”（《助字辨略》卷一 P56）

　　元微之詩：“莫畫長眉畫短眉，斜紅傷豎莫傷垂。人人總解爭時勢，都大須看各自宜。”都大，猶俗云多大，言如何樣大小也。（《方言藻》卷二 P19）

　　《朝野雜記》：“提點坑冶鑄錢公事，自咸平時有之。淳熙五年，又加‘都大’二字于‘提’字之上，以傲川秦茶馬。”按：俚俗謂大之至曰“都大”，或因乎此。（《通俗編》卷十一 P242）

【都市】dūshì　參見［都街］。（《札樸》卷六 覽古 P174）

【都街】dūjiē　都街者，即洛陽二十街。《通鑑》：“蕭寶寅至洛陽，置閶闔門外都街之中。”是也。都巷者，都中通巷也。《通鑑》：“梁邵陵王綸遣人刺何智通於都巷。”注云：“猶言京巷。”是也。都市，即都街也。《通鑑》：“斬万俟醜奴於都市。”又云：“斬仇尼道盛於都街。”注云：“都街，即都市也。”（《札樸》卷六 覽古 P173）

【都巷】dūxiàng　參見［都街］。（《札樸》卷六 覽古 P173）

【都勝】dūshèng　參見［寶珠花］。（《七修類稿》卷二十二 P326）

【都料匠】dūliàojiàng　柳宗元《梓人傳》：“梓人，蓋古之審曲面勢者，今謂之‘都料匠’云。”《歸田録》：“開寶寺塔，都料匠預浩

造，初成勢傾西北。京師地平，多西北風，吹之當正。至今木工以預都料爲法，有《木經》行世。”（《稱謂録》卷二十八 百工 P2）

【都省】dūshěng　參見［都堂］。（《唐音癸籤》卷十八 P161）

【都盧緣】dūlúyuán　《文選·西京賦》：“都盧尋橦。”李善注：“都盧國人，體輕善緣。”《演繁露》：“唐人以緣橦者爲都盧緣。”（《稱謂録》卷三十 雜戲 P17）

【都頭】dūtóu　《唐書·兵志》：“諸都領以都將，亦曰都頭。”薛能《登城》詩：“無端將吏逡巡至，又作都頭一隊行。”按：元人小説尊邏卒曰都頭，似本于此。（《通俗編》卷八 P168）

【郵駿】yóujùn　上有求反。鄭注《尒雅》：“郵，道路過也。”鄭注《禮記》：“郵，表也。”《説文》：“境上行書舍也，從邑垂聲。”傳從垂作卸，音星夜反，是卸馬鞍，字與本義乖。下遵駿反。鄭注《尒雅》云：“馬之美稱也，駿亦速疾也。”《説文》：“馬良才也，從馬夋聲也。”（《一切經音義》卷八十三 1P3238）

【郭秃】guōtū　《顔氏家訓》：“或問：‘俗名傀儡子爲郭秃，有故實乎？’答曰：‘《風俗通》云諸郭皆諱秃。當是前代人有姓郭而病秃者，滑稽戲調，故後人爲其象，呼爲郭秃，猶文康象庾亮耳。’”（《稱謂録》卷三十 傀儡 P16）

【部署】bùshǔ　司馬相如《大人賦》。（《越諺賸語》卷上 P5）

【鄘】yōng　舉動遲緩不輕迅謂之鄘。惡孔反。（《方言據》卷上 P4）

【鄘襛】yōngnóng　俚俗以物之陳久而臭惡曰鄘襛。古無此訓，豈以襛有過度之義而牽合歟。（《通俗編》卷三十四 P760）

【鄉下老】xiāngxiàlǎo　參見［鄉裏人］。（《越言釋》卷下 P29）

【鄉元】xiāngyuán　洪皓《松漠紀聞續》：“金人科舉，先於諸州分縣赴試，號爲鄉試。榜首曰鄉元，亦曰解元。次年春，分三路類試，謂之府試。凡二人取一榜首曰府元。”（《稱謂録》卷二十四 解元 P26）

【鄉先生】xiāngxiānshēng　《儀禮·士冠禮》：“冠者見于鄉大夫、鄉先生。”注云：“鄉先生，鄉中老人爲大夫致仕者。”按：今稱鄉前輩，或曰“鄉老”，或曰“鄉先生”。（《通俗

編》卷五 P98)

【鄉老】xiānglǎo　參見［鄉先生］。（《通俗編》卷五 P98)

【鄉老兒】xiānglǎo'ér　呆人曰鄉老兒。（《燕山叢錄》卷二十二　長安里語　人物 P8)

【鄉衮】xiānggǔn　《小知錄》云："鄉紳也。謝安以謝朓爲宗衮。"（編者按：疑"謝安"與"謝朓"互倒。考《文選》卷三十，有謝朓作《和王著作八公山》詩"阽危賴宗衮，微管寄明牧"句，注曰："宗衮，謝安也。"）（《稱謂錄》卷二十五　紳 P6)

【鄉裏人】xiānglǐrén　古者……貴鄉而賤野，……今乃貴城而賤鄉，衣冠樸鄙，則誚之曰"鄉裏人"，亦曰"鄉下老"。惟市井無賴，恣睢無狀之至，而後敢斥之以"野"。蓋花之無名者謂之"野花"，草之無用者謂之"野草"，是直以野爲非其族類之名。（《越言釋》卷下 P29)

【鄉貢】xiānggòng　舉子麻衣通刺，稱鄉貢。（《唐音癸籤》卷十八 P161)

　　參見［前進士］。（《唐音癸籤》卷十八 P162)

　　參見［打骹獡］。（《通雅》卷二十 P743)

　　參見［罷罷］。（《里語徵實》卷中上二字徵實 P34)

【鄉親】xiāngqīn　《晉書·皇甫謐傳》："其鄉親勸令應命，謐爲釋勸論以通志焉。"《宋書·翟法賜傳》："雖鄉親中表，莫得見也。"（《通俗編》卷四 P84)

【鄉里】xiānglǐ　俗言："鄉里夫妻，步步相隨。"言鄉不離里，夫不離妻。然古人有呼妻爲鄉里者。沈約《山陰柳家女》詩："還家問鄉里，詎堪特（編者按：特當作持）作夫？"又《南史·張彪傳》："我不忍令鄉里落他處。"亦見《西溪叢話》。（《俚言解》卷一 17P11)

　　古人稱妻爲鄉里。俗語云："鄉里夫妻，步步相隨。"言鄉不離里，如夫不離妻也。沈約《山陰柳家女》詩："還家問鄉里，渠堪持作婦？"又《南史》："張彪敗，謂妻楊氏曰：'我不忍鄉里落它處。'"（《雅俗稽言》卷八 P16)

　　稱妻曰鄉里，薩薩、愛根、未蒙，逐稱也。沈約《山陰柳家女》詩："還家問鄉里，

詎堪持作夫。"鄉里，謂妻也。《南史》張彪呼妻曰："我不忍令鄉里落他處。"姚寬曰："今會稽人言家里，其意同也。"《金志》："夫謂妻爲薩薩，妻謂夫愛根。"李肇《國史補》曰："西蕃呼贊普之妻曰未蒙。"（《通雅》卷十九 P656)

　　沈休文《山陰柳家女》詩："還家問鄉里，詎堪持作夫。"鄉里謂夫也。《南史·張彪傳》："謂妻楊氏呼爲鄉里曰：'我不忍令鄉里落他處。'"姚寬曰："猶會稽人言家里。"（《稱謂錄》卷五　妻 P8)

　　今越人所言"鄉里"，乃作"彼"字用。有人問其人或其物之所在者，則曰"在鄉里"，猶曰"在彼"爾。或刪其"里"而曰"在鄉"，或複其鄉而曰"在鄉鄉里"。尤不可解。然有自他方遠涉而來，其相爲勞苦之辭，未嘗不曰"遠鄉遠里"，則"鄉里"之義自在也。（《越言釋》卷下 P28)

　　《南史·張彪傳》："謂妻呼爲鄉里曰：'我不忍令鄉里落他處。'"（《通言》卷三 P41)

　　妻之稱也。沈約《山陰柳家》詩云："還家問鄉里，詎堪持作夫。"《南史》張彪呼妻曰："我不忍令鄉里落他處。"今人言家里，其意同。至以同鄉爲鄉里，猶未得其義。（《談徵》名部下 P3)

【鄉風】xiāngfēng　蘇《饋歲》詩："亦欲舉鄉風，獨唱無人和。"按：何遜詩："鄉鄉自風俗。"（《直語補證》P21)

【鄒】zōu　今人言物之不佳或薄小者曰鄒。《釋名·書契篇》："奏，鄒也。鄒，狹小之言也。"（《直語補證》P50)

【鄙穢】bǐhuì　上悲美反。杜預注《左傳》云："鄙，邊邑也。"《史記》謂邊鄙。郊野之外名爲鄙。陋，亦曰鄙夫。下於衛反。《韻英》云："穢，惡也。"《字書》云："不潔清也。"形聲字也。（《一切經音義》卷五 14P202)

【鄔】wū　營居曰鄔。（《通俗文》釋宮室 P45)

【鄭重】zhèngzhòng　《漢書·王莽傳》："皇天所以鄭重降符命之義。"師古注曰："鄭重，頻煩也。"《廣韻》："鄭重，殷勤之意。"（《通俗編》卷十二 P259)

【齆醜】wèngchǒu　甕物味變曰齆醜。齆音甕。醜，抽去聲。（《蜀語》P33)

　　物味變曰齆醜。齆音甕。醜，抽去聲。

又：味變曰“餿”。（《里語徵實》卷中上　二
字徵實 P31）

身　部

【身材】shēncái　《傳燈錄》：“南泉謂黃檗身
材沒量大，笠子大小生。”唐無名氏詩：“三
十六峯猶不見，況伊如燕這身材。”（《通俗
編》卷十六 P348）

【身軮】shēncuó　才戈反。《廣疋》：“軮，短
也。”《通俗文》：“侏儒曰軮也。”（《一切經音
義》卷七十一 12P2827）

【躱侮】dānshēn　身。妊也。《素問》作“重
身”。（《越諺賸語》卷上 P4）

【躱味】dānwèi　躱，都含反。案：《玉篇》
《字林》等，嗜色爲媅，嗜酒爲躱，耳垂爲躱。
（《一切經音義》卷二十二 2P825）

【躱嗜】dānshì　上又作妉，同。丁含反。
《尒雅》云：“妉，媅樂也。”《切韻》：“過樂
也。”下常利反。《書》云：“甘酒嗜欲。”嗜亦
躱也。（《一切經音義》卷續六 9P3924）

【躱懶】duǒlǎn　明楊椒山訓子曰：“凡與人
相處，第一要謙恭誠實；同人做事，勿辭勞
苦躱懶；同人飲食，勿貪多不讓；同人行路，
勿棄伴不顧；同人臥寢，勿占好席床。”（《楊
椒山全集》）懶，一作“孏”。《後漢書·王丹
傳》：“每歲農時，丹載酒肴。田間勤苦者勞
之，惰懶者恥不致。”（《里語徵實》卷中上
二字徵實 P45）

【躱閃】duǒshǎn　《元典章》：“出使人員每
將站官人等非理拷打，站官人等避怕躱閃，
轉致違誤。”按：《玉篇》“躱”但訓身，無隱匿
義。《夷堅志》載車四元事云：“又被渠髀過
了六十年。”用“髀”字。（《通俗編》卷十二
P264）

【躴躿】lángkāng　身體肥長曰躴躿。（《礼
樸》卷九　鄉里舊聞　鄉言正字附　雜言
P329）

【軀】yǎn　音偃。《廣韻》：“身向前也。”《類
篇》：“曲身。”按：俗以匿跡前卻爲軀，當此
字。（《通俗編》卷三十六 P819）

【髀】tuǒ　下垂曰髀，髀音妥。（《蜀語》P4）
　　下垂曰髀，髀音妥。（《里語徵實》卷上
一字徵實 P28）

參見［躱閃］。（《通俗編》卷十二
P264）

辵（辶）部

【辷】qì　終已之辭也。左太沖《魏都賦》：
“成都辷已傾覆。”《顏氏家訓》：“以此而求，
辷無了者。”（《助字辨略》卷五 P252）

【辷乃】qìnǎi　猶云至于。沈休文《答樂藹
書》：“時無麗藻，辷乃有碑無文。”（《助字辨
略》卷五 P252）

【巡官】xúnguān　《五代史·趙鳳傳》：“術士
周玄豹以相法言人事多中，莊宗以爲北京
巡官。”《老學庵筆記》：“今北人謂卜相之士
爲巡官。巡官，唐、五代郡僚之名，或謂以
其巡遊賣術，故有此稱。”（《稱謂錄》卷二十
七　相 P7）
　　參見［郎中］。（《通俗編》卷五 P98）

【巡環】xúnhuán　上隨遵反。《考聲》：“巡，
歷也。”《左傳》：“遍也。”……下音還。《公
羊傳》曰：“環，遶也。”（《一切經音義》卷四
14P164）

【巡撫】xúnfǔ　《晉書·劉頌傳》：“咸寧中詔
巡撫荊揚。”《北史·李賢傳》：“今巡撫居此，
不殊代邑。”王勃《春思賦》：“寧知漢代多巡
撫，虞世南《和長春應令》詩：“如何事巡
撫，民瘼諒斯求。”按：今官制有巡撫，自明
洪武辛未勒遣皇太子巡撫陝西爲始，而其
文之見前代者，有如右。（《通俗編》卷五
P97）

【巡眼】xúnyǎn　參見［師娘］。（《土風錄》
卷十七 P372）

【近】jìn　猶殆也。近得爲幾，故亦得爲殆
也。《魏志·華佗傳》：“後太祖親理，得病篤
重，使佗專視。佗曰：‘此近難濟。恆事攻
治，可延歲月。’”《蜀志·宗預傳注》：“臣松
之以爲芝以年啁預，是不自顧。然預之此
答，觸人所忌。載之紀牒，近爲煩文。”《晉
書·謝萬傳》：“王羲之與桓溫牋曰：‘謝萬才
流經通，處廊廟，參諷議，故是後來一器。
而今屈其邁往之氣，以撫順荒餘，近是違才
易務矣。’”（《助字辨略》卷三 P154）

【近瞭】jìnqì　今謂短視曰近瞭。（《通俗編》
卷三十六 P792）

【近瞭眼】jìnqìyǎn　參見［瞭］。（《越諺》

卷下　單辭隻義 P15）

【迎接】yíngjiē　王獻之《桃葉歌》：“但渡無
所苦，我自迎接汝。”《北史‧孟業傳》：“放
還，郡中父老扣河迎接。”（《通俗編》卷九
P184）

【迎房】yíngfáng　參見［行房］。（《蜀語》
P14）

【迭互】diéhù　乎故反。顧野王云：“互謂更
遞也。”《考聲》：“互，交互也。”《説文》云：
“可以收緪也。”從竹像形，中象人手所推
握。（《一切經音義》卷三十二 21P1305）

【迮】zé　築堤蓄水曰迮。迮音作。《陳書》：
“吳明徹迮淝水以灌金城。”（《蜀語》P33）

　　音詐。《齊民要術》：“平板石上迮去
水。”案：迮，壓也，吳中謂壓物去水曰迮。
（《吳下方言考》卷九 P18）

【迮阨】zé’ài　上爭革反。……《聲類》云：
“窄，迫也。”《字書》正從竹笮。鄭眾註《周
禮》云：“笮，陿也。”……下戹界反。《廣雅》
云：“阨，陿也。”王逸註《楚辭》云：“險傾危
也。”顧野王云：“阨，猶迫側也。”《説文》義
同，“從𨸏益聲”。（《一切經音義》卷九十二
11P3503）

【迫阨】pò’ài　阨，於懈反。迫，迮也；阨，狹
也。（《一切經音義》卷二十一 11P799）

【迴殘】huícán　物之賸餘曰迴殘。唐天寶
間修造紫陽觀勅牒有“迴殘錢若干貫，迴殘
銀若干兩”之文，見元劉大彬《茅山志》。
（《直語補證》P48）

【迴頭馬】huítóumǎ　參見［紙馬］。（《恒
言錄》卷五 P99）

【追節】zhuījié　參見［望節］。（《越諺》卷
中　風俗 P62）

【追節錢】zhuījiéqián　取錢之言，……逢節
送禮曰追節錢。（《七修類稿》卷二十一
P319）

　　參見［拜見錢］。（《通俗編》卷二十三
P514）

【迨遝】hétà　上音在合客之間，下音踏。迨
遝，人在前而急行及之，步聲迨遝也。吳中
謂奔路聲曰迨遝。（《吳下方言考》卷十一
P16）

【逃迸】táobèng　徒勞反。鄭注《禮記》：
“逃，去也。”王逸注《楚辭》云：“竄也。”《説
文》：“亡也。”下百孟反。《玉篇》云：“散走

也。”或作迸也。（《一切經音義》卷十三
4P482）

【逃逝】táoshì　時世反，《小尒雅》：“逝，往
也。”《廣雅》：“逝，行去也。”（《一切經音義》卷
二十七 17P1078）

【迸子】bèng·zi　薑。《墨娥小錄》卷十四
P5）

【送夜頭】sòngyètóu　夜以酒飯送祟名此。
《睽車志》“送羹飯”相同。（《越諺》卷中　風
俗 P62）

【送燈】sòngdēng　新結姻眷，初年慶賀，攜
送要燈往還。（《越諺》卷中　風俗 P61）

【送窮】sòngqióng　唐《四時寶鑑》：“高陽
氏子好衣敝、食糜，晦日巷死，世于是日作
破衣、糜粥，棄于巷，爲送窮之義。韓昌黎
有《送窮文》。”（《雅俗稽言》卷三十一 P5）

【送羹飯】sònggēngfàn　參見［送夜頭］。
（《越諺》卷中　風俗 P62）

【迷】mí　謾人與爲人所謾也，曰迷。（《客座
贅語》卷一　詮俗 P9）

【迷癡】míchī　參見［墨尿］。（《通俗編》卷
十五 P332）

【退紅】tuìhóng　唐有一種色，謂之退紅。
王建《牡丹》詩云：“粉光深紫膩，肉色退紅
嬌。”王貞白《倡樓行》云：“龍腦香調水，教
人染退紅。”《花間集》：“琳上小薰籠，昭州
新退紅。”蓋退紅若今之粉紅，縹器亦有作
此色者。……紹興末，繒帛有一等似皂而
淡者，謂之不肯紅，亦退紅之類也。（《老學
庵筆記》)（《唐音癸籤》卷十九 P170）

　　薛能《吳姬》詩：“退紅香汗濕輕紗，高
捲蚊廚獨臥斜。”退紅卽今之粉紅色，所謂
出爐銀也。李斗《揚州畫舫錄》（卷七）則以
肉紅爲退紅，與粉紅不同。（《釋諺》P112）

【連】lián　猶云並也。《神仙傳》：“何上公
授漢文帝《素書》二卷。曰：‘余注此經以
來，一千餘年，凡傳三人，連子四矣。’”（《助
字辨略》卷二 P76）

【連底凍】liándǐdòng　冰厚到底者。見羅
鄴詩。（《越諺》卷中　地部 P5）

【連廂】liánxiāng　北人至今謂之連廂，曰
打連廂、唱連廂，又曰連廂搬演。大抵連四
廂舞人而演其曲，故云然。（《通俗編》卷三
十一 P686）

【連嬎】liánfàn　嬎音辦平聲。今吳諺謂兩

物牽合爲一者曰連嫐。(《吳下方言考》卷五 P5)

【連瑣】liánsuǒ　左太沖詩："嬌語若連瑣。"又《吳都賦》:"畢罕瑣結。"顏注《漢書》:"青瑣者,刻爲連瑣文。"《韻會》:"凡物刻鏤胃結交加爲連瑣文者,皆曰瑣。"馥案:左詩"連瑣",猶言語如貫珠也。(《札樸》卷六 覽古 P189)

【連忙】liánmáng　《朱子集·雲谷記事詩》:"逐急添茅蓋,連忙畢土功。"(《通俗編》卷十二 P253)

　　《朱子集·雲谷記事詩》。(《越諺賸語》卷上 P2)

【連衿】liánjīn　《嬾真子》:"友婿,江北人呼'連袂',亦呼'連衿'。"(《通俗編》卷四 P79)

　　姬也。見《嬾真子》。(《越諺》卷中 倫常 P9)

【連袂】liánmèi　馬永卿《嬾真子》:"江東人呼爲僚婿,北人呼連袂,又呼連袂。袂、袷同,亦呼連襟。"《容齋三筆》:"從兄在泉幕,淮東使者,其友婿也,發京狀薦之。爲作《謝啓》云:'襟袂相連,凤愧末親之孤陋;雲泥懸望,分無通貴之哀憐。'皆用杜詩。上句乃用《李十五丈》云:'孤陋忝親末,等級堪比肩;人生意氣合,相與襟袂連。'此事適著題,而與前《送韋書記》詩句偶可整齊用之,是宋人已有此稱也。"《能改齋漫錄》:"李參政昌齡家女,多得貴婿。參政范公仲淹、樞副鄭公戩,皆用小官布衣,選配爲連袂。"(《稱謂錄》卷七 妻之姊妹之夫 P18)

　　馬永卿《嬾真子》:"江北人呼同門壻爲'連袂',又呼'連襟'。"(《里語徵實》卷中上 二字徵實 P10)

【連袷】liánjiá　參見[連衿]。(《通俗編》卷四 P79)

　　參見[連袂]。(《稱謂錄》卷七 妻之姊妹之夫 P18)

【連襟】liánjīn　參見[連袂]。(《稱謂錄》卷七 妻之姊妹之夫 P18)

【連觀】liánguàn　《爾雅》郭注:"堂樓閣邊小屋,今呼之簃廚、連觀。"(《札樸》卷三 覽古 P96)

【連蹇】liánjiǎn　《易》:"往蹇來連。"王弼注:"連,音璉。難也,往來皆難也。"揚雄《解嘲》:"孟子雖連蹇,猶爲萬乘師。"按:蘇

州人以作事不揚爲連蹇。連,讀去聲。與王氏《易》注正合。(《通俗編》卷十四 P302)

【逋】bū　參見[畢逋]。(《吳下方言考》卷三 P5)

【逋刺】būlǎ　鋪平曰逋刺。(《燕山叢錄》卷二十二 長安里語 人事 P2)

【逋峭】būqiào　《卻掃編》:"文潞公問蘇丞相頌曰:'魏收有逋峭難爲之語,何謂?'蘇曰:'聞之宋元獻公云:事見《木經》,蓋梁上小柱名,取有曲折之義耳。'蘇以文人多用近語,而未及此,乃爲一詩云:'自知伯起難逋峭,不及淳于善滑稽。'"(《通俗編》卷二十四 P545)

　　子昇(編者按:指溫子昇)自以不修容止,謂人曰:"詩章易作,逋峭難爲。"(《札樸》卷七 匡謬 P234)

　　逋峭,波峭也。(《吳下方言考》卷九 P15)

【逋客】būkè　《山堂肆考》:"逋客,避世之隱者也。"(《稱謂錄》卷二十四 布衣 P44)

【逗罶】dòuliú　參見[逗遛]。(《通俗編》卷十二 P264)

【逗遛】dòuliú　《漢書·匈奴傳》:"祁連知虜在前,逗遛不進。"《後漢書·質帝紀》:"太守王喜坐討賊逗遛,下獄。"或作"逗罶"。《魏志·曹爽傳》:"訓吏兵以侯就第,不得逗罶。"《北史·何妥傳》:"東土克定,樂人悉反,問其逗罶,云是梁人所教。"(《通俗編》卷十二 P264)

【逐旋】zhúxuàn　方言也。言隨事特爲定立規矩也。范忠宣公《義莊規矩剳子》:"亦逐旋立定規矩,令諸房遵守。"(《助字辨略》卷四 P219)

【逐除】zhúchú　《歲時紀原》云:"村人逐除,今南方爲此戲者,必戴假面作勇力之勢。"戲逐除者,卽今之儺也。(《言鯖》卷下 P8)

【逍遙坐】xiāoyáozuò　參見[交牀]。(《目前集》前卷 P2125)

【逞情】chěngqíng　丑井反。《方言》:"自山之東,江淮陳楚之間謂快曰逞。"《説文》:"逞,通也。"(《一切經音義》卷七十六 7 P3005)

【造】cào　澣衣復汰曰過一造,以色飾繒曰

上一造。音如操去聲。《儀禮》"主人對：某以得爲外婚姻之數"節注："以白造緇曰辱。七報反。"卽此意。（《直語補證》P20）

【造化】zàohuà　造，登門也。化，募釀也。僧尼爲之。（《越諺》卷中　風俗 P61）

【透】tòu　不知其人之隱曲也，以言探出之，曰透。（《客座贅語》卷一　詮俗 P9）

　　無論三五七九進，由前至後直穿，皆曰"一透"。（《越諺》卷中　屋宇 P25）

【逢逢】péngpéng　音蓬。夏后鑄鼎繇："逢逢白雲。"案：逢逢，烟雲起貌。吳中謂雲霧氣曰烟逢逢。（《吳下方言考》卷一 P7）

【這】zhè　毛晃云："凡稱此箇爲者箇，俗多改用這字，這乃迎也。"愚案：這，音彥，今借作者，讀作者去聲。韋縠《才調集》載無名氏詩云："三十六峯猶不見，況伊如燕這身材。"唐人用這字始此。（《助字辨略》卷三 P165）

　　蜀主王衍《醉妝詞》："者邊走，那邊走。"毛晃云："凡稱此箇爲者箇，俗多改用這字。這乃迎也。"按：這音彥，今借作者，讀作者去聲。韋縠《才調集》載無名氏詩云："三十六峯猶不見，況伊如燕這身材。"唐詩用這字始此。（《方言藻》卷二 P12）

【通刺】tōngcì　參見［鄉貢］。（《唐音癸籤》卷十八 P161）

【通同】tōngtóng　魚鼓聲曰通同。《類纂》："魚鼓起于宋，名'通同部'。"《稗史類編》："靖康初，民間以竹徑二寸長五尺許冒皮於首，鼓成節奏，其聲似曰通同，以手拍之。"（《里語徵實》卷中上　二字微實 P37）

【通喚】tōnghuàn　今太原俗呼痛而呻吟謂之通喚，也作恫喚。（《匡謬正俗》卷六 P63）

　　參見［呻喚］。（《通雅》卷四十九 P1440）

【通家】tōngjiā　《後漢書·孔融傳》："造李膺門曰：'我是李君通家子弟。'膺問之，對曰：'先君孔子，與君先人李老君，同德比義而相師友，則融與君累世通家。'"《三國志·滕胤傳》："父胄，與劉繇州里通家。"又《夏侯元傳》注："太傅虁，許允謂元曰：'無復憂矣。'元曰：'卿何不見事乎？此人猶能以通家年少遇我。'"（《通俗編》卷四 P84）

　　《漢書·孔融傳》："膺請融，問曰：'高明祖父嘗與僕有恩舊乎？'融曰：'然。先君孔子與君先人李老君，同德比義而相師友，則融與君累世通家。'"《冬夜箋記》載，明人往來名刺，世交則稱通家。（《稱謂錄》卷八師與弟之父兄相稱 P43）

【通替】tōngtì　參見［抽替］。（《恒言錄》卷五 P103）

【通心錦】tōngxīnjǐn　《戊辰雜鈔》："女初至門，婿迎之，相者授以紅綠連理之錦，各持一頭，然後入，謂之通心錦。"按：《開天遺事》："張嘉貞欲納郭元振爲婿，曰：'吾有五女，令各持絲于幔後，子便牽之，得者爲婦。'元振牽一紅絲，得第三女。"所謂通心錦者，殆昉于此。（《通俗編》卷九 P190）

　　參見［牽紅］。（《越諺》卷中　風俗 P61）

【通草花】tōngcǎohuā　參見［蓮草花］。（《通俗編》卷二十五 P563）

【通靈聖】tōnglíngshèng　塑佛必藏靈聖，喻聰敏。（《越諺賸語》卷上 P8）

【通頭】tōngtóu　和凝詩："魚犀月掌夜通頭。"（《通俗編》卷二十二 P494）

【過】guò　與謂之過。如俗稱"過付""過據""過交""過手"之類。辰州人謂以物與人曰"過"，此語有自。按：《唐詩紀事》元稹自述曰："延英引對碧衣郎，江硯宣毫各別床。天子下簾親考試，官人手裏過茶湯。"此"過"，"與"意。（《里語徵實》卷上　一字微實 P31）

　　參見［予］。（《通雅》卷四十九 P1467）

【過世】guòshì　《晉書·苻登載記》："陛下雖過世爲神。"（《通俗編》卷十四 P308）

【過劍門】guòjiànmén　俗語有之。見《唐語林》第八卷"軍中有透劍門伎"。（《直語補證》P45）

【過堂】guòtáng　《摭言》載，新及第進士隨座主至部堂，初見宰相，通姓名，謂之"過堂"。韓偓有《及第過堂日》詩。（《通俗編》卷五 P104）

【過山龍】guòshānlóng　《漢書》："靈帝作番車渴兔。"注云："番車者設機車上，以引水；渴兔者爲曲筒，以氣引水而上。"今方言謂之過山龍。（《談徵》物部 P44）

【過房】guòfáng　《歐陽文忠集·答曾子固簡》："閭閻俚巷，過房養子，乞丐異姓之

類。"(《恒言廣證》卷三 P54)

【過房子】guòfángzǐ　撫養異姓兒曰過房子。(《土風錄》卷十七 P376)

【過費】guòfèi　世之謝欵宴者曰過費。(《通俗編》卷二十七 P616)

【過馬】guòmǎ　韓偓詩云:"外使進鷹初得按,中官過馬不敎嘶。"有自注云:"上每乘馬,必中官馭以進,謂之過馬。既乘之,蹩蹀嘶鳴也。"今北都使宅尚有過馬廳,蓋唐時方鎮亦僭倣之,因而名廳事云。(《春明退朝錄》)(《唐音癸籤》卷十七 P152)

【過馬廳】guòmǎtīng　參見[過馬]。(《唐音癸籤》卷十七 P152)

【逯故】wēigù　延遲曰逯故。(《燕山叢錄》卷二十二 長安里語 人事 P3)

【進】jìn　無論三五七遞加至十三開間,橫者,皆曰"一進"。(《越諺》卷中 屋宇 P25)

【進士】jìnshì　進士者,可進受爵祿者也。《王制》曰:"大樂正論造士之秀者以告於王而升諸司馬曰進士。"(《蘇氏演義》卷上 P7)

【逯地裏】lùdìlǐ　參見[瀬地裏]。(《通俗編》卷三十四 P760)

【逯】shù　音樹上聲。顧野王《玉篇》:"逯,走也。"案:逯,走極速而易也。吳中謂往來之速者曰逯去即來。(《吳下方言考》卷七 P5)

【逯去即來】shùqùjílái　逯音樹上聲。吳中謂往來之速者曰逯去即來。(《吳下方言考》卷七 P5)

【達】dá　河北人呼父爲大,又訛爲達。(《俚言解》卷一 13P10)
　　　　參見[爺娘]。(《雅俗稽言》卷八 P6)

【達攃】dáchèn　差覷反。《尊婆須蜜論》亦作擅攃。此云財施,解言報施之法名曰達攃。道引福地亦名達。又《西域記》云:"正言達攃拏,或云馱器尼,以用右手爲他所施爲其生福,故從之立名也。"(《一切經音義》卷二十 15P774)

【遏捺】ènà　參見[壓捺]。(《通俗編》卷十二 P264)

【遑】huáng　役也。(玄應《梵志阿跋經音義》。)(《埤蒼》P4)

【遁邁】dùnmài　又作遰,同。徒頓反。《廣雅》:"遁,避也。"遁去也。《說文》:"遁,遷

也。"亦退還也,隱也。下莫介反。《廣雅》:"邁,往也。"《説文》:"遠行也。"(《一切經音義》卷三十三 5P1318)

【遊泛】yóufàn　芳䧟反。賈注《國語》:"泛,浮也。"《詩》傳:"泛,流兒也。"(《一切經音義》卷七 13P276)

【道】dào　參見[街]。(《宛署雜記》卷五 P34)

【道人】dàorén　《漢書・京房傳》:"道人始去,涌水爲災。"注云:"道人,有道術之人也。"《地理志》:"代郡道人縣。"注云:"本有仙人遊其地,因以爲名。"《智度論》:"得道者名曰道人。"按:今以不簪薙而執役于釋道門者爲道人。非。(《通俗編》卷二十 P445)

　　《隨園隨筆》:"六朝和上皆稱道人,不稱僧,唐始稱僧。"按:《避暑錄話》:"晉、宋間佛學初行,其徒未有僧稱,通曰道人。"《十駕齋養新錄》:"六朝以道人爲沙門之稱,不通於羽士。"《南齊書・顧歡傳》:"道士與道人戰儒墨,道人與道士辨是非。"《南史・陶貞白傳》:"道人、道士,並在門中,道人左,道士右。"是道人與道士較然有別矣。《南史・宋宗室傳》:"前稱慧琳道人,後稱沙門慧琳。"是道人即沙門。(《稱謂錄》卷三十一 僧 P7)

【道士】dàoshì　胡三省《通鑑注》:"道家雖宗老子,而西漢以前未嘗以道士自名。至東漢,始有張道陵、于吉等,是道與佛教皆起于東漢時。"趙與時《賓退錄》:"《黃帝內傳》雖有道士行禮之文,但謂有道之士,非今之道士也。"《春秋繁露》云:"古之道士有言:'將欲無陵,固守一德。'"蓋亦有道之士。(《通俗編》卷二十 P444)

【道地】dàodì　門前坎場也。又"道地",藥材。(《通俗編》引證《田延年傳》。)(《越諺》卷中 地部 P5)

【道場】dàocháng　《顏氏家訓・歸心篇》:"若能偕化黔首,悉入道場。"《通典》:"隋煬帝改郡縣佛寺爲道場。"是道場本寺院之別名也。今以作佛事爲道場。鑑案:《宋書・謝靈運傳》:"欣見素以抱樸,果甘露於道場。"(《恒言錄》卷五 P98)

　　《梁書・處士・庾詵傳》:"晚年尤遵釋教,宅內立道場。"《指月錄》:"智者禪師居天台,建大道場一十有二所。"又:寶誌禪師

云:"終日拈香擇火,不知身是道場。"(《恒言廣證》卷五 P76)

【道師】dǎoshī　《佛報恩經》:"道師者,導以正路,示涅槃經,使得無爲長樂故。"(《稱謂錄》卷三十一　道 P15)

【運脚】yùnjiǎo　《通典》:"其運脚出庸調之家,任和顧送達。"鑑案:《舊唐書·食貨志》:"江淮等苦變造之勞,河路增轉輸之弊,每計其運脚數倍加錢。"(《恒言錄》卷四 P91)

【遣紀】qiǎnjì　《左·僖公廿四年》:"晉文公反國,秦伯送衛於晉三千人,實紀綱之僕。"按:今稱人僕曰尊紀,有使事曰遣紀,本此。(《常語尋源》卷上甲冊 P198)

【遾潮】tàcháo　劉禹錫連州詩:"屯門積日無回颿,滄波不歸成遾潮。轟如鞭石砳且搖,亙空欲駕黿鼉橋。"《番禺記》:"兩水相合曰遾潮。"蓋風駕前潮不得去,後潮之應候者復至,則爲遾潮,海不能容而溢。(《唐音癸籤》卷十六 P148)

【遬夫】dìfū　《燕翼貽謀》:"前代郵置,皆役民爲之。建隆三年,詔諸道州府以軍卒代百姓爲遬夫。"韓愈《孔戣墓誌》:"明州歲貢海蟲、淡菜、蛤蚶之屬,自海抵京,道路水陸,遬夫積功,歲爲四十三萬六千人。奏疏罷之。"(《稱謂錄》卷二十六　各役 P9)

【逪】càng　疾行過人曰逪。逪,七浪切,音滄。《集韻》:"過也。"(《燕說》卷四 P7)

【遭脚貨】zhìjiǎohuò　上滯。不敏行者。漢《楊君碑》。(《越諺》卷中　惡類 P15)

【遭獺】zāotǎ　被侵漁曰遭獺。(《通俗編》卷二十八 P627)

　　被侵漁曰遭獺。《南唐近事》:"張崇帥廬州索錢無厭,嘗因宴會,一人假爲死者,被遣作水族。冥司判曰:'焦湖百里,一任作獺。'"今俗謂侵漁曰作獺,被侵漁曰遭獺。其字當如此,宋人詩有云作"撻"者,似未足據。(《燕說》卷一 P12)

【遭苦】zāokǔ　祖勞反。《說文》:"遇也。"(《一切經音義》卷三 4P112)

【遮子】zhē·zi　傘。(《墨娥小錄》卷十四 P4)

【遮寨】zhēzhài　包藏。(《墨娥小錄》卷十四 P7)

【遮眼神】zhēyǎnshén　指變戲法之鬼。(《越諺》卷中　神祇 P17)

【遮莫】zhēmò　《藝苑雌黄》云:"遮莫,蓋俚語,猶言儘教也。自唐以來有之,故當時有'遮莫你古時五帝,何如我今日三郎'之說。然詞人亦稍有用之者。杜詩云:'久拼野鶴如雙鬢,遮莫鄰雞下五更。'李太白詩:'遮莫根枝長百尺,不如當代多還往';'遮莫親姻連帝城,不如當代自簪纓'。有用爲禁止之辭者,誤。"(《唐音癸籤》卷二十四 P211)

　　《蓻苑雌黄》:"遮莫,蓋俚語,猶言儘教也,自唐以來有之。李杜用以入詩,若認爲禁止之辭,誤矣。"(《雅俗稽言》卷三十 P8)

　　猶云儘教,一任其如何也。郭頒《古墓斑狐記》:"遮莫千試萬慮,其能爲害乎!"杜子美詩:"遮莫鄰雞下五更。"(《助字辨略》卷五 P268)

　　郭頒《古墓斑狐記》:"遮莫千試萬慮,其能爲害乎?"杜子美詩:"遮莫隣雞下五更。"遮莫,猶云儘教也。(《方言藻》卷一 P2)

【適莫】dímò　都狄反,下謨各反。謂無人無相也。適猶敵也,言敵匹也;莫猶慕也,言慕欲。(《一切經音義》卷九 3P325)

【遷鶯】qiānyīng　遾叟云:《詩》:'伐木丁丁,鳥鳴嚶嚶。出自幽谷,遷於喬木。'鄭箋云:'嚶嚶,兩鳥聲。'正文與注,皆未嘗及黄鶯。初唐人韋元且有'遷木早鶯求',韋嗣立有'多愧春鶯曲,相求意獨存'。孫處玄《黄鶯》詩:'高風不借便,何處得遷喬。'於是直以嚶鳴遷木者爲黄鶯,遞相組織,用之登第進士,如'眼看龍化門前水,手放鶯飛谷口春'之類,不一而足,至今猶相沿云。"(《唐音癸籤》卷二十四 P216)

【遼】liáo　參見[獠獠]。(《蜀語》P45)

【遺腹子】yífùzǐ　孕而父歿乃生者。《淮南子·說林訓》。(《越諺》卷中　倫常 P10)

【遲鈍】chídùn　《論語》包咸注:"訥,遲鈍也。"《漢書·翟方進傳》:"號遲頓不及事。"顏師古曰:"頓讀曰鈍。"《三國志·孫奐傳》:"吾初憂其遲鈍,今治軍,諸將少能及者,吾無憂矣。"《北史·李渾傳》:"李繪答崔湛曰:'下官膚體疎嬾,手足遲鈍,不能近追飛走,遠事佞人。'"(《通俗編》卷十五 P330)

【選擇家】xuǎnzéjiā　《論衡·譏日篇》:"堪輿秎,秎上諸神非一,聖人不言,諸子不傳。"大昕案:古堪輿家即今選擇家。近世乃以相宅圖墓者當之。(《恒言錄》卷六

P117）

【還】hái　還兼仍復二義。《黃家賊事宜狀》：“今所用嚴公素者，亦非撫馭之才，不能別立規模，依前還請攻討。”(《助字辨略》卷一 P66）

【還俗】huánsú　爲僧尼不終者。《魏書·釋老志》《宋書·徐湛之傳》。（《越諺》卷中 賤稱 P14）

【還復】háifù　還復，重言也。然還亦有仍義。《世說》：“時人卽以王理難裴，理還復申。”……理還復申，若云理仍復申也。（《助字辨略》卷一 P66）

【還杯】huánbēi　禮尚往來。（《越諺賸語》卷上 P3）

【還荅】huándá　以物相酬報曰還荅，見李陵《荅蘇武書》：“昔者不遺遠辱還荅。”(《土風錄》卷九 P276）

【遟导】zhì’ài　《楊君石門頌》：“遟导弗前”，《隸釋》云：“导，卽礙字。”案：《廣韻》：“导，五溉切。”引《釋典》：“无导也。”《南史》注：“與‘礙’同。”《陳書》：“永定二年，幸大莊嚴寺，設無导大會。天嘉四年，設無导大會於太極前殿。”《梁書》：“大同三年幸長干寺，設無礙食。”馥謂：导、导，並當依碑作“导”。《梁書》：“中大通元年，輿駕幸同泰寺，設四部無遮大會。”《陳書》：“永定元年，詔出佛牙於杜姥宅，集四部設無遮大會。”“無遮”，卽無导，“遮”、“导”皆遏止義。（《札樸》卷八 金石文字 P276）

【邀契】yāoqì　上伊澆反。《考聲》云：“邀，遮也。”杜預注《左傳》云：“邀，要也。”《字書》：“邀，循也，求也。”……下輕計反。《韻英》云：“契，約也，要也。”鄭衆曰：“契，符書也。”鄭玄曰：“契，卽今之券，從力。”《考聲》云：“大曰券，小曰契。”杜預曰：“要契之辭也。”古者合兩札剋其傍，各執爲信。（《一切經音義》卷七 14P278）

【邀棚】yāopéng　參見［勾欄］。（《通雅》卷三十八 P1171）

【遭】zhān　音戰。《楚辭》：“遭吾道夫崑崙兮，路修遠以周流。”案：遭，繞也。吳中謂繞遠道爲遭遠。（《吳下方言考》卷九 P6）

【遭遠】zhānyuǎn　參見［遭］。（《吳下方言考》卷九 P6）

【避衰】bìshuāi　卽北俗“避煞”，見《魏志·

陳羣傳》。（《直語補證》P22）

　　《三國志》：“魏皇女卒，爲避衰，故車駕幸摩陂，陳羣諫不聽。”(《恒言廣證》卷五 P74）

【邊】biān　《公羊傳·僖公十六年》：“是月者何？僅逮是月也。”注：“是月邊也。魯人語月之幾於盡也。”今俗猶有初十邊、二十邊、月盡邊之説。（《直語補證》P4）

【邊埏】biānyán　“現”。四旁盡處。（《越諺》卷中 地部 P4）

【邊幅】biānfú　《後漢書·隗囂傳》：“坐飾邊幅，以高深自安。”《馬援傳》：“修飾邊幅如偶人形。”注云：“若布帛之修其邊幅也。”《南史·任昉傳》：“爲新安太守，在郡不事邊幅。”梁武帝《飭選人表》：“冒襲良家，卽成冠族；妄修邊幅，便爲雅士。”(《通俗編》卷二十五 P554）

【邊豬牙】biānzhūyá　掖縣小兒賣野菜，葉似目宿，呼爲邊豬牙。問其縣人，皆不知何草。余考之，蓋萹苪也。《毛詩》“菉竹”，《韓詩》作“菉薄”。“薄”，卽水萹苪。郭景純謂“萹苪可食”是也。又檢《本草·扁畜》，示之萊人乃信，蓋扁畜原出東萊。（《札樸》卷九 鄉里舊聞 P314）

【邊頭】biāntóu　本邊塞之偁。杜詩：“邊頭公卿仍獨驕。”姚合《行邊詞》：“行人不信是邊頭。”今以爲邊之偁。（《土風錄》卷十 P285）

【邋遢】lātà　邋（音臘）遢（音塔），《海篇》云：“行歪貌。”借爲人鄙猥糊塗意也。（《七修類稿》卷二十三 P349）

　　邋遢，不謹事。（《目前集》後卷 P2161）

　　參見［辣闒］。（《恒言廣證》卷二 P41）

【邏人】luórén　李白詩：“邏人橫鳥道。”注：“邏人，徼巡之人也。”(《稱謂錄》卷三十 巡探 P3）

【邏者】luózhě　《菽園雜記》：“魏文靖公嘗以文銀百餘兩置書室中失去，邏者詢知爲一小吏所盜。”(《稱謂錄》卷三十 巡探 P3）

采　部

【采】cǎi　共事而偏得利焉曰采。（《客座贅

語》卷一　詮俗 P9)

《演繁露》："采,本采色之采,指投子之文以言也。如白黑之以色別,雉犢之以物別,皆采也。投得何色,其中程者勝,因遂名之曰采。今俗語,凡事小而幸獲,皆以'采'名之,義蓋起此。"(《通俗編》卷十 P214)

谷　部

【谷董】gǔdǒng　參見[骨董]。(《俚言解》卷二 4P30)

【谿澗】xījiàn　上啓奚反。《廣雅》："谿,谷也。"《説文》："水注川也。"……或作溪。下紆晏反。《毛詩傳》曰："山夾水流曰澗。"《尚書》曰："伊洛瀍澗既入於河。"孔安國曰："澗出澠池北山。"案:所在山陝之水皆名爲澗。《説文》亦云:"山水也。"(《一切經音義》卷十一 8P415)

【豁拳】huáquán　《六研齋筆記》:俗飲以手指屈伸相搏謂之豁拳。蓋以目遙覘人爲己伸縮之數,隱機鬭捷,余頗厭其呶號。然唐黃甫松手勢酒令,五指皆有名目:大指名蹲鴟,中指名玉柱,食指名鈎棘,無名指名潛虯,小指名奇兵,掌名虎膺,指節名私根,通五指名五峯,則當時已有此戲矣。按:明王徵福有《拇陣譜》。(《通俗編》卷三十一 P703)

豸　部

【豹直】bàozhí　《見聞錄》:"御史舊例:初入臺陪直,比五日,衆官皆出,此人獨留,曰豹直。"案:"豹"即"獠"。《廣韻》:"獠直,史官。"《集韻》:"獠,越也。漢制:新到官府併上直謂之獠。今俗謂程外課者爲獠工。"馥案:"漢制"疑作"唐制",唐志有之。(《札樸》卷三　覽古 P84)

【貉睡】héshuì　參見[渴睡]。(《通雅》卷四十九 P1456)

參見[渴睡]。(《談徵》言部 P38)

【貌】mào　藏匿曰貌。貌,獸名。昔狗纓國獻一獸,名貌,吳大帝時尚有見者。其獸善遁入人室中,竊食已,大叫。人覓之,即不見矣。故至今吳俗以空拳戲小兒曰:"吾啖汝。"已而開拳曰"貌"。見《異物彙編》。今謂藏匿爲貌,當是此字,俗讀平聲。(《燕説》卷二 P16)

【貓兒頭】māo'értóu　《元典章》:"大德十年,杭州路陳言有等,結交官府,遇有公事,無問大小,悉奔投囑托關節,俗號貓兒頭。"《留青日札》:"今言人之幹事不乾淨者,曰貓兒頭生活。又呼罵達官家人,亦曰貓兒頭。蓋起於是時。"(《通俗編》卷二十八 P627)

【貓筍】māosǔn　參見[筲]。《越言釋》卷上 P27)

【貓貍】māolǐ　上卯包反。顧野王云:"似虎而小,人家所畜養獸也。"《月令》:"捕鼠者。"下里知反。顧野王云:"似虎而小,貓之類野獸,好偷人家雞食之。"《説文》:"伏獸也。"晝伏而夜行。貓貍二字並從豸,形聲字。(《一切經音義》卷三十一 8P1232)

【貓貓】liúliú　音留。五代時童謠云:"貓貓引黑牛,天差不自由。"案:貓貓,鼠行急貌。吳中謂事之宜急者曰火貓貓,亦曰急貓貓,亦曰伋(音及)貓貓。(《吳下方言考》卷六 P7)

角　部

【角子】jiǎozǐ　粉米麥作小餅,置菜餡其中,裹之,捏作三角形,謂之"角子"。水之,謂之"水角子"。而北音無入,呼"角"如"餃"音,俗因名之爲"餃子"。其實"餃"之爲"餃",字書注爲飴,與"角子"之"角",蓋風馬牛也。兩餅相合,俗又謂之"合子"。(《越言釋》卷上 P19)

參見[看食]。(《通雅》卷三十九 P1187)

【角張】jiǎozhāng　俗以事敗露而不自安者爲角張。(《目前集》後卷 P2139)

【角角】gǔgǔ　去聲。溫飛卿《故城曲》:"雉聲何角角。"案:角角,野雞聲,今吳中畜雞亦作角角聲。(《吳下方言考》卷九 P19)

【角觸】jiǎonuò　音谷硦。《世説》:"輕在角觸中,爲人作議論。"案:角觸,牆根隱隙之地也,吳中謂門后暗地曰角觸。(《吳下方言考》卷十 P16)

【角阿蘭】jiǎo'ālán　烏色似鶉而形瘦小，有毛角，善鳴，能學衆聲，鄉人籠而愛玩之，呼爲角阿蘭。(《札樸》卷九　鄉里舊聞 P315)

【角韈】jiǎowà　《炙轂子》云："三代時號角韈，前後兩足相成，中心係帶，是卽今之膝袴也。"(《致虛閣雜俎》謂始于楊妃，未的。)(《土風錄》卷三 P198)

【角黍】jiǎoshǔ　粽本作"糉"。一名"角黍"，一名"包䈽"，又謂之"糧罌瓶"。《稗史》："汝頽作糉。"《齊諧記》云："屈原以端午死，沈於湘陰汨羅江。楚人每至是日，以竹筒貯米，投水中祭之。有長沙歐回者，見一人自稱三閭大夫，謂曰：'君所祭之物，多爲蛟龍所奪。今若見惠，可以楝樹葉塞其上，仍以五彩絲縛之，此二物蛟龍所忌。'近世以蕙葉包粽子，是其遺意。"王禹偁詩："爭傳九子粽(粽子形制不一，有角粽、艾粽、錐粽、稱錘粽、九子粽)，皇祚續千秋。"(《里語徵實》卷上　一字徵實 P29)

　　卽今之所謂糉也。《風土記》曰："以菰葉裹粘米，以象陰陽相包裹未分散之義。"(《談徵》事部 P8)

　　參見［裹蒸］。(《言鯖》卷上 P6)

　　參見［糉］。(《方言據》卷下 P35)

【勖斗】jīndǒu　參見［跟陡］。(《越諺》卷中　技術 P60)

【瓠】gū　盛飯之器，大率冶錫爲之，不謂之"簠"而謂之"瓠"。瓠者，酒器也……而以盛飯，此亦一變。然頗聞鑒古家有養花之器名"花瓠"者。(《越言釋》卷下 P32)

【舭突】dǐtū　丁禮反。或從牛作牴。下鈍訥反。《説文》從穴從犬，會意字也。(《一切經音義》卷十九 17P739)

【觜】zuǐ　參見［喙］。(《客座贅語》卷一　詮俗 P8)

【觥觥】gōnggōng　案：東漢多以七言作標榜語，於句中爲韻，如"……五經縱橫周宣光(舉)，五無雙許叔重(慎)。厥德仁明郭喬卿(賀)，關東觥觥郭子橫(憲)。"(《札樸》卷八　金石文字 P279)

　　漢武時語云："關東觥觥郭子橫。"案：觥觥，勁也。吳中謂物之勁者曰觥觥然也。(《吳下方言考》卷二 P7)

【觥觥然】gōnggōngrán　參見［觥觥］。(《吳下方言考》卷二 P7)

【解】jiè　唐進士由鄉而貢，故曰解。今制赴鄉試曰赴省解舉，第一者曰解元。(《雅俗稽言》卷十九 P9)

　　葛艾切。鋸也。越以分橛爲段，判木爲片，有"解"之義，故名"解"。(《越諺》卷中　器用 P27)

【解元】jièyuán　《明史·選舉志》："士大夫通以鄉試第一爲解元。"(《稱謂錄》卷二十四　解元 P26)

　　參見［解］。(《雅俗稽言》卷十九 P9)

【解交】jiějiāo　俗以事不就理曰解交不來，又以事得斷絕曰撒開交。按：漢制：拜官以對拜爲交禮。遷日對拜而去，謂之解交。詳見龐南英《文昌雜錄》。(《直語補證》P32)

【解土】jiětǔ　《論衡·解除篇》："世間繕治宅舍，鑿地掘土，功成作畢，解謝土神，名曰解土。"《後漢書》注引《東觀記》："鍾離意到縣，作屋旣畢，爲解土，祝曰：'興功役者，令百姓無事，如有禍祟，令自當之。'"(《通俗編》卷二十 P452)

【解奏】jiězòu　案：解奏，野外祭神也。(《一切經音義》卷十六 18P626)

【解庫】jièkù　江北人謂以物質錢爲解庫，江南人謂爲質庫，然自南朝已如此。按：齊陽玠《談藪》云："有甄彬者，有行業，以一束苧，就荊州長沙寺庫質錢。後贖苧，于苧束中得金五兩"云云。(《能改齋漫錄》卷二 P27)

【解挽】jiěmiǎn　生産曰解挽。音免。(《肯綮錄》P2)

【解㸑】jièbà　"罷"去聲。嫁女孕育期前，送孩衣裙衲。卽《夢粱錄》"催生"。(《越諺》卷中　風俗 P61)

【解素】jiěsù　樂天詩："解素盤筵後日開。"按：解素亦開素之義。(《釋諺》P118)

　　參見［開葷］。(《通俗編》卷二十七 P605)

【解頭】jiètóu　《全唐詩話》："張又新時號張三頭，謂進士狀頭、宏詞敕頭、京兆解頭。"又，"王維未冠，進新曲，號'鬱輪袍'，並出所作。遂召試官至第論之，作解頭登第。"《文獻通考》："長興四年，取諸科解頭一人就列。"(《稱謂錄》卷二十四　解元 P26)

【觰沙】zhāshā　披張曰觰沙（觰音陟加切）。（《札樸》卷九　鄉里舊聞　鄉言正字附雜言 P331）

【觰拏】zhāná　（觰），《說文》：「挐獸也。一曰下大者也。陟加切。」《六書故》：「俗謂根據爲觰拏。」至今里語有没觰拏之説。（《直語補證》P29）

【觰開】zhākāi　開曰觰開。觰，竹家切，張貌。俗云「觰開」。（楊慎《俗言》）（《里語微實》卷中上　二字微實 P30）

【觖】jué　掘。牛以角觸人。《唐韻》。（《越諺》卷下　單辭隻義 P10）

【觰沙】zhāshā　韓退之《月蝕》詩：「赤烏司南方，尾翹可觰沙。」蘇子瞻《於潛女》詩：「觰沙鬢髮絲穿杼。」按：觰沙如遮，觰沙，披張貌。元人謂事太張大曰忒咍嗻，高文秀曲中用之。蓋即觰沙之轉。（《通俗編》卷三十四 P755）

【觺觺然】jíjírán　盧仝《月蝕》詩：「天高日走沃不及，但見萬國赤子觺觺生魚頭。」案：觺觺，頭簇聚也。吳諺謂人聚曰觺觺然也。（《吳下方言考》卷十二 P18）

【觸人】chùrén　言語忤人曰觸人。觸音杵。（《蜀語》P1）

【觸嬈】chùrǎo　《説文》：「乃了反。擾，戲也。」《三蒼》：「嬈也。」郭璞：「弄也。」《廣雅》：「嫽、誂、摘，嬈也。」嫽音遼。誂，徒了反。《切韻》：「戲相擾作獠，擾亂作撩，挐巧反。」《玉篇》：「嬈亦擾，言戲弄也。」（《一切經音義》卷二十七 17P1076）

衝燭反。下奴鳥反。《説文》：「嬈，相戲弄也。」或作獠。（《一切經音義》卷十六 19P628）

【觸處】chùchù　猶是處，今云到處也。王仲初詩：「諸院門開觸處行。」（《助字辨略》卷五 P239）

參見［著處］。　（《方言藻》卷一 P3）

言　部

【言批】yánzǐ　側氏，子禮二反。《説文》：「批，搣也，搣音居逆反，謂搣撮取也。」《通俗文》：「掣挽曰批。」（《一切經音義》卷七十二 15P2864）

【計帳】jìzhàng　《漢書·武帝紀》：「太初元年，受計於甘泉宫。」師古注：「受郡國所上計薄也。若今之諸州計帳。」《後漢書·光武紀》：「遣使奉計。」注：「計謂人庶名籍，若今計帳。」《北史·蘇綽傳》：「始制文案程式，朱出墨入，及計帳户籍之法。」（《恒言錄》卷四 P91）

【計較】jìjiào　《漢書·賈誼傳》：「反脣相稽。」注云：「相與計較也。」《三國志·孫堅傳》：「夜馳見袁紹，畫地計較。」按：一以爭論爲計較，一以商量爲計較，今皆言之。（《通俗編》卷十三 P286）

【尵】qiú　音求。《廣雅》：「尵，迫也。」案：尵，不釋也。吳中謂隨逐不釋而取人物曰尵，故曰迫也。（《吳下方言考》卷六 P6）

【訇磕】hōngkē　訇磕，水起落聚散之聲。（《吳下方言考》卷二 P6）

【討小】tǎoxiǎo　納妾曰「討小」。（《越諺》卷中　倫常 P9）

【訓名】xùnmíng　《宋史·選舉志》：「凡無官宗子應舉，初生則用乳名給據，既長則用訓名。」（《恒言廣證》卷五 P73）

參見［乳名］。　（《恒言錄》卷五 P93）

【訓狐】xùnhú　關西呼爲訓侯，山東謂之訓狐，即鳩鴟也，亦名句格。晝伏夜行，鳴有恠。經文作熏胡，非體也。（《一切經音義》卷十七 11P650）

【記莂】jìbié　彼列反。分也，分別與受記也。（《一切經音義》卷九十三 3P3444）

【詎】jù　猶云曾也。豈，寧也，寧，曾也，轉相訓。陸士衡《歎逝賦》：「彌年時其詎幾。」潘安仁《悼亡》詩：「爾祭詎幾時。」韓退之《送侯參謀》詩：「一别詎幾何，忽如隔晨興。」（《助字辨略》卷四 P196）

【訬】chāo　參見［謅］。　（《越諺》卷下　單辭隻義 P8）

【訥訒】nèrèn　奴骨反。《論語》：「君子欲訥於言。」苞氏曰：「訥，遲鈍也。」《説文》：「訥，難也。」訒音而振反。（《一切經音義》卷七十六 7P3005）

【許】xǔ　語之餘聲，不爲義也。《古樂府》：「奈何許，石闕生口中，銜碑不得語。」（《助字辨略》卷三 P141）

【訆】hào　音信曰訆。訆，虚到切，音耗，信也。别作耗，非。（《燕説》卷二 P17）

【訑銳】éruì　上吾禾反。亦作譌。孔注《尚書》云："訑,化也。"下營慧反。杜注《左傳》云："銳,細小也。"《廣雅》："銳,利也。"經言訑銳者,車涉遠路輖訑軸銳也。(《一切經音義》卷八 15P308)

【訩訩】xiōngxiōng　《晉書·劉毅傳》:"天下訩訩,但爭品位。"(《札樸》卷五　覽古 P148)

【訜】fēn　語不定曰訜。訜音分。(《蜀語》P25)

【䛐】wà　訶也。(《埤蒼》P6)

【設孤臺】shègūtái　參見[買路錢]。(《通俗編》卷九 P196)

【設支】shèzhī　舊言舍脂,此云能縛,謂女人若可愛,能生男子染著,通名設支。(《一切經音義》卷七十一 5P2813)

【設教】shèjiào　參見[就館]。(《里語微實》卷上　一字微實 P2)

【証本】zhèngběn　參見[爭本]。(《雅俗稽言》卷十九 P10)

【訶子】hēzǐ　相傳貴妃私祿山,祿山狂悖,以爪傷妃臂乳間,遂作訶子之飾以蔽之。今婦人用以蔽乳,一名襴裙。見《唐宋遺事》。又按:隋煬帝詩:"錦袖淮南舞,寶袜楚宮腰。"盧照鄰詩:"倡家寶袜蛟龍被。"袜,女人脇服也。崔豹《古今注》謂之腰綵,注引《左傳》:"袒服,謂日日近身衣也。"是春秋時已有之,彼謂起自貴妃者,出于小說偽書,不可信也。訶,火平聲。藥物中木實亦名訶子。(《雅俗稽言》卷十一 P5)

楊貴妃與祿山戲,祿山爪傷其乳,恐明皇知之,乃爲訶子以掩之。訶子,即今之婦女之抹胸也。(《言鯖》卷下 P12)

參見[抱肚]。(《里語微實》卷中上　二字微實 P19)

【詀詉】zhānná　言不正。(《集韻·十三佳》《類篇·言部》)(《埤蒼》P5)

參見[詀諵]。(《埤蒼》P6)

參見[詉頡]。(《埤蒼》P6)

【訣】yàng　《通雅》:"以言託人曰訣。一作映。今俗作央。"按:訣字於亮切。《說文》:"早知也。"又,於敬切。《博雅》:"問也。"並無央音。映雖讀央,《廣韻》《集韻》並訓磨聲。《通雅》言未知何本。(《通俗編》卷十七 P375)

《通雅》:"以言託人曰訣。"今省作央。(《恒言廣證》卷二 P27)

【詨譖】páozāo　亂語曰詨譖。詨音袍。《類篇》:"詨譖,亂語也。"(《燕說》卷一 P3)

【註脚】zhùjiǎo　參見[注脚]。(《雅俗稽言》卷二十四 P16)

【詑】tuó　取笑語曰詑。詑音陀。(《蜀語》P35)

【詉】nì　參見[泥]。(《雅俗稽言》卷二十一 P14)

參見[泥]。(《通俗編》卷二十二 P500)

【謟謟】tāotáo　無節曰謟謟。(《札樸》卷九　鄉里舊聞　鄉言正字附　雜言 P330)

【試兒】shì'ér　《顏氏家訓》:"江南風俗,兒生一朞,爲製新衣,盥浴裝飾,男則用弓矢紙筆,女則用刀尺鍼縷,竝加飲食之物及珍寶服玩,置之兒前,觀其發意所取,以驗貪廉愚智,名之爲試兒。"(《恒言錄》卷五 P93)

《顏氏家訓》:"江南風俗,生兒一朞,爲製新衣,盥浴裹飾,男則用弓矢紙筆,女則刀尺針縷,並飲食之物及珍寶服玩,置之兒前,觀其所取,以驗愚智,名爲試兒。"(《土風錄》卷二 P193)

【試周】shìzhōu　《顏氏家訓》:"江南風俗,兒生一期,爲製新衣,盥沐裝飾,男則用弓矢紙筆,女用刀尺針縷,竝加飲食之物,及珍寶物玩,雜置兒前,觀其發意所取,以驗貪廉智愚,名爲'試兒'。"……《愛日齋叢抄》:"今俗謂'試周'是也。"(《通俗編》卷九 P192)

宋曹彬周歲日,父母陳各具,以觀其所取。彬左執干戈,右取俎豆,復取一印。後果出將入相。漢高祖試周,左手提戈,右手取印。(《里語微實》卷中上　二字微實 P47)

參見[得周]。(《越諺》卷中　風俗 P61)

參見[晬日]。(《俚言解》卷一 10P8)

【試策】shìcè　參見[四場]。(《唐音癸籤》卷十八 P160)

【試論】shìlùn　參見[四場]。(《唐音癸籤》卷十八 P160)

【誇衒】kuāxuàn　古文眩、衒二形同。故胡

麴公縣二反。《説文》：“衒，行且賣也。”（《一切經音義》卷七十一 12P2827）

【誠實】chéngshí　（誠，）《廣韻》云：“審也，信也。”愚案：果也，實也，苟也。……誠實，重言也。《後漢書·郭林宗傳》：“賈子厚誠實凶德，然洗心向善。仲尼不逆互鄉，故吾許其進也。”（《助字辨略》卷二 P102）

【話欛】huàbà　《羅湖野錄》：“寄寂音頌曰：‘飜身跳擲百千般，冷地看他成話欛。’”“鶴林玉露”載安子文自贊曰：“今日到湖南，又成閑話靶。”按：欛、靶字通。話欛，即猶云話柄。（《通俗編》卷十七 P369）

【話靶】huàbǎ　參見［話欛］。（《通俗編》卷十七 P369）

【話頭】huàtóu　《鶴林玉露》：“陳了翁日與家人會食，食已必舉一話頭，令家人答。”陸游《送姪住山》詩：“日光猶射車牛背，不用殷勤舉話頭。”（《通俗編》卷十七 P369）

【詮量】quánliáng　又作痊，同。七泉反。《廣疋》：“稱謂之詮，言知輕重也。”《漢書》應邵曰：“銓稱衡也，量升斛也。”（《一切經音義》卷七十 16P2792）

【誂擎】tiǎopiē　音調皮。《顏氏家訓》：“誂擎邢魏諸公。”案：誂擎，戲言也。吳中謂以言戲人曰誂擎。（《吳下方言考》卷三 P11）

【詭嬈】guǐrǎo　居毀反。不實也，亦欺誑也。《字林》：“乃己反。”《三蒼》：“嬈，弄也。謂嬈擾戲弄。”（《一切經音義》卷七十四 10P2930）

【詭話】guǐhuà　《穀梁傳·文六年》：“士造辟而言，詭辭而出。”范甯注：“詭辭，不以實告人也。”按：今以虛詭辭爲鬼話，當屬詭話之訛。《北史》：“夏侯夬亡，諸人至靈前酌飲。從兄欣宗，忽鬼話如夬平生。”《水經注》：“鮮于冀鬼見白日，書表自理，云臣不勝鬼言，謹因千里驛聞。”此俱是真鬼話，與俗義不符。若《易林》“人面鬼口”，則義符而辭別。（《通俗編》卷十七 P369）

【詾】xiōng　《廣韻》：“詾，衆語也。”案：……《晉書·劉毅傳》：“天下詾詾，但爭品位。”（《札樸》卷五 覽古 P148）

【該綜】gāizōng　上改來反。賈注《國語》：“該，備也。”《説文》：“以兼備之也，從言亥聲。”下子宋反。宋忠註《大玄經》曰：“綜，記也。”《説文》：“綜，機縷持絲文交者也。”

從糸宗聲也。（《一切經音義》卷二十四 20P948）

【誌】zhì　《漢書》注：“中國通呼黑子爲靨子，吳楚謂之誌。誌者，記也。”《廣韻》始別有痣字。（《通俗編》卷十六 P359）
　　《漢書·高帝紀》：“左股有七十二黑子。”師古曰：“今中國通呼爲靨子，吳楚俗稱之誌。誌者，記也。”（《通言》卷五 P58）

【誣訾】wūzǐ　上武夫反。杜注《左傳》云：“誣猶欺也。”鄭注《禮記》曰：“誣，冈也。”《説文》云：“誣，加言也，從言巫聲。”下資此反。鄭注《禮記》云：“訾，以言毀人也。”《説文》：“從言此聲也。”（《一切經音義》卷八十一 1P3170）

【詯謶】dòunòu　詁説也。（《埤蒼》P6）

【誤事】wùshì　《晉書·麴允傳》。《南史·南郡王傳》。（《越諺賸語》卷上 P2）

【譀】xīn　譀，大語也。（《通俗文》釋言語上 P15）

【説大話】shuōdàhuà　《傳燈錄》：“雲門偃曰：‘忽一日眼光落地，無汝掠虛説大話處。’”（《通俗編》卷十七 P370）

【説寥天】shuōliáotiān　自夸。（《越諺賸語》卷上 P8）

【説謊】shuōhuǎng　《説文》：“謊，夢言也。”《呂氏·先識覽》：“瞑者，目無由接而言見謊。”按：今俗俱加艸爲“謊”。《元典章》嘗用之，如云：“官人令史每做賊説謊。”“廉訪司官人，一般做賊説謊。”“那般説謊，咱每差人交覷去者。”（《通俗編》卷十七 P373）

【認取】rènqǔ　而僅反，謂失物而誌之者。誌，記也。論文作仞，非體也。（《一切經音義》卷七十三 13P2895）

【誒】xī　僖。可惡之辭，亦歎恨發聲。《集韻》引《説文》，《索隱》註《項羽記》。（《越諺》卷下 發語語助 P20）

【請急】qǐngjí　參見［給假］。（《雅俗稽言》卷十八 P14）

【請纓】qǐngyīng　終軍請長纓……按《漢書》本傳：“南越與漢和親，乃遣軍使南越。軍自請，願受長纓，必羈南越王而致之闕下。”（《雅俗稽言》卷十九 P4）

【請錢】qǐngqián　白：“當時綺季不請錢。”姚合：“每月請錢共客分。”叶平聲讀。（《唐音癸籤》卷二十四 P208）

【諸祖姑】zhūzǔgū 《集異記》："韋侍御華山遇老翁,引見諸祖姑及阿婆等。"見《路史·發揮》卷第六。(《稱謂錄》卷八 祖之姊妹 P11)

【諸餘】zhūyú 王建詩"朝回不向諸餘處",又"若教更解諸餘語"。(《雅俗稽言》卷三十 P9)

　　王建詩:"朝回不問諸餘處。""若教更解諸餘語。"諸餘,猶他也。又有用衆諸者,意亦略同。(《唐音癸籤》卷二十四 P211)

　　猶云一切。危積《漁家傲》詞:"老去諸餘情味懶。"(《助字辨略》卷一 P36)

【諾】nuò 參見[大諾]。(《通雅》卷二十六 P845)

【課】kè 牝馬曰課。《唐六典》:"凡牝馬四遊而課,羊則當年而課之。"課者,歲課駒犢也。(《里語徵實》卷上 一字徵實 P16)

【課馬】kèmǎ 俗呼牝馬爲課馬者。《唐六典》:"凡牝,四游五課,羊則當年而課之。"課,歲課駒犢也。(《南村輟耕錄》卷七 P88)

　　馬以牝稱誤。蓋唐計歲課駒故也。見《輟耕錄》。(《詢芻錄》P3)

　　俗呼牝馬爲課馬,出《唐六典》:"凡牝四遊而課,羊則當年而課之。"課謂歲課駒犢。(《目前集》後卷 P2145)

　　孔平仲《談苑》:俗呼牝馬曰課馬。出《唐六典》:"凡牝馬四遊而課。"謂四歲課一駒也。(《通俗編》卷二十八 P633)

　　牝馬曰課馬。《唐六典》:"凡牝馬四游而課,羊則當年而課。"(《燕說》卷四 P9)

　　俗呼牝馬爲課馬。出《唐六典》:"凡牝四游而課,羊則當年而課之。"課爲歲課駒犢。(《談徵》名部下 P38)

【諛施】yútuó 以珠反。不擇是非謂之諛。下大可反。《纂文》云:"兗州人以相欺爲訑,又音湯和反。訑,避也。"(《一切經音義》卷十七 10P649)

【諛諂】yúchǎn 庾珠反。《莊子》云:"不擇是非而言謂之諛。"孔注《尚書》:"諛,亦諂也。"……下耻冉反。何注《公羊傳》:"諂,佞也。"《説文》:"諛也。"(《一切經音義》卷十六 9P609)

【說頡】náxié 詁說,言不正也。(并同上。《類篇·言部》。《集韻·十三佳》。)(《埤蒼》P5)

【諀訿】bēizī 難可謂之諀訿。(《通俗文》釋言語下 P35)

【調】diào (《唐韻》:"徒弔切,選也。")《漢書·匡衡傳》:"衡射策甲科,以不應令,除爲太常掌故,調補平原文學。"師古注:"調,選也。"《後漢書·宗均傳》:"調補辰陽長。"按:古人所云調者,只是試選之義。唐時進士任子初授官,皆稱調,非如今人以更換爲調也。(《恒言錄》卷四 P79)

【調停】tiáotíng 《周禮·調人》:"掌司萬民之讐而調和之。"《言鯖》:"今此職官不舉,而凡親友于兩造相關切者,爲之調停解釋。"猶存古意。(《通俗編》卷十三 P286)

【調匀】tiáoyún 遍。上唐遼反,下羊倫反。(《俗務要名林》)

【調戲】tiáoxì 《左傳·襄六年》:"宋華弱與樂𤦠,少相狎,長相優。"杜預注:"狎,親習也。優,調戲也。"《後漢書·馮衍傳》:"醉飽過差,輒爲桀紂,房中調戲,散布海外。"《晉書·熊遠傳》:"羣臣會同,務在調戲酒食而已。"(《通俗編》卷二十二 P499)

　　《左傳》:"少相狎,長相優。"注:"優,調戲也。"郗超奉法,要學者務慎習,五曰調戲。《宋書·劉敬宣傳》:"調戲之來,無所酬荅。"《魏書·甄琛傳》:"琛所好悦,世宗時調戲之。"《晉書·熊遠傳》:"羣臣會同,務在調戲酒食而已。"(《恒言證》卷二 P40)

【調白】diàobái 《元典章》:"惡黨局騙財物,其局之名七十有二,略舉如太學𧥈、美人局、調白之類是也。"按:以假易真爲調白,今猶聞其目。(《通俗編》卷二十三 P520)

　　《明人説部》載:"搭舟客前後二起,後客登舟,輒握算無已。前客曰:'勿算,已轉來。'如是者三,後客倉皇去。前客曰:'適去者調白也,我亦調白也,然彼須持算,我但輪指可破其法。感搭舟恩,以爲報也,君等以後慎諸。'"(《稱謂錄》卷三十 拐騙 P2)

　　參見[脱白]。(《越諺》卷中 貨物 P33)

【調譺】tiáo'ài 吾戒反。(《通俗文》:"大調曰譺。"譺,欺也。)(《一切經音義》卷二十八 7P1116)

　　崖戒反。《蒼頡篇》:"譺,欺也。"《廣雅》:"譺,調也。"顧野王:"相啁調也。"《説

文》從言疑聲。啁,陟交反。(《一切經音義》卷十七 10P649)

【談吐】tántǔ 《南史·賀革傳》:"子徽美風儀,善談吐,深爲革愛。"《梁宗室傳》:"暎弟通明,美姿容,善談吐。"(《通俗編》卷十七P364)

【談柄】tánbǐng 《天禄志餘》:"近人以口實爲談柄,或云笑柄。非也。古人清談,多執麈尾,故有談柄之名。"《傳燈錄》:"栖雲寺大朗法師,每談論,手執松枝爲談柄。"是也。(《通俗編》卷十七P364)

　《高僧傳》:"棲雲寺大朗法師,善談手,嘗執松枝,每對客談論,麾松枝以爲談柄。"《天錄識餘》:"近人以口實爲談柄,或云笑柄,亦有話柄之名。"(《常語尋源》卷上甲冊P192)

【諵諵】nánnán 韓昌黎《酬司門盧四兄雲夫院長望秋作》:"論詩説賦相諵諵。"案:諵諵,細語也。吳人謂語輕而密曰諵諵。童稚語亦曰諵諵。(《吳下方言考》卷五P3)

【諧雅】xiéyǎ 胡皆反。諧,和也。謂閑雅容、音聲和也。(《一切經音義》卷二十11P765)

【謔親】xuèqīn 娶婦之家,新壻避匿,群男子競作戲調以弄新婦,謂之謔親。(《俗考》P9)

【䰟諢】duìhùn 參見[嫽]。(《札樸》卷九鄉里舊聞 鄉言正字附 雜言P320)

【諷頌】fěngsòng 上風夢反,下徐用反。《周禮》:"教國子興道諷頌。"鄭玄云:"背文曰諷,以聲節之曰頌。"或作誦,《聲類》云:"誦者,歌盛德之詩,贊美其形容也。"《説文》作訟也。(《一切經音義》卷四 1P140)

【諮諏】zīzōu 諮諏俗呼諮若擠,蓋殷勤瑣語之謂。壁剝,敲竹木聲。唐盧延遜詩:"樹上諮諏批頰鳥,窗間壁剝叩頭蟲。"(《語竇》P174)

【誼憒】xuānkuì 憒,公對反。《廣雅》曰:"憒,亂也。"(《一切經音義》卷二十一20P817)

【誼諍】xuānzhèng 上香袁反。……下責更反。《廣雅》:"諍,諫也。"《蒼頡篇》:"訟也。"《説文》:"止也。"(《一切經音義》卷一16P66)

【誼雜】xuānzá 上暉袁反。……下財合

反。(《一切經音義》卷十五 1P549)

　上暉袁反。正體或作譁。《聲類》:"誼,譁也。"鄭玄注《禮記》云:"誼,囂聲也。"香妖反。下財合反,俗字也,正體作裸。《説文》云:"集五彩之衣曰雜。從衣集聲也。"今作雜,變體俗字也。因草書變衣爲立,謬也。(《一切經音義》卷十一9P417)

　上兄圓反……下才令反。(《一切經音義》卷四 4P145)

【諸】chī 訶怒也。(《埤蒼》P6)

【譁不着】huábùzháo 不相投曰對不着,又曰譁不着。(《燕山叢錄》卷二十二 長安里語 人事P3)

【譃譔】liánlóu 音連類。《楚辭·九思》:"媒女詘兮譃譔。"案:譃譔,因一人牽引累及數人也,吳中因此人旁累及人曰譃譔。(《吳下方言考》卷九P21)

【罷怨】póyuàn 焦竑《字學》:"俗以恨人陷害曰罷怨。"按:《漢書·東方朔傳》:"武帝令倉監榜郭舍人。舍人不勝,呼罷。"注:"罷,自冤痛之聲也。"《列子·夫瑞篇》:"向氏以國氏之謬己也,往而怨之。"俗乃以二事合爲一辭。(《通俗編》卷十七P376)

　恨人曰罷怨。焦竑《字學》:"俗以恨人陷害曰罷怨。"按:《漢書·東方朔傳》:"武帝令倉監榜郭舍人,舍人不勝,呼罷。"注:"罷,自冤痛之聲也。"(《燕説》卷一P11)

【謝歡】xièhuān 參見[快兒]。(《通俗編》卷二十六P592)

【謝母】xièmǔ 參見[丈母]。(《稱謂錄》卷八 姐之姊妹之子婦,祖母之兄弟姊妹之子婦P116)

【謝衣鉢】xièyībō 禪家相傳法謂之傳衣鉢。唐狀元以下皆謝主司,其與主司同及第名次者,謂之謝衣鉢。出《唐摭言》:"和凝第十三及第後,知貢舉,取范質第十三名。質謝,凝謂曰:'君文合在中(編者按:當作上)選,屈就比(編者按:當作此),傳(編者按:當作傳)老夫衣鉢耳。'"(《言鯖》卷上P1)

【諑落】xīluò 《荀子·非十二子篇》:"無廉恥而任諑詢。"按:諑,謂詈辱也。高則誠《琵琶曲》有"奚落"語。奚,蓋諑誤。(《通俗編》卷十七P376)

【謅】❶ chǎo 炒。弄言相擾也。或作

"訬"。"謥鬧","輕謥"。俗作"吵"。馬融《廣成頌》。(《越諺》卷下 單辭隻義 P8)

❷zhōu 參見〔穊〕。(《客座贅語》卷一 詮俗 P8)

【謇】jiǎn 言吃曰謇。謇音簡。(《蜀語》P17)

【謇吃】jiǎnchī 言不通利謂之謇吃。(《通俗文》釋言語下 P35)

上建偃反。《易》曰:"謇,難也。"《方言》:"謇亦吃也。"……下謹乙反。《考聲》云:"語難也,氣急重言也。"《通俗文》曰:"語不通利謂之謇吃。"(《一切經音義》卷十三 4P482)

【謇澀】jiǎnsè 上薑偃反。《周易》:"謇,難也。"《方言》:"謇,吃也。"……下參立反。(《一切經音義》卷十五 1P550)

【謳】ōu 越謂呼喚。(《越諺》卷下 單辭隻義 P9)

【謤】piāo 言輕浮曰謤。謤,紕招切。《類篇》:"言輕也。"(《燕說》卷二 P15)

【瞖】yī 瞖。凡不然其言者發語曰"瞖",與南楚相反。揚子《方言》。(《越諺》卷下 發語語助 P21)

【譗訝】zhāná 言不解也。《埤蒼》P6)

【謾】màn 猶云虛也,枉也,徒也。萬楚詩:"西施謾道浣春紗。"義山詩:"謾誇天險劍爲峯。"(《助字辨略》卷四 P216)

【謾道】màndào 萬楚詩:"西施謾道浣春紗。"(《方言藻》卷一 P9)

【謾誇】mànkuā 義山詩:"謾誇天險劍爲峯。"(《方言藻》卷一 P9)

【謻門】yímén 《文選·東京賦》:"謻門曲榭。"《晉書·劉曜載記》:"謻門旦空。"《集韻》:"謻,音移,凡門堂別出曰謻。"《燕在閣知新錄》:"今府縣衙門,有正門,有旁門。旁門即謻門,世俗作儀門,訛。"(《通俗編》卷二十四 P540)

即二門。上"移",俗音義。見《在閣新知錄》。(《越諺》卷中 屋宇 P25)

【謥】shǎ 言語强拗曰謥(沙瓦切)。(《札樸》卷九 鄉里舊聞 鄉言正字附 雜言 P330)

【謥詷】còngdòng 言過謂之謥詷。(《通俗文》釋言語下 P34)

音充動。《後漢·鄧皇后紀》:"輕薄謥

詷。"案:謥詷,暫誕人也,無實學而言語氣象可見大人也。吳中謂無學問而語言氣象可以酬答動人曰謥詷。(《吳下方言考》卷八 P3)

【讙】gùn 順言謔弄曰讙。讙音棍。(《蜀語》P41)

【嘲譮】cháohuá 今作啁,同。竹包反。《博雅》:"嘲,言語相調戲也。"譮,疑作話,胡快反。《博雅》:"話,嘲譮也。"《說文》:"善言也。"(《一切經音義》卷十六 15P620)

【譑】jiǎo 幾人嘈雜曰譑(音草)。(《燕山叢錄》卷二十二 長安里語 人事 P4)

【識荆】shíjīng 參見〔識韓〕。(《雅俗稽言》卷十九 P13)

【識韓】shíhán 太白《與韓荆州朝宗書》曰:"白聞天下談士言曰:'生不用封萬戶矦,但願一識韓荆州。'"夫荆州,韓之官柰也,曰韓荆州,即岑嘉州、韋蘇州之稱。言人知遇,自當以識韓爲喻,若言識荆,凡爲荆州者皆是矣。(《雅俗稽言》卷十九 P13)

【譔講】zhuànjiǎng 譔,千。善言排解,探其心意。(《越諺賸語》卷上 P5)

【護喪】hùsāng 《漢書·霍光傳》:"光薨,大中大夫任宣與侍御史五人持節護喪事。"此"護喪",非大臣奉特旨不得也。司馬氏《書儀》:"護喪以家長或子孫能幹事知禮者一人爲之。主人未成服,則護喪爲出見賓;賓入酹,護喪出迎;揖而出,護喪爲之送。"此"護喪",即今所云"陪喪"也。(《通俗編》卷九 P193)

【護居】hùjū 參見〔哺雞笥〕。(《土風錄》卷四 P221)

【護朽】hùxiǔ 《升菴外集》:"拄搭頭,今俗名護朽。"陸文量引《博物志》:"蚴蛥,似龍而小,性好立險,故飾于護朽上。"則護朽之名古矣。(《通俗編》卷二十四 P544)

【護日】hùrì 日月之食,必救護,故諱"蝕"言"護"。(《越諺》卷中 天部 P3)

【護月】hùyuè 參見〔護日〕。(《越諺》卷中 天部 P3)

【護短】hùduǎn 嵇康《與山濤書》:"仲尼不假蓋於子夏,護其短也。"韓退之《紀夢》詩:"乃知仙人未賢聖,護短憑愚邀我敬。"(《通俗編》卷十二 P258)

【護身符】hùshēnfú 宋人謂僧道度牒爲護

身符。陸放翁《求僧疏》："搭袈裟，展鉢盂，卻要護身符子。"又云："護身符少伊不得。"（《恒言錄》卷六 P127）

【譖】zhān　多言貌也。（卷子本《玉篇·言部》。玄應《起世經一音義》引，無"貌"字。）（《埤蒼》P6）

【譧】jiǎn　口吃曰譧。音謇。（《肯綮錄》P2）

【讀】dòu　參見[句讀]。（《雅俗稽言》卷二十五 P11）

【譟譟】bàozào　粗急曰譟譟。（《札樸》卷九　鄉里舊聞　鄉言正字附　雜言 P330）

【讌集】yànjí　又作宴、燕二形，同。於薦反。小會也。《國語》："親戚宴饗。"賈逵曰："不脫屨升堂曰宴也。"（《一切經音義》卷二十 16P775）

　　　　參見[聞喜]。（《唐音癸籤》卷十八 P162）

【論】yào　覺悟曰論（聲如鷂）。（《札樸》卷九　鄉里舊聞　鄉言正字附　雜言 P330）

【讖】chèn　青。（《墨娥小錄》卷十四 P9）

【讖兆】chènzhào　讖音寸。《廣韻》："讖，讖書。"案：讖即古童謠、夢、卜兆之先見者也。吳中讖兆瑞先見曰讖兆。（《吳下方言考》卷九 P1）

【讖】zhān　病亂言曰讖。讖音占，俗音儳，誤。（《蜀語》P26）

　　　　病中亂言曰讖。讖，嚴去聲。見《蜀語》。（《里語徵實》卷上　一字徵實 P8）

【謷謨】zuóduó　若洄。呵謨也。（《越諺賸語》卷上 P4）

【讜】dǎng　以言阻人曰讜。讜音黨。直言人難受故。（《蜀語》P26）

辛　部

【辛苦】xīnkǔ　人有往來行役之事，彼此相慰勞曰辛苦，猶問無恙云云也。《書·洪範》"凶短折"傳："凶，動不遇吉；短，未六十；折，未二十。言辛苦也。"孔疏云："辛苦者，味也。辛苦之味入口，猶困阨之事在身，故謂殃厄勞役之事爲辛苦也。"又《爾雅》"矜"字注："可矜憐者，亦辛苦。"疏："引爰及矜人。"鄭箋云："可憐之人謂貧窮者，是辛苦

之人也。"（《直語補證》P31）

【辛葷】xīnhūn　虛云反。鄭注《禮記》云："葷，辛菜也。"《聲類》云："野蒜，一名葷。"《說文》："從草軍聲。"（《一切經音義》卷八十四 8P3289）

【辟人香】bìrénxiāng　《歲時記》："燕城正月十六夜，婦女群遊，其前一人持香辟人，名爲辟人香。"（《言鯖》卷下 P8）

【辣撻】làtà　陳郁《話腴》："藝祖《咏日》詩：'欲出不出光辣撻。'"（《恒言廣證》卷二 P41）

【辣虎】làhǔ　湖州茱萸醬謂之辣虎。《集韻》："䕛，搗茱萸爲之，味辛而苦。"馥謂："虎"乃"苦"音之譌。（《札樸》卷七　匡謬 P252）

【辣闒】làtà　《方輿勝覽》：項安世《釣臺》詩："辣闒山頭破艸亭。"辣闒卽邋遢也。（《恒言廣證》卷二 P41）

【粹】là　辛甚曰粹。江南言粹，中國言辛。（《通俗文》釋飲食 P66）

【粹辛】làxīn　闌怛反。《古今正字》云："粹，辛也，從束聲。"（《一切經音義》卷八十一 10P3187）

【䕛】kù　《集韻》："䕛，搗茱萸爲之，味辛而苦。"（《札樸》卷七　匡謬 P252）

【辦嚴】bànyán　參見[行李]。（《雅俗稽言》卷十七 P10）

【辭山雨】císhānyǔ　天雨將霽又小雨曰辭山雨。（《蜀語》P35）

【辮髮】biànfà　上駢沔反。《說文》："辮，謂交織之也。從糸辡聲。"辡音別免反。（《一切經音義》卷三十三 15P1338）

青　部

【青】qīng　殺。（《墨娥小錄》卷十四 P4）

【青囊】qīngnáng　青囊，所以盛印也。奏劾者則以青布囊，盛印於前，示奉王法而行也。非奏劾日，則以青繒爲囊，盛印於後也。謂奏劾尚質直，故用布。非奏劾日尚文明，故用繒。自晉朝以來，劾奏之官，專以印居前，非劾奏之官，專以印居後。（《蘇氏演義》卷下 P23）

【青宮】qīnggōng　柳宗元《賀皇太子箋》：

"殿下祇膺茂典,位副青宮。"《神異經》:"東海外有東明山,有宮焉。左右有闕,其高百尺,建以五色青石門焉。牆面一門,門有銀榜,以青石碧鏤,題曰天地長男之宮。"《唐書·藝文志》儒家類有《青宮紀要》三十卷、《少陽政範》三十卷、《列藩正論》三十卷,皆武后撰。(《稱謂錄》卷十　太子 P14)

【青奴】qīngnú　黃山谷《內集》:"趙子充示《竹夫人詩》,蓋取涼寢竹器,憩臂休膝,似非夫人之職。予爲名曰青奴,詩云:'青奴元不解梳妝。'"(《土風錄》卷三 P206)

　　參見[夫人]。(《雅俗稽言》卷十三 P17)

　　參見[竹夫人]。(《談微》物部 P41)

【青樓】qīnglóu　《古樂府》:"大路起青樓"。注引《齊書》:"武帝興光樓,上施青漆,謂之青樓。"曹植詩:"青樓臨大路,高門結重關。"駱賓王詩:"大道青樓十二重。"上官儀詩:"青樓遙敞御溝前。"按:諸詩俱明指金張門第,而後人例呼妓館,則始於梁劉邈《採桑行》:"倡女不勝愁,結束下青樓。"太白《樓船觀伎》詩亦云:"對舞青樓妓,雙鬟白玉童"也。(《通俗編》卷二十四 P539)

【青熒熒】qīngyíngyíng　今諺謂燈不甚明曰青熒熒。(《吳下方言考》卷四 P18)

【青盲】qīngmáng　《後漢書·獨行傳》:"任永、馮信,並託青盲以避世難。"(《通俗編》卷十六 P343)

【青稈】qīnggǎn　穎穗長重者謂之青稈。(《俚言解》卷二 23P40)

【青白團子】qīngbáituánzǐ　古人寒食採桐陽葉染飯青色以祭,資陽氣也。今變而爲青白團子,乃此義耳。(《七修類稿》卷四十三 P625)

【青瘀】qīngyū　於慮反。《說文》:"瘀,積血也。"《廣疋》:"瘀,病也。"(《一切經音義》卷七十 20P2802)

　　於豫反。《說文》:"瘀,積血也。"(《一切經音義》卷九 10P339)

【青欑蛇】qīngzuǎnshé　《元和郡縣志》:"駱谷中多反鼻蛇、青欑蛇,一名燋尾蛇,常登竹木上,能十數步螫人。人中此蛇者,即須斷肌去毒,不然立死。"(《札樸》卷五　覽古 P170)

【青衣】qīngyī　蔡邕《青衣賦》:"宜作夫人,爲眾女師。伊何以爾,命此賤微。"牛僧孺

《周秦行紀》:"有小髻青衣出責黃衣閽者曰:'門外誰何?'黃衣曰:'有客。'"(《稱謂錄》卷二十五　婢 P24)

【青衫】qīngshān　白樂天……贈元詩有"青衫脫早差三品,白髮生遲校二年。"(蔡寬夫)(《唐音癸籤》卷十八 P159)

【青袍】qīngpáo　白樂天……復有《脫刺史緋》詩云:"便留朱紱還鈴閣,卻著青袍待玉除。無奈嬌癡三歲女,繞腰啼哭覓銀魚。"(蔡寬夫)(《唐音癸籤》卷十八 P159)

【青芃芃】qīngpéngpéng　參見[芃芃]。(《吳下方言考》卷一 P7)

【青蓮】qīnglián　參見[碧雲]。(《唐音癸籤》卷二十四 P216)

【青豆】qīngdòu　生曬爲。(《越諺》卷中　穀蔬 P54)

【青頭鴨】qīngtóuyā　僧柏子庭有詩云:"誰呼蓬島青頭鴨,來殺松江赤練蛇。"(《語竇》P155)

【靖聽】jìngtīng　又作彭、竫、靜、姎四形,同。自井反,謂安定無聲也。(《一切經音義》卷二十八 6P1113)

【豔】jìng　參見[蒼鵖]。(《言鯖》卷下 P5)

【靜舍】jìngshè　參見[精舍]。(《通俗編》卷二十四 P538)

長(镸)部

【長年】❶chángnián　雇工人之通年長役者名此。又名"長工"。《唐書·百官志》。(《越諺》卷中　賤稱 P14)

　　❷zhǎngnián　吾鄉稱舟人之老者曰長年。長,上聲。蓋唐已有之矣。杜工部詩云:"長年三老歌聲裏,白晝攤錢高浪中。"《古今詩話》謂川峽以篙手爲三老,乃推一船之最尊者言之耳。因思海舶中以司柁曰大翁,是亦長年三老之意。(《南村輟耕錄》卷八 P104)

　　雇工曰長年。古稱操舟者爲長年。王長年,閩人。有膽勇,漁海上。嘉靖己未,倭薄會城,長年爲賊得,挾入舟,乘間殺賊,捩柂反帆而歸。中丞某用爲神將。(《小品》)又周亮工《詠九龍灘》詩:"都將絆索換新楱,曲曲防他八面風。卻笑長年堅

似鐵,甘心膜拜土梢公。"注:"閩人有紙船鐵梢公之謠。土梢世居龍上,習水性,舟人入灘,例請爲之防護。"(《里語徵實》卷中上二字徵實 P10)

【長入】chángrù　參見［崖公］。(《雅俗稽言》卷八 P1)

【長假】chángjià　參見［給假］。(《雅俗稽言》卷十八 P14)

【長工】chánggōng　《唐書·百官志》:"凡工匠以四月至七月爲長工,二三八九月爲中工,十月至正月爲短工。"《三餘贅筆》:"吳中田家,凡久傭于人者,謂之長工,暫傭者謂之短工,插蒔時曰忙工。"《唐六典》:"凡役有輕重,功有短長。蓋夏至日長,冬至日短,若一等定功,則枉棄時刻。大約中功以十分爲率,長功加一分,短功減一分,至忙功,價幾倍之。"按:《六典》說與《百官志》同,其長短以晷刻定。田家所謂長工短工,則以顧賃久暫言之。都卬牽合爲一,非也。(《通俗編》卷二十一 P475)

　　參見［長年］。(《越諺》卷中　賤稱 P14)

【長境】zhǎngjìng　漢時軍民出境,皆封長境與之,卽今之路引也。(《言鯖》卷上 P5)

【長命縷】chángmìnglǔ　參見［百鎖］。(《俚言解》卷一 5P5)

【長官】zhǎngguān　《談苑》:"有人問秀州崇德縣民,長官清否,曰:'醬水色。'言不清不濁也。"元稹詩:"長官清貧太守好。"(《稱謂錄》卷二十二　知縣 P11)

【長寢】chángqǐn　參見［長眠］。(《通俗編》卷十四 P308)

【長攕攕】chángxiānxiān　吳中謂手指長白曰長攕攕。(《吳下方言考》卷五 P1)

【長祖】zhǎngzǔ　《北史·周宣帝紀》稱其高祖爲長祖,曾祖爲次長祖。(《稱謂錄》卷一高祖 P4)

【長眠】chángmián　《太平廣記》:"鄭郊游陳蔡間,過一塚,駐馬而吟,久不得屬。塚中人續之曰:'下有百年人,長眠不知曉。'"按:《古詩》:"生存多所慮,長寢萬事畢。"曹植《髑髏》詩:"隱然長寢,其樂不渝。"長寢卽長眠。(《通俗編》卷十四 P308)

【長老】zhǎnglǎo　道高臘長呼爲須菩提,一曰長老。(《目前集》前卷 P2131)

《漢書·外戚傳》:"近世之事,語尚在長老之耳。"按:此爲凡年高者之通稱,而世俗但以呼僧之老者。習成不變,可嗤也。(《通俗編》卷二十 P447)

唐楊綰曰:"家之長老,以此訓子。"《周禮·地官·鄉老》注:"老,尊稱也。"《禮·曲禮》:"七十曰老。"而傳言傳家事與子也。(《里語徵實》卷中上　二字徵實 P1)

稱舟人之老者。長,上聲。蓋唐已有之矣。杜工部詩云:"長年三老歌聲裏,白晝攤錢高浪中。"《古今詩話》謂:"川陝以篙手爲三老,乃推一船之尊者言之耳,因思海舶以司柁爲大翁,爲老班,是亦長老、三老之意也。"(《談徵》名部下 P16)

【長舌婦】chángshéfù　語出《詩·大雅》:"婦有長舌。"(《通俗編》卷二十二 P488)

【長簷車】chángyánchē　參見［隱囊］。(《唐音癸籤》卷十九 P171)

【長量】zhàngliáng　度長短曰長量(長音仗)。(《札樸》卷九　鄉里舊聞　鄉言正字附雜言 P330)

【長進】zhǎngjìn　《吳志·張昭傳》:"長子承,勤于長進,篤于物類。"《晉書·和嶠傳》:"帝謂太子近入朝差長進。嶠曰:'聖質如初耳。'"《摭言》:"人謂李敬曰:'夏侯孜一簡窮措大,有何長進?'"杜甫《劍器行序》:"張旭見公孫大娘舞西河劍器,自是草書長進。"(《通俗編》卷十一 P228)

【長隨】chángsuí　始自明《吳時興劾嚴嵩疏》。……葉盛《水東日記》王振黨有王長隨、毛長隨。(《直語補證》P9)

葉盛《水東日記》王振黨有王長隨、毛長隨。(《稱謂錄》卷二十五　僕 P15)

　　參見［崖公］。(《雅俗稽言》卷八 P1)

【長錢】chángqián　《抱朴子》有"取人長錢,還人短陌"語。《隋書·食貨志》:"自破嶺以東,八十爲百,名曰東錢;江郢以上七十爲百,名曰西錢;京師以九十爲百,名曰長錢。"《金史·食貨志》:"民間八十爲陌,謂之短錢;官用足陌,謂之長錢。"(《通俗編》卷二十三 P512)

【長須】chángxū　《鶴林玉露》:"楊誠齋退休南溪之上,老屋一區,僅蔽風雨。長須赤腳,纔三四人。"案:長須謂奴,赤腳爲婢。(《稱謂錄》卷二十五　僕 P20)

【長風】chángfēng　長,直良反。《兼名字

苑》云："風暴疾而起者謂之長風也。"(《一切經音義》卷二十一 17P811)

【嘹朓】liáonǎo　細長曰嘹朓。嘹朓音了掉。(《蜀語》P28)

　　　細長曰嘹朓。嘹朓音了掉。(《燕說》卷一 P2)

【嘹嬌】liǎojiào　《廣韻》："嘹嬌,長兒。"(《札樸》卷五 覽古 P150)

雨　部

【雨前】yǔqián　今世俗多用穀雨前茶,稱爲雨前。(《唐音癸籤》卷二十 P176)

【雨淋頭】yǔlíntóu　宋月卿詩亦有"去時莫待雨淋頭"句。《五燈會元》："教休不肯休,直到雨淋頭。"又,"天晴不肯去,直待雨淋頭。"(《恒言廣證》卷六 P99)

【雨毛】yǔmáo　蘇軾詩"毛空暗春澤"自注云："蜀人以細雨爲雨毛。"(《通俗編》卷一 P14)

　　　細雨也。此與蜀謗同。見東坡詩自注。(《越諺》卷中 天部 P2)

【雨簋】yǔtà　《懷麓堂集》有《次韻吳匏菴雨簋》詩。簋,音踏,蔽雨客扉也。《唐韻》作楮。(《通俗編》卷二十四 P544)

【雨衣】yǔyī　《左傳》："陳成子衣製杖戈。"杜預注："製,雨衣也。"(《通俗編》卷二十五 P560)

【雪子】xuězǐ　亦官音。霰也。(《越諺》卷中 天部 P2)

【雪裏蕻】xuělǐhóng　參見[抽蕻]。(《里語微實》卷中下 二字微實 P22)

【雪開眼】xuěkāiyǎn　周必大《紹興壬午龍飛錄》："越人以欲雪而日光穿漏爲雪眼。"(《通俗編》卷一 P16)

【雲根】yúngēn　杜詩："穿水忽雲根。"錢起:"奇石雲根淺。"賈島:"移石動雲根。"詩人多以雲根名石,以雲觸石而生也。六朝人先用之。宋孝武《登東山》詩："屯煙擾風穴,積水溺雲根。"(《唐音癸籤》卷十六 P148)

【雲泥】yúnní　《全唐詩話》："白居易詩云:'昔年洛陽社,貧賤相提攜。今日長安道,對面隔雲泥。'"(《常語尋源》卷下庚册

P277)

【雲褐】yúnhè　寒遏反。《方言》："楚人謂袍爲褐也。"言道家多於衣上畫作雲霞之氣也。(《一切經音義》卷八十七 9P3374)

【雷封】léifēng　白居易《六帖》："雷震百里,故知縣稱雷封。"(《稱謂錄》卷二十二 知縣 P12)

【雷奮】léifèn　分問反。鄭注《禮記》云："奮,動也。"《廣雅》云："振也。"《説文》："罬也。從奄在田上也。"奄音雖。(《一切經音義》卷二十八 10P1120)

【零三八五】língsānbāwǔ　不齊整曰零三八五。(《燕山叢錄》卷二十二 長安里語人事 P3)

　　　不齊整曰零三八五。(《宛署雜記》卷十七 P194)

【震越】zhènyuè　參見[真越]。(《一切經音義》卷九 5P329)

【霉天】méitiān　上"梅"。五月時。(《越諺》卷中 天部 P2)

【霈澤】pèizé　霈,普蓋反。《文字集略》曰："霈謂大雨也。"劉熙注《孟子》："霈然,注雨兒。"(《一切經音義》卷二十一 9P794)

【霍親】huòqīn　今人舅姑疾病,慮及將來喪無主婦,汲汲爲其子婚娶。議定於倉猝之間,每不能備禮,謂之"霍親"。……醫家以吐瀉交作爲"霍亂",則霍者,亂也。又,病之愈也必曰"霍然",則霍者,速也。且其字從雨從雔(編者按:當作隹)之交飛於雨中,亂而又速也。蓋前朝每下采女之令,一時民間子女輒婚嫁殆盡,謂之"官霍市"。(《越言釋》卷上 P25)

【霍閃】huòshǎn　電曰霍閃。唐顧雲詩："金蛇飛狀霍閃過,白日倒挂金繩長。"按:《太玄經》"明復瞹天中獨爛",王劭注云:"忽雷瞹瞹,今謂電也。"霍閃與瞹瞹通。(《燕說》卷三 P1)

【霑天】zhāntiān　參見[入霑]。(《蜀語》P9)

【霑天雨】zhāntiānyǔ　霑天雨一曰霉天雨,或以梅雨爲霉天,非也。自秋分後遇壬謂之進霑,其時多濛密細雨,俗又呼狗毛雨。按:《田家實錄》："鄉俗以八月十三日至二十二日凡十日爲詹家天,不論壬日也。"謂詹氏曾以此月戰鬪旬日,能興霧雨,

死爲神,有細雨之驗,其説甚謬。(《俚言解》卷一 2P4)

【霸】gé　俗以物著濕靠凸隆起謂之霸。《説文》注:"皮革得雨,霸然起也。普惡反。"(《直語補證》P6)

【霞帔】xiápī　《唐書·司馬承禎傳》:"睿宗起問道術,錫霞文帔以還,公卿賦詩送之。"劉禹錫有"霞帔仙官到赤城"句。按:《太極金書》謂:"元始天帝,被珠繡霞帔。"故此衣爲道家所至貴重,若婦人冠誥之服,但當云"帔",不當贅以"霞"字。(《通俗編》卷二十五 P562)

【霞頭】xiátóu　《苕溪漁隱叢話》:"世傳有霞頭隱語,是半山老人作,云:'生在色界中,不染色界塵。一朝解纏縛,見性自分明。'"按:霞頭者,帛角識物主姓氏處,染時先以草纏結之,使不漫滅。(《通俗編》卷二十五 P559)

【霿】hòu　"吼"去聲。卽虹。(《越諺》卷中 天部 P2)

【霧黴】wùméi　高糧不秀曰霧黴。(《札樸》卷九 鄉里舊聞 鄉言正字附 禾稼 P327)

【霾霾】zhōngzhōng　《素問》:"陰陽霾霾,積傳爲一周。"案:霾霾,無心而行也。吳諺謂無心而行曰霾霾。(《吳下方言考》卷八 P4)

【露布】lùbù　《隋·禮儀志》:"後魏,每戰剋,書帛於漆竿上,名露布。"《世説》:"桓宣武征鮮卑,喚袁粲作露布。倚馬,手不輟筆,俄成七紙。"如《隋志》《世説》所云,則露布起於後魏,而晉因之。然《漢官儀》:"凡制書皆璽封,唯赦贖令司徒印,露布州郡。"又《漢書》:"賈洪爲馬超作伐曹操露布。"則漢時已然。及讀《初學記》,引《春秋佐助期》曰:"武露布,文露沉。"宋均云:"甘露見其國,布散者人上武,文采者則甘露沉重。"豈露布之義當取於此與?(《南村輟耕錄》卷十八 P225)

【露白】lùbái　今書信不緘封者曰露白。(《土風錄》卷十五 P346)

【露頂】lùdǐng　廂房旁小軒曰露頂。(《燕山叢錄》卷二十二 長安里語 宮室 P7)

【霰霰然】suānsuānrán　霰音酸。許氏《説文》:"霰,小雨也。"案:霰,小雨貌。吳中謂小雨曰"霰霰然落也"。(《吳下方言考》卷五 P3)

【靈利】línglì　《東坡雜纂二續》:"載謨不得四事,其一曰靈利孩兒買物。"《陸象山語錄》:"卽是一箇人,如何不打叠教靈利。"《悦生隨抄》:"范蜀公言:'家中子弟,連名百字,幾乎尋盡矣。'或曰:'百靈、百利,百巧、百窮,必未取以名也。'蜀公爲之大笑。"按:《五燈會元》:"宗智謂雲巖不妨靈利,潙山謂智閑聰明靈利。"及靈利座主、靈利道者、靈利衲子、靈利漢、靈利人,俱作"靈利"。而此語之見字書者,惟《廣韻》"剆"字下云:"剆利,快性人也。"則"剆利"其正文矣。朱淑真詩云:"始知怜悧不如癡。"《字彙》云:"方言謂點慧曰伶俐。"俱傳文未得真也。(《通俗編》卷十五 P329)
　　參見[剆利]。(《燕説》卷一 P1)

【靈座】língzuò　《朱子家禮》有《大祥徹靈座》文。按:前史或稱"靈床",或稱"靈座",大約名異實同也。其稱"靈牀"者,《後漢書·張奐傳》:"朝殂夕下,措屍靈牀。"《晉書·王徽之傳》:"獻之卒,徽之直上靈牀坐,取琴彈之。"《王濟傳》:"孫楚向濟靈牀曰:'卿常好我作驢鳴,今爲作之。'"《姚興載記》:"梁國兒于平凉作壽冢,每將妻妾入冢飲讌,升靈床而歌。"《南史·殷淑儀傳》:"上每寢,先于靈牀而奠酒,飲之,既而慟哭,不能自反。"其稱"靈座"者,《晉書·顧榮傳》:"榮好琴,家人置琴于靈座。"《南史·張永傳》:"永傷第四子没于虜,服除猶爲立靈座。"《北史·隋宗室傳》:"帝曰:'晉王前送一鹿,我令作脯,擬賜秦王,今亡,可置靈座之前。'"《周羅睺傳》:"夢言明日當戰,其靈座所有弓箭刀劍,無故自動。"合觀諸文,知當時所云"靈床""靈座",皆實陳器用,不如今之幻爲小居也。(《通俗編》卷九 P195)

【靈宅】língzhái　《黄庭經·天中篇》曰:"靈宅既清玉帝遊。"梁丘子注曰:"面爲靈宅,一名大宅,以眉目口之所居,故爲宅。"(《雅俗稽言》卷二十二 P2)

【靈椿】língchūn　《厚德錄》馮道《贈竇禹鈞》詩:"靈椿一株老,仙桂五枝芳。"靈椿謂竇生五子也。案:後世稱父爲椿,其仿此乎?(《稱謂錄》卷一 父 P14)

【靈牀】língchuáng　參見[靈座]。(《通俗編》卷九 P195)

【靈蓋】línggài　夫。(《墨娥小錄》卷十四 P5)

【靄迺】ǎinǎi　參見［欸乃］。(《唐音癸籤》卷二十四 P213)

【靉逮】àidài　參見［靉靆］。(《雅俗稽言》卷十三 P11)

【靉靆】àidài　音愛代。(慧琳《妙法蓮經藥草喻品音義》。)昧不明也。(慧琳《金剛光燄止風雨陀羅尼經音義》。又《起世因本經八音義》。又《廣弘明集二十音義》引"昧"作"時"。)雲氣不明也。(慧琳《續高僧傳二十六音義》。)(《埤蒼》P23)

　　靉靆音矮逮，形如大錢，用以掩目閱細書，倍明。名曰靉靆者，靉逮，輕雲兒，如輕雲之籠日月，不掩其明也，卽今眼鏡之類。(《雅俗稽言》卷十三 P11)

　　眼鏡也。《洞天清錄》載："靉靆，老人不辨細書，以此掩目則明。"此出元人小説，作靉靆，出西域，誤作靆耳。《方輿勝略》："滿剌加國出靉靆。"今西洋有千里鏡，磨玻璃爲之，以長筒窺之，可見數十里。又製小者于扇角，近視者可使之遠。(《通雅》卷三十四 P1052)

　　明提學潮陽林公有二物，如大錢形，質薄而透明，如水晶琉璃，每看文字，目力昏倦，以此掩目，能辨細書，精神不散。……相傳名爲靉靆，出西域滿剌加國。明宣廟賜胡宗伯物卽此，以金廂輪郭而衍之，爲柄紐制其末，合則爲一，岐則爲二，……卽今之老昏鏡也。(《言鯖》卷上 P16)

　　《庶物異名》疏："靉靆，今俗謂之眼鏡是也。"(《土風錄》卷五 P230)

【靐銳】bìngzhèn　參見［蘦苴］。(《客座贅語》卷一 方言 P10)

非　部

【非非想】fēifēixiǎng　《楞嚴經》："于無盡中，發寶盡性，如存不存，若盡非盡。如是一類，名爲非想非非想處。"(《通俗編》卷十五 P326)

【靠枕】kàozhěn　今牀榻閒方枕，俗呼靠枕，卽隱囊也。(《札樸》卷四 覽古 P137)

隹　部

【雀㢡】quèyǎn　屋檐空處曰雀㢡。(《札樸》卷九 鄉里舊聞 鄉言正字附 名稱 P328)

【雀瞀】quèmào　《風土記》："雀目夕昏。人有至夕昏不見物者，謂之雀瞀。"(《雅俗稽言》卷三十七 P23)

【雁作】yànzuò　病。(《墨娥小錄》卷十四 P7)

【雁來客】yànláikè　《禮·月令》："季秋鴻雁來賓。"注疏云："猶如賓客，止未去也。"《隋·地理志》："犍爲、越巂居處不定，謂之雁戶。"按：世俗謂旅寓人曰雁來客。(《通俗編》卷二十九 P642)

【雁戶】yànhù　流庸也。《漢書》："流亡他土庸作曰流庸。"《唐書》編民有雁戶，謂如雁來去無常也。(《通雅》卷二十六 P834)

　　《唐書》編民有雁戶。案：謂流庸也，亦名客作，土著曰土斷。(《稱謂錄》卷二十八 客民 P12)

　　參見［雁來客］。(《通俗編》卷二十九 P642)

【雁鵝】yàn'é　參見［天鵝］。(《越諺》卷中 禽獸 P43)

【雅】yǎ　古人有元日上壽酒具。《東觀漢記》："今日歲首，請上雅壽。"注云："雅，酒閒。"(《札樸》卷四 覽古 P133)

【雅素】yǎsù　唐太宗詔王遠知曰："省所奏願還舊山，已別詔不違雅素，并敕立祠觀以伸曩懷，未知先生早晚至江外，祠舍何當就功。"(《札樸》卷六 覽古 P175)

【雅量】yǎliàng　《典論》："劉表制酒器三，大曰伯雅，容七升；次曰仲雅，容六升；小曰季雅，容五升。"按：世稱雅量，謂能飲此器中酒，不及醉也。(《通俗編》卷二十七 P600)

　　盃音雅，又作雅，酒器也。劉表有酒器三：大曰伯雅，容七升；次曰仲雅，容六升；小曰季雅，容五升。能飲此酒不醉，故曰雅量。(《言鯖》卷下 P21)

【雅雅】yǎyǎ　案：東漢多以七言作標榜語，於句中爲韻，如："……洛中雅雅有三鄼(劉

粹字純骰，宏字終骰，漢字沖骰），洛中英英
荀道明（闓）。"（《札樸》卷八　金石文字
P280）

【雇】gù　顏注《急就篇》云："鴟謂鴟雀，一
名雇，今俗呼鴟爛堆。"（《札樸》卷九　鄉里
舊聞 P315）

【雌】cí　不當與而覷焉附人以入之曰雌。
（《客座贅語》卷一　詮俗 P9）

【雌聲】císhēng　《晉書·桓溫傳》："溫得一
老婢，乃劉琨妓也。見溫曰：'公聲，甚似劉
司空，恨雌耳。'"韓退之詩："雌聲吐欸要。"
《老學菴筆記》："韓魏公聲雌，文潞公步
碎。"（《通俗編》卷十七 P368）

【雌黃】cíhuáng　《晉書·王衍傳》："每談莊
老，義理有不安，隨即改更，世號口中雌
黃。"按：古人謄寫卷籍，有筆誤則以雌黃塗
而改之，故云。（《通俗編》卷十七 P377）

　　　今謂譏議人曰雌黃，非也。古人寫書
用黃紙，故以雌黃滅誤，以其相類也。顏延
之曰"讀天下書未徧，不可妄下雌黃"，謂不
得已擅改書中之字，如金銀車之類是
也。西晉王衍善談論，錯舉經籍，輒隨口改
易，聽者不覺，故謂之口中雌黃。亦以其改
易字句，如口中塗滅更定。非以其譏議也。
（《言鯖》卷下 P3）

　　　參見[黃卷]。（《詢芻錄》P2）

【雕】diāo　音刁。《史記》："大與趙代俗相
類，而民雕悍少慮。"案：雕，奸惡也。吳諺
謂奸猾爲雕。俗用刁，誤。（《吳下方言考》
卷五 P12）

【雕當】diāodāng　宋景文曰："人謂作事無
據曰沒雕當。"智按：今語曰不的當，即此聲
也。漢有"雕悍"之語，唐以來有"勾當"之
語，故合之。（《通雅》卷四十九 P1450）

【雕鎸】diāojuān　參見[矻落]。（《客座贅
語》卷一　方言 P11）

【雙】shuāng　嘗讀金黃華老人詩，有"招客
先開四十雙"之句，殊不可曉。近讀《雲南
雜誌》曰："夷有田，皆種稻，其佃作三人，使
二牛前牽，中壓而後驅之，犁一日，爲一雙。
以二乏爲已，二已爲角，四角爲雙。約有中
原四畝地。"則老人之詩意見矣。（《南村輟
耕錄》卷二十九 P360）

【雙坒牙】shuāngbìyá　中"篦"。即齭牙。
（《越諺》卷中　疾病 P21）

【雞宗】jīzōng　雲南土產名蕈，誌書本菌子

也，而方言謂之雞宗，以其同雞烹食，至美
之故。予問之土人，云生處蟻聚叢之，蓋以
味香甜也。予意當作蟻從，非雞宗明矣。
（《七修類稿》卷四十六 P669）

【雞宿昏】jīsùhūn　《爾雅翼》云："雀性多
欲，至曛黑輒盲。人至其時用目力不止者，
亦得雀盲之疾。"案：今人得此疾者，日暮舉
燭時目輒昏暗，謂之雞宿昏，以其時雞方宿
也。（《恒言錄》卷六 P129）

【雞婆】jīpó　（母雞）未卵曰"雞婆"。（《越
諺》卷中　禽獸 P44）

【雞濛】jīméng　今酒筵有所謂雞濛魚翅
者，古語作"雞纖"。《釋名卷四·釋飲食》：
"雞纖，細擘其腊令纖，然後漬以酢也。兔
纖亦如之。"（《釋諺》P131）

【雞毛官】jīmáoguān　《小知錄》云："猺有
入城見官長者，還，語其類謂：'不畏中間坐
者，但畏左右雞毛官。'"謂皂隸也。（《稱謂
錄》卷二十六　隸 P25）

【雞蘇】jīsū　《爾雅》疏："紫蘇，似荏者名野
蘇。生池中者名水蘇，一名雞蘇。"案：今吳
中名小荷包如蘇葉之圓長者曰雞蘇。（《吳
下方言考》卷三 P12）

【雞素】jīsù　本雞斯。文長曰："雞斯之制
以約髮。"近日小荷包云雞素，相沿誤也。
《通雅》云："雞斯即笄縰，或因其名而改，亦
未可知然。或是雞嗉，雞以嗉盛食，此以盛
物，其形相似耳。"《六韜》云："太公等求得
雞斯之乘。"雞斯蓋國名，豈其國佩此囊耶？
（《談徵》言部 P27）

【雜報】zábào　參見[邸報]。（《談徵》事
部 P14）

【雜班】zábān　《雲麓漫鈔》："金源官制，有
文班、武班。若醫、卜、倡優，謂之雜班。每
宴集，伶人進，曰'雜班上'。"（《通俗編》卷
三十一 P685）

　　　《雲麓漫鈔》："金虜官制，有文班、武
班。若醫、卜、倡優，謂之雜班。每宴集（編
者按："每"原作"無"，據《雲麓漫鈔》卷十
改），伶人進，曰'雜班上'。"（《稱謂錄》卷三
十　優 P14）

【雜戔】zácán　俗以豬腹中物曰雜戔。按：
《周禮·鮑人》"帴"字注："讀爲翦，讀爲羊豬
戔之戔，謂殘餘也。"疑即此。（《直語補證》
P5）

【雜旺】záwàng　《都城紀勝》："瓦舍眾技

雜扮，或名雜旺，又名技和，乃雜劇之散段。"（《稱謂錄》卷三十　雜戲 P17）

【雜文】záwén　經通試雜文，謂有韻律之文，即詩賦也。（《唐音癸籤》卷十八 P160）

【雜碎】zásuì　參見［事件］。（《燕說》卷四 P8）

【雜種】zázhǒng　今罵人曰雜種，出《晉・前燕載記》："贊曰：'蠢茲雜種。'"（《七修類稿》卷二十四 P368）

　　《後漢書・度尚傳》："廣募雜種諸蠻。"《馬融傳》："雜種諸羌，轉相鈔盜。"《晉書・前燕載記贊》："蠢茲雜種。"沈約《樂府》："前訪昌海邑，雜種寇輪臺。"邱遲詩："姬漢舊邦，無取雜種。"（《通俗編》卷十一 P238）

【雜端】záduān　參見［端公］。（《唐音癸籤》卷十七 P157）

【離刺】lílà　下音賴平聲。孫權《與諸葛瑾書》："自古至今，安有四五人把持刑柄而不離刺，轉相蹄齧者也。"案：離刺，猶煩碎也。吳中謂作事不歸一曰離刺。（《吳下方言考》卷四 P8）

【離奇】líqí　《前漢・鄒陽傳》："輪困離奇。"案：離奇，不平也。吳中以拗橋爲離奇。（《吳下方言考》卷三 P12）

【難爲】nánwéi　謝人操作曰"難爲你"。出《禮・表記》。（《越諺賸語》卷上 P6）

阜（阝左）部

【阮】ruǎn　《世說》："阮咸，字仲容，任達不拘，與叔籍爲竹林之遊。諸阮居道南，咸居道北。南阮富而北阮貧。時又以咸爲小阮。"陳後山詩："從昔竹林維小阮。"後世以阮稱侄，本此。（《稱謂錄》卷四　稱人兄弟之子 P19）

　　參見［阮咸］。（《雅俗稽言》卷十六 P4）

【阮咸】ruǎnxián　阮咸製琴，遂名琴爲阮咸。今名阮。（《雅俗稽言》卷十六 P4）

【防度】fángdù　十月，說與百姓每："早起晚眠，小心火燭，防度。"（《宛署雜記》卷一 P5）

【防援】fángyuán　禹卷反。謂守護視衞之言也，援亦取字從手也。（《一切經音義》卷

七十 8P2777）

【防邏】fángluó　力賀反，戍屬。《韻略》云："邏謂循行。"非違也，游兵以禦寇者也。（《一切經音義》卷七十 19P2799）

【阿】ā　晉宋人稱阿，如阿戎、阿連之類。或謂此語起于曹操稱阿瞞，然觀漢武帝呼陳后爲阿嬌，則知此語尚矣。設謂此婦人之稱，則阿戎等皆男子也。且漢碑陰有阿車、阿買等名。又，阿之字，有綴以姓者，如曰阿阮；有綴以名者，如曰阿戎；有綴以字者，如曰阿平；有綴以弟行者，如曰阿大之類。（《雅俗稽言》卷十七 P6）

　　阿本收歌韻，不載入聲。然方言多讀作俄合切，……南人稱阿，猶北人稱老。顧氏《日知錄》云："……婦人以阿掣姓，則隋獨孤后謂雲昭訓爲阿雲，唐蕭淑妃謂武后爲阿武，韋后降爲庶人，稱阿韋，劉從諫妻裴氏，稱阿裴，吳湘娶顏悅女，其母焦氏，稱阿顏、阿焦，是也。"（《助字辨略》卷五 P283）

　　世人小名，多以阿字掣之，如阿嬌、阿瞞之類。……蓋阿者發語詞，語未出口，自然有此一音。古人以誰爲阿誰，亦猶此也。（《通俗編》卷三十三 P746）

【阿乳兒】ārǔ'ér　《因話錄・商部》："郭汾陽在河中，禁無故走馬，犯者死。南陽夫人乳母之子犯禁，都虞侯杖殺之，諸子泣告，王叱之曰：'不賞父之都虞侯，而惜母之阿乳兒，汝輩奴才也。'"案：阿乳兒，李氏《稗海》本《因話錄》作阿嬭兒。（《稱謂錄》卷二　乳母之子 P16）

【阿匼】ē'ǎn　即阿邑。《張湯傳》："以知阿邑人主。"注："諂諛迎合貌。同鳴唈之唈，音遏合切。"《唐蕭復傳》："諂諛阿匼。"楊再思"阿匼取容"，正阿邑也。《增韻》邑匼二字，附出唈字下，是也。而公紹分之。烏匼，巾名。匼匝，周繞貌。俱參見杜詩。（《通雅》卷七 P281）

【阿伯】ābó　《五代史補》："李濤弟瀚，娶婦竇氏，出參濤，濤答拜。瀚曰：'新婦參阿伯，豈有答禮？'"按：婦人呼夫之兄爲伯，唐有之矣。（《通俗編》卷十八 P393）

　　《五代史補》："李濤弟瀚，娶婦竇氏，出參濤，濤答拜。瀚曰：'新婦參阿伯，豈有答禮！'"據此知婦人稱夫之兄爲伯，宋代已前有之矣。（《恒言廣證》卷三 P50）

【阿儂】ānóng　參見〔儂〕。（《稱謂錄》卷三十二　泛稱 P516）

【阿八】ābā　《韓昌黎集·祭女拏文》有"阿爹""阿八"之語。《正字通》：夷語稱老者爲八八，或爲巴巴。按：《玉篇》有"爸"字，訓："父也，蒲可切。"《集韻》："吳人呼父曰爸。亦必駕切。"其字今隨方俗高下轉爲四聲，讀平曰巴，上曰把，去曰霸，入曰八。巴與八皆借字就音，爸則其本字，而把、霸其本音也。（《通俗編》卷十八 P391）

【阿公】āgōng　《南史·顏延之傳》："嘗與何偃同從上南郊，偃于路中遙呼延之曰：'顏公。'延之以其輕脱，怪之，答曰：'身非三公之公，又非田舍之公，又非君家阿公，何以見呼爲公？'偃羞而退。"（《稱謂錄》卷一　父 P9）

【阿兄】āxiōng　叔父。《北齊書》文襄子延宗，後主叔父也，而後主呼爲阿兄。案：南齊諸王，皆呼父爲兄兄，母爲家家，亦呼母爲姊，故呼叔爲兄耳。此與《舊唐書·王琚傳》明皇稱父睿爲四哥，明皇子《棣王傳》稱明皇爲三哥，正相類也。（《稱謂錄》卷三　父之弟 P8）

【阿幹】āgān　《宋書·鮮卑吐谷渾傳》："虜追思渾，作阿幹之歌。"鮮卑呼兄爲阿幹。（《稱謂錄》卷四　方言稱兄 P5）

【阿堵】ēdǔ　當時方言，若今之這裏也。王衍口不言錢，家人特試之，以錢繞床，使不能行。因曰："去阿堵物。"顧愷之每畫人成，多不點睛，謂曰："傳神寫照，正在阿堵間。"後人遂以錢爲阿堵，眼爲阿堵。……《雲谷雜記》又引殷浩見佛經曰："理亦應阿堵上。"桓溫與謝安、王坦之登新亭，大陳兵衛，欲於座上害安。安舉目遍歷曰："諸侯有道，守在四隣，明公何須壁間著阿堵輩。"援此爲證，其義尤明。可知當時之方言也。（《七修類稿》卷二十一 P319）

《世説》云："王夷甫口不言錢，婦試之，令婢以錢繞床。夷甫晨起，呼婢舉却阿堵物。"世遂以阿堵爲錢。及觀顧長康画人，或數年不點睛，曰："傳神寫照，正在阿堵中。"又殷浩看佛經曰："理應阿堵上。"謝安石指衛士謂桓溫曰："明公何須壁間置阿堵輩？"大抵阿堵是當時語，如唐曰若箇，宋曰兀底，今曰這箇，此物云耳，即解爲此處者，亦非。（《雅俗稽言》卷十三 P7）

猶今之這箇也，不可定指爲錢。顧愷之："正在阿堵中"。張謂詩："家無阿堵物，門有寧馨兒。"亦就事作語也。馬永卿《懶真子》："阿堵，猶今所謂兀底也；寧馨，猶今云恁地也。"（《通雅》卷四十九 P1448）

猶云此箇也。《世説》："舉却阿堵物。"又云："傳神寫照，正在阿堵中。"（《助字辨略》卷五 P284）

今俗稱銀錢爲阿堵，大謬也。晉王夷甫言"舉却阿堵物"，又顧長康言"傳神寫照，俱在阿堵中"，繹其義，即今言"這個"也。豈指物之名耶？（《言鯖》卷下 P23）

猶今之所謂這箇也，不可定指爲錢。顧愷之："正在阿堵中。"張謂詩："家無阿堵物，門有寧馨兒。"亦就事作語也。馬永卿《懶真子》曰："阿堵猶今所謂兀底，寧馨猶今所謂恁地也。"（兀底，秦音。恁地，吳音。）（《談徵》言部 P28）

猶云這物也，若個也，凡物皆可言之。今度議他人家貨，輒此二字，蓋專指錢言。本《晉書·王衍事》。（《語實》P163）

【阿堵物】ēdǔwù　參見〔阿堵〕。（《談徵》言部 P28）

【阿大】ādà　《晉書·王藴傳》。（《越諺賸語》卷上 P2）

【阿奢】āshē　世謂嫗婿曰阿奢。《通鑒》："竇懷貞再娶韋后乳嫗爲妻，奏請輒自置皇后阿奢，而人或謂國奢，軒然不慚。"《山堂肆考》謂乳母之婿曰阿奢。奢、奢當同一字耳。案俗皆稱之爲奶公。（《稱謂錄》卷二　乳母之夫 P16）

【阿小】āxiǎo　唐雁門郡解府君，嗣子忠信，次子少遷，次子少恭，次子少璘，次子少儀，次阿小。阿小乃是最幼之子也。（《稱謂錄》卷六　少子 P13）

【阿喞】āyē　《傳燈錄》："僧問德山鑒，如何是不病者。曰：'阿喞，阿喞。'"按：此蓋是病而呻吟之辭。（《通俗編》卷三十三 P741）

【阿帶】ādài　參見〔阿猷〕。（《通俗編》卷二 P42）

【阿多】āduō　《通鑑》："唐貞元六年，回紇可汗謝其次相曰：'惟仰食於阿多。'"史釋之注："鹵呼父爲阿多。"（《土風錄》卷十六 P350）

參見〔爺娘〕。（《雅俗稽言》卷八 P6）

参見[爹]。（《越言釋》卷上 P18）

【阿官】āguān　上鴨。男孩。如《武林舊事》所載"各官人"相同。（《越諺》卷中　尊稱 P12）

【阿家】āgū　《北史》："齊文宣以任女樂安公主妻崔達挐，嘗問公主：'達挐於汝云何？'答云：'甚相敬，惟阿家憎兒。'文宣乃殺其母。"又《南史》："范蔚宗臨刑，其妻罵之曰：'君不爲百歲阿家作計。'蔚宗母泣責蔚宗，仍以手擊其頸。蔚宗妻曰：'罪人，阿家莫念。'"（《稱謂錄》卷七 夫之母 P4）

【阿彌】āmí　參見[姥]。（《談微》名部上 P53）

【阿奶】ānǎi　參見[阿嬭]。（《吳下方言考》卷七 P7）

【阿奴】ānú　幼時歡愛之呼曰阿奴。（《土風錄》卷十七 P371）

【阿妐】āzhōng　妐音公。妐，翁也。吳中新婦稱翁曰阿妐，亦曰妐妐。（《吳下方言考》卷一 P1）

【阿姊】āzǐ　《木蘭詩》："阿姊聞妹來，當户理紅妝。"李賀《謝秀才妾》詩："月明啼阿姊。"李商隱《嬌兒》詩："階前逢阿姊。"（《稱謂錄》卷八 姊 P2）

【阿姑】āgū　《顏氏家訓》："婦人之性，率寵子婿而虐兒婦。諺云：'落索阿姑餐。'此其相報也。"（《稱謂錄》卷七 夫之母 P4）

【阿姐】ājiě　參見[孃孃]。（《里語徵實》卷中上 二字徵實 P1）

參見[姥]。（《談微》名部上 P53）

【阿妳】ānǎi　《廣異記》：有張御史者見一黃衫人至，……張遂心念其妻。鬼云："夫人却與阿妳來。"又李商隱《雜纂·七不稱意》內云："少（去聲）阿妳。"（《續釋常談》卷三十五 P610）

參見[阿嬭]。（《通俗編》卷十八 P390）

【阿姆】āmǔ　《詩·采蘋》箋："姆者，婦人五十無子，出不復嫁，以婦道教人，若今乳母也。"《通典》："晉袁準曰：'保姆者，當爲保姆。春秋宋伯姬侍姆是也。非母之名也。'"按："姆"即"母"音之轉。漢呼乳母曰"阿母"，見《後漢書·楊震傳》。今通謂之"阿姆"。《北史》："宇文母與護書曰：'元寶菩提及汝姑兒賀蘭盛洛並喚吾作阿摩

敦。'""阿摩"疑亦"阿姆"之轉。（《通俗編》卷十八 P391）

【阿姨】āyí　《南史·齊宗室傳》："衡陽王鈞年五歲，所生區貴人病，左右依常以五色餳飴之，不肯食，曰：'須待姨差。'"又，"晉安王子懋，母阮淑媛病危篤，請僧行道，有獻蓮花供佛者，子懋流涕禮拜曰：'若使阿姨因此和勝，願諸佛令華竟齊不萎。'"按：《爾雅》："妻之姊妹同出爲姨。"《釋名》："母之姊妹曰姨，亦如《禮》謂從母爲娣而來，則從母列也，故雖不來亦以此名之也。"《通典》引晉袁準論曰："《左傳》臧宣叔娶于鑄而卒，繼室以其姪，穆姜之姨子也。以《爾雅》言之，穆姜不得言姨。此緣妻姊妹之姨，因謂爲姨也。姊妹相謂爲姨，故其子謂之姨子，其母謂之姨母。時俗於妻之姊妹，單稱曰姨，母之姊妹，姨下加母。"所言是矣。其父之側庶亦稱姨者，姨本姊妹俱事一夫之稱。後世無從媵之禮，而側庶實與媵比，故雖非母姊妹，而得借此稱之。（《通俗編》卷十八 P399）

【阿婆】āpó　母……《金史》稱"阿婆"，……李義山作《李賀小傳》稱"阿嬭"，……《北齊書》稱"家家"。（《里語徵實》卷上 一字徵實 P3）

【阿媽】āmā　參見[姥]。（《談微》名部上 P53）

【阿媐】āxì　鴨夷。家長自呼其妾。（《越諺》卷中 倫常 P9）

【阿嬌】ājiāo　《輟耕錄》："關中以兒女爲阿嬌。"（《稱謂錄》卷六 方言稱女 P20）

【阿嬭】ānǎi　《博雅》："嬭，母也。奴解反。楚人呼母曰妳。"按：《説文》爾本作尒，故嬭亦變體爲妳。今吳俗稱祖母曰阿妳。李商隱《雜俎》："七不稱意，其一曰少阿妳。""少"讀去聲。或云："此蓋謂祖母也。"《柳貫集》有《祭孫柜》文，曰："阿翁與汝阿爹阿妳，以家饌祭于中殤童子阿柜之魂。"其云"阿爹""阿妳"，乃寶柜之父母。《廣異記》載，滎陽鄭會呼其妻之乳母曰"阿妳"。蓋凡婦人尊老者，槩有"阿妳"之稱。今亦然也。（《通俗編》卷十八 P390）

嬭音乃。《北史》："穆提婆母陸令萱爲齊後主乾阿嬭。"案：嬭，乳抱幼孩之婦也。今通謂之阿嬭，俗作奶。（《吳下方言考》卷七 P7）

參見[阿婆]。(《里語徵實》卷上 一字徵實 P3)

【阿㜷】āmí 參見[嬤嬤]。(《客座贅語》卷一 父母稱謂 P13)

【阿𡚸】āhuò 驟驚曰阿𡚸。𡚸同夥。今人於其所愛而忽失破,驟見遽聞,輒曰"阿𡚸",初不知爲何字。及作字弗,閱《説文》,始知"𡚸讀若夥,屰('逆'本字)惡驚詞也",加以"阿"者,發語聲也。(《鬠癡筆記》)(《里語徵實》卷中下 二字徵實 P16)

【阿獃】ādāi 高德基《平江記事》:"吳人自相呼爲'獃子'。又謂之'蘇州獃'。"范成大《答同叅》詩:"我是蘇州監本獃。"鄭思肖《獃懶道人凝雲小隱記》:"獃懶道人,蘇人也。既獃矣,又懶焉,蘇人中真蘇人也。"按:今蘇杭人相嘲,蘇謂杭曰"阿獃",杭謂蘇曰"空頭"。據諸説,則舊言"獃"者,蘇人也;據田汝成説,則舊言"空"者,杭人也。不知何時互易。趙宧光《説文長箋》云:"浙省方言曰'阿帶',謂愚戇貌。阿入聲,帶平聲。一曰'阿獃'。"趙氏,蘇人也,蘇人之嫁獃于浙,其自是時起歟?(《通俗編》卷二 P42)

【阿戎】āróng 杜甫詩"守歲阿戎家",謂從弟位也。《南史·王思遠傳》:"王晏曰:'隆昌之末,阿戎勸吾自裁。'"阿戎,蓋思遠子字。思遠爲晏從弟,杜甫用此。又胡三省《通鑒》注:"晉宋間人,多呼從弟爲阿戎。"姚際恒《庸言錄》言,謝靈運稱弟惠連爲阿戎,曰:"阿戎才悟如此,不當以常兒遇之。"杜詩似亦本此。(《稱謂錄》卷四 同祖兄弟 P15)

【阿摩】āmó 參見[阿姆]。(《通俗編》卷十八 P391)

【阿爹】ādiē 王明清《摭青雜記》載徐七娘事:"女常呼項四郎爲阿爹,因謂項曰:'兒受阿爹厚恩,死無以報。阿爹許嫁我以好人,人不知來歷,亦不肯娶我。'"按:今農賈之家稱尊老者曰阿爹。項故秦州商也。(《通俗編》卷十八 P390)

【阿奢】āzhē 奢,《集韻》籀作爹也。唐世稱乳媪之夫曰阿奢。竇懷貞娶韋后乳媪王氏,每有奏,自稱皇后阿奢。(《七修類稿》卷二十五 P383)

《唐書·竇懷貞傳》:"中宗以韋后乳媪賜懷貞,自署皇后阿奢,人或謂爲國奢,世謂媪婿爲阿奢也。"今吳俗呼下等人有年者曰阿奢,當本此。(《土風錄》卷十六 P350)

【阿殹】āyì 鴨伊。語助,亦拂意吻。《石鼓文》郭註。(《越諺》卷下 發語語助 P21)

【阿懛】ādāi 參見[懛子]。(《恒言錄》卷一 P18)

【阿社】āshè 《淮南子·説山訓》高誘注:"雒家謂公爲阿社。"王念孫云:"社與奢,聲相近。"(《稱謂錄》卷一 方言稱父 P26)

【阿癐癐】āwēiwēi 下音回。《朝野僉載》:"武后時,滄州南皮縣丞郭勝靜姦民婦,其夫縛勝靜鞭數十。主簿李懋往救解之,勝靜羞諱其事,低身荅云:'忍痛不得。'口唱阿癐癐,'勝靜不被打,阿癐癐。'"案:阿癐癐,痛楚聲也。吳中凡孩稚作痛聲則曰阿癐癐。(《吳下方言考》卷六 P16)

【阿羅漢】āluóhàn 《翻譯名義》:"阿羅漢者,阿爲不,羅漢爲生,後世中更不生,故名。"按:依其説,則"阿"字定不當省去。(《通俗編》卷二十 P442)

【阿舅】ājiù 俗呼妻兄弟之稱。《元史·桂完澤傳》:"與賊鬬,爲所執,其妻弟金德亦被擒。脅之降,金德意未決,完澤呼曰:'金舅!男子漢卽死不可聽賊。'"或謂始見此。案:《南史·沈文阿傳》稱祖舅,蓋謂父之舅氏也。直以爲祖之舅,豈不更明白?東坡《仲天貺王元直自眉山來》詩五絶句有云:"空使犀顱玉頰,長懷髯舅淒然。"髯舅謂元直,蓋王君錫之子,坡繼娶同安郡君之弟也。據此則宋已入詩矣。《五代史補》:"朱延壽,楊行密妻弟也。署爲泗州防御使,驍勇自負。行密雖悔,慮不能制,乃僞爲目疾,謂其妻朱氏曰:'吾不幸臨老兩目如此,男女卑幼,苟不諱,則國家爲他人所有,不如召泗州三舅來,使管句軍府事。'"則唐末已有此稱。(《直語補證》P12)

北周童謡:"白楊樹金雞鳴,祇有阿舅無外舅。"(《稱謂錄》卷三 母之兄弟 P14)

【阿荼】ātú 參見[天家]。(《通雅》卷十九 P645)

【阿蘭】ālán 參見[阿練若]。(《一切經音義》卷五 5P186)

【阿蘭若】ālánrě 參見[阿練若]。(《一切經音義》卷五 5P186)

【阿蘭那】ālánnà 參見[阿練若]。(《一

切經音義》卷五 5P186)

【阿翁】āwēng　《小知錄》：“周秦晉隴，皆曰阿翁。”（《稱謂錄》卷一　方言稱父 P26）

《世説·夙慧傳》：“張蒼梧是張憑之祖，嘗語憑父曰：‘我不如汝。’憑父未解所以。蒼梧曰：‘汝有佳兒。’憑時年數歲，斂手曰：‘阿翁，詎宜以子戲父。’”（見《世説新語·排調篇》）（《稱謂錄》卷一　祖 P7）

【阿練若】āliànrě　或云阿蘭若，或云阿蘭那，或但云蘭若，皆梵語訛轉耳。正梵語應云阿蘭，轉舌上聲孃。此土義譯云寂靜處，或云無諍地。所居不一，或住砂磧山林壙野，或塚間寒林弃死屍處，皆出聚落，一俱盧舍之外，遠離誼譟牛畜雞犬之聲，寂靜安心，修習禪定。（《一切經音義》卷五 5P186）

【阿那】ēnǎ　李白：“萬户垂楊裏，君家阿那邊。”李郢：“知入笙歌阿那朋。”阿那，猶言若個也。（遜叟）（《唐音癸籤》卷二十四 P211）

【阿那邊】ēnǎbiān　阿，助辭。那，何也。阿那邊，猶云何處也。李太白詩：“萬户垂楊裏，君家阿那邊。”（《助字辨略》卷四 P223）

【阿誰】āshuí　《傳燈錄》：“宗風嗣阿誰。”阿誰，俗語也。《龐統傳》：“向者之論，阿誰爲是。”（《能改齋漫錄》卷二 P41）

阿誰二字，見《三國志·龐統傳》。（《南村輟耕錄》卷八 P106）

漢詩曰：“家中有阿誰？”又參見《三國志·龐統傳》。（《通雅》卷四十九 P1455）

阿誰，俗語也。《龐統傳》“向者之論阿誰”是也。《傳燈錄》云：“宗風嗣阿誰。”（《言鯖》卷下 P19）

《蜀志·龐統傳》：“先主謂曰：‘向者之論，阿誰爲失？’”（《直語補證》P22）

【阿閦】āchù　案：閦，文字所無相承，又六反。餘經作無怒，亦云無動，或云無怒覺。皆義譯其名也。（《一切經音義》卷十 6P372）

【阿鷃】ālán　鳥色似鶉而形瘦小，有毛角，善鳴，能學衆聲，鄉人籠而愛玩之，呼爲角阿鷃，無角者謂之麻阿鷃。案：卽鷃雀也。顔注《急就篇》云：“鷃謂鷃雀，一名鴳，今俗呼鷃鸍堆。”（《札樸》卷九　鄉里舊聞 P315）

【阿麽】ēmó　參見［砢麽］。（《吳下方言

考》卷七 P17）

【阿鼻】ābí　阿鼻至此云“無間”。（《一切經音義》卷二十七 5P1053）

【附火】fùhuǒ　《盧氏雜記》：“盧全下第出都，投逆旅，有一人附火，吟曰：‘學織錦綾工未多，亂拈機杼錯拋梭。莫教宮錦行家見，把似文章笑煞他。’”（《常語尋源》卷下 壬册 P302）

【附筍】fùsǔn　參見［哺雞筍］。（《土風錄》卷四 P221）

【附近】fùjìn　參見［傅近］。（《通俗編》卷二 P37）

【陂湖】bēihú　彼眉反。《桂苑珠藂》云：“澤郭也。”謂以土壅郭水也。案：草澤有水曰陂。下音胡。《説文》：“大陂曰湖。”案：吳越有青草、洞庭，皆大湖也。（《一切經音義》卷十二 6P449）

上音悲，下音胡。《説文》：“大陂曰湖。”（《一切經音義》卷一 12P58）

【降澍】jiàngshù　朱戍反。《集訓》云：“時雨所灌澍，潤生萬物也。”（《一切經音義》卷十 12P384）

上江巷反。《爾雅》：“降，下也。”《集訓》：“落也。”《蒼頡篇》作屖，《説文》訓與《爾雅》同，從阜夅聲也。下主戍反。《淮南子》曰：“春雨之灌澍，無地而不生。”《説文》亦云：“時雨澍生萬物。”從水從尌聲也。（《一切經音義》卷八 3P285）

【降誕】jiàngdàn　上古巷反。《尒雅》云：“降，下也。”《玉篇》：“歸也。”《考聲》：“落也。”……下徒旱反。《切韻》云：“誕，大也，信也。”《玉篇》：“欺也。”《廣雅》云：“誕，育也。”《説文》云：“從言延聲。”（《一切經音義》卷續八 12P3992）

【限】xiàn　門脚曰限。限音坎，《鄉黨》朱注：“閾，門限也。”又作“壏”。《字彙》：“下簡切，音限，門閫也。本作‘限’，俗加‘門’作‘壏’。”（《里語徵實》卷上　一字徵實 P19）

【陡】dǒu　參見［督］。（《越言釋》卷上 P5）

【陡壃】dǒumén　俗作“斗門”。兩山夾出水處。（《越諺》卷中　地部 P4）

【陡膽】dǒudǎn　參見［斗膽］。（《雅俗稽言》卷十七 P13）

【陡然】dǒurán　參見［斗然］。（《雅俗稽

言》卷十七 P13）

【陡黶】dǒuyǎn　音暗。黶，黑氣貌，吳中謂驟然雲密曰陡黶。（《吳下方言考》卷九 P6）

【陣頭雨】zhèntóuyǔ　參見［偏凍雨］。（《蜀語》P24）

【陣馬】zhènmǎ　男。（《墨娥小錄》卷十四 P5）

【陟卓】zhìzhuó　孟東野……《冬日》：“凍馬四蹄吃，陟卓難自收。”陟卓，崎嶇獨立之貌。（《唐音癸籤》卷二十三 P200）

【除】chú　拜官曰除，謂除其舊籍，非也。除，猶易也，以新易舊曰除。如新舊歲之交，謂之歲除耳。階謂之除者，自下而上亦更易之義。俗稱新拜官者曰除受某官，亦非也。（《雅俗稽言》卷十八 P14）

【除士】chúshì　參見［除饉］。（《一切經音義》卷十六 14P619）

【除垐】chúfèn　分閔反。《廣雅》云：“垐，弃除之也。”《説文》：“弃，掃除糞也。從土弁聲也。”……弁音皮變反。（《一切經音義》卷三十三 17P1342）

【除女】chúnǚ　參見［除饉］。（《一切經音義》卷十六 14P619）

【除是】chúshì　猶云唯有，今云除非是也。《宋史·岳飛傳》：“楊么云：‘欲犯我者，除是飛來。’”（《助字辨略》卷一 P49）

《宋史·岳飛傳》：“楊么云：‘欲犯我者，除是飛來。’”除是，猶云唯有，今云除非是也。（《方言藻》卷二 P20）

【除愈】chúyù　臾乳反。《方言》：“差也。”愈，閒也。《切韻》作愈，差也。又作癒，《説文》：“病瘳也。”《玉篇》作愈，益勝也。心憂爲悁，病差爲癒也。（《一切經音義》卷二十七 26P1095）

以主反。《集訓》云：“愈，疾差也，益也，勝也。”（《一切經音義》卷七 9P268）

【除靈】chúlíng　《南齊書·豫章王嶷傳》：“葬後除靈，可施吾常所乘輿扇繖。”《南史·沈洙傳》：“爲至月末除靈，內外卽吉。”（《恒言錄》卷五 P94）

《陳書·沈洙傳》：“此月晦卽是再周，主人弟息見在此者，爲至此月尚未除靈。”朱文公《家禮》有大祥撤靈座文。（《恒言廣證》卷五 P74）

【除饉】chújǐn　勤靳反。舊經中或言除士、除女，亦言菫士、菫女，今言比丘、比丘尼也。案：梵言比丘，此云乞士，卽與除饉義同。謂除六情飢、斷貪欲染也，以善法菫修，卽言菫修士、菫修女也。（《一切經音義》卷十六 14P619）

渠鎮反。舊經中或作除士、除女，或薰士、薰女，今言比丘、比丘尼是也。案：《分別公德論》云：“世人飢饉於色欲，比丘除此受饉之飢想，故名除饉。”又案：梵言比丘，此云乞士，卽與除饉義同。又康僧會注《法鏡經》云：“凡夫貪染六塵，猶餓夫夢飯，不知猒足。聖人斷去貪染，除六情飢，故號出家者爲除饉。”（《一切經音義》卷十 6P371）

【院子】yuànzǐ　今人階下露地曰天井，亦曰院子。按：《儀禮·士昏禮》：“期初昏，陳三鼎於寢門外。”疏：“命士以上之父子異室，自然別有寢。若不命之士父子同室，雖大院同居，其中亦隔別，各有門户。”云云。然則院子之稱，唐有之矣。（《直語補證》P19）

【院長】yuànzhǎng　御史拾遺爲院長。（《容齋四筆》）（《唐音癸籤》卷十七 P158）

參見［山長］。（《里語徵實》卷上　一字徵實 P2）

【陸沉】lùchén　參見［乾没］。（《蘇氏演義》卷上 P12）

【陸種地】lùzhòngdì　《晉書·食貨志》：“每有雨水，輒復橫流，延及陸田。言者不思其故，因云此土不可陸種。”按：今人謂藝桑麻地爲陸種地也。（《通俗編》卷二 P39）

【陸續】lùxù　（疊韻字）陸務觀《喜小兒輩到行在》詩：“小車駕羊聲陸續。”（《恒言廣證》卷二 P42）

【陸軸】lùzhóu　《齊民要術》：“曳陸軸十遍。”案：陸軸，圓石如軸，吳中鄉人謂之滾場陸軸。（《吳下方言考》卷十 P17）

【陸鈔】lùchāo　俗謂紛擾不靖也。習鑿齒《漢晉春秋》：“吳將朱然入柤中，斬獲數千。柤中民吏萬餘家渡沔。司馬懿謂曹爽：‘宜權留之。’爽曰：‘非良策也。’懿曰：‘設令賊二萬人斷沔，三萬人與沔南諸軍相持，萬人陸鈔柤中，君將何以救之？’”（《直語補證》P48）

【陳姥姥】chénlǎolǎo　今日婦人褻服中有巾帨之類，用于穢褻處，而呼其名曰“陳姥

姥"。雖委巷之談,非無自也。陳義寧中有
禦衛將軍陳稜,討杜伏威,伏威率衆拒之,
稜閉壁不戰,伏威送以婦人褻服,謂之陳姥
姥,豈沿其稱歟? 明籍嚴世蕃于床下得綾
帨數十,……亦此物耳。《詩》"無感我帨
兮",《內則》注:"帨,婦人拭物之巾,常以自
潔之用也。古者女子嫁,則母結帨而戒
之。"蓋亦陳姥姥之類。(《言鯖》卷上 P10)

　　吕種玉《言鯖》:"今婦人褻服中有巾帨
之類,用於穢處,而呼其名曰陳姥姥。雖委
巷之談,非無自也。隋御衛將軍陳稜討杜
伏威,伏威率衆拒之。稜閉壁不戰,伏威送
以婦人褻服,謂之陳姥姥。豈沿其稱歟?"
按:《舊唐書·杜伏威傳》但云遺稜婦人之
服,并致書號爲陳姥,以激怒之,未有以褻
服爲陳姥姥之説。吕氏言恐未確。(《通俗
編》卷二十二 P503)

【陰德】yīndé　參見[陰隲]。(《雅俗稽言》
卷十八 P5)

【陰溝】yīngōu　戒庵又云:"有以屋下者爲
陰溝。"(《土風錄》卷四 P214)

【陰毒】yīndú　《北史·高隆之傳》:"隆之性
陰毒。"《楞嚴經》:"如陰毒人懷抱蓄惡。"
(《通俗編》卷十五 P333)

【陰靉】yīn'ài　"靉"。晴雲遮日。(《越諺》
卷中 天部 P2)

【陰陽生】yīnyángshēng　《元典章》:"元貞
元年二月,中書省奏定陰陽教授,令各路公
選老成厚重、藝術精明、爲衆推服一名,于
三元經書出題,移廉訪司體覆舉用。"按:元
設陰陽學,學中習業者,乃謂之陰陽生。所
習書以《周易》爲首,而凡天文地理星命占
卜及相宅相墓選日諸術,悉期精通。明以
來學廢,而陰陽生但依附道家,名實甚不稱
矣。(《通俗編》卷二十一 P471)

【陰隲】yīnzhì　《書》云:"惟天陰隲下民。"
注:"隲,定也。"成祖頒刻《爲善陰隲》一書,
言爲善而天默定之以福也。今以濟人利物
曰陰隲,不若仍用陰德字。隋李士謙云:
"陰德其如耳鳴,己獨知之,人無知者。"知
言哉!(《雅俗稽言》卷十八 P5)

【陶師】táoshī　唐勞反。《集訓》:"窯也。"
音姚。窯,燒瓦器土室也。……《考聲》云:
"瓦竈也,昆吾所作。"(《一切經音義》卷十
三 8P489)

【陶成】táochéng　物希可貴曰"陶成"。若

干少贏餘曰"無陶成"。(《越諺賸語》卷上
P2)

【陶窰】táoyáo　陶冶窰竈,銷耗甚費,俗以
喻用度。(《越諺賸語》卷上 P5)

【陶陶】yáoyáo　魏武帝樂府:"陶陶誰能
度。"案:陶陶,人往衆也。吳諺謂行人去來
之衆曰陶陶曳曳。(《吳下方言考》卷五
P15)

【陪堂】péitáng　元武宗定國子生爲三百
人,仍增陪堂生二十人,通一經者以次補伴
讀。(《語竇》P171)

【陪喪】péisāng　參見[護喪]。(《通俗編》
卷九 P193)

【陪嫁】péijià　《舊唐書》:"高宗詔天下嫁
女者,所受財,皆充所嫁女之資裝,其夫家
不得受陪門之財。"按:俗云"陪嫁",本陪門
之"陪"也。今亦謂之"嫁粧"。律例:非理
毆子孫之婦,致廢疾者,追還嫁粧。(《通俗
編》卷二十二 P497)

【陪笑臉】péixiàoliǎn　《元曲選》。(《越諺
賸語》卷上 P8)

【随嵐】suílán　下藍。《古今正字》云:"嵐,
山風也。此字因北狄語呼猛風爲可嵐,遂
書出此嵐字,因置嵐州之鎮也。"(《一切經
音義》卷七十九 7P3112)

【随手】suíshǒu　《史記·韓信傳》:"鍾離昧
曰:'吾今日死,公随手亡矣。'"《後漢書·華
佗傳》:"曹操積苦頭風眩,佗針之,随手而
差。"(《通俗編》卷十六 P349)

【階下漢】jiēxiàhàn　《傳燈錄》:"南泉師問
陸亘曰:'大夫十二時中作什麼生?'答曰:
'一絲不掛心。'師曰:'猶是階下漢。'"(《常
語尋源》卷下辛冊 P281)

【階隥】jiēdèng　隥,多鄧反……隥,級道
也。(《一切經音義》卷二十三 6P874)

【陽溝】yánggōu　宅舍開溝,出水明顯者謂
之陽溝。小剅放水謂之陰溝。馬縞《古今
注》:"長安御溝謂之楊溝,植高楊於其上
也。一曰'羊溝',謂羊喜觝觸垣墻,乃爲溝
以隔之,故曰羊溝。"然縞言蓋御溝耳,民家
當稱陽溝。(《俚言解》卷一 12P9)

　　崔豹《古今注》:"楊溝,謂植楊於溝上。
一曰'羊溝',謂設溝以阻羊之抵觸也。"一
曰暗溝爲"陰溝",明溝爲"陽溝",此説較
長。諺云:"陽溝裏失風,足爲玩平之戒。"

（《方言瑣辨》）（《里語徵實》卷中下　二字徵實 P17）

戒庵又云：“有以屋下者爲陰溝，檐前者爲陽溝。”（《土風錄》卷四 P214）

【陽焰】yángyàn　熱時遥望地上、屋上陽氣也，似焰非焰，故名陽焰，如幻如化。（《一切經音義》卷七 4P258）

【陽爓】yángyàn　下葉墊反。《考聲》云：“氣兒也。”《説文》：“炎爓也，從火闍聲。”經作㷇，亦通用也。（《一切經音義》卷七十六 9P3010）

【陽稍】yángshuò　《通鑑》：“祖珽使人簿錄斛律光家，得陽稍二。”注云：“明非私藏兵器。”馥謂：兵刃有陰陽，陽者露出，陰者潛縮，此稱稍之陽刃者也。（《札樸》卷七　匡謬 P239）

【鄂】è　重甑曰鄂。（《通俗文》釋天地 P37）

【隆侯子】lónghóuzǐ　參見［創疣］。（《一切經音義》卷十五 16P579）

【隊】duì　夥伴。（《越諺》卷中　賤稱 P14）

【隔年飯】géniánfàn　越中於除夕蒸米爲飯，宿之，正月一日至六日皆冷食，謂之“隔年飯”。蓋亦改火之義。（《越言釋》卷下 P16）

【隔壁聽】gébìtīng　文理模糊，空有聲調者，譏爲隔壁聽。見朱子《中庸》：“或問程子，謂侯生之言，但可隔壁聽。”（《土風錄》卷十一 P301）

【隔是】géshì　元稹詩：“隔是身如夢，頻來不爲名。”又，詠牛女事云：“天公隔是妬相憐，何不便教相決絶。”隔亦作格，白居易有“格是頭成雪”句。《餘冬序錄》：“蘇州方言謂此曰箇裏。箇音如隔，音義相類也。”（《通俗編》卷三十三 P733）

參見［格是］。（《唐音癸籤》卷二十四 P210）

參見［格是］。（《方言藻》卷一 P2）

【隔靴爬癢】géxuēpáyǎng　《朱子語類》云：“聖人只是識得性，百家紛紛，只是不識性字。揚子鶻鶻突突，荀子又所謂隔靴爬癢。”（《通言》卷六 P69）

【陣䮕】lěiduǐ　物下重曰陣䮕。上音蕾，下都罪切。（《肯綮錄》P2）

陣䮕，果實垂。上力追切，下音垂。（《目前集》後卷 P2161）

物垂下曰陣䮕。《肯綮錄》云：“上音蕾，下都罪切。”（《燕説》卷一 P10）

【隘呼】àihū　飽食氣滿而有聲也。隘即噫字，音依恨聲，即梁鴻五噫之。噫，又音隘。（《談徵》言部 P37）

【際留】jìliú　《周禮》：“遺人掌邦之委積。”少曰委，多曰積。委，威去聲，蓄也。積，咨去聲，聚也。吳人稱積薪曰柴。柴，積也，與積全音。今積訛爲際，以委積亭留曰際留。又鄭放甫云：“委積，音威資。”當是威資去聲之訛耳。（《雅俗稽言》卷二十四 P5）

【障累】zhànglěi　上章讓反。《考聲》云：“蔽也。”《説文》：“隔也。”從阜章聲。下壘墜反。《考聲》：“家累也。”孔注《尚書》云：“輕忽小罪，而積害毁大也。”劉兆注《公羊傳》云：“連及也。”（《一切經音義》卷十 18P396）

【障閡】zhànghé　上章讓反。《説文》：“障，隔也。”……下五蓋反。……《考聲》：“隔也。”止也，拒也，妨也。（《一切經音義》卷十五 8P564）

【隨包】suíbāo　《後漢書·宦者傳》：“每郡國貢獻，先輸中署爲導行費。”注云：“貢獻外別有所入，以爲所獻物之導引也。”按：世俗所謂“隨包”昉此。（《通俗編》卷二十三 P513）

【隨分】suífèn　隨意亦曰隨分，李端《長信宮詞》：“隨分獨眠秋殿里。”（陸放翁《小園》詩：“山家隨分有園池。”）（《土風錄》卷十 P287）

【隨喜】suíxǐ　佛寺游玩曰隨喜，見《龍樹十住論》：“禮拜十方，諸佛懺悔，勸請隨喜回向。”案：徐孝穆《雙林寺傳大士碑》云：“僧皓法師見書隨喜。”又《與智顗書》云：“極相隨喜。”是爲歡喜之意。老杜《望兜率寺詩》：“時應清盥罷，隨喜給孤園。”此與今所謂隨喜意同。（《土風錄》卷七 P252）

【隤壤】tuírǎng　上隊雷反。《廣雅》：“隤，壞也。”《説文》：“墜下也，從阜，或作隤。”下穰掌反。孔注《尚書》云：“無塊曰壤。”劉兆注《穀梁傳》云：“鑿地出土曰壤。”《説文》：“從土襄聲也。”（《一切經音義》卷六十九 17P2760）

【險些】xiǎnxiē　《漢書·外戚傳》：“危殺之矣。”顏師古曰：“危，險也。猶今人言險不

殺耳。"按:《穀梁·莊三年傳》:"危不得葬。"危義同此。今凡作事幾致喪敗,輒曰險些。(《通俗編》卷十四 P301)

【隱】yǐn　有所礙曰隱。隱,恩上聲。《中朝故事》:"異人王鮪贈宣州推事官小囊,中如彈丸,令長結身邊。晝寢爲彈子所隱,脇下極痛,起就外視之,屋梁落,碎榻矣。"(《蜀語》)(《里語徵實》卷上 一字徵實 P28)

　　《列仙傳》:"赤松子能隱火。案:隱,滅火也。吳諺謂滅燈爲隱。(《吳下方言考》卷七 P17)

【隱囊】yìnnáng　古人呼車靷之俗名。顏師古曰:"靷,韋囊,在車中,人所馮伏也。今謂之隱囊。"王右丞詩:"隱囊紗帽坐彈棋。"蓋取車中靷爲坐彈棋耳。《顏氏家訓》曰:"梁全盛日,貴遊子弟,駕長簷車,跟高齒屐,坐棊子方褥,馮班絲隱囊。"名之曰囊,意其物視褥爲高,故用之馮,亦用之坐也。(《唐音癸籤》卷十九 P171)

　　今栿榻閒方枕,俗呼靠枕,卽隱囊也。《通鑑》:"陳後主倚隱囊,置張貴妃於席上。"注云:"隱囊者,爲囊實以細輭,置諸坐側,坐倦則側身曲肱以隱之。"馥案:"隱"讀如"孟子隱几"之"隱",昔人用車中。《急就篇》:"靷紎靯轑鞍鑣鐊。"顏注:"紎,韋囊,在車中,人所凭伏也,今謂之隱囊也。"(《札樸》卷四 覽古 P137)

【隱宿】yǐnsù　能不彰者曰隱宿。其反是曰招搖,曰倡揚(或徜徉也)。(《客座贅語》卷一 方言 P11)

【隱語】yǐnyǔ　參見[廋詞]。(《土風錄》卷二 P189)

【隴橦】lǒngtóng　參見[籠僮]。(《唐音癸籤》卷二十四 P212)

金　部

【金包銀】jīnbāoyín　稻殼黃,米白者謂之金包銀,不待蒔插而有芒者謂之芒早,又謂之烏漫兒、烏泥也。(《俚言解》卷二 23P40)

【金友玉昆】jīnyǒuyùkūn　《十六國書秘》:"辛攀與兄鑒曠、弟寶遘,皆以才學知名。秦雍爲之語曰:'五龍一門,金友玉昆。'"(《常語尋源》卷上乙冊 P214)

【金口】jīnkǒu　《晉書·夏侯湛傳》:"金口玉音,漠然沉默。"梁昭明太子《七契》:"必枉話言,敬聆金口。"唐劉得仁詩:"猶祈啓金口。"按:《家語》:"周廟有金人,三緘其口。"故後人以不妄言者爲金口也。(《通俗編》卷十七 P366)

　　慎重其言也。《晉書》夏侯湛《抵疑》云。(《越諺賸語》卷上 P2)

【金杏】jīnxìng　《本草嘉祐圖經》:"杏有數種,黃而圓者名金杏。相傳云,種出濟南郡之分流山,彼人謂之漢帝杏。"(《札樸》卷九 鄉里舊聞 P311)

【金搭子】jīndāzǐ　元制:命婦服金搭子,卽帔也。(《土風錄》卷三 P200)

【金牒】jīndié　徒頰反。簡牒也。《說文》:"牒,札也。"《小品經》作金鍱。鍱音以涉反。(《一切經音義》卷九 14P348)

【金斗】jīndǒu　熨斗一曰熨斗,一曰火斗,一曰金斗。……白樂天詩:"金斗熨波刀剪文。"王君玉詩:"金斗熨秋江。"晁次膺詞:"金斗熨愁眉。"(《俚言解》卷二 16P36)

　　參見[跟陡]。(《越諺》卷中 技術 P60)

【金瘡醫】jīnchuāngyī　《龍韜·王翼篇》:"方士三人,主百藥以治金瘡。"《晉書·劉曜載記》:"使金瘡醫李永療之。"按:今謂之外科。(《通俗編》卷二十一 P472)

【金絡索】jīnluòsuǒ　參見[絡索]。(《越言釋》卷下 P24)

【金銀山】jīnyínshān　《神異經》:"西方日宮之外,有山焉,長十餘里,皆大黃之金,不雜土石。"又,"南方有銀山,長五十里,悉是白銀。"(《通俗編》卷二十三 P509)

【金鎖】jīnsuǒ　桑果反。《考聲》:"連環也。"《字書》云:"相勾連也。"(《一切經音義》卷十二 6P448)

【金鏡】jīnjìng　《宋書·劉敬宣傳》云:"八歲喪母,四月八日敬宣見衆人灌佛,乃下頭上金鏡以爲母灌,因悲泣不自勝。"(《通言》卷五 P66)

【針氈】zhēnzhān　世皆以人性不堪處如坐針氈,不知出。晉武帝太子舍人杜錫亮直忠烈,太子惡之,置針於錫坐氈中,刺之流血,遂有此言。(《七修類稿》卷二十 P294)

【針氈】zhēnzhān　《晉書·杜錫傳》:"愍懷

太子署針著錫所常坐氈中。"蘇軾詩："劍米
有危炊,針氈無穩坐。"(《通俗編》卷二十五
P554)

【釘】❶dīng　強附而必不可得去也,曰釘。
(《客座贅語》卷一　詮俗 P8)

　　❷dìng　金銀成鉼曰釘(俗作"錠")。
(《札樸》卷九　鄉里舊聞　鄉言正字附　名稱
P328)

【釘座】dīngzuò　看食,古人又謂之釘座。
(《語竇》P152)

【釘座梨】dīngzuòlí　唐李遠貌美而無才
用,人目爲釘座梨。(《語竇》P152)

【釘着】dīng·zhe　追隨曰釘着他。(《宛署
雜記》卷十七 P194)

【釘鈴冬瓏】dīnglíngdōnglóng　今諺謂大
玲及鼓聲皆曰釘鈴冬瓏也。(《吳下方言
考》卷一 P4)

【釘鉸】dīngjiǎo　《池北偶談》："《茶譜》記
胡生以釘鉸爲業。"案:釘鉸,或今之銅匠
也。(《稱謂錄》卷二十八　百工 P5)

【釘鞋】dīngxié　《舊唐書》："德宗入駱谷,
值霖雨,道路險滑,李昇等六人護乘輿,著
行縢釘鞵,更輮上馬以至梁州。"陳造《江湖
長翁集》題濟勝七物,有《釘鞋》一首。又葉
適詩："火把照夜色,釘鞋明齒痕。"(《通俗
編》卷二十五 P565)

　　又名"七百廿",亦履聲也。《舊唐書》、
《江湖長翁集》,葉適詩。(《越諺》卷中　服
飾 P41)

　　參見[丁鞋]。(《土風錄》卷三 P198)

【釘鞾】dīngxuē　皮鞾亦曰釘鞾,見《明史·
禮志》："百官入朝遇雨,皆躡釘鞾,聲徹殿
陛。太祖令爲軟底皮鞾,冒於鞾外,出朝則
釋之。"(《土風錄》卷三 P198)

　　皮鞾亦曰釘鞾,見《明史·禮志》:"百官
入朝,遇雨皆躡釘鞾,聲徹殿陛。太祖令爲
軟底皮鞾冒于鞾外,出朝則釋之。"(《談徵》
物部 P45)

【釘鞵】dīngxié　《資治通鑑·唐德宗貞元
三年》:"德宗入駱谷,值霖雨,道塗險滑。
東川節度使李叔明之子昇,及郭子儀之子
曙,令狐建之子彰等,相與齧臂爲盟,著行
縢釘鞵,更輮上馬以至梁州。"(《恒言錄》
卷五 P109)

　　《舊唐書·德宗紀》:"入駱宗,值霖雨,

道滑。東川節度使李叔明之子昇等六人,
著釘鞵行縢,更控上馬,以至梁州。"釘鞵之
名見于此。(《談徵》物部 P44)

　　雨行多用釘鞵。按:古人惟用木屐。
《舊唐書·德宗紀》:"入駱宗,值霖雨,道
滑,東川節度使李叔明之子昇等六人著釘
鞵、行縢,更控上馬以至梁州。"釘鞵之名見於
此。又,皮鞾亦曰釘鞾,見《明史·禮志》:
"百官入朝遇雨,皆躡釘鞾,聲徹殿陛。太
祖令爲軟底皮鞾,冒於鞾外,出朝則釋之。"
(葉適詩:"火把起夜色,丁鞋朝齒痕。"即釘
鞋也。)(《土風錄》卷三 P198)

　　參見[釘鞋]。(《通俗編》卷二十五
P565)

【釘頭】dīngtóu　杜牧《阿房宮賦》:"釘頭磷
磷,多于在庾之粟粒。"(《通俗編》卷二十四
P546)

【釽】pī　霍葉曰釽。(《通俗文》釋兵器
P82)

【釬】hàn　藥固金銀器曰釬。(《札樸》卷九
鄉里舊聞　鄉言正字附　雜言 P329)

【釫】huá　犁鏵曰釫(音華)。(《札樸》卷九
鄉里舊聞　鄉言正字附　器具 P327)

【釣桶】diàotǒng　南人以木器汲水謂之
"釣桶",是又因酒釣而通之者也。(《越言
釋》卷上 P34)

【釵頭符】chāitóufú　《抱朴子》:"五月五
日,翦綵作小符,綴髻鬢爲釵頭符。"(《通俗
編》卷二十五 P563)

【鉅】jù　亂金謂之鉅。(《通俗文》釋器用
P71)

【鈍貨】dùnhuò　不利銷售者。(《越諺》卷
中　貨物 P33)

【鈔】chāo　《明會典》:"國初止有商稅,未
嘗有船鈔。宣德間,始設鈔關。"《儼山外
集》:"鈔字,韻書平去二聲,爲掠取錄寫之
義,無以爲楮幣名者。今之鈔,即古之布,
但古以皮,今以楮耳。"《宋史》有鹽鈔,蓋即
鹽引也。鈔之名始見《金史》。時有交鈔之
制,以一貫至五十貫名大鈔,一百文至七百
文名小鈔。元以來,沿襲其制。按:鈔關之
設,本藉以收鈔而通鈔法也。今鈔法久停,
而關名未易。俚俗謂富人曰鈔老,佩囊曰
鈔袋,費錢財曰破鈔,皆仍宋、元、明用鈔時
語。(《通俗編》卷二十三 P521)

【鈔案】chāo'àn　參見[鈔書]。(《客座贅

語》卷一　辨訛 P4）

【鈔書】chāoshū　寫書曰鈔書，官曰鈔案。（《客座贅語》卷一　辨訛 P4）

【鈔暴】chāobào　《後漢書·南匈奴傳》：“遣吳漢等擊之，經歲無功，而匈奴鈔暴日增。”《宋書·張進之傳》：“劫掠充斥，每入村抄暴。”按：“鈔”“抄”音義同，俗以武力凌人謂之“鈔暴”。（《通俗編》卷八 P171）

【鈔掠】chāolüè　遮而强取曰鈔掠。（《札樸》卷九　鄉里舊聞　鄉言正字附　雜言 P330）

【鈔老】chāolǎo　參見［鈔］。（《通俗編》卷二十三 P521）

【鈔袋】chāodài　小顏《外戚傳》注：“今蒼頭所攜貯筆硯者，謂之照袋，以烏皮爲之，始皇時謂之算袋。”按：今俗以布爲之，名曰鈔袋（鈔，譌爲稍音），蓋明代用鈔，以此貯之，故有是稱，今相沿不改爾。（《土風錄》卷三 P201）

　　　參見［鈔］。（《通俗編》卷二十三 P521）

　　　參見［照袋］。（《言鯖》卷上 P4）

【鈔紙】chāozhǐ　造紙曰鈔紙。（《客座贅語》卷一　辨訛 P4）

【釽】pī　劈音。《方言》：“裁木爲器曰釽。晉趙之間謂之釽釽。”今俗語猶然。（《直語補證》P3）

【鈎欄】gōulán　上古侯反，下音闌。或名欄楯。（《一切經音義》卷十四 9P528）

　　　參見［勾欄］。（《雅俗稽言》卷十四 P22）

【鈎鎖】gōusuǒ　上苟侯反。《廣雅》：“鈎，引也。”下桑果反。《考聲》：“鎖，連環也。”（《一切經音義》卷十九 7P718）

　　　苟侯反。《考聲》：“求也，取也。”《説文》：“曲也。”《廣雅》：“引也。”下桑果反。《考聲》：“連環也。”（《一切經音義》卷十一 16P431）

【鈕】niǔ　鈕，門屈戌也。（《通俗文》釋宮室 P41）

【鉦】zhēng　即今之雲板也。（《俗考》P4）

【鉗公】qiángōng　蟹。（《墨娥小錄》卷十四 P4）

【鉗勒】qiánlè　《唐書·則天皇后傳》：“帝亦儒昏，舉能鉗勒，使不得專。”按：“鉗”字見《後漢·梁冀傳》：“妻孫壽性鉗忌。”注云：“鉗，釦也，言其忌害如鉗之釦物也。”（《通俗編》卷十三 P287）

【鉗鑷】qiánniè　鑷，尼輒反。《玉篇》曰：“鑷，謂拔去眯髮也。”經本有作鑷者，此乃車軸端鐵。非經所用。（《一切經音義》卷二十三 19P905）

【鉢】bō　鉢，本作盋，音撥。《東方朔傳》“置守宫盂下”注：“盂，食器也，若盋而大，所謂盋盂也。”僧家名其食鉢爲鉢，則中國古有此名而僧徒用之耳。（《雅俗稽言》卷十九 P13）

【鈸掩】báyǎn　門。（《墨娥小錄》卷十四 P4）

【鉆】❶chān　鍜具曰鉆。（《通俗文》釋器用 P71）

　　　鍜具曰鉆。（《札樸》卷九　鄉里舊聞　鄉言正字附　名稱 P328）

　　　❷tiē　著物曰鉆（音帖）。（《札樸》卷九　鄉里舊聞　鄉言正字附　雜言 P331）

【鉏鋙】jǔyǔ　音疽吾。宋玉《九辯》：“圜鑿而方枘兮，吾固知其鉏鋙而難入。”案：鉏鋙，不合也。吳中謂彼此語言意見不合曰鉏鋙。（《吳下方言考》卷三 P12）

【鈿厠】diàncè　上徒年反。《玉篇》：“金花鈿也。”下初吏反。《切韻》云：“間下也。”《説文》云：“雜厠也。”（《一切經音義》卷續三 15P3836）

【鈿飾】diànshì　上堂練反。《韻集》云：“以審瑟鈿以飾器物也。”下昇織反。《考聲》云：“糚飾也。”《文字典説》：“修飾。”《古今正字》：“從巾飤聲，音似。”（《一切經音義》卷續七 6P3952）

【銈】shēng　鐵臭曰銈。（《肯綮錄》P2）

　　　鐵臭曰銈。銈曰星。《集韻》：“鐵衣也，亦作鋥。”（《燕説》卷三 P5）

【銈鏉】shēngshòu　鐵生鏽曰銈鏉。（《札樸》卷九　鄉里舊聞　鄉言正字附　名稱 P328）

【鈴下】língxià　魯峻畫象，有鈴下，有鮮明騎。案《通鑑》：“庾冰至浙江，蘇峻購之甚急，吳鈴下卒引冰入船，泝流而去。”又云：“吕布遣鈴下請紀靈等。”注云：“鈴下，卒也，在鈴閣之下，有警至則掣鈴以呼之，因以爲名。”《續漢志》：“五百、鈴下侍閣、門闌部署、街里走卒，皆有程品，多少隨所典領。"《晉書·楊方傳》:"初爲郡鈴下威儀。"
程大昌《續演繁露》云:"鈴下威儀,殆今典
客之吏。"《續漢志》又云:"主縣假給辟車、
鮮明卒。"又云:"黃綬,武官五佰,文官辟
車。"又云:"公以下至二千石,騎吏四人,皆
帶劍菜戟爲前行。"又云:"大使車立乘駕
駟,從伍佰璪弩十二人,辟車四人。"案:鮮
明騎,謂騎吏。辟車,謂頭踏。……《漢書·
辛慶忌傳》:"慶忌性好輿馬,號爲鮮明。"
(《札樸》卷八　金石文字 P281)

　　《表異錄》:"門卒亦稱鈴下。"《吳志》:
"吳範使鈴下以聞,鈴下不敢。"(《稱謂錄》
卷二十五　閽 P13)

　　參見[節下]。(《稱謂錄》卷二十二　知
府 P3)

【鉤】gōu　置一言若一物于人,令猝不我釋
也,曰鉤。(《客座贅語》卷一　詮俗 P7)
　　參見[句]。(《匡謬正俗》卷八 P96)

【鉤棘】gōují　食指名鉤棘。(《通俗編》卷
三十一 P703)

【鉛部】qiānbù　《叩鉢齋官制考》:"鉛,量
度也。唐選法,尚書銓掌七品以上選,亦稱
鉛部,又稱東曹。"(《稱謂錄》卷十五　吏部
P12)

【鉋】bào　皮教切,暴。木匠用以光平木
者。出《釋名》。(《越諺》卷中　器用 P27)

【鉎劢】lǎobǎn　參見[板兒]。(《通俗編》
卷二十三 P510)

【銅甌】tóng'ōu　《新唐書·禮樂志》:"張文
收旣定樂,復鑄銅律三百六十,銅斛二,銅
秤二,銅甌十四。"馥謂:銅甌亦以容水定輕
重也。(《札樸》卷八　金石文字 P258)

【銅拔】tóngbó　蒲撥反。亦爲跋。今關東
多作兩扇相擊出聲。有作鈸,無所從也。
(《一切經音義》卷二十七 10P1062)

【銅蟹】tóngxiè　沂州海中有蟹,大者徑尺,
殼橫有兩錐,俗呼銅蟹。(《札樸》卷九　鄉
里舊聞 P312)

【銅臭】tóngchòu　《後漢書·崔寔傳》:"寔
從兄烈,因傅母入錢五百萬,得爲司徒,問
其子鈞曰:'吾居三公,于議者何如?'鈞曰:
'議者嫌其銅臭。'烈怒,舉杖擊之。"皮日休
詩:"吳中銅臭戶。"蘇軾詩:"東縣聞銅臭。"
皆用此。(《通俗編》卷二十三 P518)

【銅鈸】tóngbó　盤沫反。《考聲》云:"樂器

名也。以鑄成二枚,形如小瓶蓋,有鼻,手
執,以二口相摩擊爲聲,以和樂也。"(《一切
經音義》卷十一 11P421)

【銅鍱】tóngyè　閻接反。《考聲》云:"釘鍱
也。"《玉篇》云:"齊人爲鍊爲鍱。"……《典
說》云:"金銀銅鐵皆有鍱。"(《一切經音義》
卷十四 14P537)

【銖】zhū　《淮南子·本經訓》:"其兵戈銖而
無刃。"案:銖,禿也、純也。吳中謂刀鋤類
用久而無鋒鋩者爲銖。(《吳下方言考》卷
三 P5)

【銑銏】xiǎnxiàn　《陳書·蕭摩訶傳》:"遙擲
銑銏,正中其額。"案:《集韻》:"銑銏,小鑿
也。"《說文》:"銑,小鑿。"(《札樸》卷四　覽
古 P130)

【鋌】tǐng　《南史·梁廬陵王傳》:"嗣子應不
慧,見內庫金鋌,問左右,此可食不?"《舊唐
書·薛收傳》:"上書諫獵,太宗詔賜黃金四
十鋌。"《五代史·賈緯傳》:"言桑維翰死,有
銀八千鋌。"《傳燈錄》:"藥山儞令供養主抄
化,甘行者捨銀兩鋌。"按:世俗計金銀以
錠,錠爲鋌之訛也。錠乃有足燈,蓋今燭臺
之類,與金銀略無關涉。古計墨亦曰幾鋌,
今并訛爲錠矣。(《通俗編》卷二十三
P511)

【銛】tiǎn　音忝去聲。銛,取墨也。吳中謂
以筆取墨曰銛。(《吳下方言考》卷九 P10)

【鉻】luò　僧頭剔髮曰鉻。《梵書》:"鬚髮自
鉻,通作落。"(《燕說》卷四 P2)

【銃】chòng　鑿空曰銃(昌仲切),小鑿曰鐯
(音濁),柄曰境(音擎),受橬曰銐。(《通俗
文》釋器用 P70)

【銃聑】chònghuǐ　人不受教令,而反以言
相忤,謂之銃聑。銃,充仲切。聑,與鬼切。
山谷《字義》云:"使令人不循謹便利也。"
《六書精蘊》謂:"氣發而不盛,不能旋轉透
徹曰聑,音與虺同。"(《方言據》卷上 P2)

【銀海】yínhǎi　(道家以)目爲銀海。(《雅
俗稽言》卷二十二 P5)

【銀指甲】yínzhǐjiǎ　劉言史樂府:"月明如
雪金階上,迸斷玻璃義甲聲。"《臨淮新語》
云:"義甲,護指物也。或以銀爲之。甲外
有甲,謂之義甲,凡物非真而假設之者皆曰
義。"俗用銀指甲,亦有本。(《土風錄》卷二
P190)

【銀臺】yíntái　銀臺者,銀臺門也。學士院在銀臺門內。(《唐音癸籤》卷十七 P150)

【銀絡索】yínluòsuǒ　參見[絡索]。(《越言釋》卷下 P24)

【銀魚】yínyú　參見[青袍]。(《唐音癸籤》卷十八 P159)

【鍪】móu　劍者,人所帶兵也。其末謂之鋒,又謂之鏑。其刃謂之臘,亦謂之鍔。中央隆起謂之脊。通謂之身,亦謂之莖。所以受莖謂之夾,所以飾夾謂之鐐,以韋謂之釋鞻。其鼻謂之鐔,亦謂之珥。鼻玉謂之璏。首飾謂之鑷。其柙謂之削,亦謂之韒,亦謂之櫝,亦謂之室,又謂之廊。所以韜櫝謂之衣,衣謂之袂,又謂袟裱。其帶謂之繁。(《札樸》卷四 覽古 P129)

【鍪矟】móushuò　上莫侯反。俗字也,正做矛。……《考工記》:"酋矛。"《説文》:"長二丈,建于兵車也。"下所卓反。《廣雅》:"矟,亦矛也。"《埤蒼》:"丈八矛也。"(《一切經音義》卷十四 12P534)

【鋪】❶pū　刈禾聚把曰鋪。(《札樸》卷九 鄉里舊聞 鄉言正字附 名稱 P328)

刈禾計數以鋪。《廣韻》:"穳,刈禾把數。"《詩》云:"彼有遺秉。"又云:"此有不斂穳。"疏云:"即今人謂之一鋪、兩鋪也。"(《札樸》卷九 鄉里舊聞 P317)

❷pù　《舊唐書·食貨志》:"其百姓有邸店行鋪。"又,"若一家內別有宅舍店鋪,並須計用在此數。"又,"先於淄、青、兗、鄆等道管內置小鋪。"唐李涉詩:"都市廣場開大鋪。"宋有米鋪、肉鋪、香鋪、藥鋪。見《夢梁錄》。常生案:唐張籍詩:"得錢只了還書鋪。"(《恒言錄》卷四 P92)

李涉詩:"都市廣長開大鋪,疾來求者無相悞。"按:鋪,普胡切,陳布也。又普故切,賈肆也。《唐書·食貨志》:"一家內別有宅舍店鋪,所貯錢,並須計用在此數。"《宋史·禮志》:"開禧後,兵興,追擾百色行鋪,不復舉矣。""鋪"皆從金,流俗別作"舖",未見字書。(《通俗編》卷二十一 P477)

【鋪房】pūfáng　《明史·禮志》:"親迎前一日,女氏使人陳設于婿之寢室,俗謂之鋪房。"(《通俗編》卷九 P188)

【銷礦】xiāokuàng　上星遙反。顧野王云:"銷猶散也。"《説文》:"鑠(傷弱反)金也。從金肖聲也。"或作消。《蒼頡篇》:"滅也。"《考聲》:"消,釋也。"或作焇。《博雅》:"焇,乾也。"下瓜猛反。《廣雅》:"鐵璞也。"《説文》:"銅鐵石璞也。"《字書》云:"未經火煉曰礦。"或作磺,或作鈁,並通。(《一切經音義》卷八 16P311)

【銷金】xiāojīn　《升庵全集》(卷六十六):"《唐六典》有十四種金,曰銷金,曰拍金,曰鍍金,曰織金,曰砑金,曰披金,曰泥金,曰鏤金,曰撚金,曰戧金,曰圈金,曰貼金,曰嵌金,曰裹金。"……今鍍金、織金、泥金、貼金、裹金五種,无人不知,餘无聞矣。(《釋諺》P82)

【錊】zhuó　參見[臂釧]。(《一切經音義》卷十五 13P573)

【鈰】yù　磨之漸消曰鈰。鈰音育。《説文》:"磨取銅屑也。"又見《漢書》。楊升菴在朝,一中官問曰:"牙牌磨鈰,鈰字何如寫?"升菴以鈰字答之。今俗讀作遇。凡牙齒老,木石諸物磨銷,皆曰鈰。(《蜀語》P5)

物磨損謂之鈰,鈰音裕。孔顗《鑄錢議》云:"五銖錢,周郭其上下,令不可磨取鈰。"《五音譜》:"磨礲漸消曰鈰。"(《方言據》卷下 P29)

磨消曰鈰。鈰,本俞玉切,音欲。楊慎《丹鉛錄》云:"音裕。或問牙牌磨鈰字如何寫,予舉此答之。"按:《漢書·食貨志》:"或盜磨錢質以取鈰。"臣瓚曰:"鈰,銅屑也。"師古曰:"音浴。"並未有如楊氏之説。今北音讀玉如裕,故於鈰亦爾。(《燕説》卷三 P2)

異。堅硬器物磨礲漸消。"銅錢、牙牌磨鈰。"《宋書》。又《丹鉛錄》。(《越諺》卷下 單辭隻義 P11)

【銳】ruì　折本。盈綴反。(《俗務要名林》)

【銀鐺箍】lángtānggū　朗蕩枯。大門鐵甩,客叩即鳴。"屈戌"也。(《越諺》卷中 屋宇 P26)

【銀鐺】lángdāng　錘頭曰銀鐺。(《通俗文》釋器用 P71)

銀鐺,音郎當,長鎖也。前《西域傳》作"琅璫",注:"若今禁繫人者。"東坡《赴詔獄寄子由》詩"風動琅璫月向低"是也。後漢崔希烈以銀鐺鎖。(《雅俗稽言》卷十八 P17)

《六書故》:"銀鐺之為物連牽而重,故俗以困重不舉爲銀鐺。"(《談徵》言部 P78)

【錯到底】cuòdàodǐ　《老學菴筆記》："宣和間婦人鞋底尖，以二色帛合而成之，名錯到底。"（《通俗編》卷十四 P304）

【錯安頭】cuò'āntóu　《宋史·李先傳》："人目以俚語爲錯安頭，謂其無貌而有材也。"（《通俗編》卷十六 P337）

【錯暫】cuòzàn　今人誤有振觸，謝之曰"錯暫"。錯者，過也；暫者，後不復然也。或曰今人以刀砍物曰"鏨"，當是"錯鏨"，此已不必矣。《廣韻》所謂"劀劅"，似當別爲剪剟之名，與振觸之義更爲懸遠。（《越言釋》卷上 P23）

【錯鏨】cuòzàn　參見［錯暫］。（《越言釋》卷上 P23）

【錛鋤】bēnchú　鈇木器曰錛鋤。錛音奔。（《里語徵實》卷中上 二字徵實 P18）

【錢幙】qiánmàn　鄉語呼錢幙聲如"悶"，蓋"漫"之轉也。《漢書·西域傳》："錢文爲騎馬，幙爲人面。"如淳曰："幙音漫。"（《札樸》卷九 鄉里舊聞 P316）

【錢引】qiányǐn　宋有交子、會子、關子、錢引、度牒、公據等名，皆所以權變錢貨以趨省便，然皆不言其制，惟户部中鹽有鹽鈔。鹽鈔之名始見。（《俚言解》卷二 29P43）

【錢奴】qiánnú　《唐子》："守錢不施，謂之錢奴。"元人有《看錢奴》雜劇。（《通俗編》卷二十三 P515）

【錢樹】qiánshù　《三國志》："邴原得遺錢，拾以繫樹枝，人效繫之者多，遂謂之神樹。"按：後世有"錢樹"之説，即本此也。《明皇雜錄》："許子和，吉州永新倡家女，入宫因名永新，臨卒，謂其母曰：'錢樹子倒矣。'"（《通俗編》卷二十三 P510）
　　參見［搖錢樹］。（《雅俗稽言》卷二十四 P18）

【錢樹子】qiánshùzǐ　《明皇雜錄》："許子和，吉州永新娼家女，入宫，因名永新。度曲能變新聲，臨卒謂其母曰：'阿母錢樹子倒矣。'"（《常語尋源》卷上乙册 P05）

【錢癖】qiánpǐ　下音譬。《世説》："祖士季好聚歛，世號有錢癖。"案：癖，病也。吳中譏愛財者曰害錢癖。（《吳下方言考》卷八 P14）

【錢糧】qiánliáng　完納官課皆以銀而謂之錢糧，蓋沿舊稱。（《土風錄》卷五 P226）

【錫杖】xīzhàng　《翻譯名義》："由振時作錫，錫，聲也。亦名聲杖。"《根本雜事》："沙門乞食，深入長者之家，遂招譏謗。佛云：'可以聲警覺之。'乃作錫杖。"（《通俗編》卷二十六 P584）

【錫鏇子】xīxuànzǐ　參見［火斛］。（《釋諺》P87）

【錮子】gù·zi　參見［看食］。（《通雅》卷三十九 P1187）

【鍋户】guōhù　參見［亭户］。（《稱謂錄》卷二十七 鹽 P15）

【鏓】zǒng　參見［銃］。（《通俗文》釋器用 P70）

【錠】dìng　參見［鋌］。（《通俗編》卷二十三 P511）

【錠燭】dìngzhú　殿、定二音。《聲類》云："有足曰錠，無足曰燈。"（《一切經音義》卷十 5P369）

【鍵鑰】jiànyuè　上虔偃反。《周禮》："司門掌管鍵以啓閉也。"鄭注云："鍵猶牡也。"《方言》："自關而東謂之鍵，自關而西謂之鑰。"《説文》："從金建聲。"下羊酌反。《玉篇》："從金作鑰，即鍵也。"《字書》又從門作關，亦由關鍵也。（《一切經音義》卷八十 6P3136）

【錄事】lùshì　《老學菴筆記》："蘇叔黨政和中至東都，見妓稱'錄事'，太息語廉宣仲曰：'今世一切變古，唐以來舊語盡廢，此猶存唐舊。'前輩謂妓曰酒糺，蓋謂錄事也。相藍之東有錄事巷，爲朱梁時名妓崔小紅所居。"《類記》："凡飲犯令者，投旗於前曰：'某令觥錄事繩之。'"案：盧氏《雜説》："洛中舉子謁節使，留連宴飲，與酒糺諧戲頗洽。一日告辭，師復開筵送别，因暗留絶句與酒糺曰：'少插花枝少下籌，須防女伴妒風流。坐中若打占相令，除卻尚書莫點頭。'"（《稱謂錄》卷三十 倡 P23）

【錄公】lùgōng　《南史·袁憲傳》："陳武帝作相，除司徒户曹，初謁，遂抗禮長揖。中書令王勱謂憲曰：'卿何矯衆，不拜錄公？'"（《稱謂錄》卷十二 相臣古稱 P27）

【錄囚】lùqiú　錄囚之錄，音慮。《漢·雋不疑傳》："行縣錄囚徒。"師古注："省錄之，知其情狀有寃抑否也。"《唐史》作慮囚，謂謀議之也。俗讀錄如字，若紀録之録，而曰審

錄，又曰審某處錄，謬矣。（《雅俗稽言》卷十八 P17）

【錄子】lùzǐ　參見［榜子］。（《雅俗稽言》卷十二 P2）

　　參見［榜子］。（《言鯖》卷下 P3）

【鋸鍆】qūxū　鎖鈕曰鋸鍆。《正字通》：“鋸鍆作屈膝、屈戌。”李賀《宮娃歌》：“屈膝金鋪鎖。”陸友仁曰：“金鋪爲門飾，屈膝蓋鉸鍊上二乘者爲鋸，下三衡爲鍆。”李商隱詩：“鎖香金屈戌。”張伯雨有一器，是香爐蓋有鎖者，屈戌乃受鎖之搭連卷口也。（《燕説》卷三 P9）

【錔】tà　筆之冒曰錔。泥合切。《廣韻》：“器物錔頭。”《酉陽雜俎・諾皋記》云：“挾二筆錔，樹灑津滿其中。”（《方言據》卷下 P29）

【錙徒】zītú　周必大詩：“天憐寓客混緇徒。”（《稱謂錄》卷三十一 僧 P1）

【鍥子】qièzǐ　橘則。卽鐮也。割稻鐵器，如鋸。（《越諺》卷中 器用 P29）

【鍱】yè　薄金曰鍱。（《札樸》卷九 鄉里舊聞 鄉言正字附 名稱 P328）

【鍊冶】liànyě　上音郎甸反，又作煉。《説文》云：“銷金也，從金柬聲。”……下羊者反。《切韻》：“銷金也。”尹子曰：“蚩尤作冶。”……《考聲》云：“氷熱則冶，遇寒則凝也。”（《一切經音義》卷續三 11P3828）

【鍊度】liàndù　《陸游家訓》：“黃老之學，本于清淨自然，地獄天宮，何嘗言及。黃冠輩見僧獲利，從而效之，送魂登天，代天肆赦，謂之鍊度。可笑甚多，尤無足議也。”（《通俗編》卷二十 P450）

【鍼指】zhēnzhǐ　參見［鍼黹］。（《通俗編》卷二十五 P567）

【鍼黹】zhēnzhǐ　《爾雅・釋言》：“黹，紩也。”注云：“今人呼縫紩衣爲黹，陟几切。”按：黹音近指，俗云“鍼指”，實當爲“鍼黹”。楊奐孫《烈婦歌》：“十三巧鍼指，十四婉步趨。”誤用。（《通俗編》卷二十五 P567）

【鉗鈎】dāgōu　曲木可挂物曰鉗鈎，俗作搭鈎。（《蜀語》P2）

【鍫】qiāo　知事與物可求之所而捷得之，曰鍫，又曰挖。（《客座贅語》卷一 詮俗 P9）

　　（鍼線）平曰“鍫”。（《越諺》卷中 服飾 P43）

【鍾馗】zhōngkuí　厨。卽鍾進士畫像，端午懸貼。沈括《補筆談》。（《越諺》卷中 鬼怪 P18）

【鍮石】tōushí　吐侯反。案：偷（編者按：當作鍮）石者，金之類也。精於銅，次於金，上好者與金相類，出外國也。（《一切經音義》卷十五 14P574）

【鏊】áo　打餅器曰鏊。（《札樸》卷九 鄉里舊聞 鄉言正字附 器具 P327）

【鏊糟】áozāo　《漢書・霍去病傳》：“合短兵鏊蘭皋下。”晉灼注：“世俗以盡死殺人爲鏊糟。”《輟耕錄》今以不潔爲鏊糟，義雖不同，却有所出。按：如晉灼所云，固血肉狼藉矣，于不潔淨義亦略相通。（《通俗編》卷三十四 P761）

【鎮】zhèn　六朝人詩用鎮字，唐詩尤多，如褚亮“莫言春稍晚，自有鎮開花”之類。《韻書》：“鎮，壓也，亦安之也。”蓋有常之義。約略用之代常字，令聲俊耳。（遜叟）（《唐音癸籤》卷二十四 P207）

　　常也。鎮有定義，故得爲常也。李義山詩：“蠟花常遞淚，筝柱鎮移心。”（《助字辨略》卷四 P216）

【鎮日】zhènrì　“鎮”作常字看，今人詩多有用鎮日，疑其無出處。李義山詩已有“蠟花常遞淚，筝柱鎮移心”之句。（《方言藻》卷二 P20）

【鏈】liàn　鎖曰鏈子。鏈音連。《六書故》：“今人以銀鍇之屬相連屬者爲鏈。”（《燕説》卷三 P6）

【鎖】suǒ　今鐵索也。今始制其丈尺。（《七修類稿》卷四十四 P638）

【鐽】fēng　劍者，人所帶兵也。其末謂之鋒，又謂之鐽。（《札樸》卷四 覽古 P129）

【鏨飾】yīngshì　上縈夐反。《考聲》：“發器物光也。”……下昇力反。《考聲》：“飾，彫也。”修也。《集訓》：“服著也。”清潔也。《説文》：“刷也。”（《一切經音義》卷八 2P283）

【鏗】zàn　暫。響刀分塊。較“劓”輕，較“切”大。出《説文》。（《越諺》卷下 單辭隻義 P15）

　　參見［劓］。（《越諺》卷下 單辭隻義 P15）

【鏗摐】kēngcōng　任意疾行，屢有所觸，謂

之鏗撠。《廣雅》:"鏗,若莖切。撠,楚江切,撞也。"(《方言據》卷上 P4)

【鏗鍠】kēnghuáng　上客行反。《禮記》云:"子夏曰:'鐘聲鏗鏗。'"是也。又,撞擊之聲也。下音宏。《毛詩傳》云:"鐘鼓鍠鍠。"《尒雅》云:"鍠鍠樂也。"《説文》云:"鐘鼓聲也,從金皇聲也。"(《一切經音義》卷續十2P4029)

【鏗鏗】kēngkēng　案:東漢多以七言作標榜語,於句中爲韻,如:"……説經鏗鏗楊子行(政),素車白馬繆文雅(斐)。"(《札樸》卷八 金石文字 P279)

【鏗鏜】kēngtāng　劉义詩:"鏗鏜冰有韻,的皪玉無瑕。"案:鏗鏜,冰聲也。又,吳中凡五金器皿墜地皆曰鏗鏜聲也。(《吳下方言考》卷二 P8)

【鏤金】lòujīn　《升庵全集》卷六十六:"《唐六典》有十四種金:曰銷金,曰拍金,曰鍍金,曰織金,曰硺金,曰拔金,曰泥金,曰鏤金,……"(《釋諺》P82)

【麌】áo　久煎曰麌。東坡《老饕賦》云:"九蒸暴而日燥,百上下而湯麌。"(《里語徵實》卷上 一字微實 P29)

【麌屈麌倒】áoqū'áodǎo　謂人之故意寃枉我也。"麌"字脱胎《漢書·霍去病傳》"麌皋蘭下"。(《越諺賸語》卷上 P9)

【麌戰】áozhàn　參見[麌糟]。(《里語徵實》卷中上 二字微實 P43)

【麌燥頭暖】áozàotóunuǎn　上"奧",次"照"。晴暖過當之天。(《越諺》卷中 天部 P3)

【麌糟】áozāo　俗語以不潔爲麌糟。按:《霍去病傳》"麌皋蘭下"注:"世俗謂盡死殺人爲麌糟。"然義雖不同,却有所出。(《南村輟耕錄》卷十 P124)

(南都方言人物之)不蠲曰齷齪(惡綽),曰邋遢,曰腤臜,曰麌糟。(《客座贅語》卷一 方言 P10)

謂物之不淨者,曰麌糟。麌,戰也,糟,酒滓也。《輟耕錄》云:"麌如麌戰之麌,糟如醃物之糟,皆不潔之意。"(《方言據》卷上 P5)

暴煞不可耐曰麌糟。案:晉灼《霍去病傳》注:"世俗謂盡殀殺人曰麌糟。"則與今語義別。(《土風錄》卷八 P263)

蘇東坡與程伊川議事不合,譏之曰:

"頤可謂麌糟鄙俚叔孫通矣。"案:麌糟,執拗而使人心不適也。吳中謂執拗生氣曰麌糟。(《吳下方言考》卷五 P15)

煩不可耐曰麌糟。按:《漢書·霍去病傳》"麌皋蘭下"注:"世俗謂盡死殺人爲麌糟。"與今語義別。(《燕説》卷一 P6)

不潔曰麌糟。俗以不潔爲"麌糟"。《霍去病傳》"麌皋蘭下"注:"以世俗謂盡死殺人爲麌糟。"又謂"麌戰"。義雖不同,卻有所出。《天祿識餘》。(《里語徵實》卷中上 二字微實 P43)

【鏃鏃新】zúzúxīn　鏃音簇。吳中謂物之新者曰鏃鏃新。(《吳下方言考》卷十 P16)

【鏇】xuàn　以漸而刮劗其所有曰鏇。(《客座贅語》卷一 詮俗 P7)

【鏇子】xuànzǐ　錫盤盛食曰鏇子,見戴侗《六書故》:"鏇,溫器也,旋之湯中以溫酒。或曰今之銅錫盤爲鏇,取旋轉爲用也。"按:《説文》"鏇"訓"圜鑪",蓋卽今所謂"錫鑼"。(《土風錄》卷五 P229)

【鏇牀】xuànchuáng　規木轉軸曰鏇牀(周成《難字》作"擐")。(《札樸》卷九 鄉里舊聞 鄉言正字附 器具 P327)

【鏑】dí　鐵鏃曰鏑。(《通俗文》釋兵器 P82)

【鐬縫】kuǎnfèng　參見[款縫]。(《匡謬正俗》卷六 P71)

【鐝】jué　磨齊曰鐝。(《通俗文》釋器用 P70)

【鐐】liáo　卽帶連鐮刀也。連鐮于足,以限役囚之步。遼制,有鎖無鐐。金章宗始定鐐。連鐶重有三斤。(《七修類稿》卷四十四 P637)

古之釱,今以鐐代之。刑在項曰鉗,在足曰釱。鉗卽鉆也。《會典》:"獄具也。曰笞,曰杖,曰訊,曰枷,曰杻,曰索,曰鐐,以木爲之,穿一足。"(《通雅》卷二十七 P873)

【鐐子】liáozǐ　下役之稱。宋仁宗游後苑,還宮,索漿甚急。宮嬪曰:"大家何不於外宣索而受渴?"仁宗曰:"吾屢顧不見鐐子,恐問之,則所司有得罪者。"升菴曰:"鐐子,亦庖人之別稱,音力吊切。"智按:今王府勛戚稱手下曰牢子,大內門軍亦曰牢子,或牢鐐音轉,而訛作此字。然官家各時習成稱呼,因爲典故,未可臆斷也。(《通雅》卷十九 P665)

宋仁宗遊後苑還宮，索漿甚急，宮嬪曰："大家何不于外宣索而受渴？"仁宗曰："吾屢顧不見鐐子，恐問之則所司有得罪者。"楊升菴曰："鐐子亦庖人之別稱。音力弔切。"《通雅》："王府勛戚稱手下人曰牢子，大內門軍亦曰牢子，或牢鐐音轉而訛作此字。然官家各時習成稱呼，因爲典故，未可臆斷也。"（《談徵》名部下 P17）

　　《説鈴》："宋仁宗嘗春日步苑中，屢回顧，莫測聖意；及還宮中，顧嬪御曰：'渴甚，可速進熱水。'嬪御進水，問曰：'大家何不外面取水，而致久渴耶？'仁宗曰：'吾屢顧不見鐐子，苟問之，即有抵罪者，故忍渴而歸。'"案：鐐子即司茶者也。《宋史·儀衛志》："諸司御，鐐子、茶床、快行、親從四人。"（《稱謂錄》卷二十七　茶 P19）

【鐓】duì　置物地上曰鐓。（《札樸》卷九　鄉里舊聞　鄉言正字附　雜言 P331）

【鐘】zhōng　《漢書·廣川惠王越傳》："背尊章，嫖以忽。"注："今關中俗婦呼舅爲鐘。鐘者，章聲之轉也。"（《稱謂錄》卷七　夫之父 P3）

【錫鑼】tàngluó　參見［鐩子］。（《土風錄》卷五 P229）

【鐂】chán　參見［銑］。（《通俗文》釋器用 P70）

【鐙】dèng　參見［凳］。（《能改齋漫錄》卷二 P32）

【鐵券】tiěquàn　《南部新書·戊》："……逸老以鐵券免死，流領表。"（《釋諺》P130）

【鐵帽子】tiěmàozǐ　案：我朝、禮親王、睿親王、肅親王、鄭親王、莊親王、豫親王、順承郡王、克勤郡王，皆國初有大勳勞者，世襲不降封，謂之鐵帽子王。（《稱謂錄》卷十一　宗室封爵各稱 P4）

【鐵婆】tiěpó　參見［腳婆］。（《目前集》前卷 P2127）

【鐵璞】tiěpú　參見［銷礦］。（《一切經音義》卷八 16P311）

【鐵貓】tiěmáo　焦竑《俗書刊誤》："船上鐵貓曰錨，或曰鐆，錨同。今船首尾四角又或三股鉤，用鐵索貫之，投水中以定船，則船不動搖。"（《談徵》物部 P75）

【鐵鈀】tiěpá　爬。有齒，鈀泥使平。（《越諺》卷中　器用 P29）

【鐵馬】tiěmǎ　簷前懸鐵馬，始於隋煬帝。《南部煙花記》云："臨池觀竹既枯，隋后每思其響，夜不能寐。煬帝爲作薄玉龍數十枚，以縷線懸於簷外。夜中因風相擊，與竹無異。民間效之，不敢用龍，以竹駿代。"今俗則以燒料謂之鐵馬，以如馬被甲作戰鬥形且有聲也。《楊升庵外集》云："古人殿閣簷棱間有風琴、風箏，因風動成音，自諧宮商。"元微之詩"鳥啄風箏碎珠玉"，高騈有《夜聽風箏》詩，僧齊己及王半山皆有詠風琴詩，此乃簷下鐵馬也。今人名紙鳶曰風箏，非也。真西山云："風箏，簷鈴，俗呼風馬兒。"（《土風錄》卷五 P231）

【鑊臚】huògǎn　下感。鍋蓋。焦竑《俗書刊誤》、李翊《俗呼小錄》作"匼"，非。（《越諺》卷中　器用 P27）

【鑊匼】huògǎn　參見［鑊臚］。（《越諺》卷中　器用 P27）

【鑊戲】huògài　飯鍋巴曰鑊戲。（《土風錄》卷十五 P343）

【釗】biāo　刀鋒曰釗（匹燒反）。（《通俗文》釋兵器 P84）

【鐺户】chēnghù　《宋史·食貨志》："籍州民之鬻土者爲鐺户，歲輸鹽於官，謂之課鹽。"（《稱謂錄》卷二十七　鹽 P16）

【鐶紐】huánniǔ　門户窗牖設鉸具名曰鐶紐，又曰屈戌。梁簡文詩："鎖香金屈戌。"李賀詩："屈膝銅鋪鎖阿甄。"屈膝，即屈戌。（《雅俗稽言》卷十 P7）

【鐾】bì　以刀磨盆曰鐾。鐾，浦計切，音避。字書云："治刀使利也。"（《蜀語》）（《里語徵實》卷上　一字徵實 P23）

【鑐】xū　鎖牡曰鑐。鑐音須。（《肯綮錄》P1）

【鑽】zuān　乘間而入之曰鑽。（《客座贅語》卷一　詮俗 P7）

【鑽山】zuānshān　廳堂旁側室曰鑽山。（《燕山叢錄》卷二十二　長安里語　宮室 P7）

【鑼】bà　摩田器曰鑼（音如罷）。（《札樸》卷九　鄉里舊聞　鄉言正字附　器具 P326）

【鑣客】biāokè　往來水陸貿易者之稱。《程途一覽》云："臨清爲天下水馬頭，南宮爲旱馬頭，鑣客之所集。"今作驃。（《直語補證》P29）

【鑞】là　俗謂錫爲鑞，錫器爲鑞器。《山海經》："讙山多白錫。"注："今白鑞也"。其字亦古。(《爾雅》"錫謂之鈏"注："白鑞，字或作鎯。")(《直語補證》P9)

【鑪鞴】lúbèi　又作韛、排，二形同。白薤反。謂鍛鑪家用吹火令熾者。(《一切經音義》卷十九 13P732)

【鍘】zhá　參見[鍘]。(《燕説》卷三 P2)

【鑰匙牌】yàoshīpái　(匙一作鉕)《至正直記》："宋季銅錢牌，或長三寸有奇，闊一寸，大小各不同，皆鑄'臨安府'三字，面鑄錢貫，文曰壹佰之等之類。額有小竅，貫以致遠，最便於民。近有人收以爲鑰鉕牌者，亦罕得矣。"(《恒言録》卷五 P103)

【鑱頭】chántóu　參見[儳頭]。(《越諺》卷下　單辭隻義 P12)

【鑷】niè　披減髮鬚謂之鑷。(《通俗文》釋器用 P77)

【鍘】zhá　切草曰鍘。鍘，査轄切。《集韻》作鍘，斷草刀也，亦作鍘，音札。(《燕説》卷三 P2)

【鑽】zuǎn　杖下銅鐵底曰鑽(聲如纂)。(《札樸》卷九　鄉里舊聞　鄉言正字附　器具 P326)

【鑾坡】luánpō　俗稱翰林學士爲鑾坡者，蓋唐德宗時，嘗移學士院於金鑾坡上，故稱鑾坡。(《石林燕語》)(《唐音癸籤》卷十七 P155)

　　《石林燕語》："俗稱翰林學士爲鑾坡，蓋唐德宗時嘗移學士院于金鑾上，故稱鑾坡。"案：梁開平三年，改思政殿爲金鑾，置大學士一員，以敬翔爲之。馬貴與云："前朝因金鑾坡以爲門名，與翰林相接，故爲學者稱'金鑾'以美之。"(《稱謂録》卷十三　翰林院 P6)

【鑼鍋】luóguō　小釜曰鑼鍋。(《札樸》卷九　鄉里舊聞　鄉言正字附　器具 P327)

【蠚】duī　以重物繫絲縷使下垂曰蠚(徒對切)。(《札樸》卷九　鄉里舊聞　鄉言正字附　雜言 P331)

【蠚蠚】zhēxiē　言事之軒昂曰蠚蠚(上歇平下遮)。(《客座贅語》卷一　方言 P10)

門　部

【門】mén　家之稱門甚古。今新安大族各以某門某門別之。《逸周書·皇門解》"會羣門"，言衆族姓。《顏氏家訓·風操篇》第十三條云："斂容肅坐，稱大門中。"(《直語補證》P50)

【門下】ménxià　《戰國策》："齊人馮煖使人屬孟嘗君，願寄食門下。"《史記·信陵君傳》："誠門下有敢爲魏王使通者，死。"《張儀傳》："求見蘇秦，秦乃誠門下人不爲通。"《鄭當時傳》："誠門下，客至無貴賤，無留門者。"《漢書·司馬相如傳》："臨卭諸公，皆因門下獻牛酒交驩。"按：諸所云門下，皆謂使役之人。惟《後漢書·承宮傳》："過徐盛廬聽經，遂請留門下。"注引《續漢書》："宮棄其猪，猪主欲笞之，門下生共禁止。"又云："宮得虎所殺鹿持歸，肉分門下，取皮上師。"此云門下者，乃門弟子。蓋弟子之稱門下，自後漢起也。(《通俗編》卷二十四 P531)

【門包】ménbāo　《後漢書·梁冀傳》："客到門，不得通，皆請謝門者，門者累千金。"按："門包"昉此。(《通俗編》卷二十三 P513)

　　《通俗編》卷二十三："《後漢書·梁冀傳》：'客到門不得通，皆請謝門者，門者累千金。'"按：門包昉此。《蟲鳴漫錄》載和珅之副貢其奴劉全下重儓，亦累千金不置矣。(《釋諺》P90)

【門單】méndān　《朱子語録》："《禹貢》是當時治水事畢却，總作此一書，如今人方量畢，總作一門單耳。"(《通俗編》卷六 P123)

【門帖】méntiě　《南史·庾杲之傳》："魏使問杲子曰：'百姓那得家家題門帖賣宅?'答曰：'朝廷既欲掃蕩京洛，尅復神州，所以家家賣宅耳。'"(《通俗編》卷二十四 P547)

【門徒】méntú　《册府元龜》："唐開元二年制：百姓家多以僧尼道士爲門徒，相與往還，妻子無所避忌，甚成敝俗。"《日知録》："今江南尚有門徒之稱，或云門眷。"按：《晉書·唐彬傳》："東海閻德門徒甚衆，獨目彬爲廊廟材。"《北史·李密傳》："師事國子助教包愷，愷門徒皆出其下。"《南史·宋文帝紀》："上好儒雅，命何承天立史學，謝元立文學，各聚門徒。江左風俗，于斯爲盛。""門徒"本儒家正當之稱，僧道假之，遂成敝醜耳。(《通俗編》卷二十 P448)

　　《册府元龜》："唐開元二年制：'百姓家多以僧尼道士爲門徒。'"(《越諺》卷中　賤

稱 P14）

【門外漢】ménwàihàn 《五燈會元》："圓智舉東坡詩'溪聲便是廣長舌，山色豈非清淨身'曰：'若不到此田地，如何有這箇消息？'此菴曰：'是門外漢耳。'"（《通俗編》卷二十四 P531）

【門子】ménzǐ 《左傳》："門子弗順。"漢儒云："門子，正嫡子代當門者也。"世俗以門子稱牙役，失其質矣。（《雅俗稽言》卷八 P11）

州縣尹小僮曰門子。……教官使役謂之門斗，乃門子、斗級合爲一稱也。斗級，漢謂之斗食，見《外戚傳》及《薛宣傳》注，謂佐史也。（《土風錄》卷十七 P376）

門子者，守門之人。《舊唐書·李德裕傳》："吐蕃潛將婦人嫁與此州門子。"是也。今之門子乃是南朝時所謂縣僮。《梁書·沈瑀傳》："爲餘姚令，縣南有豪族數百家，子弟縱横，遞相庇蔭，厚自封殖，百姓患之。瑀召其老者爲石頭蒼監，少者爲縣僮。"（《談徵》名部下 P22）

【門楣】ménméi 《山堂肆考》："唐玄宗寵楊妃，時人謡諺有曰：'男不封侯女作妃，君看女卻是門楣。'"（《稱謂錄》卷六 女 P17）

【門狀】ménzhuàng 參見[名紙]。（《雅俗稽言》卷十二 P3）

【門攍】ménshuān "扇"平聲。俗作"閂"，非。（《越諺》卷中 屋宇 P24）

【門斗】méndǒu 教官役使謂之門斗，乃門子、斗級合爲一稱也。（《土風錄》卷十七 P376）

【門户】ménhù 《魏志·曹爽傳》注："桓範謂曹義曰：'于今日卿等門户倒矣。'"《晉書·王敦傳》："我兄老婢耳，門户衰矣。"《周顗母李氏傳》："我屈節爲汝家作妾，門户計耳。"《南史·孝義傳》："孫棘妻寄語，屬棘君當門户，豈可委罪小郎。"《古詩》："健婦持門户，亦勝一丈夫。"杜詩："鼎食分門户，詞場寄國風。"《唐書·宰相世系表》："有爵爲卿大夫，世世不絶，謂之門户。"（《通俗編》卷二十四 P529）

【門神】ménshén 《漢書·廣川惠王傳》云："其殿門有成慶畫，短衣大絝長劍。"晉灼曰："成慶，荆軻也。衛人謂之慶卿，燕人謂之荆卿。"師古曰："成慶，古之勇士也，事見《淮南子》，非荆卿。"予謂今之所謂門神，蓋濫觴於此。（《邇言》卷二 P35）

【門生】ménshēng 徐幹《中論·譴交篇》云："有榮名於朝而稱門生於富貴之家者。是今拜門生之始。"（《直語補證》P37）

《唐書·楊嗣復傳》："嗣復領貢舉，父於陵自雒入朝，乃率門生出迎。"又《令狐峘傳》："田敦，峘門生也。"白居易詩："何須身自得，將相是門生。"裴皞詩："三主禮闈年八十，門生門下見門生。"王仁裕《示諸門生》詩："三百一十四門生，春風初長羽毛成。"按："門生"本猶門人。《後漢書·賈逵傳》"皆拜逵所造弟子及門生爲千乘國王郎"、歐陽修《孔宙碑陰題名跋》"漢世公卿，多自教授，其親受業者爲弟子，轉相授者爲門生"是也。而古亦有稱同門生爲"門生"者，《晉書》"王獻之年數歲，觀門生摴蒲，諷之"是也。有依附聲勢爲門生者，《宋書》"徐湛之門生千餘人，皆三吳富人之子，每出入行遊，塗巷盈滿"是也。其知貢舉稱新進士爲"門生"，蓋惟起于唐之中葉，後唐長興元年，中書門下奏："門生者，門弟子也，大朝所命春官，不曾教誨舉子，是國家貢士，非宗伯門徒。今後及第人，不得呼春官爲恩門、師門及自稱門生。"（《通俗編》卷五 P93）

《五代史·裴皞傳》："皞以文學在朝廷久，宰相馬允孫、桑維翰，皆皞禮部所放進士也。後允孫知舉放榜，引新進士詣皞，皞喜作詩曰：'門生門下見門生。'世傳以爲榮。維翰已作相，嘗過皞，皞不迎不送，人者問之，皞曰：'我見桑公於中書，庶寮也；桑公見我於私第，門生也，何送迎之有？'人以爲當。"（《邇言》卷四 P45）

【門罅】ménxià 下呼嫁反。《考聲》云："器裂也。"《說文》云："罅，㙄裂也，從缶虖聲。"（《一切經音義》卷八十一 5P3178）

【門簿】ménbù 《儼山外集》："京師風俗，每正旦，主人皆出賀，惟置白紙簿并筆研于几，賀客至，書其名，無迎送也。"按：今謂之門簿，其風到處皆然。（《通俗編》卷二十四 P547）

【門臼】ménjiù 見陸德明"君子之樞機"釋文。（《直語補證》P3）

【門蒨】ménqiàn 俗謂門限爲門蒨。《爾雅》曰："柣謂之閾。"郭景純注曰："門限也，音切。"今言門蒨，是柣聲之轉耳。字宜爲

枕,而作切音。(《匡謬正俗》卷八 P103)

【門貨】ménhuò　越俗以貨之次者爲行貨,其上者曰門貨。(《釋諺》P128)

【門闑】ménniè　又作梟,同。魚列反。《爾雅》曰:"樧謂之闑。"即門限也。(《一切經音義》卷十九 11P727)

【門館】ménguǎn　宋太宗朝,泉州劉昌言《上呂蒙正》詩云:"重名清望遍華夷,恐是神仙不可知。一舉首登龍虎榜,十年身到鳳凰池。廟堂只似無言者,門館常如未貴時。"(《邇言》卷五 P63)

【門風】ménfēng　《世説新語》:"王修載,樂託之性,出自門風。"又,注引《阮孚別傳》:"孚風韻疎淡,少有門風。"《宣和書譜》:"御府藏王羲之真蹟,有門風帖。"(《通俗編》卷二十四 P531)

【聏】huò　隱身嚇人曰聏。聏,和䤴切,音或。《字彙補》:"隱身忽出,驚人之聲也。"(《燕説》卷二 P17)

和䤴切。隱身忽出驚人之聲。《桂海虞衡志》。(《越諺》卷下　發語語助 P20)

【閃】shǎn　與人期必而背之使失望焉曰閃。(《客座贅語》卷一　詮俗 P8)

【閃屍】shǎnshī　上讀若掩。郭景純《江賦》:"天吳乍見而髣髴,蝄像暫曉而閃屍。"案:閃屍,避藏倏忽貌。今吳中責小兒藏避遲延曰閃屍。(《吳下方言考》卷三 P12)

【閉門鼓】bìméngǔ　參見[犯夜]。(《恒言録》卷四 P87)

【問信】wènxìn　參見[問訊]。(《雅俗稽言》卷二十 P9)

【問到底】wèndàodǐ　嘗見人相詰,必曰打破沙鍋問到底,不知其説。後知"問"乃"璺"字,器瑕也。沙鍋力薄,損則其璺到底,故怪問者借此以言。(《詢蒭録》P2)

【問訊】wènxùn　《法華經》"問訊如來",杜詩"南尋禹穴見李白,道甫問信今何如",問信即問訊,蓋問其安否也。今僧尼見佛、見人,合掌作禮,曰問訊。其語當自《法華》出,而俗轉爲悶心,又謂之打悶心。嘗聞封事有"番僧相見,只打悶心"之句,其失可知。(《雅俗稽言》卷二十 P9)

【開七裘】kāiqīzhì　古人以年過六十爲開七裘。(《邇言》卷六 P70)

【開年】kāinián　庾信《行雨山銘》:"開年寒

盡,正月遊春。"盧思道詩:"開年簡時日,上辛稱天吉。"(《通俗編》卷三 P50)

此歲暮約人,預指通稱,猶"來年"也。(《越諺》卷中　時序 P5)

【開八裘】kāibāzhì　七十一謂之開八裘,如第八卷之初展一帙也。(《言鯖》卷下 P1)

古人以年過七十爲開八裘。(《邇言》卷六 P70)

【開士】kāishì　謂以法開道之士也。梵云扶薩,又作扶薩,或音薩是之事也。(《一切經音義》卷十 6P371)

李白詩:"衡嶽有開士。"陸游《寓天慶觀》詩:"故攜開士降龍鉢。"案:李白詩亦云:"衡嶽有闡士,五峰秀真骨。"(《稱謂録》卷三十一　僧 P4)

【開口笑】kāikǒuxiào　《北史·魏宗室傳》,杜甫詩。(《越諺賸語》卷上 P8)

【開府】kāifǔ　參見[方面]。(《通雅》卷十九 P651)

【開秧門】kāiyāngmén　初種拔秧之名。(《越諺賸語》卷上 P8)

【開葷】kāihūn　今人久茹素,而其親若隣爲設酒肴以相煖熱,名曰開葷。此風已見六朝,觀東昏歾喪潘妃之女,闔竪共營看饌,云爲天解菜,正其義也。(《雅俗稽言》卷九 P10)

《表異録》:"東昏侯喪潘妃之女,闔豎共營看羞,曰爲天子解菜。解菜,猶今云開葷也。"按:古但謂之解素、開素,不云開葷。白居易詩:"解素盤筵後日開。"又,"月終齋滿誰開素,須記奇章置一筵"。(《通俗編》卷二十七 P605)

【開素】kāisù　《靈芬館詩話》卷三:"近人以開齋日爲開葷,唐人謂之開素。"樂天詩:"解素盤筵後日開。"按:解素亦開素之義。(《通俗編》卷二十七又引白詩,有"月終齋滿誰開素,須泥奇章置一筵",頻伽何不引之?(《釋諺》P118)

參見[開葷]。(《通俗編》卷二十七 P605)

【開雪眼】kāixuěyǎn　日光穿漏雪雲也。見周必大《紹興壬午龍飛録》。(《越諺》卷中　天部 P2)

【開霍】kāihuò　荒郭反。《説文》:"云散。"(《一切經音義》卷七十八 7P3079)

【開門鼓】kāiméngǔ　參見[犯夜]。(《恒言

錄》卷四 P87)

【閑官】xiánguān　唐大中四年敕："州有上
佐，縣有丞薄，俗謂之閑官。"蘇軾詩："知有
閑官走虛邑，放曠不與趨朝衙。"(《稱謂錄》
卷二十二　縣丞 P20)

【閑漢】xiánhàn　《夢粱錄》："有百姓入酒
肆，見富家子弟飲酒，近前唱喏，小心供過，
使令買酒命妓，謂之閑漢。"按：今所謂"閑
漢"者，乃把持一方、幫唆詞訟之徒，又與宋
不同矣。(《通俗編》卷十一 P239)

【間介】jiànjiè　《孟子》："山徑之蹊間介
然。"《四書辨疑》："介如字。經文當以山徑
之蹊間介然爲句。"《文選·長笛賦》："間介
無蹊。"李注引《孟子》此文，又引杜預注《左
氏傳》曰："介猶間也，間介一也，言山間隔
絶無有蹊徑也。"是間介卽爐尬也。(《恒言
廣證》卷二 P42)

　　越俗以事之難爲者曰間介。(《釋諺》
P119)

【間架】jiānjià　《唐書·德宗紀》："建中四
年，稅屋間架，上屋錢二千，中一千，下五
百。"白居易詩："五架三間一草堂。"羅隱
《鎮海軍使院記》：'肥楹巨棟，間架相稱。'"
(《通俗編》卷二十四 P545)

【間錯】jiàncuò　上古莫反。《尒雅》云：
"間，代也。"《玉篇》："間，廁。"《切韻》："間，
迭也，隔也。"下倉各。《韻集》云："雜也。"
《考聲》："東西爲交，上下爲錯。"(《一切經
音義》卷續八 3P3973)

【閒丁】xiándīng　《周禮·太宰》："以九職任
萬民，九曰閒民，無常職，轉徙執事。"注云：
"轉徙執事，若今傭賃也。"按：今北方貧民
無恒業者，仰人短賃，執雜役爲給，謂之"閒
丁"，卽因古"閒民"語而小變也。南方謂郵
役之可借賃者，曰"執事行"，亦"轉徙執事"
之遺語。(《通俗編》卷二十一 P479)

【閑書】xiánshū　稗官小說曰閑書，見李建
勳詩："惟稱乖慵多睡者，掩門中酒覽閑
書。"(《土風錄》卷十 P289)

【閑月】xiányuè　《唐書·食貨志》："閑月督
錢百七十，忙月二百。"(《越諺》卷中　時序
P7)

【閟】bēng　王獻之保母甎，宋時有樵者得
之於越之黃閟嶺，書家寶之。竹垞朱氏曰：
"閟者，祊也。廟門謂之祊。"此真讀書人之
言。吳淞間水鄉多曰"浜"。"浜"字與"閟"

音同而義不可解。意其"濱"也。若黃閟以
嶺名，何濱乎？吾越尚有梁閟、賞閟、秦閟，
雖水鄉亦當爲"閟"，不當"浜"。(《越言釋》
卷下 P31)

【悶心】mènxīn　參見[問訊]。(《雅俗稽
言》卷二十 P9)

【悶愊】mènbì　普力、蒲力二反，愊億猶盈
滿也。(《一切經音義》卷二十八 8P1117)

【悶箅】mēnsǔn　陰卵俗呼悶箅。(《札樸》
卷五　覽古 P150)

【閘】zhá　閘，水門也，字一作牐，今借爲稽
查之用，朝中點入班官員曰閘朝，凡以事查
點人曰點閘。又，民間辦治官物曰閘辦。
(《客座贅語》卷一　辨訛 P5)

【閘朝】zhácháo　參見[閘]。(《客座贅語》
卷一　辨訛 P5)

【閘辦】zhábàn　參見[閘]。(《客座贅語》
卷一　辨訛 P5)

【鬧嚷嚷】nàorāngrāng　歲時元旦拜年，
……燒阡張，……道上叩頭，……戴鬧嚷
嚷。以烏金紙爲飛鵝、蝴蝶、螞蚱之形，大
如掌，小如錢，呼曰"鬧嚷嚷"。(《宛署雜
記》卷十七 P190)

　　參見[鬧裝花]。(《通俗編》卷二十五
P563)

【鬧裝帶】nàozhuāngdài　楊用修謂京師鬧
裝帶，其名始于唐樂天詩："貴主冠浮動，親
王帶鬧裝。"今按樂天《寄翰林學士》詩："貴
主冠浮動，親王轡鬧裝。"白集及《文獻通
考》俱同，非"帶"字也。薛田詩："九苞縮就
佳人髻，三鬧裝成子弟轡。"正用白語，"轡"
與"彎"互証自明。楊因近有鬧裝帶之名，
遂改白詩"彎"字爲"帶"，以附會之耳。鬧
裝帶，合衆寶雜綴而成，故名。白詩之
"彎"，薛詩之"轡"，蓋皆此類。(《雅俗稽
言》卷二十九 P10)

【鬧裝花】nàozhuānghuā　《余氏辨林》：
"京師兒女多翦綵爲花，或草蟲之類，曰鬧
嚷嚷，卽古所謂鬧裝也。"白樂天詩："貴主
冠浮動，親王彎鬧裝。"是已。又元強珇《西
湖竹枝詞》："湖上女兒學琵琶，滿頭多插鬧
裝花。"(《通俗編》卷二十五 P563)

【閶】kuāng　門兩側曰閶。(《札樸》卷九
鄉里舊聞　鄉言正字附　名稱 P328)

【閶廊】kuānglóng　參見[匡當]。(《越諺》

卷中　屋宇 P25）

【聞喜】wénxǐ　其讌集之名凡九，以關試後曲江亭聞喜一宴爲盛。（《唐音癸籤》卷十八 P162）

【閣下】géxià　古者三公開閣，郡守比古諸侯，亦有閣，故皆稱閣下。（《目前集》後卷 P2138）

　　《因話錄》："古者三公開閣，郡守比古諸矣，亦有閣，故皆稱閣下。"（《通俗編》卷二十四 P533）

【閣學】géxué　明時稱大學士爲閣學，今稱中堂。而稱大學士爲閣學者，閣學之名起于宋宣和末，陳亨伯爲龍圖閣直學士，稱龍學，顯謨、徽猷二閣直學士欲效之而難于稱謨學、猷學，乃易閣學。（《談徵》名部上 P23）

【閣板】gébǎn　《晉書·庾翼傳》："杜乂、殷浩並才冠當世，翼弗之重，語人曰：'此輩宜束之高閣。'"韓愈詩："《春秋》三傳束高閣，獨抱遺經究終始。"按：此閣猶《禮記》"七十有閣"之閣，俗所謂閣板也。（《通俗編》卷二十四 P533）

【閣老】gélǎo　兩省相呼爲閣老。（《容齋四筆》）（《唐音癸籤》卷十七 P158）

　　《六典》云："中書舍人在省，以年深一人爲閣老，判本省雜事。給事之在東省者，其判事與中舍對秩，抑又可借稱閣老矣。"（《唐音癸籤》卷十七 P153）

　　唐以舍人年久者爲閣老，非今所稱閣老也。故事，舍人年久者，呼爲閣老，宰相相呼爲堂老。胡邦衡除龍圖閣學士，周益公賀詩，有"龍圖便爲黃閣老"之句。（《通雅》卷二十三 P776）

　　古曰堂老，今曰閣老。唐以政事堂故宰相稱堂老。兩省相謂曰閣老。……今則尊宰相爲閣老矣。（《通雅》卷十九 P684）

　　《國史補》："宰相相呼爲堂老，兩省相呼爲閣老。"《困學紀聞》："杜少陵《贈嚴閣老》詩：'扈聖登黃閣，明公獨妙年。'嚴武遷給事中，屬門下省，開元曰黃門省，故云黃閣。"《通鑑》："王涯謂給事中鄭肅、韓佽曰：'二閣老不用封勅。'"亦唐稱給事中爲"閣老"也。近世用杜詩爲宰輔事，誤矣。又《唐書·楊綰傳》："故事，舍人年久者爲閣老。"（《通俗編》卷五 P96）

　　《唐書·楊綰傳》："綰爲中書舍人。故

事，舍人年久者爲閣老。"《通鑑》："王涯謂給事中鄭肅、韓佽曰：'二閣老不用封勅。'"是唐稱給事中亦爲閣老也。（《恒言廣證》卷四 P59）

　　《困學紀聞》："《贈嚴閣老》詩：'扈聖登黃閣，明公獨少年。'《舊史·嚴武傳》：'遷給事中，時年三十二。'給事中屬門下省，開元曰黃門省，故云黃閣。少陵爲左拾遺，亦東省之屬，故云'官曹可接聯'。近世用此詩爲宰相事，誤矣。"《通鑑》："王涯謂給事中鄭肅、韓佽曰'二閣老'，不用封敕。此唐人稱給事中爲'閣老'也。"（《稱謂錄》卷十四 給事中古稱 P18）

　　《唐書·百官志》："中書舍人以久次者一人爲閣老，判本省雜事。"又《楊綰傳》云："故事，中書舍人年久者爲閣老，其公廨雜料獨取五之四。至綰，悉均給之。"案：今人率以此稱宰相，而變其名曰閣長，以稱內閣侍讀。閣長，卽古之閣老也。（《稱謂錄》卷十二　內閣各官古稱 P29）

　　參見［堂老］。（《稱謂錄》卷十二　內閣大學士 P22）

【閣筆】gébǐ　《北夢瑣言》云："盧延讓有詩云：'不同文賦易，爲是者之乎。'後入翰林，閣筆而已。"（《通言》卷五 P64）

【閣落】géluò　隱曲處曰閣落。（《札樸》卷九　鄉里舊聞　鄉言正字附　名稱 P328）

【閡】ài　音隘去聲。許氏《說文》："閡，外閉也。"从門，亥，意兼聲。案：閡，出門後曳門使閉也，吳中出門而略帶上其門曰閡。（《吳下方言考》卷九 P18）

【関節】guānjié　參見［氍毹］。（《里語徵實》卷中上　二字徵實 P34）

【閣背賊】zuānbèizéi　上"鑽"。夜盜先伏門壁後者。（《越諺》卷中　賊類 P16）

【閱叉】yuèchā　以拙反。或云夜叉，皆訛也，正言藥叉。此譯云能噉人鬼，又云傷者，謂能傷害人也。（《一切經音義》卷八 3P325）

　　參見［藥叉］。（《一切經音義》卷十二 14P465）

　　參見［夜叉］。（《通俗編》卷十九 P427）

【闍梨】shélí　具云阿闍梨，此云軌範師。謂與弟子爲軌則師範。（《一切經音義》卷二十一 19P814）

【闍黎】shélí　《寄歸傳》:"梵語阿遮黎耶,唐言執範。今稱訛略。"(《通俗編》卷二十P446)

【闍】yān　犬去勢曰闍。(《俚言解》卷二24P41)

【䰥神】shàishén　人死必如期至,犯之輒死。有雌䰥、雄䰥之説。俞文豹《吹劍錄》載唐太常博士李才喪䰥説,名同語異。"䰥"讀去聲。(《越諺》卷中　鬼怪P19)

【閻浮提】yánfútí　正云贍部提。贍部,樹名也。提,此云洲。謂香山上阿耨池南有一大樹,名爲贍部,其葉上闊下狹,此南洲似彼,故取爲名也。(《一切經音義》卷二十一 16P809)

【閻魔王】yánmówáng　正云琰邏闍。此曰遮止,謂誠勗罪人也。(《一切經音義》卷二十二 16P853)

【闌干】lángān　闌板曰闌干。太白云"沈香亭北倚闌干"是也。又,闌干有橫斜殘謝之意,如曹植詩:"月落參橫,北斗闌干。"薛令之詩:"苜蓿長闌干。"權德輿詩:"銅壺漏滴半闌干。"又眼眶曰闌干。王元景曰:"别後淚闌干。"注:"淚不斷也。"又《西南夷傳》"闌干細布"注:"獠言苧也。"(《雅俗稽言》卷十 P17)

　　《涌幢小品》:"闌干之名,起於北魏。南蠻中依樹積木以居,名曰'闌干',大小隨家口之數,往往推一長者爲王。入唐,此二字成雅語矣。吕居仁《春日卽事》云:'雪消池館初春後,人倚闌干欲暮時。'岳忠武《樂光亭》詩:'愛此倚闌干,誰同寓目間?輕陰弄晴日,秀色隱空山。'又段國《沙州記》:'吐谷渾於河上作橋,謂之河厲勾闌。'王建《宫詞》:'風簾水殿壓芙蓉,四面勾闌在水中。'李義山詩:'簾輕幕重金勾闌。'勾,一作'鉤'。"(《里語徵實》卷中上　二字徵實P26)

【闌馬】lánmǎ　公門架木遮闌,俗呼闌馬,卽古之行馬,謂馬至此不得行也。……漢魏三公門施行馬,見《楊彪傳》。唐李商隱詩:"郎君官貴施行馬。"(《俚言解》卷二14P35)

【闖將】chuǎngjiàng　《白頭閑話》:"都人或十五結黨,横行街市間,號爲闖將。"(《通俗編》卷十一P239)

　　《白頭閑語》。(《越諺》卷中　惡類

P15)

【闖門】chuǎngmén　角子門曰闖門。《國語》曰:"闖門而與之言。"(《肯綮錄》P1)

【闒茸】tàróng　參見[偒儢]。(《肯綮錄》P2)

【關子】guānzǐ　宋有交子、會子、關子、錢引、度牒、公據等名,皆所以權變錢貨以趨省便,然皆不言其制,惟户部中鹽有鹽鈔之名。(《俚言解》卷二29P43)

【關津】guānjīn　師古曰:"關説者,言由之而納税,如行者之有關津。"(《邇言》卷二P32)

【關店】guāndiàn　下恬玷反。《埤蒼》云:"店,廛、庡也。"《考聲》:"今之門店也。"《古今正字》:"從户占聲。"(《一切經音義》卷七十八 16P3098)

【關節】guānjié　世以下之所以通款曲于上者曰關節,然唐已有此語。段文昌言于文宗曰:"今歲禮部殊不公,所取進士,皆子弟無藝,以關節得之。"又《唐摭言》云:"造請權要,謂之關節。"按《漢·佞幸傳》:"高祖有籍孺,孝惠時有閎孺,與上臥起,公卿皆因關説。"乃知關節蓋本于關説也。(《能改齋漫錄》卷二 P30)

　　《杜陽雜編》云:"元載寵姬薛瑤英,善爲巧媚,載惑之。瑤英之父曰宗本,兄曰從義,與趙娟相遞出入,以搆賄賂,號爲關節。趙娟本岐王愛妾,後出爲薛氏妻,生瑤英。三人更與中書主吏卓倩等爲腹心,而宗本輩以事告者,載未嘗不頷之。天下齎寶貨求大官,無不恃載權勢,指揮卓爲梯媒。"又李肇《國史補》總叙進士科云:"造請權要,謂之關節。"牛軻《牛羊日曆》云:"由是輕薄奔走,揚鞭馳騖,以關節緊慢爲甲乙。"以此推之,則諺所謂打關節、有梯媒者,不爲無祖矣。(《南村輟耕錄》卷八 P99)

　　《能改齋漫錄》:"世以下之所以通款曲於上者曰關節,然唐已有此語。段文昌言於文宗曰:'今歲禮部殊不公,所取進士皆子弟,無藝,以關節得之。'又《唐摭言》云:'造請權要,謂之關節。'"案《漢書·佞幸傳》:"高祖有籍孺,孝惠時有閎孺,與上臥起,公卿皆因關説。"乃知關節蓋本於關説也。(《恒言錄》卷一 P20)

　　《舊唐書·穆宗》詔:"訪聞近日浮薄之

徒,扇爲朋黨,謂之關節,干擾主司,每歲策
名,無不先定。"《能改齋漫錄》:"段文昌言
于唐文宗曰:'今歲禮部殊不公,所取進士,
皆以關節得之。'"《宋史·包拯傳》:"關節不
到,有閻羅包老。"按:《漢書·佞幸傳》:"籍
閎與上臥起,公卿皆因關説。"師古曰:"言
由之納説,如行者之有關津。"關節者,關説
之節目也。(《通俗編》卷五 P92)

　　《杜陽雜編》云:"元載寵姬薛瑤英善爲
巧媚,載惑之。瑤英之父曰宗本,兄曰從
義,於趙娟相遞出入,以構賄賂,號爲關
節。"……又李肇《國史補》總敘進士科云:
"造請權要謂之關節。"牛軻《牛羊日歷》云:
"由是輕薄奔走,揚鞭馳騖,以關節緊慢爲
甲乙。"以此推之,則諺所謂打關節、有梯媒
者不爲無祖矣。(《談微》言部 P36)

　　參見[溫卷]。(《唐音癸籤》卷十八
P162)

　　參見[打觥觫]。(《通雅》卷二十
P743)

　　參見[覓舉]。(《通雅》卷二十 P743)

【關見】guānjiàn　北魏《宋游道傳》:"時人
語曰:'游道獼猴面,陸操科斗形,意識不關
見,何謂醜者必無情。'"案:關見,暫見也,
今吳諺謂瞥然一見曰關見。(《吳下方言
考》卷九 P11)

【關親】guānqīn　古文《周書》:"周穆王姜
后寢有孕,占之。史良曰:'是謂關親。'"
案:關親,猶言痛癢相關之親也。今吳中凡
有絲蘿皆曰關親。(《吳下方言考》卷四
P17)

【關試】guānshì　關試,吏部試也。進士放
榜勅下後,禮部始關吏部。吏部試判兩節,
授春關,謂之關試。(《唐音癸籤》卷十八
P162)

【關説】guānshuō　參見[關節]。(《能改齋
漫錄》卷二 P30)

【關防】guānfáng　《隋書·酷吏傳》:"庫狄
士文爲貝州刺史,凡所住宿,禁家僮無得出
入,名曰關防。"羅隱《定遠樓》詩:"近日關
防雖弛柝,舊時闌檻尚侵雲。"(《恒言廣證》
卷四 P62)

【闡士】chǎnshì　參見[開士]。(《稱謂錄》
卷三十一 僧 P4)

【闤木】jiāomù　案:《周書·王會》:"夷用闤

木。"孔晁注:"夷,東北夷也。木生水中,黑
色而光,其堅若鐵。"馥謂:木變石,即闤木。
但孔謂"生水中",與都統目驗者異。《集
韻》:"闤,木名。"此據《王會》爲説。(《札
樸》卷四 覽古 P132)

【闤】huà　破物曰闤。闤,忽麥切,音懂,開
也。又《字彙》:"破物也。"(《燕説》卷二
P2)

革　部

【革屣】géxǐ　《毛詩》傳曰:"革,皮也。"下師
綺反。《考聲》:"履之不攝跟者也。"或作
鞵、緀。……經云:"革屣即西婆羅門皮鞋
也。"有類此國偏鞋草鞋,但以皮草作之,形
皃亦全異。(《一切經音義》卷十二 4P446)

　　所綺反。《集訓》云:"履之不攝跟者曰
屣。"舞履也。(《一切經音義》卷十五
1P550)

　　所綺反。古文作鞵、轆二體,同也。
(《一切經音義》卷二十五 17P982)

【靪】dīng　補綻曰靪。(《札樸》卷九 鄉里
舊聞 鄉言正字附 雜言 P331)

【靸】sǎ　《西湖游覽志餘》:"杭州市人諱低
物爲'靸',以其足下物也。"按:《能改齋漫
錄》:"唐人謂事之不振者曰'踏跋'。靸,即
'踏跋'之省,字當作'跋'。蓋以物之不佳,
比照于事之不振耳。(《通俗編》卷十一
P240)

【靸鞋】sǎxié　《輟耕錄》:"西浙之人,以草
爲履而無跟,名曰靸鞋。"《炙轂子》引《實
錄》云:"靸與鞋、舃,三代皆以皮爲之,始皇
二年,始用蒲爲,名靸鞋,二世加鳳頭,仍用
蒲,晉永嘉元年,用黃草,宮內妃御皆著。"
按:此均謂南方之靸鞋也。北方所謂靸鞋,
則製以布而多其繫。《北夢瑣言》有"霧是
山巾子,舡爲水靸鞋"句。不知孰指也。
靸,悉合切,在颯字韻下。(《通俗編》卷二
十五 P565)

【靸鞵】sǎxié　西浙之人,以草爲履而無跟,
名曰靸鞵。婦女非纏足者,通曳之。《炙轂
子雜錄》引《實錄》云:"靸鞵、舃,三代皆以
皮爲之,朝祭之服也。始皇二年遂以蒲爲
之,名曰靸鞵。二世加鳳首,仍用蒲。晉永
嘉元年用黃草,宮內妃御皆著,始有伏鳩頭

履子。梁天監中,武帝易以絲,名解脱履。
至陳、隋間,吳、越大行,而模樣差多。唐大
曆中進五朵草履子,建中元年進百合草履
子。"據此,則鞕鞋之製,其來甚古。然《北
夢瑣言》載"霧是山巾子,船爲水鞕鞋"之
句,抑且咏諸詩矣。鞕,悉合切,在颯字韻
下。今俗呼與屧同音者,誤。(《南村輟耕
錄》卷十八 P225)

《輟耕錄》:"兩浙之人,以草爲履而無
跟,名曰鞕鞋。"《北夢瑣言》載"霧是山中
子,船爲水鞕鞋"之句,鞕,悉合切,在颯字
韻。今俗呼與屧同音者,誤。按:今北人語
正作屧音。常生案:《中華古今注》:"鞕鞋
蓋古之履也。秦始皇常鞕望仙鞋,以對隱
逸求神仙。"(《恒言錄》卷五 P109)

《炙轂子雜錄》引《實錄》:"鞕與鞋,舄,
三代皆以皮爲之。始皇二年始用蒲,爲名
鞕鞋。二世加鳳頭,仍用蒲。晉永嘉元年
用黃草,宮內妃女皆著。"(《恒言廣證》卷五
P85)

【靳】 jìn 今人以用力爲"使靳"。按:《左氏
傳》曰:"吾徒子如驂之靳。"駕車之馬,以服
爲主,……故必靳而徒之。有力謂之"有
靳",無力謂之"無靳"。(《越言釋》卷上
P11)

【靳頭】 jìntóu 忽然用力謂之"勒頭"。
(《越言釋》卷上 P11)

【鞋楦】 xiéxuàn 上霞皆反,下喧院反。
《集訓》云:"鞾履模樣曰楦。"(《一切經音
義》卷十四 2P514)

【鞏】 gǒng 石礄曰鞏。湘鄉朱津渡,雍正
時徐公明倡修。青石九鞏,似鉋無縫。
……萬曆四十四年,傾北一、二鞏,補修之。
康熙五十年,北一、二鞏又傾,邵陽僧海岸
與道士黃興逸來衡募修。(《里語徵實》卷
上 一字徵實 P34)

【鞓帶】 tīngdài 方闊帶曰鞓帶。按:《姑蘇
志·雜事》:"宋嘉祐中,崑山縣海上飄泊一
船,船中三十餘人,繫紅鞓角帶(方鵬《崑山
志》譌作"紅鞋")。詳其人,乃新羅島云
云。鞓,本作鞓,音汀。《玉篇》:"皮帶也。"
今俗聲重呼作挺。(《土風錄》卷三 P200)

皮帶也。李長吉《酬答詩》:"金魚公子
夾衫長,密裝腰鞓割玉芳。"(《夢谿筆談》:
"海上有一船,桅折抵岸,三十餘人如唐衣
冠,紅鞓角帶。")(《語實》P169)

【鞙】 juān 馬轡(音樓)尾曰鞙(胡畎反)。
(《通俗文》釋兵器 P85)

【鞔】 mán 蒙鼓曰鞔。鞔,莫官切。《酉陽
雜俎》:"甯王當夏中揮汗鞔鼓。"按:今人猶
謂作鞋底曰鞔底,釘鼓皮曰鞔鼓。或借作
漫。蘇子瞻《寄劉孝叔》詩:"東海取鼉鞔戰
鼓。"(《燕説》卷三 P11)

【鞝】 zhǎng 縫皮曰鞝。鞝音掌。(《蜀語》
P23)
縫皮曰鞝。鞝音掌。(《里語徵實》卷
上 一字徵實 P25)

【鞠養】 jūyǎng 《舊五代史·周太祖紀》:
"帝未及齔齔,章德太后蚤世。姨母楚國夫
人韓氏,提攜鞠養。"(《通言》卷三 P41)

【鞚】 kòng 所以制馬曰鞚。(《通俗文》釋
兵器 P85)

【鞦鞁】 qiūpèi 上七游反。馬紂也,或作
緧、鞧,皆一也。……下悲媚反,馬勒也。
(《一切經音義》卷十四 8P526)

【鞦韆】 qiūqiān 參見[秋千]。(《雅俗稽
言》卷十三 P26)

【鞭棰】 biānchuí 《陳書·始興王叔陵傳》:
"出其典籤親事,仍加鞭棰。"(《札樸》卷八
金石文字 卷八 P282)

【鞁】 dū 牛牽船。(《通俗文》釋車船 P81)
析皮具。(《通俗文》釋車船 P81)

【鞴囊】 bàináng 上排拜反。《説文》:"吹
火具也。"或從韋作韛,亦作橐。……《字
書》云:"無底袋也。"(《一切經音義》卷十六
11P613)

【鞴馬】 bèimǎ 杜詩"我曹鞴馬聽晨雞"作
"鼓鞴"之"鞴"。按:《説文》"鞁"字注引:
"鞁牛乘馬。"《玉篇》亦云:"鞴,服也。"革旁
與牛旁當是古通用耳。《南渡錄》作"備
馬",非。又《説文》"鞍"字注:車駕具也。
徐鍇《繫傳》"猶今人言鞍馬也。平義反。"
(《直語補證》P36)

【鞲】 wēng 綿鞵曰鞲。(《札樸》卷九 鄉里
舊聞 鄉言正字附 服飾 P326)

【鞴】 chóng 鞴,牽船也。(《通俗文》釋車
船 P81)

【鞾韄】 duóhù 劍者,……通謂之身,亦謂
之莖。所以受莖謂之夾,所以飾夾謂之鏕,
以韋謂之鞾韄。(《札樸》卷四 覽古 P129)

【韂】 chàn 馬障泥曰韂。韂,昌艷切,亦作

韉。(《燕説》卷三 P15)

　　馬障泥曰韉。韉音綻，見《蜀語》。又傅若金詩："行旅各已息，下馬卸征韉。"又曹唐《小遊仙》詩："紅龍錦韉黃金勒，不是元君不得騎。"(《里語徵實》卷上　一字徵實 P21)

【韉】jiān　馬鞁具曰韉，此俗作也，當爲"韀"。《廣韻》："韀，蘇旱切，二幅。"《説文》："韀，婦人脅衣。"馥謂："韀"亦馬衣脅衣，故冒名焉。《晉書·張方傳》："軍人入宮閣，爭割流蘇武帳而爲馬韀。"(《札樸》卷七匡謬 P247)

頁　部

【頁】yè　《説文》："䇂，篇也。""篇，書僮竹笐也。"穎川人名小兒所書寫爲笐。今讀書一番曰一頁，本當用䇂字，以面頁字同音，借用取省筆耳。鑑案：《廣韻》亦云："篇，簿書。"䇂當从竹从枼，俗从艸，非也。(《恒言錄》卷六 P112)

【頁腦】xiénǎo　斧之頭曰頁腦。頁，胡結切，讀如纈，頭也。(《蜀語》P37)

【頂公】dǐnggōng　俗語謂屋也。見明《吳忠節公麟徵年譜》"公父售屋與人，乃欷"云云。(《直語補證》P46)

【頂戴】dǐngdài　當愛反。《字書》云："在首曰戴。"亦云舉之於首也。孔注《尚書》："欣奉其上曰戴。"劉熙云："人所瞻戴也。"《説文》："從異㦰聲。"㦰音災。(《一切經音義》卷二十 9P761)

　　(雙聲字)梁武帝《金剛般若識文》："頂帶(編者按：當作戴)奉持，終不舍離。"《唐摭言》："張晹捧登科錄頂戴之曰：'此千佛名經也。'"(《恒言廣證》卷二 P40)

【頂缸】dǐnggāng　《雅俗稽言》："金陵沿江岸善壞。或言豬婆龍爲崇，第言豬同國姓，遂托言曰黿。上命捕之，適釣得黿，不能出，因取沙缸罩出之。諺云：'豬婆龍爲殃，黿頭黿頂缸。'"吳中謂代人受罪過曰頂缸。(《吳下方言考》卷二 P8)

【頂針】dǐngzhēn　參見[指搯]。(《通俗編》卷二十五 P566)

【項很】xiànghěn　上學講反，下痕墾反。賈注《國語》云："違庚怨恨也。"言很庚之人

強項難迴，名爲項很。(《一切經音義》卷十六 6P603)

【項𩩄】xiàngzhěn　頭後骨曰項𩩄。(《札樸》卷九　鄉里舊聞　鄉言正字附　身體 P326)

【頍】kū　白禿曰頍。(《通俗文》釋形體 P55)

【順流】shùnliú　《史記·留侯世家》："順流而下，足以委輸。"按：俗凡行事無所乖逆，悉爲此言，蓋借其義。(《通俗編》卷十 P215)

【須捷】xūjié　音如西籥。揚子《方言》："南楚凡人貧，衣被醜敝，謂之須捷。"案：須捷，零落貌。吳中謂物之零落懸鶉者曰須捷。(《吳下方言考》卷四 P8)

【須至】xūzhì　《朱子文集》："公移牓帖末多用'須至'字，如云'須至曉示者'，'須至曉諭約束者'，看定文案申狀，亦云'須至供申者'。"按：今公文中習爲定式，問其義，則無能言之。據《歐陽公集》："相度銅利牒云：'無至悮事者。'五保牒云：'無至張皇鹵莽者。'"亦俱用之篇末，大抵戒之曰"無至"，勸之曰"須至"，其辭僅反正不同耳。(《通俗編》卷六 P127)

【須索】xūsuǒ　參見[索]。(《方言藻》卷二 P16)

【須給】xūjǐ　《唐書·陸贄傳》云："又如遇敵而守不固，陳謀而功不成，責將帥，將帥曰資糧不足，責有司，有司曰須給無乏。"(《通言》卷一 P20)

【頑】wán　陳造《田家謠》："小婦初嫁當少寬，令伴阿姑頑過日。"自注："房俗謂嬉爲頑。"(《通俗編》卷十二 P265)

【頑很】wánhěn　很，何墾反。《左氏傳》曰："心不則德義之經曰頑也。"杜注《左傳》曰："很，戾也。"《説文》曰："很，不任從也。"很字正體從彳，今從亻者，俗也。(《一切經音義》卷二十三 4P870)

【頑皮】wánpí　奸狡詼謔謂之頑皮，又曰滑皮，言如駕轅之牛，項毛盡脫，其皮頑滑而堅厚也。(《俚言解》卷一 47P27)

　　《太平廣記》："皮日休作齟詩嘲歸仁紹，有'頑皮死後鑽須徧'句。"(《通俗編》卷十六 P356)

【頓】dùn　杜詩："頓頓食黃魚。"頓頓字亦有所本。晉謝僕射、陶太常同詣吳領軍，坐

久，吳留客作食。日已中，使婢賣狗供客。客比得一頓食，殆無氣可語。(《能改齋漫錄》卷六 P159)

食可以言一頓。《世說》："羅友嘗伺人祠，欲乞食。主人迎神出，曰：'何得在此？'答曰：'聞卿祠，欲乞一頓食耳。'"(《能改齋漫錄》卷二 P29)

《漫錄》曰："食可以言頓。"《世說》："羅友曰：'欲乞一頓食。'"余謂"頓"字豈惟食可用？如《前漢書》"一頓而成"是言事也。《唐書》"打汝一頓"是言杖也。《晉書》"一時頓有兩玉人"是言人也。宋明帝、王忱嗜酒，時以大飲爲"上頓"，是言飲哉？《續釋常談》引《世說》以證"一頓"二字出處，不知二字已見《前漢書》矣。(《俗考》P15)

唐劉世讓曰："突厥數寇，良以馬邑爲之中頓。"注："頓是食也，置食之所曰頓，猶今言中火也。"俗總以一飧爲一頓，《北史》："農爲中軍，寶爲後軍，相去各一頓。"(《通雅》卷四十九 P1444)

遽然也。《世說》："庾風姿神貌，陶一見便改觀，談宴竟日，愛重頓至。"《世說》注："《高坐別傳》：'性高簡，不學晉語。諸公與之言，皆因傳譯。然神領意得，頓在言前。'"(《助字辨略》卷四 P216)

《世說‧任誕篇》："襄陽羅友伺人祠，欲乞食，云：'聞君祠，欲乞一頓食耳。'"《南史‧徐湛之傳》："今日有一頓飽食，欲殘害我兒子。"杜子美詩："頓頓食黃魚。"《舊唐書‧食貨志》："宜付所司，決痛杖一頓處死。"常生案：《水經注》："《爾雅》曰：'山一成謂之頓邱。'《釋名》：'謂一頓而成邱，無高下小大之殺也。'"(《恒言錄》卷二 P30)

《隋煬帝紀》："每之一所，輒數道置頓。"此以貯食爲頓，猶今所云打尖，非食一次之謂。(《土風錄》卷十 P285)

《荀子》："若挈裘領，詘五指而頓之。"案：頓，提衣而抖直之也。吳中謂提衣領而抖直之曰頓。(《吳下方言考》卷九 P2)

俗以一餐爲一頓，其語亦在有之。《隋煬帝紀》云："每之一所，輒數道置頓。"唐劉世讓曰："突厥數寇，良以馬邑爲之中頓。"註："頓是食也，置食之所猶今言中火也。"《北史》："農爲中軍，寶爲後軍，相去各一頓。"(《談徵》言部 P4)

吃飯曰頓。《通雅》："唐劉世讓曰：'突厥數寇，良以馬邑爲之中頓。'"注："頓是食也。置食之所曰'頓'，猶今言中火也。俗總以一餐爲一頓。"《北史》："農爲中軍，寶爲後軍，相去各一頓。"又《煬帝紀》："每之一所，輒道置頓。"《世說》："羅友伺人祀祠，主人問之：'何爲？'答曰：'欲喫一頓食耳！'"(《里語徵實》卷上 一字微實 P26)

【頓黨】dùndǎng　《齊民要術》："頓黨黃。"案：頓黨，一齊也。吳中謂待事並爲者曰頓黨。(《吳下方言考》卷七 P3)

【領】kān　《越語肯綮錄》："人訾物之醜者曰'堪'。或詢之，曰：'堪者，不堪也，反詞。'今觀《隋韻》，知爲'領'字，音堪，物醜貌。"(《通俗編》卷十一 P240)

【領喏】kānnuò　堪諾。驚訝之詞。領，物醜貌。《越語肯綮錄》證《隋韻》。(《越諺》卷下 發語語助 P21)

【頌殺】mòshā　音殢。《玉篇》："頌，內（入聲）頭水中也。"案：頌，捽人頭令入水中也。吳諺謂捽人頭入水曰頌殺。(《吳下方言考》卷十二 P6)

【頯】pī　音丕。《玉篇》："頯，大面。"案：吳中謂大面而肥者曰頯圍。(《吳下方言考》卷六 P14)

【頯圍】pīwéi　參見[頯]。(《吳下方言考》卷六 P14)

【領】lǐng　簟可以言一領。《世說》："王大見王恭坐六尺簟，因語恭：'卿東來，故應有此物，可以一領及我。'"(《能改齋漫錄》卷二 P29)

【領袖】lǐngxiù　《晉書‧裴秀傳》："時人語曰：'後進領袖有裴秀。'"《魏舒傳》："文帝器重之，曰：'魏舒堂堂，人之領袖也。'"又《胡母輔之傳》、《南史‧王訓傳》《劉繪傳》俱云爲"後進領袖"。(《通俗編》卷二十五 P549)

【頤】gěn　頰後曰頤。(《札樸》卷九 鄉里舊聞 鄉言正字附 身體 P326)

【頗梨】pōlí　正云頗胝迦。此云水玉，狀似水精，有赤有白。《大論》云："過千年冰化爲頗梨珠。"未詳虛實也。(《一切經音義》卷二十五 3P955)

【頗黎】pōlí　玻璃，本作頗黎。頗黎，國也。《玄中記》云："大秦有五色頗黎。"《梁四公子記》："扶南人來買頗黎鏡。"蔡絛曰："御庫有波黎母。"《集注》曰："流璃，火齊珠也。"《魏略》："大秦國出火齊、玫瑰。"《唐書》："羅刹國有火齊。"《續漢書》云："哀牢地出火精、琉璃。"《演繁露》謂："天竺有火齊如雲母。"則同名者也。《説文》："鎔銷，火齊也。"近三保太監出西洋，攜燒玻璂人來，故中國玻璂頓賤。《唐書》："元載誅，得路嗣恭所遺琉璃盤徑尺。"《北史》言："月氏人在京師，鑄石爲五色琉璃，煮不動曰蕃琉璃。"又，自有如師古所言自然琉璃石，大昌勿竟駁也。陳藏器曰："自然灰生南海畔，如黃土灰，可澣衣；玉石瑪瑙之類，以此灰埋之即軟，易雕刻。"今益都用礁石爲琉璃。詳《小識》。(《通雅》卷四十八 P1426)

【額子】ézǐ　按：以貂皮煖額，即昭君套抹額。又，即齊眉，伶人則曰額子。(《釋諺》P130)

【頦頰】kéjiá　下兼牒反。顧野王云："面傍目下耳前也。"(《一切經音義》卷十七6P641)

【頭】tóu　世言裏頭外頭之屬。……頭亦助辭也。即人體言，眉亦曰眉頭，駱賓王有"眉頭畫月新"句；鼻亦曰鼻頭，白居易有"聚作鼻頭辛"句；舌亦曰舌頭，杜荀鶴有"喚客舌頭猶未穩"句；指亦曰指頭，薛濤有"言語殷勤一指頭"句。器用之屬，則如缽頭，見張祐詩；杷頭，見蘇軾詩；至江頭、渡頭、田頭、市頭、橋頭、步頭，用之尤甚多也。(《通俗編》卷三十三 P745)

司空圖詩："遂他女伴卸頭遲。"按：婦人謂髮曰"頭"。《全唐詩》載南中諺云："秋收稻，夏收頭。"謂婦人截髮而貨，歲以爲常也。其假髻亦謂之"假頭"。《晉書·五行志》："婦女緩鬢傾髻，以爲盛飾，先於木及籠上裝之，名曰假頭。貧家不能自辦，自號無頭。""就人借頭""卸頭"語，可因二事而明。(《通俗編》卷二十二 P494)

【頭上尹】tóushàngyǐn　《劉棲楚傳》："改京兆尹，不避權豪。一日軍士有所淩突，諸少年從旁噪曰：'癡男子，不記頭上尹耶！'"(《稱謂錄》卷十八 順天府 P16)

【頭口】tóukǒu　《元典章》刑例有偷頭口條："凡達達漢兒人，偷頭口一箇，陪九箇。"按：牛馬之屬，今仍謂之頭口。(《通俗編》卷二十八 P636)

【頭員】tóuyùn　下云圓二音，義同。《黃帝內經》："頭痛員員。"案：員員，旋轉不寧之貌。今吳諺謂頭昏曰頭員。(《吳下方言考》卷五 P4)

【頭緒】tóuxū　參見[孝頭緒]。(《通俗編》卷二十五 P564)

【頭家】tóujiā　《吹景集》："博戲者，立一人司勝負，曰頭家。"《唐文英華》：薛恁有《戲挧薄頭賦》云："鑒座中之奔北，爲席上之司南。"(《通俗編》卷二十三 P524)

【頭腦】tóunǎo　參見[儜頭]。(《越諺》卷下 單辭隻義 P12)

【頭破】tóupò　參見[破龍]。(《越諺》卷中 穀蔬 P54)

【頭目】tóumù　《荀子·議兵》篇："下之于上也，若手臂之扞頭目也。"按：元號領軍官爲頭目。中統元年，詔：軍人陣亡者家屬，仰各頭目用心照管。見《元典章》。義本于《荀子》也。(《通俗編》卷十六 P338)

【頭畜】tóuchù　五月，説與百姓每："不許縱放頭畜，作踐田禾。"(《宛署雜記》卷一 P1)

【頭皮】tóupí　楊朴詩："今日捉將官裏去，這回斷送老頭皮。"(《恒言錄》卷一 P7)

《侯鯖錄》：真宗徵處士楊朴至，問曰："臨行時有人作詩送卿否？"對曰："臣妻有詩曰：今日捉將官裏去，這回斷送老頭皮。"(《恒言廣證》卷一 P7)

【頭籌】tóuchóu　俗有拔頭籌之語。《北夢瑣言》："陳敬瑄與師立、牛勉（編者按："勉"當作"勗"）、羅元果（編者按："果"當作"杲"）以打毬爭三川，敬瑄獲頭籌，制授右蜀節旄。"(《直語補證》P15)

【頭陀】tóutuó　青藤山人《路史》：頭陀，梵語也。元是杜多二字，轉音爲頭陀。華言抖擻也，言三毒之塵，坌于心胸，須振迅而落之也。(《通俗編》卷二十 P446)

謂蓄髮戴箍敲響板和尚。青縢山人《路史》："華言'抖擻'。"(《越諺》卷中 賤稱 P14)

參見[杜多]。(《目前集》前卷 P2131)

【頭鐸】tóutà　儀仗曰頭鐸。鐸音苔。(《蜀語》P22)

【頭須】tóuxū　參見[孝頭緒]。(《通俗編》卷二十五 P564)

【頭面】tóumiàn　《東京夢華錄》："相國寺

兩廊,賣繡作領抹花朵珠翠頭面之類。"《乾淳起居注》:"太上太后幸聚景園,皇后先到宮中起居,入幕次,換頭面。"按:俗呼婦人首飾曰頭面。據此,則宋已然矣。《燕翼貽謀錄》云:"婦人冠,舊以漆紗爲之,而加金銀珠翠彩色裝花諸飾。仁宗時,宮中以白角改造,長至三尺,有等肩者。今杭俗女子初嫁,有所謂大頭面,當本于此,蓋亦宋俗之遺也。《留青日札》云:"富貴婦女,赴人筵席,金玉珠翠首飾甚多。一首之大,幾于合抱。"亦指大頭面言歟?(《通俗編》卷二十五 P558)

【頭鵝】tóu'é　頭鵝,天鵝也。以首得之,又重過三十餘斤,且以進御膳,故曰頭。(《南村輟耕錄》卷一 P19)

【頻婆果】pínpóguǒ　此譯云相思也。(《一切經音義》卷十 4P367)

【頻眉】pínméi　符賓反。《考聲》:"頻,蹙聚眉也。"《廣雅》:"憂愁不樂也。"《説文》從卑。作顰時不多用,今從簡。(《一切經音義》卷二十九 2P1143)

【頜】hú　高鼻音頜。頜音鵠。《廣韻》:"鼻高貌。"(《燕説》卷四 P2)

【頦頦】hànhái　參見[顄頦]。(《越諺》卷中 身體 P22)

【頦頭】hàntóu　點頭曰頦頭。《正韻》:"頦,五感切,低頭也。"《左傳·襄公二十六年》:"衛夫人逆于門者,頦之而已。"注:"頦,搖其頭也。"(《里語徵實》卷中下 二字徵實 P19)

【顆】kē　《顔氏家訓》:"北土通呼物一由爲一顆。"馥案:《漢書·賈山傳》:"使其後世曾不得蓬顆蔽冢而託葬焉。"顔注:"顆,謂土塊。"(《札樸》卷四 覽古 P127)

【頹】chuí　《一切經音義》云:"今江南言頹頭、胅額,乃以頹爲後枕高胅之名也。"(《札樸》卷五 覽古 P146)

【頹頭】chuítóu　參見[頹]。(《札樸》卷五 覽古 P146)

【顄頦】hànpéi　本音"汗孩",越音"下杷"。"頦頦"同。"頦"呼"杷",從《通俗編》。(《越諺》卷中 身體 P22)

【題名會】tímínghuì　參見[打髇毱]。(《通雅》卷二十 P743)

【題目】tímù　《南史·王僧虔傳》:"誡子曰:

'往年取《三國志》,聚床頭百日許,汝曾未窺其題目。'"按:此與今作文者先有題目意合,而古言題目,義各不同。《魏志·臧霸傳》注:"武帝百官名,不知誰撰,皆有題目,稱臧舜才穎條暢,識贊時宜。"此"題目"猶品題也。《北史·念賢傳》:"行殿初成,未有題目。帝詔近侍各名之,賢乃名爲圓極。"此"題目"猶題識也。(《通俗編》卷七 P146)

【題諱】tíhuì　參見[填諱]。(《恒言錄》卷五 P95)

【顄】āo　頭凹曰顄。於交切。(《肯綮錄》P1)

【頓】hùn　參見[打諢]。(《通俗編》卷十七 P373)

【顛不刺】diānbùlà　《西廂記》:"顛不刺見了萬千。"箋釋者以顛不刺爲美女,非也。萬曆初,張江陵當國,將南京太祖所藏寶玩盡取上京,中有顛不刺寶石一塊,重七分,老米色,若照日,只見石光,所以爲寶也。今人不知。(《言鯖》卷下 P9)

【顛顛】tiántián　醫家"五癇",北人謂之"痰氣",而南人謂之"顛顛"者,舉動欹斜不規於度,謂之"僊",故抑之。《詩》曰:"屢舞僊僊。"今人呵小兒者,必曰"顛顛僊僊",是也。(《越言釋》卷上 P15)

【顉】hùn　圓曰顉。音混。(《肯綮錄》P2)

【顉筒臉】hùntǒngliǎn　渾。面首俱圓。出《説文》。見《集韻》。(《越諺》卷中 身體 P23)

【纇】lèi　多節曰纇。(《通俗文》釋鳥獸 P94)

【纇子】sǎngzǐ　今人謂喉中出聲曰纇子。見《夢溪筆談》"叫子"一條。(《直語補證》P37)

【顢頇】mánhān　人性寬緩曰顢頇。音瞞寒。《廣韻》:"大面也。"(《燕説》卷一 P6)

【顐頭】ōunóu　音漚摳。《玉篇》:"顐頭,面折。"案:顐頭,面凹入也。吳中凡眼面之類折入皆曰顐頭。(《吳下方言考》卷六 P10)

【顉顄】máxiá　顉,邁平聲。《廣韻》:"顉顄(哈平聲),難語。出陸善經《字林》。案:難語者,其聲不易也。吳中小兒作戲影語云:"羊顉顄。"(《吳下方言考》卷四 P5)

【顧】gù　《前漢·鼂錯傳》:"欲民財以顧其

功。"案：顧，以財情人作工也。吳諺謂隸農田役爲顧功。(《吳下方言考》卷八 P12)

【顧功】gùgōng　參見[顧]。(《吳下方言考》卷八 P12)

【顧懼】gùjù　《廣雅》曰："顧，眷也。"言不眷戀身命、怖懼死也。(《一切經音義》卷二十三 12P886)

【顯妣】xiǎnbǐ　王粲《思親》詩："穆穆顯妣。"(《稱謂錄》卷二　亡母 P7)

【顯考】xiǎnkǎo　亡父。《讀禮通考》："今人以顯考爲父，蓋起於有元之世。時以皇考爲君上尊稱，遂易爲顯考。案：稱父母曰顯考妣，實有未妥。《禮記·祭法》顯考廟在皇考廟之上，則今之高祖也。名實乖舛，宜考正之。而今世人之發訃，則無不稱顯考者矣。(《稱謂錄》卷一　亡父 P20)

面　部

【面具】miànjù　謂裝面也。《前志》："象人可罷。"注："今之著假面。"孟康曰："戲獅子者。"江夏王義恭舞伎，正冬，袿衣不得裝面。近時舞曰跳隊裝面，以前代故事演成，或舞仗成字，王侯以下皆用之。但人數漸少，如八佾有八八、二八之分。唐高祖聖壽樂舞，行列成字，十六變而畢。韋皋獻南詔奉聖樂，亦舞成字，如今金陵迎春舞。稍戚亦跳隊也，舞以三十六人，裝假面，執戚相擊成聲。京官到任，亦用教坊舞一曲，或四人六人對舞。《清波雜志》言："于狄似處，見其五世祖狄襄公收儂智高所帶銅面具，謂面甲如面具也。"騧（正洽切）騧（魚洽切），俳戲人也，升菴引《諸經音義》。蒼鶻、參軍，詳見《稱謂卷》中。(《通雅》卷三十五 P1090)

【面嘴】miànzuǐ　面臉曰面嘴，見《指月錄》："佛照光頌云：'一畝之地，一蛇九鼠，仔細看來是何面嘴。'"(《土風錄》卷七 P256)

【面孔】miànkǒng　《開天傳信記》："黃幡綽嘲劉文樹曰：'文樹面孔，不似胡孫；胡孫面孔，強似文樹。'"(《通俗編》卷十六 P339)

【面皮】miànpí　《裴氏語林》："賈充謂孫皓曰：'何以剝人面皮？'皓曰：'憎其顏之厚

也。'"(《恒言廣證》卷一 P7)

【面衣】miànyī　古者，女子出門必擁蔽其面。《西京雜記》："趙飛燕女弟昭儀有金花紫羅面衣……"今俗面衣謂之眼罩，男子亦用之。(《雅俗稽言》卷十一 P4)

【面花子】miànhuāzǐ　今婦人面飾用花子，起自唐昭容上官氏所製，以掩黥迹。大曆已前，士大夫妻多妒悍，婢妾小不如意，輒印面，故有月黥、錢黥。事見《酉陽雜俎》。(《南村輟耕錄》卷九 P109)

【髎髎】liǎoliǎo　音僚。顧野王《玉篇》："髎，面白髎髎也。"案：髎髎，白而無血色貌。吳中謂面白而無色者曰面白髎髎。(《吳下方言考》卷五 P13)

骨　部

【骨直】gǔzhí　今吳中置骨頭爲骨直。(《吳下方言考》卷十一 P19)

【骨咄犀】gǔduōxī　骨咄犀，蛇角也。其性至毒，而能解毒，蓋以毒攻毒也。故曰蠱毒犀。《唐書》有古都國，必其地所產，今人訛爲骨咄耳。(《南村輟耕錄》卷二十九 P360)

【骨朵】gǔduǒ　嘗記《宋景文筆記》云："關中人以腹大爲胍肫（上音孤，下音都），俗因謂杖頭大者亦曰胍肫。後訛爲骨朵。朵，平聲。"(《南村輟耕錄》卷一 P19)

《宋景文公筆記》："關中人以腹大爲胍肶。胍肶，音孤都，俗因謂杖頭大者亦曰胍都。後訛爲骨朵，蓋訛以孤轉入聲，都轉上聲也。"又按：《演繁露》："宋朝既名衛士執檛扈從者爲骨朵子班，及考字書，檛、簻皆竹瓜切，音檛。通作簻，徒果切，音椯。簻之變爲骨朵，正如而已爲爾、之乎爲諸之類。故謂檛杖爲骨朵，雖不雅馴，其來久也。"(《雅俗稽言》卷十八 P8)

《宋景文筆記》曰："關中人以腹大爲胍肶，音孤都，俗謂杖頭大者爲胍肶，後訛爲骨朵。"今北方呼花蕾爲骨朵。(《談徵》言部 P28)

參見[胍肶]。(《通俗編》卷三十四 P757)

參見[胍肶]。(《恒言廣證》卷三 P43)

參見[胍肶]。(《燕說》卷四 P3)

【骨法】gǔfǎ　《湘山野錄》云："錢若水謁陳希夷,欲分華山居之。白閣道者謂希夷曰:'無此骨法。當爲貴公卿,能於急流中勇退耳。'"(《通言》卷六 P74)

【骨碌】gūlù　參見[骨鹿舞]。(《恒言廣證》卷二 P42)

【骨肉至親】gǔròuzhìqīn　《春秋釋例》。(《越諺膡語》卷上 P9)

【骨董】gǔdǒng　以魚肉諸物埋飯中謂之骨董飯,和羹中謂之骨董羹。又《貿易雜物》謂之"骨董貨"。陸道士詩:"投膠骨董羹鍋內,掘窖盤游飯盌中。"《仇池筆記》作"谷董"。(《俚言解》卷二 4P30)

　　明人《説部》:"貨古玩者爲骨董,俗作古董。"非。《都城紀勝》:"又有異名者,如七寶謂之骨董行。"(《稱謂錄》卷二十八　商賈 P12)

　　古玩曰骨董。淳熙中,能祖顯寓居和州,與寺僧交善。僧送以銅瓶,雖微有損蝕處,而形制高古可愛。能雖武官而知書,頗負識鑒,然不能判爲何時物及有無款識也。後攜遇建康骨董牙儈孫世二者,識其異,以告轉運使趙師揆,立遣借觀,不復出可。伺能臨去,償以錢五百串。(《夷堅志》)劉朝霞獻《玄宗幸溫泉賦》:"別有窮奇,蹭蹬失路;骨董雖短,伎藝能長。"方密之曰:"古器之'骨董',當作'匵董',見《説文》,有解甚詳。"(《書影》)"骨董",乃方言,初無定字。東坡嘗作《骨董羹》,用此二字。晦庵先生《語類》只作"汩董"。(《霏雪錄》)顧箬溪得小錄以寄嚴分宜,嚴敗,復入於顧。余嘗得見,惜非好古骨也。則又作"古骨"。(《涌幢小品》)(《里語微實》卷中上　二字微實 P24)

【骨董行】gǔdǒngháng　耐得翁《都城紀勝》:"七寶謂之骨董行。"(《通俗編》卷二十一 P482)

【骨董舖】gǔdǒngpù　今賣雜寶貨肆曰骨董舖。《仇池筆記》:"陸道士詩:'投醪骨董羹。'"羅浮穎老取飲食雜烹之,名曰骨董羹,俗訛爲古董。(《言鯖》卷上 P17)

【骨董羹】gǔdǒnggēng　參見［骨董］。(《俚言解》卷二 4P30)

【骨董貨】gǔdǒnghuò　參見[骨董]。(《俚言解》卷二 4P30)

【骨董飯】gǔdǒngfàn　參見[骨董]。(《俚言解》卷二 4P30)

【骨索】gǔsuǒ　參見[秋千]。(《雅俗稽言》卷十三 P26)

【骨路】gǔlù　市中有補治故鐵器者謂之骨路。莫曉可(編者按:當作何)義。《春秋正義》曰:"《説文》云:'錮,塞也。'"鐵器穿穴者鑄鐵以塞之,使不漏。禁人使不得仕宦其事亦□□之禁錮。骨路正是錮字反語。(《目前集》後卷 P2141)

　　陸游《續筆記》:"市井中有補治故銅鐵器者,謂之骨路。"(《稱謂錄》卷二十八　百工 P5)

【骨都】gǔdū　參見[胍肛]。(《通俗編》卷三十四 P757)

【骨鎖】gǔsuǒ　蘇果反。《漢書》云:"瑣以環相鈎連也。"《考聲》云:"連鐶也。"《文字典説》:"從金貨聲。"論作璅,非也。(《一切經音義》卷六十九 12P2750)

【骨鹿】gǔlù　俗謂鵓爲骨鹿。……《爾雅》云:"鶌,糜鳩。"然則鶌一名鳩,今人云骨鹿者,是鳩鹿耳。以鹿配鳩者,蓋象其鳴聲以呼之,亦由子規、蜥蟟、鵏、鴨、鳩鵏之類也。今山東俗謂之鵏,此亦象其鳴聲。固知字並爲鵏,不得呼爲骨。傍輒加鳥者,此字乃是鶻鵃,不關鶌事也。(《匡謬正俗》卷八 P101)

【骨鹿舞】gūlùwǔ　《樂府雜錄》:"有骨鹿舞,于小毬子上縱橫騰踏,因其旋轉之捷,因以名之也。"一作骨碌。(《恒言廣證》卷二 P42)

【骱骲】wánpí　吳中謂小兒骱(音還)骲(音皮)曰暖。(《吳下方言考》卷九 P9)

　　音還皮。《漢書•枚皋傳》:"又自詆娸,其文骱骲。"案:骱骲,嬉戲也。吳諺謂好戲爲骱骲。(《吳下方言考》卷三 P12)

【骩骳】wěibèi　屈曲曰骩骳。音委避。(《肯綮錄》P2)

【骬】wā　喉塞曰骬。(《札樸》卷九　鄉里舊聞 鄉言正字附　疾病 P327)

【骰子】tóuzǐ　相傳宋太祖命後宮習之以消夜,……有倒擲戲者,以玉作橄欖狀,六觚而刻一二三四五六,推旋于玉盆中,久而方倒,中其數者爲勝。似卽今之骰子。(《言鯖》卷上 P23)

　　參見[投子]。(《通俗編》卷三十一

【骰子格】tóuzǐgé　參見[六赤]。(《唐音癸籤》卷十九 P173)

【骱】❶kē　膝骨爲骱。歌韻。(《目前集》後卷 P2150)

❷qià　骨骾在喉曰骱。骱，若假反。見《俗書刊誤》及《蜀語》。(《里語徵實》卷上 一字徵實 P9)

【骱髁蓋】kēkēgài　郝骨曰骱髁蓋。(《札樸》卷九　鄉里舊聞　鄉言正字附　身體 P326)

【骲】bào　骨鏃曰骲。(《通俗文》釋兵器 P82)

【骹】qiāo　鳴箭曰骹。(《通俗文》釋兵器 P82)

【髒兒】xiāo’ér　高崇文詩:"那箇髒兒射雁落。"鄙語呼人曰髒兒也。(《北夢瑣言》)(《唐音癸籤》卷十八 P164)

《北夢瑣言》:"高崇文詩:'那箇髒兒射雁落。'鄙俗語呼人曰髒兒也。"按:《玉篇》有"嬌"字，渠堯切，引《埤蒼》云:"不知是誰也。""髒"當是"嬌"之借字。(《通俗編》卷十八 P405)

【髀縫】bìfèng　毘。兩腿夾男卵女屄之間。(《越諺》卷中　身體 P23)

【髖髏】guìduì　音灰堆。顧野王《玉篇》:"髖髏，愚貌。"案:髖髏，鄉人愚蠢貌。吳中譏鄉人愚蠢曰髖髏。(《吳下方言考》卷六 P15)

【髆骨】bógǔ　補各反。《說文》云:"髆，肩甲也。"(《一切經音義》卷五 3P182)

【體己】tǐjǐ　參見[梯己]。(《通俗編》卷二十三 P523)

【體泰】tǐtài　從容也。(《越諺賸語》卷上 P3)

【體面】tǐmiàn　殆本司馬溫公《請貢院逐路取人》云:"朝廷所差試官，率皆兩制。三館之人，其所好尚，卽成風俗。在京舉人追趨時好，易知體面。"(《語實》P140)

香　部

【香占】xiāngzhān　米大而香者謂之香占。(《俚言解》卷二 23P40)

【香塵】xiāngchén　陳宮人卧履皆以薄玉花爲餙，內散以龍腦諸香，謂之香塵，卽今之睡鞋也。(《言鯖》卷上 P24)

【香戎】xiāngróng　參見[戎]。(《匡謬正俗》卷六 P66)

【香水行】xiāngshuǐháng　耐得翁《都城紀勝》:"……'浴堂謂之香水行。'"(《通俗編》卷二十一 P482)

【香瓜】xiāngguā　卽《本草》"胡瓜"。名"黃瓜"者，亦可醬，不及菁瓜經久。民多生食。(《越諺》卷中　瓜果 P52)

【香雨】xiāngyǔ　雨未嘗有香也，而李賀詩:"依微香雨青氛氲。"元微之詩:"雨香雲淡覺微和。"雲未嘗有香，而盧象詩云:"雲氣香流水。"此楊用修語也。陳晦伯駁之謂:"雲雨未嘗無香。"引《拾遺記》"員嶠山石，燒之成香雲，遍潤成香雨"爲證。(《唐音癸籤》卷十六 P142)

【香雲】xiāngyún　參見[香雨]。(《唐音癸籤》卷十六 P142)

【祕】bì　大香也。(慧琳《廣弘明集二十九音義》。又《金光明經七音義》。)(《埤蒼》P15)

【馞】bó　大香也。(慧琳《廣弘明集二十九音義》。)(《埤蒼》P15)

香氣曰馞。(《札樸》卷九　鄉里舊聞　鄉言正字附　雜言 P331)

【馪】bèng　香氣盛曰馪。馪音蓬去聲。(《蜀語》P40)

【馪香】bèngxiāng　香曰馪香。馪音蓬，去聲。《蜀語》:"香氣盛曰'馪香'。"(《里語徵實》卷中上　二字徵實 P31)

【馨】xīn　《世說》:"冷如鬼手馨""正自爾馨""如馨地寧可鬭戰求勝"，竝語之餘，不爲義也。(《方言藻》卷二 P15)

參見[寧馨]。(《助字辨略》卷二 P105)

鬼　部

【鬼】guǐ　俗以人狡黠不正者爲鬼，爲姤。《方言》:"自關而東，趙魏之間謂之黠，亦謂之鬼。"又曰:"楚鄭曰蔦，或曰姤。"(《直語補證》P31)

【鬼市】guǐshì　《唐書·西域傳》:"西海有市,貿易不相見,各置直物于旁,名鬼市。"《避暑錄話》:"海邊鬼市,半夜而合,雞鳴而散。"《歲時記》:"務本訪西門鬼市,或風雨曀晦,皆聞其嘯聚之聲。"施肩吾詩:"腥臊海邊多鬼市,島夷居處無鄉里。"(《通俗編》卷十九 P429)

【鬼渾】guǐhùn　纏擾曰鬼渾,又曰鬼打鈸。(《燕山叢錄》卷二十二 長安里語 人事 P2)
　　　　參見[鬼打鈸]。(《宛署雜記》卷十七 P194)

【鬼打鈸】guǐdǎbó　擾害曰鬼渾,又曰鬼打鈸。(《宛署雜記》卷十七 P194)
　　　　參見[鬼渾]。(《燕山叢錄》卷二十二 長安里語 人事 P2)

【鬼背】guǐbèi　參見[庋背]。(《通俗編》卷二十六 P581)

【鬼背兒】guǐbèi'ér　木格閣板,謂之鬼背兒。陸德明《禮記釋文》註"閣庋","庋"字九毀反。毀與鬼音相近,音少訛即爲鬼字也。故閣板之鬼背兒,當用此"庋"字。(《七修類稿》卷二十四 P371)

【鬼臉】guǐliǎn　面具,俗云鬼臉。(《目前集》後卷 P2137)

【鬼眼】guǐyǎn　張舜民《畫墁錄》:"太祖謂陶穀一雙鬼眼,神宗謂杜常一雙鬼眼。"(《通俗編》卷十六 P342)

【鬼畫符】guǐhuàfú　元好問詩:"真書不入今人眼,兒輩徒教鬼畫符。"(《通俗編》卷十九 P430)

【鬼疿】guǐfèi　參見[鬼風]。(《札樸》卷九 鄉里舊聞 P317)

【鬼芋】guǐyù　參見[蒟蒻]。(《札樸》卷五 覽古 P158)

【鬼車】guǐchē　參見[撻术]。(《蘇氏演義》卷下 P30)

【鬼話】guǐhuà　參見[詭話]。(《通俗編》卷十七 P369)

【鬼雀】guǐquè　馬之白胘者,西南人謂之鬼雀,鳴則凶咎。(《目前集》後卷 P2146)

【鬼門關】guǐménguān　《文選》注引《海東經》:"東海有山曰度案,名曰鬼門,萬鬼所聚。"《唐書·地理志》:"容州北流縣南有兩石相對,遷謫至此者,罕得生還,俗號鬼門關。"諺曰:"鬼門關,十人去,九不還。"李德裕詩:"崖州在何處,生度鬼門關。"(《通俗編》卷十九 P430)

【鬼風】guǐfēng　俗又謂皮外小起爲鬼風,即《風俗通》所云"鬼疿"。(《札樸》卷九 鄉里舊聞 P317)

【魂帛】húnbó　許慎《五經異義》:"大夫無主,束帛依神。"《文獻通攷》:"紹興三十二年,禮部侍郎金安節言:'竊詳神帛之制,雖不經見,然攷之于古,蓋復之遺意也。'古之復者以衣,今用神帛招魂,其意蓋本此矣。"王安石《挽孫適》詩:"魂隨帛暫還。"李注曰:"《檀弓》:'重,主道也。'注云:'始死未作主,以重主其神。'今人始死結帛爲之,謂之魂帛,亦主道也。"(《通俗編》卷九 P194)

【魁】kuí　《春渚紀聞》:汪洋未唱第十日前,余於廣坐中見中貴石企及甫云:"外間皆傳汪洋作狀元,何也?"至考卷進御,汪洋在第二,魁乃黃中,以有官,人奏取旨(編者按:"旨"原作"請")聖語云:"科第以待布衣之士。"即以洋爲魁。(《稱謂錄》卷二十四 狀元 P12)

【魁膾】kuíkuài　苦迴反。下古外反。魁,帥也,首也。膾,切肉也,主煞人者。或有作儈,音膾。《聲類》:"儈,今市人也。"儈非此義。(《一切經音義》卷七十 16P2794)
　　　　上苦環反。孔安國注《尚書》云:"魁,師也。"《廣雅》:"魁,主也。"鄭玄注《禮記》云:"魁,首也。"王逸注《楚辭》云:"魁,大也。"下壞外反,《廣雅》:"膾,割也。"屠割之人,名爲魁膾也。(《一切經音義》卷十一 7P413)
　　　　上苦灰反。孔氏曰:"魁,師也。"《廣雅》:"主也。"鄭注《禮記》:"首也。"王逸注《楚辭》:"大也。"下古外反。《廣雅》:"膾,割也。"案:屠割牲肉之人名爲魁膾也。(《一切經音義》卷四 17P171)
　　　　上苦瓌反。孔注《尚書》云:"魁,師也。"《廣雅》:"主也。"鄭玄注《禮記》云:"首也。"《史記》:"壯大也。"……下壞外反。《廣雅》:"膾,割也。"案:魁膾者,屠煞兇惡之師也。(《一切經音義》卷一 12P58)

【魁礧】kuǐlěi　參見[傀儡]。(《恒言錄》卷五 P105)

【魁礧子】kuǐlěizǐ　參見[傀儡]。(《恒言錄》卷五 P105)

【夔子頭風】qízǐtóufēng　卽旋風。《集韻》“夔”字註解。(《越諺》卷中　天部 P3)

【魔羂】mójuàn　決縣反。亦作罥,亦作纆。《考聲》:“以繩捕禽獸也。”《韻英》:“繫取也。”案羂者,羂索也。《古今正字》云:“係取也。”從罓目,音決縣反。(《一切經音義》卷八 19P316)

【魔鬼】móguǐ　《南史·梁武帝紀》:“同泰寺災。帝曰:‘斯魔鬼也。’”(《通俗編》卷十九 P428)

【夒】qí　主。卽鬼。《淮南·人間訓》:“荆人鬼,越人機。”“機”一作“夒”,同“夒”。(《越諺》卷中　鬼怪 P18)

【魖】rú　音煦。許氏《説文》:“魖,鬼彪聲魖。魖不止也。”案:魖,鬼叫呼聲也,彪,古魅字。吳中形容鬼呼聲曰魖。(《吳下方言考》卷七 P5)

食(飠)部

【食朓】shíměng　《太平御覽》引王瓚問:“螳螂,燕趙之際謂之食朓。”郭注《方言》:“螳螂又名齕朓。”高注《吕覽》作“齕疣”。《本草》:“桑螵蛸,一名蝕肬。”案:“朓”、“疣”,古今字,謂贅疣也。螵蛸能治朓,故名蝕朓,作“朓”者誤也。(《札樸》卷五　覽古 P168)

【飣】dìng　置食曰飣。飣音定。《唐書》:“飣坐梨。”俗云飣盌。(《蜀語》P17)

【飣坐】dìngzuò　取飣食之義也。今俗宴會黏果列席前曰看席。飣坐古稱飣坐,謂飣而不食者。(《談徵》事部 P53)

　　《正字通》謂:“今俗燕會黏果列席前曰看席,卽古之飣坐,謂飣而不食者。”(《土風錄》卷二 P193)

【飣坐梨】dìngzuòlí　參見[飣]。(《蜀語》P17)

【飣盌】dìngwǎn　參見[飣]。(《蜀語》P17)

【飿爐】tuōlú　油糖餅謂之飿爐,亦謂之爐食。因爐盆所熟,非鍋熟故。(《蜀語》P14)

【䬻】xì　飽也。(卷子本《玉篇·食部》。)(《埤蒼》P12)

【䬻餂】bùtuō　參見[不托]。(《通雅》卷三十九 P1183)

【餒】è　飽而强食曰餒。餒音厄。(《蜀語》P33)

　　飽而强食曰餒。餒音厄。《玉篇》:“飢貌。”(《里語徵實》卷上　一字徵實 P9)

【飫擾】yùrǎo　參見[叨擾]。(《越諺》卷中　飲食 P39)

【飯了辰時】fànliǎochénshí　越俗,晨起早飯,日中旰飯,薄暮夜飯。古無地支記時之説,此諺猶爲近古,以食時改呼辰時之始也。(《越諺》卷中　時序 P7)

【飯箕】fànjī　箕,一曰飯具,始于秦漢,今俗名曰飯箕。以竹爲之是也。《稽神錄》:“正月望夜時,俗取飯箕,衣之衣服,插箸爲嘴,使畫盤粉以卜。”今俗轉簛箕亦此意也。(《談徵》物部 P40)

【飯頭】fǎntóu　管廚房者曰飯頭,見范石湖詩:“孤雲野鶴本無求,剛被差充粥飯頭。”(《土風錄》卷八 P260)

【飯黏】fànnián　參見[膠黏]。(《蜀語》P16)

【飲水】yìnshuǐ　澆花木菜蔬曰飲水。飲,引去聲,音蔭。飲馬於河,凡牛馬曰飲水。今花木亦曰飲水,語奇而雅。(《蜀語》P43)

　　澆花木菜蔬曰飲水。飲,引去聲,音蔭。《左傳》:“飲馬於河。”凡牛馬曰“飲水”,今花木亦曰“飲水”,語奇而雅。(《里語徵實》卷中上　二字徵實 P21)

【飲章】yǐnzhāng　《蔡邕傳》“飲章”,卽今之匿名文書也。(《言鯖》卷下 P3)

【餂】yǐng　飽也。(《埤蒼》P12)

【飳餬】tíhú　酪酥謂之飳餬。(《通俗文》釋飲食 P66)

　　上徒奚反,下户姑反。蘇中清液也。經作醍醐,非正體也。(《一切經音義》卷二十五 11P971)

　　上音提。……下音胡。飳餬卽蘇中精醇者,不論冬夏,常清不凝,能入人肌肉。(《一切經音義》卷十三 7P487)

【飽卿】bǎoqīng　《容齋四筆》:“唐人稱光祿曰飽卿。”蘇軾詩注:“京師謂光祿爲飽卿。”(《稱謂錄》卷十八　光祿寺 P6)

【飽學】bǎoxué　《文心雕龍》:“有飽學而才

餕,有才富而學貧。"《通俗編》卷七 P141)

【飽誫】bǎowàng　饒足曰飽誫。《莊子》:
"無聚祿以誫人之腹。"注:"誫,滿也。月望
則滿。"《蜀語》P28)

【飽蓬蓬】bǎopéngpéng　高誘《鴻烈解》:
"一升粟,飽蓬蓬。"案:蓬蓬,腹飽貌。吳中
謂食而飽曰飽蓬蓬。(《吳下方言考》卷一
P9)

　　　參見［好童童］。(《恒言錄》卷六
P128)

【誫】bàn　參見［不托］。(《通雅》卷三十九
P1183)

【餉午】shǎngwǔ　日中食曰餉午。餉音賞。
(《蜀語》P7)

【餤】shě　䭒也。(卷子本《玉篇・食部》。)
(《埤蒼》P11)

【餃子】jiǎo·zi　參見［角子］。(《越言釋》卷
上 P19)

【餃餌】jiǎo'ěr　餛飩即餃餌別名。《食貨
志》作餫飩,象其圓形也。屑米麵爲末,空
中裹餡,類彈丸形,大小不一,或籠或麨噉
之。(《談徵》物部 P20)

【餃餌】jiǎo'ěr　參見［牢九］。(《通雅》卷
三十九 P1184)

【餈巴】cíbā　蒸糯米揉爲餅曰餈巴,即《禮
記》"粉餈"。注云:"以豆爲粉,糝餈餅上
也。"凡餅塊爲"巴",蜀之通稱也。《大明會
典》:"大祀有糯米餈糕。"(《蜀語》P2)

　　　蒸糯米揉爲餅曰餈巴。即《禮記》"粉
餈"。注云:"以豆爲粉,糝餈餅是也。"凡餅
塊爲"巴",蜀之通稱也。《大明會典》:"大
祀有糯米餈糕。"(《里語徵實》卷中上 二字
徵實 P17)

【餈糕】cígāo　參見［餈巴］。(《蜀語》P2)

【餈餻】cígāo　《周禮・籩人》"糗餌粉餈"注
謂:"此二物皆粉稻米黍所爲也。"疏:"今之
餈餻之名出于此。"(《恒言廣證》卷五 P84)

【養】yǎng　董斯張《吹景錄》:"生子曰養,
語亦有本。《韓詩外傳》:'王季立而養文
王。'"(《通俗編》卷二十二 P498)

【養廉】yǎnglián　《宋史・職官志》:"諸路職
官,各有職田,所以養廉也。"《金史・伯德特
離補傳》:"特績補爲政簡靜,不積財,常曰:
'俸祿已足養廉,衣食之外,何用蓄積?'"
(《通俗編》卷五 P103)

【養娘】yǎngniáng　參見［坐婆］。(《恒言
錄》卷三 P71)

【養甥】yǎngshēng　宇文逌《庾信集序》:
"以陸機之愛弟,若韓康之養甥。"(《稱謂
錄》卷八　姊妹之子 P8)

【養瘦馬】yǎngshòumǎ　白居易《有感》詩:
"莫養瘦馬駒,莫教小妓女。後事在目前,
不信君看取。馬肥快行走,妓長能歌舞。
三年五歲間,已聞換一主。借問新舊主,誰
樂誰辛苦。"按:俗以揚州教小妓者爲"養瘦
馬",本此詩。(《通俗編》卷二十二 P502)

　　　妓家買小女子葺理誘養,名曰養瘦
馬。案:樂天詩:"莫養瘦馬駒,莫教小妓
女。"蓋本此。(《土風錄》卷二 P195)

【養老女壻】yǎnglǎonǔxù　今贅壻有終身
不歸本宗者,俗謂養老女壻。(《雅俗稽言》
卷八 P22)

【養飤】yǎngsì　《説文》:"囷志反。飤,糧
也。"《廣雅》:"萎飤也。"《蒼頡訓詁》:"飤,
飽也,謂以食與人曰飤。"論文作飴,弋之
反,亦古字假借通用,非體也。(《一切經音
義》卷七十三 7P2884)

　　　辭恣反。《廣疋》:"萎飤也。"《蒼頡
篇》:"飤,飽也。謂以飲食設供於人曰飤,
故字從人。"萎,菸僞反。或作餇,俗字也。
(《一切經音義》卷七十 17P2795)

【餅子】bǐngzǐ　參見［肉餅子］。(《越言釋》
卷上 P33)

【餅餤】bǐngdàn　《通鑑》:"唐懿宗葬文懿
公主,賜餅餤四十橐駝,以飼体夫。"(《札
樸》卷五 覽古 P150)

【餑】bō　飽也。(并同上。卷子本《玉篇食
部》)(《埤蒼》P12)

【餑餑】bō·bo　參見［波波］。(《通俗編》卷
二十七 P613)

【餓狼鴟】èlángchī　秋冬之際,每聞鳴鏑
聲,乃鴟嗷,曹景宗所謂"箭如餓鴟叫"是
也。鴟,鷹類,尾齊,廟殿鴟尾象之。喜回
翔而不甚高,俗呼餓狼鴟。(《札樸》卷五
覽古 P165)

【餐饙】xiūfēn　飯未熟。上音脩,下府云
反。(《俗務要名林》)

【餘糧】yúliáng　《西雲禮記》卷三"赭魁即
餘糧"條云:"《夢溪筆談》二十六:'《本草》
所論赭魁皆未詳。今南中極多,膚黑肌赤

似何首烏,汁赤如赭。南人以染皮制靴,閩
領人謂之餘糧。'"云云。按:吾邑人,以之
染夏布與魚網謂之薯莨,卽餘糧之轉音也。
據《西雲》説,則屈之薯莨,"莨"應作"糧"。
(《釋諺》P83)

【饕】nǎng "囊"上聲。近也,忽也,毢尺見
也。尋物乍得告人。《五音集韻》。(《越
諺》卷下 發語語助 P21)

【餳餛】zhānghún 參見[餛飩]。(《通俗
編》卷二十七 P612)

【餞程】jiànchéng 參見[餞路]。(《雅俗稽
言》卷十七 P11)

【餞路】jiànlù 凡朝臣出有賜,曰餞路;反
有勞,曰軟腳。方言有洗泥酒,東坡云"多
買黃封作洗泥"是也。今俗凡于人出曰餞
程,反曰接風。楊文貞因陳司業入京,貽詩
云:"下馬須湔洗,呼兒送一壺。"亦用洗泥
語。(《雅俗稽言》卷十七 P11)

【餛飩】húntún 《通鑑》載陳霸先守建康
……"人人以荷葉裹飯,娓以鴨肉數臠"。
注:"娓,公渾反,……今江東猶以物蒙頭曰
'娓'。"……今人以麵作小餅,裹肉啖之,謂
之"餛飩",於古無所考,蓋卽所謂"娓"爾。
由"娓"而"餛",由"餛"而"餛飩",其踪跡如
此。(《越諺釋》卷上 P24)

　　《演繁露》:"世言餛飩是虜中渾氏、屯
氏爲之。"按《方言》:"餅謂之飩,或謂之餦
餛。"則其來久矣。《博雅》作䐃肫。(《通俗
編》卷二十七 P612)

　　程大昌《演繁露》云:"餛飩出於鹵中混
氏、屯氏,故名。"案:《太平御覽》引《方言》:
"餅或謂之餛。"是其名已久矣。《食物志》
云:"或作混沌,象其圓形。"(《土風錄》卷六
P239)

　　參見[餫飩]。(《通雅》卷三十九
P1186)

　　參見[湯餅]。(《恒言廣證》卷五 P8)

【餳】xíng 餳音情,《韻府》注:"滑糖也。"
《類聚音韻》:"清糖也。"《集韻》注:"飴也。"
《漢書》"含飴弄孫"是也,煎成琥珀色者益
人。宋考功詩:"馬上逢寒食,春來不見
餳。"又沈佺期詩:"嶺表逢寒食,春來不見
餳。"或疑餳字僻,因讀《毛詩·有瞽》注,乃
知六經中此注有餳字。又《周禮》:"少師掌
教簫。"注:"簫,編小竹管,如今賣餳餳者所
吹也。"亦用餳字。餳从昜,不从易,从易者

音糖,卽古糖字。(《雅俗稽言》卷九 P12)

【餧飤】wèisì 詞恣反。《石經》今作食。
《玉篇》:"哺也。"經文有作飼,俗字也。
(《一切經音義》卷二十六 11P1017)

【餕瘑】èdé 厄得。氣不調,呃呃聲胸。醫
書作"呃逆",亦作"喔豌"。(《越諺》卷中
疾病 P20)

【餚結】yējié 上音噎。王逸《九思》:"仰長
歎兮氣餚結。"案:餚結,獨鬱結也。吳諺謂
心不暢曰餚結。(《吳下方言考》卷十二
P18)

【餬背】húbèi "餬"見《左傳》疏:"今人以薄
鬻塗物謂之餬紙、餬帛。""背"見陸游詩:
"自背南唐落墨花。"又《輟耕錄》載:"裱背十
三科"。俗作糊褙字,非。按:《説文》:"黏,
戶吳切,黏也。或从米作粘。"此正糊字。
若餬訓寄食,傳疏尚是假借字。(《直語補
證》P11)

【餗沙】suǐshā 《方言》:"餪謂之餗。"注:
"以豆屑雜餳,音髓。"正今時所云餗沙也。
(《直語補證》P42)

【餪】nuǎn 韻書注:"女嫁三日送食曰餪。"
(《俚言解》卷一 19P12)

【餪壽】nuǎnshòu 餪,煖。壽誕前夕,兒媳
壻甥設席觥祝之名。(《越諺賸語》卷上
P3)

【餪女】nuǎnnǚ 女嫁三日送食曰餪女。
(《蜀語》P8)

【餪房】nuǎnfáng 婚先日而宴曰餪房。餪
音煖。(《蜀語》P8)

　　鬧洞房曰餪房。餪音暖,見《蜀語》。
(《里語微實》卷中下 二字微實 P5)

　　洞房置酒果聚食也。王建詩,《邵氏聞
見錄》。(《越諺》卷中 風俗 P61)

【餪盤】nuǎnpán 嫁女三日,饋熟食曰餪
盤,亦有出。丁度《集韻》云:"婚二日而宴
謂之餪。"《廣韻》:"女嫁三日送食曰餪。"
(《土風錄》卷二 P192)

【餬】nǎn 食物用口不用箸曰餬。餬,南上
聲。宋何光遠《鑑戒錄》載陳裕詩云:"不聞
吟秀句,只會餬胡麻。"案:字書無餬字。
(《燕説》卷四 P5)

【餳】xíng 性頓而滯曰餳。(《客座贅語》卷
一 詮俗 P9)

【餳餔】tángbù 餳音唐。《考聲》:"飴和糗

也。”《說文》：“夕盈反。米糵煎成也。”下舖音捕。《考聲》云：“米翻也。”亦作哺，口中嚼食與小兒也。（《一切經音義》卷十四 13P535）

【餲】hé　寒具謂之餲（音曷）。（《通俗文》釋衣飾 P64）

【餶飿】gǔduò　參見［餫飩］。（《通雅》卷三十九 P1186）

【餿臭】sōuchòu　飲食變味曰餿臭，餿音搜。（《蜀語》P2）

【鎚】duī　膏鎚也。（《太平御覽·八百五十一》引“鎚”作“鎚”。卷子本《玉篇·食部》引“鎚”作“餡”，又無下“鎚”字。）（《埤蒼》P12）

【餕】sōu　飯不中曰餕。音搜。（《肯綮錄》P2）

食敗曰餕。（《札樸》卷九　鄉里舊聞 鄉言正字附　雜言 P329）

【餫飩】húntún　餫飩，本渾沌之轉，鶻突亦混沌之轉。程大昌言：“餛飩出于渾氏、屯氏。”智按：乃混沌之轉。《食物志》言：“蘇家餛飩，可以瀹茗。”《鼠璞》戴埴：“何疑其食邊耶？煮切麪過冷水，重作湯下之，言其清也。近時又名鶻突。”《釋稗》曰：“鶻者渾之入，突者皺之入。”《夢華錄》有：“餶飿菜。”《指南》引《名物考》有骨董羹，燒樹根爲榾柮。升菴作醬濁。凡渾沌、餛飩、糊塗、鶻突、榾拙，皆聲轉。（《通雅》卷三十九 P1186）

【餺飥】bótuō　而餅之複者，北人舊謂之“餺飥”。餺飥皆入聲字，轉而爲“波波”。波波有聲無字，則謂之“火燒”。（《越言釋》卷上 P32）

參見［湯餅］。（《恒言廣證》卷五 P83）
參見［湯餅］。（《雅俗稽言》卷九 P11）
參見［不托］。（《通雅》卷三十九 P1183）

【餺餺】bó·bo　參見［麿麿］。（《里語微實》卷中上　二字微實 P17）

【餺羅】bìluó　參見［餫饠］。（《雅俗稽言》卷九 P11）

【餫饠】bìluó　番人畢、羅，好食湯麪，遂名湯麪爲畢羅。今字旁加食作“餫饠”……畢羅者，番中畢氏、羅氏。（《雅俗稽言》卷十六 P4）

朱文公《刈麥》詩：“霞觴幸自誇真一，垂鉢何須問餫饠”。《集韻》：“餫饠，傅食也。”按小說，唐宰相有櫻笋，厨食之精者有櫻桃餫饠。今北人呼爲波波，南人訛爲磨磨。（《雅俗稽言》卷九 P11）

參見［波波］。（《通俗編》卷二十七 P613）

【餭】qiǔ　食爛曰餭。餭音杇。（《蜀語》P8）

飯隔宿臭變謂之餭，去九切。《集韻》：“食物爛也。”（《方言據》卷下 P38）

【餹】táng　糖當作餹，《方言》：“餳謂之餹。”《釋文》：“餹，餳也。”（《恒言錄》卷五 P107）

【餻麋】gāomí　黏米麋。上音高。（《俗務要名林》）

【餕】sōu　飯壞曰餕。《集韻》：“所鳩切，音搜。”《玉篇》：“飯壞也。與餿同。”《字林》：“飯傷濕熱。”（《里語微實》卷上　一字微實 P34）

【餲】jiǎn　薄味也。（卷子本《玉篇·食部》）（《埤蒼》P11）

【饅頭】mántóu　侯思止食籠餅，必令縮葱加肉，號縮葱侍郎，即今饅頭。晉束皙《餅賦》有饅頭、薄特、起溲、牢九，今惟饅頭名存，而起溲、牢九莫曉何物。薄特，荀氏云：“莫特，亦莫知爲何物，予見京師餅鋪有一等餅名薄脆者，恐其所自也。”饅亦作饅。（《目前集》前卷 P2120）

烝餅而複者，南北皆謂之“饅頭”。（《越言釋》卷上 P32）

麥粉發酵爲之。其餡有糖，有肉。出《燕翼貽謀錄》。（《越諺》卷中　飲食 P35）

諸葛亮南征，將渡瀘水。土俗，殺人首祭神，亮令以羊豕之肉以麪包之，畫人頭形，祭之，饅頭之名始此。蓋蠻地以人頭祭神，武侯以麪爲人頭以祭，謂之蠻頭，今訛而爲饅頭也。（《談徵》物部 P73）

點心中有饅頭、餛飩、包子等。高承《事物紀原》云：“諸葛亮渡瀘，以麪作人首形祭神，因號饅頭，取欺謾之義。”程大昌《演繁露》云：“餛飩出於鹵中混氏屯氏，故名。案：《太平御覽》引《方言》：“餅或謂之餛。”是其名已久矣。《食物志》云：“或作混沌，象其圓形。”“包子”，見王楙《燕翼詒謀錄》：“仁宗誕日賜包子。”（《土風錄》卷六 P239）

參見[䴢頭]。(《七修類稿》卷四十三 P625)

【䴢】mó　餅曰䴢，䴢音摩。凡米麪食皆謂䴢䴢，猶北人之謂餺餺也。(《蜀語》P33)

【䴢䴢】mómó　餅曰䴢䴢。䴢音摩。凡米、麪食皆謂"䴢䴢"，猶北人之謂"餺餺"也。小説：北人呼爲"波波"，南人訛爲"磨磨"。(《里語徵實》卷中上 二字徵實 P17)

【饒】ráo　《廣韻》云："餘也。"杜子美詩："浣花粱裏花饒笑。"言多餘也。又杜牧之詩："饒是少年須白頭。"……此饒字，縱也，任也。饒得爲縱任者，饒，讓也，讓而不與之校，故得轉爲縱任也。(《助字辨略》卷二 P77)

饒，《廣韻》云："餘也。"杜子美詩："浣花粱里花饒笑。"(《方言藻》卷二 P18)

讀若㿻平聲。吳均《去妾贈前夫》詩："願君憶疇昔，片言時見饒。"案：饒，正物之外強邀少益也。吳中謂物之增益者曰饒頭。(《吳下方言考》卷五 P13)

參見[䴢]。(《蜀語》P33)

【饒舌】ráoshé　《隋書·五行志》載齊時謡："盲老公背受大斧，饒舌老母不得語。"《傳燈錄》：閭邱公牧台州，乞豐干一言。曰："到任後謁文殊、普賢，在國清寺執爨滌器者，寒山、拾得是也。"閭邱訪之，見二人致拜。二人笑曰："豐干饒舌。"(《通俗編》卷十七 P372)

【饒裕】ráoyù　《南史》："梁庾丹少有儁才，父景休，頗饒裕。丹負錢數百萬，債者填門。景休怒不償。既而朝賢之丹不之景休，景休悦爲還之。"(《常語尋源》卷下辛册 P294)

【饒道】ráodào　語瑣碎曰饒道(注：音倒)。(《燕山叢錄》卷二十二 長安里語 言語 P9)

語瑣碎曰饒道。(《宛署雜記》卷十七 P194)

【饒頭】ráotóu　讀若㿻平聲。吳中謂物之增益者曰饒頭。(《吳下方言考》卷五 P13)

【饋蒸】fēnzhēng　蒸食曰饋蒸。饋音分，餙仝。《詩》曰："可以餙饎。"(《蜀語》P33)

【饊子】sǎn·zi　參見[環餅]。(《雅俗稽言》卷九 P11)

【餐】dūn　貪食曰餐。餐，都昆切，音敦。

《集韻》："貪食也。"今俗呼作敦之上聲。(《燕説》卷四 P4)

【䬡食】dèngshí　凳。傷於多食而不消化。(《越諺》卷中 疾病 P20)

【饕餮仙】tāotièxiān　《清異錄》："近世事仙道者，多搜黄白術。貪婪無厭，謂之饕餮仙。"(《稱謂錄》卷二十八 術士 P14)

【曆䭜】yànyuàn　冐。同"㑌"，越音"算"。過飽傷胃。賈思勰曰："飽食不䭜嗰。"出《集韻》。(《越諺》卷中 臭味 P57)

【篹】zhuàn　《方言》："秦晉之間，凡取物而逆謂之篹，音饌。"按：俗言賺錢，當此篹字之訛。(《通俗編》卷三十六 P810)

【饎饞】níngnóng　音如聶儂。顧野王《玉篇》："饎饞，強食也。"案：饎饞，不可食而勉強食之也。吳中謂將就可食曰饎饞。又，腹飽可以不食而強食之亦曰饎饞。(《吳下方言考》卷一 P7)

【饞淙】cháncóng　參見[饞餥]。(《越諺》卷中 飲食 P36)

【饞慵】chányōng　嗜食而嬾也。上士銜反，下蜀容反。(《俗務要名林》)

【饞頭】chántóu　當歸以秦産頭圓尾多肥潤氣香者良，名"馬尾當歸"，尾粗堅枯者，名"饞頭當歸"。(《越言釋》卷上 P36)

【饞䗶】chánchóng　貪食曰饞䗶。(《札樸》卷九 鄉里舊聞 鄉言正字附 雜言 P329)

【饞餥】chánchuáng　淙、餥同。説人吝食曰"饞餥"。出《廣韻》。(《越諺》卷中 飲食 P36)

【饞餥】chánchuáng　參見[饞餥]。(《越諺》卷中 飲食 P36)

【饡】zàn　音贊。饡，染醢而食也。吳中謂以餅餌染醢醬而食曰饡。(《吳下方言考》卷九 P10)

風　部

【風子】fēngzǐ　蔡寬夫《詩話》："楊凝式仕後唐晉漢間，落魄不事檢束，自號楊風子。"《圖繪寶鑑》："梁楷，嘉泰年畫院待詔，嗜酒自樂，號曰梁風子。"(《通俗編》卷十一 P237)

【風琴】fēngqín　《楊升庵外集》云："古人殿

閣簷棱間有風琴、風箏,因風動成音,自諧
宮商。"(《土風錄》卷五 P231)

【風狂】fēngkuáng　上音封。……《説文》:
"風動蟲生,故蟲八日而化。"……下衢王
反。顧野王曰:"狂者,愚騃驚悸也。"孔注
《論語》云:"狂妄觝觸人也,失本心也。"
(《一切經音義》卷二 15P101)

【風水】fēngshuǐ　朱文公嘗與客談風水之
説,因曰:"冀州一好風水。"見《賓退錄》。
風水之稱,蓋始於宋時。陳伯玉曰:"江西
有風水之學。"見《書錄解題》。(《恒言錄》
卷六 P117)

　　《張子全書》:"葬法有風水山岡之説,
此全無義理。"司馬溫公《葬論》:"《孝經》
云:'卜其宅兆。'非若今陰陽家相其山岡風
水也。"'《朱子語錄》:"古今建都之地,莫過
于冀。所謂無風以散之,有水以界之也。"
二字義,即此二語可明。(《通俗編》卷二十
一 P468)

【風流】fēngliú　風流者,態度之貌。風者,
風味、風規、風格。流者,傳也,行也。謂有
風可以爲法度,有味可以流傳於後人,遂謂
之風流。(《蘇氏演義》卷上 P10)

　　《漢書·高士傳》:"余故列其風流,區而
載之。"注:"清潔之風,各有條流也。"又,晉
樂廣、王衍俱宅心事外,天下之言風流者,
王、樂爲首。陶侃稱庾亮"非惟風流,兼有
爲政之術"。王儉曰:"江左風流宰相,惟有
謝安。"唐杜如晦,少英爽,以風流自命。權
德輿、賀知章皆以風流稱。杜詩"爲政風流
今在茲",又"風流儒雅亦吾師",又"江漢風
流萬古情"。劉禹錫詩"如今縣令亦風流"。
是所謂風流,皆有風韻高邁如《漢書》注之
義。至如明皇之風流陣與施州漫水寨風流
樹之類,才以聲色歌舞言耳。俗談殊未解
此。(《雅俗稽言》卷十八 P4)

【風癉】fēngtán　癉病曰風癉。(《札樸》卷
　　九 鄉里舊聞 鄉言正字附 疾病 P327)

【風窗】fēngchuāng　紙糊窗也。《甕牖閑
評》"亮槅"是也。(《越諺》卷中 屋宇 P25)

【風聲婦人】fēngshēngfùrén　《金華子》:
"高燕公在淮南日任江陰宰,有弟收一風聲
婦人爲歌姬在舍。"案:裴廷裕《東觀日記》:
"附馬劉異尚安平公主,主左右皆宮人。一
日以異姬入宮,上問爲誰,主曰:'劉郎聲音
人。'"自注:"俗呼如此。"然則風聲婦人亦

聲音人之類。(《稱謂錄》卷二十九　歌
P19)

【風聲賤人】fēngshēngjiànrén　《金華子雜
編》:"杜晦醉赴淮南之召,路經常州,李瞻
給事方爲郡守,晦辭于祖席,忽顧樂營妓人
朱娘言別,因掩袂大哭。瞻曰:'此風聲賤
人,員外如要,但言之,何用形跡。'乃以步
輦隨而遣之。"(《稱謂錄》卷三十　倡 P23)

【風爐】fēnglú　煑茶爐曰風爐,見岑嘉州
《晚過盤石寺詩》:"岸花藏水碓,溪竹映風
爐。"陸羽《茶經》云:"風爐以銅鑄之,如古
鼎形,凡四窗,以備通飇漏爐之所。"山谷
《謝黃司業寄惠山泉》詩:"風爐煑茗臥西
湖。"(《土風錄》卷三 P207)

【風箏】fēngzhēng　即紙鳶,又名風鳶。
初,五代漢李業於宮中作紙鳶,引線乘風爲
戲。後於鳶首以竹爲笛,使風入作聲如箏,
名俗呼風箏。(《詢蒭錄》P3)

　　《楊升庵外集》云:"古人殿閣簷棱間有
風琴、風箏,因風動成音,自諧宮商。"元微
之詩"鳥啄風箏碎珠玉",高駢有《夜聽風
箏》詩,僧齊己及王半山皆有詠風琴詩,此
乃簷下鐵馬也。今人名紙鳶曰風箏,非也。
真西山云:"風箏,簷鈴,俗呼風馬兒。"(《土
風錄》卷五 P231)

【風花】fēnghuā　晁無咎詩云:"明日揚帆
應改駛,蒸云散亂作風花。"(《通言》卷二
P35)

【風剌剌】fēnglàlà　吳諺謂風寒而勁曰風
剌剌。(《吳下方言考》卷四 P7)

【風素】fēngsù　《輟耕錄》載:"孫思邈爲陶
隱居(通明)後身。貞觀元年,應命來見。
太宗官之,不受,辭歸太白山,風素極類隱
居。"(《語竇》P161)

【風角】fēngjiǎo　《後漢書·郎顗傳》:"顗學
京氏《易》,風角、星算。"《魏志·管輅傳》注:
"八九歲,便喜仰觀星辰,及成人,明《周
易》,仰觀風角,占相之道,無不精微。"《晉
書·陳訓傳》:"天文、算曆,陰陽、占候,無不
畢綜,尤喜風角。"《南史·梁江安侯圓正
傳》:"圓正父,善風角。"《北史·權會傳》:
"文義該洽,兼明風角。"《唐書·藝文志》有
《風角》十卷,劉孝恭著。(《稱謂錄》卷二十
七 星 P7)

【風鑒】fēngjiàn　《宋史·趙積傳》:"字表

微,少好學。吳大府卿田霖,退居郡中,名
有風鑒,故以女妻積。"《韓詩外傳》:"姑布
子卿相孔子,高肩弱脊。"案:姑布子卿,相
趙無恤者。至於相手板,起於蕭何。(《稱
謂錄》卷二十七　相 P8)

【風馬兒】fēngmǎ'ér　參見[風箏]。(《土
風錄》卷五 P231)

【風鳶】fēngyuān　參見[風箏]。(《詢蒭
錄》P2)

【颮子】biāo·zi　風。(《墨娥小錄》卷十四
P3)

【颮颮】xuèsù　參見[砰磅]。(《客座贅語》
卷一　方言 P12)

【颭】zhǎn　風搖曰颭,颭音展。(《蜀語》
P20)

【颰颰】háoháo　大風曰颰颰。《集韻》:"乎
刀切,音豪,風聲也。"(《里語徵實》卷中下
二字徵實 P21)

【颯爽】sàshuǎng　杜少陵《畫鶻行》:"高堂
見生鶻,颯爽動秋骨。"案:颯爽,猶豪儁也。
吳中謂爽快曰颯爽。(《吳下方言考》卷七
P3)

【颯颯】sàsà　音殺。《北史》:"陳元康爲齊
神武於帷下作軍書,颯颯運筆不及凍,俄成
數紙。"案:颯颯,捷速貌。今吳諺于作事之
速者曰颯颯然作也。(《吳下方言考》卷十
一 P16)

【颯颯然】sàsàrán　參見[颯颯]。(《吳下
方言考》卷十一 P16)

【颮颮】hūxù　參見[砰磅]。(《客座贅語》
卷一　方言 P12)

【颱】ruí　音隈。郭景純《江賦》:"徐而不
颱。"案:颱,風略小也。今吳諺謂風略小爲
颱。(《吳下方言考》卷六 P14)

【颰颱】sōuliú　左太冲《吳都賦》:"颰瀏颰
颱。"案:颰颱,風徐至之貌。吳中謂風徐吹
曰颰颱。(《吳下方言考》卷六 P10)

【飄光】piāoguāng　髮。(《墨娥小錄》卷十
四 P7)

【飄蕭】piāoxiāo　杜少陵詩:"飄蕭素髮
明。"案:蕭,語助聲。飄蕭,飄動可觀也。
吳中謂物之有懸繫而飄者曰飄蕭。(《吳下
方言考》卷五 P16)

【飄鼓】piāogǔ　疋遥反,下公户反。飄,吹
也,鼓,動也。案:凡動物皆謂之鼓也。
(《一切經音義》卷七十一 6P2815)

【颮聚】biāojù　上伸遙反。《爾雅》:"扶搖
謂之颮。"郭璞云:"暴風從上向下也。"或作
猋,從三犬。《説文》從風,猋聲也。下齊庚
反。杜預注《左傳》云:"衆也。"《説文》:"會
也。從禾,音吟,取聲也。"(《一切經音義》
卷十二 4P444)

音　部

【音聲人】yīnshēngrén　《唐書·禮樂志》:
"唐之盛時,凡樂人、音聲人、太常雜户子弟
及鼓吹署,總號音聲人,多至數萬。"《唐·百
官志》有音聲博士。《西陽雜俎》:"安禄山
恩寵莫比,錫賚無數,其所賜品目有音聲人
兩部。"(《稱謂錄》卷二十九　歌 P19)

【韶部頭】sháobùtóu　《隨隱漫錄》:"韶部
頭陳盼兒捧牙板。"案:韶部頭,即掌班也。
(《稱謂錄》卷三十　優 P14)

【誖】bó　按聲曰誖。(《札樸》卷九　鄉里舊
聞　鄉言正字附　雜言 P331)

【韻】yùn　《槁簡贅筆》:王黼撰《明節和文貴
妃墓志》云:"六宮稱之曰韻。"蓋當時以婦
人有標致者,俗目之爲韻。何所言之瀆也。
(《通俗編》卷二十二 P492)

【響屧】xiǎngxiè　參見[屧]。(《言鯖》卷上
P27)

【響璫】xiǎngdāng　有名望。(《越諺賸語》
卷上 P3)

【響槌】xiǎngchuí　參見[興哥]。(《俚言
解》卷二 11P35)

首　部

【首尾】shǒuwěi　交關人物曰瓜葛,或曰首
尾。男女之私相通者,亦曰首尾。(《客座
贅語》卷一　方言 P11)

【首女】shǒunǚ　魏曹植《金瓠哀辭》序曰:
"予之首女雖未知能言,固已授色而知心

矣。"則首女蓋長女之稱也。曹植又有《行女哀辭》："行女生于季秋,而終於前夏。三年之中,二子頻喪。"則行女蓋其次女之稱也。(《稱謂錄》卷六 長女 P19)

【首級】shǒují　《漢書·衛青傳》:"斬三千七百級。"師古注:"本以斬敵一首拜爵一級,故以一首爲一級。"(《通俗編》卷八 P170)

【首陀】shǒutuó　具云輸達羅。此曰農業種族也。(《一切經音義》卷二十二 13P848)

【首飾】shǒushì　《漢書·王莽傳》:"首飾猶存。"《論衡》:"沐冠頭垢,冠爲首飾。"《續漢書·輿服志》:"遂作冠緌蕤,以爲首飾。"今俗以婦人簪釵之屬爲首飾。常生案:《釋名》有《首飾篇》。(《恒言錄》卷五 P109)

　　劉熙《釋名》有《首飾篇》。按:冠冕、弁幘、簪纓、笄瑱之屬,劉總列于此篇,則凡加于首者,不論男婦,古通謂之首飾也。今獨以號婦人釵耳,非矣。(《通俗編》卷二十五 P557)

【顲胎】shǒutāi　初産子曰顲胎。顲音首。《字書》云:"人初生子也。"(《蜀語》P41)

韋　部

【韋囊】wéináng　《急就篇》顏注:"帗,韋囊,在車中,人所凭伏也,今之隱囊。"(《札樸》卷四 覽古 P137)

【韋拒】wéijù　上羽危反。經作違,俗字也……下渠圍(當作圍)反。《説文》云:"拒,抗。"……《韻詮》云:"拒亦違也。"(《一切經音義》卷五 8P190)

【韋馱】wéituó　《翻譯名義》:"韋馱是符檄,用徵召也。與今所稱護法韋馱無涉。其護法者,蓋跋闍羅波膩。跋闍羅,此云金剛。波膩,此云手。其手執金剛杵,因以立名。(《通俗編》卷十九 P422)

【韓婆】hánpó　參見[韓婆風]。(《俚言解》卷一 1P3)

【韓婆風】hánpófēng　俗謂十月十六日"韓婆誕辰",此日多風。竊疑"韓"當作"寒",如《鹽鐵論》及《崔駰傳》皆有"寒雞"字,劉熙《釋名》作"韓雞",是古字"韓"與"寒"通。

古者十月祭司寒之神風,陰氣也,故稱婆焉。……《管輅傳》有"少女風俗呼十月風爲韓婆"。或以此。今稱韓婆蓋猶古稱孟婆。蔣捷詞云:"春雨如絲,繡出花枝紅裊,怎禁他孟婆合皁。"……又宋徽宗詞云:"孟婆好做些方便,吹箇船兒倒轉。"又,北齊李騊駼聘陳,問陸士秀:"江南有孟婆,是何神也?"士秀曰:"《山海經》:'帝之女遊於江中,出入必以風雨自隨。'以其帝女,故稱孟婆。"《丹鉛摘錄》云:"江南七月間有大風,甚於舶䑲,野人以爲孟婆發怒。"夫"韓婆誕辰""孟婆發怒"此語相傳久矣。(《俚言解》卷一 1P3)

【韅頭】kuītóu　作帽用韅頭。韅音虧。今消皮家亦曰"韅皮"。此字見《周禮·鮑人》:"卷而博之,欲其無邊也。"注:"謂革不韅。"今凡韅帽、韅鼓,皆謂之"韅"。《通雅》。(《里語徵實》卷中上 二字徵實 P19)

【韂】chàn　參見[韂]。(《燕説》卷三 P15)

飛　部

【飛脚】fēijiǎo　距躍,今諺謂之飛脚。(《吳下方言考》卷十 P11)

【飛風】fēifēng　美其疾趨。見唐制馬印。(《越諺賸語》卷上 P7)

　　《唐制》:"馬入尚乘局者,依左右閑,印以三花,其餘雜馬,以風字印右髀,以飛字印左髀。"今俗呼疾速爲"飛風",蓋取義於馬耳。(《通言》卷二 P33)

鬪　部

【鬧熱】nàorè　白居易詩:"紅塵鬧熱白雲冷,好于冷熱中間安置身。"《朱子語類》:"鄂渚闕先生曰:'做教官須隨分做些課試,方是鬧熱。'"《傳燈錄》:"黃檗曰:'汝等行脚,莫祇圖他熱鬧。'"(《通俗編》卷十 P213)

【鬪富】dòufù　《五燈會元》天衣懷有"敢與八大龍王鬪富"語。按:世謂"鬪富"爲石崇王愷事,《晉書》但云"爭豪",不云"鬪富"也。(《通俗編》卷二十三 P509)

【鬪會】dòuhuì　今人斂錢爲會曰糾會。

……今越人曰鬭，又，糾音之轉，會卽檜之省。（《釋諺》P119）

【鬭筍】 dòusǔn　參見［筍］。（《恒言錄》卷五 P102）

【鬭班】 dòubān　元微之詩："鬭班雲沟湧，開扇雉參差。"朝班，左右合爲鬭班。《武后紀》："御殿日，昧爽，宰相兩省官鬭班於香案前，俟扇開，通事贊拜。"正元詩所云也。（《唐音癸籤》卷十七 P150）

髟　部

【髡人】 kūnrén　《桂苑叢談》："髡人具實以聞曰：'居寺者樂於知事，前後主之者，積年以來，空交分金文書，其實無金，郡眾以某孤立不雜羣流，欲乘此擠排之。'"（《稱謂錄》卷三十一 僧 P5）

【髲】 pī　披髮而走兒也。慧琳《起世因本經二音義》）（《埤蒼》P18）

【髦毛】 máomáo　參見［小髦頭］。（《越諺》卷中 倫常 P11）

【髯主簿】 rǎnzhǔbù　羊，一名髯主簿。（《蘇氏演義》卷下 P30）

【髻鬷】 jìzōng　上音計，又音結。鄭玄云："結髮也。"今經文纏結馬之鬉尾也。下音宗。《考聲》云："馬鬣也。"又作鬉。（《一切經音義》卷十四 8P526）

【髻鴉】 jìyā　參見［天邪］。（《唐音癸籤》卷二十四 P214）

【髻】 zhuǐ　參見［髻頭］。（《土風錄》卷三 P197）

【髻頭】 zhuǐtóu　《廣韻》十四賄"髻"字注："假髮髻也。"今俗新嫁娘假髻有髻頭之稱。考《晉書·五行志》："太元中，公主婦女必緩鬢傾髻爲盛飾，用髮既多，不可恆戴，必先於木及籠上裹之，曰假髻。"其制始於此。（《土風錄》卷三 P197）

【鬅鬆】 péngsōng　謂人髮亂曰鬅鬆。鬆音松。（《肯綮錄》P1）
　　鬅鬆，髮亂。（《目前集》後卷 P2153）

【鬀落】 tìluò　天帝反。《考聲》："削髮也。"經作剃，俗字也。（《一切經音義》卷八 4P287）

【鬀除】 tìchú　梯帝反。《考聲》云："鬀，削

髮也。"《說文》："鬀髮也。從髟弟聲也。"大人曰髡，小兒曰鬀。經從刀作剃，俗字也。（《一切經音義》卷六 6P224）

【鬀髮】 tìfà　上體討反。《說文》云："鬀髮也。"……大曰髡，小兒曰鬀。盡及身毛曰鬀。（《一切經音義》卷十五 5P558）

【髿】 cài　髮美曰髿。音采。（《肯綮錄》P2）

【鬍】 huō　音豁。《易林·遯之震》："驄驪黑鬍。"案：鬍，尾動也。吳中謂犬馬類尾動曰搖頭鬍尾。（《吳下方言考》卷十一 P9）

【鬙鬠】 xiāqià　《廣韻》云"鬙鬠，禿兒。"（《札樸》卷九 鄉里舊聞 鄉言正字附 雜言 P330）

【鬅頭】 pántóu　臥結曰鬅頭。（《札樸》卷九 鄉里舊聞 鄉言正字附 名稱 P328）

【鬖鬠】 sānsuō　髮亂曰鬖鬠。（《通俗文》釋言語下 P30）

【鬧】 nào　腮多鬚曰鬧。（《札樸》卷九 鄉里舊聞 鄉言正字附 身體 P326）

【鬧腮】 nàosāi　多須曰鬧腮。須，俗作鬚。鬧音鬧。（《蜀語》P29）
　　多鬚曰鬧腮。鬧音鬧。《類篇》："多須貌。"（《燕說》卷四 P2）
　　須，俗作"鬚"。鬧音鬧。《類篇》："多須貌。"世謂"鬧腮鬍子"。鬍，《虞衡志》作"㲲"，毛口，故"鬍"也。（《里語徵實》卷中上 二字徵實 P31）

【鬾】 jǐ　吉。凡魚口角兩條肉鬢曰"鬾"。（《越諺》卷中 水族 P46）

【鬅鬠】 bǔsēng　髮不括曰鬅鬠。（《札樸》卷九 鄉里舊聞 鄉言正字附 雜言 P329）

【鬚頭】 xūtóu　參見［蘇頭］。（《通俗編》卷二十五 P566）

【鬤鬤】 nángnáng　髮亂。（《集韻·四江》《類篇·髟部》）（《埤蒼》P18）

【鬟參】 huáncān　參見［龍鍾］。（《唐音癸籤》卷二十四 P214）

【鬣】 liè　蠟。（凡魚）鰓下兩片動刺曰"鬣"。（《越諺》卷中 水族 P46）

【鬢】 zuǎn　縮髮爲髻曰鬢。鬢音纘。《玉篇》："髮光澤也。"《集韻》："欶貌。"《蜀語》："縮髮爲髻也。"（《里語徵實》卷上 一字徵實 P21）

馬　部

【馬】mǎ　越俗,凡祀神必以紙畫其所祀之神,并紙幣焚之,謂之……馬。……推其所自始,蓋送行者必爲之具車馬,……由是送神者有寓馬。或削木爲之,或結芻爲之,或糨紙爲之。迨其後乃以畫,以畫之便也。遂并畫其所祀而乘是馬之神,凡一切冠服儀徒燦然具備,而馬之爲馬日以沬矣。但今臘月送竈具馬之外,并具馬之芻粟,則其意尚可想也。至於家祭,亦有馬,無論高曾禰、男女,皆渻而同之,然其名曰"經旛"。……家祭爲吉禮,此畫而焚之者,卽謂之爲馬,亦何不可而襲此凶喪不祥之名?(《越言釋》卷下 P26)

　　參見[馬衣]。(《通俗編》卷二十五 P560)

【馬人】mǎrén　韓退之詩:"衙時龍户集,上日馬人來。"……馬人者,馬文淵遺兵,居對銅柱,言語飲食,與中華同,號曰馬留。事見《俞益期牋》。恐卽此。(《宛委餘編》)(《唐音癸籤》卷十八 P164)

【馬牋】mǎjiān　《晉書·張方傳》:"軍人入宮閤,爭割流蘇武帳而爲馬牋。"(《札樸》卷七　匡謬 P247)

【馬已】mǎyǐ　參見[已巴]。(《蜀語》P13)

【馬弔】mǎdiào　又有"馬弔"之名,陳確庵《頑潭詩話》謂:"卽戳戲,始明萬歷中年,崇禎間尤甚,京師搢紳入朝歸,袍笏未除,毯列已具。"(《土風錄》卷五 P228)

【馬子】mǎ·zi　雙六子謂之馬子。(《俚言解》卷二 19P38)

　　俗凡安短木以承木皆曰馬子,亦曰榪子。榪,麻去聲,枺端木也。(《雅俗稽言》卷十 P17)

　　《云麓漫鈔》:"漢人目溷器爲虎子。鄭司農注《周禮》有是言,唐諱虎字改爲馬。"今人云牏馬子者,是也。《夢粱錄》載家生動事,有馬子。(《通俗編》卷二十六 P593)

　　糞笷曰馬子。《云麓漫鈔》:"漢人目溷器爲虎子,鄭司農註《周禮》有是言。唐諱虎字改爲馬。"至今因而不改。(《燕說》卷三 P6)

　　參見[獸子]。(《雅俗稽言》卷十三

　　參見[傾脚頭]。(《恒言錄》卷五 P106)

【馬妳子】mǎnǎi·zi　下。(《墨娥小錄》卷十四 P9)

【馬杌子】mǎwùzǐ　《事物紺珠》:"杌,小坐器。"錢世昭《錢氏私誌》:"賢穆有荆雍大長公主,金撮角,紅藤下,馬杌子,聞國初貴主乘馬,故有之。"(《談徵》物部 P19)

【馬桶】mǎtǒng　婦女屎尿之桶。由"虎子""馬子"而名"馬桶"。(《越諺》卷中　器用 P31)

【馬暑菜】mǎshǔcài　醬板菜曰馬暑菜。(《燕山叢錄》卷二十二　長安里語　蔬菜 P10)

【馬排】mǎbài　《魏志》:"韓暨爲監冶謁者,舊時冶作馬排,每用馬百匹。"(《札樸》卷三　覽古 P103)

【馬掘】mǎjué　五。(《墨娥小錄》卷十四 P9)

【馬牌】mǎpái　參見[排馬牒]。(《言鯖》卷上 P7)

【馬快】mǎkuài　捕役。(《越諺》卷中　惡類 P15)

【馬留】mǎliú　參見[馬人]。(《唐音癸籤》卷十八 P164)

【馬蟻】mǎyǐ　《古今注》:"河内人見人馬數萬,形如黍大。以火燒之,人皆蚊蚋,馬皆大蟻。故呼蚊蚋曰黍民,蟻曰玄駒。"俗又名馬蟻。或曰:"蟻不離群,如馬之牝隨其牡,故名。"(《雅俗稽言》卷三十七 P16)

　　《酉陽雜俎》:"秦中多巨黑蟻,好鬭,俗呼爲馬蟻。"按:馬蟻是蟻之別種,而今以概呼凡蟻,且益蟲旁爲螞字,舉世相承,不知其非矣。(《通俗編》卷二十九 P658)

　　魯人呼蟷爲馬蟻,……馥謂:馬蟻,蟻蚚,皆蟻之大者。(《札樸》卷九　鄉里舊聞 P315)

【馬船】mǎchuán　凡官府坐船曰馬船。《會典》載:"國初,四川、雲南市易馬贏,及蠻夷酋長貢馬者,皆由大法以達金陵。令歸州、荆州、岳州、武昌及江西、安慶等處各造馬船,以備轉送。後都燕,遂罷馬船之名。今皆官府乘坐,而仍舊名,有一號、二號、幾號之別。"(《蜀語》P42)

【馬衣】mǎyī　《孟子》:"許子衣褐。"趙岐注:"以毳織之,若今馬衣。"按:世俗以袍爲馬衣,製雖不同,而其名古。(《通俗編》卷二十五 P560)

【馬苞】mǎbāo　參見[被套]。(《談徵》物部 P42)

【馬藍頭】mǎlántóu　草名有馬藍頭,可食。按:《爾雅·釋艸》"葳馬藍",郭注:"今大葉冬藍是也。"俗以摘取莖葉故,謂之頭,如草頭、番椿頭、黄蓮頭之類。他處以其音不雅,呼曰"紅根菜",非是。紅根菜卽菠菜,見《姑蘇志》。(《土風錄》卷四 P221)

【馬閘子】mǎzházǐ　以皮爲支牀曰馬閘子,官長多以自隨以便於取摯也。按:《清異錄》:"唐明皇時從臣作逍遥座,遠行攜之如摺叠倚。"蓋卽此物之權輿乎?(《燕説》卷三 P6)

【馬頭】mǎtóu　商船聚會處曰馬頭。按:《通鑑》:"史憲誠據魏博,於黎陽築馬頭,爲渡海之勢。"胡三省注:"附岸築土,植木夾之,以便兵馬入船,謂爲馬頭。"(《土風錄》卷四 P210)

《通鑑》:"史憲誠據魏博,于黎陽築馬頭,爲渡河之勢。"注云:"附岸築土,植木夾之,以便兵馬入船,謂之馬頭。"按:《晉書·地理志》:"武昌郡鄂縣有新興馬頭。"似亦此制。(《通俗編》卷二 P38)

《通鑑》:"史憲誠據魏博,于黎陽築馬頭,爲渡河之勢。"注:"附岸築土,植木夾之,以便兵馬入船,謂之馬頭。"馬頭之名始也。(《言鯖》卷上 P6)

水路泊舟之所,曰"馬頭"。……《程途一覽》:"臨清爲天下水馬頭,南宮爲天下旱馬頭,鑣客所集。"(《里語徵實》卷中下　二字徵實 P1)

俗作"碼"。《通鑑》:"築馬頭。"《晉書·地理志》:"新興馬頭。"(《越諺》卷中　地部 P4)

【馮翼】féngyì　參見[直揬]。(《雅俗稽言》卷十一 P4)

【馱】tuó　越人謂以手持物爲"提",其音如"馱"。提去曰馱去,提來曰馱來。此唯越人有之,四方每傳以爲笑,不知是音之轉耳。在諸經,如"犧"之爲"娑"也,"褆"之爲"多"也,……又何疑於"提"之爲"馱"乎?其他支部入歌者,蓋不可枚舉。(《越言釋》

卷下 P21)

負物曰馱。馱從"大",不從"犬",音悲。一曰"背"。(《里語徵實》卷上　一字徵實 P27)

【馱家】tuójiā　參見[大家]。(《通俗編》卷十八 P409)

【馱老醜生】tuólǎochǒushēng　牛。(《墨娥小録》卷十四 P4)

【駛流】shǐliú　上所吏反。《蒼頡篇》云:"駛,速疾也,從馬史聲也。"……下流字,《説文》:"從水從㐬。"(《一切經音義》卷續三 14P3834)

駛,所吏反。《蒼頡篇》曰:"駛,速疾也。"(《一切經音義》卷二十一 16P809)

師利反。《蒼頡篇》:"水流疾也。"《考聲》:"速也。"《説文》:"從馬史聲。"(《一切經音義》卷十九 2P709)

師利反。《考聲》云:"行疾也。"水流疾也。《蒼頡篇》云:"駛,疾也。"(《一切經音義》卷十一 14P429)

音使。峻流水也,從馬史聲。(《一切經音義》卷十 15P389)

【駙馬】fùmǎ　《搜神記》:"秦妃感金枕事,謂辛道度曰:'此我真女壻。'遂拜道度爲駙馬都尉。"因此後人名女壻爲駙馬。(《雅俗稽言》卷八 P2)

【駝】tuó　無錢而買人物,徐酬其直者曰駝。(《客座贅語》卷一　辨譌 P6)

【駱駝蹄】luòtuótí　《姑蘇志》:"飲饌之屬有駱駝蹄。"注云:"蒸麪爲之,其形如駝蹄,重陽節物。"今俗於端午節賣之。《姑蘇志·風俗》云:"重九用麪裹肉,炊之,曰重陽糕,一曰駱駝蹄。"今俗分爲二物。(《土風錄》卷六 P238)

【駼】ái　音堆。《漢書》:"息夫躬上疏歷詆公卿大臣曰:'左將軍公孫禄,司隸鮑,亦皆外有直項之名,內實駼不曉政事。'"案:駼,癡駼也,俗亦借用獃字。(《吳下方言考》卷六 P14)

參見[癡駼]。(《通俗編》卷十五 P331

【駼子】áizǐ　參見[痎子]。(《越諺》卷中　疾病 P19)

【騎牛撒】qíniúsǎ　宜水種者謂之騎牛撒。(《俚言解》卷二 23P40)

【騎月雨】qíyuèyǔ　陸游詩:"爽氣收回騎

月雨。"自注:"俗謂二十四五間有雨,往往
輒成泥潦,連至後月,謂之騎月雨"。(《通俗
編》卷一 P14)

【騳】xiàn　音涎去聲。騳,急於行也,今無
錫謂急行曰騳。(《吳下方言考》卷九 P8)

【騗】piàn　唐武宗懿(編者按:當作"武懿
宗")將兵遇敵而遁,語曰:"長弓度短箭,蜀
馬臨堦騗。"言蜀馬既低小,而又臨堦爲高
乃能躍上也。《通典》曰:"武舉制土木馬于
里閭間,教人習騎。"今藥肆鬻脚藥者,榜曰
騗馬丹。皆以騗音片,謂躍上馬也。又《西
廂記》:"不想跳龍門,到來學騗馬。""騗"字
音皆全。今率以騗爲盜竊之義,舉世一辭,
殊可笑也。(《雅俗稽言》卷三十五 P24)

【騷】sāo　《方言》:"吳楚偏蹇曰騷。"本言
行不正也,今俗以媚容取悦曰騷。(《直語
補證》P42)

【騷不答的】sāobùdá·de　不理曰騷不答
的。(《宛署雜記》卷十七 P194)

【騷不韂的】sāobùdá·de　不理人曰騷不
韂的。(《燕山叢錄》卷二十二 長安里語 人
事 P2)

【騫騫】qiānqiān　柳子厚《乞巧文》:"沓沓
騫騫,恣口所言。"案:騫騫,口動貌。吳中
謂口動不善貌曰騫(編者按:下奪騫)。
(《吳下方言考》卷五 P9)

【騙】shàn　參見[剸]。(《越諺》卷中 禽獸
P44)

【騙馬】shànmǎ　《五代史·郭崇韜傳》:"崇
韜素嫉宦官,嘗謂繼岌曰:'主上千秋後,盡
當去之。至於扇馬,亦不可騎。'"《肘後
經》:"騙馬宦牛,羯羊閹豬。"加馬旁作騙。
(《通俗編》卷二十八 P633)

【騻】zhàn　馬臥土中也。(慧琳《崇正錄四
音義》。又《集古今佛道論衡二音義》引,
"中"下有"騻"字。)(《埤蒼》P20)

【騼口】qūkǒu　今蒙古、色目人之臧獲,男
曰奴,女曰婢,總曰騼口。(《南村輟耕錄》
卷十七 P208)

　　陶宗儀《輟耕錄》:"今蒙古、色目人之
臧獲,男曰奴,女曰婢,總曰騼口。蓋國初
平定諸國日,以俘到男女匹配爲夫婦,而所
生子孫,永爲奴婢。"(《稱謂錄》卷二十五
僕 P20)

【驅雞】qūjī　此泛言治術,然其用之縣令,
則始韋蘇州之"驅雞輦理邑"。後許渾亦有
"遮跡驅雞吏"之句。(《唐音癸籤》卷十七
P156)

【騾驢】luólú　上力戈反,下力豬反。《説
文》云:"騾者,驢父馬母所生也。"又云:"似
馬長耳。"(《一切經音義》卷十七 6P642)

【驚動】jīngdòng　《晉書·劉聰載記》:"自當
不敢北視,況敢濟乎?不勞驚動將士也。"
按:今言煩擾人曰"驚動",亦曰"勞動"。白
詩:"勞動故人龐閣老,提魚攜酒遠相尋。"
亦曰"起動",見元人雜劇。(《通俗編》卷十
二 P260)

【騸】chàn　不鞍而騎曰騸。騸,初限切。
令狐楚《少年行》:"騸騎蕃馬射黃羊。"《升
菴外集》:"元制,婦人妬者乘騸牛徇部中。"
按:《遼史》作鞿馬。鞿,馬帶也,似不如騸
字爲確。(《燕説》卷三 P15)

【騵駞】tuōtuó　上湯洛反,下鐸河反。《考
聲》云:"騵駞胡畜名也。"《周書·王會》:"正
北以騵駞爲獻。"顧野王云:"以能負重善行
致遠也。"《古今正字》:"騵駞並從馬,橐它
皆聲。"(《一切經音義》卷八十 13P3149)

【驏驏】làtǎ　不精彩曰驏驏。驏驏音臘塔。
(《蜀語》P6)

　　音臘塔。又作"邋遢",謂其人鄙猥糊
塗也。又,物不蠲潔也。又,張邋遢,名三
豐,閩人。洪武間,以軍籍戍平越郡。蓬頭
赤足,丐於市,人呼爲"邋遢翁"。(《滇黔紀
游》)(《里語徵實》卷中上 二字徵實 P38)

【驢】lú　參見[牛]。(《客座贅語》卷一 詮
俗 P8)

【驢夫】lúfū　《五代史·盧程傳》:"有假驢夫
于程者,程帖興唐府給之。"二字始見史。
(《通俗編》卷二十一 P479)

【驢駒嘴】lújūzuǐ　參見[螻蛄嘴]。(《札樸》
卷九 鄉里舊聞 鄉言正字附 名稱 P328)

鬲　部

【鬷】zōng　《陳風》:"越以鬷邁。"鬷者,衆
也……又曰鬷者,總也……然而鬷,麻數
也。凡麻縷以一升而用繩束之,謂之"數"。

故王肅曰："飝數，績麻之縷也。"今人凡所
爲之事件，數之，必曰"一飝"、"兩飝"，蓋本
諸此。(《越言釋》卷下 P7)

【飝】chǎo 馥案：吾鄉和蜜或鹽作餅，切小
方塊，飝乾，謂之飝，即麨也。(《札樸》卷九
鄉里舊聞 P309)

【飝】yuè 參見[煠]。(《札樸》卷九 鄉里舊
聞 鄉言正字附 雜言 P329)

【飝飜】mòhú 參見[酥糊]。(《札樸》卷九
鄉里舊聞 P309)

高　部

【高僑】gāoqiáo 參見[高橇]。(《札樸》卷
七 匡謬 P250)

【高興】gāoxìng 殷仲文詩："獨有清秋日，
能使高興盡。"杜甫《北征》詩："青云動高
興。"《九日曲江》詩："晚來高興盡。"(《通俗
編》卷十五 P320)

【高底鞋】gāodǐxié 《留青日札》："高底鞋，
即古之重臺履也。"謝觀詩有"來索纖纖高
底鞋"句。按：劉熙《釋名》："晚下如舄，婦
人短者著之。"晚下，疑亦高底之類。(《通
俗編》卷二十五 P566)

【高底鞵】gāodǐxié 即古重臺履也。越女
纏足恥大，削木爲光槻，上撾下平，暗藏履
跟內，使趾督立，鞵揉縮小，名此。《留青日
札》、謝觀詩。(《越諺》卷中 服飾 P42)

【高椅】gāoyǐ 參見[胡牀]。(《土風錄》卷
三 P207)

【高橇】gāoqiāo 北方伎人，足繫木竿上跳
舞，作八仙狀，俗呼高橇。案《列子·說符》
篇："有異伎。"張注云："僑人。"又《山海經·
長股國》郭注云："今伎家、僑人像此。"馥
謂：《說文》："僑，高也。"當言"高僑"。《左
傳》："長狄僑如。""僑如"者，高如也。(《札
樸》卷七匡謬 P250)

【高比】gāobǐ 《韓詩外傳》。(《越諺謄語》
卷上 P5)

【高明】gāomíng 《書敘指南》："孔融泛呼
人曰高明。"(《稱謂錄》卷三十二 尊稱
P17)

【高手】gāoshǒu 司馬彪《續漢書》："東平
王蒼病，詔遣太醫丞將高手醫治病。"(《通

俗編》卷二十一 P463)

【高照】gāozhào 明孝宗詔論大小官員：
"日間宴會，荒廢政事；夜晚飲酒，燈籠導
送。"今用"高照"本此。《四友叢齋》。(《里
語微實》卷中下 二字微實 P20)

【高茶】gāochá 漸至盛筵貴客，累果高至
尺餘，又復雕鸞刻鳳，綴糸攢紅以爲之飾，
一茶之值，乃至數金，謂之"高茶"。可觀而
不可食。(《越言釋》卷上 P31)

【高調班】gāodiàobān 唱戲成齣者，有文
班、武班之別。文專唱和，名"高調班"。
(《越諺》卷中 不齒人 P16)

【高鐙】gāodēng 得騰反。郭注《尒疋》云：
"即膏鐙也。"《聲類》云："無足曰鐙，有足曰
錠。"《說文》亦錠也。從金登聲。或作燈、
錠，音都定反。(《一切經音義》卷二十八
18P1136)

【高門】gāomén 《段行琛碑》："高門平原
忠武王孝先。"按：高門，高祖也。(《稱謂
錄》卷一 高祖 P4)

【高齒屐】gāochǐjī 參見[隱囊]。(《唐音
癸籤》卷十九 P171)

黃　部

【黃中君】huángzhōngjūn 《李泌外傳》：
"有術士稱帝爲黃中君。"(《稱謂錄》卷九
天子古稱 P9)

【黃六】huángliù 《李氏疑耀》："京師勾欄
中諢語，以紿人者曰黃六。蓋黃巢兄弟六
人，巢爲第六，而多詐騙，故以爲詈也。"
(《通俗編》卷十七 P377)

　　事不的曰黃六。張萱《疑耀》云："勾欄
諢語給人曰黃六，以黃巢行六而多詐也。"
(《土風錄》卷十 P281)

【黃卷】huángjuàn 古人用辛苦之物染紙
以辟蠹，其色黃，故稱黃卷。有差誤，以雌
黃塗之，而蓋以墨書。後人有言，誤即翻
改，任意是非，謂之口能雌黃。(《詢蒭錄》
P2)

　　古人寫書多用黃紙，故謂之黃卷。
……或曰黃紙，蘗染之，可除蠹魚。今詔勅
用黃紙，故私家避不敢用。白樂天詩："黃
紙除書無我名。"(《俚言解》卷二 37P47)

【黃堂】huángtáng 世傳黃堂即吳郡廳事，

乃春申君子假君之殿，後太守居之，數失火，塗以雌黃，遂名黃堂。今天下郡堂名黃堂始此。或云以黃歇姓名堂，或云二説皆非。古者太守所居黃堂猶三公之黃閣也。《緗素雜記》：“天子曰黃闥，三公曰黃閣，給事舍人曰黃扉，太守曰黃堂。”（《俚言解》卷二 11P34）

　　吳郡太守堂數遭火患，塗以雌黃，故至今太守之堂稱黃堂。（《目前集》前卷 P2125）

　　《郭丹傳》：“今功曹推賢，可謂至德。敕以丹事編署黃堂，以後爲法。”注：“黃堂，太守之廳事。”《湘素雜記》：“天子曰黃闥，三公曰黃閣，給事舍人曰黃扉，太守曰黃堂。”案：太守堂塗以雌黃，厭水災也，故稱。（《稱謂錄》卷二十二 知府P3）

　　吳郡太守所居之地，乃戰國楚春申君黃歇之子所居，數以火燃，塗以雌黃，故曰黃堂。今稱太守曰黃堂者或本此。（《談徵》名部上 P27）

【黃天子】huángtiānzǐ　《長篇》：“西夏自稱青天子，稱中國爲黃天子。”（《稱謂錄》卷九 天子古稱 P9）

【黃口小兒】huángkǒuxiǎo'ér　《北史·崔暹傳》：“崔㥄竊言文宣帝爲黃口小兒。”（《通俗編》卷十六 P346）

【黃姑郎當】huánggūlángdāng　吳中謂生菜宿而黃者曰黃姑郎當。（《吳下方言考》卷二 P9）

【黃嬭】huángnǎi　參見［渴睡］。（《通雅》卷四十九 P1456）

【黃教】huángjiào　《禮部志稿》云：“西番帕克巴爲元時高僧，傳至宗咯巴爲黃教之祖，有二大弟子，曰達賴喇嘛，曰班禪喇嘛，遞相爲師，以化身，世掌黃教者也。喇嘛二字，即如漢語稱僧爲上人。蓋蒙古最尊奉彼教，興黃教即所以安衆。蒙古喇嘛中人有所謂紅教者。黃教專以善道化人，使勉忠孝、息爭競，紅教則有術，能召風雨，並咒人至死。平西陲後，嘗取準夷之習此術者，令祈風雨，亦頗有驗焉。其教不甚行，故今入內地之喇嘛皆黃教，其服色亦皆從黃也。”（《稱謂錄》卷三十一 喇嘛 P11）

【黃氣】huángqì　黃氣，黃雲也。（《唐音癸籤》卷十六 P148）

【黃背草】huángbèicǎo　苫屋之草，鄉人呼黃背草。《廣韻》作“蓓”，云“黃蓓草”也。（《札樸》卷九 鄉里舊聞 P312）

【黃扉】huángfēi　《緗素雜記》：“天子曰黃闥，三公曰黃閣，給事舍人曰黃扉。”（《俚言解》卷二 11P34）

【黃耳】huáng'ěr　狗曰黃耳。（《蘇氏演義》卷下 P30）

【黃米】huángmǐ　小糯米曰黃米。（《燕山叢錄》卷二十二 長安里語 飲食 P8）

【黃花】huánghuā　暮春徧畈，細花，棉葉，無梗，貼地而生，採春麥餪。（《越諺》卷中 花草 P48）

【黃花女】huánghuānǚ　今俗謂女子未嫁者曰黃花女。（《吳下方言考》卷二 P7）

【黃蓓】huángbèi　苫屋草曰黃蓓。（《札樸》卷九 鄉里舊聞 鄉言正字附 名稱 P328）

【黃蓓草】huángbèicǎo　參見［黃背草］。（《札樸》卷九 鄉里舊聞 P312）

【黃藤紙】huángténgzhǐ　牒用黃藤紙。（《石林燕語》）（《唐音癸籤》卷十八 P159）

【黃紙】huángzhǐ　古人寫書多用黃紙，……或曰黃紙，蘗染之，可除蠹魚。今詔勅用黃紙，故私家避不敢用。白樂天詩：“黃紙除書無我名。”（《俚言解》卷二 37P47）

　　黃紙始貞觀間，或曰取其不蠹也。（《石林燕語》）（《唐音癸籤》卷十八 P159）

【黃道日】huángdàorì　歷中除、危、定、執四日也。（《越諺》卷中 時序 P6）

【黃雲】huángyún　沈佺期《改年觀赦》詩：“六甲迎黃氣，三元降紫泥。”《望氣經》云：“黃雲四出，主赦。”黃氣，黃雲也。華蓋象雲，六甲乃華蓋杠旁星名。（《唐音癸籤》卷十六 P148）

【黃陂赤】huángpíchì　自黃陂來者謂之黃陂赤，俗訛爲旁皮赤。（《俚言解》卷二 23P40）

【黃門】huángmén　世有男子雖娶婦而終身無嗣育者，謂之天閹，世俗則命之曰黃門。（《南村輟耕錄》卷二十八 P350）

　　《大般若經》云：“梵言半擇迦華，言黃門，其類有五。……此五種黃門名爲人中惡趣受身處。”（《俚言解》卷一 31P19）

【黃間】huángjiān　按：弩有稱黃間者。《史記·李廣傳》：“廣身自以大黃射其禆將。”裴騆引鄭德曰:"黄肩弩,淵中黄朱之。"韋昭曰:"角弩,色黄而體大也。"小司馬從韋説,《漢書》注:"服虔曰:'黄肩弩也。'"晉灼曰:"黄肩,卽黄間也。大黄,其大者也。"張衡《南都賦》:"黄間機張。"劉劭《趙都賦》:"其用器則六弓四弩,綠沈黄間。"潘岳《射雉賦》:"捧黄間以密毂。"又有稱紫間者,陸機《七導》:"操紫間之神機,審必中而後射。"又有稱白間者,《後漢書·班固傳》:"招白間,下黄鵠。"章懷注云:"招,猶舉也。弩有黄間之名,此言白間,蓋弓弩之屬。"本或作白鵬,謂鳥也。(下文云"揄文竿",出此目,白間與文竿對稱,定非謂鳥。)(《札樸》卷八金石文字 P257)

【黄閣】huánggé 《緗素雜記》:"天子曰黄閣,三公曰黄閣。"(《俚言解》卷二 11P34)

　　漢舊儀:宰相聽事閣曰黄閣。給事分判省事,得借稱黄閣也。(《唐音癸籤》卷十七 P153)

　　衛宏《漢官儀》卷上:"丞相聽事閣曰黄閣,無鐘鈴。"《宋書·禮志》:"三公之與天子禮秩相亞,故黄其閣以示謙。"(《稱謂錄》卷十二 內閣 P19)

【黄闥】huángtà 《緗素雜記》:"天子曰黄闥。"(《俚言解》卷二 11P34)

【黄顙公】huángsǎnggōng "黄"讀"盎"。鼬。一名"黄鼠狼"。赤大黄尾,啖鼠啗雞,尾可筆。(《越諺》卷中 禽獸 P45)

【黄麻紙】huángmázhǐ 日勑用黄麻紙承旨而行者曰勑。(《石林燕語》)(《唐音癸籤》卷十八 P159)

【黄鼠狼】huángshǔláng 參見[黄顙公]。(《越諺》卷中 禽獸 P45)

【蘛黇色】wěitàsè 灰塔。青黄相間。《字彙》。(《越諺》卷中 形色 P59)

麥　部

【麥粥】màizhōu 小麥屑和豆煮曰麥粥,粥供冬之朝食。(《札樸》卷九 鄉里舊聞 P309)

【麥秋】màiqiū 黄朝英《緗素雜記》云:"宋子京有《帝幸南園觀刈麥》詩云:'農扈方迎夏,官田首告秋。'"注云:"臣謹按:物成熟者謂之秋,取揫斂之義。故謂四月爲麥

秋。"余按《北史·蘇綽傳》云:"布種既訖,嘉苗須理。麥秋在野,蠶停于室。"則麥秋之説,其來舊矣。……予考麥秋之始,在《禮記·月令》,自有成説,何必引蘇綽説耶?釋其義,則景文之説尤盡。……然景文所注,本出蔡邕《月令章句》曰:"百穀各以其初生爲春,熟爲秋。故麥以孟夏爲秋。"(《能改齋漫録》卷一 P2)

【麥蠶】màicán 新麥之青者膩磨成條,名此。(《越諺》卷中 飲食 P35)

【麥鑊燒貧】màihuòshāopín 以水和麵,以熱鍋四溢之而成餅,謂之"煎餅",南人謂之"麥鑊燒貧"。(《越言釋》卷上 P32)

【麥飯】màifàn 大麥粒和豆煮曰麥飯,小麥屑和豆煮曰麥粥,粥供冬之朝食,飯供夏之餔食。(《札樸》卷九 鄉里舊聞 P309)

【㰚】yì 《一切經音義》:"㰚,麥糠也。"(《札樸》卷三 覽古 P91)

【㰚草】yìcǎo 蠅卽反。《考聲》云:"麦糠㰚也。"(《一切經音義》卷十二 1P440)

【麩炭】fūtàn 白樂天詩云:"日暮半爐麩炭火。"麩炭語留傳不一。《北夢瑣言》:"優人安轡新嘲李茂貞燒京闕云:'京師但賣麩炭,便足一生。'"(《唐音癸籤》卷二十 P176)

　　《老學庵筆記》:"浮炭謂之麩炭。樂天詩云:'日暮半爐麩炭火。'"(《恒言錄》卷五 P105)

　　《老學庵筆記》云:"浮炭曰麩炭。"(《通言》卷二 P35)

　　樹柴炭曰麩炭,見樂天詩:"日暮半爐麩炭火。"《五代史》:"李茂正優人云:'歸長安賣麩炭,足過一生。'"亦作"浮炭",陳無己帖有"與酒務官買浮炭"書。陸放翁《筆記》云:"投之水中而浮。"今人謂之麩炭以此。(《土風錄》卷四 P219)

　　白香山詩:"日暮半爐麩炭火。"案:麩炭,浮炭也。吳中名浮炭爲麩炭。(《吳下方言考》卷九 P7)

　　《北夢瑣言》:李茂貞燒京闕,優人安轡新云:"京人近日但賣麩炭,便足一生。"(《恒言廣證》卷五 P81)

　　參見[浮炭]。(《七修續稿》卷六 P835)

　　參見[浮炭]。(《目前集》前卷 P2126)

【麨】chǎo 炒米麥爲麵也。慧琳《大寶積

經五十五音義》。熰麥屑食也。慧琳《廣大
寶樓閣善住祕蜜陀羅尼經上音義》。(《埤
蒼》P12)

《梁書》:"高昌國人多噉麨,滑國今以
麨爲糧。"《玉篇》"麨"與"麨"同,糗也,音充
小切。馥案:吾鄉和蜜或鹽作餅,切小方
塊,曬乾,謂之饢,即麨也。顏注《急就篇》:
"麩者,糗也。甘麩者,以蜜和糗,故其味甘
也。"(《札樸》卷九　鄉里舊聞 P309)

餅屑焦乾曰麨,即麵字。(《札樸》卷九
鄉里舊聞　鄉言正字附　飲食 P326)

參見[麵]。(《埤蒼》P12)

【䴞糊】mòhú　沂州南境以大豆、大麥細屑
爲饢,謂之䴞糊。案:字當作饢饢。(《札
樸》卷九　鄉里舊聞 P309)

【麩】qù　顏注《急就篇》:"麩者,糗也。甘
麩者,以蜜和糗,故其味甘也。"(《札樸》卷
九　鄉里舊聞 P309)

【黏餅】tiēbǐng　乾煎曰黏餅,黏音貼。
(《札樸》卷九　鄉里舊聞　鄉言正字附　飲食
P326)

【麴糵】qūniè　麴糵,酒母。糵,魚列切。
《周禮·媒氏》注:"今齊人名麴糵曰媒。"《漢
書》注:"孟康曰:'媒,酒教。'"小顏亦引:
"齊人以麴餅爲媒。"《書》曰:"爾惟麴糵。"
糵即糵也。《李陵傳》:"媒糵其短。"字本作
酶,正謂釀成禍隙也。《釋名》:"麴,朽也。"
今北方呼酒麴爲丘,上聲。(《通雅》卷三十
九 P1180)

【麨頭】niétóu　麥堅不破曰麨頭。(《札樸》
卷九　鄉里舊聞　鄉言正字附　禾稼 P327)

【麴塵】qùchén　唐人詠柳,如劉禹錫之"龍
墀遙望麴塵絲",使麴塵字者極多。(《唐音
癸籤》卷二十 P179)

【麵醉】miànzuì　《教坊記》:"有蘇五奴者,
其妻善歌舞,亦有姿色。遇邀迓者,五奴輒
隨之前,人欲其速醉,多勸以酒。五奴曰:
'但多與我錢,雖喫餺飥亦醉,不煩酒也。'"
按:鄙俗以喫麵食至醉爲罛辭,初不解何
義,觀此,知其罛殊醜矣。(《通俗編》卷二
十七 P608)

【䵂斗】kēdǒu　案:《集韻》:"䵂斗,餌也,象
蟲形。"(《札樸》卷九　鄉里舊聞 P310)

【麨】chǎo　齲麥也。慧琳《聖迦抳金剛童
子求成就經音義》。又《根本毗奈耶雜事律
五音義》。又《根本説一切有部毗奈耶律一
音義》引,"麥"下有"麵"字。又《根本説一
切有部大苾芻戒經音義》引"齲"作"齣"。
熰麥爲麵。(慧琳《南海寄歸內法傳一音
義》)(《埤蒼》P12)

參見[麨]。(《札樸》卷九　鄉里舊聞
鄉言正字附　飲食 P326)

參見[麨]。(《埤蒼》P12)

【糵麨】mòyè　礳礰穀皮曰糵麨。(《札樸》
卷九　鄉里舊聞　鄉言正字附　禾稼 P327)

【䵼】kuàng　《晉書·皇甫謐傳》:"況臣糠
䵼,糅之雕糊。"《玉篇》:"䵼與麷同,大麥
也。"《一切經音義》:"䵼,麥糠也。"《齊民要
術》:"旱稻法,宜五六月暵之,以擬麷麥。"
(《札樸》卷三　覽古 P91)

【糵麵】shànlián　燒新麥曰糵麵。音諨爲
碾轉。(《札樸》卷九　鄉里舊聞　鄉言正字
附　飲食 P326)

【麷糵】liánlǒu　干寶説:"司徒儀吏死,祭
用麷糵三十。"《韻會》:"麷糵,饊餅也,即今
寒具。"(《札樸》卷三　覽古 P85)

參見[糤]。(《蜀語》P7)

【糵餅】huánbǐng　參見[麷糵]。(《札樸》
卷三　覽古 P85)

鹵　部

【鹹杬子】xiányuánzǐ　今人以米湯和入鹽
草灰以團鴨卵,謂曰鹹杬子。按:《齊民要
術》:"用杬木皮淹漬,故名之。"若作圓字
寫,則誤矣。(《南村輟耕錄》卷七 P88)

【鹹案】xián'àn　酒看曰鹹案。(《札樸》卷
九　鄉里舊聞　鄉言正字附　飲食 P326)

吾鄉設酒品,四圍皆甘果,看居中央,
謂之鹹案。(《札樸》卷九　鄉里舊聞 P310)

【鹹辣】xiánlà　味之難可口者。越喻物價
之貴,人性之惡。(《越諺》卷中　臭味 P56)

【鹹鯗】xiánxiǎng　烏賊魚乾者……今俗通
名曰鹹鯗。(《土風錄》卷五 P235)

【醝】cuó　勘。鹽嫩瀝之出汁曰"醝"。其
味厚苦,又名"苦鹵"。食之殺人。(《越諺》
卷中　貨物 P32)

【讇】jiǎn　音減。宋林逋《出曹州》詩：“雨
濼生新讇，茅茨夾舊槎。”又《寄輦下傳神法
相大師》云：“淨讇生瓶罍，連陰長竹圍。”
（劉劭《人物志·體別篇》：“夫中庸之德，其
質無名。故鹹而不讇，淡而不䐑，質而不
縵，文而不繢。”）（《直語補證》P37）

【鹻鹻】gàntàn　味敗曰鹻鹻。（《札樸》卷
九　鄉里舊聞　鄉言正字附　雜言 P329）

【鹻子】jiǎnzǐ　減埶。可以瀚衣去垢。即
《本草》“石鹻”也。（《越諺》卷中　貨物
P33）

鳥　部

【鳩垣】jiūyuán　諸經或作鳩洹，或作仇桓。
皆梵言訛也。此譯云大身。（《一切經音
義》卷九 19P358）

【鳧鴨】fúyā　《通典》：“魏以諸曹走使曰鳧
鴨，取其迅速。”案：《表異錄》作鳧雁。（《稱
謂錄》卷二十六　使 P12）

【鳴老】mínglǎo　雞。（《墨娥小錄》卷十四
P4）

【鳴騶】míngzōu　參見［唱喏］。（《談徵》言
部 P33）

【鳳凰池】fènghuángchí　《荀勖傳》：“久在
中書，專管機事。及失之，甚悵悵。或賀之
者，勖曰：‘奪我鳳凰池，諸君賀我耶！’”
（《稱謂錄》卷十二　內閣 P18）

　　宋太宗朝，泉州劉昌言上呂蒙正詩曰：
“重名清望遍華夷，恐是神仙不可知。一舉
首登龍虎榜，十年身到鳳凰池。廟堂只似
無言者，門館常如未貴時。除卻洛京居守
外，聖朝賢相復書誰？”（《通言》卷五 P63）

【鳳尾詔】fèngwěizhào　參見［鳳尾諾］。
（《言鯖》卷上 P1）

【鳳尾諾】fèngwěinuò　晉元帝踐祚，凡諸
侯牋奏，批之曰“諾”，而草書若字之尾如鳳
形，故謂之鳳尾諾。今訛爲鳳尾詔，非也。
（《言鯖》卷上 P1）

【鳳子】fèngzǐ　蛺蝶之大者曰鳳子。見韓
偓詩。（《雅俗稽言》卷三十五 P3）

　　韓偓詩：“鴻兒咳唼雌黃嘴，鳳子輕盈
膩粉腰。”崔豹《古今注》：“蛺蝶大者爲鳳
子。”（《唐音癸籤》卷二十 P183）

　　參見［撻朮］。（《蘇氏演義》卷下 P30）

【鳳翼】fèngyì　參見［仙人花］。（《蘇氏演
義》卷下 P29）

【鳳車】fèngchē　參見［撻朮］。（《蘇氏演
義》卷下 P30）

【鳳閣】fènggé　《唐書·韋嗣立傳》：與承慶
異母，承慶爲鳳閣舍人。武后（編者按：“武
后”原作“武帝”，新、舊《唐書》本傳均作“武
后”，據以改正）詔嗣立謂曰：“爾父嘗稱二
子忠且孝，今卿兄弟自相代。”即拜中書
舍人。《文獻通考》：“中書省，唐光宅元年
改爲鳳閣。”（《稱謂錄》卷十二　內閣 P19）

【鵖鳩】guījiū　鵖鳩、鶌鳩皆指布穀鳥。
（《通俗文》釋鳥獸 P89）

　　　　佳其謂之雒鳩。（《通俗文》釋鳥獸
P89）

【鴈戶】yànhù　《唐書》：“编氓有鴈戶，謂流
民非土著者，來去無常，故以鴈名之。”（《俚
言解》卷一 10P8）

【鴉頭】yātóu　白居易詩：“繡面誰家婢，鴉
頭幾歲奴。”（《稱謂錄》卷二十五　婢 P26）

【鴇】bǎo　鴇，音保，似雁而大，連蹄，無後
趾，不樹止。陸佃云：“鴇，性羣居，似雁而
有行列，故字從匕作𥬡，音保，相次也，不從
六七字。《詩》‘肅肅鴇行’是也。”乃《風月
機關》云：“老鴇要錢，威逼佳人生巧計。”
注：“鴇性㝡淫，故妓取名于此。其字從七
十鳥，謂與多鳥相尾之義。”不知何據。或
曰：“鴇無雄取。”此義耳。（《雅俗稽言》卷
十四 P22）

　　參見［保］。（《詢蒭錄》P2）

【鴇子】bǎozǐ　老妓名鴇子，一作鴾，似大
雁，無後趾，虎文，性羣居，俗呼獨豹，老妓
似之。（《俗考》P16）

【鴨】yā　《中吳紀聞》：“俗貴鵝賤鴨，故呼
婢爲鴨。”（《稱謂錄》卷二十五　婢 P26）

　　鴨嘲道士。《輟耕錄》載：“松江亢旱，
聞方士沈雷伯道術高妙，府遣吏迎來，驕傲
之甚，以爲雨可立致。結壇仙鶴觀，下鐵簡
於湖泖潭井，日取蛇燕焚之，了無應驗，羞
赧宵遁。”僧柏子庭有詩云：“誰呼蓬島青頭
鴨，來殺松江赤練蛇。”則是元時於道士已
鴨之。但鴨之謂，未審。（《語竇》P155）

【鴨頭綠】yātóulù　酒有鵝兒黃、鴨頭綠、竹
葉青、狀元紅等名，亦古語。坡詩：“小舟浮

鴨綠，大杓瀉鵝黃。"小舟，羽觴；大杓，有柄斗盃也。(《俚言解》卷二 5P31)

【鴟吻】chīwěn　蚩者，海獸也。漢武帝作柏梁殿，有上疏者云："蚩尾水之精，能辟火災，可置之堂殿。今人多作鴟字，見其吻如鴟鳶，遂呼之爲鴟吻。"(《蘇氏演義》卷上 P7)

【鴛衾】yuānqīn　孟蜀主一錦被，其闊猶今之三幅帛，而一梭織成。被頭作二穴，若雲版樣，蓋以叩于項下，如盤領狀，兩側餘錦則擁覆于肩，此之謂鴛衾也。(《南村輟耕錄》卷七 P86)

【鴻耳】hóng'ěr　舟之神名，梁簡文《船神記》謂名鴻耳。(《七修類稿》卷二十三 P348)

【鴻龍】hónglóng　李賀詩："鴻龍玉狗開天門。"案：鴻龍，開門聲也。吳諺謂開門聲響曰鴻龍。(《吳下方言考》卷一 P8)

【鴳爛堆】yànlànduī　參見[雇]。(《札樸》卷九 鄉里舊聞 P315)

【鵝】é　長軀而癡者，曰鵝。(《客座贅語》卷一 詮俗 P8)

【鵝兒黃】é'érhuáng　參見[鴨頭綠]。(《俚言解》卷二 5P31)

【鴉兒】yā'ér　《五代史·唐本紀》："李克用少驍勇，軍中號曰李鴉兒。"按：鴉兒是小兒之稱。因其年甚少，故云。(《通俗編》卷十八 P400)

　　參見[嘔鴉]。(《通俗編》卷十八 P400)

【鵲郎】quèláng　馬。(《墨娥小錄》卷十四 P4)

【鶌鳩】jújiū　參見[鳩鳩]。(《通俗文》釋鳥獸 P89)

【鶻崙】húlún　《朱子語類》云："若是握得一箇鶻崙底果子，不知裡面是酸是鹹，是苦是澀，須是與他嚼破，便見滋味。"(《通言》卷一 P13)

【鶻突】hútū　鶻突二字，當用糊塗。蓋以糊塗之義，取其不分曉也。按：呂原明《家塾記》云："太宗欲相呂正惠公，左右或曰：'呂端之爲人糊塗。'(自注云：'讀爲鶻突。')帝曰：'端小事糊塗，大事不糊塗。'決意相之。"今《食醫心鏡》，治脾胃氣冷，不能下食，虛弱無力，有鶻突羹，用鯽魚半斤，細切

起作膾，沸豉汁熱投之，著胡椒、乾姜、蒔蘿、橘皮等末，空腹食之。乃作此鶻突字，非也。(《能改齋漫錄》卷二 P40)

　　鶻突二字當作糊塗，謂其不分曉也。按：呂原明《家塾記》云："太宗欲相呂正惠公。左右或曰：'呂端之爲人糊塗。'(原明自注爲'讀爲鶻突'。)帝曰：端小事糊塗，大事不糊塗。'""糊塗"一字，不讀本音也。(《言鯖》卷下 P18)

　　參見[搰突]。(《方言據》卷上 P3)

　　參見[糊塗]。(《雅俗稽言》卷二十一 P19)

　　參見[餛飩]。(《通雅》卷三十九 P1186)

　　參見[糊塗]。(《通俗編》卷六 P116)

【鶻露蹄】hùlùtí　參見[胡盧提]。(《能改齋漫錄》卷五 P128)

【鶻鶟】hútū　事之依違曰鶻鶟。(《燕山叢錄》卷二十二 長安里語 人事 P2)

　　事之依違曰鶻鶟。(《宛署雜記》卷十七 P194)

【僠子】bǎozi　參見[鴇子]。(《俗考》P16)

【鷂子】yàozi　清明前後，兒童競放紙鳶，謂之鷂子，取其乘風高颺也。或作鷹隼形，呼曰老鷹鷂，不識鷂爲何物矣。又以竹片縛紙鳶背，因風播響曰鷂琴，卽古之風筝。高承《事物紀原》云："紙鳶，俗謂風筝，古傳韓信所作以量未央宮遠近，欲穿地入宮，應陳豨也。"一云："侯景攻臺城，羊侃令小兒作紙鳶，藏詔於中，簡文帝出太極殿前，因北風起，放之，冀得達援軍，賊謂是厭勝，射落之。"按：二說皆無據。《五代史·李業傳》云："漢隱帝與業造紙鳶，爲宮中之戲。"蓋始乎此。楊升庵謂："唐人詩所謂風筝，乃簷前鐵馬。"詳五卷[鐵馬]條。(《土風錄》卷三 P205)

【鷂琴】yàoqín　以竹片縛紙鳶背，因風播響曰鷂琴，卽古之風筝。(《土風錄》卷三 P205)

【鶘鶯】xiáyà　白頭鳥謂之鶘鶯(鶯，治八反)。(《通俗文》釋鳥獸 P89)

【鶴俸】hèfèng　皮日休《新秋卽事》："酒坊吏到常先見，鶴俸符來每探支。"注云："吳都有鶴料。"案：殊未詳鶴俸之說。曾文彥和博學之士，有《次韻趙仲美》詩云："寧羨一囊供鶴料，會看千里躍龍媒。"注云："唐

幕府官俸,謂之鶴料。"(《墨莊漫錄》)(《唐音癸籤》卷十七 P156)

【鶴廳】hètīng　《類函》:"唐考功員外郎廳事,有薛稷畫鶴,宋之問爲讚,故名。"(《稱謂錄》卷十五 考功司 P15)

【鶴氅】hèchǎng　鶴毛曰氅,作服以象之謂之鶴氅,今呼氅衣。《晉書》:"王恭被鶴氅雪中行。"後唐梁震被鶴氅稱荆臺處士。(《俚言解》卷二 6P32)

【鷚】liù　暮子曰鷚。(《通俗文》釋鳥獸 P90)

【鷹架木】yīngjiàmù　司馬公《書儀》:"挽重物上下,宜用革車,或用鷹架木。"(《通俗編》卷二十四 P544)

【鷹背狗】yīngbèigǒu　北方凡皁鵰作巢所在,官司必令人窮巢探卵,較其多寡。如一巢而三卵者,置卒守護,日覘視之。及其成鷇,一乃狗耳,取以飼養,進之於朝。其狀與狗無異,但耳尾上多毛羽數根而已。田獵之際,鵰則戾天,狗則走陸,所逐同至,名曰鷹背狗。(《南村輟耕錄》卷七 P92)

【鷭遷】yīngqiān　今謂陞官移居爲鷭遷,蓋本《毛詩》"伐木丁丁,鳥鳴嚶嚶,出自幽谷,遷于喬木"。然并無"鷭"字。因初唐蘇味道詩"遷鷭"遠聽聞楊楨,軒樹已遷鷭",唐禮部試士遂有"遷鷭求友"并"鷭出谷"詩,誤矣。今俗又訛鷭爲鶯,誤之又誤矣。(《言鯖》卷下 P4)

【鸚哥】yīnggē　戴侗説"鸚鵡"云:"云南人以白者爲鸚鵡,綠者爲鸚哥。"(《札樸》卷五 覽古 P165)

【鸚哥嘴】yīnggēzuǐ　參見[螳螂子]。(《南村輟耕錄》卷九 P115)

【鸚武】yīngwǔ　鸚武卽鸚鵡,如嬰兒學母語。(《雅俗稽言》卷三十五 P6)

魚　部

【魚栫】yújiàn　江中取魚欄曰魚栫。栫音薦,俗訛爲"圈"。(《里語徵實》卷中上 二字徵實 P25)

【魚户】yúhù　《蟹譜》:"錢氏間置魚户、蟹户,專掌捕魚蟹,若台之藥户、畦户,睦之漆户比也。"按:宋元人詩多用"漁户"字。(《通俗編》卷二十一 P479)

【魚神仙】yúshénxiān　眼下橫骨。戲擲問卜。(《越諺》卷中 水族 P47)

【魚秧】yúyāng　養魚者,種自江灘,買置池塘,以豆汁飼之,謂之魚秧。(《土風錄》卷五 P236)

【魚笱】yúgǒu　跋扈猶言強梁,"扈"取"魚笱"也,小魚入之,大魚跳跋而出,故曰跋扈。(《常語尋源》卷上甲册 P193)

【魚袋】yúdài　魚袋始於唐高祖。取李淳風鯉魚得衆之讖,又襲古義魚符之事,故製爲魚袋,以藏符契也,懸之於帶。(《七修續稿》卷六 P828)

【魚米之地】yúmǐzhīdì　俗傳紹興"魚米之地",言土沃也。唐田澄《蜀城詩》同。(《越諺》卷中 地部 P5)

【鮓答】zhǎdá　往往見蒙古人之禱雨者,……惟取淨水一盆,浸石子數枚而已。其大者若鷄卵,小者不等。然後默持密呪,將石子淘漉玩弄,如此良久,輒有雨。……石子名曰鮓答,乃走獸腹中所産,狗牛馬者最妙,恐亦是牛黃狗寶之屬耳。(《南村輟耕錄》卷四 P52)

【鮓蒼】zhǎcāng　年老。(《墨娥小錄》卷十四 P6)

【鮒】fù　參見[土附]。(《通俗編》卷二十九 P657)

【鮑老】bàolǎo　焦躁。(《墨娥小錄》卷十四 P7)

麵。(《墨娥小錄》卷十四 P5)

【鮑翁】bàowēng　口。(《墨娥小錄》卷十四 P8)

【鮮】xiān　生魚。音仙。(《俗務要名林》)杜詩:"紅鮮終日有。"紅鮮,任霞散,稻名也。今越人作"秈"。(《越言釋》卷上 P15)

【鮮榮】xiānróng　鮮,斯然反。《玉篇》曰:"鮮,明也。"《釋名》曰:"榮猶榮榮然照明之兒也。"(《一切經音義》卷二十三 10P882)

【鮮明騎】xiānmíngqí　魯峻畫象,有鈴下有鮮明騎。……案:鮮明騎,謂騎吏。(《札樸》卷八 金石文字 P281)

【鮮郁】xiānyù　上相延反,《廣雅》:"鮮,好也。"《聲類》:"新也。"案:鮮,鮮明也。下於六反。案:鮮郁者,妙花鮮明,香氣郁遏之

盛也。(《一切經音義》卷四 9P158)

【鮮鮝】xiānxiǎng (烏賊魚乾者)新者曰鮮鮝,即鰳魚。(《土風錄》卷五 P235)

【鮝】xiǎng 參見[鮝]。(《越言釋》卷下 P21)

【鯆魚】pūyú 《本草》:"江豚别名鯆魚。"(《札樸》卷五 覽古 P172)

【鯆魣】pūfú 《晉書·夏統傳》:"操施正檣,折旋中流,初作鯔鯸躍,後作鯆魣引。"何超《音義》引《埤苍》:"魣,鮂魚也。"又引《説文》:"鮂魚出樂浪潘國。一名江豚,多膏少肉。一曰出江,有兩乳。"徐鍇《説文》本云:"一曰溥浮。"徐鉉本削去"一曰四字"。《廣雅》:"魣,鮂也。"《本草》:"江豚别名鯆魚。"《魏武食制》謂之"魣鯑"。《廣韻》:"鯆魣,魚名,亦作鯑。""又江豚别名。天欲風則見。"(《札樸》卷五 覽古 P172)

【鯉魚風】lǐyúfēng 李賀詩:"門前流水江陵道,鯉魚風起芙蓉老。"九月風也。(《唐音癸籤》卷十六 P143)

【鮝】xiǎng 《本艸》:"烏賊魚鹽乾者名明鮝,淡乾者名脯鮝。"今俗通名鹹鮝,新者曰鮮鮝,即鰳魚。《正字通》所謂:"狀如鰣魚乾曰鰳鮝也。"攷陸廣微《吳地記》云:"吳王闔閭入海,會風浪不得渡,糧絶,禱於天。見金色魚逼而來,因取食。及歸,思此魚,所司曰:'已曝乾矣。'索食之,味甚美,因書'美下魚',爲鮝字,讀作想,寓思想之意。"黄花魚乾者曰白鮝,見羅願《爾雅翼》,云:"諸魚乾者皆爲鮝,美不及石首,故獨得白之名,呼曰白鮝。"……按:石首,即黄花魚,首中有骨似石,故名。(《土風錄》卷五 P235)

【鯽令】jìlìng 參見[鯽溜]。(《燕説》卷一 P1)

【鯽合】jìhé 參見[鯽溜]。(《唐音癸籤》卷二十四 P214)

【鯽溜】jìliū 稱人敏快曰鯽溜。唐盧仝詩:"不鯽溜鈍漢。"(《俚言解》卷一 34P20)

孫炎作反切,俚語數百種,謂就爲鯽溜,謂團曰突欒,謂精曰鯽令,謂孔曰窟籠,不可勝舉。唐盧仝詩云:"不鯽溜鈍漢。"今人言不慧者爲不鯽溜,此俚人反語也。(《宋景文公筆記》)(《唐音癸籤》卷二十四 P214)

稱人敏快曰鯽溜。盧仝詩:"不鯽溜鈍漢。"(《雅俗稽言》卷二十一 P17)

人性輕俏曰鯽溜。又曰鯽令。盧仝《送伯齡過江》詩:"不啣溜鈍漢。"劉貢父引之作"卽溜"。《五燈會元》作"啣嵧"。《宋景文筆記》:"反切語本出俚俗常言。如就曰鯽溜、精曰鯽令之類。"《容齋三筆》作"卽零"。《武林舊事》:"有善雜劇人號啣伶頭。"(《燕説》卷一 P1)

【鯽澑】jìliū 《西湖志餘》:"杭人有以二字反切一字以成聲,如鯽澑爲秀是也。"則鯽澑卽伶俐之意。吳梅村《詠涼枕》詞:"眼多啣澑爲知音。"作啣澑。(《土風錄》卷十 P288)

【鰓】sāi 雖。眼邊兩大扇,內藏紅刺如鐮揉者。(《越諺》卷中 水族 P45)

【鱉氣】biēqì 嘔氣曰鱉氣。《古琴操》:"從他楊學士,鱉殺鮑將軍。"又楊補之詞:"和天又來廝鱉。"世俗謂人忿爭曰"廝鱉",或一人自抱不平曰"鱉氣",相傳已久。(《方言瑣辨》)(《里語徵實》卷中下 二字徵實 P14)

參見[廝鱉]。(《雅俗稽言》卷十七 P14)

【鱟】hòu 俗言虹曰鱟。《餘冬序錄》引《雲間志》,《方言》亦然。北方呼岡去聲,見《菽園雜記》。(《魏志》:"汝陰郡十縣有虹縣。"虹音絳,則岡去聲者,絳之訛也。)(《直語補證》P27)

麻 部

【麻占】mázhān 殼班米赤謂之麻占。(《俚言解》卷二 23P40)

【麻公】mágōng 參見[麻胡]。(《雅俗稽言》卷十七 P18)

【麻嗏】máchá 《戎庵漫筆》:唐李涉《題宇文秀才櫻桃》詩:"今日顛狂任君笑,趁愁得醉眼麻嗏。"今人欲睡而眼將合縫曰麻嗏。蓋如此寫。按:宋陳造亦有"病眼正麻嗏"句。(《通俗編》卷三十四 P756)

眼困曰麻嗏。《戒庵漫筆》:唐李涉詩:"趁愁得病眼麻嗏。"今人欲睡而眼將合縫曰麻嗏,蓋如此寫。按:宋陳造亦有"病眼正麻嗏"句。(《燕説》卷四 P3)

【麻札】mázhá 揚子《方言》"蚳蟒卽蝗"注:

"蟇音近詐,亦呼虸蛦。"今北方人呼螞蚱或麻札,即此二字顛倒聲轉之異。(《元史·五行志》:"至元五年,京師童謠曰:白雁向南飛,馬札望北跳。"隨俗寫耳。)(《直語補證》P31)

【麻搗】mádǎo　《夢溪筆談》:"韓王治第,麻搗錢一千二百餘貫,其他可知。"自注云:"塗壁以麻搗土,世俗遂謂塗壁麻爲麻搗。"(《通俗編》卷二十四 P546)

【麻擣】mádǎo　以碎麻和灰土曰麻擣。按:《唐六典》:"京兆歲送麻擣二萬斤。"《夢溪筆談》:"韓王治第麻擣錢一千二百餘貫。"知其名由來已久。(《燕説》卷三 P10)

【麻胡】máhú　今人呼麻胡以怖小兒,其説有二。《朝野僉載》云:"僞趙石虎以麻秋爲帥。秋,胡人,暴戾好殺。國人畏之,有兒啼,母輒恐之曰:‘麻胡來。’啼聲即絶。至今以爲故事。"又《大業拾遺》云:"煬帝將幸江都,令將軍麻胡濬汴,胡虐困其民,每以木鵝爲試,鵞流不迅,謂濬河之不忠,皆死。百姓慄慄,常呼其名以恐小兒。小兒夜啼不止,呼麻胡來,應時即止。"《大業拾遺》在《僉載》前,當以《拾遺》爲是。或云胡本名祐,呼胡者,爲其多鬚髯也。(《目前集》後卷 P2144)

今人呼麻胡來以怖小兒,其説不一。如《朝野僉載》謂:"僞趙石虎將麻秋,暴戾好殺,胡人也,故曰麻胡來。"又《大業拾遺》謂:"煬帝將麻祐,濬汴虐民,故呼麻祐來。祐,音户,轉爲胡也。"……又《會稽錄》:"會稽有鬼名麻胡,好食小兒,故云。"今俗又有轉爲麻公者,誤。(《雅俗稽言》卷十七 P8)

《朝野僉載》:"石勒以麻秋爲帥。秋,胡人,暴戾好殺,國人畏之。市有兒啼,母輒怒之曰:‘麻胡來。’啼聲遂絶。至今以爲故事。"《大業拾遺記》:"煬帝將幸江都,令將軍麻胡濬河。胡虐用其民,百姓惴栗,常呼其名,以恐小兒。或夜啼不止,呼麻胡來,應聲止。"《資暇錄》:"麻名祐,轉祐爲胡。"楊文公《談苑》:"馮暉爲靈武節度使,有威名,羌戎畏服,號麻胡,以其面有皰子也。"《野客叢書》引《會稽錄》:"會稽有鬼號麻胡,好食小兒腦,遂以恐小兒。"按:數説各殊,未定孰爲。今但以形象醜駁、視不分明曰麻胡。而轉胡音若呼。(《通俗編》卷三十四 P750)

參見[爺巫]。(《里語徵實》卷中下 三字徵實 P42)

【麻罩】mázhào　布衫。(《墨城小錄》卷十四 P5)

【麻衣】máyī　參見[鄉貢]。(《唐音癸籤》卷十八 P161)

【麻衣鬼】máyīguǐ　《清異錄》:"行腳僧驚舉子臚白麻衣鬼。殆亦著白衣之謂也。"(《稱謂錄》卷二十四 舉人 P30)

【麻花】máhuā　即"油煠檜",迄今代遠,恨磨業者省工無頭臉,名此。(《越諺》卷中 飲食 P36)

【麻茶】máchá　李涉:"今日顛狂任君笑,趁愁得醉眼麻茶。"似即眼花之意。(《唐音癸籤》卷二十四 P215)

【麻線】máxiàn　方言曰官人。馮公士啓(夢弼)嘗言:"爲八番雲南宣慰司令史日,嘗因公差抵一站,日已暮矣,站吏告曰:‘今夜馬判上岸,麻線須暫停驛程以避之。’問其故,閉目搖手不敢言。公怒,便上馬,行數十里,至大溪,忽見一物如屋,所謂烏剌赤者。下馬跪泣,若告訴狀。呼問何爲,亦閉目搖手弗答。於是下馬祝之曰:‘某許昌人,竊祿來此。苟天命合盡,爾其啖之,否則容我行。’祝畢即轉入溪中。腥風臭霧,觸人口鼻。既而各上馬。比曙,抵前站。站吏驚曰:‘是何麻線,大膽若是耶。’公問此爲何物,始敢言曰:‘馬蟥精也。’麻線,方言曰官人。烏剌赤,站之牧馬者。"又,"完者取道自杭。以兵劫丞相。陞本省參知政事,填募民入粟空名告身予之,即拜添設左丞。所統苗獠洞猺荅剌罕等,無尺籍伍符,無統屬,相謂曰阿哥,曰麻線,至稱主將亦然。"(《南村輟耕錄》卷十 P120/卷八 P100)

【麻阿蘭】má'ālán　鳥色似鶉而形瘦小,有毛角,善鳴,能學衆聲,鄉人籠而愛玩之,呼爲角阿蘭,無角者謂之麻阿蘭。(《札樸》卷九 鄉里舊聞 P315)

【麻餈】mácí　按:今越中冬日有麻餈,以秔稻粉爲之,餡以餹,而外傅麻子,故名。(《釋諺》P125)

【麽】mò　麽,莫過切,語餘聲也。張泌《江城子》詞:"好是問他來得麽。"此與莫婆切者義同。語緩則爲平聲,語急則爲去聲耳。(《助字辨略》卷四 P223)

語餘聲也。王仲初詩:"衆中遺卻金釵

子,拾得從他要贖麽?"(《助字辨略》卷二P87)

麽,語餘聲也。王仲初詩:"衆中遺卻金釵子,拾得從他要贖麽。"(《方言藻》卷二P18)

莫可切,懡。語助也。王建、殷文圭、劉兼皆用此入詩押韻。(《越諺》卷下 發語語助P20)

【麽事】 móshì　方言以何事爲麽事。釋氏《傳燈錄》常云"作麽生",言作何事也。(《助字辨略》卷二P87)

方言以何事爲麽事。(《方言藻》卷二P18)

參見[么]。(《通雅》卷四十九P1467)

【麽小】 móxiǎo　莫可反。細小曰麽。經文作㒸,近字也。(《一切經音義》卷七十四15P2939)

【麽羅】 móluó　參見[華鬘]。(《一切經音義》卷一18P71)

【麽麽】 mómó　莫可反。《三蒼》云:"麽,微也。"亦細小也,謂微細小蟲也。經文有作釆釆(編者按:當爲末末),非也。(《一切經音義》卷十九17P740)

鹿　部

【鹿蔥】 lùcōng　稽含《宜男花賦》序云:"宜男花者,荆楚之俗號曰鹿蔥。案:宜男卽萱艸。……《羣芳譜》云:"鹿蔥,色類萱,無香,鹿喜食之,故名。"《本艸》注"萱"云:"卽今之鹿蔥。"誤,不知始於稽含也。(《土風錄》卷四P223)

【鹿角柴】 lùjiǎozhài　柴音豸。衙署設木叉曰鹿角柴。(《吳下方言考》卷九P17)

【麄慥】 cūzào　參見[粗繰]。(《通俗編》卷二十五P568)

【麄糙】 cūcāo　參見[麤敷]。(《越諺》卷中 貨物P32)

【塵尾】 zhǔwěi　釋藏《音義指歸》云:名苑曰:"鹿之大者曰塵。羣鹿随之,皆看塵所往,随塵尾所轉爲準。"今講僧執塵尾拂子,蓋象彼有所指麾故耳。王衍捉玉柄塵尾。(《能改齋漫錄》卷二P36)

【麋】 mí　老小食。音眉。(《俗務要名林》)

【麒麟楦】 qílínxuàn　楊炯每呼朝士爲麒麟楦,或問之,曰:"今弄假麒麟者,修餙其形,覆之驢上,宛然異物,及去其皮,還是驢耳。無德而朱紫,何以異是?"(《言鯖》卷上P5)

【塵酒】 zhāngjiǔ　《詩》:"乃生男子,曰載弄之璋。""璋"字自是正典。然古有誤"璋"作"塵"者,《舊唐書·李林甫傳》:"男子姜度妻誕子,林甫手書慶之曰:'聞有弄塵之慶。'客視之掩口。"蘇軾《賀陳章生子》詩:"甚欲去爲湯餅客,唯愁錯寫'弄塵'書。"用"塵"字典亦新。(《里語徵實》卷中上 二字徵實P46)

【麤官】 cūguān　"寄語長安舊冠蓋,麤官到底是男兒。"宣武節度王彦威詩也。"麤官寄與真拋卻,賴有詩情合得嘗。"忠武節度薛能詩也。唐人舊俗,不歷臺省,出領廉車節鎮者,呼爲麤官。然能故歷臺省者何云云,大率時情重內輕外,厭薄戎旃,雖以節使之尊,自目洒爾。(《唐音癸籤》卷十七P155)

【麤澀】 cūsè　上忽胡反。《説文》:"從三鹿,會意字也。"今省麤。顧野王云:"麤謂不善也。"鄭注《禮礼》云:"麤猶不精也。"下森戢反。《説文》:"從四止,二正二倒書,亦會意字也。"(《一切經音義》卷九十二3P3487)

【麤疎】 cūshū　《晉書·謝鯤傳》:"王敦兵收周戴,而鯤弗知,敦怒曰:'君麤疎耶?'"《北史·虞綽傳》:"諸葛穎曰:'虞綽,麤疎人也。'"樂府《讀曲歌》:"麻紙語三葛,我薄汝麤疎。"(《通俗編》卷十一P241)

【麤敷】 cūcāo　粗糙。不精光。《元典章》作"粗繰",東坡《大慧真贊》作"麄糙"。(《越諺》卷中 貨物P32)

【麤虜】 cūlǔ　粗蜾。不細靜。(《越諺謄語》卷上P3)

【麤醜】 cūchǒu　應璩詩:"麤醜人所惡,拔白自洗蘇。"又"上叟前致辭,室中嫗粗醜。"嵇康詩:"古人安此麤醜,獨與道德爲友。"(《通俗編》卷二十二P493)

鼎　部

【鼎杌】 dǐngwù　大家用三脚木牀以坐歌妓謂之鼎杌,歐陽永叔《見楊直講女奴彈琵

琶》詩：“嬌兒兩幅青布裙，三脚木牀坐調
曲。”今無此時製矣。(《言鯖》卷上 P16)

【鼎甲】dǐngjiǎ　薛廷珪《授韋韜光錄卿
制》：“鼎甲華宗。”是鼎甲爲望族之稱。今
人以進士第一名者爲鼎甲，未審起於何時。
按：《唐摭言》：“韋甄及第年，事勢固萬全
矣，然未知名第高下，志在鼎甲。”又，于棁
廣明初崔厚侍郎榜，貴主力取鼎甲。則唐
時固有此稱也。(《恒言錄》卷四 P82)

　　《唐國史補》：“四姓惟鄭氏不離滎陽，
有岡頭盧、澤底李、門上崔，家爲鼎甲。”薛
廷珪《授韋韜光祿卿制》：“鼎甲華宗。”(《稱
謂錄》卷二十四　甲第總稱 P19)

　　參見[鼎魁]。(《恒言廣證》卷四 P64)

【鼎老】dǐnglǎo　女。(《墨娥小錄》卷十四
P5)

【鼎魁】dǐngkuí　戴埴《鼠璞》云：“蔡寬夫
《詩話》但言期集所擇少年爲探花，而今獨
以稱鼎魁，不知何義。”是宋時又以鼎甲爲
鼎魁。(《恒言廣證》卷四 P64)

　　參見[探花]。(《稱謂錄》卷二十四　探
花 P16)

黑　部

【黑古董】hēigǔdǒng　不明亮曰黑古董。
(《燕山叢錄》卷二十二　長安里語　人事
P2)

【黑暗】hēi'àn　詩人多用方言。南人謂
……犀爲黑暗，故老杜云：“黑暗通蠻貨。”
(《雅俗稽言》卷三十 P8)

　　杜詩：“黑暗通蠻貨。”段成式以爲南人
稱象牙白暗，犀角黑暗。杜蓋用方言，而不
詳暗之義。考《本草圖經》云：“犀文有倒
插，有正插，有腰鼓插，其類極多，足爲奇
異。波斯呼犀角爲黑暗，言難識別耳。”
(《唐音癸籤》卷二十 P181)

【黑漆皮燈籠】hēiqīpídēnglóng　《輟耕
錄》：至正中，遣官赴諸道，問民疾苦，使者
多納賄。百姓歌曰：“官吏黑漆皮燈籠，奉
使來時添一重。”俗語本此。以黑漆皮爲燈
籠，今行宮守夜者用之，蓋古有此製，非喻
言也。(《土風錄》卷十三 P318)

【黑心】hēixīn　《法苑珠林》：“如來在家時，
都無欲想，心不染黑，故得斯報。”按：陶穀

述萊州右長史于義方黑心符，謂黑心者，繼
婦之名也。魏吳普《本草》以黃芩爲妬婦。
李時珍曰：“芩根多外黃內黑，妬婦心黯，故
以爲比。”元人《抱粧盒》劇言“劉后一片黑
心腸”，亦以其妬忌言之。(《通俗編》卷十
五 P316)

【黑甜】hēitián　參見[軟飽]。(《雅俗稽
言》卷三十 P8)

【黑黮黮】hēidǎndǎn　音成。《黃帝內經》：
“大陰之人，其狀黮黮然黑色。”案：黮黮，深
黑貌，字從甚、黑。吳中謂深黑色曰黑黮
黮。(《吳下方言考》卷四 P17)

【黑魘子】hēiyǎnzǐ　漢高帝左股有七十二
黑子。師古曰：“今中國通呼爲黑魘子。”吳
楚俗謂之誌。誌者記也。(《談徵》言部
P68)

【默色】dǎnsè　上都感反。《字書》：“滓垢
也。”《字林》：“黑色也。”下所力反。《切韻》
云：“顏色也。又色澤美好也。”(《一切經音
義》卷續九 4P4004)

【點】diǎn　案：加謂增字，治謂改字，點謂減
字。(《札樸》卷三　覽古 P101)

　　袁宏《三國名臣贊》：“如彼白圭，質無
塵點。”司馬遷《報任安書》：“適足以見笑而
自點耳。”《北史·李彪傳》：“臣罪既如此，宜
伏東皋之下，不應遠點屬車之清塵。”……
《通鑑》：唐太宗曰：“寸雲點日，何損於明。”
馥案：點與玷同。(《札樸》卷三　覽古
P101)

【點爻】diǎnbó　打鑼。(《墨娥小錄》卷十
四 P5)

【點王】diǎnwáng　主人。(《越諺》卷中　尊
稱 P12)

【點戲】diǎnxì　《教坊記》：“凡欲出戲，所司
先進曲名，上以墨點者，即舞，不點者，即
否，謂之進點。”今概稱之。(《直語補證》
P38)

【點掇】diǎnduó　參見[战探]。(《通俗編》
卷十二 P263)

　　參見[战毲]。(《恒言廣證》卷二 P42)

【點心】diǎnxīn　世俗例以早晨小食爲點
心，自唐時已有此語。按：唐鄭傪爲江淮留
後，家人備夫人晨饌，夫人顧其弟曰：“治妝
未畢，我未及餐，爾且可點心。”其弟舉甌已
罄，俄而女僕請飯庫鑰匙，備夫人點心。傪

詬曰："適已給了,何得又請。"云云。(《能改齋漫錄》卷二 P34—35)

《漫錄》謂世俗例以早晨小食爲點心,自唐已有此語。鄭僁爲江淮留後,夫人曰:"爾且點心。"或謂小食亦罕知出處。《昭明太子傳》曰:"京師穀貴,改常饌爲小食。"小食之名本此。(《俗考》P9)

今以早飯前及飯後、午前、午後、晡前小食爲點心。《唐史》:"鄭僁爲江淮留後,家人備夫人晨饌,夫人顧其弟曰:'治妝未畢,我未及餐,爾且可點心。'"則此語唐時已然。(《南村輟耕錄》卷十七 P208)

世俗例以早晨小食爲點心,自唐時已有此語。按:唐鄭僁爲江淮酉守,後家人備夫人晨饌,夫人顧其弟曰:"治妝未畢,我未及湌,爾且可點心。"(《目前集》前卷 P2120)

世俗類以小食爲點心,自唐時已有此語。按:鄭僁爲江淮留後,家備夫人晨饌。夫人顧其弟曰:"治妝未畢,我未及餐,爾且可點心。"或謂小食亦罕知出處。按:《昭明太子傳》:"穀貴,改常饌爲小食。"此其始也。(《雅俗稽言》卷九 P2)

唐鄭僁爲江淮留後,家備夫人晨饌,夫人顧其弟曰:"治妝未畢,我未及餐,爾且可點心。"(《通言》卷四 P53)

今人以早飯前及飯後、午前、午後、晡前小食爲點心。《唐史》:"鄭僁爲江淮留後,家人備夫人晨饌,夫人顧其弟曰:'治妝未畢,我未及餐爾,且可點心。'"則此語唐時已然。小食亦罕見。經傳唯《昭明太子傳》:"京師穀貴,改常饌爲小食。"小食之名本此。(《談徵》名部下 P61)

參見[點茶]。(《越言釋》卷上 P30)

【點心邊】diǎnxīnbiān　農家之巳、申兩時。(《越諺》卷中　時序 P6)

【點草架】diǎncǎojià　《木經》:"擧折之制,先以尺爲丈,以分爲寸,側畫所建之屋於平正壁上,定其擧之峻慢,折之圜和,然後可見屋柱之高下,卯眼之遠近。"今俗謂之定側樣,亦曰點草架。(《通俗編》卷二十四 P547)

【點茶】diǎnchá　古者茶必有點。無論其爲碾茶,爲撮泡茶,必擇一二佳果點之,謂之"點茶"。點茶者,必於茶器正中處,故又謂之"點心"。(《越言釋》卷上 P30)

【點辱】diǎnrǔ　參見[玷辱]。(《雅俗稽言》卷二十一 P19)

【點閘】diǎnzhá　參見[閘]。(《客座贅語》卷一　辨訛 P5)

【點鬼錄】diǎnguǐlù　文章用事填塞故實,舊謂之點鬼錄,又謂之堆垛死屍。見江氏《類苑》。(《南村輟耕錄》卷十四 P174)

【點黛】diǎndài　染青石謂之點黛。(《通俗文》釋衣飾 P61)

【㸃䵮】láitái　上力該切,下丁來切。疊韻字。《玉篇》:"㸃䵮,大黑也。"今人以爲不曉事之稱。(《恒言錄》卷二 P48)

　　㸃䵮疑疊垛之別字。(《恒言廣證》卷二 P41)

【黨太尉】dǎngtàiwèi　土俗謂人粗率兀突,有黨太尉之呼。按:傳:黨進,官太尉。一日,陛辭,强欲致詞,忽厲聲曰:"臣聞上古其風朴畧,願官家好將息。"仗衛皆爲掩口。又嘗命畫史寫真,忽大怒曰:"畫大蟲猶用金箔作眼睛,我豈消不得一雙金眼睛?"又一日,有借馬者帖云"借駿足代步",黨怒云:"我足豈可與人乎?"侍者云:"乃馬之別稱。"黨曰:"畜生亦有表號耶?"其爲人大都類此。然則所謂黨太尉者,豈非其人哉?(《雅俗稽言》卷十七 P9)

【黧】lí　斑黑曰黧。(《通俗文》釋形體 P48)

【黧黱】lídǎn　斑黑謂之黧黱。(《通俗文》釋形體 P48)

　　上力遲反。《通俗文》云:"斑黑曰黧。"《考聲》云:"面頦,青旬反,黑也,老也,黑而黃也。"《開元文字音義》云:"力奚反。"今不取。下佗感反。《楚辭》云:"彼日月之照明,尚黤黱而有瑕。"王逸注云:"謂不明淨也。"《説文》云:"桑葚之黑色。"《考聲》:"類漆色也。"(《一切經音義》卷五九 P194)

【黱闇】dǎn'àn　《莊子·齊物論》:"人固受其黱闇,吾誰使正之。"黱,他感切;黱闇,不明淨貌。按:今蘇州嘲笑人者,每舉此語,而不知其文,以音近書爲坤眼,大謬。(《通俗編》卷三十四 P752)

　　音團暗。黱闇,不明也。吳諺謂將黑爲黱闇。(《吳下方言考》卷九 P7)

【黱黱】dǎndǎn　參見[黑黱黱]。(《吳下方言考》卷四 P17)

【黯】yān　宋沈遼詩:"冠帶不修衣袂黯。"

言色不鮮也作此。《玉篇》："黖，黑也。"
（《直語補證》P36）

【黔黬】àntàn "按探"。雲黑未雨及久陰
沈者。（《越諺》卷中 天部 P2）

【黦】diàn 染藍曰黦，亦作澱。音殿。（《肯
綮錄》P2）

　　藍黦，染者也。今俗作靛，非。（《直語
補證》P44）

【黱黖】cǎndǎn 色敗曰黱黖。（《札樸》卷
九 鄉里舊聞 鄉言正字附 雜言 P331）

【黵黑】pūhēi 暗曰黵黑。（《札樸》卷九 鄉
里舊聞 鄉言正字附 雜言 P331）

【黖】yìng 黖，面點黑也。（《通俗文》釋形
體 P49）

【黖子】yǎnzǐ 《漢書·高帝紀》："左股有七
十二黑子。"師古曰："今中國通呼爲黖子。"
（《邇言》卷五 P58）

　　參見〔誌〕。（《通俗編》卷十六 P359）

【黖點】yǎndiǎn 上伊琰反。《考聲》云：
"黑子也。"《説文》："肉中黑也。從黑，厭聲
也。"下丁琰反。《考聲》云："減也。"王注
《楚辭》云："污也。"《説文》："小黑也。從黑
占聲也。"（《一切經音義》卷四 7P151）

黍　部

【黍民】shǔmín 參見〔馬蟻〕。（《雅俗稽
言》卷三十七 P16）

【黎其】líqí 參見〔豆脯〕。（《里語徵實》卷
中上 二字徵實 P17）

【黎祁】líqí 參見〔豆脯〕。（《里語徵實》卷
中上 二字徵實 P17）

【黏】nián 有所比合而不能解曰黏。（《客
座贅語》卷一 詮俗 P8）

【黏膠】niánjiāo 參見〔黏䵄〕。（《吳下方
言考》卷三 P5）

【黏䵄】niánchī 䵄音鴟。昌黎詩："敦敦凭
書案，有若鳥黏䵄。"案：䵄，黏膠也。吳中
謂之䵄膠。（《吳下方言考》卷三 P5）

【䵄車】fēngchē 風車曰䵄車。䵄音封。
《俗書刊誤》："風中揚穀出秕曰'䵄'。"《玉
篇》："揚麥也。"（《里語徵實》卷中上 二字
徵實 P18）

【䵄膠】chījiāo 上恥知反。《考聲》云："黏
也。"擣木皮爲之，可以捕鳥獸。（《一切經
音義》卷十四 14P539）

　　參見〔黏䵄〕。（《吳下方言考》卷三 P5）

　　參見〔糊膠〕。（《一切經音義》卷七十
九 13P3122）

鼓　部

【鼓】gǔ 參見〔撮〕。（《客座贅語》卷一 詮
俗 P8）

【鼓吹】gǔchuī 鼓吹，軍樂也。……今殿庭
惟有雅樂，車駕出乃用鼓吹，而民間反得用
之。至閭里婚喪無不以鼓吹將之者，更相
沿不禁，何也？（《日前集》後卷 P2137）

【鼓嚨】gǔlóng 吳音骨隴，北音姑龍。《後
漢書》童謠："請爲諸君鼓嚨胡。"案：鼓嚨，
謞謞而怨也，胡，語助辭。今吳諺謂人不明
言而私怨語者曰鼓嚨。（《吳下方言考》卷
一 P8）

【鼓嚨胡】gǔlónghú 參見〔鼓嚨〕。（《吳下
方言考》卷一 P8）

【鼓扇】gǔshàn 鼓，公户反。鄭注《儀禮》
曰："鼓猶擊也。"扇，動搖也。（《一切經音
義》卷二十一 17P811）

【鼛鼛】kōngkōng 音空。黃帝《靈樞經》：
"鼛鼛然不堅。"案：鼛鼛，虛浮貌，彈之鼛鼛
然也。吳中彈中虛之物曰鼛鼛然聲也。
（《吳下方言考》卷一 P8）

【鼛鼛然】kōngkōngrán 參見〔鼛鼛〕。
（《吳下方言考》卷一 P8）

鼠　部

【鼪鼤】gōubì 《集韻》又"鼪鼤似鼩，出遼
東。"（《札樸》卷五 覽古 P167）

【鼤鼳】mímá 《集韻》又"鼤鼳似鼪鼤，肉美
多膏。"馥謂：所食（含脂蠹）即鼤鼳也。
（《札樸》卷五 覽古 P167）

【鼪鼤】diānxí 《集韻》："鼪鼤，鼠類，似蜘
蛛，出遼東，土人食之。"（《札樸》卷五 覽古
P167）

鼠　部

【黺】fén　小野鼠。符粉反。（《俗務要名林》）

【鮆齡】jiōnglíng　野鼠也。上古熒反，下郎丁反。（《俗務要名林》）

鼻　部

【鼻】bí　《燕北雜記》："北界漢兒，多爲契丹凌辱，罵作十里鼻。十里鼻，奴婢也。"《余氏辨林》："吳俗諱奴爲鼻，解者曰：'裝門面耳。'或曰：'象鼻能觸人，豬鼻善掘地，義取其生事。'蓋臆説也。"（《通俗編》卷十八P405）

【鼻具】bíjù　牛不服牽者，以鐵鉗其鼻，吾鄉謂之鼻具。案：具，當爲拘，音誳也。《廣韻》："桊，牛拘。"《説文》："牛鼻中環也。"（《札樸》卷九　鄉里舊聞P307）

【鼻子】bízǐ　首生男謂之鼻子。見《漢制考》。（《言鯖》卷上P23）

【鼻拘】bíjū　牛桊曰鼻拘。（《札樸》卷九　鄉里舊聞　鄉言正字附　器具P327）

【鼻祖】bízǔ　《漢書·揚雄傳》："有周氏之嬋嫣，或鼻祖於汾隅。"顏師古注："鼻，始也。"又揚子《方言》："鼻，始。獸之初生謂之鼻，人之初生謂之首。梁、益之間，謂鼻爲初，或謂之祖。祖，居也。"郭璞注："鼻祖皆始之別名，轉復訓以爲居，所謂代話者也。"王楙《野客叢書》："凡人孕胎，必先有鼻，然後有耳目之屬。今之畫人亦然。"（《稱謂錄》卷一　始祖P2）

【鼻頭】bítóu　僕也。鼻音弼。並見《燕北雜記》《余氏辨林》。又名"底下人"。（《越諺》卷中　賤稱P14）

【齁】hōu　鼻息曰齁。（《札樸》卷九　鄉里舊聞　鄉言正字附　雜言P329）

【齁齁】hōuhōu　音吼平聲。《唐語林》："扶出來田舍齁齁地。"案：齁齁，憊急氣喘貌。吳中謂氣急曰氣齁齁。（《吳下方言考》卷六P11）

【齇】zhā　《通鑑》：宋前廢帝入廟，指世祖

像曰："渠大齇鼻，如何不齇？"立召畫工令齇之。注："齇，壯加反，鼻上絕也。"《南史·前廢帝紀》："肆罵孝武帝爲齇奴。"《玉篇》作："齇，壯加切，鼻上皰也。"馥案：齇，俗字，猶櫨，省作"查"。今俗言"糟鼻人不飲酒，枉受虛名"，即"齇鼻"也。《廣韻》又作"皻"。（《札樸》卷三　覽古P86）

【齅】xiù　風而使其從我曰齅。（《客座贅語》卷一　詮俗P7）

【齆】wèng　齁鼻曰齆。（《通俗文》釋形體P55）

【齆鼻】wèngbí　齆，音瓮。《埤蒼》："鼻病也。"《十六國春秋·後趙錄》："王謨齆鼻，言不清暢。"《埤雅》引語云："蛇聾虎齆。"《幽明錄》："桓司空有參軍教鸜鵒語，遂無所不名。當大會，令效座人語。有一人齆鼻，語難學，因以頭納瓮中效焉。"《甕牖閑評》："王充《論衡》云：'鼻不知香臭爲瓮。'則今人以鼻不清亮爲瓮鼻，作此瓮字，不爲無自矣。"（《通俗編》卷十六P345）

【齆鼻頭】wèngbítóu　上"瓮"。不知香殠，言不清暢。《十六國春秋·後趙錄》。（《越諺》卷中　疾病P21）

【齈齅】wèngnòng　鼻窒曰齈齅。（《札樸》卷九　鄉里舊聞　鄉言正字附　疾病P327）

【齇鼻】zhābí　《南史》："宋前廢帝肆罵孝武爲齇奴。"《北史》："王氏世齇鼻，江東謂之齇王。"《玉篇》："鼻上皰曰齇。"（《通俗編》卷十六P345）

馥案：齇，俗字，猶"櫨"，省作"查"。今俗言"糟鼻人不飲酒，枉受虛名"，即"齇鼻"也。（《札樸》卷三　覽古P86）

【齇奴】zhānú　《南史·前廢帝紀》："肆罵孝武帝爲齇奴。"（《札樸》卷三　覽古P86）

齊　部

【齊女】qínǔ　齊王后忿而死，尸變爲蟬，登庭樹，嘒唳而鳴。王悔恨。故世名蟬曰齊女也。（《蘇氏演義》卷下P31）

【齊眉】qíméi　此與綱釵大同小異。彼雙此單，彼分布兩邊，此獨障額前，珠絡齊眉而止。亦新製，起於咸豐年，奢華極矣。（《越諺》卷中　服飾P40）

參見［抹額］。（《釋諺》P130）

【齊鋪】qípū 謂衆多曰齊鋪。《詩經》："舍彼有罪,既伏其辜。若此無罪,淪胥以鋪。"注云:"鋪,徧也。"(《蜀語》P43)

【齊頭】qítóu 方言皆也。王仲初詩:"老人上壽齊頭拜。"(《助字辨略》卷一 P57)
　　王仲初詩:"老人上壽齊頭拜。"齊頭,方言也。(《方言藻》卷二 P20)

【齊頭占】qítóuzhān 占結實一色者謂之齊頭占。(《俚言解》卷二 23P40)

【齊骨都】qígūdū 有頭無尾曰齊骨都。(《燕山叢錄》卷二十二 長安里語 人事 P3)
　　有頭無尾曰齊骨都。(《宛署雜記》卷十七 P194)

齒　部

【齒冷】chǐlěng 《南史·樂預傳》:"此事人笑褚公,至今齒冷。"(《通俗編》卷十七 P379)

【齒子】chǐzǐ 牙人。(《墨娥小錄》卷十四 P6)

【齕】hé "紇"。越呼葛合切。《禮·曲禮》:"庶人齕之。"註:"不横斷也。"齒誤齧舌曰"齕一口"。又,輪齒被沙"齕住"不活動,皆此字。(《越諺》卷下 單辭隻義 P17)

【齖齟】yázhā 唇不履齒謂之齖(音牙,祖家反)。(《通俗文》釋言語下 P30)

【齗齶】yín'è 牛斤反。《説文》:"齒肉也。"齶又作腭、䚅,二形同。五各反,齒内上下肉也。(《一切經音義》卷二十 14P772)

【齘】xiè 音攝。《齊·彭樂傳》:"舉刀將下者三,嗤齘良久,乃止。"案:齘,齩齒聲。諺謂齩齒爲齘。齩斷物曰砳齘。(《吳下方言考》卷十一 P10)

【齜牙齒】bāyáchǐ 齜,步化切,齒出貌。《集韻》。(《越諺》卷中 疾病 P21)

【齝齯】kèyì 齩聲齝齯。(《札樸》卷九 鄉里舊聞 鄉言正字附 雜言 P331)

【齚】zé 齺啖曰齚。(《通俗文》釋言語上 P9)

【齚齧】zéniè 又作齰、咋、齰並同。柴責反。《通俗文》:"咬嗽曰齚也。"下研結反也。(《一切經音義》卷二十六 21P1037)

【韶齝】tiáochèn 《舊五代史·周太祖紀》:"帝未及韶齝,章德太后蚤世。姨母楚國夫人韓氏,提攜鞠養。"(《通言》卷三 P41)

【齝牙】héyá 閒談曰齝牙。(《札樸》卷九 鄉里舊聞 鄉言正字附 雜言 P330)

【齩手】yǎoshǒu (今言官府)錢財入手曰齩手,蓋言如蛇狗之咬手而不可放脱也。(《俗考》P17)

【齦】kěn 其猛取人之財物曰齦,音懇。(《客座贅語》卷一 詮俗 P8)
　　音懇。韓昌黎《曹成王碑》:"蘇枯弱强,齦其姦猖。"案:齦,用力漸食也。吳諺謂嚙爲齦。(《吳下方言考》卷七 P11)

【齹跌】cuódiē 齒不齊曰齹跌。上音磋。(《肯綮錄》P1)

【齹齜】yáchái 犬相爭聲。慧琳《起世因本經三音義》。(《埤蒼》P5)

【齷齪】wòchuò 參見[局促]。(《里語徵實》卷中下 二字徵實 P19)

【齷齪】wòchuò 《晉書·張茂傳》:"茂築靈鈞臺,周輪八十餘堵,高九仞。吳紹諫曰:'遐方異境窺我之齷齪也,必有乘人之規。'"(《札樸》卷三 覽古 P91)

【齺嘰】bójí 咀嚼曰齺嘰。(《札樸》卷九 鄉里舊聞 鄉言正字附 雜言 P331)

【齰】jiè 齒切曰齰。《集韻》:"渠介切,音械。睡中切齒聲。"(《里語徵實》卷上 一字徵實 P34)

【齼齼】chǔchǔ 五采鮮明曰齼齼。音楚。(《肯綮錄》P2)

【齼】chǔ 曾茶山《和曾弘父餉柑》詩:"莫向君家樊素口,瓠犀微齼遠山顰。"《玉篇》无"齼"字,《五音類聚》:"齼,初舉切,粗上聲,齒傷醋也,齒怯也。"今京師人謂怯皆曰齼,不獨齒怯也。《升庵集》以齼作去聲,不知何據。(《雅俗稽言》卷三十九 P9)
　　有所畏謂之齼,楚去聲。京師亦有是語。此字原謂齒怯,今借通用。曾茶山《和人贈柑》詩云:"莫向君家樊素口,瓠犀微齼遠山顰。"(《方言據》卷上 P11)
　　音楚,去聲,齒怯也。今京師語謂怯皆曰齼。不獨齒怯也,曾茶山《和曾宏文餉柑》詩:"莫向君家樊素口,瓠犀微齼遠山顰。"(《談徵》言部 P44)

【齾】chà 齒斷物曰齾。(《札樸》卷九 鄉

里舊閣　鄉言正字附　雜言 P329）

【齜】jì　齧挽曰齜。（《通俗文》釋言語上 P9）

【齜齘】jìniè　上相傳在詣反。謂没齒齘也……下五結反。噬齘也。少噬爲齘，没齒爲齗。又：傷皮肉爲齘，少噬爲齜。（《一切經音義》卷二十七 14P1071）

龍　部

【龍學】lóngxué　參見［龍閣］。（《稱謂錄》卷十二　內閣各官古稱 P29）

【龍户】lónghù　韓退之詩：“衙時龍户集，上日馬人來。”龍户，在儋耳珠崖，其人目睛皆青碧，善伏水，蓋卽所謂崑崙奴也。……（《宛委餘編》）（《唐音癸籤》卷十八 P164）

【龍虎榜】lónghǔbǎng　《唐書·歐陽詹傳》：“與韓愈、李觀、李絳、崔羣、王涯、馮宿聯第，皆天下選，時稱龍虎榜。”（《通俗編》卷五 P92）

【龍虎日】lónghǔrì　謂鄉試放榜必擇寅、辰日。原本《月令》，廣義借其名耳。（《越諺》卷中　時序 P6）

【龍船】lóngchuán　競渡之舟曰龍船。楚屈原以忠憤自沈死，楚人哀之，並以舟楫相拯救。一船插幖立河中，立木爲表，繫彩其上，謂之“幖”，擬屈原所在。衆船鑼鼓喧闐而赴爭奪幖，若爭救者然。其船另裝龍首，故曰“龍船”。（《里語徵實》卷中上　二字徵實 P25）

【龍鍾】lóngzhōng　裴度未第，乘蹇驢上天津橋。二老人曰：“須此人爲相。”度曰：“見我龍鍾相戲耳。”又，龍鍾，竹名，年老者如竹枝葉搖曳不自禁持。（《目前集》前卷 P2114）

老杜詩：“何太龍鍾極，於今出處妨。”薛蒼舒注：“龍鍾，竹名，謂其年老如竹之枝葉搖曳不自矜持。”説旣可笑。唐李濟翁《資暇錄》云：“鍾卽涔，蹄足所踐處，龍致雨上下，所踐之鍾，固淋漓溰溰矣。”尤穿鑿難通。惟《蘇鶚演義》云：“龍鍾，不昌熾、不翹首貌，如齉參、拉搭、斛觫之類。”似爲近之，然未有實據。考《埤蒼》：“躘踵，行不進貌。古字從省，躘因作龍，踵又借作鍾。”此自有正解，何煩曲爲之説乎？（遯叟。下同。或云：龍鍾、潦倒二合音也。龍鍾，切癃字。潦倒，切老字。）（《唐音癸籤》卷二十四 P214）

《蘇鶚演義》：“龍鍾謂不昌熾，不翹舉之貌。”……按：大凡古人形似之辭，皆無定字，而其音皆二合。龍鍾二合音也，故以平聲呼之則云龍鍾，上聲呼之則云隴種，去聲呼之則云偋倲，入聲呼之則云趢趗，隨其音之輕重高下，以變其字，均不可以義説也。（《通俗編》卷三十四 P753）

楊升庵云：“龍鍾，竹名。人老似竹搖曳不自持，故曰龍鍾。”思按：杜弼《爲侯景檄梁》云：“龍鍾稚子。”則非獨老人之偶。《集韻》作“儱倲”云“不遇貌”。……《北史·李穆傳》又作“籠東”。（《土風錄》卷七 P251）

【龍鐘】lóngzhōng　龍鐘者，不昌熾、不翹舉貌，如藍縷、拉搭、解縱之類。（《蘇氏演義》卷上 P11）

《劇談錄》：“裴度未第時，乘蹇驢上天津橋，二老人指曰：‘適憂蔡州未平，須此人爲相乃可耳。’度聞之曰：‘見我龍鐘，故相戲耳。’”案：龍鐘，低頭艱步貌。吳中謂老人不健相曰龍鐘。（《吳下方言考》卷一 P8）

【龍閣】lónggé　葉夢得《避暑錄話》：“龍圖閣學士，舊謂老龍閣，但稱龍。宣和以前，直學士、直閣同稱，未之有別也。末年，陳亨伯直學士，佞之者惡其下同直閣，遂稱龍學，於是例以爲稱。”（《稱謂錄》卷十二　內閣各官古稱 P29）

【龍頭】lóngtóu　《澠水燕談錄》：黃州《寄孫何》詩曰：“惟愛君家棟華榜，登科記上並龍頭。”又歐陽原功詩《絕句》云：“銀袍飛蓋人爭看，兩兩龍頭入學來。”又梁顥《及第謝恩》詩：“也知少年登科好，爭奈龍頭屬老成。”（《稱謂錄》卷二十四　狀元 P12）

【龍風】lóngfēng　其風將至，先見雲端有龍頭下垂，漸近漸大，拔木、翻牆、倒屋，甚至吹倒石坊。（《越諺》卷中　天部 P2）

【龍首】lóngshǒu　《詩話》：“宋朝狀元入相者，呂蒙正、王曾、李迪、宋庠。”石揚休詩云：“皇朝四十三龍首，身列黃扉止四人。”（《稱謂錄》卷二十四　狀元 P12）

龜　部

【龜】jūn　讀若春。《莊子》：“宋人有善爲不龜手之藥者。”案：龜，手凍坼裂也。吳中以凍坼手爲龜。（《吳下方言考》卷四 P13）

【龜子】guīzǐ　《堅瓠集》：古者諸侯立國，皆有守龜，藏之太廟，與寶玉並重，目老成人曰國之蓍蔡。陸龜蒙、王龜齡、彭龜年、楊龜山等，多取爲名字，不知何時以龜子目倡妓之夫，詩文遂不敢用，委巷之人，取爲罵詈之具。按：《東皋雜錄》：“東坡謁微仲，值其晝寢，久之方覺，戲言：‘唐時有進六目龜者，或作口號云：六雙眼兒睡一覺，抵別人三覺。’微仲不悅。”似當時有以龜爲不美者矣。《雞肋編》云：“天下方俗，各有所諱，楚州人諱烏龜頭，言郡城象龜形，常被攻，而術者教以擊首而破也。”此宋時諱龜之證。然僅屬一方，亦無關於帷簿不修之事。惟《輟耕錄》載《嘲廢家子孫》詩：“宅眷皆爲撐目兔，舍人總作縮頭龜。”兔望月而孕，喻婦女之不夫而姙也。所云“縮頭龜”者，正與委巷訕詈意合。然則以“龜子”目倡妓之夫，肇端在元世耳。（《通俗編》卷二十二 P501）

條目音序索引

1. 本索引按正文中條目注音編製。
2. 單字條目按拼音字母次序排列。 同音字按筆畫排列，筆畫少的在前，多的在後。 筆畫數相同的，按起筆筆形橫、豎、撇、點、折的次序排列。
3. 多字條目按首字排在領頭的單字條目下，多字條目不止一條的，按第二個字的拼音字母次序排列（同音字按筆畫排列）。 第二個字相同的，按第三個字排列，以下類推。
4. 輕聲條目一般緊接在同形的非輕聲條目之後。
5. 右邊的號碼指正文的頁碼。

出氣	61			泳桿	314	淳濃	222
出神	61	**chuài**		幢相	123		
出手	61	嘬	114			**chǔn**	
出頭	61			**chuǎng**		胸朏	279
出孝	61	**chuān**		孔	154	偆	40
出靈	61	川蠶萓	16	剩	66	蠢黄黄子	363
初度	63	川老鼠	16	碄	321		
初七	63	穿鼻	348	碄子	321	**chuō**	
		穿鼻尖	348	闖將	484	戳戲	195
chú		穿穴	348	闖門	484		
除	467	剶	66			**chuò**	
除圣	467			**chuī**		娖	163
除饉	467	**chuán**		吹	101	敠	350
除靈	467	舩撥	375	吹噓	101	綽板	408
除女	467	舩橃	375			輟己	417
除士	467	船	375	**chuí**		嚽	115
除是	467	船筏	375	垂韝	75	嚽嘴	115
除愈	467	船舫	375	垂青	75		
蒢	397	船艘	375	桘	184	**cí**	
		船長	376	傾	490	茨菰	391
chǔ		傳臚	44	傾頭	490	竻腸	156
處分	360	傳奇	44			慈姑	310
處分語	360	傳席	44	**chuì**		慈侍	310
處士府君	360	傳衣鉢	44	惙	310	雌	461
處置	360			惙氣	310	雌黄	461
處子	360	**chuǎn**				雌聲	461
楮幣	183	喘欶	111	**chūn**		餈巴	496
楮錢	183			春	204	餈糕	496
楮鏹	183	**chuàn**		春曹	204	餈餦	496
楚楚	184	串單	15	春澱	204	辭山雨	455
楚痛	184	串客	15	春坊	204		
儲胥	47	串票	15	春宮	204	**cǐ**	
齼齼	521	串頭	15	春姑姑	204	此蓋	198
齼	521	串戲	15	春官	204	此家	198
		串子	15	春關	204	此老	198
chù		賗	425	春喚	204	泚	216
觸處	449			春夢婆	204	玼	172
觸嬈	449	**chuāng**		春盤	204	跐	432
觸人	449	創疣	66	春司	204		
蓫直	24	搋	262	春台	204	**cì**	
				椿	184	次馬	287
chuāi		**chuáng**		椿萱	184	次長祖	287
揣財	256	床桿	134	晲	344	刺	64
搋	259	泳敷	314			刺取	64
		泳公	314	**chún**		刺手	64
chuǎi		泳楬	314	脣腭	280	筎猇	370
揣觸	256						

cōng	
葱草	394
cóng	
從	129
從表兄弟	129
從從	129
從從然	130
從女	130
從子	130
淙淙	222
còng	
憁詷	454
cū	
粗坌	384
粗笨	384
粗糙	384
粗繰	384
麤糙	516
麤憷	516
麤歠	516
麤醜	516
麤官	516
麤虜	516
麤翜	516
麤疎	516
cù	
促機	37
促恰	37
促織	37
叒	163
猝暴	191
醋	421
醋大	421
纎繁	411
蹴蹋	434
cuān	
攛掇	268
cuán	
攢攢	268

千人捏	22	欠呿	286	嶠	114	禽獸	43	輕身	417

千人捏　22
牽紅　235
牽冷　235
牽縭　235
牽牛　235
牽抴　235
鉛部　473
僉　44
僉皆　44
慳錢　312
遷鶯　445
騫騫　506
籤勝　373

qián

前輩　50
前程　50
前燈頭　50
前進士　51
前生債　50
前世　50
前頭人　51
前筵　50
虔婆　360
捷　254
乾闥婆　22
鉗公　472
鉗勒　472
鉗鋤　472
潛虬　230
錢糧　475
錢幕　475
錢奴　475
錢癖　475
錢樹　475
錢樹子　475
錢引　475
燂　300

qiǎn

㡌　303
搴　235
遣紀　445

qiǎn

欠　286

欠呿　286
欠欿　286
欠陷　287
茜袍　390
牽　234
嵌金　125
嵌老　125
傔人　44

qiāng

將將　315
腔當　283
搶風　260
槍手　185
羫　383
蹌　434

qiáng

强　153
强半　153
强近　153
擸　265
彊急　153

qiǎng

强强　153
搶　259
搶籬　259

qiàng

餈金　194

qiāo

摵　252
敲皮袴　202
骹　493
磽确　322
鍫　476
蹺　434
蹺欹　434
蹺子　434
蹻足　434

qiáo

喬　111
喬梓　111

嶠　114
橋梓　187
樵老　187
瞧　329

qiǎo

巧婦　71

qiào

俏　37
俏醋　37
俏兒　37
虩　115
虩虩　115
趬　416

qié

伽藍　34
茄鼓　390

qiè

切腳　62
切莫　63
切囑　62
切祝　62
至囑　359
怯劣　307
怯薛　307
挈囊　248
趏　415
揩　262
朅　208
鍥子　476

qīn

侵嬈　38
侵早　38
親表　428
覻嬟　429
儑　47

qín

秦拔　338
秦關之數　338
秦人　338
捡　253

禽獸　43
勤兒　68
擒縶　264
撳持　265

qìn

忥　304
欽　288
捦　260

qīng

青　455
青白團子　456
青豆　456
青稈　456
青宮　455
青蓮　456
青樓　456
青盲　456
青囊　455
青奴　456
青袍　456
青芃芃　456
青衫　456
青頭鴨　456
青衣　456
青熒熒　456
青瘀　456
青纘蛇　456
圊廁　118
圊廁　118
圊桶　118
清郎　220
清羸　220
清冷　220
清清泠泠　220
清水　220
清水網　220
清眾　220
傾腳頭　45
輕薄子　417
輕抄　417
輕高麵　417
輕欺　417
輕容　417
輕骱骱　417

輕身　417
蹩　434

qíng

殑殑　193
情人　309
情願　309
情知　309
晴乾　207
檠　186
擎拳　262

qǐng

請急　451
請錢　451
請纓　451

qìng

倩　38
慶喜　311
親家　428
親家公　428
親家翁　428
罄志　366
濪　232

qióng

倰儜　43
倰儜　43
舼　376
窮棒子　349
窮醋大　350
窮措大　349
窮調　350
窮兒暴富　349
窮鬼　350
窮団　349
窮袴　350
窮忙　349
窮人家　349
窮相頭骨　349
瓊編　174
瓊花　174
瓊枝班　174

qiòng

焪　295

水排	209	搠撒	260	四洲	117	蘇頭	400	隨包	469
水曹	209	嗍	113	四子	117	**sú**		隨分	469
水畜	210	碩難	321	寺	80	俗父	37	隨喜	469
水碓	209	碩鼠	321	寺觀	80	**sù**		膇餅	285
水飯	210	**sī**		似	31	素領	403	**suǐ**	
水刮	209	司供	97	似箇	31	素身	403	鬝沙	497
水華	210	司馬家	97	姒娣	160	素食	403	**suì**	
水雞	210	司務	97	祠部	316	素子	403	歲假	125
水精	210	私房	337	耜頭	353	埣	76	碎	320
水且	209	私根	337	**sōng**		宿山	145	碎魚兒	321
水馬軍	210	私科	337	松子量	180	宿構	145	歲豬	199
水縣襖	210	私科子	337	倯	38	粟床	384	繸	411
水牌	209	私窠子	337	淞霧	60	嗉兒	113	**sūn**	
水手	209	私窩兒	337	**sǒng**		遫地裏	231	孫	156
水蘇	210	私債	337	搠	260	遫遫	231	孫息	156
水田衣	209	斯	271	傱傱然	45	**suān**		**sǔn**	
水汪汪	209	絲蘿	407	慫惥	311	痠	346	筍	369
水仙子	209	絲抹	407	**sòng**		酸鼻	421	筍雞	369
水鴨	210	廝	24	送燈	441	酸丁	421	筍牡	369
水菝	210	廝鱉	24	送羹飯	441	酸臑	421	筍頭	369
水冶	209	廝炒	24	送窮	441	酸餡氣	421	筍鴨	369
水引	209	廝攪	24	送夜頭	441	酸鎌	421	榫頭	185
水引餅	209	廝賴	24	**sōu**		酸子	421	簨	372
水引麪	209	廝馬子	24	搜	256	霰霰然	459	**suō**	
水玉	209	厮鱉	137	搜括	256	**suǎn**		娑	163
水芝	210	厮波	137	搜購	257	算	371	娑婆	163
shuì		厮揣	137	廋詞	137	匴	26	唆照	327
		厮鑼	137	廋詩	137	**suàn**		訾	327
稅	339	甆縫	197	餿臭	498	蒜髮	396	趖	415
睡卿	327	**sǐ**		餿	498	筭命	370	橃	187
睡輆	327	死鬼	193	餹	498	筭子	370	縮	412
shùn		死驢	193	颼飀	501	算髮	371	縮鼻笑	412
順流	487	**sì**		**sǒu**		算擇	371	縮囊	412
瞬頃	329	四輩	117	溲麪	224	**suī**		縮肭	412
瞬息	328	四才	117	瞍	327	毢毢	270	縮朒	412
瞬動	329	四場	116	嗾	114	嗺	114	縮頭鼈	412
瞬頃	329	四暢	117	**sū**		**suí**		**suǒ**	
shuō		四和	117	酥	420	隨嵐	468	所	303
說大話	451	四口業	116	窣堵波	349	隨手	468	所由	303
說謊	451	四銓	117	蘇	400			索	403
說寮天	451	四書	117						
shuò		四司六局	117						
欶	287	四映	117						

遮子　445
箸　274
蠚蠚　479

zhé

折　242
折挫　242
折伏　242
折桂　242
折簡　242
折搶　242
折色　242
折上巾　242
折席　242
折儀　242
栶　184
輒　417
磔　321

zhě

者　356
者邊　356
者箇　356
者回　356
者夬　356
者麼道　356
赭魁　417
襦　382
襦衣　382
襦皺　382

zhè

這　443
蔗蒻工　398

zhēn

真　51
真成　51
真簡　51
真越　51
真子　51
針氊　470
針氈　470
殿　289
偵究　41
斟酌　303

碪鎚　321
鍼指　476
鍼萗　476

zhěn

抮　247
枕　180
眡　357

zhèn

陣馬　467
陣頭雨　467
振爆　250
填壓　78
震越　458
鎮　476
鎮日　476

zhēng

正月　197
佂伀　31
爭　273
爭風　273
爭交　273
爭耐　273
爭閒氣　273
胜　277
烝　295
烝餅　295
掙　252
絣　406
蒸穀　397
蒸米　397
蒸炗　397
鉦　472
徵天雨　131

zhěng

瘕骨癆　346
整　202
整頓　202

zhèng

正　197
正八　197
正爾　197

正體　198
正衙　197
爭本　273
証本　450
鄭重　439
瞪　329
幛　124

zhī

支楞　188
支離　188
支婆　188
支吾　188
支梧　188
支牾　188
支查　188
汁鈸　210
芝麻　387
芝麻官　387
枝掌　179
枝梧　179
知縣　335
知制誥　335
祗候人　316
祗仰　316
脂粉氣　279
脂灰　279
脂炬　279
脂那　279
脂糟　279
脂酥　279
蜘蟟　362
摘烏豆　266
織金　412

zhí

直衝　23
直撥　23
直裰　23
直褙　23
直抹　23
直錢　23
直日　23
直佇佇　23
直跥蹙　23
直紃　23

姪男　162
姪埳　162
執　76
執古　77
執牛耳　77
執事　77
執事行　77
執意　77
跖下　431
膱　282
膱膩　282
摭採　262
摭實　262
跮躞　432
跮躞躞　432

zhǐ

止措　197
只　97
只簡　97
只麼　97
指稱　249
指訂　249
指鐶　249
指拈　249
指揸　249
指擢　249
紙包　404
紙筋　404
紙馬　404
紙錢　404
紙寓錢　404

zhì

至竟　359
至乃　359
至祝　359
志欲　304
制沮　64
炙轂　294
炙火　294
治　216
陟卓　467
秩　338
猘兒　191
袠　377

紩　405
蛭　361
痣　345
輊　417
稚子　339
摘　262
聊聑　357
寘住　350
遮腳貨　445
誌　451
滯貨　227
滯泥　227
摯鳥　260
幟　124
質地　426
質庫　426
遰導　446
櫛工　187
躓　434
躓礙　434

zhōng

中表　14
中輟　15
中禪　15
中頓　15
中飯　15
中澣　15
中火　15
中堅　15
中諫　15
中涓　15
中雋　15
中軍　15
中人　15
中堂　15
中憲　15
中行評博　15
中饌　15
忪忪　305
衳衣　377
終竟　405
終七　405
橦　187
鍾馗　476
韹韹　459

文獻書目

服虔《通俗文》（選自《通俗文輯校》，中州古籍出版社，1993 年 9 月）

張揖《埤倉》（選自《小學蒐逸》，龍璋撰輯，民國二十年攸縣龍氏鉛印本）

顏師古《匡謬正俗》（選自《叢書集成初編》，北京大學圖書館）

慧琳《一切經音義》（上海古籍出版社 1986 年 10 月影印本）

蘇鶚《蘇氏演義》（選自《叢書集成》初編，商務印書館，1939）

《俗務要名林》（敦煌文書，S617，S3227，P2609，P3776，P5001）

吳曾《能改齋漫錄》（中華書局 1960 年 11 月版）

洪邁《俗考》（選自《居家必備》叢書第八卷，北大圖書館所藏明刻本）

龔熙正《續釋常談》（選自《說郛三種》，涵芬樓出版，上海古籍出版社 1988 年影印本）

趙叔向《肯綮錄》（選自《叢書集成初編》，商務印書館，1937）

陶宗儀《南村輟耕錄》（選自《元明史料筆記叢刊》，中華書局 1959 年 2 月第 1 版）

郎瑛《七修類稿》（中華書局 1959 年 1 月第 1 版）

陳沂《詢芻錄》（《說郛三種》，涵芬樓版，上海古籍出版社 1988 年影印本）

陳士元《俚言解》（選自《明清俗語辭書集成》第一冊，上海古籍出版社 1989 年 11 月版）

趙南星《目前集》（選自《明清俗語辭書集成》第三冊，上海古籍出版社 1989 年 11 月版）

沈榜《宛署雜記》（北京古籍出版社 1980 年 11 月第 1 版）

顧起元《客座贅語》（影印本，北京圖書館，明萬曆四十六年刻本）

徐昌祚《燕山叢錄》（刻本，北京圖書館藏書）

張存紳《雅俗稽言》（選自《明清俗語辭書集成》第二冊，上海古籍出版社 1989 年 11 月版）

李實《蜀語》（選自《叢書集成》初編，商務印書館，1937）

岳元聲《方言據》（中州古籍出版社 1990 年 3 月）

佚名《墨娥小錄》（國家圖書館所藏線裝書）

方以智《通雅》（選自《方以智全书》，上海古籍出版社 1988 年 9 月第 1 版）

胡震亨《唐音癸籤》（中華書局 1959 年 11 月第 1 版）

劉淇《助字辨略》（中華書局 1954 年 10 月上海初版）

錢大昕《恒言錄》（商務印書館 1958 年 9 月初版）

呂種玉《言鯖》（選自吳震方編《說鈴》，清康熙刻本影印本）

茹敦和《越言釋》（北京大學圖書館藏書，光緒四年仁和葛氏重刻本）

翟灝《通俗編》（商務印書館 1958 年 12 月第 1 版）

桂馥《札樸》（商務印書館 1958 年 12 月版）

錢大昭《邇言》（選自《〈邇言〉等五種》，商務印書館 1958 年 9 月版）

李調元《方言藻》（商務印書館 1959 年第 10 版）

顧張思《土風錄》（選自《明清俗語辭書集成》第一冊，上海古籍出版社 1989 年 11 月版）

胡文英《吳下方言考》（影印本，中國書店）

陳鱣《恒言廣證》（商務印書館 1958 年 9 月初版）

外方山人《談徵》（選自《明清俗語辭書集成》第二冊，上海古籍出版社 1989 年 11 月版）

梁同書《直語補正》（選自《明清俗語辭書集成》第一冊，上海古籍出版社 1989 年 11 月版）

梁章鉅《稱謂錄》（選自《明清俗語辭書集成》第一冊，上海古籍出版社 1989 年 11 月版）

史夢蘭《燕説》（北京大學圖書館藏書）

唐訓方《里語徵實》（選自《明清俗語辭書集成》第二册，上海古籍出版社，1989 年 11 月版）

鄭志鴻《常語尋源》（選自《〈邇言〉等五種》，商務印書館 1958 年 9 月版）

范寅《越諺》（選自《民俗民間文學影音資料》之二，光緒壬午年谷應山房刊本影印本，上海藝文出版社）

范寅《越諺賸語》（選自《民俗民間文學影音資料》之二，光緒壬午年谷應山房刊本影印本，上海藝文出版社）

平步青《釋諺》（選自《〈邇言〉等五種》，商務印書館 1958 年 9 月版）

胡式鈺《語竇》（選自《〈邇言〉等五種》，商務印書館 1958 年 9 月版）